KB264718

매튜 헨리 주석 욥기

저자 **매튜 헨리** Matthew Henry 1662-1714

성경 주석가. 영국 국교회의 복음주의 목사의 아들인 그는 통일령으로 아버지가 성직에서 쫓겨난 직후에 태어났다. 학문을 좋아하는 소년이었으며 1672년에 회심하였다. 옥스퍼드와 케임브리지의 학문성이 차츰 떨어지므로 1680년 런던 이슬링턴 대학에서 신학 교육을 받았다. 그 대학은 신앙을 저버린 시대에 높은 학문을 유지해왔다. 그 대학의 학장은 케임브리지에서 온 토머스 두리틀이었고, 부학장은 옥스퍼드에서 온 토머스 빈센트였다. 그 후에는 그레이 법학원에서 법률을 공부하였다. 그는 국교회 목사가 되려고 생각하였지만, 비국교도가 되기로 결심하였고, 개인적으로 장로교 목사 안수를 받았다. 첫 목회지는 체스터(1687-1712)였으며 그 뒤에 런던의 해크니(1712-1714)로 옮겼다. 청교도들에게서 크게 영향을 받은 그는 성경 해설을 목회의 중심으로 삼았다. 날마다 4시 또는 5시에 일을 시작하였던 그는 시간을 최대한 사용하는 것을 목적으로 삼았다. 1704년에 「성경 주석」을 집필하기 시작하였는데, 그는 사도행전까지 탈고하였으며, 그의 사후 목회 동역자들이 그의 노트와 저서들을 참고하여 신약성경 주석을 완성하였다. 그 주석은 성경에 대한 자세하고 종종 대단히 영적인 해설 양식을 취하였는데, 그 양식은 그 이후의 복음주의적 목회의 형태를 결정하였다. 스펄전은 자신이 매튜 헨리에게 큰 도움을 받았다는 사실을 인정하였다.

역자 **박문재**

역자는 서울대학교 법과대학, 장로회신학대학교 신대원 및 대학원(Th.M.)을 졸업하였다. 역서로 비슬리 머리의 「예수와 하나님 나라」, 존 브라이트의 「이스라엘 역사」, F.F. 브루스의 「바울」, B.S. 차일즈의 「구약신학」, 아이히로트의 「구약성서신학 I , II」, 제임스 D.G. 던의 「바울 신학」 외에 다수 있다.

매튜
헨리
주석
전집

08

매튜 헨리주석
욥기

박문재 옮김

Matthew Henry

크리스챤
다이제스트

성문서 서문

나는 제3권에서 성경의 다섯 권(욥기, 시편, 잠언, 전도서, 아가)의 책을 내게 주어진 은사의 분량을 따라, 이 책들의 의미를 이해할 뿐만 아니라 자신의 덕을 세우기 위해서 읽고자 하는 독자들에게 유익이 되도록 설명하고 삶에 적용하려고 애를 썼는데, 이 다섯 권의 책은 앞의 여러 책들과 동일한 기원과 의도와 권위를 지니고 있기는 하지만, 앞에서 다룬 책들은 물론이고 성경의 나머지 책들과도 그 성격이 판이하게 다르다. 무한한 지혜이신 하나님은 신령한 계시의 빛을 인생들에게 전하실 때에 이 하늘의 양식(유대인들은 만나를 이렇게 부른다)이 사람들의 각양각색의 입맛과 체질에 맞도록 아주 다양한 방법들을 다 동원하는 것이 합당하다고 보신 것이다. 하나님이 이렇게까지 배려하셔서 하늘의 양식을 준비하셨는데도, 사람들의 눈이 열리지 않고 그들의 입이 이 양식을 거부하여 무지 속에서 죽는다면, 그것은 변명의 여지가 없이 전적으로 그들의 책임이다. 우리가 너희를 향하여 피리를 불어도 너희가 춤추지 않고 우리가 슬피 울어도 너희가 가슴을 치지 아니하였다(마 11:17).

I. **이제까지 우리가 살펴본 성경의 책들은** 대부분이 사람이 달리면서도 읽고 이해할 수 있는 정도로 아주 분명하고 쉬운 사실들에 관한 이야기들이어서, 아기들도 얼마든지 받아 먹고 소화시키며 즐기면서 자양분을 취할 수 있는 젖과 같은 그런 책이었다. 지금까지 성소의 물은 어린 양도 들어가서 마시고 몸을 씻을 수 있을 정도로 얕아서 발목이나 무릎까지밖에 차지 않았다. 그러나 여기에서 우리는 하나님의 학교에서 좀 더 상급반으로 진학을 하면서, 우리 손에는, 그 뜻이 숨겨져 있어서 알기 어려운 것들이 들어 있는 책들이 들려지게 된다. 우리는 그것들의 의미를 우리가 원하는 대로 즉시 그리고 확실하게 파악하기 어렵기 때문에, 이제까지보다는 훨씬 더 마음과 생각을 집중하여 부지런히 연구하고 살피지 않으면 안 되지만, 일단 그것들 안에 숨겨져 있는 보화들을 찾는 순간 풍성한 보상을 얻게 될 것이다. 여기에서는 성소의 물이 허리까지 차오르는데, 우리가 계속해서 앞으로 가다 보면, 물은 더욱 차올라서 예언서에 이르면 어느새 헤엄칠 만한 물(겔 47:3-5), 사람이 건널 수 없는 물, 코끼리도 설

수 없을 정도의 깊은 물이 되어 있는데, 이것들은 장성한 자를 위한 단단한 음식(히 5:14)이다. 우리는 신약성서에서도 동일한 방식이 적용되고 있는 것을 볼 수 있다. 거기에서 우리는 그리스도와 그의 복음에 관한 평이한 역사(歷史)가 처음에는 복음서들과 사도행전 속에 담겨 있고, 다음으로는 그 신비(神秘)가 좀 더 이해하기 어려운 서신서들에 담겨 있으며, 마지막으로 장차 있을 일들에 대한 예언들이 요한계시록에 나오는 환상들 속에 담겨 있는 것을 본다. 구약과 신약 모두에서 이렇게 정확하게 지켜지고 있는 이 방법론은 우리가 하나님에 관한 것들을 스스로 연구하고 다른 사람들에게 가르칠 때에 어떤 순서로 진행해 나가야 하는지를 지시해 준다. 우리는 성경에서 보여주는 순서를 따라 나아가야 한다. 우리는 성경이 아닌 그 어디에서 신학의 더 좋은 방법론과 설교의 더 좋은 방법론을 발견하기를 기대할 수 있겠는가?

1. 우리는 가장 분명하고 쉬운 것들, 구원에 꼭 필요하고 가장 유익한 것들로부터 시작하여야 한다. 우리가 신앙의 기본 원리들에 관한 건전한 경험적 지식 속에 우리의 토대를 견고하게 놓아야만, 그 토대 위에 놓일 구조물이 잘 세워져서 견고하게 서 있게 될 것이다. 우리가 먼저 하나님의 말씀의 초보들 또는 기본들을 철저하게 소화해서 그것들을 우리의 피와 살이 되게 하기 전에, 처음부터 깊은 물 속으로 뛰어들거나, 어렵고 논란이 되는 문제들로 함부로 뛰어드는 것은 안전하지 않다. 잘못된 목적을 가지고서 성경 연구를 시작하는 자들은 통상적으로 그들의 성경 지식을 잘못된 방식으로 사용한다. 다른 사람들을 훈련시킬 때, 우리는 그들로 하여금 처음에는 평이한 하나님의 진리들을 그들의 능력에 맞게 잘 이해하고 그 향취를 맛보며 그 진리들을 어떻게 사용하는지를 알게 함으로써 신앙의 토대가 잘 잡힐 수 있게 힘을 쏟아야 하고, 신앙이 연약한 자들로 하여금 그들이 확실하게 이해할 수도 없고 유익을 얻을 수도 없는 깊은 신앙의 진리들이나 논란이 될 수 있는 것들을 붙잡고 씨름하면서 유희를 즐기지 않도록 주의하여야 한다. 우리 주 예수께서는 사람들에게 그들이 알아들을 수 있는 대로(막 4:33) 말씀을 가르치셨고, 사람들이 감당하지 못하는(요 16:12-13) 많은 것들은 무리들에게는 말씀하지 않으시고 오직 제자들에게만 말씀하셨다. 또한, 사도 바울도 신령한 자들을 대함과 같이 말할 수 없었던 자들에 대해서는 비록 그들이 성장하지 못하고 침체에 빠져 있는 것을 책망하기는 했지만, 어쨌든 그들의 연약한 신앙에 맞춰서 그들을 그리스도 안에서 어린 아이들

을 대함과 같이 그들에게 말씀하였다(고전 3:1-2).

2. 그렇지만, 우리는 이러한 것들에 안주해서는 안 된다. 우리는 늘 젖만 먹는 어린 아이들로 머물러서는 안 되고, 그 젖을 통해 자양분을 섭취하고 힘을 얻어서, 완전한 데로 나아가야 한다(히 6:2). 우리는 지각을 사용함으로 연단을 받아 장성한 자가 되어(히 5:14), 어린 아이 같은 짓들을 벗어 버려야 한다. 우리는 뒤에 있는 것들은 잊어버리고, 즉 그것들을 잘 기억해 두기는 하되 늘 똑같은 교훈을 반복해서 배우는 데에 언제까지나 몰두하지 말고, 우리 앞에 있는 것들을 향하여 뻗어나가야 한다(빌 3:13). 우리는 여기 이 세상에 있는 동안에는 성경을 넘어서서 배우려는 생각을 일체 하지 말아야 하고, 오직 성경 안에서 앞으로 계속해서 전진해 나가야 한다: 너희가 이 산에 거주한 지 오래니 이제 자리를 털고 일어나서 광야에서 앞으로 진행하여 가나안을 향하여 나아가라(신 1:6). 우리의 모토(motto)는 "앞으로 전진"(라틴어로, plus ultra)이 되어야 한다. 이렇게 앞으로 꾸준히 발을 내딛다 보면, 우리가 계속해서 여호와를 알아 가고 있고, 주의 마음이 무엇인지를 알아 가고 있다는 것을 깨닫게 될 것이다(호 6:3).

Ⅱ. 이제까지 우리가 살펴본 성경의 책들은 대체로 역사에 관한 것이었지만, **여기에 나오는 내용들은 또 다른 성격의 것으로서 교리와 경건에 관한 설교와 기도이다.** 전자의 글쓰기 방식과 마찬가지로 이러한 글쓰기 방식을 통해서도 아주 유익한 목적들에 도움이 되는 많은 훌륭한 지식이 우리에게 전달된다. 우리보다 앞서 살았던 신앙의 선배들이 무엇을 했고 어떻게 지냈는지를 아는 것만이 아니라, 그들의 개념과 정서는 어떠했는지, 그들의 생각과 감정이 어떠했는지를 아는 것도 우리가 우리의 마음과 생각을 올바르게 형성하는 데에 큰 도움이 되고 유익할 것이다. 플루타르코스(Plutarch)의 「윤리」(*Morals*)는 그의 「전기」만큼이나 학문 세계에 있어서 유용한 보고(寶庫)로 정평이 나 있다. 철학자들의 지혜로운 탐구들과 강론들은 역사가들의 기록만큼이나 유익하다. 성경의 이 책들에 들어 있는 하나님의 철학(이렇게 부를 수도 있을 것이다)은 거룩한 역사보다 교회에 덜 필요하거나, 덜 유익한 것이 결코 아니다. 이 두 가지를 모두 주신 하나님을 찬송할지로다.

Ⅲ. 유대인들은 하나님의 영감의 정도에 있어서 이 책들이 모세의 책들이나 예언서들과 다소 다른 것으로 취급한다. 그들은 구약 성경의 책들을 율법서,

예언서, 문서들(히브리어로는 '케투빔'인데, 이것을 에피파니우스[Epiphanius]는 헬라어로 '그라페이아'[기록된 것들]로 번역하였고, 이 책들은 헬라인들 가운데서 보통 '하기오그라파'[성문서]로 불린다)로 구분하고, 이 세 부류의 책들이 각각 다른 정도로 성령의 영감을 받은 것으로 설명한다. 그들은 모세는 다른 모든 선지자들보다 더 큰 영감으로 성령을 따라 글을 쓴 것으로 보았다. 왜냐하면, 하나님이 그와는 대면하여 명백히 말씀을 하셨고(민 12:8), 모세는 여호와께서 대면하여 아시던 자였기 때문이다(신 34:10). 모세는 깨어 있는 상태에서 하나님의 계시에 참여한 자였던 반면에, 다른 모든 선지자들에게는 하나님이 꿈이나 환상을 통해서 자신을 나타내셨다(이것은 마이모니데스[Maimonides]의 구별이다). 마이모니데스는 모세가 마음의 동요나 놀람이 없이 예언의 말씀들을 깨달았던 데에 반해서, 다른 선지자들은 통상적으로 말씀을 받을 때에 기절하거나 괴로움을 겪었다는 말도 덧붙인다.

그러나 유대인들은 성문서의 기자들은 다른 선지자들보다 약간 낮은 정도의 영감을 받았고, 꿈이나 환상이나 음성을 통해서 하나님의 계시를 받은 것이 아니라, 그들의 내면에서 일어나는 어떤 힘을 감지하였고, 그 힘이 그들로 하여금 그들의 자연적인 능력을 훨씬 뛰어넘어서 글을 쓰거나 말을 하도록 강권하여서, 그들은 그들의 감각 기관들을 평상시처럼 활용해서 시나 찬미, 역사나 선한 삶의 규범 같은 것들을 쓰거나 말하였다고 본다(이것도 마이모니데스의 서술이다). 그리고 다윗 자신도 그런 식으로 설명하고 있다(삼하 23:2-3): 여호와의 영이 나를 통하여 말씀하심이여 그의 말씀이 내 혀에 있도다 이스라엘의 하나님이 말씀하시며 이스라엘의 반석이 내게 이르셨다. 이것은 다윗이 글을 쓸 때에 받았던 영감을 아주 훌륭하게 설명해 주고 있는 구절인데, 나는 다른 선지자들이 다윗보다 못한 영감으로 글을 썼다고 볼 이유가 없다고 본다. 왜냐하면, 다윗은 명시적으로 선지자로 불리고 있기 때문이다(행 2:29-30).

그러나 성문서는 유대인 랍비들의 손을 빌려 전해져 온 것이기 때문에, 우리는 그들이 성문서를 어떤 책으로 보고 있는지도 알아볼 필요가 있다. 우리 앞에 있는 이 다섯 권의 책이 성경의 반열에 든다는 것은 논란의 여지가 없고, 예레미야 애가도 이 성문서에 속하는 것으로 보는 것도 무리가 있는 것은 아니다. 실제로 유대인들은 비평학적으로는 구약 성경에 나오는 모든 시가(詩歌)들을 성문서에 포함시킨다. 왜냐하면, 그 시가들은 성령의 지시하심 아래에서 선지자들에 의해서 쓰어진 것이기는 하지만, 예언적 환상에서 나온 것이 아니어서, 엄밀하게 말해서 예언이라고 할 수 없었기 때문이다.

유대인들은 역사서들도 좀 더 세분해서(그러나 나는 이러한 구별은 별로 유익이 없다고 생각한다), 여호수아, 사사기, 열왕기상하는 예언서에 포함시켜서 전기 예언서라 부르고, 그외의 역사서들, 즉 룻기(하지만 이것은 사사기의 부록일 뿐이다), 역대상하, 에스라, 느헤미야, 에스더는 성문서에 포함시킨다. 역사서의 마지막 책인 에스더는 랍비들이 대단히 소중하게 여기는 책으로서, 그들은 에스더서를 모세의 율법서를 다룰 때와 동일한 공경심으로 다루면서, 그 책이 모세의 글만큼이나 오래갈 것이고, 그 어떤 예언서보다 더 오래 남아 있게 될 것이라고 생각한다.

마지막으로, 유대인들은 아무런 설명도 없이 다니엘서를 성문서에 포함시킨다. 다니엘은 예언의 은사에 있어서 그 어떤 선지자에 비해서도 결코 떨어지지 않은 인물이었기 때문에, 스미스(Smith) 목사는 유대인들이 다니엘서를 성문서에 포함시킨 것은 우연에 의한 실수였을 것이라고 생각한다. 스미스 목사는 그의 저서에서 이렇게 말한다: 이런 유의 영감은 "엄밀한 의미에서 예언이라 불린 것보다는 더 정적이고 고요해서 상상력을 그렇게 격렬하게 자극하지 않고, 영혼의 더 높고 순수한 곳에 자리를 잡고 일하지만, 경건한 영혼들을 늘 강도 높은 기도로 끌어올리거나, 그들을 기이하게 감동시켜서 참된 경건이나 선함과 관련된 글들을 쓰게 만들 뿐만 아니라, 저 거룩한 자들의 마음에 갑자기 임해서 그들의 마음을 이전의 통상적인 상태로부터 벗어나 더 높은 곳으로 고양시킴으로써, 그들로 하여금 그들이 그들 자신의 명철이 통상적으로 그들의 마음에 부어 주었던 것보다 더 높은 차원의 빛의 능력에 사로잡혀 있다는 것을 느끼게 해주었다는 점에서, 그것이 신령한 것임을 스스로 나타내었다. 이것은 그들이 영속적으로 소유하고 있는 성별된 거룩한 이성의 빛과 그들의 성별된 마음속에 거하는 거룩함과 선함의 저 변함없는 체질이 살아서 약동하는 한 형태였다." 따라서, 우리는 이런 권능을 사람에게 주시고 그 권능의 복된 결과물들을 이렇게 우리에게 전해 주신 이스라엘의 하나님께 영광을 돌리는 것이 마땅하다(마 9:8).

IV. 이 책들의 문체와 구성은 앞에 나온 책들이나 앞으로 나올 책들과 다르다. 우리 구주께서는 구약의 책들을 율법과 선지자의 글과 시편으로 구분하심으로써(눅 24:44), 시가서(詩歌書)를 율법과 예언서로부터 구별하도록 우리에게 가르치신다. 이제부터 우리가 살펴보고자 하는 책들은 전도서만 제외하면 모두 시가서이고, 전도서도 문체상의 제약을 받고 있기는 하지만 충분히 시가서로 여겨질 수 있다. 이 책들은 헬라나 라틴 식의 작시법을 따르고 있지는 않지만 고대의 작시법에 따라 운문으로 씌어진 책들이다. 일부 옛 사람들은 이 다섯 권의 책을 구약의 제2의 오경, 즉 모세 율법의 다섯 권의 책에 부속되어 있는 다섯 권의 거룩한 책이라 부른다. 나지안주스의 그레고리우스(Gregory Nazianzen)는 욥의 책, 다윗의 책, 그리고 솔로몬의 세 권의 책(전도서, 아가, 잠언)을 다섯 권의 운문서들이라 불렀고, 이코니움의 주교였던 암필로키우스(Amphilochius)는 셀레우코스에게 바치는 그의 약강격의 시에서 이 책들을 구체적으로 열거하면서, 그 책들을 다섯 권의 운문서들이라 불렀으며, 에피파니우스(Epiphanius), 키릴루스(Cyril)도 마찬가지였다.

폴리크로니우스(Polychronius)는 욥기에 대한 그의 서문에서 외인들이 그들의 비극들과 희극들을 시가(詩歌)라고 부르는 것처럼, 우리는 성경 속에서 히브리 식의 운율로 지어진 이 책들을 형식을 따라 지어진 운문의 책들이라 부른다고 말하였다. 보격(步格)이나 운율에 맞춰서 씌어진 글은 어떤 일정한 박자나 음절들의 수에 의해서 규율을 받아 지어져서 부드러움과 운율로 인해 사람들의 귀를 즐겁게 해주어서 어떤 내용을 좀 더 감동적이고 힘 있게 사람들의 마음속에 전달해 주기 때문에 운문(韻文)이라 불린다. 윌리엄 템플(William Temple) 경은 시에 관한 자신의 글에서 시가 세상에서 최초로 사용된 글쓰기 형태였고, 몇몇 나라들에서는 문자가 발명되거나 사용되기 전에 이미 사람들이 시를 지었다는 데에 사람들이 일반적으로 동의한다고 생각한다. 그의 말에 의하면, 스페인 사람들은 아메리카 대륙에서 문자가 그 지역에 알려지기 전에 순전히 시적인 감흥에서 저절로 지어진 듯이 보이는 수많은 시가들을 발견하였다고 하고, 스키티아인들과 그리스인들도 마찬가지였을 것이라고 한다: 아폴로(Apollo)의 신탁들은 운문으로 전달되었다. 호메로스(Homer)와 헤시오도스(Hesiod)는 헬라 철학자들이나 역사가들이 나타나기 아주 오래 전에 이교의 귀신론의 경전이 된 시들을 썼다. 그리고 그들보다 훨씬 전에(헬라의 고대 이야기들을 믿을 수 있다면), 심지어 다윗 시대 이전에도, 오르페우스(Orpheus)와 리누스(Linus)는 헬라에서 유명한 시인이자 음악가였고, 마찬가지로 헬라

원주민들에게 문자를 처음으로 소개하였던 에반데르(Evander)의 어머니 카르멘타(Carmenta)도 자신의 생각을 운문으로 표현하였기 때문에 노래하는 여인으로 불렸다. 이런 식의 글쓰기 방식은 고대인들 가운데서 이렇게 숭상되었기 때문에, 그들의 시인들은 예언자들로 불렸고, 그들이 읊은 시들은 신성시되었다.

그러나 우리가 주목할 만한 더 확실한 사실은 성경에 나오는 가장 오래된 글은 모세가 홍해에서 부른 노래인데(출 15장), 우리는 이 노래가 글에 관한 최초의 언급이 나오기 전에 지어졌다는 것을 발견한다. 왜냐하면, 글에 관한 최초의 언급은 하나님이 모세에게 아말렉과의 전쟁에 대한 기억을 글로 기록하라고 명하시는 출애굽기 17:14에야 비로소 나오기 때문이다. 글쓰기의 최초의 목적이자 원래의 일반적인 목적은 기억을 위한 것이었다. 시가(詩歌)는 그런 목적에 상당한 정도로 부응하는데, 글이 없을 때에도 옛날의 일들에 대한 기억을 보존하는 데에 유익하였고, 글이 있을 때에는 더더욱 그러하였다. 여호와의 전쟁기(민 21:14)와 야살의 책(수 10:13; 삼하 1:18)은 둘 다 시적인 운율에 맞춰 씌어졌던 것으로 보인다. 어떤 사건들이 일어났을 때에 씌어진 많은 거룩한 노래들이 구약의 역사서와 예언서 속에 산재해 있는데, 아주 유능한 학자들은 이 노래들을 다음과 같이 평가한다: "그 노래들은 서로 다른 언어와 평범한 산문으로 번역됨으로 인해서 생겨난 온갖 불리한 점들에도 불구하고, 다른 언어들에서 볼 수 있는 것과 같은 진정하고 고상한 시로서의 품격을 갖추고 있고, 이교의 작가들 속에서 찾아볼 수 있는 그 어떤 것보다도 참되고 고상한 시어의 모범들을 보여주고 있다. 시적으로 형상화해 놓은 이미지들은 지극히 강렬하고, 그 사고는 지극히 위대하며, 그 표현들은 지극히 거룩하고, 비유들은 놀라울 정도로 너무나 담대하고 감동적이기 때문에, 이 노래를 지은 자들의 놀라운 품격은 그 누구도 흉내낼 수 없다." 성소를 섬기는 데에 사용될 것들은 최고의 것이 되어야 합당하다.

성문서로 한데 묶여진 책들은 시적인 책들이다. 욥기는 영웅시이고, 시편은 거룩한 송시(頌詩)나 서정시들의 모음집이며, 아가는 목가시이자 결혼 축시이다. 이 책들은 시적인 책들이지만, 거룩하고 진지하며 웅장하고 위엄으로 가득 차 있다. 이 시들은 시적인 힘과 열정은 있지만 시적인 격정과 허구는 없으며, 사람의 감정을 기이하게 움직이며 사로잡지만 생각을 부패시키거나 기만하지 않고, 사람의 귀를 사로잡으면서도 마음에 덕을 세우고, 기쁨을 주는 만큼이나 유익도 준다. 그러므로 처음에 하나님의 영광을 위하여 성별되어 그의 예배에서 그토록 자주 사용되었던 이 강력한 예술이 예나 지금이나 타락하고 부패하여 하나님의 원수들을 섬기는 데에, 즉 바알에게 곡물과 포도주와 기름을 바칠 때에 사용되고 있는 것은 참으로 통탄할 일이다.

V. 이 책들의 글쓰기 방식이 뛰어나서, 사람들의 주목을 끌고, 감정을 사로잡으며, 그 내용을 사람들의 마음 속에 기억시키는 데에 아주 적합한 것과 마찬가지로, 이 책들의 내용도 대단히 유익하여, 모든 면에서 우리에게 도움이 된다. 이 책들 속에는 신앙의 정수들이 녹아 들어 있고, 거기에 담겨 있는 것들은 구약의 그 어느 책보다도 우리가 사용하기에 적합하다. 이런 이유로, 우리가 성경의 궁창에 있는 별들을 서로 비교해 보는 것이 허용된다면, 이 별들은 최고 등급의 별들이라고 할 수 있다. 모든 성경은 교리와 기도, 올바른 행실을 교육하기에 유익한데(딤후 3:16), 이 책들은 그 중에서도 특히 그러하다. 욥기는 우리가 하나님에 관하여 무엇을 믿어야 하는지를 가르쳐 주고, 시편은 우리가 하나님을 어떻게 예배하고, 하나님께 어떠한 충성 맹세를 하며, 하나님과의 교제를 어떻게 유지해야 하는지를 가르쳐 주고, 잠언은 인생의 모든 국면에서 우리가 어떻게 우리 자신을 다스려야 하는지를 아주 구체적으로 보여준다. 하나님의 사람은 이러한 빛들에 적절하게 주목함으로써 온전하게 되어 모든 선한 일에 준비함이 될 수 있다(딤후 2:21; 히 13:21). 이 책들은 연대순으로 배치되어 있기도 하고, 자연스러운 순서를 따라 배치되어 있기도 한다. 왜냐하면, 우리는 먼저 하나님을 아는 지식 속으로 인도되어, 하나님에 관한 우리의 판단이 올바르게 형성되고, 우리의 오해들이 바로잡힌 후에, 하나님을 어떻게 예배해야 하는지, 어떤 일들을 선택해야 하나님을 기쁘시게 해드릴 수 있는지에 대하여 가르침을 받는 것이 합당하기 때문이다.

이 책들 속에는 자연 신앙 및 그 기본 원리들과 교훈들에 관한 많은 것들이 들어 있고, 하나님과 그의 무한한 완전하심들, 하나님과 사람의 관계, 세상과 교회에 대한 하나님의 통치에 관한 많은 것들이 들어 있으며, 계시 종교의 원천이자 핵심이신 그리스도에 관한 많은 것들(욥과 다윗은 그리스도의 탁월한 모형들로서 그리스도에 대한 분명하고도 복된 안목들을 지니고 있었다)이 들어 있다. 우리는 이 책들 속에서 우리의 명철에 빛을 비춰 주고, 우리로 하나님에 관한 깊은 것들을 더욱더 많이 알게 하는 데에 유익한 것들을 만난다. 즉, 우리가 깊이 생각해 보아야 할 진리들에 대한 묵상들과 우리가 가장 알고 싶어 하는 것들을 충족시켜 주고, 우리의 지식을 더해줄 계시들이 이 책들 속에 들어 있다. 또한, 이 책들 속에는 신령한 빛을 통해서 우리의 영혼을 거룩한 불의 열기와 감화 속으로 데려다 주고, 경건하고 독실한 정서들에 불을 붙여서 활활 타오르게 해줄 것들도 들어 있어서, 우리는 그 날개들을 타고 높이 솟아올라서 지성소로 들어갈 수 있다. 이 책들을 통해서, 우리는 하나님과 함께 산 위에 있으면서, 그의 아름다움을 볼 수 있다. 그리고 우리가 그 산에서 내려왔을 때에는 그 책들을 통해서 산 위에서 받은 감화를 우리 심령 속에 그대로 간직한 채로 우리 주 하나님이 우리에게 명하신 선한 일들을 꼼꼼히 행한다면, 우리의 얼굴은 우리가 만나는 모든 사람들 앞에서 빛날 것이고, 그들은 이것으로 말미암아 하늘에 계신 우리 아버지께 영광을 돌리게 될 것이다(마 5:16).

이 주제는 이렇게 위대하고 고귀하며 진정으로 탁월하고 우리의 삶 속에서 얼마든지 선용될 수 있는 것이기 때문에, 나는 내 능력이 부족해서 성경 본문이 지닌 생명과 기운을 제대로 드러내지 못한 것에 대하여 부끄러움을 느낀다. 우리는 종종 하나님에 관한 위대한 것들을 거의 알지 못하기 때문에 그런 것들에 전혀 감화를 받지 않고 그런 것들이 지닌 맛과 향취를 전혀 느끼지 못하는 자들을 보면 의아해하지만, 사실 우리가 더 의아해해야 할 것은 우리가 그런 것들을 그토록 자주 그리고 친밀하게 접하면서도 그런 것들에 감화를 받아 온전히 사로잡혀서 그것들을 묵상하며 늘 지극한 기쁨 속에 있어야 하는데도 그렇지 못하다는 것이다. 우리는 머지않아 그렇게 되기를 소망하지만, 어쨌든 지금에 있어서도 우리는 그리스도께서 산 위에서 변화되신 것을 목격한 세 제자처럼 우둔하고 늘 조는 자들이긴 하지만, 주여 우리가 여기 있는 것이 좋사오니 우리가 여기에 초막 셋을 짓게 하소서(눅 9:32-33)라고 말할 수는 있다.

나는 상세함과 정확함에 있어서 내가 목표로 했던 것에 미치지 못하였기 때문에, 이 책들에 대한 강해를 다 쓰고난 지금, 자랑할 것이 전혀 없고, 도리어 부끄러운 것 투성이다. 나는 내가 쓴 글들을 다시 읽어 보면서 많은 결함들을 발견하게 되는데, 비평적으로 내 글을 읽는 사람들은 아마도 그 속에서 몇몇 실수나 잘못들도 찾아낼지 모른다. 그러나 나는 내가 할 수 있는 한 심혈을 기울여서 이 일을 해왔고, 나로 하여금 그의 은혜로 말미암아 그의 일을 지금까지 해 오게 하신 하나님께 감사한 마음뿐이다: 우리가 선한 일을 했거나 그 어떤 선한 목적에 기여한 것이 있다면, 자기의 기쁘신 뜻을 위하여 우리에게 소원을 두고 행하게 하시는(빌 2:13) 하나님께서 이 모든 영광을 받으소서. 하나님으로부터 온 것은 하나님께로 돌아갈 것이고, 하나님이 은혜로 기쁘게 받으실 것이며, 하나님의 교회에 어느 정도 유익이 될 것인 반면에, 내 자신으로부터 온 것(즉, 온갖 결함들과 오류들)은 하나님이 너그러이 눈감아 주시고 용서해 주실 것이라고 나는 믿는다. 하나님은 어떤 사람이 가지고 있지 않은 것에 대해서는 관용을 베푸시고, 그 사람이 가지고 있는 것만을 보시고서 은혜를 베푸실 줄을 나는 믿는다.

나는 성 아우구스티누스의 다음과 같은 기도를 나의 기도로 삼고 싶다: 주 하나님, 내가 이 책들 속에서 주장한 것 가운데서 주의 허락하심 속에 포함되어 있는 것과 일치하는 것만을 주의 백성이 주의 말씀으로 받게 하시고, 단지 나의 주장일 뿐인 것은 주께서 용서해 주시고, 주의 백성도 그것을 용서하게 해주소서. 또한, 나는 이 일은 그 일하는 사람이 그 합당한 삯을 받게 되어 있다는 것을 내가 발견하였다는 것과 우리가 하나님의 말씀을 더 잘 알면 알수록 그 말씀은 우리에게 더욱더 꿀과 송이꿀(시 19:10)이 된다는 것을 이 자리에서 밝힘으로써 우리의 크신 주님께 영광을 돌리지 않을 수 없다. 우리가 다른 사람들을 위하여 이 수확에 나섰다가 약간의 이삭을 줍기만 해도, 우리는 그것으로 스스로 배불리 먹을 수 있다. 우리가 하나님의 은혜로 말미암아 그런 일을 할 수 있을 때, 우리는 다른 사람들을 먹일 수 있는 최고의 자격을 갖추게 될 것이다.

나는 최근에 저 위대한 학자이자 유명한 재사(才士)인 에라스무스(Erasmus)가 그의 저서인 「설교론」(*De Ratione Concionandi*) 앞에 붙인 헌사(獻詞)에서 한 구절을 읽고 몹시 기뻐하였는데, 거기에서 그는 자기가 세상과 그 분주함에 지친 자였는데, 수고하고 무거운 짐 진 자들아 다 내게로 오라 내가 너희를 쉬게 하리라(마 11:28)는 주님의 은혜로운 초대를 읽는 순간, 오직 이것만이 그에게 참된 만족을 줄 것이라는 생각이 들면서 힘을 얻은 후에, 그의 여생을 예수 그리스도와의 은밀한 교제 속에서 보내기를 간절히 소원하게 되었다는 자신의 심정을 피력한다. 나는 그의 말을 그대로 가져와서 진지한 경건을 보여주는 위인들의 어록 속에 포함시켰으면 좋겠다는 생각을 하게 되었다. 내가 이 일에서 물러나서 조용하고 한적한 삶을 살면서, 나의 얼마남지 않은 여생 동안 "수고

하고 무거운 짐 진 자들아 다 내게로 오라 내가 너희를 쉬게 하리라"고 외치시고, 그 말씀을 지금도 철회하지 않으시는 그분과만 교제하게 되기를 아주 오랫동안 간절히 소원하여 왔다고 말하면, 내 말을 쉽게 믿을 사람은 아무도 없을 것이다. 나는 시대가 발전하면서 나타나는 과도기적 현상들과 관련된 수많은 불안과 소요로 요란한 이 소란한 시대(광란의 시대라고 하면 지나친 말일까) 속에서 이 은밀한 교제에 비할 수 있는 그 어떤 위로도 발견할 수 없다. 우리는 하나님의 아름다우심과 자비하심을 기쁜 마음으로 바라보면서 복된 영원을 살기를 소망한다. 그러므로 우리의 시간이 허락되는 대로 많은 시간을 이 일에 사용하는 것은 복된 일이다.

주께서 나의 생명을 지속시켜 주시고, 내게 이 일을 할 수 있는 시간적인 여유와 마음과 몸의 힘을 주셔서, 예언서를 다루는 한 권의 책이 더 나온다면, 구약에 대한 강해는 끝나게 될 것이다. 나는 그 일을 시작하였는데, 예언서를 다루는 책은 다른 어느 책보다 더 방대해질 것 같고, 시간도 더 오래 걸릴 것 같다. 그러나 하나님께서 그의 은혜로 내게 그 일을 할 수 있는 여건을 허락하시고 도우신다면(이 은혜가 없이는 나는 아무것도 할 수 없고, 책을 쓴다고 해도 안 쓰느니만 못하게 될 것이다), 나는 그 일을 하나님이 능력을 주시는 대로 최선을 다해 신속하게 수행할 것이다. 나는 나의 친구들에게, 하나님께서 파종하는 자에게는 종자를 주며 먹는 자에게는 양식을 주시고(사 55:10), 심을 것을 주사 풍성하게 하시고 우리의 의의 열매를 더하게 하심으로써(고후 9:10), 뿌리는 자와 거두는 자가 함께 즐거워하게 하시고(요 4:36) 크신 추수의 주님께서 이 모든 영광을 받으시라고 기도해 주기를 부탁드린다.

1710년 5월 13일 체스터에서
매튜 헨리

욥기 서론

욥기는 따로 독립되어 있고, 성경의 다른 어떤 책과도 연결되어 있지 않기 때문에, 단독으로 고찰되어야 한다. 히브리 성경의 많은 판본들은 욥기를 시편 뒤에 두고 있고, 일부는 잠언 뒤에 두고 있는데, 일부 학자들은 이것을 근거로 욥기가 이사야 또는 후대의 선지자들 중의 한 사람에 의해서 씌어졌다고 생각하기도 한다. 그러나 우리는 욥기의 주제가 아주 오래 전부터 다루어진 것으로 보이기 때문에 욥기의 저술도 아주 오래되었고, 욥기가 그 주제로 볼 때에 하나님의 교훈들을 모아 놓은 책들 중에서 맨 앞에 놓이는 것이 가장 적절하다고 생각하지 않을 이유가 없다. 또한, 욥기는 교리서이기 때문에 기도서인 시편이나 실천서인 잠언보다 앞에 나오는 것이 적절하다. 왜냐하면, 우리는 우리가 알지도 못하는 하나님을 예배하거나 순종할 수 없기 때문이다.

I. 우리는 욥기를 쓴 사람이 누구인지를 확실히 알지 못하지만, 욥기가 하나님의 감동으로 주어졌다는 것을 확신한다. 욥이 이스라엘 나라에 대하여 외인(外人)이었기 때문에, 유대인들은 욥의 친구들이 아니었지만, 그들에게 맡겨진 하나님의 말씀을 충실히 보존하는 자들이어서 언제나 이 책을 그들의 성경 속에 포함시켜 보존하였다. 욥이 겪은 일은 한 사도에 의해서 언급되고 있고(약 5:11), 욥기에 나오는 한 구절(5:13)은 성경을 인용할 때의 통상적인 도입문인 "기록된 바"를 통해서 또 다른 사도에 의해서 인용되고 있다(고전 3:19). 모세가 애굽에서 고난을 받던 그의 형제들을 붙들어 주고 위로하며, 하나님이 욥에게 그러셨듯이 때가 되면 그들도 건지시고 부요하게 하실 것이라는 소망을 그들이 갖도록 격려하기 위해서, 미디안에서 직접 이 이야기를 써서 그들에게 전했다는 것이 많은 옛 사람들의 견해이다. 어떤 이들은 욥기가 원래는 아랍어로 씌어졌는데, 나중에 솔로몬 또는 어떤 영감을 받은 저술가가 유대 교회에서 사용하도록 하기 위하여 히브리어로 번역한 것으로 추정한다. 내가 생각하기에는 엘리후가 욥기, 그 중에서 적어도 대화 부분을 썼을 가능성이 높아 보인다. 왜냐하면, 그는 역사가로서의 말과 논객으로서의 말을 뒤섞어 사용하고 있기 때문이다(32:15-16). 그리고 모세는 아마도 독자들이 이 대화 부분

을 제대로 해석할 수 있도록 하기 위하여 처음 두 장과 마지막 장을 썼을 것이다. 왜냐하면, 그 장들 속에는 하나님이 자주 여호와로 불리고 있지만, 대화 부분 전체에서는 욥기 12:9을 제외하면 그 이름이 전혀 나오지 않기 때문이다. 여호와라는 이름은 모세 이전의 족장들에게는 거의 알려져 있지 않았다(출 6:3). 유대 저술가들 중 일부는 욥이 직접 욥기를 썼다고 보고, 그를 이방인들 중의 선지자로 인정하지만, 엘리후도 내 속에는 말이 가득하니 내 영이 나를 압박함이니라(32:18)고 말하는 것으로 보아서, 우리는 그에게도 예언의 영이 있었다는 것을 알게 된다.

Ⅱ. 우리는 욥기의 대화들이 시적이긴 하지만, 그 대부분이 소설이 아니라 사실적인 이야기라는 것을 확신한다. 욥이라는 인물이 있었다는 것은 의문의 여지가 없다. 선지자 에스겔은 노아 및 다니엘과 나란히 욥의 이름을 거론한다(겔 14:14). 영감을 받은 기자(記者)가 욥과 그의 친구들이 대화를 나눈 내용을 자신의 말로 자유롭게 표현하고 있기는 하지만, 욥의 형통과 경건, 그의 갑작스러운 환난들과 모범적인 인내, 그와 그의 친구들이 나눈 대화들의 실질적인 내용, 회오리바람 속에서 이루어진 하나님과 그의 대화, 그가 마침내 다시 지극히 형통하게 된 것에 관한 욥기의 이야기는 의심할 여지 없이 정확히 사실이다.

Ⅲ. 우리는 욥이 살았던 때나 욥기가 씌어진 때를 정확히 확정할 수는 없지만, 욥기가 아주 오래 되었다는 것을 확신한다. 욥기가 오래 되었음을 보여주는 흔적들인 백발이 그 책 속에 아주 많고 너무나 뚜렷하기 때문에, 우리는 욥기의 기원이 창세기와 동시대이고, 거룩한 욥은 이삭이나 야곱과 동시대인이었을 것이라고 생각하는 것은 일리가 있다. 욥은 이 땅의 가나안에 대한 약속을 이삭이나 야곱과 함께 물려받을 자는 아니었지만, 그들과 함께 더 나은 본향, 곧 하늘에 있는 본향을 사모하는 자였다. 아마도 욥은 아브라함의 형제 나홀의 후손이었을 것이다. 나홀의 맏아들은 우스였고(창 22:21), 그의 가문에서는 신앙이 몇 세대 동안 지속되었던 것 같다. 왜냐하면, 하나님은 아브라함의 하나님이라 불릴 뿐만 아니라, 나홀의 하나님으로도 불렸기 때문이다(창 31:53). 욥이 산 때는 사람의 나이가 모세의 때처럼 일흔이나 여든까지 짧아지기 전, 희생제사들이 하나의 제단으로 국한되기 전, 열국들이 참 하나님을 알고 예배하는 것에서 떠나 전반적으로 배교하기 전, 사사들에 의해서 벌을 받았던 우상

숭배, 즉 해와 달을 숭배하는 것 말고는 다른 우상 숭배가 없었던 때였다 (31:26-28). 그는 하나님이 여호와라는 이름이 아니라 전능자 하나님이라는 이름으로 더 많이 알려져 있던 때에 살았다. 왜냐하면, 하나님은 욥기에서 30번 이상 샷다이(전능자)로 불리기 때문이다. 욥은 하나님을 아는 지식이 글에 의해서가 아니라 전승을 통해서 전해졌던 때에 살았다. 왜냐하면, 욥기에 전승을 근거로 드는 말들이 여러 번 나오기 때문이다(8:8; 21:29; 15:18; 5:1). 욥기에는 이스라엘이 애굽에서 구원을 받았다거나 율법의 수여에 관한 언급이 전혀 나오지 않는 것으로 보아서, 욥이 모세 이전에 살았다고 생각하는 것은 일리가 있다. 사실, 바로가 물에 빠져 죽었음을 암시하는 듯한 구절이 하나 나오기는 한다(26:12): 그는 능력으로 바다를 잔잔하게 하시며 지혜로 라합을 깨뜨리신다. 성경에서는 애굽을 흔히 라합이라 부른다(시 87:4; 89:10; 사 51:9). 그러나 그것은 바다의 교만한 파도를 가리킬 가능성이 많다. 그러므로 우리는 욥기가 족장 시대로 거슬러 올라가는 책으로서 정경으로서의 권위를 지니고 있을 뿐만 아니라 아주 오래된 유서 깊은 책으로 우리가 숭상해야 할 책이라는 결론을 내린다.

IV. 우리는 욥기에는 깨닫기 어려운 구절들이 많이 있기는 하지만, 욥기가 교회와 모든 선한 그리스도인에게 대단히 유익하다는 것을 확신한다. 우리는 아마도 우리가 욥기 속에서 만나는 모든 아랍어 단어와 어구가 지닌 참된 의미를 다 자신있게 말할 수는 없을 것이다. 욥기는 비평학자들이 아주 많은 일을 해야 하는 그런 책이지만, 그 전체적인 것을 파악해서 유익을 얻기 위한 목적으로 사용할 때에는 충분히 분명하다. 어쨌든, 욥기는 우리의 교훈을 위해 씌어진 책이기 때문이다.

1. 이 고상한 시는 무엇보다도 다음과 같은 다섯 가지 것들을 아주 분명하고 생생한 필치로 우리에게 제시한다.

(1) 원시 신학의 기념비. 욥기에서는 자연 종교의 토대가 되는 자연의 빛의 제일가는 큰 원리들을 놓고 온갖 지식이 동원되는 가운데에 아주 길고 열띤 논쟁이 벌어지는데, 그 원리들은 모든 면에서 당연한 것으로 받아들여지고 조금도 의심되지 않을 뿐만 아니라, 모두의 동의 아래에서 영원한 진리들로 분명하게 제시되고, 다른 진리들에 영향을 미치는 것으로 예시되고 강력히 권고된다. 하나님의 존재, 그의 영광스러운 속성들과 온전함들, 그의 헤아릴 수 없는 지혜, 그의 거역할 수 없는 권능, 그의 상상할 수 없을 정도의 영광, 그의 확고한

공의, 이의를 제기할 수 없는 그의 절대 주권이 이 책에서보다 더 분명하고 온전하고 위엄 있고 유려하게 진술된 적이 있었던가? 여기에서는 세상의 창조와 그 통치가 멋진 사변의 소재(素材)로서가 아니라 우리에게 우리의 창조주, 주인, 주님, 통치자이신 분을 경외하고 섬기며 의지하고 복종하도록 아주 강력한 의무들을 지우는 것으로서 경이롭게 서술되고 있다. 도덕적인 선과 악, 미덕과 악덕이 이 책에서보다 더 가까이 삶에 다가온 것은 결코 없었다(전자가 만들어 내는 아름다운 삶과 후자가 만들어내는 기형적이고 추한 삶). 또한, 결코 깨뜨려질 수 없는 하나님의 심판의 법칙, 즉 의인은 복이 있으리니 모든 일이 잘 될 것이며 악인에게는 화가 있으리니 모든 일이 안 될 것이라는 법칙이 아주 분명하게 제시된다. 이러한 것들은 학문 세계를 계속해서 활동하게 만들어 주는 상아탑의 문제들도 아니고, 배우지 못한 사람들을 겁을 주기 위한 국가의 수단들도 아니다. 욥기는 그러한 것들이 의심할 여지 없이 확실한 거룩한 진리들, 인류 중에서 모든 지혜롭고 건전한 자들이 모든 시대에 동의하고 승복해 온 진리들이라는 것을 보여준다.

(2) 이방인들의 경건의 표본. 이 위대한 성인은 아브라함이 아니라 나홀의 후손이었을 가능성이 많다. 또는, 아브라함의 후손이었다고 할지라도, 그는 이삭이 아니라, 동쪽 땅으로 보내진 첩들의 아들들 중의 한 사람의 후손이었을 것이다(창 25:6). 또는, 이삭의 후손이었다고 할지라도, 그는 야곱이 아니라 에서의 후손이었을 것이다. 따라서, 그는 이스라엘 사람도 아니었고, 개종자도 아니었기 때문에, 특별한 언약의 울타리 밖에 있었지만, 이 땅에서 그 만한 신앙을 지닌 자가 없었고, 하늘의 은총을 받은 자가 없었다. 그러므로 베드로 사도가 깨닫기 이전에도, 각 나라 중 하나님을 경외하며 의를 행하는 사람은 하나님이 다 받으신다는 것은 진리였다(행 10:35). 함께 모인 그 나라의 자손들(마 8:11-12) 외에도 흩어진 하나님의 자녀들도 있었다(요 11:52).

(3) 섭리의 책에 대한 해설서. 욥기는 섭리의 책에 나오는 많은 어렵고 모호한 구절들에 대한 분명하고 만족스러운 해법을 우리에게 제시해 준다. 악인의 형통과 의인의 고난은 섭리의 책 속에서 다른 어떤 장 못지않게 어려운 두 개의 장으로 여겨져 왔다. 그러나 욥기는 그런 것들을 그러한 일들의 결국을 통해서 하나님의 지혜와 순전하심과 선하심과 조화가 되게 잘 해설해 준다.

(4) 인내의 위대한 모범. 욥기는 우리에게 극심한 재난들 가운데에서도 인내

하고 하나님을 꼭 붙든 모범적인 예를 우리에게 제시해 준다. 대단히 독창적인 필자인 리처드 블랙모어스(Richard Blackmores)는 욥기를 자유롭게 의역한 그의 글의 탁월한 서문에서 욥이야말로 서사시의 주인공이 될 만한 인물이라고 말한다: "욥은 극심한 고통 속에서도 용감하고, 환난 가운데에서도 용맹스러우며, 아주 극심한 분노를 불러일으키는 도발들, 지옥의 악의가 만들어낼 수 있는 그런 도발들 아래에서도 자신의 미덕과 인격을 유지함으로써, 수동적으로 참고 견디는 견인불굴의 가장 고상한 모범, 영웅적인 일을 한 사람의 인품에 견주어 손색이 없는 그런 모범적인 인품을 보여준다."

(5) 그리스도의 탁월한 모형. 욥이 그리스도의 모형으로서 보여주는 세세한 것들은 우리가 앞으로 서술해 나가는 동안에 그 때마다 언급하게 될 것이다. 전체적으로, 욥은 더 큰 영광을 위하여 자신을 비우고 낮아져서 큰 고난을 당한 자였다. 마찬가지로, 그리스도께서도 장차 지극히 높아지기 위하여 자신을 낮추셨다. 패트릭 주교는 제롬(Jerome)이 욥을 그리스도의 모형, 즉 그 앞에 있는 기쁨을 위하여 십자가를 참았고, 한동안 사람들과 마귀에 의해서 박해를 받았으며, 하나님에게도 버림을 받은 것처럼 보였지만, 나중에 높아졌을 때에 그의 비참한 상황에 고통을 더하여 주었던 그의 친구들을 위하여 중보 기도를 하였던 그리스도의 모형이라고 여러 차례에 걸쳐 말한 것을 인용한다. 야고보 사도는 욥의 인내에 대하여 말할 때에 즉시 주께서 주신 결말, 즉 욥이 모형적으로 보여준 주 예수의 결말(어떤 이들은 이렇게 이해한다)을 주목한다(약 5:11).

2. 욥기의 내용.

(1) 욥이 겪은 고난들과 그가 종종 인간의 연약함을 보이면서도(3장) 그 고난들 아래에서 인내한 것에 관한 이야기(1-2장).

(2) 그의 고난들을 둘러싸고 그와 그의 친구들 사이에 벌어진 논쟁(4-41장).

[1] 논쟁의 배심원들은 엘리바스, 빌닷, 소발이었다.

[2] 이 논쟁에서 방어하는 입장에 있는 자는 욥이었다.

[3] 사회자는 처음에는 엘리후였고(32-37장), 나중에는 하나님 자신이었다(38-41장)이었다.

(3) 이 모든 것의 결과는 욥의 존귀와 형통이었다(42장). 전체적으로, 우리는 의인은 고난이 많으나, 여호와께서 그들을 모든 고난에서 건지실 때에 그들의 모든 믿음의 시련은 결국 칭찬과 영광과 존귀로 바뀌게 되리라는 것을 배운다.

제 1 장

개요

욥에 관한 이야기는 여기에서 다음과 같은 기사로 시작된다. I. 전체적인 그의 큰 경건(1절)과 구체적인 경우에 있어서의 그의 큰 경건(5절). II. 그가 아주 잘 살았다는 것(2-4절). III. 그에 대한 사탄의 악의 및 사탄이 그의 경건이 변함없는지를 시험해 보아도 좋다는 허락을 받음(6-12절). IV. 그에게 갑자기 닥친 환난들, 그의 재산이 하루 아침에 다 날아가고(13-17절), 그의 자녀들이 죽음(18-19절). V. 이러한 환난들 아래에서 그가 보여준 모범적인 인내와 경건(20-22절). 이 모든 것 속에서 욥은 환난을 잘 견뎌내는 모범으로 제시된다. 우리는 아무리 잘 살아도 환난으로부터 안전할 수 없지만, 흠 없고 정직한 경건은 우리를 환난으로부터 보호해 줄 것이다.

[1]우스 땅에 욥이라 불리는 사람이 있었는데 그 사람은 온전하고 정직하여 하나님을 경외하며 악에서 떠난 자더라 [2]그에게 아들 일곱과 딸 셋이 태어나니라 [3]그의 소유물은 양이 칠천 마리요 낙타가 삼천 마리요 소가 오백 겨리요 암나귀가 오백 마리이며 종도 많이 있었으니 이 사람은 동방 사람 중에 가장 훌륭한 자라

우리는 여기에서 욥에 대하여 다음과 같은 것들에 대하여 듣는다.

I. 욥은 사람이었기 때문에 우리와 마찬가지로 환난들을 당할 수밖에 없었다는 것. 그는 '이쉬'(사람), 훌륭한 사람, 명망이 높은 사람, 권세가 있는 방백이었다. 그가 살았던 곳은 아라비아의 동부 지역에 있던 우스 땅이었다. 그 곳은 유프라테스 강 근처의 갈대아 지역으로서, 아브라함이 부르심을 받았던 갈대아 우르에서 그리 멀지 않은 곳이었던 것 같다. 하나님은 그 곳으로부터 한 선한 자를 불러내셨지만, 그 곳에서 자기를 증언하지 아니하신 것이 아니니, 거기에서 또 다른 한 사람을 일으키셔서 의를 전파하는 자로 삼으셨다. 하나님은 모든 곳에 그의 남은 자를 가지고 계시고, 이스라엘의 모든 지파로부터만이 아니라 모든 나라와 족속으로부터도 인친 자들을 가지고 계신다(계 7:9). 욥과

같은 그토록 선한 자가 거기에 살았다는 것은 우스 땅의 특권이었다. 그 곳은 정말 복된 땅 아라비아였다. 욥이 그토록 악한 곳에서 뛰어나게 선했다는 것은 그의 칭찬할 만한 점이었다. 자기 주변의 다른 사람들이 악할수록, 그는 더욱 선하였다. 어떤 이들은 그의 이름인 욥이 미움 받는 자, 원수로 여김을 받는 자를 의미한다고 말하고, 어떤 이들은 근심하는 자 또는 신음하는 자를 의미한다고 말한다. 따라서 그가 그의 이름 속에서 지니고 있던 근심은 그가 형통함으로써 누린 기쁨을 통제해 주는 역할을 했을 것이다. 케이브 박사는 욥이라는 이름이 '야압'(사랑하다 또는 바라다)에서 유래하였다고 보는데, 이것은 그의 출생이 그의 부모들에게 얼마나 기쁜 일이었는지, 그가 얼마나 그들의 눈이 기뻐하는 존재였는지를 보여준다. 그렇지만 그도 나중에 그의 출생의 날을 저주하기도 하였다. 밝은 아침으로 시작된 날이라고 할지라도 그 날이 나중에 어떻게 될지 누가 알 수 있겠는가?

Ⅱ. 욥은 지극히 선하고 뛰어나게 경건하며 이웃들보다 더 선한 자였다는 것. 그 사람은 온전하고 정직하였다. 이것은 그가 사람들 가운데에서 어떤 평판을 듣고 있었는지(그는 사람들에게 정직한 사람으로 통하였다)만이 아니라, 그의 성품이 진정으로 어떠하였는지를 보여준다. 왜냐하면, 그것은 욥에 대한 하나님의 판단이고, 우리는 그것이 진리를 따라 된 것임을 확신하기 때문이다.

1. 욥은 신앙심이 깊은 자, 하나님을 경외한 자, 즉 하나님의 뜻을 따라 하나님을 섬기고, 모든 일에서 하나님의 법에 따라 자신을 다스린 자였다.

2. 욥은 신앙이 진실한 자였다. 그는 온전하였지만, 스스로 고백한 대로 죄가 없는 것은 아니었다(9:20): 가령 내가 온전할지라도 나를 정죄하시리라. 그러나 그는 하나님의 모든 계명들을 존중하는 가운데에 온전하고자 애썼기 때문에, 겉으로 보기와 마찬가지로 진정으로 선하였고, 말로만 경건을 고백한 것이 아니라 진정으로 경건하였다. 그의 마음은 건전하고, 그의 눈은 순전하였다. 진실은 복음의 온전함이다. 나는 진실이 없는 신앙을 알지 못한다.

3. 욥은 하나님과 사람을 상대할 때에 정직하였고, 자신의 약속들에 대하여 신의가 있었으며, 그의 계획들에서 꾸준하였고, 그에게 두어진 모든 신임에 충실하였으며, 그가 말하고 행하는 모든 것에서 양심의 거리낌이 없었다(사 33:15을 보라). 그는 이스라엘에 속한 자는 아니었지만, 진정으로 간사한 것이 없는 이스라엘 사람이었다.

4. 욥의 마음을 지배하고 있던 하나님을 경외하는 것은 그의 행실 전체를 지배하는 기본 원리였다. 이것은 그를 온전하고 정직한 자로 만들었고, 내적으로 온전히 하나님을 위하고 모든 일에서 한결같이 신앙으로 행하는 자로 만들었다. 이것은 그로 하여금 그의 본분에 변함없이 충실하게 만들었다. 그는 하나님을 경외하였다. 즉, 그는 하나님의 위엄을 경외하고, 하나님의 권세를 존중하며, 하나님의 진노를 두려워하였다.

5. 욥은 잘못된 것을 행할까봐 두려워하였다. 그는 악을 몹시 혐오하여 항상 주의 깊고 세심하게 악에서 떠났고, 죄의 온갖 모양들과 죄에 근접한 것들까지 피하였는데, 이것은 그가 하나님을 경외하였기 때문이었다(느 5:15). 여호와를 경외하는 것은 악을 미워하는 것이라(잠 8:13). 그러므로 여호와를 경외함으로 말미암아 악에서 떠나게 되느니라(잠 16:6).

Ⅲ. 욥은 이 세상에서 크게 형통한 자였고, 그가 사는 곳에서 유력 인사였다는 것. 그는 형통하여 잘 살았지만 경건하였다. 부자가 천국에 들어가는 것은 어렵고 드문 일이지만 불가능하지는 않다. 하나님에게는 그런 일이 얼마든지 가능하고, 하나님의 은혜를 의지한다면 세상 재물의 유혹들은 결코 극복할 수 없는 것이 아니다. 욥은 경건하였고, 그의 경건은 그의 형통의 반려였다. 왜냐하면, 경건은 현세의 약속도 가지고 있기 때문이다. 그는 형통하였고, 그의 형통은 그의 경건에 광채를 더하였으며, 지극히 선하였던 그에게 선을 행할 수 있는 훨씬 더 많은 기회를 주었다. 그의 경건의 행위들은 그를 형통하게 해주신 하나님의 은혜에 보답하는 것이었다. 하나님이 그에게 좋은 것들을 풍성하게 주셨기 때문에, 그는 더욱 기쁜 마음으로 하나님을 섬겼다.

1. 그에게는 많은 가족이 있었다. 그는 훌륭한 신앙을 지니고 있었지만, 은둔자나 수도사가 아니라, 한 가족을 이끄는 가장이었다. 그의 집이 여호와의 기업이자 상급인 자녀들로 가득 찬 것은 그의 형통을 보여주는 한 가지 예였다(시 127:3). 그에게는 아들 일곱과 딸 셋이 있었다(2절). 그의 가족은 아들과 딸로 골고루 구성되어 있었고, 더 귀한 성별인 아들이 딸보다 더 많았다. 우리는 자녀들을 축복들로 여겨야 한다. 자녀들 자체가 축복일 뿐만 아니라, 특히 선한 자들에게는 더욱 그러하다. 왜냐하면, 선한 자들은 자녀들에게 선한 모범이 되고 교훈들을 베풀며, 자녀들을 위하여 선한 기도를 계속해서 드려줄 수 있기 때문이다. 욥에게는 많은 자녀들이 있었지만, 그는 남을 억압하거나 무자비하

게 대하지 않았고, 도리어 가난한 자들에게 후하게 나누어 주었다(31:17-21). 많은 가족을 부양해야 하는 자들은 가난한 자들을 후하게 구제하는 일이야말로 그들의 자녀들을 위하여 가장 큰 이문을 남기는 일이요 가장 좋은 적금을 들어 놓는 일이라는 것을 명심하여야 한다.

2. 그에게는 가족을 부양하기에 충분한 재산이 있었다. 그의 소유물은 상당하였다(3절). 여기에서 소유물은 통상적인 표현에 따라서 실상 또는 실질이라 불린다. 하지만 이 세상의 재물이나 소유물은 영혼에게나 내세에서는 단지 그림자들, 허무한 것, 존재하지 않는 것들일 뿐이다(잠 23:5). 우리는 오직 하늘의 지혜로만 실상을 기업으로 받을 수 있다(잠 8:21). 이 땅에 사람들이 그리 많이 살지 않았던 때에는 오늘날의 일부 대규모 농장들에서와 마찬가지로 사람들은 자기가 활용할 수 있을 만큼의 넓은 땅을 쉽게 가질 수 있었다. 그러므로 욥의 재산은 그의 소유인 땅의 넓이를 통해서가 아니라, 다음과 같은 것들을 통해서 묘사된다.

(1) 그가 소유한 가축 떼 ― 양과 낙타, 소, 나귀. 이 가축들의 각각의 수효는 여기에서 정확한 수가 아니라 대략적인 어림수로 제시되고 있는 것 같다. 솔로몬이 지적하고 있듯이, 양이 가장 먼저 언급되는 것은 가족에게 가장 유익이 되는 가축이기 때문이다(잠 27:23, 26-27): 어린 양의 털은 네 옷이 되며 그 젖은 넉넉하여 너와 네 집의 음식이 되느니라. 욥은 아브라함만큼이나 은과 금이 풍부하였던 것 같다(창 13:2). 그러나 당시에 사람들은 과시용의 사치품이나 재산을 비축하는 수단으로서의 금은 보화가 아니라 삶 속에서 실질적으로 유용한 것들을 기준으로 삼아서 그들 자신이나 이웃의 재산을 평가하였다. 하나님은 사람을 지으시자마자 채소와 열매들을 주어 먹고 살게 하셨을 뿐만 아니라, 모든 피조물을 다스리는 권세를 주어 사람을 부유하고 큰 존재가 되게 하셨다(창 1:28). 따라서 사람의 타락에도 불구하고 여전히 존재하는 이 다스리는 권세(창 9:2)는 사람이 지닌 부유함과 존귀함과 권능을 보여주는 가장 탁월한 예들 중의 하나로 여겨야 한다(시 8:6).

(2) 그가 부리는 종들. 그의 식솔들은 아주 많아서, 그를 위해 일하며 그의 집에서 먹는 종들이 많았다. 이렇게 그는 존귀함을 지니고 있었을 뿐만 아니라, 사람들을 많이 거두어 선을 행하였다. 하지만 그는 이렇게 염려할 것도 많았고, 책임 질 일도 많았다. 이 세상의 헛됨을 보라. 재산이 많아지면 그 재산

을 돌볼 사람들도 많이 필요해지기 때문에 먹는 자들도 많아지나니 그 소유주들은 눈으로 보는 것 외에 무엇이 유익하랴(전 5:11). 한 마디로 말해서, 욥은 동방 사람 중에 가장 훌륭한 자였다. 동방 사람들은 세상에서 가장 부유한 자들이었다. 욥은 동방 사람들보다 더 부유한(난외주의 읽기) 자였다(사 2:6). 욥이 직접 얘기하듯이(29장), 그는 그가 지닌 부유함과 지혜 덕분에 그의 땅에서 일인자가 되어 존귀와 권세를 누릴 수 있었다. 욥은 고결하고 정직하였지만 부유하였다(아니, 그랬기 때문에 부유해졌다). 왜냐하면, 정직은 최상의 방책이고, 경건과 구제는 통상적으로 가장 확실한 번성의 방법들이기 때문이다. 욥은 많은 식솔을 거느리고 일도 많았지만, 꾸준히 하나님을 경외하고 예배하였다. 그와 그의 집은 여호와를 섬겼다. 욥의 경건과 형통에 관한 기사(記事)가 그의 큰 환난들에 관한 이야기보다 앞에 나오는 것은 경건이나 형통도 우리를 인간의 삶에서 흔히 일어나는 재난들은 말할 것도 없고, 드물게 일어나는 재난들로부터도 면제시켜 주지 않는다는 것을 보여주기 위한 것이다. 욥의 친구들이 말한 것과는 달리, 경건은 우리로 하여금 재난을 당하지 않게 해주는 것이 아니다. 왜냐하면, 모든 사람에게 임하는 그 모든 것이 일반이기 때문이다. 또한, 지각 없는 세상 사람들이 생각하는 것과는 달리(사 47:8), 형통도 우리로 하여금 재난을 당하지 않게 해주는 것이 아니다: 나는 여왕으로 앉은 자이기 때문에 결단코 애통함을 당하지 아니하리라(계 18:7).

⁴그의 아들들이 자기 생일에 각각 자기의 집에서 잔치를 베풀고 그의 누이 세 명도 청하여 함께 먹고 마시더라 ⁵그들이 차례대로 잔치를 끝내면 욥이 그들을 불러다가 성결하게 하되 아침에 일어나서 그들의 명수대로 번제를 드렸으니 이는 욥이 말하기를 혹시 내 아들들이 죄를 범하여 마음으로 하나님을 욕되게 하였을까 함이라 욥의 행위가 항상 이러하였더라

이 단락에는 욥의 형통과 그의 경건에 관한 추가적인 기사가 나온다.

I. 욥이 자녀들에게서 큰 위로를 받는 모습이 그의 형통의 한 예로 제시됨. 왜냐하면, 이 세상에서의 우리의 위로들은 우리 주변의 다른 사람들과 마찬가지로 잠시 빌려온 것들이고 다른 사람들에게 의존되어 있는 것들이기 때문이다. 욥은 그의 자녀들이 그를 둘러 있던 것을 그가 형통하던 때에 누렸던 가장

큰 기쁨들 중의 하나였다고 직접 얘기한다(29:5). 욥의 자녀들은 특별한 때가 되면 서로 돌아가면서 잔치를 베풀었다(4절). 그들은 각각 자기의 집에서 잔치를 베풀었다. 다음과 같은 것들은 이 선한 자에게 위로가 되었다.

1. 자녀들이 이 세상에서 잘 자라서 자리를 잡은 모습을 보는 것. 그의 모든 아들들은 다 결혼을 해서 각각 자기의 집에 있었고, 그는 그들 각자에게 독립할 수 있는 충분한 재물을 주었을 것이다. 욥의 식탁에 둘러 앉은 감람나무들이었던 그들은 이제 각각 가정을 꾸려서 각자의 식탁에 둘러 앉았다.

2. 자녀들이 각자의 일에서 번성하여, 각자 밥을 먹고 살 뿐만 아니라 서로를 불러서 잔치를 베풀 수 있는 정도가 된 것을 보는 것. 선한 부모들은 자녀들의 부유함과 형통을 마치 자기 일이라도 되는 것처럼 바라고 밀어주며 기뻐한다.

3. 자녀들이 건강하고 집안에 우환이 없는 것을 보는 것. 그들이 병이 들었거나 집안에 우환이 있었다면, 그들의 잔치는 망쳐지고, 그들의 집은 초상집으로 변하였을 것이다.

4. 특히, 자녀들이 사랑과 한 마음과 서로에 대한 깊은 애정을 지니고서 살며, 그들 사이에 알력이나 다툼이 없고, 서로 서먹서먹함이나 꺼리거나 인색함이 없이 살며, 각자의 일을 돌보는 가운데에서도 마치 모든 것을 함께 공유한 것처럼 서로에게 아낌없이 베풀며 살아가는 모습을 보는 것. 형제들이 이렇게 서로 똘똘 뭉쳐서 화목하게 살아가는 모습을 보는 것은 부모의 마음에 큰 위로가 되고 모든 사람들의 눈에 아름답고 사랑스러울 수밖에 없다. 보라 형제가 연합하여 동거함이 어찌 그리 선하고 아름다운고(시 133:1).

5. 형제들이 누이들에게 아주 잘 하여서 사람을 보내어 그들을 불러다가 함께 잔치를 하는 모습을 보는 것은 그의 또 하나의 위로였다는 것. 누이들은 염치가 있는 사람들이어서, 형제들이 사람을 보내어 청하지 않았다면 잔치에 오지 않았을 것이다. 누이들을 멸시해서 그들과 함께 어울리려 하지 않고 그들이 위로받는 것에 대하여 관심을 갖지 않는 형제들은 버릇없이 잘못 키워지고 성품이 악한 자들인데, 욥의 아들들은 그렇지 않았다. 형제들이 베푼 잔치는 아주 건전하고 고상해서, 누이들도 마음 놓고 그들과 잘 어울릴 수 있었던 것으로 보인다.

6. 그들은 유혹에 더 많이 노출될 수 있어서 바람직하다고 할 수 없었던 업

소들이 아니라 그들 자신의 집에서 잔치를 베풀었다는 것. 본문에는 욥이 그들의 잔치에 함께 참석했다는 말이 없다. 의심할 여지 없이, 그들은 욥을 초청하였고, 그는 그들이 가장 환영할 손님이었을 것이다. 그런데도 그가 잔치에 참석하지 않은 것은 그의 심성이 비뚤어지거나 까다롭거나 혈육으로서의 애정이 없었기 때문이 아니라, 나이가 들어서 바르실래처럼 그런 것들에 대하여 죽어 있었기 때문이고(삼하 19:35), 자기가 끼지 않아야 젊은 사람들이 더 자유롭고 유쾌하게 잔치를 벌일 수 있을 것이라고 생각하였기 때문이었다. 그는 스스로는 잔치를 열어서 기분 전환을 할 필요가 없었지만, 그의 자녀들이 그런 식으로 기분 전환을 하는 것을 금하지 않았다. 젊은이들은 청년의 정욕을 피하기만 한다면 젊음의 자유를 누리는 것이 허용되어야 한다.

Ⅱ. 욥이 자녀들에게 많이 마음을 쓰는 모습이 그의 경건의 한 예로 제시됨. 혈육에게 하는 것을 보면, 그 사람의 진면목이 드러난다. 선한 자들은 그들의 자녀들에게 선한 법이고, 특히 자녀들의 영혼이 잘 되게 하기 위하여 최선을 다하는 법이다. 자녀들이 영적으로 잘 되게 하려고 욥이 얼마나 깊은 경건한 관심을 지니고 있었는지를 주목하라(5절).

1. 욥은 경건한 열심으로 자녀들에 대하여 열심이었다는 것. 마찬가지로, 우리도 우리 자신과 우리에게 소중한 자들이 복을 받게 하기 위하여 열심을 내어 보살펴야 마땅하다. 욥은 그의 자녀들을 훌륭하게 교육을 시켰고, 그들에게서 위로를 받았으며, 그들에 대하여 선한 소망을 지니고 있었다. 그런데도, 그는 "혹시 내 아들들이 다른 때들보다도 잔치하는 날들에 지나치게 즐거워하고 먹고 마시는 일에 빠져서 죄를 범하여 마음으로 하나님을 욕되게 하였을까," 즉 "그들의 마음속에 하나님과 그의 섭리와 신앙에 합당하지 않은 무신론적이거나 속된 생각을 품었을 수도 있지 않는가"라고 말하였다. 그들은 배불러서 하나님을 모른다 여호와가 누구냐라고 말할 수도 있었고(잠 30:9), 하나님을 잊어버리고서 내 능력과 내 손의 힘으로 내가 이 재물을 얻었다고 말할 수도 있었기 때문이다(신 8:12-17). 육체에 탐닉하는 것만큼 사람의 마음을 하나님에게서 멀어지게 하는 것은 없다.

2. 욥은 잔치가 끝나자마자 그들에게 신앙을 따라 살아야 한다는 것을 엄하게 권면하였다는 것. 그들이 잔치를 하는 동안에는 가만히 있다가(그들이 그들 나름대로 잔치를 즐기게 두어야 했고, 모든 것에는 때가 있기 때문에) 잔치가

끝났을 때, 그들의 선한 아버지는 그들에게 매일매일 사치스럽게 살 생각을 말고 잔치를 파할 때를 정확히 알아야 한다는 것을 일깨워 주었다. 그들은 한 주간 동안 잔치를 벌였지만, 일 년 내내 잔치를 하며 시간을 보내려고 해서는 안 된다. 그들에게는 다른 할 일이 있었다. 즐거워하는 자들은 진지한 시간도 가져야 한다는 것을 명심하라.

3. 욥은 사람을 보내어 그들을 불러다가 성결하게 하고서, 그들에게 그들의 양심을 살펴서 그들이 잔치를 하는 동안에 잘못한 것들을 회개하고, 그들의 헛된 생각을 다 버리며, 신앙에 합당한 마음을 가지도록 지시하였다는 것. 그들은 각자 독립적인 가정을 꾸리고 있었으면서도, 이렇게 욥은 그들의 복을 위하여 그들에 대한 자신의 권위를 유지하고 있었고, 그들도 그의 권위에 복종하였다. 욥은 여전히 이 가문의 제사장이었고, 그들은 모두 그의 제단에 참여하였다. 왜냐하면, 그들은 그의 재산에 그들의 분깃이 있는 것보다 그의 제단에 그들의 분깃이 있는 것을 더 소중히 여겼기 때문이다. 부모들은 자녀들에게 은혜를 수여할 수는 없지만(성결하게 하시는 이는 하나님이시기 때문에), 때를 따라 적절한 권면과 모략을 해주어서 그들이 더욱 성결해지도록 해야 한다. 그들은 세례를 받을 때에 하나님께 성별되었다. 그들이 하나님을 위하여 성결해지는 것은 우리가 바라는 일임과 동시에 애써야 하는 일이 되어야 한다.

4. 욥은 그들을 위하여 번제를 드렸다는 것. 이것은 그들이 잔치를 하는 날들 동안에 범하였을지도 모르는 죄들을 속죄함과 동시에, 그들에게 죄 사함의 은혜 및 그들이 누렸던 자유로 말미암아 마음이 방종해지고 행실이 타락하는 것을 미연에 방지하여 그들의 경건과 순전함을 보전하는 은혜를 주시라고 하나님께 간구하기 위한 것이었다. "왜냐하면, 그는 쾌락의 부드럽지만 속이는 물결 위에 감각에 압도된 미덕의 잔재들과 난파당한 순수함의 떠도는 잔해들이 여기저기 둥둥 떠다니는 것을 슬픈 눈으로 자주 보아 왔기 때문이다"(블랙모어). 욥은 아브라함처럼 그의 가족을 위한 제단을 갖고 있었고, 거기에서 날마다 하나님께 제사를 지냈던 것으로 보인다. 그러나 그는 잔치가 끝난 후에는 평상시보다도 더 많은 제사를 더 엄숙하게 드려서, 그들의 명수대로 한 자녀마다 한 번의 제사를 드렸다. 부모는 분가해 나간 자녀들이 꾸린 각각의 가정을 위해서 일일이 구체적으로 하나님께 기도를 드려야 마땅하다: "하나님, 내가 이 자녀를 위해서는 그의 이런 특별한 기질과 소질과 상태에 따라 기도를 드리

나이다." 우리는 각각의 자녀를 각각의 특성을 따라 돌보아야 할 뿐만 아니라, 기도도 마찬가지이다. 욥은 이 제사들을 드릴 때에 다음과 같이 하였다.

(1) 욥은 아침에 일찍 일어났다는 것. 왜냐하면, 그는 그의 자녀들이 죄책 아래에서 오랫동안 머물러 있기를 바라지 않았고, 그것을 위하여 자기가 해야 할 일을 하고 싶은 마음이 간절하였기 때문이었다.

(2) 욥은 그의 자녀들을 하나님께 드리는 제사에 꼭 참석하게 하였다는 것. 이것은 그들로 하여금 그가 제사와 함께 드리는 기도에 동참하고, 그들의 죄로 인해서 그들 자신이 죽어야 마땅한데도 그들 대신에 희생제물이 죽는 모습을 보고서 스스로 낮아지게 하며, 제사가 드려지는 모습을 보고서 중보자이신 그리스도께 나아갈 수 있도록 하기 위한 것이었다. 이러한 엄숙한 제사를 통해서 그들은 유쾌한 날들을 지낸 후에 다시 진지한 신앙의 삶을 사는 데에 도움을 받을 수 있었을 것이다.

5. 욥은 단지 잔치가 있은 후에만 그런 것이 아니라 항상 그런 식으로 행하였다는 것. 왜냐하면, 목욕한 자라고 하더라도 발을 씻을 필요가 있기 때문이다(요 13:10). 우리는 자주 범죄를 반복하기 때문에 회개와 믿음도 자주 새롭게 해 주지 않으면 안 된다. 욥은 일생 동안 매일 제사를 드렸고, 늘 기도에 힘썼으며, 하루라도 제사와 기도를 빠뜨린 적이 없었다. 우리는 평소에 시간 날 때마다 예배와 기도를 드린다고 해서, 정기적인 예배와 기도를 생략해서는 안 된다. 하나님을 늘 변함없이 섬기는 자야말로 하나님을 올바르게 섬기는 자이다.

⁶하루는 하나님의 아들들이 와서 여호와 앞에 섰고 사탄도 그들 가운데에 온지라 ⁷여호와께서 사탄에게 이르시되 네가 어디서 왔느냐 사탄이 여호와께 대답하여 이르되 땅을 두루 돌아 여기저기 다녀왔나이다 ⁸여호와께서 사탄에게 이르시되 네가 내 종 욥을 주의하여 보았느냐 그와 같이 온전하고 정직하여 하나님을 경외하며 악에서 떠난 자는 세상에 없느니라 ⁹사탄이 여호와께 대답하여 이르되 욥이 어찌 까닭 없이 하나님을 경외하리이까 ¹⁰주께서 그와 그의 집과 그의 모든 소유물을 울타리로 두르심 때문이 아니니이까 주께서 그의 손으로 하는 바를 복되게 하사 그의 소유물이 땅에 넘치게 하셨음이니이다 ¹¹이제 주의 손을 펴서 그의 모든 소유물을 치소서 그리하시면 틀림없이 주를 향하여 욕하지 않겠나이까 ¹²여호와께서 사탄에게 이르시되 내가 그의 소유물을 다 네 손에 맡기노라 다만 그의 몸에는 네 손을

대지 말지니라 사탄이 곧 여호와 앞에서 물러가니라

욥은 부유하고 큰 자였을 뿐만 아니라, 지혜롭고 선한 자였고, 하늘과 땅에서 영향력이 큰 인물이었기 때문에, 우리는 그의 형통함은 태산같이 견고해서 결코 요동할 수 없을 것이라고 생각하게 된다. 그러나 여기에서 우리는 무시무시한 폭풍우를 몰고 올 먹장구름이 그의 머리 위로 모여드는 것을 본다. 우리는 이 아랫 세상에 사는 동안에는 우리가 폭풍우들로부터 안전할 것이라고 생각해서는 결코 안 된다. 우리는 이 눈에 보이는 세상에서 환난들이 욥에게 어떻게 갑작스럽게 닥쳤는지에 대하여 듣기 전에, 먼저 여기에서 영들의 세계에서 어떤 일이 벌어졌는지에 대하여, 즉 탁월한 경건을 지닌 욥에게 큰 적대감을 지니고 있던 마귀가 하나님께 욥을 시험 삼아 괴롭혀 보아도 좋다는 허락을 얻어낸 것에 대하여 듣게 된다. 이 단락에 나오는 하나님과 사탄의 대화가 미가야의 말(왕상 22:19-29)과 마찬가지로 비유적인 것이고, 선한 자들에 대한 마귀의 악의와 그 악의가 하나님의 통제 아래 있다는 것을 보여주기 위한 알레고리라는 것을 인정한다고 해도, 그것은 욥에 관한 이야기 전체의 신빙성을 결코 떨어뜨리는 것이 아니고, 도리어 이 땅에서 일어나는 일들은 아주 빈번하게 눈에 보이지 않는 세계에서 논의의 주제가 된다는 것을 보여준다. 그 세계는 우리에게 열려져 있지 않지만, 우리는 그 세계에 다 열려져 있다.

I. 사탄이 하나님의 아들들 가운데에 서 있음(6절). 사탄은 하나님과 사람들과 모든 선한 것을 대적하는 대적자이다(이것이 사탄이라는 이름의 의미이다). 하나님의 아들들이 와서 여호와 앞에 시립하여 서 있는데, 사탄도 이 모임 속에 막무가내로 끼어들었다. 하나님의 아들들은 다음 둘 중의 하나를 의미한다.

1. 이 땅에서 성도들의 모임. 족장 시대에 신앙을 고백한 자들은 하나님의 아들들이라 불렀다(창 6:2). 당시에 그들은 정기적으로 신앙 집회를 가졌다. 왕이신 여호와는 그의 손님들을 보기 위해서 왔다. 하나님의 눈은 그 집회에 모인 모든 자들 위에 있었다. 그러나 낙원에는 하나님의 아들들 가운데에 뱀, 곧 사탄도 있었다. 그들이 함께 모였을 때, 사탄도 그들의 주의를 분산시키고 방해하기 위해서 그들 가운데로 와서 그들의 오른편에 서 있었다. 사탄아, 주께서 너를 꾸짖으시기를 원하노라(유 1:9).

2. 하늘에서 천사들의 모임. 천사들은 하나님의 아들들이다(38:7). 그들은 그

들이 땅에서 한 일들을 보고하고 새로운 지시를 받기 위해서 여호와 앞에 와서 섰다. 사탄도 원래 이 천사들 중의 하나였었다: 너 아침의 아들 계명성이여 어찌 그리 하늘에서 떨어졌는고(사 14:12). 그는 더 이상 이 회중에 서 있어서는 안 되는 자였지만, 여기에서는 일시적으로 범죄자로 호출되었거나, 초대받지 않았지만 무단으로 들어온 자로서 천사들 가운데에 서 있는 것으로 묘사된다.

Ⅱ. 여호와께서 사탄에게 무엇하러 왔느냐고 물으심(7절). 여호와께서 사탄에게 이르시되 네가 어디서 왔느냐. 하나님은 사탄이 어디에서 왔는지, 무슨 목적으로 여기에 왔는지를 아주 잘 알고 계셨다. 즉, 하나님은 선한 천사들이 선한 일을 하기 위해 여기에 온 것처럼, 사탄이 사람들에게 해를 끼치는 일을 허락받기 위해서 여기에 왔다는 것을 잘 알고 계셨다. 그러나 하나님은 사탄으로 하여금 직접 대답하도록 명령하심으로써 사탄이 그의 통제 아래 있다는 것을 보여주고자 하셨다. 네가 어디서 왔느냐. 이 질문은 다음 둘 중의 하나를 의미한다.

1. 하나님께서 무엇 때문에 사탄이 여기에 왔는지 의아해하신 것. 사울도 선지자들 중에 있느냐(삼상 10:11). 사탄도 하나님의 아들들 중에 있느냐? 그렇다. 왜냐하면, 사탄은 자기를 광명의 천사로 가장하여 천사들 중의 하나로 보이고자 하기 때문이다(고후 11:13-14). 어떤 사람이 마귀의 자식인데도 이 세상에서 하나님의 아들들의 회중 가운데에서 발견될 수 있고, 사람들에게는 발각이 되지 않지만 모든 것을 아시는 하나님에 의해서 도전을 받는 일은 얼마든지 있을 수 있다는 것을 명심하라. 친구여 어찌하여 여기 들어왔느냐(마 22:12).

2. 하나님께서 사탄이 여기에 오기 전에 무슨 일을 했는지를 물으신 것. 이 동일한 질문은 여호와 앞에 시립해 있던 다른 모든 천사들에게도 던져졌을 것이다: 네가 어디서 왔느냐. 우리는 우리가 다닌 모든 곳들과 모든 길들에 대하여 하나님께 해명을 해야 한다.

Ⅲ. 사탄이 자기 자신과 자기가 둘러본 것에 대하여 얘기함. 내가 땅을 두루 돌아 여기저기 다녀왔나이다.

1. 사탄은 선한 일을 행하다가 온 체할 수 없었다. 하나님의 지시를 따라 그 나라를 위하여 일하고 구원의 후사들을 섬기다가 돌아와서 여호와 앞에 선 하나님의 아들들과는 달리, 사탄은 자기가 한 일에 대하여 뭐라고 할 말이 없었다.

2. 사탄은 사람들을 해치는 일을 하다가 왔다고 고백하고 싶지도 않았다.

사실, 그는 사람들로 하여금 하나님에 대한 신앙에서 떠나게 하는 일을 하였었고, 영혼들을 속여서 멸망시키는 일을 하다가 왔지만, 그것을 시인하고 싶지 않았다: 내가 악을 행하지 아니하였다(잠 30:20). 주의 종은 아무데도 가지 않았나이다. 땅을 두루 돌아 여기저기 다녀왔나이다라는 사탄의 말 속에는 자기에게 정해진 테두리를 넘어가지 않고 지켰다는 뜻이 암시되어 있다. 용은 땅으로 내쫓겼고(계 12:9), 아직 그가 영원토록 고통 받을 곳에 갇히지는 않은 상태이다. 우리는 사탄의 활동무대인 이 땅에 사는 동안에 사탄의 마수에서 벗어나 있을 수 없고, 사탄은 대단히 영악하고 민첩하며 끈질기게 이 땅의 구석구석을 헤집고 돌아다니기 때문에, 우리는 그 어디에 있든 시험에서 안전할 수 없다.

3. 사탄은 그의 말을 통해서 그의 성품을 어느 정도 드러내는 것으로 보인다.

(1) 그의 말 속에는 그의 교만함과 오만한 태도가 엿보인다. 그는 마치 그가 진정으로 이 세상의 임금이고, 세상 나라들과 그 영광이 그의 것이어서(눅 4:6), 자기가 지금 자신의 영토를 순시하고 온 것처럼 얘기한다.

(2) 그의 말 속에서는 짜증과 불만이 묻어 나온다. 이 땅에서 그는 놋 땅에서의 가인처럼 도망자이자 방랑자였기 때문에 땅을 두루 돌아 여기저기 다녔지만 그 어디에서도 안식을 찾을 수 없었다.

(3) 그의 말 속에는 그의 꼼꼼함이 엿보인다. "내가" 사람들을 해칠 기회를 찾기 위해서 "땅을 두루 돌아다니는," 또는 "땅을 샅샅이 살피고 다니는"(어떤 이들은 이렇게 읽는다) "힘든 수고를 하였나이다." 그는 삼킬 자를 찾아서 여기저기 돌아다닌다. 그러므로 우리는 정신을 바짝 차리고 깨어 있어야 한다.

IV. 하나님께서 사탄에게 욥에 대하여 물으심(8절). 네가 내 종 욥을 주의하여 보았느냐. 우리가 무척 사랑하는 친구가 살고 있는 저 먼 곳에서 온 어떤 사람을 만난다면, 우리는 당연히 "당신이 그 곳에 사신다니, 거기에 살고 있는 내 친구를 혹시 아시나요"라고 묻게 될 것이다.

1. 하나님이 욥을 아주 존귀한 호칭으로 부르심. 그는 내 종이다. 선한 자들은 하나님의 종들이고, 하나님은 그들의 섬김을 통해서 그가 높임을 받는 것을 기뻐하신다. 그들은 하나님의 이름과 명예와 영광(렘 13:11)이고, 영광의 면류관(사 62:3)이다. "땅에 내 종 욥이 있는데, 땅의 모든 왕들과 군주들 중에는 그와 같은 자가 없고, 내가 욥만큼 소중히 여기는 자가 없다. 땅의 모든 왕들을 다 합

쳐도 욥 같은 그런 성인을 따라올 수 없다. 정직함과 진실한 경건에 있어서 그와 같은 자가 없다. 많은 사람들이 선을 행하지만, 그는 그들 모두를 합한 것보다 더 뛰어나다. 내가 이스라엘 중 아무에게서도 이만한 믿음을 보지 못하였다(마 8:10)." 그리스도께서는 이 때로부터 아주 오랜 후에 욥과 마찬가지로 이스라엘 나라에 대하여 외인(外人)들이었던 로마의 백부장과 가나안 여인을 이런 식으로 칭찬하셨다. 성도들은 여호와여 신 중에 주와 같은 자가 누구니이까(출 15:11)라고 말하며 하나님을 자랑하고, 하나님은 땅의 모든 족속 중에 이스라엘 같은 족속이 어디 있는가라고 자기 백성을 자랑하신다. 여기에서도 하나님은 불완전한 상태로 살 수밖에 없는 이 땅에서는 욥과 같은 자가 없다고 말씀하신다. 하늘에 있는 자들은 사실 욥보다 훨씬 뛰어나다. 천국에서는 가장 작은 자들이라 할지라도 욥보다 더 크다. 그러나 세상에는 욥과 같은 자가 없다. 동방에서 욥과 같은 이가 없다. 이렇게 선한 자들은 그들이 사는 곳의 영광이자 자랑이다.

2. 하나님이 사탄에게 욥의 선한 성품을 아주 자세하게 말씀하심. 너는 내 종 욥을 주의하여 보았느냐. 이것은 다음과 같은 의도를 지닌 말씀이다.

(1) 저 악한 영의 배교와 참상을 한층 더 뚜렷하게 부각시키기 위한 말씀. "너와 욥이 얼마나 딴판인지 너는 아느냐!" 성도들의 거룩함과 복됨은 마귀와 마귀의 자녀들에게는 수치와 괴로움이다.

(2) 사탄이 이 땅에서 지닌 자신의 세력을 은근히 자랑하는 것에 대하여 일침을 놓는 말씀. 사탄은 이렇게 말한다: "땅은 다 나의 소유여서, 내가 땅을 두루 돌아 여기저기 다니며 순시하고 왔는데, 모든 육체는 부패하였고, 자신의 죄 가운데에서 온 땅이 평안하고 조용하더이다(슥 1:10-11)." 그러자 하나님께서는 "아, 잠깐, 욥은 나의 신실한 종이니라"고 말씀하신다. 사탄은 으스대고 자랑할 수는 있겠지만, 승리의 기쁨을 누리지는 못할 것이다.

(3) 사탄이 누구를 고소할 것인지를 미리 아시고 하신 말씀. "사탄아, 나는 네가 여기에 무엇을 하러 왔는지를 안다. 너는 욥을 참소하기 위해서 여기에 온 것 아니냐. 그러나 네가 내 종 욥을 정말 주의하여 보았느냐. 욥의 온전하고 정직한 모습을 보니 너의 거짓됨이 드러나지 않더냐?" 하나님은 그의 종들을 해치고자 하는 마귀의 악의와 그 악의를 실행할 때에 마귀가 어떤 도구들을 사용하고자 하는지를 다 아신다는 것을 명심하라. 우리에게는 우리를 변호해 주시는 분이 계셔서, 그분은 우리가 고소당하기 전부터 우리를 변호해 주신다.

V. 하나님이 욥을 칭찬하시는 말씀을 듣고서 마귀가 비열하게 욥을 트집잡음. 사탄은 욥이 하나님을 경외한다는 사실 자체를 부인할 수는 없었기 때문에, 욥의 신앙이 좋은 것은 다 하나님이 그에게 재물의 복을 내려주신 까닭이므로, 그의 신앙은 위선적인 것이라고 주장하였다(9절). 욥이 어찌 까닭 없이 하나님을 경외하리이까.

1. 하나님이 욥을 칭찬하는 것인데도, 마귀는 욥이 칭찬 듣는 것을 참을 수 없어 함. 사울(삼상 18:5-16)이나 바리새인들(마 21:15)처럼, 자기 자신 외에 다른 사람이 칭찬을 받는 것을 견딜 수 없어 하고, 다른 사람들이 정당하게 명성을 얻는 것을 못마땅해하는 자들은 마귀와 같은 자들이다.

2. 마귀는 욥을 반대할 무엇인가를 찾기 위해 무척 고심함. 사탄은 욥에게서 어떤 악한 점을 찾아내어 고소할 수 없었기 때문에, 욥이 선을 행하게 된 동기에 대하여 트집을 잡았다. 만약 욥의 친구들이 열띤 논쟁 속에서 욥을 고소했던 것 중의 절반만이라도 사실이었다면(15:4; 22:5), 사탄은 지금 여기에서 틀림없이 그것을 들어서 욥을 고소했을 것이다. 그러나 사탄은 욥에게서 그런 고소거리를 찾을 수 없었다.

3. 마귀는 아주 영악한 방식으로 욥을 위선자라고 비난함. 그는 욥이 위선자라고 단언하는 것이 아니라, 단지 "그가 위선자가 아닐까요?"라고 질문 형식을 빌려서 말한다. 진실이라고 생각할 그 어떤 근거도 없는 것을 질문 형식을 빌려서 넌지시 얘기하는 것은 비방하는 자들, 헐뜯고 험담하는 자들이 사용하는 통상적인 방식이다. 하나님이 기뻐하시고 인정하시는 자들이 마귀와 그의 도구들에 의해서 까닭 없이 부당하게 비난을 받는 것은 이상한 일이 아니라는 것을 명심하라. 그들이 욥의 경우처럼 모든 점에서 나무랄 데가 없는 자들인 경우에는, 사탄은 그들을 위선자라고 고소한다. 그런 경우에 그들에게는 자신을 해명할 그 어떤 방법도 없기 때문에, 그들은 하나님의 판단을 인내로써 기다릴 수밖에 없다. 우리는 우리 자신이 위선자가 되는 것을 무엇보다도 두려워해야 하지만, 우리가 아무런 까닭 없이 위선자로 여겨지는 것에 대해서는 두려워할 필요가 전혀 없다.

4. 마귀는 욥이 위선자라는 것을 증명하기 위해서 부당하게도 욥의 신앙이 하나님이 그에게 재물의 복을 내려주신 까닭이라고 고소함. 욥이 하나님을 아무 이유도 없이 경외하는 것이 아니라는 것은 엄연한 사실이었다. 욥은 그의

신앙으로 말미암아 많은 것을 얻었다. 왜냐하면, 경건은 큰 유익을 가져다주기 때문이다. 그러나 앞으로 벌어질 사건이 증명해 주듯이, 욥이 그의 신앙으로 말미암아 유익을 얻지 못했다면 하나님을 경외하지 않았을 것이라는 주장은 거짓된 것이었다. 욥의 친구들은 욥이 큰 환난을 당하고 있는 것을 근거로 욥의 신앙이 위선이라고 비난하였고, 사탄은 욥의 큰 형통을 근거로 그의 신앙이 위선이라고 고소하였다. 비방하려고 작심한 자들이 빌미를 찾아내는 것은 그리 어려운 일이 아니다. 우리가 우리의 순종을 통해서 장차 있을 영원한 상급을 바라는 것은 결코 이득을 바라는 신앙이 아니다. 그러나 현세적인 이득을 목적으로 신앙 생활을 하고 신앙이 이득에 종속되어 있는 것은 창조주보다 피조물을 더 섬기는 영적 우상 숭배로서 결국에는 치명적인 배교로 끝나고 말 것이다. 하나님과 재물을 동시에 섬기는 것은 오래갈 수가 없다.

Ⅵ. 사탄이 욥의 형통에 대하여 불평을 쏟아냄(10절).

1. 하나님께서 욥을 위하여 행하신 일. 하나님은 지금까지 욥을 보호해 오셨고, 욥과 그의 가족과 그의 모든 소유를 지켜 주시기 위해서 그의 둘레에 울타리를 쳐 주셨다. 하나님은 자기 백성을 자신의 특별한 보호하심 아래에 두시고, 그 백성과 그들에게 속한 모든 것을 지켜 주신다는 것을 명심하라. 하나님의 은혜가 그들의 영적 삶의 둘레에 울타리를 치고, 하나님의 섭리가 그들의 자연적인 삶의 둘레에 울타리를 치기 때문에, 그들은 안전하고 평안하다. 욥은 게으르거나 불의하지 않았고(마귀는 이 점에 있어서 욥을 고소할 수 없었다) 정직하고 부지런하였기 때문에, 하나님이 그를 형통하게 하신 것이었다. 주께서 그의 손으로 하는 바를 복되게 하셨나이다. 욥의 손이 아무리 힘이 있고 아무리 능숙하였다고 할지라도, 하나님의 축복(강복)이 없었다면, 그의 손으로 하는 일은 형통하지 못하였을 것이다. 그러나 하나님의 축복이 있었기 때문에, 그의 소유물이 땅에 넘쳤다. 여호와의 축복이 있으면, 풍성함이 넘친다. 이것은 사탄 자신도 인정하는 것이었다.

2. 마귀는 하나님이 욥에게 행하신 일을 지적하며, 그것을 욥에게 시비를 거는 데에 활용함. 마귀는 하나님이 욥에게 하신 일에 대하여 말하면서 불편한 심기를 드러낸다. "나는 주께서 그와 그의 집과 그의 모든 소유물을 울타리로 두르신 것을 아나이다." 사탄은 욥에게 해악을 끼치려고 틈새가 있는지를 알아내기 위해서 욥과 관련된 모든 것을 샅샅이 살펴보았지만, 그 어떤 틈새도 발견하지

못하여 실망하였던 것 같다. 욥의 둘레에 하나님이 두르신 울타리는 완벽한 것이었다. 악한 자는 그것을 보고 화가 나서, 욥이 하나님을 섬기는 유일한 이유는 하나님이 그를 형통하게 하셨기 때문이라고 시비를 건다. "욥은 그에게 호의적인 권세에 충성하는 것이고 그에게 아주 좋은 보수를 주는 주인을 섬기는 것이기 때문에 칭찬 받을 것이 없다"는 것이다.

Ⅶ. 사탄이 욥에게서 모든 소유를 다 빼앗아도 좋다는 허가를 하나님이 자기에게 내주기만 한다면 욥의 신앙이 위선이고 이득 때문이라는 것을 증명해 내겠다고 말함. 사탄은 이렇게 말한다(11절): "이 문제를 이렇게 해보소서. 주께서 그를 가난하게 만들고, 그에게 눈살을 찌푸리시며, 주의 손을 들어 그를 치소서. 그리하시면, 주께서는 그의 신앙의 진면목을 아시게 되리이다. 주께서 그의 소유를 건드리시면, 그가 정말 어떤 자인지가 드러나게 되리이다. 만약 그가 주를 향하여 면전에서 욕하지 않는다면, 내 말을 다시는 믿지 마시고, 내가 거짓말쟁이이고 거짓 고소자라고 만방에 공표하소서. 만약 그가 주를 욕하지 않는다면, 나로 하여금 멸망 받게 하소서." 이렇게 어떤 이들은 이런 저주의 말을 보충해 넣어서 해석을 한다. 마귀는 여기에서 이런 저주의 말을 삼가고 숨기고 있지만, 우리 시대의 불경한 맹세자들은 뻔뻔스럽고도 무모하게 그런 저주의 말을 대놓고 입 밖으로 내뱉는다.

1. 사탄은 그가 욥에게 겪게 하고자 하는 환난이 가벼운 것이고 별 것 아닌 것처럼 말함. "단지 그의 모든 소유를 건드리시고, 단지 그를 가난하게 만들겠다고 위협하는 것으로 시작하소서. 그런 작은 십자가만으로도 그의 말투가 바뀔 것이나이다."

2. 사탄은 그런 환난이 욥에게 미칠 영향을 대단히 악의적으로 말함. "그런 환난은 욥의 신앙을 땅에 떨어지게 만들 뿐만 아니라, 욥으로 하여금 대놓고 주께 도전하게 만들 것이나이다. 그는 주를 다시는 찾지 않는 것에서 끝나는 것이 아니라, 한 걸음 더 나아가 주의 면전에서 주를 욕하기까지 하리이다." 여기에서 욕하다(또는, 저주하다)로 번역된 단어는 '바라크' 로서 원래는 통상적으로 송축하다를 의미하는 단어이다. 하나님을 욕한다는 것은 너무나 불경스러운 행위였기 때문에 거룩한 언어인 히브리어에는 그런 행위를 표현하는 단어조차 존재하지 않았고, 오직 문맥상으로만 그 의미가 분명하게 구별될 수 있었다. 예를 들어, 열왕기상 21:10-13에서, '바라크' 라는 단어는 나봇이 하나님과

왕을 모독하고 저주하였다고 거짓 증인들이 증언하는 맥락 속에서 사용되는데, 이 경우에 이 단어가 저주하다라는 의미를 갖는다는 것은 문맥 속에서 분명해진다.

(1) 사탄은 욥이 자신의 소유를 잃고 가난해지면 분명히 자신의 신앙을 버리고 배교하게 될 것이며, 그렇게 되면 모든 사람들 가운데에서 자신의 제국을 확고히 할 수 있을 것이라고 생각한 것 같다. 하나님은 당시에 살고 있던 사람들 중에서 욥이 최고의 의인이라고 분명하게 말씀하셨다. 그런 상황에서 욥이 위선자라는 것을 사탄이 증명할 수 있다면, 하나님은 사람들 가운데에서 단 한 명의 신실한 종도 가지고 있지 못한 것이 되고, 세상에는 참되고 진실한 경건이라는 것은 존재하지 않았던 것이 되며, 사람들이 지닌 신앙은 모두 가짜였다는 것이 드러나게 되고, 사탄은 사실상 온 인류를 지배하는 진정한 왕임이 밝혀지게 될 것이다. 그러나 하나님은 자기 소유인 자들을 아셨고, 그 중에 한 사람도 미혹되지 않으리라는 것을 아셨던 것으로 보인다.

(2) 욥이 자신의 신앙을 끝까지 지킨다고 하여도, 사탄은 하나님이 자랑하는 의인이 심한 괴로움을 당하는 모습을 보고 만족할 것이었다. 하나님은 의인들의 형통을 기뻐하시지만, 사탄은 선한 자들을 미워하고 그들이 괴로워하는 것을 즐거워한다.

VIII. 하나님이 욥에게 환난을 주어서 그의 진실성을 시험해 보게 해 달라는 사탄의 요청을 수락하심. 사탄은 하나님이 직접 그런 식으로 시험해 보시기를 요청하였다: 이제 주의 손을 펴서 그의 모든 소유물을 치소서. 하나님은 사탄에게 욥을 그런 식으로 시험해 보는 것을 허락하셨다(12절). "내가 그의 소유물을 다 네 손에 맡기노라. 네가 할 수 있는 한 힘껏 시험해 보아라. 네가 최대한으로 욥에게 해악을 끼쳐 보아라."

1. 하나님이 사탄에게 이런 일을 허락하신 것, 주의 멧비둘기의 생명을 원수의 손에 주신 것, 어린 양을 사자에게 넘겨 주신 것은 놀랍고 이상한 일이다. 그러나 하나님이 그렇게 하신 것은 하나님 자신이 영광을 받으시고 욥으로 하여금 존귀를 얻게 하시며 섭리를 설명하시고 모든 세대에서 그의 환난 받는 백성을 격려하시기 위한 유익한 선례를 남기기 위한 것이었다. 하나님은 사탄이 베드로를 밀 까부르듯 하는 것을 허락하셨지만, 그의 믿음이 떨어지지 않도록 돌보아 주셨고(눅 22:32), 결국에는 그 시험이 그로 하여금 칭찬과 영광과 존귀를

얻는 밑거름이 되게 하신 것처럼(벧전 1:7), 여기에서도 하나님은 동일한 맥락에서 사탄에게 욥을 시험해도 좋다고 허락하신 것이었다.

2. 하나님이 사탄을 큰 쇠사슬로 묶어 두고 계신다는 것은 위로가 되는 일이다(계 20:1). 사탄은 하나님께 먼저 요청해서 허락을 얻어내기 전에는 욥을 괴롭힐 수 없었고, 하나님이 허락하신 것 이상으로 욥을 괴롭힐 수 없었다. "다만 그의 몸에는 네 손을 대지 말지니라. 오직 그의 소유에만 손을 대고, 그의 몸에는 손을 대지 말라." 마귀가 지니고 있는 힘은 제한된 힘이다. 마귀에게는 사람들 자신이 그에게 허용하는 것 외에는 사람들을 더럽힐 힘이 없고, 위로부터 그에게 주어진 것 외에는 사람들을 괴롭힐 힘이 없다.

IX. 사탄이 하나님의 아들들의 이 모임에서 물러감. 하나님의 아들들의 모임이 끝나기 전에, 사탄은 여호와 앞을 떠났고(가인처럼, 창 4:16), 자신의 악의적인 소기의 목적을 이룬 후에는 지체 없이 하나님을 떠났다(도엑처럼, 삼상 21:7).

1. 사탄은 자신의 소기의 목적을 달성한 것을 기뻐하고, 자기가 선한 자에게 해악을 끼쳐도 된다는 허락을 받아낸 것에 만족감을 느끼며 의기양양해서 물러나왔다.

2. 사탄은 시간을 허비하지 않고 신속하게 그의 계획을 실천에 옮기기 위해서 물러나왔다. 그는 조금 전까지와는 달리 이 땅을 이리저리 다니며 기웃거리기 위해서가 아니라, 이런 사정을 전혀 알지 못한 채 오로지 자신의 본분을 다하느라 정성을 기울이고 있는 가엾은 욥을 덮치기 위한 일념으로 그의 길을 내달았다. 우리를 두고 선한 영들과 악한 영들 사이에서 어떤 일이 벌어지고 있는지를 우리는 알지 못한다.

[13]하루는 욥의 자녀들이 그 맏아들의 집에서 음식을 먹으며 포도주를 마실 때에 [14]사환이 욥에게 와서 아뢰되 소는 밭을 갈고 나귀는 그 곁에서 풀을 먹는데 [15]스바 사람이 갑자기 이르러 그것들을 빼앗고 칼로 종들을 죽였나이다 나만 홀로 피하였으므로 주인께 아뢰러 왔나이다 [16]그가 아직 말하는 동안에 또 한 사람이 와서 아뢰되 하나님의 불이 하늘에서 떨어져서 양과 종들을 살라 버렸나이다 나만 홀로 피하였으므로 주인께 아뢰러 왔나이다 [17]그가 아직 말하는 동안에 또 한 사람이 와서 아뢰되 갈대아 사람이 세 무리를 지어 갑자기 낙타에게 달려들어 그것을 빼앗으며

칼로 종들을 죽였나이다 나만 홀로 피하였으므로 주인께 아뢰러 왔나이다 [18]그가 아직 말하는 동안에 또 한 사람이 와서 아뢰되 주인의 자녀들이 그들의 맏아들의 집에서 음식을 먹으며 포도주를 마시는데 [19]거친 들에서 큰 바람이 와서 집 네 모퉁이를 치매 그 청년들 위에 무너지므로 그들이 죽었나이다 나만 홀로 피하였으므로 주인께 아뢰러 왔나이다 한지라

우리는 이 단락에서 욥에게 닥친 환난들이 무엇이었는지에 대하여 구체적인 설명을 듣게 된다.

I. 욥의 자녀들이 맏형 집에서 잔치를 시작한 바로 그 날에 사탄이 욥에게 환난을 가져다 줌(13절).   욥의 맏아들은 두 몫의 유산을 받았을 것이기 때문에 맏아들이 벌인 잔치는 가장 풍성했을 것이다. 욥의 온 가족은 서로 돌아가면서 잔치를 벌이는 관습을 재개하면서, 그 어떤 환난이 닥칠 것을 전혀 예상하지 못한 채 모두 다 지극히 평안한 가운데에 잔치를 벌이고 있었을 것이다. 사탄은 이제 욥의 가족들에게 닥칠 환난이 더 심각한 것이 되게 하기 위하여 일부러 이 때를 골랐다. 희망의 서광이 변하여 내게 떨림이 되도다(사 21:4).

II. 사탄이 준비한 모든 환난이 한꺼번에 욥에게 닥침.   나쁜 소식을 전하는 사자(使者)가 말하고 있는 동안에 또 다른 사자가 당도하였고, 그 사자가 말을 다 마치기도 전에 세 번째 사자가 오는 등, 사자들이 연이어 들이닥쳤다. 사탄이 하나님의 허락하심 가운데에서 다음과 같은 의도에서 이렇게 하였다.

1. 사탄은 이런 식으로 환난을 한꺼번에 퍼부음으로써, 하나님이 욥에 대하여 도에 지나친 진노를 하셔서 욥으로 하여금 스스로 변명할 기회도 주지 않으시고 욥을 일거에 파멸시키시려고 하는 것처럼 보이게 만들어서, 욥으로 하여금 하나님의 섭리에 대하여 분노하며 대들게 하고자 하였다.

2. 사탄은 이런 식으로 온갖 환난들을 한꺼번에 퍼부어서, 욥으로 하여금 거기에 압도되어 정신을 차리지 못하게 함으로써, 욥이 은혜 가운데에서 스스로 깊이 생각해 보고 이모저모를 따져 보아서 하나님의 섭리에 순종할 기회를 가질 수 없게 하고자 하였다. 욥에게 곰곰이 생각해 볼 기회가 주어지지 않는다면, 그는 성급하게 말하게 될 것이고, 그렇게 된다면 그의 하나님을 저주할 가능성도 커지게 될 것이다. 하나님의 자녀들은 종종 한꺼번에 닥쳐온 여러 가지 시험들 때문에 마음이 답답하고 무거울 때가 있다는 것을 명심하라. 깊음이 깊

음을 부르고, 풍랑들이 연이어 몰려온다. 그러므로 우리는 한 가지 환난을 만나면 얼른 정신을 차리고서 다음 환난에 대비하여야 한다. 왜냐하면, 이 세상에서 살아가는 동안에는 우리가 쓴 잔을 아무리 깊이 들이마셨다고 하여도, 우리는 우리의 몫을 다 마셨으니 이제 그 잔이 다시는 우리에게 오지 않을 것이라고 확신할 수 없기 때문이다.

III. 환난은 욥에게서 그가 가진 모든 것을 다 앗아갔고, 욥이 누리던 즐거운 때는 완전히 끝이 나 버렸다는 것. 욥이 잃은 것들의 상세한 내용은 앞에 나왔던 그의 소유 목록과 일치한다.

1. 욥에게는 소가 오백 겨리, 암나귀가 오백 마리가 있었고, 그 가축 떼를 돌보는 많은 수의 종들이 있었는데, 욥은 이 모든 것들을 한꺼번에 다 잃었다(14-15절). 사자가 들려준 소식을 통해서 욥은 이 일에 대하여 다음과 같은 것들을 알게 되었다.

(1) 이 일은 그의 종들의 어떤 부주의 때문이 아니었다는 것. 만약 종들의 부주의 때문이었다면, 욥은 종들에게 진노하였을 것이다. 소들은 놀고 있었던 것이 아니라 밭을 갈고 있었고, 나귀들도 길을 잃어버려서 주인 없는 짐승이 되어 어느 누군가가 가져가 버린 것이 아니라 종들이 지켜 보는 가운데에 각각 제자리에서 풀을 먹고 있었다. 길을 가던 사람들은 이 가축들을 축복하여, 하나님께서 쟁기질이 잘 되게 해주소서라고 기원하였을 것이다. 우리가 아무리 현명하고 주의 깊으며 부지런하다고 하여도, 우리는 환난을 비켜갈 수 없고, 심지어 보통 사려 깊지 못하고 부주의한 데에서 오는 환난들로부터도 안전할 수 없다는 것을 명심하라. 여호와께서 성을 지키지 아니하시면 파수꾼이 아무리 눈을 부릅뜨고 깨어 있다고 해도 헛되다(시 127:1). 그렇지만 환난이 닥쳤을 때에 우리가 곁길에 있지 않고 우리의 본분을 제대로 행하고 있다면, 그것은 우리에게 어느 정도 위로가 될 것이다.

(2) 이 일은 그의 이웃인 스바 사람들의 악 때문이었다는 것. 스바 사람들은 약탈과 노략질로 살아갔던 강도의 무리들이었던 것 같다. 그들은 소들과 나귀들을 끌고 갔고, 그들을 막아내려고 충성되고 용감하게 최선을 다했던 욥의 종들을 칼로 죽였다. 오직 한 사람만 살아남았는데, 이것은 스바 사람들이 그 종이나 욥에게 은혜를 베풀어서가 아니라, 욥으로 하여금 소문을 통해서 뒤늦게 이 일을 듣기 전에 목격자를 통해서 직접 이 일을 분명하게 알게 하기 위한 것이

었다. 우리는 욥이나 그의 종들이 스바 사람들을 분노하게 하여 이러한 침탈을 당하게 되었다고 의심할 만한 이유가 전혀 없다. 사탄이 욥으로 하여금 고통을 당하게 하고 그들로 하여금 죄를 짓게 하는 일석이조의 효과를 거두기 위해서, 그들의 마음속에 이 일을 지금 행하고자 하는 생각을 집어넣은 것이 분명하다. 사탄은 욥에게 해악을 가해도 좋다는 하나님의 허락을 받아낼 때에 남을 해치는 자들을 이 일을 행할 그의 도구로 사용할 계산이 이미 서 있었을 것이다. 왜냐하면, 사탄은 불순종의 아들들 가운데서 역사하는 영(엡 2:2)이기 때문이다.

2. 욥에게는 양이 칠천 마리가 있었고, 그 양을 지키는 목자들이 있었는데, 욥은 벼락으로 이 모든 것을 한꺼번에 다 잃었다(16절). 아마도 욥이 이 모든 일의 책임을 스바 사람들에게 돌리고, 그들의 불의와 잔인함에 대하여 분노하고 있었을 때, 이 소식이 연이어 욥에게 전해짐으로써, 욥은 이 일이 하나님과 연관이 있다는 것을 알게 되었을 것이다. 하나님의 불이 하늘에서 떨어졌다. 우레가 하나님의 음성이듯이, 번개와 벼락은 하나님의 불이다. 그러나 이 벼락은 욥을 정조준한 아주 특별한 벼락이었기 때문에, 그의 모든 양들과 목자들은 죽임을 당하였을 뿐만 아니라 순식간에 불타 없어져 버렸고, 가엾은 욥에게 이 소식을 전하게 하기 위하여 오직 한 사람의 목자만이 목숨을 부지할 수 있었다. 마귀는 욥으로 하여금 하나님을 저주하고 하나님에 대한 신앙을 포기하도록 하기 위해서 이러한 환난들을 아주 교묘하게 운용하였다.

(1) 욥은 특히 희생제사를 통해서 하나님을 존귀하게 해드릴 때에 양들을 사용하곤 하였는데, 이제 하늘에서 불이 내려와 그 모든 양들을 그에게서 앗아 갔으니, 이것은 마치 하나님이 그가 드린 제사들에 대하여 진노하시고, 그가 제사에서 사용한 것들에 대하여 벌하신 것처럼 보였다. 사탄은 하늘과 땅을 이간질시키려는 그의 해묵은 의도를 따라서 하나님께 욥을 거짓된 종이라고 모함하였는데, 이제 여기에서는 욥으로 하여금 하나님을, 욥이 무수히 번제를 드릴 때에 사용하였던 가축들조차도 보호해 주지 않는 엄한 주인으로 생각하게 만들고자 하였다. 이 일로 욥은 시험에 들어서 얼마든지, 하나님을 섬겨 보아야 아무 소용이 없다고 말할 수도 있을 것이었다.

(2) 사환은 이 벼락을 하나님의 불이라 불렀지만(전혀 사심 없이), 사탄은 이 일을 통해서 욥의 마음속에 하나님이 돌이켜 그의 대적이 되사 친히 그를 치셨다는 생각을 심어 주고자 한 것이었다. 욥에게 있어서 하나님이 그의 대적이 되

셨다는 것은 스바 사람들이 그에게 행한 온갖 모욕들보다 훨씬 더 고통스러운 일이었다. 욥은 나중에 하나님으로부터 온 재앙은 그에게 공포 그 자체였다고 고백하였다(31:23). 그러므로 직접 하나님의 손으로부터 온 이 재앙에 관한 소식은 욥에게 얼마나 끔찍하고 공포스러웠겠는가! 만약 하늘에서 내려온 불이 제단 위에 드려진 양을 불살랐다면, 욥은 그것을 하나님의 은총의 표시로 해석하였을 것이지만, 풀을 뜯고 있는 양들을 불살라 버린 하늘의 불은 하나님의 진노의 표시로 볼 수밖에 없었다. 소돔이 하늘에서 내려온 불로 멸망당한 이래로 그와 같은 일은 지금까지 한 번도 없었다.

3. 욥에게는 낙타가 삼천 마리가 있었고, 그것들을 돌보는 종들이 있었는데, 갈대아 사람들이 세 무리를 지어 와서 칼로 종들을 죽이고 낙타들을 몰고 가버려서, 욥은 이 모든 것을 한꺼번에 다 잃었다(17절). 만약 자신의 본분을 다하고 있던 욥의 정직한 종들에게 떨어진 하나님의 불이, 남에게 강도질을 하여 해를 끼치고 있던 스바 사람들과 갈대아 사람들에게 떨어졌더라면, 하나님의 그러한 심판들은 우뚝 솟은 장엄한 큰 산과 같아 보였을 것이다. 그러나 의롭고 선한 자들이 갑자기 재앙을 당하여 몰살을 당하였는데, 악인들의 길은 형통하여 악인들이 그들의 노략물을 끌고 콧노래를 부르며 집으로 돌아갈 때, 이 일 속에 나타난 하나님의 의는 큰 바다와 같아서, 우리는 그 끝을 헤아릴 수조차 없다(시 36:6).

4. 욥이 가장 아끼고 소중히 여긴 자산은 그의 열 자녀들이었다. 이 비극을 마무리하기 위한 마지막 소식이 욥에게 연이어 전해졌는데, 그것은 잔치를 벌이고 있던 맏아들의 집이 무너져서 그의 자녀들과 시중을 들던 종들이 다 거기에 깔려서 죽었고, 이 소식을 가져온 종 하나만 살아 남았다는 것이었다(18-19절). 이것은 욥이 입은 손실들 중에서 가장 큰 것으로서 욥을 죽인 것이나 다름없는 치명적인 것이 될 수밖에 없었다. 그러므로 마귀는 다른 모든 재앙들이 소기의 목적을 달성하지 못하더라도 이 재앙으로 말미암아 욥이 하나님을 저주하도록 하기 위해서 이 일을 맨 마지막에 배치해 둔 것이었다. 우리의 자녀들은 우리의 분신들이기 때문에, 자녀를 잃는 것은 너무나 고통스럽고 참을 수 없는 일이고, 특히 이 일로 인한 선한 자의 고통은 말로 표현할 수 없다. 하물며, 오랜 세월 동안 지극정성으로 돌보고 소망을 두었던 자녀들을 순식간에 하나도 아니고 모두 다 잃은 욥의 고통이 어떠하였겠는가.

(1) 그들은 한꺼번에 모두 다 죽었고, 한 사람도 살아 남지 못하였다. 다윗은 지혜롭고 선한 자였지만 한 아들이 죽자 마음의 안정을 잃고 심한 우울증에 시달렸다. 그러므로 모든 자녀를 한순간에 다 잃고 무자(無子)한 자로 기록된 가없은 욥의 고통은 얼마나 극심했겠는가!

(2) 그들은 갑자기 죽었다. 만약 그의 자녀들이 병을 앓다가 죽었다면, 그는 그들의 죽음을 미리 예상하고 헤어질 마음의 준비를 할 수 있었을 것이다. 그러나 그들의 죽음은 그에게 그 어떤 사전 경고도 보내지 않고 갑자기 닥쳤다.

(3) 그들은 잔치를 벌이며 즐거워하다가 죽었다. 만약 그들이 기도하다가 갑자기 죽었다면, 그는 그 고통을 훨씬 더 견디기 쉬웠을 것이다. 그는 평소에도 그의 자녀들이 잔치 가운데에서 죄를 범하여 마음으로 하나님을 욕되게 하였을까 염려하였었는데, 그들이 잔치를 벌이다가 죽었다는 말을 듣고서, 그들의 머리가 먹고 마시는 것으로 가득 차 있을 때에 밤중의 도적 같이 그 날이 그들에게 부지불식간에 임하였다고 생각하여, 그들이 좀 더 좋은 상태에 있을 때에 죽었더라면 좋았을 것이라고 안타까워하였을 것이다. 그가 그의 자녀들의 영혼에 대하여 언제나 세심한 관심을 쏟아 왔는데도, 이번에 그들의 명수대로 제사를 드리기도 전에 그들이 재앙을 당하였다는 것은 그의 고통과 슬픔을 한층 더 크게 만들었다. 모든 일이 모든 사람들에게 일반으로 일어난다는 것을 보라. 욥은 그의 자녀들을 위하여 늘 기도하였고, 그들은 서로 우애하고 사랑하며 살아 왔는데도, 이와 같이 졸지에 죽음을 맞이하였다.

(4) 그들은 공중의 권세 잡은 자(엡 2:2)인 마귀가 일으킨 바람에 의해서 죽었지만, 이 일은 하나님의 직접적인 손에 의해서 일어난 하나님의 진노의 표시로 보아졌다. 나중에 빌닷은 이 일을 그렇게 해석하였다(8:4): 네 자녀들이 주께 죄를 지었으므로 주께서 그들을 그 죄에 버려 두셨다.

(5) 그들은 그가 다른 모든 것을 잃고서 그들의 위로를 가장 필요로 할 때에 죽었다. 이와 같이 모든 피조물들은 우리가 가장 위로를 필요로 할 때에 위로가 되어 주지 못한다. 우리가 가장 필요로 할 때에 언제든지 즉각적인 도움이 되시는 이는 오직 하나님뿐이시다.

[20]욥이 일어나 겉옷을 찢고 머리털을 밀고 땅에 엎드려 예배하며 [21]이르되 내가 모태에서 알몸으로 나왔사온즉 또한 알몸이 그리로 돌아가올지라 주신 이도 여호와

시요 거두신 이도 여호와시오니 여호와의 이름이 찬송을 받으실지니이다 하고 [22]이 모든 일에 욥이 범죄하지 아니하고 하나님을 향하여 원망하지 아니하니라

마귀는 욥으로 하여금 하나님을 욕하고 저주하도록 만들기 위해서 욥에 대하여 그가 하고자 한 모든 것을 다 하였다. 마귀는 욥이 가진 모든 것에 손을 대었고, 반드시 증인을 남겼다. 해가 뜰 때에 동방의 모든 사람 가운데에서 가장 부자였던 욥은 해가 지기 전에 속담에 등장할 정도로 가난한 자가 되어 버렸다. 만약 사탄이 주장한 대로 욥이 오직 하나님이 그에게 주신 재물 때문에 신앙을 지킨 것이라면, 자신의 재물을 다 잃은 욥은 이제 그의 신앙도 틀림없이 버려야 할 것이었다. 그러나 이 단락에서는 욥이 환난 가운데에서도 경건하게 처신하는 모습을 보여주고 있기 때문에, 이것은 마귀가 거짓말쟁이이고 욥은 정직한 자라는 것을 충분히 증명해 준다.

I. 욥은 환난 가운데에서도 우둔하고 지각 없는 사람처럼 처신하지도 않았고, 그의 자녀들과 종들의 죽음에 대하여 무감각하고 냉정한 목석처럼 처신하지도 않았다는 것. 욥은 일어나 겉옷을 찢고 머리털을 밀었는데(20절), 이것은 큰 슬픔을 나타내는 통상적인 표현으로서, 그가 그를 대적하신 여호와의 손길을 인식하고서 크게 슬퍼하였다는 것을 보여주는 것이었다. 그렇지만, 그는 꼴사나운 모습을 보이지도 않았고, 지나친 격정에 빠지지도 않았다. 그는 힘을 잃고 쓰러져 버린 것이 아니라, 전쟁터의 투사처럼 분연히 일어났다. 그는 열을 받아서 자신의 옷을 벗어던진 것이 아니라, 당시의 관습을 따라 자신의 겉옷을 찢어서 자신의 통분한 심정을 나타내었다. 그는 감정에 북받쳐서 자신의 머리를 잡아뜯은 것이 아니라, 결연하게 자신의 머리를 밀었다. 이 모든 것은 그가 그에게 닥친 온갖 환난 속에서도 이성을 잃지 않았고 정신을 놓지 않았으며 침착성을 유지하고 있었음을 보여준다. 그가 언제부터 자신의 감정을 나타내기 시작했는지를 우리는 본문 속에서 볼 수 있다. 그는 그의 자녀들이 죽었다는 소식을 전해 듣고서야 그 때에 비로소 일어나서 자신의 겉옷을 찢었다. 세상의 믿지 않는 자들은 "양식이 다 없어져 버렸으니 양식을 축내는 자들도 없어지는 것이 낫고, 재물이 다 없어져 버렸으니 자녀들이 없는 것이 낫다"라고 말했을 것이다. 그러나 욥은 하나님의 섭리로 그의 자녀들이 목숨을 건질 수 있었다면, 비록 그들에게 줄 양식과 재물이 없어져 버렸다고 할지라도, 여호

와께서 준비하셔서(여호와 이레) 그들을 먹이시고 입히실 것이기 때문에, 그들이 살아 있는 편이 더 좋은 일이라는 것을 알고서 감사했을 것이다. 일부 해석자들은 유대인들은 하나님을 모독하는 말을 들었을 때에 자신의 옷을 찢는 것이 관습이었다는 점을 들어서, 욥이 이 때에 자신의 옷을 찢은 것은, 사탄이 그의 마음속에 하나님을 모독하는 생각을 집어넣어서 그로 하여금 하나님을 욕하도록 시험하는 것에 대한 거룩한 분노를 표출한 것이었다고 주장한다.

II. 욥은 환난 가운데에서 지혜롭고 선한 자, 온전하고 정직한 자, 하나님을 경외하며 외적인 환난이라는 재앙보다도 죄로 인한 재앙을 더 피하고자 한 자답게 처신하였다는 것.

1. 그는 하나님의 손 아래에서 자신을 낮추고서, 부에 처할 줄도 알고 가난에 처할 줄도 아는 자로서 그에 대한 섭리에 순응하였다는 것. 하나님께서 울며 애곡하라고 하시자, 그는 울며 애곡하고 겉옷을 찢고 머리를 밀었다. 그는 그의 죄악의 형벌을 기쁘게 받아들여서, 자신의 죄를 참회하고 하나님의 뜻에 순복하는 의미로 땅바닥에 엎드려 하나님 앞에서 자신을 티끌 같은 존재로 낮추었다. 이런 식으로 그는 자신의 진심을 나타내 보였다. 왜냐하면, 마음이 경건치 아니한 자들, 즉 겉과 속이 다른 위선자들은 하나님이 그들을 속박할지라도 부르짖어 도움을 구하지 아니하기 때문이다(36:13). 이렇게 함으로써 욥은 이 환난을 통해서 유익을 얻을 수 있는 준비를 갖춘 것이었다. 우리가 슬픔을 느끼지 못한다면, 어떻게 그 슬픔이 우리에게 유익이 될 수 있겠는가?

2. 그는 이러한 사건들 때문에 마음이 동요되고 이성을 잃지 않도록 하기 위해서 인생이 무엇인지를 조용히 묵상하며 마음을 다스렸다는 것. 그는 인생이 무엇인지를 묵상하며, 그것을 자기 자신에게 적용한다: 다른 사람들과 마찬가지로, 내가 모태에서 알몸으로 나왔사온즉 또한 알몸이 그리로 돌아가올지라. 즉, 어린아이가 아프거나 지쳤을 때에 어머니의 품에 머리를 누이듯이, 나도 어차피 우리의 공통의 어머니의 품인 흙으로 돌아가게 되어 있다. 우리는 원래 흙이니 죽어서 다시 흙으로 돌아갈 것이고(창 3:19; 전 12:7), 우리는 흙으로 지으심을 입었은즉 또한 알몸으로 다시 흙으로 돌아가게 될 것이다(33:6). 사도 바울은 욥기의 이 본문을 간접적으로 인용한다(딤전 6:7): 우리가 이 세상의 것들 중에서 아무것도 이 세상에 가지고 온 것이 없고, 우리가 지닌 것들은 모두 이 세상에 와서 취한 것들뿐이니, 우리가 이 세상을 떠날 때에도 모든 것을 여기에

남겨 두어야 하기 때문에 아무것도 가지고 가지 못할 것이 확실하다. 우리는 이 세상에 나올 때에 무장을 하고 온 것이 아닐 뿐만 아니라, 다른 피조물들처럼 몸을 지켜줄 것들을 지닌 채 오지 않고 아무것도 걸치지 않은 위태한 모습으로 벌거벗은 채로 왔다. 우리는 죄 가운데에서 태어나기 때문에 거룩하신 하나님께서 보실 때에 벌거벗은 부끄러운 모습으로 태어나고, 이 세상을 떠날 때에도 벌거벗은 모습으로 떠난다. 거룩함을 입은 우리의 영혼은 옷을 입게 되지만, 우리의 몸은 벌거벗은 채로 이 세상을 떠난다(고후 5:3). 죽음은 우리에게서 우리가 이 세상에서 누리던 모든 것들을 다 벗겨 버린다. 의복은 죽은 몸을 따뜻하게 해줄 수도 없고 아름답게 장식해 줄 수도 없다. 이러한 묵상 덕분에 욥은 모든 것을 잃은 상황 속에서도 침착할 수 있었다.

(1) 그는 단지 처음에 있었던 곳으로 다시 돌아온 것일 뿐이라는 것. 그는 자기가 상처를 입거나 사지가 잘린 것이 아니라 단지 다시 알몸이 된 것뿐이라고 여긴다. 그의 몸을 제외하고 그가 지닌 다른 모든 것은 원래 그의 것이 아니었기 때문에, 그는 그의 원래의 상태로 되돌아온 것일 뿐이었다. 사람은 아무리 가난해도 태어날 때보다 더 가난해질 수는 없다. 우리가 가난해진다고 하여도, 우리는 잘못된 것이 아닐 뿐만 아니라 해악을 입은 것은 더더욱 아니다. 왜냐하면, 우리는 단지 우리가 태어났을 때의 상태로 돌아간 것일 뿐이기 때문이다.

(2) 그는 단지 마지막에 있어야 할 곳에 있게 된 것이고, 그가 예상했던 것보다 조금 일찍 옷과 소유를 벗고 알몸이 된 것일 뿐이라는 것. 아직 잘 시간이 아닌데 우리가 옷을 벗는다면, 그것은 좀 불편한 일일 것이다. 그러나 잘 시간이 가까웠을 때에는 옷을 벗는 것이 도리어 더 낫다.

3. 그는 이 때에 하나님께 영광을 돌리며, 하나님의 섭리를 지극히 존중하고 그 처분에 기꺼이 순복하겠다는 뜻을 나타냄. 욥이 이렇게 훌륭한 상태를 보여주고 있는 것은 우리가 기뻐해야 할 일이다. 왜냐하면, 욥은 모르고 있었을지라도, 이 환난은 그의 신앙의 순수성을 시험하기 위한 것이었기 때문이다. 마귀는 욥이 환난을 당하면 하나님을 욕하고 저주하게 될 것이라고 말했었지만, 욥은 환난 가운데에서도 하나님을 찬송함으로써 자기가 정직한 사람이라는 것을 증명하였다.

(1) 그는 그가 이전에 누렸던 긍휼들은 물론이고 지금 겪고 있는 환난들 속에도 하나님의 손길이 작용하고 있다는 것을 인정하였다는 것. 주신 이도 여호

와시요 거두신 이도 여호와이시다. 우리는 다음과 같은 것들 속에서 하나님의 섭리를 인정하여야 한다.

[1] 우리에게 주어지는 모든 위로들 속에서. 우리 자신이 아니라 하나님이 우리를 지으셔서 우리에게 존재를 부여하셨고, 우리에게 재물과 부를 주셨다. 우리가 부하게 된 것은 우리 자신의 재능이나 근면함 때문이 아니라, 하나님이 우리가 애쓰고 힘쓴 것들을 축복하셨기 때문이다. 하나님은 우리에게 재물을 얻을 수 있는 힘을 주셨고, 우리를 위하여 피조물들을 지으셨을 뿐만 아니라, 그 피조물들을 우리로 다스리고 지배하게 하셨다.

[2] 우리의 모든 십자가들 속에서. 우리에게 주신 이는 우리에게서 거두어 가기도 하신다. 하나님이 자신의 소유로 무엇을 하든 그것이 무슨 상관이란 말인가? 욥은 도구로 사용된 것들 너머를 바라보고 있고, 그의 눈을 최초의 원인자에게 고정시키고 있다. 그는 "여호와께서 주셨는데, 스바 사람들과 갈대아 사람들이 빼앗아 가버렸으며, 하나님은 나를 부유하게 하셨으나 마귀가 나를 가난하게 만들어 버렸다"고 말하는 것이 아니라, "주신 이가 거두어 가셨다"고 말한다. 이 모든 일을 하나님이 하셨기 때문에, 욥은 할 말이 없었고, 그래서 입을 다물었다. 모든 것을 주신 이는 언제든지 그의 뜻대로 무엇이든지 거두어 가고자 하시는 만큼 거두어 가실 수 있다. 따라서 세네카(Seneca)는 "그가 거두어 가셨지만, 주신 이도 그였다"고 말할 수 있었다. 또한, 에픽테투스(Epictetus)는 이것을 다음과 같이 아주 훌륭하게 표현하였다. "네가 어떤 위로를 빼앗겼을 때, 예를 들어 네 자녀 중 하나가 죽었거나 네 재산의 일부를 잃었을 경우에, 너는 내가 그것을 잃었다고 말하지 말고, 내가 그것을 원래의 주인에게 되돌려 주었다고 말하라. 만약 네가 내게서 그것을 빼앗아 간 자는 나쁜 자라고 항의한다면, 원래의 주인은 이렇게 대답할 것이다. 준 자가 자기가 준 것을 다시 돌려 달라고 요구하는 것일 뿐인데, 네가 무슨 말을 하는 것이냐."

(2) 그는 긍휼들 속에서나 환난들 속에서나 하나님을 경배하였다는 것. 모든 것을 잃었을 때, 그는 엎드려 경배하였다. 환난들은 우리의 신앙을 약화시키는 것이 아니라, 그 신앙을 더욱 일깨우는 것이 되어야 한다는 것을 명심하라. 울 일이 있다고 해서 씨 뿌리는 것이나 하나님을 경배하는 것이 방해를 받아서는 안 된다. 욥은 그의 환난들 속에서 하나님의 손길만이 아니라 하나님의 이름을 보았고, 그 이름에 영광을 돌렸다. 내가 주의 이름을 송축하나이다. 그는

여전히 하나님을 크시고 선하신 분으로 생각하였고, 주저 없이 하나님을 소리 높여 찬송한다. 하나님이 그에게서 거두어 가실 때에도 그에게 주실 때와 마찬가지로 하나님을 송축하고자 하는 마음은 그에게 변함이 없었다. 이렇게 우리는 하나님의 자비와 정의를 둘 다 찬양하여야 한다(시 101:1).

[1] 하나님이 그에게 주신 것을 지금 다시 거두어 가셨지만, 그는 하나님이 주신 것을 인하여 하나님을 송축한다. 하나님이 우리에게 주신 위로들을 거두어 가실 때, 우리는 하나님이 그런 위로들을 우리에게 주신 것과 우리의 분에 넘치게 아주 오랫동안 그런 위로들을 우리에게 그대로 누리게 하신 것에 대하여 하나님께 감사하여야 한다.

[2] 하나님이 거두어 가셨는데도, 그는 거두어 가신 하나님을 경배하고, 그 처분에 기꺼이 순복함으로써 하나님께 영광을 돌린다. 아니, 그는 하나님이 선한 목적으로 그에게 환난들을 주신 것, 환난들 속에서도 그를 은혜로 붙잡아 주시는 것, 결국 이 모든 일이 합력하여 선을 이루게 하실 것에 대하여 그에게 주신 믿음과 소망을 인하여 하나님께 감사를 드린다.

끝으로, 본문에는 욥이 그에게 닥친 환난들 속에서도 변함없이 신앙을 지키고 선한 행실을 보였다는 것을 증거하는 성령의 영광스러운 증언이 나온다. 욥은 그가 겪은 시험들을 통과함으로써 박수갈채를 받는다(22절). 이 모든 일 속에서 욥의 행실은 잘못한 것이 없었다. 왜냐하면, 그는 하나님을 어리석다 하지 않았고, 하나님이 하신 이 모든 일 속에서 하나님의 지혜를 조금도 의심하지 않았기 때문이다. 불만을 품고 불평하며 참지 못하는 것은 사실상 하나님을 어리석다고 비난하는 것이나 다름없다. 그러므로 욥은 이런 일들이 일어나지 않도록 하기 위해서 몹시 조심하였다. 우리는 우리가 악하게 행하였을지라도 하나님은 옳게 행하셨다는 것을 인정해야 하는 것과 마찬가지로, 우리가 아주 어리석게 행하였을지라도 하나님은 지혜롭게 행하셨다는 것을 인정해야 한다. 십자가들과 분노 속에서 평정을 유지할 뿐만 아니라 여전히 하나님을 선하게 생각하고 하나님과 달콤한 교제를 나누는 자들은 사람들로부터 칭찬을 받든 안 받든 여기에 나오는 욥처럼 하나님의 칭찬을 받게 될 것이다.

제 2 장

개요

우리는 앞 장에서 욥을 놓고 하나님과 사탄이 벌인 공정한 시험에서 욥이 아주 잘 행하여 그 시험을 통과하였다는 것을 보았다. 사탄은 욥의 모든 소유를 치고 빼앗아 가도 좋다는 허락을 하나님으로부터 받아냈었고, 그런 일을 당하면 욥은 하나님을 대놓고 욕하고 저주하게 될 것이라고 확신하였었다. 그러나 예상과는 달리, 욥은 환난 가운데서도 하나님을 송축함으로써, 그가 정직한 자이고 사탄이 거짓 고소자라는 것이 증명되었다. 따라서 우리는 당연히 시험은 다 끝났고, 욥의 신앙과 평판이 의심을 받는 일은 다시는 일어나지 않을 것이라고 생각하게 된다. 그러나 욥이라는 인물은 방탄 갑옷임이 밝혀졌기 때문에, 확실한 표적으로 떠오르게 되어, 또다시 시험을 받게 된다. I. 사탄은 욥의 뼈와 살을 쳐서 다시 한 번 시험해 볼 것을 제안함(1-5절). II. 하나님이 거룩한 목적을 위하여 그것을 허락하심(6절). III. 사탄은 아주 고통스럽고 역겨운 질병으로 욥을 침(7-8절). IV. 아내가 욥에게 하나님을 욕하라고 부추기지만, 욥은 그 부추김에 넘어가지 않음(9-10절). V. 친구들이 욥을 위로하기 위해서 옴(11-13절). 여기에서 이 선한 사람은 환난을 당하여 참고 인내하는 것의 모범으로 제시된다.

¹또 하루는 하나님의 아들들이 와서 여호와 앞에 서고 사탄도 그들 가운데에 와서 여호와 앞에 서니 ²여호와께서 사탄에게 이르시되 네가 어디서 왔느냐 사탄이 여호와께 대답하여 이르되 땅을 두루 돌아 여기 저기 다녀 왔나이다 ³여호와께서 사탄에게 이르시되 네가 내 종 욥을 주의하여 보았느냐 그와 같이 온전하고 정직하여 하나님을 경외하며 악에서 떠난 자가 세상에 없느니라 네가 나를 충동하여 까닭 없이 그를 치게 하였어도 그가 여전히 자기의 온전함을 굳게 지켰느니라 ⁴사탄이 여호와께 대답하여 이르되 가죽으로 가죽을 바꾸오니 사람이 그의 모든 소유물로 자기의 생명을 바꾸올지라 ⁵이제 주의 손을 펴서 그의 뼈와 살을 치소서 그리하시면 틀림없이 주를 향하여 욕하지 않겠나이까 ⁶여호와께서 사탄에게 이르시되 내가 그를 네 손에 맡기노라 다만 그의 생명은 해하지 말지니라

하나님과 모든 선한 자들의 철천지 원수인 사탄은 하나님의 사랑을 받는 욥을 미워하여 여기에서 욥에 대한 악의적인 고소를 계속해서 추진해 나가고, 하나님과 욥을 이간질시켜서 서로에 대하여 해를 끼치며 하나님으로 하여금 욥에게 환난을 가하게 하고 욥으로 하여금 하나님을 욕하게 만들어서 욥과 하나님을 갈라놓기 위해 온갖 짓을 다하였다. 우리는 앞서 사탄이 욥을 해치고자 했다가 실패하여 낭패를 당하고 큰 수치를 당했으니 다시는 그런 시도를 하지 않을 것이라고 생각하기 쉽다. 그러나 악의라는 것은 지칠 줄을 모르는 법이고, 마귀와 그의 도구로 사용되는 자들도 마찬가지이다. 선한 사람들을 중상모략하고 거짓으로 고소하는 자들은 비록 그런 모략과 고소가 터무니없는 것이라는 증거가 아무리 명백하고 재판에서 질 것이 아무리 뻔하다고 할지라도 그들 나름대로 뭔가 할 말을 가지고 있다. 사탄은 욥의 신앙에 대하여 또 다시 시비를 걸고자 한다. 사탄이 성도들을 핍박하는 데에 혈안이 되어서 이러한 악의적이고 도저히 이해할 수 없는 끈질긴 시도를 하는 모습은 하나님이 누차 알아듣게 대답을 해주셨어도 그가 우리 하나님 앞에서 똑같은 말들을 반복하며 밤낮으로 성도들을 참소하는 모습으로 묘사된다(계 12:10). 여기에서도 사탄은 욥을 연일 고소하였다.

I. 법정이 열리고, 고소자인 사탄이 하나님 앞에 섬(1-2절). 이런 광경은 앞에서도 나온 바 있다(1:6-7). 천사들은 하나님의 보좌를 모셔 섰고, 사탄도 천사들 가운데에 있었다. 우리는 사탄이 욥에 대한 자신의 악의와 실수를 인정하고서, 하나님이 선하다고 하신 자를 중상모략한 것에 대하여 자기가 잘못했다고 용서를 빌러 왔을 것이라고 생각하기 쉽다. 그러나 사탄이 온 것은 사과하기 위해서가 아니라, 욥을 해칠 또 다른 계략을 꾸미기 위해서였다. 앞에서처럼, 사탄은 하나님으로부터 네가 어디서 왔느냐는 질문을 받고, 사실은 저 선한 자 욥을 몹시 괴롭히다 왔음에도 불구하고 마치 아무 일도 없었다는 듯이 시치미를 뚝 떼고서 땅을 두루 돌아 여기저기 다녀 왔나이다라고 대답한다.

II. 재판장이신 하나님이 친히 고소된 자인 욥을 변호해 주심(3절). "네가 내 종 욥을 주의하여 보았느냐. 그가 여전히 자기의 온전함을 굳게 지킨 것을 네가 보았으니, 이제 너는 욥이 신실한 나의 종이고 온전하고 정직한 자라는 것을 마침내 확신하게 되었을 테지?" 이 일은 이제 욥이 성취한 또 하나의 공로가 되어서 그의 연단된 성품을 보여주는 것들에 추가된다. 욥은 환난을 당하여서 자신의 신앙을 버리고 하나님을 욕한 것이 아니라, 도리어 이전보다 더 견고히 신앙을 붙들었고, 보통 때보다도 더 큰 신앙을 보여주었다. 역경 속에 있을 때에 그의 신앙은 형통할 때와 마찬가지였을 뿐만 아니라 도리어 더 커져서, 그는 이전보다 더 마음을 다하여 진정으로 하나님을 송축하였고, 사탄이 그를 흔들수록 그의 신앙은 더욱더 견고하게 뿌리를 내렸다.

1. 사탄이 욥을 거짓으로 고소한 것들에 대하여 정죄를 받음. "네가 고소자가 되어 나를 충동하여 까닭 없이 그를 치게 하였다." 또는, "네가 헛되이 나를 충동하여 그를 멸망시키고자 하지만, 나는 결코 그를 멸망시키지 않을 것이다." 선한 자들은 거꾸러뜨림을 당하여도 망하지 아니한다(고후 4:9). 사람들이나 마귀들이 우리의 재판관이 될 수 없다는 것은 우리에게 얼마나 좋은 일인지 모른다. 왜냐하면, 그들은 우리가 잘 했든 잘못 했든 우리를 멸망시키고자 할 것이기 때문이다. 우리에 대한 판단은 여호와로부터 나오고, 그의 판단에는 잘못이나 편견이 결코 없다.

2. 욥이 환난 가운데에서도 변함없이 신앙을 지킨 것에 대하여 칭찬을 받음. "욥이 그의 무기인 온전한 신앙을 여전히 굳게 붙잡고 있어서, 너는 욥을 무장 해제시킬 수 없다. 너는 욥에게서 그의 보화인 그의 온전한 신앙을 빼앗을 수 없다. 아니, 네가 빼앗으려고 애쓸수록 욥은 그의 온전한 신앙을 더욱더 굳게 붙잡는다. 너의 유혹과 시험으로 인해서 욥의 신앙은 뿌리뽑히는 것이 아니라 도리어 뿌리를 더욱 견고히 내리고 있다." 하나님은 그의 은혜의 능력이 승리를 거두고 있다는 그런 유의 기쁨 속에서 놀라워 하는 심정으로 이 말씀을 하신다: 그가 여전히 자기의 온전함을 굳게 지켰느니라. 이렇게 욥의 믿음에 대한 시험은 욥이 칭찬과 존귀를 얻는 결과를 가져다 주었다(벧전 1:7). 온전한 신앙은 그 어떤 시험에도 흔들림 없는 신앙으로 귀결된다.

Ⅲ. 욥에 대한 사탄의 계속되는 고소(4절). 사탄은 욥에 대한 그의 이전의 시험이 실패한 것에 대하여 어떤 변명을 할 수 있을까? 사탄은 앞서 욥의 거짓된 신앙을 드러낼 수 있다고 그토록 자신만만해 했었는데, 이제 와서 그 실패를 어떤 식으로 변명할 수 있을까? 사탄은 가죽으로 가죽을 바꾸오니 사람이 그의 모든 소유물로 자기의 생명을 바꾸올지라고 말한다. 사탄의 이 말 속에는 어느 정도 진리가 들어 있다. 자기를 사랑하고 보존하고자 하는 욕구는 사람들의 마음 속에 아주 강력하게 자리잡고 있는 원리들이기 때문이다. 사람들은 자신의 가

장 가까운 혈육들, 심지어 자신의 분신이라고 할 수 있는 자녀들보다도 자기 자신을 더 사랑하기 때문에, 자신의 생명을 구하기 위해서라면 자기가 가진 소유물을 아끼지 않고 내어주고자 한다. 모든 사람은 생명을 귀하고 소중하게 여기기 때문에, 그들이 건강하고 편안하기만 하다면, 그들의 그 어떤 소유를 잃더라도 괴로워하지 않을 수 있다. 우리는 이러한 사실을 잘 선용해서, 하나님께서 우리의 생명과 건강을 지켜 주셔서 우리로 하여금 우리의 손과 발과 감각 기관들을 계속해서 제대로 사용할 수 있게만 해주신다면, 우리가 다른 위로들을 상실한다고 해도, 우리는 잘 참고 인내하여야 한다(마 6:25을 보라). 그러나 사탄은 욥의 이러한 태도를 도리어 그를 고소하는 근거로 삼아서, 욥을 다음과 같은 자라고 교활하게 헐뜯는다.

1. 욥은 자기 주변 사람들에게 비정한 자여서, 자녀들이나 종들의 죽음을 아무렇지도 않게 여겼고, 자기 자신의 몸만 안전하고 온전하다면 아무리 많은 사람들이 죽어 나가도 눈 하나 깜짝하지 않는 그런 자라는 것. 사탄은 마치 자녀들의 영혼을 그토록 자상하게 염려하였던 욥이 자녀들의 육신에 대해서는 전혀 신경을 쓰지 않았고 타조처럼 그의 어린 새끼들에 대해서 그의 자녀가 아닌 양 무정하게 대하였다는 듯이 참소한다.

2. 욥은 철저하게 이기적인 자여서, 오로지 자신의 편안함과 안전 외에는 아무것도 생각하지 않는 그런 자라는 것. 사탄은 마치 신앙이 욥을 심술궂고 까다로우며 성질이 나쁘고 비정한 자로 만들어 버렸다는 듯이 참소한다. 마귀와 그의 졸개들은 하나님의 길들과 백성들을 흔히 이런 식으로 왜곡해서 말하곤 한다.

IV. 사탄이 욥의 신앙이 온전한지를 알아보기 위해서 다시 한 번 시험을 해 보아야 한다고 하나님께 주장함(5절). "이제 주의 손을 펴서(나의 손은 너무 짧아서 그에게 닿을 수 없고 너무 약해서 그를 해칠 수 없기 때문에) 그의 **뼈와 살**(이것이 그의 유일한 약점이기 때문에)을 치소서. 그리하시면 주가 그를 쳐서 병들게 한 것으로 인하여(미 6:13) 내가 단언하건대 그가 틀림없이 주를 향하여 욕할 것이고, 그의 온전한 신앙도 무너지게 될 것이나이다." 육신의 격렬한 고통과 병보다 사람의 생각을 교란시키고 그 마음을 혼란에 빠뜨릴 수 있는 것은 없다는 것을 사탄은 잘 알고 있었고, 우리도 경험을 통해서 그런 사실을 알고 있다. 고통에는 장사가 없다. 사도 바울도 그의 육체에 있는 가시를 참아내기가 너무 힘들었기 때문에, 그리스도의 특별한 은혜가 없었다면 그 고통을 견뎌낼 수 없었을 것이다(고후 12:7, 9).

V. 하나님이 사탄에게 그런 시험을 하도록 허락하심(6절). 사탄은 하나님이 직접 손을 펴서 그 시험을 행하시게 하고자 하였지만, 하나님은 그의 자녀들은 물론이고 인생으로 고생하게 하시며 근심하게 하심은 하나님의 본심이 아니시고(애 3:33) 기뻐하지도 않으시기 때문에, 그런 일을 기뻐하는 사탄으로 하여금 그 시험을 행하도록 하신다. "내가 그를 네 손에 맡기노니, 너는 그에게 네 마음대로 해보라. 그러나 한 가지 조건이 있는데, 다만 그의 생명 또는 그의 영혼은 해하지 말지니라. 그를 괴롭히기는 하되 죽이지는 말라." 사탄은 앞서 귀한 생명들을 사냥하였고, 이번에도 그가 할 수만 있다면 욥으로 하여금 하나님을 욕하도록 만들기 위해서 죽음의 고통을 욥에게 안겨주고자 했다. 그러나 하나님은 이 시험이 끝난 후에 욥을 위해 이미 긍휼을 예비해 두셔서 욥은 살아 있어야 했기 때문에, 사탄은 욥에게 어떤 괴로움도 겪게 할 수 있었지만 욥의 생명만은 건드려서는 안 되었다. 만약 하나님이 울부짖는 사자의 입을 막고 계시지 않는다면, 그 사자는 우리를 순식간에 삼키고 말 것이다! 하나님은 사탄과 악인들이 하나님의 백성에 대하여 분노를 쏟는 것을 허락하시지만, 결국 그 분노를 하나님과 그의 백성을 영광스럽게 하는 것으로 바꾸시고, 그들의 남은 분노는 금하시고 억제하신다(시 76:10). "그의 영혼, 곧 그의 이성(어떤 이들은 이렇게 읽는다)은 그가 사용할 수 있도록 다치게 하지 말라. 그의 영혼까지 상하게 한다면, 그것은 공정한 시험이 되지 못할 것이기 때문이다. 만약 그가 넋이 나간 상태에서 하나님을 욕한다면, 그것은 그의 마음에서 나온 본심이 아니라 정신이 이상한 상태에서 나온 헛소리일 것이기 때문에 그의 온전한 신앙을 부정할 근거가 되지 못할 것이다."

욥은 이렇게 사탄의 악의적인 중상모략을 받았다는 점에서 그리스도의 모형이었다. 그리스도에 관한 최초의 예언은 사탄이 그의 발꿈치를 상하게 하리라는 것이었지만(창 3:15), 결국 사탄은 욥의 경우에서와 마찬가지로 그리스도의 경우에서도 격퇴당하였다. 사탄은 네가 만일 하나님의 아들이어든(마 4:6)이라고 말하며 그리스도를 상대로 그의 온전한 믿음, 아들로서의 본분을 내팽개쳐 버리라고 시험하였다. 사탄은 유다의 마음속으로 들어가서 그리스도를 배신하고 팔아넘기게 하였으며, (어떤 이들의 생각에 의하면) 겟세마네 동산에서 심한 두려움으로 그리스도를 엄습함으로써 그리스도를 몹시 고뇌하게 만들기도 하였다. 하나님께서는 사탄에게 그리스도의 뼈와 살은 물론이고 그의 목숨까지도 예외 없이 상하게 해도 좋다고 허락하셨다. 왜냐하면, 그리스도께서는 그의 죽으심을 통해서 욥이 할 수 없었던 일, 즉 사망의 권세를 지닌 자, 곧 마귀를 멸하는 일을 하셔야 했기 때문이다.

7사탄이 이에 여호와 앞에서 물러가서 욥을 쳐서 그의 발바닥에서 정수리까지 종기가 나게 한지라 8욥이 재 가운데 앉아서 질그릇 조각을 가져다가 몸을 긁고 있더니 9그의 아내가 그에게 이르되 당신이 그래도 자기의 온전함을 굳게 지키느냐 하나님을 욕하고 죽으라 10그가 이르되 그대의 말이 한 어리석은 여자의 말 같도다 우리가 하나님께 복을 받았은즉 화도 받지 아니하겠느냐 하고 이 모든 일에 욥이 입술로 범죄하지 아니하니라

마귀는 가엾은 욥을 잡아찢고 괴롭혀도 좋다는 허락을 받아내자마자 처음에는 괴롭히는 자로서, 다음으로는 유혹하는 자로서 욥을 시험하는 일에 착수하였다. 마귀는 자기 자녀들에 대해서는 먼저 유혹하여 죄를 짓게 만들고, 그런 다음에 그들을 못살게 괴롭혀서 파멸시키는 수순을 밟는다. 그러나 하나님의 자녀인 욥을 상대해서는 마귀는 먼저 환난으로 괴롭힌 후에, 그 환난을 빌미로 하나님을 욕하고 저주하라고 욥을 유혹하였다. 마귀의 최종 목표는 욥으로 하여금 하나님을 욕하게 만드는 것이었다. 여기에는 마귀가 이러한 목표를 달성하기 위해서 욥을 자극하고 부추기려고 어떤 일련의 조치를 취하였는지가 나와 있다. 마귀가 이렇게 하지 않는다면, 욥은 하나님을 욕할 생각을 꿈에도 하지 않을 것이다. 마귀는 욥을 유혹하여 하나님에 대한 충성심을 버리게 함으로써 욥에게서 순전한 신앙을 빼앗으려고, 여기에서 우리의 첫 조상을 유혹하였던 옛 뱀의 온갖 영악함과 교활함을 다 동원하여(창 3장) 욥을 시험하였다.

Ⅰ. **사탄이 욥을 심한 종기로 쳐서 자신의 몸조차 무거운 짐으로 여겨지게 함으로써 욥으로 하여금 하나님을 욕하고 저주하도록 부추김**(7-8절).   앞서 사탄이 행한 공격은 아주 극렬했지만, 욥은 꿈쩍도 하지 않은 채 용감하게 맞서서 승리하였다. 그렇지만 욥에 대한 시험은 아직 끝나지 않았고, 더 무시무시한

시험이 그를 기다리고 있었다. 이것은 비가 온 후에 다시 구름이 몰려오는 격이었다. 사탄은 하나님의 허락을 얻어서 욥에게 연속적으로 타격을 가한다. 깊은 바다가 서로 부른다(시 42:7).

1. 욥을 덮친 병은 극심하였다는 것. 사탄은 욥을 쳐서 그의 발바닥에서 정수리까지 온통 심한 종기 또는 악성 염증(어떤 이들은 이렇게 읽는다)이 나게 하였다. 종기는 하나만 나도 몹시 괴로워서, 사람에게 심한 고통과 불쾌감을 가져다 준다. 하물며, 마귀가 맹위를 떨치며 욥에게 지옥불을 뿜어대어서 욥의 몸이 온통 종기로 뒤덮이게 되어 성한 곳이 한 군데도 없게 되었으니, 욥의 고통이 얼마나 심했겠는가! 천연두는 아주 고통스럽고 극심한 병이어서, 그 절정이 통상적으로 불과 며칠 동안만 지속되는데도 그 고통은 우리가 상상하는 것보다 훨씬 더 끔찍하다. 하물며, 욥의 병은 온 몸에 심한 종기 또는 발진이 돋은 것이어서 그 고통이 심한 것은 말할 것도 없고 제대로 편히 누울 수도 없었으니, 그의 마음과 몸이 얼마나 극심한 괴로움을 당했겠는가. 만약 우리가 어느 때에 극심하고 고통스러운 병으로 고생하더라도, 우리는 하나님이 종종 그의 가장 훌륭한 성도들과 종들에 대해서도 그런 것을 허락하셨다는 사실을 생각하여, 우리 자신이 하나님께 특별히 냉대를 받고 있는 것으로 생각하지 말아야 한다. 우리는 인생들, 특히 하나님의 자녀들이 겪는 질병들 속에 하나님의 허락하심 아래에서 사탄의 손길이 어느 정도나 뻗쳐 있는지, 이 공중의 권세 잡은 자가 어떤 독기를 품어대고 있는지, 저 불뱀으로부터 어떤 화염들이 뿜어져 나오고 있는지를 자세히 알지 못한다. 그렇지만 우리는 성경에서 오랜 세월 동안 사탄에게 매인 바 된 여자에 대하여 듣는다(눅 13:16). 만약 하나님이 저 울부짖는 사자로 하여금 우리를 공격하도록 허락하신다면, 사탄은 이내 우리를 아주 비참하게 만들어 버릴 수 있다는 것을 명심하라!

2. 이러한 병에 걸린 욥이 취한 행동은 아주 이상하였다는 것(8절).

(1) 욥은 치료를 위한 연고가 아니라 질그릇 조각을 가져다가 자기 몸을 긁고 있었다는 것. 이 가엾은 사람의 처지는 너무도 서글픈 것이었다. 사람이 병들어 아플 때에 다른 사람의 정성스러운 돌봄을 받는다면, 그는 고통을 더 잘 견뎌낼 수 있다. 많은 부자들은 부드럽고 따뜻한 손길로 이런 처지에 있는 가난한 자들에게 구제를 베풀어 왔다. 나사로도 개들이 와서 그 혀로 그의 상처를 핥아 주었을 때에 어느 정도 편안해질 수 있었다. 그러나 가엾은 욥은 그 누구로

부터도 도움을 받지 못하였다.

[1] 아무도 욥의 상처를 돌보아 주는 이가 없었기 때문에, 욥은 스스로의 손으로 자신의 상처를 돌보아야 했다는 것. 그의 자녀들과 종들은 다 죽었고, 그의 아내는 그에게 냉정하였다(19:17). 또한, 그에게는 의원을 부를 돈도 없었다. 무엇보다도 가장 서글픈 일은 전에 그에게서 도움을 받았던 자들 중에서 그에게 존경과 감사의 마음을 가지고 와서 그의 병을 돌보아 주고 그의 몸에서 흐르는 고름들을 닦아내며 상처를 소독해 주는 자가 아무도 없었다는 것이었다. 이것은 욥의 병이 정말 역겹고 구역질 나는 병이었기 때문이거나, 그 병이 전염성이 있을 것이라고 그들이 생각했기 때문이었을 것이다. 이렇게 장차 말세에도 그러겠지만, 이 때에도 사람들이 자기를 사랑하며 감사하지 아니하며 무정하였다(딤후 3:3).

[2] 욥이 자신의 상처에 대하여 할 수 있는 것은 몸을 긁는 것이 다였다는 것. 그의 상처는 부드러운 천으로 싸매지지도 않았고, 연고나 고약을 발라 진정시켜지지도 않았으며, 씻어서 깨끗하게 소독되지도 않았고, 가난한 환자의 고통을 덜어주어 편안하게 해주기 위한 진정제나 진통제도 사용되지 않았으며, 그의 힘을 북돋워주기 위한 강장제도 사용되지 않았다. 그가 할 수 있는 조치는 통상적으로 천연두에 걸렸을 때에 고열이 끝나고 온 몸에 비듬처럼 하얗게 뒤덮이게 되는 딱지들을 긁어서 벗겨내는 것뿐이었다. 종기 또는 부스럼들을 하나하나 일일이 적절하게 처치(處置)하는 일은 끝도 없는 일이었을 것이기 때문에, 그는 이런 식으로 자기 몸에 뒤덮인 종기들을 도매금으로 처리하고자 한 것인데, 이것은 그가 걸린 병만큼이나 나쁜 처치 방법이었다.

[3] 욥에게는 그의 몸을 긁을 때에 사용할 수 있는 적절한 외과용 도구가 없었기 때문에 그는 질그릇 조각으로 긁을 수밖에 없었고, 이것은 그를 편안하게 해주기는커녕 도리어 상처를 긁어 헤집어 놓음으로써 그에게 고통을 더해 주었을 뿐이라는 것. 병이 들어 아픈 사람들은 다른 사람들의 통제와 지시 아래에서 고침을 받아야 한다. 왜냐하면, 병자들이 스스로 병을 치료하려고 하다가는 병이 더 도지는 경우가 흔하기 때문이다.

(2) 욥은 편안하고 따뜻한 침대에서 휴식을 취한 것이 아니라, 재 가운데 앉아 있었다는 것. 그에게는 침대가 남아 있었을 것이지만(그의 밭들은 다 망가졌지만, 그의 집이 불탔다거나 약탈 당했다는 말은 나오지 않기 때문에), 그는

침대에 누워 있는 것이 지켜워서, 또는 회개하는 마음과 자신을 혐오하는 마음을 표현하기 위하여 티끌과 재 가운데에 앉아 있는 쪽을 택하였다(42:6; 사 58:5; 욘 3:6). 이런 식으로 그는 하나님의 강한 손 아래에서 스스로를 낮추고서, 자신의 비천하고 빈한한 처지를 마음에 새겼다. 그는 그의 살에 구더기와 흙 덩이가 의복처럼 입혀졌다고 하소연한다(7:5). 그러므로 티끌은 티끌로, 재는 재로 돌아가야 한다. 하나님이 그를 재 가운데에 두신다면, 그는 기꺼이 재 가운데에 앉아 있고자 한다. 사람은 마음이 낮아지면 낮고 열악한 환경을 받아들여서 거기에 잘 적응할 수 있게 되는 법이다. 칠십인역은 그가 성 밖의 거름더미 위에 앉아 있었다로 되어 있다(이것은 이 이야기를 말할 때에 흔히 나오는 표현이다). 그러나 원문은 단지 그가 재 가운데 앉아 있었다고만 말하고 있고, 아마도 그는 자기 집에 있는 잿더미 가운데 앉아 있었을 것이다.

II. 사탄이 욥의 아내의 입을 빌려서 욥에게 하나님을 욕하라고 부추김(9절).

성경에 기록된 것을 넘어서 지혜롭고자 하는 욕망이 강한 유대인들은 욥의 아내는 야곱의 딸로 나오는 디나였다고 말하고, 갈대아 역본에서도 그렇게 의역하고 있지만, 그랬을 가능성은 없어 보인다. 그러나 욥의 아내가 누구였든지 간에, 욥에게 그녀는 다윗의 경건을 비웃었던 미갈과 같은 존재였다. 사탄은 욥에게서 위로가 되는 것들을 다 빼앗아 갔으면서도 욥을 괴롭히고 유혹하고자 하는 목적으로 오직 그녀만은 그에게 남겨 두었다. 사탄이 빼앗아 가도 좋다고 하나님의 허락을 받은 것들 중에서 혹시나 어떤 것을 남겨 두었다면, 그것은 오직 우리에게 해악을 끼치기 위한 것이다. 하와를 통해서 아담을, 베드로를 통해서 그리스도를 유혹하였듯이 우리에게 소중한 자들의 손을 통해서 우리를 유혹하는 것이 사탄의 술책이다. 그러므로 우리는 어떤 사람의 영향력이나 이익이나 간청, 또는 우리가 아주 큰 가치를 두는 사람들의 견해나 기호(嗜好)에 이끌려서 잘못된 것을 말하거나 행하는 일이 없도록 주의하고 조심하여야 한다. 이 유혹과 시험이 얼마나 강력했는지를 주목해 보라.

1. 욥의 아내는 욥이 자신의 신앙을 변함없이 지키는 것을 조롱한다. "당신이 그래도 자기의 온전함을 굳게 지키느냐. 당신은 너무나 고집불통이어서 무슨 일이 일어나도 자신의 신앙만을 붙들고 있구나. 하나님은 당신의 섬김에 대하여 여러 가지 은총들로 상을 주시기는커녕, 당신이 하나님을 화나게 할 만한 그 어떤 일도 하지 않았는데, 당신을 비참하게 만들고 당신에게서 모든 것을

빼앗아 가며 당신에게 채찍질을 가하면서 즐거워하고 계시는 것으로 보이는데도, 당신은 순한 양처럼 길이 잘 들어서 하나님 앞에서 굽실거리고 있는 것이냐. 당신은 이런 하나님을 당신이 여전히 사랑하고 찬송하며 섬길 만한 가치가 있는 신이라고 여기는 것이냐."

당신은 당신의 헌신들이 헛되다는 것을 보지 못하는 것이냐?

당신의 기도들에 대하여 하나님이 재앙과 고통 외에 무엇을 주셨는가?

그런데도 당신은 어떻게 해야 당신에게 이로운지를 깨닫지 못한 것이냐?

당신의 의로움은 아무 소용이 없고, 당신의 선은 허망한 것이 아니더냐?

저 고통스러운 상처들과 당신의 모든 손실들은

하늘이 어리석은 성도를 얼마나 얕잡아 보는지를 보여주는 것이다.

당신의 경건은 구제불능이다!

당신의 하나님이라도 당신의 어리석을 정도로 견고한 미덕을

그의 매로써 어찌 고치실 수 있으실까?

— 블랙모어(Sir R. Blackmore).

이렇게 사탄은 그 어떤 존재보다 더 거짓된 자여서 하나님의 피조물들이 행복해하는 꼴을 못보고 그 피조물들이 비참해지는 것을 보고 고소해하기 위해서, 우리의 첫 조상에게 그랬듯이 지금도 여전히 사람들로 하여금 하나님에 대하여 나쁘게 생각하게 만들어서 사람들을 하나님에게서 멀어지게 만들고자 애를 쓴다. 사탄이 사용하는 또 하나의 술책은 사람들이 신앙을 굳게 붙잡는 것을 조롱하고 비웃음으로써 사람들에게 마음의 부담을 주어서 신앙에서 떠나게 만드는 것이다. 우리는 사탄의 이러한 술책을 충분히 예상하고 있어서, 그 술책에 속아넘어가 우롱당하는 일이 없어야 한다. 우리 주님께서도 친히 그런 일을 겪으셨다. 또한, 우리는 사탄의 그러한 조롱을 끝까지 견디며 신앙을 지킨다면 차고 넘치는 상을 받게 될 것이다. 이 때에 우리는 우리의 신앙을 조롱하는 자들에게 "너희가 하나님을 송축하고 생명을 얻어야 하는데도, 너희는 도리어 너희의 불경건을 계속해서 고집할 정도로 미련한 자들이냐?" 라고 응수하는 것이 마땅하다.

2. 욥의 아내가 욥에게 그의 신앙을 내팽개치고 하나님을 모독하며 도전한

후에 자결해 버리라고 부추김. "하나님을 욕하고 죽으라. 더 이상 하나님을 의지해서 살지 말고, 하나님의 구원을 기다리지도 말며, 스스로 자결함으로써 고통에서 스스로 벗어나라. 당신의 생을 마감함으로써 당신의 고통을 끝내라. 이렇게 죽음보다 더한 고통을 끊임없이 맛보느니 차라리 한 번 죽는 것이 더 낫지 않느냐. 당신은 이제 당신의 하나님으로부터의 그 어떤 도움도 기대할 수 없다. 그러므로 당신은 하나님을 욕하고 스스로 목을 매라." 이 두 가지는 사탄의 모든 유혹들 중에서도 가장 음험하고 끔찍한 것들에 속한 것들이지만, 선한 자들은 종종 이 두 가지의 유혹으로 격렬하게 공격을 받아 왔다. 하나님을 욕하는 것보다 더 자연적인 양심을 거스르는 일이 없고, 자살하는 것보다 자연적인 감정을 거스르는 일은 없다. 그러므로 누가 이 두 가지 중 어느 하나를 권한다면, 우리는 그 제안이 사탄으로부터 직접 온 것임을 알아차려야 한다. 주여, 우리를 그러한 시험, 그리고 그 어떠한 시험에도 들게 하지 마옵시고 다만 악한 자에게서 우리를 구하옵소서.

III. 욥이 이 유혹에 당당하게 맞서서 시험을 이겨냄(10절).   그는 그녀의 부추김에 즉시 대답을 하였는데(사탄은 욥이 하나님을 욕할 때에 사용하도록 하기 위하여 그의 혀를 상하게 하지 않았기 때문에), 그의 대답은 그가 그의 온전한 신앙을 버리지 않고 하나님을 끝까지 신뢰하며 붙들기로 단호하게 결심하였음을 보여주는 것이었다.

1. 욥이 이 유혹에 대하여 몹시 분개함. 그는 그의 아내가 이런 말을 그에게 하는 것에 대하여 몹시 화가 났다. "무엇이라고! 하나님을 욕하라고! 나는 그런 것을 생각하는 것만으로도 혐오스럽다. 사탄아 내 뒤로 물러나라." 다른 경우들에서 욥은 그의 아내가 그를 차갑게 대할 때조차도 지극히 온유한 태도로 그녀를 설득하곤 하였었다. 내가 내 친자식들을 위하여 내 아내에게 애원하였다(19:17). 그러나 그녀가 그에게 하나님을 욕하고 저주하라고 부추기자, 그는 몹시 화가 났다. 그대의 말이 한 어리석은 여자의 말 같도다. 그는 그녀를 어리석은 자나 무신론자라고 부르지 않는다. 병들어 아픈 자들은 화가 나면 험한 말들을 입에 담기 쉽고, 그렇게 하고서도 사람들이 그들의 처지를 생각해서 그런 것을 용납해 주어야 한다고 생각하지만, 욥은 그 어떤 험한 말도 입에 담지 않는다. 그러나 그는 그녀에게 그녀가 한 말이 얼마나 악한 것인지, 굶주릴 때에 격분하여 자기의 왕과 자기의 하나님을 저주하는(사 8:21) 불신자들과 우상 숭배

자들처럼 그녀가 말하였다는 사실을 똑똑히 주지시켜 준다. 우리는 욥의 경건한 가정 속에서 그의 아내는 원래 욥의 신앙의 감화를 받아 선한 신앙을 유지해 왔었지만, 그들의 모든 재산과 위로가 다 사라진 지금에 와서 그녀는 욥과는 달리 이런 상실감을 이겨내고 온전한 신앙을 지킬 수 없었다고 보아야 할 것이다. 그리고 그녀는 신앙이 무너지자 결국 하나님에 대하여 악감을 품게 되었고, 그것은 욥의 격분을 불러일으켜서, 욥은 이렇게 그녀에게 화를 낼 수밖에 없게 되었다.

(1) 오직 죄에 대해서만 화를 내고 유혹과 시험을 가장 큰 모욕으로 여기며 악한 자들을 용납하지 아니하는(계 2:2) 자들은 화를 내면서도 범죄하지 않는다는 것. 베드로가 그리스도께 사탄 노릇을 하였을 때, 그리스도께서는 그에게 분명하게 너는 나를 걸려 넘어지게 하는 자로다라고 말씀하셨다.

(2) 지혜롭고 선한 자들이 언제라도 어리석고 악한 말을 한다면, 우리는 죄가 그들을 주관하지 못하도록 그들을 신실하게 책망하여 그들이 말한 것이 악한 것임을 깨우쳐 주어야 한다는 것.

(3) 하나님을 욕하라는 유혹이 올 때, 우리는 그 유혹을 지극한 혐오감으로 거부하여야 하고 그 유혹과 협상해서는 안 된다는 것. 누가 우리에게 그런 유혹을 해온다면, 우리는 그를 우리의 원수로 여겨야 한다. 만약 우리가 그 유혹에 굴복한다면, 우리는 위험에 빠지게 된다. 욥은 하나님을 욕한 후에 다음과 같이 아담처럼 변명하면 무마될 것이라고 생각하지 않았다: "하나님이 주셔서 나와 함께 있게 하신 여자가 내게 그렇게 하라고 꼬드겼나이다"(창 3:12). 이러한 변명 속에는 아담이 하나님과 그의 규례와 섭리에 대하여 암묵적으로 어떻게 생각했는지가 잘 드러나 있다. 하지만, 네가 하나님을 비웃고 욕하며 저주한다면, 그 책임은 오직 너에게 있기 때문에, 네가 그 책임을 지게 될 것이다.

2. 욥은 어떤 이치를 들어서 이 유혹을 물리쳤는가. 우리가 하나님께 복을 받았은즉 화도 받지 아니하겠느냐. 우리는 어떤 사람을 책망할 때에 그로 하여금 죄를 깨닫도록 애써야 한다. 우리가 다른 모든 것을 잃을 때조차도 여전히 우리의 온전한 신앙을 굳게 붙잡아야 하는 이유를 말하는 것은 어려운 일이 아니다. 욥은 비록 복과 화(禍)가 상반되는 것들이긴 하지만 이 둘은 서로 다른 근원에서 오는 것이 아니라 둘 다 하나님의 손에서 오는 것이기 때문에(사 45:7; 애 3:38), 우리는 복이든 화이든 하나님을 바라보고서, 하나님이 복을 보내주

시면 감사함으로 받고, 화를 보내주시면 분개하지 말고 순순히 받아들여야 한다고 생각한다. 욥이 제시하는 논거의 취지를 눈여겨 보라.

(1) 욥은 화(禍)를 당할 때에 참고 견딜 뿐만 아니라 순순히 받아들여야 한다고 말함. 우리가 화도 받지 아니하겠느냐.

[1] "우리가 화도 받게 될 것이라고 예상해야 하지 않겠는가? 하나님께서 형통함과 역경을 교대로 보내셔서 우리를 연단시키실 것이라고 우리에게 말씀하셨다는 것을 생각할 때, 하나님이 우리에게 그토록 많은 복된 것들을 주시다가 종종 우리에게 화를 보내신다고 해서, 우리가 깜짝 놀라거나 이상히 여긴다면, 그것이 말이 되겠는가(벧전 4:12)?"

[2] "우리가 화의 의미를 알고 올바르게 받으려고 결심해야 하지 않겠는가?" 받다라는 단어는 선물로 받는다는 것을 의미하기 때문에, 이 말은 우리는 우리에게 닥친 환난들을 무시하거나 힘들어하지 말고, 경건하고 순종하는 마음가짐을 가지고서, 그 환난들을 하나님의 선물로 여기고서(빌 1:29), 우리의 범죄에 대한 형벌임을 인정하고(레 26:41), 환난들 속에 들어 있는 하나님의 뜻을 순순히 받아들이며("주께서 기뻐하시는 대로 내게 행하소서"), 비천에 처할 줄도 알고 풍부에 처할 줄도 아는 자들로서 그 환난들에 순응하여야 한다는 것을 보여준다(빌 4:12). 우리를 낮추셔서 죄를 버리게 하고자 하시는 섭리 아래에서 하나님이 보내신 환난 가운데에서 우리가 마음을 낮추고 죄를 버린다면, 그것은 우리가 하나님의 교훈을 받아(습 3:2) 우리의 십자가를 진 것이 된다.

(2) 욥의 말의 토대가 되고 있는 이치. "우리가 지금까지 하나님께로부터 온 온갖 복을 누리면서 평안하고 형통한 가운데에 살아 왔을진대, 이제 하나님께서 우리에게 필요하다고 생각하셔서 내리시는데, 우리가 그 화를 받지 않을 이유가 어디 있겠는가?" 우리는 과거부터 현재까지 하나님으로부터 받은 긍휼들을 생각해서, 하나님이 지금 우리에게 주시는 환난들을 기꺼이 받아야 한다는 것을 명심하라. 우리가 다른 사람들과 마찬가지로 일곱 해 동안 풍년의 복을 받았다면, 우리는 기근의 해에는 다른 사람들과 마찬가지로 화도 받아야 하지 않겠는가? 특권을 누리며 살고 있는 자는 그 특권을 잃게 될 날도 대비하여야 한다. 하나님이 우리를 기쁘게 해주시기 위하여 온갖 것들을 우리에게 주셔서 우리로 누리게 하셨다면, 이제 하나님을 기쁘시게 해드리기 위하여 우리가 환난을 받는 것을 우리는 기꺼이 받아들여야 하지 않겠는가? 우리가 그토록 많은 위로

들을 받았다면, 약간의 환난들을 받는 편이 우리에게 좋지 않을까? 왜냐하면, 그런 환난들은 우리가 지금까지 받은 위로들이 얼마나 귀한 것들이었는지를 새삼 깨닫게 해주고 돋보이게 해주는 역할을 함과 동시에(하나님이 주신 긍휼과 위로들이 종종 우리에게 없어 보아야, 우리는 비로소 그 가치를 깨닫게 된다), 우리에게 주어진 위로들을 지나치지 않게 완화시켜서 균형을 잡아줌으로써 그 위로들로 인한 위험성을 줄여주어서 우리로 너무 자만하지 않게 하는 역할을 하기 때문이다(고후 12:7). 우리가 우리의 육체를 위하여 그토록 많은 좋은 것들을 받았다면, 이제 우리는 우리의 영혼을 위하여 좋은 것들을 어느 정도 받아야 하지 않겠는가? 환난들은 우리로 하나님의 거룩하심에 참여하게 해주고(히 12:10), 잠시 겪는 슬픔을 통해서 우리의 마음을 더 선하게 만들어 준다. 그러므로 우리는 자랑하는 것은 물론이고 불평하는 것도 우리에게서 제하여야 한다.

IV. 욥이 이렇게 자신의 온전한 신앙을 계속해서 견고하게 지켰고, 욥에 대한 사탄의 공격은 좌절됨. 이 모든 일에 욥이 입술로 범죄하지 아니하니라. 그는 잘 말하였을 뿐만 아니라, 이 때에 그가 말한 모든 것은 신앙과 올바른 이성의 지배 아래에 있었다. 그는 이 모든 극심한 환난과 고통의 한가운데에서도 한 마디도 잘못된 말을 하지 않았다. 우리는 그가 정신을 똑바로 차리고 신앙을 지키고자 하였기 때문에 그의 마음속에서 약간의 동요가 일어나긴 했지만 은혜가 그런 것들을 다스려서 쓴 뿌리가 올라와 그를 괴롭게 하지 못한 것이라고 생각하지 않을 이유가 없다(히 12:15). 그의 마음에 가득한 것은 하나님을 위한 것이었기 때문에 선한 말들이 그의 입에서 나왔고, 그의 마음속에 있던 악한 것들은 제압되었다. 그는 악한 말이 나오려고 한 경우에는 그의 손으로 입을 막았고(잠 30:32) 그 악한 생각을 눌러서 결코 입 밖으로 나올 수 없게 하였는데, 이것은 그에게 참된 은혜가 있었을 뿐만 아니라 그 은혜가 강하여서 승리하고 있었다는 것을 보여주는 것이었다. 요컨대, 그는 온전하고 정직한 자로서의 성품을 잃지 않았다는 것이다. 왜냐하면, 그러한 시험들 가운데에서도 말에 실수가 없는 자는 온전한 사람이기 때문이다(약 3:2; 시 17:3).

[11]그 때에 욥의 친구 세 사람이 이 모든 재앙이 그에게 내렸다 함을 듣고 각각 자기 지역에서부터 이르렀으니 곧 데만 사람 엘리바스와 수아 사람 빌닷과 나아마 사람

소발이라 그들이 욥을 위문하고 위로하려 하여 서로 약속하고 오더니 [12]눈을 들어 멀리 보매 그가 욥인 줄 알기 어렵게 되었으므로 그들이 일제히 소리 질러 울며 각각 자기의 겉옷을 찢고 하늘을 향하여 티끌을 날려 자기 머리에 뿌리고 [13]밤낮 칠일 동안 그와 함께 땅에 앉았으나 욥의 고통이 심함을 보므로 그에게 한마디도 말하는 자가 없었더라

이 단락에는 욥이 환난 가운데에 있을 때에 그의 친구들이 그를 찾아주는 친절을 베푼 것에 관한 기사가 나온다. 욥은 동방의 큰 부자이자 의인으로 유명하였고, 그가 당한 환난은 너무나 이례적인 것이었기 때문에, 그가 믿기 어려울 정도로 극심한 환난을 겪고 있다는 소문은 모든 곳으로 널리 퍼져나갔다. 평소에 그의 원수들이었던 자들은 그가 겪는 환난들을 고소해하였고(16:10; 19:18; 30:1 등), 그를 조롱하는 노래들까지 만들어 불렀던 것 같다. 그러나 그의 친구들은 그에게 따뜻한 관심을 가지고서 그를 위로하고자 애썼다. 친구는 사랑이 끊어지지 아니하고 형제는 위급한 때를 위하여 났느니라(잠 17:17). 욥의 세 친구의 이름이 여기에 나오는데, 그들은 엘리바스와 빌닷과 소발이었다(11절). 우리는 나중에 엘리후라는 네 번째 인물의 이름을 만나게 되는데, 그는 아마도 이 세 친구와 욥이 나누는 대화를 내내 듣고 있었던 것으로 보인다. 엘리후가 욥의 친구로 온 것인지, 아니면 단지 방청객에 불과했는지는 본문에서 드러나지 않는다. 다윗과 솔로몬의 궁정에 각각 왕의 친구라 불린 자가 있었던 것처럼, 여기에서 이 세 사람은 욥의 친구들, 그와 친한 사람들로 불린다. 이세 사람은 앞으로 나오게 될 그들의 대화에서 드러나듯이 탁월하게 지혜롭고 선한 자들이었다. 그들은 나이가 아주 많았고, 학식으로 명성이 자자한 자들이었기 때문에, 그들의 판단은 사람들로부터 큰 존중을 받았다(32:6). 아마도 그들은 각자의 지방에서 저명한 인사들, 즉 방백들이었거나 가문의 수장들이었을 것이다. 좀 더 자세하게 살펴보자.

I. 욥은 형통할 때에 그들과 교분을 맺었었다는 것. 그들이 그와 대등한 신분과 지위에 있던 자들이었다면, 그는 그들을 시기하지 않았을 것이다. 그들이 그보다 못한 자들이었다면, 그는 그들을 멸시하지 않았을 것이다. 그런 것들은 그가 그들과 친밀하게 교제하고 교분을 나누는 데에 전혀 장애물이 되지 않았다. 그가 형통하던 시절에 그런 친구들이 있다는 것은 그가 무수한 가축을 소

유하고 있다는 사실보다 그에게 더 큰 행복을 더해 주었다. 우리가 현세에서 누릴 수 있는 위로 가운데에 많은 부분은 지혜롭고 덕 있는 사람들을 친구로 삼아 교제를 나누는 데에 있다. 그런 사람들 몇몇을 친구로 둔 자는 그들을 아주 소중히 여겨야 한다. 욥의 세 친구는 모두 아브라함의 후손들이었을 것이다. 아브라함의 후손들은 특별한 언약에서 배제된 가문들에 속한 자들일지라도 믿음의 조상인 아브라함이 그의 책임 아래에 있는 자들에게 베푼 저 경건한 교육으로 인한 몇몇 선한 열매들을 여전히 간직하고 있었을 것이기 때문이다. 엘리바스는 에서의 손자인 데만의 후손이었고(창 36:11), 빌닷은 아브라함이 그두라에게서 낳은 아들인 수아의 후손이었던 것 같다(창 25:2). 소발은 에서의 후손인 스보와 동일 인물이라고 어떤 이들은 생각한다(창 36:15). 약속의 언약들에 대하여 외인들이었던 자들 가운데에 이토록 큰 지혜와 경건이 보존될 수 있었다는 것은 말일에 유대인과 이방인을 갈라 놓았던 장벽이 허물어질 때에 하나님의 은혜가 이방인들에게로 흘러가게 될 것을 보여주는 복된 전조(前兆)였다. 에서는 버림을 받았다. 그렇지만 그에게서 나온 자들 중에서 다수는 가장 좋은 복들을 유업으로 받았다.

II. 욥이 곤경에 처했을 때에 대부분의 친구들은 그를 버렸지만 이 세 친구는 욥과의 우정을 계속해서 지켰다는 것(19:14). 그들은 두 가지 방식으로 그들의 우정을 보여주었다.

1. 욥이 환난을 당하자 그들이 그를 위문하고 위로하기 위해서 찾아온 것(11절). 아마도 그들은 욥이 형통할 때에도 그와 함께 사냥을 하거나 춤을 추거나 카드 놀이를 하기 위해서가 아니라 그의 박식하고 경건한 얘기를 들으며 스스로 덕을 세우고 즐거워하기 위해서 그를 찾아오곤 하였을 것이다. 그들은 이전에 그와 위로들을 함께 나누기 위해서 그를 찾아왔듯이 그가 환난을 당하고 있는 지금은 그의 슬픔을 함께 나누기 위해서 그를 찾아왔다. 그들은 그 마음이 초상집에 있기 때문에 진정한 지혜자들이다(전 7:4). 어려움을 당하거나 병든 자들, 고아나 과부를 그 환난과 슬픔 중에 돌보는 것은 정결하고 더러움이 없는 경건의 일부이고(약 1:27), 선한 중심을 가지고서 그런 일을 행하는 자들은 머지않아 풍성한 상을 받게 될 것이다(마 25:36).

(1) 환난을 당한 자들을 찾아보는 것은 우리에게 다음과 같은 유익을 가져다 준다는 것.

[1] 우리 자신이 은혜를 받게 된다는 것. 왜냐하면, 우리는 다른 사람들이 겪는 환난들을 통해서 많은 선한 교훈을 배우게 되기 때문이다. 우리는 그 환난들을 눈여겨 보면서 교훈을 받고 지혜롭게 되며 진지해질 수 있게 된다.

[2] 그들에게 위로가 될 수 있다는 것. 우리가 그들에게 보여주는 관심은 그들에게 힘이 되고, 우리가 그들에게 해주는 선한 말들은 그들의 마음을 편안하게 해줄 수 있다. 욥의 친구들은 욥이 당하는 이상한 환난들을 직접 보고 그 이유를 알아냄으로써 그들의 호기심을 충족시키기 위하여 온 것이 아니었고, 다윗의 거짓 친구들처럼 그의 화를 돋구는 말을 하기 위해서 온 것도 아니었으며(시 41:6-8), 단지 그를 위문하고 그와 함께 눈물을 흘리며 그를 위로하기 위해서 온 것이었다. 환난을 당한 자들을 찾아보더라도, 우리가 그들에게 가서 먼저 그들의 죄를 지적해 주어야 하는 자(대상)들이 아니라 위로를 받아 마땅한 자들을 찾아보는 것은 훨씬 더 기분 좋은 일이다.

(2) 욥을 찾은 세 친구에 대해서 우리가 눈여겨 보아야 할 것들.

[1] 그들은 욥이 기별을 해서 온 것이 아니라 자발적으로 왔다는 것(6:22). 이것에 대해서 캐릴(Caryl) 목사는 기별을 하지 않았는데도 초상집에 찾아가고 슬픔을 당한 친구들을 위로하기 위해서 그들이 기별하기도 전에 득달같이 달려가는 것이야말로 선한 마음가짐이라고 지적한다.

[2] 그들은 함께 욥을 찾아오려고 서로 만날 약속을 정하였다는 것. 선한 자들은 선한 일을 행하기로 서로서로 약속하고서, 선한 일을 하도록 서로를 격려하고 도우며 선한 일에 함께 하여야 한다는 것을 명심하라. 어떤 경건한 일을 행하고자 한다면, 우리는 서로 손을 잡고 합력하여야 한다.

[3] 그들은 욥을 위로하고자 하는 목적으로 왔지만(이것은 그들의 진심이었을 것이다), 욥의 처지를 제대로 이해하지 못함으로써 결국 위로자들이 될 수 없었다는 것. 선한 목적으로 행하는 자들 중에는 그 일을 잘못 행함으로써 목적을 이루지 못하는 자들이 많다.

2. 그들이 환난을 당한 욥에게 관심을 보이고 그의 아픔을 함께 한 것. 그들이 멀리서 그를 보았을 때, 그의 온 몸에 난 종기들 때문에 그의 형체는 심하게 일그러져 있었기 때문에, 그들은 그가 욥인 줄 알지 못하였다(12절). 전에는 산호들보다 붉었던 예루살렘의 나실인들의 얼굴이 이제는 숯보다 검게 되어 버렸듯이(애 4:7-8), 욥의 얼굴은 울음으로 붉었고 엉망이 되어 있었다(16:16). 심한

병을 앓게 되면, 아니 굳이 병이 아니더라도 근심과 슬픔이 마음을 억누르게 되면, 사람의 얼굴은 짧은 시간 안에 몰라볼 정도로 변하게 되어 버린다! 이 이가 나오미냐(룻 1:19). 마찬가지로, 이 이가 욥이냐. 어떻게 당신이 이 지경이 되었단 말이냐! 어떻게 당신의 영광이 이토록 녹이 슬고 더럽혀졌으며, 당신의 온갖 영예가 이렇게 티끌 속에 나뒹굴게 되어 버렸단 말이냐! 하나님께서 우리로 하여금 이렇게 바뀐 욥의 몰골을 보게 하시다니! 그들은 욥의 몰골이 이렇게 비참하게 변해 버린 것을 보고서, 기겁을 해서 또는 역겨움을 느끼고 욥을 떠나 버린 것이 아니라, 욥에게 더욱더 따뜻한 마음을 표현하였다.

(1) 욥을 위문하기 위해서 온 그들은 그들의 주체할 수 없는 슬픔을 당시에 통상적으로 사용되었던 슬픔의 표현들을 다 동원해서 쏟아내었다는 것. 그들은 큰 소리로 울었다. 그들을 보자 욥은 다시 슬픔이 북받쳐 올라서 소리 내어 울었고, 욥의 우는 모습을 본 그들의 눈에서도 눈물이 쏟아져 나왔다. 그들은 거의 벌거벗은 채로 처참한 몰골을 하고 있던 그들의 친구와 똑같이 되고자 한다는 듯이 각각 자기의 겉옷을 찢고 티끌을 자기 머리에 뿌렸다.

(2) 욥을 위로하기 위해서 온 그들은 그와 함께 땅에 앉았다는 것. 왜냐하면, 욥은 그런 상태로 그들을 맞았기 때문이다. 그들은 예의상으로가 아니라 진정으로 아픔을 같이하는 마음에서 욥과 동일하게 비천하고 불편한 곳에서 욥과 같은 자세로 함께 있었다. 그들은 이전에 욥이 형통할 때에 편안한 소파나 식탁에서 욥과 함께 앉아서 많은 시간을 보내면서 그의 기쁨과 풍요를 함께 해왔기 때문에, 지금 욥과 함께 불편하게 앉아서 그의 슬픔과 가난을 함께 하고자 하였다. 그들은 오늘날처럼 단지 형식상으로 얼굴만 잠시 보였다가는 곧 가버린 것이 아니었다. 그들은 그들의 친구가 이토록 비참한 처지 속에 있는 한 그들의 자리로 돌아가서 마음 편히 지낼 수가 없었기 때문에, 비록 욥이 지금은 이전과는 달리 그들을 대접할 수 없어서 그들이 스스로 모든 비용을 내야 하는 상황 속에서도, 욥이 회복되거나 죽는 것을 볼 때까지 욥의 곁에 머물기로 결심하였다. 그들은 욥의 집에서 칠 일 동안을 꼬박 그의 곁에 앉아서 그와 고통을 함께 하였는데, 이것은 재산을 잃은 자들은 친구들이 찾아오기를 기대해서는 안 된다는 격언의 예외를 보여주는 것이었다. 그들은 그와 함께 앉아 있었지만, 그에게 한 마디도 말하지 않았고, 단지 그가 그의 환난들에 대하여 들려주는 구체적인 이야기들을 경청하였다. 그들은 너무나 놀라서 할 말을 잃은 자들처

럼 침묵하였다. 말을 한다는 것은 그 슬픔이 아직 크지 않은 것이다. 극심한 슬픔으로 눌린 자들은 말이 없다. 그들은 욥이 겪는 너무나 엄청난 재앙 앞에서 숙연한 태도를 보이기 위해서 이토록 오랫동안 침묵한 것이었다(블랙모어). 그들은 서로에게는 무슨 말을 하였을지언정 욥으로 하여금 현재의 섭리를 잘 선용하도록 하기 위해서 교훈의 형식으로 욥에게 어떤 말을 하는 것은 삼갔다. 그들은 욥의 고통이 이미 극심한 것을 보았고, 처음에는 환난을 당하는 자에게 고통을 더해 주는 것이 싫었기 때문에, 그의 고통을 가중시킬 만한 말, 그들이 나중에는 무수히 쏟아내었던 그런 말은 그에게 전혀 하지 않았다(4:2). 악인이 우리 앞에 있어서(시 39:1) 우리가 말함으로써 그들이 더 완악해질 수 있거나 우리가 한 말이 하나님의 자녀들의 세대를 노엽게 할 수 있을 때(시 73:15)는 우리가 침묵을 해야 할 때이다. 욥의 세 친구들이 일곱째 날이 될 때까지는 이후에 나오는 진지한 강론들을 시작하지 않았다는 것은 일곱째 날이 안식일이었다는 것을 암시해 주는 것일 수 있다. 틀림없이 안식일은 족장 시대에도 지켜졌을 것이고, 그들은 욥의 집에 기거하면서 그과 함께 기도하고 있었기 때문에, 그들이 해주고 싶은 말들을 안식일이 될 때까지 미루었던 것 같다. 또는, 그들이 이토록 오랫동안 침묵을 지켰다는 것은 그들이 나중에 한 말들이 오랜 시간 동안의 숙고의 결과로 나온 신중한 말들이었다는 것을 암시해 주는 것일 수도 있다. 의인의 마음은 대답할 말을 깊이 생각하느니라(잠 15:28). 우리는 특히 여기에서와 같이 중요한 때에는 어떤 말을 하기 전에 다시 한 번 생각해야 한다. 오래 생각한다면, 우리는 더 잘 그 상황에 맞는 말을 짧게 말할 수 있게 될 것이다.

제
— 3 —
장

개요

사도는 "너희가 욥의 인내를 들었고"(약 5:11)라고 말한다. 우리는 욥의 인내에 대해서 들었지만, 여기에서는 그가 참지 못한 것에 대해서도 듣는다. 우리는 사람이 되어서 어떻게 욥과 같이 인내할 수 있는지에 대하여 놀랐지만(1장과 2장), 이 장에서는 욥이 울분에 차서 그가 태어난 날을 저주하는 모습을 보면서 욥과 같은 선한 자가 어떻게 이토록 인내심의 바닥을 드러낼 수 있는지에 대하여 놀라게 된다. I. 욥이 자기가 태어난 것을 한탄함(1-10절). II. 욥이 자기가 태어나자마자 죽지 않은 것을 한탄함(11-19절). III. 욥이 자신의 삶이 이토록 비참한 처지가 될 때까지 이어져 온 것을 한탄함(20-26절). 이 점에서 우리는 욥이 그의 입술로 범죄하였다는 것을 인정하지 않을 수 없다. 성경에서 이것을 기록한 것은 우리에게 욥을 따라하게 하기 위한 것이 아니라, 섰다고 생각하는 자는 넘어지지 않도록 조심하라는 권면을 우리에게 주기 위한 것이다.

¹그 후에 욥이 입을 열어 자기의 생일을 저주하니라 ²욥이 입을 열어 이르되 ³내가 난 날이 멸망하였더라면, 사내 아이를 배었다 하던 그 밤도 그러하였더라면, ⁴그 날이 캄캄하였더라면, 하나님이 위에서 돌아보지 않으셨더라면, 빛도 그 날을 비추지 않았더라면, ⁵어둠과 죽음의 그늘이 그 날을 자기의 것이라 주장하였더라면, 구름이 그 위에 덮였더라면, 흑암이 그 날을 덮었더라면, ⁶그 밤이 캄캄한 어둠에 잡혔더라면, 해의 날 수와 달의 수에 들지 않았더라면, ⁷그 밤에 자식을 배지 못하였더라면, 그 밤에 즐거운 소리가 나지 않았더라면, ⁸날을 저주하는 자들 곧 리워야단을 격동시키기에 익숙한 자들이 그 밤을 저주하였더라면, ⁹그 밤에 새벽 별들이 어두웠더라면, 그 밤이 광명을 바랄지라도 얻지 못하며 동틈을 보지 못하였더라면 좋았을 것을, ¹⁰이는 내 모태의 문을 닫지 아니하여 내 눈으로 환난을 보게 하였음이로구나

욥의 마음은 그의 속에서 오랫동안 뜨거웠다. 그가 입을 다물고 묵상

하고 있는 동안에는 그 불이 계속해서 타올랐고, 사탄이 그 불을 끄고자 하고 진압하고자 할수록 그 불은 더욱 타올랐다. 마침내 그는 입을 벌려 말을 하였지만, 오랜 침묵 끝에 나온 그의 말은 다윗의 경우와는 달리 그리 선한 말이 아니었다. 여호와여 나의 종말과 연한이 언제까지인지 알게 하사 내가 나의 연약함을 알게 하소서(시 39:3-4). 선지자 에스겔은 망연자실한 채 유대인 포로들과 함께 앉아서 칠 일을 보냈고, 그런 후에 (아마도 안식일에) 여호와의 말씀이 그에게 임하였다(겔 3:15-16). 욥과 그의 친구들도 그 기간 동안 아무 말도 하지 않은 채 묵묵히 앉아 있었다. 욥의 친구들은 그의 마음을 더욱 슬프게 할까봐 그들의 마음속으로 생각하고 있던 것들을 말하기를 두려워하였고, 욥은 친구들이 상처를 받을까봐 자신의 생각을 감히 내놓지 못하였다. 그들은 그를 위로하기 위해 왔지만, 그의 환난이 너무나 극심한 것을 보고서 생각이 바뀌어서, 그가 지금까지 위선적으로 행해 온 것이 아닌지를 의심하여 그를 위로하는 것이 마땅하지 않다고 생각하기 시작하였기 때문에, 아무 말도 하지 않았다. 그러나 환난을 당하고 있는 자들은 자신의 처지를 말해도 남들이 들어줄 것이라고 생각하는 법이기 때문에, 먼저 욥이 자신의 생각을 내놓는다. 하지만 욥이 입 밖으로 꺼낸 말들은 그리 좋은 말들이 아니었기 때문에, 차라리 그 말들을 마음속에 담아두고 있는 편이 더 좋았을 것이었다. 왜냐하면, 욥은 자신의 날, 즉 자기가 태어난 날을 저주하였고, 차라리 자기가 태어나지 말았더라면 더 좋았을 것이라고 한탄하였으며, 자기가 태어난 것에 대하여 후회하고 속상해하는 말만을 늘어 놓았기 때문이다. 사람들은 해마다 돌아오는 자신의 생일을 기뻐하고 축하하는 것이 상례인데, 욥은 자기가 이 세상에 태어남으로써 그의 모든 재앙이 시작된 것이라고 생각하였기 때문에 자신의 생일을 일 년 중에서 가장 불행한 날로 여겼다.

I. 욥의 이러한 태도는 충분히 좋지 않은 것이었다는 것. 그의 환난이 극심해서 그의 심령이 불안정했다는 것이 욥의 이러한 태도에 대한 부분적인 변명이 될 수는 있겠지만, 그러한 태도는 결코 정당화될 수는 없는 것이었다. 파리한 소가 살진 소들을 잡아먹었듯이, 지금 그는 하나님이 그를 복 주시기 위하여 태어나게 하신 것을 망각하고, 오직 그에게 닥친 재앙에 대한 생각으로 꽉 차서, 자기가 아예 태어나지 말았었다면 좋았을 것이라고 한탄하고 있다. 선지자 예레미야도 여기에 나오는 것과 비슷한 언어로 자기에게 닥친 재앙들에 대

한 그의 고통스러운 심정을 표현하였다. 내게 재앙이로다 나의 어머니여 어머니께서 나를 온 세계에 다투는 자와 싸우는 자를 만날 자로 낳으셨도다(렘 15:10). 차라리 내 생일이 저주를 받았더면 좋았을 텐데(렘 20:14). 욥은 형통하던 때에는 그의 생일에 그 날을 복된 날로 여기고서 매번 하나님께 감사하였을 것이다. 그런데도 그는 지금 와서는 그 날을 온갖 오명으로 더럽히고 저주 받은 날로 낙인을 찍는다. 우리는 우리가 죄악 가운데에 잉태되어 출생하였다는 것을 생각한다면, 슬픔과 부끄러움을 지니고서 우리가 출생한 날을 성찰하면서, 우리가 죄에 대하여 죽어서 죄에서 벗어나게 된 날(롬 6:7)이 우리가 출생한 날보다 훨씬 더 낫다고 말할 만한 충분한 이유가 있다(전 7:1). 그러나 우리가 출생한 날을 재앙 같은 우리의 삶이 시작된 날이라고 여겨서 그 날을 저주하는 것은 자연의 하나님과 다투는 것이고, 우리의 존재의 존엄성을 멸시하는 것이며, 울분에 사로잡혀서 나중에 제정신이 돌아와서 냉정하게 생각할 때에는 부끄러워하게 될 일을 저지르는 것이다.

분명한 것은 사람이 이 세상의 삶 속에서 어떤 형편이나 처지에 있든지 간에(그것이 그 자신의 잘못에 의한 것이 아니라면) 하나님을 영화롭게 해드리지도 못하고 자신의 구원을 이루어낼 수도 없어서 더 나은 저 세상 속에서 자신의 복을 얻어낼 수 없는 그런 형편이나 처지는 없다는 것이다. 그러므로 사람은 자기가 태어나지 말았어야 했다고 말할 이유는 전혀 없고, 도리어 자기가 태어난 것은 아주 잘 된 일이었다고 말할 이유는 많이 있다. 그렇지만 현세 후에 또 다른 내세의 삶이 있지 않고, 하나님이 우리를 위로하셔서 우리로 그 내세의 삶에 대한 소망을 지니게 하지 않으신다면, 이 세상은 너무나 많은 슬픔과 환난으로 가득 찬 고해와 같아서, 우리는 종종 우리가 창조된 것이 허무하다고 말하며(시 89:47), 우리가 차라리 태어나지 말았다면 좋았을 것이라고 말하고 싶은 유혹에 빠질 수 있다는 것을 인정하지 않을 수 없다. 유다처럼 지옥에 떨어진 자들은 그들이 차라리 태어나지 아니하였다면 그들에게 좋을 뻔하였다고 말할 만한 충분한 이유가 있다(마 26:24). 그러나 지옥이 아닌 바로 이 세상에서는 자기가 태어난 것이 헛된 것이었다는 배은망덕한 생각을 품을 이유가 전혀 없다.

욥이 자기의 생일을 저주한 것은 연약함에서 나온 어리석은 짓이었다. 우리는 그것이 그의 연약함 때문이었다고 말하지 않을 수 없다. 늘 은혜 가운데에 살아가는 선한 자들도 종종 은혜에서 벗어나는 일이 있기 때문에, 성경에서 그들이 온전한 자들이었다고 할 때에 우리는 그 말씀을 그들에게 전혀 죄가 없었다는 것이 아니라 그들이 정직하고 올바른 자들이었다는 의미로 이해하여야 한다. 끝으로, 우리는 자기가 육신적으로 출생한 날을 저주한 사람들은 많았지만, 그들이 거듭난 날을 저주하거나 차라리 은혜 또는 은혜의 성령을 받지 않았더라면 좋았을 것이라고 생각한 사람은 아무도 없었다는 것을 지적함으로써, 영적인 생명이 자연적인 생명보다 얼마나 우월한 것인지를 말해 두고자 한다. 영적인 생명은 육신의 생명이나 존재 자체와는 비교할 수 없을 정도로 뛰어난 선물이기 때문에 결코 사람들에게 부담스런 짐이 되지 않는다.

II. 그렇지만 욥의 이러한 태도는 사탄이 기대했던 것만큼 나쁜 것은 아니었다는 것. 욥은 자기의 생일을 저주하였지만, 그의 하나님을 저주하지는 않았다. 그는 그의 삶에 신물이 나서 그 삶에서 기꺼이 떠나고자 하기는 하였지만, 그의 신앙에 대하여 신물이 난 것은 아니었다. 그는 결연히 그의 신앙을 꼭 붙잡고 있었고 결코 놓으려 하지 않았다. 욥을 놓고 하나님과 사탄이 건 내기는 욥에게 인간으로서의 연약함들이 있는지, 그가 우리와 같은 성정을 지니고 있는지에 관한 것이 아니었고(그런 것은 허용되는 것이었기 때문에), 그가 위선자여서 겉으로는 의인인 체해도 속으로는 하나님을 미워하기 때문에 그에게 좋지 않은 일이 생기면 그의 증오심을 드러내게 될 것인지에 관한 것이었다. 그리고 시험을 해본 결과, 욥은 그런 사람이 아니었다는 것이 증명되었다. 이 모든 것은 성경에서 그의 인내를 본받으라고 한 말씀과 부합하는 것이라 할 수 있다. 왜냐하면, 그는 비록 엉겁결에 그의 입술로 이런 좋지 않은 말을 하기는 했지만, 이 말을 하기 전과 후에 자기가 자신의 뜻을 꺾고 하나님의 거룩한 뜻에 순복하겠다는 의사를 분명하게 밝혔고, 나중에 자기가 인내하지 못하고 막말을 한 것에 대하여 회개하였기 때문이다. 그가 이 일에 대하여 스스로 죄를 인정하였기 때문에, 하나님께서는 그를 정죄하지 않으셨다. 우리도 그를 정죄해서는 안 되고, 도리어 우리가 그와 비슷한 범죄를 짓지 않도록 하기 위하여 우리 자신을 더욱 조심스럽게 살피지 않으면 안 된다.

1. 욥이 자기의 생일을 저주하기 위해 사용한 구체적인 표현들은 시적인 상상력과 열정과 사로잡힘으로 가득 차 있어서 그 내용 자체만큼이나 비평가들에게 많은 난점들을 불러일으킨다는 것. 우리는 여기에 나오는 표현들을 자세

하게 고찰할 필요는 없다. 그는 그가 차라리 태어나지 말았더라면 좋았을 것이라는 그의 간절한 바람을 표현하고자 할 때에 그의 생일을 원망하며 다음과 같은 것들을 바란다.

(1) 세상이 그 날을 잊어버렸다면 좋았으리라는 것. 내가 난 날이 멸망하였더라면(3절), 그 밤이 해의 날 수에 들지 않았더라면(6절). "왕이 태어난 날을 표시하려고 달력에 붉은 글자로 내가 난 날이 표시되지 않는 것은 물론이고(욥은 왕이었다, 29:25), 그 날이 아예 달력에서 지워져 없어져 버려서, 이렇게 비참한 몰골이 되어 버린 나 같은 자가 이 세상에 태어나서 살아 왔다는 것을 세상 사람들이 알지 못하게 되었더라면 얼마나 좋았을까."

(2) 하늘이 그 날을 기뻐하지 않았다면 좋았으리라는 것. 하나님이 위에서 그 날을 돌아보지 않으셨더라면 좋았으리라(4절). "모든 것의 운명은 하나님의 뜻에 따라 정해지기 때문에, 하나님이 한 주간의 일곱째 날에 대하여 그러하셨듯이, 어떤 날에 존귀를 더하시고 특별히 구별하여 그의 은총으로 관 씌우시면, 그 날은 존귀한 날이 된다. 그러나 나의 생일에 대해서는 하나님이 그런 존귀를 결코 더하지 않으시고, 미리 그 날을 악한 날로 정하셔서 검은 숯으로 표시해 두셨다면 좋았으리라. 빛의 아버지이자 원천이신 분은 큰 광명으로 날을 주관하게 하시고 그보다 못한 광명들로 밤을 주관하게 정하셨지만, 이 두 빛이 모두 내가 난 날을 비추지 않았더라면 좋았으리라."

[1] 그 날의 낮이 캄캄하였더라면 좋았으리라는 것(4절). 그 낮의 빛이 어둠이라면, 그 어둠이 얼마나 심하겠는가! 그 낮에 우리는 빛을 찾아 헤매야 할 것이니, 그것은 얼마나 끔찍한 일이겠는가! 욥은 자신의 처지가 정오에 져버린 해와 같다고 생각하여, 그 낮이 캄캄한 어둠이었다면 좋았을 것이라고 말한다.

[2] 그 밤도 달과 별들의 혜택을 보지 못하고 캄캄한 어둠에 잡혔더라면 좋았으리라는 것. 밤이 칠흑 같이 어둡다면, 그 밤은 사람들에게 고요한 휴식을 주는 것이 아니라, 두려움을 주어서 사람들의 평온을 흐트러놓을 것이다.

(3) 모든 기쁨들이 그 밤을 외면하였다면 좋았으리라는 것. "그 밤이 노래하고 춤추는 즐거운 밤이 아니라, 우울하고 외로운 밤이 되었다면 좋았으리라. 그 밤에 즐거운 소리가 나지 않았더라면 좋았으리라(7절). 그 밤이 영원히 지속되고 동틈을 보지 못하여서(9절) 기쁨도 오지 않게 되었더라면 좋았으리라."

(4) 그 날에 모든 저주들이 퍼부어졌다면 좋았으리라는 것(8절). "아무도 그

날을 보기를 원하지 않고, 그 날이 오는 것을 환영하지 않으며, 도리어 날을 저주하는 자들이 그 날을 저주하였더라면 좋았으리라. 어떤 날을 저주하고 싶은 마음이 있는 자들, 특히 장례식에서 곡(哭)을 하여 사람들로부터 슬픔을 불러일으키는 것을 업으로 삼고 있는 자들이 나의 생일에도 그 저주를 해주었더라면 좋았으리라. 다른 사람들이 죽은 날을 저주하는 자들이 마찬가지로 내가 태어난 날도 저주해 주었더라면 좋았으리라." 또는, 아주 사납고 겁이 없어서 리워야단을 격동시키기에 익숙한 자들은 리워야단(고래나 악어)을 공격하기에 앞서 그들의 주문으로 리워야단의 힘을 약화시키고 제압하려는 의도로 그들이 생각해 낼 수 있는 가장 독한 저주로 리워야단을 저주하곤 했는데, 욥은 그들이 그의 생일도 저주해 주었더라면 좋았을 것이라고 말한다. 고래나 악어를 잡는 자들 사이에서는 그런 관습이 있었던 것으로 보이고, 욥은 그 관습을 여기에서 언급하며 자신의 처지를 한탄한다. "그 날이 사람들이 가장 큰 불행을 당하여 통곡하는 그런 날이나 사람들이 가장 무서운 것을 본 그런 때 같은 아주 끔찍한 날이 되었더라면 좋았으리라"(패트릭 주교의 말). 나는 다른 이들과 마찬가지로 여기에 나오는 리워야단이 마귀를 의미하는 것이라고 생각한다. 그들은 이 말을 주술사들이 마귀를 불러올 때에 사용한 저주들을 가리키는 것으로 이해한다.

2. 그렇다면, 욥이 그가 태어난 날과 밤을 원망하는 이유는 무엇인가? 그것은 그 날과 밤이 그의 모태의 문을 닫지 아니하였기 때문이다(10절). 울분의 어리석음과 광기, 울분이 목까지 차 올랐을 때에 거기에서 나오는 말들이 얼마나 어처구니없고 과장된 것인지를 보라. 이것이 지혜로 말미암아 사람들로부터 지극한 존경을 받아서 무리가 그의 말을 듣고 희망을 걸었으며 그가 가르칠 때에 잠잠하였고 그가 말한 후에는 그들이 말을 거듭하지 못하였던(29:21-22) 바로 그 욥이란 말인가? 욥의 지혜가 그에게서 제대로 작동하지 못한 것은 다음과 같은 이유들 때문이었다.

(1) 그것은 욥이 아예 태어나지 않았더라면 좋았을 것이라는 그의 심정을 표현하려고 무진 애를 썼기 때문이다. 하지만 그런 바람은 아무리 좋게 보더라도 헛된 소원에 불과한 것이었다. 왜냐하면, 이미 존재하게 된 것을 처음부터 존재하지 않도록 만드는 것은 불가능한 일이기 때문이다.

(2) 그것은 욥이 그의 저주하는 말들로는 결코 어찌할 수 없었던 날과 밤에 대하여 지나친 저주들을 마구 퍼부어댔기 때문이다.

(3) 그것은 욥이 그가 태어나던 날에 그의 어머니에게 대단히 야만적인 일이 일어났었으면 좋았을 것이라고 소원하였기 때문이다. 그는 만삭이 다 되었을 때에 어머니가 그를 낳지 못하였더라면 좋았을 것이라고 말하고 있는데, 이것은 어머니가 그를 낳다가 죽는 비참한 일이 일어났기를 바란 것과 같은 것이었다.

(4) 그것은 욥이 그에게 존재(이 아랫 세상에서 다른 어떤 피조물의 생명보다 훨씬 더 고귀하고 놀라운 생명)를 주신 하나님의 선하심을 멸시하고, 오랜 세월 동안 온갖 즐거움을 누리다가 지금 그에게 일시적인 환난이 닥쳤다는 이유만으로 하나님이 주신 생명이라는 선물을 받을 가치가 없다고 평가절하하였기 때문이다. 조금만 참으면 기쁨을 볼 수 있을 것인데도, 자기의 눈이 아예 처음부터 빛을 보지 못해서 지금의 슬픔도 볼 수 없었더라면 좋았을 것이라고 말하는 것은 얼마나 어리석은 일인가! 욥은 그가 후일에 그의 육체 안에서 하나님을 보리라(19:26)고 믿고 소망하였으면서도, 단지 지금 잠시 그의 육체로 겪는 슬픔 때문에 그러한 지극한 복을 못 보아도 좋으니 아예 태어나지 않았기를 바란 것인가? 하나님은 그의 은혜로 우리를 무장시키셔서 우리가 이렇게 인내하지 못하고 분을 참지 못하여 어리석고 해로운 말들을 쏟아놓는 일을 하지 않도록 막아 주신다.

[11]어찌하여 내가 태에서 죽어 나오지 아니하였던가 어찌하여 내 어머니가 해산할 때에 내가 숨지지 아니하였던가 [12]어찌하여 무릎이 나를 받았던가 어찌하여 내가 젖을 빨았던가 [13]그렇지 아니하였던들 이제는 내가 평안히 누워서 자고 쉬었을 것이니 [14]자기를 위하여 폐허를 일으킨 세상 임금들과 모사들과 함께 있었을 것이요 [15]혹시 금을 가지며 은으로 집을 채운 고관들과 함께 있었을 것이며 [16]또는 낙태되어 땅에 묻힌 아이처럼 나는 존재하지 않았겠고 빛을 보지 못한 아이들 같았을 것이라 [17]거기서는 악한 자가 소요를 그치며 거기서는 피곤한 자가 쉼을 얻으며 [18]거기서는 갇힌 자가 다 함께 평안히 있어 감독자의 호통 소리를 듣지 아니하며 [19]거기서는 작은 자와 큰 자가 함께 있고 종이 상전에게서 놓이느니라

욥은 자기가 아예 태어나지 않았더라면 좋았을 것이라고 바란 것이 어리석은 짓이었다는 것을 문득 깨달은 듯, 여기에서는 방향을 바꾸어서 자기

가 태어나자마자 죽었더라면 좋았을 것이라고 말하는데, 이런 말도 그가 앞에서 한 말보다 결코 더 나은 말이 아니다. 우리 구주께서는 장차 도래할 재앙의 날에 대하여 묘사하실 때에 욥이 여기에서 한 말을 빌려서 그 날에 잉태하지 못하는 이와 해산하지 못한 배와 먹이지 못한 젖이 복이 있다(눅 23:29)고 말씀하시면서 욥의 심정을 어느 정도 대변하시는 듯이 보인다. 그러나 잉태하지 못하는 모태를 복이 있다고 말하는 것과 많은 자녀들을 잉태한 모태를 저주하는 것은 전혀 다르다! 환난들을 최선을 다해 선용하는 것은 좋은 일이지만, 하나님이 베푸신 긍휼들에 대하여 악담하는 것은 좋은 일이 아니다. 우리가 지켜야 할 규범은 복을 빌되 저주하지는 말라는 것이다. 흔히 삶은 온갖 복을 나타내고, 죽음은 온갖 화(禍)를 나타낸다. 그런데도 욥은 여기에서 너무나 어처구니없게도 삶과 그 삶을 지탱해 주는 것들이 그에게 저주이자 괴로움이라고 한탄하며, 죽음과 무덤이야말로 그에게는 가장 크고 지극한 복이라고 말하며 죽음을 간절히 바란다. 앞서 사탄은 하나님 앞에서 사람이 그의 모든 소유물로 자기의 생명을 바꾸올지라(2:4)는 격언을 인용하며 그 격언을 욥에게 적용하였지만, 분명히 그런 격언은 욥에게 통하지 않았다. 왜냐하면, 욥만큼 생명을 하찮게 여긴 사람은 아무도 없었기 때문이다.

I. 욥은 배은망덕하게도 자신의 생명을 원망하고, 자기가 태어나자마자 하나님이 자기의 생명을 빼앗지 않으신 것에 대하여 화를 냄(11-12절). 어찌하여 내가 태에서 죽어 나오지 아니하였던가.

1. 사람은 세상에 올 때에 지극히 약하고 무력한 피조물이고, 모태에서 처음 나올 때에 그의 생명줄은 곧 끊어질 것처럼 아주 가느다랗다는 것. 사람은 모태에서 죽어 나오기 쉽고, 모태에서 나와서 쉰 첫 번째 숨이 마지막 숨이 되기 쉽다. 우리가 태어날 때에 무릎이 보호해 주지 않는다면, 우리는 다른 피조물들과 마찬가지로 우리 자신을 위하여 아무것도 할 수 없고 무덤 속으로 떨어질 수밖에 없다. 우리가 태어났을 때에 어머니가 우리에게 젖을 물려 주어서 새로운 연료를 공급해 주지 않는다면, 우리의 생명의 등불은 켜지자마자 꺼져 버리고 말 것이다.

2. 우리가 이 세상 속으로 들어올 때에 하나님은 긍휼에 풍성하신 자애로운 섭리를 통해서 우리를 돌보신다는 것. 우리가 태에서 죽어 나오지 않고 배에서 나왔을 때에 숨을 거두지 아니한 것은 바로 이 섭리 덕분이다. 왜 우리는 태어나자

마자 죽지 않은 것인가? 그것은 우리가 살려둘 만한 가치가 있는 자들이었기 때문이 아니다. 우리 같은 잡초들은 생겨나자마자 뽑히는 것이 마땅한 일이었다. 우리 같은 독사들은 알이었을 때에 부숴뜨려져야 마땅한 일이었다. 우리가 태어나자마자 죽지 않은 것은 우리가 우리 자신을 돌볼 수 있었거나 우리의 안전을 스스로 확보할 수 있었기 때문이 아니다. 사람처럼 무방비 상태로 이 세상에 나오는 피조물은 없다. 우리의 존재는 우리의 힘이나 우리 손의 힘으로 확보된 것이 아니다. 그것은 하나님이 그의 능력과 섭리로 우리의 부숴질 것 같은 생명을 굳게 붙드셨고, 우리를 불쌍히 여기셔서 인내로써 우리의 스러져가는 생명을 살리셨기 때문이다. 무릇 우리를 죽이지 않은 것은 바로 하나님의 그러한 섭리 덕분이었다. 자연의 하나님은 부모의 마음속에 자식을 사랑하는 천륜(天倫)을 두셨다. 그런 까닭에 사람은 모태의 복을 누린 후에 다시 젖가슴의 복을 누리게 된 것이다.

3. 사람의 삶에는 수많은 헛된 일들과 심령의 괴로움들이 뒤따른다는 것. 우리가 부여받은 능력들과 우리를 둘러싼 괴로움들을 생각할 때에, 만약 우리에게 이 세상에서 우리가 섬길 하나님과 저 세상에서 갖게 될 더 나은 것들에 대한 소망이 없었다면, 우리는 우리가 차라리 태에서 죽어 나와서 세상의 수많은 죄와 비참한 일들을 겪지 않았더라면 좋았을 것이라고 말하고 싶은 마음이 굴뚝같았을 것이다. 오늘 태어나서 내일 죽는 자는 몇 시간의 기쁨은 누리지는 못하겠지만 몇 개월의 슬픔을 겪지 않아도 된다.

4. 인내하지 못하고 초조해하며 불만을 품는 것이 지닌 악. 그런 것들이 마음에 가득한 자들의 말과 행위는 비이성적이고 어처구니없으며 불경건하고 배은망덕하다. 그런 것들에 빠지는 것은 하나님의 은총을 경시하고 평가절하하는 것이다. 우리의 삶이 아무리 쓰고 고통스럽다고 할지라도, 우리는 "우리가 태에서 죽어 나오지 않고 이렇게 살아 있게 된 것은 하나님의 긍휼 덕분이었다"고 말하지 않으면 안 된다. 생명을 미워하는 것은 어떤 이유에서이든 인류와 우리 자신의 상식과 정서에 어긋나는 것이다. 불만을 품은 자들이 살고 싶지 않다고 열변을 토한다고 해도, 막상 그들 앞에 죽음이 다가오면, 그들은 기를 쓰고 죽지 않으려고 할 것이다. 한 우화 속에서 어떤 노인이 그가 진 짐 때문에 지치고 피곤해서 화를 내며 그 짐을 땅바닥에 내팽개치고서 자기를 데려가 달라고 저승사자를 불렀는데, 저승사자가 와서 그 노인에게 자기가 무엇을

해주기를 원하느냐고 묻자, 그 노인은 "아무 일도 아니고, 그저 나를 도와서 내 짐을 내 어깨에 올려 주시오"라고 대답했다고 한다.

Ⅱ. 욥은 죽음과 무덤을 열렬히 찬양하고, 완전히 그것들과 열애에 빠진 듯이 보임. 우리가 그리스도와 함께 있고, 죄에서 자유하게 되며, 하늘로부터 오는 우리 처소로 덧입고자 하여 죽고자 하는 것은 은혜를 받은 증거이자 그 효과이다. 그러나 우리가 단지 이 세상의 괴로움들과 썩은 냄새들을 피하여 무덤 속에 평안히 누워 있고자 하여 죽고자 한다면, 그런 바람은 앞에서 말한 것과는 전혀 다른 성질의 것이다. 여기에서 욥이 말한 것들은 죽음이 찾아왔을 때에 우리가 그 죽음을 쉽게 받아들이고 죽음 아래에서 마음을 편히 가지는 데에 유익할 수 있다. 그러나 그런 말들은 우리가 이 세상을 살아가면서 그 짐이 무겁다고 우리의 삶을 원망하거나 한탄하는 핑곗거리들로 사용되어서는 안 된다. 우리는 살든지 죽든지 우리가 현재 처해 있는 상황을 최대로 선용하여, 살아도 주를 위하여 살고 죽어도 주를 위하여 죽어서 사나 죽으나 우리가 주의 것(롬 14:8)이라는 마음가짐을 갖는 것이야말로 우리의 지혜이고 본분이다. 여기에서 욥은 만약 자기가 태어나자마자 죽어서 모태로부터 무덤으로 직행하였더라면 다음과 같이 되었을 것이라고 생각하며 스스로를 괴롭힌다.

1. 그의 처지가 왕들이나 고관들만큼이나 좋았으리라는 것: 만약 그랬다면, 나는 자신의 엄청난 부귀영화와 권력과 계책으로도 죽음을 피하지 못하고 무덤 속으로 들어가서 한 줌의 흙으로 변해 버린 세상 임금들과 모사들과 함께 있었을 것이다(14절). 금을 차고넘치게 가지고 있던 왕들조차도 저승사자가 그들을 찾아왔을 때에 그 금으로 저승사자를 매수하여 그들을 데려가지 않게 할 수 없었다. 그들은 그들의 집을 은으로 가득 채웠지만, 그 은을 모두 뒤로 하고 떠나서 다시는 돌아올 수 없었다. 어떤 이들은 여기에서 왕들과 모사들이 자기를 위하여 일으킨 폐허들을 그들이 생전에 그들 자신을 위하여 준비한 묘실이나 능(陵), 기념비들을 가리키는 것으로 이해한다 — 마치 셉나가 자기를 위하여 묘실을 팠듯이(사 22:16). 또한, 그들은 여기에서 왕들이 지닌 금과 자신의 집을 가득 채운 은을 큰 자들의 무덤 속에 함께 부장하였던 보화들을 가리키는 것으로 이해한다. 이러한 관습들은 큰 자들이 죽어서도 가능한 한 그들의 위엄을 보존하고 비천한 자들과 함께 눕는 것을 피하기 위한 목적으로 행하여졌다. 그러나 그것은 아무 소용도 없는 일이다. 죽음은 모든 사람을 평등하게 만들어

버리고, 이것은 그 누구도 거역할 수 없다. 죽음은 홀(笏)들을 삽들과 뒤섞어 버린다. 부자들과 가난한 자들은 무덤 속에서 함께 만난다. 거기에는 남모르게 낙태되어 땅에 묻힌 아이(16절), 곧 결코 빛을 보지 못하였거나 눈을 뜨고서 세상을 보자마자 세상에 정을 붙일 틈도 없이 다시 눈을 감아 버려서 세상을 서둘러 떠날 수밖에 없었던 아이가, 금은을 차고 넘치게 가지고 있던 왕들이나 모사들, 고관들과 마찬가지로 편안하고 안전하게 누워 있다. 욥은 이렇게 말한다: "그러므로 내가 지금 여기에서 재 속에 누워 있는 것보다 무덤 속에서 티끌 가운데에 누워 있었더라면 더 좋았을 것을!"

2. 그의 처지가 지금보다 훨씬 더 나았으리라는 것(13절). "만약 그랬더라면, 나는 지금도 여전히 평안히 누워서 자고 쉬었을 것인데, 지금 나의 형편은 그렇지 못하여 끊임없이 이리 치이고 저리 치이며 괴롭힘을 당하고 있고, 잠은 내 눈에서 달아나 버렸으며, 한시도 쉴 수가 없게 되었다." 지금은 현세에서의 삶과 영원한 삶의 차이가 복음에 의해서 이전보다 훨씬 더 분명하게 밝혀져 있기 때문에, 선한 그리스도인들은 죽음의 유익에 대해서 욥이 말한 것보다 더 잘 설명할 수 있게 되었다. "만약 그랬더라면, 나는 주와 함께 있게 되었을 것이고, 주의 영광을 더 이상 거울을 통해서 희미하게 보는 것이 아니라 얼굴을 맞대고 똑똑히 보게 되었을 것이다." 그러나 가엾은 욥이 꿈꾸었던 것은 나쁜 소식들에 대한 두려움과 심한 종기로 인한 괴로움을 벗어나서 무덤에 들어가 평안히 쉬는 것이 전부였다. 그러면 내가 지금 가만히 누워서 평안히 있었을 것이다(13절). 하지만 만약 그가 지금이라도 앞의 두 장에서 그랬듯이 제정신을 차리고서 평정심을 되찾아서 모든 것을 하나님의 거룩하신 뜻에 전적으로 맡기고 그 뜻에 묵묵히 따르고자 하기만 하였더라면, 그는 지금도 얼마든지 평안할 수 있었을 것이다. 그렇게만 한다면, 그의 육신은 고통 중에 있다고 할지라도, 적어도 그의 영혼은 평안 중에 거할 수 있었을 것이다(시 25:13). 욥이 여기에서 무덤 속에서의 쉼을 얼마나 멋지게 묘사하고 있는지를 보라. 욥의 이러한 묘사는 우리가 죽음을 겁내지 않고 의연하게 대하는 데에 큰 도움이 될 것이다(우리의 영혼이 하나님 안에서 쉼을 얻고 있다면).

(1) 지금 여기에서 괴로움을 겪는 자들이 거기에서는 괴로움에서 벗어나게 된다는 것(17절). 거기서는 악한 자가 소요를 그친다. 박해자들이 죽으면, 그들은 더 이상 박해를 할 수 없게 되고, 그들의 증오와 시기도 사라지게 된다. 헤롯은

교회를 괴롭혔지만, 그가 벌레들의 먹이가 되어서는 더 이상 소동을 일으킬 수 없게 되었다. 또한, 박해를 당해 오던 자들도 죽으면, 그들이 괴롭힘을 당할 위험성은 사라진다. 만약 욥이 무덤 속에서 편히 쉬고 있었더라면, 그는 스바 사람들이나 갈대아 사람들이 벌인 소동을 겪지 않아도 될 것이었고, 그의 모든 원수들은 그 누구도 그에게 그 어떤 괴로움도 줄 수 없었을 것이다.

(2) 지금 여기에서 수고하는 자들이 거기에서는 이제 그들의 수고가 끝났다는 것을 알게 되리라는 것. 거기서는 피곤한 자가 쉼을 얻는다. 천국은 성도들의 영혼에게 안식처 이상의 곳이지만, 무덤은 그들의 육신에게 안식처이다. 그들의 순례는 피곤한 순례이다. 그들은 죄와 세상을 상대하느라 피곤하고 지친다. 그들은 섬김들과 고난들과 기대들로 피곤해 있다. 그러나 무덤에서는 그들은 모든 수고를 그치고 쉬게 된다(계 14:13; 사 57:23). 그들은 거기에서 평안하고, 불평한 일이 없다. 거기에서 믿는 자들은 예수 안에서 잠잔다.

(3) 지금 여기에서 매여 살았던 자들이 거기에서는 자유를 얻게 된다는 것. 죽음은 갇힌 자가 풀려나는 것이고, 압제 받는 자가 놓여나는 것이며, 종이 해방되는 것이다(18절). 거기서는 갇힌 자들이 비록 활보하고 다닐 수는 없을지라도 다 함께 평안히 있어 저 감옥에서처럼 고된 노역을 하지 않아도 된다. 그들은 더 이상 잔혹한 감독자들에 의해서 모욕과 짓밟힘, 협박이나 공갈을 당하지 않는다. 그들은 압제자의 음성을 듣지 아니하는도다. 여기에서 일생 동안 종노릇 하게 되어 있어서 아무것도 그들 자신의 것이라 말할 수 없고 그들 자신의 몸뚱아리조차도 자기 것이라 할 수 없었던 자들일지라도 거기에서는 더 이상 남의 명령이나 통제 아래 있지 않게 된다. 거기서는 종이 상전에게서 놓이느니라. 바로 이것이 권력을 지닌 자들이 그 권력을 자제해서 올바르게 사용해야 하는 이유이고, 남의 수하에 있는 자들이 잠시 인내로써 자신의 처지를 참고 견뎌야 하는 이유이다.

(4) 지금 여기에서 그 신분이 하늘과 땅 차이였던 자들이 거기에서는 다 평등하게 된다는 것(19절). 거기서는 작은 자와 큰 자가 함께 있고, 죽은 자들 가운데서는 모든 사람이 다 똑같고 동일한 자유를 누린다. 큰 자들에게 지겨울 정도로 붙어다녔던 저 부귀영화도 거기에서는 끝이 난다. 마찬가지로, 가난하고 비천한 자들이 겪었던 온갖 애로들도 거기에서는 끝이 난다. 죽음과 무덤은 사람을 차별하지 않는다.

[20]어찌하여 고난 당하는 자에게 빛을 주셨으며 마음이 아픈 자에게 생명을 주셨는고 [21]이러한 자는 죽기를 바라도 오지 아니하니 땅을 파고 숨긴 보배를 찾음보다 죽음을 구하는 것을 더하다가 [22]무덤을 찾아 얻으면 심히 기뻐하고 즐거워하나니 [23]하나님에게 둘러 싸여 길이 아득한 사람에게 어찌하여 빛을 주셨는고 [24]나는 음식 앞에서도 탄식이 나며 내가 앓는 소리는 물이 쏟아지는 소리 같구나 [25]내가 두려워하는 그것이 내게 임하고 내가 무서워하는 그것이 내 몸에 미쳤구나 [26]나에게는 평온도 없고 안일도 없고 휴식도 없고 다만 불안만이 있구나

욥은 자기가 아예 태어나지 말았거나 태어나자마자 죽었더라면 좋았을 것이라고 말해 보아야 아무 소용이 없다는 것을 깨닫고서, 여기에서는 그의 생명이 지금까지도 끊어지지 않고 이어져 오고 있다고 한탄한다. 사람이 시비를 걸고 불평을 늘어놓고자 하면, 거기에는 끝이 없는 법이고, 부패한 마음은 변덕이 죽 끓듯 하는 법이다. 앞에서 자기가 태어난 날을 저주했던 욥은 여기에서는 자기가 죽는 날이 속히 오게 해 달라고 애걸한다. 이렇게 스스로 안달복달하며 시비를 거는 것은 물이 한번 터져나오는 것과 같아서 끝이 나지 않는다.

I. 욥은 일반적으로 비참한 삶을 연명시키는 것은 가혹한 짓이라고 생각함 (20-22절).   어찌하여 고난 당하는 자에게 생명의 빛을 주시는가. 영적인 짐들 때문에 심령이 괴로워지면, 삶 자체가 괴로운 것이 되고 만다. 어찌하여 그는 빛을 주시는가(원문은 이렇게 되어 있다). 마귀는 하나님 앞에서 "욥이 대놓고 주를 저주하리이다"라고 장담하였지만, 여기에서 욥은 하나님을 그라고 지칭하면서도 하나님의 이름을 입에 올리지는 않는다. 그러나 욥은 무언 중에 삶의 위로들이 다 제거된 자의 생명을 연장시키는 하나님의 섭리는 불의하고 비정한 것이라고 말하고 있다. 여기에서 생명이 빛이라 불리는 것은 생명은 즐거운 것이고 사람이 걷고 일할 수 있게 해주는 것이기 때문이다. 생명은 촛불과 같아서, 오래 탈수록 그 심지가 짧아져서 결국 꺼져 버리고 촛대만 남게 된다. 본문에서는 이러한 빛이 우리에게 주어졌다고 말한다. 왜냐하면, 만약 그 빛이 날마다 새롭게 우리에게 선물로 주어지지 않는다면, 그 빛은 곧 꺼져 버리게 될 것이기 때문이다. 그러나 욥은 살아도 살았다고 할 수 없을 정도로 비참한 삶을 사는 자들에게 날마다 주어지는 그 빛은 그들 자신의 비참함만을 더 드러내는 역할만을 할 뿐이기 때문에 선물 같지 않은 선물이어서 차라리 주어지지 않는

편이 더 낫다고 여긴다. 인간의 생명은 이렇게 허망하기 때문에, 그런 사실은 종종 우리의 심령을 괴롭게 만든다. 죽음의 속성은 변경될 수 있기 때문에, 비록 죽음이 자연에게 두려운 것이라고 할지라도 자연 그 자체에 대해서도 바람직한 것이 될 수도 있다. 욥은 여기에서 다음과 같은 자들에 대하여 말한다.

1. 죽기를 갈망하는 자들. 그들은 삶의 위로들과 유익들을 오래도록 누려왔고, 이제는 노년과 노쇠함, 고통이나 질병, 가난이나 수치 등으로 괴로움을 겪고 있어서 죽기를 원하지만, 죽음은 오지 않는 그런 자들이다. 반면에, 죽음을 두려워하고 피하고자 하는 많은 자들에게는 죽음이 아주 쉽게 찾아온다. 수명은 우리의 뜻이 아니라 하나님의 뜻에 따라 결정된다. 하나님이 우리에게 우리가 얼마나 오랫동안 살고 싶고 언제 죽고 싶은지를 물어야 한다면, 그것은 적절하지 않다. 우리의 시간이 우리 자신에 의해서가 아니라 하나님의 손에서 결정되는 것이 우리에게 유익이다.

2. 땅을 파고 숨긴 보배를 찾음보다 죽음을 구하는 것을 더하는 자들. 그들은 정당한 방법으로 이 세상을 하직할 수만 있다면 그 어떤 것이라도 내어줄 의향이 있는 자들이다. 이것은 당시에 사람들이 자살을 좋지 않게 여겼다는 것을 보여준다. 만약 그렇지 않았다면, 죽기를 갈망하는 자들은 죽음이 찾아오기를 애써 기다리는 수고를 할 필요도 없이, 언제든지 스스로 목숨을 끊으면 되었을 것이기 때문이다(세네카가 그들에게 말하고 있듯이).

3. 죽음을 환영하고, 무덤을 찾아 얻어서 자기가 그 속으로 걸어들어가는 모습을 그리며 즐거워하는 자들. 현세의 삶의 참상들로 인해서 자연의 순리에 역행하여 사람들이 얼마든지 죽음 자체를 바람직한 것으로 여길 수 있을진대, 하물며 죽음을 통과해서 더 나은 삶으로 나아갈 소망과 전망을 갖고 있는 우리가 죽음을 두려워할 이유가 어디 있겠는가? 죽기를 갈망하는 것은 죄가 될 수 있지만, 천국을 갈망하는 것은 결코 죄가 아니라고 나는 확신한다.

Ⅱ. 욥은 구체적으로 자기가 그 어떤 방법으로도 평안을 얻을 수 없는 상황에서 죽음을 통해서 그의 고통과 비참함에서 벗어나 편안해질 수 없게 하는 것은 가혹하다고 생각함. 우리가 겪는 환난과 고통들 때문에 이렇게 사는 것을 참지 못하고 죽기를 갈망하는 것은 그 자체로 부자연스러운 것일 뿐만 아니라 생명을 주신 분에 대한 배은망덕으로서 우리 자신의 울분과 감정에 사로잡혀서 우리의 장래를 진지하게 생각하지 못하는 죄악된 행위이다. 우리는 저 세상

으로 갈 준비를 하는 일에 끊임없이 관심을 갖고 행하는 가운데에, 하나님이 적절하다고 생각하시는 때와 방식을 따라서 우리를 그 곳으로 데려가 주시도록 맡겨 드려야 한다. "주여, 주께서 원하시는 때와 방식으로 나를 데려가 주소서." 우리는 이 일에 전적으로 무심한 마음을 지니고서, 하나님이 그 결정권을 우리에게 넘기신다고 하여도 다시 그것을 하나님께 맡겨 드려야 한다. 은혜는 우리에게 삶의 가장 큰 위로들을 누리고 있는 가운데에서도 하나님이 원하시면 기꺼이 죽고자 하고, 삶의 가장 큰 십자가들을 짊어지고 있는 가운데에서도 하나님이 원하시면 기꺼이 살고자 해야 한다고 가르친다. 욥은 자기가 이렇게 죽기를 간절히 바라는 것을 변명하기 위해서 그의 삶에 위로와 만족이 전혀 없다는 것을 그 이유로 든다.

1. 그의 현재의 환난 속에서 괴로움들이 끊임없이 밀려오고 앞으로도 그럴 것 같다는 것. 그는 다음과 같은 이유들을 들어서 자기가 삶에 대하여 진저리를 칠 충분한 이유가 있다고 생각하였다.

(1) 그의 삶 속에 위로나 낙이 없다는 것. 나는 음식 앞에서도 탄식이 난다(24절). 그의 삶은 너무나 서글퍼서, 그는 삶을 이어갈 엄두를 낼 수 없었다는 것이다. 슬픔과 근심 때문에 그는 식욕을 잃어버려서, 목숨을 연명하는 데에 꼭 필요한 음식조차도 먹고 싶은 생각이 들지 않았다. 그의 슬픔들은 끼니 때만큼이나 주기적으로 그에게 찾아왔고, 괴로움은 그의 일용할 양식이었다. 아니, 그의 고통과 괴로움은 너무나 극심하여서, 그의 입에서는 탄식만 흘러나온 것이 아니라 울부짖음이 나왔는데, 그의 앓는 소리 또는 울부짖는 소리는 도도히 흐르는 물처럼 그에게서 쏟아져 나왔다. 우리 주님은 고통에 익숙해 있으셨다. 그러므로 우리도 고통스러운 삶을 예상하여야 한다.

(2) 그의 처지가 나아질 기미가 보이지 않는다는 것. 하나님이 둘러 막으시어 그의 길은 감춰져 있었다(23절). 그는 그에게 열려져 있는 구원 받을 수 있는 길을 볼 수 없었고, 어떤 길을 가야 할지도 알지 못하였다. 그의 길은 가시 나무들로 둘러쳐져 있어서, 그는 그의 길을 발견할 수 없었다(23:8; 애 3:7).

2. 그가 이전에 형통하던 시절에도 그는 그에게 닥칠 환난들을 끊임없이 두려워하였다는 것. 그래서 그 때에도 그는 결코 편치 않았다(25-26절). 그는 이 세상이 헛되며 자기가 고해(苦海) 속으로 태어났다는 사실을 너무나 잘 알고 있었기 때문에, 그 때에도 그에게는 평온도 없었고 휴식도 없었다. 지금 그의 슬

픔을 더욱 가중시킨 것은 그가 형통하던 날에 결코 무사안일하게 지낸 적이 없었고 하나님의 노(怒)를 불러일으켜 그를 징계하시게 할 일을 하지도 않았다는 것이었다.

(1) 그는 그가 해야 할 일들을 게을리하거나 방치해 두지 않았고, 경계심을 유지하는 데에 꼭 필요한 환난에 대한 두려움을 유지해 왔었다는 것. 그는 그의 자녀들이 잔치를 열 때면 혹시 그들이 하나님께 범죄하지 않을까 두려워하였고(1:5), 그의 종들이 이웃들에게 범죄하지 않을까 두려워하였다. 그는 모든 것이 제대로 돌아갈 수 있도록 하기 위해서 심혈을 기울였고, 자기 자신과 자신의 일들을 지극히 신중하게 관리하였다. 그렇지만 그 모든 것이 허사가 되어 버렸다.

(2) 그는 무사안일에 빠져서 방심하지도 않았고, 자신의 재산을 의뢰하지도 않았으며, 그의 형통함과 환락이 영원히 지속될 것이라는 헛된 꿈을 꾸지도 않았다는 것. 이렇게 그는 세상이 헛되다는 것을 평안하게 살 때에도 잊지 않고 있었는데도, 그에게 그 사실을 확인시켜 주고 상기시켜 주기라도 하려는 듯이 환난이 찾아왔다. 이런 식으로 그의 길은 감춰져 있었다. 왜냐하면, 그는 하나님이 무슨 이유로 그와 다투시는지를 알지 못했기 때문이다. 욥의 이러한 생각들은 그의 슬픔을 가중시킨 것이 아니라 도리어 완화시키는 데에 기여하였을 것이다. 우리가 형통하던 시절에 우리의 본분을 어느 정도 다하였다는 것을 우리의 양심이 우리를 위하여 증언해 주는 것만큼 우리의 괴로움을 덜어주는 것은 없는 법이다. 우리는 환난을 예상하고 있으면, 실제로 환난이 찾아올 때에 견디기가 더 쉬워진다. 우리에게 닥친 환난의 갑작스러운 정도가 덜할수록, 우리는 그 환난을 덜 두려워하게 된다.

제4장

개요

욥이 자신의 울분을 거침없이 뜨겁게 토해내어 살얼음판 같았던 분위기를 깨뜨리자, 욥의 친구들은 작정하고 와서 욥이 당한 일에 대한 그들의 판단을 쏟아놓는다. 아마도 그들은 그들끼리 따로 이 문제에 대하여 서로의 의견들을 교환하며 논의해 본 결과, 욥의 환난은 틀림없이 욥이 위선자였기 때문에 일어난 것이라는 일치된 평결에 도달하였던 것 같다. 그러나 그들은 욥이 하나님을 향하여(그들은 이렇게 생각하였다) 불만과 울분을 토해내는 것을 보고서, 그들이 앞서 욥에 대하여 그들끼리 내렸던 부정적인 평결이 옳았다는 확신이 들 때까지는 욥을 위선자라고 대놓고 공격하지는 않았다. 이제 그들은 두려움을 가득 품고서 욥과 마주한다. 논쟁은 시작되고, 이내 격렬해진다. 심문하고 공격하는 자들은 욥의 세 친구이고, 욥은 스스로를 방어해야 하는 피고의 입장에 있다. 나중에 엘리후가 먼저 중재자로 나서고, 마침내 하나님이 직접 이 논쟁에 대하여 판단을 내려 주신다. 쟁점은 과연 욥이 정직한 자였느냐 하는 것인데, 이 문제는 처음의 두 장에서 하나님과 사탄 사이에서도 쟁점이었었다. 사탄은 이 문제를 제기하기는 하였지만, 욥이 자기의 생일을 저주한 것이 하나님을 적극적으로 욕하고 저주한 것이라고 우기지는 않는다. 아니, 사탄은 욥이 자신의 온전한 신앙을 여전히 굳게 붙잡고 있다는 것을 인정할 수밖에 없었다. 그러나 욥의 친구들은 만약 욥이 정직한 자였다면 그가 이토록 오랫동안 아주 심하게 환난을 겪고 있을 리가 없다고 생각했기 때문에, 욥을 다그쳐서 자기가 위선적인 신앙 생활을 해 왔다는 고백을 하게 만들고자 한다. 하지만 욥은 이렇게 말한다: "아니, 나는 결코 그러지 않았다. 결과적으로 내가 하나님을 노엽게 한 꼴이 되었기는 하지만, 내 마음은 하나님 앞에서 항상 정직하였다." 그는 여전히 그의 온전한 신앙이 주는 위로를 굳게 붙들고 있다. 엘리바스는 아마도 최연장자였거나 인품이 가장 훌륭하였기 때문에 이 장에서 제일 먼저 욥을 향하여 입을 연다.

I. 엘리바스가 욥에게 그의 말을 참고 들어줄 것을 당부함(2절). II. 엘리바스는 먼저 예의상으로 욥이 이전에 훌륭한 신앙으로 사람들에게 유익을 끼친 사실을 인정하며 욥을 칭찬함(3-4절). III. 엘리바스가 욥이 현재 겪고 있는 환난들과 그 환난들 아래에서의

그의 행동을 근거로 들어서 욥의 신앙이 위선이었다고 비난함(5-6절). IV. 엘리바스가 자신의 추론을 정당화하기 위해서 사람의 악은 항상 하나님의 심판을 불러오는 법이라는 주장을 폄(7-11절). V. 엘리바스가 자기가 본 환상, 즉 하나님의 절대적인 성결하심과 공의, 사람의 비천함과 연약함과 죄악됨을 그에게 깨우쳐 준 환상을 들어서 그의 단언을 더욱 강화시킴(12-21절). 이 모든 말을 통해서 엘리바스는 욥의 기를 꺾어 놓아서 욥으로 하여금 환난들 가운데에서 회개하고 인내하도록 만들고자 한다.

[1]데만 사람 엘리바스가 대답하여 이르되 [2]누가 네게 말하면 네가 싫증을 내겠느냐, 누가 참고 말하지 아니하겠느냐 [3]보라 전에 네가 여러 사람을 훈계하였고 손이 늘어진 자를 강하게 하였고 [4]넘어지는 자를 말로 붙들어 주었고 무릎이 약한 자를 강하게 하였거늘 [5]이제 이 일이 네게 이르매 네가 힘들어 하고 이 일이 네게 닥치매 네가 놀라는구나 [6]네 경외함이 네 자랑이 아니냐 네 소망이 네 온전한 길이 아니냐

이 단락에는 다음과 같은 내용들이 나온다.

I. 엘리바스가 이제 자신의 말들을 통해서 욥에게 끼치게 될 괴로움을 양해해 달라고 주문함(2절). "우리가 네게 말하고자 하여 책망과 권면의 말을 한다면, 너는 괴로워하며 그 말을 나쁘게 받아들이겠지?" 우리는 아마도 네가 그런 반응을 보일 것이라고 염려한다. 그렇지만 다른 방도가 없다. "그래도 말하지 않을 사람이 누가 있겠느냐."

1. 엘리바스는 자기 자신과 자신의 시도에 대하여 아주 겸손하게 말한다. 그는 혼자 이 문제를 다루려고 하는 것이 아니라, 아주 겸손하게 나머지 친구들과 더불어서 욥의 문제를 다루고자 한다. "우리가 너와 얘기를 나눠보고자 한다." 하나님의 뜻을 대변하는 자들은 그들의 약점으로 말미암아 하나님의 뜻이 훼손되는 것을 막기 위해서 기꺼이 다른 사람들의 도움을 받고자 하여야 한다. 그는 많은 것을 약속하는 것이 아니라, 그저 얘기를 한 번 나누어보고, 자기가 하는 말이 욥의 경우에 적절한 것인지를 시험해 보게 해달라고 청한다. 어려운 문제들에 있어서 우리는 우리가 하는 말이나 행위가 적절한지를 살펴 봐 달라고만 말하고, 그 이상의 해결책을 갖고 있는 체하지 않는 것이 합당하다. 사람들은 많은 훌륭한 말들을 에세이들이라는 겸손한 제목을 붙여서 제시해 왔다.

2. 엘리바스는 아주 자애로운 심정으로 욥과 그가 현재 겪고 있는 고통스러

운 처지에 대하여 말한다. "우리가 네게 우리의 생각을 말한다면, 너는 **괴로워하겠지?** 너는 우리가 하는 말을 고깝게 들을 테지? 너는 이 일을 우리가 네게 상처 준 것으로 마음에 담아 두거나 우리의 잘못이라고 우리를 비난하겠지? 우리가 네게 솔직하고 신실하게 대한다면, 너는 우리를 냉정하고 잔인하다고 여기겠지? 우리도 할 수만 있다면 이렇게 하고 싶지 않다. 우리의 선한 의도가 너의 분노를 사게 된다면, 우리는 유감스럽게 생각하게 될 것이기 때문에, 제발 그렇게 되지 않기를 바랄 뿐이다." 우리는 그 누구에게도 괴로움을 주지 않도록 조심해야 하고, 특히 다윗의 원수들처럼(시 69:26) 이미 괴로움을 당하고 있는 자에게 괴로움을 더해 주는 일이 없어야 한다는 것을 명심하라. 우리는 남의 마음을 아프게 할 것이 예견되는 말은 아무리 꼭 해야 할 말이라고 하여도 우리가 말하기를 주저한다는 것을 보여야 한다. 하나님이 사람들을 근심하게 하시는 것은 의로운 일인데도, 하나님조차도 사람들을 근심하게 하실 때에는 주저하신다(애 3:33).

3. 엘리바스는 자기가 말하려고 하는 것들이 참되고 적절하다는 것을 확신을 가지고 말한다. 누가 참고 말하지 아니하겠느냐. 그가 이런 말을 할 수밖에 없게 된 것은 분명히 하나님이 존귀함을 받으시고 욥이 영적으로 잘 되게 하기 위한 경건한 열심 때문이었다. "너의 말로 인해서 짓밟힌 하나님의 명예를 바로세우고자 하고, 위험에 빠진 너의 영혼을 사랑하는 사람이라면, 해야 할 말을 참고 말하지 않을 자가 누가 있겠는가?" 우리의 친구들, 심지어 환난 가운데에 있는 우리의 친구들이라고 할지라도, 그들이 잘못된 말이나 행동을 할 때에, 단지 그들의 심기를 건드리지 않으려는 마음에서 그들을 책망하려 하지 않는다면, 그런 동정심은 어리석은 것임을 명심하라. 사람들이 좋아하든 싫어하든, 우리는 지혜와 온유함으로 우리가 마땅히 해야 할 본분을 다하고, 선한 양심을 따라야 한다.

II. 엘리바스가 욥을 두 가지로 책망함.

1. 욥이 이 환난 아래에서 구체적으로 보여준 행동에 대하여. 엘리바스는 욥의 연약함과 소심함을 책망하는데, 이 책망에 대한 근거는 아주 많이 있었다(3-5절).

(1) 엘리바스는 욥이 전에 다른 사람들에게 용기를 북돋워 주는 데에 능하였다는 사실을 지적함. 엘리바스는 욥이 많은 사람들, 즉 그의 자녀들과 종들

만이 아니라 그의 활동이 닿을 수 있는 범위 내에 있는 수많은 이웃들과 친구들을 가르쳤었다는 것을 인정한다. 욥은 선생들인 자들을 격려하고 지지하며, 그들이 가난한 자들을 가르친 것에 대하여 그들에게 대가를 지불하였을 뿐만 아니라, 직접 나서서 많은 사람들을 가르쳤다. 욥은 큰 자였지만, 자기가 그런 일을 하는 것이 그의 체면을 손상시키는 일이라고 생각하지 않았다(솔로몬 왕은 전도자였다). 욥은 무척 바쁜 사람이었지만 그런 일을 하려고 시간을 내어 이웃들에게로 가서 그들의 영혼에 대하여 그들을 가르치고 그들에게 선한 교훈을 주었다. 우리 시대의 큰 자들이 욥의 이러한 모범을 본받는다면 얼마나 좋을까! 죄악 속으로 빠져 들어가거나 환난 아래에서 꺼져가는 자들을 만났을 때는 욥은 선한 권면의 말씀으로 그들을 붙들어 주었다. 욥은 사람들을 견고히 세워서 유혹을 이기게 하고 환난의 무거운 짐들을 넉넉히 지게 하며 상처 입은 양심들을 위로하기 위해서 적절한 권면의 말씀을 해주는 데에 놀라울 정도로 능하였다. 욥은 학자의 혀를 가지고 있었고 사용하였으며, 지친 사람들에게 적절한 말씀을 전하는 법을 알고 있었고, 그런 선한 일을 하는 데에 많은 시간을 할애하였다. 욥은 적절한 권면과 위로의 말씀으로 손이 늘어진 자를 강하게 하여 그들로 하여금 일하고 섬기며 영적인 전쟁을 해나갈 수 있게 해주었고, 연약한 무릎을 일으켜 세워서 무거운 짐을 지고 순례길을 가는 자가 잘 버텨낼 수 있게 해주었다. 우리의 늘어진 손을 일으켜 세워서 정신을 차리고 힘을 얻어서 우리의 본분을 다해야 하는 것은 당연히 우리의 본분이지만(히 12:12), 또한 우리는 기회가 있을 때마다 겁내는 자들에게 굳세어라, 두려워하지 말라(사 35:3-4)고 말해줌으로써, 다른 사람들의 약한 손들을 강하게 하고 그들의 연약한 무릎을 굳게 하기 위해 우리의 최선을 다해야 한다. 여기에 나오는 표현들은 이사야서에 나오는 이 말씀에서 가져온 것으로 보인다. 우리는 영적인 구제를 베푸는 일에 풍성하여야 한다는 것을 명심하라. 적절하고 지혜롭게 말해지기만 한다면, 한 마디의 선한 말은 우리가 생각하는 것 이상으로 사람들에게 유익을 끼칠 수 있다. 그런데 엘리바스는 여기에서 왜 이런 말을 하는 것일까?

　[1] 엘리바스는 아마도 자기가 지금부터 말하고자 하는 책망이 욥에게 좀 더 잘 먹힐 수 있도록 하기 위해서 욥이 이전에 했던 선한 일들을 여기에서 이렇게 칭찬하고 있는 것 같다. 누가 들어도 수긍할 수 있는 칭찬을 먼저 해두면, 그것은 그 다음에 이어지는 책망에 대한 선입견을 어느 정도 제거해 주고, 그

책망이 악감에서 나온 것이 아니라는 것을 보여줄 수 있다. 바울도 고린도 교인들을 나무라기 전에 먼저 칭찬하였다(고전 11:2).

[2] 엘리바스는 욥이 과거에 다른 사람들을 위로해 준 일들을 들어서 이제 욥도 남들로부터 위로를 받을 충분한 자격이 있다는 것을 상기시킨다. 그렇지만 위로의 말을 듣기 전에 죄악을 깨우치는 말을 먼저 들을 필요가 있다면, 욥은 남들이 그에게 들려주는 책망의 말도 기꺼이 받아들여야 한다. 보혜사가 와서 책망하시리라(요 16:8).

[3] 엘리바스가 이런 말을 하는 것은 아마도 욥이 현재 겪는 극심한 환난으로 보아서 그가 이전에 다른 사람들에게 해주었던 위로들을 그에게는 적용할 수 없다고 생각하여 애통해하며 욥을 동정하는 의미를 지니고 있는 것 같다. 선한 권면을 받아들이는 것보다 하는 것이 더 쉽고, 온유함과 인내를 실천하는 것보다 말로 하는 것이 더 쉽다. 건강한 사람이 병든 자에게 선한 조언을 하기는 쉽다(테렌티우스).

[4] 대부분의 사람들은 엘리바스가 여기에서 이런 말을 하는 것은 욥이 지난날에 다른 사람들에게 선한 일들을 행하며 가르쳤던 것을 상기시킴으로써 욥의 현재의 언행이 얼마나 흉악한지를 더 뚜렷하게 드러내기 위한 것이라고 생각한다. 엘리바스는 사실상 이렇게 말하고 있는 것이었다: "남들을 가르치던 네가 왜 정작 네 자신은 가르치지 못하였느냐? 네가 남들에게는 약을 잘 처방하였으면서도 네 자신은 지금 그 약을 먹으려 하지 않고 있고, 네 자신이 남들에게 가르친 것들과 정반대로 행하고 있으니, 이것은 네가 위선자라는 것을 보여주는 증거가 아닌가? 다른 사람에게 기진해서 정신을 놓아서는 안 된다고 가르치던 네가 네 자신은 기진해서 정신을 놓는 것이냐(롬 2:21)? 의원이여, 네 자신을 고치라." 남들을 꾸짖어 왔던 자들은 스스로 책망을 들을 만한 일을 했을 때에는 남들로부터 책망을 들을 각오를 해야 한다.

(2) 엘리바스는 욥이 지금 풀이 죽어 있는 것을 나무람(5절). "이제 이 일이 네게 이르매, 즉 쓴 잔이 한 순배 돌아 너의 손에 쥐어져서 네가 환난을 받을 차례가 되니 네가 힘들어 하고 이 일이 네게 닥치매 네가 놀라는구나."

[1] 여기에서 엘리바스는 욥이 겪는 환난들을 너무 가볍게 여긴다. "환난이 너를 건드린다." 이것은 사탄이 앞에서 사용했던 바로 그 단어이다(1:11; 2:5). 만약 엘리바스가 욥이 겪는 환난의 반만이라도 직접 겪었다면, 그는 "환난이

나를 치고 상처를 내는구나"라고 말했을 것이다. 그러나 그는 욥이 당하는 환난을 직접 겪어 보지 않았기 때문에 여기에서 별것 아닌 것처럼 얘기한다. "환난이 너를 건드릴 뿐인데도, 너는 그것조차 견디지 못하고, 나를 건드리지 말라고 짜증을 내는구나."

[2] 엘리바스는 욥의 울분을 지나치게 과장하고 확대해서 해석한다. "너는 기진해서 제정신이 아니구나. 너는 헛소리를 지껄이고, 네가 무슨 말을 하는지도 모르는구나." 우리는 깊은 고통 속에 있는 자들에 대해서는 어느 정도 용납하는 마음을 지녀야 하고, 그들이 말하는 것을 호의적으로 해석해야 한다. 만약 우리가 그들의 말하는 것을 하나하나 다 나쁘게 해석한다면, 우리는 그들의 심정을 올바르게 헤아리지 못하게 된다.

2. 이 환난 앞에서 욥이 보여준 전체적인 마음가짐에 대하여. 엘리바스는 욥이 사악하고 거짓된 마음을 지니고 있다고 책망하지만, 이런 책망은 전적으로 근거 없고 부당한 것이었다. 엘리바스는 마치 욥의 신앙이 이제 다 없어져 버렸고 가짜라는 것이 입증되었다는 듯이 아주 냉정하고 욥을 조롱하고 욥의 신앙 고백을 비웃는다(6절). "이런 것이 네 경외함, 네 의뢰함, 네 소망, 네 행실의 정직함이더냐? 이제 그 모든 것이 가식이었다는 것이 드러나지 않았느냐? 만약 너의 신앙이 진실하였더라면, 하나님이 이렇게 네게 환난을 겪게 하지 않으셨을 것이고, 너도 이 환난 아래에서 그런 식으로 행하지 않았을 것이다." 이것은 욥이 위선자라는 것을 입증하고 욥에 대한 하나님의 평가가 잘못되었다는 증명하기 위해서 사탄이 의도한 바로 그것이었다. 하나님께서 욥이 온전하고 정직한 자라는 것을 말씀하였기 때문에 사탄은 하나님 앞에서 엘리바스와 같은 주장을 펼 수 없었지만, 자신의 친구들을 통해서 욥에게 이런 말을 하게 하여 욥으로 하여금 스스로 자기가 위선자라는 것을 고백하게 하고자 애썼다. 만약 사탄이 이러한 소기의 목적을 이룰 수 있었다면, 그는 의기양양해서 이렇게 말하였을 것이다: 네 자신이 입으로 시인한 것에 의거해서 나는 너를 정죄할 것이다. 그러나 하나님의 은혜로 말미암아 욥은 자신의 온전한 신앙을 굳게 붙잡을 수 있었고, 자기 자신에 대하여 거짓 증언을 할 수 없었다. 형제들에 대하여 성급하게 무자비한 비난을 행하며 형제들을 위선자들이라고 단죄하는 자들은 그들이 인식하고 있는 것 이상으로 사탄의 일을 행하는 것이고 사탄의 이익에 봉사하고 있는 것임을 명심하라. 나는 6절의 본문이 어떻게 해서 우리의 몇몇

영역본들에서 서로 다르게 읽히게 된 것인지를 알지 못한다. 원문, 그러니까 모든 옛 역본들은 네 소망이라는 어구를 네 길들의 정직함 앞에 둔다. 제네바 성경이 그렇고, 최근에 번역된 대부분의 역본들도 그렇다. 그러나 가장 먼저 번역된 역본들 중의 하나인 1612년의 역본에는 이런 것이 네 경외함, 네 의뢰함, 네 행실들의 정직함, 네 소망이 아니냐로 되어 있다. 총회 주석판 성경과 풀(Pool) 목사의 역본에서도 그렇게 읽는다. 하지만 1660년의 역본은 이 본문을 네 경외함이 네 자랑이 아니냐 네 온전한 길이 네 소망이 아니냐로 읽는다. 즉, "네 기도와 네 행실의 모든 경건함은 단지 부자가 되고자 하는 너의 소망을 이루기 위하여 네가 의지하던 것일 뿐이었다는 것이 이제 드러나지 않았느냐? 너의 신앙은 모든 것이 네 이익을 위한 것이 아니었느냐?" 이것은 바로 사탄이 주장하였던 바로 그것이었다. 그래서 브로턴(Broughton) 목사는 이 본문을 너의 신앙은 네 소망이고, 네 길들은 네 의지가 아니더냐로 읽는다. "너는 네 신앙이 너의 보호막이 되어 줄 것이라고 생각한 것이 아니더냐? 그러나 너는 속은 것이다." 또는, "만약 네 신앙이 진실한 것이었다면, 그 신앙은 정말 너를 이 절망스러운 상태에 빠지지 않도록 지켜 주지 않았을까?" 네가 만일 환난 날에 낙담하면 네 힘, 네 은혜가 미약함을 보임이니라(잠 24:10)는 말씀은 옳다. 그러나 그렇다고 해서 네게 전혀 은혜가 없고 힘이 없다고 단정하는 것은 옳지 않다. 우리는 어떤 사람의 사람됨을 그가 행한 한 가지 행위를 보고 단정해서는 안 된다.

[7]생각하여 보라 죄 없이 망한 자가 누구인가 정직한 자의 끊어짐이 어디 있는가 [8]내가 보건대 악을 밭 갈고 독을 뿌리는 자는 그대로 거두나니 [9]다 하나님의 입 기운에 멸망하고 그의 콧김에 사라지느니라 [10]사자의 우는 소리와 젊은 사자의 소리가 그치고 어린 사자의 이가 부러지며 [11]사자는 사냥한 것이 없어 죽어 가고 암사자의 새끼는 흩어지느니라

엘리바스는 여기에서 욥이 위선자라는 것을 입증하기 위해서 또 다른 논거를 드는데, 그것은 욥이 환난들 아래에서 인내하지 못하고 조바심을 내는 것만이 아니라, 욥이 겪는 환난 자체가 너무나 이례적으로 극심하고 그가 그 환난들로부터 구원 받을 가망이 전혀 없다는 것도 욥이 위선자임을 보여주는 증거라는 것이다. 엘리바스는 그의 논거를 강화하기 위해서 여기에서 다음과

같은 아주 그럴 듯한 두 가지 원리를 제시한다.

 I. 선한 자들은 결코 이런 식으로 파멸한 적이 없었다는 것. 엘리바스는 이 원리를 증명하는 일을 욥 자신의 관찰에 맡기면서, 욥에게 한 번 잘 생각해 보라고 요청한다(7절). "내가 네게 청하노니 생각하여 보라. 네가 이제까지 보고 듣고 읽은 모든 것을 떠올려보아서, 죄 없고 의로운 자가 너처럼 쫄딱 망하여 파멸한 예가 하나라도 있으면, 내게 말해 보라." 우리가 이 원리를 최종적이고 영원한 멸망을 가리키는 것으로 이해한다면, 엘리바스가 말한 원리는 옳다. 죄 없고 의로운 자가 영원히 망하는 일은 결코 있을 수 없다. 오직 불법의 아들만이 멸망의 사람이 된다(살후 2:3). 그런데도 이 원리는 욥에게 잘못 적용되고 있다. 욥은 이런 식으로 멸망한 것이 아니었고, 이 땅에서 끊어져 파멸한 것도 아니었다. 사람이 지옥에 들어가 있기 전까지는 결코 망한 것이 아니다. 그러나 우리가 이 원리를 이 세상에서 일시적인 재난을 당하는 것을 가리키는 것으로 이해한다면, 엘리바스가 말한 원리는 옳지 않다. 의인도 망한다(사 57:1). 삶에서나 죽음에서나 의인과 악인에게 일어나는 일들이 모두 일반이다(전 9:2). 악인과 의인 간의 크고 확실한 차이는 죽음 이후에 드러난다. 욥의 시대 이전에도 이 원리를 반박하기에 충분한 예들이 존재하였다. 의인 아벨은 죄 없이 망한 경우가 아니던가? 그는 의인이었지만 요절하지 않았던가? 의인 롯도 하늘에서 내려온 불로 집과 터전을 잃고서 어두컴컴한 동굴로 피신하여 살 수밖에 없지 않았던가? 의인 야곱은 항상 생명의 위협을 받던 방랑하는 아람 사람이 아니었던가(신 26:5)? 또한, 틀림없이 성경에 기록되지 않은 다른 예들도 많이 있었을 것이다.

 II. 악한 자들은 흔히 이런 식으로 파멸하였다는 것. 엘리바스는 자신의 관찰을 토대로 이 원리를 증명한다(8절). "내가 무수히 보아 온 바에 의하면, 악을 밭 갈고 독을 뿌리는 자는 그대로 거두나니 다 하나님의 입 기운에 멸망하느니라(9절). 우리는 이런 예들을 날마다 보고 듣는다. 그러므로 네가 이렇게 파멸하여 망하였으니, 우리는 네가 어떠한 신앙 고백을 해 왔든지 간에 그동안 죄를 밭 갈고 악을 심어 왔다고 생각할 수밖에 없다. 내가 이제까지 다른 사람들 속에서 보아 왔던 것을 지금은 네 속에서 본다."

 1. 엘리바스는 음모를 꾸미고 끊임없이 죄악을 경작하느라 수고하는 일반적인 죄인들, 악을 심으며 죄를 통해 이득을 얻고자 부지런히 악을 심는 죄인

들에 대하여 말함. 밭을 가는 자들은 뭔가를 얻고자 하는 소망으로 밭을 가는 것인데, 과연 그 결과는 무엇인가? 그들은 그대로 거둔다. 그들은 육체로부터 썩어질 것과 파멸을 거두게 될 것이다(갈 6:7-8). 근심과 심한 슬픔의 날에 농작물이 없어질 것이다(사 17:11). 그들은 그들이 뿌린 그대로, 즉 거기에 합당한 소출을 거두게 될 것이다. 죄인이 뿌리는 것은 장래의 형체를 뿌리는 것이 아니지만, 하나님이 거기에 형체, 곧 사망의 형체를 부여하실 것이기 때문에, 죄인이 뿌리는 것의 마지막은 사망이 될 것이다(롬 6:21). 어떤 이들은 여기에 나오는 악과 독이라는 표현을 그들이 남들에게 저지른 잘못과 해악을 가리키는 것으로 이해한다. 죄악을 경작하고 심는 자들은 그대로 거두게 될 것이다. 즉, 그들은 그들이 남들에게 한 그대로 스스로 당하게 될 것이다. 남들을 괴롭히는 자들은 남들로부터 괴롭힘을 당하게 될 것이다(살후 1:6; 수 7:25). 남들을 학대하는 자들은 학대를 당할 것이며(사 33:1), 남들을 포로로 사로잡아 간 자들은 사로잡혀 가게 될 것이다(계 13:10). 엘리바스는 그들의 멸망을 좀 더 자세하게 묘사한다(9절). 그들은 다 하나님의 입 기운에 멸망할 것이고, 그들이 온갖 공을 들여서 진행해 온 계획들은 실패할 것이다. 하나님은 이러한 밭 가는 자들의 줄들을 끊어 놓으신다(시 129:3-4). 그들은 멸망할 것이고, 그것은 그들의 죄악에 대한 정당한 형벌이다. 그들은 멸망한다. 즉, 그들은 완전히 멸망한다. 그들은 소멸된다. 즉, 그들은 점진적으로 멸망한다. 이런 일은 하나님의 입 기운과 콧김에 의해서 이루어진다.

(1) 하나님의 진노에 의해서. 하나님의 진노는 죄인들의 파멸이기 때문에, 죄인들은 진노의 그릇들이라 불린다. 성경에서는 하나님의 호흡이 도벳에 불을 붙인다고 말씀한다(사 30:33). 누가 주의 노여움의 능력을 알리이까(시 90:11).

(2) 하나님의 말씀에 의해서. 하나님이 말씀하시면, 그 말씀은 분명하고 확실하게 이루어진다. 하나님의 영은 말씀으로 죄인들을 사른다. 하나님은 말씀으로 죄인들을 베신다(호 6:5). 하나님에게 있어서 말씀하시는 것과 행하시는 것은 별개의 것이 아니다. 성경에서는 주 예수께서 그 입의 기운으로 불법의 사람을 죽이실 것이라고 말씀한다(살후 2:8; 사 11:4; 계 19:21; 또한, 사 9:4; 계 19:21과 비교해 보라). 어떤 이들은 엘리바스가 죄인들이 하나님의 입 기운과 콧김에 의해 멸망한다는 말을 함으로써, 은연중에 욥의 자녀들이 돌풍에 의해서 집이 무너져 죽은 것을 내비치면서, 그들이 그런 변을 당한 것으로 보아 다

른 모든 사람보다 더 큰 죄인들이라는 것(눅 13:2)이 밝혀졌다는 식으로 말하고 있는 것이라고 생각한다.

2. 엘리바스는 구체적으로 사자의 비유를 사용해서 폭군들과 잔인한 압제자들에 대하여 말함(10-11절). 좀 더 살펴보자.

(1) 엘리바스는 그들의 잔인함과 압제를 어떤 식으로 묘사하고 있는가. 히브리어에는 사자를 가리키는 단어가 다섯 개 정도 있는데, 여기에서는 교만한 압제자들의 무시무시한 잡아 찢는 힘, 사나움, 잔인함을 묘사하기 위해서 그 단어들이 모두 사용되고 있다. 그들은 포효하고 물어뜯고 주변의 모든 사람들을 삼키며, 새끼들에게도 그렇게 하도록 가르친다(겔 19:3). 마귀는 우는 사자이다. 압제자들은 사자의 본성을 지니고 있고, 사자의 본능들을 따라 행한다. 그들은 사자들만큼 강하고 교활하다(시 10:9; 17:12). 그들은 할 수만 있다면 주변의 모든 것들을 황폐하게 만든다.

(2) 엘리바스는 그들의 멸망, 그들 자신과 그들의 권력의 멸망을 어떻게 묘사하고 있는가. 하나님은 그들이 더 이상 사람들을 해치지 못하도록 억제하실 것이고, 그들이 이미 행한 해악에 대해서는 책임을 물으실 것이며, 다음과 같은 효과적인 조치를 취하실 것이다.

[1] 하나님은 그들이 사람들을 두렵게 하지 못하게 하시리라는 것. 하나님은 그들의 포효하는 소리를 그치게 하실 것이다.

[2] 하나님은 그들이 사람들을 물어뜯지 못하게 하시리라는 것. 하나님은 그들을 무장 해제시키고 그들의 힘을 제거하여 사람들을 해치지 못하게 하실 것이다. 어린 사자의 이가 부러질 것이다(시 3:7). 하나님은 이런 식으로 그들의 나머지 분노를 억제하실 것이다.

[3] 하나님은 그들이 이웃들에게서 약탈하여 치부하지 못하게 하시리라는 것. 늙은 사자는 먹이가 부족하여 굶주려서 죽어갈 것이다. 약탈한 것들로 포식해 온 자들은 결국 굶어서 죽게 될 정도로 궁핍하게 된다.

[4] 그들은 그들의 기대와는 달리 후손을 남기지 못하게 되리라는 것. 늙은 사자들이 새끼들에게 먹이를 가져다 주게 되어 있는데, 실제로는 그렇게 하지 못하기 때문에, 힘센 사자의 새끼들은 스스로 먹이를 구하러 흩어질 것이다(나 2:12). 수사자가 그 새끼들을 위하여 먹이를 충분히 찢었지만, 이제 새끼 사자들은 스스로 끼니를 해결해야만 한다. 아마도 엘리바스가 이런 비유를 통해서 말하

고자 한 것은 욥이 동방 사람 중에 가장 훌륭한 자라 하지만 사실은 약탈로 치부하고 자신의 권력을 사용해서 이웃들을 압제해 오다가 그의 권력과 재산이 다 없어지고 그의 가족도 흩어지게 되었다는 것이다. 정말 엘리바스가 그런 의도를 지니고서 이런 말을 한 것이라면, 그가 하나님이 칭찬하신 자를 이런 식으로 능욕한 것은 안타깝기 그지없는 일이다.

[12]어떤 말씀이 내게 가만히 이르고 그 가느다란 소리가 내 귀에 들렸었나니 [13]사람이 깊이 잠들 즈음 내가 그 밤에 본 환상으로 말미암아 생각이 번거로울 때에 [14]두려움과 떨림이 내게 이르러서 모든 뼈마디가 흔들렸느니라 [15]그 때에 영이 내 앞으로 지나매 내 몸에 털이 주뼛하였느니라 [16]그 영이 서 있는데 나는 그 형상을 알아보지는 못하여도 오직 한 형상이 내 눈 앞에 있었느니라 그 때에 내가 조용한 중에 한 목소리를 들으니 [17]사람이 어찌 하나님보다 의롭겠느냐 사람이 어찌 그 창조하신 이보다 깨끗하겠느냐 [18]하나님은 그의 종이라도 그대로 믿지 아니하시며 그의 천사라도 미련하다 하시나니 [19]하물며 흙 집에 살며 티끌로 터를 삼고 하루살이 앞에서라도 무너질 자이겠느냐 [20]아침과 저녁 사이에 부스러져 가루가 되며 영원히 사라지되 기억하는 자가 없으리라 [21]장막 줄이 그들에게서 뽑히지 아니하겠느냐 그들은 지혜가 없이 죽느니라

　　　　욥에게 그가 인내하지 못하고 불평을 쏟아놓은 것이 죄악되고 어리석은 짓이라는 것을 깨닫게 해주기 위하여 지금까지 여러 가지 말들을 해온 엘리바스는 여기에서 욥이 정신을 차려서 죄를 자백하도록 하기 위하여 자기가 본 환상을 제시한다. 하나님에게서 직접 나온 것이라면, 사람들은 특별한 주의를 기울이게 될 것이고, 이 점에서는 욥도 다른 사람들과 마찬가지로 예외가 될 수 없을 것이기 때문이다. 어떤 이들은 하나님이 엘리바스에게 욥을 설득할 때에 할 말들을 가르쳐 주시기 위해서 엘리바스가 욥에게 오고 나서 최근에 이 환상을 그에게 주신 것이라고 생각한다. 따라서 엘리바스가 이 환상의 취지를 그대로 따라서, 욥을 위선자로 정죄하는 것이 아니라 욥이 하나님께 불평한 것에 대하여 책망하는 것으로 그쳤다면 좋았을 것이다. 어떤 이들은 엘리바스가 욥에게 오기 전에 이 환상을 보았을 것이라고 생각한다. 왜냐하면, 하나님은 옛적에 사람들에게 이런 식으로 자주 자신의 뜻을 전하곤 하셨기 때문이다

(33:15). 아마도 하나님은 전에 엘리바스 자신이 불만을 품은 채로 불안한 마음으로 지낼 때에 그의 마음을 진정시키고 평안을 주시기 위해서 이러한 사자(使者)와 메시지를 엘리바스에게 보내셨을 것이다. 우리는 우리에게 위로가 되었던 것으로 남들을 위로하여야 하듯이(고후 1:4), 우리로 하여금 죄를 깨닫게 해주었던 강력한 체험으로 남들에게도 죄를 깨닫게 하기 위해서 애를 써야 한다는 것을 명심하라. 당시에 하나님의 백성에게는 기록된 하나님의 말씀이 없었기 때문에, 하나님은 종종 지극히 평범한 진리들조차도 특별한 계시를 통해서 그들에게 알려 주셔야 했다. 하나님께 감사하게도, 성경을 지니고 있는 우리는 환상이나 하나님의 음성보다 더 확실한 말씀을 가지고 있는 것이기 때문에 기록된 하나님의 말씀을 의지하여야 한다(벧후 1:19).

I. 이 메시지가 엘리바스에게 전해진 방식과 상황.

1. 하나님의 이 메시지는 가만히, 즉 은밀하게 그에게 이르렀다는 것. 은혜를 입은 영혼들과 하나님의 아주 달콤한 교통은 은밀하게 이루어지는 경우가 많기 때문에, 볼 수 있는 눈을 가진 자 외에는 그 누구도 보지 못한다. 하나님은 세상 사람들이 눈치 채지 못하게 자기 백성에게 은밀하게 사자를 보내어 그들의 귀에 속삭임으로써 공공연한 사역을 통해서 하는 것만큼이나 강력하고도 효과적으로 그들의 죄를 깨닫게 하시고 권면하시며 위로하시는 여러 가지 방법들을 가지고 계신다. 여호와의 친밀하심이 그를 경외하는 자들에게 있음이여(시 25:14). 악한 영이 흔히 우리의 마음으로부터 선한 말씀들을 훔쳐 가듯이(마 13:19), 선한 영은 종종 우리가 알지 못하는 사이에 우리의 마음속에 선한 말씀들을 가만히 집어넣으신다.

2. 엘리바스는 그 말씀에서 작은 것을 받았다는 것(12절). 이 세상에서 가장 선한 자들이 받는 하나님을 아는 지식은 전체 중에서 극히 일부분에 불과하다. 우리가 여기에서 알고 있는 것은 앞으로 천국에 가서 우리가 알게 될 것에 비하면 거의 모르는 것과 같다. 이런 것들은 하나님의 행사의 단편일 뿐이요 우리가 하나님에게서 들은 것도 속삭이는 소리일 뿐이라(26:14). 지금은 우리가 부분적으로 안다(고전 13:12). 엘리바스의 겸손과 겸양을 보라. 그는 하나님이 그에게 전해주신 메시지를 온전히 다 이해한 체하지 않고, 단지 그 중의 일부만을 알아들었다고 말한다.

3. 이 메시지는 엘리바스가 분주하고 요란한 세상에서 물러나서 주위가 고

요해졌을 때인 그 밤에 본 환상을 통해서 그에게 주어졌다는 것(13절). 우리는 세상과 세상에 속한 것들로부터 물러날수록 하나님과 교제하기에 더 적합하게 된다는 것을 명심하라. 우리가 고요한 중에 심중에 말하고 잠잠할 때(시 4:4)야말로 성령께서 우리에게 말씀하실 수 있는 가장 좋은 때이다. 다른 사람들이 잠들었을 때, 엘리바스는 아마도 다윗처럼 하늘로부터의 이러한 심방을 받을 준비를 갖추고서, 밤중에 하나님을 묵상하고 있었을 것이다. 이렇게 선한 생각 가운데에 침잠해 있을 때에 이런 일이 엘리바스에게 일어났다. 우리가 하나님에 대하여 더 많이 생각한다면, 우리는 하나님으로부터 더 많은 것을 듣게 될 것이다. 그렇지만 밤중에 자신의 죄악을 깨우쳐 주시는 말씀을 듣게 되면, 기겁을 할 사람들도 꽤 있을 것이다(33:14-15).

4. 이 메시지에 앞서 엘리바스에게 두려움이 먼저 왔다는 것. 두려움과 떨림이 내게 이르렀다(14절). 그는 무언가를 듣거나 보기 전에 이 떨림에 사로잡혀서, 그의 뼈와 침상이 떨렸던 것으로 보인다. 하나님과 그의 엄위하심에 대한 거룩한 경외심과 두려움이 엘리바스의 영에 임한 것은 하나님의 방문을 위한 예비작업이었다. 하나님은 우리를 존귀하게 하고자 하실 때에 먼저 우리를 철저히 낮추어 놓으셔서, 그런 후에 우리로 하여금 거룩한 두려움으로 하나님을 섬기며 두렵고 떨림으로 기뻐하게 하신다.

Ⅱ. 이 메시지를 엘리바스에게 전한 사자. 하나님의 사자는 영, 즉 천사들 중의 한 명이었다. 천사들은 하나님의 섭리를 수행하는 자들만이 아니라 종종 하나님의 말씀을 전하는 자들로도 사용된다. 엘리바스는 그가 본 이 영에 대하여 여기에서 다음과 같이 말한다(15-16절).

1. 그 영의 존재는 꿈이나 공상이 아니라 현실이었다는 것. 한 형상이 그의 눈 앞에 있었다. 엘리바스는 그 영을 분명하게 보았다. 그 영은 처음에는 엘리바스의 얼굴 앞에서 오락가락하다가, 마침내 그에게 말씀을 전하기 위해서 그 앞에 섰다. 어떤 이들은 악해서 거짓 환상들로 다른 사람들을 속여 왔고, 어떤 이들은 어리석어서 그런 거짓 환상들에 속아 왔다고 해서, 선한 영이든 악한 영이든 영이라는 것은 없다는 결론은 도출되지 않는다.

2. 그 영은 형체를 잘 분간할 수 없었다는 것. 엘리바스는 그 영의 형상을 알아볼 수 없었기 때문에, 그 영을 묘사할 수 없었을 뿐만 아니라, 그의 마음속에 그 영의 형체에 관한 그 어떤 정확한 관념도 만들어낼 수 없었다. 그 영이 나타

난 것은 엘리바스의 호기심을 충족시켜 주기 위한 것이 아니라 그의 양심을 일
깨워 주기 위한 것이었다. 우리는 영의 세계에 대하여 거의 알지 못한다. 우리
는 영들에 대하여 많은 것을 알 수 없고, 우리가 영들에 대하여 많이 아는 것은
바람직하지도 않다. 모든 것은 때가 있는 법이다. 우리는 곧 이 세상을 떠나서
영들의 세계로 가야 하는데, 그 때에는 영들에 대하여 더 잘 알게 될 것이다.

　3. 그 영은 엘리바스를 모골이 송연할 정도로 큰 두려움에 사로잡히게 하였
기 때문에, 그의 몸의 털이 곤두섰다는 것. 인간은 아담이 범죄한 이후로 하늘
로부터 좋은 소식들을 기대할 수 없다는 것을 알고 있기 때문에 하늘로부터 급
한 기별을 받는 것은 몹시 두려운 일이 되어 왔다. 그래서 아무리 선한 영들이
라고 해도 영들은 언제나 선한 자들에게조차도 깊은 두려움을 불러일으켜 왔
다. 하나님이 그의 메시지를 우리에게 전하실 때에 영들이 아니라 우리와 같은
사람들, 즉 그 위엄으로는 우리를 두렵게 하지 못할 사람들을 사용하시는 것은 우
리를 위해서 얼마나 잘된 일인가(단 7:28; 10:8-9을 보라)!

　Ⅲ. 메시지의 내용.　하나님의 메시지가 전해지기에 앞서서 침묵, 아주 깊은
침묵이 있었다(16절). 우리가 하나님의 말씀을 전하거나 하나님을 향하여 말
할 때에는 잠시 엄숙한 침묵의 시간을 가짐으로써 하나님이 임재하실 장소에
대하여 정지작업을 하는 것이 합당하고, 성급하게 말을 꺼내서는 안 된다. 하
나님의 사자는 차분하고 작은 목소리로 메시지를 전하였는데, 그 내용은 이런
것이었다(17절). "죽을 수밖에 없는 유한한 **사람이 어찌 영원히 사시는 하나님
보다 의롭겠느냐. 사람이 어찌 그 창조하신 이보다 깨끗하다고 생각하거나 깨끗한
체하겠느냐. 그런 생각일랑은 아예 하지를 말라.**"

　1. 어떤 이들은 엘리바스가 이 메시지의 내용을 통해서 욥이 겪는 큰 환난
들이 그가 악인이라는 것을 보여주는 확실한 증거라는 것을 입증하고자 하고
있는 것이라고 생각한다. 어떤 주인이 그의 종이나 부하가 아주 큰 죄를 저지
르지 않았는데도 그를 이런 식으로 징계하고 벌한다면, 사람들은 그 주인을 불
의하고 매우 불순하다고 생각할 것이다. "그러므로 네가 어떤 죄를 저지르지
도 않았는데, 하나님이 이런 식으로 너를 벌하고 계시는 것이라면, 사람이 하
나님보다 더 의로운 것이 될 것인데, 이것은 상상도 할 수 없는 일이다."

　2. 나는 하나님의 이 메시지는 단지 욥이 불만을 품고 불평하는 것에 대한
책망일 뿐이라고 생각한다. "사람이 하나님보다 더 의롭고 순전(純全)한 체할

수 있겠으며, 공평에 관한 법들을 하나님보다 더 잘 이해하고 더 엄격하게 적용할 수 있는 체할 수 있겠는가? 죽을 수밖에 없는 비참한 사람을 의미하는 에노쉬가 어떻게 그런 식으로 오만방자할 수 있겠는가? 또한, 가장 강하고 유명한 사람을 의미하는 게베르일지라도 어떻게 하나님과 겨루거나 경쟁할 수 있는 체할 수 있겠는가?" 다른 사람들이나 우리 자신을 하나님보다 더 의롭고 순전하다고 생각하는 것은 지극히 불경스럽고 어처구니없는 일임을 명심하라. 하나님의 법의 명령들, 하나님의 은혜의 베푸심들, 하나님의 섭리의 처분들에 시비를 걸고 트집을 잡는 자들은 그들 자신이 하나님보다 더 의롭고 순전하다고 생각하는 자들이다. 이런 식으로 하나님을 꾸짖고 나무라는 자들은 자신의 그런 행동에 대하여 책임을 지게 될 것이다. 인간이란 무엇인가? 인간이라는 존재는 죄악된 존재이고(만약 인간이 죄악되지 않았다면, 인간은 죽을 수밖에 없는 존재가 되지도 않았을 것이다), 근시안적인 존재가 아니던가! 그런 인간이 어떻게 그를 창조하신 이, 따라서 그의 주(主)이자 주인이신 하나님보다 더 의롭고 더 순전한 체할 수 있겠는가? 어떻게 진흙이 토기장이와 다툴 수 있겠는가? 인간 속에 어떤 의(義)와 순전함이 있다면, 그것은 하나님이 만드신 것이다. 그러므로 하나님은 인간보다 더 의로우시고 순전하시다(시 94:9-10).

Ⅳ. 엘리바스가 이 메시지를 해설함. 그러나 어떤 이들은 이후의 모든 절들(18-21절)도 엘리바스가 환상 속에서 들은 것이라고 본다. 어느 쪽을 택하든지, 의미는 매한가지이다.

1. 엘리바스는 천사들일지라도 하나님에 비하면 아무것도 아님을 보임(18절). 천사들은 하나님의 종들, 즉 하나님을 모시며 일하는 종들이다. 그들은 하나님의 사역자들이다(시 104:4). 천사들은 광채가 나는 복된 존재들이지만, 하나님은 그들을 필요로 하지도 않으시고, 그들을 통해서 유익을 얻지도 않으시며, 그들보다 무한히 높이 계신다.

(1) 하나님은 천사들을 신뢰하거나 의지하지 않으신다는 것. 우리는 다른 사람들을 의지하지 않으면 살아갈 수 없지만, 하나님은 그렇지 않으시다. 하나님이 하시는 일들 중에는 천사들이 꼭 있어야 되는 그런 일은 하나도 없고, 하나님은 천사들 없이도 얼마든지 모든 일들을 잘 해내실 수 있으시다. 천사들은 하나님이 의지하실 수밖에 없는 존재들이거나 하나님에게 꼭 필요한 참모들이 결코 아니다(마 24:36). 하나님은 그의 일을 천사들에게 전적으로 맡겨 두시는

것이 아니기 때문에, 여호와의 눈은 온 땅을 두루 감찰하신다(대하 16:9; 또한, 욥 39:11에 나오는 어구를 보라). 어떤 이들은 이 본문을 다음과 같이 해석한다: "천사의 본성조차도 변할 수 있기 때문에, 하나님은 천사들의 온전함을 신뢰하지 않으신다. 만약 하나님이 천사들을 신뢰하셨다면, 천사들은 모두 몇몇 타락한 천사들처럼 그들에게 처음에 주어진 지위와 신분을 내팽개쳐 버렸을 것이다. 그래서 하나님은 천사들을 견고하게 하기 위하여 그들에게 초자연적인 은혜를 줄 필요가 있다고 보셨다."

(2) 하나님은 천사들을 자기 자신과 비교해서 어리석고 헛되며 연약하고 불완전하다고 하신다는 것. 만약 하나님이 이 세상을 통치하는 일을 천사들에게 맡기시고, 모든 일들을 천사들로 하여금 단독적으로 처리하게 하셨다면, 천사들은 일들을 잘못 처리하여, 모든 것이 지금과는 달리 최상의 상태를 유지할 수 없게 되었을 것이다. 천사들은 똑똑한 존재들이지만, 동시에 유한한 존재들이다. 천사들은 죄악으로 인해 비난 받지는 않겠지만 경솔함 때문에는 비난을 받을 수 있다. 이 마지막 구절은 비평가들에 의해서 여러 가지로 해석된다. 나는 부정(否定)이 양쪽에 다 걸리는 것으로 보아서(이런 일을 비일비재하다) 다음과 같이 읽는 것이 좋다고 본다: 하나님은 그의 종들을 신뢰하지 아니하시며 그의 천사들을 자랑하지 않으신다(천사들의 찬송이나 섬김이 하나님에게 어떤 것을 더해 주는 것이 아니기 때문에). 하나님이 천사들 없이도 무한히 행복하시다는 것이 바로 하나님의 영광이요 자랑이다.

2. 엘리바스는 앞에 나온 천사에 관한 말씀으로부터 인간은 더더욱 하찮은 존재이기 때문에 하나님이 인간을 신뢰하거나 자랑하는 일은 있을 수 없다는 것을 추론함. 하나님과 천사들 사이의 거리가 이 정도라면, 하나님과 인간 사이의 거리는 말해 무엇하겠는가! 사람이 여기에서 얼마나 비천한 존재로 묘사되고 있는지를 보라.

(1) 사람이 사는 모습을 볼 때에 사람은 너무나 비천한 존재라는 것(19절). 사람이 제아무리 최고의 부귀영화를 누린다고 하여도, 사람은 짐승들과 비교하면 존귀하겠지만 천사들에 비하면 아주 비천한 피조물이다. 천사들도 영이고, 사람의 영혼들도 영이라는 것은 사실이다. 그러나 이 둘은 다음과 같은 점들에서 서로 다르다.

[1] 천사들은 순전한 영들이지만, 사람의 영혼은 흙 집에 산다는 것. 여기에서

흙 집은 사람의 육신을 가리킨다. 천사들은 자유롭지만, 사람의 영혼은 집에 갇혀 있는데, 육신은 영혼을 방해하는 구름이요 장애물이다. 육신은 영혼의 새장이요 감옥이다. 육신은 흙으로 빚어진 비천한 집이다. 토기장이가 마음 먹기만 하면, 흙으로 빚어진 토기는 이내 부서져서 원래 형태로 되돌아간다. 육신은 백향목이나 상아로 지어진 집이 아니라, 끊임없이 수리하지 않으면 곧 폐허로 변해 버리는 흙으로 지어진 초가집이다.

[2] 천사들의 토대는 견고하지만, 사람의 영혼이 거하는 흙 집의 토대는 티끌에 있다는 것. 흙 집이라도 반석 위에 지어져 있다면 오래갈 수도 있을 것이다. 그러나 티끌로 터를 삼은 흙 집은 그 토대가 허술해서 자신의 무게를 견디지 못하고 이내 무너져 내리고 만다. 사람은 흙으로 지음을 받은 것과 마찬가지로, 흙에서 나오는 것으로 지탱되고 유지된다. 흙에서 나오는 것을 없애면, 육신은 흙으로 돌아가 버린다. 우리는 단지 티끌 위에 서 있는 존재일 뿐이다. 어떤 사람들은 다른 사람들보다 티끌을 더 높이 쌓아 놓고 거기에 서 있지만, 그들을 지탱하고 있는 것은 여전히 흙이기 때문에, 그 흙은 곧 그들을 삼켜 버리고 만다.

[3] 천사들은 죽지 않고 영원히 살지만, 사람은 곧 부서져 버린다는 것. 땅에 있는 우리의 장막집은 무너진다(고후 5:1). 사람은 죽어서 사라지고, 좀과 같이 손가락 사이에서도 쉽게 부서져 버리는 존재이다. 사람이 죽는 것은 좀이 죽는 것만큼이나 쉽다. 조금만 건드려도, 사람은 부서져서 생명을 잃는다. 사람은 좀 앞에서도 부서져 버린다(원문은 이렇게 되어 있다). 사람은 사자와 같이 포효하며 그를 덮치는 급성인 병만이 아니라 좀과 같이 사람을 서서히 무너뜨리는 만성인 병 앞에서도 그대로 당할 수밖에 없다(호 5:12-14을 보라). 하나님은 천사들조차도 신뢰하지 않으시는데, 하물며 이와 같이 허약한 피조물인 사람을 신뢰하거나 사람으로부터 그 어떤 섬김을 기대하시겠는가?

(2) 사람의 죽음을 볼 때에 사람은 한층 더 비천하고 신뢰하기에 적절하지 않은 존재라는 것. 사람은 죽을 수밖에 없는 존재이고 매일 죽어가는 존재이다(20-21절).

[1] 사람은 죽어서 멸망하고 이 세상에서 영원히 사라진다는 것. 사람이 죽으면, 삶은 끝이 나고, 사람이 여기에서 소유하고 누리던 모든 것들도 다 끝이 난다. 사람이 지금까지 살아 왔던 곳은 그 사람을 더 이상 기억해 주지도 않는다.

[2] 사람은 매일매일 죽어가고 있고 끊임없이 소모되어 가고 있다는 것. 그들

은 아침부터 저녁까지 부스러져 가루가 되어 간다. 두더지가 우리의 무덤을 조금씩 파들어가듯이, 죽음은 우리 속에서 계속해서 일하고 있다. 우리는 이렇게 끊임없이 죽음에 노출되어 있기 때문에, 온종일 죽임을 당하고 있다고 말할 수 있다.

[3] 인생은 짧아서 잠시 잠깐 후면 이 땅에서 끊어져 없어진다는 것. 인생은 단지 아침에 시작되어서 저녁이 되면 끝나 버리는 것이라 해도 지나치지 않을 것이다. 사람은 하루살이일 뿐이다(어떤 이들은 본문을 이렇게 이해한다). 사람이 태어나서 죽는 것은 하루 중에 해가 떠서 지는 것과 같다.

[4] 사람이 죽으면, 그가 지니고 있던 훌륭한 모든 것들은 다 사라지고 만다는 것. 아름다움, 힘, 학식은 사람으로 하여금 죽지 않게 막아주지 못할 뿐만 아니라, 사람과 함께 소멸하고 만다. 사람은 죽을 때에 그가 여기에서 지니고 있었던 부귀영화를 음부로 가져갈 수 없다.

[5] 지혜가 사람을 죽음에서 지켜 줄 수 없다는 것. 사람은 지혜가 없이 죽는다. 많은 지혜를 갖고 있던 사람이라도, 그 지혜가 그 사람을 죽음에서 지켜 주지 못하고, 사람이 죽으면 그 지혜를 가져갈 수도 없다. 또한, 근본적으로 사람은 참된 지혜가 없어서, 즉 자기 자신을 어리석게 관리하여 스스로 무덤을 파는 행위를 계속하다가 죽는다.

[6] 죽음에 주의를 기울이거나 신경을 쓰는 자가 없다는 것. 사람은 매일 죽어가는데도 죽음에 주의를 기울이지 않고 마음에 두지도 않는다. 사람들의 죽음은 얘깃거리가 되기는 하지만 진지하게 생각하는 주제가 되지는 않는다. 어떤 이들은 여기에서 이 세상에서의 죄인들의 죽음만이 아니라 죽음 이후에 있는 죄인들에 대한 영벌(永罰)에 대해서도 말씀하고 있는 것이라고 생각한다(20절). 그들은 아침부터 저녁까지 부스러져 가루가 되나니 회개하지 않으면 영원히 멸망하리라(어떤 이들은 이렇게 읽는다). 사람은 하나님을 생각하지도 않고 그들의 본분을 생각하지도 않기 때문에 영원히 멸망하고 만다. 사람은 나중을 생각하지 아니한다(애 1:9). 사람은 영생을 붙잡는 지혜가 없어서, 죽으면 그가 지닌 모든 훌륭한 것들이 다 사라져버리고, 둘째 사망을 겪게 된다. 이와 같이 비천하고 연약하며 어리석고 죄악되며 매일 죽어가는 피조물이 어떻게 하나님보다 의로우며 그 창조하신 이보다 깨끗한 체할 수 있겠는가? 결코 그럴 수 없다. 사람은 자기에게 닥친 환난들에 대하여 시비를 걸고 불평할 것이 아니라, 자기가 지옥에 있지 않은 것을 놀라워하여야 한다.

제 5 장

개요

엘리바스는 앞 장에서 욥에 대한 자신의 책망이 옳다는 것을 확증하기 위해서 자기가 환상 속에서 하늘로부터 받은 말씀을 거론하였었는데, 이 장에서는 이 땅에서 증언을 맡은 자들, 즉 만세에 하나님의 진리의 신실한 증인들인 성도들의 증언을 거론한다(1절). 성도들은 다음과 같은 것들을 증언할 것이다. I. 죄인들은 그들의 죄 때문에 파멸한다는 것(2-5절). II. 환난이나 고생은 인류의 공통적인 운명이라는 것(6-7절). III. 우리가 환난 가운데에 있을 때에는 우리를 얼마든지 도우실 수 있으시고 또한 돕고자 하시는 하나님을 의지하는 것이 우리의 지혜이자 도리라는 것(8-16절). IV. 환난들을 잘 견디면 그 결말이 좋으리라는 것. 구체적으로 말해서, 욥이 좀 더 선한 마음가짐을 갖는다면, 그는 하나님이 그를 위해 큰 긍휼을 준비해 놓으셨다는 확신을 갖게 되리라는 것이다(17-27절). 따라서 엘리바스는 말을 시작했을 때보다도 조금 나아진 기분으로 자신의 말을 끝맺는다.

[1]너는 부르짖어 보라 네게 응답할 자가 있겠느냐 거룩한 자 중에 네가 누구에게로 향하겠느냐 [2]분노가 미련한 자를 죽이고 시기가 어리석은 자를 멸하느니라 [3]내가 미련한 자가 뿌리 내리는 것을 보고 그의 집을 당장에 저주하였노라 [4]그의 자식들은 구원에서 멀고 성문에서 억눌리나 구하는 자가 없으며 [5]그가 추수한 것은 주린 자가 먹되 덫에 걸린 것도 빼앗으며 올무가 그의 재산을 향하여 입을 벌리느니라

욥과 그의 친구들 사이에서 아주 뜨거운 논쟁이 시작되고 나서, 엘리바스는 여기에서 이 문제를 다른 사람들의 판단에 맡겨 보라는 공정한 제의를 한다. 모든 논쟁에서 서로 다투는 당사자들 사이에서 결론이 날 수 없는 때에는 그 판단을 제3자에게 맡기는 것은 빠를수록 좋다. 엘리바스는 자신의 주장이 옳다는 것을 확신하고 있었기 때문에, 욥에게 직접 중재자들을 선택해 볼 것을 제안한다(1절). 자, 네게 응답해 줄 자가 있다면 지금 불러 보라.

1. "성도들 가운데에서 지금 너처럼 이렇게 극단적인 환난을 당한 예가 있었다면, 너는 한번 그 사람을 불러올 수 있느냐? 하나님은 그의 이름을 사랑하는 자를 지금의 너를 대하듯이 대하시는 법이 없다. 그러므로 분명히 너는 성도가 아니다."

2. "성도들 가운데에서 지금 네가 말하듯이 말한 자가 있었느냐? 그 어떤 선한 자가 너처럼 자신의 생일을 저주한 적이 있었느냐? 또는, 성도들 중에서 네가 이렇게 열을 내고 화를 내는 것을 옳다고 하거나, 그렇게 하는 것이 하나님의 자녀들로서의 품성이라고 말할 자가 누가 있겠느냐? 너는 성도들 가운데에서 너를 옹호하거나 나의 말에 반론을 제기할 자를 아무도 찾지 못할 것이다. 거룩한 자 중에 네가 누구에게로 향하겠느냐. 성도들 중 누구에게 네가 말을 붙이든, 그들은 다 내 생각과 같다는 것을 네가 알게 될 것이다. 성도들은 만장일치로 다 내 편이다. 그들은 다 지금부터 내가 말하고자 하는 것에 동의할 것이다." 좀 더 자세하게 살펴보자.

(1) 선한 자들은 구약에서조차도 거룩한 자들 또는 성도들이라 불린다는 것. 그러므로 우리는 성도라는 신약의 호칭을 구약의 인물들에게도 적용해서, 성 마태나 성 누가라고 부르듯이 성 아브라함이나 성 모세라고 부르고, 영국의 주교 성 데이빗이라고 부르듯이 시편 기자 성 다윗이라고 불러도 무방할 것이다. 시편에서는 아론을 명시적으로 여호와의 거룩한 자(성도)라 부른다(시 106:16).

(2) 성도들은 그들과 마찬가지로 성도인 자들에게로 향해야 하고, 성도들을 그들의 친구로 선택해서 교제해야 하며, 성도들을 그들의 재판관으로 삼고 성도들에게 자문을 구해야 한다는 것(시 119:79). 성도들은 세상을 판단하고 심판하게 될 것이다(고전 6:1-2). 선한 자들의 길(잠 2:20), 옛적 길, 양 떼의 발자취를 따라 행하라. 각 사람은 어떤 부류의 사람들을 선택해서 그들로부터 호감을 사고자 애쓰고, 자신에 대한 그들의 평가는 그에게 명예와 불명예의 시금석이 된다. 모든 참된 성도들은 성도인 자들의 평가를 척도로 삼아서 그들로부터 옳다는 평가를 얻어내고자 애쓴다.

(3) 어떤 진리들은 너무나 명백하고 보편적으로 알려져 있어서, 그 어떤 성도라도 그것들이 진리라는 것을 증언해 줄 수 있다는 것. 어떤 것들에 대해서는 성도들 사이에서도 서로 의견이 다르지만, 어떤 것들에 대해서는 대부분의 성도들의 의견이 서로 일치하는데, 죄가 악하다는 것, 세상이 헛되다는 것, 영

혼이 가치가 있다는 것, 거룩한 삶을 살아야 한다는 것 등이 바로 그런 것들이다. 성도들이라고 해서 모두 다 그러한 진리들을 따라 살아가는 것은 아니지만, 그들은 다 적어도 그러한 것들이 진리라는 것에 대해서는 기꺼이 증언할 준비가 되어 있다.

엘리바스는 이제 모든 성도들이 동의하리라는 것을 의심하지 않는 두 가지 것을 여기에서 얘기한다.

I. 죄인들은 그들의 죄 때문에 반드시 멸망하게 된다는 것(2절). 분노가 미련한 자를 죽인다. 그러므로 분노에 빠지는 자는 미련한 자이다. 분노는 그의 뼈와 피에 침투하는 불이기 때문에, 그는 열병에 걸린다. 시기는 뼈를 썩게 하는 것이어서 시기로 몸살을 앓는 어리석은 자를 멸한다. 엘리바스는 이렇게 말한다: "이것이 바로 너의 모습이다. 네가 하나님께 시비를 걸고 있으니, 너는 스스로 아주 큰 재난을 자초하고 있는 것이다. 네 자신의 환난들에 대한 너의 분노와 우리의 형통에 대한 너의 시기는 단지 네 고통과 비참함을 더해 줄 뿐이다. 성도들을 바라보라. 그러면, 너는 그들이 그들의 유익을 위하여 더 잘 처신하고 있는 것을 발견하게 될 것이다." 욥은 자기 아내에게 어리석은 여자들처럼 얘기하고 있다고 말했었다. 그런데 여기에서는 엘리바스가 욥에게 그가 미련한 자들, 어리석은 자들처럼 행동하였다고 말한다. 또는, 엘리바스가 한 말은 다음과 같은 의미일 수도 있다: "사람들이 파멸하고 망한다면, 그들을 파멸시키고 망하게 하는 것은 언제나 그들 자신의 어리석음이다. 사람들은 이런저런 욕망으로 그들 자신을 죽인다. 그러므로 욥아, 네가 이러한 재앙을 자초한 것으로 보아서, 너는 뭔가 어리석은 짓을 한 것이 틀림없다." 많은 사람들은 이 본문을 하나님의 진노와 질투에 대하여 말씀하고 있는 것으로 이해한다. 욥은 악인들이 형통하는 것에 대하여 불편한 심기를 지닐 필요가 없었다. 왜냐하면, 세상이 욥에 대하여 호의적이라고 해도, 그것이 욥으로 하여금 하나님의 진노를 피할 수 있게 해주지 못하기 때문이다. 만약 세상의 호의가 그런 일을 해줄 수 있다고 생각한다면, 그렇게 생각하는 사람들이 미련하고 어리석은 것이다. 하나님의 분노는 그 분노를 받는 자들에게 죽음, 곧 영원한 죽음이 될 것이다. 하나님의 진노를 있는 그대로 무한정으로 받는 것이 곧 지옥이 아니고 무엇이겠는가?

II. 죄인들의 형통은 짧고, 그들의 멸망은 확실하다는 것(3-5절). 엘리바스는 여기에서 욥의 경우를 일반적으로 악인들이 겪는 경우로 취급하고 있는 것으로 보인다.

1. 욥은 한동안 형통하였고, 견고해 보였으며, 그의 형통 속에서 편안히 살았다는 것. 어리석고 악한 자들이 이러는 것은 비일비재하다. 내가 미련한 자가 뿌리 내리는 것을 보았다. 즉, 나는 악인들이 누가 보아도 견고히 심겨져서 그들의 형통이 영구할 것 같은 그런 모습을 보았다(렘 12:2; 시 37:35-36). 우리는 세상 사람들이 이 땅에 뿌리를 내리고 있는 것을 본다. 그들은 땅에 속한 것들에 그들의 확고한 소망을 두고서, 그것들로부터 그들에게 낙(樂)이 되고 위로가 될 수액(樹液)을 끌어온다. 땅에 뿌리를 내린 자들은 외적으로는 번성할 수 있지만, 그 영혼은 형통할 수 없다.

2. 욥의 형통은 지금 끝이 났는데, 다른 악인들의 형통도 그렇게 신속하게 끝이 났다는 것.

(1) 엘리바스는 믿음의 눈으로 그들의 파멸을 내다보았다는 것. 현재의 것들만을 보는 자들은 그들의 거처를 축복하였고, 그들이 복되다고 생각하였으며, 그 복이 오래가기를 기원하였고, 그들처럼 되기를 바랐다. 그러나 엘리바스는 그들이 뿌리를 내리기 시작하는 것을 보자마자 즉시 그들의 거처를 저주하였다. 즉, 엘리바스는 분명하게 그들의 파멸을 내다보고 예언하였다. 그는 그들이 파멸하게 해 달라고 기도한 것이 아니라(나는 재앙의 날을 원하지 아니하였다, 렘 17:16), 단지 그 파멸을 내다보고 예언하였다. 그는 하나님의 성소에 들어가서 거기에서 그들의 종말을 깨달았고(시 73:17-18), 미련한 자들의 형통은 그들 자신을 멸망시킬(잠 1:32) 것이라는 심판의 말씀을 들었다. 악인의 집이 아무리 멋지고 견고하게 지어져 있고 온갖 좋은 것들로 가득하다고 할지라도, 하나님의 말씀을 믿는 자들은 악인의 집에는 여호와의 저주가 있다는 것을 볼 수 있다(잠 3:33). 그들은 그 저주가 때가 되면 어김없이 악인의 집을 그 서까래와 돌들까지 태우리라는 것을 내다볼 수 있다(슥 5:4).

(2) 엘리바스는 자기가 미리 내다본 것을 마침내 직접 보았다는 것. 악인의 집에 대한 그의 예상은 틀리지 않았다. 그가 예상한 일은 그대로 일어났다. 악인의 가족은 다 죽었고, 악인은 망하여 그 재산이 다 없어졌다. 엘리바스는 이 악인에게 일어난 일들을 자세하게 얘기하면서, 아주 분명하고도 의도적으로 욥에게 일어난 재난들이 바로 그런 것들임을 내비친다.

[1] 악인의 자녀들이 깔려 죽었다는 것(4절). 그들은 맏형의 집에서 그들의 안전하다고 생각하였지만, 사실은 안전함에서 멀리 있었다. 왜냐하면, 그들은 문에 짓눌려 죽었기 때문이다. 아마도 그 집의 문 또는 대문은 아주 높다랗게 지은 육중한 문이었기 때문에, 그 문이 그들 위로 떨어지자, 아무도 그들을 구해줄 자가 없어서, 그들은 꼼짝없이 죽고 말았던 것 같다. 이 본문은 보통 악인들로 하여금 그들이 불법적으로 얻은 재물을 토해내도록 하기 위하여 그들에 대한 공의의 집행에 의해서 그 가족들이 죽게 된 것을 말하는 것으로 이해된다. 악인들은 그들의 재물을 자기 자녀들에게 물려준다. 그러나 상속이 되었다고 해서, 정당한 소유자들이 그 재물을 되돌려받지 못하는 것이 아니다. 합법적인 소유자들은 악인들의 자녀들을 멸하거나 정당한 법의 집행 또는 압박을 통해서 그 재물을 토해내게 만들 것이고, 이 때에 그들을 도울 자가 아무도 없을 것이다(시 109:9-10).

[2] 악인의 재산이 약탈당하였다는 것(5절). 욥도 마찬가지였다. 굶주린 강도들, 즉 스바 사람들과 갈대아 사람들이 욥의 재산을 강탈하여 멀리 도망쳐서 삼켜 버렸다. 엘리바스는 자기가 그런 일을 다른 사람들에게 자주 보아 왔다고 말한다. 사람들이 남들로부터 약탈해서 얻은 재물을 동일한 방식으로 잃는 것을 비일비재하게 보아 왔다는 것이다. 조심성 많은 소유주는 가시 울타리를 쳐 놓고서 자신의 재물이 안전하다고 생각한다. 그러나 약탈자들의 탐욕 앞에서 그러한 가시 울타리는 아무런 소용이 없다는 것이 증명되었고(사람들이 굶주리면 돌로 된 벽도 뚫는데, 그들에게 가시 울타리쯤이야 아무것도 아니지 않겠는가), 찔레와 가시들을 밟고 모아 불사르시는 하나님의 저주 앞에서 그러한 가시 울타리는 무용지물이라는 것이 증명되었다(사 27:4).

⁶재난은 티끌에서 일어나는 것이 아니며 고생은 흙에서 나는 것이 아니니라 ⁷사람은 고생을 위하여 났으니 불꽃이 위로 날아 가는 것 같으니라 ⁸나라면 하나님을 찾겠고 내 일을 하나님께 의탁하리라 ⁹하나님은 헤아릴 수 없이 큰 일을 행하시며 기이한 일을 셀 수 없이 행하시나니 ¹⁰비를 땅에 내리시고 물을 밭에 보내시며 ¹¹낮은 자를 높이 드시고 애곡하는 자를 일으키사 구원에 이르게 하시느니라 ¹²하나님은 교활한 자의 계교를 꺾으사 그들의 손이 성공하지 못하게 하시며 ¹³지혜로운 자가 자기의 계략에 빠지게 하시며 간교한 자의 계략을 무너뜨리시므로 ¹⁴그들은 낮에도

어두움을 만나고 대낮에도 더듬기를 밤과 같이 하느니라 [15]하나님은 가난한 자를 강한 자의 칼과 그 입에서, 또한 그들의 손에서 구출하여 주시나니 [16]그러므로 가난한 자가 희망이 있고 악행이 스스로 입을 다무느니라

엘리바스는 욥이 재산과 자녀들을 잃은 것이 그의 죄에 대한 의로운 벌이라고 말함으로써 욥의 가장 아픈 부분을 건드렸으므로 그 결과 욥이 절망에 빠질 수도 있었기 때문에, 여기에서는 욥을 격려해서 그의 마음을 편안하게 해줄 수 있는 말을 하기 시작한다. 이제 엘리바스는 마치 그가 지금까지 욥에게 한 가혹하고 심한 말들에 대하여 속죄라도 하려는 듯이 그의 음성을 완전히 바꾸어서(갈 4:20) 온유한 어조로 말을 한다.

I. 엘리바스가 욥에게 환난은 우연히 오는 것도 아니고 부차적인 원인들 때문에 오는 것도 아니라는 것을 상기시킴. 재난은 티끌에서 일어나는 것이 아니며 고생은 풀처럼 흙에서 나는 것이 아니니라(6절). 산천의 초목들이 정해진 시절에 나는 것과는 달리, 환난이라는 것은 일련의 부차적인 원인들에 의해서 일어나는 것이 아니다. 형통과 역경의 비율은 낮과 밤, 여름과 겨울의 비율과는 달리 섭리에 의해서 정확히 정해져 있는 것이 아니라, 하나님의 뜻과 계획에 따라서 하나님이 적절하다고 생각하시는 것에 맞춰서 이루어진다. 어떤 이들은 이 본문을 이렇게 읽는다: 죄는 티끌에서 오는 것이 아니요 죄악은 땅에서 오는 것이 아니다. 사람들은 자기가 악하다면 그 책임을 흙이나 기후나 별들에 전가시키지 말고, 자기 자신을 탓하여야 마땅하다. 네가 만일 거만하면 그 책임이 네게 있으니 너 홀로 해를 당하리라(잠 9:12). 우리가 겪는 환난들은 하나님으로부터 오는 것이기 때문에 우리는 그 환난들을 운이 없어서 당하는 것으로 치부해 버려서는 안 되고, 우리의 죄들은 우리 자신으로부터 오는 것이기 때문에 우리는 그 죄들을 어쩔 수 없는 숙명으로 치부해 버려서는 안 된다. 따라서 우리가 그 어떤 환난에 처해 있든, 우리는 하나님이 그 환난을 우리에게 보내셨고 우리 자신이 그 환난을 초래하였다는 것을 인정하여야 한다. 그 환난을 하나님이 보내셨기 때문에 우리는 인내하여야 하고, 그 환난이 우리의 책임이기 때문에 우리는 참회하는 마음을 지녀야 한다.

II. 엘리바스가 욥에게 사람은 이 세상에서 살아갈 때에 환난과 괴로움을 겪을 수밖에 없다는 것을 상기시킴. 사람은 범죄하지 않았던 사람(만약 사람이

범죄하지 않았다면, 인생은 즐거운 것이 되었을 것이다)으로서가 아니라 죄악 중에 여인에게서 태어난 사람으로서(14:1) 고생을 위하여 났다(7절). 사람은 죄악 중에 태어나기 때문에 인생이 고생일 수밖에 없다. 이 세상에 태어나서 부귀영화를 누리며 사는 자들도 고생과 괴로움을 면할 수 없다. 인간이 타락한 상태에 있는 한, 우리가 범죄하는 것은 필연적이고, 죄의 자연스러운 결과는 환난이다(롬 5:12). 우리가 이 세상에 태어나서 얻을 수 있거나 진정으로 우리 자신의 것이라고 부를 수 있는 것은 죄와 고생 외에는 없다. 죄와 고생은 위로 날아오르는 불티와 같다. 사람이 살면서 저지르는 구체적인 범죄들은 원죄의 화로에서 위로 날아오르는 불티들이다. 모태에서부터 배역한 자라 불린 우리가 배신을 밥 먹듯 하는 것은 전혀 이상한 일이 아니다(사 48:8). 우리의 육신이 허약하고 우리가 누리는 모든 것이 헛되기 때문에, 그런 이유로 불티가 위로 날아오르는 것처럼 자연스럽게 우리에게 무수한 환난과 고생들이 어지럽게 생겨난다. 이렇게 고생을 위하여 난 우리가 우리에게 닥친 환난들을 이상한 일로 여기거나 그 환난들 때문에 힘들다고 시비를 걸 이유가 어디 있겠는가? 사람은 수고를 위하여 났고(난외주에서는 이렇게 읽는다) 얼굴에 땀을 흘려야 양식을 먹게 될 것이라는 하나님의 선고를 받았다는 것을 생각하면, 우리는 우리에게 닥친 환난과 괴로움을 더 잘 받아들일 수 있을 것이다.

III. 엘리바스가 욥에게 환난 가운데에서 어떻게 처신해야 하는지를 조언함 (8절). 나라면 하나님을 찾겠고 반드시 그렇게 하리라(원문에는 이렇게 되어 있다).

1. 엘리바스가 하나님을 찾지 않고 도리어 시비를 거는 것에 대하여 욥을 은연중에 책망함. "욥아, 만약 내가 네 처지가 되었다면, 나는 너처럼 그렇게 토라져서 화를 내지 않고, 하나님의 뜻에 묵묵히 따랐을 것이다." 우리가 어떤 사람의 입장이라면 어떻게 하겠다고 말하기는 쉽지만, 실제로 시도를 해보면 우리가 말한 것처럼 행하는 것이 그리 쉽지 않다는 것을 우리는 알게 된다.

2. 엘리바스는 자기라면 이렇게 하겠다는 식으로 욥에게 지극히 선하고 적절한 조언을 행함. "내가 네 입장이라면, 내가 취할 수 있다고 생각하는 가장 선한 방법은 하나님께 맡기는 것이다." 친구가 환난 가운데에 있을 때, 우리는 그의 입장이 되어서 우리가 그 환난 가운데에서 어떻게 하면 평안해지고 그 환난을 통해 유익과 선한 결과를 얻을 수 있을 것인지를 생각해서 조언하여야 한

다는 것을 명심하라.

(1) 하나님이 우리와 다투신다고 하여도, 하나님은 우리를 지지해 주시고 구원해 주실 수 있는 유일한 분이시기 때문에, 우리는 기도로써 하나님으로부터 긍휼과 은혜를 가져와야 하고, 아버지이자 친구이신 하나님께 구하여야 한다는 것. 이 세상에서 우리가 가진 모든 것을 다 잃어버렸을 때, 우리는 하나님의 은총을 구하여야 하고, 모든 복과 위로의 근원이자 아버지 되시는 하나님께 아뢰어야 한다. 너희 중에 고난 당하는 자가 있느냐 그는 기도할 것이요(약 5:13). 기도는 마음에 평안을 가져다 주고 모든 상처를 아물게 해주는 치료제이다.

(2) 우리는 인내로써 우리 자신과 우리의 일을 하나님께 맡겨야 한다는 것. 나라면 내 일을 하나님께 의탁하리라. 나 같으면 내 사정을 하나님 앞에 다 아뢰고 맡겨드릴 것이고, 내 일을 하나님의 발 앞에 내려놓고서 그 일을 하나님의 손에 맡기리라. "종이 여기 있사오니 선히 여기시는 대로 내게 행하시옵소서"(삼하 15:26). 우리가 아뢸 것이 진정으로 선한 것이라면, 우리는 그것을 하나님께 맡기는 것을 두려워할 필요가 없다. 왜냐하면, 하나님은 의로우시고 인자하시기 때문이다. 응답을 받기 위하여 기도하는 자들은 그들 자신을 하나님께 맡기지 않으면 안 된다.

IV. 엘리바스가 욥에게 이렇게 하나님을 구하고 그의 일을 하나님께 맡기라고 권함. 그렇게 한다면, 그것은 헛되지 않을 것이다. 왜냐하면, 하나님은 반드시 우리를 도우실 분이기 때문이다.

1. 엘리바스가 욥에게 하나님의 전능하신 능력과 왕적인 통치권을 깊이 생각해 보라고 권함. 일반적으로 말해서, 하나님은 큰 일들, 정말 큰 일들을 행하신다(9절). 왜냐하면, 하나님은 그 어떤 일도 하실 수 있고, 온갖 일을 다 하시며, 모든 일을 그의 뜻과 계획에 따라 행하시기 때문이다. 하나님이 행하시는 일이 정말 큰 일들인 것은 다음과 같은 이유들 때문이다.

(1) 하나님이 능력으로 행하시는 일들은 헤아릴 수 없어서, 그 일들의 시종을 사람이 측량하거나 추측할 수 없다는 것(전 3:11). 자연의 일들은 비밀에 싸여 있어서, 사람들이 아무리 치밀하게 연구해도 그 모든 것을 다 밝혀낼 수 없고, 아무리 지혜로운 철학자들도 그것들을 다 설명해 내지 못하였다. 섭리의 의도들은 자연의 일들보다도 훨씬 더 깊고 오묘해서, 사람이 헤아릴 수 없다(롬 11:33).

(2) 그 일들은 셀 수 없이 많아서, 사람이 결코 그 수를 다 헤아릴 수 없다는 것. 하나님은 큰 일들을 셀 수 없이 행하신다. 하나님의 능력은 결코 고갈되는 법이 없고, 하나님의 모든 뜻들은 종말의 때까지는 다 성취되지 않을 것이다.

(3) 그 일들은 놀라운 일들이어서, 사람이 아무리 경탄을 하여도 결코 지나칠 수 없다는 것. 그러므로 우리가 그 일들을 영원토록 송축하여도, 오히려 시간이 부족할 것이다. 엘리바스가 여기에서 이런 말을 하는 것은 다음과 같은 의도 때문이다.

[1] 하나님에게 시비를 거는 것이 얼마나 잘못되고 어리석은 짓인지를 욥에게 깨우치기 위한 것. 하나님이 하시는 일들은 우리가 헤아릴 수 없고 아무리 연구해도 알 수 없는 것들이기 때문에, 우리는 마치 우리가 그 일들에 대하여 어떤 판단을 내릴 수 있는 체하지 않아야 한다. 또한, 하나님은 우리가 상대할 수 있는 분이 아니어서 우리를 눈 깜짝할 사이에 분쇄하실 수 있으시기 때문에, 우리는 우리를 지으신 분과 다투려고 해서는 안 된다.

[2] 욥에게 하나님을 구하고 그의 일을 하나님께 맡기라고 권하기 위한 것. 절망스러운 상황에 있는 자에게 하나님은 능력이 있으신 분이라는 것을 말해주는 것보다 더 힘이 되는 말이 어디 있겠는가? 우리가 아무리 저 밑바닥까지 추락하였다고 할지라도, 하나님은 우리를 건져 올리시기 위해서 얼마든지 크고 놀라운 일들을 행하실 수 있으시다.

2. 엘리바스가 하나님의 통치권과 능력을 보여주는 몇 가지 예들을 제시함.

(1) 하나님은 자연의 나라에서 큰 일들을 행하신다는 것. 하나님은 비를 땅에 내리신다(10절). 여기에서 이 말씀은 하나님이 일반 섭리를 통해서 주시는 온갖 선물들을 나타낸다. 하나님은 하늘로부터 비를 내리시며 결실기를 주셔서 음식과 기쁨으로 우리의 마음을 만족하게 하신다(행 14:17). 엘리바스는 하나님이 행하시는 큰 일들을 보여주고자 할 때에 하나님이 비를 내리시는 것을 그 대표적인 예로 든다. 비가 내리는 것은 흔한 일이기 때문에, 우리는 그 일을 작은 일로 여기기 쉽다. 그러나 비가 어떻게 생겨나는지, 비에 의해서 무엇이 생산이 되는지를 우리가 제대로 생각해 본다면, 우리는 비라는 현상이 하나님의 능력과 선하심을 보여주는 큰 일이라는 것을 알게 될 것이다.

(2) 하나님은 인생사에서 큰 일들을 행하신다는 것. 하나님은 비를 내리심으로써 가난한 자들을 부하게 하시고 곤궁한 자들을 위로하실 뿐만 아니라(10

절), 낮은 자들을 높이시기 위해서 교활한 자들의 계교를 꺾으신다. 이와 같은 해석이 가능한 것은 11절이 12절과 연결되어 있기 때문이다. 누가복음 1:51-53과 비교해 보라: 하나님은 마음의 생각이 교만한 자들을 흩으셨고 비천한 자들을 높이셨으며 주리는 자를 좋은 것으로 배불리셨도다.

[1] 하나님은 교만하고 교활한 자들의 모략들을 좌절시키신다는 것(12-14절). 스스로 자유롭고 아무도 자신을 간섭하지 못할 것이라고 생각하는 자들 위에 계셔서 그들을 다스리시며 그들이 세우는 계교들을 수포로 돌아가게 하시고 자신의 뜻들을 이루시는 최고의 권세가 계신다. 좀 더 살펴보자.

첫째, 하나님 및 하나님 나라의 이익과는 반대로 행하는 고집 센 자들은 흔히 아주 교활하다는 것. 왜냐하면, 그들은 교활함으로 유명한 저 옛 뱀의 후손들이기 때문이다. 그들은 스스로를 지혜롭다고 생각하지만, 나중에 보면 결국 그들이 어리석은 자들이었다는 것이 드러나게 될 것이다.

둘째, 하나님 나라의 원수들인 고집 센 자들은 하나님의 나라와 그 충성스럽고 신실한 신민(臣民)들에 대적하기 위한 나름대로의 계교와 계책들을 가지고 있다는 것. 그들은 지치지도 않고 끊임없이 계교들을 세우고, 치밀하게 서로 의논하며, 꿈을 크게 가지고, 음모가 아주 깊으며, 동맹을 맺는 데에 아주 재빠르다(시 2:1-2).

셋째, 하나님은 이러한 원수들의 온갖 계교들을 아주 쉽게 좌절시키실 수 있으시고, (그의 영광을 위해서) 반드시 좌절시키신다는 것. 아히도벨, 산발랏, 하만의 음모가 어떻게 좌절되었는지를 보라! 유다에 대적하기 위한 아람과 에브라임의 동맹, 하나님의 이스라엘에 대적하기 위한 그발과 암몬과 아말렉의 동맹, 여호와의 그의 기름 부음 받은 자에 대적하기 위한 땅의 왕들과 군주들의 동맹이 어떻게 무너졌는지를 보라! 하나님과 그의 교회에 대적하기 위해 뻗쳐진 손들은 그 계획을 실행한 적이 없었고, 시온에 대적하기 위해서 겨누어진 무기들은 성공한 적이 없었다.

넷째, 교회를 멸망시키려고 음모를 꾸몄던 원수들은 흔히 그들 자신이 멸망을 당했다는 것(13절). 하나님은 지혜로운 자들을 자기의 계략에 빠지게 하시며, 자기가 손으로 행한 일에 스스로 얽히게 하신다(시 7:15-16; 9:15-16). 바울 사도는 이방의 학자들이 그들 자신의 헛된 철학에 의해서 어떻게 자기 꾀에 자기가 속아 넘어가는지를 보여주기 위해서 이 본문을 인용한다(고전 3:19).

다섯째, 하나님이 사람들을 얼빠지게 만드시면, 그들은 아주 쉬운 일들에서 조차도 어찌 할 바를 알지 못하고 당황해한다는 것(14절). 그들은 낮에도 어두움을 만난다. 아니, 그들은 그들이 세운 계략을 무리하고 성급하게 밀어부침으로써 스스로 어둠 속으로 돌진해 들어간다(난외주의 읽기, 12:20, 24-25을 보라).

[2] 하나님은 가난하고 겸손한 자들의 편을 들어 주신다는 것.

첫째, 하나님은 겸손한 자들을 높이신다는 것(11절). 교만한 자들이 분쇄하고자 애쓰는 자들을 하나님은 그 자들의 발에서 일으켜 세우셔서 안전한 곳에 두신다(시 12:5). 하나님은 마음이 낮은 자들과 애통하는 자들을 높이시고 위로하시며 높은 곳에 거하게 하시고 견고한 바위가 그들의 요새가 되게 하신다(사 33:16). 하나님은 시온에서 애통하는 자들을 안전하게 하시기 위해서 그들의 이마에 표시를 하신다(겔 9:4).

둘째, 하나님은 눌린 자들을 건져 내신다는 것(15절). 교활한 자들의 목적은 가난한 자들을 망하게 하는 것이다. 그들은 이 일을 하기 위해서 혀와 손과 칼을 비롯해서 모든 것을 다 동원한다. 그러나 하나님은, 가난해서 스스로를 지킬 수 없지만 하나님께 영광이 돌아가는 일에 헌신하고 자신을 하나님께 의탁하는 자들을 그의 특별한 보호 아래 두신다. 하나님은 그들에게 험한 말들을 하는 입과 그들을 해치려고 음흉한 일들을 행하는 손에서 그들을 구원하신다. 왜냐하면, 하나님은 기뻐하시기만 하신다면 얼마든지 그런 자들의 혀를 묶으시고 손을 시들게 하실 수 있으시기 때문이다. 그 결과 다음과 같은 일들이 일어난다(16절).

1. 약하고 소심한 성도들이 위로를 받는다는 것. 그러므로 절망하기 시작한 가난한 자가 소망을 갖게 된다. 몇몇 성도들의 경험은 다른 성도들에게 최악의 상황에서 가장 좋은 결과를 소망할 수 있는 힘을 준다. 왜냐하면, 하나님께서 스스로 어찌 할 수 없는 자들을 도우시고 소망이 없는 자들에게 소망을 주시면, 그것은 하나님께 영광이 되기 때문이다.

2. 다른 사람들을 위협하고 막무가내로 행하던 죄인들은 낭패를 당한다는 것. 그들은 힘 없고 가난한 자들이 구원을 받는 것에 당황하여 깜짝 놀라고, 하늘의 총애를 받는 자들에 대하여 악감을 품은 것을 부끄러워하며, 그들의 계략이 실패한 것에 굴욕을 느끼고, 하나님이 하시는 일들이 의로우시다는 것을 인정할 수밖에 없어서 그 일들에 반대할 아무런 명분도 찾을 수 없기 때문에, 악

행이 스스로 입을 다문다. 하나님이 사랑하시는 가난한 자들 위에 군림해서 그들에게 겁을 주고 위협하며 거짓으로 고소한 자들은 하나님이 그 가난한 자들을 위하여 나타나실 때에 아무런 할 말이 없게 될 것이다(시 76:8-9; 사 26:11; 미 7:16을 보라).

[17]볼지어다 하나님께 징계 받는 자에게는 복이 있나니 그런즉 너는 전능자의 징계를 업신여기지 말지니라 [18]하나님은 아프게 하시다가 싸매시며 상하게 하시다가 그의 손으로 고치시나니 [19]여섯 가지 환난에서 너를 구원하시며 일곱 가지 환난이라도 그 재앙이 네게 미치지 않게 하시며 [20]기근 때에 죽음에서, 전쟁 때에 칼의 위협에서 너를 구원하실 터인즉 [21]네가 혀의 채찍을 피하여 숨을 수가 있고 멸망이 올 때에도 두려워하지 아니할 것이라 [22]너는 멸망과 기근을 비웃으며 들짐승을 두려워하지 말라 [23]들에 있는 돌이 너와 언약을 맺겠고 들짐승이 너와 화목하게 살 것이니라 [24]네가 네 장막의 평안함을 알고 네 우리를 살펴도 잃은 것이 없을 것이며 [25]네 자손이 많아지며 네 후손이 땅의 풀과 같이 될 줄을 네가 알 것이라 [26]네가 장수하다가 무덤에 이르리니 마치 곡식단을 제 때에 들어올림 같으니라 [27]볼지어다 우리가 연구한 바가 이와 같으니 너는 들어 보라 그러면 네가 알리라

엘리바스는 그의 일장 연설을 마치는 이 마지막 단락에서 어찌 할 바를 알지 못하고 있던 욥에게 그가 제정신을 차리고서 그 환난들을 기꺼이 받아들인다면 좋은 결과가 있을 것이라는 위로가 되는 전망을 제시한다. 좀 더 자세하게 살펴보자.

I. 엘리바스가 욥에게 시의적절한 주의와 권면의 말씀을 줌(17절). "너는 전능자의 징계를 업신여기지 말지니라. 너는 이 환난을 아버지의 사랑에서 나온 징계, 자녀의 유익을 위하여 의도된 징계로 받아들이라. 너는 이 환난이 전능자의 징계라는 것을 인정하라. 전능자와 다투는 것은 미친 짓이고, 전능자에게 순복하는 것이 지혜이자 도리이다. 전능자는 그를 의지하는 모든 자들의 필요를 다 충족시켜 주실 수 있으신 하나님이시다(이것이 전능자라는 단어의 의미이다). 그러므로 너는 이 징계를 업신여기지 말라." 여기에 나오는 업신여기지 말라는 단어는 원문에서 풍부한 뉘앙스를 지닌 단어이다.

1. "너는 이 징계를 싫어하지 말라. 고난을 싫어하는 본능에 의한 반감을 은

혜로 극복하고, 환난 속에 깃들어 있는 하나님의 뜻을 받아들이라." 우리에게는 회초리가 필요하고, 우리는 회초리로 맞을 만한 자들이다. 그러므로 우리는 회초리를 맞아 아픔을 느낀다고 하여도, 그것을 이상하다거나 가혹하다고 생각해서는 안 된다. 그 회초리는 우리의 유익을 위한 처방이기 때문에, 우리는 쓴 약을 먹을 때처럼 찌푸리거나 인상을 써서는 안 된다.

2. "너는 이 징계를 나쁘게 생각하지 말라. 이 징계가 당장에 기뻐 보이지 않고 고통스럽다고 해서, 너는 이 징계를 마치 해롭거나 적어도 유익이 없는 것인 양 여겨서 네게서 멀리하지 말라." 우리는 하나님 앞에 머리를 숙이는 것을 싫어하거나, 하나님으로부터 징계를 받는 것을 우리의 위신이 깎이는 일로 생각해서는 안 되고, 반대로 하나님은 이렇게 권징하시는 자를 반드시 높이신다는 것을 알아야 한다(7:17-18).

3. "너는 이 징계를 여러 가지 부차적인 원인들로 인해서 단지 우연히 생겨난 일인 양 무시하여 간과해 버리고 말고, 거기에서 하나님의 음성과 하늘의 사자의 메시지를 들으려고 큰 주의를 기울이라." 이 본문 속에는 겉으로 표현된 것보다 더 깊은 뜻이 담겨 있다. "여호와의 징계를 존중하라. 너를 바로잡으시고자 하시는 이 손길을 겸손하고 경외하는 마음으로 주시하고, 사자가 부르짖을 때에 두려워 떨라(암 3:8). 하나님의 징계하심에 순복하고, 그 부르심에 응답하고 그 목적에 부응하고자 애쓰라. 그러면, 너는 하나님의 징계를 존중하고 있는 것이다." 하나님께서 환난을 통해서 우리에게 어떤 것을 행하라고 압박해 오시며 청구서를 내미시면, 우리는 하나님의 뜻을 받들어서 그 청구서에 서명하고 하나님께 속하는 것을 기꺼이 내드려야 한다.

Ⅱ. 엘리바스가 욥에게 주는 위로와 격려의 말.   그가 이런 위로와 격려의 말을 하는 것은 욥으로 하여금 자신의 상황을 인정하고서 (그 자신이 표현했듯이) 하나님의 손에 의한 환난을 자기가 겪을 이유가 없다고 무시하지 말고 그대로 받아들이기 위한 것이다.

1. 욥이 자신의 환난을 이런 식으로 감당한다면, 다음과 같은 결과들이 있으리라는 것.

(1) 환난의 성격과 속성이 변하리라는 것. 이 환난은 겉보기에는 비참한 것처럼 보일지라도 사실은 욥에게 지극한 복이 될 것이다. 하나님께 징계 받는 자는 그가 그 징계를 적절하게 선용하기만 한다면 복이 있다. 선한 자는 환난을

당하더라도 복이 있다. 왜냐하면, 그는 무엇을 잃었든지 간에 하나님을 누리는 것 또는 천국에 들어가는 복을 잃은 것은 아니기 때문이다. 아니, 그는 환난을 당하기 때문에 복이 있다. 징계는 그가 하나님의 아들이라는 것을 보여주는 증거이자 하나님이 그를 거룩하게 하시는 수단이다. 징계는 그의 부패한 본성들을 죽이고, 그의 마음을 세상에 대하여 시들하게 해주며, 그를 하나님께 더 가까이 데려다 주고, 그로 하여금 성경을 더 가까이 하게 만들며 기도의 무릎을 꿇게 함으로써, 그를 현재의 고난보다 이루 말할 수 없이 더 크고 영원한 영광을 받기에 합당한 자로 만들어 준다. 그러므로 하나님께 징계 받는 자는 복이 있다(약 1:12).

(2) 환난의 결말과 결과가 아주 선하리라는 것(18절).

[1] 하나님은 심한 종기들로 육신을 아프게 하시고 서글픈 생각들로 마음을 아프게 하시다가 결국에는 그것들 싸매 주신다는 것. 이것은 능숙하고 자상한 외과 의사가 수술용 칼로 상처 부위들을 헤집어 놓았다가 수술이 끝나면 그 상처들을 싸매어 봉합하는 것과 같다. 하나님께서는 그의 섭리의 책망들을 통해서 아프게 하시다가, 후에는 성령의 위로들을 통해서 싸매어 주시는데, 그 위로의 풍성함은 환난의 심함을 충분히 상쇄시키고도 남음이 있기 때문에, 환난을 인내로써 참아낸 자들은 이루 말할 수 없는 만족을 얻는다.

[2] 하나님은 상하게 하시다가 때가 되면 그의 손으로 고치셔서 온전하게 하신다는 것. 하나님은 환난 가운데에 있는 자기 백성들을 붙들어 주셔서 평안하게 해주실 뿐만 아니라, 때가 되면 그들을 환난에서 건져 주시고 그들에게 피할 길을 내주신다. 그래서 모든 것이 다시 평온해진다. 하나님은 그들이 환난을 당한 날수만큼 그들을 위로해 주신다. 하나님의 통상적인 방법은 먼저 상하게 하시고나서 고쳐 주시고, 먼저 죄를 깨닫게 하시고나서 위로해 주시며, 먼저 낮추시고나서 높이시는 것이다. 하나님은 나중에 고치실 것을 생각해서 결코 상처를 너무 크거나 깊게 하시지 않으신다(캐릴 목사는 이렇게 말한다). 하나님은 상처를 내신 그 손으로 치유를 행하신다. 하나님은 악인들을 찢으셔서 데려가 버리신다. 악인들은 어떤 수를 쓰더라도 하나님이 내신 상처를 고칠 수 없다(호 5:14). 그러나 겸손하고 참회하는 자들은 여호와께서 우리를 찢으셨으나 도로 낫게 하실 것이요(호 6:1)라고 말할 수 있다. 여기까지는 일반적인 얘기들이다.

2. 엘리바스는 이후의 절들(19-27절)에서 직접 욥을 향하여, 욥이 하나님의 손 아래에서 스스로를 낮추기만 한다면 하나님이 그를 위해 행하실 크고 인자한 일들에 관한 많은 귀한 약속들이 있다고 말해 줌. 당시에는 오늘날과 같은 성경이 없었지만, 엘리바스는 하나님이 자기 백성에게 밝히셨던 그의 선한 뜻들을 근거로 해서 확신 있게 욥에게 이러한 약속들을 말해줄 수 있었다. 욥의 친구들이 말한 모든 것이 하나님의 성령의 인도하심을 따라 된 것은 아니었지만(그들은 하나님과 욥에 대하여 옳지 않은 것들도 말했기 때문에), 그들이 말한 전체적인 교훈들은 족장 시대의 경건한 인식을 표현한 것이었다. 이것은 사도 바울이 13절을 성경 말씀으로 인용하였고(고전 1:19), 17절의 명령이 우리에게 구속력이 있다는 것이 의심의 여지가 없다는 것(히 12:5)에서 드러난다. 따라서 우리는 여기에 나오는 약속들을 하나님의 약속들로 받을 수 있을 뿐만 아니라 받아야 하며, 성경의 이 부분이 우리에게 주는 인내로 또는 위로로 소망을 가질 수 있다. 그러므로 우리는 이 약속들이 우리에게 유익하다는 것을 확신하고, 그 세부적인 것들을 살펴서 그것들로부터 위로를 얻는 일에 힘써야 한다.

(1) 환난과 고난이 아무리 많이 반복되더라도 하나님께서 은혜로 힘 주시고 구원하시는 일도 계속해서 반복되리라는 약속이 여기에 주어짐. 하나님은 여섯 가지 환난에서 너를 구원하실 준비가 되어 계시고, 아니 일곱 가지 환난에서라도 너를 구원하실 것이다(19절). 이것은 비 온 후에 다시 구름이 끼듯이 우리가 여기 이 세상에 사는 동안에는 우리에게 환난이 끊이지 않을 것임을 보여준다. 여섯 번의 환난 뒤에는 십중팔구는 일곱 번째의 환난이 찾아온다. 우리는 많은 환난을 겪은 후에도 환난이 더 오리라는 것을 예상하여야 한다. 그러나 이 모든 환난 가운데에서 하나님은 자기 백성을 구원하실 것이다(딤후 3:11; 시 34:19). 사람들은 몇 번 구해주고 난 후에는 더 이상 구해 주기를 거절하지만, 하나님은 몇 번이라도 기꺼이 반복해서 구해 주신다(잠 19:19).

(2) 선한 자들이 어떤 환난 속에 있을지라도, 하나님은 그 재앙이 그들에게 미치지 않게 하시리라는 것. 환난들은 그들에게 그 어떤 실제적인 해악을 끼치지 못할 것이다. 하나님은 환난들이 지니고 있던 악성과 독침을 뽑아 버리실 것이기 때문이다. 환난들은 소름끼치는 소리를 내며 위협할 수는 있지만, 실제로 해악을 끼칠 수는 없다(시 91:10). 악한 자는 하나님의 자녀들을 만지지도 못한

다(요일 5:18). 하나님은 자기 백성을 죄로부터 지켜주실 뿐만 아니라 온갖 환난에 의한 해악으로부터도 지켜 주신다.

(3) 모든 것을 황폐화시키는 심판이 도처에서 횡행할 때에 하나님은 그들을 특별한 보호 아래 두시리라는 것(20절). 주위의 많은 사람들이 일용할 양식이 없어서 죽어 가는가? 하나님은 자기 백성에게 먹을 것을 공급해 주실 것이다. "하나님은 기근 때에 죽음에서 너를 구원하실 것이다. 다른 사람들은 어떻게 되든, 하나님은 너를 살리실 것이다(시 33:19). 하나님이 진실로 너를 먹이실 것이고, 심지어 기근의 날에도 너는 풍족하여 배부를 것이다(시 37:3, 19). 또한, 무수한 사람들이 너의 좌우에서 쓰러져 죽는 전쟁 때에 하나님은 칼의 위협에서 너를 구원하실 것이다. 하나님이 기뻐하시면, 칼이 너를 건드리지도 못할 것이다. 칼이 너에게 상처를 내거나 너를 죽인다고 하여도 네게 해악을 끼치지는 못할 것이다. 칼은 단지 너의 몸을 죽일 수 있을 뿐이고, 그것도 칼이 하늘로부터 그렇게 할 권세를 얻었을 때에만 그런 일이 일어날 수 있기 때문이다."

(4) 사람들이 그들에 대하여 어떤 악의적인 말을 한다고 할지라도, 그 말은 그들을 해치지 못하리라는 것(21절). "네가 전쟁에서 사람을 죽이는 칼로부터 보호를 받게 될 뿐만 아니라, 채찍처럼 사람을 죽이지는 못하지만 몹시 고통스럽게 하는 혀의 채찍을 피하여 숨을 수 있게 될 것이다." 아무리 선한 자들이고 남에게 해를 끼치는 일이 없는 자들일지라도 사람들로부터 중상모략과 비난과 거짓 고소를 당하는 것을 피할 수 없다. 사람들은 스스로 그러한 것들을 피하여 숨을 수 없지만, 하나님은 사람들을 그런 것들로부터 숨겨 주실 수 있기 때문에, 아무리 악의적으로 비방하는 자들이라도 하나님이 숨겨 주시는 자들의 마음을 어지럽힐 수 없고, 다른 사람들도 그 비방에 주의를 기울이지 않을 것이기 때문에 그들의 평판에 오점이 생기게 할 수 없다. 또한, 비방하는 자들의 남은 분노를 하나님은 억제하실 수 있으시고, 또한 실제로 그렇게 하신다. 혀의 채찍이 이 세상에서 선한 자들이 지닌 온갖 위로들을 망쳐 놓지 못하는 것은 하나님이 악한 자들의 양심을 제어하고 계시기 때문이다.

(5) 그들은 상황이 아주 안 좋은 때에도 하나님에 대한 그들의 소망과 신뢰로부터 생겨나는 거룩한 평안함과 평정심을 갖게 되리라는 것. 위험들이 아주 위협적일 때에도 그들은 그들 자신이 안전할 것임을 믿기 때문에 평안한 마음을 갖게 될 것이다. 그들은 멸망이 오는 것을 보면서도 두려워하지 아니할 것이

고(21절), 땅의 짐승들과, 짐승이나 다름없이 잔혹한 사람들이 덤벼들어도 무서워하지 아니할 것이다. 아니, 그들은 **멸망과 기근을 비웃을 것이다**(22절). 이것은 하나님의 징계를 멸시하거나 하나님의 심판을 장난으로 여긴다는 뜻이 아니라, 하나님 및 그의 능력과 선하심 안에서 세상과 그 모든 장애들을 이겨냄으로써 환난 가운데에서도 평안할 뿐만 아니라 즐겁고 기뻐한다는 뜻이다. 사도 바울이 사망아 네가 쏘는 것이 어디 있느냐(고전 15:55)고 말하거나, 모든 일에 우리가 넉넉히 이기느니라고 결론을 내리며 우리를 하나님의 사랑에서 끊으려고 공격해 오는 현세의 온갖 재난들을 무시하였을 때(롬 8:35-39), 그는 멸망을 비웃은 것이었다. 이사야 37:22을 보라.

(6) 그들은 하나님과 화목한 관계에 있기 때문에 온 피조물과도 우호적인 관계에 있으리라는 것(23절). "너는 들의 돌들과 제휴하게 될 것이기 때문에 네 들을 걸을 때에 걸려 넘어질 것을 염려하지 않아도 될 것이고, 들의 짐승들과 화목하게 살 것이기 때문에 그 짐승들이 네게 전혀 위험이 되지 않을 것이다." 호세아 2:18과 비교해 보라: 내가 그들을 위하여 들짐승과 더불어 언약을 맺어 그들로 평안히 눕게 하리라. 이것은 사람이 그를 지으신 자와 적대 관계에 있게 되면 온 피조물들도 그를 대적하게 될 것이지만 하나님과 화목하면 만물과도 화목하게 된다는 것을 의미한다. 우리와 하나님의 언약 관계는 곧 모든 피조물들과의 언약 관계이기도 하기 때문에, 피조물들은 우리를 해치지 않고 도리어 우리를 기꺼이 섬기며 우리에게 도움을 주려고 할 것이다.

(7) 그들의 집과 가족으로 인하여 그들이 위로를 받게 되리라는 것(24절). 가정 속에 평화와 경건이 있어서 자신의 집과 가족을 생각할 때에 그들의 마음은 위로를 받게 될 것이다. "너는 네 장막의 평안함을 알고 확신하게 될 것이다. 너는 네 장막이 현재에 있어서나 장래에 있어서나 형통하리라는 것을 확신할 수 있다." 저 평안이 네 장막이다(원문에는 이렇게 되어 있다). 평안은 하나님 안에 거하여 하나님과 편안한 관계에 있는 자들이 거주하는 집이다. "네가 네 거처에서 집안 일들을 살펴도 죄를 짓지 아니할 것이다."

[1] 하나님이 자기 백성에게 주시는 거처는 비록 초라하고 쉽게 옮길 수 있는 초가집일지라도 안정되고 평안한 거처가 되리라는 것. "너는 죄를 짓지 아니하리라. 또는, 너는 떠돌지 아니하리라(어떤 이들은 이렇게 이해한다). 너는 하나님의 저주를 받은 가인과는 달리 도망하는 자나 방랑하는 자가 되지 않을

것이고, 불안하게 방황하는 떠돌이들과는 달리 땅에 정착하여 평안히 먹으리라."

[2] 그들의 가정은 하나님의 섭리의 특별한 보호 아래 있어서, 형통이 그들에게 유익이 되기만 한다면 얼마든지 형통하게 되리라는 것.

[3] 그들은 평안을 알게 될 것이고, 그 평안이 대대로 지속되리라는 것을 확신하게 되리라는 것. "너는 하나님의 약속의 말씀을 받아서 네가 평안하리라는 것을 알게 됨으로써 이루 말할 수 없이 만족하게 될 것이다." 섭리는 변할 수 있지만, 약속은 변할 수 없다.

[4] 그들은 그들의 가정을 제대로 다스리며 집안 일들을 분별 있게 잘 처리할 수 있는 지혜를 갖게 되리라는 것. 이것은 여기에서 그들이 거처를 살핀다는 말로 표현되어 있다. 가정을 제대로 다스리는 자들은 가정에서 제3자로 있는 것이 아니라, 그들의 소유와 그들의 종들이 하는 일들을 잘 살펴야 한다.

[5] 그들은 집안 일들을 경건하게 처리할 수 있는 은혜를 지니고 있어서 그 일들을 함에 있어서 죄를 짓지 아니하리라는 것. 그들은 종들에게 책임을 물을 때에도 분노나 교만, 탐욕스러움이나 속물 근성이 없을 것이다. 그들은 집안 일들을 살필 때에 현재의 상태에 대한 불만이나 장래의 상태에 대한 불신이 없을 것이다. 가정의 경건은 가정의 평안과 형통에 면류관을 씌워 준다. 우리가 일하는 것이나 누리는 것에서 가장 큰 축복은 그것들을 행함에 있어서 죄를 짓지 않는 것이다. 우리가 밖에 나가 있을 때에 우리의 장막이 평안하다는 말을 듣는 것은 우리에게 큰 위로가 된다. 우리가 집에 돌아갈 때에는 밖에서 한 일들이 잘 되었다는 흡족한 마음과 그 일들을 하면서 하나님께 범죄하지 않았다는 선한 양심을 가지고 우리의 거처를 찾는 것은 우리에게 큰 위로가 된다.

(8) 그들의 자손이 그 수가 많고 형통하리라는 것. 욥은 그의 모든 자녀를 잃었다. 엘리바스는 이렇게 말한다: "그러나 네가 하나님께 돌아온다면, 하나님은 다시 네 가정을 세워주실 것이고, 네 자손은 이전처럼 많아질 것이며, 네 후손은 땅의 풀과 같이 번성하게 될 것이다(25절). 그리고 이러한 사실을 네가 알게 될 것이다." 하나님은 신실한 자의 자손들을 위하여 축복들을 준비해 놓고 계시고, 그 자손들은 제멋대로 행하여 그들의 어리석음 때문에 그 축복들을 상실하지만 않는다면 반드시 그 축복들을 받게 될 것이다. 자녀들의 형통, 특히 영적인 형통을 보는 것은 부모에게 큰 위로가 된다. 자녀들이 이 세상에서

출세를 하지 못한다고 하여도, 진정으로 선하고 위대하다면, 그것은 부모에게 큰 기쁨이 된다.

(9) 그들은 천수를 다 누리다가 때가 되면 기쁨과 존귀함 가운데에서 일생을 마치게 되리라는 것(26절). 다음과 같은 것들은 하나님의 큰 긍휼들이다.

[1] 일찍 죽지 않고 천수가 다할 때까지 사는 것. 하나님의 섭리로 인해서 우리가 장수하도록 되어 있지 않다고 할지라도, 하나님이 우리에게 은혜를 주셔서 우리에게 주신 때로 만족하게 하신다면, 우리는 천수를 누렸다고 말할 수 있을 것이다. 우리가 이 세상에서 할 일을 다 하고 저 세상을 위한 준비를 다 마쳤다면, 우리는 충분히 장수했다고 말할 수 있다.

[2] 어리석은 부자처럼 하나님이 그 영혼을 다시 거두어가시겠다고 하실 때에 죽지 않으려고 발버둥치다가 강제로 음부로 끌려가는 것이 아니라, 기꺼이 죽고자 하고 즐거운 마음으로 무덤으로 향하는 것.

[3] 곡식이 다 익어서 추수되어 곳간에 저장되듯이, 때가 되어 자연스럽게 죽는 것. 죽을 때가 되어서 제때에 죽지 않고, 하루라도 더 살아서 쓸데없는 소모가 있게 되는 것은 결코 좋은 일이 아니다. 우리와 관련된 때들(times)은 하나님의 손 안에 있다. 이것은 좋은 일이다. 왜냐하면, 하나님은 그의 소유인 자들이 언제 죽어야 가장 잘 죽는 것인지를 아시기 때문이다. 그들의 죽음이 우리에게는 아무리 불시의 죽음처럼 보일지라도, 사실 그들은 가장 좋은 때에 죽은 것임이 나중에 밝혀지게 될 것이다.

3. 엘리바스는 마지막 절(27절)에서 욥에게 이러한 약속들의 성격에 대하여 말함.

(1) 이 약속들은 엘리바스가 진리라고 확신하는 신실한 말씀들이라는 것. "볼지어다 우리가 연구한 바가 이와 같다. 우리는 사실 이러한 것들을 우리 조상들로부터 전수받았지만, 그것들을 무턱대고 받아들인 것은 아니다. 우리는 주의 깊게 그것들을 살펴보고, 영적인 것들을 서로 비교하여 보며, 그것들을 부지런히 연구하여, 우리 자신의 고찰과 경험을 통해서 그것들에 대한 확신을 갖게 된 것이다. 그렇게 해서, 우리는 모두 이것들이 진리라는 것에 대하여 동일한 생각을 갖게 되었다." 진리는 땅속 깊이 파거나 물속 깊이 잠수해서 얻고자 할 만한 가치를 지닌 보화이다. 우리가 진리를 찾기 위해서 큰 수고를 했을 때에야 비로소 우리는 우리 자신이 그 진리를 얼마나 소중히 여겨야 하는지, 다

른 사람들에게 그 진리를 전하는 것이 얼마나 절실한지를 알게 될 것이다.

(2) 이 약속들은 모든 사람이 받을 만한 충분한 가치가 있는 것들이기 때문에, 욥도 이 말씀들을 받으면 큰 유익을 얻게 되리라는 것. 너는 들어보라 그러면 내가 알리라. 진리를 듣고 아는 것만으로는 충분하지 않기 때문에, 우리는 진리를 우리 자신에게 적용해서 그 진리로 말미암아 더 지혜롭고 선한 자가 되어야 한다. 우리는 진리가 주는 감화들을 받아들이고, 진리가 지닌 지배력에 순복하여야 한다. 너는 이 진리를 네 자신과 너의 경우에 적용해 보아서 그 진리를 너의 것으로 만들어라. 너는 "이것이 진리"라는 것만이 아니라 "이것이 너에 대해서도 진리"라는 것을 알아야 한다. 우리가 음식을 먹고서 소화를 시켜야 영양분을 흡수할 수 있듯이, 우리는 이렇게 진리를 우리 자신에게 실제로 적용하는 방식으로, 즉 우리의 유익을 위하여 듣고 알아야 한다. 우리에게 유익을 주는 설교야말로 우리에게 좋은 설교이다.

제

— 6 —

장

개요

엘리바스는 자신의 확신을 피력하는 것으로 그의 설교를 마쳤다. 그는 그가 지금까지 말한 것은 너무도 분명하고 적절한 것이기 때문에 그 누구도 반론을 제기할 수 없을 것이라고 확신하였다. 그의 말들은 얼핏 보면 다 옳은 듯이 보이지만, 그의 이웃이 와서 그가 한 말들을 살핀다. 욥은 엘리바스가 한 모든 말들에도 불구하고 죄를 깨닫지 못하고, 여전히 자신의 불평이 옳다고 말하며, 엘리바스의 주장 속에는 약점이 있다고 그를 단죄한다. I. 욥이 자기가 자신의 환난들에 대하여 불평을 한 것은 정당한 이유가 있었다는 것과 공정한 재판관이라면 누구나 그 점을 인정할 것이라고 주장함(2-7절). II. 욥은 자기가 속히 죽어서 자신의 모든 비참함으로부터 놓여나서 편안해지고 싶다는 간절한 소원을 피력함(8-13절). III. 욥은 그의 친구들이 그를 무자비하게 비난하고 냉정하게 대하고 있다고 그 친구들을 책망함(14-30절). 우리는 욥의 이러한 말들 속에는 일리가 있는 것들도 많이 있지만 분노와 인간적인 연약함도 함께 섞여 있다는 것을 인정하지 않으면 안 된다. 대부분의 논쟁에서와 마찬가지로 이 논쟁에서도 양쪽에 다 잘못이 있었다.

[1]욥이 대답하여 이르되 [2]나의 괴로움을 달아 보며 나의 파멸을 저울 위에 모두 놓을 수 있다면 [3]바다의 모래보다도 무거울 것이라 그러므로 나의 말이 경솔하였구나 [4]전능자의 화살이 내게 박히매 나의 영이 그 독을 마셨나니 하나님의 두려움이 나를 엄습하여 치는구나 [5]들나귀가 풀이 있으면 어찌 울겠으며 소가 꼴이 있으면 어찌 울겠느냐 [6]싱거운 것이 소금 없이 먹히겠느냐 닭의 알 흰자위가 맛이 있겠느냐 [7]내 마음이 이런 것을 만지기도 싫어하나니 꺼리는 음식물 같이 여김이니라

엘리바스는 그의 설교의 시작 부분에서 욥을 아주 날카롭게 몰아부쳤었지만, 욥은 엘리바스의 설교를 중간에 끊지 않고, 그가 하는 말을 인내로써 끝까지 다 들었던 것 같다. 어떤 사람의 말을 공정하게 판단하고자 한다면, 우리는 그 말을 끝까지 다 주의 깊게 들어야 한다. 엘리바스가 하고자 한 말을 다

했을 때, 욥은 비로소 그 말에 대답을 하면서 자신의 감정을 생생하게 밝힌다.

I. 욥은 자기에게 닥친 재앙이 자기가 앞서 표현했던 것이나 그들이 생각하는 것보다 훨씬 더 극심한 것이라고 말함(2-3절). 욥은 그 재앙을 말로 다 표현할 수 없었고, 친구들도 그 재앙을 온전히 파악할 수 없으며, 적어도 그들이 욥이 겪는 재앙을 다 이해하고 있다고 말할 수 없을 것이었다. 그러므로 욥은 공정한 저울과 공정한 추를 가지고서 그의 슬픔과 재앙을 공정하게 달아줄 제3자가 있다면, 그런 사람에게 이 일을 기꺼이 맡기고 싶다는 자신의 심정을 말한다. 욥은 (자기 입으로 직접 자신의 슬픔을 정당화하고 싶지 않기 때문에) 그런 사람이 있어서 자신의 슬픔과 그 슬픔에 대한 자신의 표현들을 저울의 한쪽 접시에 올려놓고, 자신의 재앙과 그 세부적인 것들을 다른 쪽 접시에 올려놓아서 그가 받는 재앙이 그의 탄식보다 더 무겁다는 것(23:2)을 알게 되었으면 좋겠다고 말한다. 왜냐하면, 그의 슬픔이 어떤 것이든, 그가 겪는 재앙은 바다의 모래보다도 더 무거울 것이기 때문이다. 그에게 닥친 재앙은 바다의 모래처럼 무수한 환난들과 괴로운 일들이 서로 뒤얽혀 있어서 그의 고통은 더욱 가중되었다. "그러므로 내 말들이 삼켜졌느니라"고 그는 말한다. 즉, "너희는 나의 표현들이 심하고 거칠게 나온 것을 이해해 주어야 한다. 너희는 나의 말이 세련된 웅변가처럼 세련되거나 공손하지 못하며, 까다로운 철학자처럼 무게 있고 논리정연하지 못한 것을 이상하게 생각하지 말라. 이런 상황 속에서 나는 웅변가나 철학자 같이 말할 수가 없다. 너희가 직접 들었듯이, 나의 말들은 완전히 삼켜져 버렸다."

1. 욥이 이런 말을 통해서 그의 친구들이 자신의 처지를 충분히 살펴서 그 상황이 얼마나 나쁜지를 이해하지도 않고서 그에게 영적인 처방을 내리려고 한 것에 대하여 불편한 심기를 드러냄. 편안히 지내는 자들이 환난 받는 자들이 겪는 고통을 제대로 이해하는 것은 거의 불가능하다. 모든 사람은 자신의 고통으로부터는 최대한의 아픔을 느끼지만, 다른 사람들의 고통으로부터 최대한의 아픔을 느끼는 사람은 거의 없다.

2. 욥이 화가 나서 자신의 생일을 저주할 때에 지나친 표현들을 사용한 것에 대하여 변명함. 그는 자기가 한 모든 말이 옳다고 주장할 수는 없었지만, 그의 친구들이 이런 식으로 그가 한 말을 폭력적으로 정죄하는 것은 옳지 않다고 생각하였다. 왜냐하면, 욥은 통상적인 슬픔 속에서는 그런 말이 결코 용납될

수 없겠지만, 그의 경우는 실제로 대단히 이례적인 것이어서, 그런 슬픔 속에 있는 자가 그런 말을 하는 것은 용인될 수 있다고 생각하였기 때문이다.

3. 욥이 자신의 재앙이 극심하다는 것을 말함으로써 그의 친구들이 그에게 자비롭고 동정적인 마음을 갖고서 그를 더 잘 대해 주었으면 좋겠다고 주문함. 고통을 당하는 자에게는 다른 사람들이 그를 이해해 주는 것이 위로가 된다.

II. 욥은 자기가 겪는 마음의 괴로움과 두려움이 이 재앙으로 인한 가장 극심한 고통 중의 하나라고 탄식함(4절). 이 점에서 욥은 그리스도의 모형이었다. 왜냐하면, 그리스도께서는 여러 가지 고난들을 겪으시면서 그의 마음의 괴로움을 우선적으로 하소연하셨기 때문이다: 지금 내 마음이 괴롭다(요 12:27). 내 마음이 매우 고민하여 죽게 되었다(마 26:38). 나의 하나님, 나의 하나님, 어찌하여 나를 버리셨나이까(마 27:46). 가엾은 욥은 여기에서 다음과 같은 것들에 대하여 하소연한다.

1. 그가 느낀 것에 대하여. 전능자의 화살이 내게 박혀 내 안에 있다. 그를 이러한 혼란 속으로 몰아넣은 것은 가난이나 수치나 육체적인 고통 같은 그런 괴로운 일들 자체가 아니라, 그에게 그의 마음을 칼로 베는 것 같은 고통을 주어서 그로 하여금 초조하고 화나게 만든 것, 즉 그가 사랑하고 섬긴 하나님이 이 모든 재앙을 그에게 내리셔서 하나님의 진노의 모든 표적들 아래에 그를 두셨다는 바로 그런 생각이었다. 무엇보다도 가장 극심한 괴로움은 마음의 괴로움이라는 것을 명심하라. 심령이 상하면 그것을 누가 일으키겠느냐(잠 18:14). 하나님이 우리에게 육체나 재산에 그 어떤 환난을 주신다고 할지라도, 우리의 이성이 제대로 작동하고 우리의 양심이 평안하다면, 우리는 얼마든지 그 환난을 잘 받아들여서 견뎌낼 수 있다. 그러나 우리의 이성이나 양심 중에서 어느 하나라도 잘못된다면, 우리의 형편은 정말 비참해진다. 하나님이 보내시는 환난의 불화살들을 미연에 방지하는 길은 사탄이 공격해 대는 시험과 유혹의 불화살들을 믿음의 방패로 막아내는 것이다. 욥은 그런 것들을 전능자의 화살들이라 부른다는 것을 주목하라. 왜냐하면, 하나님이 그의 화살들을 쏘셔서 영혼에 박히게 하실 수 있으신 것은 인간의 능력을 뛰어넘는 하나님의 능력을 보여주는 한 예이기 때문이다. 사람의 영혼을 만드신 하나님은 그의 칼로 그 영혼을 찌르실 수도 있으시다. 욥은 그의 영이 그 화살들의 독 또는 열기를 마셨다고 말한다. 왜냐하면, 그 화살들은 그의 이성을 어지럽히고, 그의 결단력을 흔들어 놓으며,

그의 활기를 소진시키고, 그의 생명을 위협하였기 때문이다. 그러므로 욥은 그가 화가 나서 한 지나친 표현들은 비록 옳다고 할 수는 없지만 용서받을 수 있는 것들이라고 말한다.

2. 그가 두려워한 것에 대하여. 욥은 전열을 가다듬은 군대처럼 하나님의 두려움들이 그를 치려고 둘러싸고 있는 것을 보았다. 하나님은 그의 두려움들을 보내셔서 욥을 대적하여 싸우셨다. 욥은 내면으로 물러나서 자신의 속을 들여다보았을 때에도 아무런 위로를 얻지 못했던 것처럼, 하늘을 우러러 보았을 때에도 아무런 위로를 얻을 수 없었다. 욥은 이제까지 하나님의 위로들을 통해서 힘을 얻어 왔었지만, 지금은 그 위로들을 얻을 수 없었을 뿐만 아니라, 하나님의 두려움들이 그를 공격하는 것을 보고서 크게 놀랐다.

Ⅲ. 욥은 자신의 불평들을 심하게 비난하고 그의 처지를 제대로 다루지 못한 그의 친구들에 대하여 서운한 감정을 드러냄.

1. 그들이 한 책망들은 아무런 근거가 없는 것들이었다는 것. 욥이 환난을 당하고 있는 지금에 와서 불평한 것은 사실이지만, 화를 잘 내고 불안한 심령을 지닌 자들과는 달리 그가 형통할 때에는 한 번도 불평한 적이 없었다. 그는 풀이 있을 때에는 울지 않았고, 꼴이 있을 때에는 울지 않았다(5절). 그러나 자신의 모든 위로들을 철저하게 다 박탈당한 지금에 있어서 만약 그가 자신의 슬픔을 어느 정도 토로하지 않았다면, 그는 들나귀나 소만큼의 감정도 없는 목석임에 틀림없을 것이다. 욥은 지금 너무나 가난하여 거친 음식들을 먹어야 했고, 소금 한 톨이 없어서 지금 그에게 최상품의 요리인 달걀 흰자위를 소금도 치지 않은 채로 싱겁게 먹어야 했다(6절). 전에는 손 대기조차 싫어하였던 음식이 지금의 그에게는 반가운 것이었고, 그것은 정말 그에게 슬픈 음식이었다(7절). 우리는 언제 어떻게 가난해져서 지금 우리가 손 대기도 싫어하는 음식을 그 때에는 먹을 수밖에 없는 처지가 될지 모르는 일이기 때문에, 우리 자신이나 우리의 자녀들이 맛 있고 고급스러운 음식이나 음료에 길들여지지 않도록 조심하는 것이 지혜로운 일임을 명심하라.

2. 그들이 준 위로들은 영양가도 없고 맛도 없는 것들이었다는 것. 어떤 이들은 6절과 7절의 본문을 이런 식으로 이해한다. 욥은 그의 친구들이 그를 위로하기 위해 해준 말들 중에서 그에게 적절한 말이나 따뜻한 말이나 그의 심령을 기쁘게 하고 힘을 주는 말을 전혀 들을 수 없었다고 하소연한다. 그들이 해

준 말들은 그 자체가 달걀의 흰자위처럼 맛 없는 것이었고, 구체적으로 그에게 적용되었을 때에는 지극히 꺼리는 음식처럼 역겹고 부담스러운 것이었다. 나는 엘리바스가 해준 기가 막히게 좋은 말들(5:8-13)에 대하여 욥이 이런 식으로 평가한 것을 유감스럽게 생각한다. 그러나 뒤틀린 심령들은 그들을 위로하고자 하는 자들을 이런 식으로 모욕하기가 너무나 쉽다.

⁸나의 간구를 누가 들어 줄 것이며 나의 소원을 하나님이 허락하시랴 ⁹이는 곧 나를 멸하시기를 기뻐하사 하나님이 그의 손을 들어 나를 끊어 버리실 것이라 ¹⁰그러할지라도 내가 오히려 위로를 받고 그칠 줄 모르는 고통 가운데서도 기뻐하는 것은 내가 거룩하신 이의 말씀을 거역하지 아니하였음이라 ¹¹내가 무슨 기력이 있기에 기다리겠느냐 내 마지막이 어떠하겠기에 그저 참겠느냐 ¹²나의 기력이 어찌 돌의 기력이겠느냐 나의 살이 어찌 놋쇠겠느냐 ¹³나의 도움이 내 속에 없지 아니하냐 나의 능력이 내게서 쫓겨나지 아니하였느냐

다스려지지 않은 분노는 책망하거나 통제하고자 하면 흔히 더욱 난폭해지는 법이다. 거센 파도가 이는 바다는 바위를 향하여 돌진할 때에 가장 격렬해진다. 욥은 죽음을 통해서 그의 비참한 삶을 끝내는 것이 복될 것이라고 생각하여 죽음을 간절히 원했었고(3장), 엘리바스는 욥의 그러한 태도를 심하게 꾸짖었었다. 그러나 욥은 자기가 한 말을 취소하기는커녕 도리어 여기에서 또다시 이전보다 더 격렬하게 죽고 싶다는 말을 되풀이한다. 욥의 이런 말은 그가 한 다른 말들과 마찬가지로 악한 말이고, 우리로 하여금 본받게 하기 위해서가 아니라 그런 말을 해서는 안 된다는 교훈을 우리에게 주기 위하여 여기에 기록된 것이다.

I. 욥이 마치 이 세상에서 선한 날들을 다시 볼 가능성이나, 기도를 통해서 은혜를 받아 이 환난의 날들이 선한 날들로 바뀔 가능성이 전혀 없다는 듯이 여전히 계속해서 간절히 죽기를 바람. 그는 죽음 이외에는 그의 괴로움을 끝낼 수 있을 것 같지 않았고, 자연스럽게 죽을 때를 기다릴 인내심도 갖고 있지 못했다. 그에게는 구하는 것이 하나 있었고, 간절히 바라는 것이 하나 있었다(8절). 그것은 무엇이었는가? 우리는 그가 바라는 것이 "하나님이 그를 구원하시고 회복시키시는 것을 기뻐하셔서 그로 하여금 다시 형통하게 하시는 것"일

것이라고 생각하겠지만, 사실 그가 바란 것은 하나님이 나를 멸하시기를 기뻐하시는 것이었다(9절). "하나님께서 전에 그 손을 펴사 나를 가난하게 만드시고 병들게 만드셨듯이, 이제 다시 그 손을 펴사 내 생명을 끊어 주소서. 하나님이여, 내게 치명적인 일격을 가하여 주소서. 그러면, 그것은 내게 은혜의 일격이 되겠나이다." 프랑스에서는 실제로 능지처참형을 당하는 자들을 죽음에 이르게 하는 마지막 일격을 은혜의 일격이라 부른다. 욥에게도 전능자가 그를 멸하시는 것이 두려움이었던 때가 있었지만(31:23), 지금 그는 그의 영혼이 주 예수의 날에 구원 받게 될 것을 소망하는 가운데에 그의 육체가 멸해지기를 간절히 바라고 있는 것이다. 욥은 죽기를 간절히 바랐고 죽는 날이 지체되는 것에 대하여 대단히 화를 내었지만, 스스로 목숨을 끊어버리겠다고 하지 않았고, 단지 하나님이 그를 멸하시기를 기뻐하시기만을 간구하였다는 것을 주목하라. 도저히 견딜 수 없는 괴로움을 끝내는 합법적인 수단으로 자살을 권장했던 세네카(Seneca)의 도덕은 당시에 알려져 있지 않았고, 설령 그런 도덕이 알려져 있었다고 하여도 하나님과 자연의 법을 조금이라도 존중하는 사람이라면 결코 그런 도덕을 받아들이지 않았을 것이다. 영혼이 육신에 갇혀 있는 것이 아무리 불편할지라도, 영혼은 결코 억지로 그 감옥을 깨뜨려서는 안 되고, 자연스럽게 그 감옥에서 풀려날 때를 기다려야 한다.

II. 욥이 자신의 그러한 소원을 기도로 바꾸어서, 하나님이 그의 소원을 들어 주시고 그를 위하여 기쁘게 그렇게 해주시기를 간구함. 욥이 빨리 죽기를 이토록 열렬히 원한 것은 죄였기 때문에, 그러한 소원을 하나님께 기도로 올려 드려도 그 기도는 응답될 수 없었다. 아니, 욥이 그의 악한 소원을 그의 기도 제목으로 삼았을 때, 그것은 더욱 악한 것이 되었다. 왜냐하면, 우리는 우리가 믿음 안에서 구할 수 있는 것 외에는 하나님께 다른 것을 구해서는 안 되고, 하나님의 뜻에 맞지 않는 것을 믿음으로 구해서는 안 되기 때문이다. 분노의 기도는 말로 분노를 표출하는 것보다 훨씬 더 악하다. 왜냐하면, 우리는 분노 없이 순전한 손을 들어 기도하여야 하기 때문이다(딤전 2:8).

III. 욥이 죽음을 통해서 자신의 모든 슬픔과 고통에서 효과적으로 벗어날 수 있기를 기대함(10절). "그러할지라도 내가 오히려 지금 갖지 못하고 죽기 전까지는 기대할 수도 없는 위로를 받게 되리이다."

1. 인생의 허무함. 인생은 너무나 불확실해서 흔히 사람들에게 가장 큰 부

담이자 짐이라는 것이 결국 드러난다. 따라서 인생으로부터 벗어나는 것이야말로 가장 바람직한 일이다. 은혜를 받은 자들은 하나님이 위에서 부르실 때에 기꺼이 이 세상에서의 삶을 훌훌 벗어 버리고 따라나선다. 왜냐하면, 우리는 이 세상에서 겪는 괴로움들 때문에 하나님이 부르시기 전에라도 이 세상을 하직하고 싶은 마음이 드는 일이 비일비재하기 때문이다.

2. 의인들이 죽을 때에 갖는 소망. 만약 욥이 선한 양심을 갖고 있지 않았다면, 그는 부자와 나사로의 처지가 서로 바뀌는 죽음 너머의 세상에서 평안한 삶을 살리라는 것을 이렇게 확신 있게 말하지 못했을 것이다: 이제 그는 여기서 위로를 받고 너는 괴로움을 받느니라(눅 16:25).

Ⅳ. 욥이 죽음에게 가장 악한 짓을 자기에게 해보라고 도전함. 만약 그가 죽기 위해서는 먼저 극심한 고통과 괴로움이라는 무시무시한 과정을 통과해야만 하고, 고통스러운 고문을 당해야만 죽을 수 있다면, 그는 그가 결국 죽게 될 것을 기대하면서 죽음의 고통을 아무렇지 않게 여길 것이라고 말한다. "내가 그칠 줄 모르는 고통 가운데서도 마음을 모질게 먹고 기뻐하며 내 가슴을 열어서 죽음의 화살들을 받아들이고 결코 움츠러들거나 피하지 않을 것이다. 그러니, 하나님께서 나를 아끼지 마시고 인정사정 없이 대해 주시기를 바라노라. 나는 나의 모든 고통이 끝날 수만 있다면 그 죽음의 고통이 완화되기를 바라지 않는다. 죽지 않고 이 고통을 계속해서 겪느니, 차라리 죽음의 고통을 다 온 몸으로 받는다고 하여도 나는 죽고 싶다."

이러한 말들은 분노에 가득 찬 말들이기 때문에, 욥이 입 밖으로 내지 않는 편이 좋았을 것이다. 우리는 슬픔으로부터 선한 감화를 받기 위해서는 슬픔 가운데에서도 마음을 부드럽게 가져야 한다. 또한, 우리는 슬픈 기색을 통해서 우리의 마음을 부드럽게 함으로써 더 좋은 마음을 가질 수 있다. 그러나 우리가 우리의 마음을 모질게 먹고 굳게 한다면, 우리는 하나님의 분노를 더욱 촉발시켜서, 하나님은 우리와 다투시는 일을 계속해서 진행해 나가실 것이다. 왜냐하면, 하나님은 심판하실 때에 반드시 이기고자 하시기 때문이다(롬 3:4). 전능자를 향하여 그가 나를 아끼지 말고 내게 인정사정없이 하시기를 바라노라고 말하는 것은 이루 말할 수 없이 오만방자한 태도이다. 우리가 하나님보다 강한 자냐(고전 10:22). 우리는 우리를 아끼시는 하나님의 긍휼하심에 많은 빚을 지고 있다. 그런데도 우리가 그 긍휼에 신물이 난다고 말한다면, 우리는 정말 악한 것이다. 우리는 그렇게 말할 것이 아니라, 다윗처럼 나를 조금 봐주소서라고 말해야 할 것이다.

V. 욥이 자신의 신앙 고백에 충실하고 견고하였으며 그의 세대에서 하나님의 영광을 위하여 어느 정도 기여를 하였다는 그의 양심의 증언이 그가 지닌 위로의 토대라고 말함. 내가 거룩하신 이의 말씀을 거역하지 아니하고 숨기지 아니하였음이라. 좀 더 살펴보자.

1. 욥에게 거룩하신 이의 말씀이 맡겨져 있었다는 것. 하나님의 백성은 당시에도 하나님의 계시를 받는 복을 누리고 있었다.

2. 욥에게는 하나님의 말씀을 숨기지 않았고 하나님의 은혜를 헛되이 받지 않았다는 것이 위로가 되었다는 것.

(1) 욥은 하나님의 말씀을 자기 자신 속에 묻어둔 것이 아니라, 그 말씀이 그에게 전면적으로 역사하게 하고, 모든 일에서 그 말씀의 인도하심과 다스림을 받았다는 것. 그는 자신의 죄악들을 깨우치지 못하도록 하나님의 말씀을 억누르는 짓을 하지도 않았고, 불의로 진리를 막지도 않았으며, 이 신령한 음식이 소화되어 그 약효가 퍼지는 것을 방해하는 그 어떤 짓도 하지 않았다. 우리는 하나님의 말씀을 숨기고 가려서는 안 되고, 그 말씀이 내뿜는 빛을 언제나 그대로 받아들여야 한다.

(2) 욥은 하나님의 말씀을 자기 속에만 간직한 것이 아니라, 기회가 있을 때마다 다른 사람들의 유익을 위하여 전하였고, 하나님의 말씀이 그의 규범이라는 사실을 고백하기를 부끄러워하거나 주저한 적이 없었으며, 다른 사람들이 하나님의 말씀을 알도록 하기 위하여 애를 쓰는 일을 게을리하지 않았다는 것. 살아 있는 동안에 그 자신이 선하여 선을 행하는 자들만이 죽고나서 위로 받기를 기대할 수 있다는 것을 명심하라.

VI. 욥이 자기가 지금 처해 있는 통탄스러운 처지를 들어서 이렇게 죽기를 간절히 바라는 자신의 심정을 정당화함(11-12절). 엘리바스는 그의 설교의 마지막 부분에서 욥에게 이 환난이 선한 결과로 끝나게 되는 것을 보게 될 것이라는 소망을 불어넣어 주고자 하였었다. 그러나 가엾은 욥은 그러한 소망을 물리치고, 위로 받기를 거절하며, 자신을 절망에 내던진 채로, 그에게 주어진 격려들을 아주 교묘하지만 잘못된 방식으로 반박하는 논증을 펼쳐 나간다. 비탄에 잠긴 심령들은 이상한 논리를 펼쳐서 자신의 말을 자기에게 해로운 쪽으로 몰아가는 법이다. 엘리바스가 욥을 위로하기 위해서 내놓았던 즐거운 전망들에 대해서 욥은 여기에서 다음과 같이 말한다.

1. 그에게는 그런 것을 기대할 근거가 전혀 없다는 것. "내가 무슨 기력이 있기에 소망을 가지고 기다리겠느냐. 너희는 내가 얼마나 약해지고 비천해졌는지를 알고, 내가 나의 병과 싸울 힘이 없다는 것도 안다. 그러니, 내가 어떤 근거로 이 병을 이기고 좋은 날을 보리라는 소망을 가질 수 있겠는가? 나의 기력이 돌의 기력이겠느냐. 나의 근육이 놋쇠이고, 나의 힘줄이 강철이냐. 그렇지 않다. 그러므로 나는 이 고통과 비참함을 언제까지나 견뎌낼 수 없고, 틀림없이 이 무거운 짐에 눌려 가라앉고 말 것이다. 만약 내게 나의 병과 싸울 힘이 남아 있다면, 나는 이 상황을 타개할 소망을 품을 수 있을 것이다. 그러나 슬프게도 내게는 그럴 힘이 없다. 하나님이 내 힘을 중도에 쇠약하게 하셨으니 분명히 내 날이 짧을 것이다(시 102:23)." 모든 것들을 고려해 볼 때, 우리는 우리가 이 세상에서 오래 살게 될 것이라고 생각할 만한 근거가 전혀 없다는 것을 명심하라. 우리의 기력이 무엇이냐. 우리의 기력은 하나님께 의존되어 있는 기력이다. 우리는 하나님이 우리에게 주시는 기력 이상의 것을 갖지 못한다. 왜냐하면, 우리는 하나님 안에서 살고 움직이기 때문이다. 우리의 기력은 점점 소진되어 가는 기력이다. 우리는 날마다 우리 기력의 재고(在庫)를 소진시켜 가고 있고, 우리의 기력은 결국 소진되고 말 것이다. 우리의 기력은 우리가 겪는 무수한 일들을 대처하기에는 역부족이다. 이삼 일 간 병을 앓아서 우리가 물처럼 약해진다면, 우리는 우리의 기력을 의지할 수 있을까? 우리는 오래 살기를 기대하는 대신에, 우리가 날마다 신속하게 죽음을 향해 발걸음을 재촉하고 있다는 것을 깨닫고서 이제까지 산 것만도 기적이라고 생각하는 것이 마땅하다.

2. 그에게 그러한 것을 바랄 근거가 전혀 없다는 것. "내 마지막이 어떠하겠기에 내가 내 생명이 연장되기를 바라겠느냐. 내가 현세의 삶 속에서 위로 받기를 기대하느니, 죽어서 위로 받기를 기대하는 편이 더 현실적이지 않겠는가." 은혜로 말미암아 저 세상에 갈 준비가 되어 있는 자들에게는 이 세상에 더 머물도록 그들을 끄는 것들이나 그들로 하여금 이 세상을 좋아하도록 만들 것들이 없다는 것을 명심하라. 우리가 이 세상에서 하나님을 더 섬기고 천국에 가기 위해 더욱 성숙해지는 것이 하나님의 뜻일 때에만, 우리는 바로 그러한 주된 목적을 위하여 이 세상에서 더 살기를 바랄 수 있다. 그렇지 않다면, 우리가

여기에 더 머물고자 원할 이유가 어디에 있겠는가? 이 세상에서 오래 살게 되면, 삶의 짐들은 더욱 큰 근심이 될 뿐이고(전 12:1), 삶의 기쁨들은 별로 기쁘지 않은 것들이 될 것이다(삼하 19:34-35). 우리는 이 세상에서 가장 좋은 것들은 이미 맛보았지만, 이 세상에서 가장 쓴 것들을 맛보았다고는 확신할 수 없다.

VII. 욥이 자기가 미쳐서 헛소리를 한다는 의심을 받는 것을 사전에 차단함

(13절). 나의 도움이 내 속에 있지 아니하냐(개역은 나의 도움이 내 속에 없지 아니하냐로 되어 있다). 즉, "나는 멀쩡하게 이성을 가지고 있기 때문에, 너희가 나를 돕지 않아도, 하나님께 감사하게도 내가 스스로 내 일을 처리할 수 있지 않느냐? 너희는 지혜가 내게서 완전히 없어져서 내가 정신 이상이 되었다고 생각하는 것이냐? 아니다. 경애하는 엘리바스여, 나는 미친 것이 아니요 참되고 온전한 말을 하고 있는 것이다." 자기 속에 은혜가 있고 그 증거가 밖으로 나타나며 그 은혜가 속에서 역사하고 있는 자들은 그들 속에 지혜를 갖고 있는 것이고, 그 지혜는 그들이 힘들고 어려울 때에 그들의 도움이 되어 줄 것임을 명심하라. 그들은 속에 빛을 가지고 있다.

[14]낙심한 자가 비록 전능자를 경외하기를 저버릴지라도 그의 친구로부터 동정을 받느니라 [15]내 형제들은 개울과 같이 변덕스럽고 그들은 개울의 물살 같이 지나가누나 [16]얼음이 녹으면 물이 검어지며 눈이 그 속에 감추어질지라도 [17]따뜻하면 마르고 더우면 그 자리에서 아주 없어지나니 [18]대상들은 그들의 길을 벗어나서 삭막한 들에 들어가 멸망하느니라 [19]데마의 떼들이 그것을 바라보고 스바의 행인들도 그것을 사모하다가 [20]거기 와서는 바라던 것을 부끄러워하고 낙심하느니라 [21]이제 너희는 아무것도 아니로구나 너희가 두려운 일을 본즉 겁내는구나

엘리바스는 욥을 아주 심하게 비난했었고, 그의 친구들은 아직까지 별 말을 하지 않았지만, 정황상으로 볼 때에 그들도 엘리바스의 말에 동의하고 있었다. 여기에서 욥은 그들의 그러한 냉정한 태도가 그의 재앙으로 인한 고통을 가중시켰고, 그가 더욱 죽기를 바라는 또 하나의 이유가 되었다고 하소연한다. 욥을 위로하는 자들이 되어 주었어야 할 자들이 이런 식으로 그를 더 괴롭히는 자들이 된 마당에, 과연 그가 이 세상에서 어떤 위로나 만족을 기대할 수

있었겠는가?

I. 욥이 어떤 이유에서 그들로부터 인자함을 기대했는지를 말함. 그의 기대는 평범한 인도적인 원칙들에 토대를 둔 것이었다(14절). "환난을 당하여 기력이 소진되고 마음이 물처럼 녹아서 낙심한 자는 그의 친구로부터 동정을 받아야 마땅하다. 그런 동정을 보이지 않는 자는 전능자를 경외하기를 저버리는 것이다."

1. 불쌍히 여기고 동정하는 것은 우리가 환난을 당한 자들에게 진 빚이라는 것. 편안히 지내는 자들이 고통 받고 괴로워하는 자들을 위하여 할 수 있는 최소한의 것은 그들을 동정하고 그들에 대한 진실하고 따뜻한 관심을 나타내 보이며 그들과 아픔을 나누는 것이고, 그들의 처지를 살펴서 그들의 애로가 무엇인지를 물으며 그들의 하소연을 들어주고 그들과 함께 울어 주는 것이며, 그들을 위로하고 그들을 돕고 건져내기 위하여 최선을 다하는 것이다. 한 몸에 속한 지체들은 서로의 아픔을 함께 나누어야 마땅하고, 그런 일이 언제 자신에게도 닥칠지 모르는 일이기 때문에 더더욱 그렇게 하여야 한다.

2. 비인간적인 것은 불경건이자 비신앙이라는 것. 친구를 동정하지 않는 자는 전능자를 경외하기를 저버리는 것이다(갈대아 역본에는 이렇게 되어 있다). 하나님의 사랑이 어찌 그런 자 속에 거하겠느냐(요일 3:17). 하나님의 징계로 인한 고통을 겪는 자들을 불쌍히 여기지 않는 자들은 분명히 하나님의 회초리가 그들 자신에게 임하는 것을 두려워하지 않는 자들이다(약 1:27을 보라).

3. 환난의 때는 우정이 시험대에 오르는 때라는 것. 환난을 당해 보면, 사람은 누가 자신의 참된 친구이고 누가 친구인 체했던 자인지를 알게 된다. 왜냐하면, 형제는 위급한 때를 위하여 났기 때문이다(잠 17:17; 18:24).

II. 욥이 그들에게 걸었던 기대들이 얼마나 무참하게 깨졌는지를 말함(15절). "나를 마땅히 도왔어야 했던 내 형제들은 개울과 같이 변덕스럽고 속임수로 행하였도다." 그들은 욥을 위문하고 위로하기 위해서 서로 약속을 정하여 격식을 갖추어서 왔다(2:11). 그들은 아주 지혜롭고 박식하며 분별 있는 사람들이었고 욥의 절친한 친구들이었기 때문에, 욥은 그들로부터 뭔가 아주 특별한 것들을 기대하였다. 욥에게 그의 이전의 경건을 상기시키고 하나님의 은총이 지금도 그에게 있다는 것을 확신시키며 장차 영광스러운 결과가 있을 것이라고 위로하는 것이 그들이 할 말들의 골자가 되리라는 것을 의심하는 사람은 아무도 없었다. 그러나 그들은 그렇게 한 것이 아니라, 너무나 야만적으로 욥에게 비난과 책망들을 쏟아붓고, 욥을 위선자로 정죄하며, 욥이 겪는 재앙들이 그에 대한 형벌이라고 모욕하고, 그의 상처들에 기름을 발라주기는커녕 식초를 뿌림으로써, 욥에게 기만적으로 행하였다. 우리가 친구들과 한 약속들을 깨는 것만이 아니라, 우리에 대한 그들의 정당한 기대들, 특히 우리가 그들의 마음속에 불러일으켰던 약속들을 무너뜨리는 것은 사기이자 속임수라는 것을 명심하라. 더 나아가, 사람에게서 어떤 것을 기대하지 않는 것이야말로 지혜로운 일이라는 것을 명심하라. 우리는 피조물에게서는 적게 기대하는 것이 좋고, 창조주께로부터는 아무리 많은 것을 기대해도 좋다. 형제들이 기만적으로 행하는 것은 새삼스러운 일이 아니다(렘 9:4-5; 미 7:5). 그러므로 우리는 상한 갈대가 아니라 만세반석을 의지하고, 터진 수조(水槽)가 아니라 생명의 근원을 의지해야 한다. 사람은 우리의 기대에 훨씬 못 미치게 행하지만, 하나님은 우리의 기대를 훨씬 뛰어넘게 행하신다. 여기에서 욥은 그의 친구들에 대한 이러한 실망감을 여름에 말라 버리는 개울에 빗대어 피력한다.

1. 이 비유는 매우 우아함(15-20절).

(1) 그들의 위선은 적절하게도 얼음과 눈이 녹아 물이 불어서 검은 흙탕물이 되어 도도하게 흐르는 장관(壯觀)을 보여주는 개울들에 비유됨(16절).

(2) 욥은 그들이 그를 위로하기 위해서 격식을 갖추어 찾아옴으로써 그에게 불러일으킨 기대들을 여름에 지치고 목마른 여행자들이 겨울에 자주 풍부한 물이 있는 것을 보아 왔던 곳에서 물을 구할 수 있을 것이라고 생각하며 갖는 기대에 비유함(19절). 데마의 떼들과 스바의 행인들, 즉 이 나라들로부터 온 대상(隊商)들은 아라비아 사막을 관통하여 나 있던 길을 가다가 겨울에 자주 보았던 개울들에서 물을 얻기를 구하였다. 그 중 한 사람은 "바로 이 근처다"라고 말하고, 또 다른 사람은 "조금만 더 가면 된다"고 말한다. "내가 이 길을 마지막으로 여행했을 때에 충분한 물이 있었으니, 우리는 곧 물을 구해서 기력을 차리게 될 것이다." 우리는 이전에 구원이나 위로를 받았던 곳에서 또다시 그러한 구원이나 위로를 기대하기 쉽다. 그러나 반드시 그렇게 되는 것은 아니다.

(3) 욥의 기대가 실망으로 바뀐 것은 여기에서 가엾은 여행자들이 풍부한 물을 기대했던 곳에 갔다가 모래 더미만을 발견했을 때에 느낀 당혹감에 비유

됨. 이 여행자들이 목마르지 않았던 겨울에는 물이 아주 풍부하였었다. 모든 것이 풍족하고 형통하는 자들은 모든 사람들로부터 찬사를 받고 동경의 대상이 되기 마련이다. 그러나 정작 그들에게 물이 필요한 뜨거운 여름 날에는 그들을 실망시켰다. 물은 말라 버렸고(17절), 개울의 모습은 사라져버렸다(18절). 신분이 높고 부유한 자들이 몰락하여 가난해져서 위로를 필요로 하게 되면, 전에는 그들 주변에 몰려 들었던 자들이 그들을 멀리하고, 전에 그들을 칭송했던 자들은 앞장서서 그들을 짓밟는다. 이렇게 피조물에게 높은 기대를 두는 자들은 정작 그들이 도움을 필요로 할 때에 피조물이 그들을 실망시키는 것을 보게 될 것이다. 반면에, 하나님을 의지하는 자들은 때를 따라 도움을 얻게 된다(히 4:16). 금에 소망을 두는 자들은 조만간에 그들이 금을 의지한 것 때문에 수치를 당하게 될 것이다(겔 7:19). 금에 대한 그들의 신뢰가 컸을수록, 그들의 수치도 더욱 커지게 될 것이다. 대상들은 바랐기 때문에 낭패를 당한 것이다(20절). 헛된 소망을 품었다면, 우리는 낭패를 당하게 될 것을 각오하여야 한다. 우리가 상한 갈대에 기댄다면, 그 갈대는 우리 아래에서 부러지고, 우리는 다치게 된다. 모래 위에 집을 짓는다면, 낭패를 당하는 것은 시간문제이다. 왜냐하면, 폭풍우가 불어닥치면 그 집은 무너질 것이기 때문이다. 우리가 그런 집이 온전할 것이라고 기대할 만큼 어리석은 자들이었다면, 그 결과는 다 우리의 책임이다. 우리가 스스로 속지 않는다면, 우리는 속임을 당하지 않는다.

2. 그 적용은 매우 치밀함(21절). 이제 너희는 아무것도 아니로구나(21절). 그들은 욥에게 뭔가를 해줄 것처럼 보였지만, 결국 아무런 보탬도 되어 주지 못하였다(갈 2:6). 욥은 그들이 방문한 덕분에 더 지혜로워지거나 더 나아진 것이 전혀 없었다. 우리가 피조물들에 대하여 큰 만족감을 느끼거나 큰 신뢰를 두고 있고, 그 피조물들이 아주 대단한 것들로 보이고 우리에게 아주 소중한 것들이라고 할지라도, 우리는 언젠가는 그 피조물들에 대하여 이제 너희는 아무것도 아니로구나라고 말하게 될 것임을 명심하라. 욥이 형통하던 날에 그의 친구들은 그에게 중요한 존재였고, 그는 그들에게서와 그들과의 사귐 속에서 흡족함을 느꼈었다. 그러나 "이제 너희는 아무것도 아닌 것이 드러났으니, 나는 하나님 외에는 그 어디에서도 위로를 발견할 수 없구나." 우리가 병상에서나 임종 때에나 양심이 괴로울 때에 종종 느껴 왔던 확신, 즉 피조물은 헛되어서 우리를 진정으로 행복하게 해줄 수 없다는 확신을 늘 마음속에 간직할 수 있다

면, 그것은 우리에게 아주 좋은 일이 될 것이다. "이제 너희는 아무것도 아니로구나. 너희는 지금까지 내가 알고서 기대해 왔던 그런 너희가 아니고, 친구로서 내게 뭔가를 해줄 수 있는 것처럼 행세해 왔던 그런 너희가 아니구나. 왜냐하면, 너희가 내게 닥친 두려운 일을 보고서 겁내기 때문이다. 전에 나의 잘된 모습을 보았을 때에는 너희가 내게 포옹을 했었다. 그러나 너희는 지금 내가 낙담한 모습을 보고서는, 혹시라도 내가 용기를 얻어서 너희에게 뭔가를 달라고 하거나 빌려 달라고 할까봐서, 나를 꺼리고 내게 친절을 베풀기를 꺼려하는도다(22절). 너희가 나를 인정한다면 나를 지키기 위해서 뭔가를 해 주어야 한다는 것을 너희는 알고서 걱정하는 것이로구나." 아마도 그들은 욥이 걸린 병에 그들 자신도 옮지나 않을지, 또는 욥에게 가까이 가서 그 역겨운 냄새를 맡게 되지는 않을지 걱정하였을 것이다. 교만함이나 까다로움 때문이든, 또는 돈이 아깝거나 자신의 몸을 아끼는 마음에서이든 곤경에 처한 자들을 꺼려하고 그들에게 가까이 가고자 하지 않는 것은 옳지 않다. 그들이 지금 겪고 있는 일이 조만간에 우리 자신에게도 닥칠 수 있다.

²²내가 언제 너희에게 무엇을 달라고 말했더냐 나를 위하여 너희 재물을 선물로 달라고 하더냐 ²³내가 언제 말하기를 원수의 손에서 나를 구원하라 하더냐 폭군의 손에서 나를 구원하라 하더냐 ²⁴내게 가르쳐서 나의 허물된 것을 깨닫게 하라 내가 잠잠하리라 ²⁵옳은 말이 어찌 그리 고통스러운고, 너희의 책망은 무엇을 책망함이냐 ²⁶너희가 남의 말을 꾸짖을 생각을 하나 실망한 자의 말은 바람에 날아가느니라 ²⁷너희는 고아를 제비 뽑으며 너희 친구를 팔아 넘기는구나 ²⁸이제 원하건대 너희는 내게로 얼굴을 돌리라 내가 너희를 대면하여 결코 거짓말하지 아니하리라 ²⁹너희는 돌이켜 행악자가 되지 말라 아직도 나의 의가 건재하니 돌아오라 ³⁰내 혀에 어찌 불의한 것이 있으랴 내 미각이 어찌 속임을 분간하지 못하랴

여기에서 가엾은 욥은 그의 친구들이 그를 냉정하고 가혹하게 대한 것에 대하여 계속해서 힐난하면서, 그가 옳고 그들이 정죄당해야 마땅하다는 것을 보여주는 몇 가지 근거들을 제시한다. 그들이 공정하게 생각해서 그들의 생각을 말한다면, 그들은 다음과 같은 것들을 인정할 수밖에 없다.

I. 욥은 궁핍하였지만 그의 친구들에게 도와 달라고 떼를 쓰거나 부담스러

운 짐이 되지 않았다는 것. 환난을 당해서 어려워졌다고 하여 구걸하는 자들은 가난하면서도 침묵을 지키는 자들보다 사람들의 동정을 얻지 못하는 것이 보통이다. 욥은 친구들이 그를 찾아온 것을 기뻐하였지만, 무엇을 달라(22절)거나 나를 구원하라(23절)고 그들에게 말하지는 않았다. 욥은 그들에게 금전적인 부담을 안겨 주기를 원하지 않았고, 다음과 같은 것들을 해 달라고 조르지도 않았다.

1. 욥은 그들에게 그를 위한 모금을 해주어서 그로 하여금 이 세상에서 다시 한 번 일어설 수 있게 해 달라고 하지 않았다는 것. 욥은 자기가 모든 것을 잃은 것이 자신의 잘못이나 어리석음 때문이 아니라 하나님의 손에 의한 것이었다는 것, 자기가 철저히 망하여 빈곤해졌다는 것, 자기가 형편이 좋았을 때에는 곤경이나 궁핍에 처한 자들을 기꺼이 도와주고 구제해 주었다는 것, 그의 친구들은 부유하기 때문에 얼마든지 그를 도와줄 수 있다는 것 등을 들어서 제발 자기를 도와 달라고 사정할 수도 있었지만, 나를 위하여 너희 재물을 달라(22절)고 말하지 않았다. 선한 자는 자신의 형편이 어려워지면 자신의 친구들에게 폐를 끼치지 않도록 조심한다.

2. 욥은 그들에게 그를 위하여 군대를 일으켜서, 스바 사람들과 갈대아 사람들의 손에서 그의 가축 떼를 되찾아 주고, 그들의 악행에 대하여 보복을 해 달라고 하지 않았다는 것. "내가 언제 사람을 보내서 너희에게 폭군의 손에서 나를 구원하라고 하더냐? 아니다. 나는 너희가 나 때문에 위험에 노출되거나 부담을 느끼지 않게 하려고 애를 썼다. 나는 내 친구들에게 폐를 끼치느니 차라리 내게 닥친 환난을 그대로 받아들여서 그 상태에서 나의 최선을 다하고자 하였다." 사도 바울은 어느 누구에게도 부담을 주지 않기 위해서 자신의 손으로 일을 하였다. 욥이 그의 친구들에게 도움을 요청하지 않았다고 해서, 그들은 욥이 그들의 도움을 필요로 했고 그들이 얼마든지 그를 도울 수 있는 입장에 있었기 때문에 그에게 도움을 제공하지 않은 책임을 면할 수 있는 것이 아니고, 도리어 그가 그들로부터 단지 선한 얼굴과 선한 말만을 원했는데도 그들에게서 그런 것들조차도 얻을 수 없었기 때문에 그들의 비정함은 훨씬 더 가중될 수밖에 없었다. 우리가 사람에게 작은 것을 기대해도 사람은 그 기대조차도 충족시켜 주지 못하지만, 우리가 하나님에게는 큰 것을 기대해도 하나님은 그 기대 이상으로 우리를 충족시켜 주는 일은 비일비재하게 일어난다(엡 3:20).

Ⅱ. 욥은 비록 그들과 견해가 달랐지만 결코 완악한 것이 아니기 때문에 자기가 잘못되었다는 것을 드러나면 언제든지 그 진리에 항복해서 죄를 자복할 준비가 되어 있다고 말함(24-25절). "만약 너희가 은연중에 나를 나쁜 자로 규정하고서 무자비하고 교묘하게 책망하는 것이 아니라 누가 들어도 옳다고 말할 수 있는 분명한 교훈들과 명쾌한 논거들을 내게 제시한다면, 나는 기꺼이 나의 잘못을 인정하고 내가 잘못되었다고 자백할 준비가 되어 있다. 나를 가르치라 그리하면 내가 입을 다물겠노라. 왜냐하면, 나는 전에 옳은 말이 얼마나 힘이 있는지를 체험하고서 기뻐하고 놀라워한 적이 자주 있었기 때문이다. 그러나 너희가 지금과 같은 방법을 취한다면, 너희는 그 누구도 결코 설득하지 못할 것이다. 너희의 책망은 무엇을 책망함이냐. 너희의 가설은 틀렸고, 너희의 추측들은 근거가 없다. 또한, 너희의 논거는 약하고, 너희의 적용은 일방적이고 무자비하다."

1. 조리(條理) 있는 말은 남을 설득시키는 힘이 있기 때문에, 사람들이 그런 말을 듣고도 승복하지 않는다면, 그것은 이상한 일이라는 것. 그러나 폭언과 더러운 말은 힘이 없고 어리석기 때문에, 사람들이 그런 말을 듣고서 분노하고 완악해지지 않는다면, 그것이야말로 이상한 일이다.

2. 정직한 자라면 누구나 자신의 잘못들을 바로잡고 자기가 어디에서 잘못되었는지를 깨닫게 되기를 진정으로 원한다는 것. 욥은 옳은 말은 자신의 감정과 반대가 되더라도 힘이 있어서 자기가 받아들일 수 있다고 말한다 ― 그 말이 그에게 옳은 것으로 보일 때.

Ⅲ. 비록 욥이 실제로 잘못한 것이 있었다고 해도, 그들은 그에게 그런 식으로 가혹한 말을 하지 않았어야 했다는 것(26-27절). "너희는 내가 이 절망적인 상황 속에서 혈기로 한 몇몇 말들이 마치 나의 불경건과 무신론적 사상을 보여주는 확실한 지표들이라도 된다는 듯이 아주 교묘하게 머리를 써서(원어는 이런 의미이다) 나의 말들을 꾸짖을 생각을 하는 것이냐? 너희가 조금만 더 정직하고 조금이라도 나를 불쌍히 여기는 마음을 지니고 있었다면, 너희는 내가 한 그런 말들을 더 선한 방향으로 해석해서 감싸 주었을 것이다. 갑자기 닥친 환난에 놀라서 성급하고 경솔하게 말 몇 마디를 했다고 해서, 그 말들을 기준으로 그 사람의 영적인 상태를 판단하는 것이 과연 옳은 일이냐? 그러한 경우에 그 사람을 비판한 것이 과연 공정하고 인자하며 의로운 일인 것이냐? 만

약 너희가 그런 처지에 있어서 그런 비판을 받는다면, 과연 너희의 마음이 어떠하겠느냐?" 여기에서 다음과 같은 두 가지 요인은 욥에 대한 그들의 냉정함을 더욱 가중시켰다.

1. 그들이 욥이 처한 연약하고 힘 없는 처지를 악용하고 있다는 것. 너희는 고아를 제비 뽑으며 압박하는구나. 이것은 속담으로서 아주 야만적이고 비인간적인 짓을 가리킨다. "고아들은 사람들로부터 모욕을 당해도 스스로를 지킬 힘이 없기 때문에, 비열하고 더러운 심령을 지닌 자들은 그 점을 악용해서 대놓고 고아들을 모욕하고 짓밟는데, 너희가 내게 바로 그런 짓을 하고 있다." 욥은 자녀가 없는 아버지로서 아비 없는 고아와 마찬가지로 다른 사람들로부터 해악을 입을 위험에 노출되어 있다고 생각하였기 때문에(시 127:5), 그가 자기를 짓밟고자 하는 자들에 대하여 분노하는 것은 정당하다고 생각하였다. 어떤 이유에서든 고아와 같은 처지에 있다고 할 수 있는 자들을 압박하고 압제하는 자들은 그들이 인간에 대한 동정심을 버린 것일 뿐만 아니라, 고아들의 아버지가 되시고 힘 없는 자들의 조력자가 되시는 하나님을 대적하여 싸우는 것임을 알아야 한다.

2. 그들이 인자함과 친절을 가장하였다는 것. "너희는 너희 친구를 위하여 구덩이를 파는도다. 너희는 너희의 친구인 내게 냉정할 뿐만 아니라, 우정이라는 미명 하에 나를 함정에 빠뜨리는구나." 그들이 그를 보러 와서 그와 함께 앉았을 때, 그는 이제 자신의 심정을 그들에게 후련하게 털어놓을 수 있겠구나라고 생각하였고, 자신의 비통한 심정을 한껏 쏟아놓을수록 그들이 그를 위로하고자 더 애를 쓰겠지라고 생각하였다. 그래서 그는 여느 때와는 달리 마음 놓고 자신의 심정을 다 토로할 수 있었다. 다윗은 악인들이 자기 앞에 있을 때에는 자신의 울분을 삭인 채 잠잠하였지만, 자기 곁에 오직 친구들만이 있었다면 아마도 그들에게는 자신의 울분을 그대로 다 토로하였을 것이다(시 39:1). 욥은 그들을 친구라고 생각해서 이렇게 마음 놓고 말을 막 했다가 그들로부터 위로는커녕 도리어 비난을 받았기 때문에, 그들은 그를 위하여 구덩이, 즉 함정을 팠다고 할 수 있다. 사람들은 우리가 이렇게 우리의 마음이 우리 속에서 뜨거울 때에 저지른 실수를 마치 우리가 의도적으로 행한 것인 양 오해하기 쉽다.

IV. 비록 욥이 혈기로 일부 잘못된 말들을 하긴 했지만 그의 말은 대체로 옳고, 그에게 닥친 환난들은 아주 극심한 것이지만 그것이 그가 위선자이거나 악

인이라는 증거가 되지는 못한다는 것. 그는 지금도 여전히 자신의 의를 굳게 붙잡고 있고, 그 의를 놓지 않을 것이라고 말한다. 그는 여기에서 이 말이 사실이라는 증거로 다음과 같은 것들에 호소한다.

1. 그들이 그에게서 본 것(28절). "이제 원하건대 너희는 내게로 얼굴을 돌려서 나를 쳐다보라. 너희는 내게서 미친 자나 악인의 모습을 볼 수 있느냐? 아니, 내 얼굴을 똑바로 쳐다보라. 그러면, 너희는 내 얼굴에서 이 모든 환난에도 불구하고 인내하고 순복하는 나의 모습을 볼 수 있을 것이다. 내가 나의 생일을 저주하였지만 나의 하나님을 저주한 것은 아니라는 것을 나의 표정과 안색이 증언하고 있지 않느냐." 또는, "내 몸에 난 종기들과 부스럼들을 보라. 그러면, 너희는 내가 거짓말을 하고 있는 것이 아님을 분명하게 알게 될 것이다. 즉, 너희는 내가 까닭 없이 불평하는 것이 아님을 알게 될 것이다. 너희는 나를 보고 내 처지가 너무나 처참하다는 것을 깨닫고서, 내가 괜히 하나님과 다투는 것이 아님을 알아주었으면 한다."

2. 그들이 그에게서 들은 것(30절). "너희는 내가 하는 말들을 듣고 있다. 그런데 내 혀에 불의한 것이 있느냐. 내가 하는 말들 중에 너희가 비난할 만한 불의가 있느냐. 내가 하나님을 모독하거나 부인하더냐. 나의 현재의 주장들에 옳지 않은 것이 있느냐. 너희는 내가 하는 말들을 통해서 내게 잘못된 것들을 분별할 힘이 있다는 것을 직접 확인하고 있지 않느냐. 나는 너희의 오류들과 잘못들을 발견해 낼 수도 있고, 내가 한 말들 속에 잘못이 있다면, 그것도 알아차릴 수 있다. 너희가 나를 어떻게 생각하든, 나는 내가 무슨 말을 하고 있는지를 잘 알고 있다."

3. 그들이 다시 한 번 이 일을 숙고해 보는 것(29절). "내가 원하노니 너희는 돌이켜 이 일을 편견과 선입견 없이 다시 한 번 곰곰이 생각해 보아서, 그 결과가 범죄가 되지 않게 하고 불의한 판결이 되지 않게 하라. 그러면, 너희는 아직도 나의 의가 건재하다는 것, 즉 내가 이 일에 있어서 옳다는 것을 알게 될 것이다. 나는 이전과 같은 온전한 정신을 유지할 수는 없었지만, 그럼에도 불구하고 나의 온전한 신앙을 지켰고, 정직한 자에게 합당하지 않은 그 어떤 것도 말하거나 행하지 않았다." 정당한 주장은 단지 정당하게 들어주고, 필요하다면 다시 들어주기만을 바랄 뿐이고, 그 이상은 원하지도 않는다.

제
— 7 —
장

개요

욥은 이 장에서도 계속해서 그에게 닥친 재앙들에 대한 그의 쓰라린 심정을 피력하고, 자기가 정말 죽고 싶다고 말하는 것이 정당하다고 주장한다. I. 욥이 자기 자신과 자신의 친구들에게 자기가 끊임없이 들볶이고 있어서 괴롭고 힘들다고 하소연함(1-6절). II. 욥이 하나님을 향하여 간구함(7-21절). 1. 우리의 현재의 상태를 끝내줄 죽음을 통해서 그의 삶이 끝나게 해 달라고 청함(7-10절). 2. 자기가 지금 처한 비참한 상황을 열렬히 하소연함(11-16절). 3. 욥이 하나님이 이런 식으로 자기와 다투시는 것을 의아해하면서, 자신의 죄들을 용서해 주시고 자기가 속히 이 비참한 처지에서 벗어나게 해 달라고 간절히 구함(17-21절). 극도로 절망적인 상태에 있다고 스스로 고백한 자의 말을 논리정연하게 정리하는 것은 어려운 일이다(6:26).

¹이 땅에 사는 인생에게 힘든 노동이 있지 아니하겠느냐 그의 날이 품꾼의 날과 같지 아니하겠느냐 ²종은 저녁 그늘을 몹시 바라고 품꾼은 그의 삯을 기다리나니 ³이와 같이 내가 여러 달째 고통을 받으니 고달픈 밤이 내게 작정되었구나 ⁴내가 누울 때면 말하기를 언제나 일어날까, 언제나 밤이 갈까 하며 새벽까지 이리 뒤척, 저리 뒤척 하는구나 ⁵내 살에는 구더기와 흙 덩이가 의복처럼 입혀졌고 내 피부는 굳어졌다가 터지는구나 ⁶나의 날은 베틀의 북보다 빠르니 희망 없이 보내는구나

욥은 여기에서 그의 언행 중에서 정당화될 수 없는 것들, 심지어 막무가내로 죽고자 한 것조차도 어쩔 수 없는 일이었다고 변명하고 있다. 그의 비참한 상황을 끝내기 위해서는 삶 자체를 끝내야 한다면, 그가 죽음을 마다할 이유가 어디 있겠는가? 그는 죽고자 하는 자신의 소원이 정당하다는 것을 더욱 강화하기 위해서 다음과 같은 것들을 이유로 제시한다.

I. 이 땅에 사는 인간의 일반적인 상황에 의거한 이유(1절). "사람은 생애가 짧고 걱정이 가득하다. 사람이라면 다 얼마 안 있어서 죽을 수밖에 없고, 이런저

런 이유로 이 세상을 빨리 하직하고 싶은 마음이 있기 마련이다. 그런데도 왜 너희는 내가 빨리 죽고 싶다고 말했다고 해서 내가 마치 극악무도한 범죄라도 저지른 것처럼 비난하는 것이냐?" 또는, "제발 너희는 내가 죽고 싶다고 하는 말을 마치 내가 하나님이 정하신 때를 앞당길 수 있다고 생각하는 양 오해하지 말라. 나는 그 때가 확정되어 있다는 것을 아주 잘 알고 있다. 나는 단지 나의 현재의 불편한 심기를 그런 식으로 표현한 것일 뿐이다. 이 땅에 사는 인생에게는 정해진 시간(원문에는 전쟁)이 있지 아니하냐. 이 땅에서 그의 날이 품꾼의 날과 같지 아니하냐." 좀 더 자세하게 살펴보자.

1. 인간의 현재의 상황. 사람은 하나님이 **사람에게** 주신 땅에 살고 있다(시 115:16). 이것은 사람의 비천함과 보잘것없음을 나타낸다. 저 높고 고상한 하늘 나라에 사는 자들에 비하면, 사람은 얼마나 낮고 낮은 곳에 처해 있는 것인가! 또한, 이것은 하나님이 사람에게 베푸신 긍휼을 나타내는 것이기도 하다. 그렇지만 사람은 땅 아래가 아니라 땅 위에 살고 있다. 즉, 사람은 음부(陰府)가 아니라 땅에 산다는 것이다. 이 땅은 협소하게 제한되어 있기 때문에, 이 땅에서 우리가 사는 시간도 제한되어 있고 짧을 수밖에 없다. 그러나 하늘은 측량할 수 없을 정도로 무한하고, 하늘의 날들은 헤아릴 수 없다.

2. 인간이 땅에서 머무는 시간. 사람이 여기 인간의 거처인 땅에서 지내게 되어 있는 시간은 정해져 있지 않느냐? 분명히 그렇다. 누가 그 시간을 정했는지를 말하는 것은 쉽다. 우리를 지으셔서 이 땅에 두신 하나님이 그 시간을 정하셨다. 우리는 언제까지나 또는 아주 오랫동안 이 땅에 있을 수 있는 것이 아니고, 우리의 시간을 정하시는 하나님이 정하신 시간만큼만 이 땅에 머무를 수 있다. 우리는 에피쿠로스 학파가 얘기하는 것처럼 눈먼 운명의 지배를 받는다고 생각해서는 안 된다. 왜냐하면, 우리는 지혜로우시고 거룩하시며 절대주권을 지니신 하나님의 계획의 지배를 받기 때문이다.

3. 땅에 머무는 동안의 인간의 상태. 사람의 삶은 전쟁이고 품꾼의 날과 같다. 우리는 이 세상에서 살아가는 우리 자신을 다음과 같은 존재로 보아야 한다.

(1) 우리는 적군들에게 둘러싸여 고군분투하는 군인이라는 것. 우리는 군인으로 복무하고 있고, 명령에 복종하여야 한다. 우리에게 맡겨진 전쟁을 끝마치고 나면 우리는 제대를 하게 되어 있는데, 그 때에 우리는 우리가 몸으로 행한 것을 따라서 불명예를 얻거나 훈장을 받게 된다.

(2) 우리는 낮에 한 일에 따라 저녁에 계산해서 품삯을 받는 품꾼과 같다는 것.

Ⅱ. 욥 자신이 이 때에 처한 상황에 의거한 이유. 종이 하루 종일 일하느라 지쳐서 저녁의 그늘을 바라고, 품꾼이 빨리 그의 삯을 받고 집으로 가서 쉬기를 바라는 것이 당연하듯이, 욥은 자기가 죽기를 원하는 것이 당연하다고 생각하였다(2절). 파수꾼이 아침의 빛을 기다리고, 품꾼이 저녁의 어둠을 기다리는 것은 당연한 일이다(시 130:6). 자연의 하나님은 품꾼들이 쉴 수 있는 길을 준비해 놓으셨기 때문에, 품꾼들이 그렇게 쉴 수 있게 되기를 바라는 것은 결코 이상한 일이 아니다. 노동자는 잠을 달게 잔다(전 5:12). 사치스럽게 사는 자들과는 달리, 노동자들에게는 휴식이 그 어떤 즐거움보다도 더 꿀맛 같고 감사한 법이다. 부자가 세(貰)를 받을 날이 돌아올 때에 기뻐하는 것은 품꾼이 그 날의 품삯을 받는 시간이 돌아온 것을 기뻐하는 것에 비할 수 없다. 욥이 여기에서 어떤 비교를 하고 있는지는 분명하지만, 그 적용은 간결하고 약간 모호하다. 그러나 우리가 한두 단어를 보충해 넣으면, 그 의미는 쉽게 드러난다. 욥과 같은 처지에 있는 사람에게서 정확한 표현을 기대하는 것은 무리이다. "종이 저녁 그늘을 몹시 바라듯이, 그 동일한 이유로 나는 죽음을 몹시 바란다. 왜냐하면, 내가 여러 달째 고통을 받았고 고달픈 밤들이 내게 작정되었기 때문이다." 욥의 하소연을 들어보자.

1. 그의 날들은 무의미한 날들이었고, 그런 날들이 너무도 오랫동안 계속되어 왔다는 것. 그는 일에서 완전히 손을 떼었고, 일을 할 수도 전혀 없었다. 그는 선한 일이나 어떤 의미 있는 일을 하며 시간을 보낼 수 있는 상태가 전혀 아니었기 때문에, 하루하루가 그에게는 무거운 짐이었다. 그는 그에게 유익으로 돌아올 일들로 자신의 시간을 채울 수 없었다. 이런 상황을 그는 자기가 헛된 달들(또는, 허무한 달들)을 소유하고 있다고 표현한다(3절). 선한 자에게 있어서 병이나 노쇠함 때문에 생겨나는 괴로움은 자기가 의미 있는 일들을 전혀 할 수 없다는 것 때문에 더욱 가중된다. 욥은 자기가 아무런 즐거움도 없이 나날들을 보내고 있는 것이 아니라, 선한 일을 전혀 하지 못하는 가운데 세월을 보내고 있다는 것이 더 괴로웠기 때문에, 그 점을 강조한다. 그런 이유 때문에 그가 요즘 사는 나날들은 허무한 달들이다. 그러나 우리가 하나님을 위해 일할 수 없게 되었다고 해도, 조용히 앉아서 하나님을 바란다면, 후자도 전자와 마찬가지

로 의미 있는 일이고, 이 둘은 매한가지이기 때문에, 하나님은 우리의 이 두 모습을 모두 기쁘게 받으실 것이다.

2. 그의 밤들은 휴식을 할 수 없는 고달픈 밤들이었다는 것(3-4절). 품꾼들만이 아니라 고통 받는 자들에게도 밤은 낮의 수고와 피로를 덜어주고 쉬게 해 주는 시간이다. 병자가 밤에 조금이라도 잠을 잘 수 있기만 하다면, 그것은 자연치유력을 길러주어서, 그의 병은 호전될 가망성이 생겨난다(요 11:12). 마찬가지로, 우리의 괴로움이 무엇이든, 잠은 우리를 괴롭히는 염려와 고통과 슬픔을 잠시 중단시킨다. 즉 밤은 우리의 슬픔과 비탄을 잠시 비워내는 시간이다. 그러나 가엾은 욥은 이러한 휴지(休止)와 쉼의 시간도 얻을 수 없었다.

(1) 그의 밤들은 고달픈 밤들이었다는 것. 그는 밤에 휴식을 취할 수 있기는커녕, 새벽까지 이리저리 뒤척거리며 더 힘든 시간을 보내어야 했다. 육신의 고통이나 마음의 괴로움 때문에 편치가 못하여 쉬지 못하는 자들은 옆으로 눕거나 장소를 바꿔 보거나 자세를 고쳐 봄으로써 어느 정도는 편안해질 수 있다고 생각한다. 그러나 그 내면에 있는 원인이 동일하다면, 그런 식으로 외적으로 변화를 주어 보아야 아무 소용이 없다. 그것은 울분과 불만에 찬 심령이 그 어떤 술책을 부려도 결코 편안해지지 않는 것과 같다. 그래서 종은 밤이 오기를 기다리지만, 욥은 밤이 무서워서 자리에 누울 때마다 언제나 밤이 지나 갈까라고 말하였다.

(2) 이 고달픈 밤들이 그에게 작정되었다는 것. 때들을 미리 정해 놓으시는 하나님이 욥에게 이러한 밤들을 할당해 놓으셨다. 우리에게 고통스러운 일이 생길 때, 우리는 그 일이 미리 우리에게 작정되었다는 것을 인정하고, 이미 작정되었기 때문에 피할 수 없을 뿐만 아니라 어떤 거룩한 목적을 위하여 의도된 것임을 받아들여서, 그 일을 묵묵히 받아들이는 것이 우리에게 유익이다. 또한, 우리에게 편안한 밤들이 계속될 때, 우리는 그 밤들도 우리에게 작정된 것으로 알고서, 그 일로 인하여 하나님께 감사를 드려야 한다. 우리보다 더 고달픈 밤들을 지내는 사람들이 많다.

3. 그의 몸은 역겨운 것이 되었다는 것(5절). 그의 몸에 난 부스럼 때문에 구더기들이 생겼고, 상처의 딱지들은 흙 덩이들과 같았으며, 그의 피부는 터졌다. 그의 병은 너무나 심해서, 그의 몸은 만신창이가 되어 있었다. 우리가 얼마나 천한 육신을 지니고 있는지를 보라. 그러므로 우리는 그러한 육신의 응석을

받아 주거나 그 육신을 자랑할 이유가 전혀 없다는 것도 알아야 한다. 우리의 육신은 육신에 고유한 부패의 법칙들을 따라 부패해 간다. 우리가 지금 우리의 육신을 좋아한다고 해도, 언젠가는 그 육신이 역겨워서 속히 벗어 버리기를 간절히 원할 때가 온다.

4. 그의 삶은 정해진 시간을 향하여 급히 달려가고 있다는 것(6절). 그는 자기가 급속하게 쇠약해져 가고 있는 모습을 보고서, 오래 살기를 기대할 수 없다고 생각하였다. 나의 날들은 베틀의 북보다 빠르도다. 즉, "나의 시간은 이제 거의 다 끝났고, 나의 모래시계에는 모래가 별로 남아 있지 않아서, 그 모래가 곧 다 없어지고 말겠구나." 자연의 움직임들은 중심에 가까워질수록 더 빨라지는 법이다. 욥은 자신의 인생 여정의 종착지가 가까웠다고 생각했기 때문에 그의 날들이 신속하게 날아가고 있다고 생각하였다. 그는 자신의 날들이 이미 거의 끝났다고 여겼기 때문에, 그의 이전의 형통하던 때로 돌아갈 수 있을 것이라는 소망을 전혀 가질 수 없었다. 이것은 사람들의 인생에 그대로 적용될 수 있다. 우리의 날들은 베틀에 걸린 실이 다할 때까지 눈 깜짝할 사이에 피륙의 한 쪽 끝에서 다른 쪽 끝으로 이동해 갔다가 다시 돌아오는 것을 반복하는 베틀의 북과 같아서, 직공이 베틀에서 실을 끊어 베를 걷어 말음 같이 하나님은 우리의 생명을 틀에서 끊어 말으신다(사 38:12). 시간은 신속하게 날아가고, 그 움직임은 누구도 멈출 수 없으며, 지나간 시간은 되돌릴 수 없다. 우리가 사는 것은 심는 것(sowing)이고(갈 6:8) 베를 짜는 것이다. 우리는 매일매일 베틀의 북과 같이 우리의 인생이라는 피륙을 짠다. 많은 사람들은 그들을 결국 실망시킬 거미줄을 짠다(8:14). 우리가 우리 자신을 위하여 거룩한 의복들과 의(義)의 옷들을 짜고 있다면, 모든 사람이 자기가 한 일들을 결산하여 심은 대로 거두고 짠 대로 입을 그 날에 우리는 우리가 짠 그 옷들의 덕을 보게 될 것이다.

[7]내 생명이 한낱 바람 같음을 생각하옵소서 나의 눈이 다시는 행복을 보지 못하리이다 [8]나를 본 자의 눈이 다시는 나를 보지 못할 것이고 주의 눈이 나를 향하실지라도 내가 있지 아니하리이다 [9]구름이 사라져 없어짐 같이 스올로 내려가는 자는 다시 올라오지 못할 것이오니 [10]그는 다시 자기 집으로 돌아가지 못하겠고 자기 처소도 다시 그를 알지 못하리이다 [11]그런즉 내가 내 입을 금하지 아니하고 내 영혼의 아픔 때문에 말하며 내 마음의 괴로움 때문에 불평하리이다 [12]내가 바다니이까 바

다 괴물이니이까 주께서 어찌하여 나를 지키시나이까 ¹³혹시 내가 말하기를 내 잠자리가 나를 위로하고 내 침상이 내 수심을 풀리라 할 때에 ¹⁴주께서 꿈으로 나를 놀라게 하시고 환상으로 나를 두렵게 하시나이다 ¹⁵이러므로 내 마음이 뼈를 깎는 고통을 겪으니 차라리 숨이 막히는 것과 죽는 것을 택하리이다 ¹⁶내가 생명을 싫어하고 영원히 살기를 원하지 아니하오니 나를 놓으소서 내 날은 헛 것이니이다

욥은 그의 친구들이 그가 하는 말을 가로막지는 않았지만 그 말을 듣는 일에 점차 지쳐가고 싫증을 느끼기 시작해서 그가 하는 말에 별로 주의를 기울이지 않는 것을 알아차린 때문인지, 여기에서는 하나님을 향하여 하소연을 하기 시작한다. 사람들이 우리의 말을 들으려 하지 않을 때에도, 하나님은 우리의 말을 기꺼이 들어 주신다. 사람들이 우리를 도울 수 없을 때에도, 하나님은 우리를 도우실 수 있으시다. 왜냐하면, 하나님의 팔은 짧아지지 아니하였고, 그 귀도 둔하지 않으시기 때문이다. 그렇지만 우리는 여기에서 하나님을 향하여 어떻게 말해야 하는지를 배우려는 의도로 욥의 말을 경청해서는 안 된다. 왜냐하면, 욥이 여기에서 말하고 있는 것 속에는 혈기와 부패한 것이 많이 섞여 있기 때문이다. 그러나 하나님은 자기 백성이 잘못 말한다고 해서 딱 잘라서 거부하시는 분이 아니라는 것을 생각할 때, 우리도 욥이 여기에서 말하고 있는 것을 최선을 다해서 선용하여야 한다. 욥은 여기에서 하나님께 자기를 편안하게 해주시든지, 아니면 자기를 죽여 주시라고 간절하게 구하고 있다. 그는 여기에서 하나님께 자기 자신을 다음과 같이 묘사한다.

I. 자기는 확실하고 신속하게 죽어가고 있는 사람이라는 것. 우리가 병들었을 때에 죽음에 대하여 생각하고 말하는 것은 우리를 위해 좋은 일이다. 왜냐하면, 하나님께서 우리에게 병을 보내시는 것은 우리에게 죽음을 상기시켜 주시기 위한 것이기 때문이다. 우리가 죽음을 적절하게 염두에 두고 있다면, 우리는 여기에서 욥이 하고 있듯이 우리가 죽음을 염두에 두고 있다는 것을 하나님께 믿음으로 상기시켜 드릴 수 있다(7절). 내 생명이 한낱 바람 같음을 생각하옵소서. 욥은 자기가 약하고 쉽게 부서질 수 있는 피조물이라는 것, 그가 이 세상에서 머무는 것이 짧고 불확실하다는 것, 그가 이 세상을 떠나는 것은 확실하고 신속히 이루어지리라는 것, 그가 이 세상으로 다시 돌아오는 것은 불가능하고 결코 기대할 수 없다는 것, 즉 그의 생명은 모든 사람들의 생명과 마찬

가지로 바람, 즉 요란한 소리를 내며 세차게 몰아치지만 어느샌가 아무것도 남기지 않고 가버려서 헛되고 공허하며 한번 가버리면 다시 불러올 수 없는 바람과 같다는 것을 들어서, 자기는 하나님이 불쌍히 여기시고 동정하셔야 할 대상이라는 것을 하나님께 확실히 상기시킨다. 하나님은 이스라엘이 육체이며 가고 다시 돌아오지 못하는 바람임을 기억하시고(시 78:38-39), 그들을 불쌍히 여기셨다. 좀 더 살펴보자.

1. 욥이 자신의 삶과 죽음을 경건하게 성찰함. 인생은 짧고 허무하며 죽음은 피할 수 없고 돌이킬 수 없다는 이와 같은 명백한 진리들에 비추어서 우리 자신을 생각해 보는 것은 유익한 일이다. 그러므로 다음과 같은 것들을 깊이 생각해 보라.

(1) 우리는 지금 우리가 눈으로 보는 이 세상의 모든 것들로부터 머지않아 떠날 수밖에 없다는 것. 육신의 눈은 조만간에 감길 수밖에 없기 때문에, 사람들은 이 세상에서 그들이 애착을 갖는 좋은 것을 다시는 볼 수 없게 될 것이다. 그 때에 사람들은 누가 우리로 좋은 것을 보게 해주겠는가(시 4:6)라고 울부짖게 될 것이다. 우리가 어리석어서 눈에 보이는 좋은 것들 속에서 우리의 행복을 찾는다면, 그 좋은 것들이 우리의 눈에서 영원히 사라져서 우리가 그 좋은 것을 다시는 볼 수 없게 될 때에 우리는 과연 어떻게 되겠는가? 그러므로 우리는 우리의 눈에 보이지 않는 것들의 실상이요 증거인 믿음을 따라 살아야 한다(히 11:1).

(2) 그 때가 되면 우리는 눈에 보이지 않는 세계로 옮겨갈 수밖에 없다는 것. 여기에서 나를 본 자의 눈이 거기에서는 다시는 나를 보지 못할 것이다. 음부(陰府)는 눈에 보이지 않는 세계이다(8절). 죽음은 우리가 사랑하는 자들과 우리의 친구들을 흑암 속으로 옮겨가서(시 88:18) 우리의 시야에서 사라지게 만든다. 우리가 이 곳을 떠나 거기로 가면, 우리는 여기에서는 더 이상 보이지 않게 되겠지만(시 39:13), 거기에 가서는 눈에 보이지 않는 것들, 즉 영원한 것들과 함께 하게 될 것이다.

(3) 하나님은 우리의 삶을 순식간에 아주 쉽게 끝내셔서 우리를 다른 세상으로 보내실 수 있으시다는 것(8절). "주의 눈이 나를 향하실지라도 내가 있지 아니하리이다. 주께서는 나를 기뻐하셔서 영원한 세계 속으로 보내실 수도 있으시고, 내게 노하셔서 나를 음부로 보내실 수도 있으시다." 주께서 내게 노하셔서

기뻐하지 않으시는 표정으로 나를 보시면, 나는 마치 벼락을 맞은 자처럼 가라앉아 죽게 되나이다(R. Blackmore). 하나님이 우리의 숨을 거두어 가시면, 우리는 죽게 된다. 아니, 하나님이 땅을 보시기만 해도 땅이 진동하며 산들을 만지신즉 연기가 나는도다(시 104:32).

(4) 우리가 한번 저 세상으로 옮겨진 후에는 이 세상으로 다시는 돌아올 수 없다는 것. 사람들은 이 세상에서 저 세상으로 끊임없이 건너가고 있지만, 다시 건너오는 일은 없다. "그러므로, 주여, 내게 자비를 베푸셔서 죽음으로 나를 평안하게 해주소서. 그러면 내가 이 세상의 재난들로 다시는 돌아오지 않고, 영원한 평안을 누리게 될 것이기 때문이나이다." 죽으면, 우리는 이 세상에서 사라져서 다시는 돌아오지 못한다.

[1] 우리는 땅 아래에 있는 우리의 집에서 다시는 올라오지 못한다는 것(9절). 스올(또는, 음부)로 내려가는 자는 부활의 때까지는 다시 올라오지 못할 것이고 이 세상에 있는 그의 처소로 다시는 올라오지 못할 것이다. 죽는 것은 딱 한 번 있는 일이기 때문에, 우리는 잘 죽을 필요가 있다. 그 일이 잘못 되어 버리면, 돌이킬 방법이 없다. 욥은 이것을 구름이 흩어져서 사라져 버리는 것을 예로 들어 설명한다. 구름은 일단 흩어져서 공기 속으로 퍼져나가 사라져 버리면, 다시는 뭉쳐지지 않는다. 다른 구름들이 일어나기는 하지만, 동일한 구름이 다시 돌아오는 일은 결코 없다. 마찬가지로, 인류의 새로운 세대가 일어난다고 해도, 이전의 세대는 한번 사라지면 끝이다. 거대한 구름이 몰려와서 마치 해를 뒤덮고 땅을 삼켜 버릴 듯이 보이다가 갑자기 흩어져서 사라져 버리는 것을 볼 때, 우리는 이렇게 말하게 된다. "바로 이런 것이 인생이다. 인생이란 잠깐 보이다가 없어지는 안개니라(약 4:14)."

[2] 우리는 땅 위에 있는 우리의 집으로 다시는 돌아오지 못한다는 것(10절). 그는 다시 자기 집으로 돌아가지 못하겠고, 이 땅에서 그가 소유하고 누리던 것들로 되돌아오지 못할 것이며, 이 땅에서의 자신의 일과 기뻐하는 것들로 다시는 돌아가지 못할 것이다. 그가 소유하고 누리던 것들은 다른 사람들이 소유하게 될 것이고, 그들은 다음 세대가 물려받을 때까지만 그것들을 누리게 될 것이다. 음부에서 부자는 자기를 직접 보내 달라고 하면 허락을 받지 못할 것을 알았기 때문에 나사로를 대신 보내서 그의 집에 이러한 사실을 알려 주기를 원하였다. 영광을 받은 성도들은 이 땅에서 그들이 겪었던 염려들과 무거운 짐들과

슬픔들로 다시는 돌아가지 않게 될 것이고, 저주 받은 죄인들은 이 땅에서 그들이 누렸던 환락들과 즐거움들로 다시는 돌아가지 못하게 될 것이다. 그들이 살았던 이 땅의 처소는 더 이상 그들을 알지 못할 것이고 아는 체하지도 않을 것이며 그들의 영향력 아래에 있지도 않을 것이다. 이 땅의 처소는 더 이상 우리를 알지 못할 것이기 때문에, 우리는 죽어서 더 좋은 자리를 얻는 데에 관심을 갖고 힘을 쓰는 것이 좋다.

2. 욥이 이러한 성찰로부터 도출해 낸 잘못된 결론. 욥은 이러한 성찰들로부터 그가 이끌어 낸 결론보다 얼마든지 더 나은 결론을 이끌어 낼 수 있었는데도, 그렇게 하지 못하였다(11절): 그런즉 내가 내 입을 금하지 아니하고 말하며 불평하리이다. 거룩한 다윗은 인생 무상에 대하여 묵상하였을 때에 그러한 성찰로부터 욥과는 정반대의 결론을 도출해 내었었다: 내가 잠잠하고 입을 열지 아니함은 주께서 이를 행하신 까닭이니이다(시 39:9). 그러나 욥은 자신의 죽음이 가까운 것을 알게 되자, 마치 자신의 마지막 유언을 기어이 해야 되겠다는 듯이, 또는 자신의 울분을 토해내지 않고서는 편안히 죽을 수 없다는 듯이 서둘러서 불평을 쏟아 놓는다. 우리에게 숨이 별로 남아 있지 않다면, 우리는 죄와 부패함이 가득한 고약한 숨을 시끄럽게 몰아쉴 것이 아니라, 믿음과 기도의 거룩하고 은혜로운 숨을 쉬며 남은 시간을 보내야 한다. 억울해하고 불평하며 죽는 것보다 기도하고 찬양하며 죽는 것이 더 낫다.

II. 자기는 심신이 다 심각하게 중병에 걸린 사람이라는 것. 이 부분에서 욥은 하나님이 그를 가혹하게 다루셨고 도가 지나친 재앙을 그에게 내리셨다는 생각이 들었던지 단단히 토라져서 투정을 부리며 화를 낸다. "내가 바다니이까 바다 괴물이니이까(12절). 내가 거친 파도가 흉용한 바다여서, 주께서는 그 오만한 파도를 다스리시고 억누르시기 위해서 나를 이렇게 하시는 것이나이까? 아니면, 내가 말 안 듣고 고집스러운 바다 괴물이어서, 그 괴물이 바다의 물고기들을 다 삼키지 못하도록 주께서 힘으로 그 괴물을 제압하기 위하여 나를 이렇게 하시는 것이나이까? 주께서 나를 제압하시기 위해서 이렇게 요란하게 일들을 벌이실 만큼 내가 강한 자이니이까? 주께서 나를 길들이고 통제하시기 위해서 이 모든 엄청난 환난들을 보내시는 소동을 벌이실 만큼 내가 강한 자이니이까?" 우리는 환난을 당하면 마치 하나님이 도에 지나치게 우리를 압박하시는 것처럼 느껴져서 하나님과 그분의 섭리에 대하여 불평하기가 매우 쉽다. 하지만, 하나님은 꼭 필요한 때에만, 그리고 적정한 정도로만 우리로 하여금 환난을 겪게 하신다.

1. 욥은 자기가 침상에서 쉴 수조차 없다고 불평함(13-14절). 우리는 수고나 고통, 여행으로 피곤할 때면 침상에서는 어느 정도 휴식할 수 있을 것이라고 기대하게 된다. "내 잠자리가 나를 위로하고 내 침상이 내 수심을 풀어 주리라. 잠을 자면., 내가 잠시 쉴 수 있으리라." 잠을 잘 때만은 쉴 수 있는 것이 보통이다. 잠이라는 것은 그런 목적을 위해서 있는 것이기 때문이다. 거의 매일같이 잠은 우리에게 쉼을 주었고, 우리는 아침에 깨어났을 때에 새 힘을 얻었고, 그럴 때마다 하나님께 감사하지 않았던가. 그러나 가엾은 욥은 그렇지 못하였다. 욥은 잠자리에 들 때에 편안함과 위로를 느낀 것이 아니라 두려움을 느꼈다. 그의 보금자리는 그의 불평을 가라앉혀 주고 평안함을 가져다 준 것이 아니라 그의 불평을 가중시켰다. 왜냐하면, 욥은 잠이 들면 악몽에 시달렸고, 악몽에 놀라 잠에서 깨면 이번에는 무시무시한 환각들에 시달렸기 때문이다. 그런 이유로 밤은 욥에게 달갑지 않은 고달픈 시간이 되어 버렸다(4절): 내가 누울 때면 말하기를 언제나 일어날까 하는구나. 하나님은 원하시기만 한다면 우리가 편안하게 쉴 수 있을 것이라고 기대한 곳에서조차도 우리를 두렵게 하실 수 있으시다는 것을 명심하라. 아니, 하나님은 우리로 하여금 우리 속에서 스스로 두려움을 만들어 내게 하실 수 있으시다. 우리가 거룩하지 않은 상상의 나래를 펴서 마음으로 죄를 짓는 경우가 자주 있듯이, 하나님은 우리 자신의 상상의 힘을 이용하셔서, 우리 속에 많은 근심을 만들어내심으로써, 우리가 상상력을 이용하여 죄를 지은 것에 대하여 우리로 바로 그 상상력을 통해서 벌을 받게 하신다. 욥이 꾼 악몽들은 부분적으로 그의 병 때문이겠지만(그의 온 몸을 덮고 있던 종기 때문에 열이나 발진이 나면, 잠을 편안히 잘 수 없는 것이 보통이다), 우리는 그 악몽들 속에는 사탄의 손길도 들어 있었다고 보아야 한다. 왜냐하면, 사탄은 자기가 멸할 수 없는 자들이라고 해도 그들을 두렵게 하기를 기뻐하기 때문이다. 그러나 욥은 하나님이 사탄에게 그렇게 하도록 허락하신 것을 모르고, 여기에서 사탄이 한 짓들을 자기를 엄습하여 치는 하나님의 두려움(6:4)으로 오해하였다(주께서 나를 놀라게 하시고 두렵게 하시나이다). 우리는 우리의 꿈들이 우리를 더럽히거나 불안하게 하거나 우리를 유혹하여 범죄하게 하거나 우리를 두려움으로 괴롭게 하지 않게 해 달라고 하나님께 기도하여야

하고, 졸지도 않으시고 주무시지도 않으시며 이스라엘을 지키시는 하나님이 우리가 졸거나 잘 때에 우리를 지켜 주셔서 마귀가 음흉한 뱀이나 울부짖는 사자가 되어 나타나서 우리에게 해코지를 하지 않도록 해주시라고 기도하여야 하며, 또한 우리가 평안히 누워 잠자고 우리의 잠이 달았다면 하나님을 송축하여야 한다.

2. 욥은 이리저리 뒤척임도 없고 악몽을 꿀 일도 없는 잠자리인 자신의 무덤 속에서 쉬었으면 좋겠다고 간절히 원함(15-16절).

(1) 욥은 산다는 것에 신물이 났고, 산다는 생각만 해도 끔찍하였다는 것. "내가 생명을 싫어하나이다. 나는 지금까지 살 만큼 살았으니, 내가 언제까지나 살기를 원치 아니하나이다. 나는 이런 고통스럽고 비참한 상태 속에서 언제까지나 살기를 원하지 않을 뿐만 아니라, 아무리 편안하고 형통하는 상태에 있다고 하여도 또 언제 이런 고통을 당할지 모르는 그런 불안을 끊임없이 느끼면서 언제까지나 사는 것도 원치 아니하나이다. 내 날들은 아무리 좋게 보아준다고 해도 변함없는 견고한 위로가 없이 언제나 실질적인 슬픔과 근심들에 노출되어 있는 헛되고 무상(無常)한 날들이나이다. 나는 이러한 불확실한 삶에 언제까지나 묶여서 살고 싶은 생각이 없나이다." 선한 자는 할 수만 있다면 이 세상이 그에게 미소를 짓는다고 하여도 이 세상에서 언제까지나 살 마음이 없다. 왜냐하면, 이 세상은 죄와 유혹의 세상이고, 선한 자에게는 더 나은 세상이 기다리고 있기 때문이다.

(2) 욥은 죽기를 소원하였고, 죽을 생각만 해도 기뻤다는 것. 욥의 마음(그는 이것이 그의 판단이라고 생각하였지만, 사실은 혈기에 불과한 것이었다)은 살기보다는 숨이 막히는 것과 죽는 것을 택하였다. 그는 이와 같은 삶을 사느니 아무리 끔찍한 죽음을 죽더라도 죽는 것이 낫다고 생각하였다. 이것은 의심할 여지 없이 욥의 나약한 모습을 보여주는 것이었다. 왜냐하면, 선한 자는 이 세상에서 언제까지나 사는 것을 원하지 않고, 순교자들처럼 죄를 짓느니 차라리 목을 매어 죽는 편을 택하고자 하겠지만, 삶이라는 것은 하나님을 영화롭게 해드리고 천국에 갈 준비를 하도록 사람에게 주어진 기회라는 것을 알기 때문에, 자기가 하나님을 기쁘시게 해드릴 수 있는 한 결코 살기보다 죽기를 원하지는 않기 때문이다.

[17]사람이 무엇이기에 주께서 그를 크게 만드사 그에게 마음을 두시고 [18]아침마다 권징하시며 순간마다 단련하시나이까 [19]주께서 내게서 눈을 돌이키지 아니하시며 내가 침을 삼킬 동안도 나를 놓지 아니하시기를 어느 때까지 하시리이까 [20]사람을 감찰하시는 이여 내가 범죄하였던들 주께 무슨 해가 되오리이까 어찌하여 나를 당신의 과녁으로 삼으셔서 내게 무거운 짐이 되게 하셨나이까 [21]주께서 어찌하여 내 허물을 사하여 주지 아니하시며 내 죄악을 제거하여 버리지 아니하시나이까 내가 이제 흙에 누우리니 주께서 나를 애써 찾으실지라도 내가 남아 있지 아니하리이다

욥은 여기에서 다음과 같은 것들에 대하여 하나님께 따진다.

I. 하나님이 인간을 대하시는 것에 대하여(17-18절). 사람이 무엇이기에 주께서 그를 크게 만드시나이까. 이것은 다음 둘 중의 하나로 해석될 수 있다.

1. 하나님이 공의를 집행하시는 것과 관련하여 불만을 토로하며 혈기를 부리는 말. 욥의 이 말은 크신 하나님이 하찮은 인간과 다투시는 것은 속 좁고 위신이 깎이는 일이라는 의미일 수 있다. "큰 자들은 한참 아래에 있는 미천한 자들의 일에 간섭해서 그들의 어리석고 버릇없는 짓들을 책망하고 꾸짖는 것을 자신의 위신이 깎이는 일이라고 생각합니다. 그런데, 도대체 왜 하나님은 사람이 뭐 그리 대단한 존재라고 사람을 권징하시고 단련하시며 사람의 일에 그토록 야단법석을 떠시는 것입니까? 도대체 왜 하나님은 그와는 비교도 되지 않을 정도로 미천한 사람에게 이렇게 그의 온 힘을 쏟으시는 것입니까? 도대체 왜 하나님은 사람에게 환난들을 보내셔서, 매일열(每日熱)이라는 병처럼 아침이 되면 날마다 다시 찾아와서 사람이 과연 얼마나 견딜 수 있는지를 매순간마다 시험하시는 것입니까?" 만약 우리가 하나님이 그의 피조물들 중에서 가장 하찮은 것을 돌보심으로써 하나님의 위신이 깎인다고 생각한다면, 우리는 하나님과 그의 섭리의 성격을 오해하고 있는 것이다.

2. 하나님이 자신을 한없이 낮추셔서 사람에게 은혜를 베푸시는 것을 찬송하는 경건한 말. 욥의 이 말이 이런 식으로 해석될 수 있다면, 그 말의 의도는 시편 8:4(사람이 무엇이기에 주께서 그를 생각하시며 인자가 무엇이기에 주께서 그를 돌보시나이까)과 144:3(여호와여 사람이 무엇이기에 주께서 그를 알아 주시며 인생이 무엇이기에 그를 생각하시나이까)에 나오는 말씀과 같다. 욥은 자기가 겪고 있는 환난들에 대하여 불평하면서도 하나님이 사람을 끔찍하게 총애하고 계시

다는 것을 시인한다. "사람, 즉 저 비참한 사람, 가엾고 초라하며 연약한 피조물이 무엇이기에 저 크시고 영화로우신 하나님이신 주께서 그를 이렇게 대하시는 것입니까?

(1) "사람이 무엇이기에 주께서 그와 언약을 맺으시고 교제하시는 영광을 그에게 베푸시고 그를 크게 높이시는 것이나이까?"

(2) "사람이 무엇이기에 주께서 그에게 그토록 큰 관심을 가지시고, 주께 사랑스러운 자이자 주의 인자하심을 받을 자인 것처럼 그에게 마음을 두시는 것이나이까?"

(3) "사람이 무엇이기에, 우리가 날마다 우리의 절친한 친구를 찾거나 의사가 환자들을 돌보기 위해서 매일 아침 그들을 찾듯이, 주께서 불쌍히 여기시는 마음을 품으시고 아침마다 그를 찾으시는 것이나이까?"

(4) "사람이 무엇이기에 주께서 순간마다 그가 어떤지 살펴보고 시험하시며 그의 맥박을 재보시고 그의 표정을 관찰하셔서 그를 지극정성으로 돌보시는 것이나이까?" 벌레만도 못한 사람이 이렇게 하늘의 사랑과 총애를 받고 있다는 사실 하나만으로도 우리는 하나님을 영원히 찬송하지 않을 수 없다.

II. 하나님이 욥을 대하시는 것에 대하여.

1. 욥이 자신에게 닥친 환난들에 대하여 불평함. 그는 여기에서 다음과 같은 세 가지 표현을 통해서 자신의 환난들에 대하여 아주 비관적이고 나쁘게 얘기한다(우리는 그렇게 하기가 아주 쉽다).

(1) 그는 하나님의 화살받이였다는 것. "주께서는 나를 당신의 과녁으로 삼으셨나이다(20절). 나의 경우는 유별나서, 나처럼 당신의 화살들을 맞은 사람은 아무도 없나이다."

(2) 그는 자기 자신에게 무거운 짐이어서, 자신의 삶의 무게에 눌려서 가라앉기 직전이라는 것. 우리가 우리 자신 속에 아무리 많은 즐거움을 지니고 있다고 하여도, 하나님은 마음만 먹으시면 얼마든지 우리를 우리 자신에게 짐이 되게 하실 수 있으시다. 하나님이 우리를 원수로 대하셔서 대적하시고, 우리가 하나님 안에서 위로를 얻을 수 없다면, 우리가 우리 자신 속에서 어떤 위로를 얻을 수 있겠는가?

(3) 그의 비통함이 끊일 사이가 없었다는 것(19절). "주께서 주의 회초리를 내게서 떠나지 않게 하시고, 내가 침을 삼킬 동안도 그 혹독한 회초리를 그치게

하지 않으시기를 어느 **때까지** 하시리이까?" 욥의 병은 그의 목에까지 차올라 그를 거의 질식시키다시피 하여서, 그는 침을 삼키기조차 어려웠던 것으로 보인다. 그는 그의 병이 그의 옷깃처럼 그를 온통 옭아매고 있다고 한탄하며(30:18), "주여, 주께서는 내게 약간의 쉴 틈, 약간의 숨쉴 시간을 주고자 하지도 않으시는 것이나이까"라고 말한다(9:18).

2. 욥이 그의 죄악들에 대하여 갖고 있는 관심. 아무리 선한 자라도 자신의 죄에 대하여 탄식하지 않을 수 없고, 그 사람이 선하면 선할수록 그는 자신의 죄에 대하여 더욱더 탄식하게 된다.

(1) 욥이 하나님 앞에서 자기가 죄인이라는 것을 솔직하게 인정함. 내가 범죄하였나이다. 하나님은 욥이 온전하고 정직한 자라고 말씀하였었다. 그렇지만 욥은 자기 자신에 대하여 내가 범죄하였다고 말한다. 아직도 죄를 범하는 자일지라도 온전한 자가 될 수 있다. 하나님은 진심으로 회개하는 자들을 중보자이신 그리스도로 말미암아 복음적으로 온전한 자로 받아들여 주신다. 욥은 그의 친구들을 향해서는 자기가 위선자도 아니고 악인도 아니라고 주장하였지만, 하나님을 향해서는 자기가 범죄하였다는 것을 인정하였다. 우리가 지금까지 큰 죄를 지은 적이 없다고 해서, 우리에게 죄가 없는 것은 결코 아니다. 아무리 선한 자도 하나님 앞에서는 자기가 범죄하였다는 것을 인정하지 않을 수 없다. 욥이 하나님을 사람을 감찰하시는 이 또는 보존하시는 이로 부르고 있는 것은 자신의 죄를 가중시키기 위한 의도인 것으로 해석될 수 있다. "하나님께서는 내가 잘 되도록 하기 위해서 나를 늘 살피시고 감찰하시며 그 눈을 내게서 떼신 적이 없으셨는데도, 나는 하나님을 거슬러 범죄하였나이다." 우리가 환난 가운데에 있다면, 그 때에 우리는 그 환난의 원인이 된 우리의 죄를 고백하는 것이 마땅하다. 참회의 고백은 혈기를 따라 불평하는 것을 막아준다.

(2) 욥이 자기가 어떻게 하면 하나님과 화평하게 될 수 있을지를 진지하게 물음. "내가 주께 너무나 큰 죄를 지었사오니, 주께 무엇을 하리이까." 우리는 우리가 범죄하였다는 것을 깨닫고 있고, 그것을 고백하고 있는가? 우리는 우리의 죄로 인한 치명적인 결과들을 방지하기 위해서는 무엇인가를 하지 않으면 안 된다는 결론을 내리지 않을 수 없다. 이 문제는 이대로 그냥 내버려 두어서는 안 되고, 우리가 잘못 행한 것을 무효화하기 위한 어떤 조치가 취해지지 않으면 안 된다. 우리가 지금까지 위험 속으로 돌진해 왔었다는 것을 진정으로

깨닫는다면, 우리는 무슨 수를 써서라도 용서를 받기 위해서 기꺼이 뭔가를 하고자 할 것이다. 그러므로 우리는 우리가 무엇을 하리이까(미 6:6-7)라고 묻게 된다. 즉, 우리가 하나님의 공의의 요구들을 만족시키기 위해서가 아니라(이것은 오직 중보자이신 그리스도에 의해서만 행해질 수 있다) 복음 언약의 약속을 따라 하나님의 은총을 받을 자격을 갖추기 위해서 하나님께 무엇을 해야 할지를 우리는 묻게 되는 것이다. 우리는 이것을 물을 때에 하나님을 사람을 멸하시는 자가 아니라 보존하시는 자 또는 구원하시는 자로 바라보아야 한다. 우리는 회개할 때에 하나님에 대한 좋은 생각, 즉 하나님은 그의 피조물들이 멸망받는 것을 기뻐하시는 것이 아니라 도리어 그들이 돌이켜서 살게 되기를 원하시는 분이라는 생각을 유지하여야 한다. "주는 사람들의 구원자이시나이다. 그러므로 이제 내가 엎드려 주의 긍휼을 바라오니, 나의 구원자도 되어 주소서."

(3) 욥이 자신의 죄를 용서해 달라고 간절히 구함(21절). 욥의 심령은 뜨거워졌기 때문에, 그는 한편으로는 더욱 심하게 불평하고 하소연하였지만, 다른 한편으로는 여기에서처럼 더욱 생생하고 끈질기게 기도하였다. "주께서 어찌하여 내 허물을 사하여 주지 아니하시나이까. 주는 한없는 긍휼을 지니고 계셔서 아낌없이 용서해 주시는 하나님이 아니시나이까? 내 속에 회개를 불러일으키신 분은 주가 아니시나이까? 그런데도, 왜 주께서는 내 죄를 사하여 주지 아니하시고, 나로 저 기쁘고 즐거운 목소리를 듣게 해주시지 아니하시나이까?" 욥이 단지 자신의 외적인 환난을 제거해 달라고 기도하고 있는 것이 아니라, 하나님이 그에게서 거두어 가버리신 은총 때문에 괴로웠다고 앞에서 얘기했듯이(6:4) 여기에서는 그 은총을 다시 회복시켜 주시라고 간절히 기도한다. "주여, 내 죄들을 용서해 주시고, 내게 그 용서함으로 인한 위로를 얻게 하소서. 그리하시면, 내가 나의 괴로움들을 견디기가 쉬워지겠나이다"(마 9:2; 사 33:24). 하나님의 긍휼이 우리가 범한 허물을 용서하시면, 하나님의 은혜는 우리를 지배하고 있던 죄악을 제거하신다. 하나님은 죄책(罪責)을 제거하심과 동시에 죄의 권능을 부수신다.

(4) 욥이 자신의 죄를 용서해 달라는 기도에 힘을 싣기 위해서 자기가 곧 죽게 될 것이라는 사실을 그 이유로 제시함. 내가 이제 흙에 누우리이다. 죽음은 머지않아 우리를 흙에 눕혀서 우리로 거기에서 잠자게 할 것이다. 욥은 밤에도

자지 못하고 고달픈 밤들을 보내는 자신의 처지를 한탄하였었다(3-4, 13-14
절). 그러나 부드러운 새털 침대 위에서 잠을 잘 수 없는 자들도 머지않아 흙
침대에서 잠을 자게 될 것이고, 악몽을 꾸며 괴로워하거나 이리저리 뒤척이며
잠을 못 이룰 일도 없게 될 것이다. "그 때가 되면, 주께서 내게 은총을 베푸시
기 위해서 나를 애써 찾으실지라도 내가 남아 있지 아니하리이다. 그 때에 주께서
내게 은총을 베푸시려고 할지라도 이미 때가 늦을 것이나이다. 내가 살아 있는
동안에 주께서 내 죄를 용서하지 않으신다면, 나는 영원히 망하고 말 것이나이
다." 우리가 머지않아 죽을 것이고, 또한 언제 갑자기 죽을지 모른다는 사실을
생각할 때, 우리는 하나님께 우리의 죄들을 용서하시고 우리의 죄악을 제거해
주시라고 온 힘을 다하여 간절히 구하여야 한다.

제
— 8 —
장

개요

욥의 친구들은 앞서 욥에게 나쁜 소식을 전하여 주었던 사자(使者)들과 똑같았다. 앞서 사자들은 차례차례 연달아 와서는 나쁜 소식들을 욥에게 전하여 주었었는데, 이제 욥의 친구들도 차례차례 욥에게 혹독한 비난을 퍼붓는다. 욥에게 온 사자들이나 친구들은 두 부류 모두 자기도 알지 못하는 사이에 사탄의 도구로 사용되었다. 사자들은 욥에게서 그의 온전한 신앙을 빼앗고자 하는 사탄의 의도에 봉사하였고, 친구들은 욥에게서 그의 온전한 신앙으로 인한 위로를 빼앗고자 하는 사탄의 의도에 봉사하였다. 욥은 엘리바스가 한 말들을 반박하며 대답을 한 것이었지만, 욥의 반박에 대하여 응수한 것은 엘리바스가 아니라 빌닷이었다. 왜냐하면, 빌닷도 이 일에 있어서 엘리바스와 같은 생각을 지니고 있었기 때문이다. 뭔가를 말하기 위해서 안달하는 자들은 무리 중에서 가장 지혜로운 자들이 아니라 가장 약한 자들이다. 다른 사람들이 차례로 말하면, 먼저 말하던 자는 잠잠하여야 한다(고전 14:30). 엘리바스는, 욥이 극심한 환난을 겪고 있는 것으로 보아서 그는 악인임이 분명하다는 것을 보여주고자 하였었다. 빌닷도 거의 동일한 생각을 갖고 있었기 때문에, 만약 하나님이 속히 나타나셔서 욥을 구하시지 않으신다면 욥은 악인임에 틀림없다는 결론을 내린다. 이 장에서 빌닷은 욥에게 다음과 같은 것들을 깨우쳐 주고자 애쓴다. I. 욥이 지나치게 혈기를 부리며 말을 하였다는 것(2절). II. 욥과 그의 자녀들이 고통을 당한 것은 의로운 일이었다는 것(3-4절). III. 만약 욥이 진심으로 회개한다면, 하나님께서 곧 그의 포로 됨을 돌이키시리라는 것(5-7절). IV. 욥의 경우에서 볼 수 있듯이 하나님이 섭리를 통해서 악인들이 기뻐하는 것들과 소망들을 없애버리시는 것은 통상적인 일이기 때문에, 욥이 위선자일 것이라고 친구들이 의심하는 것은 당연하다는 것(8-19절). V. 하나님께서 속히 나타나셔서 욥을 구하시지 않으신다면, 친구들의 의심은 거의 확실시된다는 것(20-22절).

¹수아 사람 빌닷이 대답하여 이르되 ²네가 어느 때까지 이런 말을 하겠으며 어느 때까지 네 입의 말이 거센 바람과 같겠는가 ³하나님이 어찌 정의를 굽게 하시겠으며

전능하신 이가 어찌 공의를 굽게 하시겠는가 [4]네 자녀들이 주께 죄를 지었으므로 주께서 그들을 그 죄에 버려두셨나니 [5]네가 만일 하나님을 찾으며 전능하신 이에게 간구하고 [6]또 청결하고 정직하면 반드시 너를 돌보시고 네 의로운 처소를 평안하게 하실 것이라 [7]네 시작은 미약하였으나 네 나중은 심히 창대하리라

이 단락에는 다음과 같은 내용들이 나온다.

I. 빌닷이 욥이 한 말을 꾸짖으며, 욥의 혈기를 견제함(2절). 그러나 빌닷은 욥보다 더 큰 혈기로 이런 책망을 하는 것 같다(이런 일은 비일비재하다). 우리는 욥이 상당히 일리가 있고 많은 부분 제대로 된 말을 하였고, 욥의 입장에서 볼 때에 그의 언행은 근거가 있고 옳다고 생각하였다. 그러나 빌닷은 격노한 논적(論敵)처럼 네가 어느 때까지 이런 말을 하려느냐는 단 한 마디로 욥이 지금까지 한 말을 다 뒤엎어 버린다. 빌닷은 엘리바스가 이미 욥에게 충분히 알아들을 수 있게끔 자세하게 얘기를 다 했다고 생각했기 때문에, 욥이 한 말은 빌닷에게 주제넘고 뻔뻔스러운 말로 들릴 수밖에 없었다. 이렇게 책망들은 흔히 오해에 기인하는 경우가 많다(Caryl의 지적처럼). 우리는 사람들이 하는 말들의 의미를 올바르게 이해하지 못하고서는, 마치 그들이 행악자들인 양 그들을 심하게 꾸짖게 되는 일이 종종 있다. 빌닷은 욥이 한 말을 거센 바람에 비유한다. 욥은 자기가 한 말은 일시적인 감정에서 나온 것이어서 바람과 같은 것이었기 때문에(6:26), 그들이 그가 한 말을 놓고 그렇게 야단법석을 떨 필요가 없다고 자신을 변명하였었다. 빌닷은 이렇게 말한다: "그래 맞다. 네가 한 말들은 바람이다. 그러나 그것은 거센 바람이어서 거칠고 난폭하게 위협하는 위험스러운 것이기 때문에, 우리는 그 바람을 막지 않으면 안 된다."

II. 빌닷이 하나님께서 하신 일들은 의롭다고 말함. 빌닷은 여기에서 이런 말을 할 이유가 없었고(빌닷의 생각과는 달리, 욥은 하나님을 정죄하지 않았기 때문에), 그런 말을 하더라도 적어도 욥의 자녀들을 들먹이지는 말았어야 했다. 빌닷은 하나님이 하신 일들을 옹호하기 위해서 굳이 형제들을 고소하고 비난해야만 했던 것인가?

1. 하나님이 정의를 굽게 하시지 않으시고, 그 어떤 공의도 거스르지 않으신다는 빌닷의 일반적인 말은 옳음(3절). 하나님이 의로우시다는 빌닷의 말은 옳기 때문에, 우리도 하나님이 의로우시다는 것을 의심해서는 안 된다. 하나님은 죄

없는 자들을 결코 압제하지 않으시고, 죄인들에게 죄 지은 것 이상으로 벌을 주시지도 않으신다. 그는 심판주이신 하나님이시다. 온 세상을 심판하시는 이가 어찌 옳지 않으실 수 있겠는가(창 18:25)? 하나님께 불의가 있다면, 하나님께서 어찌 세상을 심판하시리요(롬 3:5-6)? 하나님은 모든 것에 충족하신 전능자이시다. 사람들은 다른 사람들의 권력이 두려워서 공의를 굽게 하기도 하고(그러나 하나님은 전능자이시기 때문에 그 누구도 두려워하지 않으신다), 다른 사람들의 총애를 얻기 위해서 공의를 굽게 하기도 한다. 그러나 하나님은 모든 것에 충족하신 분이기 때문에, 그 누구의 호의로 유익을 얻을 수 있는 것이 없다. 사람은 약하고 무능하기 때문에 종종 불의를 행하지만, 하나님은 전능하시기 때문에 그럴 필요가 없으시다.

2. 빌닷은 이 명제를 적용함에 있어서는 공정하거나 옳지 않음. 그는 욥의 자녀들(그들의 죽음은 그의 가장 큰 환난들 중의 하나였다)이 뭔가 극악무도한 악행을 저질렀다는 것, 그들의 비참한 죽음은 그들이 동방의 그 어떤 사람들보다도 더 큰 죄인들이었다는 것을 보여주는 충분한 증거라는 것을 당연한 것으로 받아들인다(4절). 욥은 하나님이 공의를 굽게 하지 않았다는 것을 기꺼이 인정하였다. 그러나 그렇다고 해서 그의 자녀들이 뭔가 큰 죄를 저질러서 하나님께 버림 받아 죽었다는 결론이 거기에서 도출되는 것은 아니다. 우리와 우리의 자녀들이 하나님에 대하여 범죄하였다는 것은 사실이고, 하나님이 우리와 우리의 자녀들에게 내리시는 모든 일이 의롭다는 것도 우리는 인정하여야 한다. 그러나 극심한 환난들은 언제나 극악무도한 죄들에 대한 벌인 것은 아니고, 때로는 차고 넘치는 은혜를 주시기 전에 한번 시험해 보시는 경우일 수도 있다. 우리 구주께서 그러셨듯이(눅 13:2-4), 우리는 다른 사람들의 경우를 판단함에 있어서 (명확한 증거가 나타나기 전에는) 좀 더 호의적인 쪽을 택하는 것이 마땅하다. 여기에서 빌닷은 이 점에서 잘못을 범하였다.

III. 빌닷이 욥에게 만약 그가 말한 대로 옳다면 그는 그의 현재의 환난들로부터 좋은 결말을 보게 될 것이라고 말하며 소망을 줌. "네 자녀들이 주께 죄를 지어서 주께서 그들을 그 죄에 버려두셨을지라도(그들은 그들 자신의 죄 때문에 죽은 것이다), 네가 순전하며 올바르고, 그 증거로 지금 하나님을 찾으며 하나님께 순복한다면, 모든 것이 잘 될 것이다(5-7절)." 이 말은 두 가지 중 하나로 해석될 수 있다.

1. 빌닷의 이 말은 욥에게 닥친 환난의 극심함이 아니라 그 지속성에 근거해서 욥이 위선자요 악인이라는 것을 증명하기 위한 것일 수 있음. "네가 재물을 빼앗겨 빈곤해지고 네 자녀들이 죽었을 때, 만약 네가 순전하고 올바른 자였고 이 시험 속에서 자기가 그런 자라는 것을 입증하였다면, 하나님은 벌써 네게 다시 긍휼을 베푸셨을 것이고, 네가 환난을 당한 기간만큼 너를 위로하셨을 것이다. 그러나 너의 환난이 지금까지 지속되는 것으로 보아서, 우리가 너의 주장과는 달리 네가 그렇게 순전하고 정직하지 않다고 결론을 내리는 것은 당연하다. 만약 네가 재물을 빼앗겨 빈곤해지는 첫 번째 환난 아래에서 잘 처신하였더라면, 너는 네 자녀들이 죽는 두 번째 환난을 당하지 않았을 것이다." 빌닷의 이런 말은 옳지 않은 것이었다. 왜냐하면, 선한 자일지라도 시험을 받아서 아주 극심하게만이 아니라 아주 오랫동안 환난을 당할 수도 있기 때문이고, 평생 동안 환난을 당한다고 하여도, 그것은 영원에 비하면 순간에 불과하기 때문이다. 빌닷이 이 문제를 제기하였기 때문에, 하나님은 기꺼이 빌닷의 말에 이의를 제기하시고, 빌닷 자신의 논거에 의거해서 그의 종 욥이 정직한 자라는 것을 증명하셨다. 왜냐하면, 하나님은 후에 욥의 나중을 그의 처음보다 더 축복하셨기 때문이다.

2. 빌닷의 이 말은 욥에게 이런 식으로 모든 것이 다 끝났다고 생각하여 절망으로 치닫지 말라고 격려하기 위한 것일 수 있음. 욥이 이제라도 올바른 방향을 잡아 행한다면, 여전히 소망은 있다고 빌닷은 말한다. 나는 여기에 나오는 빌닷의 말은 욥을 단죄하고자 하는 의도가 강하지만, 그에게 충고하고 위로하고자 하는 의도도 있었을 것이라고 본다.

(1) 빌닷은 앞에서 엘리바스가 했던 것과 마찬가지로(5:8) 욥에게 회개하고 돌아오는 일에 꾸물거리지 말고 늦기 전에(즉, 신속하고 진지하게) 하나님을 찾으라는 선한 권면을 하지만, 욥이 그러한 권면을 받아들일 것이라고는 기대하지 않음. 빌닷은 욥에게 불평만 하지 말고, 겸손함과 믿음으로 전능하신 이에게 간구하고, 그의 마음속에 진실함이 있는지(빌닷은 이것이 욥에게 없다고 보았기 때문에, 욥이 순전하고 정직해야 한다고 말한다), 그의 집에 정직함이 있는지("너의 집은 의로운 처소가 되어야 하리니 불의하게 얻은 재물로 채워져 있어서는 하나님이 너의 기도를 들으시지 않으실 것이다," 시 66:18)를 살펴보라고 조언한다. 오직 정직한 자의 기도만이 하나님이 기뻐하시고 들어 주시는 기도

이다(잠 15:8).

(2) 빌닷은 욥이 다시 좋은 날들을 보게 될 것이라고 욥에게 선한 소망을 주기는 하지만, 속으로는 욥이 하는 짓으로 보아서 그런 날들이 오지 않을 것 같다고 여김. 빌닷은 욥에게 하나님이 지금은 그를 잊으신 것 같고 그를 버린 것 같을지라도, 만약 그가 빨리 마음을 바꾸어서 하나님을 찾는다면, 하나님은 그를 구하기 위해 깨어나셔서 그를 기억하시고 그에게로 돌아오실 것이고, 만약 욥이 자신의 처소를 의롭게 한다면 그 처소가 형통하게 될 것이라고 단언한다. 우리가 하나님께로 돌아와서 우리의 본분을 다한다면, 우리는 하나님이 우리에게 다시 긍휼을 베푸실 것이라는 소망을 가질 수 있다. 빌닷은 욥에게 그가 이 세상에서 살 날이 별로 남아 있지 않기 때문에 이전처럼 다시 형통할 가능성은 없다고 절망해서는 안 된다고 말한다: "네 시작이 미약하여 곡식통에 곡식이 얼마 있지 않고 기름병에 기름이 얼마 있지 않다고 하여도, 하나님은 너를 축복하여 그것들이 점점 더 늘어나게 하시리라." 이것이 하나님께서 자기 백성의 영혼을 은혜와 위로들로 부요하게 하시는 방법이다. 즉, 하나님은 단번에 모든 것을 안겨 주시는 것이 아니라, 점진적으로 복을 주신다. 시작은 미약하지만, 결국 온전함에 이르게 된다. 새벽 미명은 점점 밝아져서 대낮이 되고, 겨자씨 한 알은 큰 나무가 된다. 그러므로 우리는 작은 일들의 날을 멸시하지 말고, 큰 일들의 날을 소망하여야 한다.

[8]청하건대 너는 옛 시대 사람에게 물으며 조상들이 터득한 일을 배울지어다 [9][우리는 어제부터 있었을 뿐이라 우리는 아는 것이 없으며 세상에 있는 날이 그림자와 같으니라] [10]그들이 네게 가르쳐 이르지 아니하겠느냐 그 마음에서 나오는 말을 하지 아니하겠느냐 [11]왕골이 진펄 아닌 데서 크게 자라겠으며 갈대가 물 없는 데서 크게 자라겠느냐 [12]이런 것은 새 순이 돋아 아직 뜯을 때가 되기 전에 다른 풀보다 일찍이 마르느니라 [13]하나님을 잊어버리는 자의 길은 다 이와 같고 저속한 자의 희망은 무너지리니 [14]그가 믿는 것이 끊어지고 그가 의지하는 것이 거미줄 같은즉 [15]그 집을 의지할지라도 집이 서지 못하고 굳게 붙잡아 주어도 집이 보존되지 못하리라 [16]그는 햇빛을 받고 물이 올라 그 가지가 동산에 뻗으며 [17]그 뿌리가 돌무더기에 서리어서 돌 가운데로 들어갔을지라도 [18]그 곳에서 뽑히면 그 자리도 모르는 체하고 이르기를 내가 너를 보지 못하였다 하리니 [19]그 길의 기쁨은 이와 같고 그 후에 다

른 것이 흙에서 나리라

　　　빌닷은 여기에서 위선자들과 행악자들이 맞는 서글픈 종말과 그들의 모든 소망과 기쁨들이 결국 다 사라져 버린다는 것에 대하여 아주 잘 얘기를 풀어간다. 빌닷은 엘리바스와는 달리(4:7) 의로운 자가 이렇게 망하여 끊어진 적이 없었다고 대담하게 말하고 있지는 않지만, 하나님이 그의 섭리를 진행해 나가시는 과정에서 통상적으로 경건하고 형통해 보였던 악인들을 이 세상에서 수치와 패망을 당하게 하시고, 그들의 형통함을 끊어버리심으로써 그들의 경건이 가짜라는 것을 드러내신다는 것을 당연시한다. 과거에 이렇게 패망한 자들이 모두 위선자였다는 것이 과연 확실한 것인지에 대해서 빌닷은 단정적으로 말하고 있지는 않지만, 그럴 가능성이 농후하다고 보기 때문에, 이러한 원칙을 구체적인 경우에 적용하는 일은 쉽다고 생각한다.

I. 빌닷이 위선자들의 모든 소망과 기쁨들은 망할 수밖에 없다는 이 진리를 옛 일들 및 모든 지혜롭고 선한 자들의 일치된 생각과 관찰에 의거해서 증명함.　우리가 저 세상의 일까지 고려한다면, 위선자들이 현세에서는 아닐지라도 적어도 내세에서는 그들이 의지하고 의기양양해하던 모든 것들을 박탈당하리라는 것은 의심할 수 없는 진리이다. 빌닷이 실제로 내세까지 고려했던 것이냐의 여부와는 상관없이, 우리는 여기에 나오는 말씀을 그런 식으로 해석하지 않으면 안 된다. 그러면, 빌닷이 이 진리를 증명할 때에 사용한 방법을 자세히 살펴보도록 하자(8-10절).

　1. 빌닷은 자기 자신이나 그의 동료들의 판단이 옳다는 것을 고집하지 않음. 우리는 어제부터 있었을 뿐이라 따라서 우리는 아는 것이 없다(9절). 그는 욥이 그들의 능력을 별로 탐탁지 않게 여기고, 그들이 아는 것이 별로 없다고 생각하고 있다는 것을 알아차렸다. 빌닷은 이렇게 말한다: "우리는 네가 생각하는 것처럼 아는 것이 없기 때문에, 우리가 무지하다는 것을 기꺼이 인정할 준비가 되어 있다. 왜냐하면, 우리는 단지 어제부터 있었을 뿐이어서, 우리가 세상에 있는 날들은 짧고 일시적이며 그림자처럼 신속하게 사라져 가고 있기 때문이다.

　(1) "우리는 이전 세대만큼 하나님의 계시의 원천에 가까이 있지 못하다(우리에게 있는 것들은 전해져 내려온 것들이다). 그러므로 우리는 이전 세대의 사람들이 무엇을 말했는지를 살펴보고, 우리가 그들의 생각에 대하여 무엇을

들었는지를 자세히 말하지 않으면 안 된다." 지금 우리에게는 기록된 하나님의 말씀이 있어서, 우리가 옛 시대 사람들에게 물으며 조상들이 터득한 일을 배울 필요도 없이, 단지 기록된 말씀을 살펴보기만 하면 된다는 것에 대하여, 우리는 하나님께 감사하여야 한다. 왜냐하면, 우리 자신은 단지 어제부터 있었을 뿐이지만, 성경에 있는 하나님의 말씀은 그들에게와 마찬가지로 우리에게도 가깝고(롬 10:8), 우리에게는 더 확실한 예언이 있어서 우리가 이것을 주의하는 것이 옳기 때문이다(벧후 1:19). 우리가 성경에 기록된 하나님의 교훈들을 연구하고 지키면, 그것들을 통해서 우리가 얻는 명철함은 옛 사람들보다 더 낫다(시 119:99-100).

(2) "우리는 이전 세대의 사람들만큼 오래 살아서 하나님의 섭리를 잘 관찰할 수 없기 때문에, 자연의 이치에 있어서 그들만큼 유능한 재판관들이 될 수 없다." 우리의 인생이 짧다는 것과 우리의 육신이 무르고 허약하다는 것은 우리의 지식을 증대시키는 일에 커다란 장애라는 것을 명심하라. 인생은 짧고, 학문의 진보는 끝이 없다.

2. 빌닷이 옛 사람들의 증언과 욥 자신이 옛 사람들의 생각에 대하여 지니고 있던 지식에 호소함. "너는 옛 시대 사람들에게 물어서, 이 문제에 있어서 그들 자신의 판단만이 아니라 그들의 조상들의 판단도 네게 말하게 하라(8절). 그러면, 그들이 살던 시대에 내내 하나님의 심판이 악인들을 따라다녔다고 그들이 네게 가르쳐 일러 줄 것이다(10절). 그들은 이 말을 그들의 마음으로부터 쏟아낼 것이다. 즉, 그들은 그 말을 그들 자신이 굳게 믿어 왔고 큰 영향을 받으며 살아 왔고 다른 사람들에게도 꼭 알리고 싶었던 말로서 할 것이다."

(1) 하나님의 섭리를 올바르게 이해하고 그 섭리의 난해한 부분들을 밝혀내기 위해서는 이전 세대들의 관찰과 경험들을 우리 시대의 사건들과 비교해 보는 것이 유익하다는 것. 그러기 위해서, 우리는 역사, 특히 아주 오래되고 틀린 것이 없이 참되며 우리의 교훈을 위해 씌어진 거룩한 역사를 살펴보아야 한다.

(2) 이전 세대들로부터 지식을 가져오고자 하는 자들은 부지런히 탐구하고, 탐구할 마음가짐이 되어 있어야 하며, 탐구하는 일에 수고를 아끼지 않아야 한다는 것.

(3) 가르치는 자들의 마음에서 나오는 말씀들은 배우는 자들의 마음에 다다를 가능성이 많다는 것. 기계적으로 달달 외워서 가르치는 것이 아니라, 마음에

서 나오는 말로 가르치고, 경험으로 익힌 것들을 말할 때, 배우는 자들은 영적이고 신령한 일들을 가장 잘 배울 수 있다. 박식한 패트릭(Patrick) 주교는 빌닷이 수아 사람으로서 아브라함이 그두라에게서 얻은 아들들 중의 한 명이었던 수아의 후손이었다는 점에서(창 25:2) 여기에 나오는 말 속에서 역사상으로 신실한 아브라함(그는 그의 신앙을 계속해서 지켰다)의 후손들이 받은 하나님의 축복과 욥의 이웃들이었던 동방 사람들(그들은 욥의 땅에 거주하였다)이 그들의 악행으로 말미암아 멸절된 것을 특별히 염두에 두고 있었다고 지적하면서, 이것으로부터 의인들을 형통하게 하시고, 악인들은 잠시 번성하는 것 같을지라도 그들을 반드시 뿌리뽑으시는 것이 하나님의 통상적인 방식이라고 추론한다.

Ⅱ. 빌닷이 이 진리를 몇몇 비유들을 통해서 보여줌.

1. 위선자들의 소망과 기쁨들은 여기에서 왕골이나 갈대에 비유됨(11-13절).

(1) 왕골이나 갈대는 진펄이나 물에서 자라난다는 것. 왕골이 진펄이 없이는 자랄 수 없는 것과 마찬가지로, 위선자는 어떤 거짓되고 부패한 토대 없이는 그가 바라는 것을 성취할 수 없다. 그러한 토대는 위선자의 소망을 불러일으키고, 그 소망을 지지해 주며, 살아 있게 해준다. 그는 자신의 소망을 이 세상에서의 형통, 겉으로만 번지르르한 신앙 고백, 자신에 대한 이웃들의 좋은 평판, 자기 자신에 대한 자부심을 토대로 해서 구축하는데, 이런 것들은 결코 믿을 만하지도 않고 견고하지도 않은 토대들이다. 그것들은 진펄이나 물에 불과할 뿐이고, 거기로부터 자라나는 소망은 왕골이나 갈대일 뿐이다.

(2) 왕골이나 갈대는 잠시 푸르르고 좋아 보이지만(왕골은 풀에서 뻗어나온다), 가볍고 속이 비어서 아무짝에도 쓸모가 없다는 것. 그것은 겉으로만 푸를 뿐이어서 아무짝에도 소용이 없다.

(3) 왕골이나 갈대는 다른 풀보다 먼저 곧 시들어 버린다는 것(12절). 이런 것은 새 순이 돋아 있는 동안에 벌써 마르기 시작해서 잠시 후면 사라져 버린다. 위선자들과 행악자들은 번성하자마자 마르기 시작한다는 것을 명심하라. 그들은 아직 푸르를 때에 이미 망해간다. 풀은 베어지면 마르지만(시 90:6), 왕골은 베지 않아도 마르고, 자라기 전에 마른다(시 129:6). 왕골은 아무런 쓸모가 없을 뿐만 아니라, 오래 가지도 못한다. 하나님을 잊어버리는 자의 길은 다 이와 같다

(13절). 그들은 왕골과 똑같은 길을 밟는다. 왜냐하면, 위선자의 소망은 사라질 것이기 때문이다.

[1] 사람들의 위선, 그리고 그들이 위선 가운데에서 스스로 속아서 헛된 소망들로 기분 좋아하는 것의 밑바닥에는 하나님을 잊어버린 것이 있다는 것. 하나님이 사람들을 상관하시고 그들의 마음을 살피시며 그 마음속에서 진리를 찾으신다는 것, 영이신 하나님이 우리의 영들을 감찰하고 계시다는 것을 사람들이 잊지 않는다면, 사람들은 쉽사리 위선자가 되지 못할 것이다. 하나님은 의로우시기 때문에 찢어진 제물과 저는 제물로 우롱을 당하시지 않으시리라는 것을 잊지 않는다면, 위선자들은 소망을 가질 수 없을 것이다.

[2] 위선자들의 소망은 자기 자신에 대한 대사기극이기 때문에, 잠시 이루어지는가 싶어도 결국에는 그들과 그들의 소망이 한꺼번에 다 망하게 된다는 것.

2. 위선자들의 소망과 기쁨들은 여기에서 거미줄 또는 거미집(난외주에는 이렇게 되어 있다)에 비유됨(14-15절).

(1) 위선자의 소망은 그 자신이 내부로부터 엮어짜낸 것에 불과하다는 것. 그것은 그의 망상이 만들어 낸 것으로서 자신의 공로와 능력에 대한 자만으로부터 생겨난 것에 불과하다. 꿀벌의 일과 거미의 일 간에는 엄청난 차이가 있다. 성실한 그리스도인은 근면한 꿀벌처럼 하나님의 말씀으로부터 나오는 천상의 이슬들에서 그의 모든 위로와 기쁨을 가져온다. 그러나 위선자는 교묘한 거미처럼 마치 하나님이 자기와 같은 존재인 것으로 여기고서 하나님에 관한 자신의 거짓된 가설로부터 자신의 집을 짓는다.

(2) 거미가 거미집을 좋아하듯이, 위선자는 자신의 소망을 매우 좋아하고 기뻐하며, 그 소망으로 자신을 둘러싸고, 그 소망을 자기 집이라 부르며, 그 집을 의지하고 굳게 붙잡는다는 것. 거미는 자신의 손으로 지탱하여 살아가지만 자기 집을 왕궁으로 여긴다(잠 30:28). 이와 같이, 육신적이고 세상적인 자도 자신의 외적인 형통의 풍요로움과 견고함을 소중히 여기고 끌어안고 있다. 그는 그 집을 자신의 왕궁이라 여겨서 자랑하고, 그 집을 자신의 요새로 삼아서 자기 자신을 견고히 둘러싸며, 거미가 거미집을 이용하듯이 그 집을 이용하여 자신의 먹잇감을 유혹하여 덫에 걸리게 만든다. 형식적으로 신앙을 고백하는 자도 마찬가지이다. 그는 자신의 상상 속에나 존재하는 신앙 안에서 즐거워하고, 자기가 구원 받을 것과 천국에 가게 될 것을 의심하지 않으며, 그의 헛된 확신

들로 세상을 속인다.

(3) 우리가 마당비로 거미집을 쉽게 걷어낼 수 있듯이, 하나님이 그의 집을 정결하게 하시고자 하실 때에 위선자의 소망은 쉽고 확실하게 제거되어 버리리라는 것. 세상적인 자들은 그들의 형통 속에서 그들의 안전과 행복을 기대할 때에 실망하게 될 것이다. 그 때에 그들은 그들의 재산을 굳게 붙잡고자 하지만, 하나님은 그 재산을 그들의 손에서 뽑아 버리실 것이다. 그러면, 그들이 지금까지 모아 놓은 모든 것들은 누구의 것이 되겠으며, 그것들이 그들에게 무슨 소용이 있겠는가? 위선자들이 믿고 의지하던 것들은 그들을 실망시키게 될 것이다: 내가 너희에게 말하노니 나는 너희를 알지 못하노라. 모래 위에 세워진 집은 그 건축자가 그 집을 가장 필요로 하고 그 집의 덕을 보기를 기대할 때인 폭풍우가 휘몰아치는 날에 무너져 버리고 만다. 악인은 죽을 때에 그 소망이 끊어지나니 불의의 소망이 없어지느니라(잠 11:7). 그 때가 되면, 그의 소망들의 토대가 거짓된 것임이 증명될 것이다. 그는 자기가 소망을 걸고 있던 것에 대하여 실망하게 될 것이고, 그가 의지했던 그의 어리석은 소망은 끝없는 절망으로 변하게 될 것이다. 이렇게 해서, 그의 소망은 끊어지고, 그의 거짓된 피난처였던 그의 거미집은 휩쓸려 가버려서, 그는 그의 거미집과 함께 망하게 될 것이다.

3. 위선자는 여기에서 저절로 시들지는 않지만 쉽게 베어져서 흔적도 없이 사라져 버리는 뿌리가 잘 박히고 잎이 무성한 나무에 비유됨. 안정되게 형통하는 죄인은 누가 그를 왕골이나 갈대에 비유하는 것은 잘못된 것이라고 생각할 수 있다. 그는 자기는 왕골이나 갈대보다 더 뿌리를 깊이 내리고 있다고 생각하기 때문이다. 빌닷은 이렇게 말한다: "그가 자기 자신에 대하여 생각하는 온갖 장점들이 다 옳다고 하자. 그렇더라도, 그는 삽시간에 끊어지고 말 것이다." 위선자는 여기에서 느부갓네살이 꿈 속에 보았던 자신의 모습, 즉 큰 나무로 묘사된다(단 4:10).

(1) 이 나무가 푸른 월계수처럼(시 37:35) 태양 앞에서 푸르르며 아름답고 무성하게 서 있는 것을 보라(16절). 그 나무는 동산의 담장이 주는 보호 아래에서 동산의 흙이 주는 자양분을 끌어올려서 뜨거운 햇빛에도 불구하고 계속해서 그 푸르름을 자랑하며 그 가지를 쭉쭉 뻗어 나간다. 그 나무는 폭풍우가 휘몰아쳐도 뽑히지 않을 것 같이 그 뿌리를 깊이 내리고 견고하게 서 있다. 왜냐하면, 그 나무의 뿌리는 돌무더기에 서리어 있기 때문이다(17절). 그 나무는 갈대

처럼 진펄이나 물이 아니라 견고한 땅에 뿌리를 박고 자라고 있다. 이렇게 악인은 이 세상에서 형통할 때에 자기가 안전하다고 생각한다. 그는 자신의 재물을 높은 성벽 같이 여긴다(잠 18:11).

(2) 이 나무가 뽑혀서 그 자리에서 죽고 나면 잊혀지고, 그런 나무가 그 자리에서 자랐었다는 흔적조차도 남아 있지 않을 정도로 완전히 없어져 버리는 것을 보라(18절). 그 나무가 자랐던 바로 그 자리는 내가 너를 본 적이 없다고 말할 것이고, 그 자리에 있는 사람들도 내가 찾아도 발견하지 못하였도다(시 37:36)라고 말할 것이다. 그 나무는 한때 요란한 소리를 내며 대단한 위용을 자랑했지만, 순식간에 사라져 버려서, 지금은 그 뿌리와 가지가 하나도 남아 있지 않다(말 4:1). 이것이 악인의 길의 기쁨(즉, 결말)이다(19절). 이것이 그의 모든 기쁨의 결국이다. 악인들의 길은 망하리로다(시 1:6). 그는 그의 소망이 결국 기쁨이 될 것이라고 생각했지만, 바로 이것이 그 결국이요 그 기쁨이다. 근심과 심한 슬픔의 날에 농작물이 없어지리라(사 17:11). 이것이 위선자의 최선의 결말이다. 그렇다면, 위선자의 최악의 결말은 어떤 것인가? 그의 소유를 물려 받아서 누릴 가족을 남기지 못하게 되는 것이 그의 최악의 결말일 것인가? 아니다. 그 땅에서(그의 뿌리에서가 아니라) 그와는 아무 상관도 없는 다른 것들이 자라나서 그의 자리를 채우고 그가 애써 모아놓은 모든 소유를 지배하게 될 것이다. 다른 것들(즉, 동일한 심령과 성품을 지닌 다른 것들)이 그의 자리에서 자라나서, 그의 멸망을 통해서 경고를 받지 않고, 그가 그랬던 것처럼 안일하게 살아갈 것이다. 세상적인 자들의 길은 어리석은 길인데도, 그들이 하는 말을 옳다고 하며 기뻐하는 족속들이 존재한다(시 49:13).

²⁰**하나님은 순전한 사람을 버리지 아니하시고 악한 자를 붙들어 주지 아니하시므로** ²¹**웃음을 네 입에, 즐거운 소리를 네 입술에 채우시리니** ²²**너를 미워하는 자는 부끄러움을 당할 것이라 악인의 장막은 없어지리라**

빌닷은 그의 설교의 끝부분인 여기에서 자기가 하고자 한 말을 몇 마디로 요약하면서, 삶과 죽음, 복과 저주를 욥 앞에 제시하고, 그가 복을 받을 만하면 복을 받을 것이기 때문에 실제로 그가 복을 받는다면 그가 의인이라는 것이 증명될 수 있다는 것을 그에게 단언한다.

1. 만약 욥이 온전하고 정직한 사람이라면, 하나님이 그를 버리지 아니하시리라는 것(20절). 만약 그렇다면, 그가 지금은 하나님에게서 버림을 받은 듯이 보일지라도, 하나님은 그에게로 다시 돌아오셔서, 점차 그의 슬픔이 변하여 춤이 되게 하시며(시 30:11), 위로들을 그에게 차고 넘치게 하셔서 웃음을 그의 입에 채우실 것이다(21절). 이 복된 변화는 아주 감동적인 것이 될 것이다(시 126:2). 그를 사랑한 자들은 그와 더불어 즐거워하게 될 것이다. 그러나 그를 미워하고 그의 몰락을 보며 의기양양해했던 자들은 그가 다시 이전의 형통함을 회복하는 모습을 볼 때에, 그들 자신의 오만방자함 때문에 수치를 당하게 될 것이다. 하나님이 순전한 사람을 버리지 아니하신다는 것은 사실이다. 순전한 사람은 잠시 버림 받은 것처럼 보일 수는 있지만, 영원히 버림 받지는 않는다. 이 세상에서는 아닐지라도 저 세상에서는 의인들의 입은 즐거움으로 채워지게 되리라는 것은 사실이다. 그들의 태양은 잠시 구름에 가리어 있다고 해도 곧 다시 떠올라서 더 이상 구름에 가리어지지 않게 될 것이다. 그들은 비록 울면서 무덤으로 간다고 할지라도, 곧 그들의 주님의 기쁨 속으로 들어가게 될 것이다. 성도들의 원수들은 성도들이 존귀함으로 관 쓰게 되는 것을 볼 때에 수치로 옷 입게 되리라는 것은 사실이다. 그러나 욥이 그의 이전의 형통함으로 온전히 회복되지 않는다고 해서 그가 온전한 사람이라는 사실이 무효화되는 것은 아니다.

2. 만약 욥이 악인이고 행악자라면, 하나님은 그를 돕지 않으시고, 그가 현재의 환난 가운데서 죽도록 내버려 두실 것이며(20절), 그의 장막은 없어지리라는 것(22절). 여기에서도 하나님이 행악자들을 도와 주지 아니하시리라는 것은 사실이다. 그들은 하나님의 보호하심을 스스로 벗어던져서 하나님의 은총을 상실해 버리고 만다. 하나님은 악한 자들을 붙들어 주지 아니하시고, 그들과 사귐이나 친교를 갖지 않으실 것이다. 빛과 어둠이 어찌 사귀겠느냐(고후 6:14). 그들은 스스로 참상, 곧 영원한 참상 속으로 뛰어든 것이기 때문에, 하나님은 손을 내밀어 거기에서 그들을 건져 주시지 않으실 것이다. 그들이 그들의 참상을 깨닫고서 손을 내밀어 하나님의 도우심을 바랄지라도, 그 때는 이미 너무 늦어버려서, 하나님은 그들의 손을 붙들어 주지 않으실 것이다. 너희와 우리 사이에 큰 구렁텅이가 놓여 있다(눅 16:26). 악인의 장막은 조만간에 없어지리라는 것은 사실이다. 하나님을 자신의 거처로 삼는 자들만이 영원히 안전하다(시 90:1; 91:1). 다른 것들을 자신의 피난처로 삼는 자들은 실망하게 될 것이다. 죄는 개

인과 가족에 파멸을 가져다 준다. 그렇지만 욥의 가족이 몰락했고, 욥 자신도 현재 절망적인 상태에 있는 듯이 보인다고 해서, 그의 악함이나 불경건함을 보여주는 다른 증거가 없는데도 불구하고, 그가 불경건하고 악한 자라고 단정하는 것은 정당하지도 않고 자비롭지도 않은 것이다(빌닷은 교묘하게 이런 식으로 욥을 단죄하고 있는 것으로 보인다). 우리는 때가 이르기 전에는 아무것도 판단하지 말고, 하나님의 비밀이 이루어져서 사람들의 마음의 은밀한 것들이 다 드러나고 우리가 지금 이해하기 힘든 하나님의 섭리의 모든 비밀이 풀려서 모든 사람이 그 비밀을 알게 될 때까지 기다려야 한다.

제 9 장

개요

이 장과 다음 장에는 빌닷의 설교에 대한 욥의 대답이 나온다. 여기에서 욥은 하나님을 높이고, 자기 자신을 낮추며, 자신의 환난들에 대하여 생생하게 얘기하지만, 그의 친구들이 한 말들이나 그들이 그를 냉정하게 대한 것을 염두에 둔 말이나 빌닷이 한 말에 대한 직접적인 답변의 말은 한 마디도 하지 않는다. 욥은 지혜롭게도 자기가 들은 말들이 지닌 장점들을 그대로 인정하면서도, 그 말들을 한 자에 대해서는 그 어떤 논평도 하지 않고, 그 사람을 공격할 빌미도 찾지 않는다. 이 장에는 다음과 같은 내용들이 나온다. I. 하나님의 공의에 관한 교리(2절). II. 하나님의 지혜와 능력과 주권적 지배를 근거로 하나님의 공의에 관한 교리를 증명함(3-13절). III. 이 교리의 적용. 1. 욥이 자기 자신을 단죄하며 자기는 법으로나 싸움으로나 하나님과 다툴 수 없다고 말함(14-21절). 2. 욥이 사람됨은 외적인 모습으로 판단할 수 없는 것이라는 자신의 핵심적인 주장을 제시함(22-24절). 3. 욥이 자신에게 닥친 환난들이 극심하여, 자기가 혼란에 빠져 있어서, 무슨 말을 하고 어떤 행동을 해야 할지 모르겠다고 탄식함(25-35절).

¹욥이 대답하여 이르되 ²진실로 내가 이 일이 그런 줄을 알거니와 인생이 어찌 하나님 앞에 의로우랴 ³사람이 하나님께 변론하기를 좋아할지라도 천 마디에 한 마디도 대답하지 못하리라 ⁴그는 마음이 지혜로우시고 힘이 강하시니 그를 거슬러 스스로 완악하게 행하고도 형통할 자가 누구이랴 ⁵그가 진노하심으로 산을 무너뜨리시며 옮기실지라도 산이 깨닫지 못하며 ⁶그가 땅을 그 자리에서 움직이시니 그 기둥들이 흔들리도다 ⁷그가 해를 명령하여 뜨지 못하게 하시며 별들을 가두시도다 ⁸그가 홀로 하늘을 펴시며 바다 물결을 밟으시며 ⁹북두성과 삼성과 묘성과 남방의 밀실을 만드셨으며 ¹⁰측량할 수 없는 큰 일을, 셀 수 없는 기이한 일을 행하시느니라 ¹¹그가 내 앞으로 지나시나 내가 보지 못하며 그가 내 앞에서 움직이시나 내가 깨닫지 못하느니라 ¹²하나님이 빼앗으시면 누가 막을 수 있으며 무엇을 하시나이까 하고 누가 물을 수 있으랴 ¹³하나님이 진노를 돌이키지 아니하시나니 라합을 돕는 자들이

그 밑에 굴복하겠거든

빌닷은 욥에게 말이 많다고 책망하는 것으로 그의 훈계를 시작하였었다(8:2). 욥은 빌닷의 그러한 책망을 얼마든지 반박할 수 있었지만, 그 책망에 대하여 직접적인 대꾸를 하지 않고, 단지 하나님은 결코 공의를 굽게 하지 않으신다는 것을 하나의 공리(公理)로 제시함으로써 빌닷의 말에 동의한다는 뜻을 내비친다. 진실로 내가 이 일이 그런 줄을 안다(2절). 우리는 우리와 논쟁하며 우리를 공격하는 자가 말한 것이라고 해도 그 말이 진리이면 그의 말을 무시하거나 거부하지 말고 기꺼이 동의하여야 하고, 비록 그 진리가 잘못 적용된 것이라고 해도 그 진리를 올바르게 해석해서 받아들여야 한다는 것을 명심하라. "악은 사람들에게 파멸을 가져다 주고, 경건한 자들은 하나님의 특별한 보호하심 아래에 있다는 것은 진실로 그러하다. 그러한 말들은 내가 동의하는 진리들이다. 어떻게 사람이 하나님 앞에서 의로우며 하나님과 다투어 자신의 주장을 관철할 수 있겠는가?" 주의 눈 앞에는 의로운 인생이 하나도 없나이다(시 143:2). 인생이 어찌 하나님 앞에 의로우랴. 어떤 이는 이것을 하나님의 엄격함과 가혹함, 즉 하나님은 협상의 여지가 없는 하나님이시라는 혈기어린 불평으로 본다. 이 장에는 이 말과 같이 토라져서 말한 표현으로 볼 수도 있는 것들이 몇 개 나온다는 것은 부인할 수 없다. 그러나 나는 욥의 이 말을 인간의 죄악성, 특히 욥 자신의 죄악성에 대한 경건한 고백, 즉 하나님이 우리를 우리가 범한 죄악에 대하여 마땅히 받아야 할 형벌대로 처리하신다면 우리는 반드시 멸망 받게 될 것이라는 고백이라고 본다.

I. 욥이 사람은 논쟁에서나 싸움에서 도저히 하나님의 상대가 되지 못한다는 것을 하나의 진리로 제시함.

1. 논쟁에서(3절). 사람이 법정에서나 논쟁에서 하나님과 다투어 하나님께 변론하기를 좋아할지라도 천 마디에 한 마디도 대답하지 못하리라.

(1) 하나님은 그가 행하시는 일들에 이의를 제기하고 다투는 자들에게 그들이 대답할 수 없어서 당혹해할 수밖에 없는 무수한 질문들을 던지실 수 있으시다는 것. 하나님은 회오리바람 속에서 욥에게 말씀하셨을 때에 많은 질문들을 던지셨지만(너는 이것을 아느냐, 너는 이것을 행할 수 있느냐), 욥은 그 질문들에 대하여 한 마디도 대답할 수 없었다(38-39장). 하나님은 가장 지혜로운 체하는

자들의 어리석음을 아주 쉽게 드러내실 수 있으시다.

(2) 하나님은 우리가 범한 무수한 죄악들을 들어서 우리를 고소하실 수 있으시고, 우리에게 해당되는 무수한 죄목들을 열거하실 수 있으시지만, 우리는 거기에 대하여 한 마디도 대답하거나 반박할 수 없고, 아무 소리 못한 채로 그 모든 고소가 다 옳다는 것을 인정할 수밖에 없다는 것. 우리는 하나님이 제시하시는 죄목들에 대하여 이것은 생소한 것이고, 저것은 사소한 것이며, 그것은 거짓된 것이라고 반박할 수 없다. 우리는 이것에 대하여 사실이 아니라고 부인하며 무죄라고 주장하고, 저것에 대하여 우리의 죄책을 부인하며 우리는 잘못한 것이 없다고 주장할 수 없다. 우리는 욥처럼 하나님의 말씀에 한 마디도 대답하지 못하고, 손으로 입을 가리고서(40:4-5) 내 죄로다 내 죄로다라고 울부짖을 수밖에 없다.

2. 싸움에서(4절). "그를 거슬러 스스로 완악하게 행하고도 형통할 자가 누구이랴." 그 대답은 아주 쉽다. 창세로부터 오늘날까지를 다 살펴보아도, 너는 자기가 하나님께 상대가 되지 못한다는 사실을 깨닫지 못하고서 감히 하나님을 거슬러 스스로 완악하게 행하고 고집스럽고 끈질기게 하나님을 거슬러 반역하고서도 자신의 그런 어리석음 때문에 값비싼 대가를 치르지 않은 죄인을 단 한 사람도 찾아낼 수 없다. 그런 행악자들은 결코 형통하지도 못하였고 평안을 갖지도 못하였다. 그들은 인생에서 그 어떤 위로나 성공도 거두지 못하였다. 사람이 자신의 솜씨나 직함을 가지고 그의 조물주와 싸워서 뭔가를 얻은 적이 있었는가? 하나님을 대적하거나 반대하는 것은 단지 모든 것을 소멸시키는 불 앞에 가시나무와 엉겅퀴를 놓는 것과 같을 뿐이다. 그러한 시도는 정말 어리석고 아무 쓸데 없으며 스스로 자멸하는 짓이다(사 27:4; 겔 28:24; 고전 10:22). 배교한 천사들은 하나님을 대적하여 스스로 완악하게 행하였지만 형통하지 못하였다(벧후 2:4). 용, 즉 사탄은 하나님과 싸워서 내쫓긴다(계 12:9). 악인들은 하나님을 대적하여 스스로 완악하게 행하고, 하나님의 지혜를 반박하며, 하나님의 법에 불순종하고, 환난 가운데에서도 자신의 죄를 회개하거나 고치려 하지 않는다. 그들은 하나님이 주시는 은혜를 거절하고, 그들을 회개하게 하고자 하는 성령의 시도에 저항한다. 그들은 하나님의 경고를 무시하고, 이 세상에서 하나님께 정면으로 대적한다. 그런 그들이 형통한 적이 있는가? 그들이 형통할 수 있는가? 결코 그럴 수 없다. 그들은 단지 진노의 날에 그들에게 임할 진노를

쌓아가고 있을 뿐이다. 그렇게 하는 자들은 장차 그 대가가 그들의 머리로 되돌아온다는 것을 알게 될 것이다.

Ⅱ. 욥이 우리를 상관하시는 하나님이 어떤 하나님이신지를 보임으로써 이 진리를 증명함. 하나님은 마음이 지혜로우시기 때문에, 우리는 법정에서 그의 심문에 한 마디도 대답할 수 없다. 하나님은 힘이 강하시기 때문에, 우리는 하나님과 싸워 이길 수 없다. 무한한 지혜와 능력을 지니신 하나님, 모든 것을 아시고 모든 것을 행하실 수 있으신 하나님, 지혜나 능력에서 아무도 당할 수 없는 하나님과 다투어서 이길 수 있다고 생각하는 것은 정말 미친 짓이다. 마귀는 욥이 환난을 당하면 하나님을 저주하고 욕할 것이라고 장담하였지만, 욥은 그렇게 하지 않고 도리어 하나님을 높이며 하나님에 대하여 좋게 얘기한다. 욥은 극심한 고통 속에 있었고 자기에게 닥친 비참한 일들에 눌려 있었는데도, 하나님의 지혜와 능력에 대하여 얘기할 기회를 얻게 되자, 자신의 불평거리들을 잊고 기쁨에 젖어서, 저 고상하고 유익한 주제를 청산유수처럼 상세하게 설명해 나간다. 욥은 하나님의 지혜와 능력을 보여주는 증거들을 다음과 같은 것들에서 가져온다.

1. 자연의 세계에서. 자연의 하나님은 자연계에서 그 누구도 막을 수 없는 능력을 가지고서 자기가 기뻐하는 것을 행하신다. 왜냐하면, 자연의 모든 질서들과 능력들은 다 하나님에게서 나오고 하나님께 의존되어 있기 때문이다.

(1) 하나님은 원하시기만 한다면 자연의 운행을 바꾸실 수 있으시고, 그 흐름을 되돌리실 수 있으시다는 것(5-7절). 보편적인 자연 법칙에 따라, 산들은 제자리에 견고히 서 있기 때문에 영원한 산들이라 불리고, 땅도 견고하여 요동하지 않으며(시 93:1), 땅의 기둥들은 확고하게 고정되어 있고, 해는 때를 따라 떠오르며, 별들은 이 아랫 세상에 영향을 미친다. 그러나 하나님은 원하시기만 한다면 자연의 법칙을 통상적인 궤도에서 벗어나게 하실 수 있으실 뿐만 아니라, 그 질서를 뒤집으시고 그 법칙을 바꾸실 수도 있으시다.

[1] 산들보다 더 견고한 것은 없다는 것. 우리가 산을 옮긴다고 말할 때, 그것은 불가능한 일을 의미한다. 그렇지만 하나님의 능력은 산들이 그들의 자리를 바꾸게 하실 수 있다. 하나님이 산들을 옮기셔도 그것들은 모른다. 즉, 하나님은 산들이 원하든 원치 않든 산들을 옮기실 수 있으시다. 하나님은 산들의 높이를 낮추실 수 있으시고, 평탄하게 하실 수 있으시며, 그의 진노로 산들을 뒤

엎으실 수 있으시다. 농부가 두둑을 평탄하게 하듯이, 하나님은 산들이 아무리 높고 크고 바위가 많다고 하여도 그 산들을 평탄하게 하실 수 있으시다. 사람들은 높은 산을 넘느라 고생하지만, 하나님은 원하시기만 한다면 그 높은 산을 없애버리실 수 있으시다. 하나님은 시내 산을 진동하게 하셨다(시 68:8). 작은 산들은 어린 양들 같이 뛰었고(시 114:4), 영원한 산들이 무너졌다(합 3:6).

[2] 땅만큼 고정되어 있는 것은 없다는 것. 그렇지만 하나님은 원하시기만 한다면 땅을 그 있는 자리에서 움직이시고, 그 중심에서 들어올리시며, 그 기둥들이 흔들리게 하실 수 있으시다. 땅을 지지하고 있는 것으로 보였던 기둥들조차도 하나님이 거기에 충격을 주시면 흔들릴 수밖에 없다. 우리가 하나님의 오래 참으심에 얼마나 큰 빚을 지고 있는지를 보라. 하나님은 죄악된 인류가 딛고 있는 땅, 인류의 죄악으로 말미암아 신음하고 있는 땅을 흔들리게 하셔서, 악한 자들을 그 땅에서 떨쳐 버리실 충분한 능력을 갖고 계신다(38:13). 그런데도 하나님은 땅과 그 위에 사는 인간을 계속해서 그대로 두시고, 그 땅을 흔드셔서 반역자들을 단번에 삼켜 버리게 하지 않으신다.

[3] 정해진 시간에 어김없이 뜨는 해보다 더 변함없는 것은 없다는 것. 그렇지만 하나님은 원하시기만 한다면 얼마든지 해가 뜨는 것을 중지시키실 수 있으시다. 처음에 해에게 떠오르라고 명령하신 하나님은 그 명령을 취소하실 수도 있으시다. 하나님은 해가 여전히 위대한 창조주의 통제 아래 있다는 것을 보여주시기 위해서 어떤 때는 해에게 멈춰 있으라고 명령하셨고, 어떤 때는 뒤로 후퇴하라고 명령하셨다. 하나님의 능력은 이토록 크시다. 그러니, 얼마든지 해로 하여금 악인들과 감사하지 않는 자들에게 햇빛을 비추지 못하게 하실 수 있으신데도 그렇게 하지 않으시는 하나님의 선하심은 얼마나 크신 것인가! 또한, 별들을 만드신 하나님은 원하시기만 한다면 그 별들을 봉해 버리셔서 우리의 눈에서 사라지게 하실 수 있으시다. 지진들과 지하의 불들로 인해서 산들은 종종 없어졌고 땅은 요동하였다. 아주 어둡고 구름 낀 낮과 밤들은 우리에게 마치 하나님이 해에게 떠오르지 말도록 명령하시고 별들을 봉해 버리신 것처럼 보인다(행 27:20). 우리는 욥이 여기에서 하나님이 어떤 일을 하실 수 있으신지에 대하여 말하고 있다는 것만을 아는 것으로도 충분할 것이지만, 욥의 이 말을 하나님이 실제로 하신 일에 대하여 말한 것으로 이해한다면, 이 모든 절들은 땅의 산들이 요동하고 해와 별들이 어두워졌던 노아의 홍수의 때를 가리

키는 것으로 볼 수도 있을 것이다. 우리는 지금 존재하는 세상은 장차 불로 심판을 받기 위해 있는 것이라고 믿는데, 그 때에 그 불은 그 맹렬한 열기로 산들을 태우며 땅을 녹일 것이고, 해를 어두워지게 만들 것이다.

(2) 하나님이 원하시는 한, 자연의 정해진 운행과 질서는 보존된다는 것. 이것은 지속적인 창조이다. 하나님은 홀로 그의 능력을 따라 다른 어떤 도움도 받지 않으시고 다음과 같은 일들을 행하신다.

[1] 하나님은 하늘을 펴신다는 것(8절). 하나님은 처음에 하늘을 펴셨을 뿐만 아니라, 지금도 여전히 하늘을 펴신다. 만약 하나님이 지금도 그렇게 하시지 않으신다면, 하늘은 양피지처럼 저절로 말려 버리고 말 것이다.

[2] 하나님은 바다 물결을 밟으신다는 것. 즉, 하나님은 파도들이 다시는 땅을 덮지 못하도록 하기 위하여 그것들을 억누르시고 통제하신다는 것이다(시 104:9). 이것은 우리가 다 하나님을 두려워하고 경외하여야 하는 이유로 제시된다(렘 5:22). 하나님은 바다의 큰 파도들보다 더 힘이 세시다(시 93:4; 65:7).

[3] 하나님은 별들을 배치하셔서 별자리들을 만드신다는 것. 본문에서는 모든 별자리들을 대표하여 북두성과 삼성과 묘성이라는 세 개의 별자리를 예로 들고, 전체적으로 남방의 밀실을 언급한다(9절). 하나님은 먼저 별들을 만드시고 나서 그 별들을 순서대로 배치하여 이 별자리들을 만드셨다. 하나님은 지금도 여전히 별자리들을 만드시고 보존하시며 그 움직임들을 지도하신다. 하나님은 인간이 지금 보는 대로의 별자리들을 만드시고, 인간의 마음을 움직이셔서 그 별자리들을 보게 하신다 — 짐승들은 그렇게 할 수 없다. 우리가 눈으로 보고 이름을 붙인 별들만이 아니라, 우리의 눈에 보이지 않는 지구의 다른 반구에 있는 별들, 즉 여기에서 남방의 밀실들이라 불리는 곳에 있는 별들도 하나님의 통제와 지배 아래 있다. 그러므로 하나님은 얼마나 지혜로우시고 얼마나 힘이 강하신가!

2. 섭리의 세계, 즉 인생사에 대하여 정통한 저 특별한 섭리의 세계에서. 하나님이 세상을 다스리시면서 행하시는 일들을 곰곰이 생각해 보라. 그러면, 우리는 하나님은 마음이 지혜로우시고 힘이 강하시다고 말하지 않을 수 없게 될 것이다.

(1) 하나님은 우리가 경탄할 수밖에 없는 큰 일들을 무수히 행하신다는 것(10절). 욥은 여기에서 엘리바스가 앞에서 했던 말(5:9)을 거의 그대로 말하고

있다. 엘리바스는 그의 대적자였지만, 욥은 그런 것을 상관하지 않고서 그가 한 말을 그대로 따라하기를 주저하지 않는다. 하나님은 크신 하나님이시기 때문에 큰 일들을 행하신다. 하나님은 기이한 일들을 행하시는 하나님이시다. 하나님이 행하시는 기이한 일들은 너무나 많아서 우리는 그것들을 셀 수 없고, 그 일들은 너무나 신비해서 우리는 그것들을 측량할 수 없다. 오, 하나님의 모략의 깊이여!

(2) 하나님은 우리가 보지 못하고 깨닫지 못하게 행하신다는 것(11절). "그가 일들을 하시면서 내 앞으로 지나시나 내가 보지 못하며 깨닫지 못하느니라. 주의 길이 바다에 있나이다(시 77:19)." 하나님이 아닌 피조물들에 의한 이차적인 원인들이 작용해서 일어나는 일들은 보통 우리의 감각으로 분명하게 알 수 있지만, 하나님은 우리 주위에서 모든 일들을 행하시는데도, 우리는 하나님을 보지 못한다(행 17:23). 우리의 유한한 지각(知覺)은 하나님의 모략을 헤아릴 수 없고, 하나님의 움직임을 간파할 수 없으며, 하나님이 취하시는 조치를 파악할 수 없다. 우리는 하나님이 무엇을 행하시는지 또는 무엇을 계획하시는지를 모르기 때문에 하나님이 하시는 일들을 제대로 판단할 수 없다. 하나님의 통치의 비밀은 우리의 지각으로 알 수 없는 것들이기 때문에, 우리는 그 비밀을 설명하거나 논평할 수 있는 체해서는 안 된다.

(3) 하나님은 그 누구도 이의를 제기할 수 없는 절대주권을 가지고 행하신다는 것(12절). 하나님이 우리의 건강과 재산, 혈육들과 친구들을 빼앗아 가시고 우리의 목숨 자체를 빼앗아 가시는 것은 우리가 피조물을 신뢰하고 거기에서 위로를 얻는 것을 제거하시기 위한 것이다. 그런 일들이 어떤 과정이나 수단을 통해서 일어나든지 간에, 그 일을 행하시는 분은 하나님이시라는 것을 우리는 인정하지 않으면 안 된다. 하나님이 빼앗으시면 누가 막을 수 있으랴. 누가 하나님을 되돌릴 수 있겠는가(난외주의 읽기). 누가 하나님을 설득하여 그만두시게 하거나 그의 계획을 바꾸시게 할 수 있겠는가? 누가 하나님께 대항하거나 하나님의 일들에 반대할 수 있겠는가? 누가 하나님을 가로막거나 하나님께 해명을 요구할 수 있겠는가? 누가 하나님을 대적하여 어떤 조치를 취할 수 있겠는가? 하나님께 무엇을 하시나이까 또는 왜 그렇게 하시나이까 하고 누가 물을 수 있으랴(단 4:35). 하나님은 우리에게 그가 왜 어떤 일을 행하셨는지를 해명할 의무가 없으시다. 우리는 하나님이 행하시는 일들의 의미를 지금은 알지 못

한다. 하지만 장차 우리는, 지금은 하나님이 독단적으로 행하시는 것처럼 보이는 일들이 사실은 무한한 지혜를 통해서 최고의 선을 위해 행해지고 있는 것임을 알게 될 것이다.

(4) 하나님은 그 어떤 피조물도 거역할 수 없는 능력으로 행하신다는 것(13절). 만약 하나님이 진노를 돌이키지 아니하시면(하나님은 그의 진노를 주관하시는 분이시기 때문에 그의 뜻에 따라 얼마든지 그 진노를 거두어들이실 수 있으시다) 교만한 돕는 자들이 그 밑에 굴복하는도다. 즉, 하나님은 서로서로 도와서 그를 대적하는 교만한 자들을 반드시 쳐부수시고 분쇄하신다는 것이다. 교만한 자들은 하나님과 그가 행하시는 일들에 대하여 대립각을 세울 뿐만 아니라, 하나님을 반대하는 일에 서로 협력한다. 하나님이 메워 주신 멍에를 벗어 버리고 하나님의 진리들을 짓밟으며 하나님의 백성을 박해하기 위해서 세상의 군왕들이 나서며 관원들이 서로 꾀한다(시 2:2). 이스라엘 사람들아 도우라(행 21:28; 시 83:8). 하나님 나라의 원수들 중에서 한 명이 하나님의 심판을 받으면, 나머지 원수들은 그 사람을 하나님의 손에서 건져 낼 수 있다는 교만한 마음을 품고서 그 사람을 도우러 온다. 하지만 하나님이 그의 진노를 거두어들이시지 않는 한(지금은 하나님이 오래 참으시는 때이기 때문에, 하나님은 종종 그의 진노를 거두어들이신다), 그들의 시도는 아무 소용이 없고, 교만한 돕는 자들은 하나님 밑에서 허리를 굽힐 수밖에 없으며, 그들이 돕고자 했던 자들과 더불어서 함께 망할 수밖에 없다. 누가 주의 노여움의 능력을 알며 누가 주의 진노의 두려움을 알리이까(시 90:11). 다른 사람들을 도울 충분한 힘을 갖고 있다고 생각하는 자들은 하나님의 진노하심에 맞서서 자기 자신조차도 도울 수 없게 될 것이다.

[14]하물며 내가 감히 대답하겠으며 그 앞에서 무슨 말을 택하랴 [15]가령 내가 의로울지라도 대답하지 못하겠고 나를 심판하실 그에게 간구할 뿐이며 [16]가령 내가 그를 부르므로 그가 내게 대답하셨을지라도 내 음성을 들으셨다고는 내가 믿지 아니하리라 [17]그가 폭풍으로 나를 치시고 까닭 없이 내 상처를 깊게 하시며 [18]나를 숨 쉬지 못하게 하시며 괴로움을 내게 채우시는구나 [19]힘으로 말하면 그가 강하시고 심판으로 말하면 누가 그를 소환하겠느냐 [20]가령 내가 의로울지라도 내 입이 나를 정죄하리니 가령 내가 온전할지라도 나를 정죄하시리라 [21]나는 온전하다마는 내가 나를

돌아보지 아니하고 내 생명을 천히 여기는구나

욥은 자기가 앞서 말했던 것, 즉 사람은 하나님과 다툴 능력이 전혀 없다는 진리를 여기에서는 자기 자신에게 적용하면서, 자기가 하나님의 은총을 얻는 것에 대하여 사실상 절망하는데, 어떤 이들은 욥의 이러한 절망감은 그가 하나님을 가혹한 분으로 여겼고 하나님이 옳든 그르든 그를 대적하시는 이상 하나님은 그가 도저히 상대할 수 없는 분이라고 생각했기 때문에 생겨난 것이라고 본다. 하지만 나는 욥의 이러한 절망감은 그가 자신의 의로움이 불완전하다고 느낀 것과 현재 그에 대한 하나님의 진노를 그가 암울하고 부정적으로 인식한 것 때문에 생겨난 것이라고 본다.

I. 욥은 하나님과 감히 논쟁하고자 하지 않음(14절). "교만한 돕는 자들이 하나님 밑에 굴복하겠거든 하물며 남을 돕기는커녕 나 자신조차도 어찌 할 수 없는 가엾고 약한 피조물인 내가 감히 어떻게 하나님께 대답하겠는가. 하나님이 행하시는 일에 내가 어떻게 반대하는 말을 할 수 있겠는가? 내가 하나님과 이치를 따져서 논쟁을 벌인다면, 내가 하나님을 감당할 수 없다는 것은 분명한 일이 아니겠는가?" 토기장이가 진흙 한 덩이로 천히 쓸 그릇을 만들거나 자기가 만든 그릇을 부숴 버린다고 해서, 진흙이나 그 부서진 그릇이 토기장이에게 따질 수 있겠는가? 사람이 하나님이 하시는 일에 대하여 반박하거나 어떤 일에 있어서 하나님을 말로 이길 수 있다고 생각하는 것은 너무나 어이없는 일이다. 모든 육체는 하나님 앞에서 침묵하는 것이 마땅하다.

II. 욥은 하나님 앞에서 자기가 의롭다고 주장하지 않음. 욥은 그의 친구들에게는 그의 온전한 신앙을 옹호하였고, 그가 위선자이자 악인이라는 그들의 주장에 굴복하지 않았지만, 하나님 앞에서는 결코 그것을 그 자신의 의로 내세우고자 하지 않았다. "나는 내가 무죄하다는 것을 감히 내세울 수 있다고 생각하지 않고, 나의 무죄함을 근거로 하나님 앞에서 자랑할 수 있다고 생각하지도 않는다." 욥은 하나님에 대하여 잘 알고 있었고, 자기 자신에 대해서도 잘 알고 있었기 때문에, 하나님 앞에서 감히 자신의 의로움을 주장하지 않는다.

1. 욥은 하나님을 잘 알고 있었기 때문에 감히 하나님과 다툴 생각을 하지 않음(15-19절). 그는 그의 친구들에게 자신의 뜻을 관철시키는 법을 알고 있었고, 그들을 잘 대처할 수 있다고 생각하였다. 그러나 자신의 의가 그의 친구들

이 말하는 것보다 더 나은 것은 분명했지만, 그는 그것을 놓고 하나님과 논쟁을 벌이는 것은 아무 소용 없는 짓이라는 것을 잘 알고 있었다.

(1) 하나님은 욥에 대하여 욥 자신보다 더 잘 알고 계신다는 것(15절). "가령 내가 내 생각에 의롭고 내 양심이 나를 정죄하지 않는다고 할지라도, 하나님은 나의 마음보다 더 크셔서, 내가 알지 못하는 나의 은밀한 잘못들과 오류들을 알고 계시고, 그것들을 제시하시며 나를 고소하실 수 있기 때문에, 나는 대답하지 못하겠다." 사도 바울도 동일한 취지의 말을 한다: 내가 자책할 아무것도 깨닫지 못하고 내가 범한 악이 있다는 것도 알지 못하지만 이로 말미암아 의롭다 함을 얻지 못하노라(고전 4:4). "하나님이 내가 스스로 발견하지 못한 것을 제시하시며 나를 고소하실까봐, 나는 감히 이 문제를 입에 올리지 못하겠노라." 그러므로 욥은 이 문제에 대하여 대답하기를 손을 저어 거절하고, 그를 심판하실 이에게 간구하고자 한다. 즉, 그는 자신의 공로에 의지해서 이 일에서 이기려고 하지 않고, 그저 납작 엎드려서 하나님이 긍휼을 베풀어 주시기만을 간구하고자 한다.

(2) 욥은 그의 기도 속에 하나님이 받으실 만하거나 평안의 응답을 얻을 만한 것이 있다고 생각할 이유가 전혀 없기 때문에, 그의 기도가 응답을 받는다면, 그것은 전적으로 하나님의 은혜와 불쌍히 여기시는 마음 덕분이라고 생각함. 왜냐하면, 하나님은 우리가 그의 이름을 부르기 때문이 아니라 우리가 부르기 전에 응답하시고, 우리의 기도 자체 때문이 아니라 은혜로 우리의 기도에 응답하시는 분이시기 때문이다(16절). "가령 내가 그를 부르므로 그가 응답하셔서 내가 그에게 간구한 것을 주셨다고 할지라도, 나의 가장 훌륭한 기도조차도 너무나 약하고 결함이 있는 것이기 때문에, 나는 하나님이 나의 기도 덕분에 내 음성을 들으셨고 주의 오른손으로 구원하시고 응답하셨다고는 믿지 않고(시 60:5), 순전히 그의 이름을 위하여 그렇게 하셨다는 것을 안다." 패트릭 (Patrick) 주교는 이 본문을 다음과 같이 설명한다: "내가 간구를 하였고, 하나님이 나의 소원을 이루어 주셨다고 해도, 나는 내가 기도했기 때문에 그 일이 이루어졌다고 생각하지 않는다." 주 여호와의 말씀이니라 내가 이렇게 행함은 너희를 위함이 아닌 줄을 너희가 알리라(겔 36:32).

(3) 욥은 자신의 온전한 신앙에도 불구하고 하나님이 자기를 현재의 참상으로 몰아넣으신 일을 겪으면서, 하나님은 이 세상에서 사람들의 외적인 형편을

정하실 때에 절대주권으로 행하시되, 그 누구에게도 결코 불의한 일을 행하시지는 않으시지만, 온전하고 정확한 상벌은 저 세상에서 하시기로 기약하시고, 이 세상에서는 모든 사람에게 자기가 받을 상벌을 온전히 베풀지는 않으신다는 것(즉, 아무리 선한 자도 항상 가장 좋은 형편에서 살아가는 것이 아니고, 아무리 악한 자도 항상 가장 나쁜 형편에서 살아가는 것은 아니라는 것)을 너무나 확실하게 깨닫게 되었다는 것. 욥은 특별히 중대한 죄를 저지른 기억이 없는데도, 극심한 환난 가운데에 떨어졌다(17-18절). 사람이라면 누구나 자신의 인생에 바람이 불어와서 어려움을 겪게 될 것을 예상해야 하지만, 욥의 경우는 특별해서 그는 폭풍을 맞아 부서졌다. 사람이라면 누구나 인생의 험한 가시와 엉겅퀴 속에서 어느 정도 살갗이 긁힐 것을 예상해야 하지만, 욥의 경우는 특별해서 그는 심한 상처를 입었다. 사람이라면 누구나 날마다 찾아오는 십자가를 예상해야 하고 때로는 쓴 잔을 맛볼 각오를 해야 하지만, 가엾은 욥의 경우는 특별해서 환난들이 그에게 너무도 연달아서 물밀듯이 덮쳐와서, 그는 숨 쉴 틈도 없었을 뿐만 아니라 온통 괴로움으로 뒤덮였다. 그리고 그는 이 모든 일이 까닭 없이, 즉 자기가 하나님을 화나시게 한 적도 없는데 일어난 것이라고 말한다. 많은 훌륭한 해석자들의 판단과는 달리, 우리는 욥이 지금까지 한 말들을 가장 좋은 의미로 해석해 왔다. 그러나 여기에서 의심할 여지 없이 욥은 그의 입술로 망령되이 말하였다(시 106:33). 욥은 하나님이 그로 하여금 숨 쉬지 못하게 하시지 않았다(KJV:한글개역과 다름 — 역주; 하나님이 그에게 그의 이성과 언어를 잘 사용할 수 있게 해주셔서, 그가 이렇게 말할 수 있다는 것)고 함으로써 하나님의 선하심에 대하여 말하지만, 자기에게 닥친 괴로움이 까닭 없는 것이었다고 함으로써 자신의 의로움을 주장한다. 한편으로는 인간의 본성이 지닌 보편적인 연약함을 뛰어넘는 죄를 지으면서도 인생이 겪는 보편적인 재난들에서 오는 정도의 괴로움만을 느끼는 자들이 있는 것과 마찬가지로, 다른 한편으로는 인간의 본성이 지닌 보편적인 연약함에서 나오는 정도의 죄 외에는 더 큰 죄를 짓지 않으면서도 인생이 겪는 보편적인 재난들보다 더 심한 괴로움을 느끼는 자들도 있다는 것은 사실이다.

(4) 욥은 자신의 주장을 하나님 앞에서 관철시킬 능력이 없다는 것(19절).

[1] 힘에서 상대가 되지 않는다는 것. "나는 감히 전능자와 싸우고자 하지 않는다. 왜냐하면, 힘으로 말하면 그가 나보다 강하셔서 반드시 나를 이기실 것이

기 때문이다." 여러 군단들을 지휘하는 자와 싸워 보아야 아무 소용이 없다(옛 적에 어떤 자가 카이사르에게 한 말). 하물며 천군천사들을 지휘하시는 분과 싸운다면, 그 결과는 뻔한 것이 아닌가. 내가 네게 보응하는 날에 네 마음이 견디 겠느냐 네 손이 네 자신을 지켜낼 만큼 힘이 있겠느냐(겔 22:14).

[2] 말발에서 상대가 되지 않는다는 것. "나는 감히 내 주장이 지닌 힘을 시 험해 보고자 하지 않는다. 재판을 한다고 했을 때에 내가 내 권리를 주장하고 자 해도, 누가 그를 소환하여 내게 변호할 시간을 주겠는가. 내가 호소할 더 높 은 권세가 없고, 나의 송사를 들어줄 더 상급의 법정도 없다. 왜냐하면, 하나님 은 가장 높은 자이시고, 그분에게서 각 사람에 대한 판단이 나오기 때문이다."

2. 욥은 자기 자신을 잘 알고 있었기 때문에 감히 재판을 청할 수 없다는 것 (20-21절). "가령 내가 나의 의로움을 입증하기 위해서 변론을 한다고 해도, 내 가 입을 벌려 변론하는 즉시 나는 범죄하게 될 것이다. 비록 내가 나의 무죄를 주장하기 위해서 변론을 한다고 해도, 내 입이 나를 정죄하리라." 선한 자는 자 신의 마음이 얼마나 기만적인지를 알고서, 경건한 열심으로 그런 기만적인 마 음을 극복하고자 하지만, 오랫동안 드러나지 않은 채로 있던 잘못된 것이 거기 에서 발견되는 일이 종종 있어서, 자기가 알고 있는 것보다 더 큰 악이 자기 자 신 속에 있을 가능성이 많음을 알기 때문에, 하나님 앞에서 자신의 의로움을 주장할 생각을 결코 하지 않는다. 만일 우리가 죄가 없다고 말하면, 그것은 우리 가 스스로 속이고 있는 것일 뿐만 아니라 하나님을 모욕하는 것이기도 하다(요 일 1:8). 왜냐하면, 그렇게 말함으로써 우리는 범죄하는 것이고, 성경이 모든 것 을 죄 아래에 가두었다(갈 3:22)는 말씀을 거짓말이라고 하는 것이기 때문이다. "가령 내가 온전하다거나 죄가 없다거나 하나님이 나를 고소할 거리가 없다고 말한다면, 내가 그렇게 말하는 것 자체가 나를 정죄하여 내가 패역하고 교만하 며 무지하고 주제넘다는 것을 증명해 주게 된다. 아니, 가령 내가 온전하고, 하 나님이 나를 의롭다고 선언하실지라도, 나의 삶이 이 모든 참상으로 가득 차 있는 한, 나는 나를 돌아보지 아니하겠고, 오래 살고 싶은 마음이 없다." 또는, "내가 큰 죄를 저지르지 않았고, 내 양심이 어떤 엄청난 범죄로 나를 고소하지 않는다고 하여도, 나는 나의 무죄를 주장할 정도로 내 마음이 깨끗하다고 믿지 않고, 하나님께 나의 생명을 연장해 달라고 할 가치가 있다고 생각하지 않는 다." 요컨대, 하나님과 다투는 것은 어리석은 짓이기 때문에, 하나님께 순복하

고 그 발 앞에 엎드리는 것이 우리의 지혜이자 도리라는 것이다.

²²일이 다 같은 것이라 그러므로 나는 말하기를 하나님이 온전한 자나 악한 자나 멸망시키신다 하나니 ²³갑자기 재난이 닥쳐 죽을지라도 무죄한 자의 절망도 그가 비웃으시리라 ²⁴세상이 악인의 손에 넘어갔고 재판관의 얼굴도 가려졌나니 그렇게 되게 한 이가 그가 아니시면 누구냐

욥은 여기에 와서야 그와 그의 친구들 사이에서 벌어진 논쟁의 핵심을 간략하게 다룬다. 그들은 의롭고 선한 자들은 이 세상에서 항상 형통하고, 오직 악인들만이 비참함과 괴로움을 겪는다고 주장하였다. 반면에, 욥은 악인들이 형통하고 의인들이 큰 환난을 겪는 것은 통상적인 일이라고 단언하였다. 이것이 그와 그의 친구들 간에 의견이 서로 다른 유일한 것이자 주된 것이다. 그들은 그들의 주장을 증명하지 못했기 때문에, 여기에서 욥은 자신의 견해를 고수한다: "모든 일이 모든 사람에게 매일반이라는 것을 내가 앞에서 말했고, 여기에서 다시 한 번 말한다."

1. 욥이 여기에서 말하고자 하는 것 속에는 아주 많은 진리가 들어 있다는 것은 인정되어야 함. 이 세상에서 널리 행해지는 심판들은 선한 자와 악한 자를 가리지 않고 모두에게 임하고, 죽음의 사자는 이스라엘 사람들의 집과 애굽 사람들의 집을 거의 구별하지 않는다(한 번 그런 적이 있긴 하였지만). 실제로 영원한 불의 형벌(유 1:7)이라 불린 소돔에 대한 심판에서 하나님은 의인을 악인과 함께 죽이시고 의인과 악인을 같이 취급하시려고 하셨다(창 18:25). 그러나 오직 이 세상에서 일어나는 심판들에서만 의인들은 악인들과 별 구별 없이 환난을 겪고, 종종 악인들보다 훨씬 더 큰 환난을 겪는다. 칼은 이 사람이나 저 사람이나, 즉 요압이나 요시야나 할 것 없이 다 삼키느니라(삼하 11:25). 이렇게 하나님은 온전한 자나 악한 자나 멸망시키시고, 그 둘을 싸잡아서 동일한 환난 속으로 밀어 넣으신다. 선한 자나 악한 자나 둘 다 함께 바벨론으로 보내졌다(렘 24:5, 9). 갑자기 재난이 닥쳐 모든 사람에게 임할 때, 하나님은 악인들에 대한 형벌인 그 재난을 통해서 무죄한 자들과 그들의 믿음을 시험하셔서, 그들의 믿음이 장차 칭찬과 영광과 존귀를 얻을 만한 믿음임이 증명되는 것을 보시기를 기뻐하신다(벧전 1:7; 시 66:10). "전능자의 화살은 의인들을 향해서도 날아간다. 왜

나하면, 하나님은 무죄한 자들을 시험하셔서, 환난들을 통해서 무너지지 않고 연단된 그들의 변함없고 경건한 마음을 드러내시기를 기뻐하시기 때문이다"(블랙모어). 그러므로 하나님의 자녀들은 이것을 생각해서 그들에게 닥치는 환난들을 기꺼이 받아들여야 한다. 그 환난들은 그들을 존귀하게 하고 그들에게 유익을 주기 위한 시험들이고, 하나님이 그 시험들을 기뻐하시기 때문에, 그들은 그 시험들을 못마땅하게 생각해서는 안 된다. 하나님은 무죄한 자들의 시험과 시련을 보시고, 그 결과가 얼마나 영광스러울지를 아셔서 비웃으시는 것이기 때문에, 멸망과 기근이 닥쳐와도 그들은 사망아 네가 쏘는 것이 어디 있느냐(고전 15:55)고 비웃으며 그것들을 이겨내야 한다(5:22). 반면에, 악인들은 하나님의 심판의 표적들이 되지 않기 때문에, 세상이 악인의 손에 넘어갔다(24절, 그들은 이 세상에서 큰 재물과 권세를 누리고, 그들이 갖고자 하는 것을 가지며, 그들이 하고자 하는 것을 한다). 악인이라 번역된 단어는 원문에 단수형으로 되어 있기 때문에 악한 자 마귀를 가리키는 것일 수 있다. 이 세상의 신이라 불리는 마귀는 이 세상이 그의 손에 넘어 왔다고 자랑한다(눅 4:6). 또는, 여기에서 악인은 당시에 그 지역에 살고 있던 어떤 악명높은 폭군을 가리키는 것일 수 있는데(패트릭 주교와 성서공회의 주석 성경에서 말하듯이), 이 폭군의 악행과 형통함은 욥과 그의 친구들에게 잘 알려져 있었을 것이다. 악인들에게는 이 세상이 주어졌고, 의인들에게는 천국이 주어졌다. 어느 쪽이 더 좋은가? 하나님은 그의 섭리 속에서 악인들을 잘 되게 하시는 반면에, 재판관이 되어 다스릴 자격이 있는 지혜롭고 선한 자들의 얼굴을 가리시고 무명으로 살아가게 하실 뿐만 아니라, 심지어 이 세상을 거머쥔 악인들에 의해서 짓밟히고 단죄당하며 범죄자들처럼 얼굴을 가리게 하시기도 하신다. 우리는 이런 일이 일어나는 것을 매일매일 보면서 살아간다. 이런 일을 행하시는 분이 하나님이 아니시면, 그 일을 행하는 이가 어디에 있으며 누구리요. 이 일을 인간의 나라들을 다스리시면서 그 나라들을 그가 원하시는 자들에게 주시는 이에게 돌리지 않는다면(단 4:32), 과연 누구에게 돌릴 수 있겠는가?

2. 욥이 여기에서 말하는 것 속에는 너무나 많은 혈기가 들어 있다는 것이 인정되어야 함. 욥의 표현 방식을 보면, 그가 토라져서 화가 나 있다는 것이 역력히 드러난다. 그는 하나님이 환난을 주신다고 말할 때에 하나님이 온전한 자나 악한 자나 둘 다 멸망시키신다고 말해서는 안 되었다. 그는 하나님이 무죄한

자들을 시험하시기를 기뻐하신다고 말할 때에 하나님이 그 모습을 보시고서 웃으신다고 말해서는 안 되었다. 왜냐하면, 하나님은 사람들이 고통을 겪는 것을 보시고 기뻐하시는 분이 아니시기 때문이다. 우리의 심령이 논쟁이나 불만으로 인해서 열을 받았을 때, 우리는 우리의 입술에 보초를 세워서, 신령한 일들에 대하여 말함에 있어서 적절한 예의를 갖추고 있는지를 잘 살필 필요가 있다.

[25]나의 날이 경주자보다 빨리 사라져 버리니 복을 볼 수 없구나 [26]그 지나가는 것이 빠른 배 같고 먹이에 날아 내리는 독수리와도 같구나 [27]가령 내가 말하기를 내 불평을 잊고 얼굴 빛을 고쳐 즐거운 모양을 하자 할지라도 [28]내 모든 고통을 두려워하오니 주께서 나를 죄 없다고 여기지 않으실 줄을 아나이다 [29]내가 정죄하심을 당할진대 어찌 헛되이 수고하리이까 [30]내가 눈 녹은 물로 몸을 씻고 잿물로 손을 깨끗하게 할지라도 [31]주께서 나를 개천에 빠지게 하시리니 내 옷이라도 나를 싫어하리이다 [32]하나님은 나처럼 사람이 아니신즉 내가 그에게 대답할 수 없으며 함께 들어가 재판을 할 수도 없고 [33]우리 사이에 손을 얹을 판결자도 없구나 [34]주께서 그의 막대기를 내게서 떠나게 하시고 그의 위엄이 나를 두렵게 하지 아니하시기를 원하노라 [35]그리하시면 내가 두려움 없이 말하리라 나는 본래 그렇게 할 수 있는 자가 아니니라

욥은 여기에서 점점 더 화가 나서 투덜거리는 모습을 보이고, 이 장을 처음과 같이 하나님의 지혜와 공의에 관한 경건한 표현들로 끝마치지 못한다. 불만 속으로 빠져 들게 되면, 사람들은 그 불만이 그들을 어떤 불경과 무례함으로 몰아가고 있는지를 알지 못하게 된다. 하나님과의 다툼의 시작은 둑에서 물이 새는 것 같은즉 싸움이 일어나기 전에 시비를 그칠 것이니라(잠 17:14). 환난 가운데 있을 때에 시편 기자가 종종 그러하듯이 우리가 하나님을 향하여 하소연하는 것은 허락이 되지만, 우리는 욥이 여기에서 그러하듯이 하나님에 대하여 불평을 터뜨려서는 결코 안 된다.

I. 욥은 그의 형통하던 날들이 빨리 사라져 버린 것에 대하여 그가 불평하는 것은 지극히 당연하다고 말함(25-26절). "나의 날들(즉, 나의 모든 좋은 날들)이 가버리고 다시는 돌아오지 않는데, 그 날들이 내가 알아차리기도 전에 갑자

기 사라져 버렸구나. 좋은 소식을 전하기 위해 급파된 그 어떤 특사(구스 사람과 아히마아스 같은)도 나의 모든 낙과 위로들이 내게서 떠나간 정도만큼 그렇게 급하게 서두른 적은 없었다. 배가 항구로 들어오거나 독수리가 그 먹잇감을 낚아챌 때에도 이토록 믿을 수 없을 정도로 신속한 적은 없었다. 내가 형통했던 자취는 공중에 날아다니는 독수리의 자취나 바다로 지나다니는 배의 자취처럼 그 어디에도 남아 있지 않도다(잠 30:19)."

1. 시간의 움직임은 아주 신속하다는 것. 시간은 언제나 날개를 달고서 그 정해진 시점을 향해서 신속하게 날아가고, 결코 사람을 기다려 주지 않는다. 시간은 끊임없이 지나가고 있고, 영원을 향하여 아주 빠르게 질주하고 있으며, 시간이 가는 만큼 영원이 오고 있는 것이기 때문에, 우리는 빈둥거리며 시간을 보내서는 안 되고, 촌음(寸陰)을 아낄 필요가 있다!

2. 시간 속에서 우리가 누리는 것들은 아주 헛되다는 것. 시간은 계속해서 흘러가지만, 우리가 누리던 것들은 우리에게서 사라지고 만다. 우리의 날은 우리에게 햇빛이 비치는 시간, 즉 우리가 형통하던 시간보다 더 길다. 우리가 형통하던 그 시간이 지나가 버리면, 그 시간은 마치 처음부터 아예 존재하지 않았던 것처럼 느껴진다. 우리의 본분을 다했던 기억은 나중에도 우리에게 기쁜 추억이 되지만, 우리가 세상의 많은 재물을 얻어 갖고 있었던 기억은 그 재물이 다 없어지고 난 후에는 허망하기 그지없다. "나의 날들이 빨리 사라져서 되돌이킬 수 없고 좋은 일들의 흔적을 남기지 않으니, 나의 날들이 복을 볼 수 없구나."

Ⅱ. 욥은 그의 현재의 불안한 처지에 대하여 그가 불평하는 것은 용납될 수 있는 일이라고 말함(27-28절).

1. 욥은 친구들이 조언한 것처럼 마음을 다잡고 묵묵히 견디고자 애썼던 것으로 보인다. 그는 최선을 다해서 그렇게 하고자 했다. 그는 기꺼이 그의 불평을 잊고 하나님을 찬송하며, 그의 얼굴 빛을 고쳐 즐거운 모양을 하고서, 하나님이나 사람들과의 교제에 임하고자 하였다.

2. 그러나 욥은 그렇게 할 수 없는 자신을 발견하였다. "나는 내 모든 고통이 두렵다. 내가 괴로움을 이기고자 안간힘을 써도, 그 괴로움은 나를 압도해 버리니, 내가 도저히 당할 수가 없다!" 그러한 경우에 우리가 어떻게 해야 하는지를 알고 어떤 마음가짐을 가져야 하는지를 알고 말하는 것은 쉬운 일이지만,

실제로 그런 상황에서 그렇게 행하는 것은 어려운 일이다. 괴로움 가운데에 있는 자들에게 인내하라고 설교하며, 불평을 그만두고 편안한 마음을 가지라고 말하는 것은 쉽다. 그러나 실제로 그렇게 하는 것은 말처럼 쉽게 되지 않는다. 두려움과 슬픔은 난폭한 것들이어서 신앙이나 올바른 이성에 쉽게 굴복하지 않는다.

Ⅲ. 욥이 하나님을 무자비하고 냉혹하다고 불평한 것은 결코 용서될 수 없다는 것. 그의 불평은 그의 부패한 본성에서 나온 언어였다. 그는 하나님에 대하여 잘 알고 있었기 때문에, 다른 때 같으면 결코 지금처럼 이런 식으로 하나님에 대하여 나쁜 생각을 품고서 혈기를 부리며 불평을 하지는 않았을 것이다. 선한 자들이라고 해서 언제나 선한 자다운 말만을 하는 것은 아니다. 그러나 하나님은 그들의 체질과 그들에게 닥친 강력한 시험들을 생각하셔서, 나중에 그들에게 앞서 그들이 잘못 했던 말을 회개하고 취소할 수 있는 기회를 주시고, 실제로 회개하면 그 죄를 묻지 않으신다.

1. 욥은 여기에서 다음과 같이 말하고 있는 것으로 보임.

(1) 욥은 마치 비록 그가 그의 온전한 신앙을 보여주는 아주 확고한 증거들을 제시한다고 하여도 하나님이 그를 환난에서 구해 주시지 않을 것이라고 절망한 것처럼 말함. "주께서 나를 죄 없다고 여기지 않으실 줄을 내가 아나이다. 나의 환난들은 내게 너무나 오랫동안 지속되어 왔고, 그 고통은 아주 빠르게 증가되어 왔기 때문에, 나는 주께서 나를 이 환난들에서 건지셔서 이전의 형통하던 상태로 회복시키심으로써 나의 무죄함을 분명하게 보여주시리라고 기대하지 않는다. 옳든 그르든, 나는 악인으로 취급당할 수밖에 없다. 나의 친구들은 나를 계속해서 그렇게 생각할 것이고, 하나님은 내게 계속해서 환난들을 주셔서, 나를 친구들에게 악인으로 보이게 만드실 것이다. 그러니, 내가 어찌 내 자신의 무죄함을 주장하고 이 누명을 벗고자 하는 일에 헛되이 수고하리이까(29절)?" 사람들이 미리 선입견을 가지고서 판단을 내리고 있는 일에 있어서는 변명은 소용 없는 짓이다. 아무런 죄도 없는 자가 사람들에게 자신의 결백을 아무리 주장해도, 그것이 헛된 수고가 되는 경우가 자주 있다. 그에게 죄가 없다는 것을 보여주는 너무나 명백한 증거가 있어도, 사람들은 기어코 그에게 유죄의 판결을 내리고 만다. 그러나 하나님과의 관계에서는 그런 일은 결코 일어나지 않는다. 하나님은, 무죄한데도 억압 받는 자들을 지켜 주시는 자이시고, 하

나님께 의로운 주장을 제시하는 일은 결코 헛되지 않기 때문이다. 욥은 하나님이 그를 구원해 주시지 않을 것이라고 절망하고 있을 뿐만 아니라, 더 나아가 그가 자신의 결백을 주장하면 할수록 하나님이 그를 더욱 미워하시게 될 것이라고 생각한다(30-31절). "내가 눈 녹은 물로 몸을 씻고, 나의 결백을 아무리 분명하게 밝힌다고 하여도, 그것은 아무 소용이 없을 것이다. 하나님은 반드시 내게 유죄의 판결을 내리실 것이다. 주께서 나를 개천(멸망의 구덩이, 또는 더러운 도랑, 또는 하구수)에 빠지게 하시리라. 그러므로 나는 내 주변의 모든 사람들에게 역겨운 냄새를 풍기게 될 것이고, 내 옷마저도 나를 혐오할 것이며, 내 자신조차도 나를 만지기를 싫어하게 될 것이다." 욥은 그에게 닥친 환난들이 하나님에게서 왔다고 보았다. 그의 환난들은 이 환난들을 근거로 해서 욥을 악인으로 단정하였다. 이런 이유로 욥은 계속되는 이 환난들이 그의 평안만이 아니라 그의 평판까지 망쳐 놓았다고 불평하였다. 그렇지만 욥의 이러한 말들은 좋은 뜻으로 해석될 수 있다. 우리가 사람들 앞에서 우리의 의로움을 증명하고 사람들 가운데에서 우리의 평판을 유지하고자 아무리 애를 쓰고, 세상 사람들이 큰 죄로 여기는 것들로부터 우리의 손을 아무리 깨끗하게 지킨다고 하여도, 우리의 마음을 아시는 하나님은 우리 속에 있는 은밀한 죄로 우리를 고소하셔서, 우리로 하여금 정결하고 무죄한 체하는 우리의 오만함을 영원히 제거하시고, 거룩하신 하나님 앞에서 우리 자신이 얼마나 더러운 자인지를 보게 하실 수 있으시다. 바울은 바리새인으로 있는 동안에 그의 손을 아주 깨끗하게 유지하였다. 그러나 계명이 와서 그에게 그의 마음속에 있는 죄들을 드러내어 그로 하여금 그의 속에 있는 정욕을 알게 해주었는데, 이것은 하나님이 그를 더러운 도랑에 빠지게 하신 것이다.

(2) 욥은 마치 하나님이 그의 말을 공정하게 들어주시지 않을 것이라고 절망하였고, 이것이 그를 정말 힘들게 하는 것인 것처럼 말함.

[1] 욥은 자기가 하나님과 담판조차 할 수 없는 처지라고 불평함(32절). "하나님은 나처럼 사람이 아니시니, 내가 사람과 하듯이 감히 논쟁을 할 수도 없다. 하나님은 나와 비교도 될 수 없을 정도로 위에 계시니, 내가 어찌 감히 하나님과 변론하겠는가. 하나님과 다투었다가는 나는 반드시 패하고 말 것이다."

첫째, 하나님은 우리와 같은 사람이 아니시다. 아무리 위대한 왕들에 대해서도 우리는 "그들은 우리와 같은 사람들이다"라고 말할 수 있지만, 크신 하나님에 대해서는 그렇게 말할 수 없다. 하나님의 생각과 길은 우리와는 비교할 수 없을 정도로 무한히 높기 때문에, 우리는 우리 자신을 기준으로 삼아서 하나님을 판단하려고 해서는 안 된다. 사람은 어리석고 연약하며 부서지기 쉽고 변덕스럽지만, 하나님은 그렇지 않다. 우리는 의존적이고 죽어가는 피조물들이지만, 하나님은 독립적이고 영원히 죽지 않는 창조주이시다.

둘째, 우리는 이런 것을 생각해서 하나님 앞에서 자신을 낮추고 입을 다물어야 한다. 우리는 우리 자신이 하나님과 대등하다고 여겨서는 안 되고, 언제나 하나님을 우리보다 무한히 위에 계시는 분으로 바라보아야 한다.

[2] 욥은 자기와 하나님 사이의 다툼을 중재하거나 판결해 줄 자가 없다고 불평함(33절). 우리 사이에 판결자도 없구나. 중재자가 없다는 이 불평은 사실상 그런 중재자가 있었으면 좋겠다는 것이다. 따라서 칠십인역에서는 이 본문을 그런 식으로 읽는다: 우리 사이에 중재자가 있었으면! 만약 중재자가 있다면, 욥은 기꺼이 이 문제를 그 중재자에게 맡기고자 하지만, 피조물이 중재자나 심판이 될 수는 없는 노릇이었다. 그러므로 욥은 어쩔 수 없이 이 문제를 하나님께 가지고 나아가야 하고, 그의 판결에 묵묵히 따를 수밖에 없다. 우리 주 예수는 하늘과 땅을 중재하시고 둘 모두에 손을 얹으신 복되신 중재자이시다. 하나님 아버지께서는 모든 판결을 우리 주 예수께 맡기셨다. 따라서 우리도 모든 판단을 주님께 맡겨야 한다. 그러나 이 일은 지금은 복음에 의해서 분명하게 밝혀져 있지만 당시에는 욥의 이와 같은 불평의 여지를 없앨 정도로 분명하게 밝혀져 있지는 않았다.

[3] 욥은 하나님의 두려움들이 그를 포위하여 공격하고 있기 때문에 자기가 너무도 당황스러워서 예전처럼 자신감을 가지고 하나님 앞에 나아가서 자신의 사정을 아뢸 엄두가 나지 않는다고 불평함(34-35절). "하나님의 무한하신 초월성으로 인하여 내가 느끼는 하나님과의 거리감 외에도, 하나님이 지금 나를 다루시는 일들이 나를 너무도 낙심하게 만들고 있사오니, 주께서 그의 막대기를 내게서 떠나게 하시기를 원하노라." 욥에게는 그가 겪고 있는 외적인 환난들보다도 그의 심령이 하나님의 진노하심을 느끼면서 겪고 있는 부담감이 더 괴로운 것이었다. 그를 두렵게 한 것은 하나님의 두려움이었다. "바로 그 하나님의 두려움을 제거해 주소서. 나로 하나님의 긍휼을 다시 보게 하시고, 온통 하나님의 두려움들만을 봄으로써 놀라지 않게 하소서. 그리하시면 내가 하나님 앞에 나

의 사정을 다 내놓고 두려움 없이 말하리이다. 그러나 나는 지금 그런 처지에 있지 않나이다. 구름이 전혀 걷히지 않고 있고, 하나님의 진노는 이전과 마찬가지로 지금도 여전히 나를 옥죄어 오고 내 영혼을 삼키려 하니, 내가 어찌할 바를 모르겠나이다."

2. 우리는 이 모든 것을 통해서 다음과 같은 교훈을 얻어야 함.

(1) 하나님을 경외하고, 하나님의 진노하심의 권능을 두려워하여야 한다는 것. 선한 자들이 하나님의 그러한 진노하심에 이토록 대경실색한다면, 경건하지 아니한 자와 죄인은 어디에 서리요(벧전 4:18).

(2) 심령에 상처를 받은 자들을 불쌍히 여기고 그들을 위하여 간절히 기도하여야 한다는 것. 왜냐하면, 그런 상태에 있는 자들은 그들 자신을 위하여 어떻게 기도해야 할지를 모르기 때문이다.

(3) 우리 마음속에서 언제나 주의 깊게 하나님에 대하여 좋은 생각들만을 해야 한다는 것. 왜냐하면, 하나님에 대한 좋지 않은 생각들은 많은 재난들을 불러들이는 통로가 되기 때문이다.

(4) 우리가 여기에 나오는 가엾은 욥처럼 서글픈 처지에 있지 않고 주의 빛 가운데에서 행하고 있는 것에 대하여 하나님께 감사하여야 한다는 것. 우리는 이것을 감사하고 기뻐하되, 두렵고 떨리는 마음으로 기뻐하여야 한다.

제 10 장

개요

욥은 여기에서 자기가 너무나 혼란스러워서 도무지 갈피를 잡지 못하는 상태에 있다고 고백한다(15절). 그가 그런 상태에 있었기 때문에, 그의 말도 혼란스러울 수밖에 없었다. 그는 무슨 말을 해야 할지를 알지 못하였고, 때로는 자기가 무슨 말을 하고 있는지도 몰랐던 것 같다. 이 장에는 다음과 같은 내용들이 나온다. I. 욥이 자기가 처한 곤경에 대하여 불평하고 나서(1-7절), 그가 그를 지으신 하나님의 손 안에 있다는 사실을 들어서 스스로를 위로하고, 또한 그런 사실을 들어서 하나님께 호소함(8-13절). II. 욥이 하나님이 그를 가혹하게 다루시는 것에 대하여 다시 한 번 불평하고 나서(14-17절), 죽음이 그의 환난들을 끝내 줄 것이라는 말로 스스로를 위로함(18-22절).

[1]내 영혼이 살기에 곤비하니 내 불평을 토로하고 내 마음이 괴로운 대로 말하리라 [2]내가 하나님께 아뢰오리니 나를 정죄하지 마시옵고 무슨 까닭으로 나와 더불어 변론하시는지 내게 알게 하옵소서 [3]주께서 주의 손으로 지으신 것을 학대하시며 멸시하시고 악인의 꾀에 빛을 비추시기를 선히 여기시나이까 [4]주께도 육신의 눈이 있나이까 주께서 사람처럼 보시나이까 [5]주의 날이 어찌 사람의 날과 같으며 주의 해가 어찌 인생의 해와 같기로 [6]나의 허물을 찾으시며 나의 죄를 들추어내시나이까 [7]주께서는 내가 악하지 않은 줄을 아시나이다 주의 손에서 나를 벗어나게 할 자도 없나이다

이 단락에는 다음과 같은 내용들이 나온다.

I. 욥이 불평을 토로하기를 계속하겠노라고 혈기를 부리며 단호하게 말함(1절). 욥은 하나님의 위엄으로 인한 두려움 때문에 기가 꺾여서 자기 주장을 제대로 펴볼 수조차 없게 되자, 자신의 울분을 토해 놓기라도 해서 조금이라도 자기 마음을 편안하게 하기로 결심한다. 그는 격한 언어로 자신의 심정을 토로하기 시작한다. "내 영혼이 살기에 곤비하니, 이 육신에 신물이 나고, 사는 것에

정나미가 떨어져서, 이 육신을 빨리 벗어버리고자 죽기를 갈망하노라." 은혜가
약해지자 그는 자연의 법칙조차도 역행하고자 하였다. 우리가 성도답게 행한
다면, 우리는 좀 더 인간답게 행하게 될 것이다. 섭리로 말미암아 우리가 삶에
몹시 지치고 사는 것이 너무나 싫어지더라도, 믿음과 인내를 지킨다면 우리는
살기에 곤비해하지(어떤 이들의 읽기에 의하면, 삶에 대하여 무자비하지) 않게 될
것이다. 왜냐하면, 살기에 넌더리를 내는 것은 하나님의 징계에 대하여 넌더리
를 내는 것과 같기 때문이다. 욥은 자신의 삶이 너무나 힘들고 지겨운데 마음
의 평안을 얻을 수 있는 길이 다 막혀 있었기 때문에 불평하기로 결심하고 말
로 울분을 토로하기로 결심한다. 그는 폭력적인 행위들이 아니라 폭력적인 말
들을 통해서 울분을 쏟아내기로 결심한 것이다. 패배한 자들은 적어도 그들에
게 말로 뭔가를 할 수 있는 힘은 남아 있다고 생각한다. 울분과 혈기가 끓어 올
라서 억제할 수 없게 되면, 사람은 다른 도리가 없기 때문에 자기가 탈선을 해
도 용서가 될 수 있다고 생각하기 쉽다. 그러나 우리에게 있는 지혜와 은혜는
우리가 우리의 입에 재갈을 물리는 데에 사용하라고 있는 것이 아니던가? 여기
에서는 욥의 부패한 본성이 말하고 있지만, 은혜도 어느 정도 작용하고 있다.

1. 욥은 불평하기로 결심하지만, 그의 불평을 자기 자신에게 두고자 함. 즉, 욥
은 자신의 불평을 자기 자신에게로 국한시키고자 한다. 그는 하나님을 불의하
다거나 냉정하다고 탓하거나 고소하고자 하지 않았다. 즉, 그는 하나님이 그와
다투시고 이런 환난들을 그에게 보내신 구체적인 이유를 정확히 알지는 못했
지만, 어쨌든 이 모든 것의 원인이 자기 자신에게 있다고 생각했기 때문에 기
꺼이 그 모든 책임을 짊어지고자 한 것이다.

2. 욥은 말을 하기로 결심하지만, 자신의 확정적인 판단이 아니라 단지 자신
의 괴로운 심정을 토로하고자 함. 내가 잘못 말한다면, 그런 말을 하는 것은 내
가 아니요 내 속에 거하는 죄이고, 내 영혼이 아니라 나의 괴로움이다.

Ⅱ. 욥이 하나님을 향하여 겸손하게 간구함.　그는 말을 하기로 결심하지만,
그 첫 마디는 기도였다(2절). 나는 욥의 이 기도가 선한 기도라고 본다.

1. 욥이 그에게 닥친 환난들 속에 있는 죄의 독침에서 그를 건져 주시라고
기도함. "나를 정죄하지 마옵소서. 나를 주에게서 영원히 분리하지는 마옵소서.
내가 십자가 아래에 누워 있을지라도, 나로 하여금 저주 아래 누워 있지 않게
하소서. 내가 아버지의 회초리에 맞아 아픈 것까지는 좋은데, 심판주의 칼로

나를 끊어내 버리지는 마옵소서. 주께서 나를 징계하시니, 나는 내가 할 수 있는 데까지는 그 징계를 견뎌내겠나이다. 그러나 나를 정죄하지는 마옵소서." 그리스도 예수 안에 있는 자들에게 위로가 되는 것은 그들이 환난 가운데에 있을지라도 그들에게는 결코 정죄함이 없다는 것이다(롬 8:1). 아니, 그들이 주께 징계를 받는 것은 그들로 하여금 세상과 함께 정죄함을 받지 않게 하려 하기 위한 것이다(고전 11:32). 그러므로 우리는 환난 가운데에 있을 때에 다른 무엇보다도 우리가 정죄를 받는 일이 없도록 기도하여야 한다. "주여, 주께서 나를 어떻게 다루시든지 간에, 나를 정죄하지는 마옵소서. 나의 친구들은 나를 정죄하지만, 주께서는 그렇게 하지 마옵소서."

2. 욥이 그가 겪는 환난들의 진짜 이유, 즉 그가 지은 죄가 무엇인지를 알게 해 달라고 기도함. 주여, 무슨 까닭으로 나와 더불어 변론하시는지 내게 알게 하옵소서. 하나님이 우리에게 환난을 주실 때에 그것은 하나님이 우리와 다투시는 것이고, 하나님이 우리와 다투실 때에는 언제나 이유가 있다. 우리는 아무 까닭 없이 화를 낼 수 있지만, 하나님은 결코 그런 법이 없으시다. 하나님이 우리와 다투시는 이유가 된 우리의 죄를 회개하고 버리기 위해서는 우리는 먼저 그 이유가 무엇인지를 알아내야 하는데, 그 이유를 찾아내기 위해서는 양심이 자신의 직무를 충실히 수행하도록 허용하지 않으면 안 된다(창 42:21).

Ⅲ. 욥이 토라져서 하나님이 그를 다루시는 방식에 대하여 항의함. 이제 그는 실제로 자신의 괴로운 심정을 토로하는데, 그의 말 속에는 하나님의 의(義)에 대한 비뚤어진 인식들이 약간 들어 있다.

1. 욥은 하나님이 그의 피조물에게 감당할 수 없을 정도의 고통을 주시고 가혹하게 대하시는 것은 하나님의 선하시고 긍휼하신 성품과 어울리지 않는다고 생각함(3절). 주께서 주의 손으로 지으신 것을 학대하시는 것을 선히 여기시나이까. 분명히 그렇지 않다. 하나님은 사람들에게 하지 말라고 하신 것(애 3:34-36)을 스스로도 하지 않으신다. "주여, 주께서 나를 대하시는 것을 보면, 주는 주의 신민(臣民)을 억압하시고, 주의 손으로 지으신 것을 멸시하시며, 주의 원수들을 옹호하시는 것 같나이다. 주여, 대체 주께서 이렇게 하시는 의도가 무엇이나이까? 주의 성품으로 볼 때에 주께서 이와 같이 하시는 것이 주께 즐거움이 될 리가 없고, 주의 이름을 생각할 때에 이것이 주께 영광이 될 리가 없나이다. 그런데도 어찌하여 주께서는 나를 이런 식으로 대하시는 것이나이까? 주

께 나의 피가 무슨 유익이 있으리요." 욥은 하나님이 그에게 잘못하고 계시다고 생각하는 것이 아니라, 선한 자들이 흔히 그러하듯이 하나님의 섭리와 공의를 어떻게 서로 조화시켜야 하는지를 알지 못해서 어쩔 줄 몰라 하는 것이다. 그 런 때에 우리는 그 비밀이 밝혀지는 그 날이 올 때까지 기다리지 않으면 안 된 다. 우리는 이 땅에서 하나님에 대하여 나쁜 생각을 품지 말아야 한다. 왜냐하 면, 그 때가 되면 우리는 그런 생각을 품을 이유가 전혀 없었다는 것을 알게 될 것이기 때문이다.

2. 욥은 모든 것을 아시는 하나님이 죄인을 이런 식으로 고문하여서 자백을 받아내고자 하시는 것은 합당하지 않다고 생각함(4-6절).

(1) 욥은 하나님이 사람들이 사용하는 방식으로 어떤 것들을 알아내시거나 판단하시지 않으신다는 것을 확신함. 하나님은 영이시기 때문에 육신의 눈을 갖고 계시지 않다(4절). 육신의 눈은 어둠 속을 볼 수 없지만, 하나님은 어둠도 다 보실 수 있으시다. 육신의 눈은 한 번에 한 곳만을 볼 수 있고, 어느 정도의 거리에 있는 것들만을 볼 수 있지만, 여호와의 눈은 어디든지 있고(잠 15:3) 온 세 상에 두루 다닌다(슥 4:10). 아무리 호기심이 많고 매서운 육신의 눈이라도 그 눈으로 볼 수 없는 것들이 많이 있다. 매의 눈도 보지 못하는 길이 있다(28:7). 그 러나 하나님의 눈으로부터 숨겨지거나 숨을 수 있는 것은 하나도 없고, 만물이 그 눈 앞에서 벌거벗은 것처럼 드러난다. 육신의 눈은 오직 외형만을 보기 때 문에 착시 현상에 의해서 속을 수 있지만, 하나님은 모든 것의 실상을 보신다. 하나님은 사람들의 마음을 살피셔서 그 마음의 생각과 내용을 아시기 때문에 그 눈을 속일 수 있는 것은 없다. 육신의 눈은 사물들을 한꺼번에 다 볼 수 있 는 것이 아니기 때문에, 우리가 어떤 것을 볼 때에는 다른 것들은 우리의 시야 에서 사라진다. 그러나 하나님은 모든 것을 한 눈에 다 보신다. 육신의 눈은 이 내 피곤해져서 매일 밤 쉬어 주어야 하지만, 이스라엘을 지키시는 이는 졸지도 아니하시고 주무시지도 아니하시며, 그의 시력은 쇠하는 법이 없다. 하나님은 사람이 보듯이 보시지 않는다. 즉, 사람은 흔히 취향과 감정, 선입견과 이해관계 의 편향에 따라서 실상이 아니라 현상을 따라서 기껏해야 입증되는 것처럼 보이 는 것들을 근거로 판단하지만, 하나님은 그렇게 판단하지 않으신다. 우리는 하 나님의 심판(즉, 판단)이 진리대로 된다는 것(롬 2:2)과 하나님은 남들에게서 얻 은 정보가 아니라 스스로 살피셔서 진리를 아신다는 것을 확신한다. 사람들은

증인들을 조사하고 살피며, 증거들을 서로 비교하여 추정하고, 관련 당사자들을 회유하거나 강제해서 자백하게 함으로써 은밀한 것들을 알아낸다. 그러나 하나님은 어떤 것을 알아내기 위하여 그런 식의 방법을 사용하실 필요가 없다. 하나님은 사람이 보듯이 보시지 않는다.

(2) 욥은 하나님의 보시는 것이 사람처럼 제한되어 있지 않은 것과 마찬가지로 하나님의 사심도 사람과 같이 제한되어 있지도 않다는 것을 확신함(5절). "주의 날들이 어찌 사람의 날들과 같이 얼마 되지 않고 악하겠나이까? 주의 날들이 어찌 사람의 날들과 같이 굴곡이 있거나 변화가 있겠나이까? 결코 그렇지 않나이다." 사람들은 경험을 통해서 더 지혜로워지고, 매일의 관찰을 통해서 점점 더 많은 지식을 얻는다. 사람들에게 있어서 진리는 시간이 흐르면서 얻어지는 것이기 때문에, 사람들은 살피고 탐구하는 데에 시간이 필요하고, 하나의 실험이 실패하면 또 다른 실험을 하지 않으면 안 된다. 그러나 하나님은 그렇지 않다. 하나님에게는 과거나 미래라는 것은 존재하지 않고, 모든 것이 현재이다. 사람의 삶을 헤아릴 때에 사용되는 시간이라는 것은 하나님의 삶을 감싸고 있는 영원에 비하면 아무것도 아니다.

(3) 욥은 마치 하나님이 그의 허물을 찾아내시는 데에 시간이 걸리고 그의 죄를 들추어내실 수단들을 필요로 하시는 듯이 그를 심문하시거나 놓아 주시지도 않으시고 환난 가운데에 오래 붙잡아 두시며 이토록 오랫동안 고문하시는 것은 이상한 일이라고 생각함(6절). 욥은 여기에서 하나님이 그를 칠 빌미를 찾아내시기 위해서 이렇게 그를 고문하시는 것이라고 생각한 것은 아니었고, 단지 하나님이 그를 다루심에 있어서 사람들로 하여금 하나님을 가혹한 주인으로 오해하도록 만들 수 있는 측면이 있다는 것을 지적한 것이었다. "그러니, 주여, 주께서 내게 위로를 주시고자 하지 않으실지라도, 주의 명예를 고려하소서. 주의 크신 이름을 위하여 이 일을 행하셔서, 주의 영광의 보좌를 욕되게 마옵소서(렘 14:21)."

3. 욥은 하나님이 가엾은 죄수가 무죄한 줄을 아시면서 단지 하나님의 손에서 그를 구해 줄 수 있는 자가 아무도 없다는 이유만으로 계속해서 가두어 두시는 것은 하나님의 전능하신 권능을 남용하시는 것이라고 생각함(7절). 주께서는 내가 악하지 않은 줄을 아시나이다. 욥은 이미 자기가 죄인이고 하나님 앞에서 유죄라는 것을 인정하였었다. 그러나 여기에서 그는 자기가 악하지도 않고

죄에 빠져 있지도 않으며 하나님의 원수도 아니고 신앙에 있어서 위선자도 아니며, 악하게 그의 하나님을 떠나지 아니하였다고 단호하게 주장한다(시 18:21). "그러나 주의 손에서 나를 벗어나게 할 자도 없나이다. 이렇게 내게는 그 어떤 방도도 없으니, 나는 그저 주의 주권적인 뜻에 순복하여 모든 것을 주의 긍휼하심에 맡기고서 여기에 누워 주께서 정한 시간을 기다릴 수밖에 없나이다."

(1) 우리는 왜 우리에게 닥친 환난들 아래에서 잠잠하여야 하는가. 그것은 전능하신 하나님과 다투어 보아야 아무 소용이 없기 때문이다.

(2) 이 때에 우리에게 위로가 되는 것은 무엇인가. 욥이 여기에서 하고 있듯이, 우리가 하나님을 향하여 다음과 같이 호소할 수 있다면, 그것은 우리에게 차고 넘치는 위로가 될 것이다: "주여, 주께서는 내가 악하지 않은 줄을 아시나이다. 나는 내가 온전하다거나 연약하지 않다고 말할 수는 없지만, 은혜로 말미암아 내가 악하지 않다고 말할 수는 있나이다. 주께서는 내가 악하지 않다는 것을 아시나이다. 왜냐하면, 내가 주를 사랑하는 줄을 주께서 아시기 때문이나이다."

⁸주의 손으로 나를 빚으셨으며 만드셨는데 이제 나를 멸하시나이다 ⁹기억하옵소서 주께서 내 몸 지으시기를 흙을 뭉치듯 하셨거늘 다시 나를 티끌로 돌려보내려 하시나이까 ¹⁰주께서 나를 젖과 같이 쏟으셨으며 엉긴 젖처럼 엉기게 하지 아니하셨나이까 ¹¹피부와 살을 내게 입히시며 뼈와 힘줄로 나를 엮으시고 ¹²생명과 은혜를 내게 주시고 나를 보살피심으로 내 영을 지키셨나이다 ¹³그러한데 주께서 이것들을 마음에 품으셨나이다 이 뜻이 주께 있는 줄을 내가 아나이다

이 단락에서 우리는 다음과 같은 것들을 볼 수 있다.

I. 욥이 하나님을 그를 지으시고 지키시는 자로 보고, 그의 존재를 시작하시고 지금도 여전히 붙들고 계시는 분이신 하나님께 그의 모든 것이 달려 있다고 말함. 이것은 우리 모두가 꼭 알아야 하고 마음에 새겨야 할 가장 중요한 사실들 중의 하나이다.

1. 우리를 지으신 분은 우리의 부모가 아니라 하나님이시라는 것. 우리의 출생에 있어서 우리의 부모는 하나님의 능력과 섭리를 이루는 도구에 지나지 않는다. 우리 자신이 아니라 하나님이 우리를 만드셨다. 우리의 이 몸과 모든 부

분을 주의 손이 빚으셨으며 만드셨고(8절), 그것들은 심히 기묘하게 지음을 받았다(시 139:14). 또한, 우리의 몸을 살아 움직이게 만드는 영혼도 하나님이 주신 선물이다. 욥은 여기에서 이 두 가지를 인정한다.

(1) 토기장이가 그의 뜻과 솜씨로 흙으로 그릇을 만들듯이, 하나님이 흙으로 그의 몸을 지으셔서 형체를 부여하셨다는 것(9절). 우리는 흙으로 지음을 받아서 곧 산산이 부서질 수밖에 없는 토기들로서 본래 그 태생이 비천한 존재들이다. 그러므로 지음을 받은 물건은 지은 자에게 어찌 나를 이같이 만들었느냐 말하지 말아야 한다(롬 9:20). 우리의 몸은 흙에서 온 것이기 때문에 우리는 우리의 몸을 자랑하지 말아야 하고, 하나님의 지혜가 우리의 몸을 만들고 형성한 것이기 때문에 우리의 몸을 더럽히지 말아야 한다. 욥은 사람의 몸이 모태에서 형성되는 과정을 우아한 비유(주께서 나를 젖과 같이 쏟으셨으며 엉긴 젖처럼 엉기게 하지 아니하셨나이까, 10절)와 몇몇 구체적인 묘사들(11절)을 통해서 설명한다. 우리는 벌거벗은 채로 이 세상에 나오지만, 하나님은 우리의 몸 자체에 옷을 입히시고 무장을 해놓으신다. 피부와 살은 우리 몸의 옷이다. 뼈와 힘줄은 우리 몸의 무기 ― 공격용이 아니라 방어용 ― 이다. 하나님은 이렇게 우리 몸의 주요한 장기(臟器)들인 심장과 폐 등이 그대로 노출되어서 상하는 일이 없도록 옷을 입히시고 울타리를 치신다. 사람의 몸의 놀라운 구조는 창조주 하나님의 지혜와 능력과 선하심을 두드러지게 보여주는 예이다. 그런데 성령의 전이 되어야 할 우리의 몸이 불의의 도구로 사용된다면, 그것은 얼마나 안타까운 일이겠는가!

(2) 영은 생명이고, 영은 사람인데, 이것도 하나님의 선물이라는 것. 주께서 내게 생기를 불어넣으셔서 생명을 주셨다. 이 생기가 없다면, 우리의 몸은 아무런 가치가 없는 시체에 불과하게 될 것이다. 하나님은 영들의 아버지이시다. 하나님은 우리를 산 영이 되게 하셨고, 우리에게 이성의 능력을 부여하셨다. 하나님은 우리에게 생명과 은총을 주셨다. 생명은 먹을 것이나 입을 것보다 더 큰 은총, 우리로 하여금 다른 은총들을 받을 수 있는 능력을 갖출 수 있게 해준 특별한 은총이다. 지금 욥은 앞서 자신의 생명을 무거운 짐으로 여겨서 시비를 걸며 어찌하여 내가 태에서 죽어 나오지 아니하였던가(3:11)라고 말하였던 때보다는 더 나은 마음 상태에 있었다. 또는, 여기에서 생명과 은총은 욥이 이전의 형통하던 때에 누렸던 생명과 그 삶 속에 있던 모든 위로들을 가리키는 것일 수

있다. 욥이 하나님의 은총의 빛 가운데에서 행하며, 다윗처럼 그 은총으로 말미암아 그의 산이 견고하게 섰다고 생각하였던 때가 있었다.

2. 하나님이 우리의 생명을 계속해서 붙들어 주고 계시다는 것. 하나님은 생명의 등불을 켜신 후에 저절로 타오르게 내버려 두시는 것이 아니라, 그 등불에 새로운 기름을 끊임없이 공급해 주신다. "주께서는 나를 보살펴심으로 내 영을 지키셨고, 나를 살아 있게 하셨으며, 생명을 위협하는 것들, 즉 우리를 둘러싸고 있는 죽음과 위험들로부터 나를 보호하셨고, 매일매일 삶을 살아나가는 데에 꼭 필요한 모든 것들로 내게 복 주셨나이다."

Ⅱ. 욥이 이러한 사실을 들어서 하나님께 호소함.   그는 하나님께 이러한 사실을 상기시킨다(9절). 기억하옵소서 주께서 내 몸을 지으셨나이다. 그래서 어쨌다는 것인가?

1. "주께서 나를 지으셨기 때문에, 주는 나를 다 아시나이다(시 139:1-13). 그러므로 주는 채찍질을 해서 나를 조사하실 필요도 없으시고, 내 속에 있는 것을 드러내시기 위해서 나를 고문하실 필요도 없으시나이다."

2. "주께서는 주권적인 행위를 통해서 흙으로 나를 지으셨고, 이제는 그 주권적인 행위로 나를 다시 없애고자 하시나이까? 그러하시다면, 나는 순복하겠나이다."

3. "주께서는 주의 손으로 직접 지으신 것을 멸하려 하시려는 것이나이까?" 성도들은 기도 속에서 다음과 같은 호소를 자주 사용하여 왔다: 우리는 진흙이요 주는 토기장이이시니이다(사 64:8). 주의 손이 나를 만들고 빚으셨나이다(시 119:73). 주의 손으로 나를 빚으셨으며 만드셨는데, 이제 주께서 나를 멸하시고(8절), 다시 나를 티끌로 돌려보내려 하시나이까(9절). "주께서는 나를 불쌍히 여기지 아니하시려나이까? 주는 나를 아끼지도 않으시고 돕지도 않으시려 하시고, 주의 손으로 지으신 것을 편들어 주려고 하지도 아니하시려나이까(시 138:8)? 주께서는 나를 지으셨고 나의 힘이 어느 정도인지도 아시나이다. 그런데도 주께서는 나를 도에 지나치게 압박하시려 하시나이까? 주께서는 나를 비참하게 만드시기 위하여 나를 지으셨고, 나로 하여금 이러한 재난들을 겪게 하시려고 나를 이 때까지 살게 하신 것이나이까?" 우리는 이 사실을 우리 자신에게 본분을 다하라고 호소하기 위한 근거로 삼아서 "하나님이 나를 지으셨고 지금도 여전히 붙들고 계시기 때문에, 나는 하나님을 섬기고 순복하리라"고 말할 수

있는 것과 마찬가지로, 하나님께 긍휼을 베풀어 주시라고 호소하기 위한 근거로도 이 사실을 사용할 수 있다: 주께서 나를 지으셨고 나는 주의 것이오니 나를 구원하소서. 욥은 하나님이 이전에 베풀어 주셨던 은총들과 지금 그에게 화를 내시는 것들을 어떻게 조화시켜서 받아들여야 할지를 알지 못했지만, 다음과 같이 결론을 내린다(13절). "주께서 이것들을 마음에 품으셨나이다(즉, 주께서 처음부터 이것들을 마음속에 감추어 두고 계셨다는 것). 이 두 가지는 모두 주의 뜻과 계획에 따른 것이기 때문에, 겉으로 보는 것과는 달리 그 속에 일관성이 존재할 것이 틀림없나이다." 하나님이 이런 식으로 이상하게 그의 길을 바꾸실 때, 우리는 그것을 설명할 수는 없지만, 하나님의 마음속에 뭔가 감추어 두고 계신 어떤 이유들이 있고 그 이유들이 곧 드러나게 될 것이라고 믿을 수밖에 없다. 욥은 그 이유를 설명할 수는 없지만, 그런 뜻이 주께 있는 줄을 내가 아나이다라고 말한다. 하나님은 그가 하시는 모든 일들의 이유를 다 아신다.

[14]내가 범죄하면 주께서 나를 죄인으로 인정하시고 내 죄악을 사하지 아니하시나이다 [15]내가 악하면 화가 있을 것이오며 내가 의로울지라도 머리를 들지 못하는 것은 내 속에 부끄러움이 가득하고 내 환난을 내 눈이 보기 때문이니이다 [16]내가 머리를 높이 들면 주께서 젊은 사자처럼 나를 사냥하시며 내게 주의 놀라움을 다시 나타내시나이다 [17]주께서 자주자주 증거하는 자를 바꾸어 나를 치시며 나를 향하여 진노를 더하시니 군대가 번갈아서 치는 것 같으니이다 [18]주께서 나를 태에서 나오게 하셨음은 어찌함이니이까 그렇지 아니하셨더라면 내가 기운이 끊어져 아무 눈에도 보이지 아니하였을 것이라 [19]있어도 없던 것 같이 되어서 태에서 바로 무덤으로 옮겨졌으리이다 [20]내 날은 적지 아니하니이까 그런즉 그치시고 나를 버려두사 잠시나마 평안하게 하시되 [21]내가 돌아오지 못할 땅 곧 어둡고 죽음의 그늘진 땅으로 가기 전에 그리하옵소서 [22]땅은 어두워서 흑암 같고 죽음의 그늘이 져서 아무 구별이 없고 광명도 흑암 같으니이다

이 단락에는 다음과 같은 내용들이 나온다.

I. 욥의 혈기에 찬 불평들. 욥은 거칠고 좋지 않은 음들을 계속해서 많이 연주하는데, 그의 이러한 행동은 옳다고 할 수는 없지만 어느 정도 변명의 여지는 있을 수 있다. 그는 광야에서 불평하던 이스라엘 백성과는 달리 아무런

까닭도 없이 불평하는 것이 아니라, 분명히 불평할 이유가 있었다. 욥의 이러한 모습이 우리 눈에 좋지 않게 보인다면, 우리는 그것을 우리의 마음가짐을 더 좋게 가지라는 경고로 받아들이면 될 것이다.

1. 욥이 하나님의 심판이 엄격하고 그에 대한 하나님의 조치들이 가혹하다고 불평하며, 하나님의 그러한 행위를 너무 지나친 극단적인 정의라고 말함. 욥은 하나님이 모든 이점들을 다 동원해서 그를 공격하고 계신다고 말한다. "내가 범죄하면 주께서 나를 죄인으로 인정하시고 가만두지 아니하신다(14절)."

(1) "내가 한 발자국을 잘못 딛거나 말 한 마디를 잘못 하거나 한 번을 잘못 보아도, 하나님은 어김없이 나를 심문하실 것이다. 하나님의 대리인인 양심은 나의 잘못을 꾸짖고, 그 벌로 내게 이런저런 고통이 있을 것이라고 내게 말할 것이 틀림없다." 하나님이 이런 식으로 우리의 죄악들을 어김없이 문책하신다면, 우리는 망할 수밖에 없다. 그러나 우리는 욥이 말한 것과는 정반대로 우리가 범죄하여도 하나님은 우리를 극단적으로 다루지 않으신다는 것을 인정하지 않으면 안 된다.

(2) 욥은 하나님이 자신의 이점들을 극대화시켜서 활용하신다고 불평함. 주께서 내 죄악을 사하지 아니하시나이다. 욥은 환난들이 계속되는 한 죄사함의 위로를 얻을 수 없었고, 기쁘고 즐거운 소리를 들을 수 없었다. 하나님의 찌푸린 얼굴을 보고 그의 손에 회초리가 들려 있는 것을 볼 때에 우리가 하나님의 마음속에 있는 사랑을 본다는 것은 정말 힘든 일이다.

(3) 욥은 자기가 어떤 자로 밝혀지든지 간에 그의 현재의 처지는 몹시 괴로운 것이라고 불평함(15절).

[1] 그가 악하다면, 그는 저 세상에서 반드시 망하게 되리라는 것. 내가 악하면 내게 화가 있을 것이다. 죄악된 상태는 화(禍)가 머물러 있는 상태라는 것을 명심하라. 우리는 여기에서의 욥처럼 이것이 우리 각자에게도 그대로 적용된다는 것을 믿어야 한다. "비록 내가 형통하며 즐겁게 산다고 할지라도 악하다면, 내게 화가 있으리로다." 특히, 어떤 자들은 그들이 악하다면 그들에게 갑절로 화가 있을 것을 두려워하여야 한다. "하나님을 아는 지식을 가지고 있고, 진지하게 신앙 고백을 했으며, 아주 자주 죄들에 대한 깨우침을 받아 왔고, 신앙을 지키겠노라고 무수하게 약속해 온 나, 훌륭한 부모에게서 태어나서 좋은 교육을 받고 좋은 가문에서 자라났으며 은혜의 수단들을 오랫동안 누려온 나, 그

런 내가 악하다면 내게 천 배나 더 화가 있으리라."

　[2] 그가 의로울지라도, 그는 감히 머리를 들거나 대꾸할 수 없다는 것(9:15). 그는 환난들로 인해서 너무나 눌려 있기 때문에, 마음의 위로나 확신을 가지고서 고개를 들 수 없었다. 밖으로는 싸움들이 있었고, 안으로는 두려움들이 있었다. 따라서 둘 사이에 끼여서 욥은 온통 혼란스러울 수밖에 없었다. 그가 당한 수치와 친구들의 비난으로 말미암아 그의 얼굴에 낭패감이 가득했을 뿐만 아니라, 그의 심령도 혼란스러웠다. 그의 마음은 끊임없이 초조해하고 있었고, 그는 거의 얼이 빠져 있는 상태였다(시 88:15).

　2. 욥이 하나님의 징벌의 수위가 지나치게 가혹하다고 불평함. 욥은 하나님이 그의 모든 실패에 대하여 그를 벌하실 뿐만 아니라, 최고 수준의 벌을 그에게 내리신다고 생각하였다(16-17절).

　(1) 욥이 겪는 환난은 지나치게 무겁고 도저히 믿기 어려울 정도로 심하다는 것. 사나운 사자가 먹잇감을 사냥하여 덮치듯이, 하나님은 젊은 사자처럼 나를 사냥하신다. 하나님은 욥에게 흔치 않은 환난들을 보내셔서 그를 많은 사람들에게 희한한 구경거리로 만드심으로써 그에게 낯선 자가 되셨을 뿐만 아니라 불가사의한 분이 되셨다. 하나님이 욥을 극심한 환난으로 치신 것과 욥이 그토록 극심한 환난을 견뎌내는 것을 보고 모든 사람들이 의아해하였다. 욥은 그 환난들 속에서 하나님의 진노를 느꼈기 때문에 그 환난들을 더욱더 견디기 힘들었다. 환난들이 욥에게 너무나 쓰고 무겁게 느껴진 것은 바로 그런 이유 때문이었다. 그 환난들은 그를 치는 하나님의 증인들이었고 하나님의 진노의 증표들이었다. 그런 이유 때문에 그의 몸에 난 종기들은 그대로 그의 심령에 상처들이 되었다.

　(2) 그 환난은 계속해서 점점 더 악화되어 가고 있다는 것. 이 점을 욥은 강조해서 역설한다. 환난이 썰물이 되어 빠져나가는가 싶으면, 어느새 밀물이 되어 다시 밀려와서, 환난의 물은 점점 더 높이 차오르기 시작하였다. 환난은 점점 심해졌고, 환난 속에서 드러나는 하나님의 진노도 커져갔다. 욥은 개선의 조짐을 도무지 발견할 수 없었다. 한 증인이 와서 그를 쳐서 목적을 달성하지 못하면, 곧이어서 다른 증인이 와서 그를 치는 식으로, 증인들이 연달아 와서 그를 쳤다. 상황이 어떤 식으로 변해도, 그것은 군대가 번갈아서 그를 치는 것과 같았다. 그에게 어떤 변화가 일어났다고 해도, 그것은 더 나은 쪽으로 상황이

변한 것이 아니었기 때문에, 그는 계속해서 전쟁 상태에 묶여 있었다. 우리는 이 세상에 사는 동안에는 비가 온 후에 구름이 다시 몰려오리라는 것과 가장 극심하고 혹독한 시련들이 마지막까지 우리에게 남아 있을 수 있다는 것을 예상하고 각오하여야 한다. 하나님이 욥과 전쟁을 벌이셨고, 이것은 큰 변화였다. 욥은 하나님의 그런 모습을 한 번도 본 적이 없었기 때문에, 그가 겪는 고통은 클 수밖에 없었고, 그 일은 그에게 정말 이해하기 힘든 일일 수밖에 없었다. 하나님은 통상적으로 자기 백성에게 자비로운 모습으로 나타나신다. 만약 하나님이 어느 때든지 이와는 다른 모습으로 나타나신다면, 그것은 하나님의 기이한 일이고 기이한 사역이다. 하나님은 그런 기이한 일을 통해서 자기가 불가사의한 존재라는 것을 보이신다.

3. 욥이 자신의 삶을 불평하고, 자기가 이 모든 고통과 비참함을 겪기 위해 태어난 것을 불평함(18-19절). "이것이 내 운명으로 정해진 것이라면, 주께서 나를 태에서 나오게 하셨음은 어찌함이니이까? 내가 차라리 모태에서 죽든지, 태어나다가 질식해서 죽었더라면 좋았을 것이 아니나이까?" 이것은 욥이 혈기에 차서 한 말로서 앞에서와 동일한 죄에 다시 빠져든 것이었다. 그는 방금 전에 하나님이 그에게 생명을 주신 것을 은총이라고 말했었지만(12절), 여기에서는 그것을 부담스러운 짐이라고 하면서, 그에게 생명을 주신 것, 또는 그 짐을 그에게 짊어지게 하신 것에 대하여 하나님께 시비를 걸며 화를 낸다. 캐릴(Caryl) 목사는 이 본문을 다음과 같이 욥에게 유리한 쪽으로 해석한다: "우리는 욥이 괴로워했던 것은 자신의 삶이 이런 꼴이 되어서 그의 삶의 주된 목적이었던 하나님께 영광을 돌리는 것이 좌절되게 된 것이었다고 좋은 쪽으로 해석해 볼 수도 있다. 그는 하나님을 찬송할 수 있는 처지가 되지 못하였기 때문에, 그의 수금을 버드나무 가지에 걸어 둘 수밖에 없었다. 아니, 그는 그에게 닥친 환난들이 하나님께 욕을 끼치고 그의 원수들에게 하나님을 모독할 빌미를 주게 될까 봐 걱정하였다. 그래서 그는 내가 숨을 거두어서 아무도 나를 보지 못하면 좋겠다고 말한다. 경건한 자는 자기가 살아서 하나님께 찬송과 영광이 되지 못한다면 살 필요가 없다고 생각한다." 이것이 욥의 의도였다면, 그것은 오해에 근거한 것이었다. 왜냐하면, 우리는 불 속에서도 여호와를 영화롭게 할 수 있기 때문이다. 그러나 우리는 욥의 경우를 거울로 삼아서 우리의 삶에 지나친 애착을 갖지 않아야 한다는 교훈을 얻을 수 있다. 왜냐하면, 지혜롭고 선한 자들조차

도 종종 욥과 같은 처지가 되었을 때에 욥과 같은 심정을 토로하였기 때문이다. 우리가 숨을 거두어서 아무도 우리를 볼 수 없게 되기를 간절히 원하는 때가 올지도 모르는데, 우리가 숨을 거두기를 두려워하거나 사람들에게 보여지기를 원할 이유가 어디 있겠는가? 우리의 자녀가 어려서 죽음으로써 있어도 없던 것 같이 되어서 태에서 바로 무덤으로 옮겨졌을 때, 우리 자신이 그것이 우리의 운명이었으면 하고 바랄 때가 올지도 모르는데, 우리가 그렇게 일찍 죽은 우리 자녀를 위해 지나치게 애곡할 이유가 어디 있겠는가?

Ⅱ. 욥의 겸손한 간구들. 그는 이렇게 기도한다.

1. 하나님께서 그의 환난을 보아 주시고(15절), 그의 처지를 살피셔서 불쌍히 여겨 주시라는 것. 다윗도 나의 곤고와 환난을 보소서(시 25:18)라고 기도하였다. 이렇게 우리는 환난 가운데에서 우리 자신을 하나님께 맡기고, 하나님이 곤경에 처한 우리의 영혼을 아신다는 사실로 위로를 삼아야 한다.

2. 하나님께서 그에게 약간의 평안함을 허락해 주시라는 것. 욥은 하나님이 그의 환난을 제거해 주시는 데에 동의하실 수 없으시다면, 얼마 동안이라도 그 환난을 중단해 주실 수는 없는 것이냐고 간구한다. "주여, 나를 끊임없이 고문대에 세워 두지는 마시고, 끊임없이 극심한 고통 속에 두지는 말아 주옵소서. 나를 버려두사 잠시나마 평안하게 하소서(20절). 내게 잠깐 숨 쉴 틈을 허락하시고, 한숨 돌리며 정신을 차릴 시간을 조금 주옵소서." 하나님이 그렇게만 해주신다면, 욥은 그것을 큰 은혜로 여길 것이라고 말한다. 하나님이 늘 평안을 주시는 것에 대하여 마땅히 감사하여야 함에도 불구하고 감사하지 않는 자들은 그들이 끊임없이 고통당하게 되는 날에 한 시간의 평안함이 얼마나 감사한 일이 될지를 생각하여야 한다. 욥은 여기에서 두 가지를 이유로 들어서 그에게 약간의 평안함을 허락해 주시라고 간구한다.

(1) 생명과 그 빛은 아주 짧다는 것. "내 날은 적지 아니하니이까(20절). 그렇습니다. 나의 날들은 분명히 아주 짧나이다. 그러니, 주여, 나의 그 짧은 날들이 온통 극심한 비참함으로 채워지지 않게 하여 주옵소서. 내가 살 시간은 얼마 남아 있지 않나이다. 내 생명이 지속되는 동안에 나로 하여금 약간의 삶의 위로를 얻게 하옵소서." 이러한 호소는 하나님의 선하신 본성을 압박하는 것이다. 하나님의 본성이 선하시다는 것은 환난을 당하는 영혼에게 너무도 큰 위로가 된다. "주여, 내 날이 적지 아니하니이까 그런즉 나를 불쌍히 여기소서"라

는 호소를 우리가 하나님의 긍휼하심을 구할 때에 사용할 수 있는 것과 마찬가지로, 우리는 그런 호소를 우리 자신에게 우리의 본분을 일깨우는 데에도 사용하여야 한다. "내 날은 적지 아니하니이까. 그러므로 나는 그 날이 장구할 영원의 날들을 준비하기 위하여 시간을 아껴서 내 손이 해야 할 일들을 온 힘을 다해서 찾아 모든 기회를 활용하여 행하고자 한다."

(2) 죽음과 그 어둠은 아주 가까이 있고, 그 날들은 아주 길리라는 것(21-22절). "주여, 내가 죽기 전에 내게 약간의 평안을 주소서." 즉, "내가 고통을 안고 죽어가지 않도록 죽기 전에 내게 약간의 평안을 주소서." 다윗도 이렇게 호소하였다: "내가 사망의 잠을 잘까 두렵사오니, 그 때가 되면 내가 구원을 기대하는 것이 너무 때가 늦게 될 것이기 때문이나이다(시 13:3). 주께서 죽은 자에게 기이한 일을 보이시겠나이까(시 88:10)." "내가 죽기 전에 내게 약간의 위로를 허락하셔서, 나로 하여금 지금과 같은 혼란스러운 마음으로가 아니라 평안하게 이 세상을 하직하게 하옵소서." 우리도 이렇게 은혜를 간절히 구하면서 이렇게 호소하여야 한다: "주여, 내 속사람을 새롭게 하소서. 주여, 내가 죽기 전에 나를 거룩하게 하소서. 그렇지 않으면, 그런 일이 결코 내게 이루어질 수 없을 것이기 때문이나이다." 욥이 여기에서 죽은 자의 상태에 대하여 어떻게 말하는지를 보라.

[1] 죽은 자의 상태는 확정된 상태라는 것. 우리는 그 상태로부터 지금 우리가 살고 있는 이러한 삶으로 다시는 결코 돌아올 수 없다(7:10). 죽을 때에 우리는 이 세상에 마지막 작별인사를 하지 않으면 안 된다. 그 때에 우리의 몸은 오랫동안 누워 있게 될 곳으로 가서 누워 있게 될 것이고, 우리의 영혼은 장차 어떤 상태로 영원히 머물게 될 것인지에 대하여 판결을 받게 될 것이다. 우리에게 한 번 찾아오는 죽음은 우리가 영원히 어떤 상태에 있게 될지가 결정되는 때이기 때문에, 우리는 잘 죽을 필요가 있다.

[2] 죽은 자의 상태는 아주 암울한 상태라는 것. 그것은 우리에게 그렇게 보인다. 거룩한 영혼들은 죽어서 사망이 없는 빛의 나라로 옮겨간다. 그러나 그들은 자신의 육신을 어둡고 죽음의 그늘진 땅에 두고 가야 한다. 욥은 여기에서 자기가 다른 사람들과 마찬가지로 죽음과 음부(陰府)를 두려워하는 인식을 지니고 있지만 그에게 닥친 극단적인 비참함이 그로 하여금 그 죽음을 바라게 만들었다는 것을 보여주기 위해서 동일한 취지의 여러 가지 표현들을 중첩적으

로 사용한다. 우리가 가서 음부 속을 조금만 들여다본다면, 우리는 다음과 같은 것들을 알게 될 것이다.

첫째, 거기에는 질서가 없다는 것. 그 곳에는 전혀 질서가 없고, 낮과 밤의 교대도 없으며, 오직 영원한 밤만이 존재한다. 거기에는 모든 사람들이 평등해서, 왕과 농부 간에 차별이 없고, 거기에서는 종이 상전에게서 놓여나 자유롭다(3:19). 사람들이 음부로 가는 데에는 순서가 없기 때문에, 가장 나이 많은 사람이나 가장 부유한 사람이나 가장 가난한 사람이 먼저 가는 것이 아니다. 각 사람은 생명의 하나님이 정하신 순서를 따라 자기 순서가 오면 음부로 가게 되어 있다.

둘째, 거기에는 빛이 없다는 것. 음부에는 칠흑 같은 흑암, 생명의 빛을 누리는 자들만이 그 실체를 알고 두려워할 뿐이고 다른 사람들에게는 실제로 느껴지지 않는 흑암이 존재한다. 음부에는 지식도 없고, 위로도 없고, 기쁨도 없고, 하나님을 찬송하는 것도 없고, 우리의 구원을 이루는 것도 없다. 그러므로 거기에는 빛이 없다. 욥은 다른 사람들이 그의 종기 난 몸을 보는 것을 너무나 부끄러워하였고, 자기 자신도 자기 몸을 보는 것을 두려워하였기 때문에, 그런 자기 몸을 숨겨줄 음부의 흑암은 그가 환영할 만한 조건이었을 것이다. 언젠가는 우리에게 흑암이 찾아온다. 그러므로 빛이 우리에게 있는 동안에 우리는 행하고 일해야 한다. 음부는 흑암의 땅이기 때문에, 우리는 눈을 감은 채로 거기로 끌려가는 것이나 마찬가지이다. 눈을 뜨나 감으나 마찬가지이기 때문이다. 음부는 사람에게 흑암의 땅이다. 우리는 거기로 먼저 간 우리의 친구들을 흑암으로 옮겨진 것으로 여긴다(시 88:18). 그러나 죽은 자의 상태는 하나님에게는 그렇지 않다. 성도들의 육신은 흙이 되어 흩어져서 다른 흙과 섞이지만 그 중 하나도 상실되지 않을 것이다. 왜냐하면, 하나님이 그 모든 알갱이를 낱낱이 다 찾아내셔서 저 큰 날에 모든 사람들을 다시 부활시키실 것이기 때문이다.

제
— 11 —
장

개요

가엾은 욥의 상처들에서는 여전히 피가 흐르고 있었고, 그의 온 몸에 난 종기에서는 고름이 쉴 새 없이 흘러나오고 있었지만, 그의 친구들은 그에게 기름이나 향유를 가져다 주지 않는다. 세 번째 친구인 소발은 앞의 두 친구가 그랬던 것처럼 욥의 상처들에 초를 들이붓는다. I. 소발은 욥이 스스로 옳다고 하는 것은 교만하고 거짓된 것이라며 욥을 아주 강도높게 비난함(1-4절). II. 소발은 하나님께 욥으로 하여금 죄를 깨닫게 해주시라고 호소하며, 하나님이 욥을 직접 담당하셔서(5절) 욥으로 하여금 다음과 같은 것들을 알게 해주시라고 간청함. 1. 하나님의 무오(無誤)한 지혜와 누구도 범접할 수 없는 공의(6절). 2. 하나님의 헤아릴 수 없는 완전함들(7-9절). 3. 누구도 이의를 제기할 수 없는 하나님의 절대 주권과 누구도 통제할 수 없는 하나님의 능력(10절). 4. 하나님이 인생들을 다 아신다는 것(11-12절). III. 소발은 욥에게 그가 회개하고 마음을 고쳐 먹으면(13-14절) 하나님이 그를 회복시키셔서 이전처럼 형통하고 안전하게 해주실 것이지만(15-19절), 만약 그가 악하다면 그런 것을 기대해 보아야 헛될 것이라고 확언함(20절).

[1]나아마 사람 소발이 대답하여 이르되 [2]말이 많으니 어찌 대답이 없으랴 말이 많은 사람이 어찌 의롭다 함을 얻겠느냐 [3]네 자랑하는 말이 어떻게 사람으로 잠잠하게 하겠으며 네가 비웃으면 어찌 너를 부끄럽게 할 사람이 없겠느냐 [4]네 말에 의하면 내 도는 정결하고 나는 주께서 보시기에 깨끗하다 하는구나 [5]하나님은 말씀을 내시며 너를 향하여 입을 여시고 [6]지혜의 오묘함으로 네게 보이시기를 원하노니 이는 그의 지식이 광대하심이라 하나님께서 너로 하여금 너의 죄를 잊게 하여 주셨음을 알라

열띤 논쟁을 벌이다 보면 지혜롭고 선한 자들조차도 종종 도에 지나친 혈기를 부리는 모습을 우리가 보게 되는 것은 유감스러운 일인데, 여기에서 소발이 바로 그런 경우이다. 엘리바스의 서두는 아주 점잖았고(4:2), 빌닷은 욥

에 대하여 약간 더 거친 말로 자신의 설교를 시작하였다(8:2). 그러나 소발은 욥에게 가차없이 아주 나쁜 말을 쏟아놓는다. 말이 많은 사람이 어찌 의롭다 함을 얻겠으며, 네 거짓말이 어떻게 사람들로 잠잠하게 하겠느냐. 과연 이것이 욥을 위로하는 말이 될 수 있는가? 결코 그렇지 않고, 나아가 그런 말로는 욥에게 죄를 깨닫게 할 수도 없다. 그런 말은 하나님과 그의 공의를 대변하는 자로 나선 자에게 과연 합당한 것인가? 적대감을 품은 그런 말이 어떻게 하늘의 품에 거할 수 있겠는가? 논쟁에 참여하는 자들이 마음을 침착하게 유지하는 것은 매우 어렵다. 그들이 온갖 지혜와 신중함과 결단력을 지니고 있다고 할지라도, 그것들은 소발이 여기에서 보여주고 있는 그런 무례하고 상스러운 말을 막는 데에는 역부족일 것이다.

I. 소발이 욥을 실제의 욥과는 다른 모습으로 묘사함(2-3절).　소발은 욥이 한 말들이 쓸데없고 부적절한 것들이라고 생각하였고, 욥을 떠벌리기를 좋아하는 자로 생각하였다. 소발은 욥이 거짓말을 하며 사람들을 조롱하고 있다고 말한다. 이 모든 것이 옳다면, 욥을 징계하는 것은 의로운 행위로 여겨질 수 있다. 형제들과 다투며 싸우고자 하는 마음을 지닌 자들은 그 형제들과 그들의 행위들을 최대한으로 나쁘게 묘사하여 옳든 그르든 반드시 그들을 흉악한 자들로 만들어야 한다고 생각한다. 우리는 앞의 장(章)들에서 욥의 말들을 읽고 검토하면서, 그 말들이 상당히 적절하고 선한 의미로 가득 차 있다는 것, 그가 말한 원칙들은 옳고 그의 추론들은 강력하며 그의 표현들 중 다수는 무게가 있고 매우 사려 깊다는 것, 그의 말들 속에 울분과 혈기가 들어 있기는 하지만 조금만 허심탄회하게 너그러운 마음으로 받아들이면 얼마든지 용납이 될 수 있는 수준이라는 것을 발견하였다. 그런데도 소발은 여기에서 욥을 다음과 같이 악의적으로 묘사한다.

　1. 욥은 자기가 무슨 말을 하고 있는지를 전혀 생각하지도 않은 채로 생각나는 대로 지껄이고 많은 말들로 크게 떠벌려서 자신의 주장을 관철시키고 그를 책망하는 자들을 제압하고자 했다는 것. 말이 많으니 어찌 대답이 없으랴. 사실 대답이 있고 없는 것은 큰 문제가 되지 않는다. 침묵이 부적절한 말에 대한 최선의 반박이고 최고의 멸시일 수 있다. 미련한 자의 어리석은 것을 따라 대답하지 말라(잠 26:4). 그러나 대답을 해야 한다면, 교만과 혈기가 아니라 이성과 은혜가 부적절한 말에 대한 대답을 주도하여야 한다. 말이 많은 사람(난외주에서

는 입술의 사람, 즉 온통 말뿐인 사람)이 어찌 의롭다 함을 얻겠느냐. 사람이 자신의 수다로 어떻게 자기가 옳다는 것을 인정받겠느냐? 그런 사람은 그 수다 때문에 책망을 듣지 않으면 다행이 아니냐? 왜냐하면, 말이 많으면 허물을 면하기 어렵기 때문이다(잠 10:19). 말을 많이 한다고 의로워지겠으며, 많은 말들이 유효한 변호들로 받아들여지겠느냐? 거창하고 화려한 말을 그럴 듯하게 한다고 해서, 그런 자가 이기겠느냐? 결코 그렇지 않다. 말을 많이 한다고 해서 하나님이나 지혜로운 자들이 받아주는 법은 없다(마 6:7).

2. 욥은 자기가 무슨 말을 하든 개의치 않는 자이고, 뻔뻔스러운 거짓말로 자신의 대적들을 잠재우고자 했던 거짓말쟁이이며(네 거짓말이 사람들을 잠잠케 하겠느냐), 그 어떤 것이라도 거짓으로 채색하는 법을 알아서 온 인류를 조롱하며 자기와 말한 모든 자를 속이고도 부끄러워하지 않은 자라는 것. 네가 비웃으면 어찌 너를 부끄럽게 할 사람이 없겠느냐. 지금은 네가 입을 벌려서 이와 같이 격렬한 울분을 토해낼 때가 아니지 않느냐? 욥은 미치지 않았고 제정신으로 진실한 말들을 했지만, 이와 같이 오해를 받았다. 엘리바스와 빌닷은 욥에게 대답하면서, 그를 부끄럽게 만들기 위해서 최선을 다하였다. 그러므로 이미 이렇게 두 차례나 황당한 말을 들은 사람에게 소발이 이토록 격한 말을 쏟아붓는 것은 결코 예의가 아니었다. 여기에서 욥은 세 사람을 상대로 싸우고 있는 것이었다.

II. 소발은 욥이 하지도 않은 말을 가지고서 욥을 비난함(4절).   네 말에 의하면 네 도는 정결하다 하는구나. 설령 욥이 그렇게 말했다고 한들, 그것이 어쨌다는 말인가? 욥의 신앙이 건전하였고, 그의 판단은 정통적이었으며, 욥이 그의 친구들보다 하나님에 대하여 더 옳게 말한 것은 사실이었다. 설사 욥이 조심성 없게 표현했다고 할지라도, 그렇기 때문에 그의 교리가 참된 것이 아니라는 결론이 도출되지는 않는다. 그러나 소발은 욥이 나는 주께서 보시기에 깨끗하다고 말했다는 것을 들어서 욥을 비난한다. 욥은 그렇게 말한 적이 없었다. 그는 사실 주께서는 내가 악하지 않은 줄을 아시나이다(10:7)라고 말했었다. 그러나 그는 내가 범죄하였나이다(7:20)라고 말하기도 하였기 때문에, 결코 흠 없이 완전한 자인 체했던 것은 아니었다. 사실 그는 그의 친구들이 비난한 것과는 달리 위선자가 아니라고 주장하였었다. 그러나 그 말로부터 그가 죄인임을 인정하고자 하지 않았다고 추론하는 것은 부당하고 악의적인 것이었다. 우리는 형제들의 말과 행위들을 가장 선한 쪽으로 해석해야 마땅하다. 그러나 다투기를 일삼는 자들은 가장 나쁜 쪽으로 해석하고자 하는 유혹을 받는다.

Ⅲ. 소발이 하나님을 향하여 호소하면서, 하나님이 나타나셔서 욥을 깨우쳐 주시기를 바람. 소발은 욥이 잘못되어 있다는 것과 하나님이 직접 나타나셔서 욥을 단죄하여 잠잠케 하는 것 외에는 그 어떤 것도 욥의 잘못을 깨우치는 데에 소용이 없으리라는 것을 너무나 확신하고 있다. 우리는 흔히 여기에서의 소발처럼 사람들과 시비가 붙었을 때에 하나님이 우리 편이 되어 주리라는 것을 너무나 확신한 나머지, 하나님께서 나타나셔서 말씀하시기만 한다면 분명히 우리 편을 들어 주시고 우리를 대변해 주실 것이라고 결론을 내리기 쉽다: 하나님이 말씀하시기를 원하노니, 하나님은 틀림없이 너를 대적하여 입을 여시리라. 그러나 실제로 하나님께서 입을 열어 말씀하셨을 때, 하나님은 세 친구를 대적하시고 욥의 편을 드셨다. 우리는 모든 논쟁들이 진리대로 이루어지는 하나님의 판단에 의해서 결정되도록 맡겨 드려야 한다. 그러나 가장 적극적으로 나서서 하나님의 판단을 구하며 하나님께서 자신의 논쟁 상대들을 대적해 주실 것이라고 예단(豫斷)하는 자들이 언제나 옳은 것은 아니다. 소발은 직접 욥을 깨우치는 일에 절망해서, 하나님께서 나타나셔서 욥에게 다음과 같은 두 가지를 깨우쳐 주시기를 바라는데, 이 두 가지는 우리 모두가 마땅히 깊이 생각해 보아야 하고, 특히 온갖 환난 아래에서 즐거운 마음으로 고백해야 할 것들이다.

1. 하나님의 모략은 헤아릴 수 없을 정도로 깊다는 것. 소발은 자기가 직접 그렇게 할 수는 없었기 때문에, 하나님이 직접 욥에게 하나님의 지혜의 비밀들이 얼마나 많은지를 보여주셔서, 하나님의 지식은 광대하여 그 비밀들이 지금 욥이 알고 있는 것보다 최소한 두 배는 된다는 것을 욥에게 깨우쳐 주시기를 바란다(6절).

(1) 하나님의 지혜에는 국가 기밀급에 속하는 비밀들이 있다는 것. 하나님의 길은 바다 속에 있고, 구름과 흑암이 하나님을 둘러싸고 있다. 하나님에게는 우리가 헤아릴 수도 없고 엿보아서도 안 되는 국가 기밀들이 있다.

(2) 우리가 하나님에 대하여 알고 있는 것은 우리가 하나님과 관련하여 도저히 알 수 없는 것에 비하면 아무것도 아니라는 것. 감추어져 있는 것은 드러난 것의 두 배 이상이다(엡 3:9).

(3) 우리가 그 밑바닥을 알 수 없는 하나님의 모략들의 깊이를 찬송하면, 우리는 하나님이 주시는 환난 아래에서 마음의 평정을 유지하게 된다는 것.

(4) 하나님은 우리의 악에 대하여 우리 자신보다 훨씬 더 많은 것을 알고 계신다는 것. 어떤 이들은 이 본문을 이렇게 이해한다. 하나님이 다윗에게 죄를 보고 느끼게 하셨을 때, 다윗은 하나님이 감추어진 부분에서 그에게 지혜를 알게 하셨다고 말하였다(시 51:6).

2. 하나님이 하시는 일들은 나무랄 데 없이 의로우시다는 것. "너는 네가 아무리 극심한 징계 아래에 있다고 하더라도 하나님께서는 네 죄악으로 보아 네가 받아야 할 것보다 네게서 적게 거두신다는 것을 알라." 또는, "하나님은 네 죄악의 일부를 면제하셔서, 네가 지은 모든 죄를 따라 너를 징계하지 않으신다는 것을 너는 알라"(어떤 이들은 이 본문을 이렇게 읽는다).

(1) 우리가 하나님께 빚진 것들을 제대로 행하여 그 빚을 갚아야 하는데도 그렇게 하지 않을 때, 하나님이 거기에 합당한 징벌의 빚을 우리에게서 징수하시는 것은 의로운 일이라는 것.

(2) 이 세상에서 우리에게 어떠한 징벌이 가해진다고 해도, 우리는 그 징벌이 우리의 죄악으로 인하여 우리가 마땅히 받아야 할 징벌보다 적다는 것을 인정하고서, 우리에게 닥친 환난들을 불평하지 말고, 우리가 지옥에 있지 않다는 사실에 감사해야 한다는 것(애 3:39; 시 103:10).

7 네가 하나님의 오묘함을 어찌 능히 측량하며 전능자를 어찌 능히 완전히 알겠느냐 8 하늘보다 높으시니 네가 무엇을 하겠으며 스올보다 깊으시니 네가 어찌 알겠느냐 9 그의 크심은 땅보다 길고 바다보다 넓으니라 10 하나님이 두루 다니시며 사람을 잡아 가두시고 재판을 여시면 누가 능히 막을소냐 11 하나님은 허망한 사람을 아시나니 악한 일은 상관하지 않으시는 듯하나 다 보시느니라 12 허망한 사람은 지각이 없나니 그의 출생함이 들나귀 새끼 같으니라

소발은 여기에서 하나님 및 그의 크심과 영광에 대하여, 그리고 사람 및 그 헛됨과 어리석음에 대하여 아주 좋은 것들을 말한다. 이 두 가지를 함께 비교해서 제대로 숙고한다면, 우리는 하나님의 섭리에 의한 모든 처분들에 대하여 기꺼이 순복하고자 하는 강력한 동기를 얻게 될 것이다.

I. 우리는 여기에서 하나님이 어떤 분이신지를 보고, 하나님을 경배하여야 한다는 것.

1. 하나님은 우리가 도저히 헤아릴 수 없는 무한하시고 거대하신 존재라는 것. 우리는 우리의 한정된 지각으로 하나님의 본성과 완전함들에 대하여 적절한 개념을 형성할 수 없고, 아주 주제넘게 행동함이 없이는 하나님의 모략과 행위들에 대하여 판단을 내릴 수 없다. 하나님의 본성에 대하여 별로 아는 것이 없는 우리는 하나님의 섭리를 제대로 판단할 수 있는 자들이 아니다. 우리가 하나님의 섭리에 의한 처분들을 비난한다면, 그것은 우리가 알지 못하는 것들에 대하여 얘기하는 것이 된다. 우리는 하나님이 어디에 계신지 찾아낼 수도 없는데, 어떻게 감히 하나님이 하시는 일에 대하여 흠을 잡고 비난할 수 있겠는가? 소발은 여기에서 다음과 같은 것들을 보여준다.

(1) 하나님의 본성은 우리의 지각의 범위를 무한히 넘어서 있다는 것. "네가 하나님의 오묘함을 어찌 능히 측량하며 전능자를 어찌 능히 완전히 알겠느냐. 결코 그럴 수 없다. 네가 무엇을 하겠으며, 네가 어찌 알 수 있겠느냐(7-8절)." 초라하고 연약하며 근시안적인 피조물이자 단지 어제 이 땅에 생겨난 벌레에 불과한 네가 아무리 큰 열정과 근면함으로 하나님을 찾아내려고 애를 쓴다고 한들, 그런 일을 시도하는 것조차 주제넘은 짓이거늘, 어찌 그런 일을 해낼 수 있을 것이라는 희망을 품을 수 있겠는가? 하나님이 우리에게 그를 찾으라고 하시면, 우리는 하나님을 찾아낼 수 있지만(행 17:27), 하나님이 숨으시면 우리는 하나님을 결코 찾아낼 수 없다. 우리는 하나님을 알아볼 수는 있지만, 하나님을 헤아릴 수는 없다. 우리는 하나님이 계시다는 것을 알 수 있지만, 하나님이 어떤 분이신지를 알 수는 없다. 우리는 큰 바다를 볼 수는 있지만, 그 너머를 볼 수는 없다. 우리는 믿음을 가지고서 겸손하게 부지런히 찾으면 하나님에 대한 것을 부분적으로는 찾아낼 수 있지만 하나님을 완전히 찾아낼 수는 없다. 우리는 하나님이 어떤 분이신지를 알 수는 있지만 온전히 알 수는 없고, 하나님이 하시는 일의 시종(始終)을 다 알 수는 없다(전 3:11). 하나님은 우리가 헤아릴 수 없는 분임을 명심하라. 하나님의 영원은 우리가 셀 수가 없고, 하나님의 광대하심은 우리가 측량할 수 없으며, 하나님의 지혜의 깊이는 우리가 잴 수가 없고, 하나님의 능력이 닿는 곳은 한정될 수 없으며, 하나님의 영광의 밝음은 우리가 결코 묘사할 수 없고, 하나님의 선하심의 부요함은 우리가 다 셀 수 없다. 그렇

기 때문에, 우리는 하나님에 대해서 말할 때에는 항상 겸손하고 조심하며, 결코 하나님께 어떤 것을 해 달라고 주문하거나 하나님에게 시비를 걸지 말고, 하나님이 자기 자신에 대하여 계시해 주시는 것에 대하여 감사하며, 하나님이 계시는 곳에서 하나님을 보게 되기를 열망하여야 한다(고전 13:9-10).

(2) 하나님의 본성은 피조 세계 전체의 범위를 무한히 넘어서 있다는 것. 하나님은 하늘보다 높으시고 스올보다 깊으시며 땅보다 길고 바다보다 넓으시다. 바다의 많은 부분들은 오늘날에도 밝혀져 있지 않은데, 당시에는 더욱더 그러하였다. 하나님의 본성을 이해하는 것은 우리의 한계를 완전히 넘어서는 일이다. 그러한 지식은 내게 너무 기이하니 높아서 내가 능히 미치지 못하나이다(시 139:6). 우리는 하나님의 계획들을 헤아릴 수 없고, 하나님이 하시는 일들의 이유를 알아낼 수 없다. 하나님의 판단들은 너무나 깊어서 심연(深淵)과 같다. 바울은 소발이 여기에서 하나님의 지혜와 관련하여 말하고 있는 여러 가지 측량할 수 없는 차원들을 하나님의 사랑과 관련하여 말하면서, 우리의 지식에 넘치는 그리스도의 사랑이 지닌 너비와 길이와 높이와 깊이가 어떠함을 깨달으라고 우리에게 권면한다(엡 3:18-19).

2. 하나님은 절대 주권을 지니신 주(主)시라는 것(10절). 만일 그가 죽음으로 끊으신다면(난외주에는 만일 그가 변화를 일으키신다면으로 되어 있는데, 이는 죽음은 곧 변화이기 때문이다; 만일 그가 나라나 가족이나 우리의 일의 형편에 변화를 일으키신다면), 또는 사람을 감옥이나 환난의 그물 속에 가두신다면(시 66:11), 또는 사냥꾼이 되셔서 어떤 피조물을 그의 먹잇감으로 잡으신다면, 누가 그를 막을 수 있겠느냐? 만일 그가 불에 태우기 위해서 가라지들을 모으신다면, 또는 사람의 영과 목숨을 거두신다면(34:14), 누가 그를 막을 수 있겠느냐? 누가 그의 판결을 저지하거나 그 집행을 반대할 수 있겠느냐? 누가 그의 능력을 제압하거나 그의 지혜와 공의에 맞설 수 있겠느냐? 만일 만물을 무(無)에서 창조하신 이가 만물을 무(無)로 또는 최초의 혼돈 상태로 다시 돌리는 것이 합당하다고 생각하신다면, 또는 태초에 빛과 어둠, 육지와 바다를 나누신 이가 그것들을 다시 합치고자 하신다면, 또는 만물을 창조하신 이가 모든 것을 취소하신다면, 누가 그의 마음을 바꾸거나 그의 손을 멈추게 하거나 그가 하시는 일들을 저지할 수 있겠느냐?

3. 하나님은 인생들을 면밀하고 의롭게 감찰하시는 자시라는 것(11절). 하

나님은 허망한 사람들을 아시느니라. 우리는 하나님에 대하여 아는 것이 거의 없지만, 하나님은 우리를 완벽하게 아신다. 또한, 하나님은 악을 차마 보지 못하시며 인정하지 않으시고(합 1:13) 비난하신다.

(1) 하나님은 허망한 사람들을 감찰하신다는 것. 사람들은 모두 허망하기 때문에(사람은 그가 든든히 서 있는 때에도 진실로 모두가 허사뿐이니이다, 시 39:5), 하나님은 사람들을 대하실 때에 그 점을 고려하신다. 하나님은 허망한 사람들이 무엇을 계획하고 소망하는지를 아시고, 그들의 계획과 소망들, 그들이 어리석은 망상으로 행하는 일들을 좌절시키고 날려버리실 수 있으시다. 하나님은 하늘에 앉아 계셔서 사람들이 하는 일들을 비웃으신다. 하나님은 사람들의 허망함, 그들의 허망한 생각들과 허망한 말들, 선한 것에 견고하지 못한 그들의 성품을 아신다.

(2) 하나님은 악한 자들을 감찰하신다는 것. 사람들이 아무리 은밀하게 저지르고 아무리 교묘하게 은폐하며 위장한다고 하여도, 하나님은 사람들이 저지르는 악을 다 보신다. 악인들이 저지르는 모든 악은 모든 것을 보시는 하나님의 눈 앞에 벌거벗은 것처럼 다 드러난다. 그러니, 하나님이 악을 상관하지 아니하시겠느냐. 그렇다. 하나님은 잠시 침묵하고 계시는 것처럼 보일지라도, 반드시 사람들이 저지른 악들을 상관하실 것이고 그 책임을 물으실 것이다.

II. 우리는 여기에서 사람이 어떤 존재인지를 보고, 자기 자신을 철저히 낮추어야 한다는 것(12절). 하나님은 허망한 사람이 그의 출생함이 들나귀 새끼 같아서 우둔하고 어리석어 가르치거나 길들일 수 없는데도 스스로 지혜 있다고 생각한다는 것을 아신다. 사람이 어떤 존재인지를 보라.

1. 사람은 허망한 피조물, 즉 비어 있는(원어는 이런 뜻이다) 존재라는 것. 하나님은 사람을 부요한 자로 지으셨지만, 사람은 스스로 모든 것을 비워 버리고 빈곤하게 되어서, 지금은 그 속에 아무것도 없는 속빈 강정이 되어 있다.

2. 사람은 어리석은 피조물이라는 것. 사람은 멸망하는 짐승 같이 되었다(시 49:20; 73:22). 사람은 세상에서 가장 우둔한 짐승인 들나귀 같이 출생한 존재로서 백치이자 아직 한 번도 사람을 태운 적이 없는 들나귀 새끼이다. 설령 사람이 어떤 일에 쓰임을 받게 되었다고 해도, 그것은 오로지 예루살렘에 입성하시는 날에 나귀 새끼를 타고 들어가셨던 그리스도의 은혜 덕분이다.

3. 사람은 고집스럽고 말을 듣지 않는 피조물이라는 것. 나귀 새끼는 어떤

일에 쓸모가 있을 수도 있지만, 들나귀 새끼는 결코 길들여지려 하지 않고, 자기 위에 탄 자가 아무리 악을 써도 아랑곳하지 않는다(39:5). 광야에 익숙한 들나귀 새끼가 자신의 욕망과 정욕을 충족시키려고 애를 쓰는 것 같이(렘 2:24), 사람은 자기가 자유롭다고 생각하고, 자기가 자신의 주인이라고 생각한다.

4. 사람은 교만하고 자부심이 강한 피조물이라는 것. 사람은 지혜의 법들에 순복하려고 하지 않으면서도, 스스로 지혜롭다고 생각하고, 그 지혜를 자랑한다. 사람은 지혜롭고자 한다. 즉, 사람은 그의 최초의 조상들처럼 성경에 기록되어 있는 것 이상으로 지혜롭고자 하여, 하나님이 금지하신 지혜를 얻으려 함으로써, 지식의 나무를 얻고자 생명 나무를 포기한다. 이와 같은 피조물이 어찌 하나님과 다투거나 하나님께 해명을 요구할 자격이 있겠는가? 만약 우리가 하나님과 우리 자신에 대하여 좀 더 잘 안다면, 우리는 하나님에 대하여 우리가 어떻게 처신해야 하는지도 더 잘 알게 될 것이다.

[13]만일 네가 마음을 바로 정하고 주를 향하여 손을 들 때에 [14]네 손에 죄악이 있거든 멀리 버리라 불의가 네 장막에 있지 못하게 하라 [15]그리하면 네가 반드시 흠 없는 얼굴을 들게 되고 굳게 서서 두려움이 없으리니 [16]곧 네 환난을 잊을 것이라 네가 기억할지라도 물이 흘러감 같을 것이며 [17]네 생명의 날이 대낮보다 밝으리니 어둠이 있다 할지라도 아침과 같이 될 것이요 [18]네가 희망이 있으므로 안전할 것이며 두루 살펴보고 평안히 쉬리라 [19]네가 누워도 두렵게 할 자가 없겠고 많은 사람이 네게 은혜를 구하리라 [20]그러나 악한 자들은 눈이 어두워서 도망할 곳을 찾지 못하리니 그들의 희망은 숨을 거두는 것이니라

소발은 다른 두 친구와 마찬가지로 여기에서 욥이 좀 더 정신을 차리기만 한다면 더 좋은 날들을 기대할 수 있을 것이라고 격려한다.

I. 소발이 엘리바스(5:8)와 빌닷(8:5)처럼 욥에게 선한 권면을 함(13-14절). 소발은 욥에게 회개하고 하나님께로 돌아오라고 권한다. 하나님께로 돌아올 때의 여러 단계들을 주목하여 보라.

1. 욥은 자기 안을 들여다보고서 자신의 마음을 바꾸어 나무(木) 자체를 선하게 만들어야 한다는 것. 욥은 자신의 마음을 준비하여 마음을 바로 정하여야 한다. 회심과 변화의 역사(役事)는 거기에서 시작되어야 한다. 하나님에게서

떠난 마음은 다시 되돌아와야 하고, 죄로 더럽혀지고 문란해진 마음은 정결하게 되고 다시 질서가 회복되어야 하며, 이리저리 흔들리고 확고함이 없었던 마음은 제자리를 잡아서 견고해져야 한다. 여기에서 사용된 단어는 그런 의미이다. 하나님을 구하기로 단단히 마음을 먹고서 무슨 일이 있어도 하나님을 만나야 하겠다고 굳은 각오를 할 때, 우리는 하나님을 찾고자 하는 마음이 준비되었다고 말할 수 있다.

2. 욥은 위를 바라보고, 주를 향하여 손을 들어야 한다는 것. 즉, 그는 하나님을 붙잡고자 분발하여야 하고, 하나님의 긍휼하심과 은혜를 받기 위하여 간절하고 끈질기게 하나님께 기도하면서 기도로 씨름하여야 한다. 주를 향하여 손을 든다는 것은 우리 자신을 쳐서 하나님께 복종시키고 하나님과 언약을 맺는 것을 의미한다(대하 30:8). 욥은 이것을 해야 하고, 그것을 하기 위해서 자신의 마음을 준비하여야 한다. 욥은 기도하지 않은 것은 아니었지만, 소발은 항의하는 자로서가 아니라 간구하고 겸손히 탄원하는 자로서 좀 더 좋은 모습으로 기도하라고 욥에게 권면한다.

3. 욥은 자신의 행실 중에서 잘못된 것들을 고쳐야 한다는 것. 그렇게 하지 않는다면, 그가 기도를 한다고 해도, 그의 기도는 효과를 보지 못하게 될 것이다(14절). "네 손에 죄악이 있거든(즉, 너의 삶 속에 어떤 죄가 있다면) 멀리 버리라. 너는 거룩한 분노와 혐오감으로 그 죄악을 버리고, 다시는 그 죄악으로 돌아가거나 그런 죄악과 상관하는 것이 없을 것이라고 단단히 결심하라(겔 18:31; 호 14:9; 사 30:22). 만일 죄악으로 이득을 본 것이나 사기나 압제로 얻은 재물이 네 손에 있다면, 그런 것들을 반환하거나 보상하고(삭개오처럼, 눅 19:8), 네 손을 흔들어 그런 것들을 거부하라(사 33:15)." 죄로 얻은 이득을 반환하지 않는다면, 죄책(罪責)은 제거되지 않는다.

4. 욥은 자신의 가족을 개혁하는 일에도 최선을 다해야 한다는 것. "불의가 네 장막에 있지 못하게 하라. 네 집에 불의한 자나 불의한 일이나 불의로 얻은 재물이 머물러 있지 못하게 하라." 소발은 욥이 그의 큰 가족을 제대로 다스리지 못한 것이라고 의심하였다. 욥의 집에는 많은 사람들이 있었기 때문에 악한 자들도 많이 있었을 것이고, 따라서 욥의 가족이 망한 것은 그 집의 악에 대한 징벌이었다는 것이 소발의 생각이었던 것 같다. 그러므로 하나님이 자기에게로 돌아오시기를 기대한다면, 욥은 자기 집에서 잘못된 것을 개혁하여야 하고, 악

이 그의 장막에 들어올 수는 있어도 거기에 머물러 있지는 못하게 하여야 한다 (시 101:3-8).

II. 소발은 욥에게 자신의 권면을 받아들이기만 한다면 위로를 얻게 될 것이라고 장담함(15-20절).   욥이 회개하고 삶을 고친다면, 그는 의심할 여지 없이 마음이 편안해지고 복되게 될 것이며, 모든 것이 잘 될 것이다. 아마도 여기에서 소발은 하나님이 욥의 이러한 상태를 속히 바꾸어 주시지 않는다면 욥이 위선자요 하나님을 속이는 자라는 그들의 견해가 확인되는 것이라고 넌지시 암시하고 있는 것 같다. 하지만 한편으로 소발은 의의 열매는 화평이요 의의 결과는 영원한 평안과 안전이라(사 32:17)는 위대한 진리를 전달하고 있는 것이기도 하다. 진심으로 하나님을 향하여 돌아서는 자들은 다음과 같은 것들을 기대할 수 있다.

1. 하나님에 대한 거룩한 신뢰. "그리하면 네가 반드시 흠 없는 얼굴을 하늘을 향하여 들게 될 것이다. 너는 이전에 네가 느꼈던 저 두려움과 놀람(9:34)이 전혀 없이 담대하게 은혜의 보좌 앞으로 나아갈 수 있게 될 것이다." 우리의 마음이 우리를 위선이나 회개치 않음 같은 것으로 책망할 것이 없다면, 우리는 담대히 하나님 앞으로 나아갈 수 있고 하나님으로부터 은혜를 얻기를 기대할 수 있다(요일 3:21). 하나님이 우리를 보실 때에 우리에게서 기름 부음 받으신 이의 얼굴을 보신다면, 우리는 우리의 얼굴, 즉 더럽혀져서 한때 낙심하였지만 그리스도의 피로 씻음 받아 흠 없게 된 우리의 얼굴을 들 수 있게 될 것이다. 우리가 마음에 뿌림을 받아 악한 양심으로부터 벗어났을 때, 우리는 확신에 찬 온전한 믿음으로 하나님께 나아갈 수 있다(히 10:22). 어떤 이들은 이 본문을 하나님이 욥의 평판을 사람들 앞에서 다시 회복시키시는 것을 의미하는 것으로 이해한다(시 37:6). 우리가 하나님과 화목을 이룬다면, 우리는 기쁜 마음으로 우리 친구들의 얼굴을 정면으로 바라볼 수 있게 된다.

2. 그들 자신 속에서의 거룩한 평정(平靜). 네가 굳게 서서 두려움이 없으리니, 네 마음이 견고하여져서 흉한 소문을 두려워하지 아니하게 될 것이다(시 112:7). 욥은 지금 하나님을 자신의 원수로 바라보고서 하나님과 시비를 벌이고 있었기 때문에, 그의 마음은 낭패와 혼란스러움으로 가득 차 있었다(10:15). 그러나 소발은 욥에게 만약 그가 자신을 낮추고 순복한다면 그의 마음이 가라앉고 평정심을 되찾게 되어서 하나님을 두렵게 생각하여 안절부절하는 것로부터 놓

여나게 될 것이라고 확언한다. 우리가 덜 겁을 집어먹을수록, 우리의 마음은 더 견고해지기 때문에, 우리는 우리의 섬김의 일들과 고난들을 감당하기에 더 적합한 상태가 된다.

3. 그들의 과거의 환난들을 편안한 마음으로 회상할 수 있게 됨(16절). "산모가 아기가 태어났다는 기쁨 때문에 산고를 잊어버리듯이, 네가 네 환난을 잊을 것이라. 너는 환난이 네게 남긴 흔적들로부터 완전히 자유로워질 것이고, 네가 기억할지라도 물이 흘러감 같을 것이다. 즉, 그릇으로부터 부어져서 아무런 흔적도 남기지 않는 물과 같을 것이다. 너의 현재의 환난으로 인한 상처들은 완벽하게 치유가 되어서 고통이나 흔적이 전혀 남아 있지 않게 될 것이다." 욥은 자신의 불평을 잊어버리고자 애를 썼지만(9:27), 그렇게 할 수 없다는 것을 발견하였었다. 그의 영혼은 여전히 그가 겪은 고초와 재난 곧 쑥과 담즙을 기억하고 있었다. 그러나 소발은 욥에게 그 기억을 잊을 수 있는 길을 제시한다.: 믿음과 기도로 자신의 슬픔과 염려들을 하나님께로 가져가서 맡겨 드리라. 그러면, 너는 그것들을 잊게 될 것이다. 죄가 무겁게 앉아 있는 곳에는 환난이 사뿐히 내려앉는다. 우리가 우리의 죄들을 제대로 기억한다면, 우리는 그 죄들에 비추어서 우리의 환난을 잊게 될 것이다. 그런데 만약 우리가 죄사함과 평안을 얻었다면, 우리가 겪은 환난을 잊기는 더더욱 쉬울 것이다. 죄사함을 받은 자는 내가 병들었노라고 말하지 아니하고, 자신의 병을 잊게 될 것이다(사 33:24).

4. 그들이 장래에 평안을 누리게 되리라는 기분 좋은 전망을 갖게 됨. 소발은 여기에서 이 말을 통해서 욥이 마치 이 세상에서는 자기가 다시는 좋은 날들을 보려고 소망해 보아야 아무 소용이 없다는 듯이 수많은 절망적인 말들을 쏟아낸 것에 대하여 대답하면서 욥을 기쁘게 해주려고 생각한다. 소발은 이렇게 말한다. "그렇지 않다. 너는 얼마든지 좋은 날들을 다시 볼 수 있고, 좋은 밤들도 볼 수 있을 것이다." 소발은 여기에서 욥에게 다음과 같은 복된 변화에 대한 소망을 불어넣어 준다.

(1) 그의 빛이 지금은 어두워졌다고 할지라도 다시 밝게 빛나게 될 뿐만 아니라 이전보다 더욱 밝게 빛나게 되리라는 것(17절). 그 때에는 존귀함과 즐거움에 있어서 그의 지는 해가 그의 정오의 해보다 더 밝을 것이고, 그의 저녁은 아침만큼 맑고 깨끗할 것이다. 그 때에는 그의 빛이 흑암 중에서 떠올라 빛을 발할 것이고(사 58:10), 그의 해가 먹장구름 뒤에서 떠올라서 그 먹장구름은 그의

해의 광채를 더욱 돋보이게 만드는 역할을 하게 될 것이다. 그 때에는 그의 해가 노년에도 빛날 것이고, 저 악한 날들도 그에게는 좋은 날들이 될 것이다. 하나님을 향하여 진심으로 돌아선 자들은 그 때부터 즉시 빛을 발하기 시작한다는 것을 명심하라. 그들의 길은 점점 더 밝게 빛나는 빛과 같을 것이고, 그들의 날들의 끝은 그 빛이 완전해지는 때가 될 것이며, 이 세상에서의 그들의 저녁은 더 나은 세상에서의 그들의 아침이 될 것이다.

(2) 그가 지금은 끊임없는 두려움과 공포 속에 있지만, 그 때에는 거룩한 안식과 마음 든든함 속에서 살게 될 것이고, 자기가 늘 안전하고 평안하다는 것을 발견하게 되리라는 것(18절). 네가 희망이 있으므로 안전할 것이라. 은혜로 말미암아 하나님과 천국에 대한 선한 소망을 지니게 된 자들은 이 세상에서 아무리 어려운 시간들을 보낸다고 하여도 반드시 안전하고 평안할 것임을 명심하라. 정직하고 올바르게 행하는 자는 이렇게 안전하게 행할 수 있다. 왜냐하면, 환난과 위험이 있다고 할지라도, 모든 것이 결국에는 잘 될 것이라는 소망이 있기 때문이다. 소망은 영혼의 닻이다(히 6:19). "네가 네 주위를 파서 참호에 들어가 있는 군대처럼 평안함 속에서 쉼을 얻으리라." 하나님의 통치에 순복하는 자들은 하나님의 보호하심 아래에 들어가게 될 것이기 때문에 낮이나 밤이나 안전하다.

[1] 그들이 나가서 일하는 낮에 안전하리라는 것. "네가 네 주위를 파서 거기에서 너와 네 종들이 안전하리니, 전에 밭을 갈고 있던 네 종들을 덮쳤던 약탈자들(1:14-15)이 다시는 너와 네 종들을 공격하지 못하리라." 그가 한가하게 살게 되리라는 것은 하나님이 약속하신 형통의 모습이 아니다. 그가 소명을 따라서 부지런히 일할 때, 그는 하나님의 보호하심 아래에 있게 될 것이다. 네가 도둑질하거나 흥청망청 놀 때가 아니라 네 주위를 팔 때, 너는 안전할 것이다. 자신의 본분과 도리를 다하는 것이야말로 안전할 수 있는 길이다.

[2] 그들이 집에서 편히 쉬는 밤에 안전하리라는 것. 네가 어둠의 위험들에도 불구하고 안전하게 쉼을 가지리라(노동자는 잠을 달게 잔다, 전 5:12). 낮의 구름 기둥은 밤에는 불 기둥이 될 것이다. "네가 머리 둘 곳이 없어서 이리저리 떠돌아야 되거나 적의 공격에 대비하여 밤새 깨어서 보초를 서야 할 필요도 없이 평안하게 자리에 누워 있게 될 것이다(19절). 너는 편안하게 잠자리에 들게 될 것이고, 아무도 너를 해치지 않을 뿐만 아니라, 너를 두렵게 하거나 놀라게

할 자도 없으리라." 평안한 밤을 보내고 아무런 방해도 받지 않은 채 잠을 잘 수 있는 것은 큰 은혜라는 것을 명심하라. 전쟁의 포성을 들으며 밤을 보내야 하는 자들은 흔히 그렇게 말한다. 평안할 수 있는 길은 하나님을 구하여 그의 사랑 속에 거하는 것이다. 하나님을 자신의 안식처로 삼고 자신의 거처로 삼는 자들을 두렵게 할 수 있는 것은 아무것도 없다.

(3) 사람들이 지금은 그들을 무시하지만 그 때에는 그에게 애걸하리라는 것. "많은 사람이 네게 은혜를 구하겠고, 너와 교분을 맺어 두는 것이 그들에게 이익이 될 것이라고 생각하리라." 사람들은 뛰어나게 지혜롭거나 지혜롭기로 평판이 나 있는 자들, 또는 아주 부자거나 권력이 있는 자들에게 잘 보이고자 애쓴다. 소발은 욥을 아주 잘 알고 있었기 때문에, 이 현재의 썰물 때문에 욥의 처지가 아무리 비천해졌다고 할지라도 물길이 밀물로 바뀌면 욥이 이전과 같은 존귀함을 회복하게 될 것이라고 내다보았다. 그 때가 되면, 욥은 다시 그의 나라에서 소중한 인물이 될 것이다. 미련한 처녀들이 슬기로운 처녀들에게 너희 기름을 좀 나눠 달라(마 25:8)고 청했듯이, 하나님을 올바르게 구한 자들은 다른 사람들이 그들에게 청하여 은혜를 구하게 되는 날을 보게 될 것이다.

Ⅲ. 소발은 악인들의 운명을 짤막하게 설명하는 것으로 그의 말을 끝맺음 (20절).   그러나 악한 자들은 눈이 어두울 것이다. 여기에서 소발은 욥에게 삶과 죽음을 제시하면서, 욥이 자신의 권면을 받아들이지 않을 것이라고 생각하여, 권면을 거부했을 때의 결과가 어떻게 될 것인지를 욥에게 말해 주고 있는 것으로 보인다. 자신의 악을 고집하고 삶을 고치고자 하지 않는 자들이 어떻게 될 것인지를 보라.

1. 그들은 이 세상과 저 세상에서 그들이 꿈꾸고 소망하였던 선한 것들을 얻지 못하게 되리라는 것. 그들은 결국 실망하게 될 것이고, 수치와 끝없는 고통이 그들의 운명이 될 것이다. 그들의 눈은 결코 오지 않을 것을 기다리느라 쇠하여질 것이다. 악인은 죽을 때에 그 소망이 끊어지느니라(잠 11:7). 그들의 소망은 한 번 내쉰 숨과 같아서(난외주의 읽기) 영원히 사라져 버릴 것이다. 또는, 그들의 소망은 사람이 숨을 거두는 것처럼 사라져 버리고 말 것이다. 그 소망이 그들에게 절실하게 필요하여 그들이 그 소망이 이루어지기를 간절히 기대하는 그 때에 그 소망은 그들을 실망시킬 것이다. 그들의 소망은 온데간데없이 사라져 버려서, 그들을 극도의 혼란 속에 빠뜨릴 것이다.

2. 그들은 그들이 종종 불길한 예감 속에서 감지하였던 재앙을 피하지 못하게 되리라는 것. 그들은 그들에게 선고된 판결이 집행되는 것을 피하지 못할 것이고, 그 집행을 피하여 달아나거나 용감히 맞서지 못할 것이다. 하나님께로 피하고자 하지 않는 자들은 하나님을 피하여 달아나려고 생각해 보아야 아무 소용이 없다는 것을 알게 될 것이다.

제
— 12 —
장

개요

이 장과 다음의 두 장에는 소발의 설교에 대한 욥의 대답이 나오는데, 거기에서 욥은 이전처럼 먼저 그의 친구들과 이치를 따져 논쟁을 벌인(13:19까지) 후에, 거기서부터 끝까지는 하나님을 향하여 하소연을 한다. 이 장에서 욥은 그의 친구들을 향하여 말한다. I. 욥은 그의 친구들이 그에 대하여 말한 것과 그의 사람됨에 대한 그들의 판단을 단죄함(1-5절). II. 욥은 악인들이 흔히 형통한다는 사실을 보여줌으로써 이 세상에서 악인들이 멸망을 받는다는 그들의 말을 반박함(6-11절). III. 욥은 하나님의 지혜와 능력과 절대 주권, 하나님의 섭리가 인생들과 모든 인간사를 지배한다는 것에 관한 그들의 말에 동의함. 욥은 이 점을 확증하고 좀 더 자세하게 말한다(12-25절).

¹욥이 대답하여 이르되 ²너희만 참으로 백성이로구나 너희가 죽으면 지혜도 죽겠구나 ³나도 너희 같이 생각이 있어 너희만 못하지 아니하니 그같은 일을 누가 알지 못하겠느냐 ⁴하나님께 불러 아뢰어 들으심을 입은 내가 이웃에게 웃음거리가 되었으니 의롭고 온전한 자가 조롱거리가 되었구나 ⁵평안한 자의 마음은 재앙을 멸시하나 재앙이 실족하는 자를 기다리는구나

욥이 여기에서 그의 친구들을 향하여 쏟아놓는 책망들은 옳고 그름을 떠나서 매우 신랄한데, 이러한 책망은 모든 교만하고 조소하는 자들에 대한 책망이자 그들의 어리석음을 드러내는 말로서의 역할을 충분히 할 수 있다.

I. 욥은 그들의 지혜가 더할 나위 없이 형편없어서 사람들의 비웃음을 살 만한 것인데도 그들이 그와 비교해서 그들의 지혜를 높이 평가하고 자부심을 갖는 것에 대하여 그들을 힐책함.

1. 욥은 그들이 지혜를 독점하고 있는 듯이 주장하고 있다고 말함(2절). 욥은 여기에서 반어법적으로 말을 한다: "너희만 참으로 사람이구나. 너희는 마치 너희 외에는 그 누구도 진리와 거짓, 선과 악을 분간할 수 없다는 듯이, 너희

자신만이 모든 사람들에게 명령하고 법을 제시하기에 합당한 자들이라 생각하고, 너희의 판단을 모든 사람의 의견을 평가하는 기준이 되어야 한다고 생각하는구나. 그러므로 모든 사람들이 너희에게 굴복하고, 옳든 그르든 우리는 모두 너희가 말하는 대로 말해야 하며, 너희 세 사람만이 모든 것을 결정할 수 있는 권한을 쥐고 있는 자들이 되어야 한다고 너희는 생각하는구나." 자기 자신이 나머지 모든 인류보다 더 지혜롭다고 생각하거나, 마치 그렇게 생각한다는 듯이 오만하고 독단적으로 말하고 행하는 자가 있다면, 그는 지극히 어리석고 죄악된 자라는 것을 명심하라. 욥은 여기에서 한 걸음 더 나아간다. "너희는 너희와 같이 지혜로운 자가 아무도 없을 뿐만 아니라, 앞으로도 없을 것이라고 생각해서, 너희가 죽으면 지혜도 죽을 것이기 때문에, 너희가 죽고 나면 온 세상이 미련한 자들이 되고, 너희의 해가 지고 나면 온 세상이 온통 어두워질 것이라고 생각하는구나." 우리가 죽으면 이 세상에 돌이킬 수 없는 큰 손실이 있을 것이라거나 우리가 죽는 것은 이 세상에 큰 불행이 될 것이라고 생각하는 것은 어리석은 것임을 명심하라. 왜냐하면, 하나님은 그의 성령으로 그의 일을 하는 데에 우리보다 더 적합한 다른 자들을 얼마든지 일으키실 수 있으시기 때문이다. 지혜로운 자들과 선한 자들이 죽더라도, 지혜와 선함이 그들과 함께 죽지 않는다는 것은 우리에게 위로가 된다. 어떤 이들은 여기에서 욥이 한 말은 소발이 욥을 비롯한 다른 사람들을 들나귀 새끼에 비유한 것을 염두에 두고 한 것이라고 생각한다(11:12). 욥은 이렇게 말한다: "그래, 우리는 나귀들이고, 너희만이 유일하게 사람이란 말이구나."

2. 욥이 자기도 그들 못지않은 지혜의 은사를 갖고 있다고 정당하게 주장함(3절). "나도 너희 같이 명철이 있어 너희만 못하지 아니하다. 나도 너희 못지 않게 하나님의 섭리의 방식들과 의미들에 대하여 판단할 수 있고, 섭리의 난해한 부분들을 해석해 낼 수 있다." 욥이 이렇게 말하는 것은 자기 자신을 높이기 위한 것이 아니었다. 나도 너희 같이 명철이 있다고 말하는 것, 즉 "나도 너희만큼 이 일을 이해하고 있어"라고 말하는 것은 자기 자신을 크게 높이는 것이 아니다. 아주 평범한 자들도 뻔히 아는 것들을 이해하고 있다고 자랑할 자가 누가 있겠는가? "그래, 그런 것들을 누가 모르겠는가. 너희가 진리라고 말한 것들은 누구나 다 아는 뻔한 진리들이기 때문에, 그런 진리들에 대하여 너희나 나처럼 말할 수 있는 자들은 도처에 있다." 따라서 욥이 이런 말을 한 것은 그들을 낮

추기 위한 것이었고, 그들이 박식한 자들로 자부하며 스스로 지니고 있었던 교만을 억제하기 위한 것이었다.

(1) 우리만큼 아는 자들, 아니 우리보다 훨씬 더 잘 아는 자들이 아주 많다는 것을 생각하면, 우리는 우리가 지닌 지식을 자랑하지 않을 수 있게 된다는 것.

(2) 우리가 우리와 의견이 달라서 우리와 논쟁을 하는 자들을 신랄하게 비판하고자 하는 유혹을 느낄 때, 그들에게도 우리와 같은 명철이 있고 판단할 수 있는 능력이 있으며 스스로 판단할 권리가 있다는 것을 생각하여야 한다는 것. 아니, 그들은 아마도 우리보다 못하기는커녕 더 뛰어날지도 모르고, 우리가 틀렸고 그들이 옳을 가능성도 있다. 그러므로 우리는 다 형제이기 때문에 (마 23:8) 그들을 판단하거나 무시하지 말아야 하고(롬 14:3), 선생인 체하지 말아야 한다(약 3:1). 우리는 어떤 사람들과 대화하거나 논쟁할 때마다 항상 그들도 우리와 같이 이성을 지닌 피조물이라는 사실을 잊지 않아야 한다.

Ⅱ. 욥은 그의 친구들이 그를 크게 멸시했다고 하소연함. 스스로 잘났다고 생각하여 오만한 자들은 보통 남들을 비웃고, 주변의 모든 사람들을 아무렇지도 않게 짓밟는다. 욥은 그의 친구들이 그에게 그렇게 하였다고 말한다(4절). 나는 조롱당하는 자와 같이 되었다. 사실 나는 욥이 그런 식으로 친구들을 비난할 이유가 있다고 보지 않는다. 우리는 친구들이 욥을 모욕하고자 했다거나, 욥을 깨우치고 위로하는 것 외에 다른 목적이 있었다고 생각하지 않을 것이다. 그런데도 욥은 나는 조롱당하는 자와 같이 되었다고 울부짖는다. 우리는 남들로부터의 책망을 모욕으로 받아들이거나, 단지 남들로부터 조언이나 권면을 들었을 뿐인데도 우리 자신이 조롱을 당했다고 생각하기가 쉽다는 것을 명심하라. 우리가 이렇게 속좁게 행한다면, 그것은 어리석은 짓이고, 우리 자신이나 우리의 친구들에게 크게 잘못하는 것이다. 그렇지만 우리는 욥이 그런 식으로 친구들을 비난할 빌미를 친구들 자신이 주었다고 말하지 않을 수 없다. 그들은 욥을 위로하려고 왔지만 욥의 속을 긁어서 화나게 만들었고, 욥에게 권면과 격려의 말들을 하였지만 그런 말들이 효과를 거둘 것이라고 별 기대도 하지 않았다. 그러므로 욥은 그들이 그를 조롱한다고 생각하였고, 그런 생각은 그의 괴로움을 가중시켰다. 최고의 형통함을 누리다가 밑바닥으로 떨어진 자들에게는 그들이 영락(零落)했을 때에 짓밟히고 모욕을 당하는 것보다 더 괴로

운 것은 없다. 또한, 그런 자들은 사람들이 그들을 그런 식으로 대할 것이라는 선입견을 갖기가 너무나 쉽다. 좀 더 자세하게 살펴보자.

1. 무엇이 욥의 고통을 가중시켰는가. 그것은 두 가지였다.

(1) 그들은 그의 이웃들, 그의 친구들, 그의 동료들이었다는 것. 그런 자들로부터 조롱을 당하는 것은 흔히 몹시 뼈에 사무치고 큰 분노를 불러일으킨다: 나를 책망하는 자는 원수가 아니었으니 만약 원수였다면 내가 그 모욕을 무시하고 참았으리라 나를 모욕한 자는 곧 너로다 나의 동료, 나의 친구요 나의 가까운 친우로다(시 55:12-13).

(2) 그들은 그들이 하나님의 이름을 불렀고 하나님이 그들에게 응답하였다고 말하는 신앙을 고백한 자들이었다는 것. 이렇게 어떤 이들은 이 구절을 조롱하는 자들에 관한 것으로 이해한다. "그들은 하나님을 공경하고 천국을 소망하는 자들이다. 그러므로 나는 그들이 나를 위해 기도해 주기를 바라고, 그들이 선한 말을 들려 주기를 바랄 수밖에 없다. 그런 까닭에 그들의 비난은 내게 더욱더 가슴이 아프다." 하나님의 이름을 부르는 자들이 그들의 형제들을 조롱하는 것은 서글픈 일이고(약 3:9-10), 선한 자는 자기가 좋게 생각하는 자들로부터 나쁜 말을 들었을 때에 깊은 상처를 입을 수밖에 없다는 것을 명심하라. 그러나 이것은 새삼스러운 일은 아니다.

2. 이 고통 아래에서 욥을 지탱해 주었던 것은 무엇이었는가.

(1) 욥에게는 그가 가서 호소할 수 있는 하나님이 계신다는 것. 이렇게 어떤 이들은 이 구절을 조롱을 받은 욥에 관한 것으로 이해한다: 하나님께 불러 아뢰어 들으심을 입은 내가 이웃에게 웃음거리가 되었다. 이것은 16:20에 나오는 말씀, 즉 나의 친구는 나를 조롱하고 내 눈은 하나님을 향하여 눈물을 흘린다는 말씀과 일치한다. 우리의 친구들은 우리의 하소연에 귀를 막지만, 하나님은 그렇지 않으시다. 그들은 우리를 정죄하지만, 하나님은 우리의 결백을 아신다. 그들은 우리를 가장 나쁜 쪽으로 바라보지만, 하나님은 우리를 가장 좋은 쪽으로 바라보신다. 그들은 우리의 말을 반박하지만, 하나님은 우리에게 인자하신 말씀을 주신다.

(2) 욥과 같은 경우는 특별한 일이 아니라 아주 흔한 일이라는 것. 의롭고 온전한 자가 조롱거리가 되는구나. 의인은 의롭고 올바르며 사람들에 대하여 정직하고 하나님을 향하여 경건한데도 많은 사람들로부터 조롱을 당한다. 지각 없

는 자들은 의인의 경건함과 정직함을 조롱하고, 마치 신앙이라는 것은 우스꽝스러운 것이기 때문에 놀려 먹어도 된다는 듯이 쓸데없이 의인을 훼방한다. 의인이 의롭고 정직하고 올바른데도 불구하고 의인에게서 약간의 연약함이라도 보이면, 대부분의 사람들은 의인이 사람들로부터 존경을 받을 만한 많은 것들을 지니고 있는데도 여지없이 그를 비웃고 조롱한다. 사람들로부터 멸시받고 조롱당하는 것은 옛적부터 정직하고 선한 자들의 운명이었다는 것을 명심하라. 그러므로 우리는 그런 것이 우리의 운명이라는 것을 이상하게 생각하거나 가혹하다고 생각하지 않아야 한다(벧전 4:12). 사람들은 선지자들만이 아니라 족장 시대의 성도들조차 박해하였다(마 5:12). 그러니, 우리가 사람들로부터 선지자들이나 성도들보다 더 낮게 대접 받기를 기대해서야 되겠는가?

3. 욥은 자기가 조롱받는 진짜 이유가 무엇이라고 생각하였는가. 간단히 말해서, 그것은 이런 것이었다: 그들은 부자인데다가 편안히 살고 있었기 때문에, 빈곤의 나락으로 떨어진 그를 멸시하였다. 이것이 세상 인심이다. 우리는 그런 경우들을 매일 같이 본다. 형통하는 자들은 칭송을 받지만, 몰락해서 망해가는 자들은 사람들로부터 "아예 죽어 버려라"는 말을 듣는다. 그 발이 곧 미끄러져서 환난의 나락 속으로 떨어질 찰나에 있는 자는 비록 그가 이전에 등불처럼 빛을 발하였다고 할지라도 지금은 심지가 다 타서 꺼져가는 등불에 불과하다. 그러므로 우리가 다 탄 심지를 땅바닥에 버려서 짓밟듯이, 편히 지내는 자는 그 생각에 그런 자를 멸시한다(5절). 자기 세대에서 활활 타올라서 빛을 발하는 빛이었던 의롭고 정직한 자라도 시험에 빠지거나(시 73:2) 구름 아래로 들어가면 사람들로부터 멸시를 받게 된다.

(1) 형통하는 가운데 살아가는 자들이 공통적으로 범하는 잘못은 무엇인가. 모든 것이 풍족하고 편안하며 즐거운 자들은 궁핍과 고통과 슬픔 속에 있는 자들을 비웃고 조롱한다. 그들은 그런 자들을 무시하고 못 본 체하며 아예 생각하지도 않으려고 애쓴다(시 123:4). 애굽 왕의 술을 담당했던 고관은 대접째로 술을 마시지만, 요셉의 환난을 전혀 생각하지 않는다. 은혜 없는 부(富)는 흔히 사람들을 이처럼 오만하게 만들고, 그들의 가난한 이웃들을 아랑곳하지 않게 만든다.

(2) 궁핍의 나락으로 떨어진 자들이 공통적으로 겪는 운명은 무엇인가. 빈곤은 그들의 온갖 광채를 없애 버린다. 그들은 등불들이지만, 황금 촛대에서

옮겨져서 기드온의 토기 항아리들에 넣어지면, 그들을 이전처럼 소중히 여기는 자는 아무도 없고, 편안하게 사는 자들은 그들을 멸시한다.

[6]강도의 장막은 형통하고 하나님을 진노하게 하는 자는 평안하니 하나님이 그의 손에 후히 주심이니라 [7]이제 모든 짐승에게 물어 보라 그것들이 네게 가르치리라 공중의 새에게 물어 보라 그것들이 또한 네게 말하리라 [8]땅에게 말하라 네게 가르치리라 바다의 고기도 네게 설명하리라 [9]이것들 중에 어느 것이 여호와의 손이 이를 행하신 줄을 알지 못하랴 [10]모든 생물의 생명과 모든 사람의 육신의 목숨이 다 그의 손에 있느니라 [11]입이 음식의 맛을 구별함 같이 귀가 말을 분간하지 아니하느냐

욥의 친구들은 모두 다 한결같이 악인들은 이 세상에서 오랫동안 형통할 수 없고, 이런저런 심판이 그들에게 갑자기 닥치게 된다는 원리에 입각해서 말을 해왔다. 소발은 악한 자들은 눈이 어두워지리라(11:20)라는 말로 끝을 맺기도 하였다. 욥은 여기에서 그 원리를 반박하면서, 하나님은 이 세상에서의 사람들의 외적인 일들을 처리함에 있어서 절대 주권자로서 행하시고, 상벌을 정확하게 시행하는 일은 장래의 일로 미루어 두셨다고 주장한다.

I. 욥은 악인들이 이 세상에서 오랫동안 형통할 수 있고, 또한 실제로 흔히 그렇다는 것을 의심할 수 없는 진리로 단언함(6절). 아무리 큰 죄인들이라도 이 세상에서 큰 형통함을 누릴 수 있다. 좀 더 살펴보자.

1. 욥은 죄인들을 어떤 식으로 묘사하는가. 죄인들은 강도들, 하나님을 진노하게 하는 자들, 하나님을 모독하는 자들, 박해자들이다. 아마도 여기에서 욥은 스바 사람들과 갈대아 사람들을 가리키는 것 같다. 그들은 욥의 재산을 강탈해 갔고, 언제나 약탈을 일삼으며 살았지만, 그럼에도 불구하고 형통하였다. 모든 세상 사람들이 그들이 한 짓을 다 보았기 때문에, 욥의 이 말에 이의를 제기할 자는 아무도 없었다. 명백한 사실에 의거해서 세워진 하나의 관찰은 가설에 의해서 세워진 스무 가지의 개념들보다 더 낫다. 또는, 좀 더 일반적으로 말해서, 모든 교만한 압제자들은 강도들이고 약탈자들이다. 사람들에게 해를 끼치는 것은 정의의 수호자이시고 인류의 보호자이신 하나님을 진노하게 만든다. 정의를 깨뜨리는 자들이 모든 신앙의 의무들을 파괴하고, 하나님조차 무시하며, 하나님을 진노하게 만드는 것을 아무렇지도 않게 여긴다고 해도, 그것은

전혀 이상한 일이 아니다.

2. 욥은 죄인들의 형통을 어떤 식으로 묘사하는가. 그들의 형통함은 대단히 크다.

(1) 그들의 장막은 형통한다는 것. 즉, 그들만이 아니라 그들과 함께 사는 자들, 그들의 후손들까지 다 형통한 삶을 산다는 것이다. 그것은 마치 복이 그들의 가문에 대대로 상속되는 것처럼 보인다. 속임수로 얻어진 재물이 대대로 이어지는 경우가 종종 있다.

(2) 그들은 평안하다는 것. 그들은 고통을 당하지 않을 뿐만 아니라, 아무도 두려워하지 않고, 위협적인 섭리들이나 양심의 깨우침으로 인한 위기 의식도 느끼지 않는다. 그러나 하나님을 진노하게 하는 자들은 평안하다고 해서 안전한 것은 결코 아니다.

(3) 하나님이 그들의 손에 후히 주신다는 것. 그들의 소득은 마음의 소원보다 많다(시 73:7). 즉, 그들은 그들이 마음으로 원하는 것보다 더 많은 것을 얻어서 소유하고 있다. 그들은 생활에 꼭 필요한 것들만이 아니라 즐기기 위한 것들도 가지고 있고, 그들 자신이 사는 데만이 아니라 다른 사람들에게 나눠 주어도 충분할 정도의 부를 가지고 있으며, 현재만이 아니라 장래에도 충분히 쓸 만큼의 것들을 가지고 있다. 그리고 그것들은 하나님의 섭리의 손길에 의해서 주어진 것들이다. 하나님은 그들에게 후히 부어 주신다. 그러므로 우리는 사람들의 부유함을 기준으로 삼아서 그들의 경건을 판단할 수 없고, 그들의 손에 있는 것을 기준으로 삼아서 그들의 마음속에 있는 것을 판단할 수 없다.

II. 욥은 열등한 피조물들인 짐승들, 새들, 나무들, 그리고 심지어 땅에게 물어보아도 그러한 사실을 알고 있을 것이라고 말함. 이러한 피조물들에게 한번 물어보라. 그러면, 그것들이 네게 말해 줄 것이다(7-8절). 우리는 이러한 피조물들로부터 많은 선한 교훈을 배울 수 있지만, 여기에서 그것들이 우리에게 가르쳐 주고자 하는 것은 무엇인가?

1. 우리는 그것들로부터 강도들의 장막이 형통한다는 것을 배울 수 있다는 것.

(1) 짐승들의 세계에서도 큰 놈이 작은 놈을 잡아먹고, 강한 놈이 약한 놈을 삼킨다는 것. 사람들도 바다의 물고기들과 같다(합 1:14). 만약 죄가 세상에 들어오지 않았다면, 피조 세계 가운데에서 그러한 무질서는 없었을 것이고, 이리

와 어린 양이 함께 누워 있을 수 있었을 것이다.

(2) 이러한 피조물들은 악인들의 소유이기 때문에 그 자체로 악인들의 형통함을 분명하게 증언해 주고 있다는 것. 이 양 떼와 소 떼에게 그것들이 누구의 소유인지를 물어보라. 그러면, 그것들은 이런저런 강도와 압제자가 그들의 임자라고 너희에게 말해 줄 것이다. 물고기들과 새들은 교만한 죄인들의 식탁에 올라서 그들의 사치를 충족시켜 주고 있다고 너희에게 말해 줄 것이다. 땅은 열매들을 내어서 악인들에게 바치고(9:24), 온 피조물은 그들을 압제하는 자들에게 짓눌려서 신음하고 있다(롬 8:20, 22). 악인들이 그들의 욕망을 충족시키기 위하여 학대하고 있는 모든 피조물들은 저 큰 날에 그들을 쳐서 증언할 것임을 명심하라(약 5:3-4).

2. 우리는 그것들로부터 하나님의 지혜와 능력과 선하심을 배울 수 있고, 이 모든 난해한 섭리들은 하나님의 주권적인 통치에 의한 것임은 명백하고 자명한 진리라는 것을 배울 수 있다는 것. 소발은 이 진리가 오묘해서 우리가 알 수 없다고 말하였었다(11:7). 그러나 욥은 이렇게 말한다: "결코 그렇지 않다. 우리가 알아야 하는 진리는 심지어 열등한 피조물들을 통해서도 배울 수 있다. 그러한 피조물들을 통해서 그 진리를 알지 못할 자가 어디 있겠는가? 이것들 중에 어느 것이 여호와의 손이 이를 행하신 줄을 알지 못하랴(9절). 누구든지 이러한 피조물들을 통해서 여호와의 손이 이를 행하신 줄을 쉽게 알 수 있다. 즉, 우리가 알지 못하거나 제대로 판단할 수 없는 어떤 법칙들을 통해서 이 모든 것들을 다스리고 운행하는 지혜로운 섭리가 존재한다는 것은 누구나 다 아는 사실이다." 열등한 피조물들에 대한 하나님의 주권적인 통치를 보고, 우리는 비록 우리가 이해할 수 없다고 할지라도 하나님이 우리 인생사들을 이끄시면서 행하시는 모든 일들에 묵묵히 순종하는 법을 배워야 한다는 것을 명심하라.

III. 욥은 이 모든 것을 하나님이 온 피조물들에 대하여 갖고 계시는 절대적인 소유권 때문이라고 말함(10절).   모든 생물의 생명이 다 그의 손에 있느니라. 모든 피조물들, 특히 인간의 존재는 하나님으로부터 나오고, 그들이 존재하는 것은 다 하나님 덕분이며, 그들이 살아가기 위해서는 하나님을 의존해야 한다. 그들은 하나님의 긍휼하심 덕분에 살아 있는 것이고, 그들의 존재는 하나님의 지휘와 통치 아래 있어서 전적으로 하나님의 처분에 달려 있고, 하나님이 부르시면 언제든지 그들의 목숨을 내놓아야 한다. 모든 생명은 하나님의 것이다.

하나님이 자기 소유에 대하여 자기가 원하시는 대로 행하시는 것이 무엇이 이상한가? 여호와라는 이름이 여기에서 사용되고 있는데(9절), 욥과 그의 친구들 간의 모든 대화 속에서 오직 이 대목에서만 이 이름이 사용된다. 왜냐하면, 그 시대에는 하나님이 샷다이, 즉 전능자라는 이름으로 더 잘 알려져 있었기 때문이다.

Ⅳ. 입이 음식의 맛을 구별함 같이 귀가 말을 분간하지 아니하느냐(11절)**라는 말은 욥이 지금까지 한 말의 결론으로 해석될 수도 있고, 이후에 나오는 말의 서문으로 해석될 수도 있음.** 혀가 단 것과 쓴 것을 구별해 낼 수 있는 능력을 가지고 있듯이, 사람의 마음은 진리와 오류를 분별해 낼 수 있는 좋은 능력을 지니고 있다. 그러므로 욥은 그의 친구들에게 그들이 말한 것에 대하여 자기가 자유롭게 판단할 수 있게 해 달라고 요구하고, 그들도 그가 말한 것을 자유롭게 판단하라고 말한다. 아니, 욥은 누구라도 그와 그의 친구들 간의 논쟁을 공평하게 판단할 수 있을 것이라고 말하는 것으로 보인다. 즉, 누구라도 양쪽의 말들을 들어 보면, 욥이 옳다는 것을 알게 되리라는 것이다. 어떤 말들을 받아서 동의하기 위해서는 먼저 귀가 그 말들을 분간하지 않으면 안 된다. 우리가 맛을 보아서 어떤 음식이 몸에 좋은지 나쁜지를 판단하듯이, 우리는 분별의 영을 통해서 어떤 교리가 건전하고 향기로우며 유익하고, 어떤 교리가 그렇지 않은지를 판단하여야 한다(고전 10:15; 11:13).

[12]늙은 자에게는 지혜가 있고 장수하는 자에게는 명철이 있느니라 [13]지혜와 권능이 하나님께 있고 계략과 명철도 그에게 속하였나니 [14]그가 헐으신즉 다시 세울 수 없고 사람을 가두신즉 놓아주지 못하느니라 [15]그가 물을 막으신즉 곧 마르고 물을 보내신즉 곧 땅을 뒤집나니 [16]능력과 지혜가 그에게 있고 속은 자와 속이는 자가 다 그에게 속하였으므로 [17]모사를 벌거벗겨 끌어 가시며 재판장을 어리석은 자가 되게 하시며 [18]왕들이 맨 것을 풀어 그들의 허리를 동이시며 [19]제사장들을 벌거벗겨 끌어 가시고 권력이 있는 자를 넘어뜨리시며 [20]충성된 사람들의 말을 물리치시며 늙은 자들의 판단을 빼앗으시며 [21]귀인들에게 멸시를 쏟으시며 강한 자의 띠를 푸시며 [22]어두운 가운데에서 은밀한 것을 드러내시며 죽음의 그늘을 광명한 데로 나오게 하시며 [23]민족들을 커지게도 하시고 다시 멸하기도 하시며 민족들을 널리 퍼지게도 하시고 다시 끌려가게도 하시며 [24]만민의 우두머리들의 총명을 빼앗으시고 그들을

길 없는 거친 들에서 방황하게 하시며 ²⁵빛 없이 깜깜한 데를 더듬게 하시며 취한 사람 같이 비틀거리게 하시느니라

이것은 그 누구도 반박하거나 거역할 수 없는 하나님 자신의 뜻과 모략을 따라 모든 인생사들을 배치하시고 처리하시는 하나님의 지혜와 능력과 절대 주권에 관한 욥의 고상한 강론이다. 욥과 그의 친구들은 아주 열띤 논쟁에서 벗어나서 말을 하면 모두 놀라울 정도로 훌륭하게 말들을 잘 한다. 그러나 논쟁 속에서 그들이 보여주는 모습을 보면, 우리는 종종 그들을 어떻게 생각해야 하는 것인지를 잘 모를 때가 있다. 지혜롭고 선한 자들이 작은 것들에 있어서 견해차가 있을 때에는 그들의 견해가 일치하는 큰 것들에만 집중하는 것이 그들의 품위를 유지하고 남들에게 덕을 세우는 데에 좋을 것이다. 욥은 여기에서 본래의 자신의 모습이 되어서 하나님에 관하여 말한다. 여기에는 혈기에 찬 불평이나 속좁은 마음을 내비치는 말들이 없고, 모든 말들이 힘차고 장엄하다.

I. 욥은 하나님의 지혜는 헤아릴 수 없고 그 능력은 거역할 수 없다고 단언함. 욥은 사람들에게도 지혜와 명철이 있다는 것을 인정한다(12절). 그러나 그러한 지혜와 명철은 오직 소수의 사람들, 즉 늙은 자들에게서만 발견될 수 있다. 노인들은 장수의 복을 받은 자들로서 오랜 경험과 끊임없는 시행착오를 거쳐서 지혜와 명철을 얻는다. 그들은 지혜를 얻었지만 세월이 흐르면서 힘은 잃어버렸기 때문에 그들이 얻은 지혜를 써먹을 수가 없다. 그러나 하나님께는 최고의 것을 계획할 수 있는 지혜와 그 계획을 이룰 수 있는 권능이 있다. 하나님은 우리와 같이 관찰을 통해서 모략이나 명철을 얻으시는 것이 아니라, 자기 자신 속에 본질적으로 그리고 영원히 지혜를 가지고 계신다(13절). 노인들(the ancient men)의 지혜는 옛적부터 계신 이(the ancient of days)의 지혜에 비하면 아무것도 아니다. 우리가 아는 것은 극히 적고, 우리가 할 수 있는 것은 별로 없다. 그러나 하나님은 모든 것을 하실 수 있고, 무슨 계획이든지 못 이루실 것이 없다(42:2). 이 하나님을 자신의 하나님으로 모신 자들은 복이 있다. 왜냐하면, 하나님의 무한한 지혜와 권능이 그들을 위해 사용될 것이기 때문이다. 하나님에게 대적하는 사람들의 모든 시도들은 어리석은 것으로서 아무런 소용이 없다(14절). 그가 헐으신즉 다시 세울 수 없다. 하나님의 섭리와 다투거나 그

섭리에 의해서 이루어진 일들을 깨뜨리려고 해보아야 아무 소용이 없다는 것을 명심하라. 욥은 앞에서도 하나님이 빼앗으시면 누가 막을 수 있으랴(9:12)고 말했는데, 여기에서도 또다시 그런 말을 한다. 그 누구도 하나님이 말씀하신 것을 반박할 수 없고, 하나님이 행하신 일을 무효화할 수 없다. 사람들이 바벨탑을 완성할 수 없었고, 폐허가 된 소돔과 고모라가 다시는 재건될 수 없었던 것이 보여주듯이, 하나님이 폐허로 남겨 두고자 하시는 것을 다시 세우려고 해보아야 아무 소용이 없다(사 25:2; 겔 26:14; 계 18:21). 하나님이 영구히 가두어 두기로 정하신 자들을 풀려나게 하고자 애를 써도 아무 소용이 없다. 하나님이 질병으로 사람을 가두시거나 곤경에 빠뜨리시거나 여러 가지 일들로 곤혹스럽게 만드시면, 그 사람이 거기에서 놓여나는 것은 불가능하다. 하나님이 사람을 음부에 가두시면, 그 누구도 저 닫힌 문을 깨부술 수 없다. 하나님이 사람을 지옥에다 흑암의 사슬들로 가두시면, 그 누구도 이승과 저승 간의 저 거대한 틈새를 건널 수 없다.

Ⅱ. 욥이 자연에서의 한 예를 들어서 이 교리를 증명함(15절). 하나님은 물을 마음대로 부리실 수 있는 권한을 가지고 계셔서, 물을 옷에 싼 것처럼 묶으시고(잠 30:4), 물을 자신의 손바닥에 담으신다(사 40:12). 하나님은 물을 주지 않으시거나 지나치게 많이 퍼부으심으로써 인생들을 벌하실 수 있으시다. 사람들이 양쪽의 극단, 결핍과 과잉을 통해서 중용을 지키는 미덕의 법들을 깨뜨리듯이, 하나님은 중용 속에 있는 하나님의 긍휼을 사람들에게 주기를 거부하시고, 양쪽의 극단을 통해서 사람들을 징계하신다.

1. 큰 가뭄은 종종 큰 심판인 경우가 있다는 것. 그가 물을 막으신즉 곧 마르느니라. 하늘이 놋쇠처럼 되어 버리면, 땅은 쇠처럼 된다. 하나님이 비를 주시지 않으면, 샘들은 마르고 물줄기들은 사라지며 밭은 메말라서 갈라지고 열매들은 맺히지 않는다(암 4:7).

2. 큰 홍수는 종종 큰 심판인 경우가 있다는 것. 하나님은 물을 일으키셔서 땅과 거기에 있는 소산물들과 건물들을 뒤집어 엎으신다. 폭우는 곡식을 남기지 않는다(잠 28:3). 하나님이 죄악된 자들과 다투시면서 그들이 악용하는 그의 긍휼들을 그들에게서 빼앗으실 때에 사용하실 방법들이 얼마나 많은지, 우리가 하나님과 다투는 데에 얼마나 철저하게 무력한지를 보라. 15절의 전반절과 후반절의 순서를 바꾸어 보면, 이 절은 하나님의 능력을 보여준 두드러진 예인

노아의 홍수를 가리킨다고 볼 수 있을 것이다. 그 때에 하나님은 진노하셔서 물을 보내어 땅을 뒤집으셨다. 그러나 하나님은 긍휼하심으로 물을 막으셨으며, 하늘의 창들과 큰 깊음의 샘들을 닫으셨고, 그러자 얼마 후에 물이 말랐다.

Ⅲ. 욥은 하나님이 권능으로 인생사를 다스리시면서, 그러한 통치를 통하여 그들의 목적을 좌절시키시고 자신의 목적을 이루시며, 그들의 온갖 계획들을 어그러지게 하시고, 그들의 모든 시도들을 제압하시며, 그들의 모든 반대들을 극복하시는 것을 말함으로써 이 교리의 많은 예들을 제시함. 하나님은 기상천외의 방법으로 아주 쉽게 사람들의 운명을 여러 모양으로, 또는 정반대로 바꾸실 수 있으시다는 것을 명심하라.

1. 하나님의 지혜와 능력에 관한 일반적인 서술(16절). 그에게는 능력과 이성이 있다(어떤 이들은 이렇게 번역한다). 즉, 하나님에게는 능력과 일관성이 있다는 것이다. 원문으로 보면, 여기에서는 우아한 단어가 사용되고 있다. 하나님에게는 지혜의 정수(精髓)가 있다. 그에게는 능력과 존재하는 모든 것이 있다(어떤 이들은 이렇게 읽는다). 하나님은 스스로 존재하시는 분이시고, 만물 안에서 만물을 붙들고 계신다. 이러한 능력과 지혜를 지니고 계시기 때문에, 하나님은 자원하여 그를 섬기는 지혜롭고 선한 자들만이 아니라, 결코 그의 섭리대로 움직일 수 없을 것이라고 생각되는 어리석고 악한 자들까지도 어떻게 다루실지를 아신다. 속는 자와 속이는 자가 그의 것이라. 아주 어리석어서 남에게 속기 잘 하는 자들도 하나님의 시야에서 벗어나 있지 않고, 아주 영악해서 남을 잘 속이는 자들도 아무리 교묘한 술수를 써도 하나님의 시야에서 벗어날 수 없다. 세상은 속임수로 가득 차 있다. 인류의 절반이 다른 절반을 속이고, 하나님은 그런 일이 벌어지도록 허용하시고서는 결국에는 속이는 자와 속는 자 양측 모두를 통해서 스스로 영광을 받으신다. 속이는 자들은 속는 자들을 이용해 먹지만, 크신 하나님은 양측 모두를 도구로 사용하셔서 그의 일을 이루시는데, 그 누구도 하나님을 방해할 수 없다. 하나님은 이 세상의 온갖 어리석은 자들과 악인들을 다루실 수 있는 지혜와 능력을 지니고 계시고, 어리석은 자들의 연약함과 악인들의 사악함에도 불구하고 이 양측을 사용해서 어떻게 자신의 목적을 이루어야 할지를 아신다. 야곱이 속임수로 축복을 가로챘을 때, 그것을 통해서 은혜로 말미암은 하나님의 뜻이 성취되었다. 아합이 거짓 예언에 이끌려서 그를 파멸로 이끌 전쟁에 뛰어들었을 때, 공의에 의거한 하나님의 뜻이

성취되었다. 이 두 사건 속에서 속는 자와 속이는 자는 둘 다 하나님의 손 안에 있었다(겔 14:9). 만약 하나님이 속는 자와 속이는 자를 어떤 식으로 사용하셔서 둘 모두를 통해서 스스로 영광을 받으셔야 하는지를 알지 못하셨다면, 하나님은 속이는 자가 죄를 짓고 속는 자가 비참하게 되는 것을 내버려 두지 않으셨을 것이다. 할렐루야 주 우리 하나님 곧 전능하신 이가 이런 식으로 통치하시도다(계 19:6). 하나님께서 이렇게 행하시는 것은 참으로 좋은 일이다. 만약 하나님이 그렇게 하지 않으셨다면, 세상에는 지혜와 정직함이 거의 없기 때문에, 세상은 온통 혼란에 휩싸여서 오래 전에 망하고 말았을 것이다.

2. 욥은 다음으로 국가들과 나라들의 흥망성쇠를 통해서 하나님의 지혜와 능력이 어떻게 나타나는지를 구체적으로 서술함. 욥이 개인들과 가문들에 대한 하나님의 동일한 섭리의 역사(役事)들로부터가 아니라 나라들에 대한 하나님의 섭리들로부터 하나님의 지혜와 능력에 대한 증거들을 가져오는 이유는 사람들의 지위가 더 높고 공적(公的)일수록, 그들에게 닥친 변화들은 더욱 두드러지게 눈에 띄는 법이고, 그런 까닭에 그들에 대한 하나님의 섭리는 더욱 찬란하게 빛을 발하게 되기 때문이다. 하나님이 공터에서 공을 가지고 놀듯이 세상의 큰 자들을 이리 던지고 저리 굴릴 수 있으시다면(선지자가 말한 것처럼, 사 22:18), 작은 자들에 대해서는 더 말할 필요도 없다는 것을 논증하기는 아주 쉽다. 우리가 국가들과 나라들을 좌지우지하시는 분과 다투고자 한다면, 그것은 정말 한참이나 정신나간 짓일 것이다. 어떤 이들은 욥이 여기에서 르바 족속, 수스 족속, 엠 족속, 호리 족속 같은 강력한 나라들의 멸망을 언급하고 있는 것이라고 생각하는데(창 14:5-6; 신 2:10, 20), 이 나라들의 멸망은 그 지도층들이 얼이 빠져서 국력이 쇠약하게 되어 망한 것이 이상하게 여겨져서 사람들의 입에 오르내렸던 것 같다. 만약 그렇다면, 욥은 여기에서 이와 동일한 일이 어떤 나라들에서 일어날 때마다 그런 일을 행하시는 분은 하나님이시기 때문에, 우리는 그런 일 속에서 스스로 막강한 권력과 모략을 지니고 있어서 절대로 망하지 않을 것이라고 생각하는 나라들에 대해서조차도 하나님이 그의 절대 주권으로 통치하신다는 사실을 알아차려야 한다는 것을 보여주고자 하는 것이다. 욥의 이 말을 엘리바스의 말(5:12-14)과 비교해 보라. 그러면, 욥이 여기에서 구체적으로 들고 있는 변화들, 즉 하나님이 어떤 나라들을 멸망시키시고 대신에 다른 나라들을 세우시기 위하여, 또는 특정한 정부나 내각을 몰아내

시고 다른 정부나 내각을 들어앉히시기 위하여(이것은 1688년 영국에서 일어난 명예 혁명이 보여주듯이 그 나라에 복이 될 수 있는데, 이 복된 혁명은 욥이 여기에서 한 말이 그대로 이루어진 것이었다) 행하시는 구체적인 변화들을 요약해서 살펴보도록 하자.

(1) 이상하게도 지혜로운 자들이 종종 얼이 빠지는 경우가 있는데, 거기에는 하나님의 손길이 작용하고 있는 것이라는 것(17절). 하나님은 모사들에 대한 그의 승리의 전리품으로서 모사들을 벌거벗겨 끌어가시는데, 그들이 그들의 술수를 통해서 얻은 모든 존귀함과 재물, 아니 그들을 유명하게 만들어 준 지혜 자체와 그들이 기대했던 성공을 그들에게서 벌거벗겨서 끌고 가신다. 그들의 모든 계략들은 수포로 돌아가고 그들의 계획들은 좌절되지만, 하나님의 모략은 설 것이기 때문에, 그들은 그들의 지혜로 말미암은 만족과 명성을 둘 다 약탈당하게 된다. 하나님은 재판장들을 어리석은 자가 되게 하신다. 하나님은 그들의 마음에 역사하셔서 그들에게서 재판을 할 수 있는 능력들을 빼앗아 버리시고, 따라서 그들은 진짜 어리석은 자들이 된다. 하나님은 그들이 하는 일들을 그들이 의도했던 것과는 정반대가 되게 하셔서, 사람들의 눈에 그들이 어리석은 자들로 보이게 하신다. 여기에 나오는 이 성경 말씀이 그대로 성취된 예를 하나 들어보자면, 아히도벨의 모략은 어리석은 것이 되어 버렸고, 그 결과 그는 그의 이름대로 어리석은 자의 형제가 되어 버렸다. 소안의 방백들은 어리석게 되었고 놉의 방백들은 미혹되었도다 그들은 애굽 종족들의 모퉁잇돌이거늘 애굽을 그릇 가게 하였도다(사 19:13). 그러므로 지혜 있는 자는 자신의 지혜를 자랑하지 말고, 아주 유능한 모사들과 재판관들이라도 그들의 지위를 자랑하지 말며, 오직 그들의 능력이 지속되게 해 달라고 겸손히 하나님께 의지하여야 한다. 심지어 자신의 오랜 경험에 의해서 지혜를 얻은 것처럼 보이고 자신의 근면함으로 인해서 지혜를 얻었기 때문에 결코 지혜를 잃을 것 같이 보이지 않는 노인들조차도 그 지혜를 빼앗길 수 있고, 실제로 종종 나이로 인한 노쇠함 때문에 어린아이처럼 되어서 그 지혜를 잃는다. 하나님은 늙은 자들의 판단을 빼앗으신다(20절). 사람들은 노인들의 조언에 많이 의지하지만, 노인들은 그들의 기대를 저버린다. 우리는 성경 속에서 나이가 들었지만 어리석은 왕에 대하여 듣는다(전 4:13).

(2) 높은 지위에 있어서 권세가 당당했던 자들이 이상하게도 몰락해서 빈곤

해지고 종으로 전락하는 일도 있는데, 그들을 낮추시는 분은 하나님이시라는 것(18절). 하나님은 왕들의 맨 것을 푸신다. 즉, 하나님은 왕들이 그들의 신민(臣民)을 다스릴 때에 사용하던 권력, 그들이 신민들을 종으로 삼고 가혹하게 다스릴 때에 사용하던 그 권력을 그들에게서 빼앗으신다. 하나님은 그들에게서 그들의 존귀함과 권세를 나타내는 온갖 징표들, 그들의 폭정을 밑받침해 주던 모든 것들을 벗겨 버리시고, 그들의 허리띠를 풀어 버리시기 때문에, 칼이 그들의 허리춤에서 떨어져 나간다. 그런 후에, 왕관이 그들의 머리에서 신속하게 떨어지고, 곧이어서 그들이 종으로 전락하여, 사람들이 그들의 허리를 동여 매어 끌고 가는 것은 전혀 이상한 일이 아니다. 이렇게 하나님은 큰 왕들에게서 그들이 기뻐하고 자랑하던 모든 권력과 부를 벌거벗겨서 그들을 끌어 가신다(19절). 왕들이라고 해서 하나님의 관할에서 제외되는 것은 아님을 명심하라. 우리에게는 왕들이 신(神)과 같은 존재들이지만, 하나님께는 인생의 부침(浮沈)을 겪는 사람들에 불과하다.

(3) 강한 자들이 이상하게 약해지는 경우가 있는데, 그들을 약화시키시고 (21절) 권력이 있는 자를 넘어뜨리시는(19절) 이는 하나님이시라는 것. 나이가 먹고 병이 들면 아무리 튼튼한 육신도 약해지고, 세월이 가면 강력한 군대들도 힘을 잃으며, 아무리 힘이 있어도 언젠가는 무너지게 되어 있다. 골리앗 같은 장사도 전능자 앞에서는 설 수 없다.

(4) 공직을 맡아 언변으로 이름을 날리던 자들이 이상하게도 아무 말도 하지 못하고 침묵하게 된다는 것(20절). 하나님이 충성된 자들의 말을 거두어 가심으로써, 그들은 평소에 해 왔던 대로 그들이 의도한 것들을 명확하게 술술 말하지를 못하고, 더듬거리며 실수하여 일을 그르치고 만다. 또는, 발람이 이스라엘 백성을 저주하도록 사주를 받고도 도리어 축복하였듯이, 그들은 그들이 의도했던 말을 하지 못하고 그것과는 정반대의 말을 하게 된다. 그러므로 말 잘 하는 자는 자신의 달변을 자랑하거나 그 달변을 나쁜 목적에 사용하지 말아야 한다. 만약 그랬다가는, 사람의 입을 지으신 하나님이 언제 그에게서 달변을 거두어 가실지 모르는 일이기 때문이다.

(5) 높임과 칭송을 받던 자들이 이상하게도 수치와 욕을 당한다는 것(21절). 하나님은 귀인들에게 멸시를 쏟으신다. 하나님은 그들이 비루한 일들을 하여 스스로 수치를 자초하게 하시거나, 그들에 대한 사람들의 생각을 바꾸어 놓으신

다. 귀인들이 하나님을 욕되게 하고 멸시하며, 하나님의 백성을 모욕하고 짓밟으면, 그들은 사람들로부터 수치를 당하게 되고, 하나님은 그들에게 멸시를 쏟으실 것이다(시 107:40). 힘과 권력이 있을 때에 오만방자하게 굴던 자들은 그들이 몰락했을 때에 그들 스스로 더할 나위 없이 천해질 뿐만 아니라 다른 사람들로부터도 지독한 능욕을 받는 것이 보통이다.

(6) 은밀하게 감추어져 있던 것이 이상하게도 드러나서 사람들에게 공개된다는 것(22절). 하나님은 어두운 가운데에서 은밀한 것을 드러내신다. 아주 은밀하게 꾸며진 음모들이 발각되어 좌절되고 만다. 은밀한 반역, 은밀한 살인, 은밀한 간음 등과 같이 은밀하게 자행되고 교묘하게 은폐된 악행들이 드러나고, 그 악행을 한 자들은 응징을 받는다(전 10:20). 왕의 신복(臣僕)들은 하나님의 눈 앞에 있다(왕하 6:11).

(7) 나라들은 흥망성쇠를 겪는데, 이것은 모두 하나님으로부터 온다는 것(23절). 하나님은 때로 어떤 나라의 백성의 수를 늘어나게 하시고 그 경계를 넓히셔서 그 나라를 열방 중에서 강성하고 두려운 나라로 만드신다. 그러나 한참 후에 어떤 숨겨진 이유로 인해서, 그 나라는 파괴를 당하고 그 국경이 좁아지며 백성들의 많은 수가 죽어서 인구가 줄어들고 약해져서, 이웃나라들에게 멸시 받는 존재가 된다. 열방의 머리였던 나라가 꼬리가 되고 마는 것이다(시 107:38-39).

(8) 담대하고 용감하여서 위험을 두려워하지 않던 자들이 이상하게도 기가 죽어서 겁쟁이가 되는 일이 있는데, 이것도 하나님이 하시는 일이라는 것(24절). 하나님은 만민의 우두머리들, 즉 백성의 지도자이자 지휘관으로서 용맹함과 혁혁한 업적으로 이름을 떨치던 자들의 총명과 마음을 빼앗으셔서, 그들이 어떤 일을 해야 할 때에 용기가 없어서 나뭇잎이 떨어지는 소리만 듣고도 줄행랑을 치게 만드신다(시 76:5).

(9) 자신의 계획을 과감하게 밀어붙이던 자들이 이상하게도 당황하여 어쩔 줄 모르게 된다는 것. 그들은 그들이 어디에 있는지 또는 무엇을 하는지도 알지 못하고, 그들의 생각이 오락가락하며 그들의 행동에 자신감이 없어서, 마치 거친 들에서 방황하는 자(24절)나 어둠 속에서 더듬거리는 자나 술에 취하여 비틀거리는 자(25절; 사 59:10)처럼 갈피를 잡지 못하고 헤맨다. 하나님은 술수가 능한 정치가들을 순식간에 낭패를 당하게 만드시고, 뛰어난 지략을 지닌

재사(才士)들을 어찌할 바를 모르게 만드심으로써, 그들이 자랑하는 것에서 하나님이 그들보다 위에 계시다는 것을 보여주신다는 것을 명심하라.

나라들의 흥망성쇠는 이런 식으로 만국을 좌지우지하시는 하나님의 섭리에 의해서 기이하게 이루어진다. 천지는 흔들리고 요동할지라도, 주는 영원히 왕으로 좌정해 계시고, 우리는 주와 더불어서 요동할 수 없는 나라를 기다린다.

제
— 13 —
장

개요

욥은 그가 앞 장에서 말한 것을 여기에서 적용하는데, 이 장에서의 욥의 상태는 앞 장과는 달리 별로 좋지가 않다. I. 욥은 환난과 굴욕 가운데에 있는데도 불구하고 자기를 그의 친구들과 비교하면서 그들 앞에서 아주 당당하게 말함(1-2절). 욥은 그들이 하나님의 말씀을 한다는 미명 하에 거짓말을 했고 제멋대로 판단했으며 편파적이고 기만적으로 말을 했다고 그들을 단죄하고(4-8절), 그들이 그렇게 한 것에 대하여 하나님의 심판이 있을 것이라고 위협하며(9-12절), 그들이 잠자코 있기를 바란다고 충고한 후에(5, 13, 17절), 이제부터는 그들이 아니라 하나님을 상대하겠다고 말한다(3절). II. 욥은 하나님에 대해서도 아주 당당하게 말함. 1. 몇몇 표현들에서 그의 믿음은 아주 당당하지만, 볼썽사나울 정도는 아니다(15-16, 18절). 그러나 2. 어떤 표현들, 즉 욥이 자기가 처한 통탄스러운 처지를 호소하거나(14, 19절), 자기가 겪고 있는 혼란스러움을 하소연하거나(20-22절), 하나님으로 하여금 이토록 진노하여 그에게 이렇게 극심한 환난을 보내어 그를 혹독하게 대하시게 만든 그의 죄를 자기가 찾아낼 수 없는 곤혹스러움을 토로하는(23-28절) 표현들에서는 그의 혈기가 다소 지나친 감이 있다.

[1]나의 눈이 이것을 다 보았고 나의 귀가 이것을 듣고 깨달았느니라 [2]너희 아는 것을 나도 아노니 너희만 못하지 않으니라 [3]참으로 나는 전능자에게 말씀하려 하며 하나님과 변론하려 하노라 [4]너희는 거짓말을 지어내는 자요 다 쓸모 없는 의원이니라 [5]너희가 참으로 잠잠하면 그것이 너희의 지혜일 것이니라 [6]너희는 나의 변론을 들으며 내 입술의 변명을 들어 보라 [7]너희가 하나님을 위하여 불의를 말하려느냐 그를 위하여 속임을 말하려느냐 [8]너희가 하나님의 낯을 따르려느냐 그를 위하여 변론하려느냐 [9]하나님이 너희를 감찰하시면 좋겠느냐 너희가 사람을 속임 같이 그를 속이려느냐 [10]만일 너희가 몰래 낯을 따를진대 그가 반드시 책망하시리니 [11]그의 존귀가 너희를 두렵게 하지 않겠으며 그의 두려움이 너희 위에 임하지 않겠느냐 [12]너희의 격언은 재 같은 속담이요 너희가 방어하는 것은 토성이니라

욥은 여기에서 그의 친구들이 그를 냉정하고 야박하게 대한 것과 관련하여 그의 서운하고 분개하는 심정을 거침없이 쏟아놓는다.

I. 욥은 지금 논쟁이 되고 있는 문제에 대해서 자기도 그들만큼 잘 알고 있기 때문에 그들로부터 가르침을 받을 필요가 없다고 그들에게 쏘아부침(1-2절). 고린도 교인들이 바울에게 그랬듯이, 욥의 친구들은 욥으로 하여금 스스로 자천(自薦)하게 만들었고 스스로 안다고 말하지 않을 수 없게 만들었지만, 욥이 그렇게 한 것은 자화자찬을 하기 위한 것이 아니라 자신의 결백을 나타내기 위한 것이었다. 욥이 앞서 말한 모든 것은 그의 눈이 많은 사례들을 통해서 확인한 것이었고 많은 권세자들로부터 그의 귀로 들은 것이었기 때문에, 그는 자기가 한 말이 무슨 의미인지를 잘 깨닫고 있었고, 또한 잘 적용할 수도 있었다. 하나님의 크심과 영광과 절대 주권을 보고 들을 뿐만 아니라 깨닫기까지 한 자들은 복이 있다. 그는 자기가 이 정도로 말을 했기 때문에 그가 전에 했던 말(나도 너희 같이 생각이 있어 너희만 못하지 아니하니 그같은 일을 누가 알지 못하겠느냐, 12:3)이 옳다는 것이 드러났을 것이라고 생각하여, 여기에서 다시 한 번 그 말을 되풀이한다(2절). "너희 아는 것을 나도 아노니 너희만 못하지 않으니라. 그러므로 나는 굳이 너희에게 가서 가르침을 받을 필요가 없다. 나는 지혜에 있어서 너희보다 못하지 아니하도다." 논쟁 속으로 들어간 자들은 필요 이상으로 자신을 높이고 형제들을 깎아내리고자 하는 유혹 속으로 들어간 것이기 때문에, 정신을 바짝 차리고서 교만이 준동하지 않기를 기도하지 않으면 안 된다는 것을 명심하라.

II. 욥은 그의 친구들을 상대하기를 그치고 하나님을 향함(3절). 참으로 나는 전능자에게 말씀하려 하노라. 이것은 마치 이렇게 말하는 것이나 다름없는 것이었다: "나는 너희와 얘기해서는 성에 차지가 않아서 만족을 기대할 수 없다. 그러니, 나는 하나님과 변론하며 하나님께 한번 따져볼 기회를 가졌으면 좋겠다. 하나님이시라면 너희처럼 나를 이처럼 가혹하게 대하지 않으실 것이다." 왕이신 하나님은 종들보다는 더 큰 온유함과 인내심과 겸양을 가지고 가련한 자의 탄원을 들어주실 것이다. 그래서 욥은 그의 친구들이 아니라 하나님과 직접 논쟁을 해보고자 한다.

1. 자신의 마음이 자신을 위선자로 단죄하지 않는 자들은 하나님을 향하여 담대함을 지닐 수 있다는 것. 그들은 겸손하고 담대한 마음으로 하나님 앞에

나아가서 호소할 수 있다.

2. 자신의 이웃들로부터 부당하게 단죄를 당하는 자들은 하나님 안에서 위로를 얻을 수 있다는 것. 그들은 그들이 말하는 것을 이웃들이 공정하게 들어줄 것을 기대할 수 없지만, 전능자에게는 그런 것을 기대할 수 있다. 그들은 얼마든지 전능자 앞에 나아갈 수 있고, 거기에서 전능자가 그들의 말을 기쁘게 들어주시는 것을 경험하게 된다.

Ⅲ. 욥은 그의 친구들이 그를 부당하고 무자비하게 대하였다고 그들을 단죄함(4절).

1. 그들은 거짓된 근거 위에서 그를 비난하였고, 그것은 부당한 짓이었다는 것. 너희는 거짓말을 지어내는 자나라. 그들은 마치 이 세상에서 악인들 외에는 그 누구도 결코 큰 환난을 당하지 않는 것처럼 하나님의 섭리에 관한 잘못된 가설을 세워 놓고서, 그 가설로부터 욥에 관한 거짓된 판단, 즉 욥은 위선자일 수밖에 없다는 결론을 이끌어 내었다. 욥은 그들이 교리와 적용 둘 모두에 있어서 이러한 중대한 잘못을 저지른 것에 대하여 그들에게 진리를 허위로 날조한 죄를 묻지 않을 수 없다고 생각한다. 무심코 거짓말을 하는 것도 아주 나쁜 짓인데, 머리를 써서 의도적으로 거짓말을 날조해 낸 것은 얼마나 나쁜 짓이겠는가. 그렇지만 사람이 순수하거나 뛰어나다고 해서 이러한 잘못을 저지르지 않는 것은 아니다.

2. 그들은 비열하게 그를 속였고, 그것은 무자비한 짓이었다는 것. 그들은 의원인 체하며 그를 치유하려 하였다. 그러나 그들은 다 쓸모 없는 의원들, 즉 "우상(偶像)만큼이나 내게 좋은 것을 아무것도 해줄 수 없는 돌팔이 의원들"이었다. 그들은 그의 상태를 알지도 못하고 어떻게 처방해야 하는지도 모르는 쓸모 없는 의원들, 병들을 다 치료해 줄 것처럼 큰소리치지만 정작 환자에게 아무것도 해주는 것이 없는 돌팔이 의원들이었다. 욥은 그의 친구들이 해준 말로 인해서 더 지혜로워진 것이 아무것도 없었다. 이렇게 상한 심령과 상처 받은 양심을 고치는 일에서는 모든 피조물은 그리스도가 없이는 아무 짝에도 쓸모 없는 의원들일 뿐이어서, 사람들은 전재산을 쏟아부어서 고치고자 하지만 나아지는 것은 하나도 없고 도리어 그들의 병은 악화되어만 갈 뿐이다(막 5:26).

Ⅳ. 욥은 그의 친구들에게 잠잠코 인내심을 가지고 들어줄 것을 부탁함 (5-6절).

1. 욥은 그들이 이미 너무 많은 말을 했기 때문에 지금부터는 아무 말도 하지 않는 편이 그들의 신상에 이로울 것이라고 생각함. "너희가 잠잠하기를 원하노라 그것이 너희의 지혜가 되리라. 왜냐하면, 그래야만 너희가 지금까지 한 말 속에서 드러난 너희의 무지와 악한 본성이 그나마 숨겨질 것이기 때문이다." 그들은 욥이 말하는 것을 듣고서 도저히 참을 수 없어서 말하는 것이라고 항변하였었다(4:2; 11:2-3). 그러나 욥은 그들에게 그들이 잠잠하였더라면 그들의 명성에 더 좋았을 것이라고 말한다. 아무 쓸데 없는 말을 하거나 하나님을 욕되게 하고 형제들을 근심하게 만드는 말을 하느니 차라리 아무 말도 하지 않는 편이 낫다. 미련한 자라도 잠잠하면 그의 미련함이 말을 통해서 겉으로 드러나지 않기 때문에 지혜로운 자로 여겨진다(잠 17:28). 침묵은 그 사람이 지혜롭다는 것을 보여주는 증거임과 동시에 남의 말을 듣고 생각할 시간을 주기 때문에 지혜로울 수 있는 수단이 되기도 한다.

2. 욥은 그들이 조금이라도 그에게 의롭게 행하고자 한다면 자기가 이제부터 하고자 하는 말을 들어 주어야 한다고 생각함. 너희는 나의 변론을 들어 보라. 그들은 욥이 하는 말을 중간에서 가로막지는 않았지만, 아마도 욥이 하는 말을 대수롭지 않게 여겨서 별로 주의해서 듣지 않았던 것 같다. 그래서 욥은 그들이 그의 말을 그저 듣기만 하지 말고, 귀를 기울여 경청해 달라고 부탁한다. 우리는 우리가 어떤 이유로 좋지 않게 생각하는 자들이 그들 자신을 위하여 뭔가를 변명하는 말을 들을 때에 그들이 하고자 하는 말이 무엇인지를 정성껏 귀를 기울여 들어 주어야 한다는 것을 명심하라. 우리가 어떤 자들을 짓밟아 주고 싶은 마음이 드는 경우에도, 그들의 말을 공정하게 듣기만 한다면, 우리는 그들을 용서하는 것이 옳다는 것을 알게 될 때가 많다.

Ⅴ. 욥은 그의 친구들에게 그들이 하나님을 대변하는 체하였지만 사실은 하나님을 욕되게 했다는 것을 깨우쳐 주고자 애씀(7-8절).   그들은 하나님을 옹호하고 대변한다는 데에 큰 자부심을 갖고서, 하나님이 욥에게 하신 일들이 옳다는 것을 증명해 보이고자 하였었다. 왕이신 하나님의 모사로 행하고 있다고 생각하였던 그들은 법정이 그들의 말을 경청해 줄 뿐만 아니라 그들의 말에 따라서 판결을 내려줄 것이라고 기대하였다. 그러나 욥은 그들에게 다음과 같은 것들을 분명하게 말해 준다.

1. 하나님에게는 그 또는 그의 뜻을 대변해 줄 자들이 필요없다는 것. "너희

는 마치 하나님의 의로움이 가리어져 있어서 분명히 드러낼 필요가 있고, 하나님이 무슨 말을 하실지 어쩔 줄 몰라서 너희에게 그를 대변해 주기를 바라신다는 듯이, 너희가 하나님을 위하여 변론하려고 생각하는 것이냐? 너무나 연약하고 혈기에 가득한 너희가 감히 하나님의 뜻을 대변하는 영광을 얻고자 하는 것이냐?" 선한 일은 악한 자의 손에 맡겨져서는 안 된다. 너희가 하나님의 낯을 따르려고 하는 것이냐? 의롭지 않은 자들이 하나님의 뜻을 전하고자 한다면, 하나님의 뜻은 그들의 의롭지 않은 인격 때문에 편파적으로 왜곡되고 만다. 그러나 하나님의 뜻은 아주 의롭기 때문에, 그 뜻을 밑받침해 줄 어떤 것들을 필요로 하지 않는다. 하나님은 사람이 아니고 신(神)이시기 때문에 스스로 변론할 수 있으시다(삿 6:31). 너희가 영원히 잠잠히 있기만 한다면, 하늘이 하나님의 의를 선포할 것이다.

2. 그들의 섣부른 시도 때문에 하나님의 뜻이 훼손되었다는 것. 그들은 욥에게 환난을 보내신 하나님이 의로우시다는 것을 증명한다는 미명 아래 고압적인 자세로 욥을 위선자이자 악인으로 단죄하였다. 욥은 이렇게 말한다: "그것은 악하게 말하는 것이고(무자비하게 비난해서 형제에게 상처를 주는 것은 큰 악이고 하나님을 진노케 하는 일이기 때문에), 속임을 말하는 것이다. 왜냐하면, 너희의 양심도 단죄할 수 없는 자인 나를 너희가 단죄하고 있기 때문이다. 너희가 내세우는 원리들은 거짓되고, 너희의 논증은 오류 투성이인데, 너희가 이것은 하나님을 위한 것이라고 말한다고 해서, 그것이 용서가 되겠는가?" 아무리 좋은 의도로 한다고 해도 악한 말이나 행동이 정당화되거나 거룩하게 되는 것은 아니기 때문이다. 하나님이 자신의 진리를 드러내는 데에는 우리의 거짓말을 필요로 하지 않고, 하나님이 자신의 뜻을 드러내는 데에는 우리의 죄악된 술수나 혈기를 필요로 하지 않는다. 사람의 분노는 하나님의 의를 이루지 못하고, 우리는 선을 이루기 위하여 악을 행할 수 없다(롬 3:7-8). 경건한 거짓말(사람들은 그런 것들을 이렇게 부른다)은 불경스러운 협잡에 다름아니다. 여호와께서 영광을 받으소서라고 말하며 신앙의 이름으로 형제들을 미워하고 쫓아내며 박해하는 자들은 하나님의 이름을 끔찍하게 모독하는 것이다(사 66:5; 요 16:2).

VI. 욥은 그의 친구들이 하나님의 심판에 대한 두려움에 사로잡혀서 정신을 차리게 만들려고 애씀. 그들은 그들과 같은 사람들을 속여 먹듯이 하나님을 속여 먹거나, 하나님을 위한 열심과 하나님을 높이고자 하는 열심을 가장해서 악한 일들을 행함으로써 하나님의 호의를 얻을 수 있을 것이라고 생각해서는 안 된다. "사람이 감언이설로 사람을 우롱하듯이, 너희는 감언이설로 하나님을 우롱하고 속일 수 있을 것이라고 생각하는 것이냐?" 장담하건대, 하나님을 속일 수 있다고 생각하는 자들은 결국 스스로 속임을 당하게 될 것이다. 스스로 속이지 말라 하나님은 업신여김을 받지 아니하시느니라(갈 6:7). 즉, 자기 생각에 스스로 속아넘어가서 하나님을 갖고 놀 수 있다고 생각하지 말라는 것이다. 욥은 그들이 하나님을 우롱하고 모욕하려는 생각을 버리게 하려고 그들로 하여금 하나님과 그들 자신에 대하여 깊이 생각함으로써 그들이 감히 하나님을 대변할 수 없다는 것을 깨닫게 하고자 한다.

1. 그들은 그들이 자신의 몸을 던져서 그토록 섬기고자 하였지만 실제로는 많은 폐를 끼치기만 하였던 하나님이 어떤 분이신지를 깊이 생각해 보고, 과연 그들이 지금까지 한 짓을 하나님께 부끄럼 없이 해명할 수 있는지를 물어보아야 한다는 것.

(1) 하나님이 그들을 엄밀하게 감찰하신다는 것(9절). "하나님이 너희를 감찰하시면 좋겠느냐. 하나님이 너희가 나를 비난하는 데에 근거로 삼았던 원리들을 찬찬히 들여다보시고 그 밑바닥까지 살펴보셔도, 너희는 괜찮겠느냐?" 우리는 모두 하나님이 사람들의 마음을 감찰하시는 것이 과연 우리에게 득이 될지 해가 될지를 진지하게 생각해 보아야 한다는 것을 명심하라. 정직하고 올바른 자는 하나님이 자기를 감찰하시기를 원하기 때문에 다음과 같이 기도한다: 하나님이여 나를 살피사 내 마음을 아시며 나를 시험하사 내 뜻을 아옵소서(시 139:23). 모든 것을 다 아시는 하나님은 그가 정직하다는 것을 증명해 줄 증인이시기 때문이다. 그러나 겉과 속이 다른 자에게는 하나님이 그를 낱낱이 감찰하신다는 것은 나쁜 일이고 당혹스러운 일이다.

(2) 그들에 대한 하나님의 책망과 진노가 엄하리라는 것(10절). "만일 너희가 몰래 사람들의 낯을 따를진대, 그것이 은밀하게 마음속에서 이루어진 것이라고 해도, 하나님은 반드시 너희를 책망하시리라. 어떤 왕이나 큰 자가 그의 종들이 그의 이름으로 그의 이익을 위한답시고 비열한 행위를 하였을 때에 그 종들에게 화를 내는 것이 당연하듯이, 하나님은 너희가 하나님을 옹호하고 대변한다는 미명 아래 나를 비난한 것을 기뻐하시기는커녕 너희에게 크게 화를 내실 것

이다." 우리가 나쁜 짓을 했다면, 우리는 그것을 아주 은밀하게 행했다고 하여도 언젠가는 이런저런 방식으로 반드시 책망을 받게 되리라는 것을 명심하라.

(3) 하나님의 엄위하심은 몹시 두려운 것이라는 것(11절). 만약 그들이 하나님의 엄위하심에 대하여 올바르게 경외심을 지니고 있었다면, 그들은 하나님의 진노를 살 짓을 할 엄두를 내지 못했을 것이다. "그의 존귀가 너희를 두렵게 하지 않겠느냐. 하나님을 잘 알고 믿으며 두려워한다고 하는 너희가 어떻게 감히 이런 식으로 말을 하며, 이렇게 방자하게 말을 할 수 있는가. 너희는 하나님을 경외하는 가운데 행하고 말해야 마땅하지 않느냐(느 5:9). 그의 두려움이 너희 위에 임하여 너희의 혈기를 통제하지 않겠느냐." 욥의 친구들은 욥에 대하여 정반대의 평가를 내렸지만, 사실 욥은 하나님의 두려우심을 몸소 알고 하나님에 대한 거룩한 두려움 속에서 살았던 자로서 이런 말을 하고 있는 것이라고 나는 생각한다.

[1] 하나님 안에는 두려울 정도의 존귀가 있다는 것. 하나님은 가장 존귀하신 존재이고, 하나님 안에는 모든 존귀한 것들이 있으며, 그 각각의 존귀한 것은 그 어떤 피조물이 지닌 존귀한 것보다 무한히 뛰어나다. 하나님 안에 있는 존귀한 것들은 사랑스럽고 사랑할 만하다. 하나님은 가장 아름다우신 존재이다. 그러나 사람이 죄로 말미암아 타락함으로써 본질적으로 하나님으로부터 멀어졌다는 점을 고려하면, 하나님의 존귀한 것들은 사람에게는 두려운 것들이다. 하나님의 능력과 거룩과 공의, 그리고 그의 선하심도 두려울 정도로 존귀한 것들이다. 욥의 친구들은 하나님과 그의 선하심을 두려워하게 될 것이다.

[2] 이 두려운 존귀에 대한 거룩한 경외심이 우리에게 임하여 우리를 두렵게 만들리라는 것. 이것은 회개치 않는 죄인들을 정신차리게 하여서 회개로 이끌 것이고, 모든 사람들로 하여금 정성을 다해서 하나님을 기쁘게 해드리고 하나님을 진노케 하는 것을 두려워하게 만들 것이다.

2. 그들은 그들 자신이 어떤 존재인지, 즉 그들이 이 크신 하나님과 전혀 상대가 되지 않는 존재라는 것을 깊이 생각해 보아야 한다는 것(12절). "너희에 대한 기억들(너희가 죽고 난 후에 사람들이 너희에 대하여 기억해 주었으면 하고 바라는 모든 것)은 아무 쓸모 없는 재와 같아서 이리저리 날려가 사라져 버리고 말 것이고, 너희의 육신은 진흙으로 만든 흙덩이 같아서 부서져 없어져 버릴 것이다. 너희에 대한 기억은 너희의 육신보다 더 오래 남아 있을 것이라

고 너희는 생각할 것이다. 그러나 슬프게도 그것들은 재와 같아서, 사람들은 너희의 육신과 더불어서 너희에 대한 기억도 땅에 묻어 버릴 것이다." 우리 자신의 보잘것없음과 죽을 수밖에 없는 운명을 깊이 생각한다면, 우리는 하나님을 진노케 하는 것을 두려워하게 될 것이고, 우리 형제들을 멸시하고 짓밟지 않아야 될 이유를 발견하게 될 것임을 명심하라. 패트릭(Patrick) 주교는 이 절을 여기에서와는 달리 다음과 같이 해석한다: "너희가 하나님을 위한답시고 한 말들은 재와 같고, 너희가 무수히 쏟아 놓은 주장들은 단지 잿더미에 불과하다."

[13]너희는 잠잠하고 나를 버려두어 말하게 하라 무슨 일이 닥치든지 내가 당하리라 [14]내가 어찌하여 내 살을 내 이로 물고 내 생명을 내 손에 두겠느냐 [15]그가 나를 죽이시리니 내가 희망이 없노라 그러나 그의 앞에서 내 행위를 아뢰리라 [16]경건하지 않은 자는 그 앞에 이르지 못하나니 이것이 나의 구원이 되리라 [17]너희들은 내 말을 분명히 들으라 내가 너희 귀에 알려 줄 것이 있느니라 [18]보라 내가 내 사정을 진술하였거니와 내가 정의롭다 함을 얻을 줄 아노라 [19]나와 변론할 자가 누구이랴 그러면 내가 잠잠하고 기운이 끊어지리라 [20]오직 내게 이 두 가지 일을 행하지 마옵소서 그리하시면 내가 주의 얼굴을 피하여 숨지 아니하오리니 [21]곧 주의 손을 내게 대지 마시오며 주의 위엄으로 나를 두렵게 하지 마실 것이니이다 [22]그리하시고 주는 나를 부르소서 내가 대답하리이다 혹 내가 말씀하게 하옵시고 주는 내게 대답하옵소서

욥은 여기에서 사람들이 자신의 온전한 신앙을 그에게서 빼앗아가지 못하게 하기라도 하려는 듯이 다시 한 번 자신의 결백을 강력하게 주장한다. 이 문제에 있어서의 그의 단호함은 칭찬할 만한 것이고, 그가 이 부분에서 감정이 격해지는 것은 어느 정도 용납될 수 있다.

I. 욥은 그의 친구들을 비롯해서 모든 무리들에게 자기를 내버려 두고 자기가 앞으로 무슨 말을 하든지 그의 말을 끊지 말고(13절) 성심껏 경청해 달라고 간청함(17절). 그는 사람들이 그의 항변을 결정적인 것으로 들어주기를 바란다. 왜냐하면, 하나님과 욥 자신 외에는 아무도 욥의 마음을 알지 못하기 때문이다. "그러므로 너희는 잠잠하고, 내게 더 이상 아무 말도 하지 말며, 단지 내가 하는 말을 성심껏 경청하고, 나의 말이 진실이라는 나의 맹세를 받아들여서

이 논쟁이 끝나게 해 달라."

Ⅱ. 욥은 자신의 신앙에 흠이 없다는 자신의 양심의 증언을 그대로 받아들여서 고수하기로 결심함. 그의 친구들은 그의 그러한 태도를 보고 그를 완악하다고 말하였지만, 그런 비난은 그의 확고한 결심을 흔들어 놓지 못하였다. "나는 나를 변호하는 말을 하리니, 무슨 일이 닥치든지 내가 당하리라(13절). 나의 이러한 태도를 나의 친구들은 그들 나름대로 해석해서 나를 더 좋지 않게 생각하겠지만, 그래도 나는 괜찮다. 하나님은 너희와는 달리 내가 나를 변호하기 위해 꼭 필요한 해명을 한다고 해서 그것을 범죄라고 여기지 않으실 것이다. 하나님은 나를 의롭다 하실 것이니(18절), 내가 잘못 되는 일은 없을 것이다." 자기가 올바르기 때문에 확신을 가지고 있는 자들은 그에게 무슨 일이 일어나도 기꺼이 받아들일 수 있다는 것을 명심하라. 무슨 일이 닥치든지, 그들은 그 일을 맞을 각오가 되어 있다. 욥은 그 자신의 길을 고수하기로 결심한다(15절). 그는 하나님 앞에서 정직하게 행함으로써 그가 지니고 있었던 만족감을 결코 포기하고 싶지 않았다. 그는 그가 지금까지 말한 것들이 한 마디 한 마디 다 옳다는 것을 증명할 수는 없었지만, 전체적으로 그의 길이 선하였기 때문에, 그의 길을 고수해 나가고자 하였다. 여호와여 구하오니 내가 진실과 전심으로 주 앞에 행하며 주께서 보시기에 선하게 행한 것을 기억하옵소서(왕하 20:3)라고 호소하였던 히스기야처럼, 욥의 신앙에 흠이 없다는 것이야말로 욥으로 하여금 현재의 상황을 이겨나갈 수 있게 해준 큰 버팀목이었는데, 어떻게 욥이 그것을 포기할 수 있겠는가? 욥은 자신의 주장을 배신하거나 버리고자 하지 않았고, 도리어 자신의 신앙이 진실하다는 것을 공개적으로 공언하였다. "내가 잠잠하고 내 자신을 변호하는 말을 하지 않고 말을 참는다면, 나는 영원히 침묵하게 될 것이다. 왜냐하면, 내가 할 말을 하지 못한다면, 나는 분명히 기운이 끊어져 숨을 거두게 될 것이기 때문이다(19절)." 나중에 엘리후도 "비록 내가 말을 해서 나의 옳음이 입증되지 못한다고 하여도, 내가 말을 하여야 시원할 것이라"(32:17, 20)고 말한다.

Ⅲ. 욥은 자기가 극심한 고통과 처절한 상황에 처해 있다고 하소연함(14절). 내가 어찌하여 내 살을 내 이로 물겠느냐.

1. "어째서 내가 그런 극심한 고통과 괴로움을 당해야 하는가? 하나님은 내가 악인이 아니라는 것을 잘 알고 계실 텐데 왜 이토록 큰 고통을 내게 주시는

지 나는 도무지 이해가 가지 않는다." 그는 고통이 너무 커서 자신의 옷만이 아니라 자신의 살까지도 찢어 버리고 싶은 심정이었고, 자기가 죽음의 문턱에 와 있고 그의 목숨이 저승사자의 손 안에 놓여 있는 것을 보았지만, 그의 친구들은 그가 어떤 엄청난 죄를 지었다고 고소할 수 없었고, 그 자신도 자기에게서 그런 죄를 발견할 수 없었다. 그러므로 그가 이토록 혼란스러워 하는 것도 무리는 아니었다.

2. "어째서 내가 나의 결백을 주장하는 항변을 꾹 눌러 참고 있어야 하는가?" 큰 어려움에 처한 사람은 자기가 할 말을 하지 못하고 참아야 할 때에 자기 입술을 깨물곤 한다. 욥은 이렇게 말한다: "어째서 내가 할 말을 하지 못하고, 이렇게 스스로 속을 끓이고 더 고통스러워하며 속 터져서 죽을지도 모르는 위험을 감수해야 하는가?" 아무리 인내심이 많은 사람이라도 그가 다른 모든 것을 잃은데다가 그의 선한 양심과 선한 이름으로 인한 위로조차 받지 못한다면(그가 그런 위로를 받을 만한 자라면), 그는 괴로워서 미치고 말 것이다.

IV. 욥은 하나님 안에서 위로를 얻고, 여전히 하나님을 굳게 신뢰함. 좀 더 살펴보자.

1. 욥은 하나님을 의지하여 무엇을 기대하는가. 의롭다 하심(칭의)과 구원 — 이것들은 우리가 그리스도로 말미암아 소망하는 두 가지 큰 것들이다.

(1) 의롭다 하심(18절). 내가 이 문제 전체와 관련해서 내 사정을 진술하였거니와 내가 의롭다 함을 얻을 줄 아노라. 그는 그의 대속자가 살아 계시는 것을 알고 있었기 때문에 자기가 의롭다 함을 얻을 줄을 알았다(19:25). 하나님 앞에서 그 마음이 정직하고 육체를 따라서 행하는 것이 아니라 성령을 좇아 행하는 자들은 그리스도로 말미암아 그들에게 정죄함이 없을 것이고, 누가 그들을 그 어떤 것으로 고소한다고 할지라도 그들이 의롭다 함을 얻게 될 것이라는 확신을 가질 수 있다. 그들은 그들이 그렇게 될 것임을 안다.

(2) 구원(16절). 또한, 하나님이 나의 구원이 되리라. 욥이 여기에서 말하는 구원은 이 세상에서의 구원(그는 이것을 거의 기대하지 않는다)이 아니라, 그가 얻게 될 영원한 구원이다. 그는 하나님이 그의 구원자가 되셔서 그를 복되게 해주실 뿐만 아니라, 그의 구원이 되셔서 그가 그 소망을 바라보며 기뻐하게 해주실 것을 확신하였다. 하나님이 그를 구원해 주실 것이라고 그가 확신한 이유는 경건하지 않은 자(또는, 위선자)는 그 앞에 이르지 못할 것이지만, 그는 자

기가 위선자가 아니라는 것을 알고 있었고, 하나님은 위선자 외에는 누구든 다 거절하지 아니하시는 분이므로, 자기가 하나님에게 거절당하지 않을 것이라고 결론을 내렸기 때문이다. 복음적으로 말할 때, 정직함은 우리의 온전함이다. 정직함만 있다면, 우리가 망하는 일은 결코 없을 것이다.

2. 욥은 어떤 변함없는 마음으로 하나님을 의지하는가. 그가 나를 죽이실지라도 나는 그를 신뢰하리라(KJV:15절). 하나님이 나를 죽이실지라도 내가 하나님을 신뢰하겠다는 말은 신앙의 높은 경지를 표현한 것으로서, 이것은 우리 모두가 도달하고자 애써야 할 경지이다. 즉, 하나님이 우리를 적으로 여기시고 치시는 것처럼 보인다고 하여도, 우리는 여전히 하나님을 친구로 여겨서 기뻐하여야 한다는 것이다(23:8-10). 우리는 모든 것이 우리를 대적하는 것처럼 보인다고 하여도, 결국에는 모든 것이 합력하여 우리에게 선을 이루리라는 것을 믿어야 한다(렘 24:5). 우리가 우리의 신앙적인 본분과 도리를 다하기 위해서 이 세상에서 우리에게 소중한 모든 것, 심지어 우리의 목숨까지 잃는다고 하여도, 우리는 참고 인내하며 그 길을 전진해 나아가야 한다(히 11:35). 우리는 모든 길이 다 막혀서 하나님의 약속이 성취될 일말의 가망성조차 없어져 보일지라도 하나님이 그 약속을 이루실 줄을 믿어야 한다(롬 4:18). 우리는 우리에게 기뻐할 일이 전혀 없을 때에 하나님을 기뻐하여야 하고, 하나님 안에서 잠시 위로를 얻을 수 없을지라도 여전히 하나님을 꼭 붙들어야 한다. 우리가 죽는 그 순간에도 우리는 하나님을 의지하여 위로를 얻어야 한다. 이것이 하나님이 우리를 죽이실지라도 하나님을 신뢰하는 것이다.

V. 욥은 하나님이 담판의 전제조건들을 들어주시기만 한다면 그의 문제를 놓고 하나님과 직접 담판해 보기를 원함(20-22절). 그는 앞에서도 하나님과 변론해 보았으면 좋겠다고 말했었는데(3절), 지금도 그 생각은 변함이 없었다. 그는 하나님이 다음과 같은 두 가지 조건을 들어주시기만 한다면 자기가 숨지 아니하겠다고 말한다. 즉, 하나님의 심문을 거부하지 않고 그 결과를 두려워하지도 않겠다는 것이다.

1. 하나님이 이 극심한 고통으로 그의 육신을 고문하시지 말아 달라는 것. "주의 손을 내게서 물리시고 내게 대지 마소서. 왜냐하면, 내가 이 극심한 고통 중에 있는 동안에는 아무것도 제대로 할 수 없기 때문이나이다. 이런 상태에서는 내가 내 친구들에게는 그럭저럭 대답할 수 있지만, 하나님을 상대해서는 어

떻게 말해야 할지를 알지 못하나이다." 하나님과 대화하고자 한다면, 우리는 마음을 침착하게 가라앉히고, 가능한 한 우리를 불안하게 만들 수 있는 모든 것으로부터 자유로워질 필요가 있다.

2. 하나님의 무시무시한 위엄으로 그를 두렵게 하지 말아 달라는 것. "주의 위엄으로 나를 두렵게 하지 마실 것이니이다. 나로 하여금 주의 나타나심을 친숙하게 받아들일 수 있게 해주시든지, 아니면 주의 임재를 마음의 혼란이나 동요 없이 견뎌낼 수 있게 해주소서." 모세조차도 하나님 앞에서 두려워 떨었고, 이사야와 하박국도 마찬가지였다. 하나님이여, 주는 성소에서조차도 두려우신 분이나이다(시 68:35). 욥은 이렇게 말한다: "주여, 나로 하여금 이 육신의 고통과 더불어서 나의 심령조차 주 앞에서 너무 놀라 두려워하게 하지 마옵소서. 그렇게 된다면, 나는 분명히 얼이 빠져서 할 말을 전혀 하지 못하게 될 것이기 때문이나이다." 사람이 회개하고 회심하는 것을 병상에 누울 때와 임종의 때까지 미루는 것은 얼마나 어리석은 일인지를 보라. 악한 자는 말할 것도 없이 선한 자조차도 극심한 고통과 죽음의 공포 아래에서 어떻게 하나님과 허심탄회하게 대화하여 그 앞에서 의롭다 하심을 받을 수 있겠는가? 그러한 때에 사람이 아직 해야 할 큰 일을 남겨 두고 있다면, 그 사람의 처지는 정말 최악이 될 것이다. 그러나 욥처럼 이미 할 일을 다 마쳐 놓은 상태에서 그러한 때를 맞이한다면, 그의 마음은 참 편할 것이다. 욥은 그에게 약간의 숨 쉴 시간만 주어진다면 다음 둘 중의 하나를 할 준비가 되어 있었다.

(1) 그는 하나님이 그의 말씀을 통해서 그에게 말씀하시는 것을 듣고 거기에 대답할 준비가 되어 있다는 것. 주는 나를 부르소서 그리하시면 내가 대답하리이다.

(2) 그는 기도를 통해서 하나님께 아뢰고 응답을 기다릴 준비가 되어 있다는 것. 내가 말씀하게 하옵시고 주는 내게 대답하옵소서(22절). 이 말을 그가 동일한 취지로 말하였던 9:34-35과 비교해 보라. 요컨대, 현재에 있어서 그의 상황은 그가 도저히 극복할 수 없을 정도로 절망적인 상황이었다는 것이다. 현재의 상황이 그렇지 않았다면, 그는 자신의 현재의 신앙이 옳다는 것을 온전히 확신하고서, 결국에는 현재의 구름이 걷혀서 그 신앙으로 인한 위로를 얻게 되리라는 것을 의심하지 않았을 것이다. 정직한 자는 이러한 거룩한 담대함을 지니고 은혜의 보좌 앞에 나아가고, 거기서 은혜를 얻게 될 것을 의심하지 않는다.

²³나의 죄악이 얼마나 많으니이까 나의 허물과 죄를 내게 알게 하옵소서 ²⁴주께서 어찌하여 얼굴을 가리시고 나를 주의 원수로 여기시나이까 ²⁵주께서 어찌하여 날리는 낙엽을 놀라게 하시며 마른 검불을 뒤쫓으시나이까 ²⁶주께서 나를 대적하사 괴로운 일들을 기록하시며 내가 젊었을 때에 지은 죄를 내가 받게 하시오며 ²⁷내 발을 차꼬에 채우시며 나의 모든 길을 살피사 내 발자취를 점검하시나이다 ²⁸나는 썩은 물건의 낡아짐 같으며 좀 먹은 의복 같으니이다

이 단락에는 다음과 같은 내용들이 나온다.

I. 욥은 자신의 죄가 무엇인지를 묻고, 그 죄를 그에게 알려 달라고 간구함. 그는 하나님을 향하여 그의 죄가 얼마나 많은지를 묻고(나의 죄악이 얼마나 많으니이까), 그 구체적인 내용을 알려 달라고 간구한다. 나의 허물과 죄를 내게 알게 하옵소서(23절). 그의 친구들은 그에게 그의 죄가 많고 크다고 거침없이 말하지만(22:5), 그는 이렇게 말한다. "그러나 주여, 주께서 직접 내게 알려 주소서. 왜냐하면, 주의 판단은 진리대로 되지만 그들의 판단은 그렇지 않기 때문이나이다." 이것은 다음 중의 하나로 해석될 수 있다.

1. 하나님이 그를 가혹하게 대하셨다고 혈기를 부리며 불평하는 말. 욥은 자신의 잘못 때문에 벌을 받고 있으면서도, 자기가 무슨 잘못을 했는지에 대해서는 듣지 못하고 있다고 생각하였다.

2. 친구들의 비난을 하나님이 직접 판단해 주시도록 지혜롭게 하나님께 호소하는 말. 그는 그의 친구들이 의심하는 것과는 달리 그의 죄가 그리 많지도 않고 크지도 않다는 것이 밝혀지게 될 것임을 알고서, 하나님이 그의 모든 죄를 백일하에 다 드러내어 주시기를 바랐다.

3. 엘리후가 그에게 해준 조언을 따라 하나님께 그렇게 해주시라고 경건하게 요청하는 말. 내가 깨닫지 못하는 것을 내게 가르치소서(34:32). 진심으로 회개하는 자는 자기가 얼마나 나쁜 자인지, 즉 자신의 최악의 모습을 알기를 원한다는 것을 명심하라. 우리는 모두 우리가 지은 죄악들을 구체적으로 고백하고 이후에는 그런 죄악들을 짓지 않도록 조심하기 위해서 우리의 죄악들이 무엇인지를 알기를 원하여야 한다.

II. 욥은 하나님이 그에게서 떠난 것을 비통해하며 몹시 서운해함(24절). 주께서 어찌하여 얼굴을 가리시나이까. 욥에게 이것은 그의 외적인 환난들보다

도 더 고통스러운 것이었다. 재산과 자녀와 건강을 잃었어도 하나님의 사랑은 얼마든지 그를 떠나지 않을 수 있었다. 그리고 지금이 그런 상황이었다면, 그는 주의 이름을 송축할 수 있었을 것이다. 그러나 하나님은 그의 영혼까지 괴롭게 하셨고(27:2), 그가 여기에서 탄식하는 것은 바로 이 때문이었다.

1. 전능자의 은총들이 다 중단되었다는 것. 하나님은 그에게 낯선 분이신 것처럼 얼굴을 가리셨고, 그를 기뻐하지 않으시고 꺼려 하시며, 그를 안중에도 두지 않으신다.

2. 전능자의 두려움들이 그에게 임하였다는 것. 하나님은 그를 원수로 여기시고, 그를 향하여 화살들을 쏘셨으며(6:4), 그를 표적으로 삼으셨다(7:20). 성령께서는 종종 이 세상에서 그의 가장 훌륭하고 소중한 성도들과 종들에게 그의 은총들을 베풀기를 거절하시고 그의 두려움들을 나타내신다는 것을 명심하라. 이러한 일은 신령한 삶을 만들어 내는 과정에서만이 아니라 종종 신령한 삶을 살아가고 있는 도중에도 일어난다. 하늘로부터의 은혜들이 사라지고, 하나님과의 생생한 교통이 중단되며, 하나님의 진노에 대한 두려움이 임하고, 하늘의 위로가 끊어지는 절망적인 상황이 잠시 지속된다(시 77:7-9; 88:7, 15-16). 이것은 하나님의 사랑을 자기 목숨보다 더 소중히 여기는 은혜 받은 영혼에게는 참으로 괴롭고 힘든 일이다(잠 18:14): 심령이 상하면 그것을 누가 일으키겠느냐. 욥은 여기에서 주께서 어찌하여 얼굴을 가리시나이까라고 물음으로써 우리에게 어느 때라도 하나님이 우리에게서 떠나셨다는 것을 우리가 느꼈을 때에 그 이유, 즉 하나님이 우리의 어떤 죄 때문에 우리를 징계하시려 하시는지, 우리를 위해 의도하신 선한 것이 무엇인지를 하나님께 물어야 한다는 것을 가르친다. 욥이 받은 고난은 그리스도의 고난의 모형이었다. 그리스도에게서 사람들만이 얼굴을 가린 것이 아니라(사 53:3), 그가 십자가 위에서 나의 하나님 나의 하나님 어찌하여 나를 버리셨나이까(마 27:46)라고 부르짖으셨을 때에 어둠이 그를 둘러싼 것이 보여주듯이, 하나님도 그 얼굴을 가리셨다. 하나님께서 이 푸른 나무들에게도 이렇게 하실진대, 마른 나무들에게는 어떻게 하시겠는가? 그들은 영원히 버림을 받게 될 것이다.

III. 욥은 자기가 하나님 앞에 설 수조차 없는 철저히 무력한 자라는 것을 겸손하게 호소함(25절). "주께서 어찌하여 날리는 낙엽을 놀라게 하시며 마른 검불을 뒤쫓으시나이까. 주여, 이미 엎드러져 있는 자를 짓밟으시고, 저항할 그 어떤 힘도 가지고 있지 않은 자를 때려부수시는 것이 어떻게 주께 영광이 되겠나이까?" 우리는 하나님은 상한 갈대를 꺾지 아니하시는(마 12:20) 분이라는 것을 믿기 때문에 하나님의 선하심과 긍휼하심에 대하여 신뢰를 가져야 한다는 것을 명심하라.

IV. 욥은 하나님이 그를 심하게 대하시는 것이 너무 서운하다고 하소연함. 그는 하나님이 이렇게 그와 다투시는 것이 그의 죄악들 때문이라는 것을 인정하지만, 그래도 하나님이 그를 대하시는 것이 너무 심하다고 생각한다.

1. 하나님은 그가 오래 전에 범한 죄들을 기억해 내셔서 지금 그에게 벌을 주고 계시고, 그가 젊었을 때에 지은 죄들에 대하여 책임을 묻고 계신다는 것(26절). 주께서 나를 대적하사 괴로운 일들을 기록하시나이다. 환난들은 괴롭고 쓴 일들이다. 그 일들을 기록한다는 것은 나중에 벌을 주기 위해서 그 증거로서 의도적으로 기록하는 것을 의미한다. 또한, 그것은 그의 환난이 지속되리라는 것을 의미하는 것이기도 하다. 왜냐하면, 기록된 것은 계속 남아 있기 때문이다. "주께서는 내가 젊었을 때에 지은 죄를 내가 받게 하시나이다. 즉, 주께서는 내가 젊은 시절에 범한 죄악들을 근거로 나를 벌하시고, 내게 그 죄악들을 상기시키시며, 그 죄악들에 대하여 다시 회개하라고 압박하시나이다."

(1) 하나님은 종종 그의 가장 선하고 소중한 성도들과 종들을 낮추시고 시험하시며 그들의 나중이 잘 되게 하시기 위하여, 그들에게 외적인 환난들과 내적인 불안, 육신과 마음의 괴로움 등을 가져다 준 그들의 괴로운 일들, 즉 그들의 죄악들을 기록하신다는 것.

(2) 젊은 시절에 지은 죄악들은 흔히 늙었을 때에 괴로움으로 돌아와서 내적으로는 근심을 가져다 주고(렘 31:18-19) 외적으로는 고난을 가져다 준다는 것(20:11). 세월이 흐른다고 해서, 죄책이 없어지는 것은 아니다.

(3) 하나님이 우리의 죄악으로 인한 괴로운 일들을 기록하시는 것은 우리가 잊어버린 죄악들을 우리에게 상기시켜 주셔서, 우리로 하여금 그 죄악들을 뉘우치고 우리에게서 끊어내 버리게 하기 위한 것이라는 것. 우리의 죄 없이함을 받을 결과는 이로 말미암는다(사 27:9).

2. 하나님은 그의 현재의 잘못들과 실책들을 낱낱이 다 살피셔서 아주 심하게 나무라신다는 것(27절). "주께서 내 발을 차꼬에 채우셔서 나를 괴롭게 하시고 수치를 당하게 하시며 주의 진노를 피할 수 없게 하실 뿐만 아니라, 나의 모

든 움직임들과 내가 하는 모든 길을 철저하게 감시하고 살피시다가 내가 조금이라도 다른 데를 보거나 말 한 마디라도 잘못하면 나를 징계하신다. 아니, 주께서는 내 발 뒷꿈치에 표시를 해놓으시고서, 나를 벌하시기 위한 목적으로 내가 잘못하는 모든 것을 다 기록하신다. 또는, 내가 조금이라도 헛디뎠다가는 여지없이 벌을 받으니, 벌이 죄의 발 뒷꿈치를 바짝 따라다닌다. 그러므로 내가 젊은 시절에 지은 죄악과 최근에 지은 죄악이 모두 내가 지금 겪는 재난의 원인이 되고 있도다."

(1) 하나님이 이렇게 욥을 칠 빌미를 찾기 위해서 애쓰신다는 것은 사실이 아님. 하나님은 우리가 잘못하는 것들을 이렇게 극단적으로 표시하시고 기록하시는 분이 아니다. 만약 하나님이 그런 분이시라면, 우리 중에 살아 남아 있을 자가 누가 있겠는가(시 130:3). 그러나 다행히도 하나님은 결코 그런 분이 아니다. 하나님은 우리의 공과(功過)나 우리의 명백한 죄악들에 따라 우리를 다루시는 것이 아니다. 그러므로 욥이 여기에서 한 말은 욥의 암울한 심정에서 나온 것일 뿐이다. 평소의 욥이었다면, 그는 결코 이런 식으로 하나님을 가혹한 주인으로 말하지 않았을 것이다.

(2) 그러나 우리는 우리가 과거에 저지른 죄를 발견하고 장차 그와 동일한 죄를 저지르는 것을 미연에 방지하기 위해서, 우리 자신과 우리의 발걸음들에 항상 이와 같이 엄격한 잣대를 들이대야 한다는 것. 우리는 다 우리의 발이 행하는 길을 깊이 생각해 보는 것이 좋다(잠 4:26).

V. 욥은 자기가 하나님의 무거운 손 아래에서 신속하게 소멸되어 가고 있음을 발견함(28절).   사람은, 부패의 요인을 자체 속에 가지고 있는 썩은 물건이나 점점 더 상태가 나빠져가는 좀 먹은 의복 같이 소멸하나이다. 또는, 하나님은 썩이는 것이나 좀과 같이 나를 먹어 치우나이다. 이것을 호세아 5:12과 비교해 보라: 내가 에브라임에게는 좀 같으며 유다 족속에게는 썩이는 것 같도다. 또한, 시편 39:11을 보라: 주께서 죄악을 책망하사 사람을 징계하실 때에 그 영화를 좀먹음 같이 소멸하게 하시니 참으로 인생이란 모두 헛될 뿐이니이다. 사람은 기껏해야 빠르게 소멸되어 가는 존재라는 것을 명심하라. 그러나 특히 하나님의 책망하심 아래에서는 사람은 순식간에 소멸되어 버린다. 영혼에 성한 곳이 거의 없으니, 육신에 성한 곳이 거의 없는 것은 당연한 일이다(시 38:3).

$$\text{제 14 장}$$

개요

욥은 그의 친구들과 입씨름을 해보아야 아무 쓸데 없다는 것을 알고서는 그들에게 말하는 것을 그치고 직접 하나님을 향하여 말을 하기 시작하였는데, 여기에서도 계속해서 하나님을 향하여 말한다. 욥은 그의 친구들에게 그들이 연약하고 죽을 수밖에 없는 존재라는 것을 상기시켰었는데(13:12), 여기에서는 자기 자신에게 자기가 그런 존재라는 것을 상기시키고, 그런 사실을 근거로 그의 환난들을 좀 완화시켜 주시라고 하나님께 호소한다. 이 장에는 다음과 같은 내용들이 나온다. I. 인생에 대하여. 1. 인생은 짧다는 것(1절). 2. 인생은 슬픔으로 가득 차 있다는 것(1절). 3. 인생은 죄악되다는 것(4절). 4. 인생은 한정되어 있다는 것(5, 14절). II. 사람의 죽음에 대하여. 죽음은 우리의 현재의 삶에 종지부를 찍는 것이어서 우리는 다시 삶으로 되돌아갈 수 없고(7-12절), 죽음은 우리를 인생의 재난들로부터 숨기고(13절), 삶의 소망들을 소멸시키며(18-19절), 우리를 삶의 일에서 쫓아내고(20절), 우리가 이전에는 우리의 골육들에 대하여 아무리 많은 신경을 썼다고 할지라도 우리로 하여금 우리의 골육들에 대하여 아무것도 모르게 만들어 버린다는 것(21-22절). III. 욥이 이 모든 것을 활용함. 1. 그는 이러한 사실을 들어서 하나님께 호소함. 그는 하나님이 그를 지나치게 엄격하고 가혹하게 대하고 있다고 생각했기 때문에(16-17절), 그의 연약함을 고려하셔서 그와 다투려 하지 마시고(3절) 그에게 숨 쉴 틈을 좀 주시라고 애원한다(6절). 2. 그는 스스로 죽음을 준비하면서(14절), 죽음이 그에게 편안한 것이 될 것이라고 스스로를 격려함(15절). 이 장은 장례식에 어울린다. 이 장을 진지하게 묵상한다면, 우리는 다른 사람들의 죽음을 통해서 교훈을 얻고 우리 자신의 죽음을 준비하는 데에 도움을 받을 수 있을 것이다.

[1]여인에게서 태어난 사람은 생애가 짧고 걱정이 가득하며 [2]그는 꽃과 같이 자라나서 시들며 그림자 같이 지나가며 머물지 아니하거늘 [3]이와 같은 자를 주께서 눈여겨 보시나이까 나를 주 앞으로 이끌어서 재판하시나이까 [4]누가 깨끗한 것을 더러운 것 가운데에서 낼 수 있으리이까 하나도 없나이다 [5]그의 날을 정하셨고 그의 달 수

도 주께 있으므로 그의 규례를 정하여 넘어가지 못하게 하셨사온즉 [6]그에게서 눈을 돌이켜 그가 품꾼 같이 그의 날을 마칠 때까지 그를 홀로 있게 하옵소서

이 단락은 우리에게 다음과 같은 것들을 생각하게 만든다.

I. 인생(人生)의 근원에 대하여. 사실 인생의 근원은 하나님이시다. 왜냐하면, 하나님은 사람에게 생기를 불어넣으셨고, 우리는 하나님 안에서 살아가고 있기 때문이다. 그러나 우리는 인생의 근원을 우리가 태어난 때라고 여긴다. 그리고 그 때부터 우리의 연약함과 부패함도 시작된다.

1. 인생의 연약함. 여인에게서 태어난 사람은 생애가 짧다(1절). 이것은 하와라 불린 최초의 여인을 가리킬 수도 있다. 왜냐하면, 그녀는 모든 산 자의 어머니였기 때문이다. 유혹자에게 속아서 인류 최초로 범죄하였던 이 여인에게서 우리는 모두 태어났고, 그 결과로 우리의 날들을 단축시키고 슬프게 만드는 저 죄와 부패를 그 여인에게서 물려받는다. 또는, 이것은 각 사람의 친어머니를 가리킬 수도 있다. 여자는 더 약한 그릇이고, 우리는 자녀가 어머니를 닮는다는 것을 안다. 그러므로 힘센 자는 자신의 힘이나 자기 아버지의 힘을 자랑하지 말고, 자기가 여자에게서 태어났다는 것과 하나님이 원하시면 얼마든지 용사들도 여인 같이 되게(렘 51:30) 하실 수 있으시다는 것을 기억하여야 한다.

2. 인생의 부패함(4절). 누가 깨끗한 것을 더러운 것 가운데에서 낼 수 있으리이까. 죄인인 여자에게서 태어난 사람이 죄인이 되는 것 외에 다른 길이 있을 수 있겠는가? 여자에게서 난 자가 어찌 깨끗하다 하랴(25:4). 더러운 샘에서 맑은 물줄기가 나올 수 없고, 가시나무에서 포도가 열릴 수 없는 것과 마찬가지로, 부정(不淨)한 부모에게서 깨끗한 자녀가 나올 수 없다. 우리의 습관적인 부패함은 우리의 본성과 더불어서 우리의 부모에게서 물려받은 것이기 때문에 타고난 것이다. 우리의 피는 법정에서의 선고에 의해서 비로소 더럽혀지는 것이 아니라, 물려받은 질병에 이미 감염되어 있다. 하나님은 우리 주 예수로 하여금 우리의 죄를 대신 짊어지게 하시기 위하여 여자에게서 나게 하셨다(갈 4:4).

II. 인생의 본질에 대하여. 인생은 꽃과 같고 그림자와 같다(2절). 꽃은 시들어 가고, 그 모든 아름다움은 곧 시들어서 없어져 버린다. 그림자는 점점 희미해져서, 결국에는 곧 밤의 그늘 속으로 사라져 버리고 만다. 우리는 꽃이나 그림자를 중요시하지 않고 신뢰하지도 않는다.

III. 인생의 짧음과 불확실함에 대하여. 사람이 사는 날 수는 적다. 여기에서는 인생을 달이나 해가 아니라 날을 단위로 해서 센다. 왜냐하면, 우리는 어느 날이 우리 인생의 마지막이 될지 모르기 때문이다. 우리의 날들은 우리가 생각하는 것보다 적고, 저 최초의 족장들이 살았던 날들에 비해서도 적고, 영원의 날들에 비하면 이루 말할 수 없이 적다. 그리고 우리가 사람의 수한(壽限)이라 부르는 것에 못 미치게 사는 대부분의 사람들에게는 그 날 수가 훨씬 더 적다. 사람은 종종 태어나자마자 잘려져 버리기도 하고, 모태에서 나오고 나서 요람에서 죽기도 하며, 이 세상에 나와서 인생을 본격적으로 시작하기 위해서 쟁기를 잡자마자 죽기도 한다. 사람은 즉시 잘려져 버리지 않는다고 하여도, 결코 한 가지 모습에 머물지 않고 그림자처럼 지나가며, 현재의 모습은 계속해서 사라진다. 이 세상과 그 속에서의 우리의 인생도 마찬가지이다(이 세상의 외형은 지나감이니라, 고전 7:31).

IV. 인생의 비참함에 대하여. 사람의 인생은 짧을 뿐만 아니라 서글프기도 하다. 사람이 이 세상에서 보내는 날 수가 적기는 하지만, 그렇더라도 그 짧은 날들을 즐겁게 보낼 수만 있다면, 그것은 좋을 수도 있다(어떤 사람들은 짧지만 즐거운 인생을 살았다고 자랑하기도 한다). 그러나 그것은 희망사항일 뿐이다. 사람은 짧은 인생을 사는 동안 걱정이 가득한 날들을 보낸다. 사람은 수고하고 초조해하며 근심하고 두려워하며, 단지 괴로움을 당할 뿐만 아니라, 그 괴로움으로 가득 찬 인생을 보낸다. 어떤 괴로움이나 초조함이나 당혹스러움을 겪지 않은 채로 지나가는 날이 단 하루도 없다. 세상을 좋아하는 자들은 세상이 어떤 곳인지를 신물나게 경험하게 될 것이다. 세상은 온통 소란함으로 가득차 있다. 사람은 그 사는 날이 적은데도 끊임없이 괴로움과 불안에 시달리기 때문에 자기가 더 살아야 되는지를 항상 고민하며 자신의 삶이 끝나는 날이 어서 오기를 고대한다. 그렇지만 사람의 사는 날들은 괴로움으로 가득하기 때문에, 그 날 수가 적은 것이 다행이고, 영혼이 하나님에게서 추방되어 육신의 감옥에 갇혀 있는 날이 언제까지 계속되거나 오랫동안 지속되지 않는다는 것은 다행스러운 일이다. 우리가 천국에 가게 되면, 거기에서 우리의 날 수는 많을 것이고, 우리는 괴로움으로부터 온전히 해방될 것이다. 그러므로 우리는 천국에 갈 때까지 믿음과 소망과 사랑으로 현재의 괴로움들을 이겨 나가야 한다.

V. 인생의 죄악됨에 대하여. 인생의 죄악됨은 인간 본성의 죄악됨에서 생

겨난다. 어떤 이들은 누가 깨끗한 것을 더러운 것 가운데에서 낼 수 있으리이까(4절)라는 질문 — 더러운 마음으로부터 어떻게 깨끗한 행실이 나올 수 있겠느냐는 질문 — 을 이런 식으로 이해한다. 사람이 실제로 저지르는 죄악들은 원래부터 사람의 몸에 배어 있는 부패함의 자연스러운 산물이라는 것을 명심하라. 이 부패함은 우리의 모든 죄들의 근원이기 때문에 원죄라 불린다. 거룩한 욥은 여기에서 거룩함을 입은 모든 자들이 그러하듯이 죄악의 물줄기들의 근원으로 소급해 올라가서 사람의 이 근원적인 부패성을 탄식한다(시 51:5). 어떤 이들은 욥이 하나님께서 그를 불쌍히 여겨 주시라고 탄원하기 위하여 이런 말을 하고 있는 것이라고 생각한다. "주여, 주께서는 나의 연약함을 아시오니, 인간으로서의 연약함에서 나온 나의 죄들을 너무 가혹하게 추궁하지 마옵소서. 제발, 내가 육체라는 것을 기억해 주옵소서." 갈대아 역본에서는 흥미롭게도 이 절을 이렇게 의역한다: 죄로 더럽혀진 사람을 누가 깨끗하게 할 수 있나이까. 오직 한 분, 즉 하나님만이 하실 수 있지 않나이까. 오직 한 분 하나님 외에 누가 사람을 건지겠나이까. 하나님은 그의 전능하신 은혜로 말미암아 에디오피아 사람의 피부색을 바꾸실 수 있으시고, 벌레들로 뒤덮인 욥의 피부를 바꾸어 놓으실 수 있으시다.

VI. 인생의 날 수가 정해져 있는 것에 대하여(5절).

1. 우리가 여기에서 확인할 수 있는 세 가지의 것.

(1) 우리의 인생은 끝이 있다는 것. 이 땅에서 우리가 사는 날 수는 끝이 없는 것이 아니라, 그 수가 정해져 있어서 곧 끝나게 된다(단 5:26).

(2) 우리가 얼마나 오래 살지, 그리고 우리가 언제 죽을지는 하나님의 계획과 작정하심 안에서 정해져 있다는 것. 우리의 사는 날 수는 하나님의 능력 안에 있어서 그 누구도 마음대로 좌지우지할 수 없고, 모든 것을 아시는 하나님의 눈 아래에 있어서 그 누구도 속일 수 없다. 하나님의 섭리에 의해서 우리 인생의 기한이 정해져 있다는 것은 분명하다. 우리의 수명은 하나님의 손 안에 있다. 자연의 힘들은 하나님께 의존되어 있고 하나님 아래에서 움직인다. 우리도 하나님 안에서 살아가고 움직인다. 질병들은 하나님의 종들이다. 하나님은 죽이기도 하시고 살리기도 하신다. 우연에 의해 일어나는 일은 하나도 없고, 무심코 쏜 화살에 의해 일이 벌어지는 것도 아니다. 그러므로 모든 것을 미리 아시는 하나님이 모든 일을 미리 정해 놓으신 것이 분명하다. 왜냐하면, 하나님

은 그가 하시는 모든 일을 아시기 때문이다. 하나님은 무슨 일을 하시든지 그 일을 자연의 정해진 법칙에 따라서(그 목적과 수단이 함께 정해진다)와 현세에서 정해져 있는 권선징악의 도덕 법칙에 따라서 결정하신다. 우리는 에피쿠로스 학파(the Epicureans)의 주장처럼 눈먼 행운의 여신에 의해서 지배되거나, 스토아 학파(the Stoics)의 주장처럼 눈먼 운명에 의해서 지배되는 것이 아니다.

(3) 하나님이 정해 놓으신 경계들을 우리는 넘을 수 없다는 것. 왜냐하면, 하나님의 계획들은 변경될 수 없고, 하나님의 미리 아심에는 오류가 없기 때문이다.

2. 욥은 여기에서 하나님께 다음과 같이 호소하는 데에 이러한 사실들을 그 이유와 근거로 사용함.

(1) 하나님께서 그와 그의 잘못이나 실수들을 너무 엄격하게 따져서는 안 된다는 것(3절). "나는 내적으로 그러한 부패한 본성을 지니고 있고, 외적으로 아주 많은 환난과 괴로움을 당하고 있는 존재인데도, 주께서는 이와 같은 자를 눈여겨 보시고, 내가 잘못하는 것들을 하나도 빠짐없이 아주 꼼꼼하게 기록하시는 것이나이까(13:27)? 주께서는 이와 같이 아무 짝에도 쓸모 없는 벌레 같은 나의 아주 작은 잘못조차도 금방 알아내시고 나를 주 앞으로 이끌어서 재판하셔서 나의 그 잘못을 주의 거룩하심으로 미워하시고 주의 의로우심으로 단죄하시며 주의 권능으로 벌하시는 것이나이까?" 우리에게 하나님과 다툴 수 있는 힘이 없다는 것, 우리 자신의 죄악됨과 연약함을 생각할 때, 우리는 주여 주의 종을 주 앞으로 이끌어서 재판하지 마옵소서라고 기도하여야 마땅하다.

(2) 하나님께서 그를 다루실 때에 그렇게 가혹해서는 안 된다는 것. "주여, 내게는 살 날이 별로 남아 있지 않나이다. 나는 곧 반드시 이 세상을 떠나야 하고, 내가 여기에서 보내야 하는 적은 날들조차도 괴로움으로 가득 차 있나이다. 그러니, 주여 내게 잠시라도 숨 돌릴 틈을 주소서(6절). 이 가엾은 피조물을 이런 식으로 괴롭히시는 것을 그만하셔서, 그로 하여금 잠시 쉼을 얻게 하옵소서. 그가 품꾼 같이 그의 날을 마칠 때까지 그에게 잠시 숨쉴 틈을 주옵소서. 한 번 죽는 것은 내게 정해져 있사오니, 나로 하여금 그 날에 죽게 하시고, 이렇게 끊임없이 하루에 열두 번도 넘게 죽을 것 같은 고통을 맛보게 하지는 말아 주소서. 나의 인생이 땀 흘리고 수고하는 품꾼의 날과 같은 것으로 충분하지 않나이까. 사람이라면 누구나 다 겪는 인생의 공통된 괴로움들, 낮의 열기와

같은 인생의 짐들을 내가 품꾼 같이 다 감당하는 것은 얼마든지 좋사오나, 나의 인생을 행악자의 날과 같이 여기시고 내내 형벌의 날이 되게 하셔서 이와 같이 끔찍한 고통들을 당하게 하지는 말아 주옵소서." 이렇게 우리는 큰 환난을 당하는 가운데에서도 우리의 체질을 아시는 하나님께 우리를 불쌍히 여겨 주시라고 탄원함으로써 어느 정도 숨 돌릴 틈을 얻을 수 있다.

⁷나무는 희망이 있나니 찍힐지라도 다시 움이 나서 연한 가지가 끊이지 아니하며 ⁸그 뿌리가 땅에서 늙고 줄기가 흙에서 죽을지라도 ⁹물 기운에 움이 돋고 가지가 뻗어서 새로 심은 것과 같거니와 ¹⁰장정이라도 죽으면 소멸되나니 인생이 숨을 거두면 그가 어디 있느냐 ¹¹물이 바다에서 줄어들고 강물이 잦아서 마름 같이 ¹²사람이 누우면 다시 일어나지 못하고 하늘이 없어지기까지 눈을 뜨지 못하며 잠을 깨지 못하느니라 ¹³주는 나를 스올에 감추시며 주의 진노를 돌이키실 때까지 나를 숨기시고 나를 위하여 규례를 정하시고 나를 기억하옵소서 ¹⁴장정이라도 죽으면 어찌 다시 살리이까 나는 나의 모든 고난의 날 동안을 참으면서 풀려나기를 기다리겠나이다 ¹⁵주께서는 나를 부르시겠고 나는 대답하겠나이다 주께서는 주의 손으로 지으신 것을 기다리시겠나이다

　　우리는 앞에서 욥이 인생에 관하여 무엇을 말하고자 했는지를 살펴보았었다. 이제 우리는 여기에서 욥이 죽음에 관하여 과연 무슨 말을 하고자 하는지를 살펴보기로 하자. 욥은 심각하게 병이 든 상태여서 죽음에 대하여 생각을 많이 한 탓인지 죽음에 대하여 아주 잘 알고 있다. 우리가 건강할 때에 죽음에 대하여 생각하는 것은 부적절한 것이 아니다. 도리어, 우리가 이미 저승사자에게 붙잡혀 있는데도 죽음을 우리와는 상관없는 먼 훗날의 일이라고 여긴다면, 그것이야말로 변명할 수 없을 정도로 몰지각한 것이다. 욥은 죽음이 곧 그를 찾아올 것이고, 그 시간이 이미 정해져 있다는 것을 앞에서 애기한 바 있는데, 여기에서는 다음과 같은 것들을 보여준다.

I. 죽음은 우리를 이 세상으로부터 영원히 사라지게 한다는 것.　욥은 이것을 앞에서도 말했었는데(7:9-10), 이제 여기에서 다시 한 번 언급한다. 왜냐하면, 그것이 증명할 필요가 없는 진리라고 할지라도, 우리는 그 진리를 제대로 선용하고자 한다면 많이 숙고할 필요가 있기 때문이다.

1. 나무는 한 번 베인다고 하여도 다시 살아나지만, 사람은 죽음으로 말미암아 한 번 베이면 다시는 살아나지 못한다는 것. 욥은 한 번 베어진 나무에게 어떤 소망이 있는지를 매우 우아하게 보여준다(7-9절). 어떤 나무의 몸통이 베어져서, 오직 줄기나 그루터기가 땅에 남아 있다면, 그 나무는 비록 죽어서 말라버린 것처럼 보일지라도, 마치 새롭게 심겨진 것처럼 다시 어린 가지들을 낸다. 나무의 그루터기는 땅의 물기와 하늘의 비를 흡수하고, 그 물기는 그 나무가 다시 살아날 수 있게 해준다. 그러나 사람의 죽은 시신은 물기를 흡수한다고 해도 다시 살아나지 못한다. 느부갓네살의 꿈에서 그가 그의 이성을 박탈당하는 것은 나무가 베어지는 것으로 표현되고, 그가 다시 이성을 되찾게 되는 것은 그 나무의 그루터기를 쇠와 놋줄로 동인 채로 땅에 남겨 두어 하늘 이슬에 젖게 하는 것으로 표현된다(단 4:15). 그러나 사람은 한 번 죽으면 다시 살아나지 못한다. 식물의 생명은 사람의 생명에 비하면 값싸고 가벼운 것이기 때문에 물 기운이 동하기만 하여도 기운을 회복한다. 벌레나 새 같은 몇몇 동물의 생명도 마찬가지여서 태양의 열을 받으면 기운을 차린다. 그러나 이성을 지닌 영혼은 너무나 크고 고귀한 것이어서 한번 떠나가면 그 어떤 자연력으로도 다시 불러올 수가 없다. 사람의 생명은 해나 비의 힘으로는 되돌릴 수 없고, 오직 전능자의 직접적인 역사(役事)에 의해서만 다시 돌아올 수 있다. 장정이라도 죽으면 소멸되나니 인생이 숨을 거두면 그가 어디 있느냐(10절). 여기에서는 사람을 가리키는 데에 두 개의 단어가 사용되고 있다. 힘이 센 장정('게베르')도 죽고, 흙으로 지음 받은 인생('아담')은 흙이기 때문에 영혼이 떠나가서 죽는다. 사람은 매일매일 죽어가는 피조물이라는 것을 명심하라. 사람은 여기에서 세 시기에 걸쳐서 사람에게 어떤 일이 일어나는지를 살펴보는 것을 통해서 묘사된다.

(1) 죽음 이전. 사람은 소멸되어 간다. 사람은 자기에게 주어진 생명의 재고(在庫)를 끊임없이 소진시키면서 매일매일 죽어 간다. 질병과 나이는 사람의 육신과 힘과 아름다움을 소모시키는 것들이다.

(2) 죽을 때. 사람은 숨을 거둔다. 영혼은 육신을 떠나서, 원래 있던 곳, 즉 영들의 아버지이신 하나님께로 돌아간다.

(3) 죽음 이후. 사람이 어디 있느냐. 사람은 죽으면 그가 전에 있던 곳에 있을 수 없다. 그가 살았던 곳은 그를 몰라보고 더 이상 기억해 주지도 않는다.

그는 그 어디에도 없지 않느냐(어떤 이들은 이렇게 읽는다). 하지만, 그렇지 않다. 그는 어딘가에 있다. 숨을 거둔 자들이 어디에 있는지, 우리가 숨을 거둘 때에 어디에 있게 될지를 생각하면, 우리는 정말 정신 번쩍 들게 된다. 죽은 자들의 영혼은 영들의 세계, 영원의 세계로 갔고, 가서 더 이상 이 세상으로 돌아올 수 없다.

2. 무덤에 누운 자는 다시 일어나지 못한다는 것(11-12절). 우리는 매일 밤에 자리에 누워 자고, 아침이 되면 다시 잠에서 깨어 일어난다. 그러나 일단 죽으면, 우리는 무덤에 누워 있어야 하고 지금과 같은 상태로 이 세상 속으로 돌아올 수 없으며, 시간을 재는 충실한 척도인 하늘이 없어져서 시간 자체가 사라지고 영원에 의해서 삼켜질 때까지는 결코 깨어나거나 일어나지 못한다. 따라서 사람의 생명을 홍수의 물에 비유하는 것은 적절하다. 홍수는 바다나 강의 물이 범람하고 흘러넘쳐서 생겨나서 많은 지역의 땅을 뒤덮으며 굉장한 힘을 자랑하지만, 일단 바다나 강으로부터 끊어지게 되면 곧 물이 줄어들고 말라 버려서, 그 물이 뒤덮었던 땅들은 더 이상 그 홍수를 알지 못한다. 사람의 생명이라는 물도 이와 같이 곧 증발되어 사라진다. 사람의 육신은 홍수의 물의 일부처럼 땅 속으로 스며들어서 거기에 묻히고, 영혼은 홍수의 물의 일부처럼 증발되어 위로 올라가서 궁창 위의 물과 뒤섞인다. 박식한 리처드 블랙모어(Richard Blackmore) 경은 사람의 생명과 물은 서로 차이가 있다고 말한다. 물은 여름에는 줄어들어 말라 버리지만, 겨울이 되면 다시 돌아온다. 그러나 사람의 생명은 그렇지 않다. 그의 해석의 일부를 그의 말로 한번 직접 들어보자:

> 흐르는 강이나 고요히 머물러 있는 호수는
> 거기에 있던 물이 증발하여 위로 올라가서,
> 하늘의 구름 속에 있는 수로에서 흐름으로써,
> 강둑은 마르고 강변은 벌거벗은 것처럼 드러나지만,
> 겨울이 돌아오면,
> 여름에 사라졌던 물이 다시 돌아온다.
> 그러나 사람은 그렇지 않음이여!
> 일단 생명의 물줄기가 말라붙어서,
> 붉은 수로와 마음이 비워지면,

어떤 방법으로도 그 약동하는 생명의 물줄기는
조류(潮流)와는 달리 다시 돌아오지 않는다.

Ⅱ. 그렇지만, 하늘이 없어져서 더 이상 존재하지 않게 되는 종말의 때가 되면, 사람은 저 세상에서 다시 살아나게 된다는 것. 그 때에 사람들은 잠에서 깨어나 눈을 뜨게 될 것이다. 죽은 자의 부활은 의심의 여지 없이 욥의 신앙의 일부였고(19:26), 욥은 여기에서 바로 그 부활을 바라보면서 다음과 같은 세 가지를 말한다.

1. 욥이 자기를 스올에 감추어 달라고 하나님께 겸손히 간구함(13절). 욥이 죽기를 원했던 것은 단지 이 세상에서 사는 것이 너무 괴롭고 힘들었기 때문에 혈기를 부린 것이 아니라, 결국에 자기가 부활하여 누리게 될 더 나은 삶에 대한 경건한 확신이 있었기 때문이었다. 주는 나를 스올에 감추소서. 스올은 하나님의 백성에게 안식처일 뿐만 아니라 피난처이기도 하다. 하나님은 스올의 열쇠를 가지고 계셔서, 지금 우리를 거기에 들어가게도 하시고 부활의 때에 우리를 거기에서 나오게 하시기도 하신다. 우리가 우리의 보화를 은밀하고 안전한 곳에 감추듯이, 하나님은 사람들을 스올에 감추신다. 숨는 자는 아무것도 잃지 않을 것이다. "주께서 나를 이 세상의 삶의 폭풍우들과 환난들로부터 숨기실 뿐만 아니라, 장차 나로 하여금 더 나은 세상에서의 지극히 복된 삶과 영광을 누릴 수 있도록 나를 숨기소서! 나로 하여금 장차 영원한 삶으로 들어갈 수 있도록 나를 온 세상으로부터 숨기셔서 은밀하게 스올에 누이시되, 처음에 땅의 깊은 곳에서 기이하게 나를 지으셨을 때에 나의 형체를 보셨던 주의 눈으로부터는 숨겨지지 않게 하소서(시 139:15-16)."

(1) 주의 진노가 지나갈 때까지 나를 스올에 누이소서. 성도들의 몸이 스올에 누워 있는 동안에는 본질상 진노의 자녀들인 사람들에 대한 하나님의 진노가 여전히 행해지고, 사람들은 죄의 권세 아래에 여전히 놓여 있다. 그러나 성도들의 몸이 부활하면, 하나님의 진노는 완전히 지나가고, 그 때에 마지막 원수인 사망은 완전히 멸해질 것이다.

(2) 주께서 방주에 있는 노아를 기억하셨듯이(창 8:1), 나를 기억하시기 위해 정하신 때가 올 때까지 나를 스올에 누이소서. 하나님은 옛 세상을 멸하실 때에 노아를 숨기셔서 멸망 받지 않게 하셨을 뿐만 아니라, 새 세상을 다시 건

설하도록 노아를 살려 두셨다. 하나님은 스올에 있는 성도들의 몸을 잊으시는 것이 아니라, 정하신 때가 오면 그들을 찾으신다. 우리는 우리가 이 세상에서 우리의 현재의 환난의 어둠을 돌파하고서 그 뒤에 있을 좋은 날들을 보게 될지를 확신할 수 없다. 그러나 우리가 스올에 안착할 수만 있다면, 우리는 욥이 여기에서 그러듯이 믿음의 눈을 들어서 스올의 어둠을 뚫고 어둠 저편에 있는 더 나은 세상에서의 더 좋은 날들을 바라볼 수 있다.

2. 자기가 죽으면 하나님이 그를 부활시키실 때까지 참고 기다리겠다는 욥의 거룩한 결심(14절). 장정이라도 죽으면 어찌 다시 살리이까 나는 내게 변화가 올 때까지 나의 모든 고난의 날 동안을, 즉 나의 정해진 때의 모든 날들을 참으면서 풀려나기를 기다리겠나이다. 욥은 그의 친구들이 그에게 위로가 되지 못한다는 것이 확인되자, 더욱더 스스로를 위로하며 각오를 단단히 한다. 지금 그의 처지는 좋지 않았지만, 그는 장차 그에게 변화가 올 것을 기대하며 그 기대감으로 즐거워한다. 나는 욥의 이 말을 그가 이 세상에서 다시 형통하게 될 것을 기대하였다는 의미로 해석해서는 안 된다고 생각한다. 그의 친구들은 실제로 그에게 그런 소망을 불어넣어 주며 그를 달랬지만, 그 자신은 내내 그런 전망에 대하여 절망하고 있었다. 불확실한 토대 위에 세워진 위로는 기껏해야 불확실한 위로가 될 수밖에 없다. 그러므로 욥이 여기에서 기대하는 것은 그의 친구들이 얘기한 것보다 더 확실한 것이었을 것임에 틀림없다. 그가 기대한 변화는 다음 둘 중의 하나일 것이다.

(1) 그의 천한 몸이 변화될 저 부활의 때에 있게 될 변화(빌 3:21). 이것은 크고 영광스러운 변화가 될 것이다. 우리가 이 본문을 그런 식으로 해석한다면, 장정이라도 죽으면 어찌 다시 살리이까(14절)라는 질문은 놀람과 감탄의 의미로 해석되어야 한다. "기이한 일이다! 이 마른 뼈들이 다시 살아난다니! 진정 그렇다면, 영혼과 육신이 분리되어 있도록 정해진 모든 날 동안에 나의 영혼은 그러한 변화가 와서 나의 영혼이 육신과 다시 결합되어 내 육체도 안전히 살게 될(시 16:9) 때까지 기다릴 것이다."

(2) 죽을 때에 있게 될 변화. "장정이라도 죽으면 어찌 다시 살리이까. 사람은 죽으면 결코 그가 지금 살고 있는 삶을 다시 살 수 없다. 그러므로 나는 나의 재난을 끝장내 줄 그 변화가 올 때까지 인내로써 기다리고, 내가 앞서 그랬듯이 죽기를 소원하며 안달하지 않을 것이다." 좀 더 자세하게 살펴보자.

[1] 죽는다는 것은 진지한 문제라는 것. 죽음은 저절로 일어나는 일이고, 변화이다. 사람이 죽으면, 육신에 가시적인 변화가 일어나서, 그 외관이 바뀌고 그 행동들이 끝나지만, 영혼에는 더 큰 변화가 일어난다. 영혼은 육신을 떠나서 영들의 세계로 옮겨가고, 실습 기간을 다 마치고 그 공과(功過)에 따라 보응을 받는 상태로 들어간다. 이 변화는 반드시 올 것이고, 자연의 요소들의 변화와는 달리 이전의 상태로 되돌아올 수 없는 최종적인 변화가 될 것이다. 우리는 한 번 죽으면 다시는 살아날 수 없다. 사람은 단 한 번 죽는 것이기 때문에 잘 죽을 필요가 있다. 이 한 번의 죽음에서 잘못을 저지른다면, 그것은 치명적인 것이 되어서 다시는 바로잡을 수 없다.

[2] 우리 각자가 그 변화를 기다리고, 우리의 정해진 기간의 모든 날 동안에 계속해서 기다리는 것은 우리의 의무라는 것. 사람이 살아 있는 기간은 정해져 있다. 그 기간은 날 수로 헤아려지는데, 우리는 그 날들 동안에 우리가 변화될 날을 기다리며 지내야 한다. 그러므로 **첫째로,** 우리는 그 변화가 반드시 오리라는 것을 예상하고서, 그 날에 대하여 많이 생각하여야 한다. **둘째로,** 우리는 그리스도와 함께 할 날을 고대하는 자들로서 그 변화가 오기를 바라야 한다. **셋째로,** 우리는 하나님이 정하신 변화의 때가 최선의 때라는 것을 믿고서, 그 날이 올 때까지 기꺼이 이 땅에 머물며 기다려야 한다. **넷째로,** 우리는 그 날에 올 변화가 우리에게 복된 변화가 될 수 있도록 그 날을 철저히 준비하여야 한다.

3. 욥은 그 변화를 통해 얻게 될 지극한 복과 만족을 기쁜 마음으로 기대함(15절). 그 때에 주께서는 나를 부르시겠고 나는 대답하겠나이다. 지금 그는 답답한 처지 속에 있었기 때문에 대답할 수도 없었고, 감히 대답하지도 않는다(9:15, 35; 13:22). 그러나 그는 하나님이 부르시고 그가 대답할 때가 올 것이라는 기대로 스스로를 위로하였다.

(1) 부활의 때에 "주께서는 천사장의 음성을 통해서 나를 스올에서 불러내실 것이고, 나는 그 부르심에 대답하여 나오게 될 것이다." 사람의 육신은 하나님의 손으로 지으신 것이기 때문에, 하나님은 그 육신이 영광을 입을 수 있도록 준비를 다 해놓으시고 그 날이 오기를 고대하고 계신다.

(2) 죽음의 때에 "주께서는 나의 육신을 스올로, 나의 영혼을 주 앞으로 부르실 것이고, 나는 대답할 것이다: 주여 내가 준비를 다 갖추고 여기 있나이다." 은혜 가운데에 있는 영혼들은 죽음의 부름에 즐거운 마음으로 대답할 수

있고, 죽음의 소집 영장에 기꺼이 응할 수 있다. 그들의 영혼은 억지로 끌려가는 것이 아니라(눅 12:20), 죽음의 부름에 응답하여 제 발로 따라나선다. 흙으로 지어진 그들의 장막은 강제로 철거되는 것이 아니라, 다음과 같은 확신을 지닌 그들에 의해서 자발적으로 철거된다: "주께서는 주의 손으로 지으신 것에 대하여 애착을 갖고 계실 것이니, 주의 섭리에 의해서 지음 받았을 뿐만 아니라 주의 은혜로 말미암아 새롭게 지으심을 받은 나를 위해 은혜를 준비해 두셨으리라." 그렇지 않다면, 사람들을 지으신 하나님이 사람들을 구원하지 않으실 것이다. 사람들의 영혼에 은혜를 주신 것은 하나님의 손으로 하신 일이기 때문에, 하나님은 그 영혼에 애착을 갖고 계셔서 그 영혼을 이 세상에 버려두지 않으시고(시 138:8), 저 세상에서 그 영혼을 온전하게 하시며 무궁한 영광으로 관 씌우실 것임을 명심하라.

¹⁶그러하온데 이제 주께서 나의 걸음을 세시오니 나의 죄를 감찰하지 아니하시나이까 ¹⁷주는 내 허물을 주머니에 봉하시고 내 죄악을 싸매시나이다 ¹⁸무너지는 산은 반드시 흩어지고 바위는 그 자리에서 옮겨가고 ¹⁹물은 돌을 닳게 하고 넘치는 물은 땅의 티끌을 씻어버리나이다 이와 같이 주께서는 사람의 희망을 끊으시나이다 ²⁰주께서 사람을 영원히 이기셔서 떠나게 하시며 그의 얼굴 빛을 변하게 하시고 쫓아 보내시오니 ²¹그의 아들들이 존귀하게 되어도 그가 알지 못하며 그들이 비천하게 되어도 그가 깨닫지 못하나이다 ²²다만 그의 살이 아프고 그의 영혼이 애곡할 뿐이니라

　　　　욥은 여기에서 다시 불평으로 되돌아간다. 그에게는 장래의 지복(至福)에 대한 소망이 없지 않았지만, 그는 그의 현재의 환난과 고통을 극복하기가 너무나 힘들었던 것이다.

　　I. 욥은 하나님이 그에게 공의를 엄격히 적용하심으로 말미암아 고초를 겪고 있다고 불평함(16-17절).　　어린아이가 부모의 혹독한 훈육을 받을 때에 빨리 어른이 되기를 고대하는 것처럼, 욥은 하나님의 진노의 징표들이 끊임없이 그를 괴롭게 하자, 빨리 이 세상을 떠나서 하나님의 진노가 없는 저 세상으로 갈 수 있게 되기를 갈망하였다. "나의 변화가 언제 오는 것인가요? 지금 주께서 나의 걸음들을 세시고 나의 죄를 감찰하셔서, 마치 죄인을 기소하기 위해 소송 자

료들을 안전하게 보관해 두듯이 내 허물을 주머니에 봉하시나이다(신 32:34을 보라). 주께서는 나를 치시기 위해서 주께서 가지고 계신 온갖 이점들을 다 활용하고 계시나이다. 주는 내가 옛날에 지은 죄들을 다 끄집어내시고, 내가 지닌 온갖 약점들을 비난하시니, 나는 한 걸음만 잘못 내딛어도 그 때문에 두들겨 맞나이다."

1. 욥이 자기가 자신의 죄악과 범죄 때문에 징벌을 받았고, 자기에게 주어진 징벌은 자신의 죄에 비하면 가벼운 것이었다고 고백함으로써, 하나님의 공의가 정당했다는 것을 인정함. 왜냐하면, 그의 모든 걸음들 속에는 죄가 있었고, 만약 하나님이 엄격하게 죄를 물으신다면, 그가 지은 죄에 비추어 볼 때에 그가 현재 겪고 있는 모든 환난은 도리어 가벼운 것임을 그도 알고 있었기 때문이다. 욥은 자기가 아무 죄도 없이 벌을 받고 죽어가고 있다고 말하는 것이 결코 아니었다.

2. 그러나 욥은 하나님이 그가 잘못한 것들을 너무 지나치게 꼼꼼하게 기록하셨고, 그가 행한 모든 것을 가장 나쁜 쪽으로 해석하셨다고 말함으로써, 하나님의 선하심에 대해서는 잘못된 견해를 보임. 욥은 앞에서도 그런 취지의 말을 하였었지만(13:27), 의도적으로 한 말은 아니었기 때문에, 우리는 그 말을 크게 중요시할 필요는 없다. 하나님은 사실 우리의 모든 죄들을 다 보고 계신다. 하나님은 자기 백성들 속에서도 죄를 보신다. 그러나 하나님은 우리를 벌하실 때에 가혹하지 않으시고, 언제나 우리에게 율법의 잣대를 들이대지도 않으신다. 우리가 받는 벌은 우리의 죄로 말미암아 우리가 마땅히 받아야 할 벌보다 적다. 하나님은 실제로 저 진노의 날에 대비해서 회개치 않는 자들의 죄를 봉하시고 꿰매 두시지만, 자기 백성의 죄들은 기억하지 아니하시고 다 지워 버리신다.

II. 욥이 사람은 끊임없이 죽어 가는 상태에 있다고 하소연함. 우리는 사멸해 가는 세상 속에서 살아간다. 우리는 주의 노에 소멸되며 주의 분내심에 놀라나이다 우리의 모든 날이 주의 분노 중에 지나가나이다 누가 주의 노여움의 능력을 알며 누가 주의 진노의 두려움을 알리이까(시 90:7-9, 11). 누가 하나님의 책망하심을 감당할 수 있겠는가(시 39:11)?

1. 우리는 땅 자체도 사멸되어 가는 모습을 본다는 것.

(1) 땅의 가장 견고한 부분들도 사멸해 감(18절). 영원히 지속되는 것은 하

나도 없다. 왜냐하면, 산들조차도 무너져서 없어지기 때문이다. 산들도 나뭇잎처럼 시들어서 떨어지고, 바위들도 끊임없이 철썩거리는 파도로 말미암아 점차 약해져서 무너져 내린다. 물은 끊임없이 떨어져서 돌을 닳게 하는데, 돌은 물의 큰 힘 때문이 아니라 떨어지는 물의 끈질김을 못이기고 닳아 없어진다. 이 땅에 있는 모든 것은 세월이 흐르면 닳아서 나빠진다. 세월은 모든 것을 잡아먹는다. 하늘에 있는 천체들은 그렇지 않다.

(2) 땅의 자연적인 소산물들도 소멸해 감. 땅에 깊이 뿌리를 내리고 자라나는 것처럼 보이는 것들도 종종 많은 비에 휩쓸려 가버린다(19절). 어떤 이들은 욥이 이 사실을 하나님께 그를 구원해 주시라고 탄원하는 근거로 사용하고 있다고 생각한다. "주여, 나의 인내심이 언제까지나 나를 지탱해 줄 수 있는 것이 아님을 기억하소서. 바위와 산들조차도 결국에는 견디지 못하는 것을 주께서 보시지 아니하시나이까. 그러므로 나와 다투시는 것을 그쳐 주소서."

2. 우리가 이 땅에서 살아가는 사람이 사멸되어 가는 것을 보는 것은 전혀 이상한 일이 아니라는 것. 왜냐하면, 사람은 흙으로 지음을 받은 존재이기 때문이다. 욥은 자신의 처지가 특별한 것이 아니기 때문에 이 공통의 운명을 받아들여야 한다고 생각하기 시작한다. 우리는 많은 예들을 통해서 다음과 같은 것들을 깨닫는다.

(1) 우리가 인생에서 누리는 것들로부터 많은 것을 기대하는 것은 헛되다는 것. "주께서는 사람의 희망을 끊으시나이다. 주께서는 사람이 계획한 모든 계획들과 스스로 만족하며 기대한 모든 전망들을 다 끝장내신다." 죽음은 세상 것을 의지하거나 세상의 위로에 토대를 둔 온갖 소망들을 사라지게 만들 것이지만, 그리스도 안에서의 소망이나 천국에 대한 소망은 죽음으로 말미암아 이루어질 것이다.

(2) 죽음에 맞서서 싸우는 것은 헛되다는 것(20절). 주께서 사람을 영원히 이기셔서 떠나게 하시나이다. 사람은 하나님의 상대가 전혀 되지 않는다는 것을 명심하라. 하나님은 그와 싸우는 자들을 반드시 이기시고 영원히 이기실 것이기 때문에, 그들은 다시는 덤벼들 수 없게 될 것이다. 또한, 죽음의 일격은 거역할 수 없는 것임을 명심하라. 죽음의 호출에 이의를 제기해 보아야 아무 소용이 없다. 하나님은 사람을 이기시기 때문에, 사람은 사라지게 된다. 보라, 사람이 어디에 있느냐. 죽어 가는 사람을 눈여겨보고서, 다음과 같은 것들을 보

라.

[1] 그의 얼굴 빛이 변한다는 것. 주께서 사람의 얼굴 빛을 변하게 하시느니라. 하나님은 이것을 두 가지 방식으로 하신다.

첫째, 하나님은 사람의 육신에 질병을 주심으로써 그 얼굴 빛을 변하게 하신다. 사람이 며칠만 아파도, 그의 안색은 얼마나 달라져 보이는가! 하물며, 사람이 몇 분 동안 죽어 있었다면, 그의 얼굴 빛은 어떻겠는가! 위엄과 기상이 있던 얼굴 빛은 초라하고 보잘것없는 안색으로 변하고, 사랑스러웠던 얼굴 빛은 창백하고 끔찍하게 변한다. 내가 나의 죽은 자를 내 앞에서 내어다가 장사하게 하라(창 23:4). 그 때에 사람들이 감탄하였던 저 아름다움은 어디에 있는가? 죽음은 우리의 얼굴 빛을 변하게 한 후에 우리를 이 세상에서 떠나게 하고, 다시는 이 세상에 돌아오지 못하게 한다.

둘째, 하나님은 사람의 마음에 불안을 주심으로써 그 얼굴 빛을 변하게 하신다. 죽음이 다가오면, 아무리 강하고 다부진 자들이라도 얼굴 빛이 변하게 된다는 것을 명심하라. 죽음은 행복하고 즐겁게 웃던 얼굴 빛을 무겁고 진지한 안색으로 바꾸어 놓고, 자신만만하던 얼굴 빛을 창백한 겁먹은 안색으로 바꾸어 놓는다.

[2] 그가 한때 그토록 마음을 썼던 그의 가족 일에 관심을 갖지 않게 된다는 것. 사람이 중풍이나 뇌졸중이나 열병으로 인한 정신 착란 등으로 저승 사자의 손에 붙잡혀 있거나 죽음과 씨름하고 있을 때, 그에게 그의 자녀들에 관한 가장 기분 좋은 소식이나 가장 고통스러운 소식을 전해 주어보라. 그는 정신이 없어서 그런 소식을 알지도 못하고 깨닫지도 못하기 때문에, 그 소식이 좋은 것이든 나쁜 것이든, 그런 것은 그에게 아무 상관이 없다(21절). 그는 곧 저 세상으로 가서, 이 세상에서 그의 마음을 온통 사로잡고 영향을 끼쳤던 모든 것들에 대하여 완전히 이방인이 될 것이다. 이것을 생각해서, 우리는 우리의 자녀들이나 가족들에 대한 염려를 내려 놓아야 한다. 우리가 죽고 난 후에 그들이 어떻게 될지는 하나님만이 아신다. 그러므로 우리는 그들에 대한 쓸데없고 열매 없는 염려로 우리 마음을 무겁게 하지 말고, 그들을 잘 아시는 하나님께 그들을 맡겨 드려야 한다.

[3] 죽음에 대한 고뇌는 무척 괴로운 것이라는 것(22절). 그의 살이 붙어 있는 동안에는(이 본문은 이렇게 읽을 수도 있다), 즉 그가 그의 육신을 내어놓기를

싫어하는 한, 그의 살이 아플 것이다. 그의 영혼이 그 안에 있는 동안에는, 즉 그가 자신의 영혼을 내어놓기를 싫어하는 한, 그의 영혼이 애곡할 것이다. 죽는다는 것은 힘든 일이라는 것을 명심하라. 죽음의 고통은 통상적으로 극심한 고통이다. 그러므로 사람들이 회개하는 일을 임종 때까지 미루어서, 그 어떤 일도 하기 힘든 때에 가장 절실하게 필요한 일을 아직도 남겨두고 있는 것은 어리석은 짓이다. 그러므로 우리가 일찌감치 그리스도 안에서 하나님과 화해하고 선한 양심을 지켜서, 임종 때의 고통과 슬픔으로부터 우리를 지켜줄 위로들을 쌓아두는 것이야말로 진정으로 지혜로운 일이다.

제

— 15 —

장

개요

욥은 자신의 주장이 옳다는 것을 아주 명확하게 잘 설명했기 때문에, 그의 세 친구 모두를 완전히 설복시키지는 못했을지라도 적어도 침묵하게 만들기는 하였다고 생각하였던 것 같다. 그러나 욥의 생각과는 달리, 일은 그렇게 되지 못한 것으로 보인다. 이 장에서 친구들은 다시 욥을 두 번째로 공격하기 시작하는데, 그들은 하나 같이 이전과 마찬가지로 아주 격렬하게 욥을 비난한다. 우리가 우리 자신의 감정을 애착을 가지고 거기에 집착하여 그 감정으로부터 물러나는 데에 어려움을 느끼는 것은 어쩌면 당연한 일이다. 엘리바스는 여기에서 그가 앞서 욥을 단죄할 때에 근거로 삼았던 원칙들을 계속해서 고수해 나간다. I. 엘리바스는 욥이 자기 자신을 정당화하고 있다고 책망하고, 욥이 자신을 정당화하는 말을 하면서 부당하게 쏟아낸 많은 악한 말들이 다 욥의 책임이라고 몰아부침(2-13절). II. 엘리바스는 욥에게 하나님 앞에서 스스로를 낮추고 스스로 부끄러운 줄을 알라고 설득함(14-16절). III. 엘리바스는 하나님을 향하여 마음을 완악하게 하는 악인들의 비참한 형편과 그들에게 예비된 심판들에 관한 긴 설교문을 욥에게 읽어줌(17-35절). 엘리바스가 한 책망들과 교훈은 욥에게 잘못 적용되고 있기는 하지만, 그것들은 옳고 건전하기 때문에, 우리는 그것들을 선하게 사용할 수 있다.

[1]데만 사람 엘리바스가 대답하여 이르되 [2]지혜로운 자가 어찌 헛된 지식으로 대답하겠느냐 어찌 동풍을 그의 복부에 채우겠느냐 [3]어찌 도움이 되지 아니하는 이야기, 무익한 말로 변론하겠느냐 [4]참으로 네가 하나님 경외하는 일을 그만두어 하나님 앞에 묵도하기를 그치게 하는구나 [5]네 죄악이 네 입을 가르치나니 네가 간사한 자의 혀를 좋아하는구나 [6]너를 정죄한 것은 내가 아니요 네 입이라 네 입술이 네게 불리하게 증언하느니라 [7]네가 제일 먼저 난 사람이냐 산들이 있기 전에 네가 출생하였느냐 [8]하나님의 오묘하심을 네가 들었느냐 지혜를 홀로 가졌느냐 [9]네가 아는 것을 우리가 알지 못하는 것이 무엇이냐 네가 깨달은 것을 우리가 소유하지 못한 것이 무엇이냐 [10]우리 중에는 머리가 흰 사람도 있고 연로한 사람도 있고 네 아버지

보다 나이가 많은 사람도 있느니라 11하나님의 위로와 은밀하게 하시는 말씀이 네게 작은 것이냐 12어찌하여 네 마음에 불만스러워하며 네 눈을 번뜩거리며 13네 영이 하나님께 분노를 터뜨리며 네 입을 놀리느냐 14사람이 어찌 깨끗하겠느냐 여인에게서 난 자가 어찌 의롭겠느냐 15하나님은 거룩한 자들을 믿지 아니하시나니 하늘이라도 그가 보시기에 부정하거든 16하물며 악을 저지르기를 물 마심 같이 하는 가증하고 부패한 사람을 용납하시겠느냐

엘리바스는 욥이 그와 그의 동료들의 기대와는 달리 그들이 한 말을 인정하고 고분고분 따른 것이 아니라 도리어 적반하장격으로 되받아치며 반박하였기 때문에 여기에서 욥을 신랄하게 공격한다. 교만한 자들은 이렇게 사람들이 그들의 말을 따라 주지 않는 것을 아주 잘못된 것으로 여겨서, 모든 것을 그들이 말한 대로 말하지 않는 자들을 무지하고 완악해서 모든 일을 망쳐 놓은 자들이라고 비난하기 쉽다. 단지 욥이 스스로 위선자라는 것을 인정하고자 하지 않았다고 해서, 엘리바스는 여기에서 욥이 몇 가지 큰 죄들을 범한 것이라고 비난한다.

I. 엘리바스는 욥이 어리석고 어처구니 없는 짓을 하고 있다고 비난함(2-3절). 즉, 욥은 전에는 지혜로운 자로 정평이 나 있었지만, 지금은 그 명성을 완전히 상실하고서 어리석은 짓을 행하고 있다는 것이다. 엘리바스는 욥의 말은 너무 터무니없고 앞뒤가 잘 맞지 않는 말이기 때문에 지혜가 욥에게서 떠났다는 것은 삼척동자가 다 알 수 있다고 말하고 있는 것이다. 빌닷도 이런 식으로 욥에 대한 훈계를 시작하였고(네가 어느 때까지 이런 말을 하겠으며 어느 때까지 네 입의 말이 거센 바람과 같겠는가, 8:2), 소발도 마찬가지였다(말이 많으니 어찌 대답이 없으랴 말이 많은 사람이 어찌 의롭다 함을 얻겠느냐, 11:2-3). 화가 난 논쟁자들은 자기 형제를 라가라거나 미련한 놈이라고 하는 자가 받을 벌이 어떤 것인지를 잊어버리고서(마 5:22), 이렇게 도가 지나치게 서로의 주장을 부적절하고 우스꽝스러운 것이라고 말하는 일이 비일비재하다. 다음과 같은 것들은 사실이다.

1. 이 세상에는 헛된 지식, 아무 짝에도 쓸모 없어서 가치가 없는 지식, 학문이라 불리지만 그 만한 가치가 없는 지식이 많이 있다는 것.

2. 지식은 사람을 교만하게 만든다는 것. 사람들은 지식을 갖게 되면 자기

가 뭔가를 이루었다는 자부심에 빠져서 교만해진다.

3. 사람이 자신의 머릿속에 어떤 헛된 지식을 갖고 있더라도, 그가 지혜로운 자로 보이려면, 그는 그 지식을 입 밖으로 내지 말고 자기 자신 속에 간직한 채 죽어야 한다는 것.

4. 무익한 말은 악하고 해로운 말이라는 것. 우리는 저 큰 날에 악한 말들만이 아니라 쓸데없이 한 말들에 대해서도 책임을 져야 한다. 그러므로 선을 이루지 못하고 하나님이나 이웃이나 우리 자신에게 도움이 되지 못하며 덕을 세우는 데에 아무런 쓸모가 없는 말들은 말하지 않는 편이 더 낫다. 바람과 같이 가볍고 공허한 말들, 특히 동풍처럼 해롭고 위험한 말들은 우리 자신이나 다른 사람들에게 해악을 끼친다. 왜냐하면, 그런 말들은 바람처럼 사람들 속으로 들어가서 해로운 영향을 미치기 때문이다.

5. 헛된 지식이나 무익한 말은 책망하고 억제하여야 한다는 것. 지혜로운 자가 그런 말을 하면 사람들에게 악한 모범이 되어서 많은 해악을 끼치기 때문에, 지혜로운 자의 헛된 지식이나 무익한 말은 특히 책망을 하고 억제하여야 한다.

II. 엘리바스가 욥의 불경스러움과 비신앙을 비난함(4절). "네가 마땅히 하나님을 경외하여야 함에도 불구하고 하나님 경외하는 일을 그만두고, 하나님 앞에 기도하기를 싫어하는구나." 엘리바스의 이 말 속에는 신앙의 요체가 녹아 있다. 하나님을 경외하는 것은 가장 중요한 신앙의 원칙이고, 하나님께 기도하는 것은 가장 중요한 신앙의 실천이기 때문이다. 하나님을 경외하는 것이 없는 곳에서는 그 어떤 선이나 복도 기대할 수 없다. 기도 없이 살아가는 자들은 이 세상에서 하나님 없이 살아가는 것이다. 기도하기를 싫어한다는 것은 하나님을 경외하는 일을 내던져 버렸다는 증거이다. 하나님의 은혜를 간구하지 않는 자들은 하나님의 엄위하심을 경외하거나 그의 진노를 두려워함이 없고, 자신의 영혼과 영원한 삶에 대하여 관심이 없는 자들임이 분명하다. 기도를 하지 않는 자들은 두려움이 없고 은혜가 없는 자들이다. 하나님을 경외하는 일을 내던져 버리면, 모든 죄가 들어오고, 온갖 불경스럽고 속된 것들이 들어오는 문이 열린다. 전에는 하나님을 경외하는 마음을 어느 정도 지니고 있다가 지금 와서는 그것을 내던진 자들, 전에는 기도를 자주 했었지만 지금은 기도를 하지 않는 자들의 상태는 특히 나쁘다. 그들은 철저히 타락한 자들이고, 그들의 첫 사랑을 잃어버린 자들이다! 그것은 그들이 그들 자신에게 어떤 종류의 힘을 가하고 있다는 것을 의미한다. 하나님을 경외하는 마음이 그들에게 붙어 있고자 하지만, 그들이 그 마음을 내던져 버린다. 기도가 나오려고 하지만, 그들은 그 기도를 억누른다. 이 두 가지 행동을 통해서 그들은 그들에게 오는 죄에 대한 자각을 질식시켜 버린다. 기도를 빼먹거나 줄여 버리고, 양자(養子)의 영을 소멸시키며, 자신의 본분을 부정하는 자들은 기도를 억누르는 자들이다. 이것은 분명히 악한 짓이지만, 다리오처럼 다른 사람들이 기도하는 것을 금하거나 방해하는 것은 더욱더 악한 짓이다(단 6:7).

1. 엘리바스는 이 두 가지를 근거로 욥을 비난함. 이것은 다음 둘 중의 하나를 의미할 수 있다.

(1) 욥이 실제로 그렇게 하였다는 것. 엘리바스는 욥이 마치 자기가 하나님과 대등한 존재인 듯이 하나님에 대하여 막말을 하고, 하나님이 그를 가혹하게 다루었다고 하나님을 비난하며, 하나님께 그를 공정하게 대해 주어야 한다고 경고함으로써, 하나님을 경외하는 마음을 완전히 내던져 버렸다고 생각하였다. 이러한 비난은 완전히 잘못된 것이었지만, 욥이 어느 정도 그 빌미를 제공한 측면이 있긴 하였다. 우리는 기도하는 일과 하나님을 경외하는 일을 지속해 나가는 데에 세심하게 주의를 기울여야 할 뿐만 아니라, 다른 사람들로 하여금 우리의 진실하고 변함없는 신앙에 의문을 제기하도록 빌미를 줄 수 있는 말들을 부주의하게 입 밖으로 내는 일이 없도록 주의하여야 한다.

(2) 다른 사람들이 욥이 제시한 교리를 듣고서 그런 식으로 생각할 수 있다는 것. 엘리바스는 이렇게 생각한다: '욥이 말한 대로, 사람이 선한데도 이렇게 극심한 환난을 겪을 수 있다는 것이 사실이라면, 사람들은 신앙이나 기도나 하나님을 경외하는 일을 다 때려치우게 될 것이다. 모든 사람에게 모든 일이 똑같이 일어나고, 지극히 선한 자들이 이 세상에서 극심한 환난을 당할 수 있다고 한다면, 누구나 다 하나님을 섬기는 것이 헛되니 그 명령을 지키는 것이 무엇이 유익하리요(말 3:14) 내가 내 손을 씻어 무죄하다 한 것이 실로 헛되도다(시 73:13-14)라고 서슴없이 말하지 않겠는가? 강도의 장막이 형통하다면(12:6), 누가 정직하게 살고자 하겠는가? 하나님이 사람의 죄를 용서하여 주지 않으신다면(7:21), 누가 하나님을 경외하겠는가(시 130:4)? 하나님이 무죄한 자가 시련을 당하는 것을 보시고 비웃으시고(9:23), 하나님 앞에 나아가는 것이 그토록 어렵

다면(9:32), 누가 하나님께 기도하고자 하겠는가?' 지혜롭고 선한 자들조차도 열띤 논쟁을 벌이다 보면 상대방이 한 말을 왜곡하지 않고서는 도출해 낼 수 없는 결론들, 실제로는 그 상대방 자신도 혐오하는 결론들을 마치 그 상대방의 견해인 양 전제하고 비난하는 잘못을 저지르는 경우가 비일비재하다는 것을 명심하라. 이것은 우리가 본받아야 할 행동이 아니다.

2. 엘리바스는 이러한 억지 주장을 통해서 욥을 몹시 불경스러운 자라고 비난함(5절). 네 죄악이 네 입을 가르치는구나. "너는 다른 사람들이 너처럼 하나님과 신앙에 대하여 나쁘게 생각하도록 가르치는구나." 계명 중의 지극히 작은 것 하나라도 버리는 것도 나쁜 일이지만, 그같이 사람을 가르치는 것은 더욱 나쁜 일이다(마 5:19). 우리가 악한 생각을 했다고 할지라도, 우리는 손으로 입을 막고서 악한 생각을 억눌러서, 그 악한 생각이 입 밖으로 나오지 않게 하여야 한다(잠 30:32). 입에게 그 악한 생각을 말하도록 허가장을 주어 버리면, 우리는 입으로 하나님을 욕되게 하고 다른 사람들에게 상처를 주게 된다. 사람들이 하나님을 경외하는 마음을 버리면, 그들의 입은 죄악을 말하게 된다는 것을 명심하라. 선을 행하기를 그치는 자들은 곧 악을 행하는 것을 배우게 된다. 죄악을 막아주는 하나님의 은혜로 무장하지 않은 자들에게서 우리가 온갖 종류의 죄악 이외에 무엇을 기대할 수 있겠는가? 그런데도 네가 간사한 자의 혀를 좋아하여 택하는구나. 즉, "장사치들이 그들의 물건을 팔아치우려고 좋은 것과 나쁜 것을 섞어서 팔듯이, 너는 경건을 가장해서 죄악을 쏟아내되, 선한 말과 악한 말을 뒤섞어 쏟아내는구나." 죄악의 입은 간사한 자의 혀 없이는 많은 해악을 끼칠 수 없다. 옛 뱀은 교활한 말로 하와를 속였다(롬 16:18). 간사한 자의 혀는 의도성을 가지고 말을 한다. 그러므로 간사한 자의 혀를 사용하는 자들은 정직한 자의 혀보다 간사한 자의 혀가 그들의 목적을 이루는 데에 더 도움이 된다고 생각하여서 그 혀를 택한다고 할 수 있다. 그러나 결국에는 정직이 최선의 방책이라는 것이 드러나게 될 것이다. 엘리바스는 그의 첫 번째 설교에서 단순한 추측으로 욥을 비난하였었지만(4:6-7), 지금은 욥이 한 말로부터 욥을 칠 증거를 얻어낸다(6절): 너를 정죄한 것은 내가 아니요 네 입이라. 그러나 엘리바스는 그의 동료들이 욥의 화를 돋구어서 그로 하여금 그들이 지금 증거로 이용하고 있는 말을 하게 만들었다는 것을 고려했어야 했다. 그것은 공정한 행동이 아니었다. 사람들을 단죄할 때에 가장 효과적인 것은 그들이 스스로 한 말들에

의거해서 그들을 단죄하는 것이다(딛 3:11; 눅 19:22). 어떤 사람을 단죄하려 할 때에 그 사람이 직접 한 말을 이용하면 되는 경우가 대부분이다.

Ⅲ. 엘리바스는 욥이 참을 수 없을 정도로 오만하고 자만심이 대단하다고 비난함. 욥이 나도 너희 같이 생각이 있다(12:3)는 것을 참작해 달라고 말한 것은 정당하고 일리가 있으며 온당한 요구였다. 그러나 친구들이 욥을 칠 빌미를 찾는 데에 얼마나 혈안이 되어 있는지를 보라. 엘리바스는 욥의 이 말을 곡해해서, 마치 욥이 그 어떤 사람보다 더 지혜로운 체한 것처럼 얘기한다. 욥은 단지 그의 친구들이 지혜를 독점하고 있는 것이 아니라고 얘기한 것이었지만, 그들은 욥이 오직 그에게만 지혜가 있다고 주장한 것으로 곡해하였다(7-9절). 그들은 욥이 다음과 같은 점들에서 자기가 온 인류보다 뛰어나다고 생각한 것으로 곡해하였다.

1. 그들은 욥이 세상을 가장 오랫동안 산 것처럼 말한 것으로 곡해함. 세상을 오래 살게 되면, 사람은 그만큼 더 많은 경험을 하게 된다. "네가 제일 먼저 난 사람이냐. 너는 네가 우리보다 어른이어서, 저 태고의 가장 지혜롭고 순수한 시절의 명철과 판단을 사람들에게 줄 수 있다고 생각하는 것이냐? 네가 아담보다 먼저 있었느냐(이 본문은 이렇게 읽을 수도 있다)? 아담은 죄 때문에 고난을 겪지 아니하였느냐? 그런데도, 이토록 극심한 환난을 겪는 네가 죄인이라는 것을 시인하고자 하지 않는 것이냐? 지혜가 그렇듯이(잠 8:23 이하), 산들이 있기 전에 네가 출생하였느냐? 큰 산들과 같고 영원한 산들처럼 요동하지 않는 하나님의 모략들이 너의 생각에 굴복하고 머리를 숙여야 하느냐(시 36:6)? 너는 세상에 대하여 우리보다 더 많이 알고 있느냐? 아니라, 너는 우리와 마찬가지로 어제부터 있었을 뿐이라(8:9)."

2. 그들은 욥이 하나님을 친밀하게 잘 알고 있는 것처럼 말한 것으로 곡해함(8절). "하나님의 오묘하심을 네가 들었느냐. 너는 마치 네가 하늘의 궁정 회의에 참여해서 그 누구보다도 하나님이 하시는 일들을 더 잘 알고 있는 체하는 것이냐?" 하나님의 은밀한 일들은 우리에게 속한 것이 아니기 때문에, 우리는 그 일들을 설명할 수 있는 체하여서는 안 된다. 만약 그런 체하는 자가 있다면, 그 자는 무모할 정도로 주제넘은 자이다. 또한, 엘리바스는 욥의 행태를 다음과 같이 묘사한다.

(1) 욥이 그 어느 누구도 갖고 있지 않은 지식을 자신만이 갖고 있는 체한다

는 것. "네가 지혜를 홀로 가져서, 너 외에는 그 누구도 지혜롭지 않다는 것이냐?" 앞에서 욥은 너희 아는 것을 나도 안다(13:2)고 말했었다. 그러자 여기에서 친구들은 스스로를 높일 수 있는 특권이 있다고 생각하는 열띤 논쟁자들의 통상적인 방식에 따라서 욥의 말을 되받아서 이렇게 쏘아부친다: 네가 아는 것을 우리가 알지 못하는 것이 무엇이냐. 열띤 논쟁의 분위기 속에서 이와 같이 응수하는 것은 얼마나 자연스러운 일인가! 그러나 나중에 되돌아보면, 그렇게 응수한 것이 얼마나 유치해 보이는지!

(2) 모든 논쟁 당사자들이 사람들이 숭상하는 옛 전통을 존중하며 그 그늘 아래 피하고자 하는데, 유독 욥만은 그러한 옛 전통을 반대하고 있다는 것. "우리 중에는 머리가 흰 사람도 있고 연로한 사람도 있느니라(10절). 믿음의 선조들도 우리 편이고, 교회의 모든 옛 박사들도 우리의 견해를 지지한다." 이런 말은 사람들이 많이 하지만, 그렇게 명백하게 증명된 것은 아니다. 대부분의 사람들이 생각하는 것과는 달리, 어떤 지식이 오랜 세월 동안 주장되어 왔다고 해서, 그 지식이 진리는 아니다. 다윗은 오래된 지식보다는 올바른 성경 지식을 더 선호하였다(시 119:100): 주의 법도들을 지키므로 나의 명철함이 노인보다 나으니이다. 또는, 욥의 친구들 중에서 셋 모두는 아니어도 한 명 또는 두 명은 욥보다 나이가 더 많았던 것 같고(32:6), 그래서 그들은 그들이 옳다는 것을 욥이 인정해야 한다고 생각한 것일 수도 있다. 그러나 논쟁하는 자들이 자기가 나이가 많다고 큰소리를 쳐보아야, 그것은 별 쓸데가 없다. 어떤 사람이 다른 논쟁자보다 나이가 더 많아서, 상대방이 태어나기 전부터 그런 것들을 알고 있었다고 말할 수 있다고 해도, 그것이 그의 오만방자한 태도를 정당화해 주는 것은 아니다. 왜냐하면, 나이가 많다고 해서 언제나 더 지혜로운 것은 아니기 때문이다(32:9).

IV. 엘리바스는 욥이 친구들의 권면과 위로를 멸시하였다고 비난함(11절). 하나님의 위로가 네게 작은 것이냐.

1. 엘리바스는 그를 비롯해서 친구들이 해준 위로의 말을 욥이 참되고 중요한 말로 받아들이지 않고 시답지 않은 말로 취급한 것을 나쁘게 여김. 그들이 아주 선한 말들을 했다는 것은 사실이지만, 그들은 그것들을 욥에게 잘못 적용함으로써, 욥을 위로하기는커녕 도리어 그의 화를 돋구는 형편없는 위로자들이 되었다. 우리 자신이 하는 말이 사실은 별 볼일 없는 것인데도 불구하고, 우

리는 우리가 한 말을 대단한 것으로 생각하기 쉽다는 것을 명심하라. 바울은 유력하다는 이들 중에 그에게 뭔가를 더하여 주는 자가 아무도 없다는 것을 경험하였다(갈 2:6).

2. 엘리바스는 욥의 이러한 태도를 욥이 하나님의 위로하심을 하잘것없는 것으로 여겨서 무시한 것이라고 여김. 그러나 만약 욥이 하나님의 위로하심을 소중히 여기지 않았더라면, 그는 이 환난을 지금처럼 견뎌낼 수 없었을 것이다.

(1) 하나님의 위로하심은 그 자체로 보잘것없는 것이 아니라는 것. 하나님의 위로, 즉 하나님으로부터 온 위로, 특히 하나님 안에 있는 위로는 대단한 것이다.

(2) 하나님의 위로하심은 보잘것없는 것이 아니기 때문에, 우리가 그것을 보잘것없는 것으로 여긴다면, 그것은 정말 통탄스러운 일이다. 신령한 기쁨들을 경시하고 폄훼하며 저 복된 땅을 멸시하는 것은 하나님을 크게 모독하는 것이고 마음이 타락하고 부패했음을 보여주는 증거이다. 엘리바스는 이렇게 말한다: "너에게 무슨 비밀스러운 것이 있느냐. 너는 아무도 모르는 어떤 비약(祕藥)이라도 가지고 있는 것이냐?" 또는, "너는 하나님의 위로의 역사(役事)를 방해하는 어떤 은밀한 죄를 마음 속에 품고 있는 것이냐?" 세상과 육신을 은밀하게 좋아하는 자들 외에는 하나님의 위로를 경시하는 사람은 없다.

V. 엘리바스는 욥이 하나님과 신앙을 배척하고 있다고 비난함(12-13절). "어찌하여 네 마음이 너를 그런 무례하고 비신앙적인 말들을 하도록 이끈 것이냐?" 오직 각 사람이 시험을 받는 것은 자기 욕심에 끌려 미혹되기(약 1:14) 때문이라는 것을 명심하라. 우리가 하나님과 우리의 본분으로부터 떠나거나, 어떤 잘못된 것 속으로 빠져 들어간다면, 우리를 그런 쪽으로 끌고 가는 것은 우리 자신의 마음이다. 네가 만일 거만하면 너 홀로 해를 당하리라(잠 9:12). 심령의 운동 속에는 어떤 힘, 우리가 제어할 수 없는 추동력(推動力)이 있어서, 사람은 자신의 의지와는 상관없이 부패한 마음에 의해서 강제로 끌려간다. "너는 어디에다 한 눈을 팔고 있어서, 우리가 하는 말들을 건성으로 듣고 마음에 두지 않으며 반쯤 졸면서 듣는 것인가? 어찌하여, 너는 우리가 하는 말들이 시답지 않다는 듯이 무시하고 경멸하는 것인가? 우리가 하는 말들 속에 그렇게 경멸을 받을 만한 것들, 아니 네가 네 영으로 하나님을 대적하여 돌아서게 할 만한 말들이

있었는가?" 그의 마음이 하나님에게서 떠난 것도 나쁜 짓인데, 그 마음이 하나님을 대적하여 돌아선 것은 더더욱 나쁜 짓이었다. 그러나 하나님을 버린 자들은 얼마 지나지 않아서 하나님에 대한 적대감을 공개적으로 터뜨리게 된다. 그렇다면 하나님을 대적하게 된 욥의 마음은 어떤 식으로 표출되었는가? "너는 하나님과 그의 공의와 선하심과 관련하여 적대감을 지닌 그러한 말들이 네 입에서 나오게 하고 있다." 악인들의 특징은 그들의 입으로 하늘을 대적한다는 것인데(시 73:9), 이것은 그들의 심령이 하나님을 대적하여 돌아섰다는 것을 보여주는 확실한 증표이다. 엘리바스는 하나님이 욥에게 하신 일들에 대하여 욥의 심령이 하나님에 대하여 악감을 품고서 하나님에게서 돌아선 것이라고 생각하였다. 엘리바스에게는 공평하고 자애로운 마음이 부족하였다. 그렇지 않았다면, 그는 그동안 경건함으로 정평이 나 있었던 자이면서 지금은 시험을 받고 있는 자가 한 말들을 이런 식으로 잔인하게 평가하지는 않았을 것이다. 이것은 사실상 사탄의 주장에 동조해서, 사탄이 말한 대로 욥이 하나님을 대놓고 욕하고 저주하였다고 주장하는 것이었다.

Ⅵ. 엘리바스는 욥이 자기가 인간 본성에 공통적인 부패와 타락에 연루되어 있다는 것조차 부인할 정도로 의로운 자로 자처하고 있다고 비난함(14절).   사람이 어찌 깨끗하겠느냐. 즉, 사람은 깨끗한 체할 수 없고, 그 누구도 깨끗한 사람이 있다는 것을 기대해서는 안 된다는 것이다. 죄악된 여인에게서 난 자가 어찌 의롭겠느냐.

1. 의(義)라는 것은 깨끗함이라는 것. 우리가 깨끗하면, 우리는 하나님께 열납될 수 있고, 우리 자신의 마음도 평안하다(시 18:24).

2. 타락한 상태에 있는 사람은 하나님 앞에서 깨끗하거나 의로운 체할 수 없기 때문에, 하나님의 공의에 비추어서 스스로 무죄라고 여기거나 자기가 하나님의 은총을 받을 만하다고 여길 수 없다는 것.

3. 사람은 죄책과 부패함의 근원인 타락한 인간 본성을 생겨나게 한 여자에게서 났기 때문에 부정(不淨)하고 불의할 수밖에 없다는 것. 욥이 앞에서 동일한 것을 말했다(14:4)는 사실을 아는지 모르는지, 엘리바스는 이 분명한 진리들을 가지고서 욥을 깨우치려고 한다: 누가 깨끗한 것을 더러운 것 가운데에서 낼 수 있으리이까. 그러나 그렇다고 해서, 욥이 위선자이고 악인이라는 결론이 거기에서 자동적으로 도출되는 것인가? 결코 그렇지 않다. 여자에게서 난 사람은

깨끗하지 않지만, 성령으로 거듭난 사람은 깨끗하다.

4. 엘리바스는 사람이 깨끗하지 않다는 것을 더 분명하게 증명하려고 여기에서 다음과 같은 것들을 보여줌.

(1) 아무리 훌륭한 사람들이라도 하나님 앞에서는 불완전하고 부정하다는 것(15절). 하나님은 성도들이나 천사들조차 신뢰하지 않으신다. 하나님은 그들을 사용하시기는 하지만, 그들 자체만으로는 역부족이라는 것과 그가 주시는 은혜가 없으면 그들이 그의 일을 할 수 없다는 것을 아시기 때문에, 새로운 일을 맡기실 때마다 그 일에 필요한 능력과 지혜를 그들에게 새롭게 공급해 주신다. 하나님은 하늘 자체도 흡족해하지 않으신다. 하늘은 우리 눈에는 깨끗해 보이지만, 하나님의 눈에는 수많은 흠과 결점으로 얼룩져 있다. 하늘이라도 그가 보시기에 부정하다. 캐릴(Caryl) 목사는 해가 보기에 별들이 전혀 빛을 가지고 있지 않은 것처럼 보이듯이, 하나님이 보시기에 해가 무슨 빛을 가지고 있다고 할 수 있겠는가라고 말한다(사 24:23).

(2) 일반 사람은 훨씬 더 부정하다는 것(16절). 하물며 악을 저지르기를 물 마심 같이 하는 가증하고 부패한 사람은 어떻겠는가. 하나님은 성도들조차 신뢰하지 않는데, 하물며 어떻게 죄인들을 신뢰하시겠는가. 하나님이 만드신 하늘이 부정할진대, 타락한 상태에 있는 사람은 말해서 무엇 하겠는가. 사람은 하나님이 보시기에 가증스럽고 더럽다. 사람이 회개한다고 하여도, 사람은 자기가 보기에도 가증스럽고 더러워서 자기 자신을 미워한다. 죄는 가증스러운 것이고, 사람을 가증스러운 존재로 만든다. 죄의 몸은 그런 것이기 때문에 죽을 몸, 역겨운 것이라 불린다. 사람이 돼지가 먹는 음식을 먹거나 욕지기나고 역겨운 것을 마시는 것을 보면, 우리는 더럽다고 느끼고 토할 것 같지 않는가? 사람의 더러움이 어느 정도냐 하면, 사람은 갈증이 나서 물을 마실 때처럼 악(하나님이 미워하시는 가증한 것)을 너무나 기분 좋게 벌컥벌컥 들이마신다. 죄악은 사람이 늘상 마시는 음료이다. 죄악을 저지르는 것은 죄인들에게 너무나 자연스럽다. 죄악은 옛 사람의 욕구를 자극하지만 만족을 주지는 못한다. 죄악은 수종(水腫: 임파액 따위가 조직 안에 차서 그 조직이 붓게 되는 병)에 걸린 사람이 찾는 물과 같아서, 한없이 갈증이 나서 마셔대지만 아무리 마셔도 갈증은 사라지지 않는다. 사람들은 죄를 범하면 범할수록 더욱더 죄를 범하고 싶어진다.

¹⁷내가 네게 보이리니 내게서 들으라 내가 본 것을 설명하리라 ¹⁸이는 곧 지혜로운 자들이 전하여 준 것이니 그들의 조상에게서 숨기지 아니하였느니라 ¹⁹이 땅은 그들에게만 주셨으므로 외인은 그들 중에 왕래하지 못하였느니라 ²⁰그 말에 이르기를 악인은 그의 일평생에 고통을 당하며 포악자의 햇수는 정해졌으므로 ²¹그의 귀에는 무서운 소리가 들리고 그가 평안할 때에 멸망시키는 자가 그에게 이르리니 ²²그가 어두운 데서 나오기를 바라지 못하고 칼날이 숨어서 기다리느니라 ²³그는 헤매며 음식을 구하여 이르기를 어디 있느냐 하며 흑암의 날이 가까운 줄을 스스로 아느니라 ²⁴환난과 역경이 그를 두렵게 하며 싸움을 준비한 왕처럼 그를 쳐서 이기리라 ²⁵이는 그의 손을 들어 하나님을 대적하며 교만하여 전능자에게 힘을 과시하였음이니라 ²⁶그는 목을 세우고 방패를 들고 하나님께 달려드니 ²⁷그의 얼굴에는 살이 찌고 허리에는 기름이 엉기었고 ²⁸그는 황폐한 성읍, 사람이 살지 아니하는 집, 돌무더기가 될 곳에 거주하였음이니라 ²⁹그는 부요하지 못하고 재산이 보존되지 못하고 그의 소유가 땅에서 증식되지 못할 것이라 ³⁰어두운 곳을 떠나지 못하리니 불꽃이 그의 가지를 말릴 것이라 하나님의 입김으로 그가 불려가리라 ³¹그가 스스로 속아 허무한 것을 믿지 아니할 것은 허무한 것이 그의 보응이 될 것임이라 ³²그의 날이 이르기 전에 그 일이 이루어질 것인즉 그의 가지가 푸르지 못하리니 ³³포도 열매가 익기 전에 떨어짐 같고 감람 꽃이 곧 떨어짐 같으리라 ³⁴경건하지 못한 무리는 자식을 낳지 못할 것이며 뇌물을 받는 자의 장막은 불탈 것이라 ³⁵그들은 재난을 잉태하고 죄악을 낳으며 그들의 뱃속에 속임을 준비하느니라

엘리바스는 앞에서 욥이 한 말들을 책망해 왔는데, 여기에서는 그가 욥을 비난할 때에 논거로 삼았던 자신의 명제를 설명한다. 그의 명제는 악인들은 반드시 비참한 삶을 살게 되어 있기 때문에, 비참한 삶을 사는 자들은 악인들일 수밖에 없고, 따라서 욥도 악인이라는 것이다. 좀 더 자세하게 살펴보자.

I. 엘리바스의 설교 앞에 제시되어 있는 근엄한 서문. 그는 여기에서 욥에게 그의 말을 경청해 달라고 주문한다. 그러나 사실 그는 욥이 한 말을 주의 깊게 경청하거나 존중해서 듣지 않았기 때문에, 욥에게 그런 주문을 하거나 그런 기대를 할 입장이 아니었다(17절). "내가 너처럼 무익하게 따지는 것이 아니라, 진짜 들을 만한 가치가 있는 것을 네게 보이리라." 이렇게 사람은 남이 하는 말이나 생각은 단죄하면서 자신의 말이나 생각은 대단한 것으로 여기기 쉽다.

1. 그는 욥에게 자신의 경험과 관찰에 의해서 알게 된 것을 가르치겠다고 약속함. "내가 여러 경우들 속에서 직접 본 것을 내가 선포하리라." 우리가 사람들에 대한 하나님의 섭리들을 눈여겨보는 것은 유익한 일이다. 우리는 거기에서 많은 선한 교훈들을 배울 수 있기 때문이다. 또한, 우리는 그렇게 해서 얻은 선한 것들과 유익들을 기꺼이 다른 사람들에게도 전해 주어서 그들도 유익을 얻을 수 있게 하여야 한다. 우리는 우리가 직접 본 것을 애기할 때에는 담대하게 말할 수 있다.

2. 그는 옛 사람들의 지혜로부터 알게 된 것을 가르치겠다고 약속함(18절). 이는 곧 지혜로운 자들이 전하여 준 것이니라. 현대인들의 지혜와 학식은 옛 사람들의 것들에서 나온 것이 대부분이라는 것을 명심하라. 선한 자녀들은 그들의 선한 부모에게서 많은 것을 배우는 법이다. 우리는 우리의 조상들로부터 배운 것을 우리의 후손들에게 전해 주어야 하고, 후세들에게 숨겨서는 안 된다(시 78:3-6). 많은 세대들이 축적하여 물려준 지식의 실이 한 세대의 부주의로 말미암아 끊겨지고, 그 전승들을 순수하고 온전하게 보존하기 위한 조치가 전혀 취해지지 않는다면, 이후의 모든 세대의 삶은 더 악화될 수밖에 없다. 엘리바스가 인용한 권위자들은 실제로 이 땅을 통치하였던 지위와 명성이 높은 권세자들이었기 때문에(이 땅은 그들에게만 주셨다, 19절), 우리는 그들이 하늘의 은총을 받은 자들로서 이 땅의 일들에 대하여 가장 잘 관찰할 수 있는 자들이었을 것이라고 추정할 수 있다. 솔로몬과 같이 존귀와 권세의 자리에 앉아 있던 자들로부터 나온 지혜의 말들은 그들이 누렸던 지위와 권세 때문에 사람들에게 설득력을 지닌다. 그렇지만 이 세대의 통치자들이 한 사람도 알지 못하였던 지혜가 있다(고전 2:7-8).

II. 엘리바스의 설교 그는 여기에서 다음과 같은 것들을 보여주고자 한다.

1. 지혜롭고 선한 자들은 통상적으로 이 세상에서 형통한다는 것. 그는 오직 그런 자들에게만 이 땅이 주어졌다고 말함으로써 이것을 간접적으로 애기한다(19절). 그들은 이 땅을 온전히 평온하게 누렸고, 외인들은 그들 가운데로 지나가지 못하였다. 즉, 외인들은 그들의 땅을 나누어 갖거나 그들을 훼방할 수 없었다. 욥은 세상이 악인의 손에 넘어갔다(9:24)고 말했었다. 엘리바스는 이렇게 말한다: "아니다. 세상은 성도들의 손에 주어졌는데, 하나님은 그들에게 신앙을 맡기실 뿐만 아니라 이 땅도 맡기신다. 너는 스바 사람들과 갈대아 사

람들에게 네 땅을 침탈당했지만, 그들은 그들을 쳐들어오는 외인들이나 원수들에게 침탈이나 약탈을 당하지 않는다." 그러나 아브라함, 이삭, 야곱처럼 하나님의 백성들 중에서 다수가 이 세상에서 두드러지게 형통하였다고 해서, 욥과 같이 십자가를 지고 고난을 받으며 궁핍하게 된 자들이 하나님의 백성이 아니라는 결론은 도출되지 않는다.

2. 악인들, 특히 압제자들과 폭군들은 끊임없이 두려움에 시달리고 매우 불안한 삶을 살며 아주 비참하게 죽는다는 것. 엘리바스는 이 점을 좀 더 자세하게 말하면서, 하나님의 심판에 대하여 불경스럽게 대드는 자들도 결국에는 그 심판을 실감하며 두려워할 수밖에 없게 된다는 것을 보여준다. 본문에서 악인은 단수로 되어 있기 때문에, 여기에서 악인은 니므롯이나 그돌라오멜, 또는 하나님 앞에서의 어떤 그와 같은 힘 있는 사냥꾼을 가리킬 수 있다. 그러나 나는 엘리바스가 여기에서 의도한 것은 욥이었을 것이라고 본다. 왜냐하면, 그는 나중에 욥의 횡포를 구체적으로 묘사하며 욥을 공개적으로 비난하기 때문이다 (22:9-10). 여기에서 그는 이 말씀을 각 개인에게 적용하는 것은 쉬운 일이기 때문에, 욥도 틀림없이 이 말 속에서 거울을 보는 것 같이 자신의 모습을 볼 수 있을 것이라고 생각하였을 것이다.

(1) 그가 이렇게 비참하게 살아가는 죄인을 어떤 식으로 묘사하고 있는지를 살펴보자. 그는 이것을 하나님이 욥을 심판하신 이유로 제시한다(25-28절). 여기에 나오는 악인은 평범한 죄인이 아니라, 일급의 죄인, 포악자(20절), 하나님을 모독하는 자, 박해자, 하나님을 두려워하지 않고 사람을 무시하는 자(눅 18:4)이다.

[1] 죄인은 하나님과 그 권세와 능력에 도전한다는 것(25절). 죄인에게 하나님의 법과 의무들을 말해 주어 보라. 그러면, 그는 그 속박들을 끊어내 버리고, 그를 지으신 분이 그를 통제하거나 다스리지 못하게 할 것이다. 죄인에게 하나님의 진노와 그 두려움들을 말해 주어 보라. 그러면, 그는 발악을 하며 전능자에게 대들 것이고, 하나님의 뜻이나 길을 따르려 하지 않을 것이며, 하나님의 법이나 양심, 심판의 경고들에 의해서 통제 받고자 하지 않을 것이다. 그는 그의 손을 들어 하나님을 대적하며 하나님과 그 진노의 권능에 도전한다. 하나님은 그의 손이 닿지 않는 곳에 계시지만, 그는 자기가 할 수만 있다면 하나님을 신의 자리에서 끌어내리고자 한다는 것을 보여주기 위해서 하나님을 대적하여

그의 손을 뻗친다. 이 말씀은 진정으로 하나님을 미워하는 자들(롬 1:30), 그 육신의 생각이 하나님께 원수가 될 뿐만 아니라(롬 8:7) 적대감 자체인 어떤 죄인들의 대담한 불경(不敬)에 적용된다. 그러나 애석하게도 죄인의 악의는 뻔뻔스러울 뿐만 아니라 무력하기 그지없다. 죄인이 무엇을 할 수 있겠는가? 그는 교만하여 전능자에게 힘을 과시하고자 한다. 그는 그의 엄청난 독재 권력을 사용해서 때와 법을 고치고(단 7:25), 하나님의 섭리를 거슬러 양심의 통제를 벗어나 약탈과 포악으로 승승장구할 수 있다고 생각한다. 죄인들이 전능자와 싸움을 벌이는 것은 오만방자함이 극에 달한 죄인들이 벌이는 터무니없는 미친 짓이라는 것을 명심하라. 자기를 지으신 이와 더불어 다툴진대 화 있을진저(사 45:9). 일반적으로 25절에 이어서 26절도 오만방자하고 무모한 죄인들에 관한 추가적인 묘사로 해석된다: 그는 자기가 하나님의 상대가 되지 못한다는 것을 알면서도, 하나님과 그의 계명 및 섭리들에 반발하여 목을 세우고 필사적으로 하나님께 정면으로 달려들다가, 결국에는 자신의 칼날이나 자기가 든 방패의 날카로운 모서리에 찍혀서 고꾸라지고 만다. 죄인들은 일반적으로 하나님에게서 달아나지만, 계획적으로 죄를 짓는 오만방자한 죄인은 하나님께 달려 들어서 하나님을 대적하여 싸움을 벌인다. 그랬을 때에 그 결과가 어떨지를 예견하는 것은 쉬운 일이다.

[2] 죄인은 안일함과 방탕함에 절어서 살아간다는 것(27절). 그의 얼굴에는 살이 찐다. 이것은 날마다 맛있는 음식으로 그의 육신의 욕망을 마음껏 채우고, 그렇게 함으로써 하나님의 심판에 대적하여 그의 마음을 굳게 한다는 것을 의미한다. 육신이 좋아하는 것들로 잔치를 벌여서 육신의 욕망을 한껏 채워 주면, 그것은 흔히 영혼과 그 힘을 약화시키고 손상시키는 결과를 가져온다는 것을 명심하라. 사람들이 하나님을 무시하고 잊는 것은 배를 신으로 삼고 감각의 즐거움들을 누리는 것 속에서 행복을 찾기 때문이 아니던가? 자기 자신을 포도주와 독주로 채우는 자들은 모든 진지한 것들을 버린 채, 내일도 오늘 같으리라(사 56:12)는 헛된 소망으로 즐거워한다. 화 있을진저 시온에서 이렇게 안일한 자들이여(암 6:1, 3-4; 눅 12:19). 죄인의 얼굴을 덮고 있는 살은 그를 뻔뻔스럽고 오만한 자로 보이게 만들고, 그의 허리를 덮고 있는 살은 그를 빈둥거리며 안일하고 무감각하게 살게 만든다. 그러나 장차 그런 것들은 하나님의 진노의 화살들을 막아 주지 못한다는 것이 드러날 것이다.

[3] 죄인은 주위 사람들에게서 약탈한 것들로 자기 자신을 부요하게 한다는 것(28절). 그는 성읍들에 홀로 거주하기 위해서 그 성읍들을 황폐하게 하고 거기에 사는 주민들을 다 내쫓는다(사 5:8). 교만하고 잔인한 자들은 성읍들을 돌무더기로 만들어서 주민들을 겁주어 내쫓아야만 그 성읍들을 자신의 것으로 만들 수 있기 때문에 자신이 공격해서 성읍들을 폐허로 만드는 데에 성공하면 거기에서 이상한 희열을 느낀다(시 9:6). 온 세상을 장악하여 독점하고자 하는 자들은 세상의 모든 위로들을 다 상실하게 되기 때문에 세상을 다 차지하고도 비참해진다는 것을 명심하라. 이런 독재자는 오래 전에 세워져서 유서 깊은 성읍들을 어떤 식으로 장악해서 자신의 목적을 달성하는가? 본문에서는 그가 처음부터 거짓말쟁이이자 살인자였던 자가 지니고 있던 악의 두 가지 주된 요소들인 악의와 거짓을 통해서 그런 일을 한다고 말한다(35절). 그들은 재난을 잉태한 후에, 즉 남에게 재앙을 가져다 줄 악의적인 음모를 꾸민 후에, 그들이 복속시키고자 하는 자들을 보호한다는 미명 하에 전쟁을 좀 더 효율적으로 진행하기 위해 평화 조약을 맺는 체하는 등 속임을 준비하여 행함으로써 그 목적을 달성한다. 하나님은 그러한 악한 자들로부터 모든 선한 자들을 건져내신다.

(2) 이 악인이 영적인 심판과 현세적인 심판을 통해서 어떤 비참한 상태에 처하게 되는지를 살펴보자.

[1] 악인의 내적인 평안은 끊임없이 방해를 받으리라는 것. 그는 주위 사람들에게 편안한 것처럼 보이기 때문에, 사람들은 그를 시기하거나 부러워하여 자기들도 그 자처럼 되기를 바란다. 그러나 사람들 속에 무엇이 들어 있는지를 잘 아시는 하나님은 악인의 내면에는 위로와 만족이 거의 없기 때문에 악인은 시기와 부러움의 대상이 아니라 불쌍히 여겨야 할 대상이라고 우리에게 말씀하신다.

첫째, 악인은 자신의 양심으로부터 늘 고소를 당하기 때문에, 그는 양심의 고통 때문에 그의 일평생에 고통을 당한다(20절). 그가 저지른 잔인한 죄악들과 그의 손에 묻힌 피에 대한 생각이 그의 뇌리를 떠나지 않기 때문에, 그는 늘 불안하다. 그가 저지른 죄악들은 매순간마다 그를 정면으로 응시한다. 죄의식은 사람을 깜짝깜짝 놀라게 하고 혼란스럽게 만든다.

둘째, 악인은 자신의 부와 권력이 언제까지 지속될지 몰라서 안절부절못하며 초조해한다. 포악자의 햇수는 숨겨져 있다. 그는 겉으로는 어떤 모습을 취하든 자신의 부귀영화가 언제까지나 지속되지 않으리라는 것을 알기 때문에 늘 불안에 떨 수밖에 없다.

셋째, 악인은 무서운 마음으로 심판과 맹렬한 불을 기다리는 상태에서(히 10:27) 늘 두려움에 붙잡혀 있고, 가인처럼 놋 땅(소란의 땅)에 거하며(창 4:16), 바스훌처럼 마골밋사빕(사방이 온통 두려움)이 된다(렘 20:3-4). 그의 귀에는 무서운 소리가 들린다(21절). 그는 하늘과 땅이 그에 대하여 분노하고, 하나님이 그에게 화가 나 계시며, 온 세상이 그를 미워한다는 것을 안다. 그는 하나님이나 온 세상과 화해하려는 그 어떤 일도 하지 않았기 때문에, 그를 만나는 자마다 그를 죽이려 할 것이라고 생각한다(창 4:14). 또는, 그는 빚 때문에 도망친 자와 같아서, 자기가 만나는 사람들을 다 자기를 잡으러 온 경찰이라고 생각한다. 최초에 두려움은 죄로 인하여 들어왔고(창 3:10), 지금도 여전히 죄에는 두려움이 따라다닌다. 아무리 형통해도, 그는 그를 멸망시키고자 하는 자, 즉 하나님이 그의 악행에 대하여 복수하시기 위하여 보내신 어떤 죽음의 천사나 그에게 해악을 입은 그의 어떤 신민(臣民)이 그를 죽이려고 덮치지는 않을까 항상 노심초사한다. 산 자들의 땅에서 용사로서 사람들에게 공포의 대상이었던 자들은 죽어서 구덩이에 내려가게 되는데(겔 32:25), 그들은 그들이 그렇게 될 것을 예상하고 두려워한다. 이것은 좀 더 설명되고 있다(22절): 칼날이 숨어서 그를 기다리고 있다고 그는 염려한다. 왜냐하면, 그는 칼로 사람들을 죽인 자는 마땅히 자기도 칼에 죽을 것임을 알기 때문이다(계 13:10). 죄책감을 느끼는 양심은 죄인의 주변을 두루 도는 불 칼의 역할을 한다(창 3:24). 설명은 23절에서도 계속된다. 그는 흑암의 날이 가까운 줄을 스스로 아느니라. 즉, 그는 흑암의 날이 그에게 정해져 있어서 피할 수 없다는 것, 그 날은 신속하게 다가오고 있고 연기될 수 없다는 것을 안다. 이 흑암의 날은 죽음 너머에 있는 그 무엇이다. 여호와의 날은 모든 악인들에게 빛이 아니라 흑암이 될 것이고, 그 날에 그들은 완벽하고 끝없는 흑암에 들어가는 운명을 맞게 될 것이다. 일부 악인들은 비록 겉으로는 안전하고 편안해 보일지라도 이미 자신의 내면 속에 사망 선고, 즉 영원한 죽음의 선고를 받은 상태이기 때문에, 지옥이 그들을 삼키려고 숨을 몰아쉬는 모습을 분명하게 본다는 것을 명심하라. 그러므로 그가 괴로움과 고통(하나님의 진노와 분노로 인하여 생겨나는 영혼의 내적인 환난과 곤고, 롬 2:8-9)을 겪으면서, 장차 올 더 심한 것을 두려워하게 된다는 것은 전혀 이상한 일이 아니다. 지금 그의 내면의 상태가 지옥이라면, 장차 그가 들어가게 될 지옥은 도대체 어떤 곳이겠는가? 그는 술을 마시고 농담을 지껄이면서 그 두려움들을 떨쳐 버리고자 하지만, 그렇게 되지 않을 것이다. 그 두려움들은 도저히 저항할 수 없는 강력한 군대로 싸움을 준비한 왕처럼 그를 쳐서 압도하여 이기리라. 평안을 지키고자 하는 자는 선한 양심을 지켜야 한다.

넷째, 악인이 언제라도 환난 가운데 있게 되면, 그는 나올 수 없을 것이라고 절망하게 될 것이다(22절). 그가 어두운 데서 나오기를 바라지 못하고 스스로 자포자기하여 죽어서 끝없는 흑암 속으로 들어가게 될 것이다. 선한 자들은 저녁에도 빛을 기대할 수 있고, 어둠 가운데에서도 빛을 기대할 수 있다. 그러나 죄의 흑암으로부터 돌아오고자 하지 않고 도리어 죄 가운데에 머물고자 한 자들이 어떻게 환난의 어둠에서 나오기를 기대할 수 있겠는가(시 82:5)? 그들이 저 철저한 흑암으로부터 결코 나오지 못하고, 그 어두운 곳을 둘러싸고 있는 거대한 강을 건너서 빠져나오지 못하리라는 것을 스스로 알고 있다는 것이 저주 받은 죄인들의 불행이다.

다섯째, 악인은 하나님의 섭리가 그를 향하여 얼굴을 별로 찌푸리지 않더라도 끊임없이 염려하며 어쩔 줄 몰라 한다(23절). 그는 자기가 빈곤하게 될 것을 두려워하여서, 그의 재산이 조금씩 없어지는 것을 감지하고서, 이미 그의 생각 속에서는 여기저기를 헤매며 음식을 구하여 이르기를 어디 있느냐고 하게 된다. 부자는 양식이 풍부한데도 어찌할꼬(눅 12:17)라고 울부짖었다. 틀림없이 그는 자기가 빈곤하게 될까봐 두려워서 이렇게 악착같이 모으는 것이라고 그의 탐욕을 변명할 것이다. 하지만 결국 그는 그의 염려대로 되고 말 것이다. 성경에서는 풍족하던 자들이 양식을 위하여 품을 팔았다고 말하는데(삼상 2:5), 여기에 나오는 죄인은 그렇게 하지도 못할 것이다. 그는 살이 너무 쪄서 땅을 팔 수 없을 것이고(27절), 구걸하는 것도 수치스러워할 것이다(시 109:10). 다윗은 의인이 양식을 구걸할 정도로 버림을 당한 모습을 결코 본 적이 없다고 말한다. 그들이 구하지 않아도, 하나님은 그들을 먹이실 것이다(시 37:3, 25). 그러나 악인들은 그런 것을 기대할 수 없다. 결코 긍휼을 베푼 적이 없는 자들이 어떻게 하나님으로부터 긍휼을 얻을 수 있겠는가?

[2] 악인의 외적인 형통은 곧 끝나게 되고, 그가 의지하고 위로를 받던 모든 것들도 함께 끝나게 되리라는 것. 하나님이 그를 대적하여 달려드시는데, 그가

어떻게 형통할 수 있겠는가? 어떤 이들은 26절을 이렇게 이해하기도 한다. 하나님이 어떤 자에게 달려드신다면, 하나님은 그 자를 반드시 **짓밟아 놓으실 것**이다. 왜냐하면, 하나님은 심판하실 때에 반드시 이기실 것이기 때문이다. 하나님의 심판들이 이 세상적인 악인이 지닌 온갖 생각들과 욕구들과 계획들을 어떤 식으로 좌절시키셔서 그의 불행을 완성시키시는지를 보라.

첫째, 악인은 닥치는 대로 재물을 긁어 모으고자 하지만, 그의 뜻대로 부요하게 되지 못할 것이다(29절). 그의 탐욕스러운 마음이 그가 진정으로 부요하게 되는 것을 방해한다. 충분히 갖지 않은 자는 부요하지 않은 것인데, 그는 아무리 많이 가지고 있어도 그것으로 충분하다고 생각하지 않는다. 단지 자기가 모은 재물을 보고 기뻐하는 것만이 그가 얻은 큰 이득이다. 하나님의 섭리는 어떤 자들이 부자가 되는 것을 노골적으로 막기 위하여, 그들이 하는 일들을 좌절시키고, 그들이 취하는 조치들이 제대로 작동하지 못하게 하여서, 그들로 하여금 항상 궁핍하게 살아가도록 만든다. 속임수와 불의로 많은 것을 얻은 자들 가운데에는 부자가 되지 못하는 경우가 많다. 그들이 얻은 재물은 금세 새어나가고, 한 가지 죄로 얻은 재물은 또 다른 죄를 위해서 소비되기 때문이다.

둘째, 악인은 자기가 모은 것을 지키고자 애를 쓰지만, 별 소용이 없다. 그의 재산이 보존되지 못할 것이다. 그 재산은 점점 줄어들어서 결국에는 아무것도 남지 않게 될 것이다. 하나님이 그의 재산을 날려 버리실 것이고, 하룻밤에 생겨난 것은 하룻밤에 없어져 버릴 것이다. 망령되이, 즉 헛되이 얻은 재물은 반드시 줄어가게 되어 있다(잠 13:11). 어떤 자들은 압제로 모은 그들의 재물이 없어지는 것을 살아서 직접 보기도 한다. 그러나 설사 그렇게 되지 않은 경우에도, 그들이 모은 재물을 물려받는 자들은 저주도 함께 물려받는다. 불의로 얻은 재물이 삼대까지 가는 경우는 극히 드물다. 악인은 그와 그의 상속자들이 영원히 누릴 수 있도록 하기 위하여 재물을 모은다. 그러나 그것이 무슨 소용이란 말인가? 그의 소유가 땅에서 증식되어 길게 가지 못할 것이고, 그의 재물로 인한 평판이나 위로도 오래가지 못할 것이다. 그의 재물이 사라져 버렸을 때, 그 재물로 인해 그가 얻었던 모든 좋은 것들이 어디에 있는가? 이 땅에서는 모든 것이 일시적이고, 모든 좋은 것들의 끝이 곧 올 것인데, 어떻게 우리가 어떤 좋은 것이 이 땅에서 오래가기를 기대할 수 있겠는가?

셋째, 악인은 자기가 모은 것을 그의 자녀들에게 물려주고자 애를 쓴다. 그러나 그의 이러한 바람도 좌절을 맛보게 될 것이다. 그는 자신의 가문이 번성하고 그의 후손들이 다 큰 사람이 되어 명성을 얻게 되기를 소망하겠지만, 그의 가문에 속한 자들이 잘 되지 못할 것이다. 그의 가지가 푸르지 못하리라(32절). 불꽃이 그의 가지를 말릴 것이라(30절). 그의 후손들은 못 다 핀 꽃이나 덜 익은 포도 열매처럼 떨어져 버리게 될 것이다(33절). 그들은 성인이 되기 전에 죽을 것이고, 그의 가문 중 많은 후손들이 그의 죄악으로 말미암아 망할 것이다.

넷째, 악인은 자기가 모은 것을 스스로 오랫동안 누리려고 애쓴다. 그러나 그의 그러한 바람도 좌절될 것이다. ① 하나님은 악인을 그의 소유에서 떠나게 하실 수 있으시다(30절). 하나님의 입김으로 그가 불려가고, 그의 재산은 다른 사람들에게 넘어갈 것이다. 즉, 유황 개천 같이 그를 삼킬 불을 점화시키는 하나님의 진노(사 30:33), 또는 하나님의 칼에 의해서 그가 불려갈 것이다. 하나님이 말씀하시면, 그 일은 즉시 이루어진다. 하나님이 이르시되 오늘 밤에 네 영혼을 도로 찾으리라(눅 12:20). 따라서 악인은 자신의 악에 휩쓸려 죽어가고, 세상적인 자는 세상을 좋아하는 그의 마음에 휩쓸려 죽어간다. ② 하나님은 마치 독수리가 하늘을 향하여 날아가듯이 악인에게서 그의 소유가 날아가 버리게 하실 수 있으시다. 그의 날이 이르기 전에 그 일이 이루어질 것이다(32절). 즉, 그는 그의 생전에 그의 재물이 다 없어지는 것을 보게 되리라는 것이다.

다섯째, 악인은 환난을 당하면 어떻게 하면 거기에서 빠져나올 수 있을지를 고민한다(그는 그 환난을 통해서 어떻게 유익을 얻을까를 고민하지 않는다). 그러나 여기에서도 그는 좌절을 겪게 될 것이다(30절): 그는 어두운 곳을 떠나지 못하리라. 그가 하만처럼 몰락하기 시작하면, 모든 사람들이 "차라리 죽으라"고 말할 것이다. 본문에서는 악인에 대하여 그가 어두운 데서 나오기를 바라지 못하고 믿지도 못할 것이라고 말한다(22절). 그는 그에게 닥친 재앙이 지속되는 것을 보고 겁을 집어먹어서 자기가 거기에서 나오리라고 믿지 못하게 될 것이고, 하나님께서도 이스라엘에 대하여 그러셨듯이(민 14:28) 그 악인이 생각하는 대로 그에게 행하셔서 그가 무서워하는 것을 그에게 임하게 하실 것이다(사 66:4). 하나님은 악인이 지닌 불신과 절망에 대하여 아멘(그렇게 될지어다)이라고 말씀하실 것이다.

여섯째, 악인은 자기 편을 확보하고자 애를 쓰고, 그들과의 협력을 통해서 자신의 안전을 도모하고자 한다. 그러나 그의 그런 노력도 헛될 것이다(34-35절). 경건하지 못한 무리, 그들의 전체 회중, 그들과 그들의 모든 장막들은 황폐하게 되고 불로 소멸될 것이다. 그들은 여기에서 위선과 뇌물, 즉 하나님과 사람에 대하여 기만적으로 행한 것으로 인하여 비난을 받는다. 그들은 신앙의 이름으로 하나님을 모독하고, 정의의 이름으로 사람들을 해친다. 그런 것들이 끝이 좋을 리가 없다. 악인들이 서로를 격려하며 악한 일들을 하기 위하여 피차 손을 잡을지라도 벌을 면하지 못할 것이다(잠 11:21).

(3) 이 모든 것들의 활용과 적용. 오만방자한 죄인들은 잠시 형통하더라도 결국에는 이렇게 비참해지지 않는가? 그러므로 사람은 스스로 속아 허무한 것을 믿거나 의지하지 아니하여야 한다(31절). 우리는 다른 사람들이 겪는 재난들을 우리에 대한 경고로 삼아야 하고, 저 상한 갈대를 의지하지 말아야 한다. 상한 갈대에 기대한 자들은 하나 같이 다 망하였기 때문이다.

[1] 재물을 모으기 위해서 죄악된 길들을 의지하는 자들은 허무한 것을 의지하는 것인데, 그렇게 하면 허무한 것이 그들의 보응이 되리라는 것. 왜냐하면, 그들은 그들이 기대했던 것을 얻지 못할 것이기 때문이다. 그들이 사용하는 술수들이 그들을 속여서, 이 세상에서 그들을 망하게 만들 것이다.

[2] 자기가 모은 재물, 특히 부정하게 얻은 재물을 의지하는 자들은 허무한 것을 의지하는 것이라는 것. 왜냐하면, 그 재물은 그들에게 아무런 만족도 주지 못할 것이기 때문이다. 그 재물에 붙어 있는 죄책(罪責)이 그 재물이 주는 기쁨을 망쳐 놓을 것이다. 그들은 바람을 심고 회오리바람을 거둘 것이고, 마침내 극도로 혼란스러운 심정으로 허탄한 마음에 미혹되어 그들이 망하였고, 그들의 오른손에 있는 거짓 것에 속았다는 것을 시인하게 될 것이다(사 44:20).

— 제
16
장 —

개요

우리가 앞 장에서 보았던 엘리바스의 설교에 대한 욥의 대답이 이 장에서 시작된다. 욥의 대답은 그가 앞서 몹시 슬퍼하며 쏟아내었던 탄식시의 속편으로서 마찬가지로 우울한 기조로 되어 있다. I. 그는 그의 친구들이 그를 냉정하게 대하고 있다고 힐책함(1-5절). II. 그는 그의 처지를 모든 점에서 너무나 비참한 것으로 묘사함(6-16절). III. 그는 여전히 그의 온전한 신앙을 붙잡고 있다고 말하고, 이것과 관련해서 하나님께서 그의 친구들의 불의한 비난을 물리치시고 의로운 판단을 내려주시기를 호소함(17-22절).

¹욥이 대답하여 이르되 ²이런 말은 내가 많이 들었나니 너희는 다 재난을 주는 위로자들이로구나 ³헛된 말이 어찌 끝이 있으랴 네가 무엇에 자극을 받아 이같이 대답하는가 ⁴나도 너희처럼 말할 수 있나니 가령 너희 마음이 내 마음 자리에 있다 하자 나도 그럴 듯한 말로 너희를 치며 너희를 향하여 머리를 흔들 수 있느니라 ⁵그래도 입으로 너희를 강하게 하며 입술의 위로로 너희의 근심을 풀었으리라

욥과 그의 친구들은 논쟁하는 자들이 보통 보여주는 그런 행태를 보여주었다. 즉, 그들은 서로의 지각과 지혜와 태도를 못마땅하게 여겨서 깎아내렸다. 논쟁이라는 톱은 말이 길어지고 시간이 길어질수록 더욱 뜨거워진다. 이런 종류의 다툼의 시작은 둑에서 물이 새는 것 같은즉 싸움이 일어나기 전에 시비를 그칠 것이니라(잠 17:14). 엘리바스는 욥이 한 말들을 아무짝에도 쓸데없고 무익하며 전혀 앞뒤 분간을 하지 못한 말들이라고 평가하였었는데, 욥도 여기에서 엘리바스가 한 말들에 대하여 동일한 평가를 내린다. 남들을 그런 식으로 비난하는 자들은 남들로부터 똑같은 비난을 받을 것을 예상하여야 한다. 이런 식의 논쟁은 막말이고 끝도 없이 이어진다. 그러나 그런 논쟁이 도대체 무슨 유익이 있단 말인가? 그런 논쟁은 사람들의 혈기만 자극할 뿐이고, 결코 사람들을 깨우쳐 주거나 진리를 명확하게 드러내지 못한다. 욥은 여기에서 다음과 같은

이유를 들어서 엘리바스를 책망한다.

1. 뻔한 말들을 쓸데없이 반복하고 있다는 것(2절). "이런 말은 내가 많이 들었다. 너희는 내가 전부터 알고 있던 것들과 너희 자신이 앞에서 얘기했던 것들을 되풀이해서 내게 말하고 있을 뿐이고, 새로운 것은 전혀 말하지 않는구나. 너희가 하는 것은 똑같은 말들을 하고 또 하고 무수히 반복하는 것뿐이다." 욥은 친구들로부터 이런 말을 듣는 것이 그가 겪는 다른 환난들과 마찬가지로 그의 인내심을 시험하는 것이라고 생각한다. 이렇게 대적으로부터 같은 말을 반복해서 듣는 것은 정말 화가 나고 짜증스러운 일이긴 하지만, 가르치는 자는 그렇게 할 필요가 있고, 배우는 자도 그런 것을 부담스럽게 여겨서는 안 된다. 왜냐하면, 경계에 경계를 더하며 교훈에 교훈을 더하는 것이 필요하기 때문이다(사 28:13). 우리가 듣는 많은 것들은 반복해서 듣는 것이 좋다. 반복해서 들을수록, 우리는 그것들을 더 잘 이해하고 기억하며 그 감화를 더 잘 받을 수 있기 때문이다.

2. 잘못된 적용. 그들은 욥을 위로하러 왔으면서도, 욥이 겪는 문제를 잘못 이해해서 그를 위로하기는커녕 도리어 화를 북돋웠다. "너희는 다 재난을 주는 위로자들이로구나. 너희는 나의 고통을 덜어 주기는커녕 도리어 그 고통을 가중시키고 있다." 자기를 담당한 의사가 병을 고치는 것이 아니라 도리어 악화시키고 그 의사가 주는 약들이 독약이라면, 그 환자의 처지는 그야말로 서글프기 짝이 없을 것이다. 욥이 여기에서 그의 친구들에 대하여 말하고 있는 것은 모든 피조물에 그대로 적용되고, 우리는 모든 피조물이 재난을 가져다 주는 형편없는 위로자들이라는 것을 언젠가는 알게 될 것이다. 우리가 죄의 자각이나 양심의 두려움이나 죽음의 공포 아래에 있을 때, 우리를 효과적으로 위로해 주실 수 있는 분은 오직 성령뿐이다. 성령 외의 다른 모든 것이 주는 위로는 마음이 무거운 사람 앞에서 노래를 부르는 것과 같아서 전혀 위로가 되지 못한다.

3. 무례하고 부적절한 말을 끝없이 늘어놓는다는 것. 욥은 친구들의 헛된 말이 끝이 나기를 바란다(3절). 만약 그들이 한 말들이 헛된 것이라면, 그 말들은 처음부터 하지 말았어야 하고, 일단 시작했다면, 빨리 끝낼수록 좋을 것이다. 적절하게 말할 만큼 지혜로운 자들은 자기가 할 말을 충분히 다 했을 시점에서는 더 이상 말을 하지 않는 지혜로움도 보이는 법이다.

4. 까닭 없이 완고하다는 것. 네가 무엇에 자극을 받아 담대해져서 이같이 대

답하는가. 사람들을 우리가 증명할 수 없는 죄악들로 비난하고, 사람들의 외적인 상태에 비추어서 사람들의 영적 상태를 판단하며, 엘리바스처럼 사람들이 이미 여러 번 반론을 제기했는데도 똑같은 것을 반복적으로 제기하는 것은 이해할 수 없는 행동으로서 지나친 자신감의 산물이다.

5. 우정의 신성한 법칙, 즉 자기가 상대방으로부터 받고 싶지 않은 대우를 상대방에게도 하지 말라는 법칙을 범하였다는 것. 이것은 살을 에는 듯한 뼈아픈 책망이다(4-5절).

(1) 욥은 그의 친구들에게 잠시라도 서로 입장을 바꿔서 자기가 그들처럼 평안하고 그들이 자기처럼 비참한 처지에 놓여 있다고 생각해 보기를 원함. 이것은 터무니없거나 말도 안 되는 생소한 제안이었지만, 사실은 언제라도 현실이 될 수도 있는 것이었다. 인간사의 부침은 너무나 기이하고 갑작스러우며, 사람들의 운명의 바퀴도 전혀 예측할 수 없기 때문에, 사람들의 입장은 순식간에 서로 바뀌는 경우가 많다. 형제들의 슬픔이 무엇이든지 간에, 우리는 그들의 슬픔을 우리의 슬픔으로 삼아서 함께 슬퍼하여야 한다. 우리도 언제 그들과 같은 처지가 될지 모르는 일이기 때문이다.

(2) 욥은 만약 그들이 그의 처지에 있다면 그가 그들에게 어떻게 할 수 있는지를 보여줌으로써 그에 대한 그들의 행동이 얼마나 냉정한 것인지를 설명함. 나도 너희처럼 말할 수 있느니라. 곤경에 처한 자들을 짓밟고, 극심한 고통과 환난 속에 있는 자들이 말한 것을 흠 잡고 비난하는 것은 쉬운 일이다. "너희가 내게 하듯이, 나도 너희를 치는 말들을 한없이 쏟아낼 수 있다. 그럴 때에 너희가 과연 그런 말들을 듣기 좋아하며 참고 견뎌내고자 하겠는가?"

(3) 욥은 만약 그가 그들의 입장에 있다면 어떻게 할지를 말함으로써 그들이 어떻게 해야 마땅한지를 보여줌(5절). "나는 내 입으로 너희에게 힘을 돋우어 주었을 것이고, 너희의 슬픔을 덜어줄 수 있는 말을 최선을 다해 해주며, 그 슬픔을 악화시킬 말은 한 마디도 하지 않았을 것이다." 입장이 바뀌어 있다면 그들이 어떻게 하겠는지를 생각하는 것은 고난을 당하는 자들에게 자연스러운 일이다. 그러나 그럴 때에 그들이 생각해 낸 방책은 그들이 그들의 마음에 속아서 생각해 낸 것일 수도 있다. 왜냐하면, 우리가 막상 위로하는 자의 입장에 있게 되면, 우리가 어떻게 해야 할지를 아는 것은 쉽지 않기 때문이다. 자기가 고난을 당해서 위로를 필요로 할 때에는 사람들이 자기에게 어떻게 해주었으

면 좋겠는지를 아는 것은 쉽지만, 위로를 해야 하는 입장이 되면 그것을 아는 것이 쉽지 않다. 우리의 형제들이 환난 속에 있을 때에 우리가 그들에게 어떻게 해야 하는지를 보라.

[1] 그들에게 힘이 될 수 있는 모든 것들을 말하고 행하여야 한다는 것. 즉, 우리는 그들이 하나님을 더욱 신뢰하도록 격려하고 그들의 의기소침한 심령에 힘을 불어넣어 주는 데에 적합한 말과 행위를 최선을 다하여 해주어야 한다. 환난을 당하는 자들의 힘은 믿음과 인내이기 때문에, 믿음과 인내에 도움이 되는 것들은 연약한 무릎을 견고하게 한다.

[2] 그들의 근심, 그리고 그들의 근심의 원인들, 또는 적어도 그 원인들에 대한 그들의 적대감을 완화시켜 주어야 한다는 것. 선한 말들을 해주는 데에는 아무런 비용이 들지 않지만, 그런 말들은 근심 가운데에 있는 자들에게 큰 유익이 된다. 왜냐하면, 그런 말들을 들으면서, 그들은 친구들이 그들에게 관심을 갖고 있다는 것을 확인하고서 위로를 얻을 뿐만 아니라, 근심에 눌려서 잊어버렸던 중요한 것들을 다시 생각할 수 있게 되기도 하기 때문이다. 우리 속담에, 험한 말들로 뼈를 부러뜨릴 수는 없지만, 인자한 말들로 부러진 뼈들을 기뻐하게 만들 수는 있다는 말이 있다. 곤고한 자를 말로 어떻게 도와 줄 줄을 아는 자들은 학자들의 혀를 갖고 있는 것이다(사 50:4).

⁶내가 말하여도 내 근심이 풀리지 아니하고 잠잠하여도 내 아픔이 줄어들지 않으리라 ⁷이제 주께서 나를 피로하게 하시고 나의 온 집안을 패망하게 하셨나이다 ⁸주께서 나를 시들게 하셨으니 이는 나를 향하여 증거를 삼으심이라 나의 파리한 모습이 일어나서 대면하여 내 앞에서 증언하리이다 ⁹그는 진노하사 나를 찢고 적대시하시며 나를 향하여 이를 갈고 원수가 되어 날카로운 눈초리로 나를 보시고 ¹⁰무리들은 나를 향하여 입을 크게 벌리며 나를 모욕하여 뺨을 치며 함께 모여 나를 대적하는구나 ¹¹하나님이 나를 악인에게 넘기시며 행악자의 손에 던지셨구나 ¹²내가 평안하더니 그가 나를 꺾으시며 내 목을 잡아 나를 부숴뜨리시며 나를 세워 과녁을 삼으시고 ¹³그의 화살들이 사방에서 날아와 사정 없이 나를 쏨으로 그는 내 콩팥들을 꿰뚫고 그는 내 쓸개가 땅에 흘러나오게 하시는구나 ¹⁴그가 나를 치고 다시 치며 용사 같이 내게 달려드시니 ¹⁵내가 굵은 베를 꿰매어 내 피부에 덮고 내 뿔을 티끌에 더럽혔구나 ¹⁶내 얼굴은 울음으로 붉었고 내 눈꺼풀에는 죽음의 그늘이 있구나

여기에 나오는 욥의 하소연은 다른 곳에 나오는 그의 말들만큼이나 비통한데, 욥은 그런 하소연을 꾹 눌러 참을 것인지, 아니면 쏟아낼 것인지 어쩔 줄 몰라 한다. 환난을 당하는 자들에게는 그들의 기질이나 상황에 따라서 어떤 때는 전자가, 어떤 때는 후자가 그들의 고통을 잠시나마 덜어주는 것이 될 수 있다. 그러나 욥은 이 두 가지 중 어느 쪽을 해도 그의 고통을 덜 수 없었다(6절).

1. 어떤 때에는 자신의 근심을 쏟아내는 것이 고통을 덜어준다는 것. 그러나 욥은 이렇게 말한다: "내가 말하여도 내 근심이 풀리거나 누그러지지 아니하고, 나의 하소연을 쏟아내도 내 마음은 결코 더 가벼워지지 않는구나. 아니, 내가 어떤 말을 하면, 내 친구들은 그 말을 오해해서 나를 공격하니 내 근심이 더욱 가중되는구나."

2. 어떤 때에는 침묵을 지키는 것이 괴로움을 견디기 쉽게 해주고 좀 더 빨리 잊게 해준다는 것. 그러나 욥은 이렇게 말한다: 내가 잠잠하여 참는다고 해도, 더 나아지는 것이 없으니, 내가 무엇이 평안하랴. 욥이 하소연을 하면 혈기를 부린다고 비난을 받았고, 아무 말도 하지 않으면 화가 나서 말을 하지 않는 것이냐는 비난을 들었다. 욥이 자신의 결백을 주장하면 친구들로부터 교만하다는 비난을 받았고, 그들의 고소들에 대하여 아무런 대답을 하지 않으면 그의 침묵은 자신의 죄를 인정한 것으로 받아들여졌다.

어떤 이는 욥의 곤경을 이렇게 애처롭게 묘사한다: 이러나 저러나 비난을 받기는 마찬가지인데, 욥이 구태여 하나님이 그에게 은혜를 주셔서 자기가 그런 하소연들을 하지 않게 해 달라고 할 이유가 어디 있겠는가. 욥은 다음과 같이 하소연한다.

I. 그의 집안이 흩어졌다는 것(7절). "주께서 나를 피로하게 하셨나이다. 주는 나로 하여금 말하는 것과 참는 것과 내 친구들과 삶 자체에 대하여 신물이 나고 지치게 만드셨나이다. 이 세상을 통과하는 나의 여정이 너무나 힘들고 괴로워서, 나는 정말 지쳤나이다." 그의 집안이 초토화되고, 자녀들과 종들은 죽임을 당하며, 얼마 남지 않은 종들조차도 흩어져 버린 것은 다른 일들과 마찬가지로 그를 힘들게 만들었다. 그의 집에서 예배를 위해서 만나곤 했던 선한 자들의 무리도 지금은 흩어져서, 그는 홀로 침묵 속에서 안식일을 보내야 했다. 많은 무리가 그의 곁에 있었지만, 그들은 차라리 없었더라면 더 좋았을 것

이다. 왜냐하면, 욥이 망하니까 그들은 거 보란 듯이 의기양양해하는 듯이 보였기 때문이다. 사랑하는 자들과 친구들이 우리 곁을 떠나면, 그 속에서 우리는 우리 곁에 있는 사람들을 흩으시는 하나님의 손길을 볼 줄 알아야 한다.

Ⅱ. 그의 육신은 병과 아픔으로 만신창이가 되어 살가죽과 뼈만 남은 완벽한 해골이 되어 버렸다는 것(8절). 그의 얼굴은 나이 때문이 아니라 병 때문에 쭈글쭈글해졌다. 주께서 나를 시들게 하여 주름으로 채우셨나이다. 그의 온 몸을 뒤덮은 심한 종기와 부스럼 때문에 그의 살은 파리하여 전에는 보이지 않던 뼈가 불거져 나왔다(33:21). 이런 것들은 그를 대적하시는 증거들, 즉 하나님이 그에게 진노하셨음을 보여주는 증거들이자 그의 친구들이 그가 악인이라는 것을 증명하기 위해서 제시한 증거들이라 불린다. 또는, "그것들은 나의 하소연이 까닭 없는 것이 아님을 증명해 주는 나를 위한 증거들"이거나 "내가 점점 죽어가고 있고, 내가 곧 죽게 될 것임을 내게 보여주는 증거들이다."

Ⅲ. 그의 원수는 그에게 두려움이 되어서 그를 위협하고 겁주며 무서운 눈으로 노려보고 맹렬한 분노를 퍼부었다는 것(9절). 그는 진노하여 나를 찢는다. 그렇다면, 이 원수는 도대체 누구를 가리키는가?

1. 엘리바스. 그는 욥에 대하여 극심한 분노를 보여주었기 때문에, 아마도 여기에서 말하는 것과 같은 분노의 징표들을 나타내었을 것이다. 적어도 그가 한 말들은 욥의 선한 이름을 찢어 놓았고, 욥에게 뇌성벽력 같은 두려움을 가져다 주었을 것이다. 그의 눈은 욥을 쳐서 책망할 거리를 찾아내기 위해서 날카로운 눈초리를 하고 있었고, 그를 비롯한 친구들은 욥은 아주 야만적으로 대하였다.

2. 사탄. 욥을 미워한 원수는 사탄이었다. 사탄은 하나님의 허락을 받아내서, 헛 것들로 욥을 두렵게 하였을 것이다. 어떤 이들은 우리 구주를 두렵게 하고 동산에서 고뇌하게 만든 것도 바로 이 사탄이었다고 생각한다. 사탄은 이런 식으로 욥에게 겁을 주어서 하나님을 욕하고 저주하도록 만들고자 하였다. 따라서 사탄이 욥이 말한 원수였을 가능성도 없지 않다.

3. 하나님 자신. 욥이 정말 하나님을 그의 원수라고 생각하였다면, 여기에 나오는 그의 표현들은 그가 사용하였던 그 어떤 표현 못지않게 경솔하고 지각 없는 것이었다고 할 수 있다. 하나님은 그가 지으신 피조물들 중 그 어느 것도 미워하시지 않는다. 단지 욥은 우울감에 붙잡혀서 이런 식으로 하나님에게서

전능자의 두려움을 느끼고 있는 것뿐이다. 선한 자에게는 하나님이 자신의 원수가 되었다고 느끼는 것보다 더 끔찍한 일은 없다. 왕의 진노가 죽음의 사자와 같다면, 만왕의 왕의 진노는 어떠하겠는가!

IV. 주변의 모든 사람들이 그를 모욕하였다는 것(10절). 사람들의 위협은 너무 끔찍하였고 욥에 대한 그들의 태도는 너무나 경멸하는 것이었기 때문에, 그들은 마치 그를 산 채로 잡아먹을 듯이 입을 크게 벌리고 그에게 달려드는 것 같았다. 그들은 사람이 생각해 낼 수 있는 온갖 모욕을 그에게 가하였고, 심지어 그의 **뺨**을 치기까지 하였다. 그리고 많은 사람들이 서로 힘을 합쳐서 이런 일을 자행하였다. 그들이 나를 대적하려고 함께 모였는데, 그 중에는 불량배들도 끼어 있었다(시 35:15). 많은 옛 사람들이 지적한 대로, 이 점에서 욥은 그리스도의 모형이었다. 실제로 성경에서는 그리스도의 고난에 관한 예언들 가운데에서 여기에 나오는 표현들을 사용한다: 그들이 내게 그 입을 벌림이 찢으며 부르짖는 사자 같으니이다(시 22:13); 그들이 우리를 에워쌌으니 막대기로 이스라엘 재판자의 뺨을 치리로다(미 5:1). 이 예언은 그대로 성취되었다(마 26:67). 그를 괴롭힌 자들이 얼마나 많았는지!

V. 하나님은 욥이 기대했던 것과는 달리 그를 그들의 손에서 건지시기는커녕 그들의 손에 넘기셨다는 것(11절). 하나님이 나를 악인에게 넘기시며 행악자의 손에 던지셨구나. 하나님이 그들에게 욥을 칠 수 있는 권세를 주지 않았다면, 그들은 그런 권세를 전혀 가질 수 없었을 것이다. 그러므로 시므이가 욕하고 저주하였을 때에 다윗이 그랬던 것처럼, 욥은 그들 너머에 계신 하나님, 즉 그들에게 그런 권세를 주신 하나님을 바라본다. 그러나 욥은 적어도 자기만큼이나 하나님의 원수들인 자들에게 하나님이 그를 칠 권세를 주신 것을 이상하게 여기고 받아들이기 힘들다고 말한다. 하나님은 종종 악인을 자기 자녀들을 징계하기 위한 회초리로 사용하시기도 하고(사 10:5), 악인들을 치시는 칼로 사용하시기도 한다(시 17:13). 이 점에서도 욥은 그리스도의 모형이었다. 그리스도는 하나님께서 정하신 뜻과 미리 아신 대로 악인들의 손에 넘겨져서 십자가에 못 박히시고 죽임을 당하셨다(행 2:23).

VI. 하나님은 욥을 악인들의 손에 넘기셨을 뿐만 아니라, 하나님 자신의 손에도 빠져 들게 하셨다는 것(12절). 하나님의 손에 빠져 드는 것은 참으로 두려운 일이다. "사람들이 형통함 가운데에 있을 때에 흔히 그렇듯이, 내가 하나님이 주신 풍성한 선물들을 편안히 누리며 불안이나 초조함 없이 평안하였는데, 이것이 하나님의 진노를 불러일으켰는지, 하나님은 나를 꺾으시며 극심한 고통으로 고문하시고 나의 사지(四肢)를 찢어 놓으셨다." 하나님이 욥에게 괴로움을 주신 것은 다음과 같은 것들로 보였다.

1. 하나님이 분노하신 것처럼 보임. 하나님은 분노하지 않으셨는데도, 하나님이 사람에게 자기가 하고 싶은 것을 그 무엇이든 할 수 있는 거역할 수 없는 힘을 가지고 있다는 것을 자랑이라도 하려는 것처럼 욥의 목을 잡아 부숴뜨릴 듯이 흔드시자(분노한 힘센 어른이 아이에게 하듯이), 욥은 하나님이 분노하셨다고 생각하였다.

2. 하나님이 불공평하신 것처럼 보임. "하나님은 무수한 사람들 가운데에서 유독 나만을 이런 식으로 가혹하게 대하고 계신다. 하나님은 나를 세워 과녁을 삼으시고, 그에게 남아 있는 모든 화살들을 나를 향하여 날리시며 흡족해하신다. 그 화살들은 나를 겨냥한 것이고, 결코 우연히 내게 날아오는 것이 아니다. 마치 내가 동방의 모든 사람들 중에서 가장 큰 죄인이거나 시범 케이스로 뽑히기라도 한 것처럼 그 화살들은 모두 나를 겨냥하고 있다." 하나님이 그를 과녁으로 삼으시자, 하나님의 궁수들은 즉시 그를 에워쌌다. 하나님께는 그가 정하신 과녁을 정확히 맞출 궁수들을 보유하고 계신다. 이는 여호와이시니 선하신 대로 하실 것이니라(삼상 3:18).

3. 하나님이 잔인해 보이고, 그의 권능이 거역할 수 없는 것이듯이 그의 진노는 끝이 없어 보임. 하나님은 마치 욥의 가장 연약한 부분을 타격하려고 하시는 것 같이 그의 콩팥들을 꿰뚫어서 극심한 고통을 가져다 주시는 듯이 보인다. 그 고통은 아마도 신장에 결석이 생겨서 오는 통증이었던 것 같다. 하나님은 마치 욥에게 조금의 긍휼도 베풀 생각이 없으신 것처럼 극심한 고통을 얼마간이라도 덜어주시지 않는다. 하나님은 마치 욥을 죽이기로 결심하신 분처럼 보이고, 그것도 아주 극심한 고통 속에서 죽이시고자 하시는 것처럼 보인다. 사람들이 야생 동물을 잡았을 때에 그것을 죽여 내장을 열어서 쓸개를 쏟아 버리듯이, 하나님은 내 쓸개가 땅에 흘러나오게 하신다. 욥은 하나님이 욥의 피를 더러운 것으로 여기셔서 땅에 쏟아 버리신 것이라고 생각하였다.

4. 하나님이 이성을 잃으신 채로 그에 대한 형벌을 집행하시면서도 그 분(憤)이 다 풀리지 않으신 것처럼 보임(14절). "그가 나를 치고 다시 치며 터진 곳

이 다시 터지도록 나를 부수셔서, 끊임없이 내게 상처를 내시는구나." 처음에 욥에게 환난들이 임하였을 때에도 이런 식으로 나쁜 소식들이 연달아 그에게 전해졌고, 지금도 사정은 마찬가지였다. 종기와 부스럼들이 날마다 새로 생겨났기 때문에, 욥은 그의 환난이 끝날 것이라는 기대를 가질 수 없었다. 그래서 욥은 하나님이 자기가 도저히 당해낼 수 없는 용사(또는, 거인) 같이 자기에게 달려드시는 것이라고 생각하였다. 옛적의 거인들은 그들의 모든 가엾은 이웃들을 짓밟았지만, 그 이웃들은 그들의 상대가 될 수 없었다. 아무리 선한 자들이라도 극심한 환난 가운데에 있을 때에는 하나님에 대하여 나쁜 생각을 갖지 않도록 하기 위해서는 무진 애를 써야 한다는 것을 명심하라.

VII. 욥은 자기를 에워싼 환난의 섭리들에 순응하여 그의 모든 존귀함과 위로를 다 버렸다는 것. 어떤 자들은 그들에게 닥친 환난들을 은폐하고 예전처럼 머리를 꼿꼿이 세우고 좋은 얼굴을 하고 다님으로써 괴로움을 줄일 수 있다. 그러나 욥은 그렇게 할 수 없었다. 그는 그에게 닥친 환난들로 인한 괴로움들을 그대로 받았고, 진정으로 회개하고 인내하는 자답게 하나님의 권능 있는 손 아래에서 스스로를 낮췄다(15-16절).

1. 그는 이제 온갖 장식들과 부드러운 옷을 다 버리며, 옷을 입을 때에 편안함이나 우아함을 고려하지 않고, 오직 굵은 베를 그의 피부 위에 꿰맴. 그는 자기와 같이 더럽혀지고 기형이 되어 버린 육신에는 그런 옷이 적합하고, 부스럼들로 문드러진 피부 위에 비단옷을 걸치는 것은 꼴불견일 것이기 때문에 베옷이 제격일 것이라고 생각하였다. 욥처럼 병이나 노쇠함, 즉 주름과 깡마름으로 인하여 파리해 보이고자 하지 않는 자들은 실제로 화사한 옷을 좋아한다(8절). 그는 베옷을 입을 뿐만 아니라, 환난이 지속되는 한 자신의 겸비한 모습을 그대로 유지하기로 결심하였다는 듯이 베옷을 아예 그의 피부에 꿰매 버렸다.

2. 그는 그를 낮추시는 섭리들 아래에서 자신의 존귀함을 다 버리고 스스로 낮아짐. 그는 그의 뿔을 티끌에 더럽히고, 그의 위엄과 권세와 명성으로 인하여 예전에 받았던 존귀한 대접을 다 거부하였다. 하나님이 우리의 처지를 낮추시면, 우리는 우리의 마음을 낮추어야 한다는 것을 명심하라. 하나님의 섭리에 맞서서 뿔을 높이 들다가 결국 부러지는 것보다는 그 뿔을 티끌에 두는 편이 더 낫다. 엘리바스는 욥이 여전히 마음을 높이 가지고서 오만하며 환난 가운데에서도 자신을 낮추지 않는다고 말하였었다. 욥은 이렇게 말한다: "전혀 그렇

지 않다. 나는 내 처지가 어떤 것인지를 너무나 잘 알고 있다. 지금 나에게 가장 적합한 곳은 티끌 속이라는 것을 말이다."

3. 그는 지금은 그가 즐거워할 때가 전혀 아니라는 것을 알고서 즐거움을 철저히 배격하고, 눈물로 씨를 뿌림(16절). "내가 내 죄들과 나에 대한 하나님의 진노와 친구들의 냉정함으로 인하여 끊임없이 울었기 때문에 내 얼굴은 울음으로 붉었고 얼룩이 져서 더러워졌다. 이 때문에 내 눈꺼풀에는 죽음의 그늘이 앉았다." 그는 그의 온갖 아름다움을 다 버렸을 뿐만 아니라, 밤낮으로 쉴새없이 울었다. 이 점에서도 욥은 그리스도의 모형이었다. 그리스도는 슬픔의 사람으로서 많은 눈물을 흘리셨고, 애통하는 자는 위로를 받을 것이기 때문에 복이 있다고 선언하셨다.

[17]그러나 내 손에는 포학이 없고 나의 기도는 정결하니라 [18]땅아 내 피를 가리지 말라 나의 부르짖음이 쉴 자리를 잡지 못하게 하라 [19]지금 나의 증인이 하늘에 계시고 나의 중보자가 높은 데 계시니라 [20]나의 친구는 나를 조롱하고 내 눈은 하나님을 향하여 눈물을 흘리니 [21]사람과 하나님 사이에와 인자와 그 이웃 사이에 중재하시기를 원하노니 [22]수년이 지나면 나는 돌아오지 못할 길로 갈 것임이니라

욥의 처지는 정말 통탄스러운 것이었다. 그러나 그를 붙들어 주고 위로해 줄 수 있는 것이 정말 전혀 없었던 것일까? 그렇지 않다. 그는 여기에서 그런 것들이 무엇이었는지를 우리에게 말해 준다.

I. 욥은 자기가 올바르게 행해 왔고 그 어떤 큰 죄도 범하지 않았다는 것을 그를 위해 증언해 줄 그의 양심의 증언을 가지고 있다고 말함. 그는 그 누구보다도 더 기꺼이 자신의 연약함으로 말미암은 죄들을 인정하였다. 그러나 그는 자신을 아무리 살펴보아도 다른 사람들보다 더 비참하게 되는 벌을 받아야 할 정도로 큰 죄를 저질렀다는 흔적을 찾아낼 수 없었다(17절).

1. 그는 양심에 거리낌이 없었다는 것.

(1) 사람들을 향하여. "내 손에는 포학이 없고, 다른 사람들로부터 불의하게 얻은 재물이 없다." 엘리바스는 욥을 폭군이자 압제자라고 하였었다. 그러나 욥은 이렇게 말한다: "그렇지 않다. 나는 그 누구에게도 잘못을 한 적이 없고, 언제나 압제로 얻은 재물을 경멸하여 왔다."

(2) 하나님을 향하여. 나의 기도는 정결하니라. 그러나 우리의 손에 불의가 있는 한, 기도는 정결할 수 없다(사 1:15). 엘리바스는 욥의 신앙이 위선이라고 비난하였었지만, 욥은 중요한 신앙 행위인 기도를 구체적으로 들어서, 그의 기도가 인간 속에 내재하는 연약함들로부터는 정결하지 않았지만 의도적인 속임수나 불의로부터는 정결하였다고 공언한다. 욥의 기도는 사람들에게 보이기 위해서 깜짝쇼를 하는 것인 바리새인들의 기도와는 다른 것이었다.

2. 그는 만약 그의 말이 사실이 아니라면 수치와 낭패가 그에게 임하게 해 달라는 엄숙한 서약으로 그의 결백을 강력하게 밑받침함(18절).

(1) 만약 그의 손에 불의가 있다면, 그는 그 불의가 드러나기를 바람. 땅아 내 피, 즉 "내가 흘린 것으로 의심되는 다른 사람들의 무죄한 피"를 가리지 말라. 살인은 반드시 드러나는 법이라는 속담도 있다. 욥은 이렇게 말한다: "내가 살인죄를 저지른 적이 있다면, 땅아 내 죄를 드러내라"(창 4:10-11). 땅이 그 위에 잦았던 피를 드러낼 날이 장차 올 것이지만(사 26:21), 선한 자는 그 날을 두려워하지 않는다.

(2) 욥은 자신의 기도 속에 부정함이 있다면 그 기도가 열납되지 않기를 바람. 땅아 나의 부르짖음이 땅에 자리를 잡지 못하게 하라. 그는 내가 나의 마음에 죄악을 품었더라면 주께서 듣지 아니하시리라(시 66:18)는 원칙에 따라 기꺼이 판단 받기를 원한다. 욥의 이 말은 다른 의미로도 해석될 수 있다. 즉, 욥은 만약 그가 죽는다면 그 책임은 가혹한 비난의 말로 그의 가슴을 찢어놓고 그에게 피 흘린 죄가 있다고 비난하며 하나님께 그 피에 대한 복수를 해 달라고 청한 그의 친구들에게 돌아갈 것이고, 그의 피의 부르짖음은 땅에 그대로 묻히지 않고 하늘로 올라가서 피의 호소를 들으시는 하나님의 귀에 들려질 것이라고 말하고 있다는 것이다.

II. 욥은 모든 것을 아시는 하나님께 그의 결백을 호소할 수 있다고 말함(19절). 우리의 내면에 있는 증인이 우리를 위해 증언해 준다고 해도, 하늘에 계신 분이 우리를 위해 해주시는 증언이 없다면, 그것은 우리에게 별 도움이 되지 않을 것이다. 왜냐하면, 하나님은 우리의 마음보다 크시고, 우리를 판단하는 것은 우리가 아니라 하나님이시기 때문이다. 그러므로 욥의 자랑은 나의 증인이 하늘에 계신다는 것이다. 선한 자가 형제들로부터 비난을 받고 있을 때에 자신의 결백을 아시는 하나님, 그의 누명을 곧 벗겨 주실 하나님이 하늘에 계시다는 사실은 그에게 이루 말할 수 없이 큰 위로가 된다는 것을 명심하라(내가 만일 나를 위하여 증언하면 내 증언은 참되지 아니하되 … 나를 보내신 아버지께서 친히 나를 위하여 증언하셨느니라, 요 5:31, 37). 이 한 분 증인은 사람들로 이루어진 무수한 증인들과 비교할 수 없다.

Ⅲ. 욥에게는 자신의 모든 것을 털어 놓을 하나님이 계시다고 말함(20-21절). 좀 더 자세하게 살펴보자.

1. 욥과 그의 친구들의 관계는 어떠하였는가. 욥은 어떻게 해야 그들과 사이좋게 될지를 알지 못하였고, 그들이 그의 말을 공정하게 들어주거나 그를 공정하게 대해 주기를 기대할 수 없었다. "나의 친구들(그들은 그들 자신을 그렇게 부른다)은 나를 조롱한다. 그들은 나를 적대할 뿐만 아니라 폭로하기로 결심한 자들이다. 그들은 나를 칠 궁리를 하고 있고, 온갖 술수와 달변을 사용해서(본문의 단어는 이런 의미이다) 나를 짓밟는다." 친구들의 조롱은 원수들의 조롱보다 더 가슴을 찢어놓는다. 그러나 우리는 친구들의 조롱을 예상하고 단단히 각오하여야 한다.

2. 욥과 하나님의 관계는 어떠하였는가. 그는 다음과 같은 것들을 의심하지 않았다.

(1) 하나님이 그의 슬픔을 이미 알고 계시다는 것. 내 눈은 하나님을 향하여 눈물을 흘린다. 욥은 앞에서 자기가 많이 울었다고 말하였었는데(16절), 여기에서는 자기가 누구를 향하여 눈물을 흘렸는지를 우리에게 말해 준다. 그의 슬픔은 세상적인 슬픔이 아니라 경건한 슬픔이었기 때문에, 하나님 앞에서 울었고 통회하는 심령의 제사를 하나님께 드렸다. 하나님께 성별하여 드리기만 한다면, 눈물조차도 환난을 당한 심령들에게 평안함을 가져다 준다는 것을 명심하라. 사람들이 우리의 슬픔을 경멸한다고 해도, 하나님이 우리를 주시하고 계시다는 사실은 우리에게 위로가 된다.

(2) 때가 되면 하나님이 그의 결백을 드러내시리라는 것(21절). 누군가가 하나님 앞에서 사람을 위하여 간청하는 일이 가능하기를 나는 원한다. 사람들이 일반 법정에서 통상적으로 그러하듯이 하나님의 법정에서도 자신의 결백을 마음껏 주장할 수 있는 자유를 가질 수만 있다면, 욥은 소송에서 자기가 이길 것임을 의심하지 않았다. 왜냐하면, 재판장이신 하나님께서 친히 그의 결백을 증언해 줄 증인이 되어 주실 것이기 때문이다. 그런 바람을 말하는 욥의 말은 나를

의롭다 하시는 이가 가까이 계시니 … 내가 수치를 당하지 아니할 줄 아노라(사 50:7-8)는 이사야의 말과 같다. 어떤 이들은 이 절이 복음적인 의미를 지니고 있다고 말하는데, 원문은 그런 의미를 지니고 있을 가능성이 크다: 인자가 자기 친구 또는 이웃을 위하여 변호하듯이, 그가 하나님 앞에서 사람을 변호하실 것이다(즉, 사람을 위하여 변호해 줄 분이 계신다는 것). 하나님 앞에서 눈물을 쏟는 자들은 그들이 하나님과 너무 거리가 멀고 많은 결점들을 지니고 있기 때문에 그들 자신을 위하여 변호할 수는 없지만, 그들을 위해 변호해 줄 친구, 즉 인자이신 그리스도가 계신다. 따라서 우리는 그리스도로 말미암아 우리가 하나님께 열납될 것이라는 확실한 소망을 지닐 수 있다.

IV. 욥은 자기에게는 죽음이 그의 모든 괴로움들을 끝내 줄 것이라는 희망이 있다고 말함(22절).   그는 죽어서 영원한 나라로 들어가게 되어 있고 거기에서 잘 살게 될 것이라는 것을 의심하지 않았고, 이것과 관련하여 하나님에 대한 신뢰가 있었기 때문에, 그에게 죽음이 가까워 왔다는 것을 생각하고서 기뻐할 수 있었다. 수년(내게 정해진 연수[年數])이 지나면 나는 돌아오지 못할 길로 갈 것이다.

1. 죽는다는 것은 돌아오지 못할 길로 가는 것이라는 것. 그것은 여행길, 긴 여행길, 한번 떠나면 영원히 돌아올 수 없는 여행길을 나서는 것이고, 이 세상에서 저 세상으로, 감각의 세계에서 영들의 세계로 옮겨가는 것이다. 그것은 우리의 오랜 본향으로 가는 여행길이다. 이 세상에서의 우리의 모습으로 되돌아오는 일도 없을 것이고, 저 세상에서의 우리의 상태에 그 어떤 변화도 없을 것이다.

2. 우리는 모두 조만간에 반드시 이 여행길을 나서야 한다는 것. 선한 양심을 지킨 자들에게는 이 여행길을 생각하는 것은 기분 좋은 일이다. 왜냐하면, 그 여행길은 그들의 온전한 신앙이 빛을 발하게 될 곳으로 가는 것이기 때문이다.

제
— 17 —
장

개요

이 장에는 다음과 같은 내용들이 나온다. I. 욥은 그의 친구들이 그에게 퍼부은 가혹한 비난들을 떠올리고서, 자기를 곧 죽을 자임을 내세우며(1절) 하나님께 호소하면서, 그들이 그에게 잘못했지만 자기는 그것을 어떻게 바로잡을지 알지 못하기 때문에 하나님이 속히 그를 위하여 나타나셔서 그의 결백을 증명해 주시기를 간구함(2-7절). 그러나 그는 자기가 이런 식으로 모욕을 당하는 것이 선한 자들에게 깜짝 놀랄 일이 되기는 하겠지만 걸림돌이 되지는 않기를 소망한다(8-9절). II. 욥은 그의 날들이 끝나가고 있고, 그의 육신과 함께 그의 모든 소망도 티끌 속에 묻히게 될 것임을 보여주면서, 그의 친구들이 그에게 좋은 날들을 보게 될 것이라는 헛된 소망을 불어넣었다고 말함(10-16절). 그의 친구들이 그에게 낯선 자처럼 행함으로써 그를 몹시 슬프게 하였기 때문에, 그는 죽음과 스올을 친근한 존재로 여겼고, 이것이 그에게 어느 정도 위로를 가져다 주었다.

[1]나의 기운이 쇠하였으며 나의 날이 다하였고 무덤이 나를 위하여 준비되었구나 [2]나를 조롱하는 자들이 나와 함께 있으므로 내 눈이 그들의 충동함을 항상 보는구나 [3]청하건대 나에게 담보물을 주소서 나의 손을 잡아 줄 자가 누구리이까 [4]주께서 그들의 마음을 가리어 깨닫지 못하게 하셨사오니 그들을 높이지 마소서 [5]보상을 얻으려고 친구를 비난하는 자는 그의 자손들의 눈이 멀게 되리라 [6]하나님이 나를 백성의 속담거리가 되게 하시니 그들이 내 얼굴에 침을 뱉는구나 [7]내 눈은 근심 때문에 어두워지고 나의 온 지체는 그림자 같구나 [8]정직한 자는 이로 말미암아 놀라고 죄 없는 자는 경건하지 못한 자 때문에 분을 내나니 [9]그러므로 의인은 그 길을 꾸준히 가고 손이 깨끗한 자는 점점 힘을 얻느니라

환난과 고통 중에 있는 자들이 흔히 그렇듯이, 여기에서 욥의 말은 그 흐름이 계속 이어지지 않고 도중에 끊기며, 어떤 것을 말하다가 갑자기 다른 것으로 넘어가기도 한다. 그러나 우리는 욥이 여기에서 한 말을 다음과 같이

세 가지로 정리해 볼 수 있다.

I. 가엾은 욥이 현재 처해 있는 통탄스러운 상태. 그는 그의 친구들이 그를 얼마나 매정하게 대하였는지를 부각시키고, 자신의 불평이나 하소연을 정당화하기 위해서 자신의 그런 처지를 여기에서 설명한다. 그의 처지가 어떠하였는지를 살펴보자.

1. 그는 곧 죽게 될 사람이라는 것(1절). 그는 앞에서 "수년이 지나면 나는 저 긴 여행길을 나서게 될 것"이라고 말했었지만(16:22), 여기에서는 그 말을 수정한다. "내가 왜 몇 년이 지나면 그 길을 떠나게 될 것이라고 말했던가? 슬프게도, 나는 몇 년이 지나서가 아니라 곧 그 여행길을 떠날 채비를 하고 있고, 내가 떠날 시간은 가까이 와 있다. 나의 기운이 쇠하였으며, 내 호흡이 쇠잔하였다. 나는 이미 죽은 사람이나 마찬가지이다." 우리는 모두 이렇게 우리 자신을 곧 죽게 될 자로 여기는 것이 좋고, 우리가 병들었을 때에 특히 그렇게 하는 것이 좋다. 우리는 곧 죽게 될 자이다.

(1) 우리의 생명이 떠나가고 있다는 것. 생명의 호흡이 우리에게서 떠나가고 있다. 그것은 끊임없이 빠져나가고 있다. 호흡은 코에 있고(사 2:22), 코는 호흡이 드나드는 문이다(창 2:7). 호흡은 항상 떠날 채비를 하고서 현관에 있다. 아마도 욥은 병 때문에 제대로 숨을 쉴 수 없었을 것이고, 가쁜 숨을 몰아쉬다 보면 얼마 후에 전혀 숨을 쉬지 못하게 될 것이다. 우리는 여호와께서 기름 부으신 자가 우리의 코의 호흡이 되게 하고(애 4:20), 영적인 생명이 그 호흡을 통하여 우리에게 들어오게 하며, 그 호흡이 결코 중단되는 일이 없게 하여야 한다.

(2) 우리의 때가 끝나가고 있다는 것. 양초가 처음에 켜진 후에 끊임없이 타서 소진되어 가다가 끝내는 꺼져 버릴 뿐만 아니라 수많은 원인들로 인해서 갑자기 꺼져 버릴 수도 있듯이, 나의 날들이 다 되었다. 인생이란 그런 것이다. 그러므로 우리는 정신을 바짝 차리고 때를 아껴서, 우리의 날들을 결코 다함이 없는 영원의 날들을 준비하는 데에 사용하여야 한다.

(3) 우리는 머지않아 우리의 오랜 본향으로 가야 한다는 것. 무덤들이 나를 위하여 준비되었구나. 욥에게는 한 개의 무덤으로 충분한 것이 아니던가? 그렇다. 그러나 욥은 여기에서 그가 돌아가야 할 그의 조상들의 무덤들에 대하여 말하고 있는 것이다. "그들이 누워 있는 무덤들, 죽은 자들이 모여 있는 무덤들이 나를 위해서도 준비되어 있다." 우리가 어디를 가든, 우리와 무덤 사이의 거리

는 단지 한 발자국에 불과하다. 우리에게 다른 것들은 준비되어 있지 않을지라도, 무덤은 준비되어 있다. 무덤은 즉시 만들어지는 침상이다. 무덤들이 우리를 위해 준비되어 있다면, 우리는 무덤에 들어갈 준비를 하여야 한다. 나를 위한 무덤들(원문은 이렇게 되어 있다)이라는 것은 욥이 죽음을 기다리고 있을 뿐만 아니라 원하고 있다는 것을 보여준다. "나는 이 세상에서 볼 일을 다 보았으니, 이제 무덤 외에는 바라는 것이 없다."

2. 그는 멸시 받는 사람이 되었다는 것(6절). "그(여기에서 그는 엘리바스, 또는 욥이 내내 그의 재난의 근원지로 지목한 하나님이다)가 나를 백성의 속담거리, 온 나라 사람들의 이야깃거리, 많은 사람들의 웃음거리, 모든 사람들의 구경거리가 되게 하였으므로, 나는 공공연히 사람들이 갖고 노는 북 같이 되었도다." 사람들은 욥을 갖고 놀았고, 이를테면 욥과 같이 불쌍한 자라는 식으로 그의 이름은 속담거리가 되었다. "지금은 그가 나를 속담거리, 즉 사람들의 비난의 대상이 되게 하셨지만, 이전에 내가 형통하던 때에 나는 북과 같이 모든 사람들이 기뻐하던 인류의 사랑받는 자였었다." 부자일 때에 대접을 받던 자들이 가난해져서 멸시를 받는 일은 비일비재하다.

3. 그는 근심의 사람이 되었다는 것(7절). 그는 너무 많이 울어서 시력을 거의 잃을 정도였다. 내 눈은 근심 때문에 어두워졌다(16:16). 세상의 근심은 이렇게 어둠과 죽음을 가져온다. 그의 근심은 무척 컸기 때문에, 그는 살은 다 빠지고 살가죽과 뼈만 남은 해골이 되어 있었다. "나의 온 지체는 그림자 같구나. 나는 너무나 앙상하게 말라서 사람이 아니라 그림자 같이 되어 버렸다."

II. 친구들이 욥의 비참한 처지를 악용함. 그가 이렇게 극심한 환난에 시달린다고 해서, 그들은 그를 짓밟고 모욕하였으며 위선자로 단죄하였다. 이 얼마나 가혹한 학대인가! 좀 더 자세하게 살펴보자.

1. 욥은 친구들의 이러한 행태를 어떻게 묘사하고 있고, 그들이 그에게 한 말들을 어떻게 해석하고 있는가. 그는 그들에 의해서 비열하게 학대와 능욕을 당한 것으로 여긴다.

(1) 그들은 그를 이렇게 몰락하여 멸시를 당해도 싼 악인으로 단죄하고서, 온갖 더러운 비난의 말들로 그를 능욕하였다는 것(2절). "내가 이렇게 몰락했다고 해서 내가 겪는 재난들을 조롱하고 나를 모욕하니, 그들은 조롱하는 자들이다. 그들은 내게 해악을 끼치려고 우정을 빙자하여 나를 찾아와서는 나와 함

께 머물며 대놓고 나를 능욕하기 때문에, 나는 그들에게서 벗어날 수 없다. 그들은 끊임없이 나를 찢고 있는데, 그들에게는 이성이나 불쌍히 여기는 마음도 없는지 나를 추궁하는 일에서 손을 뗄 생각을 하지 않는다."

(2) 그들은 속으로는 절대로 그의 앞날이 밝을 리가 없다고 생각하며 조롱하면서도, 겉으로는 그럴 듯한 약속들을 내걸며 그에게 희망을 가지라고 말하는 식으로 그를 능욕하였다는 것. 그는 그들을 친구들에게 감언이설을 하여 속이는 자들로 여긴다(5절). 그들은 다 그와 함께 슬퍼하고 울어 주기 위해서 왔다. 엘리바스는 자신의 훈계를 그를 칭찬하는 말로 시작하였다(4:3). 그들은 다 그가 그들의 충고를 받아들인다면 결국 모든 일이 잘 될 것이라고 그에게 말했었다. 하지만 그는 여기에서 그들이 한 이 모든 말들을 감언이설로 여겼고, 그를 더욱더 괴롭히고자 하는 의도가 있는 것으로 여겼다. 그는 그의 친구들이 한 이 모든 말들을 그들의 도발(개역에서는 충동함)이라고 부른다(2절). 그들은 그의 화를 돋우기 위해 온갖 말을 다 하고서는, 막상 그가 그들의 말에 대하여 화를 내자 이번에는 화를 낸다는 이유로 그를 정죄하였다. 그러나 그는 그의 눈이 이렇게 그들의 충동함(즉, 그들의 도발)을 쭉 보았기 때문에, 자기가 화를 내는 것은 용서 받을 수 있는 것이라고 생각한다. 그들의 도발은 그칠 줄 몰랐기 때문에, 그는 그들의 도발을 계속해서 볼 수밖에 없었다. 환난 가운데에 있는 친구를 짓밟고 조롱하며 능욕하는 자들이 보여주는 냉정함은 욥조차도 참을 수 없는 것이었음을 명심하라.

2. 욥은 친구들의 그러한 행태를 어떤 식으로 단죄하는가.

(1) 그것은 하나님이 그들의 마음을 가리어 깨닫지 못하게 하셨고(4절), 이 문제에 있어서 그들의 얼이 빠져 있었으며, 그들의 평소의 지혜가 그들에게 떠났다는 것을 보여주는 징표였다는 것. 지혜는 하나님의 선물이기 때문에, 하나님은 사람들에게 지혜를 주기도 하시고 뺏기도 하시며, 어떤 때는 주셨다가 어떤 때는 거두어 가신다. 남을 불쌍히 여기는 마음이 없는 자들은 남을 전혀 이해할 수 없다. 사람에 대한 애정이 없는 곳에는 사람을 이해하는 것도 있을 수 없다.

(2) 그것은 그들에게 지속적으로 수치가 되고 그들을 위축시키게 되리라는 것. 주께서 그들을 높이지 아니하시리라. 어떤 일들을 이해하는 명철을 지니지 못한 자들이 존귀하게 될 수 없으리라는 것은 너무나 분명하다. 하나님이 어떤 사람의 얼을 빼놓으면, 그 사람은 비천해질 수밖에 없다. 하나님의 섭리가 어

떤 식으로 움직이는지를 잘 모르는 자들이 그런 주제의 논쟁을 결정짓는 존귀함을 얻지 못하리라는 것은 분명하다! 그런 존귀함은 나중에 엘리후가 보여주는 것과 같은 좀 더 나은 지각과 인품을 지닌 사람의 몫이다.

(3) 그것은 그들의 가문에도 저주를 가져다 주리라는 것. 사람들과의 교제에 관한 신성한 법칙들을 이런 식으로 깨뜨리는 자는 그 교제가 가져다 주는 유익을 그 자신만이 아니라 그의 후손들도 상실하게 된다. "그의 자손들의 눈이 멀게 되리라. 그들이 그들 자신의 친구들과 그들의 아버지의 친구들로부터 구원과 위로를 필요로 할 때, 내가 지금 겪은 것처럼 그들도 구원과 위로를 얻지 못하고 실망하게 될 것이다." 이웃들에게 해를 끼치는 자들은 결국에는 그들이 생각하는 것보다 더 많은 해를 그들 자신의 자녀들에게 끼치게 된다는 것을 명심하라.

3. 욥은 그의 친구들에게서 눈을 돌려 하나님께 호소함(3절). 이제 청하건대 주께서는 나의 보증이 되어 주소서. 즉, "하나님께서 그 손으로 나의 사정을 들어 주시고 결정해 주시겠다고 보증해 주소서. 그렇게만 해주신다면, 나는 더 이상 바랄 것이 없나이다. 하나님이 이 문제를 맡으시겠다고 약속해 주소서." 이렇게 자신의 마음으로부터 정죄를 당하지 않는 자들은 하나님을 향하여 담대함을 가질 수 있기 때문에, 믿음의 담대함을 지니고서 겸손하게 하나님께 그들의 마음을 살피시고 시험해 보실 것을 간구할 수 있다. 어떤 이들은 여기에서 욥이 그리스도의 중보를 살짝 엿보고 있다고 본다. 왜냐하면, 욥은 하나님께 통하는 보증인에 대하여 말하면서, 그 보증인이 없다면 자기가 하나님 앞에 감히 나아갈 수 없고 자신의 소송을 하나님의 법정에 제기할 수도 없다고 말하고 있기 때문이고, 욥은 그에 대한 친구들의 고소들이 완전히 틀린 것이었지만, 중보자 없이는 하나님 앞에서 자신을 의롭다고 할 수 없을 것이었기 때문이다. 영어 주석 성경에서는 이 절을 그런 식으로 해설한다: "청하건대 주와 함께 있어서 나를 보증해 줄 이를 정해 주소서. 즉, 하늘에서 주와 함께 계시면서 나의 보증이 되신 그리스도로 하여금 나를 옹호하며 변호하게 하소서. 그렇게만 된다면, 나의 손을 칠 자가 누구리이까. 즉, 누가 감히 나와 다투겠나이까? 그리스도께서 우리의 변호자가 되어 주신다면, 누가 어떤 일로 나를 고소하겠나이까(롬 8:32-33)." 그리스도는 더 좋은 언약의 보증이시고(히 7:22), 하나님이 정하신 보증이시다. 그리스도께서 우리를 위하시면, 우리는 그 어떤 것이 우리를

해치고자 하여도 두려워할 필요가 없다.

Ⅲ. 의인들은 욥이 하나님과 원수들과 친구들로부터 받는 환난들을 선용하리라는 것(8-9절).   좀 더 자세하게 살펴보자.

1. 성도들은 어떤 식으로 묘사되고 있는가.

(1) 그들은 정직한 자들, 정직하고 진실한 자들, 순전한 눈으로 변함없는 원칙을 따라 행하는 자들이라는 것. 이것은 곧 욥 자신의 성품이었다(1:1). 아마도 그는 여기에서 특히 그가 예전에 친하게 교제하던 정직한 자들에 대하여 말하고 있는 것 같다.

(2) 그들은 죄 없는 자들이라는 것. 그들은 완벽하게 죄 없는 자들인 것은 아니지만, 죄 없는 삶을 목표로 삼아서 온 힘을 다해 애쓰는 자들이다. 복음에서 죄가 없다는 것은 진실하다는 것이다. 성경에서는 큰 죄과에서 벗어나 있는 자들을 정직한 자들이라 한다(시 19:13).

(3) 그들은 의(義)의 길로 행하는 의인들이라는 것.

(4) 그들은 손이 깨끗한 자들이라는 것. 그들은 죄의 큰 더러움들로부터 자신을 지킨 자들이고, 연약함으로 인하여 때가 묻었을 때에는 그 때를 씻어 죄 없이 함을 얻는 자들이다(시 26:6).

2. 성도들은 욥의 환난에 대하여 들을 때에 어떤 반응을 보일 것인가. 그들은 틀림없이 욥이 어떻게 되었는지를 자세히 물어볼 것이고, 너나 할 것 없이 욥의 처지에 대하여 말하게 될 것이다. 그렇다면, 선한 자들은 욥에게 일어난 일을 어떻게 선용할 것인가?

(1) 욥이 당한 일은 그들을 무척 놀라게 만들리라는 것. 정직한 자들은 이로 말미암아 놀라리라. 그들은 욥과 같이 그토록 선한 자가 육신과 이름과 재산에 이토록 극심한 환난을 겪게 된 것, 하나님이 욥에게 손을 얹어서 이토록 무겁게 짓누르시는 것, 욥을 위로해야 마땅한 그의 친구들이 도리어 그의 슬픔을 더한 것, 그토록 훌륭한 성도였던 욥이 이토록 극심한 고난을 받는 자가 되고, 사람들에게 그토록 많은 선을 행하던 욥이 한창 선을 행할 때에 느닷없이 꺾이게 된 것을 듣고 기이하게 여길 것이다. 이러한 일들에 대하여 우리가 무슨 말을 하겠는가? 정직한 자들은 일반적으로 하나님이 그의 행하시는 모든 일에서 지혜로우시고 거룩하시다는 것에 이의를 제기하지 않지만, 하나님의 신비가 드러날 때까지는 밝혀지지 않을 오묘한 섭리들에 대하여 깜짝 놀라지 않을 수

없을 것이다.

(2) 욥이 당한 일은 그들을 움직이게 하리라는 것. 그들은 하나님의 이 신실한 종이 겪는 혹독한 시련을 보고서 낙심하여 하나님을 섬기는 일을 그만두기는커녕, 도리어 더욱더 담대해져서 온갖 역경을 이겨내며 하나님의 일을 힘차게 진행시켜 나갈 것이다. 사도 바울이 환난을 당하면서 걱정했던 것(살전 3:3)은 여기에서 욥이 걱정했던 것과 같았다. 즉, 그는 그가 겪는 여러 환난들 때문에 선한 자들이 동요를 일으켜서 자신의 거룩함이나 위로를 버리거나, 하나님의 길들이나 역사(役事)에 대하여 나쁜 생각을 갖게 될까봐 걱정하였다. 또한, 사도 바울에게 위로가 되었던 것은 그대로 욥에게도 위로가 되었는데, 그것은 형제 중 다수가 그의 매임으로 말미암아 주 안에서 담대함을 얻게 되었다는 것이다(빌 1:14). 그들은 욥이 당한 일을 보고서 다음과 같은 일들을 더욱 활발하게 해나가게 될 것이다.

[1] 죄에 대하여 대적하고, 악한 자들이 욥의 고난들로부터 도출해 낼 부패하고 해로운 주장들, 즉 하나님이 세상을 버리셨다거나, 하나님을 섬겨 보아야 아무 쓸데 없다는 등등의 주장들에 맞서는 것. 죄 없는 자들은 떨쳐 일어나서 위선자를 대적하리라. 그들은 위선자가 하는 말들을 참고 듣는 것이 아니라(계 2:2) 정면으로 그와 맞설 것이고, 스스로 떨쳐 일어나서 욥의 고난과 관련된 섭리들이 어떤 의미를 지니는지를 잘 살피고 이 난해한 문제를 열심히 연구하여 그것들을 해석해 낸 후에, 대적자들의 왜곡된 해석에 맞서서 올바른 해석을 제시할 것이다. 불경스러운 자들이 신앙에 대하여 무자비한 공격을 감행하면, 신앙을 옹호하는 자들은 더욱 담대해지고 결연하게 되리라는 것을 명심하라. 진영의 문 앞에서 누가 여호와의 편에 있는가(출 32:26)라는 외침이 울려퍼진다면, 바로 그 때야말로 성도들이 떨쳐 일어날 때이다. 악덕이 대담해진다면, 그 때는 미덕이 겁을 내고 숨을 때가 아니다.

[2] 신앙을 지켜나가는 것. 의인은 이 소름끼치는 광경을 보고서 놀라서 뒤로 물러나거나 잠시 멈춰서서 전진해야 할지 말아야 할지를 고민하는 것이 아니라(삼하 2:23), 더욱더 변함없는 신앙과 결연한 각오로 그의 길을 꾸준히 가고 앞으로 전진해 나갈 것이다. "그는 나의 경우를 보고서 매임과 환난이 그에게도 있을 것임을 내다보겠지만, 이 모든 일들이 그의 마음을 흔들어 놓지 못할 것이다(행 20:24)." 자신의 최종 목적지인 천국을 응시하고 있는 자들은 그들

이 가야 할 길인 신앙의 길들에서 어떤 난관이나 낙심되는 일을 만나더라도 그들의 발을 다른 곳으로 옮기지 않는다.

[3] 그렇게 하기 위해서 은혜 안에서 자라가는 것. 그는 어떤 일이 있어도 그의 길을 꾸준히 갈 뿐만 아니라, 점점 힘을 얻게 될 것이다. 다른 선한 자들이 겪는 시련들을 봄과 동시에 자기가 직접 경험함으로써, 그는 자신의 본분과 도리를 행함에 있어서 더욱 활기차고 활발하며 더욱 큰 열심과 애정을 지니고 아무 것도 겁내지 않고 더욱 결연한 각오로 전진해 나가는 모습을 보여주게 될 것이다. 다른 성도들의 환난이 심할수록, 그는 더욱더 자신의 본분을 다하기 위해 분발할 것이다. 다른 성도들을 낙심시키는 일들을 보면서, 그는 더욱 담대해질 것이다. 바람이 세차게 몰아칠수록, 행인은 자신의 외투를 더욱더 자신의 몸쪽으로 단단히 끌어당기는 법이다. 진정으로 지혜롭고 선한 자들은 끊임없이 점점 더 지혜롭고 선하게 되어갈 것이다. 어떤 사람이 신앙에 있어서 능숙하다면, 그것은 그의 신앙이 진실하다는 것을 보여주는 선한 징표이다.

[10]너희는 모두 다시 올지니라 내가 너희 중에서 지혜자를 찾을 수 없느니라 [11]나의 날이 지나갔고 내 계획, 내 마음의 소원이 다 끊어졌구나 [12]그들은 밤으로 낮을 삼고 빛 앞에서 어둠이 가깝다 하는구나 [13]내가 스올이 내 집이 되기를 희망하여 내 침상을 흑암에 펴놓으매 [14]무덤에게 너는 내 아버지라, 구더기에게 너는 내 어머니, 내 자매라 할지라도 [15]나의 희망이 어디 있으며 나의 희망을 누가 보겠느냐 [16]우리가 흙 속에서 쉴 때에는 희망이 스올의 문으로 내려갈 뿐이니라

욥의 친구들은 그가 예전의 형통하던 시절로 다시 돌아가게 될 것이라는 소망을 불어넣어 주며 그를 위로하는 체하였었다. 이제 욥은 여기에서 다음과 같은 것들을 보여준다.

I. 그들이 그렇게 말하는 것은 어리석기 때문이라는 것(10절). "너희는 모두 다시 와서, 너희가 착각하고 있다는 것을 깨닫고, 내 말을 들으라. 이는 내가 너희 중에서 하나님의 난해한 섭리들을 어떻게 설명해야 하는지, 또는 하나님의 위로의 약속들을 어떤 식으로 적용해야 하는지를 아는 지혜자를 찾을 수 없음이라." 이 세상에서 그들이 다시 형통하고 잘 될 것이라는 생각 속에서 위로를 찾고자 하는 자들은 환난을 당하는 자들을 위로하는 일을 하고자 하지 않는 편

이 지혜로운 일이다. 예전의 형통함으로 되돌아가는 것은 가능성이 전혀 없는 것은 아닐지라도 아무리 좋게 얘기해도 불확실한 일이기 때문이고, 그런 기대가 이루어지지 않는 경우에는 그 위에 세워진 위로도 무너질 것이기 때문이다. 그러므로 결코 실패하지 않을 것들, 즉 하나님의 약속, 하나님의 사랑과 은혜, 확실한 영생의 소망 같은 것으로 환난 중에 있는 우리 자신이나 남들을 위로하는 것이야말로 지혜로운 일이다.

II. 그들의 그런 말에 귀를 기울인다면, 그것은 더욱더 어리석은 짓이 되리라는 것. 왜 그런지, 그 이유들은 다음과 같다.

1. 욥이 쓸 수 있는 수단들은 이미 다 없어져 버렸고, 그는 온통 혼란 속에 있다는 것(11-12절). 그는 그의 형통하던 때에는 흔히 그가 할 것들을 계획하거나 그가 누리게 될 것들을 기대하면서 즐거워하였었다는 것을 인정한다. 그러나 지금 그는 그의 날들이 거의 끝나가고 있는 것으로 보았다. 그가 계획하였던 모든 것들은 이제 다 수포로 돌아갔고, 그가 가졌던 기대들은 산산이 깨졌다. 전에 그는 자신의 지경(地境)을 넓히고 가축 떼를 늘리며 자녀들을 견고하게 정착시키겠다는 생각들, 그의 나라에서 신앙을 널리 퍼뜨리고 나라의 애로 사항들을 처리하며 속된 자들의 삶을 개혁하고 가난한 자들을 구제하며 자선 기금을 모으는 것과 같은 많은 경건한 생각들을 지니고 있었다. 그러나 그는 그의 마음에 있던 이 모든 생각들이 이제는 다 끝장이 났고, 그가 그의 계획들이 이루어지는 것을 보고 만족해할 날은 결코 오지 않을 것이라고 결론을 내렸다. 우리의 날들이 끝나면, 우리가 이 세상에서 계획하고 소망하였던 모든 것들도 함께 끝이 나게 될 것이다. 그러나 우리가 마음속에 품은 계획들을 모두 하나님께 맡긴다면, 우리가 죽는다고 해도 그 계획들은 중단되지 않을 것이다. 욥은 이렇게 새로운 계획을 짜느라 끊임없이 생각에 생각을 거듭하면서 잠을 이루지 못하였다(12절). 그가 이전에 마음에 품었던 생각들이 부서지고 끊어져서 생각을 다시 하다 보니 밤은 낮이 되어 버렸고 낮의 빛은 너무 짧았다. 어떤 사람들은 허랑방탕하면서 밤을 지새우지만, 욥은 밤낮으로 고민을 하느라 밤을 지새웠는데, 이것은 다음과 같은 것들에 방해가 되었다.

(1) 그것은 밤에 쉬는 것을 방해하였다는 것. 욥은 뜬 눈으로 밤을 지새웠기 때문에, 그에게는 밤도 낮처럼 피곤하였고, 밤에 잠을 자지 못하고 뒤척이다 보니 밤 시간도 낮에 땀 흘리는 것만큼이나 그를 지치게 만들었다.

(2) 그것은 낮을 즐기는 것을 방해하였다는 것. "아침의 빛은 좋은 것이지만, 나의 내면이 어둡기 때문에 그 빛이 주는 위로도 내게는 곧 사라져 버려서, 낮도 어둡고 캄캄한 밤만큼이나 내게는 절망적이다"(신 28:67). 저녁의 그림자와 아침의 빛을 마음껏 누릴 수 있는 건강과 평안함이 우리에게 있다는 것을 우리가 감사해야 할 충분한 이유가 있다는 것을 명심하라.

2. 이 세상에 살면서 욥이 가졌던 모든 기대들은 곧 그와 함께 스올에 묻히게 되리라는 것. 그러므로 욥은 그의 친구들이 그에게 듣기 좋으라고 말해 준 대로 예전의 형통하던 시절로 돌아가게 될 것이라는 소망(5:19; 8:21; 11:17)을 그가 품는 것은 웃음거리밖에 되지 않을 것이라고 생각하였다. "슬프게도, 너희는 나를 우롱하고 있도다."

(1) 욥은 자기가 스올 속으로 떨어지고 있는 중이라고 보았음. 편안한 집, 아늑한 침상, 보기만 해도 좋은 혈육들은 이 세상에서 우리에게 만족을 가져다 주는 것들 중의 일부이다. 욥은 그가 땅 위에서 다시 그런 것들을 누리게 될 것이라고 기대하지 않았다. 그가 땅 위에서 느끼고 본 모든 것은 모두 불쾌하고 기분 나쁜 것들이었지만, 그는 땅 아래에서는 그가 앞에서 말한 유쾌한 것들을 누리게 될 것을 기대하였다.

[1] 그는 스올 외에는 그 어떤 집도 기대하지 않음(13절). "내가 다시 편안하게 거할 수 있는 곳이 있다면, 그 곳은 스올일 것이다. 내가 죽음 외에 나의 이 괴로움으로부터 벗어날 탈출구가 있다고 여긴다면, 그것은 나 자신을 속이는 것이 되리라. 죽음만큼 확실한 탈출구는 없다." 우리는 형통할 때에 죽음을 예상하고 준비하는 것이 좋다는 것을 명심하라. 우리가 무엇을 예상하고 준비하든, 죽음만은 반드시 예상하고 준비하여야 한다. 왜냐하면, 죽음은 우리가 예상하고 준비하는 다른 모든 것들을 막을 수 있지만, 그 어떤 것도 죽음을 막을 수는 없기 때문이다. 그러나 여기에서 욥은 단순히 스올을 기꺼이 받아들이고자 애쓰는 것이 아니라, 적극적으로 스올에 가고자 한다. "스올은 내 집이다." 스올은 하나의 집이다. 스올은 악인에게는 감옥(prison-house)이고(24:19-20), 경건한 자에게는 본향으로 가는 길에 잠시 머무는 집('베트하바라')이다. "스올은 내 집, 대대로 물려받은 나의 집이다. 나는 태어나서 그 곳으로 가게 되어 있다. 스올은 내 조상의 집이다. 스올은 내가 구입한 나의 집이다. 나는 내 자신을 스올에 갈 수밖에 없게 하였다." 우리는 누구나 다 곧 이 집으로 옮겨가

야 하기 때문에, 미리미리 준비하는 것이 지혜로운 일이다. 우리는 우리의 본향으로 가기 전에 이 세상에서 스올로 잠시 우리의 거처를 옮겨야 한다.

[2] 그는 흑암 외에는 그 어떤 고요한 침상도 기대하지 않음. 그는 이렇게 말한다: "내가 내 침상을 흑암에 펴놓았다. 침상은 이미 만들어져서 준비되어 있고, 나는 곧 그 침상으로 갈 것이다." 스올은 하나의 침상이다. 왜냐하면, 우리는 이 땅에서의 우리의 날이 저물면 그 곳으로 가서 쉬게 될 것이고, 우리의 영원한 날이 동터오는 아침에는 그 곳에서 다시 일어나게 될 것이기 때문이다(사 57:2). 이런 이유 때문에 선한 자들은 기꺼이 죽고자 한다. 죽음은 잠자러 가는 것일 뿐이다. 그들은 이 세상에서 지치고 피곤하여 졸려서, 이제 그들의 침상으로 가야 한다. 그들의 아버지가 부르시는데, 그들이 기꺼이 가지 못할 이유가 어디 있겠는가? "나는 나의 양심을 정결하게 지킴으로써 죽음을 대비하여 내 침상을 만들었고, 그리스도께서 이 침상에 나와 함께 계시게 함으로써 그 침상을 향기 나는 침상으로 바꾸어 놓고, 그 너머로 부활을 바라봄으로써 그 침상이 평안한 곳이 되게 하고자 애를 써왔다."

[3] 그는 그가 스올에서 갖게 될 것 외에는 그 어떤 혈육도 기대하지 않음(14절). 내가 나의 시신이 썩게 될 무덤에게 너는 내 아버지라(우리의 육신이 흙에서 나왔기 때문에), 거기에 있는 구더기에게 너는 내가 함께 하고 친해야 할(구더기가 우리를 덮을 것이기 때문에) 내 어머니, 내 자매라(사람은 벌레이기 때문에) 하였도다(21:26). 욥은 그의 일가친척들이 마치 낯선 사람처럼 그를 멀리하였다고 탄식하였다(19:13-14). 그러므로 여기에서 그는 그의 친척들이 그를 멀리할 때에도 그를 멀리하지 않고 그에게 꼭 붙어 있어 줄 다른 친척들이 스올에는 있을 것이라고 말한다. 첫째로, 우리는 모두 머지않아 썩는 것이나 벌레들과 가까이 하게 될 것이다. 그러므로 둘째로, 우리의 생각이나 묵상 속에서 그것들과 많은 대화를 나눔으로써 미리 친해 두는 것이 좋다. 왜냐하면, 그렇게 할 때에 우리는 삶에 대한 지나친 애착이나 죽음에 대한 지나친 두려움을 극복하는 데에 아주 큰 도움을 받을 수 있을 것이기 때문이다.

(2) 욥은 이 세상에서의 그의 모든 소망들이 그와 함께 스올 속으로 떨어져 가고 있다는 것을 봄(15-16절). "내가 곧 세상을 하직할텐데, 나의 희망이 어디 있느냐. 더 살기를 기대할 수 없는 내가 어떻게 형통하기를 기대할 수 있겠는가." 욥에게는 소망이 없는 것이 아니었지만, 그의 소망은 그의 친구들이 말한

것처럼 이 세상에서의 소망이 아니었다. 만일 그의 소망이 다만 이 세상의 삶뿐이었다면, 그는 모든 사람 가운데 가장 불쌍한 자였을 것이다(고전 15:19). "나의 위로가 되고 힘이 되는 내 소망을 누가 보겠느냐. 내가 소망하는 것은 눈에 보이는 이 세상의 것이 아니라 눈에 보이지 않는 영원한 것이다." 나중에 그는 그의 소망이 무엇인지를 우리에게 말해 준다(19:25). 나는 잠시 있다가 없어져 버리는 것이 아니라 영원히 있는 것을 구한다. "너희가 내게 듣기 좋으라고 약속한 소망들은 나와 더불어서 스올의 문으로 내려갈 것이다. 너희는 곧 죽을 인생들이기 때문에 너희가 약속한 것들을 이룰 수 없고, 나도 곧 죽을 자이기 때문에 너희가 약속한 좋은 것을 누릴 수 없다. 우리의 안식은 전적으로 흙 속에 있기 때문에, 우리는 이 세상에 대한 생각들을 다 지워 버리고, 우리의 마음을 저 세상에 두지 않으면 안 된다." 우리는 흙이기 때문에 곧 흙으로 돌아가야 한다. 스올은 우리가 모두 부활할 때까지 우리를 묶고 있는 죽음의 끈을 결코 풀어주지 않을 것이기 때문에, 우리는 거기에서 다 함께 쉬게 될 것이다. 욥과 그의 친구들은 지금은 서로의 생각이 같지 않지만, 장차 스올에서는 양쪽 다 입을 다물게 될 것이다. 머지않아 스올의 흙이 그들의 입을 막을 것이고, 그들의 논쟁을 끝낼 것이다. 이것을 고려해서, 이 세상에서 논쟁하는 자들은 절제하여 말하여야 하고, 모든 다투는 자들은 열기를 식혀야 한다.

제
— 18 —
장

개요

이 장에서 빌닷은 욥을 두 번째로 공격한다. 그는 그의 첫 번째 설교(8장)에서 모든 일들이 결국 잘 될 것이라는 소망을 불어넣어 주며 욥을 격려하였었다. 그러나 여기에는 그런 말이 한 마디도 나오지 않는다. 그는 이전보다 더 기분이 나빠져서, 욥의 말에 의해서 자신의 잘못을 깨닫기는커녕 도리어 더욱 격분한다. I. 빌닷은 욥이 오만하고 혈기를 부리며 완고하다고 신랄하게 책망함(1-4절). II. 빌닷은 그가 전에 제시했던 교리, 즉 악인들은 비참해지고 망하게 된다는 교리를 자세하게 설명함(5-21절). 빌닷은 이런 말들을 하면서, 내내 욥이 자신의 비참한 처지에 대하여 불평한 말들, 즉 자기가 덫에 걸려서 흑암 중에 두려워하고 곤혹스러워하고 있으며 곧 이 세상을 하직하게 될 것이라고 한 말들을 염두에 두고 있는 것으로 보인다. 빌닷은 이렇게 말한다: "바로 그런 것이 악인의 운명이다. 그러므로 너는 악인이다."

¹수아 사람 빌닷이 대답하여 이르되 ²너희가 어느 때에 가서 말의 끝을 맺겠느냐 깨달으라 그 후에야 우리가 말하리라 ³어찌하여 우리를 짐승으로 여기며 부정하게 보느냐 ⁴울분을 터뜨리며 자기 자신을 찢는 사람아 너 때문에 땅이 버림을 받겠느냐 바위가 그 자리에서 옮겨지겠느냐

빌닷은 지혜롭고 선한 자이지만 이 경우에는 욥에게 고통을 더하고자 하는 사탄의 계획에 봉사하고 있다는 것을 거의 생각하지 못한 채로 가엾은 욥을 향하여 화살들, 즉 독설들을 날린다.

I. 빌닷은 엘리바스와 마찬가지로(15:2-3) **욥이 쓸데없는 말을 끝도 없이 늘어 놓고 있다고 비난함**(2절). 너희가 어느 때에 가서 말의 끝을 맺겠느냐. 여기에서 빌닷은 단지 욥만이 아니라, 엘리바스와 소발이 그렇게 적절한 말을 하지 못하였다고 생각하고 있었을 모든 좌중 또는 성경에 기록되어 있지는 않지만 이따금씩 욥에게 유리한 말들을 툭툭 던지면서 욥의 편을 들었을 좌중의 일부

사람들을 겨냥하여 말을 한다. 빌닷은 다른 사람들이 말하는 것을 듣는 데에 싫증을 냈고, 그의 차례가 올 때까지 기다리지를 못하였는데, 이것은 누가 보아도 칭찬할 만한 일은 아니었다. 왜냐하면, 우리는 듣기는 빨리 하고 말하는 것은 늦게 하여야 하기 때문이다. 논쟁하는 자들은 좌중으로부터 지혜롭다는 칭찬을 독점하고자 하여, 독재자처럼 발언권을 독점하고자 하는 것이 보통이다. 그러한 행동이 얼마나 꼴사나운 것인지는 누구나 다 알 수 있는데도, 정작 그런 행동을 저지르고 있는 본인이 그것을 알기는 무척 어렵다. 욥이 모든 논쟁에서 그 논쟁을 끝장내는 최종적인 말을 했던 때가 있었다(29:22): 내가 말한 후에는 그들이 말을 거듭하지 못하였다. 그 때에 그는 권세가 있었고 모든 일이 형통하였었다. 그러나 이제 그가 몰락하여 궁핍해지자, 친구들은 그가 말하는 것조차 허용하고자 하지 않았고, 이전에는 그가 한 말을 높였던 그들이지만 지금은 그가 무슨 말을 하든 헐뜯고 비난하였다. 지혜도 재물이 함께 있을 때에야 아름답다고 보는 것이 세상 인심이다(전 7:11). 가난한 자의 지혜가 멸시를 받고, 가난한 자의 말들은 단지 그가 가난하다는 이유로 사람들이 듣지 아니한다(전 9:16).

Ⅱ. 빌닷은 친구들이 해준 말들을 욥이 신경을 써서 제대로 듣지 않았다고 비난함. 이런 의미는 분별력을 되찾아서 깨달으라 그 후에야 우리가 말하리라는 그의 말 속에 암시되어 있다. 말하는 사람이 아무리 적절한 말을 한다고 해도, 듣는 사람이 주의를 기울여서 경청하지 않는다면, 말해 보아야 아무 소용이 없다. 귀가 열려서 학자들 같이 알아들을 때에야, 비로소 학자들의 혀가 쓸모가 있다(사 50:4). 하나님의 말씀을 전하는 자들은 듣는 자들이 경청해서 듣는 것을 볼 때에 힘을 얻는다.

Ⅲ. 빌닷은 친구들 및 그들이 해준 말들을 욥이 오만하여 멸시하고 경멸하였다고 비난함(3절). 너는 어찌하여 우리를 짐승으로 여기느냐. 이것은 욥의 말을 악의적으로 왜곡한 것이었다. 욥은 실제로 그의 친구들을 조롱하는 자들이라 불렀었고, 그들에게는 이성이나 사람에 대한 애정이 없기 때문에 그들은 지혜롭지 못하고 냉정한 자들이라고 말했지만, 그들을 짐승으로 여기지는 않았다. 그런데도 빌닷은 다음과 같은 이유에서 욥의 말을 그런 식으로 평가하였다.

1. 그것은 빌닷이 마음이 높아져 있어서 욥이 한 말을 친구들에 대한 극도

의 모욕으로 여기고 분개하였기 때문이다. 교만한 자들은 그들이 실제로 무시를 당한 것보다도 더 많이 무시를 당했다고 생각하기 쉽다.

2. 그것은 빌닷이 화가 나 있어서 어떻게 해서든지 욥을 압박할 핑곗거리를 찾고자 했기 때문이다. 다른 사람들을 공격하고자 하는 마음을 지닌 자들은 사람들이 먼저 그들을 공격하였다고 생각하고 싶어한다.

IV. 빌닷은 욥이 지나치게 혈기를 부리고 있다고 비난함. 울분을 터뜨리며 자기 자신을 찢는 사람아(4절). 여기에서 빌닷은 욥이 앞에서 내가 어찌하여 내 살을 내 이로 물겠느냐(13:14)라고 했던 말을 염두에 두고 있는 것으로 보인다. 빌닷은 "그것은 네 자신의 잘못이다"라고 말한다. 또는, 빌닷은 욥이 앞에서 그는 진노하사 나를 찢는다(16:9)고 말하며 하나님 또는 엘리바스를 비난한 것을 염두에 둔 것일 수도 있다. 빌닷은 "전혀 그렇지 않다 그 책임은 전적으로 네게 있다"고 말한다: 너는 네 분을 참지 못하고 네 자신을 찢고 있는 것이다. 분노는 죄이지만, 그 자체가 벌이기도 하다는 것을 명심하라. 초조해하고 안달하며 혈기를 부리는 자들은 스스로를 괴롭히고 찢는다: 그는 그의 영혼을 찢는다(원문은 이렇게 되어 있다). 모든 죄, 특히 고삐 풀린 혈기는 영혼에 상처를 내고 영혼을 찢으며 영혼에 해를 끼친다(잠 8:36).

V. 빌닷은 욥이 하나님의 섭리 자체도 좌지우지하고자 하는 오만방자함을 보이고 있다고 비난함. "너 때문에 땅이 버림을 받겠느냐. 분명히 그렇지 않다. 한 사람의 기분을 맞추기 위해서 자연의 운행이 바뀌거나 하나님이 그의 통치의 정해진 법칙들을 어기신다는 것은 말도 되지 않는 것이다. 욥아, 너는 너 없이는 세상이 존재할 수 없기 때문에, 네가 망한다면 온 세상도 너와 함께 망하여 버림을 받게 될 것이라고 생각하는 것이냐?" 어떤 이들은 이 말은 빌닷이, 욥이 악인이거나 아니면 우리가 섭리를 부정하여 하나님이 세상을 버리셨고 만세반석이 옮겨졌다고 생각해야 하거나 둘 중의 하나임에 틀림없다는 말도 안 되는 양자택일을 내걸면서, 스스로 의롭다고 주장하는 욥을 책망하는 말이라고 본다. 하지만, 이 말은 단지 빌닷이 혈기를 부리며 불평하는 욥을 꾸짖는 말일 것이다. 우리가 섭리에 의해 일어나는 사건들에 시비를 건다면, 우리는 우리에게 일어나는 일이 무엇이든지 그것이 다음과 같은 성격을 지닌다는 것을 잊고 있는 것이다.

1. 모든 일은 하나님의 영원하신 뜻과 계획에 따라 일어난다는 것.

2. 모든 일은 기록된 말씀에 따라 일어난다는 것. 성경에는 우리가 이 세상에서 환난을 당할 수밖에 없는데, 우리는 매일 죄를 짓기 때문에 그 죄에 대한 징벌을 각오하여야 한다고 기록되어 있다.

3. 모든 일은 통상적인 길과 관습, 섭리의 궤적을 따라 일어나기 때문에 모든 사람에게 공통적으로 일어나는 일들 외의 일은 일어나지 않는다는 것. 우리를 기쁘게 하시기 위하여 하나님이 그의 계획을 바꾸고 그의 방법을 변경하며 그의 말씀이 이루어지지 않게 하실 것이라고 기대하는 것은 우리를 위하여 땅이 버림을 받고 바위가 그 자리에서 옮겨질 것이라고 생각하는 것만큼이나 터무니없고 어처구니 없는 일이다.

⁵악인의 빛은 꺼지고 그의 불꽃은 빛나지 않을 것이요 ⁶그의 장막 안의 빛은 어두워지고 그 위의 등불은 꺼질 것이요 ⁷그의 활기찬 걸음이 피곤하여지고 그가 마련한 꾀에 스스로 빠질 것이니 ⁸이는 그의 발이 그물에 빠지고 올가미에 걸려들며 ⁹그의 발 뒤꿈치는 덫에 치이고 그의 몸은 올무에 얽힐 것이며 ¹⁰그를 잡을 덫이 땅에 숨겨져 있고 그를 빠뜨릴 함정이 길목에 있으며

빌닷의 설교 중 나머지는 악인의 비참한 상태에 관한 우아한 묘사에 전적으로 할애되어 있는데, 죄악된 상태는 서글픈 상태라는 것, 사람이 죄악을 회개하지 않으면 반드시 망하게 되리라는 것 등과 같이 그의 묘사 속에는 상당히 많은 확실한 진리가 포함되어 있기 때문에, 우리가 그의 설교를 제대로만 묵상한다면, 그것은 우리에게 아주 큰 유익을 가져다 줄 수 있다. 그러나 모든 악인들이 이 세상에서 눈에 보이게 공개적으로 이와 같이 비참한 상태에 있다고 말하는 것은 옳지 않다. 그러므로 다른 뚜렷한 증거가 없는데도 단지 이 세상에서 큰 환난과 곤경을 겪고 있다는 이유만으로 사람들을 악인들이라고 단정하는 것도 옳지 않다. 따라서 빌닷은 이 진리가 욥에게 그대로 적용된다는 것은 누가 보아도 알 수 있다고 아주 쉽게 생각하였지만, 그런 적용은 안전한 것도 아니었고 옳은 것도 아니었다. 이 단락에서 우리는 다음과 같은 것들을 본다.

I. 악인의 멸망을 흑암에 비유해서 예견하고 예언함(5-6절).   그래, 악인의 빛은 꺼질 것이다. 악인의 빛, 즉 악인에게서 가장 좋은 부분이나 가장 빛나는

부분조차도 꺼지게 될 것이다. 악인이 기뻐하던 것조차도 그를 실망시킬 것이다. 또는, 본문에 나오는 그래(히브리어로 '감')라는 단어는 욥이 자기가 큰 환난에 처해 있고 곧 흑암 속에 자신의 침상을 펴게 될 것이라고 불평한 것과 관련이 있을 수 있다. 빌닷은 이렇게 말한다: "그래, 정말 그렇다. 너는 짙은 구름에 덮여 있고 곤경에 처해서 꼼짝도 못하는 비참한 처지에 있고, 나아질 기미는 조금도 보이지 않는다. 왜냐하면, 악인의 빛은 반드시 꺼지게 되어 있어서, 네 빛도 그렇게 될 것이기 때문이다." 좀 더 살펴보자.

1. 악인은 밖으로는 재물과 존귀함과 권세, 안으로는 어느 정도의 즐거움과 기쁨과 소망 등 잠시 약간의 빛을 가질 수 있다는 것. 그러나 그의 빛은 잠시 타올랐다가 곧 꺼지고 마는 불꽃에 지나지 않는다(5절). 그것은 점점 타들어가서 곧 꺼져 버리는 촛불에 지나지 않는다(6절). 그것은 여호와의 빛(즉, 햇빛)이 아니라, 그 자신이 피운 불빛이고 그 자신이 켠 불꽃이다(사 50:11).

2. 악인의 빛은 반드시 결국에는 완전히 꺼져 버릴 것이기 때문에, 또 다른 불을 점화시키는 데에 필요한 불씨가 전혀 남아 있지 않게 되리라는 것. 그가 그의 장막에 있을 때조차도, 즉 그의 영혼의 장막인 그의 육신에 있을 동안에도(고후 5:1), 그 빛은 어두울 것이다. 그는 참되고 견고한 위로나 그의 영혼을 만족시켜 줄 기쁨이나 그에게 힘이 되어 줄 소망을 조금도 갖지 못할 것이다. 그의 안에 있는 빛조차도 어둠일 것이다. 그러니, 그 어둠이 얼마나 심하겠느냐. 그러나 그가 죽어서 육신의 장막에서 벗어날 때, 그의 촛불은 그와 함께 꺼질 것이다. 그가 그나마 빛을 누릴 수 있는 것은 그가 사는 모든 날들 동안이고, 죽음과 동시에 그의 모든 소망들은 끝없는 절망으로 변하게 될 것이다. 악인은 죽을 때에 그 소망이 끊어지느니라(잠 11:7). 그는 고통 가운데에 누우리라(사 50:11).

Ⅱ. 악인의 멸망이 어떻게 준비되고 있는지를 덫에 걸린 짐승이나 새에 관한 비유, 또는 붙잡혀서 구금되어 벌을 기다리는 행악자에 관한 비유를 통해서 묘사함(7-10절).

1. 사탄이 악인의 멸망을 준비하고 있다는 것. 사탄은 악인을 이길 강도이다(9절). 왜냐하면, 사탄은 처음부터 살인자였고 강도였기 때문이다. 사탄은 유혹하는 자로서 죄인들이 어디로 다니든 그 길목에 덫을 놓아서, 그들을 멸망시킬 것이다. 사탄은 죄인들을 자기처럼 죄를 짓게 만들고서는, 끝내는 그들을

자기처럼 비참하게 만들어 버릴 것이다. 사탄은 귀한 생명을 사냥한다(잠 6:26).

2. 악인은 계속해서 죄를 지어서 진노의 날에 임할 진노를 쌓음으로써 자신의 멸망을 스스로 준비하고 있다는 것. 하나님은 악인이 자신의 꾀를 따라 행하도록 내버려 두시고(이것은 악인이 원하는 것이자 그에 대한 벌이다), 악인은 그가 마련한 꾀에 스스로 빠진다(7절). 그의 죄악된 계획들과 행위들이 그를 재앙 속으로 몰아간다. 그는 멸망을 향해 달려가다가, 그의 발은 그물에 빠지고(8절) 자기 손으로 행한 일에 스스로 얽히며(시 9:16), 그의 혀가 그를 해한다(시 64:8). 악인의 범죄 속에는 올무가 있다(잠 29:6).

3. 하나님이 악인의 멸망을 준비하고 계시다는 것. 죄인은 죄를 지음으로써 연료를 준비하고, 하나님은 그의 진노로 그 연료에 점화할 불을 준비하고 계신다.

(1) 악인은 얼이 빠져서 스스로 올무 속으로 뛰어든다는 것. 하나님은 어떤 자를 멸망시키고자 하실 때에 먼저 그를 얼 빠지게 만드신다.

(2) 악인은 낭패를 당하게 된다는 것. 그의 활기찬 걸음들(즉, 그의 대단한 계획들과 시도들)은 곤경에 처하고 궁지에 몰려 피곤하여져서, 그는 그가 의도했던 것을 이루지 못하게 될 것이다. 그가 그 궁지에서 빠져나오려고 애쓸수록, 그는 더욱더 거기에 빠져 들게 될 것이다. 악인들의 처지는 점점 더 악화되어 갈 뿐이다.

(3) 악인은 그를 뒤쫓는 하나님의 심판들을 결코 피할 수 없다는 것. 그의 발 뒤꿈치는 덫에 치일 것이다. 사람이 추격자를 피하지 못하고 잡히듯이, 악인은 그를 뒤쫓는 하나님의 진노를 절대로 피할 수 없다. 하나님은 악인들을 형벌 아래에 두어 심판 날까지 지키는 방법을 아신다(벧후 2:9).

11무서운 것이 사방에서 그를 놀라게 하고 그 뒤를 쫓아갈 것이며 12그의 힘은 기근으로 말미암아 쇠하고 그 곁에는 재앙이 기다릴 것이며 13질병이 그의 피부를 삼키리니 곧 사망의 장자가 그의 지체를 먹을 것이며 14그가 의지하던 것들이 장막에서 뽑히며 그는 공포의 왕에게로 잡혀가고 15그에게 속하지 않은 자가 그의 장막에 거하리니 유황이 그의 처소에 뿌려질 것이며 16밑으로 그의 뿌리가 마르고 위로는 그의 가지가 시들 것이며 17그를 기념함이 땅에서 사라지고 거리에서는 그의 이름이 전해지지 않을 것이며 18그는 광명으로부터 흑암으로 쫓겨 들어가며 세상에서 쫓겨

날 것이며 ¹⁹그는 그의 백성 가운데 후손도 없고 후예도 없을 것이며 그가 거하던 곳에는 남은 자가 한 사람도 없을 것이라 ²⁰그의 운명에 서쪽에서 오는 자와 동쪽에서 오는 자가 깜짝 놀라리라 ²¹참으로 불의한 자의 집이 이러하고 하나님을 알지 못하는 자의 처소도 이러하니라

여기에서 빌닷은 저 세상에서 악인들을 기다리고 있고 이 세상에서도 종종 어느 정도는 그들을 덮치는 멸망 자체를 묘사한다. 죄인의 날이 다할 때에 죄인이 어떤 비참한 상태에 처하게 되는지를 와서 보라.

I. 악인이 자신의 죄책감과 하나님의 진노에 대한 두려움에 의해서 생겨나는 끊임없는 공포들 때문에 얼마나 마음을 졸이고 쇠약해지는지를 보라(11-12절). 무서운 것이 사방에서 그를 놀라게 할 것이다. 그의 양심 속의 공포들이 그를 끊임없이 괴롭혀서, 그는 결코 편안할 수가 없다. 어디를 가도, 이 공포들은 그를 뒤따라온다. 어디를 바라보아도, 이 공포들은 그를 응시하고 있다. 그는 자기가 온 피조물과 맞서서 싸우는 모습을 보고, 하늘이 그에게 얼굴을 찌푸리고 지옥이 그를 향하여 입을 딱 벌리며 땅이 그를 삼키고 싶어 안달이 난 모습을 보며, 두려움에 떤다. 자기를 고소하는 자와 괴롭히는 자를 항상 자신의 품 속에 데리고 다니는 자는 어디를 가거나 무엇을 하거나 언제나 두려워할 수밖에 없다. 그렇기 때문에, 악인은 행악자처럼 자신의 죄책감 때문에 쫓아오는 자가 없어도 걸음아 나 살려라고 하며 도망한다(잠 28:1). 그러나 그의 걸음은 그에게 아무런 도움도 되지 못한다. 왜냐하면, 그의 발 뒤꿈치는 덫에 치일 것이기 때문이다(9절). 악인은 모든 것을 아시는 하나님에게서 도망칠 수 없고, 모든 것을 하실 수 있는 하나님을 이길 수 없다(암 9:2-3). 악인이 두려움에 사로잡혀서 낙담하고 혼비백산하는 것은 전혀 이상한 일이 아닌데, 그 이유는 다음과 같다.

1. 악인은 그의 멸망이 다가오고 있다는 것을 알기 때문에. 하나님의 집행 명령이 떨어질 때에 악인을 곧바로 치기 위해서 멸망은 그의 곁에서 기다리고 있기 때문에, 그는 순식간에 황폐화되고 만다(시 73:19).

2. 악인은 그의 멸망과 맞서서 싸우거나 도망치거나 견딜 힘이 그에게 없다는 것을 너무나 잘 알기 때문에. 그가 그의 힘이라고 믿고 의지하던 것들(재물과 권력, 부귀영화, 친구들, 철면피 같은 그의 마음)은 그가 절박할 때에 그를

실망시킬 것이다. 즉, 굶주려서 죽어가는 자가 어떤 일이나 전쟁에서 아무런 도움이 될 수 없는 것과 마찬가지로, 악인이 의지했던 것들은 기근으로 말미암아 쇠한 자들처럼 그에게 아무런 도움이 되지 못할 것이다. 사정이 이렇기 때문에, 그가 스스로 공포에 사로잡히는 것은 전혀 이상한 일이 아니다. 가인과 유다의 경우에서 볼 수 있듯이, 죄의 길은 두려움을 자초하는 길이고 영원한 낭패로 이어지는 길이라는 것, 정결하지 못하여 평안을 누리지 못하는 양심이 갖는 현재의 두려움들은 장차 악인이 겪게 될 영원한 두려움들의 맛보기들이라는 것을 명심하라.

II. 악인이 끔찍한 죽음에 의해서 어떻게 삼켜지는지를 보라. 악인의 삶이 아무리 편안하고 즐거운 것이었다고 해도, 그의 죽음은 참으로 끔찍하고 비참하다.

1. 악인이 죽어가는 모습을 보라. 그는 그의 피부의 힘을 삼키고 그의 뼈를 썩게 만드는 사망의 선발대에 의해서 쇠약해진 후에, 사망의 장자(통상적인 사망의 모습보다 더 끔찍한 모습을 한 어떤 질병이나 사고, 이례적인 힘과 두려움을 지니고 있어서 큰 사망[고후 1:10]이라 불리는 죽음의 사자)에 의해서 삼켜질 것이다. 그런 다음에, 그가 의지하던 것들이 그의 장막에서 뽑힐 것이다(14절). 즉, 그가 의지하고 그에게 힘이 되었던 모든 것들이 그에게서 떠나가서, 그는 의지할 것이 아무것도 없게 되고, 그의 장막조차도 사라지게 되리라는 것이다. 그의 영혼은 그가 의지하던 것이었지만, 그것도 마치 어떤 땅에 쓸모 없이 박혀 있던 나무처럼 육신의 장막에서 뽑힐 것이다. "하나님이 네게서 너의 영혼을 다시 찾아가실 것이다."

2. 악인이 죽은 후에 어떻게 되는지를 보라. 우리는 악인이 죽은 후에 어떻게 될지를 믿음의 눈으로 볼 수 있다.

(1) 악인은 죽은 후에 공포들의 왕에게로 잡혀간다는 것. 그는 살아 있는 동안에도 공포들에 둘러싸여 있었고(11절), 죽음은 이 모든 공포들 중의 왕이었다. 공포들은 죽음의 이름으로 악인을 대적하여 싸웠다. 악인들은 죽음이 두려워서 한평생 매여 종 노릇 하다가(히 2:15), 마침내 그들을 이긴 자의 포로가 되어서, 그들이 한평생 그토록 오랫동안 두려워하던 것 앞으로 끌려간다. 죽음은 본질상 두렵고 공포스러운 것이다. 우리 구주께서도 아버지여 나를 구원하여 이 때를 면하게 하여 주옵소서(요 12:27)라고 기도하셨다. 그러나 악인들에게 죽음

은 그냥 공포스러운 것이 아니라 이루 말할 수 없이 공포스러운 공포들의 왕이다. 왜냐하면, 죽음은 그들이 악을 자행하며 멋대로 살았던 이승에 작별을 고하는 때이자 끝없이 고통을 당해야 할 저승으로 떠나는 때이기 때문이다. 그러나 성도들은 죽을 때에 정말 행복해하고, 주 예수께 이루 말할 수 없는 감사를 드린다. 왜냐하면, 주 예수께서는 죽음을 이기시고 그 속성을 바꾸셔서, 공포들의 왕이었던 죽음을 성도들의 친구이자 종으로 만드셨기 때문이다.

(2) 악인은 죽음을 통해서 광명으로부터 흑암으로 쫓겨 들어간다는 것(18절). 하나님은 악인을 이 세상의 빛과 이 세상에서 형통함을 누리던 것에서 떠나게 하시고, 흑암, 스올의 흑암, 지옥의 흑암, 한 줄기의 빛도 없이 깜깜하고 빛을 볼 수 있는 소망도 없는 칠흑 같은 흑암 속으로 몰아넣으신다(시 49:19).

(3) 악인은 이 세상을 떠나기 싫다고 발악을 하지만, 저승 사자들에 의해서 질질 끌려서 신속하게 세상에서 쫓겨나리라는 것. 아담이 낙원에서 쫓겨났듯이, 악인은 이 세상에서 쫓겨난다. 왜냐하면, 이 세상은 그의 낙원이기 때문이다. 이것은 악인이 이 세상에 머물고 싶어하리라는 것을 의미한다. 그는 이 세상을 하직하기를 몹시 싫어할 것이지만, 떠나지 않으면 안 된다. 온 세상은 그를 지긋지긋하게 여기기 때문에, 마치 그의 얼굴을 다시는 보지 않게 되는 것이 얼마나 기쁜 일인지 모르겠다는 듯이 그를 빨리 내쫓는다. 악인에게 죽음이라는 것은 이런 것이다.

III. 악인의 가문이 어떻게 몰락하고 끊어지게 되는지를 보라(15절). 하나님의 진노와 저주는 악인의 머리와 마음에만이 아니라, 그의 집에도 임하여, 그 집을 나무와 돌과 아울러 태워 버린다(슥 5:4). 죽음은 악인을 그의 장막에서 쫓아낸 후에 거기에 거하여 그의 집을 장악하고서, 악인이 남겨 둔 모든 것에 대하여 공포와 멸망이 된다. 악인이 거하였던 주거조차도 그 소유주로 말미암아 멸망하게 될 것이다. 유황이 비처럼 내려서 소돔을 멸망시켰듯이, 그의 처소에도 유황이 뿌려질 것이다. 어떤 이들은 욥이 소유하고 있던 양 떼와 종들이 하늘에서 내려온 불에 의해서 타버린 것을 들어서 빌닷이 여기에서 욥을 힐난하고 있는 것이라고 생각한다. 욥의 장막이 왜 이렇게 멸망의 표적이 되었는지 그 이유를 빌닷은 이렇게 말한다: 이는 그의 것은 아무것도 없음이라. 즉, 욥의 재물은 합법적인 소유주에게서 불의하게 얻어진 것이기 때문에, 욥은 그 재물로 인한 위로나 그 재물이 오래가기를 기대하여서는 안 된다는 것이다. 욥의 자녀들은 그와 함께 또는 그의 뒤를 이어서 모두 죽어 없어질 것이다(16절): 밑으로 그의 뿌리가 마르고(욥이 죽으리라는 것), 위로는 그의 가지가 시들 것이다(그의 가문의 모든 자녀들이 죽으리라는 것). 여로보암, 바아사, 아합의 가문도 이렇게 대가 끊어져서, 그들의 후손들 가운데에서 살아 남은 자는 아무도 없었다. 땅에 뿌리를 내린 자들은 그 뿌리가 이렇게 말라 버리게 되리라는 것을 알아야 한다. 그러나 그리스도 안에 뿌리를 내린 자들은 그 가지가 꺾이지 않을 뿐만 아니라 그 잎사귀도 마르지 않을 것이다. 자기 가문이 진정으로 존귀하게 되고 그 가지들(즉, 후손들)이 잘 되기를 바라는 자들은 죄로 인하여 그 가지들이 시들게 되지 않도록 조심하여야 한다. 죄인의 가문이 멸절되리라는 것은 다시 한 번 언급된다(19절): 그는 그의 재산을 물려주고 그의 이름을 이어줄 후손도 없고 후예도 없을 것이며(즉, 자녀나 손자), 그가 거하던 곳에는 그의 피붙이라고는 남은 자가 한 사람도 없을 것이다. 죄는 후손들에게 저주를 불러오고, 조상들의 죄악 때문에 흔히 후손들이 벌을 받는다. 여기에서도 빌닷은 욥의 자녀들과 종들이 죽은 것이야말로 욥이 악인임을 보여주는 또 하나의 증거라고 생각하며 이 말을 하는 것일 가능성이 크다. 자식이 없는 자들이라고 해서 다 하나님의 은혜를 받지 못한 자들이라고 할 수 없는데도 말이다. 아들이나 딸이 없었어도 존귀한 이름을 얻은 이들이 적지 않다(사 56:5).

IV. 악인의 죽음과 함께 그에 대한 기억이 사라지거나 악인의 이름이 욕을 먹게 되는 것을 보라. 그는 사람들에게 잊혀지거나 사람들로부터 욕을 먹게 될 것이다(17절). 그를 기념함이 땅에서 사라질 것이다. 그의 이름이 땅에서 사라진다면, 그 이름은 완전히 사라지는 것이다. 왜냐하면, 성도들의 이름과는 달리(눅 10:20), 악인의 이름은 하늘에 기록되어 있지 않기 때문이다. 악인의 모든 명예는 티끌 속에 묻혀 사라지거나, 영원한 오명(汚名)을 뒤집어 쓰게 될 것이기 때문에, 거리에서는 그의 이름이 전해지지 않을 것이다. 악인이 죽은 후에 이 세상에서 받는 하나님의 이러한 심판들은 그의 영혼이 사후에 어떤 참상을 겪게 될지를 보여주는 것이고, 그가 저 큰 날에 다시 부활하여 겪게 될 저 영원한 수치와 멸시의 맛보기이다. 의인을 기념할 때에는 칭찬하거니와 악인의 이름은 썩게 되느니라(잠 10:7).

V. 악인의 몰락을 보고서 모든 자들이 놀라는 것을 보라(20절). 악인의 몰락은 너무나 갑자기 일어나고 끔찍해서, 그것을 보는 자들은 모두 몸서리를 치

게 될 것이다. 후세 사람들이나 나중에 그 일을 들은 자들도 깜짝 놀랄 것이다. 그들이 들은 그 일이 그들의 귀에 왱왱거리고 그들의 마음이 떨려서, 그들은 주여 주의 심판이 어찌 그리 엄위하신지요(시 66:3)라고 부르짖을 것이다. 성경에서는 완전히 망한 곳이나 사람을 세상에서 놀람이 되었다고 말한다(신 28:37; 대하 7:21; 렘 25:9, 18). 끔찍한 죄들은 끔찍한 벌을 불러온다.

VI. 이 모든 것은 옛적의 족장들이, 하나님에 대한 그들의 지식과 하나님의 섭리에 대한 그들의 수많은 관찰들을 토대로, 한 목소리로 말했던 것이라고 단언되는 것을 보라(21절). 　참으로 불의한 자의 집이 이러하고 하나님을 알지 못하는 자의 처소도 이러하니라. 여기에서 이 악한 세상의 악(惡)의 시작과 끝이 무엇인지를 보라.

1. 악의 시작은 하나님에 대한 무지라는 것. 그것은 의도적인 무지이다. 왜냐하면, 하나님은 사람들에게 결코 변명의 여지를 주시지 않기 위하여, 사람들이 하나님을 알 수 있는 기회를 충분히 주시기 때문이다. 사람들은 하나님을 알지 못하기 때문에 온갖 죄악을 저지른다. 바로는 여호와를 알지 못했기 때문에, 여호와의 목소리에 순종하고자 하지 않았다.

2. 악의 끝은 철저한 멸망이라는 것. 악인의 거처들은 반드시 이렇게 비참하리라. 하나님을 모르는 자들은 반드시 그 보응을 받게 될 것이다(살후 1:8). 하나님은 어떤 사람을 통해서 영광을 얻지 못하시면 그 사람을 심판하셔서 영광을 얻으실 것이다. 그러므로 우리는 하나님을 경외하여 죄를 짓지 말아야 한다. 왜냐하면, 죄의 결국은 반드시 쓰디쓴 고통이 될 것이기 때문이다.

제
— 19 —
장

개요

이 장은 앞 장에 나온 빌닷의 설교에 대한 욥의 답변이다. 욥의 마음은 무겁고 몹시 화가 나 있었지만, 빌닷도 기분이 몹시 상해 있었기 때문에, 욥은 빌닷의 말을 도중에 끊지 않고 그가 하고 싶은 말을 다 하도록 내버려 두었다. 그러나 빌닷이 말을 마치자, 욥은 답변을 하기 시작한다. I. 욥은 빌닷이 그에게 너무 냉정하다고 불평함. 1. 그를 위로하러 온 자들이 도리어 그를 더욱 괴롭히고 있다는 것(2-7절). 2. 그에게 환난을 주신 이는 하나님이시라는 것(8-12절). 3. 그가 환난을 당하자 그의 혈육들과 친구들이 그를 꺼리고 낯설게 대한다는 것(13-22절). II. 욥은 그의 신앙을 아주 엄숙하게 고백하면서, 그 고백이 그의 진실성을 보여주는 증거로 기록되기를 바라는 가운데에, 자기가 이 세상에서는 위로를 거의 받지 못했지만 저 세상에 가서는 복될 것을 믿고 소망한다는 말로 스스로를 위로함(23-27절). III. 욥은 그의 친구들에게 계속해서 그를 신랄하게 비판하지 않기를 바란다고 주의를 주는 것으로 자신의 말을 끝맺음(28-29절). 우리는 종종 욥이 여기에서 자신의 근심과 고통들에 대하여 하소연하는 것을 우리의 불평을 정당화하는 근거로 삼지만, 욥이 여기에서 그의 장래의 상태를 생각하고 믿음으로 기뻐한 것은 믿음 없이 오직 불평만 하는 그리스도인들인 우리를 부끄럽게 만든다.

¹욥이 대답하여 이르되 ²너희가 내 마음을 괴롭히며·말로 나를 짓부수기를 어느 때까지 하겠느냐 ³너희가 열 번이나 나를 학대하고도 부끄러워 아니하는구나 ⁴비록 내게 허물이 있다 할지라도 그 허물이 내게만 있느냐 ⁵너희가 참으로 나를 향하여 자만하며 내게 수치스러운 행위가 있다고 증언하려면 하려니와 ⁶하나님이 나를 억울하게 하시고 자기 그물로 나를 에워싸신 줄을 알아야 할지니라 ⁷내가 폭행을 당한다고 부르짖으나 응답이 없고 도움을 간구하였으나 정의가 없구나

친구들은 욥이 아주 극심한 환난을 겪는다는 이유만으로 그를 악인으로 규정하고 아주 신랄한 비판을 퍼부어 왔다. 이제 여기에서 욥은 그들에게

그들이 이렇게 그를 비판한 것을 그가 얼마나 나쁘게 여겼는지를 말해 준다. 빌닷은 두 번이나 어느 때까지(how long)라는 말로 자신의 설교를 시작하였었기 때문에(8:2; 18:2), 욥은 이제 특히 빌닷을 겨냥해서 대답을 하면서 마찬가지로 어느 때까지(2절)라는 말로 자신의 답변을 시작한다. 사람들은 보통 자기가 좋아하지 않는 것을 들을 때에는 그 말이 장황하다(long)고 생각한다. 그러나 친구들이 욥이 자신을 변호하는 말을 들으면서 장황하다고 생각한 것보다는 욥이 그를 공격하는 친구들의 말을 들으면서 장황하다고 생각한 것이 더 일리가 있다. 왜냐하면, 우리가 옳다고 할지라도 우리의 형제들을 공격하는 것보다는 우리가 옳다고 생각해서 우리 자신을 변호하는 것이 더 명분이 있기 때문이다. 좀 더 자세하게 살펴보자.

I. 욥은 그들이 그에게 어떤 식으로 냉정하였다고 말하는가.

1. 그들은 그의 마음을 괴롭혔다는 것(2절). 욥에게 이것은 뼈들이 아프고 괴로운 것보다 더 슬프고 쓰라린 것이었다(시 6:2-3). 그들은 그의 친구들이었다. 그들은 그를 위로하러 왔고, 사실 그에게 조언해 줄 최고의 적임자로 보였다. 그러나 그들은 지혜와 경건을 가장한 아주 엄숙한 모습으로 욥에게서 그가 선한 하나님 안에서 마지막으로 지니고 있는 유일한 위로였던 선한 양심과 선한 이름을 빼앗아 가고자 하였다. 이것이 욥의 마음을 무척 괴롭게 하였다.

2. 그들은 말로 그를 짓부수었다는 것. 사람을 산산이 부숴 놓고자 하는 말들은 분명히 가혹하고 아주 잔인한 말들이다. 그들은 그의 마음을 몹시 아프게 하여 그를 산산이 부숴 놓았다. 그러므로 사람들이 그리스도와 그의 백성을 거슬러 한 모든 냉혹하고 완악한 말들에 대해서는 장차 형벌이 있을 것이다(유 1:15).

3. 그들은 그에게 치욕을 안겨 주었다는 것(3절). 그들은 그를 악한 자로 몰았고, 그가 알지도 못한 일들로 그를 비난하였다. 치욕스러운 말을 듣는 것은 특히 솔직하고 순진한 자에게는 살을 에는 듯이 고통스러운 일이다.

4. 그들은 그를 낯선 자처럼 대하였다는 것. 그가 환난 가운데에 있게 되자, 그들은 그를 아는 체하는 것을 부끄러워하였고, 마치 그를 모르는 것처럼 대하였으며(2:12), 그가 형통하던 때와는 달리 그와 허심탄회하게 얘기를 나누려고 하지 않았다. 자신의 친구들이나 하나님의 친구들이 환난 가운데에 있다고 해서 그들을 낯선 자처럼 대하는 자들은 참된 존귀함이나 사랑의 원칙들에 의해

서가 아니라 세상의 영에 의해서 지배를 받고 있는 자들이다. 친구는 어느 때든지 사랑이 끊어지지 아니하느니라(잠 17:17).

5. 그들은 그를 멀리하였을 뿐만 아니라, 그를 향하여 자만하며 잘난 체하였다는 것(5절). 그들은 그를 부끄럽게 여겼을 뿐만 아니라 그를 무시하고 잘난 체하며 고압적인 태도를 보임으로써 그를 모욕하였다. 곤경에 처한 자들을 이런 식으로 짓밟는 것은 치사하고 비열한 짓이다.

6. 그들은 그에게 수치스러운 행위가 있다고 증언하였다는 것. 즉, 그들은 그가 겪는 환난이야말로 그가 악인이라는 것을 증명해 주는 증거라는 주장을 폈다. 그들은 그를 위하여 변론하며 그는 결백하다고 주장하였어야 하고, 그가 환난 가운데에서도 그들의 변론으로 말미암아 위로를 얻을 수 있게 하고 수치를 느끼지 않게 했어야 했다(고후 1:12). 그러나 그들은 그렇게 하지 않았고, 도리어 그의 신앙에는 뭔가 문제가 있으며 그에게는 책망 받아야 할 일이 있음이 틀림없다고 주장하였는데, 이것은 몰인정한 짓이었을 뿐만 아니라 지극히 부당한 일이었다. 욥이 책망 받아야 한다면, 우리는 도대체 어디에서 정직한 자를 찾아야 한단 말인가?

II. 욥은 그들의 냉정함이 너무 지나쳤다는 것을 어떤 식으로 말하는가.

1. 그들은 이런 식으로 그를 학대하기를 여러 차례 반복하였다는 것(3절). 너희가 열 번이나, 즉 아주 자주 나를 학대하였다(창 31:7; 민 14:22을 참조하라). 그들은 다섯 번 말하였는데, 한 번 말할 때마다 그를 두 번씩 책망하였다. 욥은 여기에서 마치 그들이 그를 책망한 횟수를 일일이 다 세었기 때문에 그들이 몇 번이나 그를 책망했는지를 알고 있다는 듯이 말한다. 그렇게 하는 것은 분명히 앙심을 품은 속좁은 행동이고, 앙갚음을 하고자 하는 의도가 엿보이는 행동이다. 남들이 우리에게 행한 해악들과 냉정한 일들을 일일이 다 기억하고 헤아리기보다는 다 잊고서 화목을 추구하는 편이 더 낫다.

2. 그들은 여전히 그를 학대하는 일은 계속하였고, 아예 그렇게 하기로 작정한 듯이 보였다는 것. "너희가 그 짓을 어느 때까지 하겠느냐(2, 5절). 내가 아무 잘못이 없다는 것을 누누이 얘기했는데도 불구하고, 너희는 스스로 잘난 체하며 나를 치는구나." 말이 많은 사람들은 아무리 많은 말을 해도 충분히 말했다고 생각하는 경우가 별로 없다. 혈기가 발동하여 입이 열리면, 귀는 이성에 대하여 닫혀 버린다.

3. 그들은 그들이 한 짓에 대하여 부끄러움을 느끼지 않았다는 것(3절). 그들은 사람답지 못하게 냉혹하게 행한 것과 선한 자답지 않게 무자비하게 행한 것과 친구답지 않게 기만적으로 행한 것에 대하여 부끄러워해야 할 이유가 있었다. 그러나 그들은 부끄러워하였는가? 전혀 그렇지 않았다. 그들은 부끄러워해야 한다고 말을 거듭거듭 들었지만, 얼굴을 붉히지 않았다.

Ⅲ. 욥은 그들의 가혹한 비난들에 대하여 어떻게 대답하는가. 그는 그들이 마땅히 고려해야 할 그의 사정들을 고려하지 않은 채로 그를 정죄하였다는 것을 보여준다.

1. 그의 판단의 잘못들은 용납될 수 있는 것이라는 것(4절). "실제로 내게 허물이 있을 수도 있다. 즉, 내가 무지나 실수로 잘못을 저지를 수도 있다." 사람들, 그리고 선한 자들도 잘못할 수 있다는 것은 당연하다. 잘못을 하지 않는다면 사람이 아니다. 우리도 우리 자신이 잘못을 저지를 수 있다는 것을 기꺼이 인정하지 않으면 안 된다. 우리 자신에게 잘못이 전혀 없다고 생각하는 것은 어리석은 것이다. 욥은 이렇게 말한다: "그러나 내게 잘못과 허물이 있다고 할지라도, 그 허물은 내가 부족해서 생겨난 문제일 뿐이다. 나는 모든 진실함으로 나의 최선의 판단을 따라 말하고 있는 것이고, 거스르는 영을 따라 말하고 있는 것이 아니기 때문이다." 또는, "내게 잘못이 있다고 할지라도, 나는 그 잘못을 내 자신에게 돌리고, 너희처럼 남에게 전가시키지는 않는다. 나는 나의 잘못에 비추어서 내 자신과 나의 일을 살필 뿐이다. 나는 다른 사람들에게 끼어들어서 그들을 가르치거나 판단하려고 하지 않는다." 사람들이 자신의 잘못을 스스로 가지고 있고 그 잘못으로 다른 사람들을 어지럽히지 않는다면, 그 잘못은 훨씬 더 용서 받을 수 있다. 네게 믿음이 있느냐 하나님 앞에서 스스로 가지고 있으라 (롬 14:22). 어떤 이들은 여기에 나오는 말씀을 다음과 같이 해석하기도 한다: "내게 잘못이 있다면, 그 잘못 때문에 벌을 받아야 하는 것은 나다. 그러므로 너희는 거기에 관심을 가질 필요가 없다. 아니, 나의 잘못 때문에 벌을 받아서 지금 가혹한 벌을 받고 있는 것은 바로 나다. 그러므로 너희는 나를 책망함으로써 나를 더 비참하게 만들지 않아도 된다."

2. 그가 혈기를 조금 부린 것은 잘한 짓은 아니지만, 그래도 그의 환난이 아주 크고 그의 비참함이 극심한 것을 고려하면 용납될 수 있는 것이라는 것. "너희가 계속해서 내가 불평하는 말을 하나하나 다 트집을 잡고 가장 나쁜 쪽

으로 해석하여 나를 공격하는 데에 사용하고자 한다면, 나의 불평하는 말을 판단하여 나를 책망하기 전에, 내가 왜 불평을 하게 된 것인지 그 이유를 먼저 생각해 보고 신중히 판단해 보라. 그렇게 한다면, 너희는 하나님이 나를 뒤집어엎으셔서 억울하게 하셨다는 것을 알게 될 것이다(6절)." 욥은 그들이 다음과 같은 세 가지를 고려해 주기를 바란다.

(1) 그의 환난이 무척 크다는 것. 하나님이 그를 꺼꾸러뜨리셨기 때문에, 그는 그물에 걸린 것처럼 에워싸여서 빠져나올 수도 없고 스스로 어쩔 수도 없게 되었다.

(2) 하나님이 그의 환난의 근원이시고, 이 점에서 그를 대적하여 싸우시는 분은 하나님이시라는 것. "나를 꺼꾸러뜨린 것은 하나님의 손길이었고, 내가 걸린 것은 하나님의 그물이다. 그러므로 너희는 이렇게 나서서 나를 공격할 필요가 없다. 나는 하나님의 진노하심과 씨름하기에도 벅차니, 너희와 씨름하는 일은 없게 해 달라. 너희가 정녕 나를 공격하겠다면, 내가 하나님과의 다툼을 끝낸 후에 그렇게 하라." 하나님이 치신 자를 핍박하며 주께서 상하게 하신 자의 슬픔을 말하는 것은 야만적인 짓이다(시 69:26).

(3) 그는 그의 환난이 끝나리라는 그 어떤 소망도 지닐 수 없다는 것(7절). 그는 그의 고통을 하소연하였지만 전혀 나아지지 않았고, 그가 환난을 당하는 이유를 알게 해 달라고 간구하였지만 그 이유를 발견할 수 없었으며, 그의 결백을 증명해 달라고 하나님의 법정에 호소하였지만 그의 호소에 대한 판단을 받아낼 수 없었던 것은 말할 것도 없고, 하나님은 그의 호소를 들어주시지조차 않으셨다. 내가 뭔가 잘못되었다고 부르짖으나 응답이 없다. 하나님은 잠시 귀를 막고서 자기 백성의 부르짖음을 듣지 않으시고, 그들의 기도에 화를 내시며, 그들의 호소를 들은 체 만 체하시는 듯이 보일 수 있는데, 그런 경우에는 그들이 좀 심하게 불평을 한다고 해도 어느 정도는 용납이 되어야 한다. 하나님이 우리를 대적하신다면, 우리에게 화가 있으리로다!

[8]그가 내 길을 막아 지나가지 못하게 하시고 내 앞길에 어둠을 두셨으며 [9]나의 영광을 거두어가시며 나의 관모를 머리에서 벗기시고 [10]사면으로 나를 헐으시니 나는 죽었구나 내 희망을 나무 뽑듯 뽑으시고 [11]나를 향하여 진노하시고 원수 같이 보시는구나 [12]그 군대가 일제히 나아와서 길을 돋우고 나를 치며 내 장막을 둘러 진을

쳤구나 13나의 형제들이 나를 멀리 떠나게 하시니 나를 아는 모든 사람이 내게 낯선 사람이 되었구나 14내 친척은 나를 버렸으며 가까운 친지들은 나를 잊었구나 15내 집에 머물러 사는 자와 내 여종들은 나를 낯선 사람으로 여기니 내가 그들 앞에서 타국 사람이 되었구나 16내가 내 종을 불러도 대답하지 아니하니 내 입으로 그에게 간청하여야 하겠구나 17내 아내도 내 숨결을 싫어하며 내 허리의 자식들도 나를 가련하게 여기는구나 18어린 아이들까지도 나를 업신여기고 내가 일어나면 나를 조롱하는구나 19나의 가까운 친구들이 나를 미워하며 내가 사랑하는 사람들이 돌이켜 나의 원수가 되었구나 20내 피부와 살이 뼈에 붙었고 남은 것은 겨우 잇몸 뿐이로구나 21나의 친구야 너희는 나를 불쌍히 여겨다오 나를 불쌍히 여겨다오 하나님의 손이 나를 치셨구나 22너희가 어찌하여 하나님처럼 나를 박해하느냐 내 살로도 부족하냐

빌닷은 욥이 불평한 자신의 처지를 악인이 처할 수밖에 없는 비참한 상태라고 말함으로써 진실을 지극히 악의적으로 왜곡하는 잘못을 저질렀다. 그렇지만, 욥은 그들의 동정심에 호소하고 그들의 선한 성품을 움직이기 위해서(그런 것들이 그들에게 남아 있다면) 여기에서 다시 한 번 자기가 어떤 것들을 불평하고 있는 것인지를 보여준다.

I. 욥은 자기가 하나님의 진노 아래 있다는 것을 보여주는 징표들에 대하여 얘기하면서, 그것이 그의 환난과 불행에 쓴 맛을 더하였다고 하소연함. 하소연하는 그의 어조는 얼마나 구슬픈가! "그가 나를 향하여 진노하셨고, 이것은 나를 향해 불타올라 두렵게 하며, 나를 태워서 고통스럽게 하는구나(11절)." 하나님의 진노 외에 지옥의 불이 어디 있겠는가? 화인(火印)을 맞아서 무감각해진 양심은 지금은 그 불을 느끼지 못하지만, 죽은 후에는 느끼게 될 것이다. 빛을 받아 깨어난 양심은 지금 그 불을 느끼지만, 죽은 후에는 그 불을 겪지 않게 될 것이다. 욥의 현재의 염려는 하나님이 그를 원수 같이 보신다는 것이었다. 그렇지만 이와 동시에 하나님은 그를 자신의 신실한 친구로 여기셔서 사랑하고 자랑하셨다. 하나님이 주시는 환난을 당하는 자는 하나님이 그를 원수로 여기신다고 생각하기 쉬운데, 그것은 큰 오해이지만 사실 비일비재하게 일어나는 오해이다. 사실 그런 오해와는 반대로, 하나님은 그가 사랑하시는 자를 책망하며 징계하신다(계 3:19). 책망과 징계는 하나님이 그의 아들들을 훈육하시는 것

이다. 욥은 어느 쪽을 쳐다보아도 하나님이 그에게 진노하고 계시다는 징표들만이 그를 둘러싸고 있다고 생각하였다.

1. 그는 그가 이전에 형통하였던 때를 뒤돌아 보았는가. 그는 하나님의 손길이 그의 이전의 형통을 끝장내시는 것을 보았다(9절). "그가 내게서 나의 영광, 나의 재물, 나의 존귀함, 나의 권세, 내가 선을 행할 온갖 기회를 거두어 가셨다. 나의 자녀들은 나의 영광이었지만, 나는 그들을 잃었다. 나의 머리에 관(冠)이었던 것들은 무엇이든지 그가 내게서 거두어 가 버리셨고, 나의 모든 존귀함을 티끌 속에 두셨다." 세상의 영광이 얼마나 헛된 것인지를 보라. 그것은 하나님이 우리에게서 곧 거두어 가실 그런 것이다. 우리가 무엇을 잃었든지, 우리는 그런 일 속에서 하나님의 손길을 보고서 하나님의 의도를 빨리 깨달아서 그 뜻에 순복하여야 한다.

2. 그는 그의 현재의 환난들을 내려다 보았는가. 그는 하나님이 환난들에게 각각의 사명을 주시고 그것들의 순번을 정하셔서 그를 공격하게 하시는 것을 보았다. 환난들은 하나님의 지시를 따라 나를 치러 진을 치고 있는 하나님의 군대들이다(12절). 많은 환난들이 그에게 연달아 닥친 것보다 그 환난들이 하나님의 군대들이라는 사실이 그의 마음을 더욱 괴롭게 하였다. 왜냐하면, 그에게 닥친 환난들이 하나님의 군대들이라면, 그것은 하나님이 그를 대적하여 싸우시는 것이고 그를 멸망시키기로 작정하신 것을 의미하는 것이었기 때문이다. 군사들이 견고한 성을 포위한 채 온갖 물자들이 그 성으로 반입되는 것을 막고서 끊임없이 공격하듯이, 하나님의 군대들은 그의 장막을 둘러 진을 쳤다. 욥의 장막은 이런 식으로 포위되었다. 하나님의 천군천사들이 그의 장막을 지키기 위해 그를 둘러싸고 진을 쳐야 마땅한 때에 이런 일이 벌어진 것이다. 주께서는 그동안 나의 울타리가 되어 주시지 않으셨나이까. 그런데 지금은 정반대로 하나님의 천군천사들이 그를 둘러싸고 두렵게 하며, 사면으로 그를 에워싸고 죽이려 하고 있다(10절).

3. 그는 구원을 바라고 앞을 보았는가. 그는 하나님의 손길이 구원의 모든 소망을 다 끊어 놓으시는 것을 보았다(8절). "그가 내 길을 막아 지나가지 못하게 하셨다. 내게는 이제 나의 환난들에서 빠져나가거나 환난들 아래에서 평안을 누리기 위해서 내가 어떻게 할 수 있는 길이 하나도 남아 있지 않다. 내가 구원을 위하여 움직이거나 발걸음을 내딛고자 하면, 나는 내 길이 막혀 있는 것을

발견한다. 나는 내가 하고 싶은 것을 할 수가 없다. 아니, 내가 내세에서의 구원을 내다보며 기뻐하고자 하여도, 그 구원은 내 손이 닿을 수 없고 내 눈으로 볼 수 없는 곳에 있기 때문에, 나는 기뻐할 수도 없다. 하나님은 내 앞길에 어둠을 두셨고, 이 환난이 언제까지 계속될지를 내게 말해 주는 자도 없다(시 74:9)." 욥은 이렇게 결론을 내린다(10절): "나는 이 세상에서 완전히 망하여 죽어 없어진 것이나 다름없다. 하나님이 내 소망을 뿌리째 잘리거나 뽑혀서 다시는 자랄 수 없는 나무처럼 뽑으셨다." 현세에서의 소망은 없어져 버리는 것이지만, 선한 자들의 소망은 이 세상에서 뽑힐 때에 단지 나무처럼 옮겨지는 것일 뿐이고, 현세라는 이 종묘장에서 여호와의 동산으로 옮겨서 심겨지는 것일 뿐이다. 우리가 죽을 때에 하나님은 이렇게 우리의 소망들을 모래에서 반석으로, 현세의 것들에서 영원한 것들로 옮기시는 것뿐이기 때문에, 우리는 불평할 이유가 전혀 없다.

Ⅱ. 욥은 그의 혈육들과 오랜 친지들이 다 그에게 냉정하다고 불평함. 그는 이 일 속에서도 하나님의 손길이 작용하고 있음을 시인한다(13절). 하나님께서 나의 형제들이 나를 멀리 떠나게 하셨다. 즉, "하나님은 내게 이러한 환난들을 임하게 하심으로써, 그들이 겁이 나서 내게서 떠나고 나의 상처에 접촉하지 않기 위해서 나로부터 거리를 두게 만드셨다." 그들이 욥을 멀리 한 것은 그들의 죄이지, 결코 하나님이 그들에게 그렇게 하라고 하신 것이 아니다. 환난을 당한 형제들로부터 사람들의 마음을 떠나게 만드는 것은 하나님이 아니라 사탄이다. 그러나 욥의 환난과 관련해서는 하나님이 그의 시험을 완성시키기 위해서 그것을 명하신 것은 사실이다. 우리는 우리의 원수들로부터 받는 온갖 해악들 속에서 하나님의 손길을 바라보아야 하듯이("여호와께서 시므이에게 다윗을 욕하라고 명령하셨다"), 우리의 친구들로부터 받는 온갖 멸시와 냉대 속에서도 우리로 하여금 그것들을 인내로써 참고 견디게 하기 위한 하나님의 뜻이 있다는 것을 알아야 한다. 모든 피조물은 하나님이 시키시는 대로 우리를 대한다(친절하든 냉정하든, 편안하든 불편하든). 그렇다고 해서, 욥의 혈육들과 친구들이 끔찍할 정도로 배은망덕하고 불의하게 욥을 대한 죄가 용서 받을 수 있는 것은 아니었기 때문에, 욥에게는 그것에 대하여 불평할 이유가 있는 것이었다. 사실 그런 대우를 욥만큼 잘 참아낼 수 있는 사람도 드물었다. 욥은 다음과 같은 사람들이 그에게 보여준 냉대를 지적한다.

1. 그의 친지들과 이웃들, 그가 이전에 알고 지내던 사람들에 의한 냉대. 그들은 우정과 예의의 모든 법들에 따라서 그에게 관심을 가지고 그를 찾아와서 그의 상태를 물으며 그들이 할 수 있는 한 온갖 도움을 그에게 기꺼이 주어야 마땅한 일이었다. 그렇지만 그들은 그를 낯선 사람처럼 대하였다(13절). 그들은 마치 전혀 모르는 낯선 사람을 대하듯이 그를 전혀 돌보지 않았다. 그가 형통하던 때에는 그의 친척임을 자랑하며 다니던 사람들이 이제는 그를 본 체 만 체하였다. 그들은 친척으로서 전에 그와 왕래하던 정을 생각해서라도 그에게 친절을 베풀어야 했는데도 그의 그러한 기대를 저버렸다. 심지어 그가 전에 그토록 정성껏 챙겨 주었던 친한 친구들조차도 지금은 그를 잊었고, 그가 그들에게 전에 베풀었던 호의를 망각한 채 그의 현재의 불행을 외면하였다. 그들은 그의 환난에 관한 소식을 듣고서 그를 찾아볼 계획을 했었지만, 그런 계획을 까맣게 잊어버렸고, 그러고서도 마음에 전혀 가책을 느끼지 못하였다. 아니, 그가 어려서부터 아주 친하게 지냈던 지기(知己)들조차도 그가 가난해져서 이제는 예전처럼 그들을 대접할 수 없게 되었고 눈 뜨고 볼 수 없을 정도로 끔찍한 병을 앓고 있다는 것을 알고서는 그를 잊었을 뿐만 아니라 혐오하기까지 하였다. 그가 사랑했던 사람들, 그러니까 그가 이렇게 환난에 처해 있는 지금 그를 사랑하지 않는다면 세리보다 더 악하다는 말을 들을 수밖에 없는 사람들은 그에게서 돌아섰을 뿐만 아니라, 그들이 그를 외면하는 것을 정당화하기 위해서 그를 가증스러운 자로 만들기 위해서 온갖 짓을 다하며 그를 비난하였다(19절). 사람들의 우정이나 사귐은 이렇게 불확실하고 허망한 것이다. 그러나 하나님이 우리의 친구가 되어 주신다면, 하나님은 우리가 어려울 때에 우리를 결코 실망시키지 않으신다. 그러므로 욥의 친구들처럼 곤경에 처한 친구를 외면하는 자는 누구든지 인간이거나 그리스도인으로 자처해서는 안 된다. 역경은 우정의 시험대이다.

2. 그의 가솔들에 의한 냉대. 사실 우리는 종종 기대 밖으로 형제보다 더 가까운 친구가 있다는 것을 발견한다. 그러나 통상적으로 가장(家長)은 몸이나 마음이 약해져서 다른 사람들에게 멸시를 받는 처지가 되면 그의 가족이나 가솔들이 그를 돌보아 줄 것이라고 생각하는 법이다. 그런데 가엾은 욥은 그의 가족과 가솔에 의해서조차도 외면을 당했고, 그의 가장 지독한 원수들 중 일부는 그의 가족이나 가솔이었다. 그는 그의 자녀들에 대해서는 언급을 하지 않는

다. 그들은 모두 죽었기 때문이다. 아마도 그의 가솔들 중에서 살아 남은 그의 아내와 종들이 그를 냉대하였기 때문에, 그가 그의 자녀들의 죽음을 더욱더 슬퍼하였을 것이다. 그는 '내 아들들이 살아 있었더라면, 내가 그들에게서 위로를 얻었으리라'고 생각했을 것이다. 지금 그의 주변에 있는 자들로부터 그는 다음과 같은 대우를 받았다.

(1) 그의 종들이 그를 무시하였다는 것. 그의 종들은 병든 그를 돌보아 주지 않았고, 그를 낯선 사람이나 타국 사람처럼 여겼다(15절). 그의 종들은 그의 말을 듣지 않았다. 그가 그들을 부르면, 그들은 그에게로 오는 것이 아니라, 못 들은 체하고 그냥 가버렸다. 그가 그들에게 무엇을 물으면, 그들은 그에게 대답하지 않으려 하였다(16절). 욥은 그들에게 선한 주인이었었고, 그들이 그와 더불어 쟁론할 때에 그들의 주장을 무시한 적이 없었는데도(31:13), 그들은 지금 그에게 무례하게 굴었고, 그가 그들에게 뭐라도 부탁하려고 하면 그의 말을 못 들은 체하였다. 우리는 평소에 우리가 잘해 주었던 사람들에게서 외면과 무시를 당한다고 하더라도, 그것을 이상하게 생각해서는 안 된다. 욥은 비록 병이 심하였지만 그의 종들에게 화를 내거나 귀찮게 하지 않았고(이렇게 하기가 너무나 쉽다), 그들에게 명령할 권세를 지니고 있는데도 도리어 그의 입으로 그들에게 부탁하고 간청하였다. 그런데도, 그의 종들은 그를 공손하거나 친절하게 대해 주지도 않았고, 부당한 대우를 거두려고 하지도 않았다. 병들었거나 근심 가운데에 있는 자들은 모든 것을 부정적으로 받아들이고, 남에게 무시당하면 불 같이 화를 내며, 사람들이 그를 조금이라도 냉대하면 앙심을 품기 쉽다는 것을 명심하라. 욥이 환난 중에 있을 때, 그의 종들조차도 그를 무시해서 그를 괴롭게 하였다.

(2) 모든 사람이 다 그를 버려도, 그의 조강지처만은 그를 따뜻하게 대해 주었을 것이라고 우리는 생각하겠지만, 사실은 전혀 그렇지 않았다는 것. 그가 하나님을 욕하고 죽으라는 그의 아내의 말을 거부하자, 그녀는 그의 숨결조차 싫어하였다. 그녀는 그에게 가까이 다가오고자 하지 않았고, 그가 말하는 것을 듣고자 하지 않았다(17절). 그는 권위적으로가 아니라 남편으로서의 자애로움을 가지고서 그녀에게 말을 건넸고, 명령한 것이 아니라 함께 자녀들을 낳은 부부로서의 사랑에 호소하며 간청하였지만, 그녀는 그를 거들떠보지도 않았다. 어떤 이들은 본문에서 "내가 내 친자식들을 위하여 애원하였지만"(KJV:개역

과 다름 – 역주)이라는 구절을 "내가 내 몸에서 난 자식들의 죽음을 슬퍼하며 탄식하였지만"(이것은 그녀에게도 동일한 슬픔이었을 것이다)으로 읽는다. 이런 상황은 마귀가 그를 시험하고 괴롭히기 위해서 그녀를 살려둔 것처럼 보였다. 그녀가 처음에 그에게 하나님을 욕하고 죽으라(욥 2:9)고 말한 것으로 볼 때, 그녀에게는 신앙이 거의 없었던 것으로 보인다. 하나님을 경외하는 마음을 전혀 가지고 있지 않고 양심의 지배를 받지 않는 자들에게서 우리가 어떻게 자비롭고 선한 것을 기대할 수 있겠는가?

(3) 그의 집에서 태어난 어린 아이들, 그의 종들의 자녀들로서 나면서부터 그의 종이 된 어린 아이들조차도 그를 업신여기고 조롱하였다는 것(18절). 그가 어린 아이들에게 좋은 뜻으로 말을 건네기 위해서, 또는 어른이자 주인으로서의 권위로써 그들을 가르치려고 일어서면, 그들은 그를 두려워하지도 않고 사랑하지도 않는다는 것을 똑똑히 그에게 인식시켜 주었다.

Ⅲ. 욥은 그의 육신이 다 쇠하여 버렸다고 탄식함. 그의 육신이 지니고 있던 모든 아름다움과 힘은 사라졌다. 주위 사람들이 그를 무시한다고 해도, 만약 그가 건강하고 평안한 가운데에 있었더라면, 그는 얼마든지 스스로 자족하며 즐거워하였을 것이다. 그러나 다른 사람들이 그를 기뻐하지 않았던 것처럼, 그는 스스로도 자신 속에서 기쁨을 찾을 수 없었다(20절): 내 **뼈**가 전에는 내 살에 붙어 있었는데, 지금은 내 가죽에 붙어 있구나. 그래서 그의 피부는 주름으로 가득하였다(16:8). 그는 가죽과 뼈만 앙상하게 남아서 완전한 해골이 되었다. 아니, 그의 피부조차도 거의 다 갈라지고 벗겨져서 없어졌고, 겨우 잇몸과 입술만이 남아 있을 뿐이었다. 그의 온 몸에 난 종기와 부스럼이 그의 피부를 다 망가뜨리고 없애버렸기 때문이다. 우리의 몸은 우리가 아무리 돌보고 신경을 써도 결국에는 이렇게 몸 자체 속에 인자(因子)를 가지고 있는 질병들에 의해서 망가지고 없어지는 것이기 때문에, 우리는 우리의 몸에 지나치게 신경을 쓸 이유가 없다는 것을 알아야 한다.

Ⅳ. 이 모든 것을 토대로 해서, 욥은 친구들에게 그를 불쌍히 여겨 달라고 청하고, 그들이 그를 가혹하게 대한 것을 나무람. 그의 통탄할 만한 처지에 관한 이러한 설명으로부터 다음과 같은 것들을 추론해 내는 것은 쉽다.

1. 그들이 그를 불쌍히 여기는 것이 마땅하다는 것(21절). 그는 돌 같은 마음도 깨뜨릴 수 있을 정도로 대단히 애절하고 애간장을 녹이는 언어로 그의 친

구들에게 이렇게 간청한다: "나의 친구야 너희는 나를 불쌍히 여겨다오 나를 불쌍히 여겨다오. 너희가 나를 위해 다른 어떤 것도 하기 싫다면, 나를 측은히 여기고 나를 진정으로 걱정하는 마음만이라도 보여 달라. 하나님의 손이 나를 치신 것이니 나를 불쌍히 여겨다오. 나의 처지는 실로 서글프기 그지없다. 왜냐하면, 나는 살아 계신 하나님의 손에 빠져 들어갔고, 나의 영혼은 다른 그 어떤 환난들보다 더 심각한 환난인 하나님의 진노가 내게 임하였음을 느끼고 있기 때문이다." 환난에 처했을 때에 서로를 불쌍히 여기고, 결코 불쌍히 여기는 마음을 닫지 않는 것이 친구로서의 도리라는 것을 명심하라.

2. 그들이 그를 박해해서는 안 된다는 것. 만약 그들이 그를 불쌍히 여김으로써 그의 고통을 덜어주고 싶지 않다면, 적어도 그들은 그를 비방하고 책망함으로써 그의 고통을 가중시키는 야만적인 짓은 하지 말아야 한다(22절). "너희가 어찌하여 하나님처럼 나를 박해하느냐. 사람이 하나님의 책망을 감당하는 것만도 벅차다. 하나님이 내 손에 쥐어 주신 잔은 지금도 쓰디 쓰기 때문에, 너희가 나서서 거기에 쓸개와 담즙을 넣지 않아도 된다. 하나님은 나에 대하여 주권적인 권능을 가지고 계시기 때문에, 그의 뜻대로 내게 무슨 일이든 하실 수 있으시다. 그런데 설마 너희도 내게 그럴 수 있다고 생각하는 것이냐?" 우리는 하나님의 지극히 거룩하신 것과 지극히 긍휼에 풍성하신 것은 닮으려고 해야 하지만, 하나님의 지극히 높으신 것과 지극히 권세가 많으신 것을 닮으려고 해서는 안 된다. 하나님은 그가 하시는 일을 설명해 주시지 않으시지만, 우리는 우리가 하는 일을 설명해야 한다. 그들이 욥의 환난을 기뻐한다면, 그들은 그의 살이 문드러져서 떨어져 나가는 것으로 만족해야지, 마치 그런 벌로는 성이 차지 않는다는 듯이 그의 심령에 상처를 주고 그의 선한 이름을 망치려 들어서는 안 된다. 환난 가운데에 있는 자들, 특히 마음에 괴로움이 있는 자들을 대할 때에는 큰 자애로운 마음으로 따뜻하게 대해 주는 것이 마땅하다.

[23]나의 말이 곧 기록되었으면, 책에 씌어졌으면, [24]철필과 납으로 영원히 돌에 새겨졌으면 좋겠노라 [25]내가 알기에는 나의 대속자가 살아 계시니 마침내 그가 땅 위에 서실 것이라 [26]내 가죽이 벗김을 당한 뒤에도 내가 육체 밖에서 하나님을 보리라 [27]내가 그를 보리니 내 눈으로 그를 보기를 낯선 사람처럼 하지 않을 것이라 내 마음이 초조하구나 [28]너희가 만일 이르기를 우리가 그를 어떻게 칠까 하며 또 이르기를

일의 뿌리가 그에게 있다 할진대 ²⁹ 너희는 칼을 두려워 할지니라 분노는 칼의 형벌을 부르나니 너희가 심판장이 있는 줄을 알게 되리라

    욥과 그의 친구들이 나눈 대화 속에 나오는 모든 말들 가운데에서 여기에 나오는 것보다 더 무게 있고 중요한 말은 없다. 누가 이런 말들이 여기에 나올 줄을 예상할 수 있었을까? 여기에는 그리스도와 천국에 관한 내용이 많이 나오기 때문이다. 여기에 나오는 것들을 말한 자는 그 시대의 족장들처럼 그가 더 나은 본향 곧 하늘에 있는 것을 찾는 자임을 분명하게 나타낸 것이다(히 11:14, 16). 우리는 여기에서 욥의 신앙 고백 또는 신조(信條)를 본다. 그는 전능하신 성부 하나님, 천지를 지으신 하나님에 대한 신앙과 자연 종교의 원리들에 대한 자신의 신앙을 자주 고백했었다. 그러나 여기에서 우리는 그가 계시 종교에 대해서도 문외한이 아니었다는 것을 발견한다. 하나님이 약속하신 씨와 유업에 관한 계시가 당시에는 새벽 미명 같은 정도로만 분간될 수 있었지만, 욥은 하나님의 가르침을 받아서, 살아 계신 구속주를 믿고 죽은 자의 부활과 내세의 삶을 구하였을 것이다. 왜냐하면, 그는 그런 것들에 대하여 말할 정도로 이미 상당히 깨닫고 있었을 것이 틀림없기 때문이다. 욥이 환난 가운데에서 진정으로 원하고 기대했던 것은 바로 그런 것들이었고, 그런 것들로 자기 자신을 위로했던 것이지, 어떤 이들이 말하듯이 그가 환난에서 벗어나서 이 세상에서 다시 행복을 누리게 되는 것이 결코 아니었다. 왜냐하면, 그가 여기에서 사용하는 표현들, 즉 구속주가 훗날 땅 위에 서실 것이라거나 자기가 하나님을 볼 것이라거나 그가 그 눈으로 직접 하나님을 보리라는 것 등과 같은 표현들은 현세에서의 어떤 구원을 가리키는 것으로 이해한다면 정말 형편없이 억지스러운 해석이 되어 버리고 말 것이기 때문이다. 따라서, 그가 이 세상에서 다시 형통하게 될 것을 전혀 기대하지 않았다는 것은 아주 명백하다. 그는 방금 전에 하나님이 그의 길을 막아 지나가지 못하게 하셨고(8절) 그의 소망을 나무 뽑듯 뽑으셨다(10절)고 말하였었다. 아니, 나중에 그는 자기가 이 세상에서 그 어떤 위로도 받을 가망성이 없다는 절망감을 피력한다(23:8-9; 30:23). 그러므로 우리는 욥이 여기에서 한 말을 그의 영혼이 스올의 권세에서 구속 받아 하나님이 그를 영접하셔서 영광에 이르게 하실 것이라는 뜻으로 이해하지 않으면 안 된다(시 49:15). 우리는 욥이 여기에서 성령의 강력한 역사 아래에서 자기 자신을 뛰어

넘어서 빛을 보고 이 말들을 한 것이라고 생각해도 무방할 것이다. 어떤 이들은 욥이 이 말들을 한 이후에는 이전처럼 화가 나서 혈기를 부리며 하나님과 그의 섭리들에 관하여 합당하지 않은 불평들을 쏟아내는 모습을 우리가 볼 수 없다는 점을 지적한다. 그렇다면, 우리는 여기에서 그가 말한 소망이 그의 영혼 속에서 들끓는 폭풍을 고요하게 잠재웠기 때문에, 이 시간 이후로 그의 마음이 평안을 되찾게 되었다고 추정할 수 있다. 좀 더 살펴보자.

I. 욥은 무슨 의도로 여기에서 이러한 신앙 고백을 하는 것인가. 이 대목에서는 그 어떤 말이 나오더라도 욥의 이러한 신앙 고백보다 더 적절한 것은 없을 것이었다.

1. 욥은 지금 고소를 당하고 있었기 때문에, 이 신앙 고백은 그의 항변서였다는 것. 그의 친구들은 그를 위선자라고 꾸짖었고, 그를 악인으로 단죄하였다. 그러자 그는 그의 신앙 고백, 그의 소망, 그의 양심을 들어서 항변한다. 그는 그런 것들 때문에 큰 죄를 범하지 않을 수 있었을 뿐만 아니라, 복된 부활을 기대하면서 스스로 위로를 받을 수 있었다. 이 말은 귀신 들린 자의 말이 아니다 (요 10:21). 그는 구속주께서 오실 것이고, 하나님이 모든 심판을 맡기신 구속주가 오셔서 심판대에 앉으시면 지금과 같은 이러한 말다툼은 끝이 나고, 그의 결백이 밝혀지게 될 것이라고 항변하는 것이다. 하나님이 모든 것을 판단하시고 심판하시는 날이 장차 오리라는 것을 생각하면, 사람에게 판단 받는 것은 우리에게 매우 작은 일이다(고전 4:3-4). 우리 구속주와 그에 의해서 구속 받은 자들이 말일에 영광 가운데에서 나타날 것이고, 그 때에 육신의 부활만이 아니라 이름의 부활도 있으리라는 것을 생각하면, 사람들로부터의 부당한 중상모략이나 비난을 참아내는 것은 그리 어렵지 않을 것이다.

2. 욥은 지금 환난을 당하고 있었기 때문에, 이것은 그의 힘을 돋우어 주는 강장제였다는 것. 그가 친구들을 비롯해서 주위 사람들로부터 도가 지나친 압박을 받고 있을 때, 그가 죽어가는 자들의 땅인 이 세상에서가 아니라 산 자들의 땅에서 여호와의 선하심을 보게 될 줄 믿은 것은 그가 탈진되어 죽는 것을 막아 주었다(시 27:13).

II. 욥은 그러한 신앙 고백 앞에 어떤 엄숙한 서문을 붙여 놓고 있는가(23-24절). 그는 불평을 늘어놓다가 갑자기 딱 끊고서, 그가 지닌 위로들을 의기양양하게 내어 놓는데, 이것은 단지 그의 만족을 위해서가 아니라 다른 사람들의 덕을 세우기 위한 것이다. 그의 주위에 있던 사람들은 그가 염려했던 대로 그가 하는 말에 거의 주의를 기울이지 않았다. 그래서 그는 자기가 하는 말을 누군가가 후세들을 위하여 기록해 두었으면 좋겠다고 말한다. 나의 말, 곧 내가 지금부터 하고자 하는 말이 지금 기록된다면 얼마나 좋을까! 마치 그는 이렇게 말하는 것 같다. "나는 내가 지금까지 많은 분별없는 말들을 해 온 것을 시인하고, 그 말들을 이제 다 잊어버렸으면 좋겠다. 왜냐하면, 그 말들은 내게는 창피한 말들이고 다른 사람들에게는 덕이 되지 않는 말들이기 때문이다. 그러나 내가 이제부터는 신중하게 말을 하고자 하기 때문에, 나의 말들이 온 세상에 널리 알려지고, 영원한 기념물로서 후세들을 위해 보존되기를 바라는데, 그런 이유로 나의 말들이 기록되고 큰 글자로 씌어져서 달리는 자도 읽을 수 있게 되었으면 좋겠고, 낱장의 종이들에 기록되는 것이 아니라 한 권의 책으로 묶여졌으면 좋겠고, 비석에 씌어진 글자들처럼 철필과 납으로 돌에 새겨져서 영원히 없어지지 않았으면 좋겠고, 돌에 글자를 새기는 자가 그의 모든 실력을 다 발휘해서 나의 말들을 대대로 전해 주었으면 좋겠다." 욥이 여기에서 이토록 간절하게 원했던 것을 하나님은 실제로 은혜를 베푸셔서 들어 주셨다. 그의 말들은 기록되었고, 하나님의 책으로 간행되었다. 따라서 이 책이 읽혀지는 곳마다 욥이 한 말들은 끊이지 않고 전해지고 있다. 그는 믿었고, 그래서 말하였다.

Ⅲ. 욥의 신앙 고백은 어떤 것이었는가. 그가 그토록 기록으로 남기고 싶어했던 말들은 도대체 어떤 말들이었는가. 그 말들이 여기에 기록되어 있다 (25-27절). 지금부터 그것들을 살펴보기로 하자.

1. 그는 구속주의 영광을 믿고, 자기가 그 영광에 참여하게 되리라는 것을 믿는다는 것(25절). 내가 알기에는 나의 대속자가 살아 계시고(즉, 그가 살아 계셔서 나의 생명이 되신다는 것) 훗날 또는 말일에 마침내 그가 땅 위에 서실 것이라. 구속주께서는 훗날에(즉, 때가 차면; 복음 시대는 마지막 시대이기 때문에 말일이라 불린다) 땅 위에 서실(또는, 일으키심을 받을) 것이다. 따라서 이것은 그의 성육신을 가리킨다. 또는, 이것은 그가 땅에서 들리시는 것(즉, 그의 십자가 처형)이나 땅에서 다시 일으키심을 받는 것(즉, 그의 부활)을 가리킬 수도 있고, 우리가 이 본문을 흔히 이해하는 방식을 따라서 종말에 그가 땅 위에 나타나시는 것(즉, 그의 재림)을 가리킬 수도 있다. 왜냐하면, 그는 구름을 타고 오실 것이고, 각 사람의 눈이 그를 볼 수 있을 정도로 땅 위에 가까이 오실 것이기 때

문이다(계 1:7). 그는 티끌 위에(원어는 이런 의미이다), 즉 그의 모든 원수들 위에 서실 것이고, 그 원수들은 그의 발 아래에서 티끌처럼 밟힐 것이다. 그는 그들을 밟으시고 승리를 기뻐하실 것이다. 좀 더 살펴보자.

(1) 타락한 인간을 위해 예비된 구속주가 계시다는 것. 그 구속주는 바로 예수 그리스도이시다. 여기에서 구속주를 가리키는 단어인 '고엘'은 가장 가까운 친족을 가리키는 데에 사용된다. 모세의 율법에 의하면, 그는 그의 가장 가까운 친족이 저당 잡힌 재산을 속(贖)할 권리를 갖고 있는 기업 무를 자이다(레 25:25). 하늘에 있는 우리의 기업(基業)은 우리의 죄로 말미암아 저당 잡혀 있고, 우리에게는 그 기업을 무를 힘이 절대적으로 없다. 그리스도는 우리의 가장 가까운 친족, 우리의 기업을 무를 힘이 있는 가장 가까운 친족이다. 그는 우리가 진 빚을 다 갚으셨고, 우리의 죄에 대한 하나님의 공의를 만족시키셨기 때문에, 우리가 저당 잡힌 것을 다시 찾아 오셔서 우리에게 돌려 주실 수 있으시다. 우리 자신도 구속주를 필요로 한다. 우리는 죄로 인해서 팔렸고, 죄 아래 팔렸다. 우리 주 예수께서는 우리를 위하여 구속을 이루시고서, 우리를 위한 구속을 선포하시며, 우리를 향하여 구속을 선포하고 계신다. 그러므로 그는 참된 구속주이시다.

(2) 그는 살아 계신 구속주이시라는 것. 우리가 살아 계신 하나님에 의해서 지음 받는 것과 마찬가지로, 우리는 살아 계신 구속주에 의해서 구원을 받는다. 두 분은 모두 전능하시고 영원하시기 때문에, 끝까지 우리를 구원하실 수 있으시다. 그는 살아 있다고 증언을 얻은 자이다(히 7:8; 계 1:18). 우리는 모두 죽어 가고 있지만, 그는 살아 계신다. 그는 그가 살아 있기 때문에 우리도 살게 될 것이라고 우리에게 약속하셨다(요 14:19).

(3) 은혜로 말미암아 이 구속주에 의해 구원을 받아서, 합당한 근거들 위에서 그를 그들의 구속자로 부를 수 있는 자들이 존재한다는 것. 욥은 그의 모든 재산과 그의 모든 친구들을 잃어버렸지만, 그리스도에게서 분리되지 않았고, 그리스도와의 관계도 끊어지지 않았다. "그는 여전히 나의 구속주이시다." 욥의 다른 모든 친족이 그를 버렸을 때에 그의 가장 가까운 친족인 구속주는 그를 버리지 않으셨고, 그는 이로 인해서 위로를 얻었다.

(4) 우리가 구속주에게 속해 있다는 것은 얼마든지 알 수 있다는 것. 우리가 그 사실을 알 때, 우리는 기뻐하게 될 것이고, 이것은 우리의 모든 슬픔을 상쇄

시켜 주기에 충분할 것이다. 나의 대속자가 살아 계시다는 것을 나는 안다(욥이 이 일에 대해서 얼마나 확신 있게 장담하며 말하고 있는지를 주목하라). 그의 친구들은 흔히 그를 무지하다거나 헛된 지식을 갖고 있다고 비난하였었다. 그러나 그리스도가 그의 구속주라는 것을 아는 자는 충분히 알고 있는 것이고 제대로 알고 있는 것이다.

(5) 마지막 날, 즉 시간이 더 이상 존재하지 않게 될 날이 있으리라는 것(계 10:6). 우리는 매일 그 날을 생각하며 살아야 한다.

(6) 우리의 구속주가 그 날에 땅 위에 서서, 죽은 자들을 스올에서 불러 내시고, 그들의 영원한 운명을 결정하시리라는 것. 이는 하나님이 그에게 모든 심판을 맡기셨기 때문이다. 말일에 이 땅은 불에 녹아져서 티끌이 될 것이고, 그 티끌 위에 구속주가 서실 것이다.

2. 그는 구속 받은 자들이 복되리라는 것과 그가 그 복을 받게 되리라는 것을 믿는다는 것. 그리스도께서 재림하실 때에 믿는 자들은 영광 중에 위로 끌어올려져서 하나님을 모시고 온전한 복을 누리며 살게 될 것이다. 그는 그가 그런 복을 받을 자들 중에 속하게 될 것을 믿는다.

(1) 그는 그의 육신이 무덤에서 썩으리라는 것을 별 일 아니라는 듯이 아무렇지도 않게 얘기함. 내 가죽(그의 피부는 이미 다 없어져서, 잇몸 외에는 남아 있는 것이 없었다, 20절)이 벗김을 당한 뒤에 그것들(스올, 또는 거기에 있는 구더기, 17:14)이 이 몸을 멸할 것이다. 여기에서 몸이라는 단어는 본문에 없지만 의미가 통하도록 하기 위해서 추가된 것이다. "구더기들이 이 몸, 이 해골 같고 그림자 같은 나의 몸(17:7), 내가 내 손을 얹고 있는 이 몸, 너희가 보고 있는 이 몸(그의 약하고 깡마른 손과 발)을 멸할 것이다. 나는 이 몸이 곧 구더기들을 위한 향연이 될 것임을 안다." 그리스도의 몸은 썩음을 보지 않았지만, 우리의 몸은 썩음을 보지 않을 수 없다. 욥이 이런 말을 하는 것은 그가 믿고 소망하는 부활의 영광이 더욱더 빛을 발하게 하기 위해서이다. 우리는 우리의 육신이 곧 죽게 되리라는 것만이 아니라, 그 육신이 무덤에서 멸하여 없어져 버리리라는 것을 자주 생각하는 것이 좋다. 그렇지만 우리는 그와 동시에 우리의 육신의 부활에 대한 소망으로 더욱더 담대한 마음을 가져야 한다. 왜냐하면, 평범한 티끌로부터 사람의 몸을 처음에 지은 바로 그 권능이 우리의 몸을 그 티끌에서 다시 일으킬 것이기 때문이다. 우리가 지금 이렇게 신경을 써서 돌보

며 부지런히 자양분을 공급하는 이 육신은 잠시 후면 썩어 없어질 것이다. 욥은 내 콩팥이 내 안에서 소멸될 것이라고까지 말한다(27절). 우리의 육신 중에서 가장 안에 있는 것이 아마도 가장 먼저 썩게 될 것이다.

(2) 그는 죽음과 무덤의 저편에서 그가 복된 삶을 살게 될 것이라는 소망으로 자신을 위로함. 내가 깨어난 후에(난외주의 읽기) 이 몸이 멸해졌을지라도 내가 육체로부터 하나님을 보리라(KJV).

[1] 영혼과 육신이 다시 결합되리라는 것. 무덤 속에서 멸해진 육신은 다시 영광의 몸으로 일으킴을 받게 될 것이다. 내가 내 몸을 입고 하나님을 보리라(KJV). 육신과 분리된 영혼은 마음의 눈(또는, 영안)이 있어서, 그 눈으로 하나님을 보게 된다. 그러나 욥은 여기에서 육신의 눈(또는, 육안)으로, 즉 내 몸을 입고 내 눈으로 하나님을 보게 될 것이라고 말한다. 그가 죽을 때에 입고 있던 바로 그 몸이 다시 일으키심을 받게 될 것인데, 그 몸은 진짜 몸이지만, 내세의 것들을 누리기에 적합하도록 영화롭게 된 몸, 따라서 신령한 몸이다(고전 15:44). 우리의 몸을 위해 그러한 영광이 준비되어 있기 때문에, 우리는 우리의 몸으로 하나님께 영광을 돌려야 한다.

[2] 욥과 하나님이 다시 만나게 되리라는 것. 내가 내 몸을 입고 하나님, 즉 영광을 받으신 구속주를 보리라. 내가 내 몸을 입으신 하나님, 즉 육안으로도 볼 수 있는 몸을 입으신 하나님의 아들을 보리라(어떤 이들은 이렇게 읽는다). 무덤 속에 있는 우리의 육신은 하찮아 보이고 형편없어 보이지만, 그 육신은 장차 영화롭게 되어 하나님을 뵙는 복을 누리게 될 것이다. 욥은 자기가 이 세상에서 하나님을 뵈올 수 없게 되었다고 탄식하면서도(23:8-9), 얼마 안 있어서 하나님을 다시 뵙게 되고, 다시는 하나님을 못 보는 일이 없게 될 것이라는 소망을 피력하면서, 현재의 어둠 속에서 한동안 하나님과 떨어져 있다가 하나님을 뵈오면 그 기쁨이 이루 말할 수 없을 것이라고 말한다. 하나님을 보고, 하나님의 모습 그대로를 보며, 거울을 통해서 희미하게가 아니라 직접 얼굴을 맞대고 하나님을 보는 것은 복된 자들이 누릴 수 있는 지극히 큰 복임을 명심하라. 거룩한 욥이 얼마나 기뻐하며 이것에 대하여 자세하게 말하고 있는지를 보라(27절). "내가 직접 보고, 말로 다 할 수 없는 위로와 만족을 누리리라. 나의 하나님이신 그를 내가 내 눈으로 직접 보리라(계 21:3)." 하나님이 그들과 함께 계시리니 하나님은 그들의 하나님이 되시리라. 그들은 그와 같을 것이니, 이는 그들이

그의 참모습 그대로 그를 볼 것이기 때문이다(요일 3:2). 내가 그를 보리니 내 눈이 다른 이가 아닌 그를 보리라(또는, 다른 사람이 아닌 내 눈으로 보리라).

첫째, "내가 하나님을 대신한 어떤 다른 존재가 아니라 바로 하나님 자신을 볼 것이고, 하나님의 모형이나 형상이 아니라 하나님 자신을 볼 것이다." 영화롭게 된 성도들은 이 점에서 기만당하지 않으리라는 것을 절대적으로 확신한다. 그들이 하나님을 보는 것은 결코 착시 현상으로 인한 것이 아니다.

둘째, "나를 대신한 다른 사람이 아니라 내가 직접 그를 볼 것이다. 나의 살과 육신이 다 썩어서 없어질지라도, 나는 다른 사람을 내 대신으로 내세울 필요가 없이, 내 눈으로 직접 그를 보게 될 것이다." 이것이 욥이 소망하는 것이었고, 그가 간절히 원하는 것이었다. 어떤 이들은 이것이 마지막 구절의 의미라고 본다: 내 콩팥이 내 안에서 소멸된다고 해도, 즉 "나의 모든 소원은 바로 이것 속에 요약되어 있다. 이것은 내가 원하는 모든 것의 절정이고 완성이 될 것이다. 내게 이것만 이루어진다면, 나는 더 이상 바랄 것이 없을 것이다. 그 소원은 내가 원하는 전부이기 때문에, 다른 것은 어떻게 되든 상관이 없다." 이새의 아들 다윗도 그의 기도들을 이 말로 끝을 맺는다.

IV. 욥은 이 신앙 고백을 그의 친구들에게 적용함. 그의 신앙 고백은 욥 자신에게는 위로가 되는 것이었지만, 그를 비난한 자들에게는 경고이자 두려운 것이 될 수밖에 없었다.

1. 욥의 신앙 고백은 계속해서 그를 학대하는 자들에 대한 경고의 말이 됨(28절). 그는 앞에서 그들이 한 말들을 비난하며 그들을 책망하였지만, 여기에서는 그들이 정신을 차려서 마땅히 어떻게 말해야 하는지를 그들에게 일러 준다: "어찌하여 우리가 이렇게 그를 박해하느냐. 문제의 뿌리가 나에게 있는 것을 아는데(KJV), 어찌하여 우리가 그를 괴롭히고 근심하게 하는가?" 이것은 우리에게 다음과 같은 교훈을 준다.

(1) 우리 자신을 돌아보아야 한다는 것. 우리는 모두 문제의 뿌리가 우리 안에 있다는 것을 명심하여야 한다. 뿌리가 제대로 되어 있어야 나무가 견고히 서서 열매를 낼 수 있듯이, 우리의 신앙에 있어서 뿌리가 되는 것은 우리 마음속에 은혜가 생생하게 살아 있어서 모든 것을 다스리고 있느냐 하는 것이다. 하나님과 우리 형제들을 향한 사랑, 그리스도를 믿는 믿음, 죄를 미워하는 마음 ― 이런 것들이 문제의 뿌리이다. 그 밖의 다른 것들은 이런 것들에 비하면

잎사귀들에 지나지 않는다. 진실한 경건이야말로 우리에게 꼭 필요한 단 한 가지이다.

(2) 우리의 형제들에 대한 우리의 행실을 돌아보아야 한다는 것. 우리는 우리 자신에게는 문제가 없고, 다른 사람들이 지닌 어리석음과 연약함과 잘못들 속에 문제의 뿌리가 있다고 믿고, 위험을 무릅쓰고라도 그들의 문제를 지적할 수밖에 없다고 결론을 내리기 쉽다. 작은 형제들 중 하나라도 실족하게 하는 자가 있다면, 그 자에게는 화가 있을 것이다! 하나님은 그 일을 미워하시고 반드시 복수하실 것이다. 욥과 그의 친구들은 하나님의 섭리의 방법들에 관한 몇몇 인식들에 있어서 서로 견해가 달랐지만, 문제의 뿌리인 내세에 대한 믿음에 있어서는 서로 견해가 일치하였기 때문에, 그 작은 차이들을 빌미로 삼아서 서로를 박해해서는 안 되는 것이었다.

2. 욥의 신앙 고백은 계속해서 그를 학대하는 자들을 두렵게 하는 말이 됨. 그리스도의 재림은 동료들을 때리는(마 24:49) 자들에게는 아주 두려운 일이 될 것이다. 그러므로 "너희는 칼, 즉 사방으로 돌아다니는 하나님의 공의의 화염검을 두려워 할지니라(29절). 너희가 그 칼에 맞지 않으려거든 두려워하라." 선한 자들은 전능자의 두려우심을 생각해서, 죄 지을 생각을 말아야 하고, 특히 형제들을 경솔하게 판단하는 죄를 조심하고 또 조심할 필요가 있다(마 7:1; 약 3:1). 형제들을 비난하며 형제들에게 악의를 품고서 화를 내고 혈기를 부리는 자들은 그들의 분노가 어떤 명분을 지니든 하나님의 의를 이루지 못한다는 것을 알아야 한다.

(1) 그들은 그들의 분노에 대하여 이 세상에서 벌을 받게 되리라는 것. 분노는 칼의 형벌을 부른다. 사람이 분노하게 되면, 그 사람은 방백의 칼에 해(害)를 입게 될 범죄를 저지르게 된다. 하나님은 그 사람의 분노에 대하여 직접 복수를 하시는 경우가 흔한데, 다른 사람들에게 긍휼을 베풀지 않은 자들은 하나님으로부터 긍휼하심을 얻지 못할 것이다.

(2) 그들이 회개하지 않는다면, 그들이 이 세상에서 받는 벌들은 내세에서 받을 더 중한 벌의 맛보기에 지나지 않으리라는 것. 현세에서의 벌들을 통해서 그들은 심판이 있다는 것, 즉 현세에서의 하나님의 통치와 징벌만이 아니라 내세에서의 심판이 있어서 그들이 한 험한 말들에 대하여 벌을 받게 되리라는 것을 알게 된다.

제
— 20 —
장

개요

우리는 욥이 앞 장의 마지막 부분에서 한 놀라운 신앙 고백으로 인해서 그의 친구들이 감동했거나 적어도 그 마음이 누그러졌을 것이라고 생각하게 된다. 그러나 그들은 욥의 신앙 고백을 귀 담아 듣지 않았던 것으로 보인다. 그러므로 소발은 여기에서 자신의 차례를 얻어서 욥과의 논쟁에 뛰어들어, 이전만큼 격렬하게 그를 공격한다. I. 소발의 서론은 짧지만, 분노에 차 있다(2-3절). II. 그의 설교는 길지만, 한 주제에 집중되어 있는데, 그것은 빌닷이 아주 자세하게 얘기했던 바로 그 주제(18장)와 동일한 것이었다: 악인들은 비참해질 수밖에 없고, 그들을 기다리고 있는 것은 멸망뿐이라는 것. 1. 그는 일반적으로 악인의 형통은 짧고 그의 멸망은 확실하다고 단언함(4-9절). 2. 그는 악인의 비참한 모습을 보여주는 여러 예들을 든다: 악인의 몸은 병들고, 양심은 괴로움에 시달리며, 재산은 망해서 없어지고, 가족들은 거지가 되며, 그의 이름은 악명이 되고, 그 자신은 하나님의 진노에 눌려서 망하게 된다는 것. 이 모든 것은 대단히 흥미롭게도 여기에서 고상한 표현들과 생생한 비유들을 통해서 묘사되고 있다. 악인이 회개하지 않는다면, 그의 모습은 현세에서도 흔히 이런 모습일 수 있고, 내세에서는 반드시 그런 모습일 수밖에 없다(10-29절). 그러나 소발의 큰 잘못, 즉 그가 한 말 중에서 유일한 결점(패트릭 주교는 이런 표현을 사용한다)은 하나님의 이러한 섭리는 결코 예외가 없다고 생각해서, 욥이 다른 점들에서 악인이라는 증거가 없는데도 불구하고, 그를 흉악무도한 악인으로 단정해 버렸다는 것이다.

[1]나아마 사람 소발이 대답하여 이르되 [2]그러므로 내 초조한 마음이 나로 하여금 대답하게 하나니 이는 내 중심이 조급함이니라 [3]내가 나를 부끄럽게 하는 책망을 들었으므로 나의 슬기로운 마음이 나로 하여금 대답하게 하는구나 [4]네가 알지 못하느냐 예로부터 사람이 이 세상에 생긴 때로부터 [5]악인이 이긴다는 자랑도 잠시요 경건치 못한 자의 즐거움도 잠깐이니라 [6]그 존귀함이 하늘에 닿고 그 머리가 구름에 미칠지라도 [7]자기의 똥처럼 영원히 망할 것이라 그를 본 자가 이르기를 그가 어디

있느냐 하리라 ⁸그는 꿈 같이 지나가니 다시 찾을 수 없을 것이요 밤에 보이는 환상처럼 사라지리라 ⁹그를 본 눈이 다시 그를 보지 못할 것이요 그의 처소도 다시 그를 보지 못할 것이며

이 단락에는 다음과 같은 내용들이 나온다.

I. 소발은 욥이 하는 말을 듣고서 격분해서인지 불 같이 화를 내며 말을 시작함. 그는 이미 욥을 악인으로 단죄해 놓은 상태였기 때문에, 그가 선한 자처럼 말하는 것을 듣고서는 분을 참지 못하고, 욥의 말이 채 끝나기도 전에 끼어들어서 말을 하기 시작한 것으로 보인다(2절). 그러므로 내 초조한 마음이 나로 하여금 대답하게 하나니 이는 내 중심이 조급함이니라. 소발은 욥이 그들의 마음을 움직여서 그를 불쌍하게 보아 달라고 하기 위해서, 또는 자신의 결백을 증명하기 위해서 한 말에는 귀를 기울이지 않고, 단지 욥이 그의 항변의 마지막 부분에서 그들을 책망한 것만을 문제삼아서, 그것을 그들에 대한 모욕으로 여기고, 욥이 그들에게 칼의 형벌을 두려워해야 할 것이라고 말하자, 그의 그런 위협에 겁을 집어먹을 그들이 아니라는 것을 보여주기 위해서 자기가 나서서 대답을 하지 않을 수 없다고 생각한 것 같다(본문의 첫머리에 "그러므로"라는 단어가 나오는 것으로 보아서). 아무리 좋은 말이나 생각도 대적들은 나쁜 쪽으로 해석하는 일이 비일비재하기 때문에, 우리는 그런 말이나 생각도 잘 생각해서 하지 않으면 안 된다. 소발은 여기에서 지혜자답지 않게 서둘러서 성급하게 말하고자 하는 것처럼 보인다. 그런데도, 그는 다음과 같은 두 가지 이유를 들어서 그가 조급하게 말하는 것에 대한 변명으로 삼는다.

1. 욥이 그를 격분케 하였다는 것(3절). "내가 나를 부끄럽게 하는 책망을 들었으므로, 나는 더 이상 그의 말을 듣고 앉아 있을 수만은 없다." 내가 보기에, 욥의 친구들은 비천한 처지에 있는 사람을 상대하기에는 너무나 자고(自高)한 마음을 지니고 있었던 것 같다. 자고한 마음을 지닌 자들은 다른 사람들로부터 반대를 받는 것을 참을 수 없어 하고, 주위 사람들이 다 그들과 똑같이 말을 하지 않으면 그것을 그들에 대한 모욕이라고 생각한다. 그들은 그들이 반대를 받는 것을 참을 수 없기 때문에, 그것을 그들을 부끄럽게 하는 책망, 즉 그들에게 모욕을 주기 위해서 그들을 반대하는 것이라고 부른다. 그러므로 그들은 그들에게 모욕을 준 자에게 동일하게 모욕을 돌려주어서 그들의 명예를 되찾지 않

으면 안 된다고 생각하게 된다.

2. 그의 마음이 그에게 말을 하라고 강하게 충동하였다는 것. 즉, 그의 마음 속의 생각들이 그로 하여금 대답하지 않고는 배길 수 없게 만들었다는 것이다 (2절). 왜냐하면, 사람은 마음에 가득한 것을 입으로 말하는 것이기 때문이다(마 12:34). 그러나 그는 그의 마음의 충동을 그의 슬기로운 마음(또는, 그의 명철의 영)이라고 부른다(3절). 사실, 우리는 명철하고 슬기로운 마음의 생각을 따라서 대답하여야 마땅하다. 우리는 어떤 것을 말하기 전에 그 일을 올바르게 파악하고 제대로 숙고하지 않으면 안 된다. 그러나 문제는 과연 소발이 여기에서 그랬느냐 하는 것이다. 사람들은 흔히 혈기가 동하여 행한 일들을 이성이 명령한 것으로 착각하기 때문에, 그들이 화를 내고도 전혀 잘못한 것이 없다고 생각하기 일쑤이다.

Ⅱ. 소발은 계속해서 악인들은 멸망할 수밖에 없다는 것을 아주 분명하게 보여줌으로써, 욥이 패가망신한 것으로 보아서 그가 악인이고 위선자라는 것은 분명하다고 암시함.

1. 소발은 이 교리의 서론으로 무엇을 제시하는가(4절). 소발은 이 교리를 얘기하기 전에 이 서론을 통해서 다음과 같은 것들에 호소한다.

(1) 욥 자신도 스스로 알고 있다는 것. "네가 이것을 알지 못하느냐. 네가 이토록 분명한 진리를 모를 수 있는 것이냐? 또는, 온 인류가 다 아는 진리를 네가 의심하는 것이 말이 되느냐?" 죄의 삯이 사망이라는 것을 알지 못하는 자들은 아는 것이 거의 없는 자들이다.

(2) 모든 세대의 경험. 이 진리는 사람이 세상에 살기 시작한 이래로 옛적부터 알려져 있었다. 즉, 죄인들이 저지르는 죄는 그들을 멸망시키리라는 이 진리는 사람이 지음을 받은 이래로 사람의 마음속에 기록되어 있었다는 것이다. 아담과 가인이 쫓겨난 사건들이 보여주듯이, 사람이 이 세상에 생겨난 직후부터 죄악이 행해졌고, 그 죄악에 대한 형벌이 있었다. 죄가 세상에 들어오자, 사망도 죄와 함께 들어왔다. 하나님의 공의가 죄인들을 살려두지 않을 것이기 때문에 재앙이 죄인들을 뒤따른다는 것(행 28:4)과 악인들에게는 화가 있으리니 조만간에 그의 손으로 행한 대로 그가 보응을 받으리라는 것(사 3:11)은 온 세상이 다 아는 진리이다.

2. 소발은 이 교리를 어떤 식으로 설명하는가(5절). 악인이 이긴다는 자랑도

잠시요 경건치 못한 자의 즐거움도 잠깐이니라.

(1) 소발은 공개적으로 악하고 불경스러운 자들만이 아니라, 겉으로는 신앙을 고백하면서도 은밀하게 악을 행하는 위선자들도 비참하게 된다는 것을 단언함. 여기에서 소발이 위선자의 경우를 든 것은 그가 욥을 그러한 위선자로 보고 있기 때문이다. 어떤 자가 경건의 모양을 자신의 악행을 은폐하는 수단으로 사용한다면, 그의 죄가 더욱 클 수밖에 없다는 것은 사실이다. 경건을 가장하는 것은 죄를 두 배로 짓는 것이기 때문에, 그 형벌도 두 배가 될 것이다. 우리 구주께서는 위선자들은 지옥에서 가장 고통스러운 곳에 있게 될 것이라고 말씀하신다(마 24:51).

(2) 소발은 악인들이 잠시 형통해서, 마음 편하고 아주 즐겁게 지낼 수도 있다는 것을 인정함. 너희는 악인들이 그들이 얻은 부귀영화를 자랑하고 기뻐하며, 그들이 괴롭히고 압제한 가난하고 정직한 이웃들을 비웃으며 의기양양해하면서 그들의 성공과 출세를 기뻐하는 모습을 볼 수 있다. 그들은 그 어떤 해악을 겪지도 않고 두려워하지도 않는다. 욥의 친구들은 처음에는 악인들이 형통할 수 있다는 것 자체를 인정하고자 하지 않았었다(4:9). 그러나 욥이 그것을 분명하게 증명하자(9:24; 12:6), 소발은 여기에서 그 점을 일단 인정한다.

(3) 소발은 악인들의 형통은 오래가지 않는다는 것을 확실한 진리로 제시함. 악인들이 즐거워하는 것은 잠시뿐이고, 그 즐거움은 곧 끝나서 끝없는 슬픔과 근심으로 바뀌게 될 것이다. 위선자는 아무리 크고 부유하고 기쁨이 넘쳤다고 할지라도, 얼마 후면 천해지고 비참해져서 굴욕을 당하게 될 것이다.

3. 소발은 이 교리를 설명하면서 어떤 예화를 드는가(6-9절).

(1) 그는 먼저 악인이 사람이 상상할 수 있는 한도 내에서 가장 크게 형통했다고 가정함(6절). 악인이 자신의 존귀함으로 여기고 소중히 여기는 것은 그의 지혜와 덕이 아니라 그의 세상적인 재물이나 출세이다. 통상적으로 사람의 마음이라는 것은 항상 자신의 신분이나 처지를 따라 오르내리기 때문에, 악인의 권세가 하늘을 찌를 듯하다면, 그의 머리도 구름에 미칠 것이라고 말할 수 있다. 그는 모든 면에서 높아져 있다. 세상은 그에게 해줄 수 있는 최고의 것들을 다 해주었다. 그는 주위의 모든 사람들을 아래로 내려다보며 경멸하고, 세상 사람들은 존경심과 시기심과 두려운 마음을 품은 채로 그를 올려다본다. 이 정도라면, 아마도 그는 온 세상을 다스리는 자일 것이다. 그는 이 최고의 자리에 오를

때까지 무수한 사람들을 그의 원수로 만들었지만, 지금 자기가 구름 속에 앉아 있기 때문에 그 누구도 그를 해칠 수 없을 것이라고 생각한다.

(2) 그는 이 악인이 아주 높이 올라갔기 때문에 그의 몰락과 멸망도 아주 극심하고 끔찍할 것이라고 확신함. 그가 영원히 망할 것이라(7절). 악인의 교만과 안일함은 그의 영원한 멸망의 확실한 전조(前兆)들이다. 이것은 내세에서 모든 회개치 않은 죄인들이 맞게 될 운명에 그대로 적용된다. 그들은 영원히 망할 것이다. 그러나 소발은 여기에서 악인이 이 세상에서 멸망할 것에 대하여 말하고 있다. 실제로 악명 높은 죄인들이 현세에서 심판을 받아 흔적도 없이 망해 버리는 경우를 우리는 종종 본다. 그들은 소발이 여기에서 가장 의기양양해하는 죄인에 대하여 다음과 같이 경고하는 말들을 귀담아 듣고 두려워할 충분한 이유가 있다.

[1] 그것은 수치스러운 멸망이 되리라는 것. 악인은 자기의 똥처럼 영원히 망할 것이다. 왜냐하면, 그는 하나님과 모든 선한 자들이 싫어하는 자이고, 그가 없어지기만을 온 세상이 바랄 것이기 때문이다(시 119:119; 사 66:24).

[2] 그것은 의외의 놀라운 멸망이 되리라는 것. 악인은 순식간에 황폐화될 것이기 때문에(시 73:19), 방금 전까지만 해도 그를 보았던 주변 사람들은 이렇게 말할 것이다. "그가 어디 있느냐. 조금 전만 해도 그토록 큰 위세를 떨치던 그가 이렇게 갑자기 망해 없어질 수 있는 것인가?"

[3] 그것은 신속한 멸망이 되리라는 것(8절). 그는 그가 두려워한 것들에 휩쓸려서 날아가듯이 사라질 것이고, 그가 없어지기만을 학수고대한 모든 사람들의 바람을 따라 쫓기듯이 없어질 것이다.

[4] 그것은 완벽한 멸망이 되리라는 것. 악인은 총체적으로 망할 것이다. 그는 그 속에 그의 망상을 만족시켜 주는 것들이 있었다고 할지라도 단지 허상에 불과한 꿈과 밤에 보이는 환상처럼 완전히 망하여 없어져서, 오직 그의 어리석음을 비웃는 사람들의 웃음소리 외에는 그 어떤 흔적도 남아 있지 않게 될 것이다. 그의 멸망은 최종적인 것이 될 것이다(9절). 유다가 제 곳으로 갔을 때에 그랬듯이(행 1:25), 이 세상이 악인에게 영원한 작별을 고할 것이기 때문에, 그를 보고 칭송하였던 눈이 다시 그를 보지 못할 것이고, 그가 차지하고 있던 처소도 다시 그를 보지 못할 것이다.

[10]그의 아들들은 가난한 자에게 은혜를 구하겠고 그도 얻은 재물을 자기 손으로 도로 줄 것이며 [11]그의 기골이 청년 같이 강장하나 그와 함께 흙에 누우리라 [12]그는 비록 악을 달게 여겨 혀 밑에 감추며 [13]아껴서 버리지 아니하고 입천장에 물고 있을지라도 [14]그의 음식이 창자 속에서 변하며 뱃속에서 독사의 쓸개가 되느니라 [15]그가 재물을 삼켰을지라도 토할 것은 하나님이 그의 배에서 도로 나오게 하심이니 [16]그는 독사의 독을 빨며 뱀의 혀에 죽을 것이라 [17]그는 강 곧 꿀과 엉긴 젖이 흐르는 강을 보지 못할 것이요 [18]수고하여 얻은 것을 삼키지 못하고 돌려 주며 매매하여 얻은 재물로 즐거움을 삼지 못하리니 [19]이는 그가 가난한 자를 학대하고 버렸음이요 자기가 세우지 않은 집을 빼앗음이니라 [20]그는 마음에 평안을 알지 못하니 그가 기뻐하는 것을 하나도 보존하지 못하겠고 [21]남기는 것이 없이 모두 먹으니 그런즉 그 행복이 오래 가지 못할 것이라 [22]풍족할 때에도 괴로움이 이르리니 모든 재난을 주는 자의 손이 그에게 임하리라

이 단락에서는 이 세상에서 악인이 처한 비참한 모습을 보여주는 여러 예들을 아주 자세하고 유려한 언어로 표현하면서, 동일한 내용들을 여러 가지 다른 말들로 반복해서 표현하고 있다. 그러므로 우리는 구체적인 내용들을 몇 가지로 분류하여 각각의 표제 아래에서 살펴보고자 한다.

Ⅰ. 하나님의 벌을 불러온 악인의 악(惡)은 어떤 것들인가.

1. 육신의 정욕들. 이것은 여기에서 그의 젊었을 때의 죄라 불린다(11절). 왜냐하면, 육신의 정욕들은 사람들이 젊었을 때에 가장 유혹 받기 쉬운 죄들이기 때문이다. 본문에서는 하나님이 금지하신 육신의 쾌락들이 악인의 입에 달다고 말한다(12절). 악인은 육신의 정욕을 만족시키는 온갖 일들에 빠져서, 그것들이 지닌 아주 달콤한 쾌락들을 도가 지나치게 탐닉한다. 그는 그것들이 주는 쾌락이 아주 맛있고 달콤한 사탕이라도 된다는 듯이 자기 혀 밑에 감추어 두고서 거기에서 천천히 굴리며 그 단 맛을 즐기고 만족을 느낀다. 그는 그것을 아껴서 버리지 아니하고 입천장에 물고 있는다(13절). 그는 그것만 가지고 있으면, 다른 것을 더 이상 원하지 않는다. 그는 신앙으로부터 오는 신령하고 거룩한 즐거움들에 대해서는 전혀 맛을 느끼지도 못하고 좋아하지도 않기 때문에, 그런 즐거움을 위해서 육신의 정욕이 주는 쾌락을 버리고자 하지 않는다. 악인이 그 쾌락을 자신의 입천장에 물고 있다는 말은 그가 계속해서 자신의 죄를 완고

하게 고집한다는 것(그는 그 죄를 죽이고 억제하여야 할 때에 그 죄를 아껴서 살려 두고 버리지 아니하며, 도리어 그 죄를 굳게 붙잡고서 고집스럽게 지속해 나간다), 그 죄가 그에게 준 쾌락을 기억해 내고서는 거듭거듭 그 죄로 되돌아가서 반복적으로 저지른다는 것을 의미한다. 저 음탕한 여인이 젊었을 때에 행음하던 때를 생각하고 그의 음행을 더하였듯이(겔 23:19), 이 악인도 여기에서 똑같이 행한다. 또는, 악인이 그것을 그의 혀 아래에 숨기고 물고 있다는 말은 자기가 좋아하는 정욕을 끈질기게 숨긴다는 의미일 수도 있다. 그는 위선자로서 그의 신앙으로 인한 평판을 잃지 않기 위해서 은밀하게 죄를 반복한다. 그러나 마음속에 무엇이 있는지를 아시는 하나님은 그 악인의 혀 아래에 무엇이 있는지를 아시고, 곧 그것을 드러내실 것이다.

2. 세상과 세상의 재물을 사랑한 것. 악인은 세상의 재물에서 행복을 찾고 느끼기 때문에, 그의 마음은 항상 그 재물에 가 있다. 좀 더 살펴보자.

(1) 악인은 세상의 재물에 대하여 지독하게 탐욕스럽다는 것(15절). 굶주린 사람이 밥을 게걸스럽게 먹어 치우듯이, 악인은 재물을 마구 집어 삼키면서도 여전히 계속해서 "다오, 다오"라고 부르짖는다. 세상의 재물은 그가 마음에 원하였던 것이고(20절), 그의 눈에 그가 몹시도 탐내었던 최고로 좋은 것이다.

(2) 악인은 세상의 재물을 얻기 위해서는 그 어떤 수고나 고통도 기꺼이 감수한다는 것. 세상의 재물은 악인이 합법적인 직업을 가지고서 정직하고 부지런히 일해서 얻은 것이 아니라, 부자가 되기 위해서 옳든 그르든 온갖 수단과 방법을 가리지 않고 지치지도 않은 채 닥치는 대로 수고하여 얻은 것이다(18절). 우리는 부자가 되기 위해서가 아니라(잠 23:4), 가난한 자들에게 구제할 것이 우리에게 있게 하기 위해서 수고하여야 한다(엡 4:28).

(3) 악인은 세상의 재물에서 어떤 큰 것들을 기대하는가. 이것은 강 곧 꿀과 엉긴 젖이 흐르는 강(또는, 강들과 홍수들과 꿀과 버터의 시내들)이라는 말 속에 암시되어 있다(17절). 악인이 그런 것들을 보지 못할 것이라는 말은 그가 그런 것들을 기대하고 소망하며 즐거워하였다는 것을 의미한다. 그는 자기가 감각적인 쾌락의 강들에 빠져서 살게 될 것이라고 기대했을 것이다.

3. 가난한 이웃들에게 행한 폭력과 압제와 불의(19절). 이것은 옛 세상의 거인들이 행하였던 죄였고, 그 어떤 죄에 못지않게 나라들과 가문들에 하나님의 심판을 불러오는 죄였다. 여기에서 악인은 다음과 같은 것들을 행한 것으로 비

난을 받는다.

(1) 그가 가난한 자를 버렸다는 것. 악인은 가난한 자들을 돌보지 않았고, 자비를 베풀지 않았으며, 그들이 쓸 것을 공급해 준 적도 없었다. 아마도 그는 처음에는 바리새인들처럼 좋은 평판을 얻기 위해서 가식적으로 구제를 했을 것이다. 그러나 일단 소기의 목적이 달성되자, 그는 태도를 바꾸어서 구제를 중단하여 가난한 자들을 버렸다. 선한 마음이 아닌 다른 동기에서 선을 행하는 자들은 일시적으로는 아무리 풍성하게 구제를 행한다고 하여도 그 일을 계속해서 하지는 않는 법이다.

(2) 그가 가난한 자들을 학대하고 압제하며, 자신의 모든 수단들을 다 동원해서 그들에게 해를 끼쳤다는 것. 그는 재물을 모으기 위해서 가난한 자들이 가지고 있던 보잘것없는 물건들까지 다 빼앗아서, 가난한 자들을 더욱 가난하게 만들었다.

(3) 그는 그의 것이 아닌 가난한 자들의 집을 강제로 빼앗았다는 것. 즉, 악인은 아합이 은밀하게 속임수를 쓰거나 법률상으로 어떤 위조나 위증, 또는 어떤 계략을 써서가 아니라 백주대낮에 공개적으로 폭력을 사용해서 강제로 나봇의 포도원을 뺏은 것과 같은 그런 짓을 하였다는 것이다.

II. 악인이 그의 악으로 말미암아 받을 벌은 무엇인가.

1. 그는 그가 기대했던 것들에서 실망을 맛보게 되리라는 것. 그가 그의 세상 재물에 대하여 기대하였던 것들은 헛된 것이 되어서, 그는 거기에서 만족을 얻지 못하게 될 것이다(17절). 그는 그가 그토록 고대하였던 강 곧 꿀과 엉긴 젖이 흐르는 강을 보지 못할 것이요. 세상을 사랑하고 구애하며 숭배하는 자들에게 세상은 그들이 생각하고 기대한 대로 움직여 주지 않는다. 그들은 세상에 대하여 아주 높은 기대를 걸지만, 세상은 그들의 기대에 형편없이 못 미치는 것들을 그들에게 줄 것이다.

2. 그의 몸은 병들게 되리라는 것. 사람이 많은 재물을 가지고 있다고 할지라도, 건강하지 못하다면, 그 재물에서 어떤 위로와 낙를 누릴 수 있겠는가! 병이 깊고 고통스러울 때에는 아무리 좋은 것들도 다 쓰게만 느껴져서 만사가 다 싫어지는 법이다. 본문에 나오는 악인은 육체의 쾌락을 마음껏 누릴 수 있는 모든 준비를 이제 완벽하게 갖추게 되었다. 그러나 그의 뼈들이 그의 젊었을 때의 죄들, 즉 그 죄들로 인한 효과들로 가득 차게 되면(11절), 그가 실제로 어떻

게 행복과 즐거움을 누릴 수 있겠는가? 이 악인은 젊었을 때에 주색잡기에 빠져서 방탕하고 난잡한 삶을 살았기 때문에, 오랜 후에 그에게 큰 고통을 안겨 주고 그의 삶을 비참하게 만들 뿐만 아니라, 솔로몬의 말대로 그의 살과 육신을 갉아먹는(잠 5:11) 병에 걸렸다. 만약 그가 젊었을 때에 병에 걸렸더라면, 그는 그 병을 대수롭지 않게 여겼을 것이고, 투병 생활을 하면서 그가 얻은 상처는 그리 깊지 않았을 것이다. 그러나 그는 오랜 후에 그의 병이 뼛속까지 침투해 들어 와 있는 것을 느낀다. 상태가 이런데, 어떻게 그가 그 병에서 나음을 입을 수 있겠는가? 결코 그럴 수 없을 것이다. 그는 그의 병과 고통을 무덤까지 안고 가거나, 그의 병이 그를 무덤으로 이끌고 갈 것이기 때문에, 그의 젊은 시절의 죄들은 그와 함께 흙에 눕게 될 것이다. 무덤에서 그의 육신이 썩는 것 자체가 그에게는 죄의 결과이기 때문에(24:19), 그의 죄악은 무덤 속에서 그와 함께 있는 것이나 다름없다(겔 32:27). 죄는 죽음 저편에까지 죄인들을 따라간다.

3. 그의 마음이 불안하고 괴로우리라는 것. 그는 마음에 평안을 알지 못하리라(20절). 사람들의 생각과는 달리, 악인의 마음속에는 평안함이 없고, 끊임없는 초조함만이 있다. 그가 게걸스럽게 먹어치운 불의로 치부한 재물이 제대로 소화되지 않은 음식처럼 안에서 탈이 나서 그로 하여금 항상 구역질을 하게 만들고 그의 속은 늘 편안하지가 않다. 그 누구도 불의로 얻은 재물을 편안하게 누릴 수 있을 것이라고 기대해서는 안 된다. 악인의 마음은 다음과 같은 이유 때문에 편안할 수가 없다.

(1) 그의 양심이 그가 한 악행을 그에게 상기시켜 주고 하나님의 진노에 대한 두려움으로 그의 마음을 채우기 때문에. 악행을 저지르고서 사탕처럼 혀 아래에 두고 굴리며 그 단 맛을 음미할 때에는 달콤했겠지만, 막상 악인이 그 악행을 되돌아볼 때에는 두려움과 괴로움이 그를 사로잡아서 쓴 맛을 경험하게 된다. 요한이 천사에게서 받은 두루마리를 먹었을 때에 그것이 그의 입에는 꿀 같이 다나 먹은 후에 그의 배에서는 쓰게 되었던 것과 마찬가지로(계 10:10), 악인이 막상 악을 저지르자 그 악은 그의 창자 속에서 쓴 맛으로 변하였다(14절). 죄라는 것은 그런 것이다. 실제로 죄를 범하게 되면, 그 죄는 그 어떤 것보다도 더 쓴 독사의 쓸개, 그 어떤 것보다도 치명적인 독사의 독으로 변한다(16절). 이 악인이 아주 달콤한 맛을 느끼면서 아주 기뻐하며 빨아 먹었던 그것은 결국 독사의 독이었다는 것이 밝혀지게 될 것이다. 불의로 얻은 모든 이득이 다 그럴

것이다. 아첨하는 혀는 독사의 혀라는 것이 나중에 밝혀질 것이다. 죄가 지니고 있다고 생각되었던 온갖 매력적이고 달콤한 것들은 양심이 깨어나면 너무나 추악하고 위험한 것들임이 밝혀질 것이다.

(2) 앞날을 생각할 때에 걱정과 근심이 몰려오기 때문에(22절). 풍족할 때에도, 즉 자기가 아주 행복하다고 생각하고 그의 행복이 계속될 것이라는 아주 강력한 확신이 있을 때에도, 그는 자기 땅에서 풍성한 소출을 거두고도 어찌할꼬(눅 12:17)라고 부르짖었던 저 부자처럼, 자기가 마음의 걱정과 염려들 때문에 곤경에 처해 있다고 생각하여 괴로움이 이를 것이다.

4. 그의 재산을 빼앗기게 되리라는 것. 그의 재산은 점점 줄어들어서 결국 아무것도 남지 않게 되어, 그는 자신의 재물로 즐거움을 누리지 못할 것이다(18절). 그는 그 재물을 진정으로 누리지 못할 뿐만 아니라, 오래도록 누리지도 못할 것이다.

(1) 그는 그가 부당하게 집어삼킨 것들을 다시 토해 내지 않을 수 없게 되리라는 것(15절). 그는 그가 재물을 삼키고서, 그가 먹은 음식처럼 그 재물이 완전히 자기 것이라고 생각하였다. 그러나 그는 속은 것이었다. 그는 그것들을 다시 토해 내게 될 것이다. 그의 양심이 그가 불의하게 얻은 재물을 그대로 간직하는 것에 대하여 불편하게 느끼도록 만들 것이기 때문에, 그는 마음의 평안을 얻기 위해서 모든 것을 원상으로 회복해 놓게 될 것인데, 이 때에 마음의 회개를 통해서 기쁜 마음으로가 아니라, 토할 때처럼 고통스러운 마음으로 아주 마지못해서 그렇게 하게 될 것이다. 또는, 악인이 폭력적으로 빼앗은 것들을 스스로 원상으로 회복시켜 놓지 않는다면, 하나님은 그의 섭리를 통해서 악인으로 하여금 그가 불의하게 얻은 재물을 원래의 주인들에게 돌려주지 않을 수 없게 만드시거나, 이런저런 방법으로 원상 회복이 될 수 있게 하실 것이다. 죄를 사랑하는 마음이 악인의 마음에서 아직 빠져 나오지 않은 때에라도, 하나님께서 그가 불의로 얻은 재물을 그의 배에서 도로 나오게 하실 것이다. 그에게 재물을 강탈당한 가난한 자들의 울부짖음이 너무나 커서, 그는 그의 자녀들을 보내서 그들을 달래고 그들에게 용서를 빌도록 하지 않을 수 없게 될 것이다(10절). 그의 아들들은 가난한 자들에게 은혜를 구하겠고, 수치스럽게도 그 자신도 불의로 얻은 재물을 자기 손으로 도로 돌려줄 것이다(18절). 그가 온갖 압제의 수단들을 동원해서 수고하여 얻은 것을 완전히 삼켜서 소화시키지 못한 채 도로 돌려 줄

것이다. 그 재물은 그에게 오래 머물지 못하고, 그의 수치를 드러내며 반환될 것이다. 그는 아주 많은 것을 불의하게 얻었기 때문에, 그 만큼 많은 것을 각각의 주인들에게 돌려주고 난 후에는, 그에게는 남은 것이 거의 없게 될 것이다. 삭개오의 경우처럼, 하나님께서 악인에게 그가 불의하게 얻은 것을 돌려 줄 기회를 주시는 것은 참으로 큰 긍휼이 아닐 수 없다. 삭개오는 자원하여 기쁜 마음으로 네 배를 배상하고도 남은 재산이 많아서, 그 소유의 절반을 가난한 자들에게 줄 수 있었다(눅 19:8). 그러나 유다의 경우처럼 절망한 양심이 단지 두려움 때문에 어쩔 수 없이 돌려줄 수밖에 없게 된다면, 거기에는 유익이나 위로가 전혀 뒤따르지 않는다. 그러므로 유다는 그가 받았던 은을 성소에 던져 넣고 물러가서 스스로 목매어 죽었다(마 27:5).

(2) 그는 그가 가진 모든 것을 빼앗기고 거지가 되리라는 것. 남의 것을 약탈한 자는 스스로 약탈을 당하게 될 것이다(사 33:1). 왜냐하면, 모든 재난을 주는 자들의 손(또는, 악인들의 손)이 그에게 임할 것이기 때문이다(22절). 악인으로부터 피해를 본 무죄한 자들은 알거지가 된 악인의 곁에 앉아서 다윗처럼, 악은 악인에게서 난다 하였으니 내 손이 그를 해하지 아니하리이다(삼상 24:13)라고 말할 것이다. 그러나 그들이 그를 용서하고 아무런 보복도 하지 않을지라도, 하나님의 공의는 그를 가만두지 않을 것이기 때문에, 하나님은 흔히 악인들을 불러서 의인들을 대신하여 보복하게 만드시고, 악인의 손으로 다른 악인을 처단하신다. 이렇게 악인이 모든 것을 빼앗길 때, 그는 그가 기뻐하던 것을 하나도 보존하지 못하게 되어(20절), 그것들을 모두 건지기는커녕 아무것도 건지지 못하게 될 것이다. 또한, 그가 그토록 탐했고 흐뭇하게 먹었던 그의 음식이 조금도 남아 있지 않게 될 것이다(21절). 그의 모든 이웃들과 친척들은 그가 이토록 형편없이 되어 버린 것을 알고서, 그가 죽은 후에, 그의 재물에 눈독을 들이는 자가 아무도 없을 것이고, 그의 혈육이나 친척들은 그 누구도 그에게서 재물을 얻기를 기대하거나, 그가 남긴 것들을 관리할 책임을 맡고자 하지 않을 것이다. 소발은 모든 것을 잃고서 알거지가 되어 버린 욥을 염두에 두고서 이 모든 것을 말하고 있다.

[23]그가 배를 불리려 할 때에 하나님이 맹렬한 진노를 내리시리니 음식을 먹을 때에 그의 위에 비 같이 쏟으시리라 [24]그가 철 병기를 피할 때에는 놋화살을 쏘아 꿰뚫을

것이요 ²⁵몸에서 그의 화살을 빼낸즉 번쩍번쩍하는 촉이 그의 쓸개에서 나오고 큰 두려움이 그에게 닥치느니라 ²⁶큰 어둠이 그를 위하여 예비되어 있고 사람이 피우지 않은 불이 그를 멸하며 그 장막에 남은 것을 해치리라 ²⁷하늘이 그의 죄악을 드러낼 것이요 땅이 그를 대항하여 일어날 것인즉 ²⁸그의 가산이 떠나가며 하나님의 진노의 날에 끌려가리라 ²⁹이는 악인이 하나님께 받을 분깃이요 하나님이 그에게 정하신 기업이니라

소발은 앞에서 압제자의 악행에 통상적으로 뒤따르는 많은 당혹스러운 일들과 괴로움들을 설명한 후에, 여기에서는 그가 결국 완전히 망하게 될 것임을 보여준다.

I. 악인의 멸망은 하나님의 진노와 원수 갚으심으로 인하여 시작되리라는 것(23절).   악인들의 손, 악인들의 모든 손이 그에게 임하였다(22절). 하나님의 손이 그를 대적하기 때문에, 모든 사람의 손이 그를 대적하게 될 것이다. 그러나 이러한 악인들의 손에 맞서서 그는 거의 승리를 거두기 직전에 있을 수도 있다. 그러나 하나님이 그에게 맹렬한 진노를 내리시되 그의 위에 비 같이 쏟으셔서 보응하실(겔 22:14) 때, 그의 마음은 견딜 수 없을 것이고, 그의 손에 힘이 있을 수 없게 될 것이다. 여기에 나오는 말씀들은 한 단어 한 단어가 다 무시무시하다. 그에게 임하는 것은 단지 하나님의 공의만이 아니라, 하나님의 진노, 즉 그가 하나님에 대하여 행한 여러 도발들에 대한 깊은 적개심이다. 그것은 그 수위가 가장 높은 맹렬한 진노이다. 하나님은 바로 그러한 진노를 아주 맹렬하게 이 악인 위에 내리시고 비 같이 쏟아 부으신다. 이 진노는 소돔에 내렸던 유황불처럼 이 악인의 머리 위에 임할 것인데, 이것에 대하여 시편 기자는 이렇게 말한다(시 11:6): 악인에게 불과 유황이 비처럼 내릴 것이다. 이 비가 내릴 때에 광풍과 폭우를 피하게 해주는 유일한 피난처이신 그리스도 외에는 피할 곳은 전혀 없다(사 32:2). 그가 배를 불리려 할 때에, 즉 그가 불의하게 얻은 것들로 배를 채워서 포만감을 느끼고자 할 찰나에, 이 진노가 그에게 임할 것이다. 그가 그 어떤 위험도 느끼지 못한 채 편안하게 앉아서 먹고 있을 때, 이 광풍이 그에게 갑자기 임할 것이다. 그리스도께서 말씀하셨듯이, 옛 세상과 소돔에 멸망이 임한 것도 그들이 아주 태평하게 극심한 방탕에 빠져 있을 때였다(눅 17:26-31). 아마도 소발은 여기에서 욥의 아들들이 잔치를 열고 먹고 마시다가

죽은 것을 염두에 두고서 이 말을 하는 것 같다.

Ⅱ. 악인의 멸망은 필연적인 것이기 때문에, 그 멸망을 피할 길은 없으리라는 것(24절). 그는 철 병기를 피해 달아날 것이다. 달아난다는 것은 죄가 있음을 말해 주는 것이다. 그는 하나님의 심판들 아래에서 자신을 낮추거나 하나님과 화해할 방법을 찾고자 하지 않을 것이다. 그는 오로지 그의 뒤를 쫓는 하나님의 원수 갚으심을 피할 길만을 생각할 것이지만, 아무 소용이 없을 것이다. 그가 칼을 피한다고 할지라도, 놋화살이 그를 꿰뚫을 것이다. 하나님은 온갖 종류의 무기들을 갖고 계신다. 하나님은 칼을 가시기도 하시고 활을 당기시기도 하신다(시 7:12-13). 하나님은 가까이에서도 멀리에서도 그의 원수들을 처치하실 수 있으시다. 하나님은 그들의 힘으로 하나님과 싸워서 이길 수 있다고 생각하는 자들을 대비하여 칼을 가지고 계시고, 그들의 영악한 꾀로 하나님을 얼마든지 피할 수 있다고 생각하는 자들을 대비하여 활을 가지고 계신다(사 24:17-18; 렘 48:43-44). 하나님이 멸망시키기로 작정하신 자는 하나의 심판을 피한다고 할지라도 또 다른 심판이 그를 기다리고 있는 것을 발견하게 될 것이다.

Ⅲ. 악인의 멸망은 총체적이고 무시무시한 멸망이 되리라는 것. 그를 꿰뚫은 화살(하나님이 쏜 화살은 정확히 명중하기 때문에)이 그의 몸에서 빼내지고, 번쩍이는 칼, 즉 화염검, 하늘에서 목욕한 칼(사 34:5)이 그의 쓸개에서 나올 때, 얼마나 큰 두려움이 그에게 임하겠는가! 온 몸의 경련이 얼마나 격렬할 것이며, 죽어 가는 고통이 얼마나 극심하겠는가! 악인에게 죽임이 임하는 것이 얼마나 무시무시한가!

Ⅳ. 악인의 멸망은 종종 부지불식간에 그에게 임하는 멸망이 되리라는 것(26절).

1. 그가 싸여 있는 어둠은 숨겨진 어둠이라는 것. 그 어둠은 빛이 조금도 섞여 있지 않은 완전한 어둠이고, 악인이 은밀하게 물러나서 몸을 숨기는 장소에 숨겨져 있다. 그는 자신의 양심 속으로 물러갈 때마다, 자기가 어둠 속에 있고 어쩔 줄을 몰라서 쩔쩔 매고 있다는 것을 발견한다.

2. 그를 태울 불은 사람이 피우지 않은 불, 소리 없이 켜진 불이라는 것. 사람들은 누구나 그 불이 태운 결과물들을 볼 수는 있지만, 그 원인이 된 불은 아무도 보지 못한다. 요나서에서, 조롱박이 시든 것은 누구나 볼 수 있는 분명한 사실이지만, 뿌리에 서식하여 조롱박을 시들게 만든 벌레는 아무도 볼 수 없다.

악인은 부드럽고 은근한 불에 의해서 확실하지만 아주 서서히 태워진다. 연료 자체가 불이 아주 잘 붙는 것일 경우에는 불을 피울 때에 바람을 불어넣을 필요가 없는데, 이것이 바로 이 악인의 경우이다. 왜냐하면, 그가 멸망 받을 때가 무르익었기 때문이다. 보라 용광로 불 같은 날이 이르리니 교만한 자와 악을 행하는 자는 다 지푸라기 같을 것이라(말 4:1). 어떤 이들은 이 본문을 꺼지지 않는 불이 그를 태우리라로 읽는데, 이것은 분명히 지옥 불에 그대로 적용되는 말이다.

V. 악인의 멸망은 그 자신만이 아니라 그의 가문 전체의 멸망이 되리라는 것. 그 불은 그의 장막에 남은 것을 그와 함께 해치리라. 왜냐하면, 저주가 그에게 이를 것이고, 그는 아마도 동일한 중병에 의해서 죽게 될 것이기 때문이다. 하나님의 진노는 악인의 가문에도 임하여, 그의 상속자들과 유업이 둘 다 멸망을 받게 될 것이다(28절).

1. 그의 후손이 뿌리뽑히리라는 것. 그의 집의 자손들은 일찍 죽거나 그 땅을 떠날 수밖에 없게 되어서 대가 끊어지게 될 것이다. 악인의 가문들은 그 자손들의 수가 많고 번창했다고 할지라도 하나님의 심판에 의해서 이내 줄어들고 흩어져서 멸절되고 만다.

2. 그의 가산은 기울게 되리라는 것. 하나님의 진노의 날이 임할 때, 그의 재물은 들어올 때와 마찬가지로 신속하게 그의 집에서 빠져나갈 것이다. 왜냐하면, 속임수와 압제에 의해서 재물을 모아들이고 있는 내내, 그는 진노를 쌓아가고 있는 것이었기 때문이다.

VI. 악인의 멸망은 그 자신의 악행으로 말미암아 스스로 자초한 멸망이기 때문에 정당하고 의로운 것임이 명백하게 드러날 그런 멸망이 되리라는 것. 왜냐하면, 하늘이 그의 죄악을 드러낼 것이기 때문이다(27절). 즉, 악인들의 모든 은밀한 악을 보시는 하늘의 하나님이 이런저런 수단들을 통해서 온 세상으로 하여금 그 악인이 얼마나 비열한 자였는지를 알게 하셔서, 하나님이 그에게 내리신 멸망을 보고 하나님이 의로우시다는 것을 그들로 인정할 수밖에 없도록 하시리라는 것이다. 또한, 땅도 그의 악을 드러내고 그에게 복수하기 위해서 그를 대항하여 일어날 것이다. 땅이 그 위에 잦았던 피를 드러내리라(사 26:21). 땅이 그를 대항하여 일어나서(먹기 싫은 것을 억지로 먹으면 위가 거부반응을 일으키듯이), 더 이상 그를 지켜주지 않을 것이다. 하늘이 그의 죄악을 드러내고, 그를 받아들이지 않을 것이다. 그러므로 그가 지옥 외에 어디로 가겠는가? 그가 하늘과 땅의 하나님을 그의 원수로 삼는다면, 하늘도 땅도 그에게 그 어떤 인자함도 베풀지 않을 것이고, 하늘과 땅의 모든 천군천사들도 그와 전쟁을 벌이게 될 것이다.

Ⅶ. 소발은 웅변가처럼 그의 말을 마무리함(29절).   이는 악인이 하나님께 받을 분깃이요. 그것은 그에게 그의 몫으로 할당된 것이고 계획된 것이다. 자녀가 자신의 몫을 가지듯이, 악인은 결국 자신의 몫을 가지게 될 것이고, 그 몫을 영원히 갖게 될 것이다. 그것은 그가 영원히 가져야 할 몫이다. 이는 하나님이 그에게 정하신 기업이니라. 그것은 하나님의 심판과 관련하여 정해진 규칙이고, 하나님은 미리 그것을 경고하신다. 악인아 너는 반드시 죽으리라(겔 33:8). 회개하지 않은 죄인들이라고 해서 언제나 여기에서 설명된 것과 같은 현세에서의 심판들 아래 놓이는 것은 아니지만(이 점에서 소발은 오해가 있었다), 하나님의 진노는 그들 위에 머물러 있고, 그들은 결국 영적인 심판들에 의해서 비참해진다. 영적인 심판들은 훨씬 더 참혹해서, 그들의 양심이 한편으로는 그들에게 두려움을 가져다 주어서 그들은 끊임없이 깜짝깜짝 놀라게 되고, 다른 한편으로는 그들의 양심이 화인(火印)을 맞아 무감각하게 되어서 그들은 타락한 마음을 따라 행하여 결국 영원한 멸망에 처해지게 된다. 이 교리에 대한 지금까지의 설명을 통해서 욥이 위선자라는 것을 증명하고자 했던 소발은 이 교리를 그 누구보다도 더 잘 설명하긴 했지만, 마찬가지로 그 누구보다도 더 엉터리로 이 교리를 적용하였다. 따라서 우리는 소발의 훌륭한 설명을 그대로 받아들이되 적용은 더 잘 해서, 이 말씀을 우리 자신을 향한 경고, 즉 두렵고 떨리는 가운데에 죄를 짓지 말라는 경고로 받아야 할 것이다.

제 — 21 — 장

개요

이 장에 나오는 것은 소발의 설교에 대한 욥의 답변이다. 여기에서 그는 그의 이전의 말들에서보다 자신의 비참한 처지에 대해서 하소연하거나 불평하는 말은 줄이고(그가 그를 불쌍히 여겨 달라고 통사정을 했는데도 친구들이 꿈쩍도 하지 않는 것을 보고서), 그와 그들 간에 논쟁이 되고 있던 일반적인 문제, 즉 외적인 형통과 그 지속이 참된 교회와 그 교회의 참된 지체임을 증명해 주는 표지(標識)이기 때문에, 어떤 사람이 형통했다가 망하면 다른 증거가 없어도 그것이 곧바로 그가 위선자임을 증명해 주는 충분한 증거가 되는 것인지에 관한 문제를 좀 더 심도있게 다룬다. 이것을 그들은 단언하였고, 욥은 부정하였다. I. 여기에 나오는 욥의 서문은 친구들의 마음을 움직여서 그들로 하여금 그의 말에 주의를 기울이도록 하기 위한 것임(1-6절). II. 욥의 말은 그들이 심판을 받게 될 것임을 깨우쳐 주고 그들이 저지른 잘못이나 오해들을 바로잡기 위한 것임. 그는 하나님이 현세에서의 어떤 가시적이고 주목할 만한 심판을 통해서 악인을 벌주심으로써 사람들로 하여금 심판을 두려워하게 하시는 일이 종종 있다는 것을 시인하면서도, 하나님이 언제나 그렇게 하신다는 것은 부인한다. 아니, 그는 하나님은 통상적으로 그렇게 하지 않으시고, 심지어 가장 흉악무도한 죄인들조차도 하나님의 진노가 그들 위에 머물러 있음을 보여주는 그 어떤 가시적인 징표도 없이 그들의 모든 날들을 형통한 가운데에 평온하게 살다가 이 세상을 하직하도록 하신다고 주장한다. 1. 그는 악인들이 크게 형통하는 모습을 묘사함(7-13절). 2. 그는 그들이 그들의 형통함에 힘입어서 완악하게 되어 아주 불경스러운 모습이 된 것을 보여줌(14-16절). 3. 그는 그들의 멸망이 오랫동안 연기되기는 하겠지만 결국에는 집행될 것이라고 말함(17-21절). 4. 그는 사람들, 심지어 악인들에 대하여 하나님이 섭리하시는 방식들이 아주 다양하다고 말함(22-26절). 5. 그는 악인들의 멸망은 내세에 이루어지고, 그들은 이 세상에서는 끝까지 심판을 피할 수 있다는 것을 보여줌으로써 그에 대한 친구들의 극심한 비난의 근거를 뒤집음(27-34절). 욥의 이 말은 분명히 옳다.

¹욥이 대답하여 이르되 ²너희는 내 말을 자세히 들으라 이것이 너희의 위로가 될 것이니라 ³나를 용납하여 말하게 하라 내가 말한 후에 너희가 조롱할지니라 ⁴나의 원망이 사람을 향하여 하는 것이냐 내 마음이 어찌 조급하지 아니하겠느냐 ⁵너희가 나를 보면 놀라리라 손으로 입을 가리리라 ⁶내가 기억하기만 하여도 불안하고 두려움이 내 몸을 잡는구나

욥은 여기에서 친구들에게 그의 처지와 그의 말, 즉 그가 겪은 것과 말한 것을 불쌍히 여기는 마음으로 깊이 헤아려 줄 것을 권고한다.

1. 욥이 그들에게 부탁하는 내용은 지극히 옳음(3절). 욥은 그들이 그가 말하는 것을 용납하고, 앞에서 소발이 그랬던 것처럼 그의 말을 도중에 끊지 말아 줄 것을 부탁한다(3절). 모든 사람들에게 발언권을 보장해야 하지만, 패자들에게는 더욱 그러하다. 고소를 당하거나 비난을 받는 자들에게 자기 자신을 변호할 기회가 주어지지 않는다면, 그들은 돌이킬 수 없는 해악을 입게 될 수 있고, 그들의 억울함을 풀 수 있는 길이 없어져 버린다. 욥은 친구들에게 그를 진정으로 이해하고자 하고 그들에게 어떤 잘못이나 오해가 있다면 그것을 바로잡고자 하는 심정으로 그의 말을 귀 담아 들어 줄 것을 부탁한다(2절). 사람들은 남들이 하는 말을 주의해서 듣지 않는 것이 보통이기 때문에, 욥은 친구들에게 그들이 그를 주목하고 그의 말에 주의를 기울여 달라고 부탁하는 것이다(5절).

2. 욥이 그들에게 이것을 강력히 촉구하는 것은 대단히 일리가 있음. 그 이유는 다음과 같다.

(1) 그들은 그를 위로하러 온 것이라는 것. 욥은 이렇게 말한다: "이것, 즉 내 말을 들어 주는 것이 너희가 내게 주는 위로가 되게 하라(2절). 너희가 내게 다른 위로를 줄 것이 없다면, 이 위로만큼은 내게 베풀어 주라. 너희가 내게 친절을 베풀고 나를 제대로 대우해 주고자 한다면, 내 말을 끝까지 잘 들어 주라. 그렇게만 해준다면, 그것이 너희가 내게 베푸는 위로가 될 것이다." 사실, 만약 그들이 그에게 입을 열어서 그의 처지를 말하도록 용납하지 않는다면, 그들은 그를 어떻게 위로해야 좋을지를 알 수 없을 것이다. 또는, "너희가 나중에 너희의 행동을 되돌이켜 볼 때, 너희의 환난 받는 친구를 가혹하게가 아니라 따뜻하게 대한 것이 분명히 너희에게 위로가 될 것이다."

(2) 그는 나중에 그들의 차례가 되었을 때에 그들이 말하는 것을 기꺼이 들어줄 것이라는 것. "내가 할 말을 다한 후에, 너희는 너희가 할 말을 하라. 그러면, 너희가 나를 조롱하는 말을 한다고 해도, 나는 너희의 말을 도중에 끊지 않을 것이다." 논쟁에 참여하는 자들은 가혹한 말들을 듣게 될 것을 예상하고서 모욕을 기꺼이 참아낼 각오를 하지 않으면 안 된다. 왜냐하면, 일반적으로 조롱하는 자들은 남들이 뭐라고 해도 계속해서 조롱하려 들 것이기 때문이다.

(3) 그는 그들을 깨우치기 원한다는 것. "너희가 나의 말을 잘 들어주기만 한다면, 그 후에는 계속해서 나를 조롱하는 말을 해도 좋다. 그러나 나는 너희가 내 말을 듣고 나면, 너희의 태도가 바뀌어서, 나를 조롱하는 것이 아니라 도리어 불쌍히 여길 것이라고 확신한다."

(4) 그들은 그의 재판관들이 아니라는 것(4절). "나의 원망이 사람을 향하여 하는 것이냐. 전혀 그렇지 않다. 만약 내가 사람을 원망하는 것이라면, 그것은 잘못된 것임을 나는 잘 안다. 나의 불평은 하나님을 향한 것이고, 나는 하나님께 호소하는 것이다. 나는 하나님이 너희와 나 중에서 어느 쪽이 옳은지를 판단해 주시는 재판장이 되어 주시기를 바란다. 우리는 하나님 앞에 동등한 자격으로 서 있는 것이니, 내게도 너희와 마찬가지로 말할 권리가 있다. 나의 원망이나 불평이 사람들을 향한 것이라면, 나는 속상할 것이다. 왜냐하면, 그들은 내 말을 들어주려고 하지도 않고, 나를 제대로 이해해 주고자 하지도 않을 것이기 때문이다. 그러나 나의 불평을 들어 주실 하나님은 너희와는 달리 내가 말하는 것을 허락하실 것이다." 만약 우리의 친구들이 종종 그러하듯이 하나님이 우리를 냉정하게 대하신다면, 그것은 참으로 서글픈 일이 될 것이다.

(5) 그의 경우는 대단히 예외적이고 놀라운 것이어서 그들이 아주 진지하게 고려할 필요가 있다는 것. 그의 경우는 통상적인 경우가 아니라, 대단히 이례적인 경우였다.

[1] 하나님이 그에게 주신 환난들과 그의 친구들이 그에게 퍼부은 비난들에 대해서 무엇보다도 욥 자신이 무척 놀랐다는 것(6절). "내가 나의 모든 위로들을 갑자기 다 빼앗겨 버린 그 끔찍한 날, 나의 온 몸이 다 종기들로 뒤덮이던 날을 기억하기만 하여도, 그리고 너희가 퍼부은 온갖 험한 말들을 듣고서 내가 큰 슬픔에 잠겼던 기억을 떠올리기만 하여도, 특히 내가 문득 나의 그러한 처지를 사람들로부터 박수갈채를 받으며 이 세상을 살아가는 수많은 악인들의

형통한 삶과 비교하게 될 때, 나는 불안하고, 떨림과 두려움이 내 몸을 붙잡는구나." 하나님께서 세상을 다스리실 때에 그의 섭리들은 종종 지혜롭고 선한 자들조차 어찌할 줄 모르게 만들 정도로 너무나 놀랍다는 것을 명심하라.

[2] 욥은 친구들도 그의 상황을 보고서 기이하게 여기기를 바람(5절). "나는 너희가 나를 자세히 주목하여 보고서 나처럼 깜짝 놀라기를 바란다. 너희는 내가 겪는 환난들을 설명하려고 하지 말고, 악을 알지도 못하는 나(너희가 잘 알 듯이) 같은 자에게 이런 환난을 주시는 하나님의 섭리의 비밀을 우리가 헤아릴 수 없다는 것을 알고서 두렵고 떨리는 마음을 가져야 한다. 그러므로 너희는 미리 이렇다 저렇다 판단하지 말고, 너희 손을 너희 입에 갖다 댄 채로 조용히 그 결말을 기다려야 한다. 주의 길이 바다에 있고 주의 곧은 길이 큰 물에 있나이다(시 77:19). 우리가 악인들로 형통하게 하시고 경건한 자들로 환난을 당하게 하시는 하나님의 역사(役事)를 설명할 수 없고, 하나님이 행하시는 일들의 깊이를 헤아릴 수 없을 때, 우리는 조용히 앉아서 하나님을 경배하는 것이 합당하다. 정직한 자는 이로 말미암아 놀라리라(17:8). 그러니, 너희도 그렇게 하라."

[7]어찌하여 악인이 생존하고 장수하며 세력이 강하냐 [8]그들의 후손이 앞에서 그들과 함께 굳게 서고 자손이 그들의 목전에서 그러하구나 [9]그들의 집이 평안하여 두려움이 없고 하나님의 매가 그들 위에 임하지 아니하며 [10]그들의 수소는 새끼를 배고 그들의 암소는 낙태하는 일이 없이 새끼를 낳는구나 [11]그들은 아이들을 양 떼 같이 내보내고 그들의 자녀들은 춤추는구나 [12]그들은 소고와 수금으로 노래하고 피리 불어 즐기며 [13]그들의 날을 행복하게 지내다가 잠깐 사이에 스올에 내려가느니라 [14]그러할지라도 그들은 하나님께 말하기를 우리를 떠나소서 우리가 주의 도리 알기를 바라지 아니하나이다 [15]전능자가 누구이기에 우리가 섬기며 우리가 그에게 기도한들 무슨 소용이 있으랴 하는구나 [16]그러나 그들의 행복이 그들의 손 안에 있지 아니하니 악인의 계획은 나에게서 멀구나

욥의 세 친구들은 모두 앞서 그들의 말들 속에서 이 세상에서 악인의 처지가 얼마나 비참한지를 아주 자세하고 장황하게 설명했었다. 욥은 이렇게 말한다: "악명 높은 죄인들에게 종종 두드러진 심판들이 임하는 것은 사실이지만, 언제나 그런 것은 아니다. 왜냐하면, 우리는 누구나 다 아는 악명 높은 악

인들이 오랫동안 크게 형통하는 경우를 수없이 보기 때문이다. 그들은 그들의 형통한 삶 때문에 마음이 더욱 완악해져서 악행을 계속하는데도 여전히 승승 장구한다."

I. 욥은 악인들이 얼마나 놀랍도록 형통한 삶을 사는지를 묘사함. "너희가 한 말들이 사실이라면, 어찌하여 악인들이 생존하는지를 내게 말해다오(7절)."

1. 악인들이 형통한다는 것은 기정사실이라는 것. 왜냐하면, 우리는 그런 예들을 매일매일 우리의 눈으로 직접 보기 때문이다.

(1) 그들은 원수 갚으시는 하나님에게 맞아서 갑자기 죽지 않고, 잘만 살아 간다는 것. 자신의 입으로 하늘을 향하여 욕한 자들은 버젓이 살아서 계속해서 말을 하고, 그들의 손을 뻗어서 하나님을 대적한 자들도 버젓이 살아서 활동을 계속한다. 그들은 죽지 않고 살아 있을 뿐만 아니라, 형통한 삶을 산다(삼상 25:6).

(2) 그들은 장수한다는 것. 그들은 가문과 재산을 번창하게 만들기에 충분할 정도로 아주 늙도록 장수하는 명예와 만족감을 누린다. 성경에서는 저주 받은 자라도 백 세를 산다고 말한다(사 65:20). 그러나 이것이 전부가 아니다.

(3) 그들은 세력이 강하다는 것. 그들은 높은 자리에 올라서, 큰 인물이 될 뿐만 아니라 큰 권세를 휘두른다. 그들은 죽지 않고 오래 살 뿐만 아니라, 원로원 의원이 되어 권세도 누린다. 도대체 어찌하여 이런 일이 일어나는 것인가? 여기에서 우리는 악인들이 외적으로 형통하는 이유들을 살펴볼 필요가 있다. 그 이유는 하나님이 세상을 아예 포기하셔서, 그들의 악을 보지도 않으시고 미워하지도 않으시며 벌하지도 않으시기 때문이 아니라, 그들의 죄악의 분량이 아직 다 차지 않았기 때문이다. 지금은 하나님이 참고 인내하시는 때인데, 그들의 멸망의 때가 무르익을 때까지 하나님은 그들과 그들의 형통한 삶을 이런저런 방식으로 그의 뜻을 이루시는 데에 사용하신다. 그러나 가장 주된 이유는 하나님은 사람들이 현세에서 행한 일들에 대하여 보응하시는 또 다른 세상, 즉 내세가 존재한다는 것을 보여주시고자 하시기 때문이다.

2. 악인들의 형통은 여기에서 다음과 같이 묘사됨.

(1) 악인들의 형통은 더할 나위 없이 완벽하다는 것.

[1] 그들의 후손은 많고, 그들의 가문은 번창하며, 그들은 그 모습을 보고서 만족해한다는 것(8절). 그들의 후손이 그들 앞에서 그들과 함께 굳게 서는구나. 이

것은 악인들에게 현재와 장래에 있어서 즐거움과 든든함을 주는 것이기 때문에 가장 먼저 나온다.

[2] 그들은 평안하고 평온하다는 것(9절). 소발은 그들이 끊임없이 겁을 집어먹고 두려워한다고 말했지만, 욥은 그들의 집이 위험이나 두려움으로부터 안전하고 평안하며, 하나님의 칼이나 화살에 맞아 치명상을 입는 일도 그들에게 결코 일어나지 않기 때문에, 그들은 하나님의 매가 그들 위에 임할 때에 느끼는 고통과 괴로움을 느끼지도 않는다.

[3] 그들은 번창하여 부유한 삶을 산다는 것. 이것과 관련하여 욥은 여기에서 한 가지 예만을 든다(10절). 그들의 가축 떼는 아무런 문제 없이 아주 잘 자라서 나날이 늘어난다. 예를 들면, 암소가 조산(早産)을 해서 비용이 더 많이 들어가는 일 따위는 그들에게 없다. 이것은 성경에서 축복의 한 예로 들고 있다(출 23:26; 신 7:14).

[4] 그들은 기쁘고 즐거운 삶을 살아간다는 것(11-12절). 그들은 하나 같이 잘난 그들의 많은 아이들, 즉 자녀들을 양 떼 같이 사람들 앞에 내보내어 뽐내고 자랑한다. 그들은 자녀들을 위하여 무도회와 음악회를 열고, 거기에서 그들의 자녀들은 춤춘다. 춤추는 것은 어린아이들에게 아주 적합하다. 왜냐하면, 어린아이들은 시간을 어떻게 보내야 하는지를 알지 못하고, 또 그들의 순수함은 보통 춤출 때에 일어나기 쉬운 불상사를 막아주기 때문이다. 부모들은 스스로 춤출 만큼 한창 때가 아니기 때문에 소고와 수금을 잡는다. 그들은 피리를 불고, 그들의 자녀들은 그 피리 소리에 따라 춤을 춘다. 이렇게 그들에게는 그들로 하여금 그 손에서 악기를 놓거나 즐거움을 사양하게 할 만한 걱정이나 근심이 없다. 어떤 이들은 이 구절이 그들의 형통한 삶만이 아니라 그들의 헛된 삶을 보여주는 예이기도 하다고 지적한다. 여기에는 그들이 아브라함처럼 그들의 자녀들에게 여호와의 도를 가르치고자 애쓰는 모습이 전혀 나오지 않는다(창 18:19). 그들의 자녀들은 기도하지도 않고 교리문답을 암송하지도 않으며, 단지 춤추고 노래하며 피리 소리에 즐거워할 뿐이다. 감각적인 쾌락들은 육신적인 자들이 즐기는 모든 것이고, 그런 것들을 즐기는 어른들은 자기 자녀들도 그런 식으로 키운다.

(2) 악인들의 형통은 지속적이고 변함이 없다는 것(13절). 그들은 그들의 날, 즉 그들의 평생을 부유하고 행복하게 지내고, 궁핍함이나 부족함을 결코 알지

못한다. 그들은 평생토록 즐거운 삶만을 살기 때문에, 슬픔이 무엇인지를 알지 못한다. 그들은 그렇게 즐겁게 살다가, 죽을 때에도 그들을 놀래키고 겁을 집어먹게 만드는 그 어떤 사전 통보나 시름시름 앓는 괴로움이나 고통도 없이 어느 날 갑자기 잠깐 사이에 스올에 내려간다. 만약 현세 이후에 내세가 없다면, 어느 날 갑자기 아무런 고통도 없이 순식간에 죽는 것이 가장 바람직할 것이다. 우리는 반드시 스올에 내려가야 하고, 그 길은 가장 먼 여행길이 될 것이기 때문에, 쓴 알약을 씹지 않고 삼키듯이 잠깐 사이에 스올에 내려간다면, 그것은 정말 행복할 일일 것이다.

Ⅱ. 욥은 악인들이 그들의 형통한 삶을 얼마나 악용하고, 그들의 형통한 삶 때문에 더욱 마음을 완악하게 하여 불경(不敬)을 저지르는지를 보여줌(14-15절).

1. 그들은 그들이 가진 재물을 믿고서 마음을 쇠처럼 완악하게 하여 오만방자하고 뻔뻔스럽게 악행을 저지른다는 것. 욥이 이것을 언급하는 이유는 다음 둘 중의 하나이다.

(1) 악인들이 형통한다는 사실이 지닌 난점을 더욱 부각시키기 위해서. 악인들이 형통한다는 것도 이상한 일이지만, 하나님의 면전에서 하나님을 전혀 신경쓰지 않는다고 대놓고 말하며 하나님께 공개적으로 도전할 정도로 그 악이 극에 달한 자들이 형통한다는 것은 더더욱 이상한 일이다. 또한, 하나님을 배척하고 반대하는데도(물론, 그들은 그 중압감을 스스로 짊어지고 버티는 것이긴 하지만) 그들의 형통함이 지속된다는 것도 이상한 일이고, 그들이 그들의 형통함을 무기로 삼아서 하나님을 대적하는데도 무장해제가 되지 않는 것도 이상한 일이다.

(2) 악인들이 형통한다는 사실이 지닌 난점을 줄이기 위해서. 하나님은 그들로 형통하게 하신다. 그러나 우리는 그것을 이상하게 여길 필요가 없다. 왜냐하면, 미련한 자들의 형통은 그들을 죄 가운데에서 더욱 완악해지게 만들어서 그들을 멸망시키기 때문이다(잠 1:32; 시 73:7-9).

2. 이 형통하는 죄인들은 마치 그들이 이 세상의 것을 아주 많이 가지고 있기 때문에 내세의 삶을 돌아볼 필요가 없다는 듯이 하나님과 신앙을 무시하고 업신여긴다는 것.

(1) 그들이 하나님과 신앙에 대하여 얼마나 악한 감정을 지니고 있는지를

보라. 그들은 하나님과 신앙을 버리고, 하나님이나 신앙을 생각하는 것조차 내던진다.

[1] 그들은 하나님이 그들과 함께 계시는 것을 꺼린다는 것. 그들은 하나님께 이렇게 말한다: "우리를 떠나소서. 우리는 우리가 하는 일들을 하나님이 늘 보고 계시다는 것을 의식하고서 괴로워하거나, 하나님이 두려워서 우리의 행동에 제약을 받는 것을 원하지 않나이다." 또는, 그들은 하나님이 그들에게 필요가 없거나 써먹을 일이 없다고 생각해서 하나님께 그들에게서 떠나 달라고 윽박지르는 것일 수도 있다. 그들은 세상을 그들의 분깃으로 선택해서, 거기에서 자신이 행복하다고 생각하고 있으며, 거기에 애착을 가지고 있다. 세상이 그들에게 있는 한, 그들은 하나님 없이 살아갈 수 있다. 따라서 하나님을 향하여 떠나 달라고 한 자들에게 장차 하나님께서 그들이 한 말을 그대로 받아서 "나를 떠나 영원한 불에 들어가라"(마 25:41)고 말씀하시는 것은 너무나 당연하다.

[2] 그들은 하나님과 그의 뜻과 그에 대한 그들의 본분과 도리를 알기를 꺼린다는 것. 우리가 주의 도리 알기를 바라지 아니하나이다. 하나님의 길로 행하지 않기로 결심한 자들은 그 길을 알기를 원하지 않는다. 왜냐하면, 그들이 그 길을 알게 되면, 그들의 양심이 끊임없이 그들의 불순종을 책망할 것이기 때문이다(요 3:19).

(2) 그들이 하나님과 신앙에 대적하여 어떤 논리를 펴는지를 보라(15절). 전능자가 누구냐. 피조물이 이렇게 오만방자하게 말한다는 것, 이성이 있다는 피조물이 이토록 터무니없고 이치에 맞지 않는 말을 한다는 것이 너무나 이상하다. 우리와 신앙을 묶어 주는 두 개의 중요한 끈은 도리(duty)와 유익(interest)인데, 지금 그들은 이 두 개의 끈을 끊어버리고자 애쓴다.

[1] 그들은 신앙을 갖는 것이 그들의 도리라는 것을 믿으려 하지 않음. 전능자가 누구이기에 우리가 섬겨야 하나이까. 그들은 여호와가 누구이기에 내가 그의 목소리를 청종하여야 하느냐(출 5:2)고 반문하였던 애굽 왕 바로와 같다. 좀 더 자세하게 살펴보자.

첫째, 그들은 하나님을 무시한다. 전능자가 누구냐. 그들은 마치 하나님은 단순한 이름 또는 암호에 지나지 않기 때문에, 하나님이 그들에게 볼 일도 없고 그들도 하나님께 볼 일이 없다는 듯이 말한다.

둘째, 그들은 신앙을 고역(苦役)이라고 말한다. 그들은 신앙을 힘든 섬김이라고 부른다. 그들은 신앙이라는 것은 전능자와 좋은 교제를 유지하는 것으로 는 충분하지 않고, 종처럼 힘들게 하나님을 섬겨야 하는 것으로 생각한다.

셋째, 그들은 그들 자신을 대단한 존재로 여긴다. "왜 우리가 그를 섬겨야 하느냐. 부귀영화를 누리며 막강한 권세를 지니고 있는 우리가 종이 되어 하나님을 섬기고 복종해야 할 이유가 어디 있는가? 우리 자신이 주(主)들이기 때문에, 우리는 그럴 이유가 없다(렘 2:31)."

[2] 그들은 신앙을 갖는 것이 그들에게 유익이라는 것을 믿으려 하지 않음. 우리가 그에게 기도한들 무슨 유익이 있으며 무슨 소용이 있으랴. 그들은 세상에서 얻을 수 있는 것은 그들의 힘으로 다 얻을 수 있기 때문에 지혜는 필요없다고 생각해서 지혜의 원천이신 하나님을 무시한다: "하나님을 섬기는 것이 헛되다(말 3:13-14). 기도한다고 해서 돈이 생기는 것도 아니고 자녀가 생기는 것도 아니지 않느냐. 아니, 사람이 진정한 경건을 지니고 있으면, 도리어 출세하기도 힘들고 손해만 볼 뿐이다. 그러니, 하나님을 섬길 이유가 없지 않느냐. 이 세상의 부귀영화 외에 유익이라고 할 수 있는 것은 없으니까." 우리가 하나님의 은총, 즉 영적이고 영원한 복들을 얻는다면, 우리는 우리의 신앙 때문에 손해를 본다고 불평할 이유가 없다. 그러나 우리가 기도를 통해서 유익을 얻지 못한다면, 그것은 우리 자신의 잘못이다(사 58:3-4). 우리가 구하여도 받지 못함은 정욕으로 쓰려고 잘못 구하기 때문이다(약 4:3). 신앙 자체는 헛된 것이 아니다. 신앙은 우리에게 유익을 가져다 주는 것이기 때문에, 우리가 신앙으로 인해서 유익을 얻지 못하고 신앙 바깥에 안주한다면, 그것은 전적으로 우리의 책임이다(약 1:26).

III. 욥은 악인들의 그러한 생각이 어리석은 것임을 보여주고, 그들의 생각에 전혀 동의하지 않는다고 단호하게 말함(16절).　보라 그들의 복이 그들의 손에 있지 아니하도다. 즉, 그들은 결코 하나님 없이 그들 자신의 힘으로 그들의 복을 얻은 것이 아니기 때문에, 하나님을 이런 식으로 무시하는 것은 매우 배은망덕한 짓이라는 것이다. 그들은 그들의 능력과 그 손의 힘으로 이 재물을 얻은 것이 아니기 때문에(신 8:17), 그 재물을 주신 하나님을 기억하여야 마땅하다. 또한, 그들은 하나님 없이는 그들의 재물이나 복을 지켜 나갈 수 없을 것이기 때문에, 하나님께 그들로부터 떠나 달라고 함으로써 하나님과의 관계로 인한 유익을 내팽개치는 것은 정말 지혜롭지 못한 일이다. 어떤 이들은 이 본문을 다음과 같이 해석한다: "그들의 재물이 그들의 창고와 주머니들에 있고, 거기에 가득 쌓여 있다. 그 재물로 다른 사람들에게 선을 행하는 것은 그들의 손에 있지 않다. 그러니, 그 재물이 어찌 그들에게 복이 되겠는가?" 욥은 이렇게 말한다: "그러므로 악인의 계획은 나에게서 멀구나. 즉, 그렇기 때문에 나는 그들과 같은 생각을 결코 품지 않으리라. 나는 그들처럼 말하지도 않을 것이고, 그들처럼 행하지도 않을 것이며, 그들의 척도를 따르지도 않을 것이다. 그들의 길은 어리석은 자들의 길인데도, 그들의 자손들은 그들의 말이 옳다고 하는도다(시 49:13). 그러나 나는 그들의 계획을 따라 행하는 것보다 더 나은 것들을 알고 있다."

[17]악인의 등불이 꺼짐과 재앙이 그들에게 닥침과 하나님이 진노하사 그들을 곤고하게 하심이 몇 번인가 [18]그들이 바람 앞에 검불 같이, 폭풍에 날려가는 겨 같이 되었도다 [19]하나님은 그의 죄악을 그의 자손들을 위하여 쌓아 두시며 그에게 갚으실 것을 알게 하시기를 원하노라 [20]자기의 멸망을 자기의 눈으로 보게 하며 전능자의 진노를 마시게 할 것이니라 [21]그의 달 수가 다하면 자기 집에 대하여 무슨 관계가 있겠느냐 [22]그러나 하나님께서는 높은 자들을 심판하시나니 누가 능히 하나님께 지식을 가르치겠느냐 [23]어떤 사람은 죽도록 기운이 충실하여 안전하며 평안하고 [24]그의 그릇에는 젖이 가득하며 그의 골수는 윤택하고 [25]어떤 사람은 마음에 고통을 품고 죽으므로 행복을 맛보지 못하는도다 [26]이 둘이 매 한 가지로 흙 속에 눕고 그들 위에 구더기가 덮이는구나

욥은 앞에서 악인들의 형통에 대해서 자세하게 설명한 후에, 이제 이 단락에서는 다음과 같은 것들에 대하여 말한다.

I. 욥은 악인들이 형통한다는 사실을 악인들은 현세에서 반드시 멸망한다고 말한 그의 친구들의 주장과 대비시킴. "악인의 등불이 꺼지는 것을 너희가 몇 번이나 보았는지 한번 내게 말해 보라. 너희는 악인의 등불이 도중에 꺼지는 것만큼이나 끝까지 다 타서 저절로 꺼지는 것을 자주 보아 오지 않았느냐(17절). 그리고 너희는 재앙이 그들에게 닥치고 멸망이 그들에게 임하는 것, 또는 하나님이 진노하사 그들을 곤고하게 하시는 것을 몇 번이나 보았느냐. 너희는 그런 것만큼이나 그들이 형통하는 가운데에 오래도록 장수하며 즐거움을 누리는

것을 자주 보아 오지 않았느냐." 악명 높은 죄인들이 비참하게 요절하는 경우만큼이나 오래도록 살며 부귀영화를 누리는 경우도 많은 것이 사실이다. 이것은 욥의 친구들의 주장이 잘못되었고, 사람의 외적인 처지나 형편을 보고서 그의 사람됨을 평가하는 것은 옳지 않다는 것을 보여주기에 충분하다.

Ⅱ. 욥은 악인들이 형통한다는 사실이 하나님의 거룩하심이나 공의와 모순되지 않는다는 것을 보임. 악인들은 이렇게 평생토록 형통하지만, 그렇다고 해서 우리는 하나님이 그들의 악을 언제까지나 그대로 두시고 벌하지 않으실 것이라고 생각해서는 안 된다.

1. 그들은 비록 이렇게 형통한다고 할지라도 바람 앞에 검불 같고 폭풍에 날려가는 겨와 같다는 것(18절). 그들은 하나님이나 지혜롭고 선한 자들에게 너무나 가볍고 가치없으며 하찮은 존재들이다. 그들은 멸망이 임하기에 최적의 조건을 갖추고 있기 때문에, 끊임없이 멸망의 위험에 노출되고, 그들이 부귀영화의 절정에 있다고 하더라도 그들과 멸망 사이의 거리는 한 발자국밖에 되지 않는다.

2. 그들은 비록 평생을 부유하게 지낼지라도, 하나님이 그들의 죄악을 그 자손들을 위하여 쌓아 두셨다가(19절), 그들이 죽고 나서 그들의 자손들을 벌하신다는 것. 압제자는 그의 자손들이 귀하게 살 수 있도록 하기 위해서 재물을 쌓아 두지만, 하나님은 그의 자손들을 거지로 만들기 위해서 그의 죄악을 그의 자손들을 위하여 쌓아 두신다. 하나님은 조상의 죄들을 정확하게 기록하셔서, 그 죄들을 그의 곳간에 봉하여 두셨다가(신 32:34), 저주가 붙어 있는 재물을 물려 받은 자손들을 벌하신다.

3. 그들은 비록 이 세상에서 형통할지라도 내세에서 벌을 받게 된다는 것. 하나님은 그들의 악행에 대하여 선고된 판결을 신속하게 집행하지 않으신다고 하여도, 결국에는 그들의 행위대로 그들에게 갚으신다(19절). 아마도 악인은 장차 임할 진노를 두려워하지 않고, 도리어 자기가 계속해서 평안할 것이라는 헛된 소망으로 즐거워할 것이다. 그러나 그는 하나님의 의로우신 심판이 나타날 그 날에 하나님의 진노를 느끼게 될 것이다. 그는 그 날에 하나님의 진노를 알게 될 것이다(20절). 그는 전에는 아무리 말해도 믿고자 하지 않았던 자기의 멸망을 자기의 눈으로 보게 될 것이다. 그는 그것을 안 보려고 하겠지만, 어쩔 수 없이 보게 될 것이다(사 26:11). 하나님의 은혜를 보지 않으려고 일부러 눈을

감았던 그는 그의 눈을 떠서 그의 멸망을 볼 수밖에 없게 될 것이다. 그는 전능자의 진노를 마시게 될 것인데, 그것이 그가 마실 잔이 될 것이다(시 11:6; 계 14:10과 비교해 보라). 저주 받은 죄인들의 비참한 운명이 여기에서 불과 몇 마디로 서술되고 있지만, 그 몇 마디는 정말 소름끼치는 단어들이다. 그들은 그들의 멸망을 통해서 그의 진노를 보이시고 그의 능력을 알게 하실 전능하신 하나님의 진노 아래 놓여 있다. 이것이 내세에서 그가 당할 운명이라면, 이 세상에서의 그의 형통이 그에게 무슨 유익이 있겠는가? 그의 달 수가 다하면 자기 집에 대하여 무슨 관계가 있겠느냐(21절). 우리 구주께서는 지옥에 간 부자가 그의 생전에 누렸던 좋은 것들에 대한 기억이 그의 혀를 식혀주지 못하고 도리어 그의 고통을 더해주는 것과 그가 죽어서 그의 집에 남겨 놓은 그의 다섯 형제들도 그를 따라 이 고통스러운 곳으로 오게 되리라는 것을 알았을 때에 그가 죽은 후에 남겨 놓은 그의 집에서 아무런 기쁨도 얻지 못하고 도리어 근심만 얻게 되었다는 것을 우리에게 보여주신다(눅 16:25-28). 그 때에 세상의 좋은 것들은 영혼의 구원을 받지 못한 자에게 별로 유익이 되지 못할 것이다.

Ⅲ. 욥은 섭리로 말미암아 악인들의 운명이 이렇게 서로 다른 것을 하나님의 지혜와 절대 주권으로 돌림(22절). 누가 능히 하나님께 지식을 가르치겠느냐. 어떻게 우리가 감히 하나님이 하시는 일들을 비난하거나 탓하겠는가? 어떻게 우리가 감히 하나님께 세상을 어떻게 다스려야 하는지, 어떤 죄인을 살리고 어떤 죄인을 벌해야 하는지를 가르치려 들겠느냐? 하나님은 높은 자들을 심판하실 권세와 능력 둘 다를 가지고 계신다. 하늘의 천사들이나 땅의 왕들과 방백들은 그들이 행한 일들을 하나님께 고하고 거기에 합당한 상벌을 받아야 한다. 하나님은 그들을 관리하시고, 그의 뜻대로 그들을 사용하신다. 그런 하나님이 그가 하시는 일들을 일일이 우리에게 해명하시거나 우리로부터 조언을 받으시겠는가? 하나님은 온 세상을 심판하시는 재판장이시기 때문에, 그가 옳은 일들을 행하시리라는 것은 의심의 여지가 없다(창 18:25; 롬 3:6). 하나님이 섭리를 통해서 행하시는 일들은 겉보기에는 서로 모순되어 보일지라도, 사실은 그 짝이 서로 잘 들어맞고, 그 모든 것들이 다 합력하여 그의 뜻을 이루어 나간다. 욥은 갑자기 죽은 사람이나 서서히 죽어가는 사람이나 둘이 머지않아 스올에서 만날 것이기 때문에 어떻게 죽든 둘 사이에 별 차이가 없다는 것을 보여줌으로써, 고통스럽고 비참하게 죽어가는 악인이나 평안하고 안락한 가운데에

죽어가는 악인이나 둘이 결국에는 지옥에서 서로 만나게 될 것이라는 점에서 어떻게 살다가 죽든 둘 사이에 별 차이가 없다는 것을 보여준다. 찰나에 불과한 현세의 삶과 영원의 삶 간의 차이는 너무나 크기 때문에, 지옥이 모든 죄인의 최후의 종착지라는 것을 감안하면, 노래를 부르며 지옥으로 가나 한숨을 쉬며 지옥으로 가나 둘 간의 차이는 없는 것이나 마찬가지이다.

1. 사람들의 죽어가는 모습은 아주 다르다는 것. 사람이 세상에 들어오는 길은 하나뿐이지만 나가는 길은 많다는 말이 있다. 그렇지만 모태에서 아주 쉽게 별 힘 들이지 않고 나오는 사람도 있고 시간을 끌면서 힘들게 나오는 사람도 있듯이, 어떤 사람들은 남들보다 훨씬 더 고통스럽고 끔찍하게 살다가 죽어간다. 육신의 죽음은 영혼이 다른 세상으로 태어나는 것이기 때문에, 임종 때의 고통을 출생 때의 고통과 비교하는 것도 그리 이상한 것은 아닐 것이다. 그러면, 사람들이 죽어갈 때의 서로 다른 모습을 살펴보자.

(1) 어떤 사람은 나이나 질병 때문에 쇠약해져서 죽는 것이 아니라, 기운이 충실하여 아주 평안하고 안락한 가운데 죽음이 찾아오는지도 모른 채 죽음에 대한 두려움도 없이 갑자기 죽는다는 것(23절). 즉, 이런 사람은 그의 가슴이 젖이 가득하고 그의 골수가 윤택하여(24절), 몸 상태도 아주 좋고 건강하며 활기가 있기 때문에(살이 쪄서 보기 좋은 젖소처럼), 자기가 아직도 오래도록 즐겁게 살아갈 수 있다고 생각할 때에 갑자기 죽음을 맞는다. 이렇게 그는 힘이 팔팔해서 죽음을 전혀 예감하지 못하고 있다가 순식간에 죽는다. 사람들이 기운이 충실하고 아주 건강해서 죽음을 생각하기는커녕 죽음을 상상조차 하지 못하고 도리어 비웃고 있을 때에 죽음을 맞아서 이 세상을 떠나는 일은 비일비재하기 때문에, 우리는 결코 방심해서는 안 된다. 건강하던 사람들이 하루에도 얼마나 많이 죽어 나가는지를 우리는 알고 있다. 그러므로 우리는 언제나 죽음을 준비하고 있어야 한다.

(2) 어떤 사람은 병이나 노쇠함이나 마음의 근심 때문에 입맛이 없어서 즐겁게 먹지도 못하고 오랫동안 고통과 비참함을 겪으면서 마음에 고통을 품고 서서히 죽어간다는 것(25절). 욥이 바로 그런 부류의 사람이었다. 그러므로 건강해서 항상 즐겁게 음식을 먹을 수 있다는 것은 얼마나 감사한 일인가! 또한, 종종 음식을 제대로 먹지 못한다고 해도, 많은 사람들이 항상 제대로 먹지 못한다는 것을 생각하면, 불평할 이유가 별로 없다.

2. 일단 무덤에 들어가면, 이러한 차이는 다 사라진다는 것. 사람들은 부자나 가난한 자나, 건강한 자나 병든 자나 무덤에 들어가는 것은 마찬가지이다(26절). 그들은 매 한 가지로 흙 속에 눕고 그들 위에 구더기가 덮여서 구더기들이 그들을 맛있게 먹어 치운다. 이렇게 어떤 악인은 궁전에서 죽고 어떤 악인은 지하 토굴에서 죽는다고 하여도, 그들은 저주 받아 죽은 자들의 회중 가운데에서 서로 만나게 될 것이고, 결코 죽지 않는 구더기들과 결코 꺼지지 않는 불 가운데에서 똑같이 고통을 받게 될 것이다. 이런 것을 생각하면, 악인들이 이 세상에서 산 모습이 서로 차이가 있다고 하여도, 그 차이는 하찮은 것이기 때문에, 우리는 이 문제로 혼란스러워할 필요가 없다.

[27]내가 너희의 생각을 알고 너희가 나를 해하려는 속셈도 아노라 [28]너희의 말이 귀인의 집이 어디 있으며 악인이 살던 장막이 어디 있느냐 하는구나 [29]너희가 길 가는 사람들에게 묻지 아니하였느냐 그들의 증거를 알지 못하느냐 [30]악인은 재난의 날을 위하여 남겨둔 바 되었고 진노의 날을 향하여 끌려가느니라 [31]누가 능히 그의 면전에서 그의 길을 알려 주며 누가 그의 소행을 보응하랴 [32]그를 무덤으로 메어 가고 사람이 그 무덤을 지키리라 [33]그는 골짜기의 흙덩이를 달게 여기리니 많은 사람들이 그보다 앞서 갔으며 모든 사람이 그의 뒤에 줄지었느니라 [34]그런데도 너희는 나를 헛되이 위로하려느냐 너희 대답은 거짓일 뿐이니라

이 단락에는 다음과 같은 내용들이 나온다.

I. 욥이 그의 친구들의 주장에 반대함. 욥은 그의 친구들이 악인들은 지금의 욥처럼 이 세상에서 반드시 두드러지게 망할 수밖에 없고 오직 악인들만이 그런 식으로 망하기 때문에, 이런 원리 위에서 볼 때에 욥은 악인일 수밖에 없다고 단죄한 그들의 주장을 여전히 고수하고 있다는 것을 알았다. 그래서 욥은 이렇게 말한다: "내가 너희의 생각을 알고, 너희가 내 말에 동의하지 않으리라는 것도 안다(27절). 왜냐하면, 너희의 판단은 나에 대한 너희의 악감과 편견, 나의 위로와 존귀함을 해하려는 너희의 그릇된 속셈에 의해서 채식되고 굽어 있기 때문이다. 그런 사람들을 내가 어떻게 설득할 수 있겠는가?" 욥의 친구들은 악인들이 형통한다는 욥의 말에 대하여 다음과 같이 반박할 준비가 되어 있었다: "귀인의 집이 어디 있느냐(28절). 욥의 자녀들이 잔치를 벌이던 욥의 집 또는

그의 큰 아들의 집이 어디에 있느냐? 욥의 집과 가문의 형편을 잘 살펴보고서 이렇게 물어 보라. 악인이 살던 장막이 어디 있느냐. 그것들을 서로 비교해 보라. 그러면, 사람들은 욥의 집이 폭군과 압제자들의 집과 동일한 운명에 처한 것을 곧 알게 될 것이기 때문에, 욥은 의심할 여지 없이 그런 폭군이나 압제자일 수밖에 없다는 결론을 내리게 될 것이다."

II. 욥이 그의 친구들의 주장과 정반대되는 자신의 판단을 제시함. 욥은 자신의 주장을 증명해 주는 근거로 모든 사람이 실제로 악인들이 형통하는 것을 매일 같이 보고 느낀다는 사실을 든다. 그는 자신의 주장이 옳다는 것을 절대적으로 확신해서, 친구들에게 지나가는 사람들 중에서 아무나 붙잡고 물어 보면 그렇게 대답할 것이라고 말한다(29절). "너희가 길 가는 사람들에게 묻지 아니하였느냐. 행인들은 이 일과 아무 상관이 없으니 너희에게 제대로 대답해 줄 것이 아니냐? 나는 엘리바스와는 달리(5:1) 거룩한 자들(또는, 성도들)이 아니라 평범한 인생들에게 물어 보라고 말하고 있다. 길 가는 사람들 중에서 아무나 붙잡고 물어보면, 너희는 그들이 내 생각과 똑같다는 것을 발견하게 될 것이다. 즉, 아담의 칠대 손인 에녹의 예언대로(유 1:14), 죄인들에 대한 형벌은 대체로 이 세상이 아니라 저 세상에서 이루어진다는 것은 누구나 알고 있을 것이다. 그런데도 너희는 이 세상에서 사람들에 대한 하나님의 섭리를 관찰할 사람이라면 누구나 다 알고 있는 이 진리의 여러 증거들을 알지 못하느냐." 좀 더 자세하게 살펴보자.

1. 욥이 여기에서 단언하는 것은 무엇인가. 그는 두 가지를 확실하게 말한다.

(1) 회개하지 않은 죄인들은 저 세상에서 반드시 벌을 받게 될 것이고, 그들에 대한 형벌은 통상적으로 그 때까지 연기된다는 것.

(2) 악인들이 이 세상에서 형통하고 하나님의 진노를 보여주는 가시적인 징표들 아래에 있지 않다고 해도, 우리는 그것을 이상하게 생각하지 말아야 한다는 것. 하나님께서는 장차 그들을 벌하시기 위해서 잠시 살려 두시는 것이다. 그러므로 악을 행하는 자들은 다 흥왕할지라도 영원히 멸망할 것이다(시 92:7). 악인은 여기에서 다음과 같을 것으로 전제된다.

[1] 악인은 대단한 힘을 갖고서 이 세상을 살아 간다는 것. 그는 산 자들의 땅에서 용사들에게만이 아니라 지혜롭고 선한 자들에게도 두려움의 대상이어

서(겔 32:27), 아무도 감히 그의 면전에서 그의 길을 알려줄 엄두를 내지 못한다 (31절). 그를 책망하거나 그의 길이 악하다고 그에게 말해 주거나 그 결말이 어떨 것인지를 알려줄 사람은 아무도 없을 것이다. 그렇기 때문에, 그는 마음 놓고 죄를 지을 뿐만 아니라, 부끄러움이나 두려움을 알지 못한다. 미련한 자들의 형통함은 그들을 망쳐 놓고 결국 망하게 만드는데, 그 이유는 오직 책망만이 그들을 회개로 이끌어서 망하는 것을 막을 수 있는데도, 그들이 그들의 형통함 때문에 자만에 빠져서 책망을 들으려 하지 않기 때문이다. 하나님이 어떤 사람을 죄 가운데 버려 두시면(호 4:17), 그는 반드시 망하게 되어 있다. 악인에게 그의 길을 알려줄 사람이 아무도 없다면, 그가 해온 일들을 뉘우치고 불의로 얻은 재물을 돌려 주라고 그에게 말할 사람은 더더욱 없을 것이다. 그는 오직 작은 파리들만을 붙잡을 수 있는 법망을 뚫고 지나가는 왕파리인 셈이다. 이런 이유로 죄인들은 더욱 대담하게 죄악된 길로 행하여, 법을 다루는 자들을 위협해서 그들의 일에 끼어들지 못하게 만든다. 그러나 지금 여기에서는 감히 그들에게 그들의 잘못들을 말해주지 못하고, 그들 앞에서 그들의 죄들을 일일이 제시하며 그들에게 올바른 길을 알려주지 못했던 자들이 그들의 잘못과 죄들을 다 말하게 될 날, 지금 여기에서는 감히 그들이 피해를 끼친 것들을 알려주며 배상하라고 말하지 못했던 자들이 대놓고 그들에게 배상을 요구하게 될 날이 장차 있을 것이다.

[2] 악인은 죽으면 대단히 화려하고 거창하게 장사된다는 것(32-33절). 죽음에는 장사가 없기 때문에, 그도 죽을 수밖에 없다. 죽음은 모든 사람의 운명이다. 그러나 우리는 죽음으로부터 수치를 제거할 수는 있다.

첫째, 악인은 화려하게 장사될 것이다. 이것은 사람이 죽고나서 누릴 수 있는 최고의 호사(豪奢)이지만, 사실 그것은 하찮은 것이다. 그런데도 그것을 대단한 것으로 여기는 사람들이 있다. 그는 화려하게 장식한 상여에 누워 상여꾼들의 우렁찬 소리와 그의 친구들의 경의(敬意)에 둘러싸여 장엄하게 무덤으로 옮겨진다. 부자는 죽어 장사되었지만, 거지 나사로의 장례식에 대한 언급은 없다 (눅 16:22).

둘째, 악인의 무덤 앞에는 그를 기리는 거창한 송덕비(頌德碑)가 세워질 것이다. 그는 큰 인물이 여기에 잠들어 있다고 씌어진 비석을 앞에 둔 채로 무덤에 머물게 될 것이다. 아마도 이것은 그의 시신을 보존하기 위하여 방부 처리를 한 것을 의미하는 것 같다. 이렇게 시신을 방부 처리하는 것은 고대 애굽에서 큰 자들을 기리는 한 방식이었다. 그는 무덤에서 깨어 있을 것이다(원어는 이런 의미이다). 그는 망대에서 지키는 파수꾼처럼 무덤에서 홀로 조용히 있을 것이다.

셋째, 악인은 골짜기의 흙덩이를 달게 여길 것이다. 사람들은 등불들을 켜두어서 무덤의 어둠을 몰아낼 것이고, 풍부한 향으로 무덤의 역겨운 냄새를 없애고자 할 것이다. 이 구절은 무덤에서 깨어 있을 것이라는 앞 구절과 연관이 있는 것 같다. 그러나 이런 것들은 모두 장난하는 것에 지나지 않는다. 죽은 사람에게 등불이나 향이 무슨 소용이란 말인가?

넷째, 악인은 죽음의 수치를 줄이기 위해서 죽는 것은 모든 사람의 운명이라고 말할 것이다. 많은 사람들이 그보다 앞서 갔으며 모든 사람이 그의 뒤에 줄지어 올 것이기 때문에, 그는 단지 사람이라면 누구나 다 따라야 하는 운명을 따른 것일 뿐이다. 죽음은 모든 사람이 통과해야 하는 길이라는 것을 명심하라. 우리는 저 어두운 골짜기를 지나가게 되어 있기 때문에 다음과 같은 것들을 깊이 생각하여야 한다.

(1) 무수한 사람들이 우리보다 먼저 그 길을 갔다는 것. 그 길은 많은 사람들이 밟고 간 다져진 길이라는 것을 생각하면, 죽음에 대한 공포가 어느 정도 줄어들 수 있다. 죽는다는 것은 헤아릴 수 없이 많은 사람들이 있는 곳으로 가는 것이다.

(2) 모든 사람이 우리 뒤를 따라오리라는 것. 우리 앞에 사람들의 긴 줄이 있는 것과 마찬가지로, 우리 뒤에도 사람들의 긴 줄이 있다. 우리는 저 어두운 길을 통과해 가는 최초의 사람도 아니고 최후의 사람도 아니다. 사람이라면 누구나 자기 차례, 즉 하나님이 정하신 차례를 따라 그 길을 가야 한다.

2. 이 모든 것을 근거로 욥은 그의 친구들의 말이 잘못된 것이라고 추론함 (34절).

(1) 그들의 주장의 토대는 취약하고, 그들은 잘못된 가설 위에서 논리를 펴 나갔다는 것. "너희 대답은 거짓일 뿐이니라. 너희가 말한 것은 증명되지 않은 것일 뿐만 아니라 사실이 아니라는 것이 증명되었기 때문에, 너희는 거짓말을 했다는 비난을 피할 수 없다."

(2) 그러므로 그들이 그런 토대 위에 세운 것은 약하고 흔들릴 수밖에 없다

는 것. "너희는 나를 헛되이 위로하려느냐. 너희가 한 말들은 내게 아무런 위안도 되지 못한다. 너희는 내가 하나님께로 돌이키면 다시 형통하게 될 것이라고 말하지만, 너희의 그런 말은 사람이 경건하면 반드시 형통하게 된다는 잘못된 전제 위에 서 있다. 그러므로 잘못된 전제로부터 이끌어 낸 너희의 말들이 어떻게 내게 위로를 줄 수 있겠는가?" 진리가 없는 곳에서는 위로가 있기를 기대할 수 없다는 것을 명심하라.

제 — 22 — 장

개요

엘리바스는 여기에서 가엾은 욥에 대한 세 번째 공격을 주도하는데, 빌닷은 그를 뒤따랐지만 소발은 여기에서 발을 빼고 뒤로 물러나서 이 전장(戰場)을 떠났다. 친구들로부터 오해를 받는 것은 욥만이 아니라 많은 정직한 자들이 겪는 불행한 일들 중의 하나이다. 앞에서 욥은 악인들이 이 세상에서 형통하는 것이 하나님의 섭리의 비밀이라고 말했지만, 그의 친구들은 욥이 섭리에 대한 그러한 고찰을 통해서 그들이 악하다고 공격하는 것이라고 여겼기 때문에, 다시 그를 책망하기 시작하였다. 이 장에는 다음과 같은 내용들이 나온다. I. 엘리바스는 하나님과 그의 섭리에 대한 욥의 하소연을 욥이 하나님이 그에게 잘못한 것으로 생각하는 것이라고 여겨서 그를 책망함(2-4절). II. 엘리바스는 욥이 다음과 같은 수많은 크고 작은 범죄들을 저질렀기 때문에 하나님이 지금 그를 벌하시는 것이라고 말하며 그를 비난함. 1. 압제와 불의(5-11절). 2. 무신론과 불신앙(12-14절). III. 엘리바스는 그의 경우를 옛 세상의 경우와 비교함(15-20절). IV. 엘리바스는 욥에게 아주 선한 조언을 해주면서, 그가 그 조언을 받아들이기만 한다면, 하나님이 그에게 다시 긍휼을 베푸실 것이고, 그가 이전의 형통함을 회복하게 될 것이라고 장담함(21-30절).

[1]데만 사람 엘리바스가 대답하여 이르되 [2]사람이 어찌 하나님께 유익하게 하겠느냐 지혜로운 자도 자기에게 유익할 따름이니라 [3]네가 의로운들 전능자에게 무슨 기쁨이 있겠으며 네 행위가 온전한들 그에게 무슨 이익이 되겠느냐 [4]하나님이 너를 책망하시며 너를 심문하심이 너의 경건함 때문이냐

여기에서 엘리바스는 욥이 자신의 환난들에 대하여 아주 많이 하소연하고 불평한 것으로 보아서 욥은 하나님이 그에게 환난을 주신 것이 부당한 것이라고 생각하고 있음에 틀림없다고 은근히 결론을 내린다. 그러나 그것은 억측에 불과한 것이었다. 욥은 결코 그런 생각을 한 적이 없었다. 그러므로 엘리바스가 여기에서 말하는 것은 그 자체로는 지극히 참되고 선하지만, 욥에게 적

용하는 것은 부당하다.

I. 하나님이 우리를 선하게 대하시고 복을 주시는 것은 우리에게 빚을 지고 계시기 때문이 아니라는 것. 만약 하나님이 우리에게 빚을 지고 계시다면, 그가 우리에게 환난을 주실 때에 우리는 "하나님이 우리를 부당하게 대하고 계시다"고 말할 수 있는 빌미가 조금이라도 있게 될 것이다. 그러나 어떤 혁혁한 공로를 세워서 하나님을 빚진 자로 만들었다고 생각하는 자가 있다면, 그는 그 빚을 증명해 보이라. 그러면, 그는 결단코 그것을 잃지 않을 것이다(롬 11:35): 누가 주께 먼저 드려서 갚으심을 받겠느냐. 그러나 엘리바스는 여기에서 이 세상에서 가장 선한 자의 의(義)와 온전함도 하나님께는 진정한 유익이나 이득이 되지 못하기 때문에 하나님으로부터 그 공로에 대한 상을 얻을 생각을 할 수 없다는 것을 보여준다.

1. 사람의 경건은 하나님께 그 어떤 유익이나 이득도 되지 않는다는 것(1-2절). 만약 우리가 어떤 공로를 세워서 하나님으로부터 갚으심을 얻을 수 있다면, 그것은 아마도 우리의 경건과 의로움, 우리의 행위를 온전히 하는 것을 통해서일 것이다. 따라서 만약 그런 것들이 전혀 공로가 되지 못한다면, 그 밖의 다른 것들은 두말할 필요도 없을 것이다. 사람이 자신의 경건이나 정직함, 하나님의 법에 대한 순종을 통해서 하나님을 빚진 자로 만들 수 없다면, 자신의 기지(機智)나 학식, 세상적인 책략을 통해서 하나님을 빚진 자로 만들 수 없다는 것은 말할 것도 없다. 이제 엘리바스는 여기에서 사람이 과연 하나님께 유익할 수 있는지를 묻는다. 사람이 하나님께 유익할 수 없다는 것은 분명하다. 사람은 결코 그런 존재가 될 수 없다. 지혜로운 자도 하나님이 아니라 단지 자기에게 유익할 따름이다. 우리의 지혜와 경건은 우리 자신에게 큰 유익이 된다. 지혜는 성공하기에 유익하고(전 10:10), 경건은 범사에 유익하다(딤전 4:8). 네가 만일 지혜로우면 그 지혜가 네게 유익할 것이다(잠 9:12). 신앙으로 인한 유익은 신앙으로 인한 손해보다 이루 말할 수 없이 더 크고, 그것은 장차 손익(損益)을 계산할 그 날에 밝혀질 것이다. 그렇다면, 사람은 하나님께도 이렇게 유익할 수 있을까? 결코 그럴 수 없다. 왜냐하면, 하나님은 완전하셔서 사람들로부터 그 어떤 유익이나 이득을 얻으실 수 없으시기 때문이다. 무한한 것에 무엇을 더하는 것이 어떻게 가능하겠는가? 그리고 사람은 연약하고 불완전하기 때문에 하나님께 그 어떤 유익이나 이득을 드릴 수 없다. 촛불이 해에게 유익이 되거나,

한 방울의 물이 큰 바다에 유익이 될 수 있겠는가? 지혜로운 자의 지혜는 자기 자신에게 유익한데, 자신의 길을 정하고 보호하며 명성과 위로를 얻는 데에 유익하다. 그는 자신의 지혜로 자신을 즐겁게 하거나 부요하게 할 수 있다. 그러나 그의 지혜가 하나님께 무슨 유익이 될 수 있겠는가? 하나님은 우리를 필요로 하지도 않으시고, 우리의 섬김도 필요로 하지 않으신다. 우리는 하나님 없이는 망할 수밖에 없는 자들이고, 영원히 망할 수밖에 없는 자들이다. 그러나 하나님은 우리 없이도 복되신 분이시고, 영원히 복되신 분이시다. 우리의 행위가 온전한들, 그것이 하나님께 무슨 이익이 되겠으며 그의 영광이나 부요함에 그 무슨 실질적인 보탬이 될 수 있겠는가? 우리의 행위가 절대적으로 온전하다고 해도, 그것이 하나님께 무엇을 보태드릴 수 있겠는가? 그런데 하물며 우리의 행위가 온전함과는 너무나 거리가 먼데, 그것이 하나님께 무슨 이익이 되겠는가?

2. 사람의 경건은 하나님께 그 어떤 기쁨도 되지 않는다는 것. 하나님은 사실 그의 말씀 속에서 의인들을 보면 정말 기쁘다고 말씀하셨다. 하나님은 의인들을 보시고 흡족해하시고, 그들과 그들의 기도를 기뻐하신다. 그러나 그것이 영원하신 분이 그 자신 속에 가지고 계시는 무한한 만족함과 흡족함에 더해주는 것은 전혀 없다. 우리는 우리의 친구들 없이 혼자 즐거워하기는 힘들지만, 하나님은 우리 없이도 혼자 즐거워하실 수 있으시다. 우리의 섬김이 하나님께 아무런 실질적인 유익이나 기쁨이 되지 못하는데도, 하나님이 우리의 섬김을 요청하시고 격려하시며 기쁘게 받으신다는 사실은 하나님이 얼마나 스스로를 낮추고 계시는지를 아주 잘 보여준다.

Ⅱ. 하나님이 우리를 말리시거나 책망하시는 것은 우리에게서 어떤 해(害)를 당할 위험을 느끼시거나 우리를 질투하시기 때문이 아니라는 것(4절). "하나님이 네가 두려워서 너를 책망하시며, 너의 세력이 너무 커지면 감당할 수 없을 것 같아서 네가 형통하는 것을 하나님이 막으시는 것이겠느냐? 왕들은 종종 어떤 신하의 세력이 커지는 것이 두려워서 그 신하가 잘 되는 것을 막는 정책을 쓰지만, 하나님은 결코 그렇지 않으시다." 사탄은 실제로 인간의 첫 조상에게 그들이 하나님처럼 되어서 하나님께 대들까봐 하나님이 그들을 두려워하여 선악을 알게 하는 나무의 실과를 먹지 못하게 한 것이라고 말하였었다. 그러나 그것은 비열한 모함이었다. 하나님이 선한 자들을 책망하시는 것은 그들을 사

랑하시기 때문이지만, 큰 자들을 책망하지 않으시는 것은 그들을 두려워하시기 때문이 아니다. 하나님이 사람들과 다투시거나 사람들을 칠 빌미를 찾으시거나 사람들을 심문하지 않으시는 것은 사람들이 그의 존귀함을 손상시키거나 그의 이익을 위태롭게 할 것을 우려하시기 때문이 아니다. 방백들이 범죄자들을 벌하는 것은 그들을 두려워하기 때문이고, 애굽 왕 바로가 이스라엘을 압제한 것도 그들을 두려워하였기 때문이었다. 헤롯이 베들레헴에서 난 아기들을 죽이거나 유대인들이 그리스도와 그의 사도들을 박해한 것도 다 두려움 때문이었다. 그러나 하나님은 사람들과는 달리 그 누구가 두려워서 공의나 재판을 굽게 하시는 분이 아니시다(35:5-8).

⁵네 악이 크지 아니하냐 네 죄악이 끝이 없느니라 ⁶까닭 없이 형제를 볼모로 잡으며 헐벗은 자의 의복을 벗기며 ⁷목마른 자에게 물을 마시게 하지 아니하며 주린 자에게 음식을 주지 아니하였구나 ⁸권세 있는 자는 토지를 얻고 존귀한 자는 거기에서 사는구나 ⁹너는 과부를 빈손으로 돌려보내며 고아의 팔을 꺾는구나 ¹⁰그러므로 올무들이 너를 둘러 있고 두려움이 갑자기 너를 엄습하며 ¹¹어둠이 너로 하여금 보지 못하게 하고 홍수가 너를 덮느니라 ¹²하나님은 높은 하늘에 계시지 아니하냐 보라 우두머리 별이 얼마나 높은가 ¹³그러나 네 말은 하나님이 무엇을 아시며 흑암 중에서 어찌 심판하실 수 있으랴 ¹⁴빽빽한 구름이 그를 가린즉 그가 보지 못하시고 둥근 하늘을 거니실 뿐이라 하는구나

엘리바스와 그의 동료들은 욥을 악인이자 위선자로 정죄하였었지만, 그들 중 어느 누구도 욥이 저지른 크고 작은 악행들을 구체적으로 세세하게 거론한 적은 없었다. 그런데 엘리바스는 여기에서 많은 크고 작은 범죄들을 구체적으로 분명하게 거론하면서 욥을 비난한다. 만약 욥이 이런 죄들을 실제로 저질렀다면, 그의 친구들이 그를 심하게 비난한 것은 정당화될 수 있을 것이다. 엘리바스는 이렇게 말한다: "자, 우리는 지금까지 너무 오랫동안 욥이 근심할 것이 염려되어서 부드러운 말로 변죽만 울려 왔기 때문에, 욥도 자신의 잘못을 인정하지 않고 당당하게 자신을 정당화하는 데에만 열을 올려 왔다. 이제는 욥에게 분명하고 구체적으로 말할 때가 왔다. 지금까지 우리는 여러 가지 비유들을 사용해서 그를 단죄하였지만, 그것으로는 소기의 목적을 달성할 수 없었다.

욥은 우리의 말을 받아들여서 스스로 죄를 인정해야 함에도 불구하고, 그렇게 하지 않았다. 그러므로 우리는 지금까지 우리가 누누이 말해 왔던 것, 즉 나단이 다윗을 지목하며 당신이 그 사람이라(삼하 12:7)고 말한 것처럼 욥이 폭군이요 압제자요 무신론자라는 것을 단호하게 말해주지 않으면 안 될 것 같다. 네 악이 크지 아니하냐. 그것은 분명하다. 그렇지 않다면, 네가 겪는 환난이 이토록 크지는 않을 것이다. 나는 네 자신과 너의 양심에 호소하건대, 네 죄악이 그 수와 흉악무도함에 있어서 끝이 없지 않느냐?" 엄밀하게 말해서, 하나님 외에는 그 어떤 것도 무한하지 않다. 따라서 엘리바스가 이렇게 말한 것은 욥의 죄가 일일이 셀 수 없을 정도로 많고 사람이 보통 생각할 수 있는 것보다 더 흉악하다는 의미이다. 죄는 무한한 위엄을 지니신 분을 거스르는 것이기 때문에 그 속에는 일종의 무한한 악의(惡意)가 들어 있다. 그러나 엘리바스가 욥을 이런 식으로 강도 높게 비난하고, 자기가 알지도 못하는 세세한 부분까지 거론해 가며 비난하는 것을 보면서, 우리는 다음과 같은 교훈을 얻을 수 있다.

1. 형제들을 부당하게 비난하고 정죄하는 자들에 대하여 옳다고 하지 않아야 한다는 것. 엘리바스가 여기에서처럼 욥을 거짓으로 고소하는 것은 욥의 재물을 약탈해 간 스바 사람들과 갈대아 사람들 못지 않게 욥에게 큰 죄와 잘못을 저지르는 것이다. 왜냐하면, 사람의 선한 이름은 재물보다 더 소중하고 가치 있기 때문이다. 다른 사람들에 대하여 중상모략과 시기와 악한 억측을 하는 것은 의(義)와 인(仁)과 신(信)의 모든 법들에 어긋나는 일이다. 그리고 곤경에 처해 있는 자들을 그런 식으로 괴롭혀서 그들의 괴로움을 가중시킨다면, 그것은 더욱 비열하고 치사한 짓이다. 엘리바스는 여기에 나오는 구체적인 죄악들 중 어느 것과 관련해서도 욥이 그런 죄를 지은 사례를 제시할 수 없었는데도, 자기를 지지해 주는 사람들이 있을 것임을 의심하지 않고서, 대담하게 욥을 중상모략해서 욥에게 온갖 수치를 뒤집어씌우기로 작정한 듯이 보인다.

2. 이런 식으로 비난과 정죄를 받는 자들을 불쌍히 여겨야 한다는 것. 스스로 결백하다고 해서 다른 사람들의 거짓되고 더러운 혀로부터 안전할 수 있는 것은 결코 아니다. 욥은 하나님으로부터 직접 이 세상에서 가장 선한 자라는 칭찬을 들은 자였지만, 여기에서 그의 친구들 중 한 사람, 즉 욥과 마찬가지로 지혜롭고 선한 자였던 한 사람으로부터 원래부터 가장 흉악무도한 악인들 중의 하나로 단죄 받는다. 우리는 어느 때든지 이런 식의 중상모략을 받으면 그

것을 이상하게 생각하지 말고, 소문이든 악한 소문이든 마음에 담아두는 것이 아니라, 여기에서 욥이 그랬듯이, 모든 것을 의롭게 판단하시는 하나님께 우리의 일을 전적으로 맡겨야 한다.

그러면, 이제부터 엘리바스가 욥을 고소할 때에 어떤 구체적인 일들을 들고 있는지를 살펴보자.

I. 엘리바스는 욥이 압제와 불의를 저질렀다고 고소함. 즉, 욥이 형통할 때에 그의 재물과 권세로 선한 일을 전혀 하지 않았을 뿐만 아니라, 도리어 그 재물과 권세를 악용해서 사람들에게 많은 해악을 끼쳤다는 것이다. 이것이 완전히 거짓이라는 것은 욥이 자신에 대하여 말한 것(29:12-17)과 욥의 사람됨에 관한 하나님의 평가(1:1-3)에 의해서 드러난다.

1. 엘리바스는 마치 자기가 열거하는 욥의 모든 죄목에 대해서 다 증인들을 세울 수 있다는 듯이 아주 확신 있게 압제와 불의라는 큰 죄목을 여러 가지 구체적이고 세부적인 죄목들로 가지를 쳐나감. 엘리바스는 욥에게 다음과 같이 말한다.

(1) 욥이 가난한 자들에게 잔인하고 무자비하였다는 것. 욥은 방백으로서 가난한 자들을 보호하고 그들에게 양식이 제대로 공급되는지를 살필 의무가 있었다. 그러나 엘리바스는 욥이 가난한 자들에게 전혀 그렇게 하지 않았고, 도리어 그의 권세를 이용해서 온갖 악행을 저질렀다고 의심한다. 예를 들면, 욥은 얼마 안 되는 빚을 못 갚은 자에게 값비싼 저당물을 요구하여 강제로 가져갔고, 신용이 확실하다는 것을 자신이 모를 리 없는 자신의 형제에게조차도 막무가내로 그런 식으로 행하였다는 것이다(6절): 너는 까닭 없이 네 형제의 저당물을 취하였다(칠십인역의 읽기에 의하면, 까닭 없이 네 형제를 볼모로 잡았다). 또한, 욥은 빚을 갚지 못한 사람들을 감옥에 가두거나 종으로 삼았으며, 소작료를 내지 못하거나 빚을 갚지 못한 소작인들과 채무자들의 의복을 벗겨 전당잡고는 그들을 벌거벗은 채로 두었다는 것이다(이것은 모세의 율법에서 금지한 것이었다, 출 22:26; 신 24:13). 엘리바스는 욥이 이렇게 가난한 자들, 아니 심지어 가난한 나그네들과 가난한 과부들에게조차 자비를 베풀지 않았다고 말한다. "너는 목마른 자가 갈증이 심해서 기진맥진하여 물 좀 달라고 애걸하는데도 그에게 찬 물 한 잔(아무런 비용도 들지 않는)을 내주어 마시게 하지 아니하였다(7절). 아니, 너는 극도로 주린 자에게 음식을 주지 아니하였을 뿐만 아니

라, 다른 사람들이 그에게 음식을 주는 것도 금지시켰다. 너의 이런 행위는 마땅히 받을 자들에게 선을 베풀기를 아끼며 마다하는 것이다(잠 3:27). 또한, 너는 남편이 살아 있는 동안에는 그 누구에게도 폐를 끼치지 않다가 이제 남편이 죽고 나서 어쩔 수 없이 도움을 요청할 수밖에 없게 된 가엾은 과부를 대문 앞에서 빈 손으로 돌려보내어 그녀의 마음을 슬프게 하였다(9절). 너는 네게 공의를 구하러 온 자들의 호소를 들어보지도 않고 아무런 도움도 주지 않은 채로 문 앞에서 내쫓았다. 아니, 그들이 뭔가를 많이 들고 왔지만, 너는 그들에게서 그들이 가진 것만을 다 빼앗은 채 빈 손으로 내쫓아 버렸다. 그리고 무엇보다도 악한 것은 네가 고아들의 팔을 꺾었다는 것이다. 너는 조금이나마 스스로의 힘으로 살아갈 수 있는 자들을 전혀 자력으로 살아갈 수 없게 만들어 놓았다." 엘리바스는 욥의 죄목 중에서 가장 극악무도한 것에 대해서는 단지 변죽만 울리고 있다: 고아들의 팔이 꺾였도다(9절). 그는 "네가 고아들의 팔을 부러뜨려 놓았다"고 단도직입적으로 말하는 것이 아니라, 단지 그런 식으로 이해될 수 있도록 애매하게 말을 하고 있다. 또한, 고아들의 팔이 꺾여서 먹고 살 수가 없게 되었는데, 권세를 지닌 자가 그들을 구제하지 않는다면, 그는 비난을 받아 마땅하기 때문에, 이 점에서도 욥은 책임을 면할 수가 없을 것이었다. "너의 수하에 있는 자들이 고아들의 팔을 부러뜨려 놓았고, 너는 그 일을 묵인하였으니, 그 책임이 다 네게 있다."

(2) 욥이 부자와 큰 자들의 편을 들었다는 것(8절). "어떤 사람이 범죄를 저질렀어도, 그가 권세 있는 자인 경우에는 욥이 그를 심문하지 않았다. 그 권세 있는 자는 토지를 소유하고 있었고, 거기에서 거주하였다. 그가 다른 사람을 상대로 해서 아무리 부당한 소송을 제기하거나, 그 누가 그를 상대로 아무리 정당한 소송을 제기하여도, 그는 너의 법정에서 승소를 장담할 수 있었다. 부자들은 네 식탁에서 배불리 먹었지만, 가난한 자들은 네 집의 대문 앞에서 떡 하나 얻어 먹지 못하였다." 손님 대접과 관련하여 그리스도께서 명하신 원칙은 그런 것과는 정반대되는 것이었다(눅 14:12-14): 네가 점심이나 저녁이나 베풀거든 … 부한 이웃을 청하지 말라 두렵건대 그 사람들이 너를 도로 청하여 네게 갚음이 될까 하노라 잔치를 베풀거든 차라리 가난한 자들을 … 청하라 그리하면 그들이 갚을 것이 없으므로 네게 복이 되리니 이는 의인들의 부활시에 네가 갚음을 받겠음이라. 솔로몬은, 부자에게 주는 자는 가난하여질 뿐이니라(잠 22:16)고 말한다.

2. 엘리바스는 욥이 현재 겪는 모든 환난들의 원인을 자신이 추정한 이러한 죄들 때문으로 돌림(10-11절). "이와 같은 죄악된 일들을 저지르는 자들은 보통 네가 지금 처한 것과 같은 바로 그러한 처지로 내몰리게 된다. 그러므로 우리는 네가 이런 죄악들을 범하였다고 결론을 내리지 않을 수 없다."

(1) "하나님의 섭리는 통상적으로 그런 자들을 거스르며 당혹스럽게 만들기 때문에, 올무들이 사방으로 너를 둘러 있어서, 네가 어느 쪽으로 네 눈이나 발걸음을 두든, 너는 네 자신이 곤경에 처해 있는 것을 발견하게 된다. 또한, 네가 가난한 자들을 압박하였듯이, 이제는 네가 사람들로부터 압박을 받는 처지가 된다."

(2) "그들의 양심이 그들을 두렵게 하고 고소한다. 그 어떤 죄보다도 양심 속에서 가장 큰 소리로 울부짖는 죄는 사람들에게 무자비하게 행한 죄이다. 따라서, 두려움이 갑자기 너를 엄습한다. 너는 인정하고 싶지 않겠지만, 네게 이 온갖 두려움을 불러일으키고 있는 것은 그런 종류의 죄책(罪責)이다." 소발도 앞서 이런 뉘앙스를 지닌 말을 했었다(20:19-20).

(3) "그들은 너무나 놀라고 당황해서 어쩔 줄을 모르게 되는데, 지금 네가 바로 그런 처지에 있다. 왜냐하면, 어둠이 너로 하여금 하나님이 무슨 까닭으로 너와 다투시는지를 보지 못하게 하고, 홍수가 너를 덮어서 너로 하여금 어떻게 해야 가장 좋은지를 보지 못하게 하고 있기 때문이다. 즉, 너는 안개 속에 있는 것이고, 캄캄한 물 한가운데에 있는 것이며, 먹장구름 속에 있는 것이다." 평소에 사람들에게 긍휼을 베풀지 않은 자들은 그들 자신이 곤경에 처했을 때에 긍휼하심을 얻기를 기대할 수 없다는 것을 명심하라. 그러니, 그들이 올무와 어둠과 끊임없는 두려움 외에 무엇을 기대할 수 있겠는가?

II. 엘리바스는 욥이 무신론과 불신앙과 불경죄(不敬罪)를 저질렀다고 고소하고, 이런 것들이 욥의 불의와 압제의 밑바탕에 깔려 있다고 생각함. 하나님을 두려워하지 않는 자는 사람을 존중하지 않는다. 엘리바스는 욥이 하나님의 존재를 인정하기는 하지만 그분의 섭리를 부정하는 쾌락주의자(Epicurean)로서 윗 세상의 것들을 고고하게 즐기면서도 아랫 세상에 사는 사람들이나 그들의 일에는 전혀 관심을 갖지 않은 것이라고 제멋대로 생각하였다.

1. 엘리바스는 하나의 중요한 진리를 제시하면서, 욥이 이 진리를 제대로 깊이 숙고하기만 한다면 그토록 혈기를 부리며 불평하거나 뻔뻔스럽게 스스로를

정당화하는 일을 하지 않게 될 것이라고 생각함(12절). 하나님은 높은 하늘에 계시지 아니하냐. 그렇다. 틀림없이 하나님은 높은 하늘에 계신다. 하나님이 거기에 계시지 않는다면, 그 하늘은 높을 수가 없다. 가장 높은 하늘, 복된 자들의 하늘, 하나님의 영광이 거하는 하늘에 하나님은 특별한 방식으로 계신다. 거기에서 하나님은 윗 세상에 특유한 방식으로 자신을 나타내시기를 기뻐하시고, 거기로부터 이 아랫 세상에 적합한 방식으로 자신을 나타내시기를 기뻐하신다. 거기에는 그의 보좌가 있고, 거기에는 그의 궁정이 있다. 하나님은 하늘들(the Heavens)이라 불린다(단 4:26). 엘리바스는 사람이 하나님께 유익이 될 수 없다는 것(2절), 사람이 하나님과 다투어서는 안 된다는 것(그것은 어리석은 짓이다), 우리는 항상 지극한 경외심을 가지고서 하나님을 대하여야 한다는 것을 이런 식으로 증명한다. 왜냐하면, 우리는 별들의 높음을 보고 별들이 얼마나 높이 있는지를 볼 때에 별들보다 높이 계시는 하나님의 엄위하심과 하나님이 얼마나 높이 계시는지를 아울러 깊이 생각하여야 마땅하기 때문이다.

2. 엘리바스는 욥이 이 진리를 얼마든지 선용할 수 있었는데도 실제로는 악용하였다고 고소함(13절). "진리의 병기들로 신앙을 대적하여 싸우고 진리의 화포로 진리 자체를 공격하는 것은 불의로 진리를 막는 짓이다. 너는 하나님이 높은 하늘에 계시다는 것을 기꺼이 인정하면서도, 그 진리로부터 하나님이 무엇을 아시겠느냐고 결론을 내린다." 악한 자들은 하나님의 눈을 이 세상으로부터 추방함으로써 그들의 마음으로부터 하나님에 대한 두려움을 쫓아내고(겔 8:12), 하나님이 알지 못하실 것이라고 스스로 최면을 걸어 둔 채로 그 어떤 짓도 서슴지 않고 행한다. 엘리바스는 욥이 하나님에 대하여 그와 같은 개념을 지니고 있었고, 하나님이 높은 하늘에 계신다는 진리로부터 다음과 같은 두 가지 결론 중 하나를 이끌어 낸 것이라고 의심하였다.

(1) 하나님은 아주 멀리 떨어져 있는 이 세상에서 일어나는 일을 보거나 들을 수 없으시리라는 것. 특히, 하나님과 우리 사이에는 어두운 구름이 있고(13절) 빽빽한 구름이 있어서(14절), 그것들이 하나님의 시야를 가리고 있기 때문에, 하나님은 이 아랫 세상의 일들을 심판하시기는커녕 보실 수조차 없으시리라는 것이다. 이것은 마치 하나님이 육신의 눈을 가지고 계신 듯이 생각하는 것이다(10:4). 하나님과 우리 사이에 있는 궁창은 하나님께는 투명한 수정과 같다(겔 1:22). 영원하신 하나님께 시간상의 거리가 아무런 장애가 되지 않는 것

과 마찬가지로, 무한 공간을 채우고 계시는 하나님께는 거리가 멀다는 것은 아무런 장애가 되지 않는다.

(2) 피조 세계의 이 열등한 부분을 신경 쓰는 것은 하나님의 위신과 영광을 손상시키는 일일 것이라는 것. 하나님은 저 밝고 조용한 윗 세상에서 그의 완전함과 영광을 누리시며 스스로 즐기실 많은 것들을 가지고 계시기 때문에, 둥근 하늘(또는, 하늘의 주변)을 거니실 뿐이다. 그런 하나님이 왜 일부러 우리에게 신경을 쓰시는 수고를 하시겠는가? 엘리바스가 여기에서 욥의 생각이라고 추정해서 말하고 있는 것은 크게 불경스러운 것일 뿐만 아니라 크게 터무니없는 것이기도 하다. 왜냐하면, 그런 생각은 다스리는 일이 최고의 통치자에게 무거운 짐이자 위신이 깎이는 일이고, 공의와 긍휼의 일들이 무한히 지혜로우시고 거룩하시며 선하신 마음을 지닌 분에게 힘든 고역(苦役)이라고 전제하는 것이기 때문이다. 생명이 없는 피조물인 태양도 저 어마어마하게 높은 하늘 위를 운행하는 가운데에 수많은 빽빽하고 어두운 구름을 뚫고서 그 빛과 영향력을 이 땅의 모든 곳에 골고루 미칠 수 있는데(시 19:6), 창조주가 그렇게 하실 수 있으시다는 것을 우리가 의심한다면, 그것이 말이 되겠는가?

¹⁵네가 악인이 밟던 옛적 길을 지키려느냐 ¹⁶그들은 때가 이르기 전에 끊겨 버렸고 그들의 터는 강물로 말미암아 함몰되었느니라 ¹⁷그들이 하나님께 말하기를 우리를 떠나소서 하며 또 말하기를 전능자가 우리를 위하여 무엇을 하실 수 있으랴 하였으나 ¹⁸하나님이 좋은 것으로 그들의 집에 채우셨느니라 악인의 계획은 나에게서 머니라 ¹⁹의인은 보고 기뻐하고 죄 없는 자는 그들을 비웃기를 ²⁰우리의 원수가 망하였고 그들의 남은 것을 불이 삼켰느니라 하리라

욥이 지었다고 생각되는 죄악들을 그 앞에 줄줄이 늘어놓고서 욥으로 하여금 자신의 죄를 깨닫게 하고자 애를 썼던 엘리바스는 여기에서는 욥이 죄로 인하여 겪게 된 비참함과 위험을 생생하게 보고 느낄 수 있게 해주려고 애쓴다. 엘리바스는 욥의 처지를 옛 세상의 죄인들의 처지와 비교함으로써 이것을 욥에게 깨우쳐 주고자 한다. 그는 마치 이렇게 말하는 것 같다: "너의 처지는 지금도 나쁘지만, 네가 회개하지 않는다면, 옛 세상의 죄인들의 경우에서처럼 더욱 나빠질 것이다. 그들은 옛 세상과 더불어서 홍수에 뒤덮여 함몰되었고

(16절), 그들 중에서 남은 자들, 즉 옛 세상의 죄인들과 비교할 때에 단지 남은 자들에 불과하다고 할 수 있는 소돔 사람들을 불이 삼켰다(20절)." 죄와 죄인들을 심판한 하나님의 진노를 보여주는 이 두 사례는 우리 구주(눅 17:26-30)와 사도(벧후 2:5-6)에 의해서 아무 생각 없이 살아가는 세상 사람들을 경고하기 위하여 두 차례 이상 인용되고 있다. 엘리바스는 욥이 악인들이 밟던 옛적 길(15절)을 주목해 보고서 그 결과가 어떻게 되었는지, 그들의 길의 종착지가 어디였는지를 보게 되기를 바랐다. 악인들이 밟아 왔던 옛적 길이 존재한다는 것을 명심하라. 신앙이 들어오자마자 죄가 곧바로 뒤따라 들어왔다. 그 길은 오래되고 넓고 많은 사람들이 다녀서 다져진 길이기는 하지만, 위험한 길이고 멸망으로 인도하는 길이다. 우리는 그 길을 주목해서 보고서, 감히 그 길로 다닐 생각을 아예 하지 않는 것이 좋다. 엘리바스가 여기에서 이것을 욥에게 상기시키는 것은 아마도 욥이 앞서 악인들의 형통에 대하여 말한 것을 반박하기 위한 것인 듯하다. 엘리바스는 마치 이렇게 말하는 것 같다: "네가 말한 대로, 악인이 일생을 평안 가운데에 마치는 예는 여기저기에서 드문드문 발견된다. 그러나 불경건한 자들이 철저하게 벌을 받은 두 개의 중요한 사례, 즉 온 세상이 홍수에 잠긴 것과 소돔이 불탄 것에 비하면, 그런 것은 아무것도 아니지 않느냐?" 엘리바스는 수많은 악인들이 한꺼번에 몰살을 당한 두 사례를 통해서 욥이 거울로 보는 것처럼 자신의 모습을 볼 수 있을 것이라고 생각한 것 같다.

1. 이 죄인들의 멸망(16절). 그들은 때가 이르기 전에 끊겨 버렸다. 즉, 그들은 한창 꽃필 때에 요절하였는데, 당시에 사람들의 수명을 생각하면, 그들 중에 다수는 몇 백년을 더 살 수 있었을 것이기 때문에, 그들의 요절은 더욱 안타까운 것이었다. 그들은 시간으로부터 끊어져서 서둘러 영원 속으로 들어갔다. 그들의 토대, 즉 그들 자신과 그들의 모든 소망이 세워져 있던 이 땅은 경건하지 아니한 자들의 세상에 내린 홍수로 뒤덮여 함몰되었다(벧후 2:5). 모래 위에 집을 지은 자들은 비가 내리고 창수가 날 때에 무너질 토대를 선택한 것이기 때문에(마 7:27), 그들이 세운 집은 무너질 수밖에 없고, 그들은 그 폐허더미 속에서 죽어가면서 뒤늦게 그들의 어리석음을 회개하게 된다.

2. 이 죄인들을 멸망으로 이끈 죄(17절). 그들이 하나님께 말하기를 우리를 떠나소서 하였다. 욥은 앞에서 악인들이 그런 식으로 말하고서도 여전히 형통한 삶을 산다고 말하였었다(21:14). 그런데 여기에서 엘리바스는 이렇게 말한다:

"그러나 이 죄인들의 모습을 보면, 전혀 그렇지가 않았다. 그들은 하나님을 무시한 대가를 톡톡히 치렀다. 자기가 하고 싶은 대로 자신의 육신의 욕구들을 따라 행하기로 작정한 자들은 처음에 하나님께 떠나소서라고 말하는 것으로 시작하였다. 그들은 신앙을 완전히 버렸고, 신앙을 생각하는 것조차 지긋지긋해하며, 이 세상에서 하나님 없이 살기를 원하였다. 그들은 하나님의 말씀을 꺼리고 피하였으며, 하나님의 대리인인 양심을 침묵시켰다. 전능자가 그들을 위하여 무엇을 하실 수 있으랴." 어떤 이들은 이 구절을 하나님이 그들을 벌하신 것이 정당하였다는 것을 말하고자 한 것으로 해석한다: 그들이 하나님께 우리를 떠나소서라고 말하였으니, 전능자가 그들을 끊어 버리는 것 말고 달리 그들에게 무엇을 하실 수 있으셨겠는가. 하나님의 황금 홀(笏)에 순복하고자 하지 않는 자들은 그들이 장차 하나님의 쇠 막대에 의해서 산산조각이 나리라는 것을 각오하여야 한다. 또, 어떤 이들은 이 구절을 그들의 죄가 불의하다는 것을 지적한 것으로 해석한다: 전능자가 그들에게 무슨 좋지 않은 일을 한 적이 있느냐. 그들이 하나님에게서 어떤 잘못을 발견하거나, 하나님이 그들을 무슨 일로 괴롭힌 적이 있느냐(미 6:3; 렘 2:5)? 또, 어떤 이들은 이 구절을 그들이 죄를 저지르는 이유를 설명한 것으로 해석한다: 그들은 전능자가 그들을 어떻게 하실 수 있겠는가라고 반문하면서, 하나님께 그들을 떠나소서라고 말한다. "하나님이 우리에게 어떤 일을 하신 적이 있던가? 하나님이 우리에게 진노하셔서서 우리를 비참하게 만드시거나, 우리에게 은총을 베푸셔서 우리를 복되게 만드실 수 있으시겠는가?" 그들의 생각은 이런 것이다(습 1:12): 여호와께서는 복도 내리지 아니하시며 화도 내리지 아니하시리라. 엘리바스는 이런 생각이 얼마나 터무니없고 어리석은 것인지를 단 한 단어로 보여준다. 즉, 그는 하나님을 전능자라고 부름으로써 그들의 생각이 틀렸다는 것을 보여주고 있는 것이다. 하나님이 전능자시라면, 그가 못하실 일이 어디 있겠는가? 그러나 하나님의 진노를 두려워하지도 않고 하나님의 은총을 바라지도 않는 자들이 신앙을 완전히 내팽개쳐 버리는 것은 이상한 일이 아니다.

3. 이 죄를 더욱 가중시킨 요소. 그런데도 하나님이 좋은 것들로 그들의 집에 채우셨느니라(18절). 옛 세상과 소돔의 죄인들도 감각을 즐겁게 해주는 온갖 것들을 아주 풍성하게 갖고 있었다. 그들은 먹고 마시고 사고 팔면서 부족한 것이 없이 풍족하게 살았기 때문에(눅 17:27) 전능자가 그들을 위하여 무엇을 해주

실 수 있느냐고 물을 이유도 없었고, 그들에게 이토록 자비롭게 행하신 하나님께 그들에게서 떠나 달라고 요구할 이유도 없었다. 자신의 집은 좋은 물건들로 가득 채우면서도 정작 자신의 마음속에는 은혜가 텅 비어 있어서, 멸망이 작정된 자들이 많다.

4. 이 악인들의 기본 원칙들과 실천에 대하여 엘리바스가 제기하는 항변. 악인의 계획은 나에게서 머니라. 욥이 앞에서 그렇게 말하였기 때문에(21:16), 엘리바스도 욥에게 뒤질새라 그런 말을 한다. 이 두 사람은 하나님에 관한 기본적인 생각들에 있어서는 서로 일치하지 않지만, 이 세상에서 하나님 없이 살아가는 자들이 채택한 기본 원칙들을 거부하는 데는 서로 일치한다. 신앙의 몇몇 문제들에 있어서 서로 견해가 달라서 논쟁을 벌이는 자들이라도 무신론과 불신앙에 맞설 때에는 힘을 합쳐서 한 목소리를 내야 하고, 그들의 논쟁이 하나님의 보편적이고 의로운 진리가 지닌 절대성이나 생명력을 해치는 일이 없도록 조심하여야 한다는 것을 명심하라.

5. 의인들이 즐거워하고 만족해함.

(1) 악인들이 멸망하는 것을 보기 때문에(19절). 의인들은 그것을 보고, 즉 악인들이 멸망하는 것을 지켜 보고(호 14:9), **기뻐한다.** 의인들이 기뻐하는 것은 그들과 같은 피조물들이 비참하게 되는 것을 보거나, 악인들의 멸망이 자신의 세속적인 이득에 기여를 하거나, 그들의 소기의 목적이 달성되어서가 아니라, 하나님이 영광을 받으시고 그 말씀이 성취되며 압제자들의 권세가 무너지고 압제받던 자들이 구원받는 것을 보기 때문이고, 죄의 수치가 드러나고 무신론자들과 신앙이 없던 자들이 낭패를 당하며 그것을 보고서 모든 사람들이 악한 길을 피하도록 경고를 받기 때문이다. 아니, 의인들은 그들을 비웃게 될 것이다. 즉, 의인들은 하나님이 그러하시듯이 거룩한 방식으로 악인들을 비웃을 수 있고, 실제로 비웃게 될 것이다(시 2:4; 잠 1:26). 의인들은 악인들의 멸망을 통해서 죄인들의 어리석음을 드러내고, 그들은 스스로 영리하다고 자부하지만 그들의 기본 철학이 얼마나 우스꽝스러운 것인지를 세상 사람들에게 보여줄 기회를 갖게 될 것이다(시 52:7): 보라, 이 사람은 하나님을 자기 힘으로 삼지 아니하고 오직 자기 재물의 풍부함을 의지하며 자기의 악으로 스스로 든든하게 하던 자라. 그 결과가 어떤 것인지를 보라. 어떤 이들은 이 구절이 평소에 옛 세상 사람들의 불경건을 근심하였던 의로운 노아와 그의 가족이 옛 세상의 멸망을 지

켜보고서 기뻐한 것을 가리키는 것으로 이해한다. 소돔의 멸망을 지켜 보았던 롯도 동일한 이유로 기뻐하였다(벧후 2:7-8).

(2) 의인들 자신이 악인들과 구별되는 것을 보기 때문에(20절). "우리의 원수가 망하였고 너의 재산도 다 없어진 반면에, 우리가 가진 것은 줄어들지 않고 그대로 있다. 우리는 계속해서 형통하는데, 이것은 우리가 하늘의 은총을 받고 있는 자들이고 올바른 삶을 살고 있다는 증표이다." 엘리바스는 욥을 정죄할 때에 사용하였던 그 동일한 원칙을 그 자신과 그의 동료들을 높이는 데에 사용한다. 욥의 재산은 없어져 버렸으니 욥은 악인이고, 우리의 재산은 없어지지 않고 그대로 있으니 우리는 의인이다. 그러나 이 원칙을 근거로 해서 사람을 판단하는 것은 기만적인 것이다. 왜냐하면, 어떤 사람이 가지고 있는 것을 근거로 그 사람이 하나님의 사랑을 받고 있는지 미움을 받고 있는지를 아는 것은 불가능하기 때문이다. 다른 사람들은 망하고 우리는 망하지 않았다면, 우리는 여기에서 엘리바스처럼 그들을 비난하고 스스로를 높이는 일을 하지 말고, 그 대신에 우리를 망하게 하지 않으신 것에 대하여 하나님께 감사하고, 그들이 당한 재난을 경고로 삼아서 나중에 우리가 당할지도 모르는 비슷한 재난에 대비하여야 한다.

[21]너는 하나님과 화목하고 평안하라 그리하면 복이 네게 임하리라 [22]청하건대 너는 하나님의 입에서 교훈을 받고 하나님의 말씀을 네 마음에 두라 [23]네가 만일 전능자에게로 돌아가면 네가 지음을 받을 것이며 또 네 장막에서 불의를 멀리 하리라 [24]네 보화를 티끌로 여기고 오빌의 금을 계곡의 돌로 여기라 [25]그리하면 전능자가 네 보화가 되시며 네게 고귀한 은이 되시리니 [26]이에 네가 전능자를 기뻐하여 하나님께로 얼굴을 들 것이라 [27]너는 그에게 기도하겠고 그는 들으실 것이며 너의 서원을 네가 갚으리라 [28]네가 무엇을 결정하면 이루어질 것이요 네 길에 빛이 비치리라 [29]사람들이 너를 낮추거든 너는 교만했노라고 말하라 하나님은 겸손한 자를 구원하시리라 [30]죄 없는 자가 아니라도 건지시리니 네 손이 깨끗함으로 말미암아 건지심을 받으리라

내 생각에는, 엘리바스가 그의 설교를 마무리하면서 이 단락에서 욥에게 해주는 이 선한 권면과 격려는 너무나 적절하고 더 이상 잘 할 수 없을 정

도로 기가 막히게 훌륭하기 때문에, 나는 엘리바스가 이 장의 첫 머리에서 욥을 심하게 비난한 말이 비록 아주 부당하고 비정한 것이라고 해도 엘리바스를 어느 정도 용서해 줄 수 있을 것 같다. 엘리바스는 욥을 악인이라고 생각하였지만, 앞에서 그가 말한 모든 것에도 불구하고 욥이 다시 경건하고 형통하게 될 수 있다는 소망을 가질 이유를 보았다. 그러나 동일한 입에서 거의 동일한 때에 단 물과 쓴 물이 동시에 나온다는 것은 아무래도 이상하다. 선한 자들은 열을 받아 화난 상태에서 말하다가도 종종 보통 사람들보다 더 빨리 온전한 정신으로 되돌아와서 말을 하기도 한다. 앞서 엘리바스는 욥이 겁을 집어먹고서 빨리 회개하도록 하기 위해서 악인의 비참한 모습을 욥 앞에 제시하였었지만, 여기에서는 방향을 바꾸어서, 욥을 달래고 격려하기 위하여 회개하는 자들이 얻게 될 복을 그에게 보여준다. 사역자들은 사람들을 다룰 때에 이 두 가지 방식을 다 시도해서, 시내 산으로부터 율법의 두려운 것들을 말해줌과 동시에 시온 산으로부터 복음의 위로들을 말해 주어야 하고, 생명과 죽음, 선과 악, 축복과 저주를 사람들 앞에 제시하여야 한다. 좀 더 자세하게 살펴보자.

I. 엘리바스가 욥에게 주는 선한 권면. 이 권면은 욥이 악인이기 때문에 지금 하나님에 대하여 낯선 자이자 원수라는 잘못된 전제 위에서 욥에게 주어지고 있는 것이기는 하지만, 그 내용 자체는 우리 모두에게 선한 권면이다.

1. 너는 하나님과 화목하고 평안하라. 어떤 이들은 이 본문을 하나님께 묵묵히 순종하라로 읽기도 한다. 하나님의 섭리에 의한 모든 처분들을 순순히 받아들여서 모든 것을 맡기고 조용히 있는 것은 언제나 우리의 도리이고, 특히 우리가 환난 가운데에 있을 때에는 더더욱 그렇게 하는 것이 우리의 도리이다. 너는 하나님과 합하라(어떤 이들은 이렇게 읽는다). 즉, 하나님의 뜻을 더 이상 거역하지 말고 순순히 받아들이라는 것이다. 흠정역의 번역자들은 이 본문을 잘 번역하였다. "네가 지금까지는 하나님을 경외하는 마음을 내버리고 하나님 앞에서 기도하는 것을 꺼려하여 하나님에 대하여 낯선 자가 되었지만, 이제부터 너는 하나님과 친해져서 하나님을 잘 아는 자가 되라." 하나님과 친밀하게 사귀는 것은 우리 모두에게 본분이자 유익이 되는 일이다. 우리는 교제의 언약 가운데에서 하나님을 아는 지식을 얻고, 하나님에 대한 일편단심을 가지며, 하나님과 하나가 되어야 한다. 그런 후에, 우리는 하나님이 정하신 방식들을 따라서 하나님과 끊임없이 교제할 수 있는 통로를 확보하고서 꾸준히 교제를 해나

가야 한다. 하나님이 우리로 하여금 그를 사귈 수 있도록 허락하신 것은 우리에게 영광스러운 일이고, 죄로 말미암아 우리가 그 통로를 잃어버린 것은 우리에게 불행한 일이며, 그리스도로 말미암아 우리가 다시 그 통로를 회복하게 된 것은 하나님이 우리에게 주신 특권이다. 우리가 하나님과의 사귐을 시작하여 그 사귐을 더욱 깊게 한다면, 그것은 우리에게 이루 말할 수 없는 복이 될 것이다.

2. "평안하라. 초조해하고 불안해하며 혼란스러워하지 말고, 네 자신과 화목하라. 네 마음을 괴롭게 하지 말고, 정신을 차리고서 고요하고 침착한 마음을 가지라. 너의 하나님과 화목하고 화해하라. 이 거룩하지 못한 전쟁을 그만두라. 너는 하나님이 너의 원수라고 불평하는데, 지금이라도 늦지 않았으니 하나님의 벗이 되라." 하나님과 화목하는 것은 우리 각자의 큰 관심이고, 우리가 하나님과 편히 사귀기 위해서는 그것이 꼭 필요하다. 두 사람이 뜻이 같지 않은데 어찌 동행하겠느냐(암 3:3). 우리는 때가 늦기 전에 지금 속히 하나님과 화목하여야 한다. 너를 고발하는 자와 함께 길에 있을 때에 급히 사화하라(마 5:25). 주님은 우리에게 꼭 그렇게 하라고 신신당부를 하신다. 어떤 이들은 이 본문을 "제발 하나님과 친해지고 화목하라"로 읽는다. 하나님이 직접 우리에게 간청을 하시고, 목회자들은 그리스도를 대신해서 우리가 하나님과 화해할 수 있기를 기도한다. 그런데도 우리가 이 모든 간청들을 무시해 버려서야 되겠는가?

3. 너는 하나님의 입에서 교훈을 받으라(22절). "네가 하나님과 화목한 후에, 하나님의 사랑 안에 계속해서 머물고자 한다면, 그의 통치에 복종하고 그의 통치를 받기로 결심하라." 우리가 이 세상에 태어날 수 있었던 것도, 이 세상을 계속해서 살아 나갈 수 있는 것도, 다 하나님의 덕분이다. 우리는 하나님으로부터 우리의 지극한 복을 받고자 소망한다면, 하나님으로부터 가르침을 받아야 한다. 주여, 주께서는 내가 무엇을 행하기를 원하시나이까(행 9:6). 우리가 하나님의 뜻을 어떤 식으로 받든지 간에, 우리는 우리의 눈을 하나님께 고정시켜 놓아야 한다. 하나님이 성경과 사역자들과 양심과 섭리 중에서 어느 것을 통해서 말씀하시든지, 우리는 그 말씀을 하나님의 입에서 나온 것으로 받아들여서 그 말씀에 순복하여야 한다. 욥이 살던 시대에 어떤 기록된 말씀이 있었는지는 우리가 알지 못하지만, 하나님의 뜻을 계시 받는 통로는 존재하였다. 엘리바스는 욥을 악인으로 단정하고 있었기 때문에, 회개하고 삶을 고치라고 욥을 압박

하였다. 죄인의 회심은 여기에 있으니, 그것은 더 이상 세상이나 육신으로부터가 아니라 하나님의 입으로부터 교훈을 받는 것이다. 엘리바스는 지금 욥과 논쟁 중에 있었기 때문에 이 논쟁을 끝내기 위해서 하나님의 말씀에 호소하고 있다. "하나님의 말씀을 받아들이고, 그 말씀에 따라서 결정하라." 마땅히 율법과 증거의 말씀을 따를지니라(사 8:20).

4. 너는 하나님의 말씀을 네 마음에 두라. 우리는 하나님의 말씀을 받는 것만으로는 부족하고, 그 말씀을 마음에 간직해 두어야 한다(잠 3:18). 우리는 하나님의 말씀을 지극히 귀하고 소중한 것으로 여겨서 우리의 마음 깊은 곳에 안전하게 간직해 두어야 한다. 우리는 하나님의 말씀을 대단히 유익한 것으로 여겨서, 기회가 올 때에 금방 찾아서 쓸 수 있고, 꼭 필요한 때에 그 말씀을 찾지 못해서 어쩔 줄 몰라 하거나 완전히 잃어버리는 일이 없도록, 우리 마음속에 간직해 두어야 한다.

5. 너는 전능자에게로 돌아가라(23절). "단순히 죄로부터 돌이키는 것에서 그치지 말고, 하나님에게로 돌아가고 너의 본분으로 돌아가라. 단순히 전능자를 향하여 돌아서는 것에서 그치지 말고, 하나님께로 완전히 돌아가라. 너의 마음과 삶을 철저하고 광범위하게 고치고 바꾸며, 하나님을 꼭 붙들겠다고 확고히 결단하고서, 하나님께로 달려가서 전능자의 손을 잡으라"(풀 목사).

6. 네 장막에서 죄악과 불의를 멀리 하라. 이것은 소발이 욥에게 조언한 것이기도 하다(11:14). "악이나 불의가 네 장막에 있지 못하게 하라. 너의 마음과 손으로부터만이 아니라 너의 집으로부터도 죄악을 멀리 하라. 죄악은 멀리 하면 할수록 더 좋다. 너는 네 스스로 악을 행하지 않아야 할 뿐만 아니라, 네 수하에 있는 자들이 죄를 짓지 못하도록 하여야 한다." 가족의 삶을 개혁하는 것은 빠뜨려서는 안 되는 개혁이라는 것을 명심하라. 우리와 우리의 집은 여호와를 섬겨야 한다.

Ⅱ. 엘리바스가 욥에게 주는 선한 격려. 그는 욥이 이 선한 권면을 받아들이기만 한다면 얼마든지 지극히 복되게 될 것이라고 말한다. 일반적으로 "그리하면 복이 네게 임하리라(21절). 지금 네게서 떠나 갔던 복, 네 마음이 원하는 온갖 복, 현세적이고 영적이고 영원한 복이 네게 임할 것이다. 하나님이 다시 네게 오셔서 너와 관계를 맺고 교제를 가지실 것이다. 또한, 하나님은 네게 오실 때에 그 분 안에 있는 온갖 복도 가지고 오실 것이다. 너는 지금 완전히 망하여

엎드러졌지만, 만약 네가 하나님께로 돌아온다면, 네가 다시 세움을 입을 것이요, 지금은 무너져 폐허가 되어 버린 너의 모든 것들이 다시 회복될 것이다. 너는 자녀들을 다시 얻어서 네 가문이 다시 일어날 것이고, 네 재산도 다시 모여서 네가 부유하게 될 것이며, 네 영혼은 거룩함과 위로를 얻게 될 것이다." 엘리바스가 여기에서 욥을 격려하기 위하여 준 약속들은 다음과 같이 세 가지로 묶어볼 수 있다.

1. 욥이 형통하여 다시 부자가 되고, 현세적인 복들이 그에게 차고 넘치게 부어지리라는 것. 왜냐하면, 경건에는 현세에서의 약속도 따르기 때문이다. 여기에서는 다음과 같은 것들이 약속되고 있다.

(1) 욥이 아주 큰 부자가 되리라는 것(24절). "네가 지금은 모든 것을 잃고 알거지가 되어 있지만, 그 때에는 네 보화를 티끌로 여길 정도로 금과 은이 네게 차고 넘치게 될 것이다(25절)." 욥은 얼마 전까지만 해도 정말 큰 부자였었지만, 엘리바스는 욥이 사기를 치고 압제를 해서 재물을 모았기 때문에 하나님이 그에게서 그 모든 재산을 다 빼앗아 가신 것으로 의심하고 있었다. 그러나 엘리바스는 욥이 하나님께 돌아와서 자신의 도리를 다한다면, 다음과 같이 될 것이라고 약속한다.

[1] 욥이 이전보다 더 큰 부자가 되리라는 것. 그는 많은 양 떼와 소 떼를 소유하고 많은 소작인들을 거느릴 뿐만 아니라, 많은 금과 은을 소유하고 많은 고관들도 거느리게 될 것이다(3:15). 하나님을 섬기면, 세상을 섬길 때보다도 훨씬 더 많은 재물, 참된 재물을 얻게 된다.

[2] 그 재물은 이전보다 더 확실하게 그의 소유가 되리라는 것. "죄악으로 인하여 얻은 재물은 금세 없어져도, 경건으로 인하여 얻어진 재물은 오래 가기 때문에, 너는 너의 재물을 이전보다 더 확실하게 쌓아둘 수 있게 될 것이다." 너는 힘 있는 은을 갖게 될 것이다(원어는 이런 의미이다). 즉, 네가 정직하게 얻은 은(銀)은 잘 닳지도 않고 없어지지도 않는 강철 같은 은이 될 것이다.

[3] 욥이 하나님의 은혜로 말미암아 그의 재물에 마음을 두지 않게 되리라는 것. 엘리바스는 욥이 이전에 자신의 재물에 마음을 두어서 낭패를 당했었다고 생각해서, 이런 말을 하는 것 같다. 우리가 세상 재물을 사랑하는 올무에 걸리지 않을 때에만 재물은 진정한 복이 된다. 너는 금을 쌓아 두게 될 것이지만, 금을 너의 보화나 분깃으로 여기는 것이 아니라 티끌이나 계곡의 돌처럼 여기게

될 것이다. 너는 금을 네 품 속이 아니라 네 발 앞에 쌓아 둘 것이기 때문에(행 4:35), 너의 금을 애지중지하거나 네가 소유한 금으로부터 뭔가를 기대하지도 않게 될 것이다.

(2) 욥이 아주 큰 부자가 되었어도 지극히 안전하리라는 것. 통상적으로 사람이 재물이 많으면 위험한 일을 당하기 쉽고, 욥도 직접 자기 입으로 그가 형통할 때에 평온이 없었다고 고백했지만(3:26), 이런 식으로 부자가 되면, 그는 안전하고 평안할 것이다. 왜냐하면, 전능자가 너를 지키시는 자가 되어 주실 것이기 때문이다. 아니, 하나님 자신이 너의 요새(또는, 너의 방비)가 되실 것이다(25절). 난외주에는 하나님이 너의 금이 되실 것이라고 되어 있다. 하지만, 난외주에서 금으로 번역된 단어는 요새를 의미하기도 한다. 왜냐하면, 돈은 사람을 지켜 주는 요새이기 때문이다(전 7:12). 세상 사람들은 금을 그들의 신으로 삼지만, 성도들은 하나님을 그들의 금으로 삼는다. 하나님의 은총과 은혜로 부요한 자들은 진정으로 가장 좋은 금을 차고 넘치게 쌓아 놓고 있는 것이라고 할 수 있다. 우리는 이 본문을 이렇게 읽는다: "전능자가 네 방비(防備)가 되셔서 주변의 약탈자들로부터 너를 지켜주실 것이다. 그러면, 네 재물이 이전처럼 스바 사람들이나 갈대아 사람들에게 약탈당하는 일은 없게 될 것이다." 어떤 이들은 네 장막에서 불의를 멀리하리라는 말씀을 약속의 의미로 해석해서 그 말씀이 바로 이것을 가리키는 것이라고 생각한다. "너를 해치고자 하는 불의나 해악은 네게 도달하지 못하고 좌절될 것이다." 전능자를 자신의 방비로 삼는 자들은 안전할 수밖에 없다는 것을 명심하라(시 91:1-3).

2. 욥의 영혼이 형통하여, 그가 가장 좋은 복들인 신령한 복들로 부요하게 되리라는 것.

(1) 욥이 하나님 안에서 만족한 삶을 살게 되리라는 것(26절). "그 때에는 네가 전능자를 기뻐하게 될 것이다. 세상 사람들이 돈을 기뻐하듯이, 너는 하나님을 기뻐함으로써, 전능자가 너의 금이 될 것이다. 하나님은 너의 재물이 되고 너의 방비가 되며 너의 존엄이 되실 것이다. 왜냐하면, 하나님은 너의 기쁨이 될 것이기 때문이다." 우리 마음의 소원을 이루는 길은 하나님을 우리 마음의 기쁨으로 삼는 것이다(시 37:4). 하나님께서 그 자신을 우리에게 내어주셔서 우리의 기쁨이 되게 하신다면, 하나님은 우리에게 좋은 것은 그 무엇이라도 다 내어주실 것이다. "네 입으로 직접 고백했듯이, 지금은 하나님이 네게 두려움

이 되신다(6:4; 16:9; 19:11). 그러나 네가 하나님께로 돌아간다면, 오직 그 때에야 하나님은 너의 기쁨이 되실 것이다. 네가 이제까지는 하나님을 생각만 해도 고통스러웠지만, 그 때에는 하나님을 생각만 해도 즐겁게 될 것이다." 그 어떤 기쁨도 은혜 받은 영혼이 전능자 안에서 갖는 기쁨에 비할 수 없다. 하나님과 사귐이 있고 하나님께 전적으로 순종하는 자들은 하나님의 은총이 그들의 힘일 뿐만 아니라 그들의 노래라는 것을 알게 될 것이다.

(2) 욥이 그 마음이 스스로를 책망할 것이 없는(요일 3:21) 자들처럼 하나님을 향하여 겸손하고 거룩한 신뢰를 갖게 되리라는 것. "그 때에 너는 담대하게 하나님께로 얼굴을 들 것이고, 지금과는 달리 하나님께 가까이 나아가는 것을 두려워하지 않을 것이다. 지금 너는 얼굴을 떨구고 풀이 죽어 있다. 그러나 네가 하나님과 화목을 이룬다면, 너는 지금과는 달리 더 이상 얼굴을 붉히거나 두려워 떨거나 머리를 푹 숙이지 않고, 은혜 안에서 기쁜 마음으로 확신 있게 하나님 앞에 나아가서 기도하며 하나님으로부터 오는 복들을 기대할 수 있게 될 것이다."

(3) 욥이 하나님과 끊임없는 교통(交通)을 유지하게 되리라는 것. "한 번 이루어진 하나님과의 소통은 지속적으로 유지되어서 네게 이루 말할 수 없는 만족을 주게 될 것이다. 너와 하늘 간에는 서신이 주기적으로 왕래할 것이고, 필요할 때마다 서신 왕래가 있게 될 것이다(27절)."

[1] "너는 기도를 통해서 하나님께 서신을 보낼 것이다. 너는 그에게 기도하겠고(원어대로 하면, 네가 네 기도를 많이 하리라), 그렇게 보내진 네 서신이 아무리 많고 길다고 해도, 그는 네 서신을 귀찮다고 생각하지 않으실 것이다. 우리는 은혜의 보좌로 자주 나아갈수록 더 많이 환영을 받을 것이다. 너는 무거운 짐이나 걱정이나 두려움이 있을 때나 무엇이 부족할 때마다 기도를 통해서 하늘에 서신을 보내어, 인도하심과 힘과 지혜와 위로와 승리를 구하게 될 것이다."

[2] "하나님은 그의 섭리와 은혜를 통해서 그 서신들에 답하실 것이고, 네가 구한 것들을 네게 주실 것이다. 그는 들으실 것이고, 그가 너를 위해서 또는 네 안에서 행하시는 일들을 통해서 너의 기도를 들으신다는 증거를 보여주실 것이다."

[3] "그 때에는 네가 하나님이 네게 보내신 은혜의 응답들에 대하여 너의 찬

송으로 화답하게 될 것이다. 너의 서원을 네가 갚을 것이고, 하나님께 그것을 기쁘게 받으시고 더 많은 긍휼을 베푸실 것이다." 우리가 곤경 가운데에서 기도했던 것을 하나님이 이루어 주실 때, 우리는 그 때에 우리가 약속하거나 서원했던 것을 꼼꼼히 이행하여야 한다는 것을 명심하라. 그렇지 않으면, 우리는 하나님을 속인 것이 되고 만다. 만약 우리가 아무것도 약속하지 않았다면, 우리는 하나님께 감사하겠다고 약속한 것이고, 그것으로 충분하다. 왜냐하면, 하나님께 감사한다는 것은 다른 모든 것을 포함하는 것이기 때문이다(시 116:14).

(4) 욥이 온갖 외적인 일들을 할 때에 내적인 만족을 얻게 되리라는 것(28절). "네가 무엇을 결정하면 이루어질 것이다. 즉, 너는 너의 모든 계획들을 하나님의 뜻에 합당하게 지혜와 은혜를 따라 세우게 될 것이기 때문에, 그 계획들이 다 이루어 지는 것은 물론이고, 그 결과들이 나올 때에 너는 마음에 만족을 얻게 될 것이다. 너는 믿음과 기도로 네가 하는 일들을 여호와께 맡길 것이기 때문에, 네가 경영하는 것들이 이루어질 것이고(잠 16:3), 그 결과가 어떠하든 너의 마음은 편하고 즐거울 것이다. 하나님의 은혜가 네 안에 평강과 즐거움을 이루실 것이다. 아니, 종종 하나님의 섭리가 네게 네가 원하고 기도하였던 바로 그것을 이루어 주실 것이고, 네가 원하던 방식과 시간에 그것을 네게 이루어 주실 것이다. 그것이 네가 원하는 대로 이루어지리라." 언제라도 어떤 일이 우리가 계획한 그대로 이루어 지고, 우리가 취한 조치들이 하나도 실패하지 않아서 새로운 계획을 세울 필요가 없을 때, 우리는 네가 무엇을 결정하면 이루어질 것이라고 하나님이 약속하신 것이 그대로 이루어졌다는 것을 시인하여야 한다. "지금은 네가 흑암이 네 주위를 둘러싸고 있다고 불평하지만, 그 때에는 네 길에 빛이 비치리라. 즉, 그 때에는 하나님이 너를 인도하시고 지도하셔서, 네가 하는 모든 일들이 형통하고 성공하게 하실 것이다. 하나님의 지혜가 너의 인도자가 되고, 하나님의 은총이 너의 위로가 되어서, 네 길은 이 두 개의 빛 아래 놓여 있게 될 것이기 때문에, 너는 현재의 일들을 평강 가운데에 누릴 것이고, 장래의 일들을 평강 가운데에 기대하게 될 것이다(시 90:17)."

(5) 모든 사람들이 재난과 위험에 처한 때에도 욥은 차고 넘치는 기쁨과 소망을 지니게 되리라는 것(29절). "사람들이 네 주변에서 거꾸러지고, 사람들이 하던 일들이 다 무너지며, 사람들이 의기소침하거나 그 심령이 절망에 빠질

때, 너는 일으키심이 있도다라고 말하게 될 것이다. 너는 너의 환난 가운데에서 너를 떠받쳐주어서 네가 기진하지 않게 해줄 뿐만 아니라 너의 환난 위로 너를 일으켜 주는 하나님의 손길을 발견하고, 더욱 기뻐하게 될 것이다." 사람들이 무서워하므로 기절할 때, 그리스도의 제자들은 기쁨으로 머리를 들게 될 것이다(눅 21:26-28). 이렇게 그들은 땅의 높은 곳에 서게 될 것이고(사 58:14), 하나님이 겸손한 자를 구원하시리라는 말씀에 대한 그들의 믿음이 그들을 일으켜 세워줄 것이다. 자신을 낮추는 자들은 높아져서, 존귀함만이 아니라 많은 위로도 받게 될 것이다.

3. 욥이 그의 땅에 축복이 되고, 많은 사람들에게 복을 가져다 주는 도구가 되리라는 것(30절). 하나님은 너의 기도에 응답하셔서 죄 없는 자들의 섬을 건지시리니, 네 손이 깨끗함으로 말미암아 그 섬이 건지심을 받으리라(30절;KJV). 우리의 기도가 열납되기 위해서는 반드시 우리의 손이 깨끗하여야 한다(딤전 2:8). 그러나 우리는 죄 없는 자들은 건지심을 받을 필요가 없다고 생각할 수 있기 때문에(아브라함의 중보기도에 의한 유익을 원했던 것은 죄 많은 소돔이었다), 나는 죄 없는 자들이 그들의 조언(전 9:14-15)이나 기도나 하늘에 대한 영향력으로(행 27:24) 섬을 건지리라고 읽고 있는 난외주의 읽기가 더 좋다고 본다. 또는, 이 본문은 하나님은 죄 없는 자들을 건지시리니 네 손이 깨끗함으로 그들이 건지심을 받으리라로 읽을 수도 있는데, 이것이 가장 유력한 읽기이다. 선한 자는 그가 사는 땅의 복이라는 것을 명심하라. 죄인들이 그대로 잘 지내는 것은 성도들이 있기 때문이다(죄인들이 이것을 알든 모르든, 이것은 사실이다). 만약 엘리바스가 여기에서 욥의 기도는 하늘에 이르지 못한 기도였고 욥의 손은 깨끗하지 못한 손이었다는 것(욥이 그렇지 않았다면, 자기 자신은 물론이고 다른 사람들도 건져 내었을 것이기 때문에)을 은연중에 암시하고자 한 것이라면(어떤 이들은 실제로 이렇게 생각한다), 그는 나중에 욥이 자기보다 하늘에 대한 영향력이 더 크다는 것이 증명되었을 때에 자신의 잘못을 알고 곤혹스러워하였을 것이다. 왜냐하면, 욥과 이 일에 있어서 결코 죄가 없지 않았던 그의 세 친구는 욥의 손이 깨끗함으로 말미암아 건짐을 받았기 때문이다(42:8).

제
— 23 —
장

개요

이 장에서 엘리바스에 대한 욥의 답변이 시작된다. 이 답변 속에서 욥은 그의 친구들이 한 말을 구체적으로 지목해서 비판하지 않는데, 이는 그가 그렇게 보아야 아무 소용이 없다는 것을 알았기 때문이거나, 엘리바스가 그의 설교의 끝부분에서 해준 선한 권면이 너무 좋아서 그가 앞서 한 속좁은 말들에 대해서는 문제삼지 않는 것이 좋겠다고 생각했기 때문일 것이다. 그 대신에, 욥은 하나님을 향하여 호소하면서, 그의 양심이 그의 결백을 증언해 줄 것임을 확신하고 있었기 때문에, 하나님이 그의 호소를 들으시고 이루어 주실 것을 의심하지 않는다. 이 장 전체에 걸쳐서 육과 영, 두려움과 믿음 간의 싸움이 벌어지고 있는 것으로 보인다. I. 욥이 자기에게 임한 재앙으로 인한 자신의 비참한 처지를 한탄하고, 특히 하나님이 그에게서 떠나가심으로써, 그의 호소가 하나님께 상달되지 않고(2-5절), 하나님이 그에게 행하시는 일들의 의미를 자기가 분별할 수 없게 되었으며(8-9절), 자기가 구원 받을 그 어떤 소망도 얻을 수 없게 된 것을 한탄함(13-14절). 이것은 욥에게 괴로움과 두려움의 깊은 각인을 남겼다(15-17절). 그러나 II. 이러한 한탄 가운데에서도 욥은 하나님의 너그러우심(6-7절)과 자기 자신의 결백(이것에 대해서는 하나님 자신이 증인이시다)에 대한 확신(10-12절)으로 스스로를 위로함. 이렇게 욥의 날의 빛은 완전히 밝은 것도 아니고 완전히 어두운 것도 아니었고, "어두워 갈 때에 빛이 있는" 그런 상태였다(슥 14:6-7).

¹욥이 대답하여 이르되 ²오늘도 내게 반항하는 마음과 근심이 있나니 내가 받는 재앙이 탄식보다 무거움이라 ³내가 어찌하면 하나님을 발견하고 그의 처소에 나아가랴 ⁴어찌하면 그 앞에서 내가 호소하며 변론할 말을 내 입에 채우고 ⁵내게 대답하시는 말씀을 내가 알며 내게 이르시는 것을 내가 깨달으랴 ⁶그가 큰 권능을 가지시고 나와 더불어 다투시겠느냐 아니로다 도리어 내 말을 들으시리라 ⁷거기서는 정직한 자가 그와 변론할 수 있은즉 내가 심판자에게서 영원히 벗어나리라

욥은 그의 친구들이 그에게 잘못하고 있다는 것을 확신하고 있기 때문에, 불리한 상황 속에서도 자신의 주장을 포기하지 않고, 친구들의 말이 최종적인 말이 되도록 내버려 두지도 않는다. 좀 더 살펴보자.

I. 욥은 자기가 자신의 환난에 대하여 분개하는 것을 정당화함(2절). 내가 고백하건대, 오늘도 내게 반항하는 마음과 근심이 있나니, 오늘까지도 내가 불평하고 원망하는 마음은 극심하다. 왜냐하면, 나의 원망의 원인이 된 환난이 극심하기 때문이다. 내 고초와 재난 속에는 쑥과 담즙이 있기 때문에, 내 마음이 그것을 기억하고 원망을 한다(애 3:19-20). 오늘까지 나의 불평은 반항으로 치부되고 있다(어떤 이들은 이렇게 읽는다). 친구들은 욥이 너무나 슬퍼서 별 생각 없이 울분을 터뜨리며 한 말들을 하나님과 그의 섭리에 대한 욥의 정리된 생각으로 해석해서, 그 말들을 반항 또는 배역이라 불렀다. 욥은 이렇게 말한다: "그러나 나는 까닭 없이 원망하고 불평하는 것이 아니다. 왜냐하면, 내가 받는 재앙이 나의 탄식보다 무겁기 때문이다. 오늘까지 너희가 나를 깨우치고 위로하기 위해서 온갖 말들을 다했지만, 내 육신의 고통과 내 심령의 상처는 이전보다 더 심해졌기 때문에, 내게는 불평하고 원망할 이유가 충분히 있다." 만약 우리의 탄식이 우리의 재앙보다 더 무겁다면, 그것은 마치 고집 센 아이가 울며 보채면서 자기가 원하던 것을 받고서도 아무것도 안 받았다고 막무가내로 우는 것과 마찬가지로, 우리가 하나님에게 누명을 씌우는 것이나 마찬가지이다. 그러나 우리의 재앙이 우리의 탄식보다 더 무겁다면, 그것은 우리가 잘못하는 것이 아니다.

II. 욥이 그의 친구들의 비난을 하나님의 의로우신 심판에 맡김. 그는 이것이 그가 위선자가 아니라는 것을 보여주는 증거라고 생각하였다. 만약 그가 실제로 위선자라면, 그는 감히 이런 식의 호소를 할 수 없을 것이기 때문이다. 사도 바울은 그를 심판하실 이는 주님이시라는 사실로 인해서 스스로 위로를 받을 수 있었기 때문에, 사람들의 판단을 대수롭지 않게 생각하고(고전 4:3-4), 하나님이 정하신 심판의 날이 이를 때까지 기꺼이 기다릴 수 있었다. 반면에, 욥은 울분에 차서 심판의 날이 올 때까지 참지를 못하고, 하나님의 특명에 의해서 그 날이 앞당겨져서 그의 송사가 하루라도 빨리 처리되어 자신의 결백이 밝혀지기를 바란다. 야고보 사도는 당시에 고난을 받고 있던 그리스도인들에게 모든 것을 심판하실 주님이 다시 오실 때까지 참고 기다려야 한다고 역설하지 않으면 안 되었다(약 5:7-9).

1. 욥은 하나님의 법정이 공평하다는 것을 확신하고 있었기 때문에 자기가 그 법정 앞에 서기를 고대함(3절). 내가 어찌하면 하나님을 발견할까. 이것은 죄로 말미암아 하나님을 잃어서 그 은총을 다시 회복하지 못한다면 영원히 망할 수밖에 없다는 것을 깨달은 어떤 영혼의 경건한 절규를 표현하기에 적절한 말이다. "내가 어찌하면 하나님의 은총을 회복할 수 있을까! 내가 어찌하면 하나님과의 언약과 교제 속으로 들어갈 수 있을까(미 6:6-7)!" 이것은 하나님으로부터 버림 받은 가엾은 영혼의 절규이다. "내 마음으로 사랑하는 자를 너희가 보았느냐(아 3:3). 내가 어디에서 그를 찾을 수 있는지를 안다면 얼마나 좋을까! 자기에게로 오는 길을 열어 놓으신 그가 나를 그 길로 인도하시며 그 길 가운데에서 나를 인도하신다면 얼마나 좋을까!" 그러나 욥은 여기에서 아주 대담하게도 그의 친구들이 그에게 누명을 씌웠는데, 그가 그의 누명을 벗겨 주실 하나님께 어떻게 나아가야 하는지를 알지 못해서 답답하고, 만약 자기가 그것을 알았다면 하나님이 계신 처소로 나아가서 그렇게 해주실 것을 당당히 요구하였을 것이라고 탄식한다. 죽음과 심판을 인내로써 기다리는 것이 우리의 지혜이자 도리이지만, 두렵고 떨리는 거룩한 마음이 없이는 우리는 그렇게 할 수가 없다. 하지만 그러한 두렵고 떨리는 마음도 없이 혈기가 나서 죽고 싶다고 말하거나 어서 빨리 심판해 달라고 요구하는 것은 우리의 죄이자 어리석음이기 때문에 우리에게 합당하지 않다. 우리가 죽음과 심판이 무엇인지를 얼마나 잘 알고 얼마나 잘 준비가 되어 있기에, 우리에게 그런 것들을 더 준비할 시간이 필요없다는 말인가? 이렇게 혈기가 나서, 여호와의 날을 사모하는 자들에게 화 있을진저(암 5:18).

2. 욥은 자신의 주장이 옳다는 것을 확신하고 있었기 때문에 그 주장을 하나님의 법정에서 펼쳐 보일 수 있기를 고대함(4절). "어찌하면 하나님 앞에서 내가 호소하며 나의 주장을 펴서 이 문제의 진실을 밝힐 수 있을까. 나는 나의 결백을 밝혀줄 증거들을 적절하게 제시하고, 그것을 증명하기 위해서 변론할 말을 내 입에 채우고 싶다." 우리는 이 말을 우리의 기도에 적용할 수 있을 것이다. 우리가 예수의 피를 힘입는다면, 우리는 기도를 통해서 지성소에 들어가고 심지어 은혜의 보좌의 발등상 바로 앞까지 나아갈 담력을 얻을 수 있다(히 10:19). 우리는 자유롭게 하나님 앞에 나아갈 수 있을 뿐만 아니라, 하나님 앞

에서 허심탄회하게 말할 수도 있다. 하나님은 우리가 다음과 같이 하는 것을 허락하셨다.

(1) 우리는 하나님 앞에 우리의 송사를 제기하고, 우리가 구하는 것들을 구체적으로 말씀드리며, 우리의 모든 고충들을 우리가 가장 적절하다고 생각하는 방법으로 낱낱이 하나님 앞에 내놓을 수 있다는 것. 우리는 세상의 왕들 앞에서는 감히 자유롭게 우리의 말을 다하기 힘들지만, 겸손하고 거룩한 영혼은 하나님 앞에서 허심탄회하게 모든 것을 다 아뢸 수 있다.

(2) 우리는 우리가 원하는 것들을 하나님께 끈질기게 구할 수 있다는 것. 우리는 기도할 뿐만 아니라 항변할 수도 있고, 구할 뿐만 아니라 변론할 수도 있다. 아니, 우리는 하나님을 움직이기 위해서가 아니라(하나님은 우리가 말하기도 전에 이미 우리의 변론의 옳고 그름에 대해 완벽하게 알고 계시기 때문에) 우리 자신을 움직이고, 우리가 믿음으로 힘 있게 기도할 수 있도록 하기 위하여 변론할 말들을 우리의 입에 채울 수 있다.

3. 욥은 자기에게 유리한 판결이 나올 것을 확신하고 있었기 때문에 하나님의 판결을 듣기를 고대함(5절). "하나님이 내게 대답하시는 말씀을 내가 알기를 원한다. 즉, 나는 너희와 나 사이에서 논란이 되고 있는 이 문제에 대하여 하나님이 말씀하시는 것을 기꺼이 듣고자 하고, 하나님의 판단에 전적으로 따르고자 한다." 모든 논쟁에서 우리는 이러한 태도를 갖는 것이 합당하다. 하나님의 말씀이 모든 논쟁을 결정하게 하여야 하고, 우리는 하나님이 어떤 대답을 하시는지를 알고 하나님이 어떤 말씀을 하시는지를 이해하여야 한다. 욥은 그의 친구들이 그에게 어떤 대답을 할지를 너무나 잘 알고 있었다. 그들은 그를 정죄하고 짓밟고자 할 것이었다. 욥은 이렇게 말한다: "그러나 나는 하나님이 내게 무슨 대답을 하실지를 알기 원한다. 왜냐하면, 나는 나의 친구들의 판단과는 달리 하나님의 판단은 진리대로 될 것임을 확신하기 때문이다. 나는 나의 친구들의 말은 이해할 수가 없다. 그들이 하는 말들은 거의 이치에 맞지 않는다. 그러나 하나님이 말씀하시면, 나는 그 말씀을 이해할 수 있을 것이기 때문에, 온전히 만족하게 될 것이다."

Ⅲ. 욥은 하나님이 이 문제에 있어서 그의 편을 들어주실 것이라는 소망으로 위로를 삼음(6-7절).　하나님과 상관이 있는 모든 일에서 우리가 늘 하나님을 좋은 쪽으로 생각하는 것은 우리에게 대단히 유익하다는 것을 명심하라. 욥

은 다음과 같이 믿는다.

1. 하나님이 그를 힘으로 눌러 버리지 않으시리라는 것. 하나님은 절대 주권이나 엄격한 공의로 그를 대하지도 않으실 것이고, 고압적인 손이나 강한 손으로 그를 대하지도 않으실 것이다. 그가 큰 권능을 가지시고 나와 더불어 다투시며 나를 대적하여 반론을 펴시겠느냐. 결코 그럴 리가 없다. 욥의 친구들은 그들이 지닌 모든 권능으로 그를 대적하여 반론을 폈다. 그러나 하나님도 과연 그렇게 하실까? 결코 그렇게 하지 않으실 것이다. 사람의 권능과는 달리, 하나님의 권능은 지극히 의롭고 거룩하다. 완악하여 불신앙 가운데에서 회개치 않는 자들에 대해서는 하나님이 그의 큰 권능으로 그들을 대적하시며 그들의 말에 **반박하실** 것이다. 그들의 멸망은 하나님의 권능의 영광에 의해서 이루어질 것이다(살후 1:9). 그러나 하나님을 사랑하고 의지하는 자기 백성에 대해서는 하나님은 불쌍히 여기시는 자애로운 마음으로 대하실 것이다.

2. 반대로, 하나님은 그에게 힘을 더하여 주셔서 그로 하여금 하나님 앞에서 그의 주장을 펼치게 하시리라는 것. "하나님은 내가 나의 결백을 밝힐 수 있도록 내 속에 힘을 넣어 주시고 나를 붙들어 주실 것이다." 하나님은 교만한 죄인들을 대적하는 데에 사용하시는 바로 그 동일한 권능을 겸손한 성도들의 편을 드는 데도 사용하신다. 그렇기 때문에, 성도들은 야곱이 그랬던 것처럼(호 12:3) 하나님으로부터 나온 힘을 의지해서 하나님을 이긴다(시 68:35을 보라).

3. 그 결과는 반드시 좋으리라는 것(7절). 최종적인 판결이 이루어질 하늘의 법정에서는 의인들이나 정직한 자들이 하나님과 **변론해서** 자신의 의를 입증하게 될 것이다. 이 세상에서는 정직한 자들이라고 해도 흔히 주께 징계를 받을 뿐만 아니라, 그 징계에 대하여 변론하거나 항변할 수도 없다. 아무리 결백하다고 해도, 그것은 재난이나 중상모략을 막아주는 방패막이가 되어 주지 못한다. 그러나 그 날에는 하나님이 그의 대권으로 환난을 내리신다고 하여도, 의인들이나 정직한 자들은 세상과 함께 정죄함을 받지 않을 것이다(고전 11:32). 그 때에 너희가 의인과 악인을 분별하게 될 것이고(말 3:18), 의인과 악인이 처해질 영원한 운명의 차이는 하늘과 땅의 차이일 것이다. 하지만 이 세상에서는 우리는 의인과 악인을 거의 구분할 수 없고, 두 부류의 외적인 상태는 거의 차이가 나지 않는다. 왜냐하면, 모든 일이 모든 사람에게 동일하게 일어나기 때문이다. 최종적인 선고가 내려질 그 때에 "내가 나의 심판자에게서 영원히 벗어나리라.

즉, 나는 내 친구들의 부당한 비난들과 지금 여기에서 내게 너무나 큰 두려움인 저 하나님의 심판으로부터 구원을 받게 될 것이다." 하나님을 그들의 소유주이자 통치자로 삼아서 그들 자신을 맡긴 자들은 그들의 심판자이자 복수자가 되시는 하나님으로부터는 영원히 건짐을 받게 될 것이다. 하나님의 공의로부터 벗어나 달아나는 유일한 길은 하나님의 긍휼로 날아드는 것이다.

[8]그런데 내가 앞으로 가도 그가 아니 계시고 뒤로 가도 보이지 아니하며 [9]그가 왼쪽에서 일하시나 내가 만날 수 없고 그가 오른쪽으로 돌이키시나 뵈올 수 없구나 [10]그러나 내가 가는 길을 그가 아시나니 그가 나를 단련하신 후에는 내가 순금 같이 되어 나오리라 [11]내 발이 그의 걸음을 바로 따랐으며 내가 그의 길을 지켜 치우치지 아니하였고 [12]내가 그의 입술의 명령을 어기지 아니하고 정한 음식보다 그의 입의 말씀을 귀히 여겼도다

이 단락에는 다음과 같은 내용들이 나온다.

I. 욥은 자기에 대한 하나님의 섭리들이 지닌 의미를 이해할 수 없어서 정말 어쩔 줄을 모르겠다고 탄식함(8-9절).　　내가 앞으로 가도 그가 아니 계시고 뒤로 가도 보이지 아니하는구나. 엘리바스는 앞에서 욥에게 하나님과 잘 사귀어 보라고 권면하였었지만, 욥은 여기에서 이렇게 말한다: "어찌해야 하나님과 사귈 수 있는지를 내가 알기만 한다면, 나는 온 마음을 다해서 그렇게 하고 싶다." 욥은 하나님 앞에 나아가서 그의 사정을 아뢰고 하나님의 판단을 받아내고 싶은 마음이 굴뚝 같았지만, 심판자이신 하나님을 어디에 가야 만날 수 있는지를 알 수가 없었다. 어느 쪽을 둘러보아도, 욥은 하나님이 그를 위해 나타나셔서 그의 결백을 증명해 주실 것이라는 징후를 전혀 볼 수 없었다. 하나님이 어디에나 계신다는 것을 욥이 믿었다는 것은 의심의 여지가 없다. 그러나 욥은 여기에서 다음과 같은 세 가지에 대하여 탄식하는 것으로 보인다.

1. 욥은 자기에게 일어난 일들이 무엇을 의미하는지에 대하여 도무지 생각을 정리할 수 없고 갈피를 잡을 수 없다고 탄식함. 그는 그가 겪는 환난들 때문에 마음이 조급해지고 산란해져서, 소스라치게 놀란 사람처럼 어쩔 줄을 몰라서 이리 뛰어다니고 저리 뛰어다니지만 혼란스럽기만 할 뿐이고 아무것도 정리되는 것은 없었다. 만약 그가 마음과 생각을 모아서 믿음으로 하나님을 간절

히 바라볼 수만 있었다면, 그는 힘을 얻을 수 있었을 것이지만, 그의 심령이 어지럽고 요동치고 있었기 때문에, 그렇게 할 수가 없었다. 병들거나 우울에 빠져 있는 자들의 공통적인 하소연은 어떤 것이 좋은지를 뻔히 알면서도 그것을 활용할 수 없다는 것이다.

2. 욥은 그가 왜 환난을 겪어야 하는지와 하나님이 그의 어떤 죄 때문에 진노하셔서 그와 다투시는 것인지를 도무지 알 수 없다고 탄식함. 그는 자신의 행실을 낱낱이 다 살피고 검토해 보았지만, 자기가 남들보다 더 큰 벌을 받을 만한 죄를 지었다는 것을 발견할 수 없었고, 하나님이 다른 어떤 목적으로 이렇게 그에게 환난을 주시는지를 알아낼 수가 없었다.

3. 욥은 이 일의 결말이 어떻게 될지, 하나님이 그를 결국 구원해 주실지, 만약 구해 주신다면 언제 어떠한 방법으로 구원해 주실지를 내다볼 수 없다고 탄식함. 그는 구약 교회가 탄식하였던 것처럼(시 74:9) 하나님이 그를 구원하러 나타나실 징후를 볼 수 없었고, 그의 환난이 얼마나 오래갈지를 그에게 말해주는 징후도 전혀 없었다. 그는 하나님이 그에게 환난을 주시는 의도가 무엇인지를 알 수 없어서 극도의 혼란 속에 빠져 있었다. 그가 그 어떤 추정을 하더라도, 그 추정과는 맞지 않는 이런저런 일들이 벌어졌다.

II. 욥은 하나님 자신이 그의 결백을 증언해 주실 증인이시라는 것으로 위로를 삼고, 그렇기 때문에 그 결과가 좋으리라는 것을 의심하지 않았다는 것.

1. 욥은 하나님의 계획이라는 미로(迷路) 속에서 길을 잃고 거의 스스로 판단을 할 수 없는 상태가 되어 버리자, 마침내 땅바닥에 주저앉아서 다음과 같은 생각을 하는 것으로 만족함. "나는 하나님이 가시는 길을 알지 못하지만(주의 길이 바다에 있고 주의 곧은 길이 큰 물에 있어서, 주의 생각이나 길은 우리가 도저히 알 수 없는 것이기 때문에, 우리가 주의 길을 판단하려고 하는 것은 주제 넘은 짓이다), 하나님은 내가 가는 길을 아신다(10절)."

(1) 하나님은 욥이 걸어온 길을 아신다는 것. 친구들은 그들이 알지 못하는 것에 대하여 판단하려 하였기 때문에, 욥이 범하지 않은 죄를 거론하며 욥을 고소하고 비난하였다. 그러나 하나님은 욥이 지난 날 걸어온 모든 발걸음을 다 아시기 때문에 그렇게 하지 않으실 것이다(시 139:3). 정직한 자들에게는 사람들이 그들의 본심을 알지 못하고 알 수 없으며 알려고 하지도 않지만, 하나님은 그들의 본심을 다 알고 계시다는 것 자체가 큰 위로가 된다는 것을 명심하

라.

(2) 하나님은 욥이 걸어온 길을 인정하신다는 것. "내가 종종 그릇된 걸음을 걸었을지라도, 나는 본질적으로 선한 길을 따르고 진리의 길을 택하였다는 것을 하나님은 아시고 인정하신다." 즉, 하나님은 의인들의 길을 인정하시는(시 1:6) 분이시기때문에, 욥이 걸어온 길도 인정하시고 기뻐하신다는 것이다. 이 진리는 선지자 예레미야에게 위로가 되었다(렘 12:3): 여호와여 주께서 나를 아시고 나를 보시며 내 마음이 주를 향하여 어떠함을 감찰하시나이다. 이 진리를 근거로 욥은 그가 나를 단련하신 후에는 내가 순금 같이 되어 나오리라(10절)고 추론한다. 여호와의 도를 지키는 자들은 환난을 당할 때에 다음과 같은 세 가지의 것으로 인해서 위로를 얻을 수 있다.

[1] 그들은 단지 연단받고 있는 중이라는 것. 그들이 겪는 환난은 그들을 해치기 위한 것이 아니라, 그들을 존귀하게 하고 유익하게 하기 위한 것이다. 그것은 그들의 믿음에 대한 연단이다(벧전 1:7).

[2] 하나님은 그들을 다 연단하신 후에는 용광로에서 꺼내실 것이고, 쇠똥이나 내버린 은처럼 그들을 그 안에 내버려 두어서 다 타버리게 하지 않으시리라는 것. 연단은 반드시 끝이 있을 것이다. 하나님은 영원히 다투시는 그런 분이 아니시다(사 57:16).

[3] 그들은 그 자체로 순수하고 제련사에게 소중한 순금이 되어 나오리라는 것. 그들은 불순물이 하나도 없는 것으로 인정받고 검증된 순금이 되어 나올 것이다. 우리는 금광석이고, 환난은 용광로이다. 용광로 속으로 들어간 금광석이 더 나쁜 상태가 되어 나오는 일은 없다.

2. 욥으로 하여금 그의 현재의 환난이 결국 이렇게 선하게 끝나리라는 소망을 갖도록 해준 것은 그가 지난날에 하나님을 경외하는 가운데에 선한 삶을 살았다는 것을 계속해서 증언해 주고 있는 그의 양심이었다는 것.

(1) 욥은 내내 하나님의 길을 걸어 왔다는 것(11절). "내 발이 그의 걸음을 따랐다. 즉, 내 발은 나보다 앞서 가신 하나님의 발걸음을 바로 뒤에서 그대로 따라 갔다. 나는 하나님의 모범을 그대로 따라하고자 애를 써 왔다." 선한 자들은 하나님을 따르는 자들이다. 또는, "나는 하나님의 섭리에 순응해 왔고, 그 섭리의 모든 의도를 좇기 위해서 한 걸음 한 걸음 섭리를 바짝 뒤따라 가고자 애를 써 왔다." 또는, "하나님의 발걸음들은 그가 내게 그대로 밟고 따라오라

고 하신 발걸음들이다. 신앙과 진실한 경건의 길, 그 길을 나는 지금까지 지켜 왔고, 거기에서 벗어나지 않았다. 나는 배교를 행하여 그 길로부터 완전히 떠난 적도 없었을 뿐만 아니라, 고의적으로 죄를 범하여 그 길에서 잠시 벗어난 적도 없었다." 욥이 하나님의 발걸음들을 그대로 따라왔고 하나님의 길로 내내 걸어 왔다는 것은 시험하는 자가 욥을 곁길로 유인해 내기 위해서 속임수나 강압적인 힘과 같은 자신의 온갖 계교들을 다 사용하였었지만, 욥이 하나님의 은혜로 말미암아 단단한 각오로 자신의 신앙을 지켜 왔었다는 것을 암시한다. 이렇게 신앙을 지키고자 하는 자들은 단단한 각오로 하나님의 발걸음을 따라가고, 정신을 바짝 차려서 하나님의 길을 벗어나지 말아야 한다.

(2) 욥은 하나님의 말씀을 자신의 규범으로 삼아서 행해 왔다는 것(12절). 그는 하나님의 입술의 명령에 의지해서 자기 자신을 다스렸고, 그 명령에서 벗어나지 않고 그 명령을 따라 앞으로 전진해 나가고자 하였다. 하나님의 계명들의 길에서 우리가 그 어떤 어려움들을 만나거나, 그 계명들이 우리로 하여금 광야를 통과하도록 인도할지라도, 우리는 되돌아갈 생각을 해서는 결코 안 되고, 목적지를 향하여 전진해 나가야 한다. 욥은 자신의 행실 속에서 하나님의 법을 꼼꼼하게 지켰다. 왜냐하면, 하나님의 법에 대한 욥의 분별력과 사랑이 그로 하여금 그렇게 하도록 이끌었기 때문이다. 내가 정한 음식보다 그의 입의 말씀을 귀히 여겼도다. 즉, 그는 하나님의 말씀을 그의 일용할 양식으로 여겼다. 일용할 양식이 없이는 사람이 살 수 없듯이, 그는 하나님의 말씀 없이는 살 수 없었다. 욥은 적의 포위 공격을 대비해서 양식을 비축해 놓는 성 주민들이나 흉년이 오기 전에 미리 곡식을 저장하여 쌓아 두었던 요셉처럼 하나님의 입의 말씀을 쌓아 두었다(원어는 이런 의미이다). 엘리바스는 욥에게 하나님의 말씀을 그의 마음에 쌓아 두라고 권면했었다(22:22). 욥은 이렇게 말한다: "나는 하나님께 죄를 짓지 않기 위해서, 그리고 선한 청지기처럼 다른 사람들에게 유익이 될 말씀들을 그때그때 꺼내다 주기 위해서, 언제나 하나님의 말씀을 나의 마음에 쌓아 두었고, 지금도 그렇게 하고 있다." 우리의 몸에 일용할 양식이 꼭 필요하듯이, 우리의 영혼에는 하나님의 말씀이 꼭 필요하다는 것을 명심하라. 하나님의 말씀은 우리의 신령한 삶을 지탱해 주고, 우리에게 능력을 주어서 신령한 삶을 살 수 있게 해준다. 하나님의 말씀이 없이는 우리가 생존할 수 없고, 그 어떤 것으로도 하나님의 말씀을 대신할 수 없다. 그러므로 우리는 하나님의 말

씀을 귀히 여기고, 그 말씀을 얻기 위해 수고하며, 그 말씀에 주리고 목말라 하며, 기쁨으로 그 말씀을 먹고, 그 말씀으로 우리의 영혼에 자양분을 공급해야 한다. 평소에 그렇게 해두면, 우리는 여기에서 욥이 그랬듯이 악한 날에 즐거워할 수 있게 될 것이다.

[13]그는 뜻이 일정하시니 누가 능히 돌이키랴 그의 마음에 하고자 하시는 것이면 그것을 행하시나니 [14]그런즉 내게 작정하신 것을 이루실 것이라 이런 일이 그에게 많이 있느니라 [15]그러므로 내가 그 앞에서 떨며 지각을 얻어 그를 두려워하리라 [16]하나님이 나의 마음을 약하게 하시며 전능자가 나를 두렵게 하셨나니 [17]이는 내가 두려워하는 것이 어둠 때문이나 흑암이 내 얼굴을 가렸기 때문이 아니로다

어떤 이들은 욥이 여기에서 자신의 결백을 보여줄 무수한 증거들이 있음에도 불구하고 하나님은 조금도 쉬지 않으시고 그를 벌하심으로써 불의하고 부당하게 대하셨다고 불평하고 있는 것으로 본다. 나는 거룩한 욥이 거룩하신 하나님을 책(責)잡아 비난하고 있는 것이라고 생각하기는 싫지만, 여기에 나오는 욥의 불평은 실제로 속좁고 신랄하며, 그는 자기가 어쩔 수 없이 참고 있는 것이라고 말한다. 이것은 하나님이 그를 가혹하게 대하고 계시지만, 어쩔 도리가 없어서 참을 수밖에 없다고 욥이 생각하지 않았다면 나올 수 없는 말이다. 욥이 한 최악의 말은 하나님이 그를 도무지 이해할 수 없는 방식으로 다루시고 계시다는 것이다.

I. 욥이 선한 진리들을 진술하고, 그것들은 선하게 활용될 수 있는 진리들이라는 것(13-14절).

1. 하나님의 계획은 변하지 않는다는 것. 그는 뜻이 일정하시니 누가 능히 돌이키랴. 어떤 이들은 이 본문을 이렇게 읽기도 한다: 그는 한 분이시니 누가 능히 돌이키랴. 하나님 곁에는 그를 설득하여 그의 뜻을 바꾸시게 할 수 있는 모사들이 없다. 하나님은 혼자이시기 때문에, 그의 마음을 결코 바꾸지 않으시고, 그의 조치들을 결코 변경하지 않으신다. 사람들의 기도는 하나님의 길과 섭리를 바꾸는 힘을 지니고 있지만, 하나님의 뜻이나 목적이 바뀌는 것은 결코 아니다. 왜냐하면, 하나님은 그가 하시는 모든 일들을 아시기 때문이다.

2. 하나님의 권능은 거역할 수 없다는 것. 하나님은 그의 마음에 하고자 하시

는 것이면 그것을 행하시고, 그 어떤 것도 하나님의 길을 방해하거나 하나님으로 하여금 계획을 다시 세우시게 할 수 없다. 사람들은 하고자 하면서도 할 수 없거나 감히 하지 못하는 일들이 많다. 그러나 하나님은 그 누구도 이의를 제기할 수 없는 절대 주권을 가지고 계신다. 하나님의 뜻은 완벽하게 정결하고 의롭기 때문에, 하나님이 자기가 결정한 모든 일들을 실행에 옮기시는 것은 너무나 합당하다. 하나님은 그 누구도 간섭할 수 없는 권능을 가지고 계신다. 그의 손을 금할 자가 아무도 없다(단 4:35). 여호와께서 그가 기뻐하시는 모든 일을 다 행하셨고(시 135:6), 또한 언제나 행하실 것이다. 왜냐하면, 여호와께서 기뻐하시는 일은 항상 지극히 선한 일이기 때문이다.

3. 하나님이 행하시는 모든 일은 그의 뜻과 계획에 따라 이루어진다는 것(14절). 그가 내게 작정하신 것을 이루실 것이라. 우리에게 무슨 일이 일어나든, 그것을 행하시는 이는 하나님이시다(시 57:2). 하나님의 비밀이 다 밝혀지게 될 그 날이 오면, 하나님이 행하신 모든 일이 얼마나 기가 막히게 놀라운 일이었는지가 드러날 것이다. 하나님은 미리 작정된 일들만을 행하시고, 그것도 미리 정해진 시간에 미리 정해진 방법으로 행하신다. 그러므로 우리는 할 말이 없게 될 것이다. 왜냐하면, 미리 작정된 것은 변경될 수 없기 때문이다. 그러나 하나님이 우리를 영생과 영광으로 이끄시기로 작정하시고서, 그 목적지를 향하여 가는 도중에 우리에게 꼭 필요한 환난들을 정해 두신 것임을 생각한다면, 우리는 할 말이 없게 되는 것이 아니라, 그 모든 것이 우리의 최고의 유익을 위한 것임을 알고서 만족하게 될 것이다. 우리가 하나님이 행하시는 모든 일의 의미를 지금은 알지 못하지만, 장래에는 알게 될 것이다.

4. 하나님이 행하시는 모든 일은 그의 섭리의 율례(律例)를 따라 이루어진다는 것. 이런 일이 그에게 많이 있느니라. 즉, 하나님은 그의 섭리를 베풀어 나가실 때에 우리가 도저히 설명할 수 없어서 하나님의 절대 주권으로 돌릴 수밖에 없는 많은 일들을 행하신다는 것이다. 우리가 어떤 환난 가운데에 있다면, 다른 사람들도 이미 그와 비슷한 환난을 겪은 적이 있을 것이다. 우리의 경우는 결코 특이한 것이 아니다. 우리의 형제들도 동일한 고난을 당한다(벧전 5:9). 우리가 병들거나 몹시 아프거나 빈곤해졌거나 모든 것을 다 잃었는가? 우리의 자녀들이 먼저 이생을 떠났거나, 우리의 친구들은 우리에게 냉정한가? 그것은 하나님이 우리에게 작정하신 것이고, 이런 일이 그에게 많이 있다. 우리 때문에 땅

이 버림을 받겠느냐(18:4).

Ⅱ. 욥이 이 선한 진리들을 악용한다는 것. 만약 그가 이 진리들을 제대로 깊이 생각했더라면, 그는 이렇게 말했을 것이다: "그러므로 나는 마음이 편하고 즐거우며, 나에 대한 하나님의 길을 기꺼이 받아들일 수 있고, 내가 겪는 환난들이 결국에는 선하게 끝날 것이라는 소망 가운데에서 즐거워할 수 있다." 그러나 실제로 그는 이렇게 말하였다: 그러므로 내가 그 앞에서 떤다(15절). 하나님을 기억하고 떨었다(시 77:3)고 말한 시편 기자처럼, 하나님 앞에서 떠는 자들은 실제로 그 심령이 불안한 자들이다. 가엾은 욥은 지금 엄청난 혼란 속에 있는 것이 분명하다. 왜냐하면, 그는 앞뒤가 안 맞는 말을 하고 있기 때문이다. 방금 전까지만 해도, 그는 하나님이 자기 앞에 계시지 않아서 불안해 떨었다(8-9절). 그런데 지금 그는 하나님 앞에서 떤다. 내가 깊이 생각할 때면, 나는 그를 두려워한다. 그가 생각에 잠길수록, 그의 두려움은 더욱 커졌다. 실제로 우리가 깊이 생각해 보면, 우리는 하나님을 두려워해야 할 이유가 있다는 것을 알게 되는데, 그것은 우리 자신은 죄악되고 사악한 데 비해서 하나님은 한량 없이 공의로우시고 정결하시다는 것이다. 그럼에도 불구하고, 하나님이 구속주 안에서 베푸신 은혜와 우리가 그 은혜를 받아들인 것을 깊이 생각한다면, 우리의 두려움은 사라지고, 하나님 안에서 소망을 가질 이유가 있다는 것을 알게 될 것이다. 욥이 그의 심령의 상처들로 인해서 어떤 모습이 되었는지를 보라.

1. 그는 몹시 두려워하게 되었다는 것(16절). 하나님이 나의 마음을 약하게 하시며 전능자가 나를 두렵게 하셨나니, 그 결과 나는 아주 조그만 것도 참을 수 없게 되어 버렸고, 바스락 소리만 나도 두려워하게 되었다. 요시야처럼 은혜를 받아 그 마음이 부드러워져서 하나님의 말씀 앞에서 두려워 떠는 경우가 있지만, 여기에서 욥의 경우는 걱정과 근심으로 마음이 약해져서 현재의 모든 것에 압박감을 느끼고 장래의 모든 일에 위협을 느끼게 된 경우이다.

2. 그는 심기가 몹시 불편해져서 툭 하면 화를 내게 되었다는 것.

(1) 그는 그에게 환난이 닥치기 전에 죽었어야 하는데 그렇게 되지 않았다고 하나님께 불평을 함. 만약 그가 일찍 죽었다면 결코 환난을 보지 않았을 것인데, 하나님이 그를 괴롭히기 위해서 그렇게 하지 않으셨다는 것이다(이는 내가 어둠 이전에 끊어지지 아니하였음이라(KJV), 17절). 그렇지만, 만약 그가 한창 형통하며 승승장구할 때에 스올로 내려오라는 호출을 받았다면, 아마도 그는

하나님이 너무 가혹하시다고 생각했을 것이다. 이런 것을 생각하면, 우리는 죽음이 올 때에 그 죽음을 순순히 받아들이는 것이 좋다는 것을 알게 된다. 왜냐하면, 우리가 그 때에 죽지 않는다면, 그 후에 어떤 재앙이 우리에게 닥칠지는 아무도 모르는 일이기 때문이다. 그러나 환난이 임했을 때, 우리가 그 환난을 보기 전에 죽었더라면 좋았을 것이라고 생각하는 것은 어리석은 짓이고, 도리어 그 환난을 최대한으로 선용하는 것이 옳은 일이다.

(2) 그는 하나님이 그로 하여금 오래 살아 남아 있게 하셔서 그가 환난을 겪게 되었고, 하나님이 그를 스올로 데려가서 숨기지 않으셨기 때문에 흑암이 그의 얼굴을 뒤덮은 것이라고 하나님께 불평함. 우리는 욥의 경우에서 볼 수 있듯이 정직한 자에게는 종종 흑암 가운데에서 기이한 빛이 비친다는 것을 기억하고서, 빨리 죽어서 흑암을 피하기를 바랄 것이 아니라 흑암을 참고 견뎌내야 한다. 게다가, 흑암 이후에는 더 기이한 빛이 정직한 자들을 위해 예비되어 있다.

제
— 24 —
장

개요

욥은 앞 장에서 불평과 하소연을 통해서 자신의 울분을 토해낸 후에 얼마간 마음이 편해졌는지, 여기에서는 갑자기 불평하는 말을 그치고, 악인들의 형통이라는 문제를 놓고 그와 그의 친구들 사이에 벌어졌던 교리 논쟁을 다시 꺼내든다. 욥은 앞에서 불경건하고 속되며 온갖 경건의 행위들을 멸시하는 많은 자들이 편안하게 잘 살아간다는 것을 보여주었었다(21장). 이제 그는 여기에서 한 걸음 더 나아가, 인류에게 해악을 끼치고 공의와 정직의 모든 법들을 공개적으로 무시하며 살아가는 많은 자들이 번창하며 그들의 불의한 행위들이 성공하는 것을 보여준다. 그리고 우리는 그런 자들이 이 세상에서 벌을 받는 것을 보지 못한다. 욥은 앞에서 "강도의 장막은 형통한다"(12:)고 말했었는데, 여기에서 그것을 좀 더 자세하게 설명한다. 그는 자신의 보편적인 명제, 즉 악인들에 대한 벌은 그의 친구들이 주장하는 것만큼 그렇게 가시적이고 명백하지 않다는 명제를 제시하고 나서(1절), 몇몇 구체적인 예들을 가져와서 그 명제를 증명한다. I. 가난한 이웃들을 공개적으로 해치는 자들은 대단히 야만적으로 행함에도 불구하고(21-22절) 벌을 받지 않고, 해악을 당한 자들의 권리는 구제되지 않는다는 것(2-12절). II. 은밀하게 해악을 행하는 자들은 흔히 발각되지도 않고 벌을 받지도 않는다는 것(13-17절). III. 하나님은 그런 자들을 이 땅에서는 은밀한 심판들을 통해서 벌하시고, 장차 그들 앞에는 하나님의 심판이 예비되어 있다는 것(18-20, 23-25절). 따라서, 전체적으로 볼 때, 우리는 환난 가운데에 있는 자들이라고 해서 모두 다 악인이라고 말할 수 없다. 왜냐하면, 형통하는 모든 자들이 다 의인이 아니라는 것은 확실하기 때문이다.

¹어찌하여 전능자는 때를 정해 놓지 아니하셨는고 그를 아는 자들이 그의 날을 보지 못하는고 ²어떤 사람은 땅의 경계표를 옮기며 양 떼를 빼앗아 기르며 ³고아의 나귀를 몰아 가며 과부의 소를 볼모 잡으며 ⁴가난한 자를 길에서 몰아내나니 세상에서 학대 받는 자가 다 스스로 숨는구나 ⁵그들은 거친 광야의 들나귀 같아서 나가서 일하며 먹을 것을 부지런히 구하니 빈 들이 그들의 자식을 위하여 그에게 음식을

내는구나 [6]밭에서 남의 꼴을 베며 악인이 남겨 둔 포도를 따며 [7]의복이 없어 벗은 몸으로 밤을 지내며 추위도 덮을 것이 없으며 [8]산중에서 만난 소나기에 젖으며 가릴 것이 없어 바위를 안고 있느니라 [9]어떤 사람은 고아를 어머니의 품에서 빼앗으며 가난한 자의 옷을 볼모 잡으므로 [10]그들이 옷이 없어 벌거벗고 다니며 곡식 이삭을 나르나 굶주리고 [11]그 사람들의 담 사이에서 기름을 짜며 목말라 하면서 술 틀을 밟느니라 [12]성 중에서 죽어가는 사람들이 신음하며 상한 자가 부르짖으나 하나님이 그들의 참상을 보지 아니하시느니라

욥의 친구들은 악인들은 잠시 동안은 아무리 형통한 삶을 산다고 하여도 곧 망하게 된다고 아주 단호하게 말하였었다. 그러나 욥은 결코 그렇지 않다고 말한다. 때들이 전능자로부터 감추어져 있지 않은데도 그를 아는 자들이 당장에 그의 날을 보지 못하는고(1절).

1. 욥은 때들이 전능자로부터 감추어져 있지 않다는 것을 당연시함. 과거의 때들은 하나님의 심판으로부터 감추어져 있지 않고(전 3:15), 현재의 때들은 하나님의 섭리로부터 감추어져 있지 않으며(마 10:29), 장래의 때들은 하나님의 미리 아심으로부터 감추어져 있지 않다(행 15:18). 하나님은 세상을 다스리시기 때문에, 우리는 세상이 어떻게 돌아가는지를 하나님이 아신다는 것을 확신할 수 있다. 때들을 악하게 만드는 악한 자들은 서로를 향하여 말하기를 하나님이 이 땅을 버리셨다고 말하지만, 악한 때들은 하나님으로부터 감추어져 있지 않다(시 94:6-7). 각 사람의 때는 하나님의 손 안에 있고 하나님의 눈 아래에 있다. 그러므로 이 세상에서 악인들의 때를 비참하게 만드시는 것은 하나님의 능력 안에 있다. 하나님은 각 사람이 죽을 때를 미리 아신다. 그러므로 악인들이 그들의 악행에 대하여 벌을 받기 전에 죽는다면, 우리는 "그들이 하나님의 기습적인 심판을 용케도 피하였다"고 말할 수 없다. 하나님은 그것을 미리 아셨다. 아니, 하나님은 그것을 미리 정하셨다. 욥은 악인들이 형통하는 이유들을 살피기 전에, 먼저 하나님은 모든 것을 아신다는 것을 단언한다. 이와 비슷한 경우에, 어떤 선지자는 하나님의 의로우심을 단언하였고(렘 12:1), 어떤 선지자는 하나님의 거룩하심을 단언하였으며(합 1:13), 어떤 선지자는 하나님이 자기 백성에 대하여 선하시다는 것을 단언하였다(시 73:1). 우리는 일반적인 진리들을 구체적인 사건들과 조화시키는 것이 어렵다는 것을 발견할지라

도, 그 진리들을 굳게 붙잡지 않으면 안 된다.

2. 욥은 하나님을 아는 자들(즉, 하나님과 사귐이 있고 하나님의 비밀을 아는 지혜롭고 선한 자들)이 그의 날, 곧 하나님이 그들 편에 서서 심판하시는 날을 보지 못한다고 단언함. 이것은 앞에서 욥이 자신의 경우와 관련해서 불평하였던 바로 그것이었다(23:8). 즉, 욥은 하나님이 나타나셔서 그를 변론해 주시는 것을 볼 수 없다고 불평하였고, 하나님이 대놓고 악을 행하는 흉악한 죄인들을 심판하시는 그의 날을 볼 수 없다고 불평하였다(시 37:13). 우리는 그 날이 오리라는 것을 믿는다. 하지만, 그것은 미래의 일이고 그 전조(前兆)들은 은밀하기 때문에, 우리는 그 날을 보지 못한다.

3. 이것은 섭리의 신비이지만, 거기에는 이유가 있고, 우리는 심판이 연기되는 이유를 곧 알게 되리라는 것. 지극히 지혜로운 자들, 즉 하나님을 가장 잘 아는 자들이라도 아직은 그 이유를 알지 못한다. 하나님은 지금 그들이 믿음과 인내를 좀 더 발휘해 주기를 바라시고, 하나님 나라가 임하기를 기도하도록 그들에게 촉구하고 계시기 때문에, 그들은 밤낮으로 하나님께 부르짖는다(눅 18:7).

악인들이 형통한다는 사실을 증명하기 위해서, 욥은 구체적으로 두 부류의 불의한 자들을 예로 드는데, 그들이 죄악 가운데서 번성한다는 것은 온 세상이 다 아는 일이다.

I. 폭군들, 즉 법과 권세라는 미명 아래에서 죄악을 저지르는 자들. 재판하는 곳에 악이 있고(전 3:16), 학대 받는 자들의 눈물은 아무도 주목해 주지 않으며, 학대하는 자들의 손에는 권세가 있고(전 4:1), 정의와 공의가 폭력적으로 짓밟히는(전 5:8) 것은 우리가 해 아래에서 자주 보아 온 우울한 광경이다.

1. 그들은 이웃들에게서 조상 대대로 내려온 땅을 빼앗음. 그들은 멀쩡한 땅의 경계표를 잘못 놓여져 있다는 핑계를 대며 옮겨서(2절) 이웃들의 권리를 침해하고서는, 그렇게 경계표를 옮겨 놓음으로써 그들이 그 땅의 합법적인 주인임을 보여주는 확실한 증거가 확보되었다고 여기고, 그들이 불의하게 얻은 땅을 이제는 그들의 후손에게 안전하게 물려 줄 수 있게 되었다고 생각한다. 모세의 율법은 이웃의 경계표를 옮기는 자는 저주를 받을 것이라고 말하며(신 27:17), 그런 행위를 금지하였다(신 19:14). 경계표를 위조하거나 파괴하는 행위도 경계표를 옮기는 행위에 준하는 범죄이다.

2. 그들은 공의라는 미명 아래 이웃들에게서 개인의 재산을 빼앗음. 어떤 부자가 가난한 사람의 양 새끼를 빼앗아다가 잡아 먹은 것처럼(삼하 12:4), 그들은 이웃의 양 떼를 국가의 이름으로 몰수한다는 핑계를 대고서 양 떼를 빼앗아 가서 자기 소유로 만들어 버린다. 가난한 고아가 달랑 나귀 한 마리로 돈을 조금 벌어서 근근이 살아가는데, 그들은 이 고아가 그들에게 대들 힘이 없다는 것을 알고서, 이런저런 구실을 대어서 그 나귀를 빼앗아 버린다. 과부가 소 한 마리를 가지고 작은 땅에 농사를 지어 살아가는 경우에도 마찬가지였다. 그들은 과부가 진 적은 빚을 이유로, 또는 소작료가 밀렸다는 이유로, 과부의 전 재산인 그 소를 저당잡아서 가져와 버린다. 하나님의 영예로운 직함들 중의 하나는 고아의 아버지시며 과부의 재판장이시라는 것이다(시 68:5). 그러므로 하나님은 최선을 다해서 고아와 과부를 보호하고 돕지 않는 자들을 그의 벗으로 여기지 않으실 것이고, 그들을 괴롭히고 압제하는 자들을 그의 원수로 여기셔서 반드시 그런 자들을 벌하실 것이다.

3. 그들은 기회가 있을 때마다 이웃들을 개인적으로 학대하고 괴롭힘(4절). 그들은 이웃들을 길에서 만날 때에 할 수 있는 한 어떻게든 속여 먹고 괴롭히고자 하기 때문에, 그들로부터 스스로를 지킬 수 있는 다른 방법이 없는 가난한 자들과 궁핍한 자들은 그들을 피해서 숨을 수밖에 없다. 그들은 사람들을 우롱하고 바보로 만들며 해악을 끼치는 것을 진심으로 좋아하고, 특히 가난한 사람들을 그 사람들을 부랑아로 처벌하겠다고 위협하고는 피할 길을 다 막아놓고 궁지로 몰아서, 그 사람들이 어쩔 수 없어서 도망치면, 그 모습을 보면서 의기양양해하며 비웃는다. 어떤 이들은 이러한 야만적인 행위들(9-10절)을 압제자들이 법을 빙자해서 행하는 것으로 이해한다: 그들은 고아를 어머니의 품에서 빼앗는다. 즉, 그들은 가엾은 어린아이들을 고아로 만든 것으로도 모자라서 어머니조차 빼앗아 버린다. 그들은 어린아이들의 아버지의 생명을 빼앗아 가고 나서 그 어린아이들을 어머니의 품에서 빼앗아서 굶주려 죽게 만든다. 바로와 헤롯은 어린아이들을 어머니의 품에서 빼앗아서 칼로 죽였다. 성경에서는 자식들이 살인하는 자들에게로 끌어내졌다(호 9:3)고 말한다. 죄 없는 자들의 피를 빨아 먹는 것을 이렇게 기뻐할 수 있는 자들은 분명히 비인간적인 살인마들이다. 그들은 가난한 자들에게서 저당물을 취해서 아주 야비하게 이득을 챙긴다. 아니, 그들은 돈을 조금 꾸어주고 가난한 자들 자체를 저당잡는데(어떤 이들은

이렇게 읽는다), 그렇게 해서 저당잡은 고아를 어머니의 품에서 빼앗아서 종으로 팔아 넘긴다(느 5:5). 가난한 자들에게 잔인한 짓을 행하는 것은 큰 악(惡)이고, 그런 악이 있는 곳에서는 원수를 갚아 달라고 울부짖는 큰 소리가 나오는 법이다. 긍휼을 베풀 수 있는 입장에 있는데도 긍휼을 베풀지 않는 자들은 장차 하나님으로부터 긍휼 없는 심판을 받게 될 것이다. 그들이 자신의 우월한 지위를 이용해서 가난한 자들을 야만적으로 다룬 또 다른 사례는 가난한 자들로부터 심지어 일용할 양식과 의복까지 빼앗은 것이었다. 그들은 가난한 자들이 옷이 없어 벌거벗고 다니다가(10절) 죽어가게 할 정도로 지독한 착취를 일삼았다. 그들은 산해진미를 배불리 먹으면서도, 가난하여 굶주린 한 가족에게 마지막으로 남아 있던 곡식 한 단까지도 다 빼앗아서, 그 가족이 굶주려서 죽어가는 모습을 보며 즐거워한다.

4. 그들은 그들이 고용한 품꾼들을 몹시 학대함. 품꾼에게 품삯을 주는 것은 당연한 일인데도, 그들은 품꾼들에게 삯을 주지 않을 뿐만 아니라(이것은 그 울부짖는 소리가 하나님의 귀에 들어가는 그런 죄이다, 약 5:4), 먹을 것과 마실 것도 주고자 하지 않는다. 그들이 곡식단을 나르나 굶주린다(10절). 어떤 이들은 이 본문을 이렇게 읽는데, 이 읽기는 그들이 담 안에서 기름을 짜며 목말라 하면서 힘들게 술 틀을 밟는다(이것은 곡식을 밟아 터는 소의 입에 망을 씌우는 것보다 더 잔인한 짓이다)고 말하는 11절과 잘 어울린다. 종들이나 품꾼들의 수고 덕분에 그들이 잘 살고 있다는 것을 생각하지 않고서 종들이나 품꾼들이 살아가는 데에 꼭 필요한 품삯이나 양식을 주지 않는 주인들은 하늘에 그들의 주인이 계신다는 사실을 망각하고 있는 것이다.

5. 학대받는 자들의 눈물은 가난한 농촌 사람들 가운데에서만이 아니라 성 중의 사람들에게서도 볼 수 있다는 것(12절). 성 중에서 죽어가는 사람들이 신음한다. 농촌에서는 지주들이 가난한 소작인들에게 잔인한 짓을 하듯이, 성 안에서는 부유한 상인들과 업자들이 가난한 채무자들에게 잔인한 짓을 일삼는다. 성 안에서 벌어지는 이런 잔인한 일들은 후미진 벽촌에서 벌어지는 일들보다 더 눈에 잘 띄고, 피해를 입은 자들은 자신의 권리를 구제 받기 위해서 좀 더 쉽게 법에 호소할 수가 있다. 그렇지만 성 안의 압제자들은 법의 제한이나 이웃들의 정당한 비난을 두려워하지 않고, 학대받는 자들은 상처받은 자들처럼 신음하고 울부짖지만, 압제자들이 그들의 신음소리에 귀를 막고서 냉혹하게

대하기 때문에, 그들은 농촌에서 학대받는 자들과 마찬가지로 어쩔 도리가 없다.

Ⅱ. 강도들, 즉 직접적인 폭력을 사용해서 죄악을 저지르는 자들. 최근에 욥의 재물을 약탈해 갔던 스바 사람들과 갈대아 사람들도 바로 그런 무리들이었다. 욥은 자신의 사사로운 감정으로 사람들을 편파적으로 판단하는 것으로 보이지 않도록 하기 위해서(우리는 어떤 사람이 우리에게 어떻게 대하느냐에 따라서 그 사람을 평가하기 쉽기 때문에) 특별히 스바 사람들이나 갈대아 사람들을 언급하지는 않는다. 그러나 욥이 살고 있던 동방의 아라비아 사람들 가운데에는 이웃들이나 여행자들을 공격해서 약탈한 것으로 살아가는 자들이 있었다. 그런 자들이 여기에서 어떻게 묘사되고 있는지, 그들이 어떤 해악을 가하는지를 보라(5-8절).

1. 그들의 사람됨은 거친 광야의 들나귀 같은 것으로 묘사됨. 그들은 이스마엘의 사람됨에 관한 성경의 묘사처럼(창 16:12) 길들여져 있지 않고 고분고분하지 않으며 비이성적이고 사나우며 포악하고 법이나 치리자의 통제 아래 있지 않은 자들이다(렘 2:23-24). 그들은 법의 통제도 받지 않고 사람들과의 교류도 피하여 마음 내키는 대로 살고 더 많은 나쁜 짓을 행할 기회를 잡기 위해서 거친 광야를 그들의 거처로 선택한다. 거친 광야는 사실 그러한 거친 자들에게 아주 제격인 장소이다(39:6). 그러나 거친 광야에 산다고 해서 하나님의 눈과 손에서 벗어날 수 있는 것은 아니다.

2. 그들의 생업(生業)은 훔치는 것이고 주변의 모든 사람들을 희생양으로 삼는 것으로 묘사됨. 그들은 그 일을 그들의 생업으로 선택하였다. 그들이 그 일을 생업으로 삼은 것은 정직한 직업보다 더 쉽고 더 많이 얻을 수 있기 때문이다. 그들은 그 일을 그들의 생업으로 행하는 것이기 때문에 그 일에 아주 열심이다. 사람이 일하러 집을 나서듯이(시 104:23), 그들은 그들의 생업인 그 일을 하기 위해서 집을 나선다. 그들은 부지런히 그 일을 행하고, 수고하며 그 일을 행한다. 그들은 먹잇감을 찾기 위해서 일찍 일어난다. 여행자가 일찍 길을 나선다면, 그들은 그 여행자를 공격하여 약탈하기 위해서 마찬가지로 일찍 길을 나선다. 사람이 자신의 생업을 행하여 먹고 살듯이, 그들은 그 일로 먹고 산다. 빈 들(거기에 있는 땅이 아니라 도로들)이 그들과 그들의 자식을 위하여 음식을 내는구나. 그들은 노상에서 강도질을 해서 그들 자신과 그들의 가족을 먹여 살

리면서도, 마치 정직하게 얻은 재물이라도 된다는 듯이 그 어떤 뉘우침이나 양심의 찔림도 없이 아무렇지도 않게 그런 일을 행하며, 그들의 일이 잘 되도록 해달라고 신의 가호를 빈다(에브라임처럼, 호 12:7-8).

3. 그들이 그 땅에 끼치는 피해. 그들은 여행자들을 상대로 강도질을 할 뿐만 아니라, 이웃들을 침략해서 밭에서 남의 곡식을 거두어 가 버린다(6절). 즉, 그들은 다른 족속들의 땅에 들어가서 거기에 심겨져 있는 곡식들을 베어서 마치 자기 것이라도 되는 듯이 거저 그들의 거처로 가져와 버린다. 악인들이 포도를 모으는데, 이것이 그들의 악행이다. 또는, 이 본문은 그들이 악인들의 포도를 모은다로 읽을 수도 있다. 즉, 악인들은 서로를 괴롭히는 존재가 된다는 것이다. 악인들이 착취(이것은 악인들이 훔치는 방식이다)를 통해서 얻은 것을 이 강도들은 그들의 훔치는 방식인 약탈을 통해서 이 악인들로부터 빼앗아 얻는다. 이런 식으로 약탈하는 자들이 약탈당하는 일이 종종 일어난다(사 33:1).

4. 그들의 수중에 들어간 자들의 비참한 모습(7-8절). 그들로부터 강도를 당한 자들은 의복이 없어 벗은 몸으로 추운 밤을 지내며 산중에서 만난 소나기에 젖으며 가릴 것이 없어 바위를 안고 있다가 행여라도 추위를 피할 수 있는 동굴을 발견하면 아주 기뻐한다. 엘리바스는 앞에서 만약 욥이 먼저 헐벗은 자의 의복을 벗기는 짓을 하지 않았다면 하나님의 섭리가 그를 이런 식으로 벌거벗기지는 않았을 것이라고 결론을 내리면서(22:6), 욥이 이와 같은 비인간적인 짓을 저질렀음에 틀림없다고 비난하였었다. 욥은 여기에서 부당한 비난을 받고 있는 자기와는 달리 실제로 그런 죄를 짓고도 여전히 형통하는 자들이 있는데, 그들에 대한 저주는 눈에 보이지 않게 진행되기 때문에 그들의 악한 짓들은 계속해서 성공을 거두고 있다고 엘리바스에게 말한다. 욥은 악명 높은 악행을 대놓고 하는 자들이 지금은 은밀하게 벌을 받고 있고 나중에는 가시적으로 벌을 받게 될 것이라는 자신의 주장이, 현재 환난을 당하고 있는 자들은 어김없이 과거에 은밀한 죄악을 저지른 것이라고 단정하는 엘리바스의 주장보다 더 옳다고 생각한다. 압제자들과 약탈자들이 아무런 벌도 받지 않고 무사히 살아간다는 사실은 한 단어로 표현된다(12절): 하나님이 그들을 어리석음에 놓지 않으신다(KJV). 즉, 하나님은 그러한 범죄들을 이유로 그들을 즉시 심판하시거나 그들을 일벌백계의 본보기로 삼으셔서 그들의 어리석음을 온 세상에 분명하게 드러내시는 일을 아직은 하지 않으신다는 것이다. 불의로 치부하는 자는 마침내 어

리석은 자가 되리라(렘 17:11). 그러나 형통하는 동안에 그는 사람들 사이에서 지혜로운 자로 통하고, 하나님은 어리석은 자여 오늘 밤에 네 영혼을 도로 찾으리라(눅 12:20)고 말씀하실 때까지는 그의 어리석음을 드러내지 않으신다.

¹³또 광명을 배반하는 사람들은 이러하니 그들은 그 도리를 알지 못하며 그 길에 머물지 아니하는 자라 ¹⁴사람을 죽이는 자는 밝을 때에 일어나서 학대 받는 자나 가난한 자를 죽이고 밤에는 도둑 같이 되며 ¹⁵간음하는 자의 눈은 저물기를 바라며 아무 눈도 나를 보지 못하리라 하고 얼굴을 가리며 ¹⁶어둠을 틈타 집을 뚫는 자는 낮에는 잠그고 있으므로 광명을 알지 못하나니 ¹⁷그들은 아침을 죽음의 그늘 같이 여기니 죽음의 그늘의 두려움을 앎이니라

이 단락은 발각이 되지 않아서 벌을 받지 않는 또 다른 부류의 죄인들을 묘사한다. 그들은 광명을 배반하는 자들이다(13절). 어떤 이들은 이 구절을 비유적으로 이해한다: 그들은 자연의 빛, 하나님의 법의 빛, 그들 자신의 양심의 빛을 거슬러 죄를 짓는 자들이다. 그들은 하나님을 안다고 고백하지만, 그들이 하나님에 대하여 알고 있는 지식을 배반하고, 그 지식의 인도함이나 다스림, 명령이나 통제를 받고자 하지 않는다. 어떤 이들은 이 구절을 문자 그대로 이해한다: 그들에게도 한낮의 빛이 있지만, 그들은 밤이야말로 그들이 악을 행하기에 가장 유리한 때라고 여겨서 밤을 선택한다. 죄악된 행위들은 어둠의 일들이라 불린다. 왜냐하면, 악을 행하는 자는 빛을 미워하고(요 3:20), 그 빛의 길을 알지 못하기 때문이다. 즉, 그들은 빛의 길을 피하고, 만약 자기가 어쩌다가 사람들에게 드러나게 되면, 사람들이 자기를 아는 곳에는 머무르지 않는다. 그러므로 욥은 여기에서 죄인들 중에서도 가장 악한 자들을 묘사하고 있는 것이다. 그들은 의도적으로 죄를 짓고, 그들 자신의 양심의 깨우침을 거부하고 죄를 짓기 때문에 어떤 죄를 짓든지 거기에 배역(背逆)의 죄를 더하는 자들이고, 그들은 행악자가 하나님의 눈을 피해서 자신을 숨길 수 있는 흑암이나 사망의 그늘이 없다는 것을 망각하고서(34:22), 공을 들여 치밀하게 계획을 짜내서 죄를 짓고난 후에 그들의 악행을 은폐하기 위해서 많은 술수들을 사용하며, 그들의 악행을 사람들의 눈을 피해 숨길 수만 있다면 그들이 안전할 것이라고 생각하기를 좋아하는 자들이다. 이 단락에서 욥은 빛을 꺼리고 피하는 세 부류의 죄

인들을 구체적으로 언급한다.

1. 살인자들(14절). 그들은, 적은 돈이나 물건을 가지고 먼 시장에 가서 일을 보려고 일찍 일어나서 길을 떠나는 가난한 사람들을 죽이기 위해서 날이 밝자마자 일어난다. 이 사람들은 진정으로 가난하고 궁핍하다고 불릴 정도로 가진 재산이 거의 없어서 일찍 일어나 먼 시장에 나가서 부지런히 장사를 해야 겨우 하루하루 힘들게 살아갈 수 있는 자들이지만, 살인자는 얼마 안 되는 돈을 빼앗기 위해서 자신의 목숨을 걸고서 이 가난한 이웃의 생명을 해치고자 하고, 가만히 앉아 있기보다는 이 작은 게임이라도 즐기고자 한다. 아니, 이 살인자는 피에 굶주려 있기 때문에, 돈을 빼앗는 것이 아니라 사람을 죽이는 것 자체가 좋아서 살인을 한다. 악인들이 그들의 악한 계획을 이루기 위해서 얼마나 고심하고 애쓰는지를 보라. 악인들의 이러한 모습은 선을 행하는 데에 무관심하고 게으른 우리의 모습을 부끄럽게 만든다. 악당들은 하찮은 것 때문에 사람들을 죽이려고 꼭두새벽에 일어나는데, 너희는 너희의 생명을 보존하기 위해서 얼마나 열심을 내고 있는가?

2. 간음하는 자들(15절). 음심이 가득한 눈(벧후 2:14), 더럽고 방종한 눈이 저물기를 바라고 기다린다. 음녀의 눈도 그랬다(잠 7:9). 간음하는 자들은 부끄러워서 자신의 꼬리를 감춘다. 죄인들, 즉 아무리 뻔뻔스러운 죄인들이라도 그들의 죄를 감추기 위해서 최선을 다한다: 그들은 순결하게 행하지는 못하지만 아주 조심스럽게 행한다. 지옥에 갈 자들이 그들의 수치를 감추려고 아무리 필사적으로 애를 쓴다고 하여도, 그들이 은밀히 행하는 것들은 말하기도 부끄러운 것들(엡 5:12)이라는 사실은 예나 지금이나 앞으로도 변함이 없을 것이다. 또한, 그들은 음녀의 남편이 투기로 분노하여 원수 갚는 날에 용서하지 아니할 것을 알기 때문에(잠 6:34) 두려워서도 그 꼬리를 감춘다. 육체의 정욕을 채워 주기 위해서 어떤 일을 준비하는 자들이 그 일을 이룬 후에, 결국에는 그들에게 사망과 지옥을 가져다 줄 그 일을 은폐하기 위해서 얼마나 애쓰는지를 보라. 그들에게 생명과 천국을 가져다 줄 일, 즉 육체의 정욕을 십자가에 못 박는 일을 하는 데에도 그것보다는 힘이 덜 들 것이다. 죄인이 마음을 고쳐 먹는다면, 그는 한 점 부끄러움 없이 얼굴을 들 수 있을 것이기 때문에, 자신의 얼굴을 가장할 필요도 없게 될 것이다.

3. 도둑들(16절). 그들은 밤에 털 집을 낮에 표시를 해두고(KJV), 그 집이 어

느 거리에 있는지와 어느 문으로 들어가야 쉽게 침입할 수 있는지를 알아낸 후에, 밤이 되면 어둠을 틈타 집을 뚫고 들어가서 사람을 죽이거나 물건을 훔치거나 간음을 행한다. 밤의 어둠은 침입을 쉽게 해주고 방비(防備)를 더 어렵게 만든다. 집 주인은 도둑이 어느 때에 이를 줄 알지 못하기 때문에(눅 12:39) 잠이 들고, 그와 그의 재물은 위험에 노출된다. 이런 이유로 우리의 법에서는 절도나 상해나 강간을 목적으로 야밤에 주거를 침입한 죄를 성직자의 조력을 받을 수 없는 중죄로 규정하고 있다.

끝으로, 욥은 죄인들이 발각될 것이 두려워서 끊임없이 두려움에 시달린다는 것을 지적하는데(17절), 아마도 이것을 이러한 죄인들에 대한 현재적인 은밀한 징벌의 일부로 여기는 것 같다. 그들은 아침을 죽음의 그늘 같이 여긴다. 낮의 빛은 정직한 자들에게는 환영할 만한 것이지만 악한 자들에게는 두려움이 된다. 무어인들(Moors)은 햇빛이 따갑다는 이유로 해를 저주하지만, 죄인들은 해가 그들을 드러내기 때문에 해를 저주한다. 누가 그들을 알아보기라도 하면, 그들의 양심이 되살아나서 그들을 고소한다. 왜냐하면, 그들은 죽음의 그늘의 두려움 속에 있기 때문이다. 수치(羞恥)는 죄와 더불어 들어왔고, 그 결국은 영원한 수치이다. 죄인들의 참상을 보라: 그들은 늘 두려움에 사로잡혀 있어서 아무것도 아닌 일에 깜짝깜짝 놀란다. 죄인들의 어리석음을 보라: 그들은 늘 그들을 지켜 보시는 하나님의 눈은 두려워하지 않으면서, 사람들의 눈에 띌까봐 걱정하고 두려워한다. 그들은 정말 그 진실을 안다면 끔찍하게 두려워해야 할 일들을 행하면서도 전혀 두려워하지 않고 태연하게 그 일들을 행한다.

[18]그들은 물 위에 빨리 흘러가고 그들의 소유는 세상에서 저주를 받나니 그들이 다시는 포도원 길로 다니지 못할 것이라 [19]가뭄과 더위가 눈 녹은 물을 곧 빼앗나니 스올이 범죄자에게도 그와 같이 하느니라 [20]모태가 그를 잊어버리고 구더기가 그를 달게 먹을 것이라 그는 다시 기억되지 않을 것이니 불의가 나무처럼 꺾이리라 [21]그는 임신하지 못하는 여자를 박대하며 과부를 선대하지 아니하는도다 [22]그러나 하나님이 그의 능력으로 강포한 자들을 끌어내시나니 일어나는 자는 있어도 살아남을 확신은 없으리라 [23]하나님은 그에게 평안을 주시며 지탱해 주시고 그들의 길을 살피시도다 [24]그들은 잠깐 동안 높아졌다가 천대를 받을 것이며 잘려 모아진 곡식 이삭처럼 되리라 [25]가령 그렇지 않을지라도 능히 내 말을 거짓되다고 지적하거나 내

말을 헛되게 만들 자 누구랴

욥은 여기에서 그의 말을 끝내면서 다음과 같이 행한다.

I. 욥은 이 잔인하고 피에 굶주린 자들이 저지르는 악행의 몇 가지 사례를 더 보여줌.

1. 바다에서 해적이 되어 강탈을 일삼는 자들. 많은 박식한 해석자들은 그들은 물 위에 빨리 흘러간다(18절)는 난해한 구절을 이렇게 이해한다. 해적들은 가장 빠른 배들을 타고 다니고, 이 빠른 배들을 이용해서 바다의 이곳저곳을 누비며 다른 배들로부터 귀중품들을 빼앗아서 치부하기 때문에, 그들의 소유는 세상에서 저주를 받는다. 그들은 다시는 포도원의 길로 다니지 않으며 그 길을 쳐다보지도 않는다. 즉, 그들은 땅을 갈고 포도원을 일구는 직업을 별 소득도 없는 형편없는 것으로 여겨서 쳐다보지도 않는다는 것이다(패트릭 주교의 설명). 그러나 어떤 이들은 이 구절을 빛을 두려워하는 죄인들의 행실에 대한 추가적인 묘사라고 본다. 즉, 그들의 범죄가 발각되면, 그들은 아주 신속하게 도망을 치되, 사람들의 눈에 띨까봐 포도원에 들어가 숨지 않고, 아무도 거들떠보지 않는 저주 받은 곳, 고적하고 황폐한 곳으로 숨어 들어간다는 것이다.

2. 환난 가운데에 있는 자들을 괴롭혀서 그 고통을 더욱 가중시키는 자들. 아이를 낳지 못하는 것은 큰 수치로 여겨졌기 때문에, 브닌나가 한나에게 그랬던 것처럼, 그러한 고통 가운데에 있는 자들을 비난하고 괴롭게 하며 애타게 만드는 자들이 있는데, 이것은 야만적인 짓이다. 임신하지 못하는 여자들 또는 자녀가 없는 여자들을 박대하는 것은 악을 행하는 것이다(21절). 화살통에 화살이 가득한 자들은 힘이 있어서 성문에서 그들의 원수와 담판할 때에 수치를 당하지 않지만, 자녀가 없는 자들은 그런 힘을 갖고 있지 못해서 박대를 받는다(시 127:5). 이렇게 많은 자녀들을 둔 자들은 그들의 유리한 입장을 악용하여 그렇지 못한 자들을 억누르고 압제한다. 아버지가 없는 고아와 마찬가지로, 자녀가 없는 자들도 어느 정도 힘 없는 자들에 속한다. 동일한 이유로, 과부를 선대(善待)하는 것이 마땅한데도 도리어 해치는 것은 잔인한 짓이다. 우리에게 과부를 도울 힘이 있을 때에 돕지 않는 것은 과부를 해치는 것이다.

3. 잔인함이 몸에 배어 마침내 극도로 포악해져서 산 자들의 땅에서 용사들조차도 두려워하는 존재가 된 자들(22절). "그들은 그들의 능력으로 강포한 자들을

끌어내어 올무에 빠지게 한다. 아무리 큰 자들이라도 그들이 미쳐 날뛰면 그 앞에 설 자가 없다. 그들이 진노 가운데에서 일어나서 주변에 분노의 폭풍이 일면, 아무도 살아 남을 확신이 없게 될 것이다. 또한, 그들의 손이 모든 사람을 치겠고 모든 사람의 손이 그들을 칠 것이기 때문에(창 16:12), 그들 자신도 생명을 보장할 수 없다." 주변의 모든 사람들을 두렵게 만드는 것에서 즐거움을 느끼는 사람이 과연 있을까라고 생각하는 자들이 있겠지만, 실제로 그런 자들이 존재한다.

Ⅱ. 욥은 이 뻔뻔스러운 죄인들이 형통하고 한동안 평안하며, 흔히 그들의 일생을 편하게 지내다가 죽는다는 것을 보여줌. 예를 들면, 이스마엘은 여기에 묘사된 그런 인물이었지만, 그의 모든 형제 가운데에서 별 탈 없이 살다가 죽었다(창 16:12; 25:18). 욥은 이러한 죄인들에 대하여 다음과 같이 말한다.

1. 하나님이 그들에게 평안을 주신다는 것(23절). 그들은 마치 하나님의 섭리의 특별한 보호 아래 있는 듯이 보인다. 그들은 그토록 수많은 위험들에 스스로 뛰어들었는데도 어떻게 용케도 살아 남을 수 있었는지, 정말 의아할 뿐이다.

2. 그들은 하나님이 그들에게 주신 평안을 그들의 모든 폭력적인 죄악들을 인정해 주시는 증거로 여긴다는 것. 그들의 악행들에 대하여 선고된 형벌이 신속하게 집행되지 않기 때문에, 그들은 그들에게 큰 악은 없고, 하나님이 딱히 그들에게 진노하시는 것도 아니며, 앞으로도 그들에게 책임을 묻거나 벌하시는 일은 없을 것이라고 생각한다. 그들은 그들의 형통함을 믿고서 마음을 놓는다.

3. 그들은 잠깐 동안 높아진다는 것. 그들은 하늘의 총아(寵兒)인 것처럼 보이고, 자기 자신이 이 세상에서 최고의 인물인 것으로 착각하여 의기양양해한다. 그들은 지극히 높은 자리로 올라가 있어서 그들에게 위험이 닥칠 수 없다고 생각하고, 그들의 심령도 한껏 높아져서 그 교만이 하늘을 찌른다.

4. 그들은 마침내 이 세상을 하직할 때에도 눈에 띄는 수치나 두려움 없이 아주 조용하고 평안하게 떠나간다는 것(19절). "그들은 눈이 햇빛에 녹아서 생긴 물이 마른 땅 속으로 살며시 스며들듯이 아주 쉽게 스올로 내려간다"(패트릭 주교는 이렇게 설명한다). 그는 모태가 그들을 잊어버리고 구더기가 그들을 달게 먹을 것이라(20절)는 말씀도 동일한 취지로 의역한다: "하나님은 그들의 모태가 그들을 빨리 잊어버린다는 것 외에는 그가 그들을 기뻐하지 않는다는 특

별한 표시를 하지 않으시고, 공의의 손길을 보내셔서 그들을 교수대에 매달아 새들의 먹이가 되게 하지도 않으신다. 그들은 다른 사람들과 마찬가지로 스올로 내려가서 구더기들의 맛있는 먹이가 될 뿐이다. 거기에서 그들은 조용히 누워 있고, 산산이 쪼개진 나무처럼 그와 그의 악행은 더 이상 기억되지 않는다." 그들은 모든 다른 사람들처럼 길에서 제해진다(24절:KJV). 즉, "그들은 다른 모든 사람들처럼 자신의 무덤 속에 갇혀 있다. 아니, 그들은 너희의 손으로 곡식 이삭을 자르듯이 아주 수월하게 죽는다(어떤 사람들처럼 오랜 시간 질질 끌면서 고통을 당하다가 죽는 것이 아니라)." 이것을 솔로몬의 관찰과 비교해 보라(전 8:10): 내가 본즉 악인들은 장사지낸 바 되어 거룩한 곳을 떠나 그들이 그렇게 행한 성읍 안에서 잊어버린 바 되었도다.

Ⅲ. 욥은 그들의 멸망을 내다보고, 그들이 비록 평안하고 존귀하게 죽지만 그들의 죽음이 곧 그들의 파멸이 되리라는 것을 내다봄. 하나님은 그들의 길을 살피시도다(23절). 하나님은 침묵을 지키시고 그들을 묵인하시는 듯이 보여도, 그들의 모든 악행을 지켜보실 뿐만 아니라 계속해서 기록해 두신다. 그들은 아무 눈도 보지 못하리라(15절)고 생각했겠지만, 그들의 가장 은밀한 죄들이 하나님의 눈 아래 있었고, 장차 하나님이 그 죄들을 다시 그들에게 상기시켜 주시리라는 것이 머지않아 분명하게 드러나게 될 것이다. 여기에는 이 죄인들이 저 세상에서 벌을 받을 것에 대한 언급이 없지만, 그것은 그들의 죽음의 결과들에 대한 구체적인 언급 속에 암시되어 있다.

1. 무덤 속에서 육신이 썩는 것은 모든 사람들에게 일어나는 일이지만, 이 죄인들에게는 그들의 죄에 대한 형벌의 성격을 띤다는 것. 스올이 범죄자들을 먹어 치우리라. 저 흑암의 땅은 빛보다 어둠을 더 사랑한 자들의 몫이 될 것이다. 그들이 그 욕망을 한껏 채워 주었던 그들의 육신은 구더기를 위한 향연(饗宴)이 되어서, 그들이 그들의 죄악들을 통해서 쾌락과 이득을 먹고 살았듯이 구더기들은 그들의 육신을 달게 먹을 것이다.

2. 그들은 그들의 부와 권력과 대단한 업적들을 통해서 이 세상에 큰 이름을 남겼다고 생각했겠지만, 그들에 대한 기억은 그들과 더불어서 사라져 버렸다(시 9:6)는 것. 자기 자신을 사람들로부터 많은 칭송을 받는 자로 만든 자가 죽고 나면, 사람들은 그를 다시는 기억하지 않을 것이다. 그의 이름은 썩을 것이다(잠 10:7). 그가 살아 있는 동안에는 감히 바른 말을 못했던 자들도 그가 죽고

나면 그를 가차없이 비판할 것이다. 그를 배었던 모태, 그의 어머니조차 그를 잊을 것이다. 즉, 그의 어머니는 그에 대하여 선한 말을 할 수가 없기 때문에 아예 언급을 회피하는 것이야말로 그녀가 그에 대하여 해줄 수 있는 최고의 대우라고 생각할 것이다. 죄를 통해서 얻어진 존귀함은 순식간에 수치로 변하고 말 것이다.

3. 그들이 자기 가문에 확고하게 정착시켰다고 생각한 사악함은 나무처럼 쪼개져서 산산조각이 나고 말리라는 것. 그들의 온갖 악한 계획들은 좌절될 것이고, 그들의 온갖 악한 소망들은 땅에 떨어져서 그들과 함께 묻히게 될 것이다.

4. 그들의 교만은 무너져서 티끌 속에 묻히게 되리라는 것(24절). 하나님은 세상에 대하여 긍휼을 베푸시기 위해서, 그들을 길에서 제거하시고, 그들의 모든 권세와 형통을 끊어버리실 것이다. 너희가 눈을 씻고 찾아 보아도, 그들은 보이지 않을 것이다. 욥은 악인들이 결국에는 비참하게 되고 죽음 저편에서는 비참하게 된다는 것을 인정하면서도, 그의 친구들이 단언했던 것, 즉 악인들은 통상적으로 현세에서 비참한 삶을 살아간다는 것을 철저하게 부인한다.

IV. 욥은 그 자리에 있는 모든 사람들에게 그들이 할 수만 있다면 어디 한번 그가 말한 것이 틀렸음을 증명해 보라고 대담하게 도전하는 것으로 그의 말을 끝마침(25절). "가령 내가 이제까지 밝히 말한 것이 그렇지 않다고 너희가 생각하거나, 내가 부당하게 정죄당하고 비난받고 있다는 결론이 나의 말로부터 도출된다고 생각하지 않는다면, 다음과 같은 것들을 증명할 수 있는 자들은 한번 증명해 보라.

1. 내 말 자체가 틀렸기 때문에 내가 거짓말쟁이라는 것.

2. 내 말은 생소하고 적절하지 않기 때문에 아무런 가치도 없는 하찮은 말이라는 것." 사실 거짓된 것은 아무런 가치가 없다. 진실이 없는 곳에 어떻게 선한 것이 있을 수 있겠는가? 그러나 진실하고 건전한 말을 한 자들은 사람들이 그들의 말을 시험해 보는 것을 두려워할 필요가 없고, 여기에서 욥이 그렇듯이 즐거운 마음으로 그들의 말을 공정하게 시험해 보는 것을 받아들일 것이다.

제
— 25 —
장

개요

빌닷은 여기에서 욥의 말에 신물이 나기 시작한 사람처럼 욥의 마지막 항변에 대하여 아주 짤막한 답변을 한다. 그는 욥이 앞 장에서 제시한 증거들에 대하여 답변할 수 없어서인지, 악인들의 형통에 관한 주된 문제를 거론하지 않고 그냥 넘어간다. 그러나 그는 욥이 너무나 담대하고 당당하게 자신의 처지를 하나님의 법정에 호소해서 하나님의 지엄한 판단을 듣고 싶다고 말한 것(23장)이 마음에 걸려던지, 하나님과 인간 사이에는 무한한 거리가 있다는 것을 몇 마디로 보여주면서, 다음과 같은 것들을 우리에게 가르친다. I. 하나님을 고상하고 존귀하게 생각하라는 것(2-3, 5절). II. 우리 자신을 비천하게 생각하라는 것(4, 6절). 이것들은 비록 욥에게 잘못 적용이 되고 있다고 할지라도 우리 모두가 배워야 할 두 가지 선한 교훈이다.

¹수아 사람 **빌닷**이 대답하여 이르되 ²하나님은 주권과 위엄을 가지셨고 높은 곳에서 화평을 베푸시느니라 ³그의 군대를 어찌 계수할 수 있으랴 그가 비추는 광명을 받지 않은 자가 누구냐 ⁴그런즉 하나님 앞에서 사람이 어찌 의롭다 하며 여자에게서 난 자가 어찌 깨끗하다 하랴 ⁵보라 그의 눈에는 달이라도 빛을 발하지 못하고 별도 빛나지 못하거든 ⁶하물며 구더기 같은 사람, 벌레 같은 인생이랴

빌닷은 여기에서 다음의 두 가지 것으로 인해서 칭찬을 받아 마땅하다.

1. 그와 욥이 서로 다른 견해를 지닌 주제에 대하여 더 이상 말하지 않은 것. 아마도 빌닷은 욥이 옳다고 생각하기 시작한 것일 수도 있는데, 그렇다면 그가 승리를 위해서 논쟁을 한 것이 아니기 때문에 상대방의 말 속에서 진리를 발견했다면 논쟁에서 져도 만족했을 것이므로 그 주제에 대하여 더 이상 말을 하지 않는 것이 옳은 일이다. 또는, 빌닷은 자기가 여전히 옳다고 생각하였지만, 이미 자기는 충분히 말을 하였기 때문에 더 이상 끝도 없는 언쟁을 이어가고 싶

지 않았던 것일 수도 있다. 또한, 빌닷과 나머지 친구들이 이 논쟁을 접은 한 가지 이유는 욥과 그들의 견해가 그들이 생각한 것만큼 다르지 않다는 것을 알았기 때문일 것이다. 그들은 악인들이 잠시 형통할 수 있다는 것을 시인하였고, 욥도 악인들이 결국에는 망하게 될 것임을 시인하였다. 그렇다면, 두 당사자의 견해는 그리 다른 것이 아닌지 않는가! 논쟁하는 자들이 서로를 더 잘 이해하고자 한다면, 아마도 그들은 그들 간의 견해 차이가 그들이 생각했던 것보다 그리 크지 않다는 것을 발견하게 될 것이다.

2. 그와 욥이 서로 견해가 일치하는 문제를 집중적으로 다룬 것. 우리의 마음이 하나님을 경외하는 마음과 우리 자신을 겸손히 낮추는 마음으로 가득 차 있다면, 우리는 잘 알지 못하는 문제들을 놓고 논쟁하는 것이 하잘것없는 일이거나 함부로 다루어서는 안 되는 일임을 깨닫고 그리 쉽게 논쟁 속으로 빠져들어가지 않게 될 것이다.

빌닷은 여기에서 하나님을 높이고 사람을 낮추는 두 길을 취한다.

I. 빌닷은 하나님이 얼마나 영화로우신지를 보여주고, 거기로부터 사람이 하나님 앞에서 얼마나 죄악되고 부정(不淨)한지를 추론해 냄(2-4절). 그러면, 좀 더 자세하게 살펴보자.

1. 하나님은 얼마나 크신 분인가. 빌닷이 하나님과 관련된 엄청난 것들을 여기에서 얘기하는 목적은 욥에게 하나님에 대한 경외심을 심어 주고, 하나님과 하나님이 그에게 하신 일들에 대한 그의 생각을 바꿔 주기 위한 것이다.

(1) 하나님은 만유를 다스리시는 주(主)이시기 때문에, 하나님께는 두려운 위엄이 있다는 것(37:22). 하나님은 주권과 위엄을 가지셨다(2절). 만유에게 존재를 부여하신 하나님은 당연히 법들을 세우실 권세를 가지고 계시고, 그가 세우신 법들을 시행하실 수 있으시다. 만유를 지으신 하나님은 절대 주권을 가지고서 자신의 뜻대로 만유를 처분할 권리를 갖고 계신다. 하나님은 그가 하고자 하시는 일을 하시고, 그렇게 하실 수 있으시다. 하나님을 향하여 네가 무엇을 하느냐 또는 네가 어찌하여 그렇게 하느냐(단 4:35)고 말할 수 있는 자는 아무도 없다. 하나님이 주권을 가지고 계시다는 것(또는 그가 주(主)시라는 것)은 하나님이 모든 피조물의 주인이시자 통치자시라는 것을 나타낸다. 만물은 다 하나님의 것이고, 하나님의 명령과 처분 아래에 있다. 이것으로부터 하나님은 우리가 두려워하여야 할 분이시라는 것(즉, 우리가 경외하고 순종해야 할 분이시라는

것), 그를 아는 모든 자들은 그를 두려워한다는 것(스랍들도 하나님 앞에서 얼굴을 가린다), 언젠가는 모든 존재가 하나님을 두려워하게 되리라는 것이 결론으로 도출된다. 사람들의 주권은 흔히 멸시받을 만하고 실제로 멸시를 받지만, 하나님의 주권은 언제나 두려움을 불러일으킨다.

(2) 윗 세상에 사는 영화로운 자들은 모두 하나님을 철저하게 받들고 그의 뜻에 전적으로 순종한다는 것. 하나님은 높은 곳에서 화평을 베푸시느니라. 하나님은 완전한 평온 속에서 스스로 즐거워하신다. 거룩한 천사들은 하나님이나 그들 상호 간에 시비를 거는 법이 없고, 하나님의 뜻에 아무 말 없이 순종하며, 불평이나 이의를 제기함이 없이 그 뜻을 한 마음으로 집행한다. 이런 식으로 하나님의 뜻은 하늘에서 이루어지고 있다. 따라서, 우리는 하나님의 뜻이 이 땅에서도 우리를 비롯한 사람들을 통해서 이루어지기를 기도한다. 해와 달과 별들은 자신에게 정해진 길로 운행하기 때문에 서로 충돌하는 일이 결코 없다. 아니, 흔히 폭풍우와 광풍으로 어지러운 이 아랫 세상에서조차도 하나님은 때때로 광풍을 고요하게 하사 평화를 명하신다(시 107:29; 65:7). 높은 곳들은 하나님의 높은 곳들이라는 것을 주목하라. 왜냐하면, 하늘들은 여호와의 것이기 때문이다(시 115:16). 평화는 하나님의 일이다. 평화가 있는 곳에서 그 평화를 만드시는 분은 하나님이시다(사 57:19). 하늘에는 완전한 평화가 존재한다. 왜냐하면, 거기에는 완전한 거룩이 있고, 사랑이신 하나님이 계시기 때문이다.

(3) 하나님은 그 누구도 거역할 수 없는 권능을 지니신 하나님이시라는 것. 그의 군대를 어찌 계수할 수 있으랴(3절). 왕들의 크고 작음과 권능은 그들이 보유한 군대를 기준으로 평가된다. 하나님은 그 자신이 전능하실 뿐만 아니라, 무수한 군대를 그의 뜻대로 지휘하신다. 하나님께는 결코 해산되지 않는 상비군들이 있고, 결코 어떻게 해야 할지를 몰라 갈팡질팡하는 일도 없고 폭동을 일으키지도 않는 잘 훈련된 정규군들이 있으며, 오랫동안 전쟁을 해와서 싸움에 능숙한 역전의 용사들로 구성된 군대들이 있고, 한 번도 패한 적이 없는 무적의 군대들이 있다. 모든 피조물들, 특히 천사들은 하나님의 군대들이다. 하나님은 만유의 주, 만군의 여호와이시다. 하나님은 무수한 군대를 보유하고 계시지만, 평화를 추구하신다. 하나님은 우리를 상대로 전쟁을 일으키실 수 있으시지만, 기꺼이 우리와 화평하고자 하신다. 하나님은 심지어 천군천사들을 보내셔서 땅에서 하나님이 기뻐하시는 사람들 중에 평화를 선포하신다(눅 2:14).

(4) 하나님의 섭리는 만유에 미친다는 것. 그가 비추는 광명을 받지 않은 자가 누구냐. 햇빛은 세상의 구석구석에 다 전달되고, 일년 내내 모든 사람들에게 똑같이 전달된다(시 19:6). 이것은 하나님이 온 피조 세계를 구석구석 다 살피시는 것과 비슷하다(마 5:45). 만물이 하나님의 지식의 빛 아래에 있고, 하나님 앞에서 벌거벗은 듯이 드러나 있다. 만물은 하나님의 선하심의 빛에 참여한다. 특히 이것이 이 구절의 의미인 것으로 보인다. 하나님은 만물에 대하여 선하시다. 땅은 하나님의 선하심으로 가득 차 있다. 하나님은 가장 큰 존재임과 동시에 가장 선한 존재이다. 하나님은 멸하실 권세가 있으시지만, 긍휼을 베푸시는 것이 그의 즐거움이다. 모든 피조물은 하나님이 아낌 없이 주시는 은택 덕분에 살아간다.

2. 사람은 얼마나 비천한 존재인가. 사람이 비천하다는 것은 지극히 진실이고 옳다(4절). 그런즉 하나님 앞에서 사람이 어찌 의롭다 하며 어찌 깨끗하다 하랴. 사람은 비천할 뿐만 아니라 악하고, 흙으로 지음 받았을 뿐만 아니라 더럽기 그지없다.

(1) 사람은 하나님에 비하면 의로울 수 없고 깨끗할 수 없다는 것. 사람의 의와 거룩은 아무리 좋게 보아준다고 해도 하나님의 의와 거룩에 비하면 아무 것도 아니다(시 89:6).

(2) 사람은 하나님과 논쟁할 때에 의로울 수 없고 깨끗할 수 없다는 것. 하나님의 말씀이나 섭리와 다투는 자는 필연적으로 패할 수밖에 없다. 하나님이 의로우시다는 것이 드러날 것이고, 사람은 정죄를 받게 될 것이다(시 51:4; 롬 3:4). 하나님의 판단에는 오류가 없기 때문에, 하나님의 판단을 문제삼아서 이기는 것은 불가능하다.

(3) 사람은 하나님이 보시기에 의로울 수 없고 깨끗할 수 없다는 것. 하나님이 그토록 크시고 영화로우신데, 죄악되고 부정한 인간이 어떻게 하나님 앞에 나설 수 있겠는가?

[1] 사람은 실제로 범한 죄악들 때문에 하나님의 공의에 의한 심판을 받을 수밖에 없어서, 하나님 앞에서 의로울 수 없다는 것. 사람은 무죄라고 항변할 수도 없고, 그의 죄책을 상쇄시키거나 덜기 위해서 자신의 그 어떤 공로를 들먹이며 항변할 수도 없다. 성경은 모든 사람이 죄 아래 있다고 이미 결론을 내려 놓았다.

[2] 사람은 여자에게서 나면서 물려받은 원죄 때문에 하나님의 거룩하심 앞에서 악취가 나기 때문에 하나님이 보시기에 깨끗할 수 없다는 것. 하나님은 사람이 부정하다는 것을 아신다. 이 원죄 때문에 사람이 현세에서 은혜 안에서 하나님과 교통하고 교제하며, 내세에서 영광 중에 하나님을 뵈옵기에 전적으로 부적절한 존재가 되어 있다는 것은 분명하다. 그러므로 우리는 물과 성령으로 거듭나고, 열린 샘이신 그리스도의 피로 반복해서 목욕을 해야 할 필요가 있다.

Ⅱ. 빌닷은 천체들조차도 하나님이 보시기에, 그리고 하나님에 비하면 얼마나 어둡고 결함이 있는 존재들인지를 보여주고, 거기로부터 사람이 얼마나 보잘것없고 비천하며 가치 없는 존재인지를 추론해 냄.

1. 하늘의 광명들은 비록 아름다운 피조물들이긴 하지만 하나님 앞에서는 흙덩어리들에 불과하다는 것(5절). 빛을 발하며 걸어가는 달과 하늘의 밝은 등불인 별을 보라. 이교도들은 이 광명들의 광채에 매료되어서 그것들을 숭배하였지만, 그것들은 하나님이 보시기에, 그리고 하나님에 비하면 빛나는 것도 아니고 깨끗한 것도 아니다. 밝게 타오르는 촛불도 밝은 햇빛 속에 두면 빛을 발하지 못하듯이, 달과 별의 영광도 하나님의 더 밝은 영광 앞에서는 아무것도 아니다. 섭리들 속에서 빛을 발하는 하나님의 영광 앞에서는 가장 밝은 피조물들의 영광조차도 어둡게 느껴질 뿐이다(사 24:23): 달이 수치를 당하고 해가 부끄러워하리니 이는 만군의 여호와께서 시온 산에서 왕이 되실 것임이라. 천체들은 구름에 가리는 일이 잦고, 우리는 달에 있는 반점들을 분명하게 보며, 망원경의 도움을 받아서 종종 해에 있는 반점들도 관찰할 수 있다. 그러나 하나님은 달과 해에서 우리가 보지 못하는 반점들을 보신다. 하나님은 욥 자신이 알지 못하는 잘못된 허물들을 욥에게서 찾아 내실 수 있으신 분인데, 어떻게 감히 욥이 그토록 자신만만하게 하나님께 호소할 수 있단 말인가?

2. 인생들은 고상한 피조물들이기는 하지만, 하나님 앞에서는 흙 속의 구더기일 뿐이라는 것(6절). 하물며 구더기 같은 사람, 벌레 같은 인생이랴. 사람의 존귀함은 빛나지도 않고, 사람의 의는 깨끗하지도 않다. 사람은 제아무리 지체가 높은 자라 하더라도, 비천하고 멸시받을 만할 뿐만 아니라 해롭고 혐오할 만한 해충(어떤 이들은 이렇게 해석한다)에 지나지 않고, 육안으로는 잘 볼 수도 없어서 현미경으로 보아야만 보이는 가장 작은 벌레인 진드기(어떤 이들은 이렇

게 해석한다)일 뿐이다. 사람은 다음과 같은 존재이다.

(1) 사람은 하나님이나 거룩한 천사들에 비하면 아주 비천하고 하잘것없는 존재이고, 썩을 수밖에 없는 인자(因子)를 원래부터 지니고 태어나서 급속히 썩어가는 가치 없고 멸시 받을 만한 존재라는 것. 따라서, 사람에게는 교만할 이유는 전혀 없고, 온통 겸손하지 않을 수 없는 이유들뿐이다.

(2) 사람은 아주 연약하고 무능하며 아주 쉽게 부서지는 존재이기 때문에, 전능하신 하나님의 상대가 전혀 되지 못한다는 것. 하나님은 우리가 벌레 한 마리를 죽이는 것보다 더 쉽게 우리 인간을 짓이기실 수 있으신 우리의 조물주 이신데, 사람이 어떻게 그런 조물주를 상대로 다투는 어리석은 짓을 할 수 있 겠는가?

(3) 사람은 더럽고 지저분한 존재라는 것. 사람은 썩어가는 것 속에서 부화 되어 나오는 벌레여서 깨끗하지 못하고, 하나님께 악취가 나는 존재이다. 그러 므로 우리는 하나님이 스스로 낮아지셔서 우리 같은 벌레들과 언약을 맺으시 고 교통하시는 것, 특히 하나님의 아들이 스스로 낮아지셔서 나는 벌레요 사람 이 아니라(시 22:6)고 말씀하실 정도까지 자기를 비우신 것을 기이하게 여기지 않을 수 없다.

제
— 26 —
장

개요

이것은 빌닷의 짤막한 말에 대한 욥의 짤막한 답변이다. 여기에서 욥은 빌닷이 한 말을 반박하는 것이 아니라 도리어 그 말이 옳다는 것을 확증하면서, 마치 "너희가 아는 것을 나도 안다"(13:2)는 것을 보여주기라도 하려는 양 빌닷보다 더 하나님을 높이고 그의 권능을 선포한다. I. 욥은 빌닷의 말이 비록 지극히 옳고 선하다고 하여도 자신의 상황에는 낯설고 잘 맞지 않는다는 것을 보여줌(2-4절). II. 욥은 빌닷의 말이 자기에게는 쓸 데가 없다는 것을 보여줌. 욥은 자기가 빌닷과 마찬가지로 그런 것을 알고 있고 믿고 있으며, 빌닷보다 더 잘 그런 것을 말할 수 있고, 하나님의 권능과 크심을 보여주는 증거들을 더 많이 열거할 수 있기 때문에, 구태여 그런 말을 들을 필요가 없다고 말한다. 실제로 욥은 이 장의 나머지 부분에서 그런 것에 대하여 말한다(5-13절). 끝으로, 욥은 자기와 빌닷이 여러 가지로 하나님의 권능과 크심에 대하여 말하였지만, 그런 말들로 그 주제를 설명하기에는 턱없이 부족하고, 아직도 못다한 말들이 너무나 많다는 것을 시인한다(14절).

¹욥이 대답하여 이르되 ²네가 힘 없는 자를 참 잘도 도와 주는구나 기력 없는 팔을 참 잘도 구원하여 주는구나 ³지혜 없는 자를 참 잘도 가르치는구나 큰 지식을 참 잘도 자랑하는구나 ⁴네가 누구를 향하여 말하느냐 누구의 정신이 네게서 나왔느냐

욥이 이토록 깊은 고통과 비참함 속에 있으면서도 과연 이렇게 그의 친구가 한 말을 조롱하며 그 친구의 말이 적절하지 않다고 말하면서 즐거워할 수 있는 것인지에 대하여 우리는 의아해할 수 있다. 빌닷은 자기가 아주 중요한 문제를 꺼내서 아주 훌륭한 표현을 사용하여 기가 막힌 설교를 하여서, 하나님의 말씀을 전하는 자와 웅변가로서의 명성을 동시에 얻었다고 생각하였다. 그러나 욥은 심기가 뒤틀려서, 빌닷이 한 말은 그가 생각하는 것만큼 대단한 것이 아님을 보여주면서, 도리어 그의 말을 비웃는다. 욥은 다음과 같은 것들을 보여준다.

I. 빌닷이 한 말 속에는 대단하다고 할 수 있는 내용이 없다는 것(3절). 네가 큰 지식을 참 잘도 자랑하는데, 정말 너는 사실을 있는 그대로 자세하게 전한 것이냐. 이것은 빌닷이 자기가 한 말에 대하여 상당한 자부심을 갖고 있는 것을 힐난하는 반어법적인 말이다.

1. 빌닷은 자기가 아주 명쾌하게 말을 하였고, 사실을 있는 그대로 전하였다고 착각하고 있다는 것. 빌닷은 자신의 지식에 대하여 대단한 자부심을 지니고 있었고(우리도 이러기가 쉽다), 오직 자신의 지식만이 옳고 참되고 명쾌하며, 다른 사람들이 지닌 지식들은 다 틀렸고 잘못되었으며 혼란스러울 뿐이라고 생각하였다. 하지만, 우리는 하나님의 영광에 대하여 말할 때에 결코 사실을 있는 그대로 전할 수 없다. 왜냐하면, 우리는 하나님의 영광을 거울을 통해서 희미하게 보거나 단지 거울에 비친 모습만을 볼 뿐이고, 우리가 천국에 갈 때까지는 하나님을 있는 그대로 볼 수 없기 때문이다. 이 세상에서 우리는 하나님에 대하여 제대로 말할 수 없다(37:19).

2. 빌닷은 비록 몇 마디 하지는 않았지만 자기가 아주 자세하게 말하였고 충분히 전하였다고 착각하고 있다는 것. 하지만 애석하게도 이 주제의 넓고 깊고 풍부함에 비하면, 그가 전한 것은 너무나 적고 보잘것없는 것이었다.

II. 빌닷이 한 말 속에는 크게 유익될 만한 내용이 없다는 것. 도대체 너는 네가 한 말을 통해서 어떤 유익을 끼친 것이냐. 네가 너의 그 화려하고 힘 있는 수사(修辭)를 통해서 힘 없는 자를 참 잘도 도와 주었구나(2절). 네가 너의 그 대단한 교훈들을 통해서 지혜 없는 자를 참 잘도 가르쳤구나(3절). 욥은 빌닷에게 다음과 같은 것들을 깨우쳐 주고자 한다.

1. 빌닷은 그가 한 말을 통해서 하나님께 어떤 기여를 한 것이 없고, 욥으로 하여금 조금이라도 유익을 얻게 하지 못하였다는 것. 하나님을 대신하여 말을 한다는 것은 사실 우리의 본분이자 우리의 영예이다. 그러나 우리는 하나님이 우리의 기여를 필요로 하신다거나 그 일로 인하여 우리에게 빚을 지셨다고 생각해서는 안 되고, 만약 우리의 말이 하나님의 영광을 겸손하게 바라보는 마음에서가 아니라 다투고 반박하고자 하는 마음에서 나온 것이라면, 하나님은 그것을 기쁘게 받지도 않으실 것이다.

2. 빌닷은 그가 한 말을 통해서 하나님의 일에 기여한 것이 없다는 것. 그는 그의 친구들이 힘도 없고 지혜도 없어서 어찌 할 바를 모르고 있을 때에, 그의

말이 욥을 설득하는 데에 결정적인 역할을 해서, 그들의 목적을 이루는 데에 큰 도움을 주었다고 생각하였다. 논쟁을 하는 자들은 논쟁이 뜨거워지면 자기가 한 말이 실제로는 별 말이 아닌데도 진리를 드러내는 데에 많은 기여를 했다고 착각하기가 쉽다.

3. 빌닷은 그가 한 말을 통해서 욥에게 그 어떤 유익도 주지 못하였다는 것. 그는 욥을 깨우치고 가르치며 위로하였다고 착각하였다. 그러나 애석하게도 그가 한 말은 욥의 상황과 동떨어진 것이었기 때문에, 잘못들을 바로잡거나, 욥을 도와서 환난들을 잘 견딜 수 있게 하거나 환난들로부터 유익을 얻을 수 있게 해주는 데에 아무런 도움도 되지 못하였다. "네가 누구를 향하여 말한 것이냐(4절). 네가 정말 나를 향하여 말을 한 것이 맞기는 맞는 것이냐. 너는 내게 이러한 교훈이 필요할 것이라고 생각할 정도로 나를 어린아이 취급을 하고 있는 것이냐. 또는, 너는 나와 같은 처지에 있는 자에게 그러한 교훈이 적절하다고 생각하는 것이냐." 참되고 선한 말이라고 해서 언제나 시의적절하고 적합한 말이 되는 것은 아니다. 빌닷은 욥과 같이 마음이 낮아지고 통회하며 근심에 싸인 자에게는 하나님의 크심과 위엄에 대해서가 아니라 하나님의 은혜와 긍휼에 대하여 전했어야 했고, 전능자의 두려우심이 아니라 하나님의 위로들을 선포했어야 했다. 그리스도께서는 곤고한 자를 말로 어떻게 도와 줄 줄을 아신다(사 50:4). 따라서, 그의 사역자들도 진리의 말씀을 때를 따라 올바르게 나누어 주는 법을 배워서, 빌닷과 같이 하나님이 슬프게 만들고자 하지 않으시는 자들을 슬프게 만드는 일을 해서는 안 된다. 그러므로 욥은 빌닷에게 누구의 영이 네게서 나온 것이냐고 반문한다. 즉, "네가 한 그런 말들을 통해서 그 어떤 고통 받는 영혼이 새 힘을 얻어서 되살아나며 원기를 회복하겠느냐"는 것이다. 이렇게 우리는 우리의 친구들에게서 위로받기를 기대했다가 흔히 실망하곤 하지만, 참된 위로자이신 보혜사 성령께서는 우리를 위로하실 때에 실수하거나 실패하시는 일이 없다.

⁵죽은 자의 영들이 물 밑에서 떨며 물에서 사는 것들도 그러하도다 ⁶하나님 앞에서는 스올도 벗은 몸으로 드러나며 멸망도 가림이 없음이라 ⁷그는 북쪽을 허공에 펴시며 땅을 아무것도 없는 곳에 매다시며 ⁸물을 빽빽한 구름에 싸시나 그 밑의 구름이 찢어지지 아니하느니라 ⁹그는 보름달을 가리시고 자기의 구름을 그 위에 펴시며

¹⁰수면에 경계를 그으시니 빛과 어둠이 함께 끝나는 곳이니라 ¹¹그가 꾸짖으신즉 하늘 기둥이 흔들리며 놀라느니라 ¹²그는 능력으로 바다를 잔잔하게 하시며 지혜로 라합을 깨뜨리시며 ¹³그의 입김으로 하늘을 맑게 하시고 손으로 날렵한 뱀을 무찌르시나니 ¹⁴보라 이런 것들은 그의 행사의 단편일 뿐이요 우리가 그에게서 들은 것도 속삭이는 소리일 뿐이니 그의 큰 능력의 우렛소리를 누가 능히 헤아리랴

욥과 그의 친구들이 지금까지 서로 견해가 다른 부분에 대하여 논쟁을 벌이는 과정에서 진리가 많이 드러났다. 그러나 이제 그들은 그들의 견해가 서로 일치하는 주제, 즉 하나님의 무한한 영광과 권능에 대하여 말한다. 논쟁하는 자들이 하나님에 대하여 지극히 높고 존귀한 것들만을 말하고 하나님을 찬양하는 말들을 많이 하는 가운데에 다른 다툼이 없을 때, 진리가 얼마나 드높이 고양(高揚)되고 얼마나 밝게 빛을 발하는지를 보라! 신앙의 문제들을 다루는 모든 논쟁들이 이렇게 만유의 주이시자 우리의 주이신 하나님께 한 마음과 한 입으로 영광을 돌리는 것으로 끝난다면, 얼마나 좋을까(롬 15:6). 왜냐하면, 하나님께 영광을 돌리는 것은 우리 모두가 결국에 도달해야 하는 지점이고 우리 모두의 견해가 일치하는 지점이기 때문이다.

I. 세상을 창조하시고 보존하심에 있어서 하나님의 지혜와 권능을 보여주는 많은 놀라운 예들.

1. 우리 주변, 즉 이 아랫 세상에 있는 땅과 물을 둘러보아도, 우리는 하나님의 전능하심을 보여주는 두드러진 예들을 볼 수 있다는 것. 여기에 나오는 절들 속에서 우리는 다음과 같은 예들을 본다.

(1) 하나님은 땅을 아무것도 없는 곳에 매다신다는 것(7절). 육지와 물로 이루어진 광대한 지구는 어떤 기둥이나 굴대를 의지해서 매달려 있는 것이 아니라, 하나님의 전능하신 능력에 의해서 지금 있는 자리에 견고하게 고정되어 있고, 자신의 무게로 균형을 잡고 있다. 사람의 능력으로는 깃털 하나도 허공에 매달 수 없지만, 하나님의 지혜로는 지구 전체를 허공에 매달아 놓을 수 있다. 시인은 지구가 자신의 무게로 균형을 잡고 있다고 말하고, 사도는 하나님의 권능의 말씀이 지구를 붙들고 있다고 말한다. 지구는 아무것도 없는 곳에 매달려 있는데도, 우리가 거기에 발을 딛고 있을 수 있고, 우리 몸의 무게를 감당할 수 있지만, 우리의 마음을 거기에 두는 것은 유익이 없고, 우리 영혼의 무게도 감당할

수 없다.

(2) 하나님은 바다의 물에 경계들을 정하시고 그 경계들로 그 물들을 두르셔서(10절), 물들이 다시 땅을 뒤덮지 못하게 하신다는 것. 이 경계들은 낮과 밤이 끝날 때까지, 즉 시간이 더 이상 존재하지 않게 될 때까지 요동하거나 없어지지 않고 그대로 지속될 것이다. 우리는 여기에서 하나님의 섭리에 의해서 바다의 격랑이 다스려지고 있다는 것을 알게 된다. 따라서, 그것은 하나님의 권능을 보여주는 한 가지 예이다(렘 5:22). 또한, 우리는 여기에서 보잘것없고 죄 많은 이 땅의 거민들이 비록 하나님의 공의에 의해 심판받아 마땅한 자들이고 하나님의 긍휼 때문에 목숨을 부지하고 있는 존재들이긴 하지만, 하나님의 섭리에 의해서 돌봄을 받아서, 이전처럼 홍수로 멸망받지 않고 장차 불로 심판을 받을 때까지 보존되고 있다는 것도 알게 된다.

(3) 하나님은 죽은 것들을 물 아래에서 형성하신다는 것. 르바임, 즉 거대한 것들이 물 아래에서 형성된다. 즉, 하나님은 물에 사는 무수한 것들과 더불어서 고래 같은 몸집이 크고 거대한 피조물들도 물 속에서 만드신다는 것이다(이것은 패트릭 주교의 설명이다).

(4) 하나님은 거센 폭풍우와 태풍을 통해서 산들(여기에서는 하늘 기둥들로 표현됨)을 흔드시고(11절), 바다를 가르시며 교만한 파도를 치신다는 것(12절). 여호와 앞에서는 바다가 도망하고 산들이 뛰논다(시 114:3-4; 또한, 합 3:6 이하를 보라). 하나님은 폭풍을 보내서서 바닷물을 쟁기로 갈아서 이랑을 만드셨다가, 바닷물을 치셔서 다시 잠잠하게 만드신다(시 89:9-10). 욥이 모세 시대나 그 직후에 살았다고 생각하는 자들은 이 구절이 하나님께서 이스라엘 자손 앞에서 홍해를 가르시고 애굽 사람들을 그 속에서 익사하게 하신 일을 가리키는 것이라고 본다. 원문에는 하나님이 그의 지혜로 라합을 깨뜨리신다고 되어 있는데, 라합은 흔히 애굽을 상징한다(시 87:4; 사 51:9).

2. 우리가 아래에 있는 지옥을 볼 수는 없지만 그 지옥을 생각하기만 해도, 거기에서도 하나님의 권능을 보여주는 예들을 찾아볼 수 있다는 것. 여기에 나오는 스올이나 멸망이라는 표현은 무덤과 거기에 묻혀 있는 자들을 가리키는 것이라고 할 수 있는데(6절), 그들은 우리의 눈에는 보이지 않지만 하나님의 눈 아래에 있다. 이것은 죽은 자의 부활에 대한 우리의 믿음에 더욱 힘을 실어준다. 하나님은 죽어서 썩어 버린 우리 몸에서 흩어진 모든 원자들을 어디에

가서 찾아와야 하는지를 아신다. 또한, 우리는 스올이나 멸망이라는 표현을 저주받은 자들이 가는 곳, 즉 악인들의 영혼이 비참하게 고통을 받고 있는 곳을 가리키는 것이라고 볼 수도 있다. 잠언에서는 스올과 아바돈(또는, 멸망)이 여호와 앞에 있다고 말하고(잠 15:11), 여기에서는 그것들이 하나님 앞에서 벗은 몸으로 드러난다고 말하고 있는 것으로 보아서, 이 둘은 모두 죄인들이 거룩한 천사들(하나님의 영광을 모시는) 앞과 어린 양 앞에서 고통을 받게 될 곳을 가리킬 가능성이 크다. 이것은 일부 고대 역본들이 왜 5절의 본문을 다음과 같이 읽는지 그 이유를 어느 정도 설명해 주는 것 같다(나는 이러한 읽기가 르바임이라는 단어의 의미에 더 적합하다고 생각한다): 보라, 거인들이 물 밑에서 신음하며 그들과 함께 거하는 자들도 그러하다. 그 뒤에 나오는 구절, 즉 하나님 앞에서는 스올도 벗은 몸으로 드러난다는 말씀은 옛 세상의 거인들이 물에 빠져 죽은 것을 나타낸다. 조셉 미드(Joseph Mede) 목사는 이 본문을 이런 식으로 이해하면서, 스올 또는 지옥을 죽은 자들의 회중이라 부르고 있는 잠언 21:16을 그 예로 제시한다. 여기에서 사용되고 있는 것도 거기에서 사용된 것과 동일한 단어이기 때문에, 조셉 미드 목사가 옛 세상의 죄인들이 물에 빠져 죽은 것을 염두에 두고서 그 어구를 거인들의 회중이라고 번역했더라면 더 좋았을 것이다. 경건치 않은 자들의 영원한 멸망과 흑암의 땅에 거하는 자들의 신음소리보다 하나님의 두려우신 위엄을 더 잘 나타낼 수 있는 것이 과연 있을까? 천사들과 더불어서 하나님을 두려워하고 경배하고자 하지 않는 자들은 귀신들과 더불어서 영원히 두려워하며 떨게 될 것이고, 그것을 통해서 하나님이 영광을 받으실 것이다.

3. 우리가 위에 있는 하늘을 올려다본다면, 하나님의 주권과 권능을 보여주는 예들을 볼 수 있다는 것.

(1) 하나님은 북쪽을 허공에 펴신다는 것(7절). 하나님은 태초에 하늘을 휘장같이 치실 때에도 그렇게 하셨고(시 104:2), 지금도 여전히 하늘이 그렇게 펼쳐져 있도록 하시며, 앞으로도 하늘이 불에 타서 두루마리가 말리는 것 같이 떠나갈 때까지 그렇게 하실 것이다(계 6:4). 욥이 북쪽을 언급하는 것은 그가 살던 땅이 북반구에 있었기 때문이다. 하늘이 펼쳐져 있는 허공은 공중을 가리킨다(시 89:12). 저 세상에 비하면 이 세상은 허공에 지나지 않는다!

(2) 하나님은 궁창 위에 있는 물이 노아의 홍수 때처럼 땅 위로 쏟아져 내리

는 것을 막고 계시다는 것(8절). 우리가 필요할 때에 사용하기 위해서 물을 주머니에 꼭 싸두듯이, 하나님은 물을 **빽빽한** 구름에 싸신다. 그렇게 해서 모아진 물의 무게가 엄청난 데도, 그 밑의 구름이 찢어지지 않는다. 만약 구름들이 찢어져 버린다면, 궁창 위의 물들은 한꺼번에 거침 없이 쏟아져 내리고 말 것이다. 그러나 다행히도 그 물들은 하나님의 뜻을 따라 작은 비나 큰 비로 구름을 뚫고 조금씩 내려서 땅을 촉촉히 적셔 준다.

(3) 윗 세상의 영광에서 뿜어져 나오는 광채는 죽을 수밖에 없는 하찮은 존재들인 우리가 감당할 수 없는 것이기 때문에, 하나님은 그 광채를 감추신다는 것(9절). 하나님은 그의 보좌의 앞, 즉 그가 거하시는 그 빛을 가리시고, 그 위에 구름을 펴시고, 그 구름 속에서 심판하신다(22:13). 하나님은 우리가 감각이 아니라 믿음으로 살기를 원하신다. 왜냐하면, 그런 삶이 이 세상에서 연단을 받는 우리에게 합당한 삶이기 때문이다. 만약 우리가 하나님의 보좌를 저 큰 날과 마찬가지로 지금 여기에서도 볼 수 있다면, 그것은 공정한 시험(試驗)이 되지 못할 것이다. 하나님은 그의 높은 보좌가 이루 말할 수 없이 밝기 때문에, 그 치명적인 광채로 말미암아 우리가 시력을 잃게 될까봐, 그 광채의 힘을 차단하기 위해서, 그의 보좌 앞에 검은 색 휘장을 치시고 구름들을 펴신다(블랙모어).

(4) 하늘의 눈부신 장식들은 하나님의 손으로 만드신 것들이라는 것(13절). 하나님은 그의 입김, 즉 수면 위를 운행하셨던 저 영원한 성령, 그의 입 기운으로(시 33:6) 하늘을 단장하셨다(KJV). 하나님은 하늘을 지으셨을 뿐만 아니라 아름답게 단장하셔서, 기묘하게도 밤에는 별들로 총총 밝게 빛나게 하시고, 낮에는 햇빛으로 칠을 하셨다. 하나님은 사람을 서서 걸을 수 있게 지으셔서 위를 볼 수 있게 하신 후에, 사람이 위를 보도록 초청하시기 위해서 하늘을 단장하셨다. 그러니까, 우리가 우리의 머리 위에 치는 차양막에 황금빛 징들을 많이 박아서 아름답게 장식하듯이, 하나님은 눈부신 햇빛과 빛나는 별빛, 밤하늘을 수놓고 있는 무수히 많은 크고 작은 별들을 통해서 우리의 눈을 즐겁게 하심으로써, 우리로 하여금 크신 창조주, 빛들의 아버지이자 근원이 되시는 하나님을 경배하며, "하나님의 궁전으로 통하는 길이 이렇게 아름답게 단장되어 있다면, 하나님의 궁전 자체는 얼마나 아름답겠는가! 우리의 눈에 보이는 하늘이 이토록 영화롭고 찬란하다면, 우리의 눈에 보이지 않는 하늘은 어떠하겠는가!" 라고

말할 수 있게 하셨다. 우리는 아름답게 장식된 대기실을 보고서, 하나님의 집무실이 얼마나 아름답게 장식되어 있을지를 추측할 수 있다. 별들이 이토록 밝다면, 천사들은 어떠하겠는가! 여기에서 하나님의 손이 지으셨다고 하는 구부러진 뱀(KJV)이 무엇을 의미하는지는 확실하지 않다. 해석자들은 그것을 하늘을 단장하고 있는 장식들 중의 일부를 가리키는 것으로 보아서, 은하수 또는 어떤 특정한 별자리를 의미하는 것으로 해석한다. 여기에서 사용된 단어는 고래나 악어를 가리키는 것으로 추정되는 꼬불꼬불한 뱀 리워야단(사 27:1)을 나타낼 때에 사용되는 바로 그 단어이다. 성경에서는 하나님이 리워야단을 만드신 것을 창조주의 권능을 분명하게 보여주신 예로 든다. 하나님 자신이 이 예를 들어서 자신의 권능을 나타내시는데(41장), 욥이라고 해서 이 예를 드는 것으로 그의 말을 마무리하지 못할 이유가 어디 있겠는가?

Ⅱ. 욥은 마침내 경외심을 가지고서 하나님의 권능을 보여주는 것들이 이 외에도 무수히 많다는 말로 결론을 삼음(14절).   보라 이런 것들은 그의 행사의 단편일 뿐이요, 그의 지혜와 능력의 산물들 중 일부이며, 그가 행하시는 길들이나 인생들에게 그를 알게 하시는 길들 중 일부일 뿐이다.

1. 욥은 하나님에 대하여 밝혀진 것들을 경외심을 가지고서 시인함. 그와 빌닷이 말한 이러한 것들은 하나님이 행하신 일들이고 하나님으로부터 들은 것들이며 하나님에 대한 중요한 것들이다.

2. 욥은 하나님에 대하여 아직 밝혀지지 않은 것들이 무수히 많다는 것에 대하여 경외심을 가짐. 우리가 말한 이러한 것들은 하나님이 행하시는 일들 중에서 아주 적은 일부에 지나지 않는다. 하나님 안에 있는 것과 하나님이 어떤 분이신지를 생각하면, 우리가 하나님에 대하여 알고 있는 것은 거의 없다고 할 수 있다. 하나님이 우리에게 드러내신 모든 것들과 우리가 하나님을 탐구하여 알게 된 모든 것들에도 불구하고, 우리는 하나님에 대하여 여전히 너무나 많은 것들을 모르고 있기 때문에, 이런 것들은 그의 행사의 단편일 뿐이라고 결론을 내릴 수밖에 없다. 우리는 하나님의 역사(役事)와 말씀을 통해서 하나님에 대하여 뭔가를 들었지만, 애석하게도 우리가 그에게서 들은 것은 너무나 적다. 우리는 단지 부분적으로만 알 뿐이고 부분적으로만 예언할 뿐이다. 우리는 하나님에 관하여 우리가 할 수 있는 모든 말을 다한 후에, 그 밑바닥을 찾을 수가 없어서 절망하여 벼랑 끝에 털썩 주저앉아, 사도 바울처럼 그 깊음을 경배하며

이렇게 말하지 않을 수 없다(롬 11:33): 깊도다 하나님의 지혜와 지식의 풍성함이여, 그의 판단은 헤아리지 못할 것이며 그의 길은 찾지 못할 것이로다. 우리가 현세에서 하나님에 대하여 듣고 아는 것은 아주 적은 일부에 지나지 않는다. 하나님은 무한하시고 우리가 도저히 헤아릴 수 없다. 우리의 이해력과 능력은 약하고 천박하기 때문에, 하나님의 영광이 온전히 드러나는 것은 내세에서 이루어질 일이다. 그의 큰 능력의 우렛소리(즉, 그의 능력을 보여주는 우렛소리), 하나님이 여기 이 세상에서 행하시는 일들 중에서 아주 작은 일 가운데 하나인 우렛소리조차도 우리는 이해하지 못한다(37:4-5). 그런데 하물며 우리가 하나님의 권능이 최대한도로 발휘될 때의 그 무시무시한 결과들, 특히 주의 노여움의 능력(시 90:11)을 어떻게 이해할 수 있겠는가. 하나님은 크시고, 우리는 하나님의 크심을 제대로 알지 못한다.

제 27 장

개요

욥은 그의 친구들이 그를 세차게 공격하느라고 그에게는 입도 뻥긋하지 못하게 하였다고 종종 불평하면서, "너희는 제발 이제 입을 다물고, 내 말을 좀 들어달라"고 말하였었다. 그러나 이제 욥의 친구들은 지쳐서 나가 떨어졌기 때문에, 욥은 하고 싶은 말을 마음껏 할 수 있는 기회를 잡은 것으로 보인다. 아마도 그들은 욥이 옳다는 것을 확신하게 되었든지, 아니면 욥이 잘못되었다는 것을 그에게 설득시키는 데에 절망했든지 둘 중의 하나였을 것이다. 그래서 그들은 무기를 내던지고 싸움을 포기하였다. 욥은 그들이 상대하기에 벅찬 인물이었기 때문에, 도리어 그들을 압박하여 싸움을 포기하지 않을 수 없게 만들어 버렸다. 왜냐하면, 진리는 커서 언제나 이기는 법이기 때문이다. 욥이 앞에서 말한 것(26장)은 빌닷의 말에 대한 충분한 대답이 되었다. 따라서 욥은 이제 잠시 말을 멈추고서, 소발이 그의 차례가 되어 다시 포문을 열 것인지를 지켜 보았다. 그러나 소발이 말문을 열기를 사양하자, 욥은 다시 말을 이어서, 어떤 방해도 받지 않은 채로, 이 문제와 관련해서 자기가 하고 싶었던 모든 말을 다 하였다. I. 욥은 자신의 결백에 대한 엄숙한 항변과 그 결백함을 계속해서 굳게 지키겠다는 자신의 결심을 밝히는 것으로 그의 말을 시작함(2-6절). II. 욥은 그의 친구들이 그를 위선자라고 비난하였을 때에 그가 느꼈던 두려움을 피력함(7-10절). III. 욥은 악인들이 오랫동안 형통하더라도 결국에는 비참하게 된다는 것을 보여주고, 그들과 그들의 가문에 임하는 저주에 대하여 말함(11-23절).

¹욥이 또 풍자하여 이르되 ²나의 정당함을 물리치신 하나님, 나의 영혼을 괴롭게 하신 전능자의 사심을 두고 맹세하노니 ³[나의 호흡이 아직 내 속에 완전히 있고 하나님의 숨결이 아직도 내 코에 있느니라] ⁴결코 내 입술이 불의를 말하지 아니하며 내 혀가 거짓을 말하지 아니하리라 ⁵나는 결코 너희를 옳다 하지 아니하겠고 내가 죽기 전에는 나의 온전함을 버리지 아니할 것이라 ⁶내가 내 공의를 굳게 잡고 놓지 아니하리니 내 마음이 나의 생애를 비웃지 아니하리라

여기에 나오는 욥의 말은 솔로몬의 잠언들과 마찬가지로 풍자 또는 비유('마샬')로 불리는데, 이는 그의 말이 엄중하고 무게가 있으며 매우 교훈적이고, 욥이 권세를 지닌 자로서 말하고 있기 때문이다. 비유라는 말은 다스리다 또는 통치권을 갖다를 의미하는 단어로부터 왔다. 어떤 이들은 이러한 표현이 욥이 이제 그의 대적들을 다 물리치고 승리한 후에 그들을 격퇴한 자로서 말하고 있다는 것을 암시하는 것이라고 생각한다. 우리는 뛰어난 설교자를 가리켜서 청중을 어떻게 휘어잡을 줄을 아는 자라고 말한다. 욥은 여기에서 그런 자였다. 욥과 그의 친구들 간에 논쟁이 길어지자, 그들은 이 문제를 적당히 마무리하고자 했던 것으로 보인다. 맹세는 다투는 모든 일의 최후 확정이기(히 6:16) 때문에, 욥은 여기에서 모든 반론을 침묵시키기 위해서, 그가 지금까지 자신의 결백을 증명하기 위해서 했던 모든 말들을 엄숙한 맹세로써 재확인함으로써, 만약 그에게 거짓이 있다면 그 책임이 전적으로 그에게 돌아오도록 하였다. 좀 더 자세하게 살펴보자.

I. 욥이 한 맹세의 형식. 나의 정당함을 물리치신 하나님의 사심을 두고 맹세하노니(2절).

1. 욥은 한편으로 하나님을 높임. 즉, 욥은 하나님을 살아 계신 하나님(이것은 생명을 자신 속에 갖고 계시는 영원하신 하나님, 영생하시는 하나님을 의미한다)이라고 부르고, 유일하고 절대적인 주권을 지니신 심판자로서의 하나님께 호소함으로써 하나님을 높인다. 하나님보다 더 높은 자가 없기 때문에, 우리가 다른 어떤 존재를 두고 맹세한다면, 그것은 하나님을 모독하는 것이 된다.

2. 욥은 다른 한편으로 하나님을 합당하지 않은 말로 모함함. 욥은 하나님이 그의 정당함을 앗아가 버리셨고(즉, 이 논쟁에서 그의 편을 들어서 그의 정당함을 증명해 주시기를 거부하셨다는 것), 그의 친구들이 그의 계속되는 환난들을 근거로 끊임없이 그를 비난하는데도, 하나님은 그 환난들을 거두지 않으심으로써 욥이 직접 나서서 자신의 결백을 증명할 기회를 앗아가 버리셨다고 말한다. 엘리후는 욥이 이런 말을 한 것을 지적하며 욥을 책망한다(34:5). 왜냐하면, 하나님이 하시는 모든 일들은 의로우셔서, 사람들의 정당함을 앗아가 버리시는 일은 결코 없으시기 때문이다. 그러나 우리는 아주 심약하고 빨리 지치기 때문에 하나님의 때를 잘 기다리지 못하고, 하나님이 우리에게 즉시 은총을

베풀어 주지 않으시면 금방 절망해 버리기 쉽다. 또한, 욥은 하나님이 그의 영혼을 괴롭게 하였다고 하나님을 모함한다. 즉, 하나님은 그를 위해 나타나시기는커녕 도리어 그를 대적하셨고, 그의 온갖 위로들을 다 빼앗아 가시고 그에게 혹독한 환난들을 주심으로써 그의 삶을 아주 고통스럽게 만드셨다고 말한다. 우리는 인내심이 없어서 초조해하고 안달하면서 우리 자신의 심령을 스스로 괴롭히면서도, 하나님이 우리의 심령을 괴롭게 하였다고 불평한다. 그렇지만 욥이 그의 주장이 옳다는 것과 그의 하나님이 선하시다는 것을 확신하고 있는 것을 보라. 그렇기 때문에, 욥은 비록 하나님이 지금 그에게 진노하셔서 그를 대적하시는 것처럼 보일지라도, 기쁜 마음으로 자신의 문제를 하나님께 맡길 수가 있었다.

Ⅱ. 욥이 한 맹세의 내용(3-4절).

1. 욥은 불의를 말하지 아니하며 거짓을 말하지 아니하리라고 맹세함. 그는 거짓말을 하는 길로 자기가 가는 일은 결코 없을 것이라고 말한다. 즉, 이 논쟁에서 그가 내내 자신의 생각을 그대로 말하여 왔듯이, 앞으로도 표리가 부동한 말을 하여 양심을 속이는 짓을 결코 하지 않겠다는 것이다. 그는 자기가 참이라고 믿은 것 외에는 그 어떤 교리를 주장하거나 그 어떤 사실을 단언하는 일은 결코 없을 것이라고 말한다. 또한, 그는 어떤 진리가 그에게 아무리 불리하게 작용한다고 할지라도 그 진리를 부인하는 일도 결코 없을 것이라고 말한다. 그의 친구들은 그를 위선자라고 비난하지만, 그는 기회가 주어지기만 한다면 그들의 모든 심문에 대하여 맹세코 진실한 대답을 할 준비가 다 되어 있었다. 한편으로, 자기가 정말 위선자라는 것이 밝혀진다면, 그는 그 비난을 결단코 부인하지 않을 것이고, 오직 진리만을 인정하고 진리 아닌 것들은 하나도 인정하지 않을 것이기 때문에, 자기가 위선자라는 수치를 스스로 짊어질 것이다. 다른 한편으로, 그는 자신의 결백을 알고 있고, 자기가 그의 친구들이 말하는 그런 위선자가 아니라는 것을 알고 있기 때문에, 그들이 부당한 비난으로 그를 심하게 압박해 오더라도 자신의 양심을 속이고서 거짓으로 그들의 말을 순순히 따라서 자신의 결백을 부정하지도 않을 것이다. 우리는 우리 이웃을 쳐서 거짓 증언을 해서도 안 되고, 우리 자신을 쳐서 거짓 증언을 해서도 안 된다.

2. 욥은 자기 목숨이 붙어 있는 한 이러한 결심을 굽히지 않겠다고 맹세함(3절). 나의 호흡이 내 속에 있는 동안에는 내가 그리하리라. 죄를 짓지 않겠다는

우리의 결심은 이렇게 우리의 일생 동안 변치 않는 결심이 되어야 한다. 하지만, 의심스럽거나 중요치 않은 일들에 있어서는 이런 식의 단호한 태도를 취하는 것은 별로 좋지 않다. 왜냐하면, 우리가 지금은 알지 못하는 어떤 이유로 나중에 우리의 마음을 바꾸게 될지도 모르고, 하나님이 우리가 지금은 알지 못하는 것을 우리에게 계시하실 수도 있으시기 때문이다. 그러나 여기에 나오는 것과 같이 아주 분명한 일에 있어서는 우리가 결코 불의를 말하지 않겠다고 아무리 단호하게 결심한다고 해도, 그것은 결코 지나친 일이 되지 않을 것이다. 욥이 이렇게 단호한 결심을 하게 된 이유 중의 일부가 이 구절 속에 함축되어 있는데, 그것은 우리의 호흡이 항상 우리 속에 있을 것은 아니라는 것이다. 우리는 머지않아 우리의 마지막 호흡을 쉬어야 하기 때문에, 우리의 호흡이 우리 속에 있는 동안에 불의와 거짓의 호흡을 쉬지 말아야 하고, 우리가 호흡이 끝날 때에 우리에게 불리하게 작용할 그 어떤 언행도 하지 않아야 한다. 우리 속의 호흡은 하나님이 우리 속에 불어넣어 주신 것이기 때문에 하나님의 기운 또는 하나님의 숨결이라 불린다. 그리고 이것은 우리가 불의를 말하지 않아야 할 또 다른 이유이기도 하다. 우리에게 생명과 호흡을 주시는 분은 하나님이시기 때문에, 우리는 숨이 붙어 있는 동안에 하나님을 찬송하여야 한다.

III. 욥이 자신의 맹세를 설명함(5-6절). "나는 스스로 위선자임을 인정함으로써 너희가 나를 무자비하게 비난한 것이 옳다고 시인하지 아니할 것이고, 내가 죽기 전에는 나의 온전함을 버리지 아니할 것이며, 내 의를 굳게 잡고 놓지 아니하리라."

1. 욥은 늘 정직한 자로 있고자 하고, 자신의 온전한 신앙을 굳게 붙잡고자 하며, 사탄이 그의 아내를 시켜서 그에게 하라고 강요하였던 대로(2:9) 하나님을 욕하는 일은 결코 하지 않을 것이라고 말함. 욥은 여기에서 죽음을 생각하고 죽을 각오를 하고 있기 때문에, 자기가 이 세상에서 갖고 있는 모든 것을 잃는다고 하여도, 결코 자신의 신앙을 버리지 않을 것이라고 결심한다. 죽음을 각오하면서까지 우리의 온전한 신앙을 지키고자 하는 것이야말로 죽음을 가장 잘 준비하는 것임을 명심하라. "내가 죽기 전에는, 즉 내가 이 환난 때문에 죽을지라도, 나는 나의 하나님과 나의 신앙에 대한 자부심을 버리지 않을 것이다. 하나님이 나를 죽이실지라도 나는 하나님을 의지하리라."

2. 욥은 자기가 언제나 정직한 자로 남고자 한다고 말함. 그는 양심을 버리

지 않을 것이고, 자신의 온전한 신앙으로 인한 위로와 신뢰를 버리지 않을 것이라고 말한다. 그는 그것을 끝까지 변호하기로 결심하였다. "내가 늘 선한 의도를 지니고 있다는 것과 내가 알고 있는 나의 본분을 게을리하지 않았고 의도적으로 죄를 짓지 않았다는 것을 하나님도 아시고 내 자신의 마음도 안다. 이것이 나의 기쁨이고, 그 누구도 내게서 이 기쁨을 빼앗아 가지 못할 것이다. 나는 결코 내 양심을 저버리면서까지 내가 틀렸다고 거짓말하지 않을 것이다." 위선자로 비난을 받고 단죄당하는 것은 예로부터 흔히 정직한 자들의 운명이었다. 그러나 그럴 때에 그들이 그런 비난들을 담대하게 참고 이겨나가며, 그 비난들 때문에 낙심하거나 자기 자신을 나쁘게 생각하지 않는 것이 합당하다. 사도 바울은 이렇게 말한다(히 13:18): 우리는 우리가 모든 일에 선하게 행하려 하므로 우리에게 선한 양심이 있는 줄을 확신하노라. 너의 양심을 계속해서 부끄럼 없이 깨끗하게 지키는 것을 너의 견고한 요새로 삼으라. 욥은 그의 친구들이 그를 꾸짖고 책망하였다고 많이 불평하였다. 그러나 여기에서 욥은 이렇게 말한다: "내 마음이 나를 책망하지 아니하리라. 즉, 나는 내 마음이 나를 책망할 짓을 결코 하지 않을 것이고, 도리어 내 양심을 거짓됨이 없이 지킬 것이다. 내가 그렇게만 한다면, 내 마음은 나를 책망할 빌미를 얻지 못할 것이다." 의롭다 하신 이는 하나님이시니 누가 능히 하나님께서 택하신 자들을 고발하리요(롬 8:33). 우리가 스스로 우리의 마음에게 우리를 책망할 빌미를 주어놓고도 우리의 마음이 우리를 책망하지 못하게 할 것이라고 결심한다면, 그것은 양심의 주인이신 하나님을 모독하는 것이고 우리 자신을 해롭게 하는 것이다. 왜냐하면, 사람이 죄를 범하였을 때에 그의 속에 있는 양심이 그 죄로 인하여 그를 책망하는 것은 선한 일이기 때문이다(삼하 24:10). 우리가 여전히 우리의 온전한 신앙을 견고히 붙잡고 있으면서 우리의 마음이 우리를 책망하지 못하게 할 것이라고 결심한다면, 그것은 "네가 하나님의 아들이라면"이라고 말하며 선한 그리스도인들로 하여금 그들이 하나님의 아들이라는 사실을 의심하도록 유혹하는 악한 영의 음모를 좌절시키고, 그들이 하나님의 아들임을 증언해 주시는 성령의 역사(役事)를 시인하는 것이다.

⁷나의 원수는 악인 같이 되고 일어나 나를 치는 자는 불의한 자 같이 되기를 원하노라 ⁸불경건한 자가 이익을 얻었으나 하나님이 그의 영혼을 거두실 때에는 무슨 희

망이 있으랴 ⁹환난이 그에게 닥칠 때에 하나님이 어찌 그의 부르짖음을 들으시랴 ¹⁰ 그가 어찌 전능자를 기뻐하겠느냐 항상 하나님께 부르짖겠느냐

욥은 자신을 추가적으로 해명하기 위해서 자기가 온전한 신앙을 지킴으로써 얻은 만족감을 갖고 있다고 엄숙하게 항변한 후에, 여기에서는 그의 친구들이 그를 위선자라고 했을 때에 그가 느낀 두려움에 대하여 말한다.

I. 욥은 위선자라는 말만 듣고도 자기가 무척 놀랐다고 말함. 이것은 그가 위선자와 악인의 처지를 사람이 처할 수 있는 가장 비참한 처지로 여겼기 때문이었다(7절). 나의 원수는 악인 같이 되기를 원하노라. 이것은 그 꿈이 너를 미워하는 자에게 응하기를 원하노라(단 4:19)는 말과 마찬가지로 일종의 속담이었다. 욥은 악한 일에 빠져 본 적도 없고 악한 일을 하면서 즐거워해 본 적도 없었기 때문에, 만약 그가 이 세상에서 그의 불구대천의 원수에게 가장 큰 해악이 미치기를 바라는 것이 허용된다면, 그는 악인이야말로 가장 비참한 자라는 것을 알고 있었기 때문에, 그 원수가 악인이 겪는 운명을 겪게 되기를 바랄 것이었다. 우리는 어떤 사람이 악인이 되기를 바라거나 악하지 않은 자가 악인으로 취급되기를 바라서도 안 되지만, 우리 자신은 외적으로 아무리 큰 부귀영화를 누릴 수 있다고 하여도 악인이 되기보다는 차라리 거지나 추방당한 자나 갤리선을 젓는 노예가 되는 쪽을 택하여야 한다.

II. 욥이 그 이유를 말함.

1. 위선자의 희망은 결국 이루어지지 않을 것이기 때문에(8절). 위선자에게 무슨 희망이 있으랴. 빌닷과 소발도 이것을 말하였었고(8:13-14; 11:20), 욥도 여기에서 그들의 말에 동의하면서, 그들과 마찬가지로 큰 확신을 가지고서 위선자의 희망은 수포로 돌아가게 될 것이라고 말한다. 이것은 욥이 자신의 온전한 신앙을 버리지 않고 끝까지 굳게 붙잡고자 하는 이유로 아주 적절하다. 악인들, 특히 위선자들의 비참한 처지를 깊이 생각해서, 우리는 정직한 자가 되어야 하겠다는 각오를 새롭게 하여야 하고(정직한 자가 되지 않으면, 우리는 영원히 망할 것이기 때문에), 우리가 정직한 삶을 살고 있다는 증거를 나타내 보여야 한다는 것을 명심하라. 우리의 주된 관심이 불확실한 것들에 있다면, 어떻게 우리가 평안할 수 있겠는가? 친구들은 욥이 지닌 모든 소망은 단지 위선자의 희망에 불과한 것이라고 역설하였었다(4:6). 이것에 대하여 욥은 이렇게

말한다: "아니다. 나는 썩은 토대 위에 집을 지을 만큼 그 정도로 미련한 자는 절대 아니다. 위선자에게 무슨 희망이 있으랴."

(1) 망상에 사로잡혀 있는 위선자. 그는 이익을 얻었고, 그에게는 희망이 있다. 이것이 위선자의 밝은 면이다. 위선자는 자신의 위선적인 행위를 통해서 이익을 얻고, 사람들의 칭찬과 박수갈채, 이 세상의 재물을 얻을 수 있다. 위선적인 행위를 통해서 예후는 나라를 얻었고, 바리새인들은 수많은 과부의 집을 얻었다. 위선자는 이렇게 얻은 이익 위에 자신의 희망을 짓는다. 그는 자기가 이 세상에서 좋은 환경에 있고 자기가 하는 일들이 잘 되는 것을 보고서, 저 세상에서도 자기가 좋은 환경에 있게 될 것이라는 희망을 품는다.

(2) 망상에서 깨어날 위선자. 그는 마침내 자기가 어처구니 없을 정도로 크게 속았다는 것을 알게 될 것이다.

[1] 이 위선자는 전혀 그러고 싶지 않은데, 하나님은 어느 날 갑자기 네 영혼을 도로 찾으리라(눅 12:20)고 말씀하시고는 그의 영혼을 거두어 가시리라는 것. 심판자이신 하나님은 그의 영혼을 거두어 가셔서 심문하신 후에 영벌에 처하실 것이다. 그 때에 그는 살아 계신 하나님의 손에 빠져 들어가서, 즉각적으로 벌을 받게 될 것이다.

[2] 그 때에 이 위선자의 희망은 어떻게 되는가. 그의 희망은 헛되고 거짓된 것이 되고 말 것이다. 그 희망은 그에게 전혀 도움이 되지 못할 것이다. 죽을 때에 그는 그가 희망을 두었던 이 세상의 재물을 뒤로 한 채 떠나야 하고(시 49:17), 그가 희망하였던 저 세상에서의 행복도 틀림없이 놓치게 될 것이다. 그는 천국에 가기를 희망했지만, 결국 망신만 당하고 실망하게 될 것이다. 그는 자기가 외적으로 한 신앙 고백과 많은 종교적인 일들, 자기가 누렸던 특권들을 거론하며 항변하겠지만, 그의 모든 항변은 이유(理由)가 없는 것으로 기각되고 말 것이다. 내가 너희를 도무지 알지 못하니 내게서 떠나가라(마 7:23). 따라서, 모든 것을 종합해 볼 때에 확실한 것은 위선자는 그의 모든 이익들과 희망들에도 불구하고 죽을 때를 기점으로 해서 비참하게 되리라는 것이다.

2. 위선자의 기도는 하나님이 듣지 않으실 것이기 때문에(9절). 환난이 그에게 닥칠 때에 하나님이 어찌 그의 부르짖음을 들으시랴. 하나님은 결코 듣지 않으실 것이고, 하나님이 들으실 것이라는 기대는 아예 안 하는 것이 좋다. 참된 회개가 그에게 임하면, 하나님은 그의 부르짖음을 들으시고 그를 받아들이실 것

이다(사 1:18). 그러나 그가 끝까지 회개하지 않고 삶을 고치지 않는다면, 그는 하나님에게서 은총을 얻을 생각을 말아야 한다.

(1) 환난이 반드시 그에게 임하리라는 것. 세상에서는 영원히 형통할 것 같고 고생이라고는 전혀 모를 것 같던 자들에게 느닷없이 환난이 임하는 경우가 흔하다. 그가 살아 있는 동안에 환난을 겪지 않는다고 하여도, 이 세상과 이 세상에서 누리던 온갖 즐거운 것들을 하직해야 할 때에 죽음과 함께 환난이 임하게 될 것이다. 저 큰 날의 심판이 그에게 임할 것이다. 두려움이 갑자기 위선자들을 엄습할 것이다(사 33:14).

(2) 그 때에 그는 하나님께 부르짖으며, 간절히 기도하게 되리라는 것. 형통할 때에 하나님을 무시하고 기도를 전혀 하지 않거나 건성으로 기도하던 자들도 환난이 찾아오면 하나님 앞으로 나아와서 진지하게 부르짖게 될 것이다.

(3) 그 때에 하나님이 그의 기도를 들어 주시는가. 현세에서 사람들에게 환난이 닥쳤을 때, 하나님은 마음에 죄를 품고(시 66:19) 거기에 우상을 세운 자들(겔 14:4), 자신의 귀를 돌려 율법을 듣지 않는 자들(잠 28:9)의 기도를 듣지 않으실 것이라고 우리에게 누누이 말씀하셨다. 가서 너희가 택한 신들에게 부르짖어 너희의 환난 때에 그들이 너희를 구원하게 하라(삿 10:14). 장차 있을 심판의 때에 하나님은 위선 가운데에서 살다가 죽은 자들의 부르짖음을 듣지 않으실 것이고, 그들이 아무리 애처롭게 울어도 그들을 조금도 불쌍히 여기지 않으실 것이다: 너희가 재앙을 만날 때에 내가 비웃으리라(잠 1:26). 그 때에 하나님은 그들의 끈질긴 간청을 모두 다 뿌리치실 것이고, 그들의 항변이나 호소들을 다 물리치실 것이다. 추상(秋霜) 같은 공의를 굽게 하거나, 번복될 수 없는 선고를 취소하는 일은 결코 없을 것이다(마 7:22-23; 눅 13:26; 미련한 처녀들에 대하여 말하고 있는 마 25:11을 보라).

3. 위선자의 신앙은 평안을 가져다 주지도 않고 변함없는 것도 아닐 것이기 때문에(10절). 그가 어찌 전능자를 기뻐하겠느냐. 위선자의 신앙은 언제나 그 모양이지만(그가 기뻐하는 것은 하나님이 아니라 세상의 이익들과 육신의 쾌락이기 때문에), 환난의 때에는 특히 더욱 그러할 것이다. 그가 어찌 항상 하나님께 부르짖겠느냐. 그는 형통할 때에는 하나님을 부르는 것이 아니라 무시할 것이고, 곤경에 처했을 때에는 하나님께 부르짖는 것이 아니라 도리어 욕하고 저주할 것이다. 자신의 신앙 때문에 손해 볼 위험에 처하거나 자신의 신앙으로 인

해서 아무런 이득도 보지 못하면, 그는 자신의 신앙에 넌더리를 낼 것이다.

(1) 겉으로는 신앙을 고백하지만 신앙을 즐거워하지도 않고 신앙을 끝까지 지키려 하지도 않는 자들, 자신의 신앙을 힘들고 괴로운 고역(苦役)이자 짐으로 여겨서 못마땅해하는 자들, 자기에게 도움이 될 때에는 신앙을 이용하다가 다 이용하고 나서는 버리는 자들, 자기가 속한 집단 가운데에서 신앙을 갖는 것이 좋은 평판을 얻고 있거나 괴로운 일이 있을 때에는 하나님을 부르다가도 신앙에 대하여 좋지 않게 생각하는 집단으로 옮기거나 괴로운 일이 지나가 버렸을 때에는 신앙을 떠나는 자들은 위선자들이다.

(2) 위선자들이 신앙을 지키지 못하는 이유는 신앙을 기뻐하지 않기 때문이라는 것. 전능자를 기뻐하지 않는 자들이 항상 하나님을 부를 수는 없다. 우리가 우리의 신앙 속에서 더 많은 위로를 얻을수록, 우리는 그 신앙을 더욱 견고히 붙들게 될 것이다. 하나님을 기뻐하지 않는 자들은 감각의 쾌락에 쉽게 넘어가서 신앙을 떠나게 된다. 그들은 현세의 십자가들에 의해서 쉽게 짓밟혀서, 신앙으로부터 멀어지고, 하나님을 부르지 않게 될 것이다.

[11]하나님의 솜씨를 내가 너희에게 가르칠 것이요 전능자에게 있는 것을 내가 숨기지 아니하리라 [12]너희가 다 이것을 보았거늘 어찌하여 그토록 무익한 사람이 되었는고 [13]악인이 하나님께 얻을 분깃, 포악자가 전능자에게서 받을 산업은 이것이라 [14]그의 자손은 번성하여도 칼을 위함이요 그의 후손은 음식물로 배부르지 못할 것이며 [15]그 남은 자들은 죽음의 병이 돌 때에 묻히리니 그들의 과부들이 울지 못할 것이며 [16]그가 비록 은을 티끌 같이 쌓고 의복을 진흙 같이 준비할지라도 [17]그가 준비한 것을 의인이 입을 것이요 그의 은은 죄 없는 자가 차지할 것이며 [18]그가 지은 집은 좀의 집 같고 파수꾼의 초막 같을 것이며 [19]부자로 누우려니와 다시는 그렇지 못할 것이요 눈을 뜬즉 아무것도 없으리라 [20]두려움이 물 같이 그에게 닥칠 것이요 폭풍이 밤에 그를 앗아갈 것이며 [21]동풍이 그를 들어올리리니 그는 사라질 것이며 그의 처소에서 그를 몰아내리라 [22]하나님은 그를 아끼지 아니하시고 던져 버릴 것이니 그의 손에서 도망치려고 힘쓰리라 [23]사람들은 그를 바라보며 손뼉치고 그의 처소에서 그를 비웃으리라

욥의 친구들은 악인들, 특히 압제자들이 비참하게 되고 멸망하는 것

을 무수히 보아 왔다고 말했었고, 욥은 열띤 논쟁이 지속되는 동안에는 악인들의 형통에 대하여 마찬가지로 확신 있게 많은 말을 했었다. 그러나 이제 논쟁의 열기가 거의 식어가자, 욥은 자기가 그들의 말에 상당 부분 동의한다는 것을 기꺼이 시인하고서, 어디에서 그와 그들의 견해가 차이가 나는지를 말해 나간다.

1. 욥은 친구들의 말에 동의하여, 악인들은 비참한 삶을 살 수밖에 없는 자들이고, 하나님이 잔인한 압제자들을 언젠가는 이런저런 방식으로 반드시 벌하실 것이며, 그들이 하나님에 대하여 행한 온갖 모독적인 언행들과 이웃들에 대하여 행한 온갖 해악들로 인하여 하나님의 공의가 그들에게 반드시 복수할 것이라고 말한다. 이 진리는 이 열띤 논쟁자들이 이 점에서 전적으로 견해를 같이 한다는 사실에서도 풍부하게 확증이 된다.

2. 욥과 그의 친구들은 다음과 같은 점에서는 서로 견해가 달랐다. 그들은 하나님의 이러한 심판이 이 세상에서 가시적으로 악한 압제자들에게 임하여서, 악인들은 일평생에 고통을 당하며, 그들이 평안하고 형통할 때에 멸망시키는 자가 그들에게 이를 것이고, 그들이 부요하지 못하고 그들의 가지가 푸르지 못할 것이며, 그들의 날이 이르기 전에 그들의 멸망이 이루어질 것이고(이상은 엘리바스가 한 말들이다, 15:20-21, 29, 32), 악인들은 재물을 삼켰을지라도 스스로 토할 것이며, 풍족할 때에도 괴로움이 이를 것이라고(이상은 소발이 한 말들이다, 20:15, 22) 주장하였었다. 한편, 이제 욥은 많은 경우에 심판이 악인들에게 속히 내려지는 것이 아니고, 도리어 상당한 시간 동안 미루어진다고 주장하였다. 욥은 하나님의 원수 갚으심이 서서히 이루어진다는 것을 이미 보여준 바 있는데(21장과 24장), 여기에서는 그 원수 갚으심이 확실하게 그리고 지독하게 이루어질 것이고, 하나님이 심판의 때를 연기해 주신 것이 결코 그들의 죄를 용서해 주신 것은 아니라는 것을 보여준다.

I. 욥은 이 문제를 참된 빛 가운데에서 살펴보고자 한다고 말함(11-12절). 내가 너희에게 가르칠 것이다. 병들고 가난하며, 심지어 심술이 난 자들이라도 참되고 선한 말을 전한다면, 우리는 그런 자들로부터 배우는 것을 경멸해서는 안 된다.

1. 욥은 그들에게 무엇을 가르치고자 하는가. 욥은 "전능자에게 있는 것, 즉 하나님 안에 감추어져 있어서 너희가 섣부르게 판단해서는 안 되는 악인들에

대한 하나님의 계획과 목적, 악인들에 대한 하나님의 섭리의 통상적인 방법들을 내가 숨기지 아니하리라"고 말한다. 하나님이 우리에게 숨기지 않으신 것을 우리가 가르치는 일을 맡은 자들에게 숨겨서는 안 된다. 감추어진 일은 우리 하나님 여호와께 속하였거니와 나타난 일은 영원히 우리와 우리 자손에게 속하였다(신 29:29).

2. 욥은 그들에게 어떻게 가르치고자 하는가. 욥은 하나님의 손을 빌려서, 즉 하나님의 힘과 도움으로 가르치고자 한다. 다른 사람들을 가르치고자 하는 자들은 하나님의 손이 그들을 지도하시고 그들의 귀를 열어 주시며 그들의 입술을 열어 주시기를 바라야 한다(사 50:4). 하나님으로부터 강한 손으로 가르침을 받은 자들은 다른 사람들을 가장 잘 가르칠 수 있다(사 8:11).

3. 욥이 그들에게 이제 가르치고자 하는 것들을 그들이 배워야 하는 이유는 무엇인가(12절). 그것들은 그들 자신의 관찰에 의해서 확증된 것들이고(너희가 다 이것을 보았다, 우리는 우리가 이미 듣고 보고 알게 된 것들일지라도 더 온전한 교훈을 얻기 위해서 가르침을 받을 필요가 있다), 욥에 대한 그들의 판단을 바로잡아 줄 것들이기 때문이다("너희가 어찌하여 그토록 무익한 사람이 되어서, 내가 환난을 당한다고 해서 나를 악인으로 정죄하는 것이냐"). 우리가 진리를 올바르게 이해하고 적용한다면, 그 진리는 우리의 오해나 잘못들로부터 생겨난 헛된 생각을 치유해 줄 것이다. 욥이 이제부터 특별히 그들 앞에 제시하고자 하는 것은 악인, 특히 포악자가 하나님께 얻을 분깃에 관한 것이다(13절; 또한, 20:29과 비교해 보라). 악인들이 이 세상에서 얻는 분깃(몫)은 부귀영화일 수 있지만, 하나님께 얻을 분깃은 멸망과 비참함뿐이다. 그들은 이 세상에서는 그 어떤 권세의 통제도 받지 않고 살았을 수 있지만, 전능자는 그들을 그의 뜻대로 다루실 수 있으시다.

Ⅱ. 욥은 몇몇 경우들에 있어서 악인들이 형통할 수 있지만, 그런 경우에도 결국에는 망하고 만다는 것을 보여줌. 그것이 그들의 분깃이고, 그들의 유업이며, 그들이 달게 받아야 할 운명이다.

1. 악인이 자손들을 많이 둘 수도 있지만, 결국 그 자손들은 망한다는 것. 악인의 자손은 번성하거나(14절) 크게 될(어떤 이들은 이렇게 읽는다) 수 있다. 그 자손들은 크게 번성하고 높은 자리에 오르며 큰 재물을 모은다. 세상 사람들에게는 자녀들이 차고 넘친다(시 17:14 난외주의 읽기). 부모들은 자녀들을 많이

낳아서 자신의 대(代)가 계속해서 이어져 나가기를 바라고, 자녀들이 출세함으로써 그들 자신도 존귀하게 되기를 바란다. 그러나 부모들이 자녀들을 더 많이 낳을수록, 그들은 하나님이 그의 심판의 화살들, 즉 하나님의 세 가지 혹독한 심판인 칼과 기근과 역병(삼하 24:13)의 화살들을 겨누는 표적들을 더 많이 남겨두는 꼴이 된다.

(1) 악인의 자손들 중 일부는 칼에 죽게 된다는 것. 그들은 전쟁의 칼에 죽거나(그들은 에서처럼 칼을 믿고 생활하도록 키워지는데[창 27:40], 칼로 사는 자들은 칼에 죽는 법이다), 그들의 범죄 때문에 형장(刑場)에서 망나니의 칼에 죽거나, 그들의 재산을 노린 살인자의 칼에 죽게 될 것이다.

(2) 악인의 자손들 중 일부는 기근으로 죽게 된다는 것(14절). 그의 후손은 음식물로 배부르지 못할 것이다. 악인은 자기가 그들에게 평생토록 편히 살 만큼 많은 재산을 물려 주었다고 생각했겠지만, 그의 후손들은 가난해져서 끼니를 걱정하는 처지가 되거나, 적어도 편히 살지는 못하게 될 것이다. 그들은 너무나 곤궁해져서 밥 한 끼를 제대로 먹지 못하게 되거나, 과거에 진수성찬을 먹는 데에 익숙해져 있어서 그들이 현재 가진 것으로 만족하지 못하게 될 것이다. 너희가 먹을지라도 배부르지 못하리라(학 1:6).

(3) 악인의 자손들 중에서 남은 자들은 죽음의 병이 돌 때에 묻히리라는 것. 즉, 그들은 사망이라 불리는 전염병으로 죽을 것이기 때문에(계 6:8), 죽자마자 장례식도 없이 서둘러서 대충 구덩이에 던져져서 나귀 같이 매장함을 당하게 될 것이고, 그들의 과부들은 울지 못할 것이다. 즉, 그들의 과부들은 경황이 없어서 애곡할 엄두도 내지 못하게 될 것이다. 또는, 이것은 이 악인들의 생전에 사람들은 그들이 살아 있기를 바라지 않은 것처럼, 악인들이 죽을 때에는 애곡하고자 하지 않고, 심지어 그들의 과부들조차도 그들이 죽어서 그들에게서 벗어난 것을 기쁘게 생각하게 될 것임을 의미할 수도 있다.

2. 악인이 형통하여 재물을 많이 모을 수 있지만, 결국에 그 재물은 없어지고 만다는 것(16-18절).

(1) 악인이 돈과 살림살이와 옷과 집기에 있어서 부유한 것처럼 보일 수 있다는 것. 그는 은을 티끌 같이 차고 넘치게 쌓고 의복을 진흙 같이 준비한다. 그는 그가 입을 의복들을 흙무더기처럼 잔뜩 쌓아 놓고 있다. 또는, 이것은 그에게는 의복들이 너무나 많아서, 그 의복들이 그에게 짐이 되고 있다는 것을 의미

하는 것일 수도 있다: 그는 두터운 진흙으로 무겁게 짐진 자이다(합 2:6). 세상 사람들이 관심을 가지고 하는 일이 무엇인지를 보라. 그것은 세상 재물을 쌓는 것이다. 그는 은이 썩고 옷이 좀먹어도 계속해서 더 많은 것들을 갖고자 한다(약 5:2-3). 그러나 그런 것들이 그에게 무슨 소용이 있단 말인가? 그 자신이 그런 것들 때문에 더 나아지는 것은 아무것도 없다. 그가 그런 것들을 조만간 빼앗기지 않는다고 하여도, 죽음이 그에게서 그런 것들을 빼앗아서 그를 벌거벗겨 버릴 것이다(눅 12:20). 아니, 하나님의 섭리에 의해서, 악인이 준비한 것을 의인이 입을 것이요 악인의 은은 죄 없는 자가 차지할 것이다.

[1] 의인들이 악인의 것을 나누어 갖게 된다는 것. 하나님의 이런저런 섭리에 따라, 선한 자들은 악인이 불의하게 모은 재산을 정직하게 얻게 될 것이다. 죄인의 재물은 의인을 위하여 쌓이느니라(잠 13:22). 하나님은 사람들의 재산을 그의 뜻대로 처리하시고, 흔히 사람들의 뜻과는 반대로 처리하신다. 악인이 미워하고 박해했던 의인들이 악인이 애써서 모은 모든 것을 갖게 될 것이고, 적절한 때에 악인이 그들에게서 폭력적으로 빼앗은 것들을 이자를 붙여서 되찾게 될 것이다. 하나님은 애굽 사람들의 보석을 이스라엘 사람들에게 급료로 주셨다. 솔로몬은 하나님이 의인들에게 주시기 위해서 죄인에게 악착같이 모으게 하신다고 말한다(전 2:26). 즉, 하나님은 죄인에게는 노고를 주시고 그가 모아 쌓게 하사 하나님을 기뻐하는 자에게 그가 주게 하신다는 것이다.

[2] 의인들이 그것으로 선을 행하게 되리라는 것. 악인은 은을 긁어 모아서 쌓아 두지만, 죄 없는 자들은 은을 쌓아 두지 않고 가난한 자들 일곱에게나 여덟에게 나눠 줄 것인데(전 11:2), 이것이야말로 은을 가장 안전하게 쌓아 두는 방법이다. 돈은 비료와 같아서, 흩어서 뿌리지 않으면 아무짝에도 소용이 없다. 하나님이 선한 자들을 부유하게 하셨다면, 그들은 단지 청지기일 뿐이고 장차 하나님 앞에서 결산을 해야 한다는 것을 기억하여야 한다. 악한 자들은 불의하게 모은 재물을 가지고서 그들의 가문에 저주를 불러오지만, 선한 자들은 그렇게 모아진 재물을 하나님으로부터 받아서 잘 사용함으로써 그들의 가문에 복을 불러온다. 불의하게 얻은 이득으로 자기 재산을 늘이는 자는 장차 가난한 사람을 불쌍히 여길 자를 위해 그 재산을 저축하는 것이니라(잠 28:8).

(2) 악인이 튼튼하고 웅장한 집을 지은 듯이 보일 수 있다는 것. 그러나 그 집은 좀이 먹은 옷과 같은 집, 사람이 한 번 털면 곧 떨어져 나갈 그런 집과 같

다(18절). 악인은 좀 같이 그런 집에 들어 앉아서 아주 태평하게 지내고, 곧 위험이 닥치리라는 것을 전혀 알지 못한다. 그러나 그 집은 임시로 지어졌다가 곧 허물어져서 흔적도 없이 사라지고 마는 파수꾼의 초막 같이 얼마 가지 않아 무너지게 될 것이다.

3. 악인이 아무리 오랫동안 건강하고 편안하게 산다고 할지라도, 거기에는 늘 멸망이 따라다닌다는 것(19절). 악인은 부자로 누워서 그의 큰 재물을 견고한 요새로 삼아 그 안에서 편안히 잠자며 휴식할 것이고(영혼아 평안히 쉬자), 그것은 다른 사람들에게 악인이 대단히 행복하고 편안하게 사는 것으로 비쳐질 것이다. 그러나 그의 마음은 불안하고 안정이 되지 않아서, 그는 자신의 재물을 즐기지 못할 것이다. 그는 사람들이 생각하는 것만큼 그렇게 편안한 잠을 자지 못한다. 그는 잠자리에 누워도, 그 부요함 때문에 적어도 노동자만큼 달게 자지 못한다(전 5:12). 그는 잠자리에 누워도, 날이 샐 때까지 이리저리 뒤척거리며 잠을 자지 못하고, 눈을 뜬즉 아무것도 없을 것이다. 그는 자기 자신과 자기가 가진 모든 것이 눈 깜짝할 사이에 신속하게 사라져 가는 것을 볼 것이다. 그는 걱정이 많아서 두려움도 점점 커질 것이고, 걱정과 두려움으로 그의 마음은 불안하고 편하지가 않아서, 잠자리에 들어도 편안하지가 않을 것이다. 그러다가, 결국 우리는 그가 이 세상에서 떠나가는 모습을 보게 되는데, 그가 죽을 때와 죽고 나서 얼마나 비참한지를 보게 된다.

(1) 그는 죽을 때에 비참하리라는 것. 죽음은 그에게 두려움들 중의 왕이다(20-21절). 어떤 죽을 병이 그를 덮칠 때, 그는 얼마나 소스라치게 놀라며 겁을 집어먹겠는가! 두려움이 물 같이 그에게 닥칠 것이다. 즉, 그는 마치 자기가 거센 물살에 휩쓸려 떠내려가는 것처럼 공포에 질리게 될 것이다. 그는 이 세상을 떠나야 한다는 생각에 두려워 떨 것이고, 저 세상으로 가야 한다는 생각에 더욱더 공포에 휩싸이게 될 것이다. 솔로몬의 말처럼, 이런 상황이 그로 하여금 그의 질병에 근심과 분노를 더하게 만들 것이다(전 5:17). 이러한 두려움 때문에 그는 다음 둘 중 하나의 반응을 보이게 될 것이다.

[1] 골이 나서 아무 말도 하지 않은 채 절망에 빠져 있게 되리라는 것. 그러면, 하나님의 진노의 폭풍, 죽음의 폭풍이 밤에 아무도 눈치 채거나 알지 못하게 그를 앗아갈 것이다.

[2] 절망 속에서 미친 듯이 소리치고 울부짖게 되리라는 것. 그러면, 거세고

무시무시하게 불어오는 동풍이 그를 그의 처소에서 들어올려서, 그는 사라질 것이다. 죽음은 경건한 자에게는 그를 천국으로 데려다 줄 향기로운 미풍(微風)과 같지만, 악인에게는 깜짝 놀라서 겁에 질리고 혼란스러운 그를 멸망으로 급하게 몰아가는 동풍이나 폭풍과 같다.

(2) 그는 죽고 나서도 비참하리라는 것.

[1] 그의 영혼은 하나님의 의로우신 진노 아래 있게 되리라는 것. 죽음이 다가올 때에 그를 이토록 놀라고 두려워하게 만드는 것은 바로 이 하나님의 진노로 인한 두려움이다(22절). 하나님은 그를 아끼지 아니하시고 던져 버릴 것이다. 그는 살아 있는 동안에는 하나님의 아끼시는 긍휼하심으로 인한 은택을 입었지만, 이제 하나님의 인내의 날은 지나갔기 때문에, 하나님은 그를 아끼지 아니하시고, 진노를 한껏 그에게 쏟아부으실 것이다. 하나님이 어떤 것을 던지시면, 그것을 피하거나 견딜 수 있는 자는 아무도 없다. 성경에서는 하나님이 가나안 사람들에게 하늘에서 큰 우박 덩이를 내리시매 칼에 죽은 자보다 우박에 죽은 자가 더 많을(수 10:11) 정도로 끔찍한 살육이 일어났다고 말씀한다. 그런데 하물며, 하나님이 죄인의 양심에 그 진노를 납 조각처럼 한껏 내리시면, 어떤 일이 벌어지겠는가(슥 5:7-8)? 저주 받은 죄인은 하나님의 진노가 그에게 들이닥치는 것을 보면 하나님의 손에서 도망치려고 안간힘을 쓰지만 도망칠 수가 없다. 지옥의 문은 잠겨서 빗장이 걸려 있고, 도저히 건널 수 없는 큰 심연이 가로막고 있기 때문이다. 또한, 바위들과 산들에게 그의 피난처가 되어 달라고 부르짖어도 아무 소용이 없을 것이다. 하나님이 지금 그의 은혜의 두 팔을 뻗어 그들을 받아들이고자 하는데도 그것을 거부하는 자들은 머지않아 그들을 멸하기 위해서 뻗쳐질 그의 진노의 팔로부터 도망칠 수 없을 것이다.

[2] 그에 대한 기억은 온 인류의 의로운 분노 아래 있게 되리라는 것(23절). 사람들은 그를 바라보며 손벽칠 것이다. 즉, 사람들은 그가 하나님의 심판을 받아 멸망받는 것을 기뻐할 것이다. 악인이 패망하면 사람들이 기뻐 외치느니라(잠 11:10). 하나님이 그를 심판하실 때, 사람들은 그에게 야유를 보내며 그를 그의 처소에서 쫓아낼 것이고, 그의 이름에는 영원한 오명(汚名)의 딱지를 붙여둘 것이다. 사람들은 그를 꺼안고 포옹하며 환호하였던 바로 그 장소에서 이제는 그를 비웃으며 그의 흔적들을 짓밟을 것이다(시 52:7).

제
— 28 —
장

개요

이 장의 어조는 욥기의 나머지 부분과 사뭇 다르다. 욥은 여기에서 자신의 모든 고통과 슬픔을 다 잊고 달관한 듯이 철학자나 대가(大家)처럼 말한다. 여기에 나오는 그의 말 속에는 자연 철학과 도덕 철학이 아주 많이 담겨 있다. 그러나 문제는 이런 말이 왜 여기에 등장하는가 하는 것이다. 이런 말이 여기에 나오는 것은 단지 논쟁에서 잠시 벗어나 기분 전환을 하거나 마음을 즐겁게 하기 위한 것이 아님은 의심의 여지가 없다 — 물론, 이 장이 오직 그런 목적만을 가진다고 해도, 그렇게 잘못된 것은 아니겠지만. 논쟁이 과열되면, 제정신을 잃는 것보다는 차라리 논쟁되고 있는 문제 자체를 접어두는 편이 더 낫기 때문이다. 그러나 여기에서 욥이 하는 말은 지금 논쟁이 되고 있는 문제과 밀접하게 연관되어 있는 적절한 말이다. 욥과 그의 친구들은 악인과 의인에 대한 하나님의 섭리에 관하여 논쟁을 벌여 왔었다. 욥은 악인들 중에서도 형통한 삶을 살다가 죽는 자들도 있고 지금 여기에서 하나님의 심판을 받는 자들도 있다는 것을 보여주었었다. 그러나 악인들 중에서 어떤 자들은 현세에서 벌을 받고 어떤 자들은 내세에서 벌을 받는 이유를 누가 묻는다면, 욥은 그것은 우리 인간이 대답할 수 없는 질문이라고 말할 수밖에 없다. 하나님이 이 세상을 다스리시는 것과 관련된 일들은 하나님 나라의 국가 기밀에 속하는 것이어서, 우리는 그것을 알 수가 없기 때문에, 아는 체해서도 안 되고 알려고 해서도 안 된다. 소발은 하나님이 욥에게 "지혜의 비밀들"을 보여주시기를 원하였었다(11:6). 그러나 욥은 "감추어진 비밀들은 우리에게 속하지 아니하였고, 오직 나타난 일들만이 우리에게 속하였다"고 말한다(신 29:29). 여기에서 욥은 다음과 같은 것들을 보여준다.

I. 세상의 재물에 대하여. 인생들은 세상의 재물을 부지런히 찾고 추구하며, 그것을 얻기 위해서 머리를 짜내고 수고를 아끼지 않으며 어떤 위험도 무릅쓴다는 것(1-11절). II. 지혜에 대하여(12절). 일반적으로, 지혜의 값어치는 아주 크고, 그 가치는 평가하기 힘들 정도로 높다(15-19절). 지혜는 아주 은밀한 곳에 있다(14, 20, 22절). 특히, 하나님 안에 감춰져 있는 지혜가 있고(23-27절), 인생들에게 계시된 지혜가 있다(28절). 전자의 지혜는 우리가 알려고 해서는 안 되지만, 후자의 지혜는 우리의 운명과 직결되는 것이기

때문에 부지런히 찾아야 한다.

¹은이 나는 곳이 있고 금을 제련하는 곳이 있으며 ²철은 흙에서 캐내고 동은 돌에서 녹여 얻느니라 ³사람은 어둠을 뚫고 모든 것을 끝까지 탐지하여 어둠과 죽음의 그늘에 있는 광석도 탐지하되 ⁴그는 사람이 사는 곳에서 멀리 떠나 갱도를 깊이 뚫고 발길이 닿지 않는 곳 사람이 없는 곳에 매달려 흔들리느니라 ⁵음식은 땅으로부터 나오나 그 밑은 불처럼 변하였도다 ⁶그 돌에는 청옥이 있고 사금도 있으며 ⁷그 길은 솔개도 알지 못하고 매의 눈도 보지 못하며 ⁸용맹스러운 짐승도 밟지 못하였고 사나운 사자도 그리로 지나가지 못하였느니라 ⁹사람이 굳은 바위에 손을 대고 산을 뿌리까지 뒤엎으며 ¹⁰반석에 수로를 터서 각종 보물을 눈으로 발견하고 ¹¹누수를 막아 스며 나가지 않게 하고 감추어져 있던 것을 밝은 데로 끌어내느니라

욥은 여기에서 다음과 같은 것들을 보여준다.

1. 욥은 사람이 자신의 지혜로 어느 정도나 자연의 깊이 속으로 들어가고 자연의 부요함을 붙잡을 수 있는지, 사람이 자신의 능력을 발휘하여 부지런히 행함으로써 어느 정도의 지식과 재물을 소유할 수 있는지를 보여준다. 그렇다고 해서, 사람이 왜 악인들 중에서 어떤 자들은 형통하고 어떤 자들은 현세에서 벌을 받는지, 왜 선한 자들 중에서 어떤 자들은 형통하고 어떤 자들은 환난을 겪는지 그 이유를 자신의 지혜로 알 수 있는 것은 아니다. 사람은 그 이유를 결코 알 수가 없다. 사람이 땅 속의 동굴들은 발견해 낼 수 있지만, 하늘의 계획이나 모략은 알아낼 수 없다.

2. 욥은 세상 사람들이 재물을 모으기 위해서 얼마나 많이 신경을 쓰고 수고를 하는지를 보여준다. 그는 앞에서 악인이 은을 티끌 같이 쌓는다(27:16)고 말한 바 있는데, 이제 여기에서는 악한 부자가 자신의 재물이나 부귀영화를 자랑할 이유가 없다는 것을 알게 해주기 위해서, 그가 그토록 좋아하는 은이 어디에서 왔고 그 은을 어떻게 얻었는지를 보여준다. 좀 더 자세하게 살펴보자.

I. 이 세상의 재물은 땅 속에 감추어져 있다는 것. 사람들은 은과 금을 땅 속에서 가져와서 제련한다(1절). 은과 금은 땅 속에서 먼지나 불순물과 범벅이 되어 있기 때문에, 평범한 흙만큼이나 별 가치가 없는 모양을 하고 있다. 그래서, 은이나 금과 뒤섞여 있는 흙이나 불순물이 제거되기 전까지는 은이나 금이

지닌 가치는 드러나지 않는다. 신앙 시인 허버트(Herbert) 목사는 그의 시에서 사람들을 부끄럽게 하여 돈을 사랑하지 않게 하기 위해서 이 점을 지적한다:

> 지극한 복을 파괴하는 독이자 화(禍)의 근원인 너 돈아
> 너는 어디에서 왔길래 그리도 신선하고 멋진 모습을 하고 있는 것인가
> 너의 혈통이 비천한 것을 내가 아노니
> 너는 광산에서 흙먼지를 뒤집어 쓴 보잘것없는 모습으로
> 사람에게 발견되었도다
> 너는 네가 지금 얻은 이 큰 나라에
> 별 기여를 하지 않고 있던 때에
> 곧, 네가 보잘것없는 모습으로 있을 때에
> 사람은 너를 어두운 동굴에서 캐내었다
> 사람은 너를 그의 부(富)라고 부르고, 너를 부요하게 만들었다
> 사람이 너를 캐낼 때에 너는 시궁창으로 굴러 떨어진다(〈탐욕〉 중에서).

은이나 금보다 값은 더 싸지만 사람에게 더 유용한 금속인 철이나 동도 사람이 흙에서 캐내는데(2절), 그것들은 땅 속에서 아주 풍부하게 발견되어서 값이 싸지만 사람에게 큰 유익을 가져다 주기 때문에, 사람에게는 철이 없는 것보다는 금이 없는 편이 훨씬 더 낫다. 또한, 사람이 살아가기 위해서 없어서는 안 되는 음식인 빵도 땅으로부터 나온다(5절). 사람이 자기가 먹고 살 것을 땅으로부터 가져온다는 사실은 사람에게 그가 본래 어디에서 왔는지를 깨우쳐 준다. 사람은 흙에서 나와서 흙으로 서둘러 돌아가고 있다. 땅 밑에서는 불 같은 것, 즉 불과 같이 빛을 발하는 보석들, 불에 붙기 쉬운 유황, 불을 지피기에 적합한 석탄이나 숯이 나온다. 우리가 먹는 음식만이 아니라 불을 피우는 데에 필요한 연료도 땅으로부터 나온다. 땅 속에는 청옥(사파이어)을 비롯한 보석들이 있고, 사금(砂金)도 거기에서 나온다(6절). 창조주께서 이러한 것들을 다음과 같이 하신 것은 그의 지혜였다.

  1. 하나님은 우리가 그것들을 보고 마음이 뺏길까봐 우리의 눈에 보이지 않는 곳에 두셨다는 것(잠 23:5).
  2. 하나님은 우리로 하여금 그것들을 우리의 품속에 품거나 우리의 마음을

거기에 두지 말고, 거룩하게 멸시하는 마음으로 그것들을 짓밟게 하기 위해서 그것들을 우리의 발 아래에 두셨다는 것. 하나님의 부요하신 것들이 땅을 얼마나 가득 채우고 있는지를 보라(시 104:24). 우리는 이것으로부터 땅과 거기에 충만한 것을 소유하고 계시는 하나님이 얼마나 크신 분인지를 알 수 있을 뿐만 아니라(시 24:1), 땅이 그럴진대 하늘은 하나님의 부요하신 것들로 얼마나 더 가득 채워져 있을 것인지를 알 수 있다. 왜냐하면, 하늘은 큰 왕의 도성이고, 하늘에 비하면 이 땅은 가난한 농촌에 불과하기 때문이다.

II. 땅 속에 감추어져 있는 재물은 아주 큰 어려움을 겪고 나서야 얻어질 수 있다는 것.

1. 그것은 찾아내기가 힘들다는 것. 은이 나는 곳은 드문드문 있다(1절). 보석들은 빛나고 휘황찬란하지만 우리의 눈에 보이지 않는 땅 속 깊은 곳에 묻혀 있기 때문에 어둠과 죽음의 그늘에 있는 광석이라 불린다. 사람들은 보석들이 그들 앞에서 빛을 발하게 하기 위해서는 오랜 시간 동안 그것들을 찾아 다녀야 한다.

2. 그것은 찾아내어서도 가져오기가 힘들다는 것. 사람들은 이 감춰진 보화를 손에 넣기 위해서는 머리를 짜내어서 여러 가지 수단과 방법들을 강구해내지 않으면 안 된다. 사람들은 등불을 사용해서 어둠을 없애야 한다. 사람들은 한 번의 탐사가 실패하면 또다시 시도하고, 이런 방법이 안 되면 저런 방법을 써보는 등 모든 것을 끝까지 탐지하여 모든 돌을 다 들추어서 보화를 찾아내야 한다(3절). 사람들은 땅 밑을 흐르는 물과 씨름하지 않으면 안 되고(4절), 산들의 뿌리인 바위들을 뚫고 길을 만들어 헤쳐나가지 않으면 안 된다(9절). 이렇게 하나님이 금이나 은, 보석들을 얻기 어렵게 만드신 이유는 다음과 같다.

(1) 사람들에게 근면을 일깨워 주고 실제로 근면하도록 하기 위한 것. 노동은 신들이 만물에 붙여놓은 가격표이다. 만약 귀한 것들을 아주 손쉽게 얻을 수 있다면, 사람들은 결코 땀 흘리며 수고하려 들지 않을 것이다. 그러나 이 땅의 보화들을 얻기가 어렵다는 사실은 우리에게 천국이 얼마나 폭력적으로 침탈을 당하고 있는지를 시사해 준다.

(2) 사람들이 부귀영화와 사치를 탐하는 것을 억제하기 위한 것. 사람에게 꼭 필요한 것들은 조금만 수고하면 땅의 표면으로부터 그리 어렵지 않게 얻어진다. 그러나 사람이 장식을 위한 것들을 얻고자 한다면, 땅 속을 깊이 파들어

가서 캐내는 큰 수고를 하지 않으면 안 된다. 사람이 별로 힘들이지 않아도 그 냥 먹고 사는 데에는 지장이 없지만, 호화롭게 살고자 하면 대가를 치러야 한 다.

Ⅲ. 땅 속의 재물은 이렇게 얻기가 힘든데도, 사람들은 그것을 갖고자 한다 는 것. 은을 사랑하는 자는 은으로 만족하지 않지만, 은 없이는 결코 만족할 수 없다. 그래서 많이 가진 자들은 더 많이 갖고자 한다.

1. 사람들은 이 재물을 얻기 위해서 어떤 수단들을 동원하는가. 사람들은 모 든 것을 끝까지 탐지한다(3절). 사람들은 갱도를 뚫다가 물이 터져나와서 그 갱 도가 물에 잠기려고 할 때에 그 물을 건조시키거나 다른 곳으로 유도하는 기술 과 기구들을 갖고 있다(4절). 그들은 펌프와 도관(導管)과 수로들을 이용해서 길을 뚫고 장애물을 제거해 나가면서, 솔개도 알지 못하는 길(7-8절), 멀리서도 재빨리 꿰뚫어 보는 독수리의 눈에도 보이지 않는 길, 광야의 모든 길을 휘젓 고 다니는 사자 새끼들도 밟지 못한 길을 다닌다.

2. 사람들은 이 재물을 얻기 위해서 어떤 수고를 하며 얼마나 어마어마한 비용을 들이는가. 그들은 바위들을 뚫어서 길을 내고, 산을 뒤엎는다(10절).

3. 사람들은 어떤 위험들을 감수하는가. 광산의 갱도에서 작업을 하는 자들 은 목숨을 내놓고 일을 한다. 왜냐하면, 그들은 누수를 막아 스며 나가지 않게 하 여야 하고(11절), 지하의 유독가스에 질식되거나 갱도가 무너져서 깔려 죽거나 흙에 매장되어 죽을 위험을 늘 감수해야 하기 때문이다. 사람이 얼마나 어리석 게도 스스로 고생을 사서 하는지를 보라. 사람은 얼굴에 땀이 흘러야 떡을 먹 을 수 있다는 선고를 받았지만, 마치 그것만으로는 부족하다는 듯이 금이나 은 을 얻는 일에 목숨을 건다. 그런 것들은 많이 캐낼수록 그 가치가 줄어드는 데 도 말이다. 솔로몬 시대에 은(銀)은 돌만큼이나 많아서 돌덩이 취급을 받을 정 도였다.

4. 도대체 무엇이 사람들로 하여금 이러한 수고와 위험을 감수하게 만드는 것인가. 그들의 눈이 각종 보물을 본다(10절). 은과 금은 그들에게 귀한 물건들 이고, 그들의 눈이 그것들을 볼 때에 그들은 그것들을 갖고 싶어한다. 그들은 금과 은이 그들 앞에서 찬란하게 빛나는 모습을 그들이 직접 보게 될 것을 꿈 꾸며, 그것들을 얻고자 하는 희망으로 이 모든 난관들을 아무렇지도 않게 여긴 다. 왜냐하면, 그것들은 결국 그들의 수고에 대하여 보상해 줄 것이기 때문이

다. 그들은 감추어져 있던 것을 밝은 데로 끌어내느니라(11절). 사람들은 땅 아래에 감추어져 있던 것을 둑 위에 올려 놓고, 원광석 속에 감추어져 있던 금속을 도가니나 풀무에서 제련하여 찌꺼기를 제거하고 순수한 금속으로 뽑아낸다. 그리고 나서, 사람들은 자신의 수고가 헛되지 않았다고 생각한다. 신앙에 게으른 자여, 광산에 가보라. 사람들이 어떻게 하는지를 잘 살펴보고 지혜로워져라. 그들이 썩는 재물을 찾는 일에 그토록 용감하고 부지런하며 끈질긴 것을 보고, 우리는 참된 보화를 위해 애쓰는 데에 게으르고 나약한 우리의 모습을 부끄러워하여야 한다. 지혜를 얻는 것이 금을 얻는 것보다 얼마나 나은고 명철을 얻는 것이 은을 얻는 것보다 더욱 나으니라(잠 16:16). 그리고 지혜를 얻는 것이 금을 얻는 것보다 얼마나 더 쉽고 안전한가! 그런데도 사람들은 금을 찾는 데에는 혈안이 되어 있지만, 은혜에 대해서는 무관심하다. 땅에서 보물(그것들은 사실 썩어질 보잘것없는 것들인데도, 사람들은 그렇게 부른다)을 캐내고자 하는 소망을 지닌 자들이 이토록 부지런하고 근면할 수 있다면, 하늘에 있는 참된 보물에 대한 확실한 소망을 지닌 자들은 훨씬 더 부지런하고 근면해야 하지 않겠는가?

[12]그러나 지혜는 어디서 얻으며 명철이 있는 곳은 어디인고 [13]그 길을 사람이 알지 못하나니 사람 사는 땅에서는 찾을 수 없구나 [14]깊은 물이 이르기를 내 속에 있지 아니하다 하며 바다가 이르기를 나와 함께 있지 아니하다 하느니라 [15]순금으로도 바꿀 수 없고 은을 달아도 그 값을 당하지 못하리니 [16]오빌의 금이나 귀한 청옥수나 남보석으로도 그 값을 당하지 못하겠고 [17]황금이나 수정이라도 비교할 수 없고 정금 장식품으로도 바꿀 수 없으며 [18]진주와 벽옥으로도 비길 수 없나니 지혜의 값은 산호보다 귀하구나 [19]구스의 황옥으로도 비교할 수 없고 순금으로도 그 값을 헤아리지 못하리라

욥은 앞에서 사람들이 그토록 귀히 여기고 그것을 얻기 위해서라면 그 어떤 수고도 아끼지 않는 세상의 재물에 대하여 말한 후에, 여기에서는 그것보다 더 귀한 보석인 지혜와 명철, 즉 하나님과 우리 자신을 알고 누리는 것에 대하여 말하기 시작한다. 이 세상에서 부자가 되는 온갖 길들과 수단들을 찾아낸 자들은 그들이 매우 지혜롭다고 생각한다. 그러나 욥은 그들이 갖고 있

는 것이 지혜라는 것을 부인한다. 욥은 그들이 소기(所期)의 목적을 이루고, 그들이 찾고자 했던 것을 결국 찾아내었다고 가정하고서(11절), 이렇게 반문한다: "지혜가 어디에 있느냐. 거기에는 지혜가 없지 않느냐." 그들이 걸어온 길은 그들의 우매함을 드러낸 길이었다. 그러므로 우리는 지혜를 다른 곳에서 찾지 않으면 안 되는데, 지혜는 오직 신앙의 원리들과 실천들 속에서만 발견될 수 있다. 땅 속으로 들어가는 길을 우리에게 알려주는 자연 철학이나 수학이 아니라 하늘의 기쁨들을 얻는 길을 우리에게 보여주는 건전한 신학 속에 더 참된 지식과 만족과 행복이 있다. 사람은 이 지혜와 관련해서 다음 두 가지의 것을 알아낼 수 없다.

I. 사람은 지혜의 가치를 알아낼 수 없다는 것.   왜냐하면, 지혜의 가치는 사람이 헤아릴 수 없기 때문이다. 지혜의 가치는 이 세상에 있는 모든 부(富)를 다 합친 것보다 비교할 수 없을 만큼 더 크다. 사람은 그 값을 알지 못한다(13절).

1. 지혜의 가치를 제대로 아는 자가 거의 없다는 것. 사람들은 지혜의 가치, 지혜가 지닌 고유한 탁월성, 그들에게 지혜가 필요하다는 것, 지혜가 그들에게 이루 말할 수 없는 유익을 가져다 주리라는 것을 알지 못한다. 그러므로 사람들이 가령 이 지혜를 살 만큼 많은 돈을 손에 쥐고 있다고 할지라도, 그들에게는 지혜를 사고자 하는 마음이 없다(잠 17:16). 우화 속에 나오는 수탉은 그가 거름더미에서 발견한 보석의 가치를 알지 못하였기 때문에, 차라리 보리 한 알을 찾아냈더라면 좋았을 것이라고 생각한다. 사람들은 은혜의 가치를 알지 못하기 때문에, 은혜를 얻기 위해 수고를 하려고 하지 않는다.

2. 지혜가 이 세상의 모든 보화와도 바꿀 수 없을 정도로 귀하다고 생각하는 자는 아마도 없으리라는 것. 욥은 이것에 대하여 자세하게 얘기하면서(15-19절), 이 세상의 가장 귀한 보화들을 줄줄이 열거한다. 금은 다섯 번 언급되고, 은도 나오며, 얼룩마노(청옥수), 사파이어(남보석), 진주, 루비, 에디오피아의 황옥 등과 같은 여러 보석들도 열거된다. 이것들은 세상의 시장들에서 가장 비싼 값으로 거래되는 물건들이다. 그러나 어떤 사람이 이러한 보화들만이 아니라, 자신의 전 재산, 아니 그가 이 세상에서 가치 있게 여기는 모든 것을 다 가지고 온다고 해도 그것으로 지혜를 사려고 한다면, 그는 웃음거리밖에 되지 않을 것이다. 그 사람은 솔로몬처럼 그가 가진 보화들 때문에 지혜를 구하는 데에 어느 정도 유리한 위치에 있을 수는 있지만, 그 보화들로 지혜를 살 수는 없

다. 지혜는 돈 주고 살 수 없는 성령의 선물이다(행 8:20). 지혜는 혈통을 타고서 우리에게 대물림 되는 것도 아니고, 돈을 주고 살 수 있는 것도 아니다. 영적인 은사들은 아무리 많은 돈으로도 살 수 없을 만큼 귀한 것이기 때문에 돈 없이 값 없이 주어진다. 마찬가지로, 지혜도 그것을 가진 자를 더 부요하고 복되게 만들어 주는 것이기 때문에 금이나 보석보다 더 귀한 선물이다. 지혜를 얻는 것이 금을 얻는 것보다 더 낫다. 금은 육신과 현세를 위한 것이고, 지혜는 영혼과 영원을 위한 것이다. 하나님이 보시기에 가장 귀한 것은 우리의 눈에도 가장 귀한 것이 되어야 마땅하다(잠 3:14-20).

Ⅱ. 사람은 지혜가 있는 곳을 알아낼 수 없다는 것. 왜냐하면, 그 곳은 찾을 수 없기 때문이다. 지혜는 어디서 얻어야 하는가(12절). 욥이 이렇게 물은 것은 다음과 같은 이유에서이다.

1. 그것은 욥이 지혜를 발견하기를 진정으로 원하였기 때문이다. 이것은 우리 모두가 던져야 하는 질문이다. 세상 사람들이 "어디에 가야 돈을 얻을 수 있지?"라고 묻는다면, 우리는 "어디에 가야 지혜를 얻을 수 있지?"라고 물어야 한다. 우리는 헛된 철학이나 육신적인 술수가 아니라 참된 신앙을 구하여야 한다. 왜냐하면, 참된 신앙이야말로 유일하게 참된 지혜이고, 우리의 능력을 최고로 발휘하게 하여 우리의 영적이고 영원한 삶을 가장 확실하게 확보하게 해 주기 때문이다. 우리는 바로 이 지혜를 달라고 소리쳐야 하고, 이 지혜를 구하기 위해서 땅을 파야 한다(잠 2:3-4).

2. 그것은 욥이 하나님 아닌 다른 곳에서 하나님의 계시 외의 다른 방식으로 지혜를 발견하는 데에 완전히 절망하였기 때문이다. 지혜는 **사람 사는 땅에서는 찾을 수 없구나**(13절). 우리는 사람들이 쓴 책을 읽거나 사람들에게 배워서는 하나님과 그의 뜻, 우리 자신과 우리의 본분, 우리에게 유익이 되는 것에 대한 제대로 된 깨달음을 얻을 수 없고, 그런 깨달음은 오직 하나님의 책을 읽고 하나님의 사람들에게 배워야만 가능하다. 인간의 본성은 철저히 타락하였기 때문에, 오직 거듭난 자들, 즉 은혜로 말미암아 하나님의 본성에 참여하게 된 자들에게만 참된 지혜가 존재한다. 그 밖의 다른 사람들에게서는, 그들이 제아무리 똑똑하고 성실하다고 해도, 우리가 이 잃어버린 지혜에 관한 소식을 들을 수 없다.

(1) 광부들에게 물어보라. 그러면, 그들을 통해서 깊음이 이르기를 지혜가 내

속에 있지 아니하다 하리라(14절). 보화를 찾아내기 위해서 땅 속 깊은 곳을 파는 자들은 그 어두운 깊음 속에서 이 귀한 보배를 찾을 수 없고, 그들의 모든 기술로도 그 보배를 얻을 수 없다.

(2) 선원들에게 물어보라. 그러면, 그들을 통해서 바다가 이르기를 지혜가 나와 함께 있지 아니하다 하리라. 지혜는 물 위를 다니거나 물 속으로 뛰어든다고 해서 얻을 수 있는 것이 아니고, 바다의 풍부한 것과 모래에 감추어진 보배로부터 흡수할 수 있는 것도 아니다(신 33:19). 은(銀) 광맥이 있다고 해서, 거기에 지혜의 광맥이나 은혜의 광맥이 있는 것은 아니다. 사람들은 하늘의 지혜를 얻는 길에서 만나는 난관들보다는 세상 재물을 얻는 길에서 만나는 난관들을 더 쉽게 돌파할 수 있고, 더 나은 세상에서 영원히 사는 법을 배우기보다는 이 세상에서 살아가는 법을 배우는 데에 더 힘을 쏟고자 한다. 사람은 이토록 눈이 멀고 어리석은 존재가 되었기 때문에, 사람에게 지혜가 있는 곳이 어디인가 또는 지혜로 통하는 길이 어느 길인가라고 물어보아야 아무 소용이 없다.

²⁰그런즉 지혜는 어디서 오며 명철이 머무는 곳은 어디인고 ²¹모든 생물의 눈에 숨겨졌고 공중의 새에게 가려졌으며 ²²멸망과 사망도 이르기를 우리가 귀로 그 소문은 들었다 하느니라 ²³하나님이 그 길을 아시며 있는 곳을 아시나니 ²⁴이는 그가 땅 끝까지 감찰하시며 온 천하를 살피시며 ²⁵바람의 무게를 정하시며 물의 분량을 정하시며 ²⁶비 내리는 법칙을 정하시고 비구름의 길과 우레의 법칙을 만드셨음이라 ²⁷그 때에 그가 보시고 선포하시며 굳게 세우시며 탐구하셨고 ²⁸또 사람에게 말씀하셨도다 보라 주를 경외함이 지혜요 악을 떠남이 명철이니라

욥은 앞에서 그가 던졌던 질문(12절)을 여기에서 다시 한 번 던진다. 왜냐하면, 이 질문은 우리가 그 해답을 얻을 때까지 그냥 내버려 두기에는 너무나 가치 있고 중요한 질문이기 때문이다. 우리는 이 질문에 대하여 어느 정도 만족스러운 설명을 얻을 때까지 끊임없이 그 해답을 찾고 또 찾아야 한다. 욥은 이 문제를 부지런히 살피고 탐구한 결과 마침내 두 종류의 지혜가 존재한다는 사실을 알아내었다. 하나는 하나님 안에 감추어져서 우리에게 속하지 않은 비밀한 지혜이고, 다른 하나는 하나님이 우리에게 알게 하시고 계시하셔서 우리와 우리 자손에게 속한 지혜이다.

I. 하나님의 비밀한 뜻, 그의 섭리의 뜻을 아는 지식은 오직 하나님만이 간직하고 계시는 것이어서 우리가 알 수 없다는 것. 그런 지식은 여호와 우리 하나님께 속해 있는 지식이다. 하나님이 장차 행하실 일들에 관한 구체적인 내용들과 하나님이 지금 행하시는 일들의 이유를 아는 것은 욥이 말한 지혜 중에서 전자에 해당한다.

1. 이 지식은 우리에게 감추어져 있다는 것. 그 지식은 지극히 높아서, 우리가 거기에 도달할 수가 없다(21-22절). 그것은 모든 생물, 심지어 철학자들과 정치가들과 성인(聖人)들의 눈에도 숨겨져 있고, 공중의 새에게도 가려져 있다. 공중의 새들은 비록 하늘의 궁창으로 높이 날아올라서, 이 지혜의 근원인 저 윗 세상에 좀 더 가까이 가는 듯이 보이고, 그들의 눈이 저 멀리까지 내다본다고 할지라도(39:29), 하나님의 계획이나 모략을 꿰뚫어 볼 수 없다. 또한, 사람은 하늘의 새보다 더 지혜롭지만 이 지혜에 도달하지 못한다. 공중의 새들처럼 다른 그 어떤 사람들보다도 더 높이 비상하여 드높은 사고를 한다고 자부하는 자들일지라도 이 지식에 도달한 체할 수 없다. 욥과 그의 친구들은 하나님이 세상을 다스리실 때에 섭리를 어떤 식으로 운용하시는지, 그리고 그 이유가 무엇인지를 놓고 논쟁을 벌여 왔었다. 욥은 말한다: "이렇게 어둠 속에서 서로 싸우고, 우리가 알지 못하는 것을 놓고 논쟁을 벌이고 있는 우리는 얼마나 우매한 자들인가!" 사람의 이성(理性)이라는 다림줄과 추로 저 깊은 하나님의 모략을 측량하는 것은 아예 불가능하다. 누가 하나님의 섭리가 왜 그렇게 되는지 그 이유를 제시하거나, 하나님이 통치하실 때의 공리(公理)와 조치와 방법, 또는 하나님의 지혜의 은밀한 계획들을 설명할 수 있겠는가? 그러므로 우리는 현세에서 섭리에 의한 장래의 사건들이 드러나고(행 1:7) 내세에서 섭리의 감춰진 이유들이 밝혀질 때까지 기다리는 것으로 만족하고 미리 알려고 하지 말아야 한다. 하나님은 지금 스스로 숨어 계시는 하나님이시다(사 45:15): 구름과 흑암이 그를 둘렀도다(시 97:2). 이 지혜는 모든 생물의 눈에 감춰져 있지만, 멸망과 사망은 우리가 귀로 그 소문을 들었다고 말한다. 그것들은 스스로 나서서 설명할 수는 없지만(스올에는 계획도 없고 지식도 없고 지혜도 없기 때문에, 전 9:10), 멸망이나 사망과 접경을 이루고 있는 저 어두운 곳인 죽음과 무덤 너머의 세상, 우리가 멸망과 사망을 통과해서 가야 하는 세상이 있고, 우리는 거기에서 우리가 지금 깜깜하게 모르고 있는 것들을 분명하게 알게 될 것이다. 사망은

하나님의 감추어진 비밀을 몹시 알고 싶어하는 영혼에게 이렇게 말한다: "조금만 참고 기다려라. 내가 너를 곧 그러한 지혜가 있는 곳으로 데려가리라." 하나님의 비밀이 다 이루어질 때(계 10:7), 그 비밀은 온전히 드러나서, 우리는 모든 것을 훤히 알게 될 것이다. 육신의 휘장이 찢겨지고 하나님과 우리를 가로막고 있던 구름들이 걷힐 때, 우리는 하나님이 무슨 일을 하고 계셨는지를 알게 될 것이다 — 우리가 지금은 알지 못하지만(요 13:7).

2. 이 지식은 하나님 안에 감추어져 있다는 것. 사도는 그렇게 말한다(엡 3:9). 하나님이 행하시는 모든 일은 우리에게는 알려져 있지 않지만 하나님은 다 아신다(행 15:18). 하나님이 어떤 일을 행하시는 데에는 다 그 만한 이유가 있다 — 우리가 그 이유를 설명할 수는 없지만(23절). 하나님이 그 길, 즉 지혜의 길을 아시며 지혜가 있는 곳을 아신다. 사람들은 잘 알지도 못하면서 행하는 경우가 종종 있지만, 하나님이 그러시는 경우는 결코 없다. 사람들은 계획하지도 않은 일을 행하고, 상황이 바뀌면 새로운 계획을 세우고 새로운 조치를 취하지 않을 수 없다. 그러나 하나님은 원래부터 자기 안에 가지고 계셨던 계획과 목적을 따라 모든 일을 행하시고, 그 계획과 목적을 바꾸시는 법이 없다. 사람들은 종종 제대로 이유를 댈 수 없는 일들을 행하지만, 하나님이 어떤 일들을 행하시는 데에는 다 뜻과 계획이 있다. 하나님은 자기가 무슨 일을 행하고 계시는지도 아시고, 왜 행하시는지도 아시며, 일련의 모든 사건들을 전체적으로도 아시고 각각의 사건의 순서와 배치도 아신다. 하나님은 이 지식을 완벽하게 지니고 계시지만, 오직 자기 속에만 두신다. 하나님이 왜 자신의 길을 오직 자기만이 알고 있어야 하는지, 그 두 가지 이유가 여기에 제시된다.

(1) 그것은 지금 모든 사건이 모든 것을 보시는 전능하신 하나님의 섭리에 의해서 지도되고 있기 때문이다(24-25절).

[1] 세상을 다스리시는 하나님은 모든 것을 아신다는 것. 왜냐하면, 하나님은 늘 땅 끝까지 감찰하시며 온 천하를 살피시기 때문이다. 아무리 먼 과거나 아무리 멀리 떨어져 있는 지역도 하나님의 시야에서 벗어나 있지 않다. 우리는 멀리 보지 못하기 때문에 하나님의 길을 알 수 없는 것은 물론이고 우리 자신의 길조차 알지 못한다. 우리는 이 세상에서 지금 무슨 일이 일어나고 있는지도 거의 알지 못하는데, 우리가 어떻게 장래에 무슨 일이 일어날지를 알 수 있겠는가? 그러나 여호와의 눈은 어디에나 있고(잠 15:3), 온 세상에 두루 다닌다

(슥 4:10). 그 어떤 것도 하나님으로부터 감춰져 있지 않고, 감춰져 있을 수도 없다. 그러므로 어떤 악인들은 두드러지게 형통하는 반면에 어떤 악인들은 이 세상에서 눈에 띄는 벌을 받는 이유가 우리에게는 비밀에 부쳐져 있지만, 하나님은 그 이유를 아신다. 한 날의 사건들과 한 사람의 일들은 다른 날의 사건들 및 다른 사람의 일들과 서로 연관되어 있기 때문에, 그 앞에서 모든 사건들과 일들이 벌거벗은 것 같이 드러나는 하나님, 모든 것을 한 눈에 다 보시는 하나님이야말로 사건이나 일의 세세한 부분까지 다 판단하기에 유일하게 적절한 심판자이시다.

[2] 하나님은 전능하시다는 것. 하나님은 모든 일을 하실 수 있으시고, 어떤 일을 하실 때마다 아주 정확하게 행하신다. 욥은 이것을 증명하기 위해서 바람과 물을 거론한다(25절). 바람보다 가벼운 것이 있는가? 그렇지만 하나님은 바람의 무게를 재실 수 있으시다. 사람들이 그들의 곳간에서 그들의 하찮은 물건들을 꺼내올 때에도 낱낱이 기록을 하듯이, 하나님은 그의 곳간에서 바람을 내실 때에(시 135:7) 자기가 꺼낸 바람의 무게를 일일이 다 기록하신다. 바람은 그 어떤 것보다도 우리가 감지할 수 없고 설명할 수 없는 존재이다. 우리는 바람이 임의로 불매 그 소리는 들어도 어디서 와서 어디로 가는지 알지 못한다(요 3:8). 그러나 하나님은 바람의 무게를 재시고, 바람에게 어느 지점으로부터 어떠한 세기로 불어와야 하는지를 지혜롭게 명하신다. 또한, 하나님은 바닷물과 빗물의 무게와 분량을 재셔서, 모든 조류(潮流)와 비가 어느 정도의 분량이 되어야 하는지를 할당하신다. 구름과 바다, 궁창 위의 물과 궁창 아래의 물 간에는 대규모의 교류가 끊임없이 이루어진다. 수증기들은 올라가고, 비는 내려온다. 공기는 압축되어 물 속으로 들어가고, 물은 증발되어 공기 속으로 들어간다. 그러나 크신 하나님은 사람들의 유익을 위하여 이러한 교류가 어떤 규모로 이루어져야 하는지를 정확히 계획하시고, 그 교류 중 어느 한 부분도 손실되지 않게 돌보신다. 이런 일들에 있어서도 하나님의 섭리가 이토록 정확하다면, 하나님이 공평의 법칙에 따라 인생들에게 진노와 은총, 상과 벌을 할당하실 때에는 얼마나 더 정확하시겠는가.

(2) 그것은 모든 사건들이 영원 전에 하나님의 틀림없는 선견지명과 결코 변할 수 없는 작정하심에 의해서 계획되고 결정되었기 때문이다(26-27절). 하나님은 자연의 운행을 정하실 때에 그의 통치를 위한 모든 행위들을 다 미리

정해 놓으셨다.

[1] 하나님은 자연의 운행을 정하셨다는 것. 욥은 여기에서 특히 비 내리는 법칙과 비구름의 길과 우레의 법칙을 언급한다. 이 기이한 일들의 일반적인 방식과 방법, 구체적인 용도와 성향, 그것들의 원인과 결과는 다 하나님의 목적과 계획에 의해서 정해진 것들이다. 그런 까닭에, 성경에서는 하나님이 비를 위하여 번개를 만드신다고 말한다(시 135:7; 렘 10:13).

[2] 하나님은 자연의 운행을 정하실 때에 그의 섭리의 모든 조치들을 마련해 두셨고, 이 일 전체의 정확한 설계도를 처음부터 끝까지 다 그려 놓으셨다는 것. 이렇게 영원 전에 하나님은 자기가 장차 행하실 일들에 대한 설계를 다 해 놓으셨고 이미 알고 계셨다. 그 때에 하나님은 모든 계획을 다 준비하시고 확정하셨을 뿐만 아니라, 그 계획을 실행하는 데에 필요한 모든 것도 다 완비해 놓으셨기 때문에, 어떤 일을 행하실 때에 그 때 가서 준비를 하실 필요도 없으시고, 예기치 않은 일이 일어나서 그 일의 방법이나 시간이 틀어지는 것도 있을 수 없다. 마치 하나님이 모든 것에 대한 연구와 조사를 다 끝마친 듯이 모든 것이 정확히 정해져 있기 때문에, 그가 무슨 일을 하시든, 어떤 것을 그 위에 더할 수도 없고 그것에서 뺄 수도 없다. 그러므로 하나님이 무슨 일을 하시든, 그 일은 영원히 있을 것이다(전 3:14). 어떤 이들은 욥이 여기에서 지혜를 의인화하여 말하고 있다고 보고서, 본문을 "그 때에 그가 그녀를 보시고 그녀에게 보여 주셨다" 등등으로 번역하는데, 이것은 솔로몬이 성부 하나님의 본질적인 지혜인 영원한 말씀을 의인화하여 "땅이 생기기 전부터 내가(즉, 지혜가) 하나님 곁에 있었다"고 말한 것과 맥을 같이한다(잠 8:22-31; 또한, 요 1:1-2).

II. 하나님의 계시된 뜻, 그의 교훈에 나타난 뜻을 아는 지식은 우리가 얻을 수 있다는 것. 이 지식은 우리의 능력에 맞는 것으로서 우리에게 유익을 가져다 준다. 하나님이 사람에게 말씀하셨도다 보라 주를 경외함이 지혜요(28절). 우리는 하나님이 사람에게 그의 계획이나 모략을 숨기시고 선악을 알게 하는 지식의 나무를 금지하신 것이, 사람의 진정한 복과 만족에 기여할 수 있는 것은 조금이라도 사람에게 주기를 싫어하신 때문이라고 말해서는 안 된다. 반대로, 하나님은 사람의 본분과 복에 관한 것이라면 될 수 있는 한 많은 것을 사람으로 하여금 알게 해주시고자 하신다. 하나님은 우리 신민(臣民)에게 필요하고 적절한 정도로 주군(主君)이 되시는 그의 마음을 알게 해주실 것이지만, 우리는 주제넘게 우리 자신이 하나님의 모사가 될 자격이 있다고 생각해서는 안 된다. 하나님은 아담(어떤 이들은 이렇게 읽는다), 즉 사람을 지으신 날에 그 첫 사람 아담에게 이것을 말씀하셨다. 하나님은 창조의 신비를 지나친 호기심으로 연구하는 것을 즐거워하거나, 자연의 모든 현상들을 다 해결할 수 있는 체하는 것은 사람의 본분을 벗어나는 일임을 아담에게 분명하게 말씀하셨다. 창조의 신비를 다 알아내는 것은 불가능한 일이기도 하고 무익한 일이기도 하다. 오직 세상을 지은 그 지혜만이 자연의 철학을 온전히 이해할 수 있다(틸로트슨 대주교의 말). 그러므로 사람은 여호와를 경외하고 악에서 떠나는 것이 지혜라는 것을 알아야 한다. 사람은 그 지혜를 배워야 한다. 그러면, 그는 충분히 배울 수 있다. 하나님이 사람에게 지식의 나무를 금지하셨을 때에 생명 나무는 허락하셨는데, 지혜가 바로 생명 나무라는 것을 아는 것은 사람에게 도움이 된다(잠 3:18). 우리는 오직 하나님의 계시를 통해서만 참된 지혜를 얻을 수 있다. 대저 여호와는 지혜를 주신다(잠 2:6). 이 지혜의 내용은 자연이나 섭리의 비밀들 속에서가 아니라 우리 자신의 실천을 위한 법칙들 속에서 발견된다. 하나님은 사람에게 "하늘로 올라가서 거기로부터 복을 가져오라"거나 "깊은 물로 내려가서 거기에서 복을 끌어올리라"고 말씀하시는 것이 아니라, "오직 그 말씀이 네게 매우 가깝다"(신 30:14)고 말씀하신다. 사람아 주께서 거창한 것이 아니라 선한 것을 네게 보이셨고, 여호와 네 하나님이 네게 어떤 계획을 갖고 계시는지가 아니라 그가 네게 구하시는 것이 무엇인지를 보이셨다(미 6:8). 사람들아 내가 너희를 부르노라(잠 8:4). 주여, 사람이 무엇이관대 이토록 마음을 쓰셔서 돌보시는 것이나이까! 이것을 보고 주목하며 주시하라. 귀 있는 자는 하늘의 하나님이 인생들에게 하시는 말씀을 들으라: 주를 경외함이 지혜니라. 좀 더 살펴보자.

1. 참된 신앙, 더럽혀지지 않은 순수한 신앙에 관한 묘사. 그런 신앙은 여호와를 경외하고 악에서 떠나는 것인데, 이것은 하나님이 말씀하신 욥의 사람됨과 일치한다(1:1). 여호와를 경외하는 것은 모든 신앙의 원천이자 요약이다. 하나님을 가혹한 분이라고 생각해서 비굴하게 두려워하는 것은 신앙과 정반대되는 것이다(마 25:24). 하나님을 두려운 분이라고 생각해서 몸을 사리느라고 하나님을 이기적으로 경외하는 것은 신앙을 향한 좋은 발걸음이 될 수 있다(행 9:5). 그러나 하나님을 크고 높으신 분이라고 생각해서 진심으로 하나님을 경

외하는 것은 모든 신앙의 정수(精髓)이다. 여호와를 경외하는 것이 마음에 자리잡고 있는지는 악에서 떠나고자 늘 주의하고 조심하는 것을 통해서 드러난다(잠 16:6). 이것은 신앙에 꼭 필요한 것이다. 우리는 먼저 악을 행하는 것을 그쳐야 한다. 만약 그렇게 하지 않는다면, 우리는 결코 선을 행하는 것을 배우지 못할 것이다. 악을 피하는 것 속에 어느 정도의 덕이 들어 있다.

2. 신앙에 대한 칭찬. 신앙은 지혜이자 명철이다. 진정한 신앙을 갖는 것은 진정으로 지혜로워지는 것이다. 신앙을 창설하신 것은 하나님의 지혜이고, 그 신앙을 실천하고 지키는 것은 사람의 지혜이다. 신앙은 명철이다. 왜냐하면, 신앙은 진리에 대한 최고의 지식이기 때문이다. 신앙은 지혜이다. 왜냐하면, 신앙은 우리의 일들을 가장 잘 경영하는 것이기 때문이다. 신앙만큼 확실하게 우리의 길을 인도해서 우리의 목적지에 도달하게 해줄 수 있는 것은 없다.

제
— 29 —
장

개요

욥은 앞 장에서 지혜에 관한 뛰어난 강론을 한 후에, 여기에서 잠시 말을 중단하고 가만히 있었는데, 이것은 그가 말을 너무 많이 해서 숨이 찼기 때문이 아니라, 친구들의 허락 없이 혼자 말하는 것을 독점하고 싶지 않았고, 자기가 한 말에 대하여 평할 것이 있다면 친구들에게 그렇게 할 기회를 주고 싶었기 때문이었다. 그러나 그들은 할 말이 없었기 때문에, 욥은 잠시 숨을 고른 후에, 계속해서 자기 문제에 관하여 말을 해나가는데, 그 내용은 이 장과 다음의 두 장에 걸쳐 기록되어 있다. I. 욥이 자기가 한때 누렸던 형통의 절정에 대하여 말함. II. 욥이 지금 처해 있는 역경의 나락에 대하여 말함. 욥이 이런 말을 하는 것은 친구들로부터 동정심을 얻어냄과 동시에 자신의 불평이 정당하다는 것, 아니면 적어도 용납될 수 있다는 것을 입증하기 위한 것이다. 그런 후에, III. 욥은 친구들이 그를 비난하는 것을 미연에 방지하기 위해서, 아주 풍부하고 구체적인 항변을 통해서 자기는 잘못한 것이 없다고 말함. 그는 이 장에서 그가 형통하던 날들을 돌아보며, 다음과 같은 것들을 보여준다. 1. 그가 그의 집과 가족 속에서 누렸던 위로와 만족(1-6절). 2. 그가 그의 땅에서 엄청난 존귀함과 권세를 지니고 있었고, 온갖 부류의 사람들로부터 존경을 받았다는 것(7-10절). 3. 그가 방백이라는 지위에서 무수한 선을 행하였다는 것(11-17절). 4. 그래서 그가 안에서의 평안함(18-20절)과 밖에서의 영향력(21-25절)을 지속적으로 누리게 될 것이라고 기대한 것은 당연하였다는 것. 마치 나오미가 "내가 풍족하게 나갔더니 여호와께서 내게 비어 돌아오게 하셨느니라"고 말했던 것처럼, 욥은 자기가 현재 겪고 있는 환난이 극심함을 부각시키기 위해서 이 모든 것을 자세하게 묘사한다.

¹욥이 풍자하여 이르되 ²나는 지난 세월과 하나님이 나를 보호하시던 때가 다시 오기를 원하노라 ³그 때에는 그의 등불이 내 머리에 비치었고 내가 그의 빛을 힘입어 암흑에서도 걸어다녔느니라 ⁴내가 원기 왕성하던 날과 같이 지내기를 원하노라 그 때에는 하나님이 내 장막에 기름을 발라 주셨도다 ⁵그 때에는 전능자가 아직도 나와 함께 계셨으며 나의 젊은이들이 나를 둘러 있었으며 ⁶젖으로 내 발자취를 씻으

며 바위가 나를 위하여 기름 시내를 쏟아냈으며

실패한 자들에게 말할 기회를 주면, 그들은 그 어떤 것보다도 그들이 잃어버린 위로들에 대하여 가장 가슴 뭉클하게 말할 수 있다. 그들이 이전에 누렸던 형통함은 그들이 생각하고 말하기를 가장 기뻐하는 주제들 중의 하나이다. 욥도 마찬가지여서, 그는 여기에서 다음과 같은 바람으로 말을 시작한다 (2절): 나는 지난 세월이 다시 오기를 원하노라. 그래서 그는 그가 형통하던 때에 대하여 말하기 시작한다. 그의 바람은 이런 것들이다.

1. "내가 그 때처럼 다시 형편이 좋아지고, 그 때처럼 다시 많은 부와 명예와 즐거움을 가질 수 있다면 얼마나 좋을까!" 욥의 이러한 바람은 자기가 편안해졌으면 좋겠다고 생각했기 때문이 아니라, 지금 자기가 겪는 환난과 고난으로 인해서 훼손된 하나님의 명성과 영광이 다시 회복되었으면 좋겠다고 생각했기 때문이었다. "내가 다시 나의 이전의 형통을 회복하여, 나의 친구들이 그들이 내세운 원칙들 위에서도 나를 비난하거나 책망할 수 없게 되어서, 그 수치가 내게서 영원히 굴러가 없어져 버린다면 얼마나 좋을까!" 하나님이 영광을 받으시고, 우리의 거룩한 신앙에 대한 평판이 회복되거나 보존되거나 더 나아지도록 하기 위해서, 우리가 우리의 장수와 건강함과 형통함을 바란다면, 우리의 그러한 바람은 자연스러울 뿐만 아니라 신령한 것이기도 하다.

2. "내가 그 때처럼 다시 좋은 심령 상태 속에 있다면 얼마나 좋을까!" 욥이 지금까지 가장 많이 탄식하였던 것은 하나님이 그에게서 물러가심으로써 그의 영혼이 힘들다는 것이었다. 그러므로 그는 그 때에 자기가 하나님을 섬기면서 그의 심령이 힘과 평안을 얻었고 하나님과 자유롭게 교제하면서 스스로 행복하다고 느꼈던 것처럼 지금도 그의 심령이 그런 상태에 있었으면 좋겠다고 생각한다. 그가 그런 상태에 있었던 것은 그가 원기 왕성하던 날들이었고(4절), 그 때에 그는 그런 것들을 마음껏 누리며 그의 한창 때를 지냈었다. 원기 왕성한 젊은 시절에 형통한 삶을 사는 자들은 장차 그들 앞에 어떤 암울한 날들이 준비되어 있을지를 알지 못한다는 사실을 명심하라. 욥은 다음의 두 가지 때문에 지난 날들을 생각할 때에 즐거울 수 있었다.

I. 욥은 그의 하나님 안에서 위로를 얻었다는 것. 그가 자신의 형통을 기뻐하였던 주된 이유는 그것이 자기가 하나님의 은총을 받고 있음을 보여주는 증

표였기 때문이었다. 하나님의 은총은 그의 형통함의 원천이었고, 그가 그 형통함을 달게 누릴 수 있었던 이유이기도 하였다. 그는 자신의 형통을 자신의 좋은 운이나 자신의 능력이나 자신의 손의 힘 덕분으로 돌리지 않았고, 다윗과 마찬가지로 여호와여 주께서 주의 은혜로 나를 산 같이 굳게 세우셨나이다(시 30:7)라고 고백한다. 은혜를 받은 영혼은 이 세상의 미소가 아니라 하나님의 미소를 기뻐한다. 욥은 자기가 형통하던 때를 생각하면 다음과 같은 네 가지가 너무나 기쁘고 즐거웠다고 말한다.

1. 욥에게 하나님의 보호하심에 대한 확신이 있었던 것. 내가 형통하던 날들은 하나님이 나를 지키시고 보호하시던 날들이었다(2절). 그 때에도 그는 위험에 노출되어 있었지만, 재물을 그의 견고한 성으로 삼거나 자기 재물의 풍부함을 의지하지 아니하였고, 여호와의 이름이 그의 견고한 망대였다(잠 10:15; 18:10). 그는 자기가 그렇게 해야만 안전할 것이라고 생각하였고, 자기가 그 때에 안전하고 자기에게 하나님의 위로들이 있었던 것은 다 하나님이 그를 지켜 주셨기 때문이라고 생각하였다. 마귀는 하나님이 욥의 주위에 울타리를 둘러 놓으신 것을 보았고(1:10), 욥도 그것을 보고서, 하나님이 그의 영을 보살피시고 지키셨다고 고백하였다(10:12). 하나님이 보호하시는 자들만이 안전하고 평안할 수 있다. 이 세상에 속한 것들을 아무리 많이 가지고 있어도, 하나님이 보호하지 않으시면 안전할 수 없기 때문에, 이 세상의 것들이 그들을 지켜 주고 있다고 생각하는 것은 오산이다.

2. 욥이 하나님의 은총 안에서 만족할 수 있었던 것(3절). 그 때에는 하나님의 등불(또는, 촛불)이 그의 머리에 비치었다. 즉, 그 때에 하나님이 그의 얼굴 빛을 그에게 비추셔서, 그의 사랑에 대한 확신을 주시고 그 사랑의 달콤함을 맛보게 해주셨다는 것이다. 이 세상에서 성도들이 하나님의 은총을 아무리 듬뿍 받는다고 하여도, 그것은 장차 내세에서 그들을 위해 준비되어 있는 것에 비하면 촛불에 불과하다. 그러나 욥은 하나님의 은총 안에서 아주 차고 넘치는 만족을 얻었기 때문에, 그 빛을 힘입어서 어둠을 헤쳐 나갈 수 있었다. 그 빛은 그가 지녔던 의심들을 풀어주고 그를 인도하여 주었으며, 그의 슬픔을 위로해 주었고, 그로 하여금 무거운 짐을 질 수 있게 해주었으며, 모든 난관들을 극복할 수 있게 해주었다. 외적으로 형통하여 가장 밝은 햇빛 속에 있는 자들이라도 어느 정도는 어둠의 순간들을 예상하지 않으면 안 된다. 그들에게도 어렵고

힘들 때가 있고, 어찌 할 바를 모를 때가 있으며, 우울한 때도 있다. 그러나 하나님의 은총 안에서 살아가고 그 은총이 얼마나 소중한 것인지를 아는 자들은 그 빛을 힘입어서 이 눈물 골짜기의 모든 어둠을 즐거운 마음으로 마음 편하게 헤쳐 나갈 수 있다. 그 빛이 그들의 마음속에 주는 즐거움은 그들이 현세에서 겪는 온갖 슬프고 힘든 일들을 상쇄시켜 주기에 충분하다.

3. 욥이 하나님의 말씀을 통해서 하나님과 교통할 수 있었던 것(4절). 그 때에는 하나님의 비밀이 내 장막 위에 있었도다. 즉, 그 때에 하나님은 욥을 막역한 벗으로 여기셔서 그와 허물 없이 얘기를 나누셨다는 것이다. 욥은 하나님의 마음을 알았고, 지금처럼 하나님의 생각이 어떤 것인지를 깜깜하게 모르고 있지 않았다. 성경에서는 여호와의 비밀이 그를 경외하는 자들에게 있다고 말한다. 왜냐하면, 하나님은 그의 언약 속에 있는 것을 오직 그들에게 보이시고 다른 사람들에게는 보이지 않으시기 때문이다(시 25:14). 하나님은 그의 은총과 은혜를 자기 백성에게 주시고서, 세상이 모르는 비밀한 방식으로 그들의 헌신을 그 보답으로 받으신다. 어떤 이들은 이 본문을 그 때에는 하나님의 집회가 내 장막에서 있었다로 읽는데, 랍비 솔로몬은 이것을 하나님의 백성이 욥의 집에서 집회를 가졌고 거기에서 열린 예배를 욥이 주재한 것을 가리키는 것으로 이해한다. 이것은 욥에게 아주 큰 기쁨이었기 때문에, 그 집회가 열리지 못하게 된 것은 욥에게 괴로운 일이었다. 또는, 이 구절은 하나님의 천사들이 욥의 거처 주위에 장막을 치고 있었다는 것을 말하는 것으로 이해할 수도 있다.

4. 욥이 하나님의 임재를 확신할 수 있었던 것(5절). 그 때에는 전능자가 아직도 나와 함께 계셨다. 욥은 지금 하나님이 그에게서 떠나셨다고 생각하고 있지만, 당시에는 하나님이 그와 함께 계셨고, 이것만으로도 욥은 더 바랄 것이 없었다. 어떤 사람이 초가집에 산다고 하여도 그 곳에 하나님이 임재해 계시면, 그 초가집은 성채와 궁전으로 바뀐다.

II. 욥은 그의 가족 안에서 위로를 얻었다는 것. 욥의 집에서는 모든 것이 좋았다. 욥에게는 그가 가진 양식을 먹을 식구들이 있었고, 그의 가솔들을 먹일 음식도 있었다. 이 둘 중의 하나라도 없다면, 그것은 큰 근심거리가 된다.

1. 욥에게는 그의 재산을 누릴 많은 자손이 있었다는 것. 나의 자녀들이 내 주위에 있었다. 욥에게는 그를 둘러싸고 남을 만큼 많은 자녀들이 있었고, 그들은 그의 말을 잘 들었고 그를 잘 모셨다. 그들이 그의 주위에 있었던 것은 그와 함

께 있는 것이 유익이라는 것을 알고 있었기 때문이기도 하고, 그를 빈틈없이 돌보아 드리려고 했기 때문이기도 하였다. 자녀들이 주위에 있는 것은 나이 든 부모에게는 위로가 된다. 욥은 지금 자녀들을 다 잃은 상태였기 때문에, 이러한 위로에 대하여 말할 때에 그의 가슴이 절여 왔을 것이다. 당시에 그는 그의 자녀들이 그의 주위에 있는 것을 하나님이 그와 함께 하신다는 것을 보여주는 하나의 증거라고 생각하였다. 그렇지만, 우리의 자녀들을 잃었을 때, 우리가 하나님을 잃지는 않았다는 사실로 우리 자신을 위로할 수 없다면, 그것은 잘못된 것이다.

2. 욥에게는 이 많은 가족을 먹여 살릴 만큼 많은 재산이 있었다는 것(6절). 욥은 마음만 먹는다면 그의 발자취들을 젖으로 씻어낼 수 있을 정도로, 그의 농장에서는 많은 우유가 났다. 그의 감람원에서는 기대 이상으로 많은 기름이 나서, 마치 바위가 그를 위하여 기름 시내를 쏟아내는 것 같았다. 욥은 재산을 축적하기 위한 용도로 사용되는 은과 금이 아니라 실생활에서 사용되는 젖과 기름을 기준으로 삼아서 자신의 부(富)를 얘기한다. 우리가 지닌 재물로 우리 자신을 이롭게 하고 다른 사람들에게 유익을 끼치지 않는다면, 우리의 재물이 무슨 유익이 있겠는가?

[7]그 때에는 내가 나가서 성문에 이르기도 하며 내 자리를 거리에 마련하기도 하였느니라 [8]나를 보고 젊은이들은 숨으며 노인들은 일어나서 서며 [9]유지들은 말을 삼가고 손으로 입을 가리며 [10]지도자들은 말소리를 낮추었으니 그들의 혀가 입천장에 붙었느니라 [11]귀가 들은즉 나를 축복하고 눈이 본즉 나를 증언하였나니 [12]이는 부르짖는 빈민과 도와 줄 자 없는 고아를 내가 건졌음이라 [13]망하게 된 자도 나를 위하여 복을 빌었으며 과부의 마음이 나로 말미암아 기뻐 노래하였느니라 [14]내가 의를 옷으로 삼아 입었으며 나의 정의는 겉옷과 모자 같았느니라 [15]나는 맹인의 눈도 되고 다리 저는 사람의 발도 되고 [16]빈궁한 자의 아버지도 되며 내가 모르는 사람의 송사를 돌보아 주었으며 [17]불의한 자의 턱뼈를 부수고 노획한 물건을 그 잇새에서 빼내었느니라

우리는 여기에서 욥이 존귀하고 권세 있는 자리에 있는 모습을 본다. 그는 자기 집에서도 충분할 만큼의 위로를 받았지만, 그가 받은 위로는 거기에

서 그치지 않았다. 우리는 우리 자신을 위해서가 아니라 다른 많은 사람들을 위하여 태어났다. 옛적에 재판이 열리던 곳이었던 성문에서 어떤 일이 있으면, 욥은 집을 나가서 성문에 이르렀는데(7절), 이는 자신의 위엄을 과시하기 위한 것이 아니라, 공의에 대한 관심과 애정 때문이었다. 재판이 모든 사람이 자유롭게 접근할 수 있는 곳인 성문 앞, 즉 많은 사람들이 모여드는 거리에서 열렸다는 것을 주목하라. 따라서 재판 과정에서 말하고 행해진 모든 것에 대하여 누구든지 마음만 먹으면 증인이 될 수 있었고, 죄 있는 자들에게 내려지는 판결을 듣고서 사람들은 죄를 짓는 것에 대한 두려움을 가질 수 있었다. 우리는 여기에서 욥이 동방 사람들 가운데에서 통치자이자 재판장, 방백이자 권세를 지닌 자로서 어떤 대우를 받았는지를 듣는다.

I. 온갖 부류의 사람들이 욥을 깊이 존경하였다는 것. 사람들은 욥이 높은 자리에 있는 인물이었기 때문만이 아니라, 그의 개인적인 인품, 그의 뛰어난 슬기와 고결함, 일들을 처리하는 훌륭한 솜씨 때문에도 그를 무척 존경하였다.

1. 사람들은 그를 존경하고 경외하였다는 것(8절). 그의 위엄 있고 고상한 인품과 풍채, 악하고 추한 모든 일을 나무랄 때의 그의 추상 같은 엄격함은 주위의 모든 사람들로 하여금 그에게 합당한 예를 갖추지 않을 수 없게 만들었다. 젊은이들은 그들이 뭔가 잘못을 저질렀다는 것을 스스로 알고 있어서 얼굴을 들 수 없었기 때문에 그를 보고 숨었고, 노인들은 그를 보고 피하지는 않았지만 앉아서 그를 맞을 수 없어서 모두 자리에서 일어났다. 그들은 자리에서 일어나 서서 그에게 예를 올렸다. 다른 사람들로부터 공손한 대접을 받기를 기대한 자들은 욥에게 공손한 예를 올렸다. 덕과 경건은 모든 사람들로부터의 존경을 불러오기 때문에, 덕과 경건을 갖춘 자는 존경을 받는 것이 보통이다. 그러나 스스로 선할 뿐만 아니라 선을 행하기까지 하는 자들은 두 배로 존경받을 자격이 있다. 나이 들고 권세 있는 자들은 위엄을 갖추는 것이 합당하듯이, 젊은 사람들이나 아랫 사람들은 겸손을 갖추는 것이 합당하다. 우리는 존경하고 두려워하는 마음으로 방백들을 대하는 것이 마땅하다(롬 13:7). 선한 큰 자가 사람들로부터 이렇게 존경을 받는 것이 합당하다면, 사람들이 크시고 선하신 하나님을 경외하는 것은 지극히 합당한 일이 아니겠는가!

2. 고관대작들과 유지들이 그에게 경의를 표하였다는 것(9-10절). 어떤 이들은 여기에 언급된 자들은 욥의 수하에 있던 관리들이었고, 그들이 그에게 표

한 경의는 그들의 주군이자 통치자로서의 그의 지위에 합당한 것이었다고 생각한다. 하지만, 그들은 욥과 대등한 지위에 있던 자들로서 그와 교류하던 자들이었고, 그들이 그에게 특별한 경의를 표한 것은 그의 뛰어난 능력과 섬김 때문이었던 것 같다. 그들은 욥이 상황을 재빨리 인식하고, 모든 일을 적절하게 판단해서, 기가 막히게 잘 적용하며, 분명하고 감동적으로 자신의 견해를 피력함에 있어서 그들 모두보다 훨씬 탁월하다는 것을 인정하였다. 그가 한 말은 그의 동료들 사이에서 법과 모략과 공의에 있어서 하나님의 말씀 자체였기 때문에, 그들은 모두 그의 말을 경청하고 묵묵히 따랐다. 욥이 법정에 와서 어떤 사건에 대하여 일어나서 말할 때면, 고관들과 유지들은 그가 하는 말을 좀더 귀 기울여서 듣고 그의 의도를 확실하게 파악하기 위해서 말을 삼가고 말소리를 낮추며 아예 입을 다물기도 하였다. 평소에 자기 생각을 적극적으로 피력하며 발언을 독점하기를 좋아하고 남이 하는 말에는 별로 귀를 기울이지 않았던 자들도 욥이 말할 차례가 되면, 자신의 생각을 쏟아 놓을 때에 열을 올렸던 것처럼 욥의 생각이 무엇인지를 알기 위해서 열을 올렸다. 자신의 판단에 의구심을 가졌던 자들은 욥의 판단을 듣고 만족하였으며, 욥이 아주 능숙하게 머리카락을 쪼개고 그들이 풀지 못해서 당황했던 매듭들을 아주 쉽게 풀어 나가는 것을 보고서는 감탄을 연발하였다. 고관들과 유지들이 서로 언쟁을 벌이며 다툴 때, 그들은 논란이 된 문제들을 욥에게 가져가서 그의 판단대로 하자는 데에 이의가 없었다. 하나님께 복을 받아서 이러한 뛰어난 은사들을 지닌 자들은 복된 자들이다. 그들은 하나님을 존귀하게 해드리고 선을 행할 수 있는 놀라운 기회들을 갖고 있는 것이지만, 교만하지 않도록 비상한 주의를 기울이지 않으면 안 된다. 하나님께 복을 받아서 이러한 뛰어난 인물들을 둔 백성은 복된 자들이다. 그것은 하나님이 그들에게 복을 주고 계심을 보여주는 증표이다.

II. 욥이 자신의 자리에서 아주 많은 선을 행하였다는 것. 그는 그가 지닌 권세로 그가 살던 땅을 지성(至誠)으로 섬겼다. 여기에서 우리는 욥이 그가 형통하던 날에 어떤 근거로 자신에 대하여 자부심을 가졌는지를 보게 될 것이다. 사람이 어느 정도 자신에 대하여 자부심을 갖는 것은 자연스러운 일이다. 그리고 우리는 우리가 어떤 근거 위에서 자신에 대하여 자부심을 갖는지를 살펴봄으로써 우리의 인물됨이 어떠한지를 판단할 수 있다. 욥은 그의 가문이 존귀하다거나 많은 재산이 있다거나 수입이 많다거나 진수성찬을 먹는다거나 많은 종들을 거느리고 있다거나 그의 존엄의 상징들, 그가 타는 마차와 시종들, 그가 베풀곤 하는 성대한 잔치들, 사람들이 그에게 아주 공손히 예를 올리는 것 때문이 아니라, 자기가 사람들에게 유익하다는 것 때문에 자신에 대하여 자부심을 가졌다. 선함은 하나님의 자랑이기 때문에, 우리도 선함을 우리의 자랑으로 삼아야 한다. 우리가 하나님처럼 긍휼에 풍성하다면, 우리는 하나님처럼 온전한 것이다.

1. 욥은 자기가 건전한 사람들의 존경과 애정과 기도를 받고 있다는 것 때문에 자신에 대하여 자부심을 갖고 있었다는 것. 욥은 자기가 재사(才士)들과 시인들의 억지스러운 찬사들이 아니라, 주변의 모든 사람들로부터의 자발적인 칭찬들을 받고 있다는 사실에 긍지를 느꼈다. 그가 하는 말을 듣고 그가 행하는 것을 본 모든 사람들, 그가 자신이 지닌 모든 권세를 가지고서 많은 사람들을 위해서 자신을 늘 헌신하고 아버지 같은 마음으로 자기가 살고 있던 땅을 자애로운 사랑으로 돌보는 것을 본 모든 사람들은 그를 축복하고 그의 사람됨을 증언하였다(11절). 그들은 그를 입에 침이 마르게 칭찬하였고, 그를 위해서 끊임없이 기도하였다. 그는 사람들이 그에 대하여 무슨 말을 하는지를 전혀 신경 쓰지 않고서, 모든 사람으로 하여금 그를 두려워하게 만들고 독선적으로 행하여 자신의 뜻을 관철시키는 것이 자기에게 영광이 된다고 생각하지 않았다(어떤 사람을 두려워한다는 것은 그 사람을 미워한다는 뜻이기도 하다). 도리어, 그는 모르드개처럼 그의 허다한 형제들에게 사랑을 받는 것을 그의 영광으로 여겼다(에 10:3). 그는 자기를 잘 모르는 멀리 있는 사람들의 박수갈채가 아니라, 가까이에서 그를 늘 지켜보고 그의 말을 들었기 때문에 그의 행실에 대하여 증인이 될 수 있고 그들의 소견을 얼마든지 말할 수 있는 사람들, 특히 그의 덕분에 삶이 더 나아졌기 때문에 자기가 직접 겪은 체험을 말해 줄 수 있는 사람들의 증언을 소중하게 여겼다. 망하게 되었다가 욥의 도움으로 일어난 자의 축복이 그런 것이었다(13절). 큰 자들이나 재력가들은 이런 식으로 선을 행하여야 한다. 그러면, 그들은 욥처럼 사람들로부터 칭송을 받게 될 것이다. 그런 은인들로부터 도움을 입은 자들은 그들에게 은혜를 베풀고 도움을 준 자들을 축복하고, 그 은인들의 선행을 증언하며, 이 땅에서는 그 은인들의 존귀함을 위하여, 그리고 하늘에서는 그 은인들의 위로를 위하여 그들의 영향력을 사용하고, 그 은인들을 칭송하며 그들을 위하여 기도해야 하는 빚을 졌다고 생각하여야

한다. 이러한 작은 보답조차도 하기를 싫어하는 자들은 정말 배은망덕한 자들이다.

2. 욥은 스스로 어떻게 할 수 있는 힘이 거의 없는 자들과 그의 은혜를 바라거나 보답할 수 있는 처지에 있지 않은 자들, 즉 가난한 자들과 곤궁한 자들, 과부들과 고아들, 눈먼 자들과 저는 자들을 자기가 돌본 것에 대하여 자부심을 가졌다는 것.

(1) 가난한 자들이 상처를 입거나 억압을 당해서 욥에게 와서 부르짖고, 그들의 탄원이 사실임이 드러났을 때, 욥은 그들의 말에 귀를 기울여서 그들의 마음을 헤아려 주었을 뿐만 아니라, 그들의 손도 잡아 주었다는 것. 그는 부르짖는 빈민을 건져내어서(12절), 그들이 짓밟히고 유린당하지 않게 해주었다. 아니, 그는 빈궁한 자의 아버지였다(16절). 그는 그들을 보호해 주고 그들이 해악을 입지 않게 해주는 재판장이었을 뿐만 아니라, 그들의 쓸 것을 공급해 주고 그들에게 부족한 것이 있는지를 살피며 모든 일에서 그들을 지도하고 권면하며 그들을 위해 나서서 도와 주는 아버지였다. 가난한 자들의 아버지가 되어 주는 것은 왕의 아들에게 결코 체면이 깎이는 일이 아니다.

(2) 욥은 도와 줄 자가 아무도 없는 고아들을 기꺼이 도와 주었고, 그들이 곤경에 처했을 때에 그들을 구해 주었다는 것. 그는 그들이 가진 얼마 안 되는 재물을 가장 잘 이용하도록 도왔고, 그들이 빚진 것을 갚고 그들이 받아야 할 것을 받을 수 있도록 도왔으며, 그들이 세상에 나가서 일을 찾을 수 있도록 도왔고, 그들이 일을 충실히 해나갈 수 있도록 도왔다. 우리는 고아들을 이런 식으로 도와 주어야 한다.

(3) 욥은 망하거나 죽어가는 자들을 구해 주었다는 것. 그는 양식이 없어 굶주려서 죽어가는 자들을 구해 주고, 병들고 소외된 자들과 거짓으로 고소된 자들, 또는 부당하게 자신의 재산을 빼앗길 위험에 처한 자들, 그리고 그 어떤 이유로 망하거나 죽게 된 자들을 구해 주고 돌보아 주었다. 상황이 급박할수록, 욥은 더욱 분발하여 그들을 도와 주었고, 그 상황에서 도움을 받은 자들은 욥의 선행이 더욱 고맙고 감사해서, 그를 차고 넘치게 축복해 주었다.

(4) 욥은 근심으로 한숨 쉬며 두려워 떨고 있던 과부들로 하여금 기뻐서 콧노래를 부르게 할 정도로, 아주 세심하게 그들을 보호하고 그들의 쓸 것들을 공급해 주며 진심으로 그들의 편에 서 주었다는 것. 슬픔과 근심에 절은 자들

을 기뻐하고 즐거워할 수 있게 해주는 것은 선한 자에게 즐거운 일인데, 그것은 큰 자에게도 즐거운 일이 되어야 마땅하다.

(5) 욥은 어떤 이유로든 곤란에 빠져서 어쩔 줄 몰라 하는 자들에게 그때그때 적절한 도움을 주었다는 것(15절). 나는 맹인의 눈도 되고 다리 저는 사람의 발도 되었다. 즉, 그는 어떻게 해야 할지를 모르는 자들에게 그들이 어떻게 해야 가장 좋은지를 상담하고 조언해 주었으며, 무엇을 해야 하는지는 아는데 그것을 어떻게 이루어야 하는지를 알지 못하는 자들을 돈과 친구들을 사용해서 도와 주었다. 어떤 사람을 도울 때, 그 사람이 가장 잘 못하는 일이어서 그 일에서 남의 도움이 절실히 필요하다면, 바로 그 일을 도와 주는 것이야말로 가장 잘 도와 주는 것이다. 우리도 언제 눈이 멀거나 자리를 저는 자가 될지 모르는 일이기 때문에, 우리는 그런 자들을 불쌍히 여기고 도와 주어야 한다(사 35:3; 히 12:13).

3. 욥은 자기가 한 모든 일에서 양심에 부끄럽지 않게 의(義)와 공평을 지켰기 때문에 자신에 대하여 자부심을 가졌다는 것. 그의 친구들은 부당하게도 그를 압제자라고 비난하였었다. 욥은 이렇게 말한다: "전혀 그렇지 않다. 나는 언제나 옳은 일을 행하고 지지하는 것을 나의 본분으로 삼아 왔다."

(1) 그는 의를 행하는 일에 헌신하였다는 것(14절). 내가 의를 옷으로 삼아 입었다. 즉, 그는 의를 행하는 것이 몸에 배어 있었고, 의를 행하고자 한 그의 결심은 변함없이 견고하였다는 것이다. 의는 그의 허리띠였다(사 11:5). 그의 모든 움직임 속에는 의가 견고하게 자리잡고 있었다. 그는 마치 옷을 입은 것처럼 언제나 의를 나타내었고, 그의 모습 속에 의가 없은 적이 없었다. 의를 옷입은 자들에게 의는 옷이 되어 줄 것이다. 의는 그들을 따뜻하게 해주고, 그들에게 위로가 되어 준다. 의는 그들을 안전하게 지켜주고, 그들을 보호하여 추위와 더위에 상하지 않게 해준다. 의는 그들에게 아름다운 장식이 되어서, 그들이 하나님과 사람의 은총을 입게 해준다.

(2) 그는 의를 행하는 것을 기쁨으로 여겼다는 것. 나는 그것을 거룩한 기쁨이라고 말하고 싶다. 그는 모든 사람에게 의를 행하고 아무에게도 해악을 끼치지 않은 것을 자신의 가장 큰 자랑으로 여겼다. 나의 정의는 관복과 관모 같았다. 아마도 그는 실제로 관복을 입고 관모를 쓰지는 않았을 것이다. 그는 존귀함을 나타내는 그러한 장신구들에 전혀 관심이 없었다. 그런 것들을 아주 좋아

하는 자들은 본질적으로 칭찬받을 자격이 없는 자들이다. 욥이 확고한 정의의 원칙들을 따라 자기 자신과 다른 사람들을 다스린 것은 관복이나 관모 같은 장신구들처럼 그에게 존귀함을 더해 주었다. 어떤 방백이 그 지위에서 해야 할 본분과 도리를 다한다면, 그것은 황금 장식이나 자주색 옷보다 훨씬 더 그에게 존귀함을 더해줄 것이다. 따라서, 방백들은 의를 행하는 것을 자신의 기쁨으로 삼아야 마땅하다. 만약 어떤 방백이 자신의 본분과 도리를 꼼꼼하게 행하지 않고, 출세할 궁리만 하고 그러한 목적으로 일들을 처리한다면, 그의 관복과 관모, 그의 칼과 권표(權標)는 유대인들이 우리 구주를 조롱하려고 그에게 입히고 씌운 자주색 옷과 가시 면류관처럼 수치스러운 것이 되고 만다. 왜냐하면, 죽은 사람에게 입힌 옷이 결코 그를 따뜻하게 해주지 않는 것과 마찬가지로, 비열한 사람에게 입혀진 관복은 결코 그를 존귀하게 만들어 주지 않을 것이기 때문이다.

(3) 그는 자신의 자리에서 해야 할 일을 하는 데에 수고를 다하였다는 것(16절). 나는 내가 모르는 송사를 철저하게 살피고 조사하였다. 그는 사실 관계를 부지런히 조사하였고, 인내심을 가지고서 공평하게 양 측의 얘기를 다 들어 보았으며, 모든 것의 진상을 드러내었고, 어떤 것이든 거기에서 거짓된 것들을 벗겨 내었다. 그는 모든 상황들을 다 수집하고 조사하여서, 각각의 송사마다 양 측의 주장의 진실성과 시비를 정확히 가려내었고, 그런 후에야 비로소 그 송사에 대한 판결을 내렸다. 그는 어떤 것에 대하여 양 측의 주장을 들어보기 전에는 결코 함부로 판단하지 않았기 때문에, 먼저 온 사람의 말이 바른 것 같다고 해서 그 사람을 의롭다고 판결하는 일은 없었다(잠 18:17).

4. 욥은 자기가 교만하고 악한 자들의 폭력을 저지하였기 때문에 자신에 대하여 자부심을 가졌다는 것(17절). 내가 불의한 자들의 턱뼈를 부수었다. 그는 자기가 그들의 목을 부러뜨렸다고 말하지 않는다. 그는 그들의 목숨을 빼앗은 것이 아니라, 단지 그들의 턱뼈를 부러뜨려서, 그들에게서 남에게 해악을 끼치는 힘을 없애버렸다. 그는 그들을 낮추고 억제하였으며, 그들의 오만방자함에 재갈을 물렸고, 노획물을 그들의 이빨 사이에서 빼내었으며, 정직한 자들의 인명과 재산이 그들의 먹잇감이 되는 것을 막았다. 그들의 노획물이 그들의 이빨 사이에 있어서, 그들이 그것을 게걸스럽게 삼키려고 할 때, 마치 다윗이 어린 양을 사자의 입에서 꺼냈듯이, 비록 그들이 노획물을 뺏긴 것에 격분하여 포효

하며 날뛰어도, 그는 그것을 두려워하지 않고 용감하게 그 노획물을 그들에게서 건져내었다. 선한 방백들은 이렇게 행악자들에게는 공포의 대상이자 그들의 악행을 억제하는 자가 되고, 죄 없는 자들에게는 그들을 보호해 주는 자가 되어야 하는데, 그렇게 되기 위해서는 그들 자신이 불타는 열심과 결연한 각오와 불굴의 용기로 무장되어 있지 않으면 안 된다. 법정의 재판관은 전쟁터의 야전사령관만큼이나 담대하고 용감하여야 한다.

[18]내가 스스로 말하기를 나는 내 보금자리에서 숨을 거두며 나의 날은 모래알 같이 많으리라 하였느니라 [19]내 뿌리는 물로 뻗어나가고 이슬이 내 가지에서 밤을 지내고 갈 것이며 [20]내 영광은 내게 새로와지고 내 손에서 내 화살이 끊이지 않았노라 [21]무리는 내 말을 듣고 희망을 걸었으며 내가 가르칠 때에 잠잠하였노라 [22]내가 말한 후에는 그들이 말을 거듭하지 못하였나니 나의 말이 그들에게 스며들었음이라 [23]그들은 비를 기다리듯 나를 기다렸으며 봄비를 맞이하듯 입을 벌렸느니라 [24]그들이 의지 없을 때에 내가 미소하면 그들이 나의 얼굴 빛을 무색하게 아니하였느니라 [25]내가 그들의 길을 택하여 주고 으뜸되는 자리에 앉았나니 왕이 군대 중에 있는 것과도 같았고 애곡하는 자를 위로하는 사람과도 같았느니라

욥의 형통함의 절정은 그가 그러한 형통을 지속적으로 누릴 수 있을 것이라는 밝은 전망을 지니고 있었다는 것이었다. 그는 일반적으로는 자기도 환난을 당할 수 있기 때문에 방심할 수 없다는 것을 알고 있었지만(나에게는 평온도 없고 휴식도 없었다, 3:26), 구체적으로 두려워할 일이 없었고, 도리어 여느 사람들처럼 자신의 형통함과 평안함이 지속될 것이라는 전망을 지니고 있었다.

I. 욥이 형통하던 때에 무슨 생각을 했는지를 보라(18절). 그 때에 내가 스스로 말하기를 나는 내 보금자리에서 숨을 거두리라 하였느니라. 그는 자기 손으로 따뜻하고 포근한 보금자리를 만들어 놓은 후에, 죽음이 그를 옮길 때까지는 그 안에 있는 그를 그 어떤 것도 방해하지 않고, 그를 그 보금자리에서 떠나게 하지 않기를 소망하였다. 그는 제단에서 타는 숯불을 결코 훔친 적이 없기 때문에 그의 보금자리가 불타지 않을 것을 알았고, 그의 보금자리를 뒤흔들어 놓을 폭풍이 일어나는 것을 보지도 못하였기 때문에, 마치 다윗이 형통할 때에 말하

기를 영원히 흔들리지 아니하리라 하였던 것처럼(시 30:6), 내일도 오늘과 같으리라고 결론을 내렸다. 좀더 살펴보자.

1. 그는 한창 형통하던 때에 죽는 것을 생각하였고, 그런 생각은 그에게 불편하지 않았다는 것. 그는 그의 보금자리가 높기는 하지만 그가 거기에 있어도 죽음의 화살들을 피할 수 없다는 것을 알았다.

2. 그렇지만, 그는 다음과 같은 헛된 소망들로 스스로 기분 좋아하였다는 것.

(1) 그는 장수할 것이기 때문에, 그의 날들이 모래알 같이 많으리라는 것. 그는 해변에 있는 모래알을 생각하였지만, 우리는 우리의 날들을 모래시계에 들어 있는 모래알, 즉 얼마 안 있으면 밑으로 다 떨어져 버릴 모래알에 비유하여야 한다. 선한 자들조차도 죽음을 아주 멀리 있는 것으로 생각하여, 저 불길한 날(사실 이 날은 그들에게 좋은 날이 될 것이다)을 그들에게서 멀리 두고자 하기가 너무나 쉽다는 것을 명심하라.

(2) 그는 이제까지 살아 왔던 대로 형통한 가운데에 죽게 되리라는 것. 그러한 기대가 하나님의 섭리와 약속에 대한 살아 있는 믿음으로부터 생겨난 것이라면, 그것은 좋은 일이다. 그러나 그러한 기대가 우리 자신의 지혜에 대한 자만심과 이 땅에 속한 것들에 대한 신뢰로부터 생겨난 것이라면, 그것은 토대가 잘못된 것으로 죄악된 생각에 속한다. 우리는 욥의 확신이 영혼아 평안히 먹고 마시고 즐거워하자(눅 12:19)고 말했던 어리석은 부자가 아니라, 여호와는 나의 빛이요 나의 구원이시니 내가 누구를 두려워하리요(시 27:1)라고 말했던 다윗의 확신과 같은 것이었기를 소망한다.

II. 욥이 그렇게 생각한 근거가 무엇이었는지를 보라.

1. 그는 자기 집안을 둘러보았을 때에 자신의 토대가 든든하다는 것을 발견했다는 것. 그가 가진 재산은 모두 다 그의 것이었고, 그의 이웃들 중에서 그에게 어떤 것을 요구할 권리를 가진 자는 아무도 없었다. 그는 육체적인 질병이나 이상이 자기에게 생겨나고 있는 징후를 조금도 발견하지 못하였다. 그의 재산은 전혀 저당잡혀 있지 않았다. 또한, 그는 어떤 벌레가 그의 재산의 뿌리를 갉아먹고 있는 징후도 발견하지 못하였다. 그가 하는 일들은 승승장구하고 있었고, 잘못되거나 실패하지 않았다. 그는 좋은 평판을 잃지 않았고, 도리어 그의 평판은 점점 더 좋아졌다. 그에게는 그의 명성이나 권세를 위협하는 그 어

떤 경쟁자도 없었다. 그가 이것을 어떻게 묘사하고 있는지를 보라(19-20절). 그는 그 뿌리가 견고하게 뻗어서 쓰러질 위험이 없는 나무, 자양분을 공급해 주는 물에 의하여 뻗어 나가서 시들 위험이 없는 나무와 같았다. 그는 자기가 기름진 땅의 축복을 받았을 뿐만 아니라, 하늘의 가호(加護)를 받는 축복도 받았다고 생각하였다. 왜냐하면, 이슬이 그의 가지에 밤새도록 내렸기 때문이다. 하나님의 섭리는 그의 편이어서, 그가 누리는 모든 것이 평안하게 해주었고, 그가 하는 모든 사업들이 성공하게 해주었다. 우리는 우리가 이 땅으로부터 가져오는 것으로 우리의 형통을 떠받치고 있다고 생각해서는 안 된다. 왜냐하면, 위로부터 오는 축복이 없다면, 우리의 형통은 곧 무너질 것이기 때문이다. 하나님의 은총이 그에게 지속되고 있었기 때문에, 그 덕분에 그의 영광은 그의 속에서 늘 신선하였다. 그에게는 칭찬하고 칭송할 일들이 늘 새롭게 생겨났기 때문에, 주위 사람들은 옛 이야기들을 되풀이할 필요가 없었다. 사람의 영광이 이렇게 늘 신선하게 보존되고, 시들거나 박제가 되지 않을 수 있는 유일한 길은 끊임없이 선을 행하는 것뿐이다. 또한, 그의 활도 그의 손에서 늘 새로웠다. 즉, 자신을 보호하고 그를 공격하는 자들을 격퇴하는 그의 힘은 날로 커졌기 때문에, 그는 스바 사람들이나 갈대아 사람들의 침입을 두려워할 이유가 없다고 생각하였다.

2. 그는 밖을 보았을 때에 자기가 상당한 세력을 지니고 있고 자신의 토대가 꽤 견고하다는 것을 발견하였다는 것. 그는 원수들의 능력을 두려워할 이유도 없었고, 친구들의 신의(信義)를 불신할 이유도 없었다. 그가 형통하던 마지막 순간까지 그들은 그를 존경하고 의지하였다. 자신의 모든 이웃들에게 권고를 해주면, 그의 권고가 곧 그들에게 법이 되는 그런 자가 무엇을 두려워했겠는가? 그 없이는 아무것도 되지 않았던 때에 그를 해칠 수 있는 것은 분명히 아무것도 없었다.

(1) 그의 말은 곧 그가 살던 땅에서 하나님의 말씀이었다는 것. 사람들은 그에게 하나님의 뜻을 물었고, 그가 해주는 말들은 사람들에게 하나님의 말씀으로 받아들여졌다(21절). 다른 사람들이 해준 말들 속에서 해답을 찾을 수 없을 때, 모든 사람들은 그의 말에 희망을 걸고 귀를 기울였고, 그의 말 속에는 반박할 것이 아무것도 없고 그 어떤 것도 더할 필요가 없다는 것을 잘 알고 있었기 때문에, 그가 가르칠 때나 권고할 때에 잠잠하였다. 그러므로 그가 말한 후에는

그들이 말을 거듭하지 못하였고 다시 말하지 아니하였다(22절). 이미 해답이 나온 문제를 사람들이 다시 거론할 이유가 어디 있었겠는가?

(2) 그는 그가 살던 땅에서 총아(寵兒)였다는 것. 다윗이 온 백성의 사랑을 독차지하였듯이(삼하 3:36), 주변의 모든 사람들은 욥이 말하고 행하는 모든 것을 크게 기뻐하였다. 그는 그의 모든 이웃들과 종들과 소작인들과 신민(臣民)들의 마음과 애정을 독차지하였다. 욥만큼 사람들로부터 큰 칭송과 사랑을 받은 자는 아무도 없었다.

[1] 그의 말을 듣게 된 자들은 복된 자들로 생각되었고, 그들 스스로도 그렇게 생각하였다는 것. 사람들은 그의 지혜로운 말을 듣는 것을 하늘의 이슬이 메마른 땅에 내릴 때보다도 더 기뻐하였다. 특히, 그로부터 구체적인 권면과 지도를 받은 자들은 그것을 더할 나위 없는 복으로 여겼다. 그의 말은 그들에게 스며들었고, 그들은 비를 기다리듯 그의 말을 기다렸으며(22-23절), 그가 말을 하면 그의 입에서 나오는 은혜로운 말씀들을 기이히 여기고, 그 말씀들을 경구(警句)로 삼아서 그들의 마음속에 간직해 두었다. 그의 앞에 서서 늘 그를 모시며 그의 지혜를 들었던 그의 종들은 솔로몬의 종들을 부러워하지 않았을 것이다. 지혜로운 말씀을 소중히 여겨서, 그런 말씀을 듣기 원하고 기다리다가, 실제로 그런 말씀을 듣게 되었을 때에는 땅이 그 위에 자주 내리는 비를 흡수하듯이(히 6:7) 그 말씀을 받아 마시는 자들은 지혜로운 자들이거나 곧 지혜로운 자들이 될 것이다. 욥처럼 많은 사람들의 존경을 받아서 그들의 말 한 마디가 사람들에게 지대한 영향력을 지니는 자들은 크게 선을 행할 기회도 많이 갖게 되지만, 반면에 그들의 입에서 나온 악한 말 한 마디가 사람들에게 치명적인 해악을 끼치기 때문에 지극히 조심하지 않으면 안 된다.

[2] 그의 미소를 받은 자들은 훨씬 더 복된 자들로 생각되었고, 그들 스스로도 그렇게 생각하였다는 것(24절). "내가 그들을 기뻐한다는 것, 또는 그들과 함께 있어서 기쁘다는 뜻을 나타내기 위해서 그들에게 미소를 보내면, 그것은 너무나 큰 은총이었기 때문에, 또는 근엄한 인물인 내가 미소를 짓는 것은 아주 드문 일이었기 때문에, 그들은 내가 웃었다는 사실을 믿으려 하지 않았다." 관원이나 통치자에게 은혜를 구하는 자가 많다(잠 29:26). 욥은 통치자였기 때문에, 사람들은 그의 은총을 얻고자 하였고, 그의 은총을 받는 것은 너무나 값진 것이었다. 큰 왕으로부터 입맞춤을 받은 사람은 단지 그 왕으로부터 황금잔만

을 받은 사람의 시기를 받는 법이다. 친하게 되면 흔히 무시하는 마음을 갖게 된다. 그러나 욥이 가끔 기분 전환을 위해서 주위 사람들과 터놓고 얘기하여도, 그에 대한 사람들의 존경심은 조금도 줄어들지 않았다. 그들이 나의 얼굴 빛을 무색하게 아니하였느니라. 그는 그의 은총을 사람들이 값싸게 여기지 않도록 아주 지혜롭게 나누어 주었고, 사람들은 다음 번에 그의 은총을 다시 받을 자격이 없는 자로 생각되지 않기 위해서 아주 지혜롭게 그의 은총을 받았다.

(3) 그는 그가 살던 땅의 우두머리였다는 것(25절). 그는 그들의 길을 택하여 주고, 지도자의 자리에 앉아서, 그들을 위하여 그 지방을 운영해 나갔기 때문에, 그 땅의 모든 사람들이 그의 행실을 본받으며 그의 명령에 복종하였다. 아마도 이런 이유 때문에 많은 지역에서 군주국이 생겨났던 것 같다. 지혜와 온전한 신앙에 있어서 모든 이웃들보다 훨씬 더 뛰어났던 욥과 같은 인물은 으뜸 되는 자리에 앉을 수밖에 없다. 미련한 자는 마음이 지혜로운 자의 종이 되는 법이기 때문이다. 지혜가 단지 한동안만이라도 피를 따라 흐른다면, 존귀와 권세가 반드시 지혜를 뒤따라서 점차 세습이 될 것이다. 욥은 다음의 두 가지 면에서 지도자가 될 자격을 갖추고 있었다.

[1] 그에게는 사령관 또는 지휘관의 권세가 있었다는 것. 그는 군대 중에 있는 왕처럼 거하였고, 그 누구도 이의를 제기할 수 없는 지시들을 내렸다. 지혜의 영을 지닌 자라고 해서 모두 통치의 영을 갖고 있는 것은 아니지만, 욥은 이 둘 다를 지니고 있었기 때문에, 기회가 왔을 때에 군대 가운데에 있는 왕처럼 "가라," "오라," "이것을 하라"고 명령하는 자리에 앉을 수 있었다(마 8:9).

[2] 그렇지만 그에게는 위로자로서의 자애로움도 있었다는 것. 그는 마치 애곡하는 자들을 위로하는 것이 그의 임무인 양 곤경에 처한 자들을 기꺼이 구해 주고자 하였다. 엘리바스도 욥이 그 점에서 매우 훌륭하였다는 것을 인정하였었다(4:3): 네가 손이 늘어진 자를 강하게 하였다. 욥은 지금 그 자신이 애곡하는 자였기 때문에 이 일을 회상하며 즐거워할 수 있었다. 그러나 우리는 우리가 이전에 다른 사람들을 위로하였던 그 위로들로 우리 자신을 위로하기보다는 우리 자신이 이전에 위로받았던 그 위로들로 다른 사람들을 위로하는 편이 더 쉽다는 것을 발견한다.

나는 여기에 나오는 욥의 모습 속에서 권세와 형통함을 지니고 있던 때의 그리스도의 모형을 본다. 우리 주 예수는 욥과 같은 왕, 가난한 자의 왕, 의를 사랑하고 불의를 미워하는 왕, 이 세상에서 복의 근원이 되는 왕이시다(시 72:2-17). 그러므로 우리는 그의 말씀에 귀를 기울여야 하고, 그로 하여금 우리 마음의 으뜸되는 자리에 앉아 계시게 하여야 한다.

제
— 30 —
장

개요

이 장은 암울한 분위기를 자아내는 "그러나 이제는"이라는 말로 시작된다. 여기에서는 욥이 처한 역경(逆境)이 앞 장에서 묘사된 형통만큼이나 심한 것으로 묘사되는데, 이전의 잘 나갔던 형통의 삶은 지금의 깊은 역경의 삶의 비참함을 가중시켜 주는 역할만을 할 뿐이었다. 욥이 당한 환난의 극심함을 더욱 부각시키고 그의 처지를 더욱 비참한 것으로 보이게 하기 위하여, 하나님이 전자와 후자를 대비시키셨기 때문에, 욥도 그렇게 하였다. I. 그는 큰 존귀함 속에서 살았었지만, 이제는 큰 수치를 당하여, 이전에 가장 큰 존경을 받았던 만큼이나 지금은 가장 심한 욕을 먹고 비난을 받게 되었다는 것. 그는 이것을 많이 역설한다(1-14절). II. 그는 내적인 위로와 기쁨을 많이 지니고 있었지만, 이제는 그 자신이 그에게 두려움과 무거운 짐이 되었고(15-16절), 슬픔과 근심이 그를 압도하였다는 것(28-31절). III. 그는 오랫동안 건강의 복을 누려 왔지만, 이제는 병들어 고통 중에 있다는 것(17-19, 29-30절). IV. 그에게는 하나님의 비밀이 함께 하였었지만, 지금은 하늘과의 교통(交通)이 끊어졌다는 것(20-22절). V. 그는 전에는 장수를 기대할 수 있는 처지였지만, 지금은 죽음이 문 앞에 와 있는 것을 본다는 것(23절). 그가 여기에서 한 가지 더 언급하는 것은 그가 한창 평안을 누리면서 그 앞길이 환할 때에 예상치 않게 느닷없이 환난이 그에게 닥친 것이 그의 고통을 더욱 가중시켰다는 것이다. 그러나 그는 다음의 두 가지를 생각하고서 어느 정도 안심을 할 수 있었다. 1. 그가 겪는 환난이 무덤까지 그를 따라오지는 않으리라는 것(24절). 2. 그가 형통하던 때에 형편이 어려운 자들과 마음을 같이 하였었다는 것을 그의 양심이 증언한다는 것(25절).

[1]그러나 이제는 나보다 젊은 자들이 나를 비웃는구나 그들의 아비들은 내가 보기에 내 양 떼를 지키는 개 중에도 둘 만하지 못한 자들이니라 [2]그들의 기력이 쇠잔하였으니 그들의 손의 힘이 내게 무슨 소용이 있으랴 [3]그들은 곧 궁핍과 기근으로 인하여 파리하며 캄캄하고 메마른 땅에서 마른 흙을 씹으며 [4]떨기나무 가운데에서 짠 나물을 꺾으며 대싸리 뿌리로 먹을 거리를 삼느니라 [5]무리가 그들에게 소리를 지름

으로 도둑 같이 사람들 가운데에서 쫓겨나서 [6]침침한 골짜기와 흙 구덩이와 바위 굴에서 살며 [7]떨기나무 가운데에서 부르짖으며 가시나무 아래에 모여 있느니라 [8]그들은 본래 미련한 자의 자식이요 이름 없는 자들의 자식으로서 고토에서 쫓겨난 자들이니라 [9]이제는 그들이 나를 노래로 조롱하며 내가 그들의 놀림거리가 되었으며 [10]그들이 나를 미워하여 멀리 하고 서슴지 않고 내 얼굴에 침을 뱉는도다 [11]이는 하나님이 내 활시위를 늘어지게 하시고 나를 곤고하게 하심으로 무리가 내 앞에서 굴레를 벗었음이니라 [12]그들이 내 오른쪽에서 일어나 내 발에 덫을 놓으며 나를 대적하여 길을 에워싸며 [13]그들이 내 길을 헐고 내 재앙을 재촉하는데도 도울 자가 없구나 [14]그들은 성을 파괴하고 그 파괴한 가운데로 몰려드는 것 같이 내게로 달려드니

욥은 여기에서 자기가 큰 존경을 받고 대단한 명성을 누리던 삶에서 큰 수치를 당하는 삶으로 떨어진 것에 대하여 아주 서글픈 탄식을 길게 늘어놓는데, 이것은 특히 욥과 같은 솔직담백한 영혼을 지닌 자에게는 이루 말할 수 없이 가슴 쓰라리고 고통스러운 일일 수밖에 없었다. 그는 다음의 두 가지가 그의 괴로움을 크게 가중시켰다고 역설한다.

I. 비천한 자들까지 그를 모욕한 것. 그가 형통하던 날에 고관대작들과 유명인사들이 그에게 존경과 경의를 표한 것이 그의 존귀함을 더욱 드러내주었듯이, 그가 역경에 처하였을 때에 하인들에게까지 발길질을 당하고, 어느 모로 보나 그의 아랫 사람일 뿐만 아니라 온 인류 중에서도 가장 보잘것없고 멸시받을 만한 자들에게 짓밟힘을 당한 것은 그의 수치를 더욱 가중시켰다. 여기에서 욥을 모욕한 자들이 행한 짓으로 묘사되고 있는 것들은 세상에서 행해진 그 어떤 행위보다도 더 비열하다고 할 수 있다.

1. 욥을 모욕한 자들은 자기보다 어린 자들(1절), 그의 나이나 연륜으로 보아서 마땅히 그에게 예를 갖추어 대했어야 할 젊은 자들(12절)이었다는 것. 벧엘의 아이들이 선지자 엘리사를 보고서 대머리여 올라가라고 놀려댔던 것처럼(왕하 2:23), 심지어 어린아이들까지도 놀이를 하면서 욥을 비웃었다. 부모들이 조롱하고 비웃으면, 아이들은 그것을 금방 배우는 법이다.

2. 그들은 비천한 출신의 사람들이었다는 것. 그들의 아비들은 너무나 멸시받을 만한 자들이어서, 욥의 집에서 양 떼를 지키는 일이나 양치기 개들이 하

는 일 같이 가장 하찮은 일에도 쓰임 받지 못할 그런 자들이었다(1절). 그들은 너무나 초라해서, 욥의 집에서 종으로 일하기에도 마땅치 않을 자들이었고, 너무나 어리석어서 어떤 일을 맡을 수도 없을 자들이었으며, 너무나 거짓되어서 가장 미천한 직책도 맡길 수 없을 자들이었다. 욥은 여기에서 실제로 그가 그들을 그렇게 하였다고 말하는 것이 아니라, 만약 그들이 그에게 와서 그의 집에서 일하게 해달라고 간청했다면, 그가 그렇게 하였을 것이라고 말하고 있는 것이다. 어떤 사람이 아무리 보잘것없고 비천해도, 욥은 그 사람을 그의 양 떼를 지키는 개들과 동일하게 취급할 수 있는 그런 인물이 아니었다. 그는 사람의 존엄성을 잘 알고 있었기 때문에 결코 그런 짓을 할 수 없었다.

3. 그들과 그들의 가족들은 세상에서 아무짝에도 소용없는 무익한 자들로서 세상에 짐만 될 자들이었다는 것. 욥이 그의 지혜와 인내를 총동원한다고 하여도, 그들을 활용할 수 있는 방법은 없었다(2절). 그들 중에서 젊은이들은 일하기에 부적절하였고, 아주 게을렀으며, 일을 한다고 해도 솜씨가 아주 서툴렀다. 그들의 손의 힘이 내게 무슨 소용이 있으랴. 그들 중에서 나이 든 자들은 아주 작은 일에서도 조언을 듣고자 하지 않았다. 왜냐하면, 그들은 나이가 들어 오랜 세월을 살아 온 것은 사실이었지만, 노년으로서의 연륜은 사라져 버려서, 갑절이나 아이가 되어 버렸기 때문이다.

4. 그들은 극히 가난하였다는 것(3절). 그들은 땅을 파서 살아가려고 하지도 않았고, 구걸하는 것도 부끄러워했기 때문에 굶어죽기 직전이었다. 만약 그들이 하나님의 섭리에 의해서 궁핍하게 되었더라면, 그들의 이웃들은 그들을 마땅히 구제해야 할 대상으로 여기고서 발 벗고 구제에 나섰을 것이다. 그러나 그들은 그들 자신의 나태함과 낭비 때문에 곤경에 빠진 것이기 때문에, 아무도 선뜻 나서서 그들을 구제하고자 하지 않았다. 그래서 그들은 광야로 피신하여 거기에서 연명하는 서글픈 처지가 되었는데, 거기에는 달리 먹을거리가 없었기 때문에 떨기나무 가운데에서 짠 나물을 꺾어서 먹으며 목숨을 부지하였다(4절). 굶주림이 사람을 어떤 궁지로 내모는지를 보라. 절반의 세상 사람들은 나머지 절반의 사람들이 어떻게 살아가는지를 알지 못한다. 그렇지만, 풍요롭게 살아가는 자들은, 아주 열악한 음식을 먹으며 살아가는 것은 물론이고 그런 음식조차도 제대로 먹지 못하는 자들을 가끔씩이라도 생각하는 것이 마땅하다. 그러나 사람이 나태함 때문에 누더기를 걸칠 수밖에 없고, 게으름 때문에 굶주

릴 수밖에 없다면, 우리는 그것을 이상하게 생각하지 말고, 거기에도 하나님의 의가 있다는 것을 시인하여야 할 것이다. 이 거지 같은 세상은 마귀에게 속한 가난한 자들로 가득 차 있다.

5. 그들은 아주 추잡하고 악한 자들로서 그들이 살고 있는 곳에서 거추장스러운 짐들이었을 뿐만 아니라 역병(疫病)들이자 악명 높은 건달들, 인간 쓰레기들이었다는 것. 그들은 사람들 가운데에서 쫓겨났다(5절). 그들은 거짓말하고 도둑질하며 기회를 노리고 있다가 사람들을 해치고 말썽을 피우는 자들이었기 때문에, 방백들이 할 수 있는 최선의 것은 그들을 그 지역에서 제거하는 것이었고, 주민들의 무리도 마치 도적에게 하듯이 소리를 질러서 그들을 쫓아내었다: 이러한 자는 세상에서 없애 버리자 살려 둘 자가 아니라. 그들은 게으르고 일하기를 싫어하였기 때문에, 사람들이 그들을 도둑 취급하여 소리를 질러 내쫓는 것은 당연한 일이었다. 왜냐하면, 정직하게 일해서 자기가 먹을 빵을 살 돈을 벌지 않는 자들은 사실상 다른 사람들의 입에 있는 빵을 훔치는 것이기 때문이다. 게으른 자는 그가 속한 사회에서 골칫거리이다. 그러나 그런 자는 여기에서처럼 광야로 내쫓기보다는 구빈원(救貧院)으로 들어가도록 유도하는 것이 더 좋다. 광야로 들어가면, 그들은 거기에서 벌을 받을 뿐이고, 그들의 삶이 고쳐지는 것은 아니기 때문이다. 그들은 땅굴 속에 살면서 덤불들 사이에서 나귀처럼 부르짖을 수밖에 없었다(6-7절). 사람들로부터 원성을 사고 자신의 양심으로부터 울부짖는 소리를 듣는 자들의 운명이 어떤 것인지를 보라. 그들은 끊임없는 두려움과 혼란 속에서 살아갈 수밖에 없다. 그들은 나무들 사이에서 신음하고 쐐기풀 사이에서 괴로워한다(Broughton). 그들은 자신을 보호하기 위해서 피난처를 찾아서 광야로 들어왔지만, 거기에서 가시에 찔리고 긁힌다. 악인들이 이 세상에서 어떠한 비참한 일들을 자초하는지를 보라. 그렇지만, 그것은 내세에서 그들을 기다리고 있는 것에 비하면 아무것도 아니다.

6. 그들은 다른 사람으로부터 존중을 받을 만한 그 어떤 것도 그들 속에 가지고 있지 않았다는 것. 그들은 사악한 종자, 비열한 무리로서 그 누구로부터도 좋은 말이나 잘 되기를 빈다는 말을 들을 수 없는 자들이었다. 그들은 흙보다 더 천하여 땅에서 추방된 자들이었다. 사람의 성품이 이런 자들에게서 볼 수 있는 것 같이, 이토록 천하고 추악하게 타락할 수 있을까라고 의아해하는 사람들도 있을 것이다. 우리는 우리가 사람으로 태어난 것에 대해서 하나님께 감사

할 뿐만 아니라, 우리가 이런 자들처럼 되지 않았다는 것에 대해서도 감사해야한다. 이런 자들이 욥을 모욕한 것은 다음과 같은 이유에서였다.

(1) 앙갚음을 하려는 목적으로. 욥은 자기가 형통하고 권세가 있었을 때에 선한 방백으로서 부랑자들과 건달들, 몸이 멀쩡한 데도 구걸하는 자들에 대하여 엄격하게 법을 집행하였고, 이런 이유로 이 비열한 무리들은 그에게 악감을 품고 있다가, 지금에 와서 이때다 하고 그에게 앙갚음을 하고 있는 것이었다.

(2) 욥이 망한 것에 대하여 의기양양해하기 위해서. 그들은 욥이 이제 그들 중의 하나와 같게 된 것을 고소해하였다(사 14:10-11). 심성이 비뚤어진 불량배들은 남이 잘못되면 비웃고 모욕한다(시 35:15).

Ⅱ. 그가 받은 모욕이 극심했다는 것. 그들은 우리가 생각하는 것 이상으로 욥을 심하게 모욕하였다.

1. 그들은 그를 조롱하는 노래들을 지어 부르며, 서로 낄낄대며 즐거워하였다는 것(9절). 그들이 나를 노래로 조롱하며 내가 그들의 놀림거리가 되었다. 정직한 이웃들이 재난을 당하여 슬픔에 빠져 있을 때에 그들을 조롱하며 놀려대는 자들은 아주 비열한 성품을 지닌 자들이다.

2. 그들은 그를 보면 역겨운 광경이라도 본 듯이 그를 피하였고, 그가 추한 괴물이나 역병에 걸린 자라도 되는 듯이 그를 혐오하여 그에게서 멀리 달아났다는 것(10절). 그들은 욥 때문에 사람들 사이에서 쫓겨난 것에 앙심을 품고서 이번에는 욥이 사람들 사이에 끼지 못하도록 하고자 하였다.

3. 그들은 그를 극도로 경멸하고 미워하였다는 것. 그들은 스스럼없이 그의 얼굴에 침을 뱉었다. 그들은 그를 미워하는 마음에서, 또는 그를 희롱하며 그들끼리 즐거워하기 위해서 덫을 놓아서 그의 발꿈치가 덫에 걸리게 만들거나(12절), 그들끼리 축구를 할 때처럼 그를 축구공인 양 발로 찼다. 아무리 훌륭한 성인들이라도 종종 앙심을 품고 경멸하는 악한 세상으로부터 지독한 모욕과 해악을 받았기 때문에, 우리는 그것을 이상하게 생각하지 말아야 한다. 우리 주님도 그런 식으로 모욕을 당하셨다.

4. 그들은 그에게 지독한 악의를 품고 있었기 때문에, 그를 조롱했을 뿐만 아니라 잡아먹고자 하였고, 그를 모욕했을 뿐만 아니라 아주 작정하고서 온갖 실제적인 해악을 그에게 가하였다는 것. 그들이 나를 대적하여 그들의 멸망의 길들을 일으키는도다. 또는, 그들이 그들의 화(禍)의 원인을 내게 돌리는도다(어떤 이

들은 이렇게 읽는다). 즉, "그들은 그들이 사람들에게서 내쫓기게 된 책임을 내게 돌린다." 범죄자들이 벌을 받으면 그들에 대한 재판을 담당했던 판사들을 미워하고 그들에게 적용되었던 법들을 미워하는 것이 보통이다. 그러나 그것은 단지 핑계에 불과한 것이었다.

(1) 그들은 그를 거짓으로 고소하였고, 그의 이전의 행실을 날조하여 그를 중상모략하였다는 것. 그들의 이러한 행위는 여기에서 그의 길을 헐었다는 말로 표현되어 있다. 그들은 그가 그들에게 공의를 집행하였기 때문에 그를 폭군이자 압제자로 규정하였다. 아마도 욥의 친구들은 이 딱한 자들이 거짓으로 지어내서 떠들어댄 말도 안 되는 얘기들을 근거로 욥을 가차없이 비난하였던 것 같다(22:6-10). 따라서, 친구들이 욥을 비난한 것은 그들이 얼마나 생각 없이 무책임하게 행동하였는지를 잘 보여주는 예였다. 사람들이 이러한 비열한 자들의 고발이나 고소에 귀를 기울인다면, 세상에 죄 없는 자가 어떻게 있을 수 있겠는가?

(2) 그들은 그가 재난을 당하는 것을 고소해하고 기뻐했을 뿐만 아니라, 어떻게든 그를 더 비참하고 고통스럽게 만들려고 애를 썼다는 것. 사람들, 특히 선한 자들이 환난을 당했을 때에 거기에 비참함과 고통을 더하고자 하는 것은 큰 죄이다. 그들은 누구의 도움이나 사주를 받아서 그렇게 한 것이 아니었다. 그들을 지지하거나 보호해 주는 자는 아무도 없었고, 그들은 자발적으로 그렇게 하였다. 그들은 다른 일들에서는 미련한 자들이었지만, 사람들에게 해악을 끼치는 데에는 비상한 지혜를 가지고 있었기 때문에, 그런 음모를 꾸미는 일에 남의 도움을 받을 필요가 없었다. 어떤 이들은 이 본문을 이렇게 읽는다: 그들은 나의 재앙이 그들에게 이득이 된다고 여기지만, 사실 내가 재앙을 당하는 것이 그들의 형편을 더 나아지게 하는 것은 전혀 없다. 악인들은 남들이 겪는 재난들로 인해서 얻는 것이 전혀 없는데도 남들이 잘못되는 것을 기뻐한다.

5. 욥에게 온갖 해악을 가한 자들은 그 수가 많았고 일치단결하였으며 폭력적이었다는 것(14절). 그들은 댐이 무너져서 물이 한꺼번에 쏟아져 들어오듯이 내게 몰려왔다. 또는, "그들은 군사들이 포위된 성벽에 뚫린 커다란 틈새를 통해서 성 안으로 몰려오듯이 격렬한 분노를 품고 나를 덮쳤다." 그리고 그들은 그렇게 한 것을 자랑스러워하고 즐거워하였다. 그들은 부드럽고 편한 침상에서 뒹굴거리듯이 폐허 속에서 뒹굴거렸고, 그들이 품은 악의의 모든 무게를 가지고

그에게 굴러 왔다.

Ⅲ. 그가 당한 이 모든 멸시는 그가 환난 속에 있었기 때문이라는 것(11절). "하나님이 나의 맨 것을 느슨하게 하셔서, 나를 둘러 있던 존귀함과 권세를 다 제거하시고(12:18), 내가 모아 놓은 것을 흩으시며, 나의 모든 일들을 풀어헤쳐 버리시고, 내게 환난을 겪게 하셨기 때문에, 그들도 내 앞에서 굴레를 벗었다. 즉, 그들이 그들의 말과 행동으로 마음껏 나를 모욕하고 내게 해악을 가하였다." 하나님의 섭리에 의해서 존귀함을 다 빼앗겨 버린 자들은 심성이 나쁘고 분별 없는 자들에게서 멸시를 당하는 고통을 맛보게 되어 있다. "하나님이 그의 맨 것을 풀어 버리셨기 때문에(원문은 이런 식으로 읽을 수도 있다), 즉 하나님이 그들의 악의를 억제하는 재갈을 푸셨기 때문에, 그들은 나의 권위를 아랑곳하지 않고 나를 두려워하지도 않게 되었다." 우리가 끊임없이 모욕을 당하고 학대를 받지 않는 것은 하나님이 악한 자들의 양심을 제한하시고 억제하시기 때문이다. 어느 때라도 우리가 이러한 몹쓸 대우를 받게 된다면, 우리는 시므이가 욕하는 것을 보고서 다윗이 그랬듯이 하나님이 이러한 제한을 푸셨다는 것을 인정하여야 한다: 그가 저주하는 것은 여호와께서 그에게 다윗을 저주하라 하심이니 네가 어찌 그리하였느냐 할 자가 누구겠느냐(삼하 16:10). 이 모든 것 속에서 우리는 다음과 같은 것들을 볼 수 있다.

1. 세상의 명예, 특히 대중의 박수갈채는 허망하다는 것. 사람이 높이 추앙받는 자리에서 언제 갑자기 수치의 나락으로 떨어질는지는 아무도 모른다. 그러므로 눈 깜짝할 사이에 없어질 것들에 대하여 야심을 품거나 자랑할 이유가 없고, 그런 것들에 의지할 이유도 전혀 없다! 오늘 호산나라고 외치던 자들이 내일은 십자가에 못 박으소서라고 외칠지 모른다. 그러나 하나님으로부터 오는 존귀함이 있는데, 만약 우리가 그런 존귀함을 얻는다면, 우리는 그런 존귀함은 그렇게 쉽사리 변하거나 없어지지 않는다는 것을 발견하게 될 것이다.

2. 사람들로부터 짓밟히고 모욕을 당하는 것은 아주 지혜롭고 선한 자들이 흔히 겪는 운명이었다는 것.

3. 어떤 사람이 하늘의 사랑을 아무리 많이 받아도 세상이 그에게 눈살을 찌푸리면, 오직 눈에 보이는 것들만을 보는 자들은 그 사람을 멸시한다는 것. 가난하면 그 무엇보다도 가장 마음 아프고 서러운 것은 가난 때문에 사람들로부터 멸시를 받는다는 것이다. 로마 시민들은 운명의 변화에 아주 민감하여서 몰

락한 자들을 가차없이 핍박한다.

4. 욥은 그리스도의 모형이라는 것. 그리스도께서도 이렇게 사람들의 비방 거리와 백성의 조롱 거리가 되셨으며(시 22:6; 사 53:3), 사람들이 그를 욕보이고 침을 뱉어도 그 얼굴을 숨기지 않으셨고, 사람들로부터의 모욕을 욥보다 더 잘 참으셨다.

[15]순식간에 공포가 나를 에워싸고 그들이 내 품위를 바람 같이 날려 버리니 나의 구원은 구름 같이 지나가 버렸구나 [16]이제는 내 생명이 내 속에서 녹으니 환난 날이 나를 사로잡음이라 [17]밤이 되면 내 뼈가 쑤시니 나의 아픔이 쉬지 아니하는구나 [18]그가 큰 능력으로 나의 옷을 떨쳐 버리시며 나의 옷깃처럼 나를 휘어잡으시는구나 [19]하나님이 나를 진흙 가운데 던지셨고 나를 티끌과 재 같게 하셨구나 [20]내가 주께 부르짖으나 주께서 대답하지 아니하시오며 내가 섰사오나 주께서 나를 돌아보지 아니하시나이다 [21]주께서 돌이켜 내게 잔혹하게 하시고 힘 있는 손으로 나를 대적하시나이다 [22]나를 바람 위에 들어 불려가게 하시며 무서운 힘으로 나를 던져 버리시나이다 [23]내가 아나이다 주께서 나를 죽게 하사 모든 생물을 위하여 정한 집으로 돌려보내시리이다 [24]그러나 사람이 넘어질 때에 어찌 손을 펴지 아니하며 재앙을 당할 때에 어찌 도움을 부르짖지 아니하리이까 [25]고생의 날을 보내는 자를 위하여 내가 울지 아니하였는가 빈궁한 자를 위하여 내 마음에 근심하지 아니하였는가 [26]내가 복을 바랐더니 화가 왔고 광명을 기다렸더니 흑암이 왔구나 [27]내 마음이 들끓어 고요함이 없구나 환난 날이 내게 임하였구나 [28]나는 햇볕에 쬐지 않고도 검어진 피부를 가지고 걸으며 회중 가운데 서서 도움을 부르짖고 있느니라 [29]나는 이리의 형제요 타조의 벗이로구나 [30]나를 덮고 있는 피부는 검어졌고 내 뼈는 열기로 말미암아 탔구나 [31]내 수금은 통곡이 되었고 내 피리는 애곡이 되었구나

욥의 탄식 중에서 비통함이 넘치고 큰 서글픔이 곳곳에 배어 있는 이 두 번째 부분에서 우리는 그에게 탄식할 일은 산더미처럼 많은데 위로가 될 만한 일은 거의 없는 것을 본다.

I. 욥이 많은 것들에 대하여 탄식함.

1. 전체적으로 보아서, 그에게 큰 환난과 슬픔의 날이 임하였다는 것.

(1) 환난이 어느 날 갑자기 그를 사로잡았다는 것. 환난이 그를 사로잡았다

(16절). 환난 날들이 나를 사로잡았고 나를 붙들었다. 경찰이 빚진 자를 체포하여 그의 손에 수갑을 채우고 끌고 가듯이, 환난의 날들이 나를 체포하였다. 환난이 임무를 부여받고 오면 꽉 붙잡고 그 잡은 것을 놓지 않는다. 환난은 갑자기 그를 급습하였다(27절). "환난의 날들이 나보다 선수를 쳤다. 즉, 환난의 날들이 내게 그 어떤 사전 통보도 없이 나를 덮쳤다. 나는 그런 날들을 예상하지 못하였고, 그런 악한 날에 대한 그 어떤 대비도 해놓지 않았었다." 욥은 자기가 겪는 환난을 날수로 계산하고 있다. 그러므로 환난의 날들은 곧 끝날 것이고, 영원에 비하면 아무것도 아니다(고후 4:17).

(2) 그는 환난 때문에 큰 슬픔에 잠기게 되었다는 것. 그의 마음이 비통함으로 들끓어 고요함이 없었다(27절). 자기가 재앙을 당했다는 생각은 그의 심령을 한순간도 편하게 놓아 두지를 않고 끊임없이 갉아 먹고 있었고, 그는 매일매일을 애곡하며 보냈고, 늘 한숨 쉬고 울면서 세월을 보냈다. 그러한 구름이 늘 그의 마음에 드리워져 있었기 때문에, 그는 사실상 햇빛 없이 살아 온 것이었다(28절). 그에게 위로를 줄 수 있는 것이 아무것도 없었다. 그는 야곱처럼 애곡하며 스올로 가기로 결심한 자처럼 슬픔과 근심에 자신을 내던져 버렸다. 우울증에 시달리는 자들이 흔히 그렇듯이, 그는 햇빛이 비치는 곳에서 걸어나와서 어둡고 그늘진 곳에서 지냈다. 그가 집회에 가서 회중과 함께 예배를 드릴 때, 다른 사람들은 서서 조용히 기도했지만, 그는 육신의 고통이나 마음의 고뇌 때문에 반쯤 넋이 나간 사람처럼 서서 큰 소리로 부르짖었다. 그가 심방을 온 사람들을 만나러 여러 사람 앞에 모습을 드러낼 때, 그는 밀려오는 격한 감정을 주체하지 못해서 적절한 예의를 차리지도 못하고, 선 채로 큰 소리로 울부짖었다. 이렇게 그는 아무도 없는 곳에 홀로 머물면서(사 34:13) 두렵고 소름끼치는 소리를 내며 울었다는 점에서 이리의 형제요 타조의 벗이었다(29절). 그가 지각 없이 쏟아내는 불평과 탄식들은 이리와 타조가 내는 불분명한 소리들과도 같았다.

2. 그의 심령을 사로잡은 공포와 괴로움은 그에게 임한 재앙 중에서 가장 아픈 부분이었다는 것(15-16절).

(1) 앞을 바라보면, 그는 자기 앞에 보이는 모든 것이 무서워서 겁을 집어먹었다는 것. 그는 두려움을 떨쳐 버리려고 애썼지만, 두려움은 사납게 그를 엄습하였다. 그는 두려움에서 벗어나려고 애를 썼지만, 두려움은 바람처럼 신

속하고 거세게 그의 영혼을 뒤쫓아 왔다. 그는 앞에서 그를 겨냥하고 있는 하나님의 두려움들에 대하여 하소연하였었는데(6:4), 지금도 여전히 그가 어느 쪽을 보아도 그 두려움들은 그에게 몰려 왔고, 그가 어느 쪽으로 도망쳐도 그 두려움들은 그를 추격해 왔다. 영혼은 사람에 있어서 주된 부분이다: 내 영혼(히브리어로는 나의 주된 것, 나의 왕녀). 영혼은 우리의 영광이다. 영혼은 모든 면에서 몸보다 더 뛰어나기 때문에, 우리는 우리의 영혼을 뒤쫓고 위협하는 것을 가장 두려워할 수밖에 없다.

(2) 뒤를 돌아다보면, 그는 자기가 이전에 누렸던 모든 좋은 것들이 그에게서 사라져 버렸고, 오직 고통스러운 기억만이 그에게 남아 있는 것을 보았다는 것. 나의 복락과 형통은 구름 같이 순식간에 신속하게 아주 영원히 지나가 버렸구나.

(3) 안을 들여다보면, 그는 그의 영혼이 완전히 의기소침하여 그의 연약함을 감당할 수 없을 정도가 되어서, 단지 상처를 입은 것이 아니라 그의 속에서 녹아서 물처럼 그의 위에 쏟아져 버린 것을 보았다는 것(16절). 그의 영혼은 물처럼 흐물흐물 약해졌을 뿐만 아니라, 땅 위에 쏟아진 물처럼 없어져 버린 것 같이 느껴졌다. 시편 22:14과 비교해 보라: 내 마음은 밀랍 같이 내 속에서 녹았다.

3. 그의 육신의 질병들은 아주 심각했다는 것.

(1) 모든 뼈가 쑤시는 고통이 그의 온 몸을 관통했다는 것(17절). 밤에 잠을 자야 원기를 회복할 수 있을 것이건만, 밤이 되면 고통이 그의 뼈 속에서 칼이 되어 그를 찔러대니 뼈 마디 마디가 안 쑤시는 데가 없었고, 그의 신경도 자극을 받아서 강한 경련을 일으켰기 때문에, 그의 근육들도 쉬지를 못하였다. 고통 때문에 그는 쉴 수가 없었고, 그의 눈에서는 잠이 달아나 버렸다. 그의 뼈는 열기로 말미암아 탔다(30절). 그의 몸은 늘 열로 들떠 있어서, 몸 속의 수분은 말라 버렸고, 뼛속의 골수까지도 소진되었다. 우리의 몸이 얼마나 무르고 여린지를 보라. 우리의 몸은 그 속에 질병과 죽음의 씨앗을 지니고 있다.

(2) 그의 피부는 온통 부스럼으로 뒤덮여 있었다는 것. 뼈마디가 아픈 사람이라도 피부는 멀쩡한 법이지만, 사탄은 욥의 뼈와 살을 다 공격해도 좋다는 허락을 받았기 때문에 이 둘 모두를 그냥 내버려 두지 않았다. 그를 덮고 있는 피부는 검어졌다(30절). 실핏줄이 터져서 살로 스며들고, 부스럼들이 곪았다가

딱지가 되어 살에 앉는 것이 반복되면서, 그의 피부는 검게 변하였다. 온 몸을 뒤덮은 종기들에서 끊임없이 흘러나오는 고름 때문에 그의 옷 색깔조차도 변하였고, 처음에 입었을 때에는 부드러웠던 옷이 지금은 아주 빳빳해져서 그의 옷 전체가 마치 옷깃처럼 되어 버렸다(18절). 가엾은 욥이 깨끗한 옷이 없고 돌보아 주는 이가 없어서 어떤 상태에 있었는지, 그가 입고 있던 옷이 얼마나 더러운 누더기 옷이 되어 버렸는지를 얘기하는 것은 역겨운 일이었을 것이다. 어떤 이들은 욥이 다른 질병들과 아울러서 목이 붓는 후두염을 앓고 있었고, 욥으로 하여금 빳빳한 옷깃 같이 묶였다고 느끼게 만든 것은 바로 이것이었다고 생각한다. 욥은 이런 식으로 진창에 던져진 것 같았고(어떤 이들은 이렇게 읽는다), 사실 진창에 던져졌다(19절). 그의 몸은 다른 어떤 것보다도 더 진흙 투성이처럼 보였다. 아무도 자신의 옷이나 깨끗함을 자랑해서는 안 된다. 왜냐하면, 사람은 언제 이런저런 질병에 걸려서, 자신의 옷의 색깔이 변하고, 심지어 진창에 던져져서, 그들 자신이 스스로에게와 다른 사람들에게 역겨운 존재가 될지 모르는 일이기 때문이다. 그 때에 썩은 냄새가 향기를 대신할 것이다(사 3:24). 우리는 기껏해야 티끌과 재에 지나지 않고, 우리의 몸은 천하고 천한 몸일 뿐이다. 그러나 우리는 하나님이 어떤 심각한 질병을 통해서 우리에게 우리가 어떤 존재인지를 직접 느끼게 해주실 때까지는 그 사실을 잊고 살기가 쉽다. "나는 곧 티끌과 재로 돌아갈 것인데, 하나님이 나를 이미 티끌과 재 같게 하셨구나. 내가 어디를 가든, 나는 내 무덤을 짊어지고 다니는구나."

4. 그를 무엇보다도 괴롭혔던 것은 하나님이 그의 원수가 되어서 그를 대적하여 싸우시는 듯이 보인다는 것이었음. 그를 진흙, 아니 진창 가운데 던지시고(19절), 그를 짓밟으신 것은 바로 하나님이신 것처럼 보였다. 다른 어떤 것보다도 그의 마음을 쓰라리게 만든 것은 이런 것들이었다.

(1) 하나님이 그를 위하여 나타나지 않으셨다는 것. 그는 하나님께 자신의 사정을 고하였지만 그 어떤 허락도 받아내지 못하였고, 하나님께 호소하였지만 그 어떤 판결도 얻어내지 못하였다. 그는 아주 끈질기게 자신의 사정을 아뢰었지만, 아무 소용이 없었다(20절): "내가 너무나 절박하여 주께 부르짖고, 내가 주의 응답을 기다리며 일어나 소리쳐 불러도, 주께서는 내가 아는 한 나의 목소리를 듣지도 아니하시고 돌아보지도 아니하시나이다." 우리의 아주 간절한 기도가 신속하고 눈에 보이게 응답되지 않는다고 하여도, 우리는 그것을 이상

하게 생각해서는 안 된다. 야곱의 자손들이 기도로 구하면 그것은 헛된 것이 결코 아닌데도, 그들은 흔히 그들의 기도가 헛되고, 하나님이 자기 백성의 기도에 귀를 막으셨을 뿐만 아니라 노하시기까지 하셨다고 생각하였다(시 80:4).

(2) 하나님이 그를 치러 나타나셨다는 것. 욥이 여기에서 하나님에 대하여 하고 있는 말은 지금까지 그가 한 말들 중에서 최악의 말들 중의 하나이다(21절). 주께서 내게 잔혹하게 하셨다. 긍휼과 은혜의 하나님이 그 누구를 잔인하게 대하신다는 것(온 피조물에 대한 하나님의 연민은 끝이 없으시기 때문에), 특히 자기 자녀들을 잔인하게 대하신다는 것은 말도 되지 않는 것이다. 욥이 하나님에 대하여 그렇게 말한 것은 불의하고 배은망덕한 것이었다. 그러나 하나님을 가혹하고 잔인한 분으로 생각하는 것은 욥이 이 때에 가장 빠지기 쉬운 죄였다.

[1] 그는 하나님이 그를 대적하여 싸우고 계시고, 온 힘을 다하여 그를 멸망시키고자 하신다고 생각함. 주께서 힘 있는 손으로 나를 대적하시나이다(또는, 나를 대적하시는 이시니이다). 욥은 하나님이 큰 권능을 가지시고 그와 더불어 다투시겠느냐고 말했을 때에는 하나님에 대하여 더 좋게 생각하고 있었다(23:6). 하나님은 절대 주권과 거역할 수 없는 힘을 가지고 계시지만, 그 둘 중 어느 것도 누구를 쳐부수거나 억누르는 일에 결코 사용하지 않으신다.

[2] 그는 하나님이 그를 욕보이셨다고 생각함(22절). 주께서 나를 바람이 가지고 노는 깃털이나 왕겨처럼 바람 위에 들어 올려 불려가게 하셨다. 욥은 자기가 전능하신 분의 상대가 될 수 없다고 생각하였고, 하나님이 그를 기분 좋게 하시는 것이 아니라 두렵게 하시기 위해서 그를 들어올려 구름의 날개 위에 태우셨을 때에 그는 꼼짝없이 당할 수밖에 없었다. 그리고 하나님은 마치 바람으로 구름을 흩어 버리시듯이 그의 재산까지 흩어 버리셨다. 사람이 가진 재산이라는 것은 아무리 훌륭한 것이라고 해도 하나님 앞에서는 아무것도 아니어서 곧 흩어져 버리고 만다.

5. 그는 이제 오직 하나님이 이런 환난들을 통해서 빨리 그를 끝장내 주시기만을 기대함. "하나님이 나로 바람을 타고 가게 하셨으니, 나는 내 목이 곧 부러지리라는 것 외에 다른 것을 생각할 수 없겠구나." 그는 마치 하나님이 그를 다루시는 이 모든 일 속에서 그를 죽이시는 것 외에는 다른 의도가 전혀 없으신 것처럼 말한다. "무덤은 모든 생물을 위하여 정한 집이기 때문에(23절), 주

께서 이런 식으로 야단법석을 떨지 않으셔도 나는 곧 죽게 될 터인데, 주께서 이러시는 것은 나를 훨씬 더 큰 두려움 가운데에서 죽게 하고자 하시는 것임을 내가 아나이다." 무덤은 좁고 깜깜하고 춥고 열악한 집이기는 하지만, 우리가 안전하게 쉴 수 있는 우리의 거처가 되어 줄 것이다. 그 곳은 우리가 오래도록 머물 집이고, 우리 자신의 집이다. 왜냐하면, 무덤은 우리 어머니의 무릎 같은 곳이고, 우리는 그 곳에서 우리 조상들에게로 합류하기 때문이다. 무덤은 우리의 모든 거처의 경계를 정하신 하나님이 우리를 위하여 정해 놓으신 집이다. 그 곳은 하나님이 모든 산 자들을 위해 정해 놓으신 집이다. 그 곳은 부자와 가난한 자가 만나는 공동의 집이다. 그 곳은 모든 사람이 만나기로 정해진 곳이다. 우리는 모두 머지않아 거기로 가게 되어 있다. 우리를 거기로 데려가시는 분은 하나님이시다. 왜냐하면, 사망과 음부(陰府)의 열쇠가 하나님의 손에 있기 때문이다. 우리는 모두 조만간에 하나님이 우리를 거기로 데려가시리라는 것을 안다. 우리는 죽음과 음부를 제대로 깊이 생각하는 것이 좋다. 산 자들은 죽을 줄을 알고 있다(전 9:5). 우리 각 사람은 죽음을 알고, 우리 자신에게 적용하여 깊이 생각해 보아야 한다.

6. 그의 괴로움을 가중시키고 더욱 참을 수 없게 만든 두 가지가 있었다는 것.

(1) 그의 기대가 처참하게 무너져서 이루 말할 수 없는 실망으로 바뀐 것(26절). "내가 복을 바랐고, 더 많은 복, 아니면 적어도 내가 지니고 있던 복이 지속되기를 바랐더니 화가 왔다." 우리가 이 세상에서 누리는 모든 것들은 이렇게 불확실한 것들이기 때문에, 그것들로부터 큰 기대를 하는 것은 참으로 어리석은 짓이다. 피조물들이 주는 잠시 잠깐의 불꽃 같은 위로들로부터 빛을 기대하는 자들은 무참하게 실망하게 될 것이고, 그들의 침상을 흑암에 펴게(17:13) 될 것이다.

(2) 그의 처지가 너무나 큰 변화를 겪게 된 것(31절). "내가 내 수금을 단지 옆으로 치워 놓고 버드나무에 걸어 놓으면 되는 그런 정도에서 그친 것이 아니라, 내 수금은 통곡이 되었고 내 피리는 애곡이 되었구나." 욥은 형통하던 때에 소고와 수금을 잡았었고, 피리를 불며 즐거워하였었다(21:12). 그에게는 위엄과 기품이 있었지만, 그는 때때로 마냥 유쾌해하는 시간도 가졌었다. 그러나 이제 그의 처지는 완전히 변하였다. 그러므로 기쁜 자들은 기쁘지 않은 자 같이 하여

야 한다. 왜냐하면, 그들의 웃음이 언제 애곡으로 변하며 그들의 기쁨이 언제 근심으로 변할지는 아무도 모르기 때문이다. 이렇게 우리는 욥이 많은 것들에 대하여 탄식하고 있는 것을 본다.

II. 욥이 이런 와중에서도 몇 가지의 것을 위로로 삼음.

1. 그는 죽음이 곧 그의 이 모든 재앙들을 끝내 주리라는 것을 내다보면서 위로를 받음(24절). 욥은 "하나님은 지금 강한 손으로 나를 치고 계시지만, 그의 손을 무덤에까지 뻗치지는 아니하시리라"고 말한다. 하나님의 진노의 손은 그를 쳐서 죽게 하시겠지만, 죽음 너머까지 그를 뒤따라오지는 않을 것이기 때문에, 그의 영혼은 영들의 세계에서 안전하고 행복할 것이고, 그의 육신도 티끌 속에서 안전하고 편안할 것이다. 사람들은 자신의 멸망 속에서 부르짖을지라도 (즉, 죽을 때에는 큰 고통과 울부짖음, 깊은 탄식과 신음이 있을지라도), 무덤에서는 아무것도 느끼지 못하고 아무것도 두려워하지 않는다. 거기에는 온통 정적만이 감돌 뿐이다. 또는, "사람들은 여기에서 멸망이라 불리는 지옥에서는 부르짖겠지만, 무덤에서는 아직 부르짖음이 없다. 둘째 사망으로부터 건짐을 받은 내게는 첫째 사망이 평안함을 가져다 줄 것이다." 그러므로 그는 하나님이 자기를 무덤에 감추어 주시기를 바랐다(14:13).

2. 그는 자기가 평안했던 때에 다른 사람들이 재난을 겪는 것을 보면 관심을 가져주고 위로해 주었다는 것을 회상하며 위로를 받음(25절). 고생의 날을 보내는 자를 위하여 내가 울지 아니하였는가. 어떤 이들은 욥이 여기에서 자기는 다른 사람들이 어려울 때에 긍휼을 베풀어 주었는데도 불구하고 정작 자기가 어려울 때에는 긍휼을 얻지 못하게 하시는 것은 너무나 가혹한 처사라고 하나님께 하소연하고 있는 것이라고 생각한다. 하지만, 나는 여기에서 욥이 자기가 예전에 했던 일을 조용히 묵상하고 있는 것이라고 본다. 여기에서 욥은 자기가 이전에 곤경에 처한 자들을 늘 동정해서 있는 힘을 다해서 그들을 도와 왔다는 것을 그의 양심이 증언하기 때문에, 지금은 하나님과 그의 친구들이 그를 불쌍히 여겨 주기를 기대할 만한 이유가 그에게는 있다고 말한다. 우는 자들과 함께 울어 주는 자들은 자신이 쓴 잔을 마실 차례가 되었을 때에 자신의 슬픔을 더 잘 참아낼 수 있게 될 것이다. 어떤 이들은 이 본문을 사도 바울이 고린도후서 11:29에서 한 말(누가 실족하게 되면 내가 애타지 아니하더냐)과 비교해서, "빈궁한 자들을 위하여 내 마음이 애타하지 않았던가"라고 읽기도 한다. 다른 사람들

에게 무자비하고 냉정했던 자들은 그들 자신이 환난에 처했을 때에 그들의 양
심으로부터 그들이 예전에 남들이 그런 처지에 있었을 때에 어떻게 했는지를
듣고서 더욱 괴로워하게 되듯이, 가난한 자들의 처지를 불쌍히 여기고 그들을
도왔던 자들은 그들 자신이 병이 들어 침상에 누워 있을 때에 그런 기억을 떠
올리고서 평안할 수 있게 될 것이다(시 41:1, 3).

제
— 31 —
장

개요

욥은 지금까지 종종 자신의 신앙은 온전하였다는 것을 원론적으로 얘기하며 항변해 왔었는데, 여기에서는 구체적인 예들을 들어서 그렇게 하고 있다. 그는 자기가 한 선한 일들을 일일이 열거하는 방식이 아니라, 그의 친구들이 그를 거짓으로 비난하고 고소할 때에 언급하였던 죄악들로부터 자기가 결백하다는 것을 보여주는 방식으로 자신의 온전한 신앙을 항변한다. 친구들은 앞에서 구체적인 죄목들을 열거하며 욥을 고소하였었기 때문에, 욥도 여기에서 그런 식으로 항변하고 있는 것인데, 욥은 특히 엘리바스가 그를 고소하고 비난하였던 것들(22:6-9)을 염두에 두고 있는 것으로 보인다. 그의 친구들은 그를 치는 증인들을 내세우지도 않았고, 그들이 그를 비난할 때에 열거한 죄목들을 증명할 수도 없었다는 점을 생각하면, 욥이 아주 엄숙한 선서를 하는 것은 물론이고, 만약 자기가 그런 죄들을 범하였다면 하나님의 진노가 그에게 임하여도 좋다는 무시무시한 기원(祈願)까지 해가면서, 자신의 결백을 주장하는 것은 어쩌면 당연한 일일 것이다. 욥의 이러한 항변은 세상에 욥과 같은 자가 없다고 하신 하나님의 말씀을 재차 확인해 준다. 아마도 그를 고소하던 자들 중 일부는 섣불리 그의 말에 동조할 수 없었을 것이다. 왜냐하면, 욥은 세상 사람들의 눈에 훤히 드러나 있는 저 중대한 죄들만이 아니라, 많은 은밀한 죄들도 자기가 지은 적이 없다고 주장하기 때문이다. 사실 설령 욥이 이런 은밀한 죄들을 지었다고 해도, 그런 경우에 사람들은 그가 위선자라는 것을 증명할 수 있는 방법이 없기 때문에, 그를 위선자로 고소할 수는 없을 것이었지만, 욥이 은밀한 죄들조차 짓지 않았다는 것은 믿기 힘든 일이었다. 또한, 욥은 자신의 행실이 깨끗하였다고 주장할 뿐만 아니라, 자기가 신앙의 선한 원리들 위에서 행해 왔다고 주장한다. 즉, 자기가 악을 피한 이유는 하나님을 경외했기 때문이고, 그의 공의와 구제의 밑바닥에는 그의 경건이 있었다는 것이 그의 주장이다. 그리고 이것은 그의 진실한 신앙을 증명해 주는 최고의 증거로 제시된다. I. 욥은 여기에서 다음과 같은 죄들로부터 자기가 결백하다고 말함. 1. 방종하고 더러운 마음(1-4절). 2. 거래할 때에 속이고 불의하게 행하는 것(5-8절). 3. 간음(9-12절). 4. 종들에 대하여 거만하고 가혹한 것(13-15절). 5. 가난한 자와 과부와 고아들에게 무자비한 것(16-23절). 6. 세상 재물을 의뢰하는 것(24-25절). 7. 우상 숭배(26-28절). 8. 복수하는 것(29-31절). 9. 가난한 나그네들을 돌보지 않는 것(32절). 10. 자신의 죄들을 은폐하는 위선과 남들의 죄를 묵인해 주는 비겁함(33-34절). 11. 남들을 압제하고, 남들의 권리를 폭력적으로 침해하는 것(38-40절). 끝으로, 그는 자신의 온전함을 하나님이 직접 판단해 주시기를 호소한다(35-37절). II. 이 모든 것 속에서 1. 우리는 선과 악에 대한 족장 시대의 인식을 볼 수 있고, 그토록 오래 전에 무엇이 죄악된 것으로 정죄되었는지, 즉 무엇이 가증스럽고 유해한 것으로 여겨졌는지를 볼 수 있다. 2. 또한, 우리는 우리로 하여금 본받게 하기 위하여 어떠한 고상한 경건과 미덕의 모범이 우리에게 제시되고 있는지를 볼 수 있다. 우리가 이 모범을 잘 따르고 있다는 것을 우리의 양심이 증언할 수 있다면, 우리는 욥과 마찬가지로 환난 날에 즐거워하고 기뻐할 수 있게 될 것이다.

¹내가 내 눈과 약속하였나니 어찌 처녀에게 주목하랴 ²그리하면 위에 계신 하나님께서 내리시는 분깃이 무엇이겠으며 높은 곳의 전능자께서 주시는 기업이 무엇이겠느냐 ³불의한 자에게는 환난이 아니겠느냐 행악자에게는 불행이 아니겠느냐 ⁴그가 내 길을 살피지 아니하시느냐 내 걸음을 다 세지 아니하시느냐 ⁵만일 내가 허위와 함께 동행하고 내 발이 속임수에 빨랐다면 ⁶하나님께서 나를 공평한 저울에 달아보시고 그가 나의 온전함을 아시기를 바라노라 ⁷만일 내 걸음이 길에서 떠났거나 내 마음이 내 눈을 따랐거나 내 손에 더러운 것이 묻었다면 ⁸내가 심은 것을 타인이 먹으며 나의 소출이 뿌리째 뽑히기를 바라노라

육체의 정욕들과 세상에 대한 사랑이라는 두 가지 치명적인 암초에 걸려서 난파를 당하는 사람들이 많다. 욥은 여기에서 자기가 다음과 같은 것들에 걸려서 난파당하지 않기 위하여 늘 조심하였다고 항변한다.

I. 욥은 육체의 정욕들을 늘 조심하였다는 것. 욥은 자신을 깨끗하게 지켜서, 간음, 즉 자기 이웃의 아내를 더럽히는 것을 행하지 않았을 뿐만 아니라(9절), 그 어떤 여자에 대해서도 음탕한 마음을 품지 않았다. 그의 조강지처는 결코 아주 지혜롭거나 선하거나 인자한 여인이 아니었지만, 그는 첩이나 정부(情婦)를 두지 않았고, 결혼의 침소를 귀히 여기고 결코 더럽히지 않았다(히 13:4). 남자가 오직 한 명의 아내를 두고 그 아내에게만 충실해야 한다는 것은 창세로부터 하나님의 명령이었다. 욥은 결혼 제도와 관련한 하나님의 명령을

충실히 지켰고, 그 명령을 깨뜨린다는 생각 자체를 혐오하였다. 그는 유력한 사람이어서 첩을 거느리고자 하는 유혹이 심했을 법한데도, 선한 신앙으로 말미암아 그런 유혹에 넘어가지 않을 수 있었다. 욥은 지금 육신의 심각한 질병과 고통 가운데에 있었다. 하지만, 그런 환난 아래에서도 그가 그의 육신을 더러운 정욕에서 정결하게 지키고 거룩하고 존귀한 그릇으로 보존해 왔다는 것을 그의 양심이 증언해 준다면, 그의 마음은 큰 위로를 받을 수 있을 것이었다.

1. 이 문제에 있어서 욥은 어떤 결심을 지켜 나갔는가(1절). "내가 죄를 지을 빌미가 될 수 있는 것들을 보지 않겠다고 내 눈과 약속하였다. 그런데, 어찌 처녀에게 주목하랴. 즉, 나는 이런 방법을 통해서 하나님의 은혜로 말미암아 내가 죄를 향하여 첫 걸음을 떼는 것 자체를 차단하였다." 그는 조금이라도 방종하고 음탕한 기미가 있는 행위를 멀리하기로 결심하였기 때문에, 다음과 같이 하기로 작정하였다.

(1) 그는 음란한 눈길을 용납하지 않았다는 것. 그는 그의 눈과 이렇게 약속을 하고 계약을 맺었다. 즉, 그는 그의 눈이 그의 마음속에 부정한 욕망은 말할 것도 없고 부정한 상상을 불러일으킬 수 있는 대상을 주목하지 않을 때에만, 그의 눈에게 햇빛을 보고 피조물 속에서 빛을 발하시는 하나님의 영광을 보도록 허락할 것이라고 약속하였고, 만약 그의 눈이 이 약속을 어겼을 때에는 참회의 눈물로써 그 벌을 받아야 한다는 벌칙 조항에 관한 계약도 맺어 두었다는 것이다. 눈은 더러움이 들고 나는 통로이기 때문에, 마음을 정결하게 지키고자 하는 자들은 눈을 제대로 지키지 않으면 안 된다는 것을 명심하라. 그런 까닭에, 성경에서는 정을 통하는 눈(사 3:16)과 음심이 가득한 눈(벤후 2:14)에 대하여 말한다. 사람이 최초로 지은 죄도 눈에서 시작되었다(창 3:6). 우리가 죄에 걸려들지 않기 위해서는 죄의 빌미가 되는 것에 대한 욕망이나 욕구를 가져서는 안 된다. 그러기 위해서, 우리는 우리에게 욕망이나 욕구를 불러일으킬 만한 것들, 예를 들면 금지된 재물(잠 23:5), 금지된 포도주(잠 23:31), 금지된 여자(마 5:28)를 쳐다보지 않아야 한다.

(2) 그는 음란한 생각을 허용하지 않았다는 것. "내가 어찌 불결한 생각이나 음란한 마음을 품고서 처녀에게 주목하랴." 그는 수치심이나 명예심만으로도 아름다운 처녀를 유혹하는 일을 자제할 수 있었겠지만, 그가 음란한 생각 자체를 하고자 하지 않은 것은 순전히 하나님을 경외하는 마음과 하나님의 은혜 때

문이었다. 몸만이 아니라 영까지 정결한 자들만이 진정으로 정결한 자들이다 (고전 7:34). 십계명 중에서 일곱째 계명에 대한 그리스도의 해설이 그 계명에 대한 옛 사람들의 인식과 얼마나 정확히 일치하는지와 욥이 모세의 자리에 앉아 있던 바리새인들보다 그 계명을 얼마나 더 잘 이해하고 있었는지를 보라.

2. 이 문제에 있어서 욥은 어떤 이유에서 그런 결심을 하게 된 것인가. 그것은 사람들 가운데에서 능욕을 당할 것이 두려워서가 아니라(물론, 그런 점도 고려되었겠지만, 잠 6:33), 하나님의 진노와 저주가 두려워서였다. 그는 다음과 같은 것들을 아주 잘 알고 있었다.

(1) 부정(不淨)은 모든 복을 잃게 만들고 복을 받을 소망 자체를 막아 버리는 죄라는 것(2절). 위에 계신 하나님께서 내리시는 분깃이 무엇이겠느냐. 부정한 죄인들이 정결하시고 거룩하신 하나님으로부터 어떤 복, 또는 그의 은총의 어떤 증거를 기대할 수 있겠으며, 위로부터 오는 전능자의 그 어떤 기업(基業)을 바랄 수 있겠는가? 하나님 안에 있는 것, 전능자 안에 있는 것, 위로부터 오는 것 외에는 우리 영혼을 위한 그 어떤 분깃이나 기업이나 참된 행복은 없다. 부정함 속에서 뒹구는 자들은 현세에서는 은혜 가운데에, 내세에서는 영광 가운데에 하나님과 교통하는 데에 전적으로 부적절한 자들이 되고, 하나님으로부터 영원히 분리되어 있는 더러운 영들과 연합한 자들이 된다. 그런 그들이 하나님으로부터 어떤 분깃이나 기업을 얻을 수 있겠는가? 부정한 것은 그 어떤 것이든 저 거룩한 성인 새 예루살렘에 들어가지 못할 것이다.

(2) 부정은 하나님의 원수 갚으심을 불러오는 죄라는 것(3절). 죄인들은 때가 늦기 전에 자신의 부정함을 회개하지 않는다면, 반드시 멸망하게 될 것이다. 그것은 불의한 자에게는 신속하고 확실한 환난과 멸망이 아니겠으며, 행악자에게는 불행이나 기이한 형벌이 아니겠느냐. 어리석은 자들은 이 죄를 우습게 여기고 장난으로 여긴다. 그들에게 이 죄는 젊은 시절에 한번 해보는 장난이나 실수에 지나지 않는다. 그러나 그들은 헛된 말로 스스로를 속이는 것이다. 왜냐하면, 그들이 이 죄를 아무리 가볍게 여긴다고 하여도, 이 죄로 인해서 그 누구도 감당하기 힘든 영원하신 하나님의 진노가 불순종의 아들들에게 임하기 때문이다(엡 5:6). 하나님은 종종 일반적인 섭리의 길을 벗어나서 몇몇 죄인들을 벌하시는데, 이런 자들이 바로 그들이다. 소돔의 멸망은 보기 드문 기이한 형벌이었다. 죄악의 일꾼들에게 소외가 없겠느냐(어떤 이들은 이렇게 읽는다). 죄

가 지닌 죄성(罪性)은 죄인들의 마음을 하나님으로부터 소외시키고(엡 4:18-19), 장차 그들이 하나님으로부터 영원히 분리되는 것은 그들에 대한 형벌이다 (계 22:15).

(3) 부정은 모든 것을 보시는 하나님에게서 숨겨질 수 없다는 것. 부정한 행위가 아무리 은밀하게 자행되어도 하나님의 시야에서 벗어날 수 없는 것은 물론이고, 음란한 생각이나 눈길이 아무리 아주 잠깐 은밀하게 이루진다고 하여도 하나님은 그런 것들을 낱낱이 다 아신다. 요셉이 이 죄의 유혹을 받았을 때에 내가 어찌 이 큰 악을 행하여 하나님께 죄를 지으리이까(창 39:9)라고 말하며 그 유혹을 뿌리쳤듯이, 욥은 어느 때든지 이 죄의 유혹을 받을 때마다, "그가 내 길을 살피지 아니하시느냐 내 걸음을 다 세지 아니하시느냐"(4절)고 속으로 반문하며, 그 죄를 향하여 조금이라도 나아가는 것을 억제하였다. 이 점에 있어서 욥은 두 가지를 항상 염두에 두었다.

[1] 하나님은 모든 것을 아신다는 것. 사람들의 길은 여호와의 눈 앞에 있다(잠 5:20-21)는 것은 위대한 진리이지만, 욥은 여기에서 이 진리를 자기 자신과 자신의 행위들에 적용한다: 그가 내 길을 살피지 아니하시느냐 내 걸음을 다 세지 아니하시느냐(4절). 여호와여 주께서 나를 살펴보셨으므로 나를 아시나이다(시 139:1). 하나님은 우리가 어떤 원칙에 의해서 행하는지, 어떤 무리와 더불어서 행하는지, 어떤 목표를 향해서 행하는지를 보시기 때문에, 우리가 어떤 길로 행하는지를 아신다.

[2] 하나님이 모든 것을 보신다는 것. "하나님은 단순히 보시는 것이 아니라, 눈여겨보신다. 하나님은 내 걸음을 다 세시고, 내가 본분의 길을 벗어나 잘못 디딘 모든 걸음들과 죄의 옆길로 빠져서 디딘 모든 걸음들도 다 세신다." 하나님은 우리의 길 전체를 보실 뿐만 아니라, 그 길에서 우리가 딛는 모든 걸음들, 즉 우리의 각각의 행위들과 움직임들을 구체적으로 다 아신다. 하나님이 모든 것을 세시고 기록하시는 것은 장차 우리에게 책임을 물으시고 우리가 행한 모든 일을 심판하시기 위한 것이다. 우리가 우리 자신을 아는 것보다 하나님은 우리를 더 정확하게 아신다. 우리 가운데에 우리 자신의 발걸음들을 센 자가 누가 있었는가? 그렇지만 하나님은 우리의 발걸음들을 세신다. 그러므로 우리는 아주 신중하게 행하지 않으면 안 된다.

Ⅱ. 욥은 세상을 사랑하는 것을 늘 경계하였고, 죄악된 방법으로 재물을 얻

는 것을 주의 깊게 피하였다는 것. 그는 모든 금지된 쾌락과 마찬가지로 모든 금지된 이득을 두려워하였다. 좀 더 살펴보자.

1. 그의 항변은 무엇인가. 전체적으로, 그는 모든 일에서 늘 정직하고 의로웠고, 그가 아는 한 결코 그 어떤 사람에게 그 어떤 잘못도 저지른 적이 없었다.

(1) 그는 결코 허위와 함께 동행한 적이 없었다는 것(5절). 즉, 그는 이득을 얻기 위해서 거짓말을 한 적이 결코 없다는 것이다. 사람들과 거래할 때에 농담이나 많은 말로 얼버무리며 속이는 것은 결코 그가 행한 길이 아니었다. 어떤 사람들은 무슨 일을 하든지 늘 속이는 길로 간다. 그런 사람들은 사람들이 그들을 믿고 맡기도록 해야 할 필요가 있을 때에는 그들이 실제로 갖고 있는 것보다 더 많이 가지고 있는 것처럼 행세하고, 사람들이 그들에게서 아무것도 기대하지 않도록 해야 할 필요가 있을 때에는 그들이 실제로 갖고 있는 것보다 적게 가지고 있는 것처럼 행세한다. 그러나 욥은 달랐다. 욥의 재물은 지금은 다 없어지긴 했지만 그가 허망한 짓을 해서 얻은 것이 결코 아니었다(잠 13:11).

(2) 그는 결코 속임수에 빠르지 않았다는 것. 속이는 자들은 재빠르고 영리해야 하지만, 욥의 신속함과 영리함은 결코 그런 데에 사용되지 않았다. 그는 속임수를 통해서 빨리 부자가 되고자 하지 않았고, 분별 없이 행하다가 혹시라도 불의한 짓을 행하지 않도록 하기 위해서 늘 조심스럽고 신중하게 행하였다. 우리가 이 세상에서 정직하게 재물을 얻었다면, 우리는 그 재물을 마음 편하게 사용할 수 있고, 그 재물을 잃어도 마음이 편할 수 있다는 것을 명심하라.

(3) 그의 걸음은 공의와 공정한 거래의 길에서 결코 벗어난 적이 없었다는 것. 그는 그런 길로부터 떠난 적이 없었다(7절). 그는 속임수의 길로 행하지 않으려고 늘 조심했을 뿐만 아니라, 정직의 길에서 한 걸음이라도 벗어나지 않기 위해서 늘 조심하였다. 우리는 모든 행위와 일에서 철저하게 의의 원칙들을 지켜야 한다.

(4) 그의 마음이 그의 눈을 따라 행하지 않았다는 것. 즉, 그는 남의 것을 보고서 탐하지 않았고, 그것을 자기 것으로 만들고자 하지도 않았다. 탐욕은 안목의 정욕이라 불린다(요일 2:16). 아간은 저주받은 물건을 보았고, 그런 후에 그것을 취하였다. 눈을 따라 행하는 마음은 정처없이 방황할 수밖에 없다. 왜냐

하면, 마음은 눈이 볼 수 없는 하늘을 바라보아야 마땅한데도, 눈을 따라 행하는 마음은 눈에 보이는 것들만을 좇을 수밖에 없기 때문이다. 마음은 신앙과 올바른 이성의 명령을 따라야 한다. 만약 마음이 눈을 따라간다면, 마음은 사람들에게 하나님의 심판을 초래할 수밖에 없는 것들로 잘못 인도될 것이다(전 11:9).

(5) 그의 손에 더러운 것이 묻지 않았다는 것. 즉, 사람들이 어떻게 보든, 그는 어떤 것을 정직하지 못하게 얻었다거나 남의 것을 자기 것으로 만들어 버렸다는 비난을 받을 짓을 한 적이 없었다. 불의는 오점(汚點), 곧 재산의 오점이자 주인의 오점이다. 그것은 재산과 주인 둘 모두의 아름다움을 망쳐 놓기 때문에, 우리가 두려워하지 않으면 안 된다. 사람이 이 세상에서 많은 일을 하다 보면 자신의 손에 더러운 것이 묻을 수도 있지만, 그런 경우에는 회개와 변상을 통해서 그 더러운 것을 씻어내야 하고, 그 더러운 것이 자신의 손에 꼭 달라붙어 있게 내버려 두어서는 안 된다(사 33:15).

2. 그는 자신의 항변을 어떻게 실증하는가. 그는 자신의 정직함을 확신하고 있었기 때문에, 다음과 같이 할 수 있었다.

(1) 그는 그의 재산을 다 조사해 보라고 말함(6절). 하나님께서 나를 공평한 저울에 달아보시기를 바라노라. 즉, "내가 얻은 것들을 공평한 저울에 달아보고 잘 조사해 보라. 그러면, 저울이 어느 쪽으로도 기울지 않는다는 것이 드러나게 될 것이다." 저울이 기울지 않는다는 것은 그의 재물이 거짓과 불의로 얻은 것이 아님을 보여주는 증거가 될 수 있었다. 만약 그의 재물이 불의와 거짓으로 얻어진 것이라면, 그의 재산에는 데겔, 즉 저울에 달아 보니 부족함이 보였다(단 5:27)는 글귀가 씌어졌을 것이다. 정직한 자가 시험(試驗)을 두려워하기는커녕 도리어 바라는 것은 하나님이 그의 온전함을 아시므로 그를 인정해 주시리라는 것과 그 시험이 결국 그에게 칭찬과 존귀함을 더해 주리라는 것을 확신하기 때문이다.

(2) 그는 자기가 정직하게 얻은 것들 외에 그 어떤 금지되거나 허용되지 않은 물건이 그의 재물 속에 들어 있다면 자신의 소유를 다 잃어도 괜찮다고 말함(8절). "내가 심은 것을 타인이 먹으며(이것은 압제자들이 겪을 운명으로 이미 언급된 바 있다, 5:5), 나의 소출, 즉 내가 심은 모든 나무가 **뿌리째 뽑히기를 바라노라**." 이것은 그가 이 죄를 지은 자는 이런 벌을 받아 마땅하고, 실제로 그

런 벌을 받는다고 믿었다는 것을 보여준다. 그는 자기가 지금 망하여 그의 재산이 거의 다 없어졌지만, 자기에게 죄가 없다는 것을 알고 있었기 때문에, 만약 그에게서 그런 죄가 발견된다면 자신의 얼마 남지 않은 재산이 다 없어져도 괜찮다고 말한다(만약 그에게 죄가 있었다면, 그의 재산이 거의 다 없어졌을 때, 그의 양심이 그의 죄를 그에게 깨우쳐 주었을 것이었다).

[9]만일 내 마음이 여인에게 유혹되어 이웃의 문을 엿보아 문에서 숨어 기다렸다면 [10]내 아내가 타인의 맷돌을 돌리며 타인과 더불어 동침하기를 바라노라 [11]그것은 참으로 음란한 일이니 재판에 회부할 죄악이요 [12]멸망하도록 사르는 불이니 나의 모든 소출을 뿌리째 뽑기를 바라노라 [13]만일 남종이나 여종이 나와 더불어 쟁론할 때에 내가 그의 권리를 저버렸다면 [14]하나님이 일어나실 때에 내가 어떻게 하겠느냐 하나님이 심판하실 때에 내가 무엇이라 대답하겠느냐 [15]나를 태 속에 만드신 이가 그도 만들지 아니하셨느냐 우리를 뱃속에 지으신 이가 한 분이 아니시냐

이 단락에는 욥의 온전함을 보여주는 두 가지 예가 추가로 나온다.

I. 욥은 간음죄를 몹시 혐오하였다는 것. 그는 첩을 둠으로써 자신의 침소를 더럽히는 짓을 하지 않은 것처럼(그는 처녀에게 눈길을 주는 것조차 하지 않았다, 1절), 이웃의 침소를 더럽히지 않으려고 조심하였다. 우리는 여기에서 다음과 같은 것들을 본다.

1. 그는 이 죄로부터 깨끗하였다는 것(9절).

(1) 그는 이웃의 아내를 탐하지 않았다는 것. 왜냐하면, 그의 마음이 여인에게 유혹되거나 미혹되지 않았기 때문이다. 남의 아내의 미모가 그에게 음욕을 불러일으키지도 않았고, 음녀의 유혹에 그의 마음이 흔들리지도 않았다(잠 7:6-21). 사람의 삶 속에 있는 온갖 더러운 것들의 근원을 보라. 그 더러운 것들은 미혹된 마음에서 온다. 모든 죄는 속이는 것이고, 부정(不淨)의 죄는 더더욱 그러하다.

(2) 그는 결코 음욕을 채우고자 하는 마음을 먹은 적이 없다는 것. 그는 이웃집 남편이 집에 없는 틈을 타서 그 아내를 더럽힐 기회를 얻기 위해서 이웃의 문을 엿보아 숨어 기다린 적이 없었다(24:15; 잠 7:19).

2. 그는 이 죄에 대하여 큰 두려움을 지니고 있었고, 이 죄의 악성(惡性)을

몹시 싫어하였다는 것(11절). 그는 이 죄가 극악무도한 죄, 사람이 지을 수 있는 가장 큰 사악한 죄들 중의 하나, 하나님을 크게 진노하시게 만들고 영혼의 형통함을 파괴하는 죄라는 것을 알고 있었다. 그는 이 죄의 해악 및 이 죄에 대한 마땅한 형벌과 관련해서, 만약 자기가 이 극악무도한 범죄를 저질렀다면, 다음과 같이 되어도 마땅하다고 말한다.

(1) 그의 가족이 가장 수치스러운 일을 당하게 되어도 할 말이 없으리라는 것(10절). 내 아내가 타인의 맷돌을 돌리기를 바라노라. 그는 만약 자기가 그런 죄를 저지른 것이 드러난다면 자기 아내가 노예나 창기가 되어도 좋다고 말한다. 하나님은 흔히 한 사람이 저지른 죄를 또 다른 사람의 죄로 벌하시는데, 다윗에게 말씀하신 것처럼 남편이 간음한 죄를 그의 아내로 하여금 간음하게 함으로써 벌하실 수 있으시다(삼하 12:11). 이 경우에 간음한 아내의 죄가 면제되는 것은 결코 아니지만, 그녀가 아무리 불의하다고 할지라도, 하나님은 의로우시다(호 4:13): 그들이 산 꼭대기에서 제사를 드리며 작은 산 위에서 분향하되 참나무와 버드나무와 상수리나무 아래에서 하니 … 이러므로 너희 며느리들은 간음을 행하는도다. 자신의 혈육들에게 의롭지도 않고 신실하지도 않은 자들은 그 혈육들이 자기에게 불의하고 신실하지 않은 것을 이상하게 생각해서는 안 된다는 것을 명심하라.

(2) 그가 재판에 회부되어 처벌을 받아도 할 말이 없으리라는 것(11절). 즉, 이 죄를 범한 자들이 욥처럼 재판관일지라도, 그것은 재판에 회부할 죄악이기 때문에, 재판에 회부되어 벌을 받는 것이 마땅하다는 것이다. 간음죄는 관리들이 색출해 내서 처벌해야 마땅한 범죄라는 것을 명심하라. 이렇게 이 죄는 모세 율법이 사형에 해당하는 죄로 규정하기 이전에 이미 족장 시대에도 재판에 회부할 죄악으로 인정되었다. 이 죄는 공의의 칼날을 두려워하는 것이 마땅한 악행이다.

(3) 그가 망하여 그의 재산이 다 없어져도 할 말이 없으리라는 것. 아니, 그는 이 죄를 범하는 자에게 그런 일이 일어날 것을 알고 있었다(12절): 이 죄는 불이다. 정욕은 영혼 속에 있는 불이다. 성경에서는 정욕이 거기에 빠진 자들을 불태운다고 말한다. 정욕은 영혼 속에 있는 모든 선한 것(죄의 자각들, 위로들)을 다 태우고, 양심을 초토화시킨다. 정욕은 하나님의 진노의 불을 점화시키는데, 이 불은 그리스도의 피로 말미암아 꺼지지 않는다면 가장 낮은 지옥에

이르도록 타오를 것이다. 그 불은 영원한 멸망에 이르도록 사를 것이다. 그 불은 육신을 사르고(잠 5:11), 재산을 사르며, 모든 소출을 뿌리째 뽑아 버린다. 타오르는 정욕은 모든 것을 사르는 심판을 불러온다. 아마도 이것은 하나님이 소돔을 불로 사르셔서 심판하신 것을 암시하는 것으로 보이는데, 소돔에 대한 심판은 후세에 소돔 사람들과 같은 방식으로 경건하지 않게 살아가는 자들에 대한 본보기로 의도된 것이었다.

II. 욥은 자신의 종들을 아주 자애롭게 대해 주었고, 온유함으로 그들을 다스렸다는 것. 그는 많은 가솔들을 거느리며 자기 집을 잘 관리하였다. 이것을 통해서 그는 그의 진실성, 즉 그에게 그의 욕구와 혈기를 잘 다스릴 수 있는 은혜가 있다는 것을 증명하였다. 마음의 욕구와 혈기를 잘 다스리는 자는 용사보다 낫다(잠 16:32).

1. 그가 그의 종들에게 보인 겸양은 어떤 것이었는가(13절). 그의 남종이나 여종이 그와 더불어 쟁론할 때에 그는 그들의 주장을 무시하거나 그들의 권리를 저버리지 않았다. 그들이 어떤 일에서 그와 다른 말을 하면, 그는 기꺼이 그들이 하는 말을 경청하였다. 그들이 그에게 어떤 잘못을 하거나, 사람들이 그들을 고소해 오면, 그는 그들이 무죄를 주장하거나 그들의 죄나 잘못을 변명하기 위하여 하는 말들을 끝까지 참고 들어주었다. 아니, 그들이 그에게서 가혹한 대우를 받고 있다고 불평하면, 그는 그들에게 호통을 치거나 입 다물라고 소리치지 않고, 그들에게 말할 수 있는 기회를 주고서는, 그들이 하소연하는 애로 사항들이 일리가 있는 경우에는 그 애로들을 다 해결해 주었다. 그는 그들이 그를 섬기며 기쁘게 해줄 때만이 아니라 그와 다툴 때에도 그들에게 자애롭고 자상하였다. 그는 이렇게 종들에게 의와 공평을 베풀었다는 점에서, 즉 종들을 가혹하게 다스리고 강압적으로 지배하는 것이 아니라 상전들이 종들에게 기대하는 것과 동일한 것을 종들에게도 그대로 베풀어 주었다는 점에서 상전 된 자들의 훌륭한 귀감이었다(골 4:1; 엡 6:9). 욥의 종들 중에서 다수는 그를 섬기다가 죽었고(1:15), 나머지 종들은 그에게 순종하지 않았고 그를 냉정하게 대하였으며, 그가 그들을 무시한 적이 없었는데도 그의 말을 무시하였다(19:15-16). 그러나 그는 자기가 형통하던 때에 그들을 잘 대해 주었다는 것을 위로로 삼았다. 혈육들이 우리에게서 떠나가거나 우리를 무정하게 대할 때, 우리가 그들에게 할 도리를 다했다는 우리 양심의 증언은 우리에게 큰 힘과 위로가 될 것임

을 명심하라.

2. 그가 이렇게 그의 종들을 인자하게 대한 까닭은 무엇이었는가. 그것은 그가 그의 재판장이자 그들의 조물주이신 하나님을 바라보았기 때문이었다.

(1) 하나님은 그의 재판장이시라는 것. 그는 "내가 나의 종들을 고압적이고 가혹하게 대한다면, 하나님이 일어나실 때에 내가 어떻게 하겠느냐"고 반문하며 이 점을 깊이 숙고하였다. 그는 그에게도 하늘에 상전이 계시고, 그 상전이 일어나셔서 심판하실 때에 그가 자신의 모든 일을 해명해야 한다는 것을 깊이 생각하였다. 우리는 하나님이 벌하시는 날에 우리가 어떻게 할 것인지를 깊이 생각하여야 하고(사 10:3), 만약 그 때에 하나님이 우리를 엄하고 가혹하게 대하시면 우리는 망할 수밖에 없다는 것을 생각하고서, 우리가 대하는 모든 자들에게 지극히 온유하고 너그럽게 대하여야 한다. 만약 하나님이 우리가 잘못한 것들을 아주 꼼꼼하게 다 따지시고, 온갖 수단들을 다 동원하여 우리를 궁지로 몰아부치시며, 우리에 대한 자신의 온갖 정당한 요구들을 관철하고자 하신다면, 또한 하나님이 우리가 저지른 모든 죄악과 허물을 벌하시고, 우리에게서 모든 것을 몰수하시며, 우리를 늘 야단치시고, 우리에 대한 진노를 영원히 품으신다면, 우리는 어떻게 될 것인지를 잘 생각해 보라. 그러므로 우리는 우리의 아랫사람들에게도 가혹하게 해서는 안 된다. 만약 우리가 우리의 형제들에게 잔인하고 무자비하다면, 우리가 어떻게 될 것인지를 잘 생각해 보라. 하나님은 해악을 입은 자들의 부르짖음을 들으실 것이고, 해악을 가한 자들의 죄를 벌하실 것이다. 긍휼을 베풀지 않은 자들은 하나님의 긍휼을 얻지 못할 것이다. 그렇게 된다면, 우리는 도대체 어떻게 되겠는가?

(2) 하나님은 그와 그의 종들의 창조주이시라는 것(15절). 그가 그의 종들을 엄하게 다스리고, 그들의 권리를 부인하며, 그들의 말에 귀를 막고 싶은 유혹을 받을 때, 이런 생각이 아주 때맞춰서 그의 마음속에 떠올랐다. "나를 태 속에 만드신 이가 그도 만들지 아니하셨느냐. 나도 그와 마찬가지로 피조물이고, 나의 존재도 그의 존재와 마찬가지로 하나님으로부터 나와서 하나님께 의존되어 있는 것이 아니더냐. 그도 나와 동일한 본성을 지니고 있고 동일한 손에 의해서 지음받은 자가 아니더냐. 우리는 다 한 아버지를 가지지 아니하였느냐(말 2:10)." 외적인 처지, 사고의 능력, 육체적인 힘, 세상에서의 지위에 있어서 사람들 간에 그 어떤 차이가 있든지, 이 사람을 지으신 이가 저 사람도 지으셨다는 것을

명심하라. 이것이 우리가 사람들의 타고난 약점들을 조롱하거나, 어떤 식으로든 우리보다 못한 자들을 짓밟아서는 안 되고, 모든 일에서 우리가 남에게 대접받고 싶은 그대로 그들을 대접해야 하는 이유이다. 대등한 자들은 대등하게 평가받고 대우받아야 한다는 것이 정의의 법칙이다. 우리의 외적인 처지가 서로 다르다고 할지라도, 사람들 간에는 동일한 권능에 의해서 동일한 목적으로 동일한 재료로 지음받았다는 동질성이 존재하기 때문에, 우리는 우리 자신을 우리가 대하는 모든 사람들과 모든 점에서 대등하게 여기고, 우리가 그들에게 대접받고 싶은 그대로 우리도 그들을 대접하여야 마땅하다.

[16]내가 언제 가난한 자의 소원을 막았거나 과부의 눈으로 하여금 실망하게 하였던가 [17]나만 혼자 내 떡덩이를 먹고 고아에게 그 조각을 먹이지 아니하였던가 [18]실상은 내가 젊었을 때부터 고아 기르기를 그의 아비처럼 하였으며 내가 어렸을 때부터 과부를 인도하였노라 [19]만일 내가 사람이 의복이 없이 죽어가는 것이나 가난한 자가 덮을 것이 없는 것을 못본 체 했다면 [20]만일 나의 양털로 그의 몸을 따뜻하게 입혀서 그의 허리가 나를 위하여 복을 빌게 하지 아니하였다면 [21]만일 나를 도와 주는 자가 성문에 있음을 보고 내가 주먹을 들어 고아를 향해 휘둘렀다면 [22]내 팔이 어깨 뼈에서 떨어지고 내 팔 뼈가 그 자리에서 부스러지기를 바라노라 [23]나는 하나님의 재앙을 심히 두려워하고 그의 위엄으로 말미암아 그런 일을 할 수 없느니라

엘리바스는 앞에서 욥이 특히 가난한 자들에게 긍휼을 베풀지 않고 무자비하였다고 비난하였었다(22:6-9): 너는 주린 자에게 음식을 주지 아니하였고 헐벗은 자의 의복을 벗기며 과부를 빈손으로 돌려보냈다. 우리는 이 말에 일말의 진실성이나 근거가 없었다면 엘리바스가 이토록 아주 분명하고 강경하게 욥을 비난할 수는 없었을 것이라고 생각하기 쉽다. 그렇지만 욥의 항변을 들어보면, 엘리바스의 비난은 전혀 근거가 없고 거짓된 것으로 보인다. 욥은 결코 그런 짓을 저지른 적이 없었다. 좀 더 자세하게 살펴보자.

I. 욥이 가난한 자들을 한결같이 어떻게 대하였는지에 대한 그의 양심의 증언. 그는 이 문제로 아주 혹독한 비난을 받았기 때문에 이 문제를 아주 자세하게 다룬다. 그는 다음과 같이 엄숙하게 항변한다.

1. 그는 기회가 있을 때마다 자신의 능력이 닿는 데까지 있는 힘껏 가난한

자들에게 선을 행하는 것을 마다한 적이 없었다는 것. 그는 늘 가난한 자들을 불쌍히 여기는 마음을 지니고 있었고, 특히 도울 자가 없어서 도움을 절실히 필요로 하는 과부들과 고아들을 세심하게 돌보았다.

(1) 그는 언제나 기꺼이 그들이 원하는 것들을 해주었고 그들의 기대에 부응하였다는 것(16절). 가난한 자가 그의 자비를 구하면, 그는 기꺼이 그의 소원을 들어주었다. 그는 뭔가를 구하는 과부의 서글픈 표정을 통해서 그녀가 그에게 구제를 기대한다는 것을 알아차렸을 때에는, 그녀가 용기를 내어서 도와 달라고 하지 않아도, 그녀를 불쌍히 여겨서 그녀가 원하는 것을 해주었고, 그 과부의 눈으로 하여금 실망하게 한 적이 없었다.

(2) 그는 가난한 자들을 존중해서 예를 갖추어 대하였다는 것. 왜냐하면, 그는 고아들을 초대해서 그의 식탁에서 그와 더불어 먹게 하였기 때문이다. 그는 그들로 하여금 그와 똑같은 것을 먹게 하였고, 그와 허물 없이 얘기할 수 있게 하였다. 그는 마치 그들이 그의 자식이라도 되는 듯이 그들과 어울리는 것을 자기가 즐거워한다는 것을 보여주었다(17절). 가난한 자들이 겪는 가장 큰 괴로움들 중의 하나는 사람들로부터 무시와 멸시를 당한다는 것이기 때문에, 가난한 자들을 존중해 주는 것은 그들에게 적지 않은 힘이 된다.

(3) 그는 가난한 자들에게 매우 자상하였고 아버지 같은 관심을 가지고 대하였다는 것(18절). 그는 고아들의 아버지 노릇을 해서, 고아들을 돌보며 키웠고, 그들에게 먹을 것과 입을 것만을 준 것이 아니라 교육도 시켜 주었다. 그는 젊은 나이에 인도자를 잃어버린 과부에게 인도자가 되어 주었다. 그는 과부들이 일할 때에 조언을 아끼지 않았고, 그녀들의 일을 세세하게 살펴 주었다. 우리의 구제를 필요로 하지 않는 자들도 우리의 조언을 필요로 할 수 있고, 그런 경우에 우리의 조언은 그들에게 큰 도움이 될 수 있다. 욥은 이렇게 조언하는 일을 젊었을 때부터, 그리고 어머니의 태에서부터 하였다고 말한다. 그에게 자상함과 불쌍히 여기는 마음은 타고난 것이었다. 그는 그가 기억할 수 있는 가장 이른 나이에 일찍부터 선행을 시작해서, 가난한 과부나 고아를 돌보는 일을 그의 손에서 놓은 적이 한 번도 없었다. 그의 부모는 일찍부터 그에게 가난한 자들을 불쌍히 여기고 구제하는 것을 가르쳤고, 그와 함께 고아들을 돌보았다.

(4) 그는 가난한 자들에게 좋은 음식을 주어서 먹게 하였다는 것. 그들은 그가 먹는 것과 동일한 떡덩이를 먹었다(17절). 그들은 그가 다 먹고 나서 그의

상에서 떨어진 부스러기를 먹은 것이 아니라, 그와 함께 그의 상에서 가장 좋은 음식을 먹었다. 넉넉하게 사는 자들은 마치 그들 자신 외에는 자기가 돌볼 자가 아무도 없다는 듯이 떡덩이를 혼자서 독차지하고 먹거나, 진수성찬을 차려 놓고 혼자 자신의 식욕을 마음껏 채우지 말고, 다윗이 므비보셋에게 하였듯이 떡덩이나 진수성찬을 다른 사람들과 나누어 먹어야 한다.

(5) 그는 입을 옷이 없거나 덮을 것이 없는 자들에게 특별히 신경을 써서, 비록 먹여 주는 것보다 더 비용이 많이 드는 일이라고 할지라도 그들에게 옷과 이불을 해주었다는 것(19절). 가난한 사람들은 음식이 없어서 죽기도 하지만 낮에 입을 옷이나 밤에 덮을 이불이 없어서 죽기도 한다. 욥은 누가 그런 처지에 있다는 말을 들으면 적극적으로 나서서 그들을 구제하였다. 그는 다른 상전들처럼 그의 종들에게는 화려하고 사치스러운 제복을 입히고, 가난한 자들에게는 곧 쓰레기통에 버려질 누더기 옷을 주어 돌려보낸 것이 아니라, 가난한 자들을 위하여 일부러 양털로 따뜻하고 튼튼한 옷을 만들어 주어서, 그들이 그 옷을 걸칠 때마다 그들의 허리가 그를 위하여 복을 빌게 하였다(20절). 그래서, 그들은 그의 자비를 칭송하였고, 그로 인하여 하나님을 송축하였으며, 그에게 복을 주시라고 하나님께 기도하였다. 욥의 양 떼는 하늘로부터 내려온 불에 타 버렸지만, 그에게 정직하게 얻은 양 떼가 있었을 때에 그가 그 양들을 자선에 사용해서, 양의 고기로 가난한 자들을 먹이고, 양털로는 그들의 옷을 해서 입혔다는 것이 그의 위로가 되었다.

2. 그는 가난한 자들 중 어느 한 사람에게라도 해악을 끼치는 일에 힘을 보탠 적이 결코 없었다는 것. 그는 가끔 자기 마음에 드는 가난한 고아에게 잘 해주었을 뿐이고, 다른 많은 고아들은 억누르고 억압하였을 수도 있다. 그러나 실제로는 결코 그렇지 않았다. 그는 모든 고아들에게 자상하였고, 그 어떤 고아에게도 해를 끼친 일이 없었다. 그는 주먹을 들어 고아를 향해 휘두르는 것과 같은 짓을 한 적이 결코 없었고(21절), 고아들을 위협하거나 겁을 주거나 때리려고 한 적도 없었다. 그는 그를 도와 주는 자가 성문에 있음을 보았어도, 즉 백성들과 재판관들 사이에서 충분한 영향력을 가지고 있어서 그가 무슨 일을 하든 그를 밀어 주고 지지해 줄 환경이 조성되어 있었어도, 그의 길을 방해하는 자들을 분쇄하거나 가난한 자들로부터 자기가 원하는 것을 짜내는 데에 그의 힘을 사용한 적이 없었다. 얼마든지 악을 행할 수 있고, 그렇게 해서 이득을 얻을

수 있는 힘을 가지고 있는데도, 의롭게 행하고 긍휼을 베풀기를 좋아하며 흔들림 없이 늘 그렇게 행하는 자들은 여기에 나오는 욥과 마찬가지로 나중에 그들이 행한 일을 뒤돌아보며 큰 위로를 얻을 수 있다.

II. 욥이 지금까지 자기가 한 말이 거짓이라면 얼마든지 벌을 받겠다는 말로 자신의 항변이 진실하다는 것을 재차 확인함(22절). "만약 내가 가난한 자들을 압제한 적이 한 번이라도 있다면, 내 팔이 어깨 뼈에서 떨어지고 내 팔 뼈가 그 자리에서 부스러지기를 바라노라. 즉, 내 살이 썩어서 뼈에서 떨어져 나가고, 내 뼈들이 온통 서로 어긋나서 허물어지기를 바라노라." 만약 그가 이 문제에 있어서 완벽하게 결백하지 않았다면, 그는 감히 이런 식으로 하나님으로부터의 벌을 자청하지 않았을 것이다. 사실상, 그는 어떤 사람이 그의 팔을 들어올려서 고아를 친다면 하나님이 그 팔을 부러뜨리시는 것은 의로운 일이라고 말하고 있다. 실제로 여로보암이 자신의 팔을 뻗어서 선지자를 치고자 하였을 때에 하나님은 여로보암의 팔이 시들게 만들어 버리셨다.

III. 욥이 조금이라도 무자비하고 냉혹하게 행하는 것을 피하고자 한 근거가 된 원리들. 그는 감히 가난한 자들을 학대하고자 하지 않는다. 왜냐하면, 그는 성문에서 그를 지지하는 자들의 도움을 받아서 얼마든지 가난한 자들을 제압하여 자신의 뜻대로 할 수 있지만, 압제받는 가난한 자들의 보호자이시고 압제자들을 반드시 벌하시는 하나님을 거슬러서 자신의 목적을 이룰 수는 없기 때문이다(23절). "내가 이 죄를 짓고자 하는 유혹을 받을 때마다, 나는 하나님의 재앙을 심히 두려워하고, 내가 그 죄를 지으면 그가 나의 원수가 되실 것이라는 생각에 그의 위엄으로 말미암아 그런 일을 할 수 없느니라."

1. 그는 자기 위에 계시는 하나님의 위엄에 대하여 두려움을 지니고 있었다는 것. 그는 하나님의 높으심, 즉 하나님과 그의 사이에 무한한 거리가 있는 것을 생각할 때마다 하나님에 대한 두려움이 그를 사로잡았기 때문에 자신의 모든 행실을 극히 조심하고 주의하게 되었다. 가난한 자들을 억압하고 재판과 공의를 굽게 하는 자들은 이 세상에서 가장 높은 자보다 더 높은 자가 감찰하고 계시다는 것과, 그들을 벌하실 수 있으신 그들보다 더 높은 자가 계시다는 것을 잊고 있는 것이다(전 5:8). 그러나 욥은 그러한 사실을 잊기는커녕 마음속에 명심하고 있었다.

2. 그는 가난한 자들에게 악을 행하는 자를 반드시 대적하실 하나님의 진노

에 대하여 두려움을 지니고 있었다는 것. 만약 그가 이 죄를 범한다면 그에게 하나님으로부터 재앙이 와서 그를 철저하게 파멸시킬 것이 틀림없었기 때문에, 하나님의 재앙은 그에게 늘 공포의 대상이었고, 그로 하여금 그 죄를 짓지 못하게 사전에 막는 역할을 하였다. 아무리 선한 자들이라도 하나님으로부터 오는 멸망에 대한 두려움을 가짐으로써 스스로 죄를 짓지 못하게 미리 차단할 필요가 있고, 그러한 두려움은 많이 가질수록 좋다는 것을 명심하라. 그러한 두려움은 특히 하나님 자신이 원수를 갚으시겠다고 약속하신 온갖 불의와 압제의 행위들을 우리가 저지르는 것을 막아줄 것이다. 하나님으로부터 오는 구원이 우리에게 위로가 되고 있을 때조차도, 우리는 하나님으로부터 오는 멸망을 두려워하는 마음을 느슨하게 해서는 안 된다. 하나님은 아담이 아직 죄를 짓지 않았을 때에 그에게 죄에 대하여 경고하심으로써 두려움을 갖게 하셨다.

[24]만일 내가 내 소망을 금에다 두고 순금에게 너는 내 의뢰하는 바라 하였다면 [25]만일 재물의 풍부함과 손으로 얻은 것이 많음으로 기뻐하였다면 [26]만일 해가 빛남과 달이 밝게 뜬 것을 보고 [27]내 마음이 슬며시 유혹되어 내 손에 입맞추었다면 [28]그것도 재판에 회부할 죄악이니 내가 그리하였으면 위에 계신 하나님을 속이는 것이리라 [29]내가 언제 나를 미워하는 자의 멸망을 기뻐하고 그가 재난을 당함으로 즐거워하였던가 [30]실상은 나는 그가 죽기를 구하는 말로 그의 생명을 저주하여 내 입이 범죄하게 하지 아니하였노라 [31]내 장막 사람들은 주인의 고기에 배부르지 않은 자가 어디 있느뇨 하지 아니하였는가 [32]실상은 나그네가 거리에서 자지 아니하도록 나는 행인에게 내 문을 열어 주었노라

이 단락에는 욥이 항변하는 네 가지가 추가로 더 나오는데, 이것들은 나머지 다른 항변들과 마찬가지로 그가 어떤 사람이었고 무엇을 행하였는지를 우리에게 확실하게 보여줄 뿐만 아니라, 우리가 어떤 사람이 되어야 하고 무엇을 행하여야 하는지를 우리에게 가르쳐 준다.

I. 욥은 이 세상의 재물에 마음을 두거나 세상의 것들을 자신의 분깃이나 행복으로 삼은 적이 없다고 항변함. 그에게는 금이 있었고, 순금이 있었다. 그의 재산은 많았고, 그가 얻은 것은 많았다. 우리에게 있는 재산은 우리가 그 재산에 대하여 어떤 태도를 취하느냐에 따라 우리에게 이롭기도 하고 해롭기도 하

다. 우리가 그 재산을 우리의 안식처이자 지배자로 삼는다면, 그 재산은 우리에게 파멸이 될 것이다. 그러나 우리가 그 재산을 우리의 종이자 의(義)의 도구로 삼는다면, 그 재산은 우리에게 복이 될 것이다. 욥은 여기에서 자신의 세상 재물에 대하여 어떤 태도를 취하였는지를 우리에게 말해준다.

1. 그는 세상 재물을 별로 의뢰하지 않았다는 것. 그는 그의 소망을 금에다 두지 않았다(24절). 세상 재물이 자기를 충분히 행복하게 만들어 줄 것이라고 믿고서 그 재물을 의지하는 자들, 세상 재물을 풍족하게 갖고 있으면 스스로 안전하고 존귀해질 수 있고 확실한 위로를 얻을 수 있다고 생각하는 자들은 지극히 지혜롭지 못한 자들로서 자기 자신에 대하여 원수로 행하는 자들이다. 어떤 자들은 마치 세상 재물이 하나님의 은총의 확실한 증표가 되어서 그들을 반드시 천국에 가게 해줄 것이라고 믿는다는 듯이 그 재물에 그들의 소망을 두고 그 재물을 의지한다. 어느 정도 분별력을 지니고 있어서 그렇게까지 어리석게 생각하지는 않는 자들도 세상의 것들은 불확실하고 그들이 그것들 속에서 만족을 얻을 수 있을지는 더더욱 불확실한데도 현세에서 세상 재물이 그들의 분깃이 되어 줄 것이라고 기대한다. 재물을 가지고 있으면서 재물을 의지하지 않기란 정말 어려운 일이다. 그렇기 때문에, 부자가 천국에 들어가기가 정말 어렵다(마 19:23; 막 10:24).

2. 그는 세상 재물 속에서 별로 만족을 구하지 않았다는 것(25절). 나는 재물의 풍부함과 손으로 얻은 것이 많음으로 자랑하고 기뻐하지 않았다. 그는 마치 그의 재물이 그의 훌륭함을 더해주기라도 할 것처럼 생각해서 그의 재물을 자랑하는 그런 짓을 하지 않았고, 그의 능력과 그의 손의 힘으로 그 재물을 얻었다고 생각하지도 않았다(신 8:17). 그는 그의 영혼의 즐거움이었던 영적인 것들에 비해서 세상 재물 속에서는 별로 즐거움을 얻지 않았다. 그의 기쁨은 선물에서 그친 것이 아니라, 그 선물 너머의 주신 자를 향해 있었다. 그는 풍족한 삶을 살고 있었을 때에 영혼아 여러 해 쓸 물건을 많이 쌓아 두었으니 평안히 쉬고 먹고 마시고 즐거워하자(눅 12:19)고 말하거나, 그의 재물을 마음 든든하게 여긴 적이 없었다. 그는 그의 재물을 도가 지나치게 즐기지 않았고, 이것은 그가 지금 그의 재물을 잃었을 때에 잘 참고 견디는 데에 도움이 되었다. 우리가 울 때에 울지 않는 자 같이 할 수 있는 비결은 기뻐할 때에 기쁘지 않은 자 같이 하는 데에 있다(고전 7:30). 우리가 누릴 때에 덜 기뻐할수록, 누리지 못하게 되었을

때에 우리의 고통도 덜할 것이다.

Ⅱ. 욥은 오직 하나님께만 드려야 합당한 경배와 영광을 피조물에게 드린 적이 없다고 항변함. 그는 결코 우상 숭배의 죄를 범한 적이 없었다(26-28절). 우리는 욥의 친구들이 그를 이 죄로 비난한 것을 보지 못한다. 그러나 당시에도 해와 달을 숭배할 정도로 얼빠진 자들이 있었던 것으로 보인다. 그렇지 않았다면, 욥은 그것을 언급하지 않았을 것이다. 우상 숭배는 악인들이 밟아 왔던 오래된 길들 중의 하나이고, 가장 오래된 우상 숭배는 해와 달을 숭배하는 것이었다. 모세가 이스라엘 백성이 해와 달과 별들을 숭배하는 데에 빠질 위험이 있다고 말한 것(신 4:19)에서 알 수 있듯이, 이 우상 숭배에 대한 유혹은 아주 강하였다. 그러나 후세의 가장 가증스러운 우상 숭배들과 마찬가지로, 이 우상 숭배도 은밀하게 행해졌고 공개적으로 드러나지는 않았다. 좀 더 살펴보자.

1. 욥은 어느 정도나 이 죄를 피하였는가. 그는 결코 바알(어떤 이들은 이것이 해를 나타내는 것이라고 생각한다)에게 무릎을 꿇거나 해 앞에 엎드려서 경배하지 않았을 뿐만 아니라, 그의 눈과 마음과 입술을 이 죄로부터 깨끗하게 지켰다.

(1) 그는 해나 달의 찬란하고 아름다운 광채를 보았을 때에 그 광명들 자체를 경배한 것이 아니라, 그런 광명들을 만드셔서 만물을 이롭게 하신 창조주께 모든 영광을 돌렸다는 것. 그는 육체적인 간음만이 아니라 영적인 간음도 범하지 않겠다고 그의 눈과 언약하였는데, 그의 언약은 그가 하늘의 광명들을 볼 때마다 믿음의 눈으로 그 광명들 너머에 계신 빛들의 아버지를 바라보겠다는 것이었다.

(2) 그는 해와 달의 밝음 속에 신령한 영광이 있다거나 그 광명들의 감화력 속에 신령한 능력이 있기 때문에, 그 광명들을 신으로 모시고 섬겨야 마땅하다는 미혹에 그의 마음이 슬며시 빠지게 되지 않도록 자신의 마음을 철저하고 부지런히 단속하였다는 것. 우상 숭배의 근원은 여기에 있다. 그것은 마음속에서 시작된다. 다른 죄들과 마찬가지로 이 죄에 있어서도, 오직 각 사람은 자기 욕심에 끌려 미혹될 때에 시험을 받는다(약 1:14).

(3) 그는 신(神)인 체하는 이 광명들에게 경의를 표하지 않았고, 눈곱만큼도 경배를 하지 않았다는 것. 내 입이 내 손에 입맞추지 않았다. 이것은 아마도 우상

숭배자가 아닌 자들이 통상적으로 사용하였던 예식인 것 같다. 손에 입맞추는 것은 우리가 서로 인사를 할 때에 사용하는 아주 오래된 예법인데, 고대에는 해나 달에게 경의를 표할 때에 사용되었던 것으로 보인다. 우상 숭배자가 아닌 사람들은 우상에게 제사를 드리는 자들처럼 송아지에 입을 맞추는 행위는 하지 않았지만(호 13:2; 왕상 19:18), 하나님이 이 아랫 세상에서 촛불이 되어 우리를 섬기는 종이 되라고 만드신 해와 달을 그들의 주인으로 생각하여 경의를 표하기 위해서 자신의 손에 입을 맞추었다. 그러나 욥은 그런 짓을 결코 하지 않았다.

2. 욥은 이 죄를 얼마나 악한 것으로 생각하였는가(28절).

(1) 그는 이 죄를 방백에 대한 모독으로 여김. 이 죄는 공공의 안녕을 해치고 왕과 지역 사회에 해를 끼치는 범죄로서 재판에 회부할 죄악이다. 우상 숭배는 사람들의 마음을 더럽히고, 풍속을 부패시키며, 사회를 묶어 주는 참된 종교심을 사라지게 만들고, 하나님으로 하여금 진노하셔서 사람들을 상실한 마음에 내어 주시게 하며 한 민족에 심판을 내리시게 만든다. 그러므로 공공의 안녕을 책임진 자들은 이 죄를 벌하고 억제하는 데에 관심을 가져야 한다.

(2) 그는 이 죄를 하늘의 하나님에 대한 훨씬 더 큰 모독으로서 하나님의 왕권과 위엄에 반기를 든 반역죄나 다름없는 것으로 여김. 내가 그리하였으면 위에 계신 하나님이 하나님이시라는 것과 그 하나님이 나의 주권자 되신다는 것을 부인하는 것이 되었으리라. 우상 숭배는 사실상 무신론이다. 그런 까닭에, 성경에서는 이방인들을 하나님도 없는 자들(무신론자들)이라고 말한다(엡 2:12). 우리는 은연중에라도 위에 계신 하나님이나 그의 섭리나 그의 온전하심을 조금이라도 부인하는 언행을 하지 않도록 조심하고 두려워하여야 한다는 것을 명심하라.

III. 욥은 그 누구에게도 악행을 하거나 계획한 적이 없고, 그의 불구대천의 원수가 다치는 것조차도 결코 원하거나 기뻐한 적이 없었다고 항변함. 우리에게 악을 행하는 자들을 용서하는 것은 비록 바리새인들이 네 이웃을 사랑하고 네 원수를 미워하라(마 5:43)고 가르침으로써 그 법을 사실상 무효화시켜 버리긴 하였지만 구약 시대에서 사람들의 마땅한 의무였던 것으로 보인다. 좀 더 살펴보자.

1. 욥은 원수 갚는 일 따위와는 거리가 멀었다는 것. 그는 그에게 해악을 가

한 자들에게 보복하지 않았고, 그를 미워하는 자들을 멸하지 않았을 뿐만 아니라, 다음과 같이 하였다.

(1) 그는 그들이 재난을 당할 때에 즐거워하지 않았다는 것(29절). 자기의 길을 가로막거나 자기를 악하게 대한 자들을 의도적으로 해치고자 하지는 않더라도, 그들이 다치면 뒤에서 아무도 모르게 기뻐하며 웃는 사람들이 많다. 그러나 욥은 그런 마음을 지닌 자가 아니었다. 욥은 아주 선한 사람이었지만, 그를 미워하는 자들이 있었던 것으로 보인다. 그들은 재앙을 만났고, 욥은 그들의 멸망을 지켜 보았지만, 그것을 결코 기뻐하지 않았다. 왜냐하면, 만약 그렇게 했다가는 욥 자신에게도 멸망이 임할 것이었기 때문이다(잠 24:17-18).

(2) 그는 그들에게 나쁜 일이 생기도록 그의 마음속에서 빌지도 않았다는 것(30절). 그는 그들의 생명을 저주하여(이것은 가장 악한 저주였다) 그들이 죽기를 바란 적이 없었다. 그는 그렇게 하는 것이 죄가 된다는 것을 너무나 잘 알고 있었다. 그는 그의 혀로 범죄하지 않으려고 조심하였고(시 39:1), 그의 입이 범죄하게 하지 않도록 애썼기 때문에, 그의 불구대천의 원수들일지라도 그들에게 재앙이 내리기를 감히 빌고자 하지 않았다. 다른 사람들이 우리에게 악의를 품고 있다고 해서, 우리가 그들에 대하여 악의를 품는 것이 정당화될 수 없다.

2. 사람들은 원수를 갚아야 한다고 욥에게 강력히 촉구하였지만, 그는 원수 갚는 일을 결코 하지 않았다는 것(31절). 그의 장막 사람들, 즉 그의 가솔들과 종들, 주변 사람들은 욥을 미워하는 원수들에게 격분해서, 욥의 허락만 떨어진다면 당장에라도 그 원수들을 잡아 먹을 것처럼 씩씩거렸다. "우리 주인은 마음씨 좋게도 그들을 용서하셨지만, 우리는 그 원수들의 살을 먹지 않는다면 만족할 수 없도다." 욥은 그의 가솔들에 의해서 아주 큰 사랑을 받았고, 그들이 진심으로 그를 감쌌으며, 그들이 그의 원수들을 진정으로 그들의 원수로 여겼다. 욥의 주위에는 그를 대신하여 원수를 갚아줄 사람들이 줄을 섰지만, 그러나 그는 자신의 혈기를 철저하게 억누르고 스스로 원수를 갚고자 하지 않았다.

(1) 선한 자는 통상적으로 사람들이 그에게 행한 모욕들을 마음에 담아 두지 않는다는 것. 욥도 그의 친구들이 그에게 행한 모욕들을 마음에 두지 않았다.

(2) 큰 자들 옆에는 통상적으로 원수를 갚아야 한다고 부추기는 자들이 있다는 것. 다윗에게도 그런 자들이 있었다(삼상 24:4; 26:8; 삼하 16:9). 그러나

주위 사람들이 앙심을 품고서 복수할 것을 부추기더라도, 큰 자들이 이성을 잃지 않고 원수 갚는 일을 하지 않는다면, 그것은 그들에게 결코 마음의 근심이 되지 않고, 도리어 그들에 대한 많은 칭찬으로 돌아올 것이다.

IV. 욥은 나그네들을 몰인정하게 대하거나 접대하지 않은 적이 없었다고 항변함(32절). 나그네가 거리에서 자지 아니하도록 나는 행인에게 내 문을 열어 주었노라. 최근에 소돔에서는 롯이 천사들을 맞아서 그의 집에 들이지 않았더라면 천사들이 꼼짝없이 길거리에서 밤을 지새울 뻔한 일이 있었을 것이고, 욥은 그 일을 통해서 나그네를 대접하기를 잊지 말라는 교훈을 얻었던 것으로 보인다 (히 13:2). 집에 머물러 있는 자는 집을 떠나 있는 자들의 처지를 잘 헤아려서, 그들의 입장이 되어 자기가 대접받고 싶은 그대로 그들을 대접하여야 한다. 나그네를 대접하는 것은 그리스도인의 의무이다(벧전 4:9). 욥은 형통하던 때에 집안을 잘 꾸려나가는 것으로 유명하였다. 나는 길쪽을 향한 문을 열어 두었다 (본문은 이렇게 읽을 수도 있다). 욥은 아브라함처럼 누가 지나가는지를 보고서 나그네들을 집으로 맞아들이기 위해서 길쪽으로 난 문을 항상 열어 두었다 (창 18:1).

[33]내가 언제 다른 사람처럼 내 악행을 숨긴 일이 있거나 나의 죄악을 나의 품에 감추었으며 [34]내가 언제 큰 무리와 여러 종족의 수모가 두려워서 대문 밖으로 나가지 못하고 잠잠하였던가 [35]누구든지 나의 변명을 들어다오 나의 서명이 여기 있으니 전능자가 내게 대답하시기를 바라노라 나를 고발하는 자가 있다면 그에게 고소장을 쓰게 하라 [36]내가 그것을 어깨에 메기도 하고 왕관처럼 머리에 쓰기도 하리라 [37]내 걸음의 수효를 그에게 알리고 왕족처럼 그를 가까이 하였으리라 [38]만일 내 밭이 나를 향하여 부르짖고 밭이랑이 함께 울었다면 [39]만일 내가 값을 내지 않고 그 소출을 먹고 그 소유주가 생명을 잃게 하였다면 [40]밀 대신에 가시나무가 나고 보리 대신에 독보리가 나는 것이 마땅하니라 하고 욥의 말이 그치니라

이 단락에는 세 가지 추가적인 죄에 대한 욥의 항변이, 하나님의 법정에서 그의 문제를 심문해 달라는 호소와 함께 나오고(이 호소는 그의 말을 끝맺기 위한 것이기 때문에 우리는 마지막에 살펴볼 것이다), 그런 후에 그가 그의 무죄 주장을 위해서 꼭 다루어야 한다고 생각한 한 가지 죄가 더 나온다.

I. 욥은 위선이라는 비난으로부터 결백하다고 항변함. 친구들이 욥을 고소할 때에 든 주요한 죄목은 그가 신앙이라는 보호막 아래에서 죄들을 은밀하게 지속적으로 추구해 왔고, 그는 실제로 다른 사람들과 마찬가지로 악한 자였으며, 자신의 죄를 은폐하는 기술도 뛰어난 자였다는 것이었다. 소발은 이것을 욥이 자신의 죄악을 혀 밑에 감추었다(20:12)고 우회적으로 표현하였었다. 욥은 이렇게 말한다: "그렇지 않다. 나는 결코 그런 적이 없었다. 나는 다른 사람처럼 내 악행을 숨긴 일이 없고(33절), 이런저런 변명들을 늘어놓으며 죄를 둘러댄 일도 없으며, 너무나 좋아하는 것을 절대로 놓지 않으려 하거나 훔친 물건이 발각될까봐 두려워하듯이 나의 죄악을 나의 품에 감춘 적도 없었다." 사람이 자기가 지은 죄를 덮으려 하는 것은 자연스러운 일이다. 우리의 첫 조상 때부터 그랬다. 우리는 은연중에 하나님이 신경이 쓰여서, 우리의 잘못들을 어떻게 해서든 약하게 만들어서 우리 자신을 최대한 좋게 보이려고 우리가 저지른 잘못들을 인정하기를 싫어하고, 아담이 자신의 죄를 자기 아내에게 전가하였듯이 우리의 잘못들에 대한 책임을 다른 사람들에게 전가한다. 그러나 이렇게 자기의 죄를 숨기는 자는 형통하지 못할 것이다(잠 28:13). 욥은 자신의 항변 속에서 그의 결백을 증명해 줄 확실한 증거로서 두 가지를 얘기한다.

1. 그는 그의 진실성과 양립할 수 없는 그 어떤 큰 범죄나 죄악을 저지른 적이 없고, 그런 죄악을 저지르고도 지금까지 끈질기게 숨기는 일 같은 것은 더더욱 하지 않았다는 것. 이 항변 속에서 그는 자기가 의롭게 행해 왔고, 몇 가지 죄들을 들면서 자기가 그런 죄를 지은 기억이 없다고 말한다.

2. 그는 만약 자기가 어떤 범죄나 죄악을 저질렀다면(살아 있는 자 중에 범죄하지 않는 자가 누가 있으랴) 언제나 그것을 기꺼이 시인할 준비가 되어 있었고, 자신의 언행이 잘못되었다는 것을 깨닫자마자 기꺼이 그것을 하나님과 사람 앞에 고백하고 회개하며 그 잘못된 것을 버릴 준비가 되어 있었다는 것. 이것이 바로 정직하게 행하는 것이다.

II. 욥은 겁이 많고 소심하며 비굴하게 두려워하였다는 비난으로부터 결백하다고 항변함. 그는 선한 일에 있어서 자기가 용기가 있었다는 것을 선한 일에 있어서의 그의 진실성에 대한 증거로 제시한다(34절). 내가 언제 큰 무리와 여러 종족의 수모가 두려워서 대문 밖으로 나가지 못하고 잠잠하였던가. 그는 그렇게 한 적이 없었다. 욥을 아는 모든 자들은 그가 선한 일에 있어서 불굴의 용기와 결단력을 지니고 있었던 인물이라는 것을 알고 있었다. 즉, 욥은 신앙과 공의를 위해서라면 무리 앞에 담대히 나서서 말하고 행하였으며, 사람들을 두려워하거나 사람들의 위협이나 협박을 받는다고 해서 자기가 해야 할 일을 그만두는 법이 없었고, 도리어 자신의 얼굴을 부싯돌 같이 굳게 하여 담대하게 행한 그런 인물이었다는 것이다.

1. 욥은 자기가 사는 지역에서 방백 또는 유명인사로서 자신의 본분을 아주 세심하게 지켰다는 것. 그는 옳은 일을 위하여 말하도록 요청을 받았을 때에 침묵하는 법이 없었고, 밖으로 나와서 선을 행하라는 요청을 받았을 때에 해악을 당할까봐 두려워서 대문을 잠그고 집에 틀어박혀 있는 법이 없었다. 이것은 우리가 다른 사람의 죄를 책망하고 그것에 대하여 증언을 하며, 하나님의 진리와 길들이 옳음을 증명하고, 해악을 입거나 압제를 당하는 자들의 권리를 회복시키며, 어떤 방식으로든 많은 사람들에게 봉사하거나 기독교 신앙을 위하여 덕을 세우도록 요청을 받았을 때에 우리가 침묵하거나 물러나 있는 것은 죄일 수 있다는 것을 보여준다.

2. 욥은 자신의 본분과 도리를 행하는 길에서 낙심되는 일들을 만났을 때에 그것들을 대수롭지 않게 여겼다는 것. 그는 군중들의 아우성을 별로 중시하지 않았고, 큰 무리를 두려워하지 않았으며, 힘 있는 자들의 위협을 아랑곳하지 않았다. 여러 종족으로부터의 수모나 멸시도 그를 두렵게 하지 못하였다. 그는 사람들의 수(數)나 지위, 모욕이나 비웃음, 중상모략이 두려워서 해악을 당한 자들을 위하여 정의를 세우는 일을 그만두는 법이 없었다. 아니, 그는 그런 것들에 의해서 좌지우지되거나 끌려가는 것을 경멸하였고, 의로운 주장이 폭력적이고 강압적인 힘에 의해서 유린당하게 내버려 두지 않았다. 그가 두려워한 것은 무리들이 아니라 크신 하나님이었고, 여러 종족들로부터의 멸시가 아니라 하나님의 저주였다.

Ⅲ. 욥은 압제와 폭력을 행하였다거나 가난한 이웃들에게 악을 행하였다는 비난으로부터 결백하다고 항변함. 좀 더 자세하게 살펴보자.

1. 그의 항변은 무엇인가. 그는 자신의 재물을 정직하게 얻고 사용하였기 때문에, 속임수와 착취로 재산을 축적한 자들과는 달리(합 2:9-11), 그의 밭이 그를 대적하여 부르짖고 밭이랑이 함께 울며 불평하는(38절) 일은 있을 수 없다고 항변한다. 성경에서는 피조물 전체가 인간의 죄 아래에서 신음하고 있다고

말한다. 사람이 불의하게 얻어서 가지고 있는 재물은 그 사람을 대적하여 부르짖고, 그를 고소하고 정죄하며, 그의 불법을 바로잡아 달라고 요구한다. 그 사람의 압제는 벌을 받지 않은 채로 그냥 넘어가는 것이 아니라, 밭과 그 이랑들이 그를 쳐서 증언할 것이고, 그를 기소하여 단죄를 받게 할 것이다. 욥은 자신의 재산에 대하여 다음과 같이 두 가지를 확실하게 말할 수 있었다.

(1) 그는 값을 내지 않고 그 소출을 먹은 적이 없다는 것(39절). 그는 아브라함(창 23:16)이나 다윗(삼하 24:24)처럼 자기가 산 것에 대해서는 반드시 그 값을 지불하였다. 그는 자기가 고용할 품꾼들에게는 정당한 품삯을 제때 주었고, 자기가 세 준 땅의 소출을 먹은 경우에는 그 값을 지불하거나 소작료에서 그 값을 공제하였다.

(2) 그는 땅들을 얻기 위해서 그 땅들의 임자들의 생명을 빼앗은 적이 없다는 것. 아합은 나봇의 포도원을 차지하기 위해서, 상속자를 죽이고 그 유업을 빼앗았다. 그러나 욥은 땅 임자들을 굶주려 죽게 한 적도 없었고, 가혹한 거래나 대우를 통해서 그들을 죽게 만든 일도 없었다. 그와 함께 일한 소작인이나 일꾼이나 종들은 어느 한 사람도 그에게 불평을 할 수 없었다.

2. 그는 자신의 항변을 어떤 식으로 확증하는가. 그는 앞에서도 종종 그랬듯이 여기에서도 자신의 항변이 거짓이라면 그것에 상응한 벌을 받아도 좋다는 말로 자신의 항변이 진실임을 확증한다(40절). "내가 나의 재산을 불의하게 얻었다면, 밀 대신에 가시나무가 나게 하라. 즉, 가장 좋은 곡식 대신에 가장 나쁜 잡초가 나도 좋다." 불의하게 재산을 얻은 자들은 그들의 재산이 주는 위로와 낙을 빼앗기는 것이 마땅하고, 그 재산에 걸었던 그들의 기대들이 무너지는 것이 마땅하다. 그들은 그들의 땅에 씨를 뿌리지만, 장차 있게 될 형체를 뿌리는 것이 아니다. 씨에 형체를 주시는 분은 하나님이시다. 따라서, 그들은 밀의 씨앗들을 뿌렸지만, 거기에서 가시나무들이 올라올 것이다. 사람들이 정직하게 얻지 않은 것은 그들에게 그 어떤 유익도 결코 가져다 주지 않을 것이다. 욥은 그의 항변을 마무리하면서, 그의 말이 진실인지의 여부를 하나님의 심판대에서 가려 달라고 호소한다(35-37절). 누구든지 나의 변명을 들어다오 전능자가 내게 대답하시기를 바라노라. 또는, 오 누군가가 내 말을 들어 주면 좋겠고, 전능자가 내게 대답해 주시면 더욱 좋겠다. 이것은 욥이 원하였던 것이고, 하나님이 그렇게 해주시지 않는다고 욥이 종종 불평하던 것이었다. 그는 이제 자신의 변론

을 아주 자세하게 다 작성한 후에, 그의 사건에 대한 심문이 이루어질 때를 대비해서 철을 해놓는다.

　(1) 욥은 송사를 일으키고, 자신의 송사를 심리(審理)해 줄 것을 간절하게 요청함. "누구라도 좋으니 누구든지 나의 변명을 들어다오. 나의 주장은 지극히 옳고 선하며 그 증거는 너무도 분명하기 때문에, 나는 이 문제에 대한 심리를 이 일과 아무 상관이 없는 자에게 기꺼이 맡기고 싶다. 그러나 나의 바람은 전능자께서 직접 이 사건을 판단해 주시는 것이다." 정직한 마음을 지닌 자는 자신의 사건을 누가 철저하게 조사하는 것을 두려워하지 않는다. 정직한 자는 자기 가슴에 구멍이 있어서 누구라도 자기 마음에 무엇이 들어 있는지를 볼 수 있었으면 좋겠다고 생각한다. 그러나 정직한 자가 특히 원하는 것은 진리를 따라 이루어지는 하나님의 심판에 의해서 자기와 관련된 모든 일에 대한 판결이 행해지는 것이다. 다윗은 하나님이여 나를 살피사 내 마음을 아시며 나를 시험하사 내 뜻을 아옵소서(시 139:23)라고 기도하였고, 나를 심판하실 이는 주시라는 것이 바울의 위로였다(고전 4:4).

　(2) 욥은 자기를 고발할 자가 있으면 자신의 죄목들을 낱낱이 다 기록한 고소장을 제출하라고 말함. 왜냐하면, 그래야만 욥은 그 죄목들에 대하여 분명하게 자신의 결백을 증명하여 거기에서 건짐을 받을 수 있을 것이기 때문이다. "나의 대적이 책을 썼으면 좋겠다. 나를 위선자라고 고소하는 나의 친구들이 그들의 고소 내용을 글로 써서, 그들이 주장하는 것들이 무엇인지가 확실하게 드러나서, 내가 그것들에 대하여 좀 더 잘 다툴 수 있게 해주었으면 좋겠다." 욥은 그를 비방하는 글을 직접 보거나 그를 고발하는 고소장의 사본을 손에 넣을 수 있다면 정말 좋겠다고 말한다. 그렇게만 된다면, 그는 그것을 그의 팔 아래에 숨겨두지 않고, 도리어 그것을 어깨에 메어 모든 사람들이 잘 보고 읽을 수 있게 하며, 그것을 왕관처럼 머리에 묶어서 자신의 장신구인 양 기뻐할 것이라고 말한다. 그가 그것을 기뻐하는 이유는 다음과 같다.

　[1] 만약 그 고소장이 그가 지금까지 알지 못했던 그의 죄를 드러내 준다면, 그는 그 죄를 깨닫고서 회개하고 용서를 받을 수 있을 것이기 때문에, 고소장을 써주었으면 정말 기쁘겠다는 것. 선한 자는 자신의 가장 추한 모습도 있는 그대로 알기를 원하고, 그에게 그의 잘못들을 있는 그대로 말해주는 자들에게 진심으로 감사하는 법이다.

[2] 만약 그 고소장이 거짓된 죄목들로 그를 고소한다면, 그는 틀림없이 그 죄목들을 반박할 수 있을 것이고, 그의 결백함이 대낮처럼 분명하게 드러나서, 그의 명예가 회복될 것이기 때문에, 고소장을 써주었으면 정말 기쁘겠다는 것.

[3] 그는 그의 대적들이 고소장을 쓰기 위해서 이 문제를 면밀하게 살펴보게 되면, 그들이 고소하는 내용들이 소소하고 하찮은 것들임이 드러나게 될 것임을 믿었기 때문에, 고소장을 써주었으면 정말 기쁘겠다는 것. 그러면, 고소장의 내용을 살펴본 자들은 누구나 "이것이 그들이 그를 고소하고자 하는 것의 전부라면, 그들이 그를 이토록 괴롭힌 것은 부끄러운 일이다"라고 말하게 될 것이라고 욥은 확신하였다.

(3) 욥은 피고로서 법정에 출두해서 그를 고소한 자들과 더불어서 공정하게 다툴 준비가 다 되어 있다고 말함. 그는 그의 걸음의 수효를 그들에게 분명하게 알릴 것이다(37절). 그는 그들을 그의 인생사 속으로 데리고 들어와서, 그들에게 그의 인생의 모든 단계들과 장면들을 보여줄 것이다. 그는 그가 행해 온 것들, 즉 그에게 유리하거나 불리한 모든 것들에 대한 이야기를 그들에게 다 들려주어서, 그들이 그것들 중에서 마음대로 골라서 그를 고소하는 데에 사용하게 할 것이다. 그는 자신의 온전함과 결백을 확신하고 있기 때문에, 심문을 받을 죄수가 아니라 대관식에 참석하러 가는 왕의 태도로 법정으로 나아가서, 그를 고소하는 자들의 말을 들어보고 재판장이 그에게 내리는 선고를 듣고자 한다. 이렇게 그의 양심의 증언은 그로 하여금 기뻐할 수 있게 해주었다. 네 양심을 죄 없이 보존하는 것을 너의 놋 성채로 삼으라. 욥처럼 자신의 손을 세상으로부터 흠 없이 보존한 자들은 한 점 부끄러움 없이 하나님을 향하여 자신의 얼굴을 들 수 있고, 사람들의 부당한 비난 아래에 놓여 있을 때에도 하나님의 판단을 기대하며 스스로를 위로할 수 있다. 만일 우리 마음이 우리를 책망할 것이 없으면, 우리가 하나님 앞에서 담대함을 얻는다(요일 3:21).

이렇게 해서 욥의 말이 끝났다. 즉, 그는 이제 그의 친구들의 비난에 대답하여 자기가 하고 싶은 말을 다 하였다. 그는 나중에 자기 자신을 책망하고 정죄하는 말을 하게 될 것이지만(40:4-5; 42:2-6), 여기에서는 자기 자신을 변론하고 정당화하기 위하여 시작한 말을 끝마친다. 이것이 충분하지 않다고 해도, 그는 더 이상 말하고자 하지 않는다. 그는 자기가 충분히 말을 하였다는 것을 알기 때문에, 이제는 배심원들의 판단에 순순히 따르고자 한다. 어떤 이들은 욥의 표현 방식은 그가 승리의 확신에 차서 자신의 항변을 끝마치고 있음을 보여준다고 생각한다. 그는 지금 전선(戰線)을 유지하고 있고, 이 전쟁에서 승리할 것을 의심하지 않는다. 의롭다 하신 이는 하나님이시니 누가 능히 하나님께서 택하신 자들을 고발하리요(롬 8:33).

제
— 32 —
장

개요

무대에는 이제 아무도 없었다. 왜냐하면, 욥과 그의 친구들은 무대 옆에 앉아 있었고, 욥이나 그의 친구들이나 더 이상 할 말이 없었기 때문이다. 그러므로 지금은 중재자가 나설 절호의 기회였는데, 이 때에 등장한 중재자는 엘리후였다. 이 장에서 우리는 다음과 같은 내용들을 본다. I. 엘리후 자신과 그의 혈통에 관한 약간의 설명, 이 논쟁이 벌어진 곳에 그가 있었다는 것, 이 논쟁에 대한 그의 소감(1-5절). II. 엘리후가 그의 연장자들에 의해서 아주 광범위하고 박식하게 논의된 문제에 대하여 자기가 감히 끼어든 것에 대하여 사과함. 그는 이렇게 말한다. 1. 자기가 연륜이 없기는 하지만 한 사람으로서의 소견을 가지고 있다는 것(6-10절). 2. 자기가 그들이 지금까지 말한 것들을 인내로써 들어 왔다는 것(11-13절). 3. 자기가 새롭게 제시할 내용이 있다는 것(14-17절). 4. 그의 마음은 이 문제로 온통 꽉 차 있기 때문에, 자신의 생각을 쏟아놓아야 시원하리라는 것(18-20절). 5. 자기가 이 문제에 대하여 공정하게 말할 결심을 하였다는 것(21-22절). 엘리후는 이 문제에 대하여 아주 잘 말하였기 때문에, 그가 욥과 세 친구를 질책하였을 때, 욥도 그에게 아무 대답을 하지 않았고, 하나님도 그를 책망하지 않으셨다.

[1]욥이 자신을 의인으로 여기므로 그 세 사람이 말을 그치니 [2]람 종족 부스 사람 바라겔의 아들 엘리후가 화를 내니 그가 욥에게 화를 냄은 욥이 하나님보다 자기가 의롭다 함이요 [3]또 세 친구에게 화를 냄은 그들이 능히 대답하지 못하면서도 욥을 정죄함이라 [4]엘리후는 그들의 나이가 자기보다 여러 해 위이므로 욥에게 말하기를 참고 있다가 [5]세 사람의 입에 대답이 없음을 보고 화를 내니라

젊은이들은 논쟁자로 나서고, 나이 든 자들은 중재자로 나서는 것이 보통이다. 그러나 여기에서는 나이 든 자들이 논쟁자로 나서자, 하나님은 한 젊은이를 중재자로 세우셔서, 나이 든 자들이 합당치 못하게 열을 낸 것에 대하여 그들을 책망하게 하신다. 지금 여기에는 교훈을 받기 위해서 욥을 찾아온

친구들이 몇 명 있었다.

I. 욥의 세 친구가 지금 침묵을 지킨 이유. 욥이 자신을 의인으로 여기므로, 그들은 말을 그치고, 그에게 할 말을 하게 하였다. 그들이 더 이상 말을 하지 않은 이유로 든 것은 자기 고집만을 내세우는 사람과 논쟁을 해보아야 아무 소용이 없다는 것이었다(1절). 자만심에 가득 차 있는 자들을 설득하는 것은 사실 대단히 어렵다. 스스로 지혜롭게 여겨서 자신을 어리석은 자로 만드는 자들보다는 하나님이 날 때부터 미련하게 하신 자에게 오히려 희망이 있다(잠 26:12). 그러나 친구들은 욥에 대하여 공정하게 판단한 것이 아니었다. 그는 사실 하나님 앞에서 의로운 자였고, 오직 그들의 눈에만 의롭지 않게 보였을 뿐이다. 따라서, 속좁은 논쟁자들이 자신의 주장이 관철되지 않을 때에, 상대방을 설득할 수 있는 능력이 그들에게 부족하였다는 것을 인정하기가 싫기 때문에, 자신의 자존심을 지키기 위해서, 그들이 더 이상 말을 하지 않는 책임을 상대방에게 전가시키는 것이 보통인데, 욥의 친구들도 그러하였다.

II. 네 번째의 논객으로 등장한 엘리후가 지금에 와서야 말을 하게 된 이유. 엘리후라는 이름은 "그는 나의 하나님이시다"를 의미한다. 지금까지 욥을 설득하기 위한 친구들의 시도들은 다 실패하였지만, 하나님은 그 일을 하실 수 있으시고 실제로 하실 것이며 결국 그렇게 하셨다. 오직 하나님만이 명철을 여실 수 있으시다. 본문에서는 엘리후가 부스 사람, 즉 나홀의 둘째 아들이었던 부스의 후손이고(창 22:21), 수리아인들 또는 아람 사람들의 조상인 람 또는 아람의 친족이었다고 말한다(창 22:21). 갈대아 역본에서는 여기에서 람(높다)으로 불린 인물이 나중에 아브람(높은 조상)으로, 그리고 마지막으로는 아브라함(무리의 높은 조상)으로 불렸다고 보고서, 이 어구를 아브람의 친족 엘리후로 읽는다. 엘리후는 욥의 다른 세 친구와는 달리 그렇게 잘 알려져 있지 않았기 때문에, 여기에서 이렇게 좀 더 자세하게 설명이 되고 있다.

1. 엘리후는 자기가 화가 나서 말을 하게 되었고, 자기가 화를 낼 만한 이유가 있었다고 생각한다고 말함. 그는 논쟁의 진행 과정을 쭉 지켜보고 있다가, 거기를 떠나서 다른 곳에 가서 악의적이고 비판적인 말들로 그들 몰래 그들을 헐뜯은 것이 아니라, 그들이 변명할 수 있는 기회를 가질 수 있도록 그들의 면전에서 자기가 하고 싶은 말을 하였다.

(1) 그는, 욥이 하나님에 대하여 경외하는 마음으로 말을 했어야 하는데도

그렇지 못하였다고 생각하였기 때문에 욥에게 화를 냄. 욥이 그렇게 말을 한 것은 사실이었다(2절). 욥이 하나님보다 자기가 더 의롭다고 하였다. 즉, 욥은 마치 하나님의 명예보다는 자신의 명예가 더 중요하다고 여긴다는 듯이, 그에게 환난을 주신 하나님이 불의하시다는 비난을 받지 않도록 잘 해명하기보다는 환난을 당하고 있는 그가 불의하다는 비난을 받는 것이 부당하다는 것을 지적하는 데에 더 열을 올리고 애를 썼다. 사실, 그는 무엇보다도 먼저 하나님의 의로우심과 그 영광을 드러내어야 마땅하였고, 그런 후에 그의 결백이 저절로 밝혀지기를 기다려야 마땅하였다. 은혜를 받은 심령은 하나님의 명예가 손상되는 것에 대하여 아주 예민하기 때문에, 하나님의 명예가 무시되거나 의심되거나 손상을 입는 것을 보면 화를 내지 않을 수 없다는 것을 명심하라. 친구들이 하나님을 모욕하는 말을 할 때에 우리가 그들에게 화를 내는 것은 온유함의 법을 깨뜨리는 것이 결코 아니다. 그리스도께서도 시몬에게 **사탄아 내 뒤로 물러가라**고 말씀하셨다(마 16:23). 엘리후는 욥이 선한 자라는 것을 인정하였지만, 욥이 잘못된 말을 한다고 생각하였을 때에 무조건 욥의 말을 따르지는 않았다. 우리의 친구들에게 그들의 잘못들을 지적해서 말해 주지 않는 것은 그들에게 너무 지나치게 예의를 차리고 그들의 눈치를 너무 지나치게 보는 것이다.

(2) 그는, 그의 친구들이 욥을 불쌍히 여기는 마음으로 대하였어야 하는데도 그렇게 하지 못하였다고 생각했기 때문에 그들에게 화를 냄(3절). 또 세 친구에게 화를 냄은 그들이 능히 대답하지 못하면서도 욥을 정죄함이라. 그들은 욥을 위선자이자 악인으로 단정하고서는, 그것을 증명할 수도 없었고 욥이 자신의 결백을 보여주기 위해 제시한 증거들을 반박할 수도 없었으면서도, 욥에 대한 그들의 선고를 철회하고자 하지 않았다. 그들은 그들이 내세운 전제들이 옳다는 것을 증명하지도 못하면서도, 결론을 굳게 붙잡고 있었다. 그들은 욥이 제시한 반론들에 대하여 대답할 말이 없었는데도, 욥의 주장을 순순히 받아들이지 않았고, 도리어 옳든 그르든 욥을 짓밟고자 하였다. 이것은 공평한 것이 아니었다. 양 쪽 모두에 잘못이 없다면, 다툼이 시작되는 일은 거의 없고, 다툼이 갈 데까지 가는 일은 더더욱 없다. 엘리후는 중재자로서 어느 쪽의 편도 들지 않고, 양 쪽의 잘못과 실수들을 똑같이 지적하였다. 진지하게 진실을 찾고자 하는 자들은 이렇게 논쟁자들에 대한 판단에 있어서 어느 쪽으로 기움이 없이 공정해야 하고, 잘못된 것을 옹호하기 위해서 참되고 선한 것을 배척하거나,

참되고 선한 것을 희생시켜서 잘못된 것을 옹호해서는 안 되며, 옥석을 잘 가려내는 법을 배워야 한다.

2. 엘리후는 이제 자기가 말할 때가 왔고, 마침내 자기 차례가 왔다고 생각했기 때문에 말을 하게 되었다고 말함(4-5절).

(1) 그는 욥이 말하는 것을 기다렸다가 그가 하는 말들을 끝까지 다 들었고, 욥의 말이 끝날 때까지 기다렸다.

(2) 그는 그의 친구들이 침묵할 때도 어느 정도 시간을 두고 기다렸다. 그는 욥이 말할 때에 중간에 끼어들지 않았던 것과 마찬가지로, 그의 친구들이 자기보다 먼저 말할 기회를 갖도록 기다려 주었다. 이것은 그들이 자기보다 더 지혜로웠기 때문이 아니라, 그들은 자기보다 더 나이가 많아서, 거기에 있는 무리들이 그들이 그보다 먼저 말하는 것이 도리라고 생각했기 때문이었다. 엘리후는 매우 겸손하고 신중한 사람이어서, 결코 그들의 특권을 빼앗고자 하지 않았다. 질서를 유지하기 위해서는 우선 순위에 관한 몇몇 분명한 원칙들은 지켜져야 한다. 참된 지혜와 인품이 있으면 자연히 진정한 존귀함이 뒤따르는 법이기는 하지만, 사람들은 누구나 자기나 자신의 친구가 가장 지혜롭고 인품이 가장 훌륭하다고 생각하기 때문에, 내적인 존귀함은 외적인 예식에 있어서는 분명한 원칙이 될 수 없으므로, 예식에서는 나이나 직분에 따라 우선 순위가 결정될 수밖에 없다. 윗 사람들은 그들이 아랫 사람이었을 때에 윗 사람들을 공경했기 때문에 지금은 그들 자신이 그런 공경을 받을 자격이 있고, 아랫 사람들은 장차 그들이 윗 사람이 되었을 때에 공경을 받을 것이기 때문에 지금 윗 사람들을 공경하는 것이 좋다.

[6]부스 사람 바라겔의 아들 엘리후가 대답하여 이르되 나는 연소하고 당신들은 연로하므로 뒷전에서 나의 의견을 감히 내놓지 못하였노라 [7]내가 말하기를 나이가 많은 자가 말할 것이요 연륜이 많은 자가 지혜를 가르칠 것이라 하였노라 [8]그러나 사람의 속에는 영이 있고 전능자의 숨결이 사람에게 깨달음을 주시나니 [9]어른이라고 지혜롭거나 노인이라고 정의를 깨닫는 것이 아니니라 [10]그러므로 내가 말하노니 내 말을 들으라 나도 내 의견을 말하리라 [11]보라 나는 당신들의 말을 기다렸노라 당신들의 슬기와 당신들의 말에 귀 기울이고 있었노라 [12]내가 자세히 들은즉 당신들 가운데 욥을 꺾어 그의 말에 대답하는 자가 없도다 [13]당신들이 말하기를 우리가 진상

을 파악했으나 그를 추궁할 자는 하나님이시요 사람이 아니라 하지 말지니라 [14]그가 내게 자기 이론을 제기하지 아니하였으니 나도 당신들의 이론으로 그에게 대답하지 아니하리라

엘리후는 여기에서 다음과 같은 인물로 등장한다.

I. 대단히 점잖고 겸손한 인물. 그는 젊은 사람이었고 능력 있는 사람이었지만, 건방지거나 자신만만하거나 거만을 떨지 않았다. 그의 얼굴은 빛났지만, 그는 모세처럼 그것을 알지 못하였고, 이것은 그로 하여금 더욱 더 밝은 빛을 발하게 만들었다. 엘리후의 다음과 같은 면모는 모든 사람들, 특히 젊은 사람들의 귀감이 될 만한 것이었다.

1. 그가 자기 자신이나 자신의 판단에 대하여 겸양하는 마음을 지닌 것(6절). "나는 연소하고 당신들은 연로하므로 내가 괜히 틀리거나 쓸데없는 말을 할까봐 뒷전에서 나의 의견을 감히 내놓지 못하였노라." 그는 욥과 친구들 사이에 오고 간 모든 말들을 유심히 지켜보았고, 욥이 하는 말들을 아주 꼼꼼하게 경청하였기 때문에, 이 문제에 대하여 자신의 판단이 선 상태였다. 그는 이 문제를 생소하다고 여겨서 무시해 버리지도 않았고, 너무 복잡하다고 여겨서 거부해 버리지도 않았다. 그러나 이 문제에 대한 판단이 자기 자신에게 아무리 분명하게 섰다고 할지라도, 그의 판단은 자기보다 나이가 많은 자들의 판단과 달랐기 때문에, 그는 이 문제에 대한 자신의 생각을 밝히는 것을 주저하였다. 논란이 되고 있는 문제들에 있어서 우리 자신의 판단을 의심해 보고, 다른 사람들의 생각을 듣는 데에는 신속하고 우리 자신의 생각을 말하는 데에는 느린 것이 우리에게 합당한 일이라는 것을 명심하라. 학식과 경건에 있어서 우리보다 위여서 우리의 존경을 받을 만한 자들의 판단과 우리의 판단이 다를 때에는 특히 그러하다.

2. 그가 연장자들에게 경의를 표하고, 그들에게 큰 기대를 한 것(7절). 내가 말하기를 나이가 많은 자가 말할 것이라 하였노라. 나이와 연륜은 사람에게 생각할 거리들을 점점 더 많이 제공해 주고, 사고 능력의 성숙과 향상을 가져다 주기 때문에, 사물들을 판단함에 있어서 큰 이점이 된다는 것을 명심하라. 그렇기 때문에, 나이 든 자들은 스스로 배우고 남들을 가르치는 데에 힘을 써야 하고(그렇게 하지 않는다면, 나이라는 이점은 그들에게 수치가 되고 만다), 젊은

이들은 나이 든 자들의 가르침을 열심으로 경청하여야 한다. 오랜 제자 또는 나이 든 제자와 함께 머무는 것은 좋은 일이다(행 21:1; 딛 2:4). 엘리후의 겸양은 그가 그의 연장자들이 하는 말들을 끝까지 참고 경청하였다는 것에서 드러났다(11-12절). 그는 나이 든 자들을 공경해야 한다는 자신의 생각에 따라 큰 기대를 가지고서 그들의 말을 경청하였다. 그는 그들의 의도를 파악하기 위해서 그들의 추론 과정을 귀 기울여 들었고, 그들이 한 말의 전체적인 취지와 논증의 의미를 온전히 이해하였다.

(1) 그들은 느리게 말하였고, 무슨 말을 해야 할지를 찾기 위해서 많은 시간이 걸렸는데도, 그는 정성을 다해서 그들의 말을 경청하였다는 것. 그들은 자주 적당한 소재와 표현들을 찾는 데에 시간이 걸렸고, 말을 자주 끊고 우물쭈물하였으며, 민첩하게 말을 하지 못했지만, 그는 그런 것들을 다 무시하고, 진정으로 설득력이 있기만 하다면 전달에 있어서의 약점들은 그렇게 중요하지 않다고 생각하고서, 그들의 슬기와 그들이 전하고자 하는 이치에 귀를 기울였다.

(2) 그들은 이 문제를 잘 이해하지 못하고 가볍게 생각하였으며, 그들 중 어느 누구도 욥의 말에 대답하지 못하였으며, 욥을 설득시키기에 적합한 말을 하지도 못했지만, 그는 그들이 결국에는 이 문제를 해결할 실마리를 제공해 줄 것이라는 소망을 가지고서 그들의 말을 경청하였다는 것. 우리는 종종 우리가 좋아하지 않은 말들을 기꺼이 들어야 한다. 그렇게 하지 않는다면, 우리는 모든 것들을 증명할 수 없다. 그는 자기가 그들의 말을 끝까지 다 경청하였기 때문에 이제는 다음과 같은 자유가 그에게 주어져야 한다고 변론한다.

[1] 이제는 자기가 나서서 말을 해도 아무 문제가 없을 것이고, 그들도 그의 말을 경청해 주어야 한다는 것. 우리는 이런 자유를 서로에게 허용하고 요구하여야 한다. 들은 자들은 말하는 것이 허용되어야 하고, 배운 자들은 가르치는 것이 허용되어야 한다.

[2] 이제는 자기가 그들이 지금까지 한 말들에 대하여 판단을 내릴 수 있다는 것. 그는 그들이 무슨 의도로 말을 해왔는지를 다 지켜 보았기 때문에, 거기에 대하여 무슨 말을 해야 할지를 알게 되었다. 우리는 우리 형제들의 생각과 감정을 철저하게 파악한 후가 아니면, 그들을 비판해서는 안 된다. 왜냐하면, 사연을 듣기 전에 또는 단지 반쯤만 듣고서 대답하는 자는 미련하여 욕을 당하고

(잠 18:13), 자기가 건방지고 오만하다는 것을 나타내는 것이기 때문이다.

Ⅱ. 대단한 분별력과 용기를 지닌 인물. 엘리후는 언제 어떻게 침묵해야 하는지를 알 뿐만 아니라 언제 어떻게 말을 해야 하는지도 아는 사람이었다. 그는 그의 친구들을 존중하는 마음을 지니고 있었기 때문에 그들이 말할 때에 끼어들지 않았지만, 진리와 공의(그의 더 좋은 친구들)를 존중하는 마음도 지니고 있었기 때문에 그의 침묵으로 말미암아 그것들을 배신하는 일을 하지 않았다. 엘리후는 다음과 같이 담대하게 변론한다.

1. 사람은 이성적인 피조물이어서, 사람들마다 나름대로 분별력 있는 판단을 지니고 있기 때문에, 누구에게나 말할 자유가 허용되어야 한다는 것(8절). 이것은 욥이 앞에서 했던 말이기도 하다(12:2). 단지 엘리후는 그것을 더 겸손하게 표현해서, 사람들은 너나 할 것 없이 다 깨달음이 있기 때문에, 그 어느 누구도 이성을 독점하고 있는 체하거나 모든 깨달음을 혼자만 갖고 있는 체해서는 안 된다고 말한다. 만약 엘리후가 나도 너희와 마찬가지로 계시를 갖고 있다(어떤 이들은 이 구절을 이렇게 이해한다)는 뜻으로 이 말을 했다면, 그는 그것을 증명해야 했을 것이다. 그러나 그는 단지 나도 너희와 마찬가지로 이성과 깨달음을 갖고 있다고만 말했기 때문에, 그들은 그의 말을 반박할 수 없었고(이성을 갖고 있는 것은 모든 사람의 존귀함이고, 그것을 주장하는 것은 결코 주제넘은 짓이 아니다), 그가 이 말로부터 어떤 것들을 추론해 낼 때에 그 결과를 부정할 수 없었다(10절). 그러므로 내 말을 귀 기울여 들으라. 여기에서 우리는 다음과 같은 것들을 배운다.

(1) 영혼은 영이기 때문에 물질 자체도 아니고 물질에 의존되어 있지도 않으며, 감각의 대상들이 아닌 영적인 것들과 교통할 수 있다는 것.

(2) 영혼은 깨닫는 영이라는 것. 영혼은 진리를 발견하고 받아들이며, 진리 위에서 말하고 추론하며, 거기에 따라 지시하고 다스릴 수 있다.

(3) 이 깨닫는 영은 각 사람 안에 있다는 것. 영혼은 각 사람에게 비추는 빛이다(요 1:9).

(4) 사람에게 깨달음을 주는 것은 전능자의 감동(또는, 숨결)이라는 것. 왜냐하면, 하나님은 영들의 아버지이시고, 명철의 원천이기 때문이다(창 2:7; 전 12:7; 슥 12:1).

2. 지위나 권위, 위엄이 남들보다 뛰어난 자들이라고 해서 항상 거기에 비례

하여 지식과 지혜에 있어서도 남들보다 뛰어난 것은 아니라는 것(9절). 큰 자들이나 어른이라고 항상 지혜로운 것은 아니다. 그들이 그렇다는 것은 정말 서글픈 일이다. 왜냐하면, 그들이 언제나 지혜롭다면, 그들의 큰 영향력으로 다른 사람들을 해치는 일은 결코 없을 것이고, 그들이 지닌 지혜로 훨씬 더 많은 선을 행할 수 있을 것이기 때문이다. 사람들은 각자의 지혜에 맞게 지위가 올라가야 마땅하다. 존귀함과 권세를 지닌 자들은 지혜를 활용해야 할 기회가 가장 많기 때문에, 누구보다도 지혜를 가장 많이 필요로 한다. 그렇지만 큰 자들이라고 해서 항상 지혜로운 것은 아닌 것이 현실이기 때문에, 어떤 사람의 명령을 맹목적으로 추종하는 것은 어리석은 일이다. 또한, 나이 든 자들이라고 해서 항상 올바른 판단을 하는 것이 아니다. 그들도 실수할 수 있기 때문에, 그들은 모든 사람이 그들의 생각을 무조건 받아들여서 복종하여야 한다고 생각해서는 안 된다. 아니, 그러므로 그들은 자기보다 어린 사람들이 그들의 말을 반박하는 것을 모욕으로 받아들이지 말아야 하고, 도리어 어린 사람들로부터 가르침을 받는 것을 그 어린 사람들이 그들에게 베풀어준 호의로 받아들여야 한다. 그러므로 내가 말하노니 내 말을 들으라(10절). 우리는 모든 점에서 우리보다 못한 자들이 들려주는 이치에 맞는 말을 기꺼이 경청하여야 하고, 그 말을 기꺼이 받아들여야 한다. 좋은 눈을 가진 자는 평지에서도, 시력이 좋지 않은 자가 가장 높은 산에 올라가서 보는 것보다 더 멀리 볼 수 있다. 가난하여도 지혜로운 젊은이가 늙고 둔하여 경고를 더 받을 줄 모르는 왕보다 나으니라(전 4:13).

3. 욥과 그의 친구들이 이제까지 한 모든 말들에 의해서 이 논쟁이 더 복잡하고 갈피를 잡을 수 없게 되었기 때문에, 이 논쟁을 참된 빛 가운데에서 결말을 짓기 위해서는 뭔가가 더 말해질 필요가 있다는 것(13절). "당신들이 말하기를 우리가 진상을 파악했다고 하지 않도록 하기 위해서, 나는 말할 수밖에 없다. 즉, 욥에 대한 너희의 논증이 다툴 여지가 없이 결정적인 것이어서, 너희의 이러한 논증 외에 그 어떤 다른 논증에 의해서는 욥이 죄를 깨닫고 낮아질 수 없고, 사람이 아니라 하나님이 그를 내치셨으며, 하나님이 그의 원수가 되었다는 것과 그가 분명히 악인이라는 것이 그가 겪는 극심한 환난에 의해서 증명되었다고 너희가 말하지 않도록 하기 위해서, 이제는 내가 나서서 말할 수밖에 없다. 나는 너희에게 그것은 거짓된 가설이라는 것과 욥은 그런 가설 없이 죄를 깨달을 수 있다는 것을 보여주지 않으면 안 되게 되었다." 또는, "너희가 가장 지혜

로운 길을 찾아내었다고, 즉 더 이상 욥과 논쟁하지 않고 이 문제를 하나님께 맡겨서 하나님이 그를 밀쳐 버리시도록 하는 것이 상책이라고 생각하지 않도록 하기 위해서, 이제 내가 나서서 말할 수밖에 없다." 사람들이 하나님의 진리를 말한다고 하면서 잘못된 것들을 제시하면서 서로 논란을 벌이고 있다면, 그 때는 우리가 나서서 말할 때이다. 사람들이 자신의 교만과 혈기, 형제들에 대한 그들의 불의하고 무자비한 비난들을 정당화하기 위하여 하나님의 진리를 들먹인다면, 그 때는 우리가 나서서 말할 때이다. 그런 때에 우리는 하나님을 대신하여 말하여야 한다.

4. 그에게는 뭔가 새롭게 제시할 것이 있고, 그는 이 논쟁을 지금까지보다는 더 좋은 쪽으로 이끌어 나가고자 한다는 것(14절). 그는 다음과 같은 이유들 때문에 욥과 그의 친구들이 그의 말을 호의적으로 들어줄 것이라고 생각한다.

(1) 그는 결백을 주장하는 욥의 항변들에 대하여 반론을 제기하지 않고, 그 항변들이 진실이라는 것을 일단 인정할 것이기 때문에, 욥의 원수로서 이 논쟁에 개입하는 것이 아니라는 것. "욥은 내게 자기 이론을 제기하지 아니하였고, 나는 욥이 한 말의 주된 취지를 반박할 말이 없고, 욥이 말한 기본적인 원리들이나 생각들은 나의 것과 다르지도 않다. 나는 단지 욥이 혈기로 말한 부분에 대해서만 온건하게 그를 책망하고자 할 뿐이다."

(2) 그는 그들의 논증들을 반복해서 말하거나, 그들이 제시한 원리들 위에서 말을 해나가지도 않으리라는 것. "나도 당신들의 이론으로 그에게 대답하지 아니하리라. 나는 당신들이 다루었던 그런 문제를 다시 거론하고자 하는 것이 아니다. 왜냐하면, 당신들이 이미 말한 것을 내가 다시 말할 것이라면, 나는 차라리 침묵하는 편이 더 나을 것이기 때문이다. 또한, 나는 당신들이 보여준 것과 동일한 방식이나 태도로 말을 하고자 하는 것도 아니다. 나는 당신들이 욥에게 보여준 속좁은 태도가 싫은데, 내 자신이 그런 짓을 어찌 다시 반복하겠는가." 지혜로운 자는 지금까지 이미 이루어진 논쟁에 더 보탤 것이 있거나 수정할 것이 있는 경우 외에는 그것을 건드리지 않고 그대로 놓아 두는 법이다. 그가 이미 이루어진 것을 다시 행할 이유가 어디에 있겠는가?

[15]그들이 놀라서 다시 대답하지 못하니 할 말이 없음이었더라 [16]당신들이 말 없이 가만히 서서 다시 대답하지 아니한즉 내가 어찌 더 기다리랴 [17]나는 내 본분대로 대

답하고 나도 내 의견을 보이리라 ¹⁸내 속에는 말이 가득하니 내 영이 나를 압박함이니라 ¹⁹보라 내 배는 봉한 포도주통 같고 터지게 된 새 가죽 부대 같구나 ²⁰내가 말을 하여야 시원할 것이라 내 입을 열어 대답하리라 ²¹나는 결코 사람의 낯을 보지 아니하며 사람에게 영광을 돌리지 아니하리니 ²²이는 아첨할 줄을 알지 못함이라 만일 그리하면 나를 지으신 이가 속히 나를 데려가시리로다

엘리후는 여기에서 예리하고 박식한 논쟁자들에 의해서 이미 자세하게 검토된 이 논쟁에 자기가 뛰어들게 된 것에 대한 변명으로 다음의 세 가지를 제시한다.

1. 지금 무대는 비어 있기 때문에, 그가 나서서 말을 한다고 해도 욥이나 그의 친구들 중 어느 쪽이 말하는 것을 방해하는 것이 되지 않는다는 것. 그들이 놀라서 다시 대답하지 못하니 할 말이 없음이었더라(15절). 당신들이 말 없이 가만히 서서 다시 대답하지 아니하였다(16절). 그들은 스스로 말하는 것을 그쳤을 뿐만 아니라, 무리 중에서 아무라도 자신의 생각을 말하면 듣겠다는 듯이 가만히 서 있었기 때문에, 그가 나서서 말을 해도 전혀 예의에 벗어나는 것이 아니었다. 그들은 그들이 지금까지 한 말들로 스스로 온전히 만족하지 못한 것으로 보인다. 만약 그들이 만족하였다면, 그들은 이 법정을 산회하였을 것이고, 뭔가 어떤 말이 더 나오기를 기대하면서 이런 식으로 가만히 서 있지는 않았을 것이다. 그래서 나는 이렇게 말하였다(17절). "내가 내 몫으로 대답하리라. 나는 결정적이고 명확한 판결을 내릴 수 있는 체할 수는 없다. 그럴 수는 없다. 최종적인 판단은 하나님의 몫이다. 누가 옳고 누가 틀렸는지는 하나님이 결정하실 수밖에 없다. 그러나 당신들이 각자 자신의 의견을 보여주었기 때문에, 나도 내 의견을 보여서, 당신들의 의견과 더불어서 하나님의 최종적인 판단을 기다릴 것이다." 아무리 보잘것없는 사람이라도 자신의 의견을 이렇게 겸손하게 내놓는다면, 사람들이 그 의견을 들어주고 깊이 고려해 보는 것이 마땅한데, 그렇게 되지 않는다면 그것은 서글픈 일이다. 나는 엘리후가 여기에서 자기가 이 책의 저자라는 것을 드러내고 있다고 본다. 그는 여기에서 역사가로서 사실관계를 정확히 얘기하고 있다. 그가 앞 절들에서 사람들에게 그의 말에 주목할 것을 주문한 후에, 사람들은 놀라서, 그들끼리 수근대는 것을 그치고, 그가 원하는 말을 마음껏 할 수 있게 해주고서, 가만히 서서 그가 하는 말을 들었고,

그의 서론적인 말 속에 담대함과 겸손함이 훌륭하게 뒤섞여 있는 것을 보고 많이 놀란다.

2. 그는 이 문제에 대한 자신의 생각을 내놓지 않고 있으려니 불안하고 고통스럽기까지 하다는 것. 그가 이렇게 견딜 수 없어 하기 때문에, 그들은 그에게 말을 해도 좋다고 허락해 주어야 한다. 그는 그의 마음이 그의 속에서 뜨거워서 작은 소리로 읊조릴 때에 불이 붙었고(시 39:3), 예레미야 선지자처럼 할 말을 마음속에 담아두고 있자니 그의 마음이 불붙는 것 같아서 골수에 사무쳤다(렘 20:9). 젖 먹이는 산부(産婦)가 그녀의 젖이 꽉 찼을 때에 그 젖을 짜내지 않으면 안 되듯이, 엘리후는 욥의 문제에 대한 자신의 생각을 밖으로 내놓지 않을 수 없을 정도로 말이 그의 속에 가득 차 있었다(18-20절). 만약 논쟁자들 중 한 사람이라도 그가 올바른 핵심이라고 생각한 것을 다루어 주었더라면, 그는 그것에 만족하고 계속해서 침묵을 지켰을 것이다. 그러나 그는 그들이 모두 핵심을 비켜갔다고 생각했기 때문에, 자기 손으로 그 핵심을 말하고 싶은 마음이 굴뚝 같았다. 그는 다음과 같이 변론한다.

(1) 그에게 할 말이 아주 많다는 것. "나는 지금까지 오고 간 모든 말들을 주의 깊게 경청하여 왔고, 이 문제에 대하여 나름대로 숙고한 상태였기 때문에, 내 속에는 말이 가득하다. 나이 든 자들이 지혜와 지식의 재고가 다 바닥이 나서 하나님의 섭리를 제대로 말하지 못하게 되었을 때, 하나님은 다른 사람들, 심지어 젊은이들을 일으키셔서, 그들의 속을 교회의 덕을 세울 수 있는 말로 가득 채우실 수 있으시다. 왜냐하면, 하나님의 섭리에 대하여 말하는 자들은 바닥을 드러낼 수 있지만, 하나님의 섭리에 대하여 말할 수 있는 내용은 결코 바닥이 날 수 없기 때문이다.

(2) 지금은 그가 꼭 말할 수밖에 없는 처지라는 것. "내 안에 있는 영이 내게 무엇을 말할지를 가르칠 뿐만 아니라, 그것을 말하도록 나를 압박한다. 그래서 만약 내가 내 속에 있는 말을 쏟아놓지 않는다면(나의 생각이 내 안에서 들끓어 오르고 있기 때문에), 나는 발효 중인 새 가죽 부대 같이 터지고 말 것이다(19절)." 침묵을 강요당하고 구석으로 내밀리는 것, 즉 그의 속이 할 말로 가득 차 있고 그리스도로 가득 차 있으며 천국으로 가득 차 있어서, 다른 사람들의 유익을 위하여 그러한 것들을 말하고 싶은데 말을 할 수 없게 되는 것은 선한 목회자에게 얼마나 큰 슬픔이고 근심인지를 보라.

(3) 자신의 마음을 쏟아내어 말을 한다면, 자기가 마음이 편하고 만족이 있으리라는 것(20절). 내가 말을 하여야 시원할 것이고, 나의 생각을 억누르는 고통에서 벗어나 평안할 수 있으며, 나의 위치와 능력에 따라 선을 행하고자 애썼다는 보람을 느낄 수 있으리라. 하나님의 영광을 위하고 다른 사람들의 덕을 세우기 위하여 마음껏 말하는 것은 선한 자의 마음을 시원하게 해준다.

3. 그는 자기가 사람들을 기쁘게 해줄 말들이 아니라 진실이라고 생각되는 말들을 솔직하고 허심탄회하게 말하기로 작정하였다는 것(21-22절). "나는 결코 불의한 재판관들처럼 돈을 목적으로 공의를 굽게 하거나 사람의 낯을 보지 아니하리라. 나는 사람을 기쁘게 하지 않기로 작정하였다." 그는 다음과 같은 것들을 고려해서 자기가 생각한 것과 다르게 말하는 일이 없을 것이라고 말한다.

(1) 그는 욥이 가엾고 환난을 당하고 있다는 이유로 욥을 불쌍히 여겨서 그의 슬픔을 가중시키지 않으려고 그의 상태를 실제보다 더 좋게 말하지 않겠다는 것. "욥은 진리를 듣게 될 것이기 때문에, 최선을 다해서 그것을 견뎌야 하리라." 우리는 환난 가운데에 있는 자들에게 듣기 좋은 말로 아첨해서는 안 되고, 그들의 실상을 있는 그대로 신실하게 말해 주어야 한다. 어떤 사람이 환난을 당하고 있을 때에 그로 하여금 그의 상황을 잘못 인식하게 하여 죄를 짓게 하는 것은 어리석은 동정이다(레 19:17). 왜냐하면, 그렇게 하는 것은 그의 환난을 가장 안 좋은 쪽으로 몰아가는 것이기 때문이다. 가난한 자의 송사라고 해서 두둔하는 것은 불리하게 취급하는 것과 마찬가지로 죄이고(출 23:3), 슬픈 얼굴을 보아서 공의를 굽게 하는 것은 힘 있는 자의 얼굴을 보아서 그의 편을 들어주는 것과 마찬가지로 죄이다. 왜냐하면, 그런 것은 사람의 낯을 보아주는 것이기 때문이다.

(2) 그는 욥의 친구들이 형통하고 명성이 있다고 해서 그들에게 잘 보이려고 실제와는 다른 말을 하지 않겠다는 것. 그들은 그가 그들이 말한 대로 말하고, 그들이 올바르게 말했다고 그가 확신하지 않는 것들도 그대로 말하며, 그들의 지위와 위엄을 보아서 그들의 가르침을 칭송할 것이라고 기대해서는 안 된다. 엘리후는 젊은 사람이었지만, 출세를 위해서 큰 자들의 호의를 얻으려고 진리를 호도하는 짓은 하지 않을 것이다. 그는 선한 결심을 굳게 하였다. "나는 아첨할 줄을 알지 못하고, 아첨하는 말을 사용해 본 적이 없다." 그가 이런 결

심을 한 이유는 만일 그리하면 나를 지으신 이가 속히 나를 데려가실 것이기 때문이었다. 하나님의 심판에 대한 거룩한 두려움 속에서 우리 자신을 지키는 것은 좋은 일이다. 우리가 마땅히 행해야 할 길로 행하지 않는다면, 우리를 지으신 하나님은 우리에게 진노하셔서 우리를 데려가실 것이다. 하나님은 온갖 위선과 아부를 미워하시기 때문에, 모든 아첨하는 입술과 자랑하는 혀를 끊으실 것이다(시 12:3). 우리가 우리를 지으신 하나님의 엄위하심을 똑똑히 바라볼수록, 우리는 하나님의 진노와 공의를 더욱 두려워하게 될 것이고, 사람들을 두려워하거나 사람들에게 아부하는 죄를 지을 위험도 그만큼 줄어들게 될 것이다.

$$\text{제}\ 33\ \text{장}$$

개요

　서론이 화려하고 그럴 듯하면 흔히 본론은 형편없는 법이다. 그러나 여기에 나오는 엘리후의 말은 그의 서론이 불러일으킨 기대를 실망시키지 않는다. 그의 말은 실속 있고 생생하며 정곡을 찌른다. 그는 앞 장에서 욥의 세 친구들에게 하고 싶은 말을 했기 때문에, 여기에서는 욥에게 좀 더 초점을 맞춰서 말을 해나간다. I. 엘리후는 욥에게 그가 지금부터 하는 말을 호의적으로 받아들여 줄 것을 주문하고, 자기를 욥이 그토록 원하였던 바로 그런 사람, 즉 그의 처지를 잘 알아서 그를 변론해 주고, 하나님을 대신하여 그의 호소를 받아줄 사람으로 여겨주기를 바람(1-7절). II. 엘리후는 욥이 논쟁 중에 열을 받아서 하나님이 그를 가혹하게 대하고 있다고 불평한 말들에 대하여 하나님의 이름으로 욥을 고소함(8-11절). III. 엘리후는 욥에게 다음과 같은 것들을 보여줌으로써 그의 잘못과 어리석음을 깨우쳐 주고자 애씀. 1. 사람에 대한 하나님의 주권적 통치(12-13절). 2. 하나님이 사람을 돌보시고, 사람의 영혼에 유익을 주시기 위하여 여러 가지 다양한 방법들과 수단들을 사용하신다는 것. 하나님이 사람에게 육신의 환난을 주실 때에도 그런 의도를 지니고 계시다고 우리는 생각하여야 한다(14절). (1) 욥은 종종 자기가 불길한 꿈들을 꾼 것에 대하여 불평하였었다(7:14). 엘리후는 이렇게 말한다: "왜 그런가. 하나님은 종종 그러한 꿈들을 통해서 사람들에게 죄를 깨닫게 하시고 가르침을 주시고자 하시기 때문이다"(15-18절). (2) 욥은 특히 그의 병과 고통에 대하여 불평하였었다. 이것들에 대하여 엘리후는 그것들은 욥의 생각처럼 하나님의 진노의 증표들도 아니고, 친구들의 생각처럼 욥의 위선을 보여주는 증거들도 아니며, 욥으로 하여금 하나님을 더욱 알게 하시고 인내와 연단과 소망을 이루게 하시기 위한 하나님의 지혜로우시고 은혜로우신 수단들이라는 것을 자세하게 보여준다(19-30절). 끝으로, 엘리후는 욥에게 자신의 말에 대답하든가, 아니면 자기가 계속해서 말할 수 있도록 해달라고 요청하는 것으로 말을 맺는다(31-33절).

[1]그런즉 욥이여 내 말을 들으며 내 모든 말에 귀를 기울이기를 원하노라 [2]내가 입을 여니 내 혀가 입에서 말하는구나 [3]내 마음의 정직함이 곧 내 말이며 내 입술이 아는

바가 진실을 말하느니라 ⁴하나님의 영이 나를 지으셨고 전능자의 기운이 나를 살리시느니라 ⁵그대가 할 수 있거든 일어서서 내게 대답하고 내 앞에 진술하라 ⁶나와 그대가 하나님 앞에서 동일하니 나도 흙으로 지으심을 입었은즉 ⁷내 위엄으로는 그대를 두렵게 하지 못하고 내 손으로는 그대를 누르지 못하느니라

엘리후는 여기에서 욥에게 자신의 말을 참고 들어줄 뿐만 아니라, 자기가 욥에게 선한 의도를 지니고 있다는 것을 믿고서 그가 지금부터 하는 교훈들을 좋은 마음으로 들어 달라고 설득하기 위해서 몇 가지 논거들을 사용한다. 욥이 고려해 주었으면 좋겠다고 엘리후가 생각한 것은 이런 것들이었다.

1. 엘리후는 그의 세 친구들과 합세하여 욥을 공격하고자 하는 것이 아니라는 것. 그는 이미 앞 장에서 그 친구들의 말하는 방식을 자기가 싫어한다는 것을 분명하게 밝혔고, 그들의 가설이 틀렸다고 말했으며, 그들이 욥을 치유하기 위하여 취한 방법을 자기는 완전히 배제할 것이라고 밝혔었다. "그런즉 욥이여 내 말을 들으며 내 모든 말에 귀를 기울이기를 원하노라(1절). 그들은 모두 같은 노래를 불렀고, 동일한 곡조로 말하였었다. 그러나 나는 새로운 말을 하고자 하니, 내 말을 골라서 듣지 말고, 내 모든 말에 귀를 기울이기를 원하노라." 왜냐하면, 우리는 누가 하는 말을 다 끝까지 경청하지 않는다면 그 말을 제대로 판단할 수 없기 때문이다.

2. 엘리후는 자신의 기지(機智)를 과시하기 위해서 한 마디 말이나 짧은 말로 끝내는 것이 아니라, 지금부터 단단히 작심하고서 말을 하려고 한다는 것. 오랜 침묵 후에 그는 심사숙고 끝에 뚜렷한 의도를 가지고서 입을 열었다(2절). 엘리후는 깊이 숙고한 후에 이제 말을 하기 시작하였고, 욥이 그의 말에 귀를 기울임으로써 그에게 힘을 실어준다면 말을 계속할 준비가 되어 있었다.

3. 엘리후는 오직 자기가 생각한 것만을 말하기로 작정하였다는 것(3절). "내 마음의 정직함이 곧 내 말이며, 내가 하는 말들은 내가 깨닫고 느낀 것에서 나온 진정한 산물일 것이다." 욥의 세 친구들은 그들의 가설을 따라서 말 속에서는 욥을 악인이라고 규정했지만, 사실 그들의 양심 속에서는 그렇게 생각하지 않았을 가능성이 충분히 있다. 그것은 옳은 일이 아니었다. 어떤 사람들을 우리가 속으로는 좋게 생각하면서도, 상황에 의해서 어쩔 수 없이 우리 입으로 그들을 정죄하는 것은 비열한 짓이다. 엘리후는 정직한 자였기 때문에 그렇게

하는 것을 경멸한다.

4. 엘리후는 자기가 하는 말들은 쉬워서, 애매하거나 이해하기가 어렵지 않을 것이라고 말함. 내 입술이 내가 알고 있는 것들을 분명하게 말할 것이다. 따라서, 욥은 엘리후의 말이 의미하는 바를 쉽게 이해할 것이고, 엘리후가 어떤 의도로 말하는지도 쉽게 파악하게 될 것이다. 하나님의 일들에 대하여 말하는 자들은 개념과 표현에 있어서 조금이라도 모호한 것이나 헷갈리게 하는 것을 피하여야 하고, 최선을 다해서 평이하고 분명하게 말하여야 한다. 왜냐하면, 그렇게 해야만, 그들이 자기가 말하고 있는 것을 스스로 이해하고 있다는 것, 그들이 정직하게 말하고 있다는 것, 그들이 듣는 사람들의 덕을 세우고자 한다는 것이 드러나게 될 것이기 때문이다.

5. 엘리후는 그의 말 속에서 하나님이 그에게 주신 이성과 명철, 그가 하나님의 영과 전능자의 기운으로부터 받은 저 생명, 곧 이치를 아는 그의 심령을 최대한으로 활용하리라는 것(4절). 그는 그의 연장자들 또는 선배들과 논쟁하는 것이 그에게 합당하지 않다는 것을 시인하면서도, 그도 그들처럼 동일한 손에 의해서 지음받고, 동일한 고상한 능력들과 재능들을 부여받아서, 동일한 위대한 목적을 이루기 위하여 존재하는 하나님의 작품이기 때문에, 그를 지으신 하나님이 그를 욥에게 복을 주시기 위한 도구로 사용하시지 않을 까닭이 없다고 말하면서, 그들이 그의 연소함을 멸시하지 않기를 바란다. 우리도 이 진리를 명심하고, 정신을 바짝 차려서(엘리후는 이런 목적으로 이 진리를 활용하였을 것이다), 우리의 처지에서 우리의 힘이 닿는 대로 선을 행하여야 한다. 하나님은 우리를 지으셨고, 우리에게 생명을 주셨다. 그러므로 우리는 우리의 생명을 하나님의 뜻을 따라 뭔가 선한 목적을 위해 사용하고, 하나님께 영광을 돌리며 우리 세대를 섬기는 일에 사용함으로써, 우리를 지으신 하나님의 목적에 부응하고, 우리를 헛되이 지었다는 말이 나오지 않게 하여야 한다.

6. 엘리후는 자기가 말을 다한 후에 욥의 반론을 얼마든지 기꺼이 듣겠다는 것(5절). "그대가 할 수 있거든 내게 대답하라. 그대에게 아직도 힘과 정신이 남아 있고, 병과 논쟁으로 인하여 그대가 완전히 탈진된 것이 아니라면, 그대의 말을 정연하게 진술하라. 그러면, 우리가 그대의 말을 존중하며 경청하리라." 이치에 맞는 말을 할 수 있는 자들은 이치에 맞는 말을 기꺼이 듣는 법이다.

7. 욥은 하나님을 대신하여 중재자로서 그에게 허심탄회하게 충고를 해줄

자를 종종 바랐었는데, 이제 엘리후가 그런 인물이 되어 주리라는 것(6절). 나는 그대의 소원을 따라서 하나님 대신에 여기에 있다. 욥은 하나님께 사람을 위하여 중재해 줄 자가 있었으면 얼마나 좋을까(16:21), 또는 내가 어찌하면 하나님을 발견할 수 있을까(23:3) 하고 얼마나 간절히 바랐었던가! 그리고 주의 위엄이 그를 두렵게 하지 않을 자만이 이 중재자의 역할을 맡을 수 있을 것이었다(13:21). 엘리후는 이렇게 말한다: "이번 한 번만 내가 하나님 대신으로 여기에 와 있다고 생각해 달라. 나는 하나님이 그대에게 하고 싶으신 말씀을 전할 것이고, 어떤 점에서 그대가 하나님을 모독했는지, 하나님이 무엇 때문에 그대를 대적하시는지를 보여줄 것이다. 그대가 하나님께 하고 싶은 호소나 불평이 있다면, 그것들을 내게 하라."

8. 엘리후는 욥의 처지를 충분히 이해할 수 있는 자라는 것. "나도 흙으로 지으심을 입었다. 이 점에 있어서 나나 첫째 사람(창 2:7)이나 그대나 다 마찬가지이다." 욥은 이 진리를 하나님이 그를 가혹하게 대하시지 않아야 하는 이유로 들이댔었다(10:9): 기억하옵소서 주께서 내 몸 지으시기를 흙을 뭉치듯 하셨나이다. 엘리후는 이렇게 말한다: "나도 그대처럼 흙으로 지으심을 입었다. 또는, 나도 그대와 동일한 흙으로 지으심을 입었다(어떤 이들은 이렇게 읽는다)." 우리는 모두 우리가 흙으로 지으심을 입었다는 사실을 명심하는 것이 좋다. 하나님을 대신하여 우리에게 말씀을 전해 주는 자들도 우리와 마찬가지로 흙으로 지으심을 입었다는 것은 우리를 위해 좋은 일이다. 하나님은 이스라엘 백성이 혹독한 시험을 받을 때에 바란 것을 들어주셔서, 우리와 같은 사람들을 통해서 우리에게 말씀하신다(신 5:24). 하나님은 그의 지혜로 우리와 같은 질그릇들 속에 보배를 넣어 두셨다(고후 4:7).

9. 욥은 엘리후의 공격에 겁을 집어먹을 이유가 없다는 것(7절). "내 위엄으로는 그대를 두렵게 하지 못하느니라."

(1) "그대의 친구들은 여러 가지 말로 그대를 두렵게 했지만, 나는 그렇게 할 수도 없다. 나는 그들과는 달리 그대를 책망하지 않을 것이고, 그대를 향하여 혹독한 비난을 퍼붓지도 않을 것이다."

(2) "하나님이 그대에게 따지시기 위하여 나타나신다면 그대가 두려워하겠지만, 나는 그렇게 할 수가 없다. 나는 그대와 동일한 흙으로 지음을 받아서 그대와 동일한 반열에 서 있기 때문에, 하나님이 나타나실 때에 그대를 두렵게

할 그런 위엄이 내게는 없어서, 그대를 두렵게 할 수 없다." 우리가 사람들을 설득하고 깨우치고자 한다면, 우리는 두려움을 주어서가 아니라 이치를 따져서 깨우쳐야 하고, 고압적인 힘을 통해서가 아니라 공정한 논증을 통해서 설득하여야 한다.

8그대는 실로 내가 듣는 데서 말하였고 나는 그대의 말소리를 들었느니라 9이르기를 나는 깨끗하여 악인이 아니며 순전하고 불의도 없거늘 10참으로 하나님이 나에게서 잘못을 찾으시며 나를 자기의 원수로 여기사 11내 발을 차꼬에 채우시고 나의 모든 길을 감시하신다 하였느니라 12내가 그대에게 대답하리라 이 말에 그대가 의롭지 못하니 하나님은 사람보다 크심이니라 13하나님께서 사람의 말에 대답하지 않으신다 하여 어찌 하나님과 논쟁하겠느냐

이 단락에는 다음과 같은 내용들이 나온다.

I. 엘리후는 특히 하나님이 욥을 다루신 것과 관련해서 욥이 하나님의 공의와 선하심에 대하여 말할 때에 일부 점잖치 못한 표현들을 사용한 것에 대하여 욥을 고소함. 그의 고소는 소문을 근거로 한 것이 아니라, 그가 직접 보고 들은 것을 토대로 한 것이었다(8절). "그대는 실로 내가 듣는 데서, 그리고 이 모든 무리들이 듣는 데서 말하였다." 엘리후는 그것을 간접적으로 들은 것이 아니었다. 만약 그랬다면, 그는 실제의 사실은 사람들이 얘기한 것만큼 나쁘지 않기를 바랐을 것이다. 그는 욥과 사사로이 대화를 나누는 가운데에 그런 표현들을 들은 것도 아니었다. 만약 그랬다면, 그는 그렇게 경우가 없는 사람이 아니었기 때문에, 이런 식으로 많은 사람 앞에서 둘 만의 사사로운 대화를 공개하지 않았을 것이다. 욥은 많은 사람 앞에서 공개적으로 그런 말을 했었고, 그렇기 때문에 엘리후가 그런 말에 대하여 공개적으로 책망하는 것은 합당한 일이었다. 모든 사람 앞에서 범죄한 자들을 모든 사람 앞에서 꾸짖으라(딤전 5:20). 우리가 하나님의 명예를 더럽히는 어떤 말을 들었다면, 우리는 그 말이 틀렸다는 것을 공개적으로 증언하여야 한다. 우리가 듣는 데서 누가 잘못된 말을 했다면, 우리는 그를 책망하고자 하여야 한다. 왜냐하면, 너희는 하나님을 비난하는 자를 반박하기 위한 나의 증인이라고 하나님이 말씀하셨기 때문이다(사 43:12).

1. 욥은 자기에게 죄가 없다고 말하였다는 것(9절). 그대는 말하기를 나는

깨끗하여 악인이 아니라고 하였다. 욥은 이것을 아주 많은 말로 장황하게 말하지 않았었다. 아니, 그는 자기가 범죄하였다는 것과 하나님 앞에서 깨끗하지 않다는 것을 시인하였었다. 그러나 그는 실제로 주께서는 내가 악하지 않은 줄을 아시나이다 내가 내 공의를 굳게 잡고 놓지 아니하였나이다(10:7; 27:6)라고 말하였기 때문에, 엘리후에게 이런 고소를 당해도 할 말이 없었다. 욥이 온전하고 정직한 자였고, 그의 친구들이 말한 그런 사람이 아니라는 것은 사실이었다. 그러나 그는 그 점을 지나치게 역설함으로써, 마치 하나님이 그에게 환난을 겪게 하신 것이 그에게 잘못하신 일인 것 같은 인상을 사람들에게 주어서는 안 되었다. 그렇지만, 욥은 단지 자기가 정직하고 큰 죄로부터 결백하다고 항변했을 뿐인데도, 엘리후가 욥이 자기는 모든 범죄로부터 깨끗하고 결백하다고 말한 것으로 고소한 것은 공정하지 않은 처사였던 것으로 보인다. 그러나 혈기로 경솔하게 막말을 한 자들은 사람들이 그들의 말을 오해하여 들은 것이라고 하여도 그 책임을 스스로 질 수밖에 없다. 왜냐하면, 좀 더 주의해서 말했어야 하는 책임이 그들에게 있기 때문이다.

2. 욥은 마치 하나님이 그에게 시비를 걸 기회를 잡으시려는 듯이 그가 잘못한 것을 이 잡듯이 찾으시고 그를 대적하시기 위하여 온갖 수단들을 다 동원하셨다고 말하였다는 것(10-11절): 하나님은 나를 칠 기회들 또는 빌미들을 찾으신다. 이것은 하나님이 그 기회들을 찾기를 바라셨다는 의미를 내포하는 말이다. 실제로 욥은 그런 취지로 말을 하였었다(14:16-17): 주께서 나의 죄를 감찰하지 아니하시나이까. 하나님은 나를 자기의 원수로 여기신다(13:24; 19:11). 욥은 분명히 "하나님이 내 발을 차꼬에 채우셔서, 나는 그와 다툴 수도 없고 그로부터 도망칠 수도 없다"고 말하였었고, "하나님이 내 발자취를 점검하시나이다"라고 말하였었다(13:27).

II. 엘리후는 욥에게 그가 그렇게 말한 것은 잘못한 것이고, 따라서 하나님 앞에서 스스로를 낮추고 회개하며 그가 그렇게 말한 것을 취소하여야 한다는 것을 깨우치고자 애씀(12절).   이 말에 그대가 의롭지 못하다. 어떤 이들은 여기에서 그대는 옳지 않다고 읽기도 한다. 엘리후가 욥에 대하여 제시한 고소와 그의 다른 친구들이 그를 고소했던 것 간의 차이를 보라. 그들은 욥이 의롭다는 것을 전혀 인정하고자 하지 않았지만, 엘리후는 단지 "이것에서, 즉 이렇게 말한 데서 그대는 의롭지 못하다"고만 말한다.

1. "그대는 하나님을 의롭게 대하고 있지 않다." 의롭다는 것은 모든 사람을 각 사람에게 합당한 대로 대하는 것이다. 우리가 우리를 향하신 모든 섭리에서 하나님의 공평하심과 인자하심을 인정하지 않고, 하나님이 그의 모든 길에서 의로우시다는 것, 하나님이 무슨 일을 하시든 하나님은 선하시다는 것을 인정하지 않는다면, 그것은 우리가 하나님을 하나님께 합당한 대로 대하지 않는 것이고, 하나님에 대하여 의롭지 않은 것이다.

2. "그대는 의인에 합당한 언어로 말하고 있지 않다. 나는 그대가 의인이라는 것을 부인하지는 않지만, 그 점에서 그대는 자기가 의인임을 드러내지 못하고 있다." 의로운 자들일지라도 몇몇 경우들에 있어서는 의인에 합당한 언행을 보이지 않는다. 우리는 한편으로 선한 자에게도 그가 어떤 점에서 잘못하고 있는지를 말해 주지 않아서는 안 되고, 그의 잘못들과 혈기들을 옳다고 해서는 안 되는 것과 마찬가지로(이것은 인자하지 않은 것이다), 다른 한편으로는 어느 한 경우나 몇 안 되는 잘못된 말들을 근거로 해서 어떤 사람의 인품을 단정하거나 판단해서는 안 된다(이것은 의롭지 않은 것이다). 많은 일들에서 우리는 모두 범죄한다. 그러므로 우리는 비난을 할 때에는 공평하지 않으면 안 된다. 엘리후는 욥에게 그가 잘못된 말을 하였다는 것을 깨우치기 위해서 다음 두 가지를 깊이 생각해 보라고 권한다.

(1) 하나님은 우리보다 무한히 위에 계시기 때문에, 하나님과 다투는 것은 미친 짓이라는 것. 왜냐하면, 하나님이 그의 크신 능력으로 우리를 대적하여 변론하신다면, 우리는 하나님 앞에 설 수 없을 것이기 때문이다. 엘리후는 이렇게 말한다: 내가 그대에게 그 자체로 자명한 한 마디 말씀으로 대답하고자 하는데, 그것은 하나님은 사람보다 더 크시다는 것이다. 하나님이 사람보다 무한히 더 크시다는 것은 의심의 여지가 없다. 하나님과 사람을 비교하는 것은 그 자체가 불가능하다. 욥은 하나님의 크심, 하나님의 거역할 수 없는 능력과 이의를 제기할 수 없는 절대 주권, 하나님의 두려운 위엄과 측량할 수 없는 광대하심에 대하여 스스로 많은 말을 하였었고, 아주 훌륭하게 말했었다. 엘리후는 이렇게 말한다: "자, 이제 하나님의 크심에 대하여 그대 자신이 말했던 것을 한 번 깊이 생각해 보고, 그것을 그대 자신에게 적용해 보라. 하나님이 사람보다 크시고 그대보다 크시다는 것을 그대가 깨닫는다면, 그대는 하나님에 대하여 그대가 한 이러한 비뚤어지고 거북살스러운 말들을 회개하고, 그대의 어리석

음을 부끄러워하며, 그대의 주제넘은 짓을 생각하고서 두려워할 충분한 이유를 알게 될 것이다." 하나님이 사람보다 크시다는 이 한 가지 단순하고도 의심할 여지가 없는 진리 속에는 하나님의 섭리 및 하나님이 우리를 예외적으로 다루시는 듯이 보이는 것들에 대한 우리의 온갖 불평을 영원히 침묵시키고 우리를 부끄럽게 만들 만한 충분한 이유가 들어 있다는 것을 명심하라. 하나님은 우리보다 더 지혜로우시고 능력이 많으셔서, 우리가 도저히 감당할 수 없는 하나님과 다투어 보아야 아무 소용이 없는 것은 물론이고, 하나님은 우리보다 더 거룩하시고 의로우시며 선하시다. 왜냐하면, 이러한 것들은 하나님의 본성이 지닌 초월적인 영광들이자 탁월한 것들이기 때문이다. 이러한 것들에서 하나님은 사람보다 크시다. 그러므로 하나님께 시비를 거는 것은 미친 짓이고 얼빠진 짓이다. 하나님은 틀림없이 옳으시기 때문이다.

(2) 하나님은 우리에게 설명을 해야 할 의무가 없으시다는 것(13절). 하나님께서 사람의 말에 대답하지 않으신다 하여 어찌 하나님과 논쟁하겠느냐. 하나님에 대하여 불평하는 자들은 하나님과 다투는 것이고, 하나님을 고소하고 탄핵하는 것이며, 하나님을 상대로 소송을 제기하는 것이다. 그들은 왜 그렇게 하는 것인가? 도대체 무슨 까닭으로? 도대체 무슨 목적으로? 연약하고 어리석으며 죄악된 피조물인 우리가 무한히 지혜로우시고 능력이 많으시며 선하신 하나님과 다투고 싸우는 것은 얼빠진 짓임을 명심하라. 토기장이와 다투는 진흙에게 화가 있으리로다. 하나님은 그가 하시는 일들 중에서 그 어떤 것에 대하여도 사람들에게 설명하지 않으신다. 하나님은 그가 어떤 일을 왜 행하시는지 그 이유를 우리에게 보여주시거나, 그가 계획하신 일(어느 때에 어떤 방법으로 어떤 도구들을 통해서)을 우리에게 말씀해 주시거나, 왜 그가 우리를 그런 식으로 다루시는지를 말씀해 주실 의무가 없으시다. 하나님은 그가 하시는 일들이 옳다는 것을 증명하시거나, 우리의 요구와 호기심을 충족시켜 주실 의무가 없으시다. 하나님의 판단들이 옳다는 것은 반드시 저절로 밝혀지게 될 것이다. 우리가 하나님의 판단들에 만족하지 못한다면, 그것은 우리 자신의 잘못이다. 그러므로 우리가 하나님을 우리의 법정에 소환하여, 그가 어떤 일을 왜 그렇게 행하시는 것인지를 설명해 보시라고 따지고, "주께서 무슨 일을 하시는 것이나이까"라거나 "주께서는 왜 그렇게 하시는 것이나이까"라고 하나님을 힐난하는 것은 무모하다 못해 정말 어이가 없는 불경(不敬)이다. 하나님은 그가 하시는 모든 일에 대하여

설명하지 않으신다(어떤 이들은 이렇게 읽는다). 다음 절에 나오듯이(14절), 하나님은 우리에게 필요한 만큼만 계시하시기 때문에, 우리에게 속하지 않은 비밀한 일들이 존재하는데, 우리는 그런 것들을 훔쳐보려고 해서는 안 된다.

14하나님은 한 번 말씀하시고 다시 말씀하시되 사람은 관심이 없도다 15사람이 침상에서 졸며 깊이 잠들 때에나 꿈에나 밤에 환상을 볼 때에 16그가 사람의 귀를 여시고 경고로써 두렵게 하시나 17이는 사람에게 그의 행실을 버리게 하려 하심이며 사람의 교만을 막으려 하심이라 18그는 사람의 혼을 구덩이에 빠지지 않게 하시며 그 생명을 칼에 맞아 멸망하지 않게 하시느니라

욥은 하나님이 그를 이렇게 다루시는 이유를 그에게 전혀 알려주지 않으신다고 불평하면서, 그렇기 때문에 하나님이 그를 원수로 대하시는 것이 분명하다고 결론을 내렸었다. 엘리후는 이렇게 말한다: "그렇지 않다. 하나님은 그대에게 말씀하고 계시는데, 그대가 그 말씀을 알아듣지 못하고 있는 것이다. 그러므로 잘못은 하나님이 아니라 그대에게 있다. 하나님은 그대가 이렇게 아주 나쁘게 해석하고 있는 그의 섭리들을 통해서도 사실은 그대에게 진정으로 복을 주고자 하고 계신다."

1. 하나님은 우리가 진정으로 잘 되기를 바라시는 우리의 참된 친구시라는 것. 하나님은 한 번 말씀하시고 다시 말씀하신다(14절). 우리와 하나님 사이에 거리가 있고 다툼이 있는데도 불구하고, 하나님이 우리에게 말씀하시기를 기뻐하신다는 것은 우리에 대한 하나님의 은총의 증표이다. 하나님이 우리 자신의 관심사들에 대하여 우리에게 말씀해 주시고, 우리의 본분이 무엇이고 우리에게 유익한 것이 무엇이며 그가 우리에게 무엇을 요구하시고 우리가 그로부터 무엇을 기대할 수 있는지를 우리에게 보여주시며, 우리의 잘못들을 우리에게 말씀해 주시고 우리에게 닥칠 위험을 우리에게 경고해 주시며, 하나님의 길을 우리에게 보여주시고 그 길 가운데에서 우리를 인도하시는 것은 우리를 향하신 하나님의 은혜롭고 선한 목적이 있음을 보여주는 증거이다. 이것을 하나님은 한 번, 그리고 두 번, 즉 거듭거듭 반복해서 말씀하신다. 하나님은 그 누구도 멸망받기를 원하지 않으시기 때문에, 한 번 경고해서 안 들으면 또다시 경고하시고, 그래도 안 들으면 다른 식으로 또 경고하신다. 하나님은 경계에 경계

를 더하며 교훈에 교훈을 더하신다(사 28:10). 그렇기 때문에, 죄인들은 변명의 여지가 있을 수 없다.

2. 우리는 우리 자신이 잘 되는 것을 방해하는 우리의 원수라는 것. 사람은 그것을 알아차리지도 못하고 관심도 없도다. 즉, 사람은 그것에 주의를 기울이거나 관심을 갖지도 않으며, 그것을 분별하거나 이해하지도 못하며, 그것이 하나님의 음성이라는 것을 알지도 못하고, 하나님이 계시하신 것들을 받지도 않는다. 왜냐하면, 하나님이 계시하신 것들은 사람에게 미련한 것으로 보이기 때문이다. 사람은 자신의 귀를 막고, 빛을 가로막으며, 하나님의 계획을 배척하여 자신을 스스로 해롭게 하고, 지혜의 교훈들이 있는데도 결코 더 지혜로워지지 못한다. 하나님은 양심과 섭리와 사역자들을 통해서 우리에게 말씀하시는데, 엘리후는 여기에서 욥에게 하나님이 그에게 자신의 마음을 말씀해 주셨을 뿐만 아니라 인자하심을 베푸셨다는 것을 보여주기 위해서 이 모든 것들에 대하여 자세하게 얘기한다. 겉으로 보기에는, 하나님이 욥을 어둠 속에 가두어 두시고 그를 낯선 자처럼 대하신 것처럼 보이고, 그를 고통 속에 두시고 원수처럼 대하신 것처럼 보일지라도, 결코 그렇지 않다는 것이다. 당시에는 우리가 아는 한에서는 하나님의 그 어떤 계시도 글로 기록된 것은 없었기 때문에, 여기에서 하나님이 사람들에게 말씀하시는 방식들 가운데에 그것이 언급되고 있지 않지만, 지금은 글로 기록된 하나님의 말씀이 계시의 주된 방식이다.

이 단락에서 엘리후는 하나님이 인생들에게 그들 자신의 양심을 통해서 어떻게 가르치시고 권면하시는지를 보여준다. 좀 더 살펴보자.

I. 하나님이 이런 식으로 권면하시기에 적절한 때와 기회(15절). 그런 때는 사람이 세상의 일과 교제에서 물러나서 침상에서 졸며 깊이 잠들 때나 꿈을 꿀 때이다. 사람이 침상에서 홀로 조용히 있는 때는 자신의 마음속으로 물러가서 마음과 교제를 나누기 좋은 때이고(시 4:4), 하나님이 사람과 개인적으로 교제하시기에 적합한 때이다.

1. 하나님이 그의 특별한 사자(使者)인 천사들을 심부름 보내셔서 그의 메시지를 전하실 때에는 통상적으로 사람이 잠든 때를 택하셨다는 것. 사람이 깊이 잠이 들게 되면 육체의 감각들은 모두 봉쇄되고, 마음은 더욱 자유롭게 되어서 하나님의 신령한 빛을 곧바로 받아들일 수 있게 된다. 하나님은 이런 식으로 그의 마음과 생각을 환상과 꿈을 통해서 선지자들에게 알리셨다(민

12:6). 아비멜렉(창 20:3), 라반(창 31:24), 요셉(마 1:20)도 이런 식으로 하나님으로부터 경고를 받았다. 또한, 하나님은 애굽 왕 바로와 느부갓네살에게도 이런 식으로 장차 일어날 일들을 알게 하셨다.

2. 하나님이 그의 통상적인 대리자인 양심을 사람의 영혼 속에서 일깨우셔서 그 직무를 행하게 하실 때에는 사람이 깊은 잠에 떨어졌을 때(꿈은 대체로 공상으로부터 오지만, 양심으로부터 올 수도 있기 때문에)나 사람이 잠자는 것과 깨어 있는 것의 중간 상태에 있어서 졸면서 밤에 전날의 일을 생각하거나 새벽에 그 날에 할 일을 계획할 때를 기회로 삼으셨다는 것. 사람들이 밤이나 새벽에 조는 때는 마음이 사람들이 잘못한 것을 책망하거나 마땅히 해야 할 일을 권면하기에 적절한 때이다(사 30:21).

Ⅱ. 하나님의 이러한 권면이 올 때에 나타나는 권능과 힘(16절).   하나님이 양심의 깨우침과 명령을 통해서 사람들에게 복을 주시고자 하실 때에는 다음과 같이 하신다.

1. 하나님은 사람들에게 양심의 명령들을 들을 수 있게 하시고, 그 명령들에 귀를 기울이게 만드신다는 것. 그 때에 하나님이 이전에 술사(術士)의 홀리는 소리를 듣지 못하게 막아 두신(시 58:5) **사람들의 귀를 여신다.** 하나님은 루디아의 경우에서 볼 수 있듯이 사람들의 마음을 여실 뿐만 아니라, 사람들의 귀도 여신다. 하나님은 사람들의 귀를 막고 있던 것을 제거하시기 때문에, 깨달음이 그 귀로 들어간다. 아니, 하나님은 사람들의 영혼 속에서 일하셔서, 사람들로 하여금 양심의 통치에 복종하게 하시고 그 소리에 순종하게 하신다. 하나님이 귀를 여시면 이런 일이 뒤따라 일어난다(사 50:5): 하나님이 나의 귀를 여셨으므로 내가 거역하지 아니하였나이다.

2. 하나님은 양심의 명령들이 사람들의 마음속에 자리를 잡고 영속적으로 거주하게 하신다는 것. 하나님은 그들의 교훈을 인치신다. 즉, 하나님은 그들을 위해 의도하시고 그들에게 적합한 교훈을 그들의 마음속에 인치신다. 하나님은 양심의 명령들이 사람들의 심령 속에 마치 봉인할 때의 밀랍처럼 확실하고 깊게 박혀서 오래도록 간직될 수 있게 하신다. 하나님의 교훈이 마치 거푸집으로 들어가듯이 사람들의 마음속으로 들어가면, 양심의 일은 끝이 난다.

Ⅲ. 하나님이 이러한 권면들을 보내시는 목적과 의도

1. 사람들의 죄, 특히 교만의 죄를 막기 위한 것(17절). 이것은 하나님이 사

람으로 하여금 그 자신의 목적, 즉 자신의 악한 목적에서 물러나게 하시고, 자신의 마음의 기질과 삶의 경로, 성향과 취향을 바꾸게 하시며, 그가 빠지기 쉬운 어떤 구체적인 죄를 미연에 방지하기 위한 것이고, 사람으로 하여금 자신의 일에서 물러나서, 세상과 육신을 위한 사람의 일을 버리고, 하나님의 일을 하게 하기 위한 것이다. 죄악된 길을 추구하다가, 너희는 하나님이 미워하는 이 가증한 일을 행하지 말라(렘 44:4)고 말하는 자신의 양심의 때맞춘 제지를 받고서, 중도에서 그 길을 멈춘 사람들이 많다. 특히, 하나님은 이 수단을 통해서 사람의 교만을 막으신다. 즉, 하나님은 사람을 교만하게 만들 수 있는 것들을 사람에게서 숨기시고, 사람이 겸손해야 할 이유를 그 앞에 제시함으로써 사람의 마음이 그 것들에 머물지 못하게 하신다. 하나님은 양심의 명령들을 통해서 사람으로부터 교만을 제거하신다(어떤 이들은 이렇게 읽는다). 즉, 하나님은 무수한 죄의 근원인 쓴 뿌리를 마음에서 뽑아 버리신다. 하나님은 긍휼을 베푸시기로 예비하신 모든 자들의 마음에서 교만을 숨기시고 제거하셔서서 그들을 겸손하게 만드신다. 교만은 사람들로 하여금 그들 자신의 목적을 악착같이 추구하게 만든다. 사람들은 그들 자신의 길을 가고자 하기 때문에, 하나님은 그들의 교만을 죽이심으로써, 그들이 그들 자신의 목적을 추구하는 것을 그만두고 물러나게 만드신다.

2. 사람들의 파멸을 막기 위한 것(18절). 죄인들이 그들 자신의 악한 목적을 추구하고 교만에 흠뻑 빠져 있는 동안에, 그들의 영혼은 현세와 내세에서 구덩이와 칼과 멸망을 향하여 신속하게 달려간다. 그러나 하나님은 양심의 권면들을 통해서 그들이 죄로부터 물러나게 하시고, 그렇게 하심으로써 그들의 영혼이 구덩이, 즉 무저갱에 빠지지 않게 하시고, 하나님의 복수의 칼에 맞아 멸망하지 않게 하셔서, 그들의 죄악이 곧 그들의 멸망으로 이어지지 않게 하신다. 사람들을 죄로부터 돌이키는 것은 그들을 지옥으로부터 구원하는 것이고, 영혼을 사망에서 구원하는 것이다(약 5:20). 깨어 있는 양심의 통제 아래 있다는 것이 얼마나 큰 은혜인지를 보라. 양심이라는 친구가 해주는 기분 상하는 말들은 신실한 말들이고, 양심이라는 친구가 해주는 속박하는 말들은 큰 사랑에서 나오는 말들이다. 왜냐하면, 영혼은 그런 말들 때문에 영원히 멸망받지 않기 때문이다.

[19]혹은 사람이 병상의 고통과 뼈가 늘 쑤심의 징계를 받나니 [20]그의 생명은 음식을 싫어하고 그의 마음은 별미를 싫어하며 [21]그의 살은 파리하여 보이지 아니하고 보이지 않던 뼈가 드러나서 [22]그의 마음은 구덩이에, 그의 생명은 멸하는 자에게 가까워지느니라 [23]만일 일천 천사 가운데 하나가 그 사람의 중보자로 함께 있어서 그의 정당함을 보일진대 [24]하나님이 그 사람을 불쌍히 여기사 그를 건져서 구덩이에 내려가지 않게 하라 내가 대속물을 얻었다 하시리라 [25]그런즉 그의 살이 청년보다 부드러워지며 젊음을 회복하리라 [26]그는 하나님께 기도하므로 하나님이 은혜를 베푸사 그로 말미암아 기뻐 외치며 하나님의 얼굴을 보게 하시고 사람에게 그의 공의를 회복시키시느니라 [27]그가 사람 앞에서 노래하여 이르기를 내가 범죄하여 옳은 것을 그르쳤으나 내게 무익하였구나 [28]하나님이 내 영혼을 건지사 구덩이에 내려가지 않게 하셨으니 내 생명이 빛을 보겠구나 하리라

하나님은 죄인들이 멸망시키는 자의 길로 가는 것을 막기 위해서 그들에게 그들 자신의 양심을 통해서 한 번 말씀하셨지만, 그들은 깨닫지 못한다. 그들은 그들 자신의 마음이 죄악된 길에 있는 그들을 제지하는 것이 하나님으로부터 온다는 것을 알지 못하고, 자신의 우울한 마음이나 엄격한 교육 탓으로 돌린다. 그러므로 하나님은 두 번 말씀하신다. 하나님은 두 번째로 말씀하시면서, 죄인들을 깨우치시고 돌아오게 하실 또 다른 방법을 시도하시는데, 그것은 역경이나 형통의 섭리들(이것을 통해서 하나님은 두 번 말씀하신다)과 그들에게 정해진 선한 사역자들의 시의적절한 가르침들에 의한 것이다. 욥은 그의 병이 심한 것을 불평하면서, 그것을 근거로 하나님이 그에게 진노하셨다고 판단하였고, 그의 친구들도 마찬가지였다. 그러나 엘리후는 그들이 모두 오해하고 있다는 것을 보여준다. 왜냐하면, 욥의 결말이 보여주듯이, 하나님은 종종 그가 사랑하시는 자의 영혼을 복되게 하시기 위한 은혜로우신 의도를 가지시고 그의 육신을 괴롭게 하시기 때문이다. 엘리후의 말 중에서 이 부분은 하나님이 사람들에게 말씀하시는 수단인 질병을 우리가 올바르게 선용하는 데에 대단히 유익한 말씀이다.

I. 극심한 병을 앓고 있는 병자에 대한 묘사. 하나님이 "이 일을 행하라"고 질병에 임무를 부여하여서 보내실 때에 그 질병이 어떤 역사(役事)를 만들어 내는지를 보라(19-21절).

1. 이 병자는 온 몸에 고통이 극심하다는 것(19절). 사람이 병상의 고통으로 징계를 받는다. 즉, 사람은 병에 걸려서 자신의 침상에 갇혀 사는 고통을 당하거나, 그 고통이 너무 심해서 편히 쉬어야 할 침상에서조차 평안함을 누리지 못하는 식으로 징계를 받기도 한다. 병에 걸려서 고통스러우면, 아늑하고 편안하였던 침상은 가시 돋친 침상으로 변하고, 병든 자는 그가 전에는 그렇게 편하게 잠을 잤던 침상 위에서 동이 틀 때까지 이리저리 뒤척거리며 잠을 이루지 못한다. 여기에 제시된 사례는 대단히 좋지 않은 경우이다. 고통은 질병보다 더 참기가 어려운데, 여기에 나오는 병자는 무디고 묵직한 고통이 아니라 강렬하고 날카로운 고통으로 징계를 받는다. 흔히 병자가 튼튼할수록 일단 병에 걸리면 그 고통은 더 심하다. 왜냐하면, 혈색이 붉을수록 일반적으로 병도 더 격렬한 법이기 때문이다. 여기에서 병자가 호소하는 것은 살이 쑤시는 것이 아니라 뼈가 쑤시는 것인데, 그것은 안쪽으로 깊이 박혀 있는 고통이다. 어느 한 쪽 팔이나 다리의 뼈들만이 아니라, 많은 뼈들이 이런 식으로 징계를 받는다. 우리의 육신이 얼마나 약하고 비천한지를 보라. 우리의 육신은 외적으로 다치지 않아도, 이렇게 내부적인 원인들로 인해서도 고통을 당할 수 있다. 죄가 어떤 일을 만들어내고 어떤 해악을 끼치는지를 보라. 고통은 죄의 열매이다. 그렇지만, 하나님의 은혜로 말미암아 육신의 고통은 흔히 영혼에 복을 가져다 주는 수단으로 바뀐다.

2. 이 병자는 식욕을 완전히 잃었다는 것(20절). 이것은 병이 가져다 주는 통상적인 효과이다. 그의 생명은 생존에 꼭 필요한 음식마저 싫어하고, 전에 그가 아주 좋아해서 큰 즐거움으로 먹곤 하였던 별미도 싫어한다. 이것은 우리가 맛있는 음식을 탐하지 말아야 하는 이유이기도 하다. 왜냐하면, 진수성찬이나 별미는 속이는 음식이기 때문이다(잠 23:3). 우리는 지금은 그런 음식들을 좋아한다고 해도 머지않아 곧 물리게 될 것이다. 건강할 때에 화려하게 살던 자들은 그들이 병에 걸려서 진수성찬이 싫어지면 그들이 받는 형벌 속에서 과거에 그들이 저질렀던 죄를 깨닫고서 슬퍼하고 부끄러워하게 될 것이다. 우리는 맛있는 음식을 과도하게 좋아해서는 안 된다. 왜냐하면, 우리가 음식을 보기만 해도 역겨워지는 때가 올지도 모르기 때문이다(시 107:18).

3. 이 병자는 가죽과 뼈만 남아서 해골이 되었다는 것(21절). 병에 걸린 지 불과 며칠만에 통통하고 윤택하였던 그의 살은 파리하여 보이지 않게 되어 버렸

다. 그의 살은 이상하리만치 소모되어 사라져 버렸다. 그리고 살에 묻혀서 보이지 않던 그의 뼈들은 이제 툭 튀어나와서 훤히 드러나 있기 때문에, 사람들이 그의 갈비뼈, 아니 그의 뼈가 모두 몇 개나 되는지 셀 수 있을 정도가 되어 버렸다. 질병은 생명의 양식을 먹고 자양분을 충분히 섭취한 영혼을 파리하게 만들지 못하지만, 육신에는 이내 변화를 만들어낸다. 블랙모어(R. Blackmore)는 이것을 이렇게 노래한다:

　　전에는 그토록 아름다운 풍채를 지녔던 그

　　평안하고 유복하게 살아서 포동포동하고 준수하였던 그

　　그런 그의 창백하고 파리한 뺨과 퀭하니 쑥 들어간 눈을 보고

　　그의 모든 친구들이 깜짝 놀라는구나(이 얼마나 놀라운 변화인가!)

　　그의 뼈들이 전에는 살집 속에 묻혀서 보이지 않았었는데

　　이제는 그의 거죽을 뚫고 삐져나오기 시작하는구나

　　　(이 얼마나 소름끼치는 광경인가).

　　4. 이 병자는 거의 죽게 되어서 살아날 희망이 없어졌다는 것(22절). 그의 마음은 구덩이, 즉 음부에 가까워지느니라. 즉, 죽음의 모든 징후들이 그에게 나타나서, 그는 자기 자신이나 주위의 모든 사람들이 볼 때에 죽은 자나 마찬가지였다는 것이다. 여기에서 멸망시키는 자들이라 불리는 죽음의 극심한 고통들은 막 그를 붙잡으려 하고 있다. 그것들은 그를 두르고 있다(시 116:3, 사망의 줄이 나를 두르고 스올의 고통이 내게 이르렀다). 아마도 이것은 죽음이 멀리 있었을 때에는 죽음을 별 것 아닌 것으로 취급하던 자들이 정작 죽음이 그들을 정면으로 응시하였을 때에 느끼게 되는 정말 끔찍하게 무시무시한 공포를 가리키는 것 같다. 모든 사람들은 그들이 전에는 죽음에 대하여 어떻게 생각하였든지 간에 막상 죽음이 그들에게 닥치면 죽는다는 것이 심각한 문제라는 것을 깨닫게 된다고 한결같이 말한다.

　　II. 하나님이 환난을 통해서 사람에게 말씀하실 때에 그의 말씀이 헛되지 않게 하기 위해서, 사람이 그 환난을 선용하여 거기에서 하나님의 말씀을 듣고 깨달아서 교훈을 받을 수 있도록, 모든 준비를 해놓으신다는 것(23절). 　만일 천사 가운데 하나가 그 사람의 중보자로 함께 있어서 병든 그에게 죄를 깨우쳐 주

고 권면하며 위로해 줌과 동시에 섭리의 의미를 설명하여 주고, 지혜 있는 자가 그의 곁에 있어서 하나님의 징계의 의미를 그에게 해석해 주어서 알게 해준다면, 그는 복된 자이다. 하나님이 환난을 통해서 말씀하실 때에 우리는 흔히 그러한 언어에 서툴기 때문에, 우리에게는 해석해 줄 자가 필요한데, 이 때에 그런 자가 우리 곁에 있다면 그것은 좋은 일이다. 우리가 특히 질병 가운데에 있을 때에는, 좋은 의사와 마찬가지로, 하나님의 섭리들을 해석하고 선용하는 데에 능숙한 선한 목회자의 조언과 도움이 꼭 필요하다. 그런 때에 그런 목회자는 천 명 가운데에 한 명 있는 사람만큼이나 소중하다. 그런 때에 그런 목회자가 할 일은 사람에게 하나님의 정직하심, 즉 하나님이 사람에게 환난을 보내시는 것은 결코 사람을 해치기 위한 것이 아니라 도리어 하나님의 신실하심을 증명해 주는 것임을 보여주는 것이다. 이것은 우리가 환난을 올바르게 선용하기 위해서 꼭 깨달아야 하는 진리이다. 또는, 이 구절에 나오는 정직함은 사람의 정직함을 의미할 수도 있다.

1. 사람이 현재로 지니고 있는 정직함. 앞에서 말한 병자가 진정으로 경건한 것으로 드러난다면, 해석자는 욥의 친구들이 했던 것 같이 그의 환난을 근거로 삼아서 그가 위선자라는 것을 증명하는 것을 자신의 일로 삼지 않을 것이고, 반대로 그의 환난에도 불구하고 그가 정직한 자라는 것을 그에게 보여주어서, 그로 하여금 위로를 받게 하고, 결과가 무엇이든 마음을 편히 가질 수 있게 해줄 것이다.

2. 생명과 평안을 얻기 위해서 사람이 갖추어야 할 정직함. 사람이 정직한 삶만이 구원으로 이어지는 유일한 길이자 확실한 길임을 알게 되어서 그 길을 선택하여 그 길 가운데에서 행하게 된다면, 환난의 임무는 끝이 난다.

Ⅲ. 사람이 회개하면, 하나님이 은혜로 그를 받아 주신다는 것(24절).   이 병자가 진실한 회개와 정직함(이것은 복음적인 온전함이다)이 그의 본분이자 그의 유익이라는 것을 진정으로 깨닫게 되면, 사람들에게 은혜를 주시기 위하여 기다리고 계시는 하나님, 참된 회개가 시작되자마자 긍휼을 베푸시는 하나님은 그에게 은혜를 베푸셔서 그를 자신의 은총 속으로 받아들이시고, 복을 내려주신다. 하나님은 은혜를 받고자 하는 심령을 찾으실 때마다 그에게 자신을 은혜를 풍성히 베푸시는 하나님으로 나타내실 것이다.

1. 하나님은 그 사람을 건져내기 위하여 은혜로운 명령을 내리시리라는 것.

하나님은 그를 건져서 구덩이에 내려가지 않게 하라고, 즉 죄의 삯인 저 사망에서 그를 건져내라고 말씀하신다. 환난은 자신의 소임(所任)을 다하였을 때에는 사라지게 되어 있다. 우리가 하나님께 돌아가서 우리의 본분을 다한다면, 하나님은 우리에게 돌아오셔서 긍휼을 베푸실 것이다. 하나님의 사자들을 영접하고, 하나님의 해석자들이 해주는 말들을 올바르게 이해해서, 하나님이 정직하시다는 것에 동의하는 자들은 구덩이로 내려가는 것에서 건지심을 받게 될 것이다.

2. 하나님은 그러한 명령을 내리시는 은혜로운 이유를 제시하시리라는 것. 내가 대속물 또는 화목제물을 얻었다. 예수 그리스도는 바로 그 대속물(또는, 속전)이시다. 욥이 앞에서 예수 그리스도를 그의 구속주라고 불렀듯이, 엘리후는 여기에서 그를 대속물이라고 부른다. 왜냐하면, 예수 그리스도는 속전을 지불하신 자임과 동시에 속전(贖錢)이시고, 제사장이심과 동시에 희생제물이시기 때문이다. 영혼들의 가치가 아주 높고 죄에 의한 해악이 너무나 크기 때문에, 하나님의 아들의 피 외에는 그 어떤 것도 대속물이 될 수가 없었다. 그래서 하나님의 아들은 자기 목숨을 많은 사람의 대속물로 주셨다(마 20:28). 그것은 하나님이 직접 찾으신 대속물, 무한하신 지혜가 궁리해 낸 대속물이다. 우리는 그것을 결코 찾아낼 수 없었을 것이고, 천사들도 그것을 결코 찾아낼 수 없었을 것이다. 그것은 은밀한 가운데 있는 하나님의 지혜, 감추어졌던 하나님의 지혜였고(고전 2:7), 그 비밀을 들여다보고자 하는 온갖 부류의 천사들(통치자들과 권세들도 그들 중의 일부이다)이 영원히 기이히 여길 지혜였다(엡 3:10). 하나님이 여기에서 자기가 궁리해 낸 것을 얼마나 자랑스러워하시는지를 주목하여 보라: "내가 발견했노라 내가 대속물을 발견했노라. 이 일을 해낸 이는 나, 바로 나다."

IV. 이렇게 해서 이 병자가 회복됨. 원인을 제거하라. 그러면, 효과는 저절로 없어질 것이다. 병자가 회개하는 자가 될 때, 얼마나 복된 변화가 뒤따르는지를 보라.

1. 이 병자의 몸이 건강을 회복함(25절). 이것이 항상 병자가 회개하고 하나님께로 돌아온 결과인 것은 아니지만, 종종 그런 경우가 있다. 병으로부터의 회복이 죄 사함에서 생겨난다면, 그것은 정말 큰 은혜이다. 하나님은 우리의 모든 죄를 주의 등 뒤에 던지실 때에 우리의 영혼을 사랑하기 때문에 우리의 육신을 멸망의 구덩이에서 건져 주신다(사 38:17). 이것이 복된 회복의 방법이다. 작

은 자야 안심하라 네 죄 사함을 받았느니라 일어나 네 침상을 가지고 집으로 가라(마 9:2, 6). 여기에서도 이 병자가 회개하여 하나님께로 돌아오고, 하나님이 대속물을 얻으시자, 그의 살이 청년보다 부드러워지며, 그의 병은 흔적도 없이 씻은 듯이 나아서, 그가 젊음을 회복하여 젊은 시절의 아름다움과 힘을 되찾게 될 것이다. 자연을 억눌렀던 병이 제거되자, 자연은 신기하게도 원래의 모습을 되찾게 되는데, 그것은 모두 자연의 하나님의 능력과 선하심 덕분이다! 환난이라는 계기를 활용하여 이루어지는 이러한 긍휼의 섭리들을 통해서 하나님은 인생들에게 한 번, 그리고 두 번 말씀하셔서, 그들로 하여금 그들이 하나님께 의존되어 있다는 사실과 하나님이 그들을 사랑하시며 불쌍히 여기신다는 사실을 깨닫게 하신다.

2. 이 병자의 영혼이 평안을 회복함(26절).

(1) 이 병자는 회개하는 자가 되자마자 간구하는 자가 되어서 기도하는 법을 알게 됨. 그는 하나님이 은혜를 주시기 위하여 사람들에게 그를 찾도록 하시는 것임을 알기 때문에, 죄 사함과 건강 등등의 제목으로 하나님께 기도한다. 너희 중에 고난 당하거나 병든 자가 있느냐 그는 기도할 것이니라(약 5:13). 그는 자신의 병이 나았다고 해서 기도가 더 이상 필요하지 않다고 생각하지 않는다. 왜냐하면, 우리는 환난을 거룩하게 하는 데와 마찬가지로 긍휼하심을 거룩하게 하는 데에도 하나님의 은혜를 필요로 하기 때문이다.

(2) 이 병자의 기도가 받아들여짐. 하나님은 그에게 은혜를 베푸시고 그를 기뻐하실 것이다. 하나님의 진노는 그에게서 떠나가고, 하나님의 얼굴 빛이 그의 영혼에 비치게 될 것이다. 그런 후에, 다음과 같은 일들이 일어난다.

(3) 이 병자가 하나님과 교제하는 즐거움을 누리게 된다는 것. 그는 전에는 그에게서 숨겨졌던 하나님의 얼굴을 이제는 보게 될 것이고, 기쁨으로 그 얼굴을 보게 될 것이다. 하나님의 얼굴을 보는 것보다 더 힘이 나게 하는 것이 어디 있을까(창 33:10)? 내가 하나님의 얼굴을 본 것 같나이다. 진심으로 회개한 모든 자들은 그들이 다시 형통하거나 즐거움을 누리게 된 것보다는 하나님의 은혜가 그들에게 회복된 것을 더 기뻐하는 법이다(시 4:6-7).

(4) 이 병자가 마음의 복된 평정(平靜)을 얻게 된다는 것. 이 마음의 평안은 하나님이 이 사람에게 그의 의를 주셔서 그가 하나님 앞에서 의롭다 하심을 얻었다고 느끼는 데에서 온다. 그는 속죄함을 얻고, 그것으로 인한 위로를 얻게 될

것이다(롬 5:11). 의(義)가 그에게 덧입혀지고, 평안이 그에게 선포될 것이기 때문에, 그가 환난 날에는 들을 수 없었던 의의 기뻐하고 즐거워하는 소리를 듣게 될 것이다. 하나님은 그를 의인으로 대우하실 것이고, 그가 하는 일들이 다 형통할 것이다. 그는 여호와께 복을 받을 받으리니 곧 의를 얻을 것이다(시 24:5). 하나님은 그에게 "가서 더 이상 죄를 짓지 말라"고 말씀하시며 그를 가게 하실 것이다. 아마도 이것은 그가 회복된 후에 그의 삶을 고치는 것을 의미하는 것 같다. 그는 전에 그가 무시하였던 하나님께 기도하게 될 것과 마찬가지로, 전에 그가 해악을 끼쳤던 사람들에게 의를 행하여 자기가 잘못한 것들에 대하여 배상하고, 이후로는 의롭게 행할 것이다.

V. 우리가 이 사례를 통해서 추론해 낼 수 있는, 하나님이 인생들을 다루실 때에 사용하시는 일반적인 법칙(27-28절). 병든 자들이 하나님의 뜻에 순복하면 병에서 회복되는 것과 마찬가지로, 자신의 죄를 진심으로 회개하는 모든 자들은 하나님으로부터 긍휼하심을 얻게 될 것이다.

1. 죄는 무엇이고, 우리가 죄를 짓지 않아야 하는 이유는 무엇인가. 우리는 죄의 본질과 그 악성을 알고자 하는가? 죄는 옳은 것을 그르치는 것이다. 죄는 지극히 불의하고 이치에 맞지 않는 것이다. 죄는 피조물이 창조주에 맞서 반역하는 것이고, 육신이 영의 지배권을 찬탈하는 것이며, 선과 악의 영원한 법칙들과 이치들을 부정하는 것이다. 죄는 주의 바른 길을 굽게 하는 것이기 때문에(행 13:10), 죄의 길은 굽은 길이라 불린다(시 125:5). 우리는 죄를 통해서 무엇을 얻을 수 있는지를 알고자 하는가? 그것은 내게 무익하였구나. 어둠의 일들은 아무런 열매가 없는 일들이다. 손익 계산을 해보면, 죄로 인하여 얻은 이득은 전부 다 합쳐도 손해를 상쇄하기에 턱없이 부족할 것이다. 진심으로 회개한 모든 자들은 이것을 기꺼이 시인하는데, 그것은 분하고 부끄러운 기억이다: 너희가 그 때에 무슨 열매를 얻었느냐 이제는 너희가 그 일을 부끄러워하느니라(롬 6:21).

2. 회개는 무엇이고, 우리가 회개하여야 할 이유는 무엇인가. 우리는 우리 자신이 참된 회개자들로 인정받고 싶은가? 그렇다면, 우리는 상하고 통회하는 마음으로 우리의 죄를 하나님께 자백하여야 한다(요일 1:9). 우리는 우리가 죄를 지었다는 사실을 고백하여야 하고(내가 범죄하였나이다), 우리에 대한 고소를 부인하거나 자신이 의롭다고 우겨서는 안 된다. 우리는 우리가 죄로 인하여

끼친 해악, 즉 우리의 죄책(罪責)을 고백하여야 한다(내가 옳은 것을 그르쳤나이다). 우리는 죄의 어리석음을 고백하여야 한다: "나는 너무나 어리석고 무지하였나이다. 왜냐하면, 죄를 지은 것이 내게 무익하였기 때문이나이다. 그러므로 내가 어찌 앞으로 죄와 상관하겠나이까?" 우리가 이와 같이 회개의 고백을 해야 하는 이유는 무엇인가?

(1) 그것은 하나님이 그것을 기대하시기 때문이다. 사람들이 범죄하면, 하나님은 사람들을 바라보시는데, 그들이 다음에는 무엇을 행할 것인지, 그들이 계속해서 죄를 짓는지 아니면 스스로 깊이 생각해보고 돌이키는지를 보신다. 하나님은 누가, 내가 도대체 무슨 짓을 한 거야(렘 8:6)라고 말하지는 않는지 귀를 기울여 들으신다. 하나님은 죄인들로부터 그런 말을 듣기를 바라시면서, 불쌍히 여기시는 마음으로 그들을 바라보신다. 왜냐하면, 하나님은 그들이 멸망하는 것을 기뻐하지 않으시기 때문이다. 하나님은 그들을 바라보고 계시다가, 그들 속에서 회개의 역사가 일어나는 것을 감지하시면, 아버지가 집으로 돌아오는 탕자를 맞으러 멀리까지 나간 것처럼, 즉시 마중나가셔서 그들을 격려해 주시고 기꺼이 그들을 받아 주신다(시 32:5-6).

(2) 그것은 우리에게 이루 말할 수 없는 유익을 가져다 주기 때문이다. 이 약속은 누구에게나 적용된다. 누가 이렇게 스스로를 낮춘다면, 그가 누구이든, 하나님은 다음과 같이 하실 것이다.

[1] 그는 정죄를 받지 아니할 것이고, 장차 있는 진노에서 구원을 받게 되리라는 것. 하나님이 그의 영혼을 건지사 지옥의 구덩이에 내려가지 않게 하실 것이다. 죄악이 그를 파멸로 몰아가지 못할 것이다.

[2] 그는 영원한 생명과 기쁨을 누리는 복을 받게 되리라는 것. 그의 생명은 하나님을 뵈옵는 가운데에 빛, 즉 온갖 복을 보게 될 것이다. 만약 선지자가 우리에게 이 지극한 복을 얻게 하기 위해서 어떤 큰 일을 명하였다고 해도, 우리가 왜 그 일을 하지 않았겠는가? 하물며, 선지자는 우리에게 단지 "씻어 깨끗하게 하라"고, 즉 죄를 자백하고 용서를 받으며 회개하고 구원을 얻으라고 말할 뿐인데(왕하 5:13), 우리가 그렇게 하지 않을 이유가 어디 있겠는가?

²⁹실로 하나님이 사람에게 이 모든 일을 재삼 행하심은 ³⁰그들의 영혼을 구덩이에서 이끌어 생명의 빛을 그들에게 비추려 하심이니라 ³¹욥이여 내 말을 귀담아 들으라

잠잠하라 내가 말하리라 ³²만일 할 말이 있거든 대답하라 내가 기쁜 마음으로 그대를 의롭다 하리니 그대는 말하라 ³³만일 없으면 내 말을 들으라 잠잠하라 내가 지혜로 그대를 가르치리라

이 단락에는 엘리후의 강론 중에서 이 첫 번째 부분의 결론이 나온다.

1. 엘리후는 자기가 지금까지 한 말을 간략하게 요약하면서, 하나님이 인생들에게 베푸시는 온갖 섭리들 가운데에서 하나님의 크시고 은혜로우신 목적은 그들을 영원히 비참하게 되는 것에서 구원하셔서 영원히 복된 삶으로 인도하시는 것임을 보여줌(29-30절). 하나님은 이 모든 일을 인생들에게 행하고 계신다. 하나님은 양심과 섭리들과 사역자들과 긍휼하심들과 환난들을 통해서 사람들을 다루신다. 하나님은 사람들을 병들게 하기도 하시고 다시 건강하게 하기도 하신다. 이 모든 것들은 하나님이 행하시는 일들이다. 하나님은 이 두 가지를 병행하시지만(전 7:14), 둘 모두에 하나님의 손길이 있다. 하나님은 이 모든 일들을 우리를 위하여 행하신다. 모든 섭리들은 하나님이 사람에게 행하시는 일들이자 사람을 얻으시기 위해 애쓰시는 일들이다. 하나님은 사람들에게 복을 주시기 위해서 온갖 다양한 방법들을 사용하신다. 하나의 환난이 효과를 보지 못하면, 하나님은 또 다른 환난을 시도하신다. 이런 환난 저런 환난이 별 소용이 없으면, 하나님은 긍휼하심을 베푸는 방법도 시도하신다. 하나님은 환난과 긍휼 둘 모두를 사람들에게 해석해 줄 사자를 보내신다. 하나님은 흔히 이런 일들을 두 번, 세 번 행하신다. 하나님은 한 번 말씀하시고 다시 말씀하신다(14절). 말씀을 해서 통하지 않으면, 하나님은 두 번, 아니 세 번 일하신다. 하나님은 방법을 바꾸시기도 하시고(우리가 피리를 불기도 하였고, 슬피 울기도 하였다, 마 11:7), 동일한 방법으로 다시 돌아가기도 하시며, 동일한 적용들을 반복하기도 하신다. 그러면, 도대체 하나님은 왜 이렇게 온갖 수고를 다 하시면서 사람에게 공을 들이시는 것인가? 그것은 그들의 영혼을 구덩이에서 이끌어 생명의 빛을 그들에게 비추려 하심이다(30절). 하나님이 우리보다 우리 자신을 더 세심하게 돌보지 않으셨다면, 우리는 벌써 비참하게 되고 말았을 것이다. 우리는 우리 자신을 파멸시키고자 하지만, 하나님은 우리를 구원하시고자 하시기 때문에, 우리가 우리 자신을 망치는 일들을 해놓으면 그의 은혜로 말미암아 그 일들을 무효화시키기 위한 수단들을 강구하신다. 앞에서 언급한 꿈과 환상을

통한 방법은 사람의 영혼을 구덩이에 빠지지 않게 하시는 것(18절), 즉 죄를 사전에 방지하여 우리로 하여금 죄에 빠지지 않게 하기 위한 것이었다면, 여기에 나오는 질병과 말씀을 통한 방법은 영혼을 이끌어 내고 죄에 빠진 자들을 회복시켜서, 그들이 죄 가운데에 그대로 머물러서 멸망하지 않게 하기 위한 것이다. 하나님은 회개를 통해서 구덩이로부터 건지심을 받은 모든 자들에게 생명의 빛을 비추시고, 그들로 하여금 현세에서의 위로와 내세에서의 영원한 복을 얻게 하실 것이다. 하나님은 어둠인 죄와 지옥에서 구원하신 자들을 빛 가운데에서 성도들의 기업(基業)인 천국으로 인도하실 것이다. 하나님이 온갖 제도들을 세우시고 섭리를 통하여 모든 경륜들을 이끌어 나가시는 것은 모두 이러한 목적을 위해서이다. 사람이 무엇이기에 주께서 그를 돌보시나이까(시 8:4). 그렇기 때문에, 우리는 하나님께 대항하지 말고, 하나님의 뜻에 마음을 합하여 우리 자신의 복을 위하여 하나님과 함께 일하여야 한다. 또한, 그렇기 때문에 영원히 멸망받을 자들은 변명할 말이 없게 된다. 왜냐하면, 하나님이 그들을 구원하시기 위하여 그토록 많은 일을 하셨는데도, 그들이 고침받기를 거부하였기 때문이다.

2. 엘리후는 욥에게 자기가 지금까지 한 말을 받아들이기를 주문하고, 그의 말을 귀담아 듣고 마음에 새기라고 간청함(31절). 그는 우리의 복을 위한 것이기 때문에 그의 말을 경청해 줄 것을 요청한다. 욥이 그가 말한 것을 경청해 준다면, 그는 다음과 같이 할 것이라고 말한다.

(1) 그는 욥이 그의 말에 대하여 어떤 반론을 제기해도 다 들어주겠다고 말함(32절). "만일 그대가 그대의 옳음을 증명하기 위해서 뭔가 할 말이 있거든 내게 대답하라. 나는 힘이 넘치고 그대는 힘이 다 소진되었지만, 나는 말로써 그대를 짓밟지 않을 것이다. 말하라. 왜냐하면, 나는 그대를 의롭다 하고자 하고, 그대의 다른 친구들처럼 그대를 정죄하고자 하는 것이 아니기 때문이다." 다른 친구들은 논쟁에서 이기기 위하여 다투었지만, 엘리후는 진리를 드러내기 위하여 다투고 있다. 우리는 우리가 책망하는 자들이 의롭다는 것이 밝혀지기를 바라고, 그들을 향한 사람들의 비난들로부터 그들이 결백한 것을 보기를 기뻐하여야 하기 때문에, 그들이 그렇게 할 수 있도록 그들에게 온갖 기회를 주고 힘을 북돋워 주어야 한다는 것을 명심하라.

(2) 엘리후는 자기가 한 말에 대하여 욥이 할 말이 없다면, 자기에게 더 할

말이 있기 때문에, 욥이 인내로써 자기 말을 더 경청해 주기를 바란다고 말함
(33절). 만일 그대가 할 말이 없으면 내 말을 들으라 잠잠하라 내가 지혜로 그대를
가르치리라. 지혜를 보이고자 하는 자나 지혜를 배우고자 하는 자는 둘 다 입을
다물고 귀를 열어 두고서, 듣는 것은 속히 하고 말하는 것은 더디 하여야 한다.
욥은 지혜롭고 선한 자였다. 그러나 지혜롭고 선한 자들도 지혜와 은혜의 수단
들을 활용함으로써 더욱 지혜롭고 선하게 될 수 있기 때문에, 그런 수단들을
적극적으로 활용하여야 한다.

제
— 34 —
장

개요

엘리후는 잠시 말을 멈추고서, 자기가 앞 장에서 한 말에 대하여 혹시 욥이 할 말이 있는지를 확인해 본 것 같다. 그러나 그는 욥이 아무 말 없이 그대로 앉아 있자, 자기가 계속해서 말을 이어나가겠다는 뜻을 피력하고서, 여기에서 그의 말을 계속해 나가고 있는 것으로 보인다. I. 엘리후는 자기 말을 직접 듣는 자들만이 아니라 무리들의 도움을 구함(2-4절). II. 그는 욥이 몇 가지 점잖치 않은 표현들을 입 밖에 낸 것에 대하여 욥을 고소함(5-9절). III. 그는 다음과 같은 것들을 아주 자세하게 보임으로써 욥에게 그가 잘못 말하였다는 것을 깨우치고자 함. 1. 누구도 이의를 제기할 수 없는 하나님의 공의(10-12, 17, 19, 23절). 2. 하나님의 주권적 통치(13-15절). 3. 하나님의 전능하신 능력(20, 24절). 4. 모든 것을 아시는 하나님(21-22, 25절). 5. 죄인들에게 엄하신 하나님(26-28절). 6. 모든 것을 주관하시는 하나님의 섭리(29-30절). IV. 그는 욥에게 그가 어떻게 말해야 하는지를 가르침(31-32절). 그런 후에 끝으로, 엘리후는 이 문제를 욥 자신의 양심에 맡긴다고 말하고, 욥이 속좁게 화를 내고 불만을 품고 있는 것에 대하여 욥을 따끔하게 책망하는 것으로 그의 말을 마친다(33-37절). 욥은 엘리후의 말이 지극히 옳다는 것을 알았기 때문에, 이 모든 말들을 잘 참고 들었을 뿐만 아니라, 고맙게 생각하며 경청하였다. 욥의 다른 친구들은 욥이 도저히 수긍할 수 없는 죄목을 들어서 그를 고소하였던 반면에, 엘리후는 욥이 속으로 곰곰이 생각해 보기만 하면 얼마든지 수긍할 수 있는 잘못만을 들어서 그를 질책하였다.

[1]엘리후가 말하여 이르되 [2]지혜 있는 자들아 내 말을 들으며 지식 있는 자들아 내게 귀를 기울이라 [3]입이 음식물의 맛을 분별함 같이 귀가 말을 분별하나니 [4]우리가 정의를 가려내고 무엇이 선한가 우리끼리 알아보자 [5]욥이 말하기를 내가 의로우나 하나님이 내 의를 부인하셨고 [6]내가 정당함에도 거짓말쟁이라 하였고 나는 허물이 없으나 화살로 상처를 입었노라 하니 [7]어떤 사람이 욥과 같으랴 욥이 비방하기를 물 마시듯 하며 [8]악한 일을 하는 자들과 한패가 되어 악인과 함께 다니면서 [9]이르기를

사람이 하나님을 기뻐하나 무익하다 하는구나

이 단락에는 다음과 같은 내용들이 나온다.

I. 엘리후는 그의 말을 듣는 자들을 겸손하게 대하는 가운데에 마치 웅변가처럼 그들의 호의적이고 긍정적인 반응을 이끌어 내고자 애씀.

1. 그는 그들을 지혜 있는 자들, 지식 있는 자들이라고 부름(2절). 지각이 있고 분별력이 있는 자들을 상대하는 것은 기분 좋은 일이다. 나는 지혜 있는 자들에게 말함과 같이 하노니 너희는 내가 이르는 말을 스스로 판단하라(고전 10:15). 엘리후는 그들과 견해가 달랐지만, 그들을 지혜와 지식이 있는 자들이라 부른다. 속좁은 논쟁자들은 그들과 생각이 같지 않은 모든 사람들을 어리석은 자들이라고 생각한다. 그러나 우리의 생각이 그들의 생각과 일치하지 않는다고 하여도, 지혜로운 자들을 지혜롭다고 인정해 주는 것이 의로운 일이다.

2. 그는 그들의 분별력에 호소하면서, 그들이 판단해 줄 것을 요청함(3절). 분별력이 있는 자들의 귀는 말을 분별해서, 어떤 말이 참인지 거짓인지, 옳은지 그른지를 알아낸다. 그러므로 말을 하는 자는 분별력이 있는 자들의 시험을 통과하지 않으면 안 된다. 우리는 우리가 듣는 모든 말들을 시험해야 하는 것과 마찬가지로, 우리가 하는 말들도 기꺼이 시험을 받게 하여야 한다.

3. 그는 이 문제를 검토하고 논의함에 있어서 그들을 그의 협력자로 받아들임(4절). 그는 오직 자기만이 무엇이 의롭고 선하며 무엇이 그렇지 않은지를 말할 수 있는 체하지 않고, 그들에게 자기와 함께 무엇이 옳은지를 찾아보고 함께 의논을 해보자고 제안한다. "우리는 모든 적대감과 불화, 편견과 반목, 자신의 견해를 막무가내로 고수하는 완고함을 다 버리고서, 우리가 보기에 옳은 것을 가려내 보자. 이 논의를 진행해 나갈 때에 지켜야 할 올바른 원칙들을 확정하고, 그런 후에 진리를 발견해 내기 위한 올바른 방법들을 생각해 보자. 우리의 논평들을 서로 비교해 보고 우리의 추론들을 서로 교환함으로써, 무엇이 선하고 무엇이 선하지 않은지를 우리 가운데에서 알아보자." 우리가 힘을 합쳐서 서로 도우며 옳은 것을 찾아내고자 한다면, 우리는 옳은 것을 찾아낼 가능성이 높다는 것을 명심하라.

II. 엘리후는 욥이 하나님의 다스리심에 대하여 말하면서, 과연 자기가 법정에 불려가서 심문을 받아야 하는지를 하나님의 법정에 호소해서 따져보자며,

혈기 섞인 말들을 일부 쏟아낸 것에 대하여 욥을 위하는 마음으로 책망함.

1. 그는 욥이 했던 말을 거의 그대로 기억해내서 재현함.

(1) 욥이 자신의 결백을 주장하였었다는 것. 그는 내가 의롭다(5절)고 말했었고, 자신의 죄를 자백하라는 강요를 받자 자기는 무죄라고 완강하게 항의하였었다. 내가 정당함에도 거짓말을 해야 하느냐(6절). 욥은 그런 취지로 내가 내 의를 굳게 잡고 있다(27:6)고 말하였었다.

(2) 욥은 하나님이 그를 불의하게 다루셨고, 그에게 환난을 내리시고는 그의 권리를 구제해 주지 않으심으로써 그에게 잘못을 하셨다고 고소하였었다는 것. 그는 실제로 하나님이 나의 정당함을 앗아가 버리셨다(27:2)고 말하였었다.

(3) 욥은 자기가 건짐을 받지 못할 것이라고 절망하고서, 하나님이 그를 도우실 수 없으시거나 돕고자 하지 않으시는 것이라고 결론을 내렸었다는 것. 나는 허물이 없고 내 손에는 포학이나 그 어떤 불의도 없건만 나의 상처는 치료받지 못할 뿐만 아니라, 내가 이 상처 때문에 죽을지도 모르게 되었다(16:16-17).

(4) 욥은 사실상 하나님을 섬겨보았자 얻는 게 없고, 결국에는 하나님 덕에 더 나아지는 자도 없을 것이라고 말하였었다는 것(9절). 그는 남들이 들으면 사람이 하나님을 기뻐하나 무익하다는 뜻으로 들릴 수 있는 말을 하였었다. 사람들은 흔히 신앙을 가지면 즐거움이 있다고 말한다. 하나님을 기뻐하고 하나님과 교제하며 하나님의 뜻을 따라서 에녹처럼 하나님과 동행하는 것이 신앙이 아니라면, 무엇이 신앙이겠는가? 이것이 신앙의 참된 개념이고, 즐거움이 있다는 것은 참된 신앙의 길을 가고 있음을 보여주는 증표이다. 그런데 욥은 마치 하나님을 섬기는 것이 헛된 것이라는 듯이(말 3:14) 신앙의 유익을 부정한다. 엘리후는 욥이 하나님이 온전한 자나 악한 자나 다 멸망시키신다(9:22)고 한 말 속에 담긴 속내를 끄집어내어서 그가 신앙은 헛된 것이라고 말하였었다고 주장한다. 욥이 한 이 말 속에는 일말의 진리가 들어 있기는 하지만(모든 일이 모든 사람에게 똑같이 일어난다는 점에서), 그는 이 말을 악의적으로 비틀어서 하나님을 비난하는 의미로 사용하였었기 때문에, 엘리후의 책망을 듣고도 변명을 하려 들지 않고 가만히 앉아 있었다. 이 대목에서 캐릴(Caryl) 목사는 선한 자들은 종종 그들의 본심과는 다르게 악한 말을 할 수 있고, 자기가 욕 먹을 짓을 했을 때에는 변명하기보다는 그가 마땅히 들어야 할 욕보다 더 심한 욕을 먹어도 감내하는 법이라고 잘 지적하고 있다.

2. 그는 이 점에 대해서 욥을 대단히 강도 높게 고소함. 어떤 사람이 욥과 같으랴(7절). "당신은 욥과 같은 사람을 본 적이 있거나, 어떤 사람이 욥과 같이 터무니없는 말을 하는 것을 들은 적이 있나요?"

(1) 그는 욥이 오만한 자의 자리에 앉아 있다고 말함. "욥이 비방하기를 물 마시듯 한다. 즉, 욥은 하나님과 그의 친구들을 거침없이 비난하고 꾸짖으며, 그렇게 하는 것을 즐기고, 닥치는 대로 막말을 하고 있다." 또는, "욥은 다른 사람들이 그들의 형제들을 비방하고 멸시하는 말을 하면 열심히 듣고서 그 말들을 기뻐하고 그들을 칭찬한다." 또는, "욥은 이와 같은 어리석은 말들을 해서, 자기 자신을 비방의 대상으로 만들고 있고, 스스로 사람들의 책망을 자초하고 있으며, 다른 사람들에게 그를 비웃을 빌미를 제공하고 있다. 그의 그런 말들 때문에 그의 신앙이 훼방을 받고, 그의 명성이 손상을 입고 있다." 우리는 하나님께서 우리로 하여금 우매한 자들에게서 욕을 당할 수 있는 언행을 하지 않도록 지켜 주시라고 기도할 필요가 있다(시 39:8).

(2) 그는 욥이 경건하지 않은 자들의 꾀를 따라 행하고 있고, 죄인들의 길에 서 있다고 말함. 욥은 악한 일을 하는 자들과 한패가 되어 악인들과 함께 다닌다(8절). 이것은 욥이 실제로 그런 자들과 어울려 다니면서 악행을 하였다는 것이 아니라, 심적으로 그런 자들을 두둔하고 지지하며 그런 자들의 손에 힘을 실어 주었다는 것이다. 욥은 하나님을 기뻐하나 무익하다(9절)고 말한 자이니, 어찌 자신의 정욕을 따라 마음대로 행하며 죄악을 행하는 자들과 한패가 되어 어울려 다니지 않았겠는가? 내가 내 손을 씻어 무죄하다 한 것이 실로 헛되도다(시 73:13)라고 말하는 자는 하나님의 아들들의 세대에 대하여 악행을 행할(시 73:15) 뿐만 아니라, 하나님의 원수들을 기쁘게 해주고 그들이 말하는 대로 똑같이 말하는 법이다.

¹⁰그러므로 너희 총명한 자들아 내 말을 들으라 하나님은 악을 행하지 아니하시며 전능자는 결코 불의를 행하지 아니하시고 ¹¹사람의 행위를 따라 갚으사 각각 그의 행위대로 받게 하시나니 ¹²진실로 하나님은 악을 행하지 아니하시며 전능자는 공의를 굽히지 아니하시느니라 ¹³누가 땅을 그에게 맡겼느냐 누가 온 세상을 그에게 맡겼느냐 ¹⁴그가 만일 뜻을 정하시고 그의 영과 목숨을 거두실진대 ¹⁵모든 육체가 다 함께 죽으며 사람은 흙으로 돌아가리라

엘리후가 하는 말의 취지는 욥이 자기에게 닥친 환난들을 순순히 받아들이고 그 환난들 아래에서 마음을 가라앉히고 차분해지라는 것이다. 그렇게 하기 위해서, 엘리후는 앞 장에서는 하나님이 욥에게 환난을 주신 것은 그를 해치기 위한 것이 아니라 그의 영적인 유익을 위한 것임을 보여주었었고, 이 장에서는 하나님이 욥에게 환난을 주신 것은 결코 잘못한 것도 아니시고, 욥이 받을 만한 것보다 더 심한 벌을 내리신 것도 아님을 보여준다. 욥은 전자를 수긍할 수는 없을지라도, 후자는 수긍하고서 입을 다물어야 마땅하다. 이 단락에서 엘리후는 거기에 있던 모든 무리를 향하여 말을 한다. "너희 총명한 자들아 내 말을 들으라(10절). 내가 지금 말하는 것에 동의함으로써 너희에게 총명이 있음을 나타내 보이라." 그리고 엘리후가 말하는 것은 이것이다: 의로우신 하나님은 그의 피조물들 중 어느 누구에게도 악을 행하신 적이 없고 앞으로도 영원히 없을 것이며, 우리의 길은 공평하지 않지만, 하나님의 길은 공평하시다는 것이다. 여기에서 엘리후가 주장하는 진리는 하나님이 행하시는 모든 일은 의롭고 공평하다는 것이다. 그러면, 좀 더 자세하게 살펴보자.

I. 이 진리는 소극적으로 및 적극적으로 아주 분명하게 진술됨.

1. 하나님은 아무에게도 악을 행하지 않으신다는 것. 하나님은 악을 행하지 아니하시며 전능자는 결코 불의를 행하지 아니하신다(10절). 악과 불의는 하나님의 온전하신 본성과 양립될 수 없고, 하나님의 순전하신 뜻과도 양립될 수 없다(12절). 진실로 하나님은 악을 행하지 아니하시며 전능자는 공의를 굽히지 아니하시느니라. 하나님은 그릇된 일을 하실 수도 없고 하시려고 하지도 않으시며, 그 어떤 사람도 악하게 대하지 않으신다. 하나님은 죄의 악이 발견되는 곳 이외에는 형벌의 해악을 내리지 않으시고, 과도한 형벌을 내리시는 일도 결코 없으시다. 왜냐하면, 과도한 형벌은 그 자체가 죄악을 저지르는 것이고 악을 행하는 것이기 때문이다. 하나님은 사건을 심리하셔서 판결을 내리실 때에는 오직 그 사건의 잘잘못만을 따지시고, 사람의 낯을 보아서 공의를 굽게 하지 않으신다. 하나님은 그 누구에게도 악을 행하지 아니하시고, 누구에게나 의롭게 행하신다. 머지않아 하늘이 그의 의를 선포할 것이다(시 50:6). 그는 무한히 온전하시고 거룩하신 하나님이시기 때문에, 스스로 악을 행하실 수도 없으시고, 남들이 행하는 악을 비호하실 수도 없으시다. 하나님이 죽으시거나 거짓말을 하시거나 스스로를 부정하실 수 없는 것과 마찬가지로 악을 행하실 수도 없으시다.

그는 전능자이시지만, 힘 있는 자들이 흔히 그러는 것과는 달리 불의를 옹호하기 위하여 자신의 힘을 사용하시는 일이 결코 없으시다. 그는 '엘 샷다이,' 즉 모든 것에 부족함이 없으신 하나님이시기 때문에, 악에게 시험을 받아 불의한 일을 하실 수 없으시다(약 1:13).

2. 하나님은 모든 이에게 공의를 베푸신다는 것(11절). 하나님은 사람의 행위를 따라 갚으실 것이다. 사람들의 선행은 상을 받게 될 것이고, 악행은 벌을 받거나 대가를 치르게 될 것이다. 따라서, 머지않아 현세에서나 내세에서 하나님은 각 사람이 그의 행위대로 받게 하실 것이다. 각 사람에게 자신의 행위대로 받게 하시는 것은 배분적(distributive) 정의의 불변의 원칙이다: 의인들은 잘 될 것이고, 악인들에게는 화가 있으리라. 참고 견디며 하나님을 섬기는데도 현세에서 상이 없고, 죄를 계속해서 저지르는데도 현세에서 벌이 없다면, 하나님이 각 사람에게 그의 행위대로 온전히 갚아 주시되, 시간이 지연된 것에 대한 이자까지 붙여서 갚아 주실 날이 장차 있을 것이다.

II. 이 진리는 대단히 열렬하게 단언됨.

1. 이 진리는 절대적인 확신 속에서 단언됨. 정녕 진실로 그러하다(12절). 그것은 그 누구도 부인하거나 의문을 제기할 수 없는 진리이다. 하나님이 악을 행하지 않으신다는 것은 우리가 당연한 것으로 받아들일 수 있고, 우리 모두가 동의하는 진리이다.

2. 이 진리는 그 반대의 경우를 생각하는 것 자체를 혐오하는 가운데에 단언됨(10절). 하나님이 악을 행하신다는 것은 상상도 할 수 없는 일이고, 우리가 그 진리에 대하여 조금이라도 의심을 품거나 하나님이 악을 행하셨다고 고소하는 것 같이 보이는 말을 조금이라도 내비친다는 것은 상상도 할 수 없는 일이다.

III. 이 진리는 두 가지 논거를 통해서 아주 분명하게 증명됨.

1. 하나님의 독자적인 절대 주권과 통치권(13절). 누가 땅을 그에게 맡겼으며, 누가 세상에서 일어나는 사람들의 일을 처리하라고 그에게 위임하였느냐? 또는, 온 인간 세상을 자신의 뜻대로 다스려온 이가 하나님 외에 누가 있느냐? 하나님은 인간의 왕국들을 통치하시는 유일한 분이시고, 그 통치권을 다른 누구로부터 위임받은 것이 아니라, 그 통치권은 스스로에게서 나와서 독자적으로 갖고 계신다.

(1) 통치권이 하나님의 것임은 확실하고, 하나님은 하늘과 땅의 만상(萬象)을 그의 뜻대로 다스리신다는 것. 그러므로 우리는 하나님을 불의하다고 고소해서는 안 된다. 온 세상을 심판하시는 이가 정의를 행하실 것이 아니겠는가(창 18:25). 하나님께 조금이라도 불의가 있거나 있을 수 있다면, 어떻게 하나님이 세상을 다스리시거나 심판하실 수 있으시겠는가(롬 3:5-6)? 하나님이 그러한 무제한적인 권세를 지닐 자격을 갖추신 분이라면, 그는 한 점의 흠도 없는 정결함을 지니고 계실 것이 틀림없다. 이것은 우리가 하나님이 우리를 다루시는 모든 일에서 우리가 묵묵히 순종해야 하는 이유이기도 하다. 온 세상의 일들을 처리하시는 분이 우리와 우리의 관심사들을 제대로 처리하지 못하시겠는가?

(2) 하나님의 권세가 다른 존재로부터 나온 것도 아니고, 통치권이 하나님께 맡겨진 것도 아니며, 그 권세는 하나님 자신의 것이고, 그의 존재와 마찬가지로 스스로에게서 나온 것임은 확실하다는 것. 그러므로 만약 하나님이 완벽하게 의로우시지 않다면, 온 세상과 거기에서 일어나는 일들은 즉시 극도의 혼란에 빠지게 될 것이다. 이 세상에서 가장 높은 권세들 위에 하나님이 계시고, 만약 그들이 죄악을 행하면, 하나님께 벌을 받아야 한다. 그러나 하나님 위에는 아무도 없다. 왜냐하면, 하나님이 통제를 받을 어떤 일을 하실 가능성은 전혀 없기 때문이다(하나님의 완전한 본성으로 인해서). 하나님은 절대 군주이시고, 우리는 하나님께 복종하여야 한다. 왜냐하면, 우리가 호소할 수 있는 더 높은 권세가 없기 때문이다. 따라서, 우리가 하나님께 복종해야 하는 것은 필수이다.

2. 하나님의 거역할 수 없는 권능(14절). 그가 만일 뜻을 정하시고 사람과 다투고자 하시거나, 사람을 파멸시키고자 마음을 먹으시거나, 오로지 그의 주권이나 엄격한 공의를 따라서만 사람을 다루시고자 하신다면, 그 앞에 설 자는 아무도 없다. 사람의 영과 목숨은 순식간에 제거될 것이고, 모든 육체가 다 함께 죽게 될 것이다(15절). 많은 사람들의 정직성은 순전히 그들의 무력함 덕분이다. 그들은 악을 행하고 나서 버틸 힘이 없거나 악을 행할 힘이 없기 때문에 악을 행하지 않는다. 그러나 하나님은 누구라도 아주 손쉽게 순식간에 해치울 수 있으시지만, 자신의 권능을 마음대로 사용하여 누구를 해치우지 않으신다. 따라서, 이것은 하나님의 본성이 무한히 완전하기 때문이라고 해야 하고, 이 진리는 변할 수 없다.

　(1) 하나님은 우리에게 무엇을 하실 수 있으신가. 하나님은 순식간에 우리를 티끌로 돌아가게 하실 수 있으시다. 하나님은 그렇게 하시기 위해서 그의 전능하신 능력 가운데에서 그 어떤 적극적인 행동을 취하실 필요도 없으시다. 하나님이 단지 우리의 삶을 지탱하고 있는 그의 섭리를 거두시거나, 원래 그의 손에서 나왔고 지금도 여전히 그의 손에 있는 사람의 영과 목숨을 거두시기만 하면, 마치 산소호흡기로 연명하던 환자에게서 그 호흡기를 제거하기만 하면 그가 금방 죽듯이, 사람은 즉시 절명하고 만다.

　(2) 하나님은 우리에게 악을 행함이 없이 우리에게 무엇을 행하실 수 있으신가. 하나님은 그가 우리에게 잠시 빌려 주신 목숨을 회수해 가실 수 있으시다. 그러므로 오로지 하나님의 은혜로 말미암아 우리의 목숨이 붙어 있는 동안에, 우리는 다른 위로들이 우리에게서 제거되었다고 해서 하나님이 우리에게 불의하시다고 소리칠 이유가 없다.

16만일 네가 총명이 있거든 이것을 들으며 내 말소리에 귀를 기울이라 17정의를 미워하시는 이시라면 어찌 그대를 다스리시겠느냐 의롭고 전능하신 이를 그대가 정죄하겠느냐 18그는 왕에게라도 무용지물이라 하시며 지도자들에게라도 악하다 하시며 19고관을 외모로 대하지 아니하시며 가난한 자들 앞에서 부자의 낯을 세워주지 아니하시나니 이는 그들이 다 그의 손으로 지으신 바가 됨이라 20그들은 한밤중에 순식간에 죽나니 백성은 떨며 사라지고 세력 있는 자도 사람의 손을 빌리지 않고 제거함을 당하느니라 21그는 사람의 길을 주목하시며 사람의 모든 걸음을 감찰하시나니 22행악자는 숨을 만한 흑암이나 사망의 그늘이 없느니라 23하나님은 사람을 심판하시기에 오래 생각하실 것이 없으시니 24세력 있는 자를 조사할 것 없이 꺾으시고 다른 사람을 세워 그를 대신하게 하시느니라 25그러므로 그는 그들의 행위를 아시고 그들을 밤 사이에 뒤집어엎어 흩으시는도다 26그들을 악한 자로 여겨 사람의 눈 앞에서 치심은 27그들이 그를 떠나고 그의 모든 길을 깨달아 알지 못함이라 28그들이 이와 같이 하여 가난한 자의 부르짖음이 그에게 상달하게 하며 빈궁한 사람의 부르짖음이 그에게 들리게 하느니라 29주께서 침묵하신다고 누가 그를 정죄하며 그가 얼굴을 가리신다면 누가 그를 뵈올 수 있으랴 그는 민족에게나 인류에게나 동일하시니 30이는 경건하지 못한 자가 권세를 잡아 백성을 옭아매지 못하게 하려 하심이니라 엘리후는 여기에서 좀 더 직접적으로 욥을 향하여 말을 한다. 그는 앞에서 그가 총명한 자들이라고 부른 무리들을 향하여 말하였었는데(10절), 이제는 욥에게 말을 한다. 그는 욥의 총명에 대하여 "만일"이라는 조건을 단다. 만일 네가 총명이 있거든, 이것을 들으며 이것에 주목하라(16절).

I. 하나님이 행하시는 그 어떤 일에 대해서도 시비를 걸어서는 안 된다는 나의 말을 들으라. 욥이 앞에서 불만에 차서 한 것처럼, 하나님이 하시는 일들을 규탄하고 정죄하는 것은 무모하고 주제넘은 짓이다.

1. 그것은 공의를 짓밟는 것으로 악명 높은 자에게 권세를 맡기는 것만큼이나 어처구니없는 일이라는 것. 정의를 미워하시는 이시라면 어찌 그대를 다스리시겠느냐(17절). 의로우신 하나님은 지극히 의를 사랑하시기 때문에, 욥이 아무리 온전하고 정직한 자라고 할지라도, 하나님에 비하면 정의를 미워하는 자라고 할 수 있다. 그런 그가 다스리겠는가? 그런 그가 하나님을 지도하거나 하나님이 행하시는 일을 바로잡으려고 나설 수 있겠는가? 우리 같은 불의한 피조물들이 의로우신 하나님께 이래라 저래라 지시하겠는가? 또는, 하나님이 우리로부터 그가 취하실 조치들을 배우셔야 하는가? 우리의 본성이 부패하였다는 것과 우리 속에는 영원한 공평의 법을 거스르는 것이 존재한다는 것을 잠깐이라도 생각해 본다면, 우리는 우리가 하나님께 이래라 저래라 하는 것이 얼마나 무례하고 불경스러운 짓인지를 금방 알 수밖에 없다.

2. 그것은 지극히 의롭고 죄 없는 자를 법정에 불러다 놓고 심문한 결과, 그가 지극히 의롭다는 것이 명명백백하게 밝혀졌는데도, 그에게 유죄 판결을 내리는 것만큼이나 어처구니없는 일이라는 것. 그대가 모든 행실에서 의롭고 또 그럴 수밖에 없는 이를 정죄하고자 하는 것이냐.

3. 그것은 왕에게 "그대는 악하다"고 말하고 방백들에게 "너희는 경건하지 않다"고 말하는 것만큼이나 어처구니없고 합당치 않은 일이라는 것. 이것은 왕과 방백들에게 참을 수 없는 모욕이 될 것이다. 그 어떤 왕이나 방백도 그런 일을 당하고 참고만 있지 않을 것이다. 정반대의 명백한 증거가 있지 않다면, 우리는 통치자가 내리는 판결을 옳은 것이라고 받아들여야 한다. 그러나 우리가 그 판결이 옳지 않다고 생각하더라도, 왕의 면전에서 왕이 악하다고 말하는 것은 합당하지 않다. 나단은 비유를 통해서 다윗을 책망하였다. 그러나 대제사장이나 선지자와는 달리, 평범한 신민(臣民)이 권세들에게 그토록 대담하게 말하는

것은 옳지 않다. 그러니, 하나님을 향하여 그렇게 말하는 것, 즉 사람들의 외모를 보지 않으시고 불의한 일을 행하도록 유혹받지도 않으시는 하나님께 불의하다고 말하는 것은 얼마나 어처구니없는 일이겠는가! 하나님은 가난한 자들 앞에서 부자의 낯을 세워주지 아니하시는 분이시기 때문에(19절), 다스리시기에 합당하고, 우리는 그런 하나님께 시비를 걸어서는 안 된다. 부자나 가난한 자나 하나님 앞에서는 동일한 대우를 받는다는 것을 명심하라. 큰 자라고 해서 그가 지닌 부와 지위 때문에 더 나은 대우나 특혜를 받는 일도 없을 것이고, 가난한 자라고 해서 가난하다는 이유로 불리한 대우를 받는 일도 없을 것이며, 옳은 주장만이 받아들여질 것이다. 욥은 지금 가난하게 되었다고 해도 그가 부자였던 때와 마찬가지로 하나님 앞에서 똑같은 대우를 받게 될 것이다. 이는 그들이 다 그의 손으로 지으신 바가 됨이라(19절). 그들의 인격도 마찬가지이다. 가난한 자도 부자와 마찬가지로 동일한 손에 의해서 동일한 틀로부터 지음받는다. 그들의 처지도 마찬가지이다. 가난한 자가 가난하게 된 것이나 부자가 부유하게 된 것은 둘 다 하나님의 섭리에 의해서이다. 그러므로 가난한 자라고 해서 그들이 행한 잘못이 아니라 그들에게 주어진 운명 때문에 불리한 대우를 받는 일은 결코 없을 것이다.

II. 하나님이 행하시는 모든 일을 인정하고 복종해야 한다는 나의 말을 들으라. 엘리후는 여기에서 욥으로 하여금 하나님을 크고 높으신 분으로 여기게 하고, 그를 설득하여 하나님과 다투는 것을 중단하고 하나님께 복종하도록 하기 위하여, 욥이 고려해야 할 여러 가지 것들을 제시한다.

1. 하나님은 전능하셔서, 아무리 힘 있는 자들도 넉넉히 심판하실 수 있으시다는 것(20절). 하나님은 마음만 먹으시면 아무리 무수히 많은 백성도 소동이 나서 혼란에 빠지게 하실 수 있으시고, 제아무리 사람들 가운데에서 존귀하고 위풍당당한 왕이나 세력 있는 자도 말씀 한 마디로 그 권좌에서 제거하시고 산 자들의 땅에서 내쫓으실 수 있으시다. 그들은 죽어서 사라지게 될 것이다. 사망의 모든 권세를 쥐고 계신 분이 어떤 일이든 하실 수 없으시겠는가? 이 죽음이 얼마나 급작스럽게 일어나는지를 주목하라. 그들은 순식간에 죽을 것이다. 하나님이 그의 교만한 원수들을 멸하시는 것은 시간이 걸리는 일이 아니라, 마음만 먹으시면 순식간에 끝난다. 하나님은 그들에게 미리 경고하지 않으신다: 오늘 밤에 네 영혼을 도로 찾으리라(눅 12:20). 하나님이 언제 그렇게 하시는지

그 때를 잘 보라. 그들은 아무런 근심 없이 태평하여 방심하고 있어서 무슨 일이 일어나도 어찌 할 수 없는 한밤중에 죽을 것이다 — 하나님이 애굽 사람들의 장자들을 죽이실 때에 그러셨듯이. 그 일은 하나님이 직접 하신다. 하나님은 은밀한 심판을 통해서 손을 대지 않고 쥐도 새도 모르게 그들을 데려가신다. 하나님은 사람의 조력이나 행위를 빌리지 않으시고도 직접 가장 포악한 폭군을 낮추실 수 있으시다. 하나님은 종종 그의 목적을 이루시는 데에 사람들의 손을 사용하시지만, 사실 그 누구의 손도 빌리지 않고도 그 일을 하실 수 있으시기 때문에, 사람들의 손이 필요가 없으시다. 하나님은 단지 한 명의 세력 있는 자를 제압하실 수 있으신 것이 아니라, 많은 수의 세력 있는 자들을 한꺼번에 제압하실 수도 있으시다(24절). 하나님은 세력 있는 자들을 헤아릴 수 없이 꺾으실 것이다. 왜냐하면, 세력 있는 자들이 아무리 많이 서로 힘을 합쳐도 전능자를 이길 수 없기 때문이다. 그러나 하나님이 폭정을 꺾으시는 것은 무정부상태를 만드시고자 하시는 것이 아니다. 하나님이 악한 통치자들을 무너뜨리신다고 해서, 백성들에게 통치자들이 없는 상황이 벌어지지는 않는다. 왜냐하면, 하나님은 세력 있는 자들을 꺾으신 후에는, 그들보다 더 잘 다스릴 다른 사람들을 세워 그들을 대신하게 하시고, 그들도 잘 다스리지 못할 때에는 밤 사이에 그들을 뒤집어엎어 흩으셔서 그들로 멸망받게 하시기 때문이다(25절). 벨사살이 바로 그 증거이다. 또는, 그들에게 회개할 기회를 주실 의도가 있으신 경우에는 하나님은 그들을 즉시 멸하지 않으시고, 그들을 악한 자로 여겨 다른 사람들이 보는 앞에서 치신다(26절). 즉, 하나님은 그들을 낮추시고 그 부패한 본성을 죽이시기 위한 심판들을 그들에게 내리신다. 하나님은 이 악한 통치자들을 다른 악인들과 마찬가지로 치시되, 그들의 육신이나 재산이나 가족을 확실하고 혹독하게 치셔서, 그것을 다른 사람들에 대한 경고로 삼으신다. 하나님은 다른 사람들에게 경고하시기 위해서 그들을 치시는 것이기 때문에, 사람들이 보고 두려워하며 하나님의 공의 앞에서 떨게 하기 위하여 다른 사람들이 보는 데서 그들을 치신다. 왕들도 하나님 앞에 서지 못한다면, 어떻게 우리가 서겠는가!

2. 하나님은 모든 것을 아시기 때문에, 아무리 은밀한 것도 찾아내실 수 있으시다는 것. 아무리 힘 있는 자도 하나님의 팔을 당해낼 수 없는 것과 마찬가지로, 아무리 영악한 자도 하나님의 눈을 피할 수 없다. 그러므로 어떤 자들이 우리가 마땅하다고 생각하는 것보다 더 많이 또는 더 적게 벌을 받는다면, 우

리는 그것을 가지고 하나님께 시비를 걸지 말고, 오직 하나님만이 아시는 어떤 비밀한 까닭이 있어서 하나님이 그렇게 하시는 것이라고 생각하여야 하는데, 그 이유는 다음과 같다.

(1) 모든 것이 하나님 앞에 공개되어 있다는 것(21절). 그는 사람의 길을 주목하시며 사람의 모든 걸음을 감찰하신다. 사람의 언행심사(言行心思)는 하나님의 시야 안에 있어서, 하나님은 그것들을 다 보실 수 있으실 뿐만 아니라, 하나님의 눈이 그것들 위에 있기 때문에, 하나님은 실시간으로 그것들을 주시하시고 감찰하실 수 있으시다. 하나님은 우리 모두를 보시고, 우리의 모든 언행심사를 보신다. 우리가 어디를 가든, 우리는 하나님의 눈 아래에 있다. 선한 것이든 악한 것이든 우리의 모든 행위들은 하나님이 보시고 책에 기록하시는데, 그 책들은 심판 때에 펼쳐져서 하나님이 우리를 심판하시는 데에 사용하시게 된다.

(2) 그 어떤 것도 하나님으로부터 숨겨져 있지 않고 숨겨질 수도 없다는 것(22절). 행악자가 의로우신 하나님의 모든 것을 찾아내시는 눈이나 복수하시는 손을 피해 숨을 만큼 빛이나 시야(視野)로부터 아주 멀리 떨어져 있고 칠흑 같이 어두운 흑암이나 사망의 그늘이 없느니라. 좀 더 살펴보자.

[1] 행악자들은 아담이 동산의 나무들 사이에 숨었듯이, 부끄러워서 세상의 눈을 피해 숨고 싶어하고(이것은 그들에게 가능할 것이다), 두려워서 하나님의 눈을 피해 숨고 싶어한다는 것. 힘 있는 자들과 우두머리들이 반석과 산들에게 그들을 숨겨 달라고 부르짖을 날이 다가오고 있다.

[2] 그들은 그리스도의 심판대 앞에 출두하느니 차라리 사망의 그늘이나 스올에 영원히 숨는 것을 더 기뻐하리라는 것.

(3) 하나님의 진노가 우리를 추격할 때에 하나님의 공의를 피해 달아나거나 어디론가 숨어 버리려고 생각해 보아야 아무 소용이 없다는 것. 행악자들은 사람들을 피해 숨을 수 있는 길과 방법들을 찾아낼 수는 있겠지만, 하나님을 피해 숨을 수는 없다. 하나님은 그들의 행위를 아신다(25절). 즉, 하나님은 그들이 무슨 짓을 하고 있는지도 아시고, 무엇을 계획하는지도 아신다.

3. 하나님은 의로우시기 때문에, 그가 행하시는 모든 일은 공평의 법에 따라 이루어진다는 것. 하나님은 세력 있는 자들을 뒤집어엎으셔서 산산조각을 내실 때에도, 옳은 것 외에는 사람에게 지우지 아니하신다(23절). 하나님은 죄 없는 자를 벌하지 않으시듯이, 죄 지은 자들도 그들이 마땅히 받아야 할 벌 외에 더

많은 벌로 처벌하지 않으신다. 무한하신 지혜를 지니신 하나님은 죄의 정도에 따라 정확히 벌을 내리실 것이다. 하나님은 그 누구에게도 가혹한 벌을 받았다고 불평할 빌미를 주지 않으실 것이고, 그 누구도 하나님을 상대로 소송을 제기하고자 하지 않을 것이다. 만약 소송을 제기하는 자가 있다면, 하나님이 말씀하신 것이 옳고 판단하신 것이 올바르다는 것이 그 소송에서 밝히 드러날 것이다. 그러므로 욥이 하나님에 대하여 불평한 것은 많은 욕을 먹을 짓을 한 것이기 때문에, 엘리후는 여기에서 욥에게 하나님을 고소해 보아야 질 것이 뻔하기 때문에 그런 짓을 그만두라고 선한 조언을 한다. 사람이 전능하신 이와 더불어 재판하는 것은 가당치 않다(어떤 이들은 이 절 전체를 이렇게 읽는다). 욥은 자신의 송사를 하나님 앞에 가져갔으면 좋겠다고 입버릇처럼 자주 말하였었다. 엘리후는 이렇게 반문한다: "그대가 그렇게 해보아야 무슨 소용이 있단 말인가? 그대에게 이미 내려진 심판이 그대로 재확인될 것이 뻔하지 않는가. 그 심판에서는 그 어떤 오류도 발견될 수 없고, 그 어떤 예외도 적용되지 않을 것이니, 결국 변하는 것은 아무것도 없을 것이다." 하나님이 행하시는 모든 일은 완벽하고, 또 그렇다는 것이 밝혀질 것이다. 하나님이 세력 있는 자들을 멸하시고, 그들을 악한 자로 여겨 치실 때에 옳은 것 외에는 그들에게 지우지 아니하신다는 것을 증명하기 위하여, 엘리후는 그들의 악행이 어떤 것이었는지를 보여준다(27-28절). 누구든 그들이 저지른 악행과 그들이 받는 벌을 비교해 본 후에, 그들이 그런 벌을 받아야 마땅했는지의 여부를 판단해 보라. 요컨대, 이 불의한 재판관들은 하나님을 두려워하지 않고 사람을 무시하였기 때문에(눅 18:2), 하나님이 그들을 심판하시는 것은 의로운 일이다.

(1) 그들은 하나님께 반역한 자들이었다는 것. 그들은 그를 떠났고, 그에 대한 두려움을 벗어던졌으며, 그를 생각하는 것조차도 버렸다. 왜냐하면, 그들은 그의 길들 중 어느 하나도 생각하고 싶지 않았기 때문이다. 그들은 하나님의 명령이나 섭리에 귀 기울이지 않고, 이 세상에서 하나님 없이 살았다. 악인들의 모든 악행의 밑바닥에는 그들이 하나님으로부터 등을 돌렸다는 사실이 자리잡고 있다. 그들이 악행을 저지르는 것은 하나님의 명령이나 교훈을 생각하지 않기 때문인데, 그들은 생각할 수 없는 것이 아니라 생각하고자 하지 않는 것이다. 하나님을 생각하지 않는 것으로부터 불경(不敬)이 나오고, 불경으로부터 온갖 패륜이 나온다.

(2) 그들은 온 인류를 압제하는 폭군들이었다는 것(28절). 그들은 그들 자신을 위하여 하나님을 부르고자 하지 않지만, 온갖 악행을 함으로써 가난한 자의 부르짖음, 그들을 벌해 달라는 울부짖음이 하나님께 상달하게 한다. 그들은 가난한 자들을 압제하고 해악을 끼치며, 그들에게 악을 행하고 그들을 짓이겨 부수며 더욱더 가난하게 만들고, 환난당한 자들에게 고통을 더해 주기 때문에, 가난한 자들은 하나님께 부르짖으며 하소연을 하고, 하나님은 그들의 사정을 들으시고 그들을 변호해 주신다. 가난한 자들이 어떤 사람을 벌해 달라고 눈물로 기도한다면, 그 사람의 처지는 좋지 않다. 왜냐하면, 압제받는 자들의 부르짖음을 들으신 하나님은 조만간에 그들을 압제한 자들의 머리에 원수를 갚으실 것이고(출 22:23), 그 때에 그들이 옳은 것보다 더 많이 심판을 받았다고, 즉 하나님이 그들을 도가 지나치게 심판하셨다고 말할 사람은 아무도 없을 것이기 때문이다.

4. 하나님은 인생들의 모든 일에 그 누구도 간섭할 수 없는 통치권을 가지고 계셔서, 공동체와 개개인에 관한 모든 일을 주관하시고 인도하시며, 그 누구도 그가 계획하신 것을 좌절시킬 수 없듯이 그가 행하시는 것을 바꿀 수 없다는 것(29절).

(1) 온 세상이 다 찌푸려도 하나님이 그의 미소를 통해서 평안을 주신 자들을 괴롭게 할 수 없다는 것. 그가 평안을 주시는데 누가 분란을 일으켜 괴롭게 할 수 있으랴(29절). 하나님이 평안을 주신 자들을 불안하게 만드는 것은 음부(陰府)와 세상의 모든 권세들의 과제이다. 하나님은 어느 민족에게 외적인 평화를 주시고 나서, 그가 주신 것을 지켜 주실 수 있으시고, 원수들이 그 평화를 훼방할 수 없게 하실 수 있으시다. 하나님이 사람에게 내적인 평안을 주시고, 의의 결과인 평정심과 영원한 확신을 주시면, 사탄의 고소들이나 현세의 환난들이나 죽음의 엄습이나 그 어떤 것도 그 평안을 깨뜨릴 수 없다. 그의 영혼이 하나님 안에서 평안히 거하는 자들을 그 무엇이 불안하게 만들 수 있겠는가(빌 4:7)?

(2) 온 세상이 다 미소를 지어도 하나님이 찌푸리셔서 괴롭게 하신 자들을 평안하게 할 수 없다는 것. 왜냐하면, 하나님이 진노하셔서 얼굴을 가리시고 그의 은총의 위로를 주시지 않으면, 아무도 그를 뵐 수 없기 때문이다. 즉, 누가 진노하신 하나님을 뵈옵고 그의 진노 아래에서 견디거나 그 진노를 거두시게

할 수 있겠는가? 하나님이 얼굴을 가리시기로 작정하시면 누가 하나님으로 하여금 그 얼굴을 보이시게 할 수 있으며, 누가 하나님을 둘러싸고 있는 구름과 흑암을 뚫고 하나님을 뵈올 수 있겠는가? 또는, 누가 하나님이 불안하게 하신 죄를 보고서 그로 하여금 안도하게 할 수 있겠는가? 누가 하나님이 원수로 대하시는 자의 친구로 남아 있을 수 있겠는가? 그 누구도 하나님 없이는 외적으로 괴로운 상태에서 벗어날 수 없다. 여호와께서 너를 돕지 아니하시면 내가 무엇으로 너를 도우랴(왕하 6:27). 하나님과 그의 두려운 것들에 맞서 마음의 평정을 얻을 수 있는 자는 아무도 없다. 하나님이 죄책감을 갖고 있는 양심으로 하여금 그의 진노를 느끼게 하시면, 피조물이 줄 수 있는 온갖 위로들은 무용지물이 되어 버린다. 마음이 상한 자에게 노래하는 것은 소다 위에 식초를 부음 같으니라(잠 25:20). 하나님이 공동체나 개개인들을 다루시기 위하여 행하시는 일들은 그 누구도 거역할 수 없다. 하나님이 민족 전체를 상대로 하시든, 한 개인을 상대로 하시든, 그가 행하시는 일은 그 누구도 막을 수 없다. 하나님의 동일한 섭리는 막강한 힘을 지닌 나라들을 다스리기도 하시고, 지극히 초라한 개인사들을 간섭하기도 하신다. 한 민족 전체의 힘으로도 하나님의 힘을 거역할 수 없고, 한 개인의 일이 보잘것없다고 해서 하나님의 눈을 피할 수 있는 것도 아니다. 하나님이 행하시는 일은 반드시 승리하고 효력을 나타낼 것이다.

5. 하나님은 지혜로우시고, 많은 사람들이 잘 되도록 세심하게 돌보시기 때문에, 경건하지 못한 위선자가 권세를 잡아 백성을 옭아매지 못하게 하신다는 것(30절).

(1) 위선자들의 교만. 그들은 다스리고자 한다. 사람들의 칭송과 세상에서의 권력이 그들이 바라는 상이고 그들의 목표이다.

(2) 폭군들의 술책. 그들은 권력을 장악하기 위해서 종종 신앙을 그들의 야망을 은폐하는 수단으로 사용하고, 위선을 통해서 권좌에 오른다.

(3) 위선자들이 다스릴 때에 백성이 처하는 위험. 백성들은 죄나 환난이나 둘 모두에 옭아매지기 쉽다. 위선자들의 손에 있는 권력은 흔히 백성들의 권리와 자유에 대하여 파괴적으로 작용하는데, 위선자들은 백성들의 권리와 자유를 강제로 빼앗는 것이 아니라 감언이설로 속여서 쉽게 빼앗아 버린다. 마찬가지로, 경건의 모양을 가장한 자들 아래에서 경건의 능력이 많은 침해를 받아 왔다.

(4) 하나님의 섭리가 백성이 이러한 위험에 빠지지 않도록 미리 취하는 조치. 그것은 경건하지 못한 위선자가 아예 권세를 잡지 못하게 하거나, 오랫동안 다스리지 못하게 하는 것이다. 하나님이 어떤 백성에게 긍휼을 예비해 두셨다면, 하나님은 위선적인 통치자들이 등장하는 것을 사전에 막으시거나, 속히 말하게 하실 것이다.

[31]그대가 하나님께 아뢰기를 내가 죄를 지었사오니 다시는 범죄하지 아니하겠나이다 [32]내가 깨닫지 못하는 것을 내게 가르치소서 내가 악을 행하였으나 다시는 아니하겠나이다 하였는가 [33]하나님께서 그대가 거절한다고 하여 그대의 뜻대로 속전을 치르시겠느냐 그러면 그대가 스스로 택할 것이요 내가 할 것이 아니니 그대는 아는 대로 말하라 [34]슬기로운 자와 내 말을 듣는 지혜 있는 사람은 반드시 내게 말하기를 [35]욥이 무식하게 말하니 그의 말이 지혜롭지 못하도다 하리라 [36]나는 욥이 끝까지 시험 받기를 원하노니 이는 그 대답이 악인과 같음이라 [37]그가 그의 죄에 반역을 더하며 우리와 어울려 손뼉을 치며 하나님을 거역하는 말을 많이 하는구나

이 단락에는 다음과 같은 내용들이 나온다.

I. 엘리후는 욥에게 그가 환난 아래에서 어떻게 말해야 하는지를 가르침(31-32절). 그는 앞에서 욥이 속좁게도 울분에 차서 혈기로 막말을 내뱉은 것에 대하여 책망하였었는데, 여기에서는 선한 말들을 욥의 입에 넣어준다. 우리는 무엇이 잘못되었는지를 책망할 때에는 무엇이 선한 것인지도 아울러 가르쳐 주어야 한다. 그럴 때, 우리의 책망은 훈계의 책망이 될 수 있다(잠 6:23). 엘리후는 욥에게 자기가 가르쳐 준 그대로 말하라고 강요하는 것이 아니라, 어떤 것이 합당한 말인지를 제시하고 그렇게 하기를 권한다. 엘리후가 말하고자 하는 요지는 욥이 환난 가운데에서 잘못 처신한 것과 무례한 말을 한 것을 회개하여야 한다는 것이다. 다른 친구들이 욥에게 요구한 것은 욥이 스스로 악인이라는 것을 시인하라는 것이었는데, 그들은 과도한 요구를 함으로써 실패를 자초하였다. 엘리후는 욥에게 단지 그가 이 논쟁을 하는 과정에서 그의 입술로 망령되이 말하였다(시 106:33)는 것을 시인하기만 하면 된다고 말한다. 우리는 남을 책망할 때에 이 점을 명심하고서, 남의 잘못을 실제보다 더 크게 부풀리지 말아야 한다. 왜냐하면, 범죄를 부풀리면 그 범죄를 증명하는 데에 실패하게

될 것이기 때문이다. 엘리후는 정곡을 찔러서 책망을 했기 때문에 소기의 목적을 달성할 수 있었다. 그는 욥에게 다음과 같이 하라고 가르친다.

1. 자신의 죄를 인정하고 하나님 앞에 스스로 낮아져서 그 죄에 대한 벌을 기꺼이 받아들이라는 것. "내가 죄를 지어서 징계를 받았나이다. 내가 지금 받는 환난은 당연한 것이기 때문에, 나는 그 벌을 달게 받고자 하고, 이런 벌을 내리신 하나님이 의로우시다는 것을 인정할 뿐만 아니라, 하나님이 선하시다는 것도 인정하나이다." 징계를 받으면서도 그 징계를 달게 받지 않고, 따라서 사실상 마음속으로 징계를 거부하는 자들이 많다. 진심으로 회개하는 자들은 하나님이 행하시는 모든 일이 선하시다는 것을 받아들이고, 하나님의 징계를 그들을 복 주시기 위한 수술 과정으로 여겨서 달게 받는다.

2. 자신의 죄들을 드러내 보여주시라고 하나님께 기도하라는 것(32절). "내가 깨닫지 못하는 것을 내게 가르치소서. 주여, 뒤돌아보면, 나는 내 속에 잘못된 것들이 많고 내가 잘못한 일들도 많은 것을 발견하지만, 내가 알고 있는 것보다 훨씬 더 많은 잘못들과 더 큰 가증스런 일들을 내가 무지와 실수와 편견 때문에 아직 보지 못하고 있는 것은 아닌지 두렵나이다. 주여, 나로 그런 것들을 보게 해주시고, 내 양심을 깨우셔서 그 직무를 충실히 행할 수 있게 해주소서." 선한 자는 자신의 아무리 나쁜 면도 다 기꺼이 알고자 하고, 특히 환난 아래에서는 하나님이 무엇 때문에 자기와 다투시는지, 하나님이 그를 징계하시는 의도가 무엇인지를 듣고 싶어하는 법이다.

3. 삶을 고칠 것을 약속하라는 것(31절). 내가 다시는 범죄하지 아니하겠나이다. "내가 악을 행하였으나 다시는 아니하겠나이다. 주께서 내가 잘못한 것을 보여주시면 그것이 무엇이 되었든, 나는 주의 은혜를 의지해서 앞으로는 그것을 고치겠나이다." 이것은 우리가 범죄하였다고 고백한 것, 그 범죄에 대하여 진정으로 뉘우치고 경건한 슬픔을 지닌 것, 하나님이 우리에게 환난을 주셔서 우리와 우리의 죄를 갈라놓으시겠다는 의도를 겸손하게 받아들인 것을 의미한다. 회개하는 자는 이런 식으로 자신의 회개를 온전하게 하여야 한다. 왜냐하면, 우리가 우리의 죄에 대하여 가슴 아파하는 것으로는 충분하지 않고, 우리는 삶으로 돌아가서 다시는 죄를 짓지 않아야 하고, 여기에서처럼 더 이상 어리석은 짓을 되풀이하는 일이 없을 것이라고 하나님 앞에서 단단히 약속함으로써 우리 자신을 그 약속에 매어 놓아야 하기 때문이다. 회개하는 자는 확고

한 결심으로 이렇게 말하는 것이 합당하고, 엄숙한 약속과 서원을 통해서 하나님께 이렇게 아뢰는 것이 합당하다.

Ⅱ. 엘리후는 욥에게 그가 환난 아래에서 불만을 품고 불안해하고 있다고 따짐(33절). 우리는 우리와 관련된 모든 일에서 우리가 옳고 의롭다고 생각한 그대로 되어야 한다고 생각하기 쉽다. 그러나 엘리후는 여기에서 다음과 같은 것들을 보여준다.

1. 그런 것을 기대하는 것은 터무니없고 철없는 생각이라는 것. "그것이 그대의 생각대로 되어야 하겠느냐. 절대 그렇지가 않다. 그럴 이유가 어디 있겠느냐." 엘리후는 여기에서 하나님의 뜻과 지혜를 지극히 공경하고 만족하는 마음으로 말을 하고 있다. 모든 일이 하나님의 생각대로 되는 것이 가장 합당한 일이다. 엘리후는 교만한 자들이 주제넘게도 모든 일이 그들의 생각대로 되어야 한다고 생각하는 것을 경멸하는 마음으로 말을 하고 있다. 그것이 그대의 생각대로 되어야 하겠느냐. 우리는 우리가 늘 복을 누려야 한다는 생각을 갖고 있는가? 그렇다면, 우리는 다른 사람들을 침해할 수밖에 없게 되고, 어리석게도 우리 자신을 덫에 걸리게 할 수밖에 없다. 우리가 환난을 당하고 싶은 생각이 없기 때문에, 우리는 결코 환난을 당해서는 안 되는 것인가? 죄인들이 벌을 받지 않거나, 학자들이 연구를 하지 않는 것이 과연 합당한 일인가? 또는 우리가 환난을 당해야 한다면, 우리가 맞을 매를 스스로 선택하는 것이 합당한 일인가? 결코 그렇지 않다. 모든 일은 우리의 생각이 아니라, 하나님의 생각대로 되는 것이 합당하다. 왜냐하면, 하나님은 창조주이시고, 우리는 피조물이기 때문이다. 하나님은 무한히 지혜로우시고 모든 것을 다 아시는 분이시지만, 우리는 어리석고 멀리 내다보지를 못하는 자들이다. 하나님은 한 마음을 지니고 계시고 변함이 없으시지만, 우리는 여러 마음을 가지고 있고 변덕이 심하다.

2. 그런 것을 기대하는 것은 아무 소용이 없고 적절하지도 않다는 것. "하나님은 그대가 거절하든지 택하든지 그대의 죄에 대하여 보응하실 것이다. 그대가 기뻐하든 화를 내든, 하나님은 그의 길을 걸어가시고, 그의 계획을 이루시며, 그의 공의에 의한 판결을 따라 보응하실 것이다. 하나님은 너의 허락이나 조언을 구하지 않으실 것이고, 자기가 기뻐하시는 것을 행하실 것이다. 그러므로 마음을 편히 갖고서 어쩔 수 없는 일을 선용하는 것이 지혜로운 일이다. 현재의 상황을 바꿀 수 있는 힘이 네게는 없기 때문에, 그것을 최선을 다해 선용하는

것이 지혜로운 일이다. 그대가 스스로 택하거나 거절할 수 있다고 생각한다면, 즉 그대가 하나님께 이래라 저래라 하고, 하나님이 행하시는 일에 이의를 제기한다고 해도, 나는 그렇게 하지 않을 것이다. 나는 하나님이 행하시는 모든 일에 아무 소리 없이 따를 것이다. 그러므로 그대는 아는 대로 말하라. 그대가 어떻게 행하고자 하는지, 즉 그대가 반대할 것인지 순종할 것인지를 말하라. 이 문제는 네게 달려 있고, 지금은 중대한 고비이다. 그대는 나의 손이 아니라 하나님의 손 안에 있다."

Ⅲ. 엘리후는 모든 슬기로운 제3자들에게 욥이 한 말 속에 많은 죄와 어리석음이 있었는지를 물음.

1. 엘리후는 이 문제를 철저하게 살펴서 결론을 내리고자 함(36절). "나는 우리가 욥을 끝까지 시험해서 그가 의로운지 의롭지 않은지를 밝혀내기를 원하노라. 욥이 말한 것이 의롭다는 것을 증명하고자 하는 자가 있다면, 그렇게 하라. 그런 자가 없다면, 우리는 모두 욥이 의롭지 않다는 데에 동의하는 것이다." 많은 해석자들은 이 구절을 욥이 환난에 의해서 시련을 당하는 것을 의미하는 것으로 이해한다. "욥이 철저히 낮아져서 그의 교만한 심령이 무너져 내릴 때까지, 그가 자신의 잘못을 깨닫고서 하나님과 그 섭리에 대하여 주제넘게 비난한 것을 철회할 때까지, 그의 환난은 지속되어야 한다. 끝장을 볼 때까지 시련은 계속되어야 한다."

2. 엘리후는 하나님과 사람 앞에 이 문제를 내놓고서 판단해 주기를 바람.

(1) 엘리후가 하나님께 호소함. 어떤 이들은 36절을 하나님에 대한 호소로 읽는다. 오, 나의 아버지여, 욥을 시험하소서. 영역 성경들의 난외주에도 그렇게 되어 있다. 왜냐하면, 본문에서 나는 원하노니(또는, 나의 소원)라는 단어는 나의 아버지를 뜻하기도 하기 때문이다. 어떤 이들은 엘리후가 눈을 들어 하늘을 보면서, "오, 하늘에 계신 나의 아버지여, 욥이 굴복할 때까지 그를 단련하소서"라는 취지로 이 말을 하였을 것이라고 추정한다. 우리는 환난이 우리 자신이나 다른 사람들에게 유익이 되게 해달라고 기도할 때에 하나님을 아버지로 바라보아야 한다. 왜냐하면, 환난은 하나님이 아버지로서 우리를 징계하시는 것이고, 우리가 아들로서 받는 훈육의 일부이기 때문이다(히 12:7).

(2) 엘리후가 곁에 있던 사람들에게 호소함(34절). "슬기로운 자들아, 과연 욥이 한 말을 내가 해석한 것보다 더 호의적으로 해석할 수 있는지, 욥이 그리

악하게 말을 한 것이 아니기 때문에 굳이 내가 잘못했나이다라고 부르짖을 필요가 없는 것인지를 내게 말해 다오." 그는 욥이 한 말을 통해서 다음과 같이 드러났다고 생각하였다.

[1] 욥이 상황을 제대로 이해하지 못하고 어리석게 말하였었다는 것(35절). 엘리후는 욥을 지식과 지혜가 없는 자라고 말할 수는 없었으나, 이 일에 있어서 그가 무식하게 말하였고, 그의 마음이 어떠하였든지 간에 그의 말이 지혜롭지 못하였도다라고 말할 수는 있었다. 욥이 자기 아내에게 한 말들(2:10), 즉 그대의 말이 한 어리석은 여자의 말 같도다라는 말과 우리가 하나님께 복을 받았은즉 화도 받지 아니하겠느냐는 말은 욥에게 그대로 되돌아왔다. 우리는 종종 우리가 다른 사람들을 책망할 때에 한 말들이 우리 자신에게도 그대로 적용된다는 것을 알게 된다. 하나님의 지혜를 책망하는 자들은 사실은 그들 자신의 지혜를 책망하는 것이다.

[2] 욥이 하나님을 제대로 공경하지 않고 악하게 말을 하였었다는 것. 욥이 한 말을 끝까지 시험해 보면, 즉 그 말을 면밀하게 검토하고 조사해서 그 뉘앙스들을 다 찾아낸다면, 다음과 같은 것들이 밝혀지게 될 것이다.

첫째, 욥은 하나님의 원수들의 편을 들었다. 그의 대답은 악인들을 위한 것이었다. 즉, 욥이 한 말은 악인들도 얼마든지 형통할 수 있다는 것을 필요 이상으로 지나치게 강조함으로써, 악행을 일삼는 악인들의 손에 힘을 실어주고 그 마음을 더욱 굳게 해주는 역할을 하였다는 것이다. 발람 같은 악인들은 그들이 원한다면 어차피 그들 자신을 변호하거나 옹호하는 말을 해도 어쩔 수 없지만, 우리가 악인들을 옹호하는 말을 한다는 것은 상상도 할 수 없는 일이다.

둘째, 욥은 하나님의 친구들을 모욕하였고, 그들에게 호통을 치며 나무랐다. "그는 철저하게 시련을 받아 낮아지기는커녕, 점점 더 오만방자하고 뻔뻔스러워져서, 마치 우리 모두를 할 말이 없게 만들어서 자기 말을 반박할 자가 이제 없다는 듯이 우리 가운데서 손뼉을 치며 좋아하고 있다." 악한 말을 하는 것만으로도 충분히 나쁘지만, 악한 말을 하고서도 뉘우치기는커녕 마치 허위와 혈기가 이겨서 통쾌하다는 듯이 박수를 치며 의기양양해하는 것은 훨씬 더 나쁘다.

셋째, 욥은 하나님을 거슬러 말을 한데다가, 자기가 한 말을 고집함으로써 그의 죄에 반역을 더하였다. 우리는 하나님 덕에 말할 수 있고, 마땅히 하나님을 위하여 말을 해야 하기 때문에, 단 한 마디라도 하나님을 거슬러 말을 한다면,

그것은 큰 죄이다. 그런데, 마치 우리가 하나님을 말로 이겨 먹기라도 하려는 듯이 하나님을 거슬러 많은 말을 한다면, 그 죄는 얼마나 크겠는가? 게다가, 그런 말들을 취소하기는커녕 거듭거듭 반복한다면, 그 죄는 어떻겠는가? 죄를 지은 후에, 회개하라는 말을 듣고서도, 고집을 부리며 계속해서 죄를 짓는 자들은 그들의 죄에 반역을 더하여 그 죄를 더욱더 무겁게 만드는 것이다. 내가 잘못에 빠질 수는 있겠지만, 나는 이단에 빠지고자 하지는 않는다.

제
— 35 —
장

개요

욥이 계속해서 침묵하자, 엘리후는 욥에 대한 공격을 이어나가는데, 여기에서는 세 번째로 욥에게 그(욥)가 잘못 말했기 때문에 그 말을 취소하여야 한다는 것을 보여준다. 그는 욥이 세 가지 부적절한 말을 했다고 고소하면서, 그 각각의 말에 대하여 반박한다. I. 엘리후는 욥이 하나님이 그 자신을 위해서가 아니라 우리를 위해서 명하신 신앙을 별로 중요치 않고 무익한 것이라고 말하였다고 고소한 후에, 그 정반대의 증거를 제시한다(1-8절). II. 엘리후는 욥이 하나님이 압제 받는 자들의 부르짖음을 외면하였다고 불평하였다고 고소한 후에, 이 점에서 하나님이 의로우시다는 것을 증명한다(9-13절). III. 엘리후는 욥이, 하나님이 그를 너무나 오랫동안 버리셨기 때문에 그가 다시 그 은총을 회복할 수 없을 것이라고 절망하였다고 고소한 후에, 하나님이 그 은총을 늦추신 진짜 이유를 욥에게 보여준다(14-16절).

¹엘리후가 말을 이어 이르되 ²그대는 이것을 합당하게 여기느냐 그대는 그대의 의가 하나님께로부터 왔다는 말이냐 ³그대는 그것이 내게 무슨 소용이 있으며 범죄하지 않는 것이 내게 무슨 유익이 있겠느냐고 묻지마는 ⁴내가 그대와 및 그대와 함께 있는 그대의 친구들에게 대답하리라 ⁵그대는 하늘을 우러러보라 그대보다 높이 뜬 구름을 바라보라 ⁶그대가 범죄한들 하나님께 무슨 영향이 있겠으며 그대의 악행이 가득한들 하나님께 무슨 상관이 있겠으며 ⁷그대가 의로운들 하나님께 무엇을 드리겠으며 그가 그대의 손에서 무엇을 받으시겠느냐 ⁸그대의 악은 그대와 같은 사람에게나 있는 것이요 그대의 공의는 어떤 인생에게도 있느니라

우리는 이 단락에서 다음과 같은 것들을 볼 수 있다.

I. 엘리후가 욥을 고소하는 이유가 된 악한 말들(2-3절).   엘리후는 그 말들이 악하다는 것을 보여주기 위해서, 다름아닌 욥 자신과 욥의 건전한 사고에 호소하며, 다시 한 번 곰곰이 생각해 볼 것을 요구한다. 그대는 이것을 합당하게

여기고, 이것이 옳다고 생각하는 것이냐. 엘리후가 자기가 한 책망의 말이 옳은 지에 대한 판단을 욥 자신에게 맡길 수 있었다는 것은 자신의 책망이 의롭다는 것을 그 만큼 확신하고 있음을 보여주는 것이다. 진실함과 공평함을 잃지 않은 자들은 머지않아 모든 사람의 양심의 지지를 얻게 되는 법이다. 또한, 이것은 엘리후가 욥에 대하여 좋게 생각하고 있다는 것, 즉 욥의 인품은 그의 말보다 더 좋아서, 욥이 말에 실수가 있긴 했지만 그 실수를 깨달으면 금방 그 말을 취 소할 것이라고 생각했다는 것을 보여주는 것이기도 하다. 우리가 엉겁결에 옳 지 않은 말을 했다면, 우리는 다시 한 번 생각해 보아서 그 말이 잘못되었다는 확신이 들면 자신의 잘못을 재빨리 시인하는 것이 합당하다. 엘리후는 여기에 서 다음 두 가지를 들어서 욥을 책망한다.

1. 욥이 하나님보다 자기 자신이 더 의로운 것으로 말한 것. 이것은 엘리후 를 화나게 했던 첫 번째의 것이었다(32:2). "그대는 사실상 나의 의가 하나님의 의보다 더 낫다고 말하였다. 즉, 내가 하나님을 위하여 행한 것이 하나님이 나를 위해 행하셨던 것보다 더 많기 때문에, 계산을 해보면, 하나님이 나에게 빚진 것이 드러날 것이다." 욥은 마치 하나님이 그가 한 일보다 삯을 덜 주셨고 그 가 지은 죄보다 더 큰 벌을 내리셨다고 생각한다는 듯이 말을 하였는데, 이것 은 사람으로서 품어서는 안 될 지극히 불의하고 악한 생각이었고, 그것을 입 밖으로 표현한다는 것은 더더욱 있을 수 없는 일이었다. 욥이 자신이 결백하다 는 것과 하나님이 자기를 가혹하게 다루셨다는 것을 누누이 역설한 것은 사실 상 나의 의가 하나님의 의보다 더 낫다고 말한 것이었다. 하지만, 우리가 아무리 선하고 우리가 겪는 환난이 아무리 심하다고 하여도, 우리가 불의한 것이지, 하나님은 불의하지 않으시다.

2. 욥이 이러한 환난을 겪고 있다고 해서 신앙을 가져보아야 아무 유익도 없고 소용도 없다고 말한 것. 범죄하지 않는 것이 내게 무슨 유익이 있겠느냐(3 절). 욥은 "내가 손을 깨끗하게 할지라도 주께서 나를 개천에 빠지게 하시리니, 그 것이 내게 무슨 소용이 있는가"(9:30-31)라고 말하기도 하였었고, "내가 악하면 화가 있을 것이지만(10:15), 내가 의롭다고 해도 여전히 화(禍)를 겪고 있는데, 그것이 무슨 유익이 있단 말인가"라고 말하기도 하였었다. 시편 기자는 자기 가 겪는 환난들을 악인들이 형통하는 것과 비교할 때에 내가 내 마음을 깨끗하게 하며 내 손을 씻어 무죄하다 한 것이 실로 헛되도다"(시 73:13)라고 말하고 싶은 마

음이 굴뚝같았다. 만약 욥이 앞에서 그런 식으로 말한 것이 사실이라면, 그는 사실상 나의 의가 하나님의 의보다 더 낫다(2절)고 말한 것이었다. 왜냐하면, 그가 신앙으로 말미암아 얻은 것이 아무것도 없다면, 그것은 그가 하나님께 신세진 것보다 하나님이 그에게 신세진 것이 더 많다는 것을 뜻할 것이기 때문이다. 그러나 욥이 그런 책망을 들을 만한 약간의 빌미를 주었을지는 몰라도, 욥이 그런 말을 했다고 고소하는 것은 옳지 않다. 왜냐하면, 욥은 그런 말들이 형통하는 죄인들이 지껄이는 악한 말들이라는 것을 직접 밝혔었고(21:15, 전능자가 누구이기에 우리가 섬기며 우리가 그에게 기도한들 무슨 소용이 있으랴 하는구나), 곧이어서 자기는 그런 말들을 하지 않는다는 것을 분명하게 밝혔었기 때문이다(21:16, 그러나 악인의 계획은 나에게서 멀구나). 논쟁을 할 때에 어떤 말을 인용하면서 그 말이 틀렸다는 것을 분명히 밝혔는데도, 그 인용한 말을 마치 그 사람의 견해인 양 취급하여 그를 고소하는 것은 옳은 일이 아니다.

II. 엘리후가 그런 말들에 대하여 해주는 선한 대답(4절). "내가 그대와 및 그대와 함께 있는 그대의 친구들, 즉 그대의 말을 수긍하고 그대의 말이 옳다고 기꺼이 말할 준비가 되어 있는 모든 자들, 그대가 말하는 그대로 말하고자 하는 모든 자들에게 대답하리라. 나는 그들 모두를 잠잠하게 할 대답을 준비해 두었다." 엘리후는 이를 위하여 하나님은 사람보다 크시다(33:12)는 옛 격언을 인용한다. 이것은 제대로 선용하기만 한다면 많은 선한 목적들에 활용될 수 있는 진리이고, 특히 하나님은 그 누구에게도 빚지지 않으신다는 것을 증명하는 데에 유용하게 사용될 수 있는 진리이다. 사람이라면 아무리 큰 자라도 가장 미천한 자에게 빚을 질 수 있다. 그러나 하나님과 사람은 서로 비교할 수 없을 정도로 격차가 크기 때문에, 크신 하나님은 사람에게서 그 어떤 유익도 얻으실 수 없고, 따라서 당연히 사람에게 그 어떤 빚도 지실 수 없으시다. 하나님이 자신의 목적이나 약속에 의해서 빚을 지고 있다면, 그것은 오직 그 자신에게만 빚을 지고 있는 것이다. 사람은 주께 먼저 드린 자는 갚으심을 받을 것이라고 말할 수 없다(롬 11:35). 우리가 섬기는 하나님이 우리의 신앙으로 얻으시는 것이 없는데, 어떻게 우리가 욥처럼 마치 하나님이 빚을 지신 분이신듯이 우리의 신앙으로 얻는 것이 있어야 할 것이 아니냐고 하나님께 따질 수 있겠는가?

1. 엘리후는 하나님이 사람 위에 계신다는 것은 증명할 필요도 없다고 말함. 그것은 누구나 다 동의하는 진리이다. 그러나 그는 높은 하늘과 높이 떠 있는

구름을 가리키면서 시각적인 증거를 보이며, 욥과 우리에게 그 진리를 실감할 수 있게 해주려고 애쓴다(5절). 하늘과 구름은 우리보다 훨씬 위에 있고, 하나님은 그런 것들보다 훨씬 더 높이 계신다. 그러니, 우리의 죄나 섬김이 하나님께 아무런 영향이 없을 것은 뻔한 일이 아닌가! 그대는 하늘을 우러러보라 그대보다 높이 뜬 구름을 바라보라. 하나님은 사람을 똑바로 서 있을 수 있게 지으시고서, 사람에게 하늘을 우러러보라고 명하셨다. 우상 숭배자들은 하늘의 만상(萬象)들, 즉 해와 달과 별들을 우러러보며 숭배하였지만, 우리는 하늘을 우러러보며, 하늘의 만상들의 주(主)이신 하나님을 경배하여야 한다. 그것들은 우리보다 높이 있지만, 하나님은 그것들보다 무한히 더 높이 계신다. 하나님의 영광은 하늘 위에 있고(시 8:1), 하나님을 아는 지식은 하늘보다 더 높다(11:8).

2. 엘리후는 이 진리로부터 하나님은 이런저런 식으로 영향을 받으시거나 우리가 행하는 어떤 일에 의해서 영향을 받으시는 분이 아니라는 결론을 이끌어 냄.

(1) 엘리후는 사람들은 우리가 행하는 것에 따라서 더 좋아질 수도 있고 망가질 수도 있다는 것을 인정함(8절). 그대의 악은 그대와 같은 사람을 해칠 수도 있고, 외적인 환경의 변화를 통해서 사람을 괴롭게 할 수도 있다. 악인은 이웃을 해치거나 어떤 것을 도둑질하거나 비방할 수도 있고, 이웃을 죄로 이끌어서 그의 영혼을 해칠 수도 있다. 당신의 의, 당신의 공의, 당신의 지혜, 당신의 경건은 사람을 이롭게 할 수 있다. 우리의 선함은 땅에 있는 성도들에게 미친다(시 16:3). 우리는 우리와 같은 사람들에게 해를 입힐 수도 있고 유익을 끼칠 수도 있다. 만유를 다스리시는 주(主)이시자 재판장이신 하나님은 그런 것들에 관여하셔서, 같은 처지의 피조물이자 신민(臣民)들에게 선을 행하는 자들에게는 상을 주시고, 그들을 해치는 자들은 벌을 내리실 것이다.

(2) 엘리후는 세상에서 가장 큰 자들이 어떤 일을 하느냐에 따라서 하나님이 손해를 입거나 이득을 볼 수 있다는 것을 전적으로 부인함.

[1] 가장 흉악한 죄인들이 저지르는 죄들도 하나님께 그 어떤 손상도 끼치지 못한다는 것(6절). "그대가 고의로 오만하게 하나님을 대적하여 범죄하고, 그대의 악행이 가득하며, 그대의 죄악된 행위들이 무수히 반복된다고 하여도, 그것이 하나님께 무슨 영향이 있겠느냐." 이것은 육신적인 생각을 지닌 자들에 대한 도전이고, 가장 뻔뻔스러운 죄인에게 어디 한번 마음대로 해보라고 도전하는 것

이다. 가장 흉악무도한 원수들도 하나님께 그 어떤 실제적인 피해를 입힐 능력이 없다는 것은 하나님의 크심과 영광에 대하여 많은 것을 말해준다. 본문은 죄를 하나님을 대적하는 것이라고 말한다. 왜냐하면, 죄인은 그런 의도로 죄를 짓고, 하나님도 죄를 그런 의미로 받아들이시며, 죄는 하나님의 존귀하심을 손상시키는 것이기 때문이다. 그렇지만, 죄는 하나님을 대적하여 그 어떤 것도 할 수 없다. 죄인들의 악의는 무력한 악의일 뿐이다. 그것은 하나님의 존재나 완전하심을 멸할 수 없고, 하나님을 그 권능과 통치로부터 끌어낼 수 없으며, 하나님의 평안과 휴식을 방해할 수 없고, 하나님의 계획과 의도를 좌절시킬 수 없으며, 하나님의 본질적인 영광을 훼손할 수도 없다. 그러므로 욥이, 범죄하지 않는 것이 내게 무슨 유익이 있겠느냐(3절)고 말한 것은 잘못한 것이다. 욥이 삶을 고친다고 해서, 하나님이 이득을 보실 것은 아무것도 없다. 욥 자신이 이득을 보지 않은 것이라면, 도대체 누가 이득을 보았겠는가?

[2] 가장 선한 성도들의 섬김도 하나님께는 그 어떤 유익도 되지 않는다는 것(7절). 그대가 의로운들 하나님께 무엇을 드리겠느냐. 하나님은 우리의 섬김을 필요로 하지 않으신다. 만약 하나님에게 그를 섬기는 손길이 필요하셨다면, 하나님은 우리보다 그를 훨씬 더 잘 섬길 존재들을 지으셔서 그들을 사용하셨을 것이다. 우리의 신앙은 하나님이 누리시는 지극한 복에 더해 주는 것이 하나도 없다. 하나님은 우리에게 전혀 신세를 지고 계시지 않고, 도리어 하나님이 우리를 의롭게 만들어 주시고 우리의 의를 기쁘게 받아 주시기 때문에, 우리가 전적으로 하나님께 신세를 지고 있다. 그러므로 우리는 하나님께 그 어떤 것도 요구할 수 없고, 우리가 기대한 것을 얻지 못한다고 하여도 불평할 이유가 없으며, 우리가 마땅히 받아야 할 대우보다 우리를 더 잘 대우해 주시는 것에 대하여 하나님께 감사할 일밖에 없다.

⁹사람은 학대가 많으므로 부르짖으며 군주들의 힘에 눌려 소리치나 ¹⁰나를 지으신 하나님은 어디 계시냐고 하며 밤에 노래를 주시는 자가 어디 계시냐고 말하는 자가 없구나 ¹¹땅의 짐승들보다도 우리를 더욱 가르치시고 하늘의 새들보다도 우리를 더욱 지혜롭게 하시는 이가 어디 계시냐고 말하는 이도 없구나 ¹²그들이 악인의 교만으로 말미암아 거기에서 부르짖으나 대답하는 자가 없음은 ¹³헛된 것은 하나님이 결코 듣지 아니하시며 전능자가 돌아보지 아니하심이라

엘리후는 여기에서 욥이 앞에서 했던 또 다른 말에 대하여 답변을 한다. 욥의 말은 하나님의 공의와 선하심에 대한 것이었기 때문에, 엘리후는 그냥 넘어가서는 안 되겠다고 생각했던 것 같다.

I. 욥이 불평했던 것은 무엇이었는가. 그것은 하나님이 압제받는 자들이 압제하는 자들을 쳐서 부르짖는 소리를 듣지 않으신다는 것이었다(9절). "압제받는 사람들은 폭군들이 학정(虐政)을 자행하여 가난한 백성을 가혹하게 다루고 많은 고초를 겪게 하기 때문에 학대가 많으므로 부르짖지만, 아무 소용이 없다. 하나님은 그들의 권리를 회복시켜 주기 위하여 나타나지 않으신다. 그들은 그들을 무겁게 짓누르는 세력 있는 군주들의 힘에 눌려 소리치고 계속해서 부르짖는다." 이것은 욥이 이렇게 말한 것을 가리키는 것 같다(24:12): 성 중에서 죽어가는 사람들이 신음하며 상한 자가 압제자들을 쳐서 부르짖으나, 하나님이 그들의 참상을 보지 아니하시고, 그 압제자들을 벌하지 아니하신다. 이것은 욥이 하나님의 공의 및 그의 통치와 어떻게 조화시켜야 할지를 몰랐던 그런 일이었다. 의로우신 하나님이 계시다면, 이렇게 더디게 들으시고 이렇게 더디게 보실 수 있는 것인가.

II. 엘리후는 이 난제를 어떻게 푸는가. 압제받는 자들의 부르짖음이 하늘에 닿지 않는다면, 그 잘못은 하나님께 있지 않다. 하나님은 기꺼이 그들의 부르짖음을 들으시고 그들을 도우실 준비가 다 되어 계신다. 따라서 그 잘못은 그들 자신에게 있다. 그들이 구하여도 받지 못함은 정욕으로 쓰려고 잘못 구하기 때문이다(약 4:3). 그들은 힘센 군주들의 힘에 눌려 부르짖지만, 그것은 불평하고 분통을 터뜨리는 부르짖음이지 참회하며 기도하는 부르짖음이 아니고, 자연적이고 혈기에 찬 부르짖음이지 은혜의 부르짖음이 아니다. 하나님은 그들이 오직 침상에서 슬피 부르짖으며 통곡했을 뿐이고 성심으로 나를 부르지 아니하였다고 말씀하신다(호 7:14). 그런데, 어떻게 우리가 그런 부르짖음을 하나님이 들으시고 그들을 건지시기를 기대할 수 있겠는가?

1. 그들은 환난 아래에서도 하나님을 찾지도 않고, 하나님이 누구신지 알려고 하지도 않는다는 것(10절). 나를 지으신 하나님은 어디 계시냐고 말하는 자가 없구나. 하나님이 우리에게 환난을 보내시는 것은 우리로 하여금 정신을 차리고 하나님을 간절히 찾게 하기 위한 것이다(시 78:34). 그러나 심한 압제 밑에서 신음하면서도 하나님을 마음에 두지 않고, 그들의 환난 속에 하나님의 손길이

있다는 것을 알아차리지 못하는 자들이 많다. 만약 그들이 그것을 알아차린다면, 그들은 환난을 더 잘 참고 견딜 수 있을 것이고, 그 환난을 통해서 더 많은 유익을 얻을 수 있을 것이다. 환난과 압제를 당하는 많은 사람들 가운데에서 그 환난을 통해서 얻을 수 있는 유익을 실제로 얻는 자는 별로 없다. 환난은 그들을 하나님께로 몰아가고자 하는데, 실제로 환난에 이끌려서 하나님께로 나아가는 자는 얼마나 적은가! 인류 가운데서도 가난한 자들과 비참한 삶을 사는 자들에게서 신앙을 찾아보기가 정말 어렵다는 사실은 통탄스러운 일이다. 사람들은 다 자기가 겪는 환난들을 불평하지만, 나를 지으신 하나님은 어디 계시냐고 말하는 자는 아무도 없다. 즉, 그들의 죄를 회개하는 자도 없고, 그들을 치시는 하나님께로 돌아오는 자도 없으며, 하나님의 얼굴과 은총을 찾는 자도 없고, 그들의 외적인 환난의 고통을 상쇄시켜 줄 하나님 안에서의 위로를 구하는 자도 없다. 그들은 그들의 처지가 비참할수록 더욱더 하나님께 나아가서 하나님을 붙잡아야 마땅한데도, 도리어 그들에게 닥친 환난에 완전히 붙잡혀서, 자신의 괴로운 처지를 핑계 삼아서 하나님 없이 이 세상을 살아가도 괜찮은 것처럼 행한다.

(1) 하나님은 우리를 지으신 자이시고, 우리 존재의 근원이시기 때문에, 우리는 그런 하나님을 바라보고 기억하여야 한다는 것(전 12:1). 어떤 이들은 본문에 나를 지으신 분들 하나님이라고 복수형으로 되어 있는 것을 삼위일체 하나님을 가리키는 것은 아닐지라도 그것을 암시하는 것이라고 생각한다. 우리가 사람을 만들자(창 1:26).

(2) 하나님을 찾는 것은 우리의 본분이라는 것. 우리가 예를 갖추어 경배하고, 우리가 그분께 의존되어 있고 빚을 지고 있다고 고백하여야 할 하나님은 어디 계신가? 우리가 우리를 지키시고 보호해 주시라고 부탁드리며, 그분으로부터 법을 받고, 그분의 은총 속에서 우리의 복을 찾으며, 그분의 능력으로 말미암아 우리에게 존재를 부여하신 하나님은 어디에 계신가?

(3) 인생들 가운데서 하나님을 찾는 자가 별로 없다는 것은 통탄스러운 일이라는 것. 사람들은 모두 재미있는 것이 어디에 있고, 재물이 어디에 있으며, 싼 물건이 어디에 있느냐고 묻고 다니지만, 나를 지으신 하나님은 어디에 계시냐고 묻는 자는 아무도 없다.

2. 그들은 환난 가운데서도 그들이 누리는 하나님의 은혜들을 알아차리지

도 못하고, 그것들에 대하여 감사하지도 않기 때문에, 하나님이 그들을 환난에서 건지실 것을 기대할 수 없다는 것.

(1) 하나님은 우리가 외적으로 환난 아래 있을 때에도 우리에게 내적인 위로와 기쁨을 공급해 주시기 때문에, 우리는 그런 것들을 잘 활용해서, 하나님이 환난을 거두실 때를 기다려야 한다는 것. 하나님은 밤에 노래를 주시는 자이시다. 즉, 우리의 처지가 아무리 암울하고 암담한 때에라도, 하나님과 그의 섭리와 약속 안에는, 우리를 붙들어 줄 뿐만 아니라, 우리를 기쁨과 위안으로 가득 채워주며, 우리로 하여금 모든 일에서 감사하고 심지어 환난 속에서도 즐거워할 수 있게 해주는 것이 있다는 것이다. 우리가 오직 환난만 바라보고 거기에 골몰하며, 우리를 위해 예비된 하나님의 위로들을 외면한다면, 하나님이 우리의 기도를 듣지 않으시는 것은 당연하다.

(2) 하나님은 우리를 지켜 주셔서 우리로 하여금 우리의 이성과 총명을 사용할 수 있게 해주신다는 것(11절). 하나님은 땅의 짐승들보다도 우리를 더욱 가르치신다. 즉, 하나님은 우리에게 짐승들보다 더 고상한 능력들과 재능들을 부여하셔서, 우리로 하여금 현세에서와 내세에서 영원히 더욱 뛰어난 즐거움들을 누릴 수 있게 하셨다는 것이다. 이 말씀이 여기에 나오는 이유는 다음과 같다.

[1] 우리에게 극심한 환난의 무거운 짐 아래에서도 감사할 제목을 주기 위한 것. 우리가 다른 것들을 다 빼앗긴다고 하여도, 온 세상을 다 주고도 살 수 없을 만큼 귀한 보배인 우리의 영원히 죽지 않는 영혼은 우리에게 계속 남아 있다. 육신을 죽이는 자들도 우리의 영혼을 해칠 수는 없다. 우리에게 닥친 환난이 우리가 이성을 사용하고 양심의 평안을 누리는 데에 지장을 주지 않는다면, 우리는 우리가 당한 재난이 다른 면에서는 아무리 절박하다고 할지라도 여전히 감사할 중요한 이유를 갖고 있는 것이다.

[2] 우리에게 환난 가운데서도 우리를 지으신 하나님을 찾아야 할 이유를 보여주기 위한 것. 이성의 능력 중에서 가장 뛰어난 것은 우리로 하여금 신앙을 가질 수 있게 하는 것이다. 특히 바로 이 점에서 우리는 짐승들이나 새들보다도 더욱 가르침을 받았다고 할 수 있다. 짐승들이나 새들은 먹이나 약이나 피신처를 찾는 데에는 놀라운 본능과 지혜를 갖고 있지만, 나를 지으신 하나님이 어디에 계시냐고 물을 수 있는 짐승이나 새는 하나도 없다. 짐승들 가운데에서 논리

나 철학, 정치와 유사한 것이 목격되어 오기는 했지만, 종교나 신앙 같은 것은 한 번도 발견되지 않았다. 종교나 신앙은 사람에게 고유한 것이다. 그러므로 압제받는 자들이 단지 힘센 군주들의 힘에 눌려 소리칠 뿐이고, 하나님을 바라보지 않는다면, 그들은 짐승들과 다를 바가 없고(짐승들도 아프면 울부짖는다), 하나님이 그들을 짐승들보다 훨씬 더 고귀한 존재로 만드시기 위하여 주신 저 교훈과 지혜를 잊고 있는 것이다. 하나님은 짐승들이라도 하나님이 그들에게 주신 능력껏 울부짖으면 그들을 구하시고 건져 주신다(38:41; 시 104:21). 그러나 그들을 지으신 하나님을 찾을 수 있는데도 하나님을 찾지는 않고 짐승들 같이 부르짖기만 하는 자들이 어떻게 하나님의 구원하심을 기대할 수 있겠는가?

3. 하나님은 그들의 육성(肉性)을 죽이시고 그들에게서 교만을 없애시기 위하여 환난을 주셨는데도, 그들은 교만하여 환난 아래에서도 낮아지지 않는다는 것(12절). 그들이 거기에서 압제자들을 욕하며 악을 쓰고 부르짖으며, 주위 사람들의 귀를 그들의 불평으로 온통 채우면서도, 정작 하나님과 그의 섭리를 생각하는 데에는 인색하니, 대답하는 자가 없다. 하나님은 그들을 건지시기 위하여 일하지 않으시고, 사람들도 그들을 별로 주목하지 않는다. 왜 그러한가? 그것은 악인들의 교만 때문이다. 그들은 악인들이다. 그들은 마음에 죄악을 품고 있기 때문에, 하나님은 그들의 기도를 듣지 않으신다(시 66:18; 사 1:15). 하나님은 그런 죄인들의 부르짖음을 듣지 아니하신다. 그들은 아마도 그들 자신의 악행으로 말미암아 환난을 자초했을 가능성이 높다. 그들은 가난한 자들이지만, 마귀의 자식들이다. 그러니, 누가 그들을 불쌍히 여길 수 있겠는가? 그렇지만 그것이 전부가 아니다. 그들은 여전히 교만하기 때문에, 하나님을 찾지 않는다(시 10:4). 또는, 그들이 하나님께 부르짖는다고 하여도, 하나님은 그들에게 대답을 주시지 않는다. 왜냐하면, 하나님은 오직 겸손한 자의 소원을 들으시고(시 10:17), 그의 은혜를 통해서 먼저 구원받을 준비를 시키셔서 구원받기에 합당하게 된 자들만을 그의 섭리를 통해서 구원하시기 때문이며, 만약 그들을 낮추시고자 하는 환난 아래에서 그들의 마음이 여전히 낮아지지 않고 그들의 교만이 죽지 않는다면, 그들은 그런 준비된 자들이 되지 못한 것이기 때문이다. 그러므로 진실은 분명하게 드러난다. 우리가 압제와 환난을 제거해 주시라고 하나님께 부르짖는데도, 그런 것들이 제거되지 않는다면, 그 이유는 하나님의 손이 짧거나 하나님의 귀가 둔하기 때문이 아니라, 환난이 아직 그 소임을

다 마치지 못한 까닭이다. 우리가 충분히 낮아지지 않은 것이기 때문에, 환난이 우리에게 지속되는 것은 오로지 우리 탓이다.

4. 그들이 하나님께 부르짖는 것은 진실하지도 않고 정직하지도 않으며 진심도 아니기 때문에, 하나님은 그들을 듣지 않으시고 대답하지 않으신다는 것(13절). 헛된 것, 즉 위선적인 기도, 거짓된 입술로부터 나오는 헛된 기도는 하나님이 결코 듣지 아니하신다. 마음을 살피셔서 중심이 진실함을 원하시는 하나님이 그런 기도를 들으실 것이라고 생각하는 것은 망상이다.

[14]하물며 말하기를 하나님은 뵈올 수 없고 일의 판단하심은 그 앞에 있으니 나는 그를 기다릴 뿐이라 말하는 그대일까보냐 [15]그러나 지금은 그가 진노하심으로 벌을 주지 아니하셨고 악행을 끝까지 살피지 아니하셨으므로 [16]욥이 헛되이 입을 열어 지식 없는 말을 많이 하는구나

이 단락에는 다음과 같은 내용들이 나온다.

I. 엘리후가 욥을 책망하는 이유가 된 또 다른 부적절한 말(14절). 그대는 하나님은 뵈올 수 없다고 말하였다. 즉, 엘리후는 욥이 이 말을 통해서 다음과 같은 속내를 드러내었다고 말한다.

1. "그대는 하나님이 그대를 이처럼 가혹하게 다루시는 이유나 그 의미를 이해할 수 없고, 그 계획이나 의도도 분별할 수 없다고 불평한다"(8-9절).

2. "히스기야가 내가 다시는 여호와를 뵈옵지 못하리라(사 38:11)고 말했던 것처럼, 그대는 하나님이 은혜로 그대에게 다시 돌아오셔서, 그대가 좋은 날들을 다시 보게 되는 것에 절망하고서, 완전히 자포자기 상태가 되어 있다." 우리는 형통할 때에는 우리의 산이 결코 낮아지지 않을 것이라고 생각하다가도, 곤경에 처하게 되면 우리의 골짜기가 결코 메워지지 않을 것이라고 생각하기 쉽다. 어쨌든 이 두 경우에 우리가 보이는 태도에서 공통된 것은 우리가 내일도 오늘 같을 것이 틀림없다고 결론을 내린다는 것인데, 그러한 결론은 날씨가 맑거나 흐리면, 그 날씨가 언제까지나 계속될 것이라고 생각하거나, 밀물과 썰물이 교대로 오는 것이 아니라 그 둘 중의 하나가 언제까지나 계속될 것이라고 생각하는 것만큼이나 어리석은 것이다.

II. 엘리후가 욥의 이 절망적인 말에 대하여 해주는 대답.

1. 만약 욥이 하나님을 바라보았다면, 이렇게 절망적으로 말할 이유가 전혀 없었으리라는 것. 일의 판단하심은 그 앞에 있다. 즉, "하나님은 자기가 해야 할 일을 알고 계시고, 무한한 지혜와 공의 가운데서 모든 일을 행하실 것이다. 하나님은 섭리의 전체 계획과 모형을 자기 앞에 가지고 계시고, 자기가 무슨 일을 하실지를 아신다. 그러나 우리는 그런 것들을 모르기 때문에, 하나님이 도대체 무슨 일을 행하고 계시는지를 이해하지 못하는 것이다. 지금은 무질서하게 보이는 모든 섭리가 정연하게 제자리를 잡고 있음이 드러나고, 하나님의 섭리 가운데서 난해해 보였던 장(章)들이 분명하게 설명될 심판의 날이 장차 있을 것이다. 그 때가 되면, 그대는 이 난해한 사건들의 온전한 의미와 이 암울한 사건들의 최종적인 장(章)을 보게 될 것이다. 그 때에 그대는 하나님의 얼굴을 뵙고 기뻐하게 될 것이다. 그러므로 그대는 그를 신뢰하고, 그를 의지하며, 그를 기다리고, 결국에 모든 결과가 좋으리라는 것을 믿으라." 하나님이 무한히 지혜로우시고 의로우시며 신실하시다는 것, 하나님은 공의의 하나님이시라는 것을 생각한다면(사 30:18), 우리는 하나님이 우리를 구원하지 않으실 것이라고 절망할 이유가 전혀 없고, 도리어 하나님이 가장 좋은 때에 구원을 베푸실 것이라는 소망을 가질 이유만이 가득하다는 것을 알게 될 것이다.

2. 만약 욥이 아직 환난의 끝을 보지 못하였다면, 그 이유는 그가 이렇게 하나님을 신뢰하고 기다리지 않았기 때문이라는 것(15절). "그러나 지금은 그렇지 못하기 때문에, 즉 그대가 하나님을 그런 식으로 신뢰하지 않고 있기 때문에, 처음에 사랑에 의해서 시작된 환난이 지금은 거기에 진노가 섞여 있게 되었다. 이제 하나님은 그대의 마음속에서 그(하나님)에 대한 신뢰를 찾을 수 없고, 그대가 그를 이토록 엄하고 가혹한 분으로 생각하는 마음을 품고 있는 것을 아주 안 좋게 여기셔서, 그의 진노하심으로 그대를 벌주고 계신다." 우리의 환난 속에 하나님의 진노가 조금이라도 섞여 있다면, 그것은 우리의 탓이다. 그것은 우리가 환난 가운데서 올바르게 처신하지 않고 있기 때문이다. 환난을 당하면, 우리는 하나님께 시비를 걸고, 초조해하며 어쩔 줄 몰라 하고, 하나님의 섭리를 불신한다. 욥의 경우가 그랬다. 사람이 미련하므로 자기 길을 굽게 하고, 그래 놓고는 괜히 마음으로 여호와를 원망하느니라(잠 19:3). 그렇지만 엘리후는 욥이 극심한 환난 아래 있었기 때문에, 그가 아직 건짐을 받지 못한 것이 그 자신의 잘못이라는 것을 마땅히 알았어야 하는데도, 그런 생각을 미처 하지 못한 것이

라고 생각한다. 그래서 엘리후는 욥이 헛되이 입을 열어(16절), 자신의 괴로움을 탄식하며 그 괴로움에서 그를 건져 달라고 부르짖거나, 자기가 잘못한 것이 없으니 자신의 결백을 밝혀 달라고 하소연하고 있는 것이라고 결론을 내린다. 하지만, 욥은 환난 가운데서 하나님을 의지하고 기다리는 것도 아니고, 하나님을 제대로 공경하는 것도 아니기 때문에, 그렇게 하소연해 보아야 아무 소용이 없다. 욥은 말을 아주 많이 하였지만, 모두 지식이 없는 가운데에 한 말들이라 아무 소용이 없었다. 즉, 그는 하나님 안에서 힘을 얻거나 하나님 앞에서 스스로 낮아져서 말을 한 것이 아니었다. 우리가 하나님이 환난을 보내신 목적에 부응하고자 하지 않는다면, 하나님께 호소하거나 우리 자신의 무죄를 주장해 보아야, 그것은 헛된 것이다. 또한, 우리가 하나님을 신뢰하지 않는다면, 구원해 달라고 기도해 보아야, 그것은 헛된 것이다. 왜냐하면, 하나님을 불신하는 자는 무엇이든지 주께 얻을 생각을 하지 말아야 하기 때문이다(약 1:7). 또는, 이것은 욥이 지금까지 했던 모든 말을 가리키는 것일 수도 있다. 엘리후는 욥이 한 말들 중에서 몇몇 대목이 터무니없는 것임을 보여준 후에, 그 외에도 욥이 무지하고 오해해서 잘못 말한 것들이 많이 있었다고 결론적으로 지적한다. 엘리후는 세 친구들과는 달리 욥을 위선자라고 정죄하지는 않고, 단지 모세가 범하였던 죄, 즉 자신의 심령이 격동되어서 그의 입술로 망령되이 말한 죄(시 106:33)를 욥이 지었다고 고소하였다. 어느 때든지 우리가 그렇게 하였을 때(말로 죄 짓지 않는 자가 누가 있는가), 누가 나서서 그것을 우리에게 말해 준다면, 그것은 은혜이다. 그럴 때, 우리는 욥처럼 그 책망하는 말을 잘 참고 들으며 온유하게 받아들여서, 우리가 잘못 말한 것을 취소하고 다시는 그런 일을 되풀이하지 말아야 한다.

제
— 36 —
장

개요

엘리후는 욥이 아무 말도 못하고 조용히 듣고 있는 가운데에 욥이 망령되이 한 몇몇 말들을 구체적으로 들어서 욥을 꾸짖은 후에, 여기에서는 좀 더 일반적인 방식으로, 하나님이 욥을 다루신 일들과 관련하여 욥이 품고 있던 잘못된 생각들을 바로잡아 준다. 욥의 다른 친구들은 욥이 악인이기 때문에 환난이 그토록 심하고 오래 지속되었다는 주장을 고집했었다. 그러나 엘리후는 하나님이 환난을 보내신 것은 욥을 시험하기 위한 것이고, 다만 욥이 환난 아래에서 아직 철저히 낮아지지 않고, 환난을 순순히 받아들이지 않고 있기 때문에, 환난이 길어지고 있는 것일 뿐이라고 주장한다. 엘리후는 하나님의 지혜와 의(義), 하나님이 자기 백성을 돌보신다는 것, 특히 하나님의 크심과 전능하신 능력 속에서 자신의 주장을 밑받침해 줄 많은 근거들을 찾아서 열거해 나간다. 그는 이 장과 다음 장에서 이러한 주장을 통해서 욥에게 하나님의 손길에 순복하라고 설득한다. I. 엘리후의 서론(2-4절). II. 엘리후가 인생들이 어떻게 처신하느냐에 따라 달라지는 인생들에 대한 하나님의 섭리의 방법들에 관하여 설명함(5-15절). III. 엘리후가 그러한 진리를 토대로 욥에게 적절한 경고와 선한 권면을 줌(16-21절). IV. 엘리후가 일반 섭리의 작용들 가운데서 몇 가지 예들을 들어서 하나님의 절대 주권과 전능하심을 보여주고, 이것이 우리 모두가 하나님이 우리를 다루시는 일들 속에서 하나님께 순복해야 하는 이유라고 말함(22-33절). 엘리후는 다음 장에서도 계속 이어서 이런 작업을 수행해 나간다.

¹엘리후가 말을 이어 이르되 ²나를 잠깐 용납하라 내가 그대에게 보이리니 이는 내가 하나님을 위하여 아직도 할 말이 있음이라 ³내가 먼 데서 지식을 얻고 나를 지으신 이에게 의를 돌려보내리라 ⁴진실로 내 말은 거짓이 아니라 온전한 지식을 가진 이가 그대와 함께 있느니라

엘리후는 여기에서 다시 한 번 듣고 있는 자들, 특히 욥에게, 자기가

아직 할 말을 다 못한 상태이기 때문에 오래 붙잡아 두지는 않을 테니 조금만 더 참아 달라고 부탁한다. 내 곁에 잠깐만 더 있어 달라(2절, 어떤 이들은 이렇게 읽는다). "내가 될 수 있는 한 꼭 필요한 말만 짧게 말할 터이니, 이번 한 번만 잠시 나를 주목하고 내 말을 경청해 달라." 엘리후는 자기가 하는 말을 조금만 더 들어달라고 부탁하기 위해서 다음과 같은 이유들을 든다.

1. 엘리후는 자기에게는 고상하고 매우 유익한 주제와 관련된 선한 말이 있다고 말함. 내가 하나님을 위하여 아직도 할 말이 있다. 그는 하나님의 대변인으로서 말을 하고 있기 때문에, 법정에 있는 사람들에게 그의 말에 귀 기울여 줄 것을 요청하는 것은 경우에 어긋나지 않는 일이라는 속내를 넌지시 비친다. 실제로는 자기 자신을 위하여 말을 하면서도 하나님을 위하여 말하는 체하는 자들이 있다. 그러나 진정으로 하나님의 진리를 위하여 나서서, 하나님의 존귀하심, 그의 진리들과 길들, 그의 백성을 위하여 말하는 자들은 반드시 하나님으로부터 가르침을 받게 될 것이고(그 때에 너희에게 할 말을 주시리라, 마 10:19), 그들이 전하는 말씀이 땅에 떨어지지 않을 것이며, 그들이 받을 상을 잃지 않을 것이다. 또한, 그들은 그들이 말할 주제가 다 떨어지지는 않을까 염려할 필요가 없다. 하나님을 대신하여 말을 하면 할수록, 그들은 그들이 해야 할 더 많은 말들을 발견하게 될 것이다.

2. 엘리후는 자기에게 저자거리에서는 들을 수 없는 기이한 말이 있다고 말함. 내가 먼 데서 지식을 얻어서 가져올 것이다(3절). 즉, "우리는 그 어떤 목적에도 사용할 수 있는 가장 기본이 되는 원리들과 최고의 개념들에 의거해서 말을 할 것이다." 하나님을 아는 이러한 지식을 얻기 위해서라면 먼 곳까지 가거나, 땅 속을 깊이 파거나, 먼 길을 여행할 만한 가치가 있다. 그것은 우리의 수고에 보상을 해줄 것이고, 비록 먼 곳까지 가서 가져온다고 해도 결코 비싸게 산 것이 아니다.

3. 엘리후는 자신의 의도는 지극히 정직한 것이라고 말함. 왜냐하면, 그가 목표로 하는 것은 그의 창조주에게 의(義)를 돌리는 것이고, 하나님은 그가 행하시는 모든 일에서 의로우시다는 이 진리를 분명하게 밝히는 것이기 때문이다. 하나님에 대하여 말하고 하나님을 위하여 말할 때, 그가 우리를 지으신 창조주시라는 것을 기억하고, 하나님을 그렇게 부르며, 하나님과 그 나라의 이익을 위하여 우리가 할 수 있는 최선의 섬김을 다하겠다는 각오를 갖는 것은 좋

은 일이다. 하나님이 우리의 창조주시라면, 우리의 모든 것은 하나님에게서 나온 것이기 때문에, 우리가 우리의 모든 것을 하나님을 위해 사용하고, 하나님을 존귀하게 해드리는 일에 특별한 열심을 내는 것은 너무도 당연하다.

4. 엘리후는 자신의 처신이 지극히 의롭고 공정할 것이라고 말함(4절). "내 말은 거짓이 없을 것이어서, 사실과 부합하지 않는 것도 없을 것이고, 나의 생각이나 판단과 일치하지 않는 것도 없을 것이다. 나는 오직 진리만을 추구할 것이고, 진실하고 명백하게 진리 그 자체를 밝혀낼 것이다." 엘리후는 분명하고 확실한 논거들을 사용하고, 학자들의 교묘하고 어려운 논거들을 사용하지 않겠다고 말한다. "지식에 있어서 온전하고 정직한 이가 지금 그대와 이치를 논하고 있다. 그러므로 그가 공정하게 판단할 것이니, 그대도 그가 말하는 것을 선의로 해석해 주기를 바란다." 이 세상에서 우리의 지식이 온전하다는 것은, 우리가 진리를 찾는 일에서나 우리 자신에게 적용하는 일에서나 우리가 알고 있는 것을 다른 사람들의 유익을 위하여 사용하는 일에서 정직하고 진실하다는 것이다.

⁵하나님은 능하시나 아무도 멸시하지 아니하시며 그의 지혜가 무궁하사 ⁶악인을 살려두지 아니하시며 고난 받는 자에게 공의를 베푸시며 ⁷그의 눈을 의인에게서 떼지 아니하시고 그를 왕들과 함께 왕좌에 앉히사 영원토록 존귀하게 하시며 ⁸혹시 그들이 족쇄에 매이거나 환난의 줄에 얽혔으면 ⁹그들의 소행과 악행과 자신들의 교만한 행위를 알게 하시고 ¹⁰그들의 귀를 열어 교훈을 듣게 하시며 명하여 죄악에서 돌이키게 하시나니 ¹¹만일 그들이 순종하여 섬기면 형통한 날을 보내며 즐거운 해를 지낼 것이요 ¹²만일 그들이 순종하지 아니하면 칼에 망하며 지식 없이 죽을 것이니라 ¹³마음이 경건치 아니한 자들은 분노를 쌓으며 하나님이 속박할지라도 도움을 구하지 아니하나니 ¹⁴그들의 몸은 젊어서 죽으며 그들의 생명은 남창과 함께 있도다

엘리후는 하나님을 위하여 말하고, 특히 그를 지으신 이에게 의를 돌리기 위해서, 여기에서 하나님의 섭리에 의한 모든 일들이 하나님의 뜻에 의한 영원한 계획들에 따라서만이 아니라 영원한 공평의 법들에 따라서 이루어진다는 것을 보여준다. 하나님은 다음과 같은 이유들 때문에 의로우신 통치자로서 행하신다.

Ⅰ. 하나님은 그의 신민(臣民)들 중에서 가장 미천한 자를 보살피는 것을 자신의 위신이 깎이는 일이라고 생각하지 않으시고, 사람이 가난이나 무명(無名) 때문에 하나님의 은총을 받지 못하는 일도 없다는 것. 능력 있고 힘 있는 자들은 별 볼일 없고 이름 없는 사람들을 멸시하는 눈으로 오만하게 바라보기가 쉽다. 그러나 하나님은 힘이 있으시고, 그것도 막강한 힘을 지니고 계시지만, 아무도 멸시하지 아니하신다(5절). 하나님은 자신을 낮추셔서, 가장 미천한 자들의 일을 돌아보시며, 그들에게 공의를 베푸시고 인자하심을 나타내신다. 욥은 하나님이 그를 위해 즉시 나타나지 않으셨다는 이유로 하나님이 그와 그의 주장을 무시하신다고 생각하였다. 엘리후는 이렇게 말한다: "그렇지 않다. 하나님은 아무도 멸시하지 아니하시고, 이것이 우리가 모든 사람을 존중해야 할 이유이다. 하나님은 힘과 지혜에 있어서 막강하시지만, 적은 힘과 지혜를 지닌 자들(그들이 정직하기만 하다면)을 멸시하는 눈으로 바라보지 않으신다. 아니, 하나님의 지혜와 힘은 무한하여서, 하나님이 스스로를 아무리 낮추셔서 사람들에게 은혜를 베푸셔도, 그 지혜와 힘이 결코 줄어들지 않기 때문에, 하나님은 아무도 멸시하지 않으신다. 지혜롭고 선한 자들은 그 누구도 비웃거나 경멸하는 눈으로 바라보지 않는 법이다."

Ⅱ. 하나님은 악한 자는 그가 아무리 큰 자라 하여도 결코 그의 편을 들어주지 않으신다는 것(6절). 하나님은 악인을 살려두지 아니하신다. 물론, 그들도 오래 살 수 있지만, 그것은 하나님의 특별한 섭리의 보살핌 때문이 아니고, 단지 하나님의 일반적인 섭리에 의한 보호하심 때문이다. 욥은 악인이 생존하고 장수하며 세력이 강하다(21:7)고 말했었지만, 엘리후는 이렇게 말한다: "그렇지 않다. 하나님이 악인들을 오래 살게 내버려 두시는 일은 아주 드물다. 하나님은 악인들의 기대만큼 그들을 오래 살려두지 아니하시고, 악인들이 우리가 우리의 삶 속에서 얻는 위로와 만족으로 살아가게 내버려 두지도 않으신다. 하나님이 그들을 살려두시는 것은 오직 진노의 날에 그들을 심판하시기 위한 것일 뿐이다(롬 2:5)."

Ⅲ. 하나님은 어떤 식으로든 해악을 입은 자들에게 공의를 베푸시고 그들을 변호할 준비가 늘 되어 계신다는 것(6절). 하나님은 가난한 자들과 고난 받는 자들에게 공의를 베푸시며, 그들을 박해한 자들에게 원수를 갚아 주시고, 그들이 빼앗겼던 것들을 되찾게 해주신다. 사람이 해악을 입은 가난한 자들에게 공의

를 베풀지 않는다면, 하나님이 그렇게 하실 것이다.

IV. 하나님은 자신의 선한 신민들을 보호하시는 데에 특별히 신경을 쓰신다는 것(7절).   하나님은 그들을 보고 계실 뿐만 아니라, 그들에게서 결코 눈을 떼지 않으신다. 하나님은 그의 눈을 의인에게서 떼지 아니하신다. 그들은 종종 무시되고 잊혀진 듯이 보이고, 하나님의 섭리가 그들을 간과한 것처럼 보이는 일이 그들에게 일어난다고 할지라도, 하늘에 계신 그들의 아버지의 자애로우시고 세심하신 눈은 결코 그들에게서 떠나지 않는다. 우리가 본분을 다하는 가운데에 늘 하나님을 바라본다면, 하나님은 긍휼 가운데서 늘 우리를 지켜보시고, 우리가 아무리 낮은 곳에 있다고 할지라도, 우리를 절대로 간과하지 않으실 것이다.

1. 하나님은 종종 선한 자들을 막중한 책임이 있고 존귀한 자리에 앉히신다는 것(7절). 하나님은 그들을 왕들과 함께 왕좌에 앉히사, 모든 자들이 그들에게 절을 하게 만드신다. 의인들이 존귀하고 권세 있는 자리에 오른다면, 그것은 하나님이 그들에게 은혜를 주신 것이다. 그들 속에 있는 하나님의 은혜는 그들로 하여금 출세에 따르는 유혹과 시험들을 이기게 해주고, 그들에게 주어진 기회를 선을 행하는 데에 선용할 수 있게 해줄 것이다. 또한, 그것은 그들의 권세 아래에 있는 자들에게 하나님이 은혜를 베푸신 것이다. 의인이 권세를 잡으면 백성이 즐거워한다(잠 29:2). 의인들은 높은 자리에 올라도 견고하다. 존귀함 가운데서 선한 양심을 지키는 자들은 견고한 땅 위에 서 있는 것이기 때문에, 높은 자리가 그들에게는 다른 사람들에게와는 달리 그렇게 미끄러운 땅이 아니다. 그러나 선한 자들이 이 세상에서 큰 자들이 되는 것은 흔한 일이 아니기 때문에, 이것은 구속주께서 말일에 땅 위에 서실(19:25) 때에 의인들이 존귀하게 될 것을 가리키는 것일 수 있다. 왜냐하면, 그 때에야 의인들은 영원히 높임을 받고 영원히 견고히 서게 될 것이기 때문이고, 그 때에야 그들은 모두 해처럼 빛을 발하며 우리 하나님 앞에서 왕들과 제사장들이 될 것이기 때문이다.

2. 하나님이 어느 때든지 그들을 환난 속으로 몰아넣으신다면, 그것은 그들의 영혼을 복 주시기 위함이라는 것(8-10절). 선한 자들 중에는 존귀하고 권세 있는 자리에 오르는 자들도 있고, 환난을 당하는 자들도 있다. 좀 더 자세하게 살펴보자.

(1) 의인들이 겪을 것으로 상정된 환난들(8절). 혹시 그들은 요셉처럼 족쇄에

매이거나 감옥에 갇히고, 환난의 줄에 얽히거나, 고통과 질병에 묶이거나, 가난의 족쇄에 매이거나, 자신의 계획에 묶여서, 아무리 빠져나오려고 해도 이러한 환난 속에 오랫동안 억류될 수 있다. 욥의 경우가 그랬다. 그는 심신의 극심한 고통의 줄에(어떤 이들은 이렇게 읽는다) 단단히 묶여 버렸다.

(2) 하나님이 자기 백성을 이러한 환난 속으로 몰아넣으시는 목적. 그것은 그들의 영혼의 유익을 위한 것이다. 이것을 생각해서, 우리는 우리에게 찾아오는 환난을 순순히 받아들이고, 그 환난을 좋게 생각하여야 한다. 하나님은 세 가지 목적을 가지고서 자기 백성에게 환난을 주신다.

[1] 과거의 죄들을 그들에게 드러내시고, 그들에게 그 죄들을 기억나게 하시기 위해서. 하나님은 그들이 과거에 저지른 죄들 가운데서 그들이 전에 보지 못했던 잘못된 것들을 환난 가운데서 보여주신다. 하나님은 그들에게 그들이 과거에 죄를 지었다는 사실을 드러내신다. 하나님은 그들의 소행을 보여주셔서 알게 하신다. 죄는 우리 자신의 소행이다. 우리 속에 어떤 선한 것이 있다면, 그것은 하나님이 하신 일이다. 우리는 죄로 말미암아 우리가 무슨 일을 했는지를 보는 데에 관심을 가져야 한다. 하나님은 죄의 허물을 드러내시고, 그들이 하나님의 법을 범하였다는 것과 그들이 저지른 죄의 죄성(罪性), 즉 그들의 죄가 과도하였다는 것, 도가 지나치게 죄악되었다는 것을 그들에게 보여주신다. 진심으로 회개하는 자들은 모든 죄의 짐을 스스로 떠안고, 자신의 죄를 약하게 만드는 것이 아니라 도리어 무겁게 만들며, 그들의 죄가 너무 무겁다는 것을 시인한다. 죄의 경중에 따라서 환난의 경중이 정해지는 경우가 종종 있다. 하지만, 환난은 양심을 일깨워서, 사람들로 하여금 자신을 돌아보고 깊이 생각하게 하기 위한 것이다.

[2] 그들이 이제부터 그들에게 주어질 교훈들을 받을 수 있도록 그들의 마음을 정리하시기 위해서. 하나님은 그들의 귀를 열어 교훈을 듣게 하신다(10절). 밀랍에 인(印)을 치기 위해서는 먼저 녹여야 하듯이, 하나님은 어떤 사람을 가르치시고자 하시면 그를 징계하신다(시 94:12). 환난을 당한 자들은 기꺼이 배우고자 하는 마음을 가지게 되기 때문이다. 그렇지만, 환난을 겪는다고 해서 그런 마음이 저절로 생기는 것은 아니고, 그렇게 되기 위해서는 환난과 더불어서 하나님의 은혜가 함께 역사하여야 한다. 다윗의 열쇠를 가지신 이가 사람들의 귀를 열고 마음을 여시는 것이다.

[3] 그들에게 겁을 주셔서 이후로는 죄를 지을 엄두를 내지 못하게 만드시고, 그들을 죄악으로부터 떼어 놓으시기 위해서. 이것이 하나님이 환난을 우리에게 보내실 때에 주시는 소임(所任)이다. 죄악에서 돌이키라는 것, 더 이상 죄와 상관하지 말라는 것, 죄에 대한 혐오감과 다시는 죄로 돌아가지 않겠다는 굳은 결심 속에서 죄로부터 돌아서라는 것은 하나님의 명령이다(호 14:8).

3. 환난이 제대로 일을 하여 보내심을 받은 소임을 완수하면, 하나님은 그들에게 환난을 겪게 하신 날수대로 그들을 다시 위로하시리라는 것(11절). 만일 그들이 순종하여 섬기면, 즉 그들이 하나님이 섭리 가운데서 보여주신 그의 의도와 목적을 따르고, 환난이 제거되어도 그들이 환난의 고통 가운데에 있던 때에 지녔든 선한 마음을 그대로 간직하고 그 때에 했던 서원들을 이행하며, 하나님의 명령들, 특히 하나님을 섬기고 예배하는 것과 관련된 명령들에 순종하여 살며, 모든 일에서 하나님에 대한 그들의 본분과 도리를 꼼꼼하게 지키면, 그들은 다시 형통한 날을 보내며 진정으로 즐거운 해를 지낼 것이다. 경건은 형통하고 즐거운 삶을 살 수 있는 유일하게 확실한 길이다. 이것은 확실한 진리인데도, 이 진리를 믿으려 하는 자는 거의 없다. 우리가 하나님을 신실하게 섬긴다면, 다음과 같은 일들이 있게 될 것이다.

(1) 우리는 하나님께 영광이 되고 우리에게 유익이 되는 한에서 현세의 삶 속에서 외적으로 형통하고 위로를 얻게 될 것이라는 약속을 갖게 되리라는 것. 이 이상의 복을 원하는 자가 누가 있겠는가?

(2) 우리는 내적인 즐거움들, 하나님과의 교제와 선한 양심에서 오는 위로를 얻게 될 것이고, 하나님의 법을 사랑하는 자들이 누리는 저 큰 평안을 갖게 되리라는 것. 우리가 하나님과 영생의 소망을 늘 즐거워하지 않는다면, 그것은 우리 자신의 잘못이다. 우리는 과연 그런 즐거움보다 더 좋은 즐거움을 누리며 우리의 인생을 보낼 수 있을까?

4. 환난이 제 소임을 다하지 못한다면, 그들은 그들이 불에 타 죽을 때까지 일곱 배나 더 뜨겁게 달구어질 풀무불에 던져질 각오를 하여야 한다는 것(12절). 만일 그들이 순종하지 아니하면, 즉 그들이 환난을 통해서 나아지거나 개선되지 않고 그 삶도 고쳐지지 않는다면, 그들은 하나님의 진노의 칼에 망하게 될 것이다. 하나님의 매로 고쳐지지 않으면, 하나님의 칼이 그들을 죽일 것이다. 단련시키기 위한 불이 별 소용이 없으면, 사르는 불이 그들을 덮칠 것이다. 왜

냐하면, 하나님은 심판하실 때에 반드시 이기시는 분이시기 때문이다. 아하스 왕이 곤고할 때에 더욱 여호와께 범죄하였기 때문에, 그는 하나님이 멸망시키고자 하시는 표적이 되었다(대하 28:22; 렘 6:29-30). 하나님은 환난을 통해서 그들을 교훈하고자 하셨으나, 그들이 그 교훈을 받지 않았고, 그들에게 주어진 암시들을 받아들이려 하지 않았다. 그러므로 그들은 그 어떤 추가적인 사전 경고도 없이 그들이 알아차리지도 못하는 사이에 지식 없이 죽을 것이다. 또는, 그들은 하나님을 알 수 있는 지식의 방편들을 소유하는 복을 받았음에도 불구하고 지식이 없어서 죽을 것이다. 지식 없이 죽는 자들은 은혜 없이 죽는 것이기 때문에 영원히 망하는 것이다.

V. 하나님은 그의 나라의 은밀한 원수들인 위선자들을 파멸시키시리라는 것. 여기에서 위선자들이란 엘리후가 앞에서 말하였던 의인들 가운데에 속해 있으면서도 하나님을 순종하지 않음으로써 불순종과 어둠의 자식들이 되어, 진노와 멸망의 자식들이 되는 자들이다(12절). 그들은 마음이 경건치 아니한 자들, 마음속에 위선이 있어서 하나님의 진노를 쌓는 자들이다(13절). 위선의 본질을 보라. 위선은 겉으로는 하나님과 신앙을 위한 것처럼 보이지만 사실은 세상과 육신을 위하는 마음을 지니고 있는 것이다. 겉보기에만 성도들이거나 말로만 성도들인 많은 자들은 마음속에 위선이 있는 자들이다. 마음이라는 샘이 더럽기 때문에, 거기에는 썩은 물만이 고여 있다. 위선의 해악을 보라. 위선자들은 진노를 쌓는다. 그들은 날마다 하나님을 진노하시게 만드는 일을 행하고 있어서, 저 큰 날에 그 모든 죄악에 대한 벌을 한꺼번에 받게 될 것이다. 그들은 진노의 날에 임할 진노를 쌓는다(롬 2:5). 그들의 죄는 하나님에게 쌓여 있고 그의 곳간에 봉하여 있다(신 32:34; 약 5:3). 수증기로 올라가는 것이 소나기가 되어 내리듯이, 죄로 올라가는 것은 회개하지 않으면 진노가 되어 내려올 것이다. 그들은 재물들을 쌓고 공로들을 쌓고 있다고 생각하지만, 막상 곳간이 열리면, 그들이 진노를 쌓고 있었다는 것이 드러날 것이다.

1. 그들은 진노를 쌓기 위해서 무엇을 행하는가. 하나님을 그토록 진노하시게 하는 것은 대체 무엇인가? 그것은 하나님이 속박할지라도 도움을 구하지 아니하는 것이다. 즉, 그들이 환난 가운데에 있어서 괴로움과 고통의 줄에 묶여 있는데도, 그들은 낮아지기는커녕 도리어 마음을 완악하고 완고하게 하여, 하나님께 부르짖거나 하나님 앞에 나아가고자 하지 않는다는 것이다. 그들은 목석

처럼 아둔하고 지각(知覺)이 없어서, 하나님의 징계하심을 멸시한다.

2. 그 진노의 결과는 무엇인가. 그들의 몸은 젊어서 죽으며 그들의 생명은 남창과 함께 있도다(14절). 이것이 그리스도께서 많은 화(禍)가 있으리라고 규탄하셨던 위선자들이 받을 몫이다. 그들이 계속해서 회개하지 않는다면, 그들은 다음과 같이 될 것이다.

(1) 그들은 급사(急死)하여 젊어서 죽으리라는 것. 실제로 위선자들에게 죽음은 갑자기 찾아올 것이지만, 위선자들은 죽음이 언제 찾아오든 언제나 갑작스럽게 죽음이 찾아왔다고 느낀다. 그들은 더 살기를 희망하겠지만 젊어서 죽게 될 것이고, 죽고 나서 천국에 가기를 희망하겠지만 지옥으로 가게 될 것이다. 악인은 죽을 때에 그 소망들도 끊어지느니라(잠 11:7).

(2) 그들은 둘째 사망을 맞게 되리라는 것. 그들은 이 세상에서 멋지고 그럴듯한 신앙고백을 하며 살았지만, 죽은 후에 그들의 생명은 남창 또는 부정한 자들, 가장 악하고 지저분한 죄인들과 함께 있을 것이다. 그들의 영혼은 다른 육체를 따라 가다가 영원한 불의 형벌을 받음으로 본보기가 된 소돔 사람들(난외주의 읽기), 저 더럽고 추잡한 자들 가운데에 있게 될 것이다(유 1:7). 악인들의 영혼은 그들이 죽은 후에도 살아 남아 있겠지만, 부정한 것은 들어갈 수 없는 새 예루살렘과는 완전히 단절된 채로 부정한 자들, 더러운 영들, 마귀와 그의 사자들 가운데서 살게 될 것이다.

[15]하나님은 곤고한 자를 그 곤고에서 구원하시며 학대 당할 즈음에 그의 귀를 여시나니 [16]그러므로 하나님이 그대를 환난에서 이끌어 내사 좁지 않고 넉넉한 곳으로 옮기려 하셨은즉 무릇 그대의 상에는 기름진 것이 놓이리라 [17]이제는 악인의 받을 벌이 그대에게 가득하였고 심판과 정의가 그대를 잡았나니 [18]그대는 분노하지 않도록 조심하며 많은 뇌물이 그대를 그릇된 길로 가게 할까 조심하라 [19]그대의 부르짖음이나 그대의 능력이 어찌 능히 그대가 곤고한 가운데에서 그대를 유익하게 하겠느냐 [20]그대는 밤을 사모하지 말라 인생들이 밤에 그들이 있는 곳에서 끌려 가리라 [21]삼가 악으로 치우치지 말라 그대가 환난보다 이것을 택하였느니라 [22]하나님은 그의 권능으로 높이 계시나니 누가 그같이 교훈을 베풀겠느냐 [23]누가 그를 위하여 그의 길을 정하였느냐 누가 말하기를 주께서 불의를 행하셨나이다 할 수 있으랴

엘리후는 여기에서 욥에게 좀 더 가까이 다가온다.

I. 엘리후는 욥에게 만약 그가 환난 가운데서 적절하게 낮아졌더라면 하나님이 이런 조치를 취하시기 전에 그를 위해 어떤 일을 하셨을지를 말해줌. "우리는 다 하나님이 곤고한 자를 그 곤고에서 구원하시기를 얼마나 바라시고, 그렇게 하실 준비를 다 갖추고 계시다는 것을 안다(15절). 하나님은 늘 그러셨다. 하나님은 심령이 가난한 자들, 상하고 통회하는 마음을 지닌 자들을 애정 어린 눈으로 바라보시고, 그들이 환난에 처해 있을 때에는 기꺼이 그들을 도우신다. 하나님은 그들의 귀를 여셔서, 심지어 그들이 학대당하고 있는 때에도 그들로 하여금 기뻐하고 즐거워하는 소리를 듣게 하신다. 하나님은 아직 그들을 건지시지는 않으시는 가운데에서도, 그들의 믿음과 인내를 격려하고, 그들의 두려움을 잠재우며, 그들의 슬픔을 상쇄시켜 주시기 위해서, 선한 말씀들과 위로가 되는 말씀들을 그들에게 해주신다. 그러므로, 만약 그대가 하나님의 섭리에 순복해서 잘 처신하였다면, 하나님은 진작 그대에게도 그렇게 하셨을 것이다(16절). 하나님은 그대를 환난에서 건지시고 위로하셨을 것이고, 우리도 이같은 불평을 그대로부터 들을 필요가 없었을 것이다. 만약 그대가 하나님의 뜻을 순순히 받아들였더라면, 그대는 이전의 자유함과 부요함을 회복하는 복을 벌써 받았을 것이다."

1. "그대의 운신의 폭은 넓어져서, 병과 불명예 때문에 이렇게 좁은 곳에 갇혀 있지는 않았을 것이다. 하나님은 그대를 환난에서 이끌어 내사 좁지 않고 넉넉한 곳으로 옮기셨을 것이고, 그대는 더 이상 이렇게 속박을 받으며 답답하게 지내지 않아도 되었을 것이며, 그대가 사용할 수 있었던 모든 수단들이 다 못쓰게 되어 버리는 일도 없었을 것이다."

2. "그대는 부요하게 되어서, 이 가난한 형편 속에 있지 않아도 되었을 것이다. 그대는 꼭 필요한 음식만이 아니라 지극히 아름다운 밀(신 32:14)과 아주 기름진 고기로 잘 차려진 밥상을 받았을 것이다." 우리가 환난 가운데서도 좀 더 잘 처신한다면 모든 면에서 더 나아질 것임을 생각하고서 불평하지 말고 침묵하는 것이 마땅하다는 것을 명심하라. 우리가 하나님이 환난을 보내신 목적에 부응한다면, 환난은 그칠 것이다. 우리가 구원을 받을 준비가 되어 있기만 하다면, 구원이 임할 것이다. 만약 우리가 진작 잘 처신하였더라면, 하나님도 우리를 고생시키지 않으시고, 우리에게 잘 하셨을 것이다(시 81:13-14; 사

48:18).

Ⅱ. 엘리후는 욥이 자기 생각을 고집한 것을 비난하고, 환난이 지속되는 원인이 욥에게 있다고 말함(17절). "이제는 악인의 받을 벌이 그대에게 가득하였다. 즉, 실제로 그대가 어떤 인물이든지 간에, 이 일에 있어서만큼은 그대가 악인처럼 처신하였고, 악인처럼 말하고 행하였으며, 악인들을 즐겁게 해주고, 악인들의 주장에 동조하였다. 그대가 마치 악인들의 이익에 일조하려는 듯이 그들과 한통속이 되어 그들을 돕고 부추겼기 때문에, 심판과 정의가 그대를 악인으로 여겨 붙잡았다. 그대는 악인들의 명분에 동조하였다. 사람이 악인의 명분에 동조하면, 하나님은 그 사람을 악인으로 판단하실 것이다"(패트릭 주교의 말). 악의 편에 서는 것은 위험한 일이다. 반역죄에 동조한 자들은 반역죄의 주범으로 처벌을 받게 될 것이다.

Ⅲ. 엘리후는 욥에게 계속해서 고집을 부려서는 안 된다고 주의를 줌. 그는 욥에게 이런 취지의 몇 가지 선한 주의(注意)의 말들을 해준다.

1. 하나님의 원수 갚으심을 가볍게 여기지 말고, 마치 그가 그런 일을 당할 위험이 없다는 듯이 마음을 놓아서는 안 된다는 것(18절). "진노하심이 있으니(즉, 하나님은 그의 통치에 가해진 모든 모독들에 대하여 불쾌히 여기시는 의로우신 통치자이시고, 사람들의 모든 경건치 않음과 불의에 대하여 하늘로부터 그의 진노를 나타내시는 분이시므로, 그대는 하나님의 진노 아래 있지 않도록 조심할 이유가 있기 때문에) 그가 갑자기 그대를 쳐서 데려가 버리시지 않도록 주의하고, 그대는 지혜롭게 행하여 속히 그와 화해하고 그의 분노가 그대에게서 떠나가게 하라." 앞에서 욥은 이런 취지의 경고를 그의 친구들에게 했었다(19:29): 너희는 칼을 두려워 할지니라 분노는 칼의 형벌을 부르나니 너희가 심판장이 있는 줄을 알게 되리라. 논쟁자들은 이런 식으로 너무 노골적으로 하나님의 심판을 거론하여 서로를 압박하고, 하나님의 진노를 언급하며 서로를 위협하기가 쉽다. 그러나 선한 양심을 지키며 사는 자는 교만한 자들의 무력(無力)한 위협을 두려워할 필요가 없다. 그러나 여기에서 엘리후의 경고는 욥에게 꼭 필요한 우호적인 경고였다. 선한 자들일지라도 하나님의 진노가 지닌 두려움을 상기해 봄으로써 스스로 본분을 다하고 있는지 점검해 볼 필요가 있다. "그대는 지혜롭고 선한 자이지만, 하나님이 그대를 쳐서 데려가 버리지 않으시도록 조심하라. 왜냐하면, 아무리 지혜롭고 지극히 선한 자라도 하나님이 내리시는

재앙에서 제외될 만큼 선한 자는 없기 때문이다."

2. 하나님의 진노가 그에게 촉발된다면, 그가 그 재앙을 피할 길을 찾아낼 수 있을 것이라고 기대해서는 안 된다는 것.

(1) 돈을 이용하여 빠져 나올 수도 없고, 금이나 은 같은 썩어질 것들로 죄 사함을 얻을 수도 없다는 것. "하나님이 그대를 심판하실 때, 아무리 많은 속전도 그대를 구해내지 못하리라(시 49:7-8). 하나님의 공의 또는 그 공의를 집행하는 사자(使者)를 뇌물로 무마하는 것은 불가능하다. 그가 그대의 재물에 혹하셔서 그대에 대한 형벌을 그치시겠느냐? 아니라 금으로도 되지 아니하니라(19절). 그대가 아무리 많은 재물을 가지고 있더라도, 그것이 그대를 하나님의 진노로 인한 재앙에서 건져주지 못할 것이다. 재물은 진노하시는 날에 무익하니라(잠 11:4)."

(2) 구출 작전을 통해서도 빠져 나올 수 없다는 것. "그대가 힘이 되는 온갖 세력을 부릴 수 있어서, 무수한 종들과 신하들을 소집하여 하나님의 원수 갚으시는 손길로부터 그대를 힘으로 빼내도록 명령한다고 하여도, 아무 소용이 없을 것이다. 하나님은 눈 하나 깜짝하지 않으실 것이다. 그의 손에서 능히 빼앗을 자가 없도다(신 32:39)."

(3) 멀리 도망가서 모면할 수도 없다는 것(20절). "그대는 밤을 사모하지 말라. 밤은 흔히 전쟁에서 진 군대가 퇴각하는 것을 은폐해 주기 때문에 피하기에 좋은 때이다. 그러나 그대는 그런 식으로 해서 하나님의 의로우신 심판을 피할 수 있다고 생각해서는 안 된다. 왜냐하면, 하나님에게서는 흑암이 숨기지 못하기 때문이다(시 139:11-12)." 행악자는 숨을 만한 흑암이나 사망의 그늘이 없느니라(34:22). "밤에는 사람들이 자기 처소로 가서 자기 침상에 눕기 때문에 그대가 그들에게 발각되지 않고 피하기 쉽듯이, 하나님도 자기 처소로 가셔서 그대를 볼 수 없을 것이라고 생각하지 말라. 결코 그렇지 않다. 하나님은 졸지도 아니하시고 주무시지도 아니하신다. 하나님은 언제나 눈을 뜨고서 언제 어디서나 인생들을 보고 계신다. 반석이나 산들도 우리를 그의 눈에서 숨겨줄 수 없다." 어떤 이들은 이 구절이 죽음의 밤을 나타내는 것이라고 본다. 죽음의 밤이란 사람들이 그들이 있는 곳에서 끌려가는 밤이다. 욥은 품꾼이 저녁을 바라듯이 아주 간절하게 그 밤을 기다렸었다(7:2). 엘리후는 이렇게 말한다. "그러나 그 밤을 기다리지 말라. 왜냐하면, 죽음의 밤에 어떤 일이 벌어질지 그대는

모르기 때문이다." 죽으면 하나님의 진노로부터 벗어날 수 있을 것이라는 희망으로 죽음을 간절히 원하는 자들은 착각하고 있는 것을 가능성이 높다. 하나님의 진노는 그들이 죽는 그 밤에도 그들을 추격할 것이기 때문이다.

3. 하나님 및 그의 섭리와의 말도 안 되는 싸움을 계속하지 말라는 것(21절). 욥은 진작 환난에 굴복하였어야 했는데도, 지금까지 이 싸움을 고집해 왔었다. "삼가 그대의 심령을 잘 살펴서 악으로 치우치지 말고 행여나 죄 지을 생각을 하지 말라." 우리는 혹시라도 죄에 대하여 호의적인 생각을 갖거나, 죄에 빠지거나, 우리 속에 죄를 허용해서는 결코 안 된다. 엘리후는 욥이 환난보다 죄악을 택하였기 때문에, 즉 자신의 교만을 죽이고 하나님께 순복하며 그 벌을 달게 받는 쪽보다는 자신의 교만과 기분을 만족시키기 위해서 하나님과 다투는 쪽을 선택하였기 때문에, 욥에게 이런 주의를 줄 필요가 있다고 생각하였다. 우리는 이 구절을 좀 더 일반적으로 해석해서, 환난보다는 죄악을 택하는 자들은 아주 어리석은 선택을 하는 것이라는 말을 할 수 있을 것이다. 죄악된 쾌락들을 통해서 자신의 근심을 없애려 하거나, 죄악된 일들을 통해서 자신의 재물을 늘리려 하거나, 죄악된 꾀를 이용해서 환난을 피해 보려고 하거나, 거짓된 것으로 양심을 구슬러서 의를 위하여 고난받는 것을 피해 보려고 하는 자들은 장차 후회하게 될 선택을 하는 것이다. 왜냐하면, 가장 작은 죄가 가장 큰 환난보다도 더 많은 재앙을 포함하고 있기 때문이다. 죄 속에는 온통 재앙만이 들어 있다.

4. 하나님께 이래라 저래라 가르치려 들지 말고, 자신의 척도를 하나님께 들이대려고 하지 말라는 것(22-23절). "하나님은 그의 권능으로 사람들을 높이신다. 즉, 하나님은 그의 뜻대로 세우기도 하시고 끌어내리기도 하시는 분이기 때문에, 그대나 나는 하나님께 왈가왈부할 입장이 아니다."

(1) 하나님은 절대 주권을 지니신 분이라는 것. 하나님은 다른 어떤 존재로부터 나온 힘에 의해서가 아니라 자신의 권능으로 사람들을 높이신다. 하나님은 그가 사람들에게 주시는 힘과 권세를 통해서 그가 기뻐하시는 자들을 높이시고, 환난을 받아서 엎드러진 자들을 높이신다. 그러므로 그를 위하여 그의 길을 정한 자가 지금까지 누가 있었는가? 누가 그를 주관하여 그의 길을 지시한 적이 있었는가? 그에게 임무를 주고 그로부터 보고를 들은 그의 상관이 과연 있었는가? 결코 그런 일은 없었다. 하나님은 제1인자이시고 모든 존재로부터 독

립되어 스스로 계시는 분이시다. 누가 그에게 그의 길을 생각나게 해주었는가(어떤 이들은 이렇게 읽는다). 영원한 마음을 지니신 분이 누구로부터 깨우침을 받을 필요가 있을까? 그럴 필요가 없다. 그의 길은 우리의 길과 마찬가지로 그의 앞에 언제나 드러나 있다. 하나님은 그 누구로부터 지시나 교훈을 받으신 적이 없고(사 60:13-14), 그 누구에게도 책임을 지지 않으신다. 그는 모든 피조물에게 그 길을 명령하신다. 하나님은 세상을 다스리시기에 가장 적합한 분이시기 때문에, 우리는 하나님께 그의 길을 정하여 명령해서는 안 되고, 이 세상을 다스리는 일은 전적으로 그에게 맡겨 드려야 한다.

(2) 하나님은 그 누구와도 비교할 수 없는 선생이시라는 것. 누가 그같이 교훈을 베풀겠으며, 누가 그와 같이 가르치겠느냐. 빛과 진리, 지식과 교훈의 원천이신 분을 우리가 가르치려 드는 것은 말도 안 되는 터무니없는 일이다. 그 누구도 알지 못하는 지식으로 사람을 교훈하시는 이가 알지 못하랴(시 94:9-10). 우리는 태양 앞에서 촛불을 켜들고자 하는 것이냐? 엘리후가 통치자로서의 하나님께 영광을 돌리고자 할 때에 선생으로서의 하나님을 찬송하는 것을 보라. 왜냐하면, 통치자는 가르침을 베풀어야 하는 자이기 때문이다. 그래서 하나님도 가르치신다. 하나님은 사람들로 하여금 꼼짝없이 가르침을 받을 수밖에 없게 만드시는데, 다른 일들에서처럼 이 일에서도 하나님을 능가할 자는 아무도 없다. 하나님 자신만큼 하나님 자신의 행위들을 제대로 이끌어 가시기에 적합한 자는 아무도 없다. 하나님은 자기가 무엇을 하고 어떻게 해야 최선의 결과가 나올지를 아시고, 그 누구로부터의 정보나 조언도 필요로 하지 않으신다. 솔로몬도 그에게 조언해 줄 참모들을 자기 곁에 두었지만, 만왕의 왕께는 그런 참모들이 필요가 없다. 또한, 하나님만큼 우리의 행위들을 지도하기에 적합한 분은 없다. 하나님만큼 지극한 겸양과 불쌍히 여기는 마음으로 큰 권세와 설득력 있는 증거로 힘 있고 효율적으로 가르치는 이는 없다. 하나님은 최고의 책인 성경으로 가르치시고, 최고의 선생이신 그의 아들을 통해서 가르치신다.

(3) 하나님은 그가 행하시는 모든 일에서 더할 나위 없이 의로우시다는 것. 누가 말하기를 주께서 불의를 행하셨나이다 할 수 있으랴. 결코 그럴 수 없다. 누가 감히 그런 말을 하겠는가(많은 사람들이 불의를 행하지만, 그들에게 불의를 행한다고 말하는 것은 자신의 목숨을 위태롭게 하는 짓이다)? 그리고 누가 그런 말을 할 수 있는가? 그렇게 말할 수 있는 근거를 갖고 있는 자가 누가 있는가?

누가 그렇게 말하면서 그것을 증명할 수 있는가? 만왕의 왕은 악을 행할 수 없다는 말은 의심할 여지 없이 무제한적으로 참된 공리(公理)이다.

[24]그대는 하나님께서 하신 일을 기억하고 높이라 잊지 말지니라 인생이 그의 일을 찬송하였느니라 [25]그의 일을 모든 사람이 우러러보나니 먼 데서도 보느니라 [26]하나님은 높으시니 우리가 그를 알 수 없고 그의 햇수를 헤아릴 수 없느니라 [27]그가 물방울을 가늘게 하시며 빗방울이 증발하여 안개가 되게 하시도다 [28]그것이 구름에서 내려 많은 사람에게 쏟아지느니라 [29]겹겹이 쌓인 구름과 그의 장막의 우렛소리를 누가 능히 깨달으랴 [30]보라 그가 번갯불을 자기의 사면에 펼치시며 바다 밑까지 비치시고 [31]이런 것들로 만민을 심판하시며 음식을 풍성하게 주시느니라 [32]그가 번갯불을 손바닥 안에 넣으시고 그가 번갯불을 명령하사 과녁을 치시도다 [33]그의 우레가 다가오는 풍우를 알려 주니 가축들도 그 다가옴을 아느니라

엘리후는 여기에서 욥을 설득하여 그로 하여금 하나님을 크고 높으신 분으로 생각하게 만들어서, 그가 하나님의 섭리에 흔쾌히 순복할 수 있게 하고자 애를 쓴다.

I. 엘리후는 하나님이 하신 일이 얼마나 눈부시게 빛나고 탁월한 것인지를 설명함(24절).   하나님이 하신 일 전체가 그러하다. 하나님은 초라한 일을 하시는 분이 아니다. 이것이 우리가 우리와 관련된 하나님의 섭리의 모든 일들에 묵묵히 따라야 하는 좋은 이유이다. 하나님이 하신 가시적인 일들, 즉 이 세상과 관련된 자연계의 일들은 우리가 찬탄하고 놀라워하는 일들인데, 그 일들 속에서 우리는 창조주의 지혜와 권능과 선하심을 본다. 그런데도, 우리가 우리와 관련된 하나님의 섭리들과 우리의 일들과 관련된 하나님의 뜻과 계획에 대하여 트집을 잡는다는 것이 과연 가당키나 한 일인가? 엘리후는 여기에서 우리에게 하나님께서 하신 일을 곰곰이 생각해 보라고 권한다(전 7:13).

1. 하나님이 하신 일은 우리 눈 앞에 그대로 펼쳐져 있고, 그것보다 더 명백한 것은 없다는 것. 그것은 사람들이 뻔히 눈 앞에 보고 있는 바로 그것이다. 그것은 모든 사람이 볼 수 있는 것이어서, 한 쪽 눈만 가진 사람도 볼 수 있고, 멀리서도 볼 수 있다. 우리가 어디를 보아도, 하나님의 지혜와 권능이 만들어 낸 것들이 보인다. 우리는 그런 일이 이루어졌고 지금도 이루어지고 있는 것을

보는데, 하나님이 하셨고 또 하시고 계시는 일을 보고 있노라면, 이것이 하나님이 하신 일이고 하나님의 손가락이 하신 일이라고밖에 달리 할 말이 없다. 그것은 여호와께서 행하신 일이다. 누구나 다 먼 데서도 하늘과 그 모든 광명들, 땅과 그 모든 열매들이 전능하신 이가 하신 일이라는 것을 알 수 있고, 가까이서 보면 더더욱 그러하다. 하나님이 자연 속에 해놓으신 아주 미세한 일들을 현미경을 통하여 보라. 그 일들은 흥미롭지 아니한가? 창조주의 영원하신 능력과 신성(神性)은 그가 만드신 만물에 분명히 보여 알려졌다(롬 1:20). 모든 사람, 심지어 하나님의 계시의 혜택을 입지 않은 자들조차도 이것을 볼 수 있다. 왜냐하면, 언어도 없고 말씀도 없으며 들리는 소리도 없으나 이 자연의 변함없는 설교자들의 소리가 온 땅에 이르기 때문이다(시 19:3-4).

2. 하나님이 하신 일은 우리 눈에 기이할 수밖에 없다는 것. 하나님이 하신 일의 아름다움과 탁월함, 그 모든 부분들이 서로 정확히 맞아들어가는 것은 우리가 지극히 칭송하고 높일 수밖에 없는 것이라는 점에서 그 일이 의롭고 선하다는 것을 선포하고 있는 것일 뿐만 아니라, 우리가 흠 잡을 수 없는 것이라는 점에서 그 일이 그 어떤 피조물이 생각하거나 해낼 수 없는 지혜롭고 영광스러운 것이라고 찬송하고 있는 것이다. 사람은 하나님이 하신 일들을 볼 수 있고, 그 일들 속에서 하나님의 손길을 분별해 낼 수 있기 때문에(이것을 짐승들은 할 수 없다), 그 놀라운 일들을 하신 하나님을 찬송하고 그에게 영광을 돌려야 마땅하다.

II. 엘리후는 이 일을 하신 하나님은 무한하셔서 우리가 헤아릴 수 없는 분이라고 설명함(26절). 우리는 존재와 권능과 완전함의 물줄기들을 거슬러 올라가면 그 근원을 만나게 된다. 하나님은 크시고 무한히 크시다. 그는 전능하시고 누구에게도 의존되어 있지 않으시기 때문에 권능에 있어서 크시고, 스스로 자족하시고 모든 것에 충족하시기 때문에 부요함에 있어서 크시며, 스스로도 크시고 그가 행하신 모든 일들에서도 크시다. 그는 이렇게 크시기 때문에 크게 찬송을 받으시기에 합당하신 분이고, 이렇게 크시기 때문에 우리가 그를 알 수 없다. 우리는 그가 존재한다는 것은 알지만, 그가 어떤 분이신지는 알지 못한다. 우리는 그가 어떤 분이 아니시라는 것은 알지만, 그가 어떤 분이신지는 알지 못한다. 우리는 부분적으로는 알지만, 온전하게 알지는 못한다. 엘리후는 하나님이 행하시는 일들을 우리가 비난하거나 시비를 걸지 않아야 하는 이유로서 이 말씀을 여기에서 하고 있다. 왜냐하면, 우리가 그렇게 하는 것은 알지도 못하는 것들을 헐뜯고, 어떤 것을 듣기도 전에 대답하는 것이나 마찬가지이기 때문이다. 하나님은 무한하셔서, 우리는 그가 언제부터 존재하셨는지조차 알지 못한다. 하나님은 영원하셔서, 우리는 그의 햇수를 헤아릴 수 없다. 하나님이 존재하신 햇수는 끝이 없다. 그는 처음도 없고 대(代)를 잇는 것도 없으며 기한도 없는 존재이고, 이전에도 계셨고 앞으로도 영원히 계실 것이며 늘 동일하게 계실 존재이며, 스스로 있는(I AM) 크신 분이다. 이것은 우리가 하나님께 이래라 저래라 하거나 시비를 걸어서는 안 되는 좋은 이유이다. 왜냐하면, 하나님과 마찬가지로 하나님이 행하시는 일들도 우리 같은 인간은 도저히 헤아릴 수 없기 때문이다.

III. 엘리후는 자연계의 일들과 일반 섭리의 일들 속에서 하나님의 지혜와 권능과 주권적 통치를 보여주는 몇몇 예들을 제시함. 그는 이 장에서 구름과 거기에서 내리는 비에 대한 예로 이것을 시작한다. 우리가 이 품격 높은 강론에 나오는 어구나 철학을 비판적으로 살펴볼 필요는 없다. 이 강론의 전체적인 취지는 하나님이 무한히 크시고, 만유의 주이시며, 모든 피조물의 제1원인이자 가장 높으신 경영자이시고, 하늘과 땅의 모든 권세를 지니신 분이라는 것(그러므로 우리는 모든 겸손함과 공경심으로 그를 경배하고 찬송하며 그에게 존귀를 돌려야 마땅하다는 것), 우리가 하나님께 인생들과 관련된 그의 특별한 섭리의 법칙들과 방법들에 대하여 이래라 저래라 하거나, 대기(大氣) 현상들에 관한 일반 섭리의 작용들조차도 너무나 다양하고 신비하며 기묘한데, 그런 것들에 대하여 하나님으로부터 설명을 기대하는 것은 주제넘은 짓이라는 것을 보여주는 것이다. 엘리후는 앞에서 욥에게 하나님의 장엄함과 절대 주권을 느끼게 해주기 위해서 구름을 보라고 권했었는데(35:5), 여기에서는 우리가 구름에서 볼 수 있는 것들 중에서 우리로 하여금 창조주의 영화로운 온전함들을 깊이 생각하게 만드는 것들을 우리에게 보여준다.

1. 구름은 이 아랫 세상을 위한 샘이고, 그 습기의 원천이자 곳간이며, 습기를 유통시키는 큰 은행이라는 것. 이것은 대단히 필수적인 설비이다. 왜냐하면, 습기가 한 곳에 정체되어 있으면, 그것은 사람의 몸에서 피가 돌지 않을 때처럼 이 아랫 세상에 해악이 되기 때문이다. 이 평범한 일 속에서 주목할 만한 가치가 있는 것들은 이런 것들이다.

(1) 위에 있는 구름은 아래에 있는 땅에 물방울들을 떨어뜨린다는 것. 하늘이 놋쇠가 되면, 땅은 쇠가 되어 버린다. 그러므로 나는 하늘에 응답하고 하늘은 땅에 응답하리라(호 2:21)는 하나님의 약속은 곧 풍성한 비를 내려 주시겠다는 약속이 된다. 이것은 모든 좋은 선물이 위로부터, 즉 빛들의 아버지이자 비의 아버지이신 분으로부터 온다는 것을 보여주면서, 우리에게 바로 그 하나님을 바라보고 기도하라고 교훈하는 것이다.

(2) 구름은 사람에게 쏟아진다는 것(28절). 왜냐하면, 실제로 하나님은 사람 없는 광야에 비를 내리시지만(38:26), 사실은 모든 열등한 피조물들이 섬겨야 하는 사람, 하나님께 찬송의 공세(貢稅)를 바칠 책임이 있는 사람을 특별히 염두에 두시고서 거기에 비를 내리시는 것이기 때문이다. 하나님은 사람들 가운데서도 의로운 자와 불의한 자에게 공평하게 비를 내려주신다(마 5:45).

(3) 구름은 하늘의 창문들이 열렸을(창 7:11) 때와는 달리 물을 한꺼번에 퍼붓는 것이 아니라 물방울을 가늘게 하여 떨어뜨린다는 것. 하나님은 옛적에 이 땅을 심판하실 때에 사용하셨던 그 물을 이번에는 단지 그 주시는 방법만 바꾸어서 이 땅을 촉촉히 적시는 데에 사용하심으로써, 우리의 모든 것이 하나님의 손에 달려 있다는 것과 마치 물주전자로 물을 주듯이 비를 작은 물방울들로 나누어 내리셔서 이 땅을 널리 골고루 적셔 주시는 것이 하나님의 크신 자비하심이라는 것을 우리로 알게 하신다.

(4) 비가 아주 가는 물방울들로 내릴 때도 있고 장대비로 쏟아질 때도 있는데, 이런 차이는 비를 관리하시는 하나님의 섭리에 의한 것으로 돌려야 한다.

(5) 구름은 비를 작은 물방울들로 만들어 내리지만, 사람에게 아주 많이 쏟아지기 때문에(28절), 물이 가득한 하나님의 강이라 불린다(시 65:9).

(6) 구름은 땅에서 증발한 수증기를 받아서 그대로 비로 쏟아낸다는 것(27절). 이렇게 하늘은 땅에게 아주 의롭게 행하지만, 땅은 보답함에 있어서 의롭지 않다.

(7) 구름이 만들어 내는 것들은 땅에 큰 두려움이 될 때도 있고 큰 은혜가 될 때도 있다는 것(31절). 하나님은 그런 것들을 통해서 그가 기뻐하시는 자들에게 은혜를 베풀기도 하시고, 그가 진노하시는 만민을 심판하기도 하신다. 땅의 열매들을 파괴하고 하천의 범람을 일으키는 폭풍과 태풍과 폭우는 구름으로부터 온다. 그러나 다른 한편으로, 하나님은 보통 때에는 구름으로부터 우리

의 먹을 거리를 풍성하게 주신다. 구름은 양 떼로 옷 입은 초장과 곡식으로 덮인 골짜기에 기름 방울을 떨어뜨린다(시 65:11-13).

(8) 비가 올 것을 미리 알려주는 전조(前兆)들이 있다는 것(33절). 다른 무엇보다도 그의 우레가 다가오는 풍우를 알려준다. 그런 까닭에, 우리는 성경에서 비가 실제로 오기 전에 나는 큰 비 소리 또는 비의 시끄러운 소리(난외주의 읽기)라는 표현을 볼 수 있다(왕상 18:41). 그 때에 그것은 환영할 만한 전조였다. 소리와 마찬가지로 하늘의 표정도 비가 올 것을 이미 알려준다(눅 12:56). 또한, 가축들도 기이한 본능에 의해서 날씨가 곧 변할 것을 알아차리고서 피신처를 찾음으로써, 재앙이 오는 것을 미리 보고 숨지 못하는 사람을 부끄럽게 만든다.

2. 구름은 윗 세상의 가리개라는 것(29절). 겹겹이 쌓인 구름을 누가 능히 깨달으랴. 구름은 땅 위에 펼쳐져 있는 가리개 또는 차양막이다. 구름이 어떻게 그런 식으로 존재하게 되었고, 어떻게 펼쳐지게 되었으며, 어떻게 그런 모양으로 펼쳐져 있는 것인지를 우리는 매일 보면서도 그 내막을 깨닫지 못한다. 우리가 빛을 덮고 있는 구름이 어떻게 펼쳐져 있는지도 알지 못하면서(32절), 하나님이 아주 다양한 인생들의 갖가지 사례들을 다스리시는 이치들과 방법들을 깨닫고 있는 체할 수 있겠는가? 구름은 땅과 빛의 중간에서 나온다(32절; 26:9). 우리와 해의 중간에 구름이 있음으로써, 다음과 같은 일들이 일어나는 것을 우리가 안다.

(1) 그것은 종종 우리에게 좋은 일이 된다는 것. 왜냐하면, 구름은 태양의 폭염을 막아주는 우산 역할을 해서, 그 따가운 햇빛이 우리에게 내리쬐지 않게 해주기 때문이다. 성경에서는 가을 더위에 운무는 우리가 원기를 회복하는 데에 큰 도움을 준다고 말한다(사 18:4).

(2) 그것은 종종 우리에게 좋지 않은 일이 된다는 것. 왜냐하면, 구름은 대낮에 세상을 어둡게 하고, 햇빛을 가리기 때문이다. 죄는 하나님의 얼굴 빛과 우리의 중간에 끼여서 그 빛이 우리에게 비치는 것을 가로막기 때문에 구름에 비유된다(사 44:22). 그러나 구름은 잠시 해를 어둡게 하고 비를 쏟아 붓지만, 하나님은 구름이 지칠 때쯤이면(비 온 후에 햇빛이 나는 법이다), 구름 위에 빛을 펴신다(30절). 비 내린 후에는 맑은 햇빛이 비친다(삼하 23:4). 하나님은 햇살들을 바다 밑까지 비치셔서, 바다로 하여금 많은 수증기를 다시 발산하게 하여, 구

름이 있는 곳으로 올려 보내신다(30절). 이 모든 것 속에서 우리는 하나님이 하시는 일이 얼마나 위대한지를 기억하여야 한다.

— 제 37 장 —

개요

엘리후는 여기에서 계속해서 대기(大氣) 현상들과 기후의 온갖 변화들 속에 나타난 하나님의 기이한 능력을 찬송한다. 우리는 이러한 변화들 속에서 하나님의 뜻에 순복하여, 날씨를 있는 그대로 받아들여서 최대로 선용하면서도, 왜 우리의 처지의 변화들 속에서는 그렇게 하고자 하지 않는 것인가? 이 장에서 엘리후는 다음과 같은 것들 속에서 하나님의 손길을 본다. I. 천둥과 번개(1-5절). II. 서리와 눈, 비와 바람(6-13절). III. 엘리후는 욥에게 자연에서 벌어지는 이러한 현상들을 설명할 수 있느냐고 도전함으로써, 욥으로 하여금 그러한 것들에 대한 자신의 무지를 고백하고, 자기가 하나님의 섭리에 의한 일들에 대하여 판단할 능력이 없다는 것을 시인하게 하고자 함(14-22절). 그런 후에, IV. 엘리후는 그가 밝히고자 하였던 원리, 즉 하나님은 크시고 지극히 두려워해야 할 분이시라는 원리를 말하는 것으로 자신의 긴 강론을 끝맺음(23-24절).

¹이로 말미암아 내 마음이 떨며 그 자리에서 흔들렸도다 ²하나님의 음성 곧 그의 입에서 나오는 소리를 똑똑히 들으라 ³그 소리를 천하에 펼치시며 번갯불을 땅 끝까지 이르게 하시고 ⁴그 후에 음성을 발하시며 그의 위엄 찬 소리로 천둥을 치시며 그 음성이 들릴 때에 번개를 멈추게 아니하시느니라 ⁵하나님은 놀라운 음성을 내시며 우리가 헤아릴 수 없는 큰 일을 행하시느니라

천둥과 번개는 흔히 함께 다니면서, 전자는 우리의 귀에, 후자는 우리의 눈에 전능하신 하나님의 영광과 위엄, 그 권능과 두려우심을 일깨워준다. 하나님은 하늘로부터 내리는 비와 결실기를 통해서 그의 선하심을 증언하시는 것과 마찬가지로(행 14:17), 이 일들을 통해서도 그의 크심을 아무리 우둔하고 생각 없는 자들도 깨달을 수 있을 정도로 분명하게 증언하신다. 천둥과 번개의 자연적인 원인들과 유익한 결과들은 과학자들이 밝혀내야 할 일이지만, 창조주 하나님이 천둥과 번개를 만드신 주된 이유는 졸고 있는 인간 세상을 깜짝

놀래켜서 깨어나게 하여 그들 위에 계시는 하나님을 생각하게 하기 위한 것인 것 같다. 사람의 눈과 귀는 배우기 위한 두 감각 기관이다. 그러므로 이것은 눈과 귀가 둘 다 먼 채로 태어나는 경우가 가능하기는 하겠지만, 당시에는 사실상 알려져 있지 않았다는 것을 보여준다. 하나님의 말씀을 통해서는 그의 교훈이 귀를 거쳐서 마음으로 전달되고, 하나님이 하신 일들을 통해서는 눈을 거쳐서 마음으로 전달된다. 그러나 통상적인 시각물들과 소리들로는 사람들을 제대로 깨우칠 수 없기 때문에, 하나님은 종종 번개와 천둥을 사용하셔서 눈과 귀를 통해 사람들을 깜짝 놀라게 하시고 정신이 번쩍 들게 하신다. 엘리후가 이 말을 하고 있을 때에 실제로 천둥과 번개가 쳤을 가능성이 아주 높다. 왜냐하면, 그는 이 현상이 현재 진행되고 있는 것으로 말하고 있기 때문이다. 하나님이 말씀하고자 하실 때에는, 나중에 시내 산에서도 그러셨듯이, 천둥과 번개는 사람들의 주목과 경외심을 불러일으키는 데에 적합한 서곡으로 사용된다(38:1).

1. 천둥과 번개를 통해서 하나님의 영광을 나타냄으로써 엘리후는 스스로 어떤 감화를 받았고, 또한 욥이 어떤 감화를 받기를 바랐는가(1-2절). 엘리후는 이렇게 말한다: "이로 말미암아 내 마음이 떨리도다. 내가 살아오는 동안에 천둥과 번개를 많이 보고 들어 왔는데도, 지금 그것들은 여전히 나를 두렵게 만들고, 나의 뼈마디들이 다 떨리게 만들며, 나의 심장이 정상에서 벗어난 듯이 쿵쾅거리며 뛰게 만드는구나." 천둥과 번개는 예로부터 악인들에게 두려운 것이었다. 로마의 칼리굴라(Caligula) 황제는 그것들이 무서워서 구석으로 달려가거나 침상 밑으로 기어들어 갔다고 한다. 우리는 아주 많이 놀랐다고 할 때에 천둥을 맞았다(thunderstruck)고 말한다. 선한 자들도 천둥과 번개를 무서워한다. 사람들을 더욱 무섭게 만드는 것은 번개에 의해서 일어나는 벼락을 맞고 사람들이 종종 죽거나 다치는 것인데, 이 벼락 때문에 많은 사람들이 죽었다. 소돔과 고모라는 천둥과 번개에 의해서 폐허가 되었다. 그것은 하나님이 이 죄악된 세상에 대하여 무엇을 하실 수 있는지, 마지막 날에 불에 살라지기 위해서 보존되고 있는 이 세상에 대하여 하나님이 그 때에 무엇을 하실 것인지를 생생하게 보여준다. 우리의 마음도 엘리후의 마음처럼 천둥과 번개 속에서 하나님의 심판을 보고 두려워 떨리는 것이 마땅하다(시 119:120). 또한, 엘리후는 욥에게 천둥과 번개에 주목하라고 말한다(2절). 하나님의 음성 곧 그의 입에서 나오는

소리를 똑똑히 들으라. 아마도 천둥이 멀리서 쳤기 때문에, 귀를 기울이지 않으면 그 소리를 들을 수 없었던 것 같다. 또는, 천둥이 치면, 우리가 무엇을 하든, 그 소리는 우리의 귀에 들릴 수밖에 없기는 하지만, 그 속에서 하나님이 우리에게 주시는 교훈을 알아듣고자 한다면, 우리는 마음을 모아서 좀 더 주목하여 듣지 않으면 안 된다. 천둥은 여호와의 소리(시 29:3-9)라 불리는데, 이는 하나님이 천둥을 통해서 인생들에게 말씀하셔서 그들로 그의 앞에서 두려워하게 하신 때문이기도 하고, 천둥은 우리에게 하나님이 태초에 세상을 지으실 때에 발하신 저 능력의 말씀(이것은 천둥으로도 불린다)을 상기시켜 주기 때문이기도 하다(시 104:7): 하나님이 천하의 물이 한 곳으로 모이라(창 1:9)고 말씀하실 때에 주의 우렛소리로 말미암아 물이 서둘러서 빨리 갔다. 하나님의 위대하심에 감화를 받은 자들은 다른 사람들도 그러한 감화를 받을 수 있도록 애를 써야 한다.

2. 엘리후는 천둥과 번개를 어떻게 묘사하는가.

(1) 천둥과 번개의 원래의 원인자, 즉 이차적인 원인자가 아니라 일차적인 원인자. 하나님은 천둥을 명하시고, 번개는 하나님의 것이다(3절). 천둥과 번개가 만들어지고 일어나는 것은 우리에게는 우연한 일이고 그 누구도 통제할 수 없는 일처럼 보이지만, 사실은 우연으로부터 생겨나는 것이 아니라, 하나님의 계획과 그의 섭리의 지시와 통제로부터 생겨나는 것이다.

(2) 천둥과 번개가 미치는 범위. 천둥 소리는 천하에 울려퍼지기 때문에, 멀리서나 가까이에서나 어디에서든 들린다. 마찬가지로, 번개도 땅 끝까지 쏜살같이 달려간다. 번개는 하늘 아래 이쪽에서 나와서 저쪽까지 비친다(눅 17:24). 동일한 번개와 천둥이 천하의 모든 곳에 이르는 것은 아니지만, 순식간에 아주 먼 곳까지 이르는 것은 사실이고, 하늘로부터 오는 이 경고를 한 번이라도 듣거나 보지 못한 곳은 천하에 없다.

(3) 천둥과 번개의 순서. 번개가 먼저 치고, 그 후에 음성이 울려퍼진다(4절). 번쩍이는 불빛과 그것이 물기를 머금은 구름 속에서 만들어 내는 소리는 거의 동시에 생겨난다. 그러나 빛의 움직임은 소리의 움직임보다 훨씬 더 빠르기 때문에, 우리는 총이 발사되었을 때에 그 불꽃을 멀리서 먼저 보고 난 후에 총소리를 듣듯이, 우리는 천둥 소리를 듣기 한참 전에 번개가 치는 것을 본다. 하나님은 천둥을 통해서 그의 초월적인 권능과 위대하심을 선포하기 때문에, 천둥

은 여기에서 하나님의 위엄에 찬 소리라 불린다. 주께서 그 소리를 내시니 웅장한 소리로다(시 68:33).

(4) 천둥과 번개의 격렬함. 하나님은 그것들을 잡아두지 아니하신다. 즉, 하나님은 그것들이 자신의 통제에서 벗어나서 제멋대로 움직일까봐 그것들을 붙들어두거나 통제할 필요가 없고, 그것들에게 제 길을 가게 하면서, 가라 하면 가고 오라 하면 오고 이것을 하라 하면 한다(마 8:9). 어떤 이들은 이 본문을 하나님이 천둥 뒤에 통상적으로 뒤따르는 비를 잡아 두지 않으시고(이것은 이미 앞에 나왔었다, 36:27, 29), 그의 음성이 들리면 비를 땅에 쏟으신다는 의미로 해석하기도 한다. 천둥이 치면 많은 비가 내리는데, 하나님은 비를 위하여 번개를 만드신다(시 135:7).

(5) 엘리후가 이 모든 것으로부터 이끌어 내는 결론(5절). 하나님은 그의 음성으로 이와 같이 놀랍고 어마어마한 천둥을 만들어 내신다. 그렇다면, 우리는 그가 하시는 다른 일들도 너무나 위대하여서 우리가 도저히 헤아릴 수 없다고 결론을 내리지 않으면 안 된다. 우리는 이 하나의 예를 근거로 삼아서도, 하나님의 섭리는 너무나 크고 강력해서 우리가 반대하거나 다툴 수 없고, 너무나 높고 깊어서 우리가 규탄하거나 시비를 걸 수 없다고 모든 사람에게 논증할 수 있다.

⁶눈을 명하여 땅에 내리라 하시며 적은 비와 큰 비도 내리게 명하시느니라 ⁷그가 모든 사람의 손에 표를 주시어 모든 사람이 그가 지으신 것을 알게 하려 하심이라 ⁸그러나 짐승들은 땅 속에 들어가 그 처소에 머무느니라 ⁹폭풍우는 그 밀실에서 나오고 추위는 북풍을 타고 오느니라 ¹⁰하나님의 입김이 얼음을 얼게 하고 물의 너비를 줄어들게 하느니라 ¹¹또한 그는 구름에 습기를 실으시고 그의 번개로 구름을 흩어지게 하시느니라 ¹²그는 감싸고 도시며 그들의 할 일을 조종하시느니라 그는 땅과 육지 표면에 있는 모든 자들에게 명령하시느니라 ¹³혹은 징계를 위하여 혹은 땅을 위하여 혹은 긍휼을 위하여 그가 이런 일을 생기게 하시느니라

흐리다거나 맑다거나, 덥다거나 춥다거나, 날씨의 변화와 좋고 나쁨은 우리의 일상적인 삶 속에서 아주 많이 대화와 관찰의 주제가 된다. 그러나 우리는 그것들에 대하여 말하며 생각하면서도, 엘리후가 여기에서 하는 것처

럼, 그것들을 지휘하시는 하나님, 그것들을 통해서 그의 권능을 보이시고 그의 섭리의 목적들을 이루어 가시는 하나님을 경외함으로 바라보는 일은 극히 드물다. 우리는 천둥과 번개 속에서만 아니라, 그렇게 두렵지도 않고 그렇게 요란하지도 않은 좀 더 일상적인 날씨의 변화들 속에서도 하나님의 영광을 알아차려야 한다.

I. 눈과 비(6절).   천둥과 번개는 통상적으로 여름에 일어나지만, 여기에서 엘리후는 겨울의 날씨에 주목한다. 겨울에 하나님은 눈을 명하여 땅에 내리라 하신다. 하나님은 눈에게 임무를 부여하시고 명령하시며, 어디에 내려 환하게 하고 얼마 동안이나 거기에 쌓여 있어야 하는지를 눈에게 정해 주신다. 하나님이 말씀하시면, 그 말씀대로 일이 이루어진다. 하나님은 세상을 창조하실 때에 빛이 있으라고 말씀하셨듯이, 일반 섭리의 일들 속에서도 "눈, 그대여 땅에 내리라"고 말씀하신다. 말하는 것과 행하는 것은 우리에게는 별개의 것이지만, 하나님께는 절대로 별개의 것이 아니다. 하나님이 말씀하시면, 그의 뜻대로 적은 비와 큰 비가 내린다. 여기에서 큰 비는 겨울비로 되어 있는데(칠십인역도 그렇게 되어 있다), 이는 그 땅에서는 겨울이 지나면 비가 그치기 때문이다(아 2:11). 히브리어에서는 적은 비와 큰 비를 구별해서, 전자를 한 차례의 비라 부르고, 후자는 여러 차례의 비들이라 부른다. 그러나 모든 비는 하나님의 힘을 보여주는 비이다. 우리는 지붕을 강타하고 모든 것을 휩쓸어가는 큰 비에서나 땅에 촉촉히 스며드는 작은 비에서나 똑같이 하나님의 권능을 볼 수 있어야 한다. 밭에 있는 농부이든 길을 가는 나그네이든, 모든 사람은 비가 올 때에 그 비가 그들에게 이롭든 해롭든 그 속에서 하나님의 섭리를 고백하여야 한다는 것을 명심하라. 날씨와 관련된 하나님의 섭리에 시비를 걸고 다투는 것은 죄이자 어리석은 짓이다. 하나님이 눈을 보내시든 비를 보내시든, 우리가 그것을 방해할 수 있는가? 또한, 우리가 그것에 대하여 화를 내보아야 무슨 소용이 있단 말인가? 우리 자신이나 우리의 일과 관련된 하나님의 섭리에 의해서 일어나는 그 어떤 일에 대하여 시비를 거는 것은 어리석은 짓이다. 혹독한 겨울 날씨의 효과는 사람이나 짐승으로 하여금 밖에 나가는 것을 불편하고 안전하지 않게 만들어서 자기 처소로 물러나 쉬게 하는 것이다.

1. 사람들은 밭에서 노동하는 것을 그만두고 자기 집으로 물러가서 실내에 머문다는 것(7절). 그가 모든 사람의 손을 묶어놓으신다. 서리나 눈이 내리면,

농부들은 밭에 나가서 일을 볼 수가 없고, 날씨가 아주 안 좋으면, 장사하는 사람들이나 여행자들도 밖에 나갈 수가 없다. 하나님이 때로 이렇게 날씨의 변화를 통해서 사람들로 하여금 쟁기를 내려놓게 만들고, 짐을 부리지 못하게 만들며, 아무것도 할 수 없고 아무것도 얻을 수 없게 하시는 것은 그들을 그들 자신의 일에서 떼어 놓아서, 하나님이 날씨를 움직이셔서 그들의 손을 묶어 놓으신 것을 깊이 묵상하여, 하나님이 하시는 일을 알게 하시고, 하나님이 행하신 다른 크고 기이한 일들을 송축하게 하기 위한 것이다. 우리가 어떤 이유에서이든 우리의 세상적인 일을 할 수 없게 되어 그 일에서 잠시 손을 떼게 되었다면, 우리는 어리석게 스포츠나 놀이를 하면서 빈둥거리지 말고, 기도와 경건의 일들(우리로 하여금 하나님이 행하신 일들을 더 알게 만들어 주어서 하나님을 찬송하게 해주는 일들)을 하며 시간을 보내야 한다는 것을 명심하라. 우리의 손이 묶일 때에 우리의 마음은 더욱 열려야 하고, 우리가 어느 때든지 세상 일을 덜 하게 되면, 성경을 읽고 기도하는 데에 더 많은 시간을 드려야 한다.

2. 짐승들도 땅 속에 들어가 그 처소에 머문다는 것(8절). 여기에서 말하는 것은 야생의 짐승들이다. 가축들은 사람들이 기르고 돌보며 우리를 지어주고 보호해 주는 반면에(출 9:20), 야생 동물들은 스스로 피신처를 찾아야 한다. 나귀는 주인이 만들어준 구유 외에 다른 우리가 없기 때문에, 거기로 가서 안전하고 따뜻하게 지낼 뿐만 아니라 먹이를 먹을 수 있다. 모든 피조물들은 본능적으로 폭풍우를 피할 곳을 찾아 들어간다. 오직 사람만이 피난처를 준비하지 않는다면, 그것이 말이 되겠는가?

Ⅱ. **바람**(9절). 바람은 서로 다른 곳에서 불어와서 서로 다른 효과들을 낸다. 폭풍우(또는, 회오리바람)는 그 밀실에서 나온다. 회오리바람은 빙빙 돌기 때문에, 어느 곳에서 불어오는지를 알기가 힘들지만, 밀실에서 나온다. 나는 이본문에서 남쪽이라는 읽기를 택하고자 하지 않는다. 왜냐하면, 엘리후는 여기에서 남쪽에서 불어오는 바람, 즉 남풍은 회오리 바람이 아니라 따뜻한 산들바람이라고 말하고 있기 때문이다(17절). 그러나 아마도 이 때에 엘리후는 회오리바람을 동반한 구름이 남쪽에서 나와서 그들을 향하여 오는 것을 보았던 것 같은데, 조금 후에 바로 이 회오리바람 가운데에서 여호와께서 말씀하실 것이었다(38:1). 또는, 이 본문은 비를 부르는 폭풍은 남쪽에서 나오고, 춥고 메마른 바람은 북쪽에서 불어와서 습기를 흩어서 허공을 청명하게 만든다는 의미

일 수도 있다.

Ⅲ. 서리(10절).   서리가 내리는 원인을 보라. 하나님의 입김이 얼음을 얼게 한다. 즉, 하나님의 능력의 말씀과 그의 뜻에 의한 명령이 서리를 만들어 내고 얼음을 얼게 한다는 것이다. 또는, 어떤 이들은 이 본문을 천둥이 하나님의 음성이듯이 하나님의 입김인 바람에 의해서 서리가 생기고 얼음이 언다고 말하는 것으로 이해하기도 한다. 서리나 얼음은 북쪽에서 불어오는 차가운 혹한의 바람에 의해서 생겨난다. 서리의 효과를 보라. 물의 너비가 줄어든다. 즉, 널찍하게 퍼져서 자유롭게 흐르던 물이 응결되고 얼며 억류되고 묶여서 결정체가 된다. 이것은 흔한 일이 아니라면 거의 이적이라고 할 수 있을 정도로 하나님의 능력을 보여주는 하나의 예이다.

Ⅳ. 구름.   구름은 물과 관련된 모든 대기 현상들이 잉태되는 모태인데, 엘리후는 이것에 대하여 이미 말을 했었고(36:28), 여기에서는 세 가지 종류의 구름에 대하여 말한다.

1. 비를 머금은 빽빽하고 짙은 먹장구름. 하나님은 땅에 물을 주게 하는 것으로 구름을 지치게 하신다(11절). 즉, 구름은 자기 속에 있는 습기를 다 짜내어 더 이상 비로 쏟을 것이 없을 때까지 스스로를 소진시키고 녹초가 된다. 피조물들, 심지어 우리 위에 있는 피조물들조차도 사람을 섬기기 위해서 어떤 수고를 하는지를 보라. 구름은 힘이 다하여 녹초가 될 때까지 땅에 물을 준다. 구름이 우리의 유익을 위해서 자신의 힘을 다 소모하는 것을 보면, 우리가 선을 행하는 것은 우리 자신의 유익을 위한 것인데도(왜냐하면, 남을 윤택하게 하는 자는 자기도 윤택하여지기 때문에, 잠 11:25), 우리의 자리에서 선을 행하는 것이 별로 없는 것에 대하여 부끄러움과 죄책감을 느끼지 않을 수 없다.

2. 비를 머금지 않은 밝고 엷은 구름. 하나님은 이런 구름을 흩으신다. 이 구름은 저절로 흩어져서 비를 만들어 내지 않지만, 우리는 그 구름이 왜 그렇게 되는 것인지를 알지 못한다. 저녁에 하늘이 붉고 밝은 구름이 흩어지는 것은 날씨가 맑을 징조이다(마 16:2).

3. 빠르게 날아다니는 구름은 짙은 구름처럼 비를 많이 내리지 않지만, 바람을 타고 다니며 가는 곳마다 이 곳 저 곳에 소나기를 떨어뜨린다는 것. 본문에서는 이 구름도 하나님의 계획에 따라서 여기저기를 돌아다니는 것이라고 말한다(12절). 일반 사람들은 비가 행성들에 의해서 결정된다고 말하는데, 이러한

점성술의 생각은 철학만큼이나 악한 것이다. 왜냐하면, 비는 아주 우발적으로 움직이는 것처럼 보이는 지극히 작은 것들까지도 주관하시고 조종하시는 하나님의 계획에 의해서 그가 그것들에게 명령하시는 것이 무엇이든지 그것들이 그것(명령)을 행하게 하시려고 지도하시고 다스리시는 것을 통해서 움직이는 것이기 때문이다. 폭풍과 그 폭풍에 의해서 몰려오는 구름은 하나님의 명령을 따라서 하나님의 말씀을 이룬다. 하나님은 이런 식으로 바람과 구름과 비를 부리셔서, 비를 어떤 성읍에는 내리고 어떤 성읍에는 내리지 않게 하신다(암 4:7-8). 이렇게 하여, 땅에 있는 온 세상에, 즉 인생들 가운데서 하나님의 뜻이 이루어진다. 하나님은 인류의 모든 족속을 온 땅에 살게 하셨고(행 17:26), 그들을 염두에 두시고 이 모든 일들을 이루어 가신다. 열등한 피조물들은 도덕적인 행위를 할 수 없기 때문에 상이나 벌을 받을 수 없다. 그러나 인생들 가운데서는 하나님이 자기 땅을 징계하기 위하여 혹은 긍휼을 베푸시기 위하여 비를 오게 하신다(13절).

(1) 비는 때로 심판으로 변한다는 것. 그것은 죄악된 땅에 대한 채찍이자 벌이다. 비가 옛적에 온 세상을 멸망시키기 위한 심판의 도구였듯이, 오늘날에도 비는 종종 파종이나 추수를 방해하고, 하천을 범람하게 하며, 열매들을 훼손시켜서, 어떤 지역을 징계하기 위한 수단으로 사용된다. 우리는 어떤 나라가 비가 아주 많이 와서 비가 적게 온 것보다 훨씬 더 큰 피해를 입었다는 말을 종종 듣는다.

(2) 비는 때로 축복이 된다는 것. 비는 땅을 비옥하게 만들기 때문에, 땅을 위하여 비가 내린다고 말할 수 있다. 하나님은 꼭 필요한 양의 비 외에도, 땅을 더 기름지게 하기 위해서 긍휼을 위하여 비를 내리시기도 한다. 하나님이 동일한 비로도 그 양만 조절하시면 얼마든지 큰 심판이 되게도 하시고 큰 긍휼이 되게도 하실 수 있으시다는 것, 하나님이 없이는 우리가 비를 가질 수도 없고 맑은 햇살을 가질 수도 없다는 것을 생각하면, 우리는 우리의 삶 전체가 얼마나 철저하게 하나님께 의존되어 있는지를 실감하게 된다.

[14]욥이여 이것을 듣고 가만히 서서 하나님의 오묘한 일을 깨달으라 [15]하나님이 이런 것들에게 명령하셔서 그 구름의 번개로 번쩍거리게 하시는 것을 그대가 아느냐 [16]그대는 겹겹이 쌓인 구름과 완전한 지식의 경이로움을 아느냐 [17]땅이 고요할 때에

남풍으로 말미암아 그대의 의복이 따뜻한 까닭을 그대가 아느냐 [18]그대는 그를 도와 구름장들을 두들겨 넓게 만들어 녹여 부어 만든 거울 같이 단단하게 할 수 있겠느냐 [19]우리가 그에게 할 말을 그대는 우리에게 가르치라 우리는 아둔하여 아뢰지 못하겠노라 [20]내가 말하고 싶은 것을 어찌 그에게 고할 수 있으랴 삼켜지기를 바랄 자가 어디 있으랴

엘리후는 여기에서 자기가 지금까지 얘기한 것을 욥이 자신에게 적용하기를 바라면서, 아주 직접적으로 욥을 향하여 말을 건넨다. 엘리후는 욥에게 자기가 한 말을 새겨들어서 한번 곰곰이 생각해 볼 것을 부탁한다(14절). 욥이여, 가만히 서서 하나님의 오묘한 일들을 깨달으라. 우리는 듣는 것을 곰곰이 곱씹어 보지 않으면 별 유익을 얻을 수 없고, 가만히 서서 마음을 가라앉히지 않으면 어떤 일을 곰곰이 생각해 보기가 힘들다. 하나님이 하시는 일들은 기이하고 오묘해서 우리가 곰곰이 곱씹어보아야 하고, 그렇게 깊이 숙고할 때에 우리는 하나님의 모든 섭리들을 순순히 받아들이기가 쉬워진다. 엘리후는 욥이 스스로 낮아지도록 하기 위해서 다음과 같은 것들을 그에게 보여준다.

I. 욥은 자연 현상들의 원인들을 통찰할 수 있는 힘이 없기 때문에, 그 현상들이 어떻게 생겨나는지를 알지도 못하고, 그 현상들로 인한 결과들도 내다볼 수 없다는 것(15-17절).   그대는 지식에 있어서 완전하신 이가 하시는 오묘한 일들을 아느냐. 우리는 여기에서 다음과 같은 것들에 대하여 가르침을 받는다.

1. 하나님의 지식은 완전하다는 것. 하나님이 지식에 있어서 완전하시다는 것은 하나님의 지극히 영화로운 완전하심들 중의 하나이다. 하나님은 모든 것을 아신다. 그의 지식은 직관적이다. 그는 들어서 아시는 것이 아니라, 모든 것을 다 보신다. 그 지식은 모든 세세한 부분들에 다 미치고 전체에 다 미친다. 하나님은 사물들을 겉모양만 아시는 것이 아니라 실상(實相)을 아시고, 단편적으로가 아니라 전부를 다 아신다. 그의 지식에는 어렴풋한 것이 없고 다 뚜렷하고, 장래에 알게 되시는 것이 아니라 다 현재적으로 아시는 것이며, 그에게 숨겨져 있는 것은 없고 모든 것이 다 드러나 있다. 우리는 그의 모든 오묘한 일들 속에서 이것을 인정하여야 한다. 그러면, 우리가 그 오묘한 일들의 의미를 모른다고 할지라도, 그 일들이 자기가 무엇을 행하시는지를 아시는 분이 하시는 일들이라는 사실만으로도 우리는 충분히 만족할 수 있다.

2. 우리의 지식은 불완전하다는 것. 아무리 위대한 철학자나 과학자들도 자연의 능력들과 일들에 대해서 알지 못하는 것이 많다. 우리는 우리 자신을 잘 모르고, 우리 주변의 모든 것은 신비이다. 물체들이 지닌 중력과 물질을 구성하는 각 부분들의 응집력은 지극히 확실한 사실이지만, 그것을 설명하기는 어렵다. 우리는 우리가 무지하다는 것을 아는 것이 좋다. 어떤 사람들은 자신의 무지를 시인해 왔지만, 그것을 시인하고자 하지 않는 자들은 자신의 무지를 드러낸 것이다. 그러나 우리는 모두 이러한 사실로부터, 즉 하나님이 만유를 운행하시는 기제(機制)에 대하여 우리가 거의 알지 못한다는 사실로부터, 우리가 하나님의 계획이나 모략을 제대로 판단할 수 있는 재판관들이 될 수 없다는 것을 추론해 낼 수 있다.

(1) 우리는 하나님이 구름에게 어떤 명령들을 내리셨는지, 또는 그가 장차 어떤 명령들을 내리실지를 알지 못한다는 것(15절). 그 모든 것들이 하나님의 계획적이고 의도적인 결정에 의해서 이루어진다는 것을 우리는 확신한다. 그러나 무엇이 결정되고, 무엇이 계획되며, 그 계획이 언제 실행이 되는지에 대해서는 우리가 알지 못한다. 하나님은 종종 그의 구름의 빛을 무지개 속에서 또는 번개 속에서 번쩍거리게 하신다. 그러나 우리는 하나님이 그 일을 언제 하실지를 실제로 내다보았거나 예언할 수 있었던가? 우리가 경험에 의한 관찰을 통해서 몇 시간 전에 날씨의 변화를 미리 내다보거나, 기압계를 통해서 이차적인 원인들이 언제 활동하기 시작하였는지를 내다본다고 하더라도, 그것들은 하나님이 그러한 변화들을 일으키시는 목적을 우리에게 보여주지 못한다!

(2) 우리는 구름이 어떻게 허공에 걸려 있는지를 알지 못한다는 것. 구름이 공중에 균형 있게 펼쳐져 있는 것은 하나님이 행하시는 오묘한 일들 중의 하나이다. 구름은 하늘에서 균형 있게 넓게 펼쳐져 있기 때문에, 우리에게서 결코 햇빛의 유익을 빼앗지도 않고(구름 낀 낮도 낮이다), 한꺼번에 폭우로 쏟아지지도 않는다. 무지개는 구름을 넓게 펼쳐서 다시는 세상을 물로 뒤덮지 않으시고자 하시는 하나님의 은총을 보여주는 것이다. 아니, 구름은 균형 있게 펼쳐져 있기 때문에, 이 땅에 골고루 비를 내려줄 수 있다.

(3) 우리는 어떻게 겨울이 지나면 따뜻한 봄이 오는지를 알지 못한다는 것 (17절).

[1] 기후가 추웠다가 어떻게 따뜻해지는지를 우리는 알지 못한다는 것. 우리

는 어떻게 해서 우리의 옷이 우리에게 따뜻해지게 되었는지, 즉 우리가 숨쉬는 공기가 따뜻해져서 우리의 옷이 따뜻해졌다는 것을 안다. 하나님의 축복이 없다면, 우리는 옷을 입어도 따뜻하지 않을 것이다(학 1:6). 혹한에서는 옷을 입어도 따뜻하지 않겠지만, 하나님이 공기를 따뜻하게 하시면, 옷은 우리에게 따뜻해진다.

[2] 폭풍이 일어났다가 어떻게 고요해지는지를 우리는 알지 못한다는 것. 봄이 오면, 하나님은 남풍으로 말미암아 땅을 고요하게 하신다. 하나님은 거세게 몰아쳐서 모든 것을 얼리는 북풍도 가지고 계시고, 얼음을 녹이고 모든 것을 진정시키는 남풍도 가지고 계신다. 성령은 죄를 깨우치기도 하시고 위로하기도 하시기 때문에 북풍과 남풍 둘 모두에 비유된다(아 4:16).

Ⅱ. 욥은 하나님이 세상을 처음에 지으실 때에 거기에서 그 어떤 역할도 하지 않았다는 것(18절). "그대는 그를 도와 하늘을 폈느냐. 그대는 하나님 없이 자기가 혼자 하늘을 펼친 체할 수 없고, 아니 하나님과 함께 하늘을 펼친 체할 수도 없다. 왜냐하면, 하나님은 계획하거나 일하실 때에 그 누구의 도움도 필요로 하지 않으시기 때문이다." 오늘날에도 우리가 볼 수 있는 저 눈에 보이는 광대한 하늘의 궁창을 지으신 것(창 1:6-8)은 하나님의 권능을 보여주는 영화로운 예라는 것을 우리는 다음과 같은 것들을 생각하면 잘 알게 된다.

1. 하늘은 유체(流體)이면서도 견고하다는 것. 하늘은 단단하다. 하늘이라는 이름은 그것이 견고하게 안정되어 있다는 데서 유래하였다. 하늘은 지금도 여전히 예전에 있던 그대로이고, 쇠락하거나 부패된 것이 없다. 하늘의 규례들은 시간과 더불어서 그 존속 기간이 끝날 때까지 변함이 없을 것이다.

2. 하늘은 거대하면서도 신기할 정도로 투명하고 맑고 밝다는 것. 하늘은 녹여 부어 만든 거울 같이 부드럽고 광이 나며 흠이나 깨어진 곳이 전혀 없다. 우리는 마치 거울을 통해서 보듯이 이 하늘을 통해서 하나님의 영광을 보고, 그의 손으로 하신 일의 지혜를 본다(시 19:1). 위에 있는 하늘을 올려다 볼 때, 우리는 하늘은 우리 자신의 얼굴을 우리에게 보여주는 거울이 아니라, 윗 세상과 그 영화로운 주민들의 정결함과 위엄과 밝음을 희미하게 보여주는 거울이라는 것을 기억하여야 한다.

Ⅲ. 욥이나 그들은 신민(臣 民)이라고 해도 하나님의 영광에 대하여 감히 말할 수 있는 자격이나 능력이 없다는 것(19-20절).

1. 엘리후는 욥에게 어디 한번 해볼 테면 그들을 가르치는 자가 되어 보라고 도전함. 엘리후가 한 이 말은 반어법적인 것이다. "그대가 할 수 있다면, 우리가 하나님께 할 말을 그대는 우리에게 가르치라(19절). 그대는 하나님께 따질 마음을 가지고 있고, 우리에게도 그대와 합세하여 하나님과 다투기를 바라고 있지 않은가. 그렇다면, 우리가 하나님께 무슨 말을 해야 할지를 우리에게 가르치라. 그대는 우리보다 이 혼란스러운 상황을 더 깊이 들여다볼 수 있는가? 그대가 그렇게 할 수 있다면, 그대가 알아낸 것들을 가지고서 우리에게 가르쳐서 우리를 깨우치라."

2. 엘리후는 하나님께 말하거나 하나님에 대하여 말할 자격이나 능력이 자기에게 없다는 것을 시인함. 우리는 어둠으로 인해서 아둔하여 하나님께 무슨 말을 해야 할지를 몰라서 아뢰지 못하겠노라. 아무리 최고의 지혜나 지식을 가진 자들이라고 해도 하나님의 본성이 지닌 영화로운 완전한 속성들과 하나님의 통치에 의해서 경영되는 일들에 대하여 알지 못하는 것이 많다는 것을 명심하라. 은혜로 말미암아 하나님에 대하여 많은 것을 알고 있는 자들도 장차 완전한 것이 와서 휘장이 찢겨질 때에 알려지게 될 것과 우리가 알게 될 것에 비하면 거의 모르는 것, 아니 아무것도 모르는 것이다. 하나님에 대하여 말하고 싶어도, 우리는 큰 불확실성 속에서 갈피를 잡지 못하며 말하다가, 이내 소재가 다 떨어져서가 아니라 표현할 말이 없어서 어떻게 말할 줄을 모르고 좌절하게 된다. 우리는 말을 시작할 때에 잘못 말하지 않기 위해서 늘 두렵고 떨리는 마음으로 시작할 수밖에 없는 것과 마찬가지로(우리가 하나님에 관하여 참된 것을 말할 때에조차도 위험은 늘 따른다), 말을 마칠 때에도 더 잘 말하지 못한 것 때문에 부끄럽고 창피한 마음으로 말을 맺을 수밖에 없다. 엘리후는 제 딴에는 하나님을 위해서 잘 말을 한 것이었지만, 그 수고의 대가를 바라거나, 하나님이 그에게 신세를 졌다고 생각하거나, 자기가 하나님의 모사가 되기에 적합하다고 생각한다는 것은 있을 수 없는 일이었기 때문에, 다음과 같은 반응을 보인다.

(1) 엘리후는 자기가 말한 것, 즉 소재가 아니라 자기가 그 소재를 다룬 방식에 대하여 부끄러워하기까지 함. "내가 말하는 것이 그에게 고해지겠느냐(20절). 내가 말한 것이 하나의 공로로서 하나님께 보고될 만한 가치가 있겠느냐. 결코 그렇지 않다. 그런 말은 아예 입 밖에도 내서는 안 된다." 엘리후는 마치

화장을 잘못 해서 예쁜 얼굴이 미워지듯이 그가 다룬 주제가 자기가 그것을 어설프게 다루어서 혹시 손상이 된 것은 아닌지를 걱정하고, 자기가 지금까지 말한 것이 감사를 받아야 할 일이 아니라 도리어 용서를 구해야 할 일은 아닌지 걱정한다. 우리는 우리가 하나님을 위하여 할 수 있는 최선을 다한 후에는 우리가 무익한 종이어서 자랑할 것이 아무것도 없다는 것을 인정하지 않으면 안 된다. 엘리후는 이제 더 이상 말하는 것을 두려워한다. 만일 사람이 말을 하게 되면, 즉 사람이 하나님을 쳐서 변론하는 경우는 말할 것도 없고 하나님을 위하여 변론하는 경우에도, 그 사람은 반드시 삼켜질 것이다. 즉, 그가 주제넘게 말한다면, 하나님의 진노가 곧 그를 삼키리라는 것은 말할 것도 없고, 그가 아무리 잘 말을 한다고 해도, 곧 하나님의 신비 속에서 길을 잃게 될 것이고, 하나님의 광채에 압도당하게 될 것이다. 그 신비와 광채에 압도당해서, 그는 눈이 멀고 입을 다물게 될 것이다.

[21]그런즉 바람이 불어 하늘이 말끔하게 되었을 때 그 밝은 빛을 아무도 볼 수 없느니라 [22]북쪽에서는 황금 같은 빛이 나오고 하나님께는 두려운 위엄이 있느니라 [23]전능자를 우리가 찾을 수 없나니 그는 권능이 지극히 크사 정의나 무한한 공의를 굽히지 아니하심이니라 [24]그러므로 사람들은 그를 경외하고 그는 스스로 지혜롭다 하는 모든 자를 무시하시느니라

엘리후는, 여기에서 자기가 하나님의 영광을 보고 감화를 받아서 거룩한 경외심을 갖게 되어서 다른 사람들도 그런 감화를 받았으면 좋겠다는 생각으로, 하나님의 영광에 관한 몇 가지 짧지만 위대한 말씀들을 하는 것으로 그의 강론을 마무리한다. 그는 하나님이 곧 이 일을 직접 맡아서 처리하시리라는 것을 알아차렸기 때문에, 서둘러서 간략하게 자신의 말을 마무리한다.

1. 엘리후는, 캄캄한 데 계시고 흑암으로 장막 같이 자기를 두르게 하시겠다고 (대하 6:1; 시 18:11) 말씀하신 하나님이 마치 심판을 위한 자신의 보좌를 준비하시는 듯이 저 두려운 병거를 타시고 구름과 흑암에 둘러싸여(시 97:2, 9) 그들을 향하여 오시고 있다고 말함. 그는 앞에서 회오리바람과 함께 구름이 남쪽에서 오는 것을 보았지만, 그 구름은 이제 그들의 머리 위에 아주 짙고 검게 드리워져 있어서, 그들은 아무도 방금 전에 구름 속에 있던 밝은 빛을 볼 수 없었다.

지금 햇빛은 가려진 상태였다. 이것은 엘리후에게 그의 어둠과 아둔함을 상기시켜 주었기 때문에(19절), 그는 계속해서 말을 하는 것이 겁이 났다(20절). 주님의 제자들도 그들이 구름 속으로 들어갈 때에 무서워하였다(눅 9:34). 그렇지만, 엘리후는 북쪽이 맑은 것을 보고서, 큰 비를 내리기 위해서 구름이 모이는 것이 아니라는 것을 알아차린다. 그들은 구름에 뒤덮여 있지만 둘러싸여 있지는 않다. 엘리후는 노아의 홍수 때에 하나님이 다시 은총을 베푸시는 표시로 땅 위에 바람을 불게 하셔서 땅에서 물을 제거하여 깨끗하게 하신 것처럼(창 8:1), 이제 사람들이 구름 속에 있는 밝은 빛은 보지 못해도 바람이 지나가면서 구름을 깨끗하게 걷어 가기를 기대한다. 그러면, 맑은 날씨가 북쪽에서 올 것이고(22절), 모든 것은 잘 될 것이다. 하나님은 늘 찌푸리고 계시는 것도 아니고, 영원히 다투시지도 않으신다.

2. 엘리후는 하나님이 곧 말씀하시리라는 것을 알아차리고서, 서둘러서 그의 말을 끝맺음. 그는 자기가 이제까지 해왔던 모든 말을 요약하는 의미에서 많은 내용을 몇 마디로 전하는데, 우리가 제대로 숙고하기만 한다면, 그의 이 결론적인 말은 그가 지금까지 해온 말들을 확실하게 재확인해 주는 말일 뿐만 아니라, 하나님이 앞으로 하실 말씀을 준비하는 말이라는 것을 우리는 알 수 있다.

(1) 하나님께는 두려운 위엄이 있다는 것. 하나님은 영광의 하나님이시고, 그를 모시는 모든 자들에게 경외심을 불러일으킬 뿐만 아니라 그의 모든 대적들에게 공포를 불러일으키는 그런 초월적인 완전하심을 지니신 하나님이시다. 하나님께는 찬송할 만한 위엄이 있으시다(출 15:11).

(2) 우리는 전능자를 만진다고 해도 그를 찾아낼 수 없다는 것을 시인해야 한다는 것. 우리의 유한한 이해력으로는 하나님의 무한한 완전한 속성들을 파악할 수 없다(23절). 우리가 바다를 달걀 껍질 속에 넣을 수 있는가? 우리는 하나님이 그의 섭리 속에서 밟고 가신 발자취들을 추적해서 알아낼 수 없다. 그의 길은 바다 속에 있다.

(3) 하나님은 권능이 지극히 크시다는 것. 하나님이 하늘과 땅에서 그의 뜻대로 하실 수 있는 것은 그의 권능이 지극히 크시기 때문이다. 그의 권능이 지극히 크시다는 것은 그의 권능이 모든 곳에 다 미치고 그 누구도 거역할 수 없는 힘을 지니고 있다는 것이다. 그 어떤 피조물도 하나님 같이 그토록 길고 강력

한 팔을 갖고 있지 않다.

(4) 하나님은 심판과 풍성한 의, 즉 지혜와 의에 있어서도 지극히 크시다는 것. 만약 그렇지 않다면, 그의 권능이 지극히 크신 것은 별 소용이 없게 될 것이다. 우리는 모든 것을 하실 수 있는 하나님은 무한히 지혜로우시기 때문에 모든 것을 최고로 해내실 것이고, 무한히 의로우시기 때문에 그 어떤 일에서도 잘못을 하지 않으시리라는 것을 확신할 수 있다. 하나님이 죄인들에 대한 심판을 집행하실 때에 그 집행 속에도 풍성한 의가 있어서, 하나님은 그들에게 합당한 벌 이상의 것을 가하지 않으신다.

(5) 하나님은 사람들에게 일부러 환난을 보내서 괴롭히지 아니하신다는 것. 자기 자녀들은 물론이고 인생들을 근심하게 하는 것은 하나님이 기뻐하시는 일이 아니다. 그는 까닭이 있고 꼭 필요할 때에만 환난을 보내시고, 우리의 체질을 생각하셔서 지나친 환난으로 우리를 괴롭히지도 않으신다. 어떤 이들은 이 본문을 이렇게 읽는다: "우리가 찾아낼 수 없는 전능자는 권능이 크시지만, 심판에서 괴롭히지 아니하시고, 그에게는 풍성한 의가 있어서, 우리가 잘못한 것들을 지나치게 꼼꼼하게 기록하지도 않으신다."

(6) 하나님은 스스로 지혜롭다 하는 자들의 비난을 하찮게 여기신다는 것 (24절). 그는 스스로 지혜롭다 하는 모든 것을 무시하느니라. 하나님은 그들의 뜻을 따라 자신의 계획을 바꾸시지도 않으시고, 그를 주관하고자 하는 자들이 하라는 대로 하지도 않으신다. 하나님은 겸손한 자들의 기도는 들어주시지만, 영악한 자들의 술책은 무시하신다. 하나님의 어리석음이 사람보다 지혜롭다(고전 1:25).

(7) 하나님이 크시기 때문에 사람들은 그를 지극히 경외하여야 한다는 것은 이 모든 것으로부터 쉽게 이끌어 낼 수 있는 결론이라는 것. 아니, 하나님은 사람들을 괴롭히지 않으시고 은혜를 베푸시는 분이기 때문에, 사람들은 그를 경외한다. 사유하심이 주께 있음은 주를 경외하게 하심이니이다(시 130:4). 하나님을 경외하는 것은 모든 사람들의 본분이자 유익이다. 사람들은 그를 경외하게 될 것이다(어떤 이들은 이렇게 읽는다). 사람들은 조만간에 하나님을 경외하게 될 것이다. 여호와와 그의 선하심을 경외하지 않고 두려워하지 않는 자들은 장차 그의 진노가 한껏 부어질 때에 영원히 두려워 떨게 될 것이다.

제
— 38 —
장

개요

대부분의 논쟁에서는 주도권을 차지하고자 하는 씨름이 치열한 법이다. 이 논쟁에서 욥의 친구들은 그 주도권을 순순히 욥에게 넘겨 주었고, 욥은 엘리후에게 넘겨 주었다. 그러나 법정에서 변호인단의 치열한 다툼이 끝난 후에는 재판장이 최종적인 선고를 하지 않으면 안 된다. 재판장이신 하나님은 여기에서도 그렇게 하셨고, 모든 논쟁에서도 그렇게 하실 것이다. 왜냐하면, 각 사람에 대한 심판은 하나님으로부터 나오고, 그의 명확한 선고에 따라서 각 사람은 서거나 넘어지며, 각각의 주장이 이기기도 하고 지기도 하기 때문이다. 욥은 종종 하나님께 호소하였었고, 그의 송사를 하나님 앞에 가지고 가고 싶고, 방백으로서 하나님께 나아가서 아뢰고 싶다고 담대하게 말했었다. 그러나 막상 하나님이 보좌에 좌정하시자, 욥은 자신을 변호하여 할 말이 없어서 그 앞에서 침묵할 수밖에 없었다. 어떤 이들이 생각하는 것과는 달리, 전능자와 다투는 것은 그리 쉬운 일이 아니다. 욥의 친구들도 종종 하나님께 호소하였었다. "하나님께서 말씀해 주신다면 얼마나 좋겠는가(11:7)!" 욥이 엘리후가 이치를 따져서 분명하게 제시한 변론에 의해서 그래도 꽤 마음이 누그러져서 하나님이 무슨 말씀을 하시든지 들을 준비가 되었을 때, 마침내 하나님은 말씀하시기 시작하신다. 주의 길을 준비하는 것이 사역자들이 할 일이다. 크신 하나님이 이 강론 속에서 의도하시는 것은 욥을 낮추어서, 하나님이 섭리를 통해서 그를 다루신 일들에 대하여 울분을 참지 못하고 무례한 말들을 한 것에 대하여 회개하고 그 말을 취소하게 하는 것이다. 하나님은 욥에게 영원을 사시는 하나님과 한정된 시간을 사는 자신, 모든 것을 다 아시는 하나님과 자신의 무지, 하나님의 전능하심과 자신의 무력함을 비교해 보라고 말씀하심으로써 그러한 목적을 이루고자 하신다.

I. 하나님은 정신이 번쩍 나게 하는 일반적인 도전과 요구로 말씀을 시작하심(2-3절).

II. 하나님은 계속해서 욥이 무지와 연약함으로 인해서 그와 다툴 수 있는 능력이 전혀 없다는 것을 보여주는 여러 가지 구체적인 예들과 증거들을 드심. 욥은 다음과 같은 것들에 대하여 아무것도 모른다. 1. 땅의 기초가 놓일 때의 일(4-7절). 2. 바다에 경계가 정해질 때의 일(8-11절). 3. 아침 빛(12-15절). 4. 바다와 땅의 아주 깊은 곳들(16-21절). 5.

구름 속의 샘들(22-27절)이나 구름들을 부리시는 하나님의 은밀한 계획들. 6. 욥은 비나 서리나 번개를 만드는 일(28-30, 34-35, 37-38절)이나, 별들과 그 영향력들을 관리하는 일(31-33절), 그 자신의 영혼을 만드는 일(36절)과 관련해서 아무것도 할 수 없다는 것. 끝으로, 욥은 사자와 까마귀에게 먹이를 대줄 수 없다(39-41절). 욥이 이러한 자연의 평범한 일들에서 어쩔 줄 몰라서 당혹해한다면, 그가 어떻게 하나님이 만유를 통치하실 때에 세우신 계획들 속을 들여다보고 그것들을 판단할 수 있는 체할 수 있겠는가? 이 강론 속에서 하나님은 엘리후가 제시했던 논증을 취하셔서(그가 진리에 가장 가깝게 말했기 때문에), 문체의 고상함에 있어서 엘리후나 다른 모든 사람들이 흉내낼 수 없는 탁월한 언어로 마치 천둥이 속삭이듯이 논증을 펼쳐 나가신다.

[1]그 때에 여호와께서 폭풍우 가운데에서 욥에게 말씀하여 이르시되 [2]무지한 말로 생각을 어둡게 하는 자가 누구냐 [3]너는 대장부처럼 허리를 묶고 내가 네게 묻는 것을 대답할지니라

우리는 이 단락에서 다음과 같은 것들을 살펴볼 수 있다.

1. 누가 말씀하시는가. 여기에서 말씀하시는 분은 피조된 천사가 아니라, 영원하신 말씀 자신, 찬송받으실 삼위일체 하나님의 두 번째 위격이신 주 여호와이다. 왜냐하면, 그에 의해서 세상들이 만들어졌기 때문이다. 그는 다름아닌 하나님의 아들이다. 나중에 시내 산에서 말씀하신 바로 그분이 여기에서 말씀하고 계신다. 그는 여기에서는 세상의 창조에 관한 이야기로 시작하시지만, 거기에서는 이스라엘을 애굽에서 구속하신 일에 관한 이야기로 시작하신다. 이 둘 모두로부터, 우리가 그에게 복종하여야 한다는 결론이 도출된다. 엘리후는 하나님이 사람들에게 말씀하시되 사람들은 관심이 없고 알아차리지 못한다(33:14)고 말하였었지만, 사람들은 이 말씀은 알아차릴 수밖에 없었다. 그렇지만 우리에게는 더 확실한 예언의 말씀이 있다(벧후 1:19).

2. 그는 언제 말씀하셨는가. 그는 그 때에 말씀하셨다. 그들이 할 말을 다하고 나서도 소기의 목적을 달성하지 못하였을 때, 바로 그 때가 진리대로 판단하시는 하나님이 개입하실 때였다. 누가 옳은지를 우리가 모르거나, 우리 자신이 옳은지 의심스러울 때, 하나님이 머지않아 심판의 골짜기에서 결정하실 것이라는 사실은 우리를 안심시킨다(욜 3:14). 욥은 그의 세 친구를 잠잠하게 만들

수는 있었지만, 그들에게 자신의 결백을 확신시킬 수는 없었다. 엘리후는 욥을 잠잠하게 만들 수는 있었지만, 욥이 이 논쟁에서 잘못 말하였다는 것을 인정하도록 하지는 못하였다. 그러나 이제 하나님이 오셔서, 이 두 가지를 하시는데, 욥에게 먼저 그가 망령되이 말하였다는 것을 깨우치시고, 그로 하여금 "내가 악을 행하였나이다"라고 부르짖게 만드신다. 하나님은 욥을 낮추신 후에, 그의 세 친구들에게 그들이 욥에게 잘못하였다는 것을 깨우침으로써, 욥에게 존귀함을 더해 주신다. 하나님은 조만간에 이 두 가지 일을 자기 백성에게 하실 것이다. 하나님은 그들에게 그들의 잘못들을 보여주셔서 그들로 하여금 스스로 그 잘못들에 대하여 부끄러워하게 하실 것이고, 다른 사람들에게 그들의 의를 보여주시고 그 의를 빛처럼 드러내셔서 사람들이 그들을 부당하게 비난한 것에 대하여 부끄러워하게 하실 것이다.

3. 그는 어떻게 말씀하셨는가. 그는 폭풍우(또는, 회오리바람) 가운데에서, 즉 엘리후가 보았던 회오리 모양의 구름 속에서 말씀하셨다(37:1-2, 9). 회오리바람은 에스겔의 환상(겔 1:4)과 엘리야의 환상(왕상 19:11)이 시작될 때에도 먼저 나타났다. 성경에서는 하나님의 길이 회오리바람 속에 있다고 말함으로써(나 1:3), 폭풍조차도 그의 말씀을 이룬다는 것을 보여준다. 여기에서도 회오리바람은 하나님의 말씀을 실어나르는 수단이 되고 있다. 이것은 하나님의 음성이 회오리바람의 요란한 소리 속에서도 완벽하게 들릴 만큼 힘 있는 음성이라는 것을 보여준다. 하나님은 이런 식으로 욥을 깜짝 놀래키셔서 그의 말씀에 주목하게 하고자 하셨다. 하나님은 종종 회오리바람 속에서 두려운 훈계의 말씀으로 자기 백성에게 대답하시지만, 언제나 의로우심 가운데서 말씀하신다.

4. 그는 누구에게 말씀하셨는가. 그는 욥에게 말씀하였다. 하나님은 욥에게 쏟아진 부당한 비방들로부터 욥을 건져 주시기 전에, 먼저 욥이 무슨 잘못을 했는지를 깨우쳐 주시기 위하여 그를 향하여 말씀하신다. 오직 하나님만이 효과적으로 죄를 깨우쳐 주실 수 있으시고, 하나님은 높이고자 하시는 자들을 먼저 이렇게 죄를 깨우치셔서 낮추신다. 욥처럼 하나님으로부터 듣기를 원하는 자들은 결국에는 반드시 그로부터 듣게 될 것이다.

5. 그는 무슨 말씀을 하셨는가. 천둥들이 그 소리를 발할 때에 요한도 그것을 기록하려고 했다는 사실로부터(계 10:4), 우리는 엘리후 또는 청중 가운데 어떤 자가 회오리바람으로부터 들려오는 것들을 있는 그대로 기록하였을 것이

라고 추측할 수 있다. 또는, 이 말씀이 당시에 기록되지 않았다고 하여도, 이 책의 저자는 성령의 감동을 받아 이 글을 쓰고 있는 것이기 때문에, 우리는 여기에 하나님이 당시에 말씀하신 내용이 아주 정확하게 보도되고 있다는 것을 확신한다. 그리스도께서는 성령이 내가 너희에게 말한 모든 것을 생각나게 하리라(요 14:26)고 말씀하셨다. 이 서론의 내용은 엄중하고 날카롭다.

(1) 하나님은 욥이 무지하고 주제넘게 말을 했었다고 꾸짖으심(2절). "이렇게 형편없이 말하는 자가 누구냐. 욥이냐? 맙소사! 너는 사람이 아니냐? 저 연약하고 어리석고 멸시받을 만한 피조물이 나에게 이래라 저래라 하며, 내가 한 일들에 대하여 시비를 거는 것이 말이 되느냐? 욥이냐? 도대체 무슨 일이냐! 저 온전하고 정직한 자 내 종 욥이 맞느냐? 그가 어떻게 이 정도로 자신을 망각하고 전혀 다른 사람처럼 행동할 수 있단 말이냐? 무지한 말로 나의 모략과 생각을 가리고 어둡게 하는 자가 누구냐. 그런 자가 있다면, 냉큼 앞으로 나와서, 어디 한번 자기가 이제까지 했던 말을 내 앞에서 해보라." 우리의 어리석은 생각으로 하나님의 지혜로운 계획과 모략들을 가리는 것은 하나님에 대한 큰 모독이고 도발이라는 것을 명심하라. 우리는 하나님의 모략들에 대하여 지식이 없고 무지하다는 것을 시인하여야 한다. 그것들은 우리가 헤아리기에는 너무나 깊다. 우리가 그것들을 설명할 수 있는 체하는 것은 우리의 고유한 영역을 벗어나는 것이고 본분을 망각하는 것이다. 그런데도, 우리는 마치 우리가 그것들을 깨닫고 있다는 듯이 아주 천연덕스럽고 담대하게 그것들에 대하여 말하기가 너무나 쉽다. 그러나 안타깝게도 우리는 그것들을 설명하고 드러내는 것이 아니라, 도리어 어둡게 하고 흐리게 할 뿐이다. 우리가 하나님의 작정하신 일들의 질서나 하나님이 섭리와 은혜의 일들을 하실 때의 의도와 이치와 방법들에 대하여 논쟁을 벌이면, 우리는 우리 자신과 서로를 점점 헷갈리게 만들고 혼란스럽게 만들 뿐이다. 세상의 온갖 철학들과 과학적인 탐구들을 다 동원할 때보다도 겸손히 믿고 진심으로 순종할 때에 우리는 주의 비밀을 더 깊이 그리고 더 잘 볼 수 있다. 우리가 하나님이 하신 이 첫 마디를 더욱 주목해야 하는 이유는 욥이 나중에 회개할 때에 그를 침묵시키고 낮춘 것이 바로 이 말씀이었다고 말하고 있기 때문이다(42:3). 욥은 이 말씀이 화살이 되어 그의 심장에 깊이 꽂힌 것처럼 나중에 이 말씀을 그대로 되풀이한다. "나는 무지한 말로 이치를 가린 어리석은 자였나이다!" 욥에게는 하나님이 엘리후를 겨냥하여 이 말씀

을 하신 것이었다고 치부해 버릴 수 있는 빌미가 있었다. 왜냐하면, 엘리후가 가장 마지막으로 말을 하였고, 회오리바람이 시작될 때에도 그가 말하고 있었기 때문이다. 그러나 욥은 하나님의 이 말씀을 자기 자신에게 적용하였다. 우리도 신실한 책망이 주어질 때에 대부분의 사람들처럼 그 책망을 다른 사람들에게 하는 것으로 생각하지 말고 우리 자신에게 적용하는 것이 합당하다.

(2) 하나님은 욥에게 그가 하나님의 계획과 모략들을 조사해서 알아냈다는 것을 보여주는 증거들을 대보라고 도전하심(3절). "너는 대장부처럼 허리를 묶고, 한판 붙을 준비를 단단히 하고서, 내가 네게 대답하기 전에 먼저 네게 묻는 몇 가지 질문들에 대하여 할 수 있거든 한번 대답할지니라." 하나님께 설명할 것을 요구하고자 하는 자들은 하나님이 그들로 하여금 그들의 무지와 교만을 알게 하시기 위해서 먼저 그들에게 질문을 던지시고 설명하라고 요구하시리라는 것을 각오하여야 한다. 하나님은 여기에서 욥에게 그가 했던 말을 상기시키고 계신다(13:22): 주는 나를 부르소서 내가 대답하리이다. "내가 너를 불렀으니, 이제 네가 약속한 대로 어디 한번 네 말을 들어 보자."

⁴내가 땅의 기초를 놓을 때에 네가 어디 있었느냐 네가 깨달아 알았거든 말할지니라 ⁵누가 그것의 도량법을 정하였는지, 누가 그 줄을 그것의 위에 띄웠는지 네가 아느냐 ⁶그것의 주추는 무엇 위에 세웠으며 그 모퉁잇돌을 누가 놓았느냐 ⁷그 때에 새벽 별들이 기뻐 노래하며 하나님의 아들들이 다 기뻐 소리를 질렀느니라 ⁸바다가 그 모태에서 터져 나올 때에 문으로 그것을 가둔 자가 누구냐 ⁹그 때에 내가 구름으로 그 옷을 만들고 흑암으로 그 강보를 만들고 ¹⁰한계를 정하여 문빗장을 지르고 ¹¹이르기를 네가 여기까지 오고 더 넘어가지 못하리니 네 높은 파도가 여기서 그칠지니라 하였노라

욥을 낮추시기 위해서, 하나님은 여기에서 욥이 땅과 바다에 대해서조차 무지하다는 것을 보여주신다. 땅과 바다는 아주 가까이 있고 무척 큰 데도, 욥은 그것들의 기원을 설명할 수 없다. 그러니, 하물며 욥이 그에게서 아주 멀리 떨어져 있는 위의 하늘이나 아래의 음부(陰府), 아주 미세한 물질의 몇몇 부분들을 어떻게 설명할 수 있겠으며, 더더구나 다음과 같은 것들에 대한 하나님의 계획과 모략들을 어떻게 설명할 수 있겠는가.

I. 땅의 기초들을 놓으신 것. "네가 주장하듯이 하나님의 계획과 모략들에 대하여 일가견이 있다면, 네가 발을 딛고 서 있는 땅, 인생들에게 주어진 땅에 대해서 어디 한번 설명해 보라."

1. 하나님은 욥에게 이 아랫 세상이 지어질 때에 어디에 있었는지, 그리고 하나님이 이 오묘한 일을 하실 때에 그가 과연 조언하거나 도왔는지를 말해 보라고 하심(4절). "내가 땅의 기초를 놓을 때에 네가 어디 있었느냐. 네가 아는 체하는 것이 도가 심한데, 너는 나만큼 알고 있는 체할 수 있느냐? 그렇다면, 내가 이 세상을 만들 때에 너는 거기에 있었느냐?"

(1) 하나님의 위대하심과 영광. 내가 땅의 기초를 놓았다. 이것은 오직 그만이 유일하게 살아 계시고 참되신 하나님이고 권능의 하나님이시라는 것을 증명해 주는 말씀으로서(사 40:21; 렘 10:11-12), 우리로 하여금 언제든지 그를 의지하라고 격려하는 말씀이다(사 51:13, 16).

(2) 사람의 미천함과 멸시할 만함. "그 때에 네가 어디 있었느냐. 동방 사람들 가운데서 하나님의 말씀을 대변하고, 하나님의 뜻이 무엇인지를 판별해 주는 재판장으로 이름을 날린 너는 땅의 기초가 놓여질 때에 어디에 있었느냐?" 하나님이 세상을 지으실 때에 우리가 조금이라도 일손을 보태었더라면 우리에게 세상을 통치할 수 있는 자격이 있었을 것이고, 우리가 옆에서 지켜보고만 있었더라도 증인으로서 세상에 대한 통찰력을 얻을 수 있었겠지만, 사실 우리는 그 때에 존재하지조차 않았다. 그 때에는 첫 사람조차 존재하지 않았는데, 우리는 말해 무엇하겠는가. 세상이 창조될 때에 거기에 계셨다는 것은 그리스도께서 지니신 영광이었다(잠 8:22-31; 요 1:1-2). 그러나 우리는 어제부터 있었을 뿐이기 때문에 아는 것이 없다(8:9). 그러므로 우리는 하나님이 하시는 일들에 대하여 시비를 걸거나 왈가왈부해서는 안 된다. 하나님은 세상을 창조하실 때에 우리에게 자문을 구하지 않으셨지만, 세상은 잘 만들어졌다. 그런데, 무슨 까닭으로 우리는 하나님이 이 세상을 다스리실 때에 우리가 생각한 대로 다스리시기를 기대하는 것인가?

2. 하나님은 욥에게 이 세상이 어떻게 만들어졌는지, 그리고 이 튼튼하고 웅장한 건조물이 어떻게 형성되고 세워졌는지를 구체적으로 세세하게 설명해 보라고 하심. "네가 스스로 자부하고 있듯이 네게 그토록 대단한 명철이 있어서 네가 깨달아 알았거든, 이 일이 어떤 식으로 진행되어 완성이 되었는지를 자세

하게 말할지니라." 다른 사람들보다 뛰어난 명철을 지녔다고 자부하는 자들은 그것을 증명해 보여야 하는 것은 당연한 일이다. 너의 행위들을 통해서 너의 믿음을, 너의 말들을 통해서 너의 지식을 내게 보이라. 하나님은 욥에게 할 수 있다면 다음과 같은 것들을 세세하게 말해 보라고 요구하신다.

(1) 어떻게 이 땅을 구성하는 모든 부분들이 놀라울 정도로 대칭과 비례가 잘 맞게 이토록 정교하고 정확하게 짜여지게 되었는지(5절). "누가 그것의 도량법을 정하여 그 치수를 재었는지, 누가 그것의 위에 척량줄을 띄웠는지 너는 말해 보고 설명해 보라." 세상의 설계도를 만든 후에, 그 설계도를 따라서 자로 치수들을 잰 건축자가 너였느냐? 거대한 크기의 땅은 마치 줄과 도량법을 사용해서 측량된 것처럼 반듯하게 만들어져 있다. 그런데, 이 땅이 어떻게 이런 치수로 만들어지게 되었는지를 누가 설명할 수 있는가? 누가 이 땅의 원둘레와 직경, 그리고 이 지구 위에 그려진 온갖 선들을 결정하였는가? 우리는 이 땅이 처음에 어떤 도량법과 치수에 의해서 만들어졌는지를 어떻게 알 수 있는가?

(2) 어떻게 이 땅이 이토록 견고하게 지어졌는지. 이 땅은 허공에 매달려 있지만, 아주 견고하여 요지부동이다. 이 땅의 주추는 무엇 위에 세워져서 스스로의 무게로 인하여 가라앉지 않는 것인지, 또는 그 모퉁잇돌을 누가 놓아서 그 구성 부분들이 서로 갈라지지 않는 것인지를 누가 말할 수 있는가(6절)? 하나님께서 행하시는 모든 것은 영원히 있을 것이라(전 3:14). 그러므로 우리는 하나님이 하시는 일을 흠 잡을 수 없는 것과 마찬가지로, 그것에 대하여 두려움을 가질 필요도 없다. 하나님의 창조 사역과 마찬가지로 그의 섭리에 의한 일들도 오래도록 지속되어 그 목적을 이룰 것이고, 그 어느 쪽의 조치들도 결코 실패하지 않을 것이다. 그리스도께서 친히 주추와 모퉁잇돌이 되신 구속 사역도 마찬가지로 견고하고, 교회도 이 땅만큼이나 견고히 서 있다.

3. 하나님은 욥에게 창조 때에 새벽 별들이 기뻐 노래하며 불렀던 찬송들(7절), 즉 하나님이 형체도 없이 텅 비어 있던 이 땅(아랫 세상)에 어둠 가운데서 빛이 비치라 명하시기 직전의 새벽에 밝게 빛을 발하던 복된 천사들(빛의 아버지의 장자들)이 불렀던 찬송들을 할 수만 있다면 어디 한번 불러 보라고 하심. 그들은 땅의 기초가 놓이는 것을 보았을 때에 기뻐 외쳤던 하나님의 아들들이었다. 그들은 땅이 그들을 위해서가 아니라 인생들을 위해서 창조된 것이었고, 이로 인해 그들의 일과 섬김이 더 많아지게 되었는데도, 그들이 경배하는 영원

하신 지혜와 말씀(히 1:6)이 사람이 거처할 땅에서 즐거워하며 특히 인자들을 기뻐한다(잠 8:31)는 것을 알았기 때문에, 그들도 함께 기뻐한 것이었다. 천사들은 하나님의 형상을 많이 닮았고, 위에 있는 집에서 하나님과 함께 하며, 아들이 아버지를 섬기듯이 하나님을 섬기기 때문에 하나님의 아들들이라 불린다.

(1) 세상의 창조주이신 하나님의 영광은 이성을 지닌 그의 모든 피조물들이 창조를 축하하며 큰 기쁨으로 송축하여야 마땅하다는 것. 왜냐하면, 그들은 단지 하나님이 지으셨음을 나타내는 방식으로만 하나님을 찬송할 수 있는 열등한 피조물들로부터 찬송들을 모으는 자들로 지음받은 자들이기 때문이다.

(2) 천사들이 하는 일은 하나님을 찬송하는 일이라는 것. 우리가 거룩하고 겸손하며 감사한 마음으로 기쁘게 찬송을 드리는 일에 풍성할수록, 우리는 천사들과 마찬가지로 더욱 하나님의 뜻을 행하는 것이다. 우리는 하나님을 찬송함에 있어서 너무나 메마르고 결점 투성이이지만, 천사들은 그 일을 더 낫게 행하고 있다고 생각하면, 그것은 우리에게 위로가 된다.

(3) 천사들은 한 목소리로 하나님을 찬송하였다는 것. 그들은 마음을 합하여 함께 노래하였고, 그들의 합창 속에는 불협화음이 없었다. 하나님을 찬송할 때에 가장 감미로운 합주가 이루어진다.

(4) 천사들은 다, 심지어 나중에 타락하여 원래의 지위를 잃은 천사들조차도 하나님을 찬송하였다는 것. 하나님을 찬송해 온 자들조차도 속이는 죄의 권세로 인해서 하나님을 모독하게 될 수 있지만, 하나님은 영원히 찬송받으실 것이다.

II. 바다를 정해진 곳에 가두어 두신 것(8-11절).   이것은 셋째 날에 하나님이 하신 일을 가리킨다(창 1:9): 하나님이 이르시되 천하의 물이 한 곳으로 모이고 뭍이 드러나라 하시니 그대로 되니라.

1. 바다는 하나님의 명령에 순종해서, 땅과 물이 혼재되어 있던 큰 깊음 또는 혼돈으로부터 마치 모태에서 양수가 터져 나올 때처럼 터져 나왔다는 것(8절). 그 때에 깊음을 덮고 있던 물들과 산들을 뒤덮고 있던 물들이 황급히 물러갔다. 하나님이 꾸짖으시니 물이 도망하였다(시 104:6-7).

2. 하나님은 이 갓 태어난 아기에게 옷을 입히고 포대기로 쌌다는 것(9절). 하나님은 구름으로 그 옷을 만들고 흑암(즉, 서로 아주 멀리 떨어져 있어서 서로에 대하여 완전히 깜깜한 해변들)으로 그 강보를 만들었다. 크신 하나님이 거센

파도를 얼마나 쉽게 다루시는지를 보라. 바다의 조류들이 거세고, 그 파도들이 세차도, 하나님은 마치 유모가 포대기에 싸인 아기를 다루듯이 그 바다를 다루신다. 본문에서는 하나님이 **바위와 산**들이 아니라, 우리가 생각하기에 그런 용도로는 전혀 적합하지 않을 것 같은 **구름과 흑암**으로 포대기를 만드셨다고 말한다.

3. 이 아기를 위해 준비된 요람도 있다는 것. 내가 정해 놓은 곳에 한계를 정하여 바다를 있게 하였다(10절). 하나님은 땅에 골짜기들을 넓고 깊게 파서 거기에 바다를 두시고 거기에서 잠자게 하셨다. 바다는 종종 바람에 의해서 흔들리지만, 그것은 요람이 흔들리는 것에 지나지 않기 때문에, 바다로 하여금 더 깊이 잠들게 만든다(패트릭 주교의 말). 바다와 마찬가지로 우리 각자에게도 하나님이 정해 놓으신 곳이 있다. 왜냐하면, 때들을 정해 놓으신 하나님은 우리의 거처의 한계도 정해 놓으셨기 때문이다.

4. 이 아기가 이 아랫 세상에서의 온갖 불안과 위험의 근원인 인간의 죄로 말미암아 다루기 힘들고 위험하게 되자, 하나님은 감옥을 만들어 이 아기를 가두어 두셨다는 것. 하나님은 문들을 세운 후에 문빗장을 지르고(10절), 방자하게 구는 것을 통제하기 위해서 바다에게 네가 여기까지 오고 더 넘어가지 못하리라고 말씀하셨다. 바다는 하나님이 만드신 하나님의 것이기 때문에 하나님의 통제를 받는다. 하나님은 바다에게, 네 높은 파도가 여기서 그칠지니라(11절)고 말씀하신다. 이것은 바다를 다스리시는 하나님의 권능을 보여주는 행위로 여겨질 수 있다. 바다는 아주 거대하고, 그 움직임은 종종 말할 수 없이 격렬하지만, 하나님은 그런 바다를 그의 통제 아래 두신다. 높은 파도들이나 물결들은 하나님이 정하신 것 이상으로 높이 치솟거나 더 멀리 나아오지 못한다. 이것은 우리가 하나님을 경외하여야 할 이유(렘 5:22)이자 우리가 하나님 안에서 힘을 얻어야 할 이유로 언급되고 있다. 왜냐하면, 바다의 포효하는 소리, 거센 파도가 내는 소리를 잠잠하게 하시는 하나님은 마음만 먹는다면 언제든지 만민의 소요도 진정시키실 수 있으시기 때문이다(시 65:7). 또한, 이것은 하나님이 인류를 긍휼히 여기시는 행위이자 사람들이 그의 은혜를 무시하고 그를 진노하게 하는 것에 대하여 하나님이 참으시는 것을 보여주는 한 예로 여겨질 수 있다. 하나님은 아주 손쉽게 또다시 이 땅을 바닷물로 덮어 버리실 수 있으시지만(내 생각에는, 하루에 두 차례 반복되는 조류는 하나님이 명령만 하시면 언

제라도 바다가 이 땅을 덮어 버릴 수 있다는 것을 우리에게 보여주는 경고이다), 그 누구도 멸망받는 것을 원하지 않으셔서, 바다를 억제하여, 말일에 세상을 불사르기 위하여 보존하여 두시는 것이다(벧후 3:7).

¹²네가 너의 날에 아침에게 명령하였느냐 새벽에게 그 자리를 일러 주었느냐 ¹³그것으로 땅 끝을 붙잡고 악한 자들을 그 땅에서 떨쳐 버린 일이 있었느냐 ¹⁴땅이 변하여 진흙에 인친 것 같이 되었고 그들은 옷 같이 나타나되 ¹⁵악인에게는 그 빛이 차단되고 그들의 높이 든 팔이 꺾이느니라 ¹⁶네가 바다의 샘에 들어갔었느냐 깊은 물 밑으로 걸어 다녀 보았느냐 ¹⁷사망의 문이 네게 나타났느냐 사망의 그늘진 문을 네가 보았느냐 ¹⁸땅의 너비를 네가 측량할 수 있느냐 네가 그 모든 것들을 다 알거든 말할지니라 ¹⁹어느 것이 광명이 있는 곳으로 가는 길이냐 어느 것이 흑암이 있는 곳으로 가는 길이냐 ²⁰너는 그의 지경으로 그를 데려갈 수 있느냐 그의 집으로 가는 길을 알고 있느냐 ²¹네가 아마도 알리라 네가 그 때에 태어났으리니 너의 햇수가 많음이니라 ²²네가 눈 곳간에 들어갔었느냐 우박 창고를 보았느냐 ²³내가 환난 때와 교전과 전쟁의 날을 위하여 이것을 남겨 두었노라 ²⁴광명이 어느 길로 뻗치며 동풍이 어느 길로 땅에 흩어지느냐

여호와는 여기에서 욥에게 그의 무지를 깨우쳐서 그가 하나님께 이래라 저래라 하는 것이 얼마나 어리석은 짓인지를 깨닫고 부끄러워하게 하기 위하여, 계속해서 욥에게 많은 당혹스러운 질문들을 던지신다. 여기에 나와 있는 질문들로 우리 자신을 시험해 보기만 한다면, 우리는 이내 우리가 알고 있는 것은 우리가 모르는 것과 비교하면 아무것도 아니라는 것을 시인하지 않을 수 없게 될 것이다. 하나님은 여기에서 욥에게 다음과 같은 여섯 가지의 것에 대하여 설명해 보라고 도전하신다.

I. **위로부터 오는 아침과 낮에 대하여**(12-15절).   빛은 우리가 모든 가시적인 것 가운데서 그 존재성을 가장 확실하게 단언할 수 있는 것임과 동시에, 그것이 무엇인지를 설명하거나 확정하는 데에 가장 갈피를 잡을 수 없는 것이기도 하다. 우리는 아침을 환영하고, 낮이 오는 것을 기뻐한다.

1. 아침이나 낮의 빛은 우리가 생겨난 날 이래로 명령을 받은 적이 없지만, 언제나 그대로 존재한다는 것. 빛은 우리가 태어나기 훨씬 전부터 있었기 때문

에, 우리에 의해서 만들어진 것도 아니고 일차적으로 우리를 위해서 의도된 것도 아니고, 우리는 빛을 존재하는 그대로 받아들일 뿐이며, 우리보다 앞선 많은 세대들도 우리와 마찬가지였다. 우리는 어제부터 있었을 뿐이기 때문에, 우리가 우리의 자리를 알기 이전에 낮은 자기 자리를 알고 있었다.

2. 처음에 아침 빛을 명령하거나 그 빛이 나와서 비치는 자리나 시간을 정한 것은 우리도 아니고 그 어떤 사람도 아니었다는 것. 낮과 밤의 변함없는 주기적인 교대는 우리가 고안해 낸 것이 아니었다. 빛이 나타내는 것은 하나님의 영광이고, 빛은 우리가 한 일이 아니라 하나님의 손으로 하신 일을 나타낸다(시 19:1-2).

3. 빛의 이러한 운행을 변경하는 것은 우리의 능력의 범위를 벗어나 있다는 것. "네가 너의 날들 이래로 아침에게 명령한 적이 있느냐. 너는 어느 때든 너의 목적을 위해서 아침 빛을 정해진 때보다 더 빨리 나오게 한 적이 있거나, 너의 편의를 위해서 낮에게 원래의 자리가 아닌 다른 자리에 있으라고 명령한 적이 있는가? 너는 결코 그런 적이 없다. 그런데도, 너는 왜 하나님의 계획이나 모략들을 좌지우지할 수 있는 체하거나, 너를 위해서 섭리가 바뀌기를 기대하는 것이냐?" 우리가 낮의 언약과 밤의 언약을 중단시킬 수 없는 것과 마찬가지로, 하나님이 자기 백성과 맺으신 언약의 그 어떤 부분, 특히 내가 사람의 매로 그들을 징계하리라(삼하 7:14)는 언약을 중단시킬 수 없다.

4. 낮에게 이 땅을 찾아와서 대기를 통하여 아침 빛을 흩뿌리도록 명하시고 정하신 이는 하나님이시라는 것. 땅은 마치 진흙에 인친 것 같이 아주 손쉽게 빛을 받아들이고(14절), 빛은 마치 인장(印章)이 밀랍에 그 형상을 뚜렷하게 남기듯이 땅 전체에 퍼져나가서 온 땅을 순식간에 환하게 만들며, 땅은 마치 옷을 입은 것처럼 보인다. 땅은 아침마다 새로운 표정을 덧입고, 우리가 옷을 입듯이 빛을 옷 입는다.

5. 이것은 행악자들에게 두려움이 된다는 것. 인류에게 아침 빛보다 더 위로가 되는 것은 없다. 아침 빛은 우리 눈에 유쾌하고, 생명과 그 일에 유익하다. 빛의 혜택은 모든 곳에 미친다. 왜냐하면, 아침 빛은 땅 끝을 붙잡기 때문이다(13절). 빛에 대한 찬가를 쓴다면, 우리는 빛이 이 땅에 주는 유익들을 세세하게 써야 할 것이다. 그러나 하나님은 여기에서 악을 행하는 자들은 빛을 못마땅하게 생각하고 미워한다는 것을 지적하신다. 하나님은 빛을 그의 긍휼을

베푸는 일꾼이자 그의 공의를 베푸는 일꾼으로 삼으셨다. 빛은 악한 자들을 그 땅에서 떨쳐 버리는 임무를 부여받고 있고, 마치 우리가 먼지나 곰팡이를 떨어 버리기 위해서 옷자락을 붙잡듯이, 그런 목적을 위해서 땅 끝을 붙잡고 있다. 욥은 앞에서 아침 빛은 죄인들의 악행을 드러내기 때문에 죄인들에게는 두려움의 대상이라고 말한 바 있는데(24:13-16), 하나님은 여기에서 욥의 그 말을 지지하시면서, 세상이 빛으로 말미암아 하나님께 빚지고 있는 것은 아니냐고 욥에게 반문하신다. 세상을 심판하실 크신 심판주가 죄인들을 찾아내기 위해서 아침 빛들을 그의 사자들로 파송하시는 것은 죄인들의 목적을 좌절시켜서 수치를 당하게 하실 뿐만 아니라, 그들로 하여금 적절한 벌을 받게 하시기 위한 것이고(15절), 그들의 빛을 그들에게서 차단하시고(즉, 그들의 위로와 의지하는 것, 자유, 생명을 잃게 하신다는 것), 그들이 하나님과 사람을 대적하여 높이 든 그들의 팔을 꺾어서, 그들에게서 악행을 저지를 힘을 빼앗으시기 위한 것이다. 여기에 나오는 아침 빛에 대한 말들이 비유적으로 그리스도의 복음의 빛을 나타내기 위한 것이고, 아침 빛은 바로 그 복음의 빛의 모형인지에 대해서 나는 확실하게 말할 수 없다. 그러나 나는 세례 요한의 아버지 사가랴가 그의 찬송시에서 복음을 새벽별이 떠오르는 것에 비유하여 우리 하나님의 긍휼로 인하여 돋는 해가 위로부터 우리에게 임하여 어둠과 죽음의 그늘에 앉은 자들에게 비치리라(눅 1:78-79)고 말한 것과 어두운 데에 빛이 비치라 말씀하셨던 그 하나님께서 예수 그리스도의 얼굴에 있는 하나님의 영광을 아는 빛을 우리 마음에 비추셨다(고후 4:6)는 말씀, 동정녀 마리아가 그의 찬가에서 하나님이 악인들을 떨쳐 버리고 악 자체를 이 땅에서 떨어내 버리며 악인들의 높이 든 팔을 꺾으시기 위하여 의도하신 바로 그 복음의 빛을 통해서 그의 팔로 힘을 보이사 마음의 생각이 교만한 자들을 흩으셨다(눅 1:51)고 말한 것이 우리에게 도움이 될 수 있을 것이라고 확신한다.

Ⅱ. 바다의 샘들에 대하여(16절). "네가 바다의 샘에 들어갔었느냐 깊은 물 밑으로 걸어 다녀 보았느냐. 너는 바다 밑에 무엇이 있는지, 거기에 있는 모래 속에 숨겨진 보화를 아느냐? 또는, 너는 바닷물이 어떻게 생겨나는지를 설명할 수 있느냐? 수증기들은 바다로부터 끊임없이 증발한다. 너는 물이 바다에 어떻게 끊임없이 공급이 되는지를 아느냐? 강들은 끊임없이 바다로 흘러들어간다. 너는 강들이 어떻게 끊임없이 비워져서 땅을 범람시키지 않는지를 아느냐? 너는

물이 은밀하게 땅 속을 돌아다니고 있다는 것을 아느냐?" 성경에서는 세상을 다스리시는 하나님의 길이 바다에 있다거나 큰 물에 있다고 말하는데(시 77:19), 이것은 그 길이 우리에게 숨겨져 있어서 우리가 훔쳐볼 수 없다는 것을 나타내는 것이다.

Ⅲ. 사망의 문들에 대하여(17절).   사망의 문이 네게 나타났으며 네게 열린 적이 있느냐. 죽음은 엄청난 비밀이다.

1. 우리는 우리나 다른 사람들이 언제 어떻게 어떤 식으로 죽게 될지, 한번 가면 돌아오지 못할 길을 어느 길로 가게 될지, 어떤 질병이나 재난이 우리를 모든 산 자가 가기로 정해져 있는 집으로 인도하는 문이 될지를 미리 알지 못한다는 것. 사람은 자기의 시기를 알지 못하나니 인생들도 재앙의 날이 그들에게 홀연히 임하면 거기에 걸리느니라(전 9:12).

2. 우리는 죽음이 무엇인지, 몸과 영혼의 매듭이 어떻게 풀리는지, 어떻게 사람의 혼이 위로 올라가는지(전 3:21)를 설명할 수 없다는 것. 즉, 우리는 우리가 어떤 존재인지도 모르면서 존재하고, 우리의 삶이 무엇인지도 모르면서 살아간다(노리스 목사의 표현). 그는 이렇게 말한다: 영혼이 미지의 영원의 망망대해로 나아가고 한 번도 밟아보지 않은 심연(深淵)을 향할 때에 그 두려움은 얼마나 클 것인가! 우리는 우리의 죽음 너머에서 하늘의 문들이 우리에게 열리도록 하여야 한다. 그러면, 우리는 비록 죽음은 우리가 한 번 지나가야 할 길이기는 하지만 사망의 문들이 열리는 것을 두려워할 필요가 없다.

3. 우리는 몸에서 분리된 영혼들과는 전혀 교신할 수 없고, 그들의 상태도 알 수 없다는 것. 영혼들이 가는 곳은 드러나지 않은 미지의 영역이다. 우리는 메시지를 영혼들로부터 들을 수도 없고 영혼들에게 보낼 수도 없다. 우리가 여기 감각의 세계 속에 있는 동안에는 영들의 세계에 대하여 말하는 것은 눈 먼 자가 색깔에 대하여 말하는 것과 같다. 우리가 영들의 세계로 갔을 때, 우리는 그 세계에 대하여 우리가 얼마나 많이 잘못 알고 있었는지를 발견하고서 깜짝 놀라게 될 것이다.

Ⅳ. 땅의 너비에 대하여(18절).   땅의 너비를 네가 측량할 수 있느냐. 이것을 아는 것은 욥의 수준에서 가장 해볼 만하고 할 수 있을 것처럼 보인다. 하나님은 욥에게 어디 할 수 있다면 이것에 대하여 설명해 보라고 도전하신다. 우리의 거처는 이 땅에 있고, 하나님은 이 땅을 인생들에게 주셨다. 그러나 누가 이

땅을 측량해 본 적이 있거나, 이 땅의 면적이 얼마나 되는지를 설명할 수 있는 가? 이 땅은 우주에 비하면 점에 불과하다. 이 땅은 그렇게 작은데도, 우리는 그 면적을 정확히 말할 수가 없다. 욥이나 거기에 있는 사람들 중에서 배를 타고 세상을 일주해 본 자는 아무도 없었다. 사람들은 이 땅의 너비에 대하여 아는 것이 별로 없었기 때문에, 거대한 아메리카 대륙이 까마득한 옛날부터 거기에 숨겨져 있었는데도, 그 대륙이 발견된 것은 불과 수백 년 전이었다. 하나님의 완전하심은 땅보다 더 오래되었고 바다보다 더 넓다. 그러므로 땅의 너비조차 제대로 알지 못하는 우리가 하나님의 계획과 모략들의 깊이를 들여다보고자 하는 것은 주제넘은 짓이다.

V. 빛과 어둠의 처소와 길에 대하여. 하나님은 앞에서 낮에 대하여 말씀하셨었는데(12절), 여기에서 다시 그 주제로 돌아간다: 어느 것이 광명이 있는 곳으로 가는 길이냐(19절). 광명이 어느 길로 뻗치느냐(24절). 하나님은 욥에게 다음과 같은 것들을 설명해 보라고 도전하신다.

1. 빛과 어둠이 처음에 어떻게 만들어졌는지. 하나님이 태초에 먼저 어둠을 깊은 바다의 표면 위에 펼치시고, 다음으로 빛이 있으라는 저 권세 있는 말씀을 통해서 빛이 어둠에서 나와 비치게 하셨을 때, 욥은 하나님의 이 명령과 이 창조 역사의 증인이었는가? 욥은 빛과 어둠의 근원이 어디에 있는지, 이 강력한 왕들이 하나의 세상에서 번갈아가며 다스릴 때에 그들의 궁전은 어디에 두고 있는지를 말할 수 있는가? 우리는 아침의 빛이나 저녁의 그늘을 몹시도 갈망하지만, 그 빛과 어둠이 어디에서 와서 어디로 가는지를 알지 못하고, 그들의 집으로 가는 길을 알지 못한다(20절). 우리는 그 때에 태어나지 않았거나, 우리의 연조(年祚)가 그리 오래되지 않았기 때문에, 눈에 보이는 피조물들 중에서 가장 먼저 태어난 빛과 어둠이 어떻게 태어났는지를 설명할 수 없다(21절). 그런데도, 우리는 영원 전부터 세워져 있는 하나님의 계획과 모략들에 대하여 얘기하거나, 빛과 어둠의 집으로 가는 길을 찾아내거나, 빛과 어둠의 교대를 바꿔보려고 하겠느냐? 하나님은 빛도 지으셨고 어둠도 지으셨으며, 이 둘 모두를 통해서 영광을 받으신다. 우리가 빛과 어둠을 있는 그대로 받아들이고, 어느 쪽이 오든 그것을 받아들이며 시비를 걸지 않고, 둘 모두를 최선을 다해 선용하듯이, 마찬가지로 우리는 하나님이 똑같이 창조하신 평안과 환난을 둘 다 순순히 받아들여야 한다(사 45:7).

2. 빛과 어둠이 어떻게 계속해서 교대를 하는지. 아침이 되는 것과 저녁이 되는 것을 즐거워하게 하시는 것은 하나님이시다(시 65:8). 왜냐하면, 아침 빛과 밤의 어둠의 교대는 우리가 세운 질서가 아니라 하나님이 정하신 질서이기 때문이다. 우리는 빛과 어둠이 어디에서 와서 어디로 가는지를 알지 못한다(24절). 아침 빛이 마치 동풍의 날개를 타고 날아온 듯이 아주 신속하고 강력하게 지평선 위의 대기의 모든 부분들 속으로 순식간에 퍼져서, 동풍이 구름을 흩듯이 밤의 어둠을 흩을 때, 아침의 그 빛은 어느 길로 갈라지고 뻗치느냐? 그런 까닭에, 성경에서는 새벽 날개가 빛을 바다 끝까지 전하고, 동풍 같이 땅 위에 흩는다고 말한다(시 139:9). 아침마다 빛이 돌아오고 밤마다 어둠이 돌아오는 것은 우리에게 일어나는 기이한 변화이다. 그러나 우리는 그 변화를 예상하고 있기 때문에, 그 변화는 우리에게 놀라운 일도 아니고 불안한 일도 아니다. 우리는 우리의 외적인 상황에 있어서의 변화들에 대해서도 똑같은 태도를 취해서, 아주 밝은 대낮에는 낮이 영원할 것이라고 생각하지 말고, 아주 어두운 한밤중에도 아침이 다시 돌아올 것을 생각하여 절망하지 말아야 한다. 하나님은 평안과 환난도 낮과 밤처럼 번갈아 오도록 정해 놓으셨다(전 7:14).

Ⅵ. 눈 곳간과 우박 창고에 대하여(22-23절). "네가 눈 곳간에 들어갔었느냐 우박 창고를 보았느냐." 눈과 우박은 구름에서 만들어져서 아주 많은 양이 땅에 내리기 때문에, 우리는 구름 속에 그것들을 저장해 두는 곳간들이 있을 것이라고 생각하지만, 사실 그것들은 주위의 조건들이 적절하게 형성되었을 때에 갑자기 만들어진다. 눈과 우박은 하나님이 자기 백성을 위하여 원수들과 싸우실 때에 하나님의 섭리를 이룰 목적으로 적기(適期)에 오는 경우가 종종 있기 때문에, 우리는 하나님이 세상 전체와 다투시거나(대홍수 때에 하늘의 창문들이 열려서, 거기에 있는 곳간에서 쏟아진 물들이 하늘과 전쟁을 벌이고 있던 악한 세상을 뒤덮어 버렸듯이), 어떤 특정한 개인이나 무리와 다투실 때인 환난의 때와 교전과 전쟁의 날에 쓰시기 위하여 그것들을 병장기나 탄약이나 군량미로 비축해 놓으신 것이라고 말한다. 실제로, 하나님은 가나안 사람들과 싸우실 때에 이러한 곳간들에서 큰 우박덩이들을 꺼내셔서 사용하셨다(수 10:11). 이렇게 싸움과 전쟁을 위한 준비가 되어 있으신 하나님께 대적하는 것은 어리석은 짓이기 때문에, 하나님과 빨리 화해해서 그의 사랑 가운데서 거하는 것이 우리에게 큰 유익이 된다는 것을 명심하라. 하나님은 천둥과 번개 또는 천사의 칼로

싸우실 때만큼 효과적으로 눈과 우박으로도 싸우실 수 있으시다!

²⁵누가 홍수를 위하여 물길을 터 주었으며 우레와 번개 길을 내어 주었느냐 ²⁶누가 사람 없는 땅에, 사람 없는 광야에 비를 내리며 ²⁷황무하고 황폐한 토지를 흡족하게 하여 연한 풀이 돋아나게 하였느냐 ²⁸비에게 아비가 있느냐 이슬방울은 누가 낳았느냐 ²⁹얼음은 누구의 태에서 났느냐 공중의 서리는 누가 낳았느냐 ³⁰물은 돌 같이 굳어지고 깊은 바다의 수면은 얼어붙느니라 ³¹네가 묘성을 매어 묶을 수 있으며 삼성의 띠를 풀 수 있겠느냐 ³²너는 별자리들을 각각 제 때에 이끌어 낼 수 있으며 북두성을 다른 별들에게로 이끌어 갈 수 있겠느냐 ³³네가 하늘의 궤도를 아느냐 하늘로 하여금 그 법칙을 땅에 베풀게 하겠느냐 ³⁴네가 목소리를 구름에까지 높여 넘치는 물이 네게 덮이게 하겠느냐 ³⁵네가 번개를 보내어 가게 하되 번개가 네게 우리가 여기 있나이다 하게 하겠느냐 ³⁶가슴 속의 지혜는 누가 준 것이냐 수탉에게 슬기를 준 자가 누구냐 ³⁷누가 지혜로 구름의 수를 세겠느냐 누가 하늘의 물주머니를 기울이겠느냐 ³⁸티끌이 덩어리를 이루며 흙덩이가 서로 붙게 하겠느냐 ³⁹네가 사자를 위하여 먹이를 사냥하겠느냐 젊은 사자의 식욕을 채우겠느냐 ⁴⁰그것들이 굴에 엎드리며 숲에 앉아 숨어 기다리느니라 ⁴¹까마귀 새끼가 하나님을 향하여 부르짖으며 먹을 것이 없어서 허우적거릴 때에 그것을 위하여 먹이를 마련하는 이가 누구냐

하나님은 이제까지 욥에게 그의 무지와 단견(短見)을 깨우치기에 충분한 정도의 질문들을 던지셨고, 이제 여기에서는 동일한 방식으로 그의 무력함과 연약함을 보여주신다. 욥은 아는 것이 별로 없기 때문에 하나님의 계획이나 모략들을 비난해서는 안 되는 것과 마찬가지로, 그가 할 수 있는 것이 거의 없기 때문에 하나님의 섭리에 의해서 이루어지는 일들에 반대해서도 안 된다. 욥은 하나님이 얼마나 큰 일들을 하시는지를 곰곰이 생각해 보고, 자기가 그런 일들을 할 수 있는지, 또는 자기가 하나님의 상대가 된다고 생각하는지를 잘 검토해 보아야 한다.

I. 하나님은 천둥과 번개, 비와 서리를 마음대로 부리시지만, 욥은 그렇게 하지 못하기 때문에, 욥은 감히 자신을 하나님과 비교하거나 하나님과 다투려고 하지 말아야 한다는 것.   날씨가 어떻게 될 것인지는 그 어떤 일보다도 더 불확실해서, 그것을 다루는 것은 우리의 능력 밖에 있다. 날씨는 우리의 뜻대

로가 아니라 하나님의 뜻대로 된다. 이것과 관련해서 다음과 같은 것들을 살펴 보자.

1. 하나님은 얼마나 위대하신가.

(1) 물이 범람하여 하나님의 통제에서 벗어난 것처럼 보일 때조차도, 하나 님은 물에 대한 통치권을 가지고 계시고, 물이 어떻게 흘러가야 할지를 정해 놓으신다는 것(25절). 하나님은 물길을 분배하는 분이시기 때문에, 억수같이 비 가 쏟아질 때에도 마치 그 비가 수로를 따라 흘러가는 것처럼 아주 정확하게 어디에 떨어져야 하는지를 지정하신다. 성경에서는 이런 식으로 왕들의 마음 이 하나님의 손에 있다고 말씀한다. 하나님은 그의 강들인 이 땅의 왕들을 비와 마찬가지로 그가 뜻하시는 곳으로 보내신다. 한 방울이라도 하나님이 지시하 신 곳으로 가지 않는 것이 없다. 하나님은 다시는 노아의 홍수로 땅 위에 범람하 지 못하게 하리라고 맹세하셨다(사 54:9). 우리는 하나님이 약속하신 것을 지키 실 수 있는 능력을 갖고 계시다는 것을 안다. 왜냐하면, 하나님은 비를 주관하 시고 물길을 마음대로 다루시는 분이시기 때문이다.

(2) 번개와 천둥도 하나님의 통치권 아래에 있어서, 제멋대로 아무 데로나 가는 것이 아니라, 하나님이 정해 주시는 길로 간다는 것. 이것들이 여기에 언 급되는 것은 하나님이 비를 위하여 번개를 만드시기 때문이다(시 135:7). 하나님 을 경외하는 자들은 번개나 천둥을 두려워할 필요가 없다. 왜냐하면, 그것들은 눈 먼 총탄들인 것이 아니라, 하나님이 지시하시는 길로 가기 때문이다.

(3) 하나님은 비의 물길을 지시하심에 있어서 **사람 없는 광야도** 소홀히 하지 않으신다는 것(26-27절).

[1] 하나님은 땅의 소산물들을 돌볼 사람이 없는 곳도 소홀히 하지 않으신다 는 것. 하나님의 섭리는 사람의 손길보다 더 멀리 뻗어 있다. 만약 하나님이 수 많은 열등한 피조물들에 대하여 사람보다 더 많은 인자함을 가지고 계시지 않 는다면, 그 피조물들의 처지는 정말 딱하게 될 것이다. 하나님은 사람들의 솜 씨나 수고 없이도 땅을 비옥하게 만들어서 많은 열매를 맺게 하실 수 있으시 다. 땅을 갈 사람이 없었을 때에도 땅에서 안개가 올라와 온 지면을 적셨다(창 2:5-6). 그러나 우리는 하나님 없이는 땅에서 열매를 거둘 수 없다. 열매를 주 시는 분은 하나님이시다.

[2] 하나님은 땅의 소산물들을 먹거나 그 유익을 취할 사람이 없는 곳도 소

홀히 하지 않으신다는 것. 하나님은 아주 특별한 은총으로 사람을 돌보시지만, 열등한 피조물들이라고 해서 돌보지 않고 방치하시는 것이 아니어서, 사람과 모든 육체를 위한 먹을 것으로 주시기 위해서 연한 풀이 돋아나게 하신다. 심지어 하나님은 들나귀들조차도 해갈하게 하신다(시 104:11). 하나님은 모든 피조물에게 필요한 것들을 다 공급하고도 남음이 있을 정도로 풍성하게 갖고 계시기 때문에, 사람에게 도움이 되지 않거나 사람이 돌보지 않는 피조물들이 쓸 것까지 기가 막히게 공급해 주신다.

(4) 하나님은 어떤 의미에서 비의 아비시라는 것(28절). 비에게는 다른 아비가 없다. 하나님은 그의 능력으로 비를 만들어 내셔서, 다스리시고 지시하시며, 그의 뜻대로 사용하신다. 그는 자연의 하나님으로서 작은 이슬 방울들을 땅에 내리시고, 은혜의 하나님으로서 우리에게 의를 비 같이 내리시며, 하나님 자신이 이스라엘에게 이슬과 같으시다(호 14:5; 미 5:7).

(5) 물을 얼리고 흙을 응고시키는 얼음과 서리는 하나님의 섭리에 의해서 만들어진다는 것(29-30절). 이것들은 아주 흔한 일이어서, 우리는 그런 현상들을 별로 기이하게 여기지 않는다. 그러나 그것들에 의해서 아주 짧은 시간에 엄청난 변화가 일어난다는 것과 물이 돌로 덮어 놓은 것처럼 감추어지고(물을 덮고 있는 얼음은 그 정도로 두껍고 튼튼하다) 깊은 물의 표면도 종종 얼어 버린다는 것을 생각하면, 우리는 "얼음은 누구의 태에서 났느냐. 그 어떤 피조된 권능이 그런 오묘한 일을 할 수 있겠는가"라고 묻지 않을 수 없게 된다. 창조주 자신의 권능 외에는 그 어떤 것도 그런 일을 할 수 없다. 서리와 눈은 창조주 하나님에게서 오기 때문에, 우리는 그런 위대한 일들을 행하시는 하나님을 찾아낼 수는 없다고 할지라도 그분을 생각하고 묵상하지 않을 수 없게 된다. 우리는 겨울 날씨를 이렇게 선하게 사용하는 법을 배운다면, 그 날씨로 인한 불편함들을 좀 더 쉽게 견뎌낼 수 있을 것이다.

2. 사람은 얼마나 연약한가. 사람이 앞에서 말한 것과 같은 일들을 할 수 있으며, 욥이 그런 일들을 할 수 있는가? 절대로 그럴 수 없다(34-35절).

(1) 욥은 자기 자신이나 그의 친구들을 구하기 위해서 한 차례의 비도 내릴 수 없다는 것. "네가 목소리를 하늘의 물병들인 구름에까지 높여, 넘치는 물이 네게 덮이게 하고, 메말라서 갈라진 논과 밭에 물을 줄 수 있느냐." 우리가 그렇게 할 수 있는 길은 우리의 목소리를 하나님을 향하여 높여서 비를 주시라고 기도

하는 것뿐이다(슥 10:1). 그러나 우리가 우리의 목소리를 구름을 향하여 높인 다면, 구름은 곧 우리에게 그들은 우리의 지시를 들을 수 없다고 말할 것이고, 우리는 빈 손으로 돌아설 수밖에 없게 될 것이다(렘 14:22). 하나님이 땅의 목소리를 들어주지 않으시면, 하늘도 땅의 목소리를 들어줄 수 없다(호 2:21). 우리는 얼마나 보잘것없고 가진 것이 없으며, 전적으로 의존되어 있는 피조물들인지를 보라. 우리는 비 없이 살 수 없고, 우리가 원한다고 해서 비를 얻을 수 있는 것도 아니다.

(2) 욥은 자신의 원수들을 두렵게 해주기 위해 번개를 사용하고 싶어도 단 한 차례의 번개도 일으킬 수 없다는 것(35절). "네가 번개를 보내어 가게 하여, 네가 원하는 것을 집행하게 할 수 있느냐. 네가 호출한다고 해서, 번개가 네게 우리가 여기 있나이다 하겠느냐." 번개를 비롯해서 하나님의 진노를 집행하는 일꾼들은 우리가 마음대로 부릴 수 있는 일꾼들이 아니다. 사람이 성내는 것이 하나님의 의를 이루지 못하는데(약 1:20), 번개가 왜 사람의 명령을 따르겠는가(눅 9:55).

Ⅱ. 하나님은 하늘의 별들을 주관하셔서 마음대로 부리시지만, 우리는 그렇지 않다는 것. 여기에서 우리의 묵상은 구름 위를 훌쩍 뛰어넘어서 좀 더 높은 곳으로, 즉 위에 있는 영화로운 광명들에 미친다. 하나님은 좀 더 낮은 궤도에서 움직이는 행성들이 아니라, 훨씬 더 높은 곳에 자리잡고 있는 붙박이 별들을 언급하신다. 별들은 아주 멀리 떨어져 있음에도 불구하고 이 땅에 영향을 미치는데, 사람들의 마음이나 섭리의 사건들이 아니라 자연의 통상적인 운행에 영향을 미친다(사람의 운명은 자기가 속한 별에 의해서 결정되는 것이 아니다). 별들은 징조와 계절과 날과 해를 나타내는 역할을 한다(창 1:14). 별들이 단지 물질에 불과한데도 하늘에 있는 그들의 자리에서 이 땅에 그러한 영향력과 지배력을 미치고 있다면(33절), 별들을 만드시고 우리를 지으신 하나님, 영원한 마음을 지니신 하나님은 더 말해 무엇하겠는가. 그러면, 이제 우리가 얼마나 연약한 존재인지를 살펴보기로 하자.

1. 우리는 별들의 영향력을 변경할 수 없고(31절), 봄의 즐거움들을 만들어 내는 데에 도구로 사용되는 별들의 영향력도 변경할 수 없다는 것. 네가 삼성의 띠를 풀 수 있느냐. 삼성(參星), 즉 오리온자리는 아주 뚜렷하게 빛나는 웅장한 별자리로서 거칠고 안 좋은 영향력들을 발산하는데, 우리는 이 별자리가 발산

하는 그러한 영향력들을 통제할 수도 없고 물리칠 수도 없다. 여름과 겨울은 각자의 길을 간다. 하나님은 그의 뜻대로 여름과 겨울을 바꾸실 수 있으시기 때문에, 묘성(昴星)의 감미로운 영향력을 띠로 묶어서 봄을 춥게 하고, 오리온자리의 띠를 풀어서 겨울을 따뜻하게 하실 수 있으시지만, 우리는 그렇게 할 능력이 없다.

2. 별들의 움직임을 지시하는 것은 우리의 능력 밖에 있고, 별들을 이끄는 일은 우리에게 맡겨진 일이 아니라는 것. 별들을 이름대로 부르시는(시 147:4) 하나님은 각각의 별들을 제때에 불러내시고, 별들이 뜨고 질 시간을 정해 주신다. 그러나 그런 것은 우리의 영역이 아니다. 우리는 별자리들을 이끌어 낼 수도 없고, 북두성을 이끌어 갈 수도 없다(32절). 하나님은 별들을 불러내어 싸우게 하시고(별들로 하여금 시스라와 맞서 싸우게 하셨을 때처럼), 별들로 하여금 공격을 수행하도록 지휘하실 수 있으시지만, 사람은 그렇게 할 능력이 없다.

3. 우리는 별들의 다스림(별들을 다스리는 것과 별들이 다스리는 것 둘 모두)에 관심이 없을 뿐만 아니라, 그것을 전혀 알지 못한다는 것. 우리는 하늘의 규례들을 알지 못한다(33절). 우리는 하늘의 규례들을 바꿀 수 없고, 설명할 수도 없다. 그것들은 우리에게 비밀이다. 그런데, 우리가 어떻게 하나님의 계획과 모략들을 알고 그 이유들을 아는 체할 수 있겠는가? 만약 별들을 사용해서 이 땅을 다스리는 일이 우리에게 넘어온다면, 우리는 곧 어쩔 줄 모르게 되고 말 것이다. 그런데, 어찌 우리가 하나님께 이 세상을 어떻게 다스려야 하는지를 가르칠 수 있겠는가?

III. 하나님은 모든 지혜와 명철의 근원이자 수여자이시고, 그 아버지이자 원천이시라는 것(36절). 사람들의 영혼은 하늘의 별들보다 더 고귀하고 뛰어난 존재들이어서 더 밝게 빛난다. 사람은 이성의 능력과 기능들, 오묘한 사고 능력으로 인해서 복된 천사들과 일정 정도의 공통점을 지니고 있는데, 그렇다면 이 빛은 도대체 어디에서 오는 것인가? 그 빛은 다름아닌 빛들의 아버지께로부터 온다. 누가 사람의 내면에 지혜를 집어넣어 주었고, 마음에 명철을 주었는가.

1. 이치를 아는 영혼 자체와 그 능력들은 자연의 하나님으로부터 온다는 것. 왜냐하면, 사람의 내면에 영혼을 지으시는 것은 하나님이시기 때문이다. 우리의 영혼은 우리가 만든 것이 아니기 때문에, 우리는 영혼이 어떤 식으로 활동

하고, 우리의 육신과 어떤 식으로 결합되어 있는지를 설명하지 못한다. 오직 영혼을 지으신 분만이 영혼을 아시고, 어떻게 영혼을 다루어야 하는지를 아신다. 하나님은 사람들의 마음을 어떤 점들에서는 똑같게 만드시지만, 또 어떤 점들에서는 다르게 만드신다.

2. 참된 지혜를 주시고 선용하게 하시는 것은 모두 은혜의 하나님이자 각양 선하고 온전한 은사의 아버지이신 하나님으로부터 온다는 것. 우리의 모든 지혜가 하나님으로부터 온 것인데, 어떻게 우리가 하나님보다 더 지혜 있는 체할 수 있겠는가? 우리는 우리의 영역을 뛰어넘어, 즉 우리에게 명철을 주신 하나님이 정해 주신 한계들을 뛰어넘어 지혜로운 체할 수 없다. 하나님은 우리가 하나님이 주신 지혜로 하나님을 섬기고 우리의 본분을 다하도록 의도하셨을 뿐이고, 그 지혜로 별들이나 번개를 지휘하고 감독하도록 의도하신 것이 결코 아니다.

IV. 하나님은 구름을 아시고 다스리실 권능을 가지고 계시지만, 우리에게는 그런 능력이 없다는 것(37절). 그 어떤 사람이 자신의 모든 지혜를 다 짜낸다고 하여도 구름의 수를 세거나, 구름의 성질을 밝히 설명할 수 있겠는가(본문은 이렇게 읽을 수도 있다)? 구름은 우리 가까이에 우리가 숨쉬는 대기 가운데에 있지만, 아주 멀리 떨어져 있는 별들과 마찬가지로 구름에 대해서도 우리가 아는 것은 거의 없다. 구름이 비를 많이 쏟아내어서, 티끌이 딱딱한 진흙 덩어리를 이루며 흙덩이가 서로 붙게 될 때(38절), 누가 하늘의 물주머니를 멈추게 하여, 더 이상 비가 오지 않게 할 수 있겠느냐. 하나님은 땅에 비를 충분히 내리시면서도 땅으로 하여금 너무 많이 물을 먹게 하지 않으시고, 땅을 부드럽게 하시지만 물로 뒤덮어 버리지는 않으시며, 쟁기질 하기에 적합하게 하시지만 파종하기에 부적합하게 만들지는 않으신다는 점에서, 우리는 하나님의 권능과 선하심을 인정하지 않을 수 없다. 우리는 하나님 없이 한 차례의 비도 내릴 수 없는 것과 마찬가지로, 맑은 날이 되게 할 수도 없다. 우리가 하나님을 의지하는 것은 선택이 아니라 필수이고, 어쩌다 하면 되는 일이 아니라 늘 변함없이 해야 되는 일이다.

V. 하나님은 열등한 피조물들에게 먹을 것을 공급하시고, 그들이 먹는 것은 우리의 돌봄이나 수고 때문이 아니라 하나님의 섭리 때문이라는 것. 다음 장은 전체가 짐승들과 관련된 하나님의 권능과 선하심을 보여주는 예들을 다루

고 있기 때문에, 어떤 이들은 단락 구분에 있어서 이 장의 마지막 세 절을 다음 장에 속하는 것으로 본다.

1. 사자들(39-40절). "구름이나 별들은 네 위에 있기 때문에, 너는 그것들이 네게 의존되어 있는 체하지 않는다. 그러나 너는 땅 위에서는 네가 제일 잘났다고 생각한다. 그러므로 정말 그런지를 어디 한번 따져 보자. 네가 사자를 위하여 먹이를 사냥하겠느냐. 너는 네가 가축들을 소유했던 것을 자랑한다. 한때 황소와 나귀와 낙타들은 너의 소유였고, 그것들은 네가 마련해 준 구유에서 먹이를 먹었다는 것은 사실이다. 그러나 너는 사자들, 곧 굴에 엎드리며 숲에 앉아 먹잇감을 숨어 기다리는 젊은 사자들이 너 때문에 생존하는 체할 수 있느냐? 너는 그럴 필요가 없다. 사자들은 너 없이도 얼마든지 스스로 살아갈 수 있다. 너는 그렇게 할 수도 없다. 왜냐하면, 너는 사자들을 만족시킬 만한 것들을 갖고 있지 않기 때문이다. 너는 감히 그렇게 하고자 할 수도 없다. 네가 사자들을 먹이고자 가까이 다가간다면, 사자들은 너를 덮칠 것이기 때문이다. 그러나 나는 그런 일을 하고 있다." 하나님의 섭리가 모든 점에서 충족함을 보라. 하나님의 섭리 속에는 모든 살아 있는 것들이 원하는 것들을 다 충족시켜 줄 수 있는 모든 것이 있다. 하나님의 섭리가 너그럽고 후함을 보라. 하나님의 섭리는 생명이 있는 모든 존재가 살아갈 수 있게 돌보기 때문에, 사람에게 유익이 되지 않을 뿐만 아니라 위험하기까지 한 피조물들에게도 하나님은 그렇게 하신다. 하나님의 섭리의 절대 주권을 보라. 하나님은 어떤 피조물이 다른 피조물을 죽여서 자신의 먹이로 삼는 것을 허용하신다. 해롭지 않은 짐승인 양들은 젊은 사자의 식욕을 채우기 위해서 갈가리 찢기지만, 하나님은 종종 사자들의 잔인함을 벌하시기 위하여 그들을 굶주리게 하신다. 하지만, 하나님을 경외하는 자들에게는 좋은 것이 결핍되지 않는다.

2. 까마귀 새끼들(41절). 하나님은 그의 섭리를 통해서 사나운 짐승만이 아니라 사나운 새도 먹이신다. 하나님 외에 까마귀 새끼를 위하여 먹이를 마련하는 이가 누구냐. 사람은 자신에게 유익한 피조물들만을 돌보기 때문에, 까마귀 새를 돌보는 일은 하지 않는다. 그러나 하나님은 그의 손으로 지으신 모든 것들, 심지어 가장 하찮고 가치 없는 것들조차도 소중히 여기시고 돌보신다. 까마귀의 새끼들은 특히 굶주리기 쉬운데, 하나님은 그 새끼들에게 먹을 것을 공급해 주신다(시 147:9). 하나님이 새들을 먹이시고 특히 까마귀 같은 하찮은 새들까

지 먹이신다는 사실(마 6:26)은 우리에게 우리의 일용할 양식을 하나님께 의지할 수 있는 힘을 준다.

(1) 까마귀 새끼들은 종종 어떤 곤경에 처하는가. 그것들은 먹을 것이 없어서 허우적거린다. 까마귀들은 다른 새들과는 달리 자기 새끼들을 돌보지 않고 먹이가 물어다 주지 않는다고 한다. 남들에게 사나운 자들은 보통 자신의 새끼들에게도 야만적이고 천륜을 모른다.

(2) 까마귀 새끼들은 그러한 곤경 속에서 무엇을 하는가. 그것들은 부르짖는다. 왜냐하면, 그것들은 시끄럽고 요란하게 소리를 내는 피조물들이기 때문이다. 본문에서 이 부르짖음은 하나님을 향하여 부르짖는 것으로 해석되고 있다. 그것은 자연의 부르짖음이기 때문에 자연의 하나님을 향한 것으로 여겨지는 것이다. 하나님은 까마귀 새끼들의 부르짖음도 이렇게 호의적으로 해석하신다는 사실은 우리가 "아바 아버지"라고 부르짖으며 기도한다고 해도 그 기도를 하나님이 들으시리라는 믿음을 우리에게 준다.

(3) 하나님은 까마귀 새끼들을 위해 무엇을 하시는가. 하나님은 이런저런 방식으로 그것들에게 먹을 것을 공급해 주시기 때문에, 그것들은 자라나서 어른 까마귀들이 된다. 이렇게 까마귀 새끼들까지 돌보시는 하나님이 자기 백성을 돌보지 않으실 리가 없다. 이것은 하나님이 피조물들을 불쌍히 여기신다는 것을 보여주는 많은 예들 중의 하나에 불과하기 때문에, 우리로 하여금 하나님이 우리가 알지 못하는 선한 일들을 하루에도 얼마나 무수히 행하시는지를 생각해 보는 계기를 만들어 준다.

제
— 39 —
장

개요

하나님은 여기에서 계속해서 욥에게 열등한 피조물들을 그토록 불쌍히 여기시며 자상하게 돌보시는 하나님을 냉정하다고 비난할 이유도 없고, 하나님의 긍휼하심에 비하면 아무것도 아닌 욥 자신의 선행들을 하나님 앞에서 자랑할 이유도 없다는 것을 보여주신다. 또한, 하나님은 욥에게 그가 주변의 피조물들의 본질에 대하여 아는 것도 별로 없고 그것들에 대한 영향력도 별로 없다는 것을 깨닫고 겸손해져서 그 모든 피조물들이 의지하는 하나님께 순복하여야 한다는 것을 보여주신다. 하나님은 특히 다음과 같은 것들에 대하여 말씀하신다. I. 산 염소와 암사슴(1-4절). II. 들나귀(5-8절). III. 들소(9-12절). IV. 학 또는 공작(13절). V. 타조(13-18절). VI. 말(19-25절). VII. 매와 독수리(26-30절).

¹산 염소가 새끼 치는 때를 네가 아느냐 암사슴이 새끼 낳는 것을 네가 본 적이 있느냐 ²그것이 몇 달 만에 만삭되는지 아느냐 그 낳을 때를 아느냐 ³그것들은 몸을 구푸리고 새끼를 낳으니 그 괴로움이 지나가고 ⁴그 새끼는 강하여져서 빈 들에서 크다가 나간 후에는 다시 돌아오지 아니하느니라 ⁵누가 들나귀를 놓아 자유롭게 하였느냐 누가 빠른 나귀의 매인 것을 풀었느냐 ⁶내가 들을 그것의 집으로, 소금 땅을 그것이 사는 처소로 삼았느니라 ⁷들나귀는 성읍에서 지껄이는 소리를 비웃나니 나귀 치는 사람이 지르는 소리는 그것에게 들리지 아니하며 ⁸초장 언덕으로 두루 다니며 여러 가지 푸른 풀을 찾느니라 ⁹들소가 어찌 기꺼이 너를 위하여 일하겠으며 네 외양간에 머물겠느냐 ¹⁰네가 능히 줄로 매어 들소가 이랑을 갈게 하겠느냐 그것이 어찌 골짜기에서 너를 따라 써레를 끌겠느냐 ¹¹그것이 힘이 세다고 네가 그것을 의지하겠느냐 네 수고를 그것에게 맡기겠느냐 ¹²그것이 네 곡식을 집으로 실어 오며 네 타작 마당에 곡식 모으기를 그것에게 의탁하겠느냐

하나님은 여기에서 욥에게 그가 광야에서 뛰놀며 자유롭게 살아가지만 하나님의 섭리에 의한 돌보심을 받는 다음과 같은 야생 동물들에 대하여 아

는 것이 별로 없다는 것을 보여주신다.

I. 산 염소와 암사슴. 하나님이 이 짐승들과 관련해서 말씀하시는 것은 그 것들이 새끼들을 낳고 기르는 것에 관한 것이다. 왜냐하면, 하나님은 그 섭리에 의한 돌보심을 통해서 각각의 개체를 먹이실 뿐만 아니라, 온갖 종류의 짐 승을 보존하시기 때문이다.

1. 새끼들을 낳는 것에 대하여.

(1) 사람은 그 짐승들이 새끼를 낳는 때를 전혀 알지 못한다는 것(1-2절). 암 사슴이나 산 염소가 새끼를 배는 때를 알지도 못하는 우리가 하나님의 섭리의 태 속에 무엇이 있는지, 어느 날 무엇을 낳을지를 어찌 아는 체할 수 있겠는가?

(2) 이 짐승들은 새끼를 낳을 때에 큰 어려움과 괴로움을 겪고, 사람의 도움 을 받지도 않지만, 하나님의 선한 섭리로 말미암아 새끼들를 무사히 낳고, 그 괴로움은 잊어버린다는 것(3절). 어떤 이들은 암사슴이 새끼를 낳는 것을 하나 님이 천둥으로 도우신다는 암시가 있다고 생각한다(시 29:9). 암사슴이 새끼를 낳는 것조차도 하나님이 도우신다는 사실은 산고를 겪는 여인들에게 큰 위로 가 된다. 그런 하나님이 그와 언약 관계에 있는 그의 자녀들이 자녀를 잉태하 고 낳을 때에 그들을 도우시고 건지시리라는 것은 두말할 필요도 없지 않겠는 가?

2. 새끼가 자라는 것에 대하여(4절). 그 새끼는 강하여진다. 짐승들은 새끼들 을 괴로움 가운데서 낳지만, 일단 어미가 젖을 먹여 새끼들을 키워서, 새끼들 이 스스로 곡식 밭에 나갈 수 있게 된 때로부터는 더 이상 어미에게 부담이 되 지 않는다. 이것은 사람의 자녀들에게 모범이 된다. 자녀들은 다 큰 후에는, 언 제까지 부모에게 매달려서 응석을 부리지 말고, 스스로 자립하여 생계를 꾸려 나가면서, 부모의 은혜에 보답하여야 한다.

II. 들나귀. 우리는 성경에서 이 짐승에 대하여 자주 듣게 되는데, 들나귀 는 길들여지지 않기로 유명하다. 사람도 들나귀 새끼와 같아서 어지간해서는 말을 잘 듣지 않는다. 하나님의 섭리는 들나귀에게 다음의 두 가지를 주셨다.

1. 얽매이지 않은 자유로움(5절). 하나님 외에 누가 들나귀를 놓아 자유롭게 하였느냐. 하나님은 들나귀에게 그런 성향을 주셨기 때문에, 들나귀의 자유분 방함은 하나님의 섭리에 의한 것이다. 길들여진 나귀는 일을 하도록 속박을 받 지만, 들나귀는 그런 속박을 받지 않는다. 일로부터 해방되어 마음껏 뛰놀 수

있는 자유는 들나귀만의 특권이다. 사람이 그런 자유를 탐하거나 그런 자유를 누리고 있다고 자랑한다면, 그것은 애석한 일이다. 아무 일도 하지 않는 채로 빈둥거리며 살기보다는 일을 하며 무엇인가에 쓸모가 있는 것이 더 낫다. 그러나 사람들 가운데서 하나님이 그의 섭리를 통해서 어떤 사람들에게는 자유롭고 편안하게 살게 하시는 반면에, 어떤 사람들에게는 종의 멍에를 메게 하신다고 하여도, 우리는 그것을 이상하게 여겨서는 안 된다. 짐승들의 세계에서도 마찬가지이다.

2. 울타리가 없는 거처(6절). 내가 광야를 그들의 집으로 마련하였느니라. 광야에서 들나귀는 마음껏 내달리고 뛰놀 수 있고, 성경에서 말하듯이 언제든지 마음껏 야생의 바람을 쐴 수 있다(렘 2:24). 왜냐하면, 불모지가 그들의 처소이기 때문이다. 길들여진 나귀는 사람을 위하여 일하면서, 주인이 마련해 준 구유에 가서 먹고 쉬며, 비옥한 땅에서 살지만, 들나귀는 자유분방한 삶을 원하기 때문에 불모지에 가서 살지 않으면 안 된다. 일하고자 하지 않는 자는 먹지도 말아야 한다. 일하고자 하는 자는 자기 손으로 수고한 것을 먹고, 궁핍한 자에게 나누어 줄 것도 가지게 될 것이다. 사냥꾼이었던 에서가 굶주려서 기진할 때, 목자였던 야곱은 좋은 붉은 팥죽을 남겨 놓았다가 야곱에게 줄 수 있었다. 들나귀가 누리는 자유분방한 삶에 대한 설명은 7절과 8절에서도 계속해서 이어진다.

(1) 들나귀는 주인이 없고, 복종하고자 하지도 않는다는 것. 들나귀는 성읍에서 지껄이는 소리를 비웃는다. 사람들이 그를 붙잡고자 해서, 많은 사람들을 동원해서 그를 둘러싸도, 그는 이내 그 포위망을 뚫고 달아나기 때문에, 그를 잡기 위해서 몰아대는 자들이 지르는 소리가 그에게는 아무것도 아니다. 그는 광야에서 사는 자기가 더 행복하다고 생각해서, 사람들이 북적대는 요란한 성읍에서 사는 자들을 비웃는다(패트릭 주교의 해석). 생각은 자유인 셈이다.

(2) 들나귀는 주인이 없어서 먹을 것을 공급해 주는 자도 없기 때문에, 스스로의 힘으로 살아가야 한다는 것. 산등성이가 그의 초장이기 때문에, 그는 초장 언덕으로 두루 다닌다. 거기에서 그는 그의 먹잇감인 여러 가지 푸른 풀을 찾아서 여기저기를 다닌다. 반면에, 일하는 나귀들은 주인으로부터 푸른 풀을 풍성하게 공급받기 때문에 애써서 풀을 찾아 다닐 필요가 없다. 우리는 들나귀를 비롯해서 길들여지지 않는 짐승들의 예를 통해서, 들나귀 새끼조차 길들여서 규

율할 수 없는 우리가 하나님의 섭리를 규율하겠다고 나서는 것이 얼마나 주제 넘은 짓인지를 깨닫게 된다.

Ⅲ. 들소. 들소(히브리어로 '렘')는 힘이 세고(민 23:22) 거만하기가 이를 데 없는 짐승이다(시 112:10). 들소는 사람을 섬겨 일할 수 있지만, 그렇게 하려고 하지를 않는다. 하나님은 여기에서 욥에게 어디 한번 들소를 강제로 길들여서 그를 위하여 일하게 해보라고 도전하신다. 욥은 자기에게 일어나는 모든 일이 그가 생각한 그대로 의로워야 한다고 생각하였고, 그렇게 기대하였다. 하나님은 이렇게 말씀하신다: "네가 모든 것을 네 마음대로 주무를 수 있는 체하는데, 어디 한번 들소를 상대로 너의 솜씨를 보여 보라. 너의 황소들과 나귀들이 지금은 다 없어져 버렸으니, 들소가 그것들 대신에 너를 위하여 기꺼이 일하고자 하는지(9절), 과연 네가 그것들을 위해 마련해 주었던 것들에 만족할 것인지를 시험해 보라. 들소가 네 외양간에 머물겠느냐. 결코 그렇지 않을 것이다."

1. "너는 들소를 길들일 수도 없고, 능히 줄로 맬 수도 없으며, **써레를 끌게 할** 수도 없다(10절)." 사람을 위해 기꺼이 일하고자 하고, 사람을 섬기는 것에서 즐거움을 느끼며, 주인을 사랑하는 마음을 갖는 짐승들이 있는 반면에, 결코 사람을 섬기고자 하지 않는 짐승들도 있는데, 이것은 죄의 결과이다. 사람은 그를 지으신 이에게 반역을 일으켜서 복종하고자 하지 않았기 때문에, 열등한 피조물들이 사람에게 반역을 일으켜서 복종하고자 하지 않는 벌을 받는다고 해도, 그것은 합당한 일이다. 그런데도 여전히 사람을 섬기고자 하는 짐승들이 있다는 것은 하나님의 은혜이다. 들소가 사람을 섬기거나 그의 손에 굴복하여 이랑을 갈고자 하지 않지만, 길들여진 소나 야성이 없는 그 밖의 짐승들은 사람을 위해 일하고, 사람은 그런 짐승들을 집에서 기르고 먹여주면서 섬김을 받는다. 사람이 무엇이기에 주께서 그를 생각하시며 인자가 무엇이기에 주께서 그를 돌보시나이까(시 8:4).

2. "너는 들소를 의지할 수도 없다. 그것이 힘이 세다고 해서, 네가 어린아이가 끌거나 몰 수 있는 나귀나 소에게 하듯이 네 모든 수고를 그것에게 맡기겠느냐. 너는 네 곡식을 집으로 실어 오며 네 타작 마당에 곡식 모으는 일을 결코 들소에게 맡기지 못할 것이다(11-12절)." 사람이 소로 하여금 타작마당에서 곡식을 밟게 할 때에는 그 입에 망을 씌우지 않지만, 들소는 곡식을 추수하거나 운반

하는 일을 돕고자 하지 않기 때문에 길들여진 소와는 달리 먹을 것도 얻지 못한다. 들소는 쟁기를 끌지도 못할 것이다. 왜냐하면, 들소를 지으신 분이 들소에게 그런 일을 하도록 계획하지 않으셨기 때문이다. 일을 하고자 하는 성향도 일을 할 수 있는 능력과 마찬가지로 하나님이 주신 은사이다. 하나님이 일을 할 수 있는 힘을 주심과 아울러 일할 마음까지 주신다면, 그것은 참으로 큰 은혜이다. 우리는 이것을 위하여 기도하여야 하고, 우리 자신을 설득해서 그렇게 하여야 한다. 그것은 짐승들이 할 수 없는 일이다. 왜냐하면, 짐승들 가운데에서와 마찬가지로 사람들 가운데서도 수고를 하거나 선한 일을 하고자 하는 마음이 전혀 없는 자들은 짐승처럼 취급되어 광야에 버려지는 것이 합당하기 때문이다.

[13]타조는 즐거이 날개를 치나 학의 깃털과 날개 같겠느냐 [14]그것이 알을 땅에 버려 두어 흙에서 더워지게 하고 [15]발에 깨어질 것이나 들짐승에게 밟힐 것을 생각지 아니하고 [16]그 새끼에게 모질게 대함이 제 새끼가 아닌 것처럼 하며 그 고생한 것이 헛되게 될지라도 두려워하지 아니하나니 [17]이는 하나님이 지혜를 베풀지 아니하셨고 총명을 주지 아니함이라 [18]그러나 그것이 몸을 떨쳐 뛰어갈 때에는 말과 그 위에 탄 자를 우습게 여기느니라

타조는 기이한 동물로서 아주 큰 새지만 날지는 못한다. 어떤 이들은 타조를 날개 달린 낙타라 불러 오기도 하였다. 하나님은 여기에서 타조에 대하여 다음과 같이 말씀하신다.

I. 타조에게는 학 또는 공작과 마찬가지로 아름다운 깃털이 있다는 것(13절). 네가 학(또는, 공작)에게 교만한 날개를 주었느냐(어떤 이들은 이렇게 읽는다). 멋진 깃털은 교만한 새를 만든다. 공작은 교만의 상징이다. 공작이 활보하며 그의 멋진 깃털을 뽐내면, 솔로몬의 모든 영광을 다 합쳐도 그의 모습보다 못하다. 타조도 좋은 깃털을 가지고 있기는 하지만, 타조는 어리석은 새이다. 왜냐하면, 지혜가 늘 아름답고 화려한 것은 아니기 때문이다. 다른 새들은 공작이나 타조의 화려한 색채를 시기하거나, 그런 것이 자기에게는 없다고 불평하지 않는다. 그런데, 우리가 다른 사람들이 우리보다 더 좋은 옷을 입고 있다고 해서 투덜거릴 이유가 어디에 있겠는가? 하나님은 그의 은사들을 다양하게

나누어 주시는데, 겉보기에 가장 멋지게 보이는 은사들이라고 해서 항상 가장 귀한 은사들인 것은 아니다. 사람들은 공작의 꼬리보다는 차라리 나이팅게일의 소리를 더 갖고 싶어하고, 땅 위로 날 수도 없고 어미로서의 애정도 없는 타조의 아름다운 날개와 깃털보다는 차라리 독수리의 눈과 높이 치솟아 오를 수 있는 그의 날개와 황새의 따뜻한 애정을 더 갖고 싶어하지 않겠는가?

II. 타조에게 특유한 것.

1. 새끼를 돌보지 않는다는 것. 이것은 아주 악한 것이기 때문에, 이것이 오직 타조에게만 특유하다는 것은 좋은 일이다.

(1) 타조는 자신의 알들을 땅에 그대로 버려둔다는 것. 타조는 제비나 참새와는 달리(시 84:3) 은밀한 곳으로 가서 거기에 보금자리를 만들어 알을 낳고 새끼를 부화시키지 않는다. 기이하게도 대부분의 새들은 다른 동물들과 마찬가지로 새끼를 보존하고자 하는 선천적인 본능에 이끌려서 행동한다. 그러나 타조는 자연에 있어서 괴물이다. 왜냐하면, 타조는 땅바닥의 아무 데나 알들을 떨어뜨리고, 그 알들을 돌보거나 부화시키지 않기 때문이다. 만약 모래와 태양의 열기로 그 알들이 부화된다면, 그것은 다행스럽고 좋은 일이다. 타조는 새끼들을 따뜻하게 품고자 하지 않기 때문에, 그런 식으로 새끼들이 부화하는 것은 타조에게도 좋은 일일 것이다(14절). 아니, 타조는 새끼들을 보존하는 일에 아예 신경을 쓰지 않는다. 타조의 새끼들은 여행자들의 발에 깨어질 수도 있고, 들짐승에게 밟혀 깨질 수도 있다(15절). 그런데도 타조의 새끼들이 어떻게 부화하고, 어떤 까닭으로 타조가 멸종되지 않은 것인가? 우리는 하나님이 버려진 까마귀 새끼들을 먹이시듯이 그의 특별한 섭리로 태양과 모래의 열기로 타조가 버린 알들을 부화시키시거나(어떤 이들은 이렇게 생각한다), 타조가 종종 자신의 알들을 버리기는 하지만 늘 그런 것은 아니라고 생각하지 않을 수 없다.

(2) 타조가 이렇게 자신의 알들을 땅에 버리는 이유.

[1] 새끼를 돌보고자 하는 선천적인 애정이 없어서(16절). 타조는 자기 새끼에게 모질게 대한다. 그 어떤 것에 대하여 마음을 완악하게 하고 모질게 대하는 것은 짐승 가운데서도 사랑스럽지 않은 모습인데, 인간성을 자랑하는 이성을 지닌 피조물인 사람 가운데서는 두말할 필요도 없을 것이다. 특히, 스스로 살아나갈 수 없어서 동정을 받아야 하고, 남을 도발할 수 없기 때문에 가혹한 대

우를 받지 않아야 할 어린 새끼들을 모질게 대하는 것은 정말 악하고 잔인한 짓이다. 그러나 가장 악한 것은 자신의 분신이나 다름없는 자기 새끼들을 마치 제 새끼가 아닌 것처럼 모질게 대하는 것이다. 타조는 자기 새끼들이 부화하기도 전에 죽지는 않을까 염려하며 세심하게 돌보는 마음을 가져야 마땅한데도, 그런 마음을 갖지 않기 때문에, 타조가 알들을 낳느라고 고생한 것은 허무하게 다 물거품이 되어 버린다. 자신의 수고가 수포로 돌아가지는 않을까 걱정하는 마음이 없는 자들은 그들의 수고가 수포로 돌아갈 가능성이 크다.

[2] 지혜가 없어서(17절). 하나님은 타조에게 **지혜를 베풀지 아니하셨다.** 이것은 다른 동물들이 자기 새끼를 기르고 보존하기 위해 갖고 있는 기술이 하나님의 선물이라는 것, 그런 은사가 어떤 동물에게 없다면 그것은 하나님이 그 은사를 주지 않으신 것이라는 것, 우리는 개미의 지혜를 통해서만이 아니라 타조의 어리석음을 통해서도 지혜를 배울 수 있다는 것을 보여준다.

첫째, 타조가 자기 새끼들을 돌보지 않듯이, 많은 사람들이 자신의 영혼을 돌보지 않는다. 그들은 자신의 영혼에게 필요한 것들을 공급해 주지 않고, 영혼이 안전하게 있을 수 있는 보금자리를 만들어 주지도 않으며, 영혼을 사탄과 그의 유혹들에 그대로 노출시킨 채로 방치해 버리는데, 이것은 그들이 지혜를 박탈당했다는 것을 보여주는 확실한 증거이다.

둘째, 자기 자녀들을 돌보지 않는 부모들이 많다. 어떤 자들은 자녀들의 육신을 돌보지 않고, 그들의 집이나 혈육에게 먹을 것과 쓸 것을 공급하지 않는데, 이것은 불신자들보다 더 악한 것이고, 타조만큼 악한 것이다. 그러나 자녀들의 영혼을 돌보지 않을 뿐만 아니라, 아무런 교육도 시키지 않고 아무런 무장도 시킴이 없이 세상에 내보내면 정욕으로 인하여 부패한 세상이 그들을 삼켜 버릴 것을 뻔히 알면서도 그들을 적절하게 교육하는 일에 신경을 쓰지 않는 부모들은 훨씬 더 많다. 그렇게 된다면, 그들이 자녀들을 양육하는 데에 쏟은 고생과 수고는 헛된 것이 되어 버리고 만다. 그럴 바에는 차라리 아예 자녀들을 낳지 않는 것이 나라를 위해서 더 좋은 일일 것이다.

셋째, 자기에게 맡겨진 사람들을 돌보지 않는 목회자들도 많다. 그들은 사람들이 잠든 사이에 사탄이 얼마나 바쁘게 가라지를 뿌리고 다니는지를 잊은 채 그 사람들을 세상에 그냥 내버려 둔다. 그들이 돌보아야 할 사람들을 돌보지 않는다면, 그것은 그 사람들에 대하여 마음을 완악하게 하여 모질게 대하는 것이다.

2. 자신의 몸은 잘 챙긴다는 것. 타조는 알들을 위험 속에 방치하지만, 자기가 위험에 처하게 되면, 그 어떤 동물보다도 더 재빠르게 그 위험에서 벗어나기 위하여 애를 쓴다(18절). 위험에 처한 타조는 날개를 높이 들어올리고서(이것은 아름다움을 버리고 힘을 얻기 위한 자세이다), 그 날개의 도움으로 아주 빨리 달리기 때문에, 말을 탄 자가 전속력으로 달려도 그 타조를 따라잡을 수 없다: 타조가 몸을 떨쳐 뛰어갈 때에는 말과 그 위에 탄 자를 우습게 여기느니라. 천륜을 지키지 않는 자들은 흔히 자기 몸을 건사하는 데에는 악착같다. 말을 탄 자는 그를 앞지를 수 있는 타조 같은 동물이 있다는 것을 생각해서, 자신의 말이 빠르다고 자랑하거나 교만해서는 안 된다.

[19]말의 힘을 네가 주었느냐 그 목에 흩날리는 갈기를 네가 입혔느냐 [20]네가 그것으로 메뚜기처럼 뛰게 하였느냐 그 위엄스러운 콧소리가 두려우니라 [21]그것이 골짜기에서 발굽질하고 힘 있음을 기뻐하며 앞으로 나아가서 군사들을 맞되 [22]두려움을 모르고 겁내지 아니하며 칼을 대할지라도 물러나지 아니하니 [23]그의 머리 위에서는 화살통과 빛나는 창과 투창이 번쩍이며 [24]땅을 삼킬 듯이 맹렬히 성내며 나팔 소리에 머물러 서지 아니하고 [25]나팔 소리가 날 때마다 힝힝 울며 멀리서 싸움 냄새를 맡고 지휘관들의 호령과 외치는 소리를 듣느니라

하나님은 사람을 보잘것없게 만드는 힘센 동물들을 통해서 자신의 권능을 보여주신 후에, 여기에서는 힘에 있어서는 그런 동물들에 못지 않지만 아주 유순하여 사람을 이롭게 하는 동물인 말을 통해서 다시 한 번 자신의 권능을 보여주신다. 여기에 나오는 말은 싸울 날을 위하여 예비된 말인데, 그런 말은 평상시보다도 더 사람에게 유익을 끼친다. 욥이 사는 땅에는 혈통이 좋고 윤기가 흐르는 명마들이 있었던 것으로 보인다. 당시에는 의전(儀典)이나 전쟁을 위한 가축보다는 농업을 위한 가축이 더 소중해 여겨졌기 때문에, 욥이 소유하였던 가축들 속에는 말이 언급되고 있지 않지만, 아마도 욥은 많은 수의 말을 보유하고 있었을 것이다. 당시에 말은 오늘날과 같이 보잘것없는 일들에 사용되지 않고, 오로지 의전이나 전쟁용으로 보유되었다. 여기에서는 당당한 풍모를 자랑하는 큰 말에 대해서 다음과 같은 것들을 얘기한다.

1. 말은 힘과 용기가 넘쳐난다는 것(19절). 말의 힘을 네가 주었느냐. 말은 사람을 위해서 자신의 힘을 쓰지만, 그 힘은 사람에게서 나온 것이 아니다. 자연의 모든 힘들의 원천이신 하나님은 말에게 힘을 주었지만, 말의 힘이 세다 하여 기뻐하지 아니하시고(시 147:10), 구원하는 데에 군마는 헛되다(시 33:17)고 우리에게 말씀하셨다. 사람을 섬기는 짐승 중에서 달리거나 끌거나 실어 나르는 일에 있어서 말만큼 힘센 짐승은 없고, 아주 억세고 대담한 용기를 가지고 있어서, 위험에 직면해서도 메뚜기처럼 두려워하지 않고 과감하게 앞으로 돌진해 나간다. 아주 힘이 세면서도 아이가 다룰 수 있을 정도로 고분고분하고 주인에게 대들지 않는 그런 종이 있다는 것은 사람에게 좋은 일이다. 그러나 사람은 말의 힘을 의지해서는 안 된다(호 14:3; 시 20:7; 사 31:1, 3).

2. 말의 목과 콧구멍은 대단해 보인다는 것. 말의 목은 천둥으로 옷 입혀 있다. 여기에서 천둥은 물 흐르는 듯이 붙어 있는 큰 갈기를 말하는데, 이것은 말의 장식품으로서 말을 무서운 존재로 만들어 주는 역할을 한다. 말이 그 머리를 세차게 흔들며 입주위에 거품을 흘리고 콧김을 내뿜을 때에 그 위엄스러운 콧소리는 두렵게 느껴진다(20절). 아마도 당시에 욥이 살던 땅에는 우리에게 있는 것보다 더 위풍당당한 품종의 말들이 있었던 것 같다.

3. 말은 전쟁터에서 아주 사납고 맹렬하여, 위험이 코 앞에 있는데도 굴하지 않는 용기로 가득 차 있다는 것.

(1) 말이 자신의 힘을 얼마나 자랑스러워하는지를 보라(21절). 말은 자기가 어떤 땅에 서 있는지를 알지도 못한 채 골짜기에서 발굽질한다. 그는 자신의 힘을 자랑한다. 말은, 사람을 멸시하고 사람에게 반역하는 데에 자신의 힘을 사용하는 들나귀(8절)와는 달리 사람을 섬기며 사람의 명령을 따라 자신의 힘을 사용한다는 점에서 그의 힘을 자랑할 만한 충분한 이유가 있다.

(2) 말이 접전(接戰)하는 데에 얼마나 적극적인지를 보라. 말은 전쟁의 의로운 명분이나 명예심 때문이 아니라 나팔 소리와 지휘관들의 호령과 병사들의 외치는 소리에 따라서 앞으로 나아가서 군사들을 맞는다. 이런 소리들은 말에게 내재되어 있는 용맹함에 불을 붙이는 굉음이 되어서, 말은 힝힝 울며 맹렬하게 앞으로 튀어 나간다(25절). 짐승들은 그들의 용도에 맞는 섬김을 위해서 외적으로나 내적으로 얼마나 기가 막히게 잘 준비가 되어 있는가.

(3) 말이 얼마나 두려움을 모르는지를 보라. 말은 죽음이든 가장 위협적인

위험들이든 다 무시하고 아랑곳하지 않는다(22절). 말은 두려움을 모르고, 도리어 코웃음친다. 말을 뒤로 물러나게 하기 위하여 칼로 닥치는 대로 베고, 화살통을 덜컹거리고, 창을 휘둘러 보라. 말은 뒤로 후퇴하기는커녕 앞으로 과감하게 전진하며, 말 탄 자에게 용기를 불어넣어 줄 것이다.

(4) 말이 얼마나 맹렬히 성내는지를 보라. 말은 높이 도약해서 적을 향하여 쏜살같이 아주 맹렬하게 달려나가기 때문에, 맹렬함과 사나움으로 땅을 집어 삼켜 버리는 것이 아닌가 하는 생각이 들 정도이다(24절). 높은 기개는 맹렬함과 사나움이 합당하지 않은 사람에 대한 찬사가 아니라 말에 대한 찬사이다. 성경에서 군마에 대한 이러한 묘사는 주제넘고 오만방자한 죄인들의 행태를 설명하는 데에 사용된다(렘 8:6): 전쟁터로 향하여 달리는 말 같이 각각 자기 길로 행하도다. 죄인의 마음이 악을 행하기로 단단히 작정하고, 죄인이 주체할 수 없는 격렬한 욕망과 격정에 사로잡혀서 악한 길로 행할 때에는, 그로 하여금 하나님의 진노와 죄의 치명적인 결과들을 두려워하게 만들 수 있는 방법은 전혀 없다. 그의 양심이 율법의 저주, 죄의 삯인 사망, 전투 대형을 갖추고 계신 전능자의 모든 두려움들을 그의 앞에 펼쳐 보여도, 그는 이러한 두려움을 비웃고, 겁내거나 놀라지 아니하며, 그룹 천사들의 화염검을 대할지라도 물러나지 않는다. 목회자들이 나팔 소리 같이 목소리를 높여서 그에게 하나님의 진노를 선포하여도, 그는 그 소리가 나팔 소리라고 믿지 않으며, 하나님과 그의 전령관들이 그에게 신호를 보내고 있는 것이라고 믿지 않는다. 그러나 이 죄인의 말로가 어떠할지는 보지 않아도 뻔하다.

[26]매가 떠올라서 날개를 펼쳐 남쪽으로 향하는 것이 어찌 네 지혜로 말미암음이냐 [27]독수리가 공중에 떠서 높은 곳에 보금자리를 만드는 것이 어찌 네 명령을 따름이냐 [28]그것이 낭떠러지에 집을 지으며 뾰족한 바위 끝이나 험준한 데 살며 [29]거기서 먹이를 살피나니 그 눈이 멀리 봄이며 [30]그 새끼들도 피를 빠나니 시체가 있는 곳에는 독수리가 있느니라

공중의 새들도 땅의 짐승들과 마찬가지로 하나님의 기이한 권능과 섭리들을 보여주는 증거들이다. 하나님은 여기에서 특히 두 개의 위풍당당한 새들을 언급하신다.

1. 매. 매는 힘이 아주 세고 영리하며 품격이 있는 새이지만 육식조(肉食鳥)이다(26절). 여기에서 하나님은 이 새의 신속하고 강력한 비상(飛翔), 특히 매가 남쪽으로 향하는 것에 대하여 언급하신다. 매는 겨울이 되어 특히 깃털을 갈게 되었을 때에 북쪽의 추운 지방에서 태양을 따라 남쪽으로 이동해 간다. 이것은 매의 지혜인데, 이런 지혜를 매에게 준 것은 사람이 아니라 하나님이시다. 매가 자신의 먹이를 좇아 나는 놀라운 지혜는 당시에는 오늘날과 같이 사람들의 기분 전환이나 유희를 위해서 사용되지 않았던 것 같다. 길들여진 매가 사람의 명령에 따라서 날아오르는 것이 사람의 유희를 위하여 사용되는 것은 하나님을 욕되게 하는 행위이다. 왜냐하면, 사람들이 매의 지혜를 가지고 놀며 즐기는데, 그 매의 지혜는 하나님으로부터 온 것이기 때문이다.

2. 독수리. 독수리는 새 중의 왕이지만 역시 육식조이다. 하나님이 독수리에게 막강한 힘을 허락하셨다는 것, 아니 주셨다는 사실은 우리가 사람들 가운데서 압제자들이 형통하는 현실을 받아들이는 데에 도움이 될 수 있다. 하나님은 여기에서 독수리의 다음과 같은 면들을 특별히 언급하신다.

(1) 독수리의 높은 비상(飛翔). 독수리보다 더 높이 날아오르거나, 강한 바람과 햇빛을 더 잘 견딜 수 있는 새는 없다. "독수리가 공중에 떠 있는 것이 어찌 네 명령을 따름이냐(27절). 네가 독수리에게 조금이라도 힘을 보태준 것이 있느냐? 또는, 네가 독수리에게 날아오르도록 명령한 것이냐? 결코 그렇지 않다. 독수리가 너의 시야에서 벗어날 정도로, 아니 네 소리가 닿지 않을 정도로 높이 날아오르는 것은 하나님이 그에게 주신 자연적인 능력과 본능 때문이다."

(2) 독수리의 튼튼한 보금자리. 독수리의 집은 요새이자 성채이다. 독수리는 낭떠러지에 집을 지으며 뾰족한 바위 끝이나 험준한 데 살기 때문에(28절) 위험에서 벗어나 있다. 독수리가 낭떠러지나 뾰족한 바위 끝에 자신의 보금자리를 짓고 안심하듯이, 안일한 죄인들은 그들의 죄 가운데서 안전하다고 생각한다. 그러나 여호와께서는 네가 독수리 같이 보금자리를 높은 데에 지었을지라도 내가 그리로부터 너를 끌어내리리라고 말씀하신다(렘 48:16). 악한 자들이 땅의 적개심과 분노가 닿지 않을 정도로 높이 올라 앉아 있을수록, 그들은 하늘의 원수 갚음에 더 가까이 와 있다고 생각하여야 한다.

(3) 독수리의 좋은 시력(29절). 독수리의 눈은 위로가 아니라 아래로 자신의 먹잇감을 찾아서 멀리 본다. 이 점에서 독수리는 위선자의 상징이다. 위선자는

신앙 고백을 통해서 하늘로 날아오르는 것처럼 보여도, 사실 그의 눈과 마음은 땅의 먹잇감, 즉 이 세상에서의 어떤 이익이나 어떤 과부의 집이나, 신앙의 미명 아래 그가 삼키고자 하는 그 어떤 것에 고정되어 있다.

(4) 독수리의 생존 방식(30절). 독수리는 살아 있는 동물들을 먹잇감으로 삼는데, 그런 먹잇감을 잡아서 갈기갈기 찢은 후에, 새끼들에게 갖다 주어서 피를 빠는 법을 가르친다. 새끼들은 본능적으로 피를 빨고, 더 좋은 방법을 알지 못한다. 그러나 이성과 양심을 지닌 사람들이 피에 굶주려 있다는 것은 모든 시대에 그러한 비참한 예들이 있지 않았다면 거의 믿을 수 없는 일이다. 또한, 독수리는 사람들의 시체도 먹는다. 시체가 있는 곳에는 독수리가 있느니라. 이 육식조는 말과는 다른 의미에서 멀리서 싸움 냄새를 맡는다(25절). 그래서 교회의 원수들에 대한 대살육이 벌어질 때, 천사는 하나님의 큰 잔치에 모여 왕들의 살과 장군들의 살을 먹으라(계 19:18-19)고 새들을 초청한다. 우리 구주께서도 독수리의 이러한 본능을 언급하신다(마 24:28): 주검이 있는 곳에는 독수리들이 모일 것이니라. 모든 피조물은 자신의 고유한 양식이 있는 곳으로 모여드는 법이다. 왜냐하면, 피조물들에게 각자의 양식을 공급하시는 하나님이 그들 속에 그러한 본능과 성향을 심어 놓으셨기 때문이다. 열등한 피조물들 가운데서 자연적인 능력과 영리함을 보여주는 이런 예들과 그 밖에 우리가 설명할 수 없는 그런 많은 예들은 우리로 하여금 우리의 연약함과 무지를 고백하고, 모든 존재와 능력과 지혜와 완전함의 원천이신 하나님께 영광을 돌리지 않을 수 없게 만든다.

제 40 장

개요

하나님은 앞 장에서 욥에게 그를 낮추고 당혹시키는 많은 질문들을 던지신 후에, 이 장에서는 다음과 같이 행하신다. I. 하나님은 욥에게 그 질문들에 대하여 대답할 것을 요구하심(1-2절). II. 욥이 겸손히 할 말이 없음을 인정함(3-5절). III. 하나님은 계속해서 욥과 하나님 사이에는 무한한 간격과 비교할 수 없는 차이가 있다는 것을 깨우쳐 주시면서, 욥이 결코 하나님의 상대가 되지 못한다는 것을 보여주심. 하나님은 욥에게 공의(8절), 능력(9절), 위엄(10절), 교만한 자들을 지배할 수 있는 힘(11-14절)과 관련해서 자기와 겨뤄 보라고 도전하시면서(6-7절), 여기에서 "베헤못"이라 불리는 특정한 동물을 통해 나타난 하나님의 능력의 한 예를 제시하신다(15-24절).

¹여호와께서 또 욥에게 일러 말씀하시되 ²트집 잡는 자가 전능자와 다투겠느냐 하나님을 탓하는 자는 대답할지니라 ³욥이 여호와께 대답하여 이르되 ⁴보소서 나는 비천하오니 무엇이라 주께 대답하리이까 손으로 내 입을 가릴 뿐이로소이다 ⁵내가 한 번 말하였사온즉 다시는 더 대답하지 아니하겠나이다

이 단락에는 다음과 같은 내용들이 나온다.

I. 하나님이 욥을 낮추시기 위하여 도전하심. 하나님은 욥에게 자연의 일들에 대한 그의 명백한 무지를 통해서 그가 섭리의 방법들과 계획들에 대하여 판단할 자격이 없는 자임을 보여주시기 위하여 많은 어려운 질문들을 연달아 퍼부으신 후에, 여기에서는 그 질문들 전체의 적용에 해당하는 하나의 독자적인 요구를 통해서 마지막으로 쐐기를 박으신다. 하나님은 엘리후가 그랬던 것처럼 여기에서 잠시 말씀을 멈추시고서, 욥에게 뭔가 할 말을 할 수 있는 시간 또는 하나님이 말씀하신 것에 대하여 생각할 시간을 주신 것으로 보인다. 그러나 욥은 너무나 당혹스러워서 말을 못하고 침묵하고 있었기 때문에, 하나님은 여기에서 그에게 대답해 보라고 독촉하신다(1-2절). 이것은 앞에서와는 달리

하나님이 회오리바람 가운데서(또는, 폭풍우 가운데에서) 말씀하신 것은 아니다. 그러므로 어떤 이들은 하나님이 여전히 작은 소리로 이것을 말씀하셨다고 생각한다. 엘리야의 경우에서처럼(왕상 19:12-13), 작은 소리는 회오리바람보다 욥에게 더 강력한 감화를 불러일으켰다: 내 교훈은 비처럼 내려서(신 32:2) 기이한 일들을 행한다. 욥은 아무 말도 하지 않았지만, 본문에서는 하나님이 욥에게 대답하신 것으로 묘사한다. 왜냐하면, 하나님은 사람들의 생각을 아시므로, 사람들의 침묵에 대해서도 적절한 대답을 하실 수 있으시기 때문이다.

1. 하나님이 욥을 깨우치시기 위한 질문을 하심. "전능자와 다투는 자가 전능자를 가르치겠느냐. 그런 자가 하나님의 지혜가 무엇인지를 불러주거나 하나님의 뜻이 무엇인지를 처방하는 체할 수 있겠느냐? 하나님이 화가 나서 불평하는 모든 자들의 가르침을 받아서, 그가 이미 취한 조치들을 변경해서 그들을 기쁘게 해주어야 하겠느냐?" 이것은 경멸의 의미가 담겨 있는 반문이다. 누가 능히 하나님께 지식을 가르치겠느냐(21:22). 이것은 하나님께 시비를 걸거나 다투는 자들은 사실상 하나님께 그의 일을 어떻게 고쳐야 하는지를 가르치려 드는 것임을 보여준다. 우리가 우리와 똑같은 사람들이 일을 잘하지 못해서 그들과 다툰다면, 우리는 그들에게 어떻게 하면 더 좋을지를 가르치는 것이 마땅하다. 그러나 사람이 그를 지으신 조물주를 가르치려 드는 것이 과연 있을 수 있는 일인가? 하나님과 다투는 자는 하나님의 원수라고 보는 것이 옳다. 그런 자가 하나님과의 다툼에서 이긴 체하는 것이 말이 되는가? 우리는 무지하고 소견이 짧지만, 하나님 앞에서는 만물이 벌거벗은 것처럼 다 드러나 있다. 우리는 의존적인 피조물들이지만, 하나님은 절대 주권을 지니신 창조주이시다. 그런데도, 우리가 하나님을 가르칠 수 있는 체하겠는가? 어떤 이들은 이 본문을 전능자와 다투는 것이 지혜인가라고 읽기도 한다. 이 질문에 대한 대답은 쉽다: "결코 그렇지 않다. 전능자와 다투는 것은 세상에서 가장 어리석은 짓이다." 하나님을 반대하는 것은 틀림없이 우리에게 파멸을 가져다 줄 것이고, 하나님께 복종하는 것은 우리에게 이루 말할 수 없는 이익이 될 것인데도, 하나님과 더불어 다투는 것이 지혜이겠는가?

2. 하나님이 욥에게 빨리 대답하라고 요구하심. "하나님을 탓하는 자는 이 질문에 대하여 양심껏 대답할지니라. 그러므로 너는, 나로 전능자와 다투거나 전능자를 가르치려 들지 않게 하소서라고 대답하라. 네가 할 수만 있다면 내가 앞에

서 제기한 모든 질문들에 대하여 대답해 보라. 너는 너의 주제넘고 오만방자함에 대하여 하나님의 법정에서 답변을 해보라." 하나님이 말씀하시거나 행하시는 그 어떤 것을 탓하는 자들은 자기 자신을 대단하게 생각하고 하나님을 얕잡아 보는 것이다.

II. 욥이 겸손히 자기를 낮추고 복종함. 이제 욥은 제정신으로 돌아와서, 경건한 슬픔 속으로 녹아들기 시작하였다. 그의 친구들이 그에게 이치를 따져가며 말할 때에는 그가 승복하지 않았었다. 그러나 하나님의 음성은 강력하다: 진리의 성령이 오시면 그가 너의 죄를 깨닫게 하시리라. 친구들은 욥을 악인으로 정죄하였고, 엘리후도 아주 날카로운 말로 욥을 몰아세웠었다(34:7-8, 37). 그러나 하나님은 그에게 그런 가혹한 말들을 하지 않으셨다. 우리는 종종 우리가 행한 일에 대하여 우리의 친구들로부터 듣는 평가보다 더 나은 대우와 더 공평한 해석을 하나님으로부터 기대할 이유가 있는 경우가 있을 수 있다. 선한 자 욥은 여기에서 친구들보다 더 나은 하나님의 대우에 감격해서, 하나님의 은혜의 포로가 되어 스스로 굴복한다.

1. 욥은 자기가 죄인임을 스스로 인정하고, 자기가 의롭다는 것을 증명하기 위해서 할 말이 하나도 없다고 말함(4절). "보소서 나는 비천하오니, 내가 보기에도 나는 미천하고 경멸할 만할 뿐만 아니라, 비루하고 가증스럽나이다." 욥은 이제 자기가 범죄하였다는 것을 깨닫고서, 자신을 비천한 자라 부른다. 죄는 우리를 비천하게 만들고, 참회하는 자들은 스스로를 비천하다고 말하며 자신을 책망하고 부끄러워하며 심지어 곤혹스러워하기까지 한다. "나는 내 아버지께 불충을 저질렀고, 내 은인에게 배은망덕하게 행하였으며, 내 자신에게 지혜롭지 못하게 행하였나이다. 그러므로 나는 비천하나이다." 욥은 앞서 자신을 의롭다 하고 높였던 것만큼이나 이제 와서는 자신을 악하다고 자책한다. 회개는 자기 자신에 대한 견해를 바꾸어 놓는다. 욥은 앞에서 너무도 당당하게 하나님과의 면담을 요구하였었고, 하나님 앞에서 자신의 뜻을 관철시킬 수 있을 것이라고 생각하였었다. 그러나 이제 욥은 자신의 잘못을 깨닫고, 자기가 하나님 앞에 도저히 설 수 없는 자이며, 하나님의 주목을 받을 만한 것이 하나도 없는 자로서, 하나님의 땅에서 기어다녔던 지극히 비천한 구더기 같은 자였다는 것을 인정한다. 친구들이 그에게 말했을 때에는 욥이 그들에게 대답할 말이 있었다. 왜냐하면, 그는 자기가 그들만큼 선하다고 생각했기 때문이다. 그러나

하나님이 그에게 말씀하셨을 때에 그는 할 말이 없었다. 왜냐하면, 그는 하나님에 비하면 자기가 아무것도 아닐 뿐만 아니라, 차라리 없는 이만 못한 자이고, 헛됨과 비천함 그 자체라는 것을 알고 있었기 때문이다. 그래서 욥은 무엇이라 주께 대답하리이까(4절)라고 말할 수밖에 없었다. 하나님은 대답을 요구하셨으나(2절), 욥은 자기가 침묵할 수밖에 없는 이유를 댄다. 그가 말을 하지 않은 것은 자기가 퉁명스럽기 때문이 아니라, 자기가 잘못했다는 것을 확신하였기 때문이었다. 자신의 죄악됨과 비천함을 진정으로 깨달은 자들은 감히 하나님 앞에서 자신을 의롭다고 주장하지 못하고, 그들이 전에 그런 생각을 품었었다는 사실을 부끄러워하며, 그 표시로 자신의 손을 입에 갖다 댈 뿐이다.

2. 욥은 자기가 이전처럼 죄 짓는 일이 다시는 없을 것이라고 약속함. 엘리후는 욥에게 하나님 앞에서 그렇게 말씀을 드리는 것이 합당하다고 말해 주었었다. 우리는 말을 잘못하였을 때에 그것을 회개하고, 그런 말을 반복하거나 고집하지 말아야 한다. 욥은 자기 자신에게 침묵을 명한다(4절). "나는 내 손으로 내 입을 가릴 뿐이로소이다. 나는 내 입에 재갈을 물린 것처럼 내 마음속에서 일어나는 온갖 혈기방자한 생각들을 억누르고, 그런 생각들이 무절제한 말들이 되어 입 밖으로 나오지 않게 하겠나이다." 잘못된 생각을 하는 것도 나쁜 일이지만, 잘못된 말을 하는 것은 더욱더 나쁜 일이다. 왜냐하면, 그것은 악한 생각을 용납하고 재가(裁可)하는 것이기 때문이다. 그것은 선동적인 글을 공개적으로 발표하는 것이다. 그러므로 만일 네가 악한 생각을 하였거든 네 손으로 입을 막아서(잠 30:32), 그 생각이 밖으로 나오지 않게 하라. 그러면, 그것은 너의 악한 생각을 네가 용납하지 않는다는 것을 보여주는 증거가 될 것이다. 욥은 전에 자신의 악한 생각들을 쏟아내었었다. "내가 한 번 잘못 말하였사옵고, 아니 두 번, 즉 말을 할 때마다 여러 번 잘못된 말을 하였나이다. 그러나 내가 다시는 대답하지 아니하겠나이다. 즉, 나는 내가 한 말을 고수하거나 다시 반복해서 말하지 않겠나이다. 나는 더 이상 그런 말을 하지 않겠나이다." 여기에서 참된 회개가 무엇인지를 주목해서 보라.

(1) 참된 회개는 우리의 잘못들과, 우리가 그 잘못들을 했을 때에 근거가 되었던 잘못된 기본 원리들을 바로잡는 것이다. 우리가 어떤 것을 오랫동안 자주 열렬히 주장하여 왔다고 할지라도, 우리는 그것이 잘못된 것임을 안 순간 즉시 더 이상 그것을 고집하지 말고 철회하여야 하고, 그것을 그토록 오랫동안 고집

했던 것에 대하여 스스로 부끄러워하여야 한다.

(2) 참된 회개는 온갖 곁길로부터 돌아와서, 그 곁길로는 더 이상 한 발자국도 나아가지 않는 것이다. "내가 더하지 아니하겠나이다(원문은 이렇게 되어 있다). 나는 나의 혈기에 결코 다시는 빠지지 않을 것이고, 그렇게 아무 말이나 해대지 않을 것이며, 다시는 내가 이전에 말하거나 행했던 대로 말하거나 행하지 않을 것이나이다." 우리가 아직 이렇게 되지 않았다면, 우리의 회개는 아직 온전한 것이 아니다.

또 한 가지 우리가 주목해야 할 것은 하나님과 더불어 논쟁을 벌이는 자들은 결국에는 입을 다물게 될 수밖에 없다는 것이다. 욥은 아주 당당하게 적극적으로 하나님과의 면담을 요구하였었고, 자신의 주장을 하나님 앞에서 분명하게 밝힌다면 하나님이 자기를 의롭다고 하실 것임을 확신한다고 자신만만하게 말하였었다: 나는 그의 처소에까지라도 나아가고 싶고(23:3), 그런 기회가 내게 주어진다면, 내가 왕족처럼 그에게 가까이 나아가리라(31:37). 그러나 그런 자신감은 끝이 났다. 욥은 자신의 항변을 철회하고, 더 이상 아무 대답도 하고 싶어하지 않는다. "주여, 지혜와 의가 모두 주께 있사옵고, 내가 주의 의로우심에 의문을 제기한 것은 참으로 어리석고 악한 짓이었나이다."

⁶그 때에 여호와께서 폭풍우 가운데에서 욥에게 일러 말씀하시되 ⁷너는 대장부처럼 허리를 묶고 내가 네게 묻겠으니 내게 대답할지니라 ⁸네가 내 공의를 부인하려느냐 네 의를 세우려고 나를 악하다 하겠느냐 ⁹네가 하나님처럼 능력이 있느냐 하나님처럼 천둥 소리를 내겠느냐 ¹⁰너는 위엄과 존귀로 단장하며 영광과 영화를 입을지니라 ¹¹너의 넘치는 노를 비우고 교만한 자를 발견하여 모두 낮추되 ¹²모든 교만한 자를 발견하여 낮아지게 하며 악인을 그들의 처소에서 짓밟을지니라 ¹³그들을 함께 진토에 묻고 그들의 얼굴을 싸서 은밀한 곳에 둘지니라 ¹⁴그리하면 네 오른손이 너를 구원할 수 있다고 내가 인정하리라

욥은 하나님이 이미 하신 말씀으로 인해서 많이 낮아져 있었지만, 그 것으로는 아직 충분하지 않았다. 그는 낮아졌지만, 충분히 낮아진 것은 아니었다. 그래서 하나님은 여기에서 앞에서와 동일한 방식과 동일한 취지로 그와 다시 한 번 이치를 따져서 말씀하시는 것을 계속해 나가신다(6절). 우리는 여기

에서 다음과 같은 것들을 보게 된다.

1. 하나님으로부터 들은 말씀을 제대로 받아서 유익을 얻은 자들은 하나님으로부터 더 많은 것을 듣게 된다는 것.

2. 진정으로 죄를 깨닫고 회개한 자들이라고 할지라도 더 철저하게 죄를 깨달아서 더 깊이 회개할 필요가 있다는 것. 다른 사람들의 가르침으로 인해서 자신의 죄악들을 눈으로 보고서 죄를 깨달아 상한 심령이 된 자들은 죄를 깨달았으니 됐다고 생각해서 회개에서 벗어나 위로를 너무 빨리 붙잡지 않도록 하여야 한다. 위로가 올 때에 그 위로는 영속적인 것이 되어야 한다. 그러므로 우리는 겉핥기 식으로 회개하는 데에서 그치는 것이 아니라, 깊은 회개를 통해서 우리의 죄악을 밑바닥까지 샅샅이 살펴서 우리에게 올 위로를 준비하여야 하고, 죄를 깨닫고 회개하는 것에서 빠져 나오려고 서두르지 말아야 한다. 우리의 마음이 우리 안에서 녹아지고 누그러질 때, 우리는 우리의 마음을 철저하게 녹이는 데에 도움이 되는 다음과 같은 것들을 주목하고 깊이 묵상할 필요가 있다.

하나님은 앞에서처럼(38:3) 다음과 같은 도전으로 두 번째 말씀을 시작하신다(7절). "너는 대장부처럼 허리를 묶으라. 네가 전에 용기와 믿음이 있는 체하였는데, 정녕 그런 것을 네가 가지고 있다면, 이제 그것을 보이라. 그러나 너는 곧 네가 나의 상대가 되지 못한다는 것을 알고 시인하게 될 것이다." 모든 교만한 심령을 가진 자들은 결국에는 회개를 통해서든 멸망을 통해서든 이 말씀대로 될 것이다. 모든 높은 산과 낮은 산은 조만간에 이렇게 낮아지게 될 것이다. 우리는 다음과 같은 것들을 인정하여야 한다.

I. 우리는 공의에 있어서 하나님의 상대가 될 수 없다는 것. 하나님은 우리를 다루실 때에 의로우시고 거룩하시지만, 우리는 하나님을 향한 우리의 행실에서 불의하고 거룩하지 못하다. 우리에게는 우리 자신을 탓할 것들은 많지만, 하나님을 탓할 것은 아무것도 없다(8절). "네가 내 공의를 부인하려느냐. 너는 내가 말하고 행하는 것에 이의를 제기하고, 내가 내린 심판을 잘못되고 불의한 것으로 규정하고 뒤집으려고 하는 것이냐?" 욥이 한 불평들 가운데서 다수는 이런 성향을 농후하게 띠고 있었다. 욥은 이렇게 말하였었다: 내가 폭행을 당한다고 부르짖으나 응답이 없다(욥 19:7). 그러나 그런 말이나 표현은 결코 해서는 안 되는 것이었다. 하나님의 심판은 취소될 수 없고 취소되어서도 안 된다. 왜

냐하면, 우리는 하나님의 심판이 진리대로 된다는 것을 확신하므로, 우리가 그것에 의문을 제기하는 것은 너무나 뻔뻔스럽고 죄악된 것이기 때문이다. 하나님은 이렇게 말씀하신다: "네 의를 세우려고 나를 악하다 정죄하고자 하는 것이냐. 네 위신을 세워 주기 위해서 나의 명예가 손상되어야 하겠느냐? 네가 너에 대한 사람들의 비난을 달리는 벗어날 수 없다고 해서, 내가 너를 불의하게 대하였다고 나를 꼭 비난하여야 하겠느냐?" 우리의 본분은 우리 자신을 정죄함으로써 하나님이 의로우시다는 것을 드러내는 것이다. 그래서 다윗은 주께서 말씀하실 때에 의로우시다 하고 주께서 심판하실 때에 순전하시다 하기 위하여 자기가 하나님 보시기에 악을 행하였다고 기꺼이 시인하였다(시 51:4; 또한, 느 9:33; 단 9:7). 그러나 자신을 의롭다고 하기 위해서 하나님을 정죄하려고 드는 자들은 매우 교만한 자들이고, 하나님과 그들 자신에 대하여 정말 무지한 자들이다. 사람들이 적절한 때에 회개를 통해서 자신의 잘못을 바로잡지 않는다면, 영원한 심판이 임하여 사람들의 탄원이 받아들여지지 않고 사람들이 옥에 갇혀 당혹스러워하게 될 날이 오고 있다. 왜냐하면, 그 날에 하늘들이 하나님의 의를 선포할 것이고, 온 세상 사람들이 하나님 앞에서 유죄 판결을 받게 될 것이기 때문이다.

Ⅱ. 우리는 능력에 있어서 하나님의 상대가 될 수 없다는 것. 그러므로 하나님과 겨루는 것은 큰 불경(不敬)일 뿐만 아니라, 뻔뻔스러움의 극치이다. 그것은 이성이나 공의만이 아니라 우리의 이익에도 반(反)하는 것이다(9절). "네가 하나님과 같은 팔, 그 길이와 힘에 있어서 하나님의 팔과 동등한 팔이 있느냐. 하나님이 과거에도 그랬고 현재에도 회오리바람 가운데서 그러시듯이, 네가 하나님처럼 그 목소리를 천둥 같이 내겠느냐(37:1-2)." 하나님은 욥에게 그의 생각과는 달리 그가 하나님과 겨룰 수 없다는 것을 깨우치시기 위하여, 다음과 같은 것들을 보여주신다.

1. 욥은 하나님과 싸워서 결코 이길 수도 없고, 팔의 힘으로 자신의 주장을 관철시킬 수도 없다는 것. 사람들 가운데서는 논쟁이 결국에는 싸움에 의해서 결판이 나서, 승리한 쪽이 의로운 것으로 평가받는 일이 종종 있다. 그러나 만약 하나님과 사람 간의 논쟁을 그런 식으로 결판을 낸다면, 사람의 처지는 훨씬 더 나빠질 것이 틀림없다. 왜냐하면, 사람이 전능자를 대적하여 일으킬 수 있는 모든 힘들은 사르는 불길 앞에 있는 찔레와 가시 같은 것에 불과하기 때

문이다(사 27:4). "땅에서 사는 보잘것없고 약한 벌레에 지나지 않는 네가 만물을 붙들고 있는 하나님의 팔에 비견될 수 있는 팔을 가지고 있느냐?" 피조물들의 능력은 그것이 천사들의 능력이라고 해도 다 하나님에게서 나온 것이고, 하나님에 의해 제한을 받고 있는 것이며, 하나님께 의존되어 있는 것이다. 그러나 하나님의 능력은 본래의 독자적이고 제한이 없는 능력이다. 하나님은 우리 없이 모든 일을 하실 수 있으시지만, 우리는 하나님 없이는 아무것도 할 수 없다. 그러므로 우리는 하나님이 갖고 계시는 것 같은 팔을 갖고 있지 않다.

2. 욥은 하나님과 말싸움을 해서 결코 이길 수도 없고, 시끄럽게 악을 써서 자신의 주장을 관철시킬 수도 없다는 것. 사람들 간에는 큰 소리를 내어서 자신의 목적을 달성하는 경우가 종종 있지만, 그런 것은 하나님께는 통하지 않는다. "네가 하나님과 같은 목소리로 천둥처럼 말할 수 있느냐. 결코 그럴 수 없다. 하나님의 목소리는 순식간에 네 목소리를 들리지 않게 할 것이고, 하나님의 천둥 소리들 중 하나만으로도 너의 모든 속삭임들은 압도당하고 말 것이다." 사람은, 말씀하면 이루어지는 하나님과 같이 그렇게 설득력 있고 강력하며 상대방을 압도해 버리는 말을 할 수 없다. 하나님의 창조의 음성은 그의 천둥 소리라 불리고(시 104:7), 하나님은 그런 음성으로 그의 원수들을 두렵게 하시고 여지 없이 패주시키신다(삼상 2:10). 왕의 진노는 종종 사자가 포효하는 소리 같다고 말하지만, 하나님의 천둥 소리를 결코 흉내낼 수는 없다.

Ⅲ. 우리는 아름다움과 위엄에 있어서 하나님의 상대가 될 수 없다는 것(10절). "네가 하나님과 한번 누가 아름다운지를 겨루어 보고자 한다면, 너의 가장 좋은 옷을 입으라. 너는 위엄과 존귀로 단장하라. 용사의 온갖 위용과 왕으로서의 온갖 화려함을 갖추고 나오라. 너는 너를 돋보이게 해줄 온갖 것들을 최대로 활용하여 치장하라. 너의 원수들을 두렵게 하고 너의 친구들을 매료시킬 영광과 영화로 스스로를 단장하라. 그러나 그렇게 해본들, 그것이 하나님의 위엄과 아름다움에 비하면 무엇이란 말인가? 그것은 힘 있게 나오는 해의 빛 앞에서 반딧불에 불과하다." 하나님은 귀신들과 어둠의 모든 권세들을 두려워 떨게 만들 정도의 위엄과 영광을 입고 계신다. 하나님은 천사들과 빛 가운데에 있는 모든 성도들이 기이하게 여기며 즐거워할 정도의 영광과 아름다움으로 단장하고 계신다. 다윗은 평생토록 하나님의 전에 거하면서, 여호와의 아름다우심을 볼 수 있기를 원하였다. 그러나 하나님의 이런 위엄과 영광과 아름다움

에 비한다면, 왕들이 백성들로 하여금 그들을 두려워하게 만들기 위해서 갖추는 온갖 위엄과 탁월함은 무엇이고, 사랑하는 연인들이 자신을 사랑스럽게 보이도록 만들기 위해서 단장하는 모든 영광과 아름다움은 또 무엇이란 말인가? 욥은 하나님과 다투면서 자신을 크게 보이게 함으로써 이길 수 있다고 생각했지만, 그것은 완전한 오산이었다. 하나님이 빛을 발하실 때에 달이 수치를 당하고 해가 부끄러워하리라(사 24:23).

IV. 우리는 교만한 자들을 다스림에 있어서 하나님의 상대가 될 수 없다는 것(11-14절). 여기에서 하나님은 다음과 같은 간단한 내기를 하신다: 만약 욥이 교만한 폭군들과 압제자들을 하나님처럼 손쉽고 효과적으로 낮아지게 하고 굴욕을 당하게 할 수 있다면, 하나님은 그에게 하나님과 겨룰 만한 힘이 있음을 인정할 것이다. 좀 더 살펴보자.

1. 하나님이 여기에서 욥에게 해보라고 도전하시는 공의는 교만한 자들을 눈빛으로 압도하여 낮추어 보라는 것임. 욥이 하나님과 겨룰 수 있는 체한다면, 특히 하나님이 행하신 일들에 대하여 재판관 노릇을 할 수 있는 체한다면, 하나님이 도전하시는 이 일을 할 수 있지 않으면 안 된다.

(1) 여기에서 전제되고 있는 것은 하나님은 그 일을 하실 수 있으시고 하신다는 것이다. 그렇지 않다면, 하나님은 욥에게 그 일을 해보라고 하지 않으셨을 것이다. 하나님은 교만한 자들을 제지하시고, 그들에 대하여 재판장의 역할을 하셔서, 그들을 멸망에 이르게 하실 수 있다는 것을 통해서 자신이 하나님이심을 증명하신다.

[1] 교만한 자들은 악한 자들이고, 교만은 이 세상에서 하나님과 사람을 향한 수많은 악행의 밑바닥에 있다는 것.

[2] 교만한 자들은 반드시 비천해지고 낮아지리라는 것. 왜냐하면, 교만은 패망의 선봉이기 때문이다(잠 16:18). 허리를 굽히지 않는다면, 그들은 부러질 것이다. 그들이 참된 회개로써 스스로를 낮추지 않는다면, 하나님이 그들을 낮추셔서 영원히 곤혹스럽게 만드실 것이다. 악인들은 그들의 처소(또는, 자리)에서 짓밟힐 것이다. 즉, 악인들은 그들이 있는 자리가 어디이든 그들 자신의 자리를 갖고서 거기에 뿌리를 내리고 있는 체하여도, 거기에서 짓밟힐 것이고, 그들의 자리가 그들에게 보장해 주는 온갖 부귀영화는 그들을 안전하게 지켜주지 못할 것이다.

[3] 하나님의 진노는 교만한 자들에게 임하여, 그들을 낮추시고 부수시며 낮아지게 하시리라는 것. 하나님이 그의 맹렬한 진노를 쏟으시면(그는 현세에서 이 일을 종종 행하시고 저 큰 날에 결정적으로 행하실 것이다), 아무리 강심장을 지닌 자들도 하나님을 대적하여 버틸 수 없다. 누가 주의 노여움의 능력을 알리이까(시 90:11).

[4] 하나님은 교만한 폭군들을 아주 쉽게 낮추실 수 있고, 실제로 그렇게 하신다는 것. 하나님은 통회하는 자들의 심령을 은혜로운 눈빛으로 살아나게 하실 수 있는 것과 마찬가지로, 그의 성난 얼굴로 교만한 자들을 발견하여 모두 낮추시고, 그들로 하여금 창피함과 두려움, 철저한 파멸에 압도되어 어쩔 줄 모르게 하실 수 있으시다.

[5] 하나님은 그 일을 효과적으로 하실 수 있으시고, 결국 그 일을 하시리라는 것(13절). 하나님은 그들을 티끌로 돌아가게 하실 뿐만 아니라, 모세가 죽여서 모래 속에 감춘 애굽 사람처럼(출 2:12) 그들을 진토에 묻어서 다시 살아날 소망을 없애버리실 것이다. 즉, 그들은 죽게 될 뿐만 아니라, 다시는 돌아올 수 없는 스올로 들어가게 될 것이다. 그들은 그들이 유명 인사라는 것을 자랑하였지만, 진토에 묻혀 사람들의 눈에서 감추어져서 사람들의 마음에서도 멀어진 자들과 똑같이 더 이상 사람들 가운데서 기억됨이 없이 잊혀지게 될 것이다. 그들은 살아서는 서로 동맹을 맺어서 힘을 합쳐 악행들을 저질렀지만, 죽어서는 굴비 엮듯이 한데 엮여서 스올에 들어가게 될 것이다. 그들은 함께 진토에 묻혀서 감추어질 것이다. 그들은 진토 속에서 함께 안식을 취하는 것이 아니라 수치를 당하게 될 것이다(17:16). 아니, 그들은 행악자들이나 죽은 자들로 취급될 것이다(하만의 경우에서 볼 수 있듯이, 행악자들은 단죄를 받고 나면 그 얼굴이 가려졌다: 하나님은 그들의 얼굴을 싸서 은밀한 곳에 두실 것이다). 나사로는 그 얼굴이 천에 싸인 채로 무덤에 매장되었다. 하나님이 그를 대적하는 교만한 죄인들에 대하여 마침내 거두실 승리는 이렇게 완벽할 것이다. 하나님은 이것을 통해서 그가 하나님이시라는 것을 증명하실 것이다. 하나님이 교만한 자들을 이토록 미워하시는 이유가 무엇인가? 그러므로 그는 거룩하시다. 하나님이 교만한 자들을 이렇게 혹독하게 벌하시는 이유가 무엇인가? 하나님은 세상을 심판하시는 의로우신 심판주이시기 때문이다. 그가 교만한 자들을 이렇게까지 낮추실 수 있는 것은 왜인가? 하나님은 전능하신 주이시기 때문이다.

하나님이 교만한 애굽 왕 바로를 낮추시고 홍해의 모래 속에 묻어 버리셨을 때, 이드로는 이 일을 통해서 여호와는 모든 신보다 크시므로 이스라엘에게 교만하게 행하는 원수들을 이기셨고, 그들이 그의 적수가 되지 못한다는 것을 확실하게 알게 되었다(출 18:11; 또한, 계 19:1-2).

(2) 하나님은 여기에서 욥에게 그런 일을 해보라고 제안하심. 욥은 마치 하나님을 정신차리게 해야 하겠다고 생각한 듯이 하나님과 그의 섭리에 대하여 격정적으로 다투고 시비를 걸면서, 그의 맹렬한 분노를 하늘을 향하여 쏟아내었었다. 하나님은 이렇게 말씀하신다: "자, 이리 와서, 먼저 교만한 자들에게 손을 한 번 써보라. 그러면, 너는 그들이 너의 맹렬한 분노를 얼마나 대수롭지 않게 여기는지를 곧 보게 될 것이다. 그런데도 내가 너의 분노를 존중하여 네 뜻을 따라야 하겠느냐?" 욥은 폭군들과 압제자들이 형통함과 권세를 누리는 것에 대하여 불평함으로써, 하나님이 그런 것을 허용하시는 것은 잘못하시는 것이라고 사실상 책망을 하였었다. 그러나 그는 자기도 어쩔 수 없는 것이라면 그 일에 시비를 걸어서는 안 된다. 오직 하나님만이 교만한 자들을 낮추실 충분한 능력을 갖고 있으시다면, 오직 그만이 언제 그리고 어떻게 그 일을 해야 하는지를 아시는 충분한 지혜도 갖고 계신다는 것은 의심의 여지가 없다. 그러므로 우리가 교만한 자들을 어떤 방식으로 처리해야 하는지, 또는 세상을 어떻게 다스려야 하는지에 대하여 하나님을 가르치려 들거나 이래라 저래라 하는 것은 합당하지 않다. 우리가 하나님과 같은 팔(즉, 능력)을 가지고 있지 않다면, 우리는 하나님이 하실 일을 그의 손에서 빼앗겠다는 생각을 하지 말아야 한다.

2. 하나님은 욥이 그와 같은 엄청난 일을 할 수 있는 것이 확인된다면 그를 거기에 걸맞게 대우해 줄 것이라고 약속하심(14절). "그리하면 네 오른손이 너를 구원할 수 있다고 내가 인정하리라. 물론, 그렇다고 해도 어쨌든 나와 다투기에는 네가 역부족이겠지만 말이다." 사람이 자신의 구원자가 되고자 하는 것(모든 일을 독자적으로 자신의 힘으로 처리하고자 하는 것)은 사람이 지닌 선천적인 교만이자 야망이지만, 실제로 그렇게 할 수 있는 체하는 것은 주제넘은 짓이다. 우리는 우리의 힘으로 하나님의 은혜를 얻어내서 우리 자신을 구원할 수 없고, 우리를 하나님의 공의로부터 구원해 내는 것은 더더욱 불가능하다. 우리가 우리 자신의 힘으로 우리의 원수들을 굴복시켜서 낮출 수 없다면, 우리는

우리 자신의 힘으로 우리 자신을 구원할 수 있는 체 허풍을 떨어서는 안 된다. 그러나 만약 우리가 그렇게 할 수 있는 힘이 우리에게 있다는 것을 보인다면, 하나님도 그것을 인정하실 것이다. 하나님은 어떤 사람이 받아야 할 정당한 칭찬을 속여서 빼앗으신 적도 없으시고, 앞으로도 없으실 것이며, 어떤 사람이 마땅히 받아야 할 존귀함을 부정하신 적도 없으시다. 그러나 우리에게는 교만한 자들을 낮출 수 있는 힘이 없기 때문에, 우리는 우리의 손이 우리를 구원할 수 없고, 따라서 우리 자신을 하나님의 손에 맡길 수밖에 없다는 것을 하나님 앞에서 인정하지 않으면 안 된다.

[15]이제 소 같이 풀을 먹는 베헤못을 볼지어다 내가 너를 지은 것 같이 그것도 지었느니라 [16]그것의 힘은 허리에 있고 그 뚝심은 배의 힘줄에 있고 [17]그것이 꼬리 치는 것은 백향목이 흔들리는 것 같고 그 넓적다리 힘줄은 서로 얽혀 있으며 [18]그 뼈는 놋관 같고 그 뼈대는 쇠 막대기 같으니 [19]그것은 하나님이 만드신 것 중에 으뜸이라 그것을 지으신 이가 자기의 칼을 가져 오기를 바라노라 [20]모든 들 짐승들이 뛰노는 산은 그것을 위하여 먹이를 내느니라 [21]그것이 연 잎 아래에나 갈대 그늘에서나 늪 속에 엎드리니 [22]연 잎 그늘이 덮으며 시내 버들이 그를 감싸는도다 [23]강물이 소용돌이칠지라도 그것이 놀라지 않고 요단 강 물이 쏟아져 그 입으로 들어가도 태연하니 [24]그것이 눈을 뜨고 있을 때 누가 능히 잡을 수 있겠으며 갈고리로 그것의 코를 꿸 수 있겠느냐

하나님은 추가적으로 자신의 능력을 증명하고 욥의 허풍을 드러내기 위하여 그 크기와 힘에 있어서 사람을 훨씬 능가하는 두 크고 힘센 동물, 즉 베헤못과 리워야단을 언급하는 것으로 모든 말씀을 마무리하시는데, 이 단락에서는 베헤못이 다루어진다. "이제 베헤못을 볼지어다. 그리고서 그런 짐승을 지으시고 그 짐승이 지닌 모든 힘을 그 짐승에게 주신 하나님과 과연 네가 다툴 수 있는지, 도리어 하나님께 굴복하고 화해를 하는 것이 지혜로운 일이 아닌지를 심각하게 고민해 보아라." 베헤못은 일반적인 의미에서의 짐승을 가리키지만, 여기에서는 어떤 특정한 종(種)의 짐승을 가리키는 것으로 보아져야 한다. 어떤 이들은 황소로 보기도 하고, 어떤 이들은 애굽에서 잘 알려져 있던 하마, 즉 나일강에서 물고기들 사이에서 살지만 먹이를 먹을 때는 물 밖으로 나오는 등

양서류(兩棲類)에 속하는 하마를 가리키는 것으로 보기도 한다. 그러나 나는 아주 오래되고 일반적으로 받아들여져 왔던 견해, 즉 여기에서 말하는 것은 코끼리라는 견해를 버릴 이유가 없다고 본다. 코끼리는 대단히 몸집이 크고 힘이 세며, 다른 어느 동물보다도 큰 거구와 놀라운 영리함을 갖추고 있어서 동물 세계에서 아주 유명하기 때문에, 우리가 38장 이래로 보아 왔던 네 발 달린 짐승들과 견주어서도 하나님의 능력을 보여주는 증거로 결코 빠질 수 없는 동물이기 때문이다.

I. 베헤못에 대한 묘사.

1. 그의 몸은 대단히 튼튼하고 잘 지어져 있다는 것. 그것의 힘은 허리에 있고(16절), 그 뼈는 다른 동물들에 비하면 쇠 막대기들 같다(18절). 그의 등뼈는 아주 튼튼해서, 그 꼬리가 크지는 않지만, 그 꼬리를 엄청난 힘으로 백향목처럼 흔든다(17절). 어떤 이들은 여기에서 꼬리로 번역된 단어가 코끼리의 몸통을 가리키는 것으로 보는데, 이는 이 단어가 맨 끝에 있는 부분을 의미하고, 코끼리의 몸통에는 실제로 놀라울 정도의 힘이 있기 때문이다. 코끼리는 등과 허리, 그리고 그 넓적다리 힘줄이 아주 튼튼하기 때문에, 나무로 만든 큰 망루를 만들어 그 위에 실어서, 많은 수의 전사들을 그 망루에 집어넣어 운송할 수 있다. 여기에 나오는 묘사 속에서 주로 역설되고 있는 힘센 몸집으로 말하자면 코끼리를 따라올 동물이 없다.

2. 그는 다른 동물들을 잡아먹는 것이 아니라 땅의 소산물들을 먹고 산다는 것. 그는 소 같이 풀을 먹고(15절), 산들은 그것을 위하여 먹이를 낸다(20절). 들짐승들은 사자의 경우와는 달리 코끼리를 보면 두려워 떨거나 도망하지 않고, 코끼리가 그들에게 아무런 위험도 되지 않는다는 것을 알기 때문에, 주변에서 함께 뛰논다. 이것은 우리에게 다음과 같은 기회를 준다.

(1) 우리는 코끼리에게 풀을 먹게 하신 하나님의 선하심을 인정하여야 한다는 것. 왜냐하면, 코끼리 같이 몸집이 큰 동물은 먹는 양도 많은데, 그가 육식을 하지 않고(만약 육식을 한다면, 그가 살기 위해서 많은 생명들이 죽어야 할 것이다) 채식을 함으로써, 많은 생명들이 죽어 나가는 일이 일어나지 않게 되었기 때문이다.

(2) 우리는 하나님이 사람에게 원래 양식으로 정해 주신 것을 따라서 육식을 하지 말고 채소와 열매로 살아가는 것이 바람직하다는 것(창 1:29). 말이나

소의 경우와 마찬가지로 코끼리의 힘도 육식을 하지 않고도 얼마든지 유지될 수 있다. 그런데 사람이라고 해서 왜 그렇게 되지 않겠는가? 그러므로 우리는 하나님이 우리에게 허용하신 자유를 사용할 수 있기는 하지만, 고기를 탐하는 자들과 사귀지 말아야 한다(잠 23:20).

(3) 우리는 조용하고 평화로운 삶을 사는 것이 바람직하다는 것. 주변의 모든 사람들을 두려움에 떨게 만드는 사자 같은 삶이 아니라, 이웃들로 하여금 편안하고 즐겁게 살 수 있게 해주는 코끼리 같은 삶을 누가 원하지 않겠는가?

3. 그는 그늘이 그를 덮어 주는 그늘진 나무 아래 사방이 훤히 뚫린 야외에서 자유롭게 숨쉬며 생활한다는 것(21-22절). 반면에, 사자는 다른 짐승들을 잡아 먹으며 살아야 하기 때문에, 휴식을 취할 때에는 컴컴한 깊은 굴 속으로 들어가야 하고, 또한 그 은폐된 굴 속에서 살아간다(38:40). 다른 사람들에게 두려움의 대상인 자들은 종종 그들 스스로에게도 그들이 두려움의 대상이 될 수밖에 없다. 그러나 주위 사람들을 편안하게 해주는 자들은 스스로도 편안하다. 갈대 숲 속과 늪, 시내의 버드나무들은 요새로 치자면 아주 약하고 빈약하지만, 다른 이들에게 두려움이 되지도 않고 해를 끼치지도 않는 이들이 스스로를 지키고 안전하게 거하기에는 충분한 곳이다.

4. 그는 엄청난 양을 게걸스럽게 마시는 자라는 것. 그는 포도주나 독주를 마시는 것이 아니라(이것은 사람에게 특유한 탐욕으로서, 사람은 술에 취함으로써 자신을 짐승으로 만든다), 맑은 물을 마신다.

(1) 그가 마시는 물의 양은 엄청나다는 것(23절). 그는 엄청나게 마시기 때문에, 그에게 충분한 시간을 주고 재촉하지 않는다면, 그가 강을 통째로 마셔 버릴 것이라고 우리는 생각하게 된다. 또는, 그는 두려움 가운데서 마시는 동물들과는 달리 물을 마실 때에 서두르지 않는다. 그는 자신의 힘과 안전을 자신하기 때문에, 적절한 속도로 마실 뿐이지 서두르지 않는다.

(2) 그의 눈은 그가 마실 수 있는 것보다 더 많은 양의 물에 미리 눈독을 들인다는 것. 왜냐하면, 그는 목이 무척 마른데도 오랫동안 물을 못마셨을 경우에는 요단 강 물을 그의 입으로 다 마실 수 있다고 믿고, 그의 눈으로 그것을 지키기 때문이다(24절). 탐욕스러운 사람의 눈이 이 세상의 재물에 눈독을 들이는 것과 마찬가지로, 이 거대한 짐승은 강을 통째로 다 마시려는 듯이 눈독을 들인다고 한다.

(3) 그의 코는 엄청난 힘을 갖고 있다는 것. 왜냐하면, 그가 물을 마시려고 할 때에는 물고기를 잡기 위해서 강에 쳐 놓은 덫들이나 그물들도 꿰뚫어 버리기 때문이다. 그는 힘이 아주 세고 식욕도 아주 왕성하기 때문에, 자기 앞에 놓인 난관들을 아무렇지도 않게 돌파한다.

II. 코끼리에 대한 이러한 묘사가 우리에게 주는 교훈들. 우리는 지금까지 이 산(山)만한 거대한 짐승을 살펴보았는데, 이러한 묘사는 우리의 호기심을 만족시켜서 우리를 즐겁게 하기 위한 것이 아니라(우리 나라에서는 종종 이런 목적으로 코끼리 쇼를 한다), 우리로 하여금 다음과 같은 사실들을 깊이 생각하고서 크신 하나님 앞에서 우리 자신을 낮추게 하기 위한 것이다.

1. 하나님은 이토록 두렵고 놀라운 거대한 짐승을 지으셨다는 것. 이 짐승은 그의 손으로 만드신 것이고, 그의 지혜로 고안해 내신 것이며, 그의 능력의 소산(所産)이다. 내가 베헤못도 지었느니라(15절). 이 짐승이나 다른 짐승이 그어떤 힘을 지니고 있든, 그 힘은 하나님에게서 나온 것이다. 그러므로 우리는 하나님 안에는 모든 능력과 힘이 본래적으로 무한히 있고, 우리에게는 그런 하나님과 겨룰 능력이 없다는 것을 인정하지 않으면 안 된다. 이 짐승은 여기에서 하나님이 만드신 것 중에 으뜸(19절), 즉 창조주의 능력과 지혜를 보여주는 탁월한 예라 불린다. 역사가들이 코끼리에 대하여 쓴 기사들을 정독해 보면, 우리는 코끼리의 능력이 다른 짐승들이 지닌 능력보다는 사람이 지닌 이성의 능력에 더 가깝다는 것을 알게 된다. 그러므로 코끼리가 하나님이 만드신 것 중에 으뜸, 즉 사람을 제외한 살아 있는 피조물들 중에서 최고의 것이라 불리는 것은 합당하다.

2. 하나님은 네 발 달린 짐승들과 마찬가지로 코끼리도 사람을 지으시던 바로 그 날에 함께 만드셨다는 것(창 1:25-26). 반면에, 물고기와 새는 그 전날에 만들어졌다. 하나님은 코끼리를 사람이 살고 있는 바로 그 동일한 자연 환경과 동일한 땅 위에서 살며 움직이게 하셨기 때문에, 사람과 짐승은 하나님의 섭리에 의해서 공동 운명체로 함께 취급을 받는다(시 36:6). "내가 너를 지은 것 같이 베헤못도 지었느니라. 내가 너를 지은 것 같이 그 짐승도 지었지만, 그 짐승은 내게 시비를 걸지 않는다. 그런데 왜 너는 내게 시비를 거는 것이냐? 나는 너와 마찬가지로 베헤못도 지었는데, 왜 너는 내가 너를 지었다는 이유로 특별한 대우를 요구하는 것이냐(10:9)? 나는 저 짐승과 마찬가지로 너도 지었기 때문에,

저 짐승에 대해서와 마찬가지로 너에 대해서도 쉽게 내 뜻대로 할 수 있고, 네가 원하든 원치 않든 그렇게 할 것이다. 나는 네가 저 짐승을 보고서 교훈을 얻을 수 있도록 하기 위하여 너와 함께 저 짐승도 지었느니라." 우리는 하나님의 전능하신 능력과 주권적인 통치를 보여주는 증거와 사례들을 찾기 위해서 멀리까지 갈 필요가 없다. 그런 것들은 우리가 어디에 있든지 우리 가까이에 있고 우리에게 있으며 우리 시야 안에 있다.

3. 그것을 지으신 이가 자기의 칼로 하여금 그것에게 다가가게 할 수 있다는 것 (19절). 즉, 코끼리가 아무리 몸집이 크고 힘이 세다고 해도 그 코끼리를 만드신 하나님은 마음만 먹으면 언제든지 쓸데없는 짓이라거나 잘못하는 일이라는 비난을 받음이 없이 힘들이지 않고 코끼리를 마치 파리나 벌레를 죽이듯이 쉽게 죽이실 수 있다. 모든 피조물들에게 존재를 부여하신 하나님은 그가 주신 존재를 언제든지 도로 가져가실 수 있으시다. 하나님이 자기 것을 자기 마음대로 하지 못하실 이유가 어디에 있겠느냐? 그는 그렇게 할 수 있으시다. 말씀 한 마디로 창조하실 수 있는 능력을 지니신 하나님은 말씀 한 마디로 멸하실 수 있는 능력도 지니고 계시다는 것은 의심의 여지가 없고, 처음에 무(無)에서 만물을 불러내신 하나님은 피조물들을 손쉽게 무로 돌려보내실 수도 있으시다. 베헤못은 여기에서 (나중에 나오는 리워야단과 마찬가지로) 하나님이 방금 전에 욥에게 굴복시켜서 낮추어 보라고 도전하셨던 저 교만한 폭군들과 압제자들을 상징하는 것으로 보인다. 그들은 놋과 쇠 같은 뼈들을 지닌 코끼리처럼 그들에게는 하나님의 심판을 막아낼 철통 같은 방비가 되어 있다고 생각한다. 그러나 사람의 영혼을 지으신 하나님은 그 영혼으로 통하는 모든 길들을 알고 계시기 때문에, 그의 공의와 진노의 칼로 하여금 그 영혼에 다가가게 하여서, 영혼의 가장 민감하고 약한 부분을 치게 하실 수 있으시다. 영혼이라는 기관을 설계하시고 그 부품들을 조립하신 하나님은 그 기관을 어떻게 분해하는지도 잘 아신다. 그러므로 자기를 지으신 분과 다투는 자에게는 화가 있을 것이다. 왜냐하면, 그를 지으신 분은 그를 비참하게 만들 수 있는 힘을 가지고 계시고, 자신의 통치를 받고자 하지 않는 자를 비참하게 만드실 것이기 때문이다.

제
— **41** —
장

개요

　이 장에 나오는 아주 거대하고 힘이 세며 두려운 물고기 또는 수중 생물인 리워야단에 관한 묘사는 욥에게 그의 무력함과 하나님의 전능하심을 추가적으로 일깨워 주어서, 그로 하여금 그가 하나님께 그토록 대담하게 대들었던 어리석음을 깨닫고 스스로 낮아지게 하기 위한 것이다. I. 하나님은 욥에게 자신의 연약함을 깨우치시기 위해서, 여기에서 어디 한번 할 수 있다면 이 리워야단을 굴복시키고 길들여서 그 주인이 되어 보라고 도전하시면서(1-9절), 그러나 욥은 그럴 수 없을 것이기 때문에, 자기가 크신 하나님 앞에 도저히 설 수 없다는 것을 스스로 인정하지 않으면 안 된다고 말씀하심(10절). II. 하나님은 욥에게 하나님의 권능과 두려운 위엄을 깨닫게 해주기 위하여 리워야단의 힘과 두려움을 보여주는 몇 가지 구체적인 예들을 드시면서, 그것이 하나님이 그에게 주신 것들이고, 리워야단이 하나님의 통제 아래 있다는 것을 말씀하심(11-12절). 여기에서 리워야단의 얼굴은 무시무시하고(13, 14절), 그의 비늘은 촘촘하며(15-17절), 그의 숨과 재채기는 불꽃이 튀는 것 같고(18-21절), 그의 살은 단단하며(22-24절), 그가 공격할 때에 보여주는 힘과 용기는 무적이고(25-30절), 그가 움직이면 물이 요동하고 큰 파동이 이는 것으로 묘사된다(31-32절). 따라서, 전체적으로 볼 때, 리워야단은 아주 무시무시한 피조물이고, 사람은 그의 상대가 되지 않는다(33-34절).

¹네가 낚시로 리워야단을 끌어낼 수 있겠느냐 노끈으로 그 혀를 맬 수 있겠느냐 ²너는 밧줄로 그 코를 꿸 수 있겠느냐 갈고리로 그 아가미를 꿸 수 있겠느냐 ³그것이 어찌 네게 계속하여 간청하겠느냐 부드럽게 네게 말하겠느냐 ⁴어찌 그것이 너와 계약을 맺고 너는 그를 영원히 종으로 삼겠느냐 ⁵네가 어찌 그것을 새를 가지고 놀 듯 하겠으며 네 여종들을 위하여 그것을 매어두겠느냐 ⁶어찌 장사꾼들이 그것을 놓고 거래하겠으며 상인들이 그것을 나누어 가지겠느냐 ⁷네가 능히 많은 창으로 그 가죽을 찌르거나 작살을 그 머리에 꽂을 수 있겠느냐 ⁸네 손을 그것에게 얹어 보라 다시는 싸울 생각을 못하리라 ⁹창으로 잡으려는 그의 희망은 헛된 것이니라 그것의 모

숨을 보기만 해도 그는 기가 꺾이리라 [10]아무도 그것을 격동시킬 만큼 담대하지 못하거든 누가 내게 감히 대항할 수 있겠느냐

이 리워야단이 고래를 가리키는 것인지 악어를 의미하는 것인지는 학자들 사이에서 큰 논란이 되고 있는 문제인데, 나는 이 문제를 어느 쪽으로 결정하고자 시도하지는 않을 것이다. 여기에 나오는 구체적인 묘사들 중에는 고래에 더 적합한 것들도 있고 악어에 더 적합한 것들도 있다. 고래나 악어는 둘 다 아주 힘이 세고 사나워서, 창조주의 능력이 그들 속에서 드러난다. 리처드 블랙모어(Richard Blackmore) 경은 베헤못에 대해서는 통설을 받아들여서 코끼리를 가리키는 것으로 보지만, 리워야단은 애굽의 나일강에서 아주 잘 알려져 있던 악어를 가리키는 것이라는 보차트(Bochart)의 견해에 동의한다. 나는 다음과 같은 이유에서 리워야단을 고래를 가리키는 것으로 보는 것이 좋다고 생각한다. 고래는 악어보다 훨씬 더 크고 고상한 동물일 뿐만 아니라, 창조사에서 다른 종(種)의 동물들과는 달리 명시적으로 언급되어 있고(창 1:21, 하나님이 큰 고래를 창조하셨다), 이것을 통해서 우리는 고래가 욥보다 약간 뒤에 살았던 모세 시대에 이 지역에서 잘 알려져 있었을 뿐만 아니라, 고래의 창조는 일반적으로 창조주의 영원하신 능력과 신성(神性)을 아주 두드러지게 보여주는 증거로 여겨졌다는 것을 알 수 있기 때문이다. 우리는 모세가 창조 기사에서 특별히 고래의 창조를 언급한 이유는 하나님이 이렇게 욥기에서 그의 능력을 보여주는 증거로서 다른 그 어떤 동물보다도 고래의 큰 몸집과 힘을 거론하였기 때문이라고 추측할 수 있다(그렇지 않다면, 고래에 대한 모세의 언급은 설명하기가 어렵다). 여기에서 리워야단은 바다에 사는 동물이라고 언급되고 있는데(31절), 악어는 바다에서 살지 않는다. 거기 크고 넓은 바다 속에서 리워야단이 노나이다(시 104:25-26). 이 단락에는 다음과 같은 내용들이 나온다.

I. 하나님은 욥이 리워야단을 지배할 수 없다는 것을 보여주심.

1. 욥은 리워야단을 작은 물고기처럼 낚시질을 해서 잡을 수 없다는 것(1-2절). 욥에게는 리워야단을 속일 만한 미끼도 없고, 그를 잡을 만한 갈고리도 없으며, 그를 물 밖으로 끌어낼 만한 낚시줄도 없고, 그것을 집으로 가져오기 위해서 그 아가미를 꿸 만한 가시채도 없다.

2. 욥은 리워야단을 잡을 수도 없고, 그로 하여금 봐달라고 간청하게 할 수

도 없으며, 스스로 알아서 굴복하게 할 수도 없다는 것(3-4절). "리워야단이 자신의 힘을 너무도 잘 아는데, 그것이 어찌 네게 계속하여 간청하겠으며, 목숨만 살려주면 너의 종이 되겠다고 너와 계약을 맺겠느냐."

3. 욥은 리워야단을 꾀어서 새장에 가둘 수도 없고, 계속해서 새장에 가두어 놓고 아이들의 놀잇감으로 삼을 수도 없다는 것(5절). 욥이 이런 식으로 쉽게 잡아서 가두어 놓고 갖고 놀 수 있는 작고 약한 동물들이 있지만, 리워야단은 그런 동물이 아니다. 리워야단은 사람이 갖고 놀 수 있는 동물이 아니라 두려움의 대상이 되는 동물로 지음받았다.

4. 욥은 리워야단을 잡아서 그의 상에 올려 놓을 수 없다는 것. 욥과 그의 친구들은 리워야단을 잡아서 잔치를 벌일 수 없다. 그의 살은 너무 질겨서 먹기에 적합하지 않고, 비록 그렇지 않다고 하여도, 리워야단은 쉽게 잡히지 않는다.

5. 그들은 리워야단을 포획해서 돈을 벌 수 없다는 것. 그들이 상인들 가운데서 그를 나누어서 뼈는 이 상인에게, 기름은 저 상인에게 넘기겠느냐. 그를 잡을 수 있다면, 그들은 그렇게 할 것이다. 그러나 당시에는 오늘날과는 달리 고래를 포획하는 기술이 발달되지 않았던 것 같다.

6. 그들은 리워야단을 죽일 수 없고, 작살을 그 머리에 꽂을 수 없다는 것(7절). 그는 그들의 살육 도구들이 닿지 않은 곳에 있고, 설령 그들이 그를 발견한다고 해도, 그들은 그를 재빨리 해치울 수 없다.

7. 그런 시도를 해보아야 아무 소용이 없다는 것. 리워야단을 잡으려는 사람들의 희망은 헛된 것이다(9절). 사람들이 그를 잡으려고 해도, 그는 공포를 불러일으킬 정도로 거대하기 때문에, 사람들은 그를 보기만 해도 겁에 질리고 건장한 남자도 기절할 지경이 된다. 그것의 모습을 보기만 해도 사람들은 기가 꺾이리라. 그러니, 그를 잡고자 하는 자들이 추격을 포기하지 않겠는가? 욥은 그의 손을 그것에게 얹어 보라는 말씀을 듣는다(8절). "네가 할 수만 있다면 어디 한번 리워야단을 만져보라. 그리고 그 싸움을 생각해 보라. 즉, 네가 그런 힘을 가진 동물과 상대해서 이길 수 있는지, 그 싸움의 결과가 어떨지를 생각해 보아서, 다시는 싸울 생각을 하지 말고, 그런 시도 자체를 포기하라." 싸움을 하기 전에 그 싸움이 어떻게 될지를 먼저 생각해 보는 것이 좋고, 갑옷을 걸치고 있어야 아무 소용이 없으리라는 것이 뻔히 예상된다면, 기회가 있을 때에 갑옷을 벗는

것이 좋다. 욥은 이런 얘기를 통해서 그가 하나님과 접전하면 그 싸움이 어떻게 끝날지를 생각하고서, 하나님과 싸우는 일을 더 이상 진행시키지 말고 화해하라는 권면을 듣고 있다(사 27:4-5).

Ⅱ. 하나님은 리워야단의 예를 들어서 욥이 전능자와 다툴 힘이 없다는 것을 말씀하심. 아무도 리워야단을 격동시킬 만큼 담대하거나 무모한 자는 없다(10절). 왜냐하면, 누구나 다 리워야단을 이기지 못할 것을 확실히 알기 때문이다. 그런데, 누가 감히 하나님께 대항할 수 있겠느냐. 누가 감히 하나님이 하시는 일들을 공격하거나 비난하며, 그의 진노의 능력에 태연히 맞설 수 있겠느냐. 하나님이 사람의 발 아래에 두시고 다스리게 하신 열등한 피조물들이 우리를 이렇게 두렵게 한다면, 우리에 대하여 주권적인 통치권을 가지고 계시는 우리의 크신 하나님, 인간이 그토록 오랫동안 반역해 온 바로 그 하나님의 엄위하심은 얼마나 무섭고 두려울 것인가! 주께서 한 번 노하실 때에 누가 주의 목전에 서리이까(시 76:7).

[11]누가 먼저 내게 주고 나로 하여금 갚게 하겠느냐 온 천하에 있는 것이 다 내 것이니라 [12]내가 그것의 지체와 그것의 큰 용맹과 늠름한 체구에 대하여 잠잠하지 아니하리라 [13]누가 그것의 겉가죽을 벗기겠으며 그것에게 겹재갈을 물릴 수 있겠느냐 [14]누가 그것의 턱을 벌릴 수 있겠느냐 그의 둥근 이들은 심히 두렵구나 [15]그의 즐비한 비늘은 그의 자랑이로다 튼튼하게 봉인하듯이 닫혀 있구나 [16]그것들이 서로 달라붙어 있어 바람이 그 사이로 지나가지 못하는구나 [17]서로 이어져 붙었으니 능히 나눌 수도 없구나 [18]그것이 재채기를 한즉 빛을 발하고 그것의 눈은 새벽의 눈꺼풀 빛 같으며 [19]그것의 입에서는 횃불이 나오고 불꽃이 튀어 나오며 [20]그것의 콧구멍에서는 연기가 나오니 마치 갈대를 태울 때에 솥이 끓는 것과 같구나 [21]그의 입김은 숯불을 지피며 그의 입은 불길을 뿜는구나 [22]그것의 힘은 그의 목덜미에 있으니 그 앞에서는 절망만 감돌 뿐이구나 [23]그것의 살껍질은 서로 밀착되어 탄탄하며 움직이지 않는구나 [24]그것의 가슴은 돌처럼 튼튼하며 맷돌 아래짝 같이 튼튼하구나 [25]그것이 일어나면 용사라도 두려워하며 달아나리라 [26]칼이 그에게 꽂혀도 소용이 없고 창이나 투창이나 화살촉도 꽂히지 못하는구나 [27]그것이 쇠를 지푸라기 같이, 놋을 썩은 나무 같이 여기니 [28]화살이라도 그것을 물리치지 못하겠고 물맷돌도 그것에게는 겨 같이 되는구나 [29]그것은 몽둥이도 지푸라기 같이 여기고 창이 날아오는 소리를 우

습게 여기며 ³⁰그것의 아래쪽에는 날카로운 토기 조각 같은 것이 달려 있고 그것이 지나갈 때는 진흙 바닥에 도리깨로 친 자국을 남기는구나 ³¹깊은 물을 솥의 물이 끓음 같게 하며 바다를 기름병 같이 다루는도다 ³²그것의 뒤에서 빛나는 물줄기가 나오니 그는 깊은 바다를 백발로 만드는구나 ³³세상에는 그것과 비할 것이 없으니 그것은 두려움이 없는 것으로 지음 받았구나 ³⁴그것은 모든 높은 자를 내려다보며 모든 교만한 자들에게 군림하는 왕이니라

하나님은 앞 단락에서 욥에게 그가 리워야단을 다룰 수 없다는 것을 보여주신 후에, 여기에서는 저 거대한 몸집과 엄청난 힘을 지닌 동물을 통해서 자신의 권능을 보여주신다.

I. 하나님의 주권적인 통치와 그 어떤 것에도 의존되어 있지 않은 그의 존재 (11절).

1. 하나님은 그의 피조물 중 누구에게도 빚을 지고 있지 않으시다는 것. 만약 누가 하나님이 자기에게 빚을 지고 있다고 생각한다면, 그 빚을 증명해서 요구하라. 그러면, 하나님은 그에게 그 빚의 일부가 아니라 전부를 돌려주실 것이다. "누가 먼저 내게 주었느냐. 즉, 누가 내게 어떤 일을 해주어서 나로 하여금 그에게 빚을 지게 만든 적이 있느냐? 누가 내게 먼저 무엇을 해준 체할 수 있느냐? 만약 그런 자가 있다면, 나는 그에게 진 빚을 오래 끌지 않고, 즉시 갚으리라." 사도 바울은 하나님 앞에서 모든 육체가 할 말이 없게 될 것임을 말할 때에 이 본문을 인용한다(롬 11:35): 누가 주께 먼저 드려서 갚으심을 받겠느냐. 하나님은 우리가 마땅히 받아야 할 재앙들을 우리에게 내리지 않으실 뿐만 아니라, 우리가 받을 자격이 없는 은총들을 우리에게 내리시는 그런 분이다.

2. 하나님은 모든 피조물들의 합법적인 주(主)이자 주인이시라는 것. "살아 움직이는 것이든 그렇지 않은 것이든 온 천하에 있는 것(특히, 이 리워야단)이 다 내 것이고, 나의 명령과 처분에 달려 있다. 나는 그것들에 대하여 그 누구도 이의를 제기할 수 없는 소유권과 지배권을 가지고 있다." 모든 것이 하나님의 것이다. 우리도 그의 것이고, 우리가 가지고 있거나 행하는 모든 것도 그의 것이다. 그러므로 우리는 하나님을 우리의 채무자로 만들 수 없다. 주여, 우리가 주의 손에서 받은 것으로 주께 드렸을 뿐이니이다(대상 29:14). 모든 것이 하나님의 것이기 때문에, 만약 하나님이 누구에게 빚을 졌다면, 그는 모든 것으로 그

에게 갚으실 것이다. 그러므로 하나님을 빚지게 한 자는 안심해도 된다. 모든 것은 하나님의 것이기 때문에, 하나님은 우리의 섬김을 필요로 하지 않으시고, 우리의 섬김에 의해서 유익을 얻으실 수도 없으시다. 내가 가령 주려도 네게 이르지 아니할 것은 세계와 거기에 충만한 것이 내 것임이로다(시 50:12).

Ⅱ. 하나님이 리워야단의 놀라운 몸 구조를 통해서 자신의 권능을 증명하시고 예시하심(12절).

1. 리워야단의 몸의 여러 부분들, 그의 힘, 전체적으로 잘 생긴 그의 몸은 하나님이 숨기고자 하지 않는 것이기 때문에, 우리는 그런 것들 속에서 하나님의 권능을 보고 인정하여야 한다는 것. 리워야단은 기괴할 정도로 큰 몸집을 가진 동물이지만, 그의 몸집은 균형이 잘 잡혀 있어서 아름답다. 우리 자신이 작기 때문에, 우리 눈에는 작은 것들이 귀엽다(작은 것들은 그 자체로 우아함을 지닌다). 그러나 하나님의 눈에는 리워야단조차도 귀엽다. 하나님이 고래나 악어가 귀엽다고 하신다면, 우리가 하나님이 지으신 그 어떤 것에 대해서 추하다거나 못생겼다고 말하는 것은 합당하지 않다. 그런 말은 우리가 한 일들에 대해서나 할 수 있는 말이다. 하나님은 여기에서 우리에게 리워야단을 해부학적으로 소상하게 보여주신다. 왜냐하면, 하나님이 지으신 것들은 여러 부분들로 나누어서 찬찬히 살펴볼 때에 지극히 아름답고 훌륭하다는 것이 드러나고, 그의 지혜와 능력이 그것들을 통해서 여실히 드러나기 때문이다.

(1) 리워야단은 얼핏 보기에도 무시무시해서 감히 다가갈 수 없을 것처럼 보인다는 것(13-14절). 누가 감히 살아 있는 리워야단에게 아주 가까이 다가가서, 그것의 겉가죽, 즉 그가 옷처럼 입고 있는 가죽의 생김새를 분명하게 보거나, 리워야단에 말처럼 재갈을 물려서 끌어오거나, 겹재갈 같이 생긴 그의 턱을 벌릴 수 있겠느냐. 우리가 말의 입을 들여다보듯이, 누가 감히 리워야단의 입을 들여다보겠느냐? 그것의 턱을 벌리는 자는 그의 둥근 이빨, 먹이를 삼키기에 적합한 그의 튼튼하고 날카로운 이빨들이 무섭게 둘려 있는 것을 보게 될 것이다. 그 이빨 사이에 우리의 다리나 팔이 들어가 있는 모습을 상상만 해도, 우리는 두려워 떨게 될 것이다.

(2) 그의 즐비한 비늘은 그의 아름다움이자 힘이기 때문에 그의 자랑이라는 것(15-17절). 악어는 실제로 그 비늘로 유명하다. 우리가 이것을 고래에 대한 것으로 본다면, 우리는 이 방패들(원어는 이런 뜻이다)을 고래 가죽의 몇몇 외

피들을 가리키는 것으로 이해하여야 한다. 또는, 당시에 그 땅에는 비늘이 있는 고래가 있었을 수도 있다. 이 비늘과 관련해서 주목할 만한 것은 그것들이 아주 다닥다닥 서로 붙어 있다는 것이다. 서로 달라붙어 있는 비늘들은 바람이 안으로 들어오는 것을 막아 주기 때문에 그가 따뜻하게 지낼 수 있고, 칼이 뚫고 들어오는 것을 막아주기 때문에 그가 안전할 수 있다. 물에서 사는 물고기들은 추운 물을 주심과 동시에 옷도 주시는 하나님의 섭리의 지혜에 의해서 보호를 받고 있다.

(3) 리워야단은 숨과 눈빛으로 두려움을 발산한다는 것. 그가 재채기하거나 물을 뿜어대면, 그것은 물의 포말이나 그 포말 사이로 빛나는 햇빛 때문에 빛을 발하는 것처럼 보인다(18절). 고래의 눈은 야밤에 불꽃 같다고도 하고, 여기에서처럼 새벽의 눈꺼풀 빛 같다고도 한다. 사람들은 악어에 대해서도 동일한 말을 한다. 리워야단의 숨은 내부에 있는 자연적인 큰 열기로 인해서 아주 뜨겁고 맹렬해서, 숯불을 피우기에 충분하다고 생각될 정도로 횃불과 불꽃, 연기와 화염이 그것의 입에서 나온다고 한다(19-21절). 리워야단에 관해서 이러한 과장된 표현들이 사용되고 있는 것은 아마도 하나님의 진노의 두려우심을 나타내기 위한 것인 듯하다. 왜냐하면, 이 모든 것들은 우리에게 하나님의 권능을 깨우쳐 주기 위한 것이기 때문이다. 그의 코에서 연기가 오르고 입에서 불이 나와 사름이여 그 불에 숯이 피었도다(시 18:7-8). 여호와의 호흡은 유황 개천 같아서 도벳에 불을 붙여서 영원히 타오르게 하실 것이다(사 30:33). 주 예수께서는 그 입의 기운으로 저 악한 자를 사르실 것이다(살후 2:8).

(4) 리워야단은 무적의 힘과 지극히 두려운 사나움을 지니고 있어서, 그와 맞닥뜨리는 모든 것을 겁에 질리게 만들지만, 자기 자신은 그 누구와 만나도 겁을 집어먹지 않는다는 것. 그의 목을 한 번 보라. 거기에 힘이 있다(22절). 그의 머리와 몸은 잘 결합되어 있다. 그 앞에서는 절망만 감돌 뿐이다. 왜냐하면, 그는 가는 곳마다 두려운 일을 하기 때문이다. 또는, 다른 동물들에게는 절망일 뿐인 폭풍우가 그에게는 기쁨이다. 다른 동물들을 심하게 요동시켜서 괴롭히는 것은 그에게는 춤추게 하는 것일 뿐이다. 그의 살은 아주 단단하게 짜여져 있다(23절). 그것의 살껍질은 서로 밀착되어 탄탄하여 뚫기가 어려워서, 그의 몸은 온통 뼈로 되어 있는 것 같이 느껴질 정도이다. 욥은 자기 살이 놋쇠가 아닌 것을 한탄하였었지만(6:12), 리워야단의 살은 놋쇠로 되어 있는 것 같다. 그

것의 가슴은 돌처럼 튼튼하다(24절). 그는 그의 힘센 몸만큼이나 아주 기운차다. 그는 거대한 몸집을 지니고 있지만, 무거운 몸을 가누지 못하여 힘겨워하는 것이 아니라 대단히 기운차다. 그의 살과 가죽을 칼이나 창이 뚫을 수 없는 것과 마찬가지로, 아무것도 그의 담력을 꺾을 수 없다. 반면에, 그는 그가 만나는 모든 것들의 기를 꺾어 놓고 대경실색하게 만든다(25절). 그것이 큰 물 속에서 산처럼 일어나면, 그가 배를 뒤집어 버리거나 어떤 해악을 끼칠까봐 용사라도 두려워하며 달아난다. 그가 물을 가르며 엄청난 물보라를 일으키는 것을 볼 때, 사람들은 죽음의 위협을 느끼고서, 자신의 죄를 자백하고 기도하여 스스로를 정결케 하여서 죽음을 준비한다. 성경에서는 리워야단을 격동시키고서 겁에 질려서 그 날을 저주하는 자들에 대하여 말한다(3:8). 리워야단이 불러일으키는 두려움은 어떤 사람들에게는 욕하고 저주하는 것으로 내몰리는 계기가 되고, 어떤 사람들에게는 기도로 내몰리는 계기가 되었던 것 같다. 왜냐하면, 지금과 마찬가지로 당시에도 바다를 항해하는 사람들이 서로 다른 성품을 지니고 있어서, 바다가 불러일으키는 두려움을 보고서 서로 상반된 태도를 보였을 것이기 때문이다. 그러나 모든 사람이 이구동성으로 말하는 것은 리워야단이 일어나면 사람들은 크게 겁을 집어먹는다는 것이다.

(5) 리워야단을 죽이기 위해서 사용되는 온갖 도구들은 그에게 아무런 해(害)도 입히지 못하기 때문에 그에게 두려운 것이 되지 않는다는 것(26-29절). 가까이에서 상처를 입히는 칼이나 창도 그에게 소용이 없고, 멀리서 상처를 입히는 투창이나 화살이나 물맷돌도 그에게 아무런 손상을 입히지 못한다. 리워야단은 선천적으로 모든 점에서 무장이 되어 있어서 그런 것들을 넉넉히 막아낼 수 있다. 리워야단과 접전할 때에 사람들이 사용하는 방어용 무기인 갑옷 또는 흉갑(胸甲)도 공격용 무기들만큼이나 사람들에게 별 소용이 없다. 쇠와 놋이 그에게는 지푸라기와 썩은 나무 같아서, 그는 그것들을 보고 비웃는다. 이것은 전능자의 두려우심을 멸시하고 하나님의 온갖 경고의 말씀을 비웃는 완악한 죄인에 대한 묘사이다. 리워야단은 그를 공격할 때에 사용되는 무기들을 두려워하지 않을 뿐만 아니라, 자기가 얼마나 단단한지를 보여주기 위해서 뾰족한 돌들이나 뾰족한 것들 위에 눕는데, 마치 부드러운 진흙 위에 눕듯이 그 위에 눕는다(30절). 고난을 견디고자 하는 자들은 고난에 단련되어 있어야 한다.

(6) 리워야단이 물 속에서 움직이면 물이 들끓고 소용돌이친다는 것(31절).

그가 물 속에서 돌거나 요동치거나 먹잇감을 뒤쫓을 때, 그는 깊은 물을 솥의 물이 끓음 같게 하며, 끓는 솥단지, 특히 끓는 기름솥 같이 물 위에 큰 물보라와 포말을 일으킨다. 바다로 지나다니는 배도 자취를 남기지 않는데(잠 30:19), 리워야단은 자기 뒤에 빛을 내는 길을 만든다. 사람들은 표면 위로 떠오르는 물거품들을 보고서 물 속에 있는 리워야단을 추적할 수 있다. 그렇지만, 누가 그런 단서를 이용해서 그를 추적하고자 하겠는가? 눈 속에서 산토끼를 추적하는 자들은 그 토끼를 잡아 죽일 수 있지만, 리워야단을 추적하는 자는 감히 그에게 접근하지도 못한다.

2. 하나님은 리워야단의 몸의 여러 부분들과 그의 힘과 아름다운 몸매를 구체적으로 설명하신 후에, 이 동물과 관련된 네 가지 일반적인 것들을 언급하는 것으로써 그의 말씀을 마무리하심.

(1) 열등한 피조물들 가운데서 리워야단 같은 동물에 비견될 수 있는 것은 없다는 것. 세상에는 그것과 비할 것이 없다(33절). 이 세상에 있는 동물들 중에서 힘과 두려움을 불러일으킴에 있어서 리워야단에 비할 수 있는 것은 없다. 또는, 그 점에서 땅은 바다와 구별된다. 그의 지배력은 땅에 있지 않고 바다에 있다. 땅에 있는 모든 사나운 동물들 중에서 그 크기와 힘에 있어서 리워야단과 비슷한 동물은 하나도 없다. 리워야단이 물에만 있고, 하나님의 섭리가 리워야단을 감시하고 있다는 것은 사람에게 좋은 일이다(7:12). 왜냐하면, 그런 무시무시한 동물이 땅 위에서 어슬렁거리면서 약탈하는 것을 하나님이 허용하신다면, 이 땅은 하나님의 의도대로 사람들이 안전하고 편안하게 거처할 수 있는 곳이 되지 않을 것이기 때문이다.

(2) 리워야단은 그 어떤 동물보다 더 대담하고 과감하다는 것. 그는 두려움이 없는 것으로 지음받았다. 피조물들은 지음받은 그대로 존재한다. 리워야단의 담력은 그의 체질이기 때문에, 그 어떤 것도 그를 겁먹게 할 수 없다. 리워야단은 싸움을 위해 지음받았다고 한다면, 다른 피조물들은 도망치는 데에 능숙하도록 지음을 받은 것처럼 보인다. 마찬가지로, 사람들 가운데도 그 천성이 대담한 자도 있고 소심한 자도 있다.

(3) 리워야단은 매우 교만하다는 것. 그는 깊은 곳에서 살면서도, 모든 높은 것들을 내려다 본다(34절). 이 힘센 동물은 굽이치는 파도들, 깎아지른 듯한 바위들, 하늘 위를 떠다니는 구름들, 높은 돛대들을 달고 항해하는 배들을 멸시

하는 눈으로 바라본다. 왜냐하면, 그는 그런 것들이 그에게 해를 끼치거나 위협이 된다고 생각하지 않기 때문이다. 큰 자들은 남들을 깔보고 비웃기가 쉽다.

(4) 리워야단은 모든 교만한 자들에게 군림하는 왕이라는 것. 즉, 그는 모든 교만한 자들 가운데서 가장 교만한 자이다. 그는 이 세상에서 가장 교만한 자들이 갖고 있는 것보다 더 많은 자랑 거리들을 갖고 있다(캐릴 목사의 해석). 따라서, 리워야단은 사람들의 오만함과 거만한 눈빛을 납작하게 만든다. 사람들이 그 어떤 육신적인 업적들을 자랑하고 의기양양해할지라도, 리워야단은 그들보다 뛰어나기 때문에 그들 위에 군림하는 왕이다. 어떤 이들은 이 본문을 하나님에 대한 것으로 이해하기도 한다: 모든 높은 것들을 바라보시는 그는 모든 교만의 자식들을 다스리시는 왕이시다. 하나님은 베헤못과 리워야단이 아무리 크고 담력이 세도 그것들을 길들일 수 있으시다(40:19). 이 두 동물에 관한 지금까지의 묘사는, 교만한 자들을 발견하여 낮아지게 하며 그들을 짓밟고 진토에 묻어 숨기실 수 있으신 분은 오직 하나님뿐이시라는 것을 증명하기 위한 것이었다(욥 40:11-13). 따라서, 하나님은 처음에 자기가 증명해 보이고자 했던 것에 대한 결론을 여기에서 언급하시는 것으로 자신의 말씀을 끝맺고 계시다고 할 수 있다. 여기에 사람들이 교만하게 행하는 모든 높은 것들을 그들 위에서 **바라보시**는 분이 계신다. 그는 짐승이든 사람이든 모든 교만한 자들 위에 군림해 계시는 왕이시기 때문에, 그들 모두를 그 앞에서 굴복하게 만드실 수 있으시다(사 2:11): 눈이 높은 자가 낮아지며 교만한 자가 굴복되고 여호와께서 홀로 높임을 받으시리라.

제 42 장

개요

솔로몬은 "일의 끝이 시작보다 낫다"(전 7:8)고 말한다. 욥의 이야기가 그렇다. 밤이 깊은가 하였는데 빛이 찾아왔다. 욥기에는 나를 무척이나 괴롭게 만든 세 가지가 나온다. 그러나 그 세 가지가 이 장에서 완전히 바로잡히고 해결이 되어서, 모든 것이 올바르게 회복된다. I. 욥과 같은 거룩한 사람이 이토록 초조해하고 걸핏하면 화를 내고 토라지며 자기 자신에 대하여 불안해하는 모습을 보는 것, 특히 그가 하나님께 시비를 걸고 싸우며 무례하게 하는 말들을 듣는 것은 우리에게 큰 괴로움이었다. 그러나 그는 그런 식으로 넘어지기는 하지만 완전히 고꾸라지지는 않는다. 왜냐하면, 여기에서 그는 제정신을 차리고, 회개를 통하여 다시 올바른 마음으로 되돌아와서, 자기가 잘못 말했던 것에 대하여 가슴 아파하고 그것을 취소하며 하나님 앞에서 스스로 낮아지는 모습을 보이기 때문이다(1-6절). II. 욥과 그의 친구들이 서로의 견해차가 너무 심해서, 그들의 견해가 서로 다르다는 것을 확인하는 것에서 그치는 것이 아니라, 그들이 모두 지혜롭고 선한 자들임에도 불구하고, 서로에 대하여 너무나 가혹하고 심한 말들을 많이 주고받고, 서로에 대하여 신랄한 비판을 쏟아내는 모습을 보는 것도 우리에게 큰 괴로움이었다. 그러나 여기에서 우리는 이러한 잘못된 모습이 바로잡혀서, 그들 간의 차이들이 잘 조정되고, 그들이 서로 싸우며 화가 나서 한 온갖 가혹한 말들이 용서되고 잊혀지며, 모두가 한마음으로 하나님께 제사와 기도를 드려서, 하나님이 그들을 모두 받으시는 것을 본다(7-9절). III. 욥과 같은 뛰어난 경건과 유익을 지닌 자가 그토록 심하게 환난을 겪으며 고통을 당하고, 심한 병으로 고생하며 가난해지고, 수치와 멸시를 당하며 인생의 온갖 재앙들의 집결지처럼 되어 버린 모습을 보는 것도 우리를 괴롭게 하였다. 그러나 여기에서 우리는 그러한 가슴 아픈 일이 바로잡혀서, 욥이 모든 병에서 치유함을 받고, 이전보다 더 존귀함과 사랑을 받으며, 이전보다 갑절이나 많은 재물로 더 부유하게 되고, 삶의 온갖 위로들로 둘러싸이며, 환난과 인내의 본보기였던 그가 이제는 형통함의 본본기가 되는 것을 본다(10-17절). 이 모든 것은 우리에게 교훈하기 위하여 씌어진 것으로서, 우리로 하여금 욥과 같은 낙심 되는 일을 만났을 때에 그 가운데서도 욥이 보여준 인내와 욥에 관한 이야기가 주는 위로를 통해서 소망을 가질 수 있게 하기 위한 것이다.

¹욥이 여호와께 대답하여 이르되 ²주께서는 못 하실 일이 없사오며 무슨 계획이든 지 못 이루실 것이 없는 줄 아오니 ³무지한 말로 이치를 가리는 자가 누구니이까 나 는 깨닫지도 못한 일을 말하였고 스스로 알 수도 없고 헤아리기도 어려운 일을 말 하였나이다 ⁴내가 말하겠사오니 주는 들으시고 내가 주께 묻겠사오니 주여 내게 알 게 하옵소서 ⁵내가 주께 대하여 귀로 듣기만 하였사오나 이제는 눈으로 주를 뵈옵 나이다 ⁶그러므로 내가 스스로 거두어들이고 티끌과 재 가운데에서 회개하나이다

욥은 자기가 의롭다고 주장하는 말(31:40)을 한 이래로 그 후에는 그 런 취지의 말을 더 이상 하지 않았다. 그 후에 그가 한 말은 자기 자신을 살피 고 단죄하는 말이었는데(40:4-5), 여기에서도 그는 그런 취지의 말을 계속해서 이어간다. 그는 자신의 인내를 온전히 이루어내지는 못하였었지만, 자기가 인 내하지 못한 것에 대한 회개는 온전히 이루어냈다. 그는 여기에서 자신의 어리 석음과 망령된 말을 회개하며 스스로 철저하게 낮아졌고, 용서를 받았다. 선한 자들은 우여곡절을 겪어서라도 어쨌든 결국에는 자신의 잘못을 보고 인정하게 된다. 하나님이 피조물들을 통해서 나타난 그의 위대함과 능력에 관하여 욥에 게 하실 말씀을 다 하셨을 때, 욥이 여호와께 대답하였는데(1절), 그것은 하나님 의 말씀을 반박하는 것이 아니라(그는 다시는 그렇게 하지 않겠다고 약속했었 다, 40:5), 그 말씀을 순순히 받아들여 순복하는 것이었다. 우리는 모두 하나님 의 부르심에 욥과 같이 이렇게 대답하여야 한다.

I. 욥이 하나님의 무제한적인 능력과 지식과 통치권에 관한 진리에 동의함(2 절). 하나님이 회오리바람 가운데서 하신 모든 말씀의 목적은 이것을 증명하 는 것이었다. 부패한 감정들과 행위들은 어떤 부패한 기본 원리들로부터 생겨 나거나, 참된 원리들에 대한 무시와 불신으로부터 생겨난다. 그러므로 참된 회 개는 진리를 인정하는 데서 시작된다(딤후 2:25). 욥은 여기에서 자신의 크심과 영광과 완전하심에 대하여 깨우치시는 하나님의 말씀이 옳다고 시인하는데, 거기에서부터 욥이 하나님께 망령되이 말하는 어리석음을 범하였다는 양심의 깨우침이 나올 수 있었다.

1. 욥은 하나님이 모든 것을 하실 수 있으시다는 것을 시인함. 베헤못과 리

워야단을 지으시고 마음대로 부리시는 하나님이 무엇인들 하실 수 없으시겠는가? 욥은 이 진리를 전에도 알고 있었고, 이 주제에 대하여 스스로 아주 잘 애기했었지만, 지금은 그 진리를 자기 자신에게 구체적으로 적용할 줄을 알게 되었다. 하나님이 한두 번 하신 말씀을 내가 들었나니 권능은 하나님께 속하였다 하셨도다(시 62:11). 즉, 욥은 이런 말씀을 한두 번 들은 것이 아니었다. 그러므로 그런 욥이 하나님과 다툰다는 것은 정말 상상도 할 수 없는 미친 짓이고 주제넘은 짓일 수밖에 없었다. "주께서는 못 하실 일이 없사오니, 나를 이 비천한 처지에서 일으키실 수도 있사온데, 나는 어리석게도 그런 일은 불가능하다고 절망한 적이 얼마나 많았는지 모르나이다. 나는 이제 주께서 그 일을 하실 수 있으시다는 것을 믿나이다."

2. 하나님의 생각은 그 무엇도 막지 못한다는 것.

(1) 하나님은 우리의 생각을 다 아신다는 것. 초조해하고 화를 내며 불만을 품고 믿지 않는 생각이 언제라도 우리 마음속에 있다면, 하나님은 그 생각을 아시고 그 생각에 대한 증인이 되신다. 하나님과 다투는 것은 헛수고이다. 왜냐하면, 우리는 우리의 생각이나 계획을 숨길 수 없고, 하나님은 우리의 생각이나 계획을 다 좌절시키실 수 있으시기 때문이다.

(2) 하나님이 생각하신 것을 집행하실 때에 그것을 방해할 자는 아무도 없다는 것. 하나님은 자기가 기뻐하시는 것은 무엇이든지 다 하셨다. 욥은 앞서 화가 나서, 그의 마음에 하고자 하시는 것이면 그것을 행하신다(23:13)고 불평하였었다. 그러나 여기에서 욥은 기쁘고 만족스러운 마음으로 하나님의 모략은 설 것이라고 말한다. 우리에 대한 하나님의 생각이 예기치 않은 결말을 우리에게 주시기 위한 선한 생각이라면, 그 어떤 난관들이 가로막는다고 하여도 하나님은 그의 은혜로운 목적들을 반드시 이루실 수 있으시다.

II. 욥은 하나님이 서두에서 그를 책망하시면서 지적하셨던 바로 그 잘못을 자기가 저질렀음을 시인함(3절). "주여, 주께서 내게 하신 첫 마디가 무지한 말로 이치를 가리는 자가 누구냐는 것이었나이다. 주는 더 이상 말씀을 하실 필요가 없나이다. 바로 그 말씀이 나를 깨우쳤으니까요. 나는 제가 그토록 어리석었던 바로 그 사람이라는 것을 시인하나이다. 내 양심을 파고 들어서 나의 죄를 내 앞에 펼쳐 보여주었던 바로 그 말씀은 너무나 명백해서 내가 부정할 수 없었고, 만일 내가 거기에서 변명을 늘어 놓는다면, 그것은 너무도 악한 일이 될 것이었나이다. 나는 알지도 못하면서 하나님의 모략을 가렸나이다. 나는 무지해서 내게 환난을 주신 하나님의 모략과 계획을 간과하였기 때문에, 하나님께 시비를 걸며 나의 의로움을 힘주어 주장했었나이다. 그러므로 나는 깨닫지도 못한 일을 말한 것이나이다. 즉, 나는 하나님의 섭리에 의한 조치들이 왜 그런 식으로 진행되는지에 대하여 완전히 문외한이면서도 아는 체하며, 그 섭리에 대하여 주제넘은 판단을 하는 죄를 범하였나이다."

1. 욥은 자기가 하나님의 계획과 모략에 대하여 무지하였다는 것을 시인함. 우리 모두도 그렇다. 하나님의 판단은 아주 깊어서, 우리는 그 판단을 헤아릴 수 없고, 그 근원을 찾아내는 일은 우리에게 더더욱 불가능하다. 우리는 하나님이 행하시는 일을 보지만, 하나님이 왜 그 일을 하시는지, 그 목적이 무엇인지, 그 일을 어떻게 이끌어 가실지를 알지 못한다. 그러한 일들은 우리가 알 수도 없고 볼 수도 없으며 만질 수도 없고 판단할 수도 없는 너무나 오묘한 일들이다. 그것들은 우리가 알지 못하는 것들이다. 그것들에 대하여 평결을 내리는 것은 우리의 능력을 완전히 벗어나 있다. 우리가 하나님의 섭리와 다투는 이유는 그런 사실을 깨닫지 못하기 때문이다. 우리는 하나님의 비밀이 다 밝혀지게 될 날이 올 때까지 그 비밀에 대하여 알지 못하는 것에 대하여 불만을 가져서는 안 된다.

2. 욥은 자기가 깨닫지도 못한 일에 대하여 얘기하고 자기가 판단할 수 없는 일을 비난한 것이 분별없고 주제넘은 짓이었다는 것을 시인함. 사연을 듣기 전에 대답하는 자는 미련하여 욕을 당하느니라(잠 18:13). 우리가 어떤 일을 제대로 판단할 수 없는데도 그 일을 판단하고자 한다면, 그것은 그 일만이 아니라 우리 자신도 망치는 것이다.

Ⅲ. 욥은 어떤 대답을 하는 것이 아니라, 그를 심판하실 하나님께 간구하고자 함. 욥은 앞에서도 그렇게 말했었다(9:15). "내가 말하겠사오니 주는 들으시기를 간청하나이다(4절). 나는 원고나 피고가 아니라(13:22) 겸손하게 간구하는 자로서 말하고자 하고, 무엇을 가르치거나 지시하고자 하는 자로서가 아니라 배우기를 원하고 기꺼이 지시를 받기를 원하는 자로서 말하고자 하나이다. 주여, 나는 주께서 내게 물으시는 천 가지의 질문 중에서 단 하나라도 대답할 수 없사오니, 이제는 더 이상 내게 어려운 질문들을 하지 말아 주시고, 내게 주께 교훈을 구할 수 있게 해주시며, 그런 기회를 내게 거절하지 마시고, 나의 어

리석음과 자만을 꾸짖지 마소서(약 1:5)." 이제서야 욥은 엘리후가 그에게 가르쳐 주었던 기도를 할 수 있게 되었다: 내가 깨닫지 못하는 것을 내게 가르치소서(34:32).

IV. 욥은 참회자의 태도를 취하고, 그런 점에서 올바른 신앙 원리에 서게 됨. 참된 회개 속에는 죄에 대한 깨달음만이 아니라, 그 죄에 대한 통회와 경건한 슬픔과 근심, 하나님의 뜻대로 하는 근심이 있어야 한다(고후 7:9). 자신의 죄악들에 대한 욥의 근심은 그런 것이었다.

1. 욥은 회개 가운데서 하나님을 바라보고, 하나님을 크고 존귀하신 분으로 생각하였으며, 그것을 회개의 기본 원리로 삼았다는 것(5절). "내가 주께 대하여 어릴 적에는 나의 선생님들로부터 무수히 많이, 그리고 최근에는 나의 친구들로부터 귀로 들었나이다. 그래서 나는 주의 크심과 능력과 주권적 통치에 대하여 어느 정도 알고 있었나이다. 그런데도, 나는 내가 들은 대로 마땅히 주께 순복하여야 함에도 불구하고, 실제로는 그렇게 되지가 않았나이다. 내가 이런 것들에 대하여 들은 말들은 단지 내게 지식이 되어 나는 말만 잘하는 자가 되었고, 나의 마음에는 제대로 된 영향력을 미치지 못하였었나이다. 그러나 이제 주께서는 직접적인 계시를 통해서 주의 영화로우신 위엄 가운데서 자신을 내게 드러내 보여주셨으므로, 이제는 내가 눈으로 주를 뵈옵나이다. 이제 나는 내가 전에 머리로만 알고 있던 이 진리들이 지닌 힘을 느끼기 때문에, 내가 어리석게 말했던 것을 다 취소하고 지금 회개하나이다."

(1) 좋은 교육을 받아서, 말씀과 목회자들에 의한 교훈을 통해서 하나님에 관한 일들을 아는 것은 큰 은혜라는 것. 믿음은 들음에서 온다. 그러므로 우리가 들을 귀를 가지고서 주의를 기울여 듣는다면, 믿음은 오게 되어 있다.

(2) 우리의 명철이 은혜의 성령의 조명을 받게 되면, 신령한 일들에 대한 우리의 지식은 우리가 전에 지녔던 지식을 훨씬 능가하게 된다는 것. 이것은 눈으로 보는 것이 귀로 듣는 것보다 훨씬 나은 것과 같은 이치이다. 하나님은 사람들의 가르침을 통해서 그의 아들을 우리에게 나타내신다. 그러나 하나님이 그의 아들을 우리 속에 나타내셔서(갈 1:16), 우리를 그와 같은 형상으로 변화시키시는(고후 3:18) 것은 그의 성령의 가르치심을 통해서이다.

(3) 하나님은 종종 그의 말씀과 섭리에 의한 책망들을 통해서 자기 백성에게 자신을 지극히 온전하게 드러내시는 것을 기뻐하신다는 것. "내가 환난을

겪는 이제, 내가 나의 잘못들에 대하여 들은 이제, 내가 눈으로 주를 뵈옵나이다. 채찍과 꾸지람이 지혜를 주고(잠 29:15), 주로부터 징벌을 받으며 주의 법으로 교훈하심을 받는 자가 복이 있다(시 94:12).

2. 욥은 회개 가운데서 자신을 바라보고, 자신을 보잘것없는 자로 생각하였으며, 자신의 죄악들로 인한 슬픔과 근심을 표현함(6절). 그러므로 내가 나를 미워하고 티끌과 재 가운데에서 회개하나이다.

(1) 우리는 우리가 깨달은 죄악들로 인하여 우리 자신을 잠시 못마땅하게 생각하는 것에서 그치지 않고, 철저하게 자신을 부끄러워하며 스스로 낮아지는 것이 합당하다는 것. 아주 크게 회개해야 할 엄청난 죄를 짓지 않은 선한 자들일지라도 자기가 교만과 혈기와 속좁게 토라진 것과 불만 가운데서 행한 일들과 경솔하게 망령되이 한 말들에 대하여 마음속으로 크게 괴로워하여야 마땅하다. 왜냐하면, 그들은 그런 일들로 인하여 마음에 찔림을 받고 괴로워할 수밖에 없고, 그들이 마음속에 있는 이 원수를 퇴치할 때까지, 그들의 평안은 불안정한 것이 될 것이기 때문이다.

(2) 참회하는 자들은 경건한 슬픔과 근심을 밖으로 표현하는 것이 합당하다는 것. 욥은 티끌과 재 가운데에서 회개하였다. 내면의 변화가 없이 이렇게 하는 것은 하나님을 우롱하는 것이다. 그러나 그렇게 하는 것이 마음의 진실한 통회함에서 온 것이라면, 죄인은 그것을 통해서 수치를 스스로 담당함으로써, 하나님께 영광을 돌리고, 다른 사람들을 회개로 이끄는 역할을 할 수 있다. 욥은 앞에서 환난 때문에 재 가운데 앉아 있었지만(2:8), 지금은 자신의 죄 때문에 재 가운데에 앉아 있게 되었다. 참된 회개자들은 외적인 환난 때문에 통곡하였던 것과 마찬가지로 자신의 죄들 때문에 진심으로 통곡하고, 장자의 유일한 아들을 잃었을 때처럼 가슴 아파하고 괴로워한다. 왜냐하면, 그들은 그들이 겪는 환난보다 그들의 죄들 속에서 더 많은 해악들을 보기 때문이다.

(3) 자신에 대한 혐오감은 늘 참된 회개의 동반자라는 것. 그들이 스스로를 미워하리니 이는 그 모든 가증한 일로 악을 행하였음이라(겔 6:9). 우리는 우리가 죄로 말미암아 우리 자신의 영혼에 대하여 행한 잘못과 손해에 대하여 우리 자신에게 화를 내야 할 뿐만 아니라, 죄로 말미암아 우리 자신을 죄악을 참아 보실 수 없으신 순전하시고 거룩하신 하나님을 향하여 가증스러운 자로 만들어 버린 것에 대하여 우리 자신을 미워하여야 한다. 죄가 진실로 우리에게 가증스

러운 것이라면, 우리 자신 속에 있는 죄는 더욱 그럴 것이다. 죄가 우리에게 가까이 있을수록, 그 죄에 대한 혐오감도 더 깊어질 것이다.

　(4) 우리가 하나님의 영광과 위엄을 더 많이 보고, 죄와 죄를 짓는 우리 자신의 사악함과 가증스러움을 더 많이 볼수록, 우리는 그 죄로 인하여 우리 자신을 더욱더 미워하며 낮아지게 되리라는 것. "이제 내가 눈으로 하나님이 어떤 분이신지를 뵈옵는데, 나는 그 하나님께 범죄하였고, 의도적인 죄를 지어서 그의 빛나는 위엄에 정면으로 침을 뱉었으며, 그의 자애로우신 긍휼을 발길로 차버렸었나이다. 이제 내가 눈으로 의로우시고 거룩하신 하나님을 뵈옵는데, 나는 그의 진노를 불렀었나이다. 그러므로 내가 나 자신을 미워하나이다. 화로다 나여 망하게 되었도다(사 6:5)." 하나님은 욥에게 교만한 자들을 발견하여 모두 낮추어 보라고 도전하셨었다(40:11). 욥은 이렇게 말한다: "나는 그런 일을 할 수 있는 체할 수 없나이다. 나는 내 자신의 교만한 마음을 낮추고 굴복시키며 낮아지게 하는 일만도 벅차나이다." 우리는 세상을 다스리는 일은 하나님께 맡기고, 그의 은혜를 힘입어서 우리 자신과 우리의 마음을 잘 다스리는 일에 관심을 쏟아야 한다.

⁷여호와께서 욥에게 이 말씀을 하신 후에 여호와께서 데만 사람 엘리바스에게 이르시되 내가 너와 네 두 친구에게 노하나니 이는 너희가 나를 가리켜 말한 것이 내 종 욥의 말 같이 옳지 못함이니라 ⁸그런즉 너희는 수소 일곱과 숫양 일곱을 가지고 내 종 욥에게 가서 너희를 위하여 번제를 드리라 내 종 욥이 너희를 위하여 기도할 것인즉 내가 그를 기쁘게 받으리니 너희가 우매한 만큼 너희에게 갚지 아니하리라 이는 너희가 나를 가리켜 말한 것이 내 종 욥의 말 같이 옳지 못함이라 ⁹이에 데만 사람 엘리바스와 수아 사람 빌닷과 나아마 사람 소발이 가서 여호와께서 자기들에게 명령하신 대로 행하니라 여호와께서 욥을 기쁘게 받으셨더라

　　욥은 앞에서 친구들이 그를 비난하며 그에게 심한 말들을 한 것에 대하여 불평을 아주 많이 했었고, 그와 그의 친구들 중 누가 잘못했는지를 가려 달라고 재판장이신 하나님께 호소하였으며, 하나님이 그 일에 대하여 즉각적으로 판단을 내려주시지 않는 것을 너무하신 일이라고 생각하였었다. 하나님은 회오리바람 가운데서 지금까지 오직 욥만을 훈계해 오셨기 때문에, 사람들

은 오직 욥이 잘못했고, 이 송사에서 욥은 틀림없이 불리한 판결을 받게 될 것이라고 생각했을지도 모른다. 그러나 여기에서 우리는 너무나 놀랍게도 상황이 백팔십도로 반전되어, 욥에게 유리한 확정 판결이 내려지는 것을 발견하게 된다. 그러므로 우리는 때가 이르기 전에는 아무것도 판단하지 말아야 한다. 하나님 앞에서 진정으로 의로운 자들이라고 해도 그들의 의가, 극심하고 이례적인 환난들, 사람들의 심한 비난, 그들 자신의 연약한 것들과 어리석은 혈기, 세상과 양심의 날카로운 책망들, 하나님의 두려운 것들에 대한 인식 아래에서 철저하게 낮아져서 죽어져 있는 그들 자신의 심령이라는 구름들에 의해서 가려져 있을 수 있다. 그렇지만, 때가 되면, 이 구름들은 모두 걷힐 것이고, 하나님은 그들의 의를 빛 같이 나타내시며 그들의 공의를 정오의 빛 같이 하실 것이다 (시 37:6). 욥이 정직한 자로서 자신의 의를 굳게 붙잡고, 그 의를 놓으려 하지 않았기 때문에, 하나님은 여기에서 욥의 의로움을 드러내신다.

I. 하나님이 욥과 그의 친구들 간의 논쟁과 관련해서 욥의 세 친구들에게 불리한 판결을 내리심. 여기에서 하나님은 엘리후를 잘못했다고 하지 않으신다. 왜냐하면, 그는 이 논쟁에서 다른 세 친구와는 달리, 하나의 파당이 아니라 중재자로서 행하였기 때문이다. 중재를 하는 자는 사람들에게 칭찬을 받느냐 욕을 먹느냐와는 상관없이 하나님께 칭찬을 받는다. 하나님은 여기에서 내리신 판결을 통해서 욥을 높이시고 그의 세 친구를 낮추신다. 우리는 양측의 애기를 들어 왔지만, 누가 옳은지를 분별할 수도 없었고 감히 결정할 수도 없었다. 우리는 양측이 모두 어느 정도 일리 있는 애기를 했다고 생각하였지만, 어느 쪽이 옳은지를 딱 잘라서 말할 수는 없었다. 또한, 우리는 잘못된 결정을 할 것이 두려워서, 사실 이 사안에 대해서 단정적인 판단을 하고자 하는 마음이 없었다. 그러므로 판단하는 것이나 심판하는 것이 여호와께 속해 있는 것은 참으로 잘된 일이다. 우리는 하나님의 판단이나 심판이 진리대로 된다는 것을 확신하기 때문에, 하나님의 판단을 믿고 따르면 된다. 이제 여기에서 하나님은 다음과 같이 판단하신다.

1. 하나님이 욥을 높이시고 존귀를 더하심. 욥은 혼자서 세 사람을 상대로 싸웠고, 세 친구에게 간청하는 입장이었지만, 하나님이 그의 편이었기 때문에, 천만인이 그를 대적한다고 해도 그 결과를 두려워할 필요가 없었다.

(1) 하나님은 언제 욥을 위해 나서셨는가. 그것은 여호와께서 욥에게 이 말씀

을 하신 후였다(7절). 하나님은 욥을 깨우치시고 낮아지게 하셔서, 잘못 말한 것에 대하여 회개하게 하신 후에, 욥이 잘 말하였다는 것을 인정하시고, 그를 위로하시며, 그에게 존귀를 더하셨다. 하나님은 이 순서를 지키셨다. 왜냐하면, 우리는 우리 자신에 대하여 판단하면서 죄를 깨닫고 죄인임을 인정할 때까지는 하나님의 인정을 받을 준비가 되어 있지 않은 것이기 때문이다. 욥이 그렇게 했을 때, 하나님은 이렇게 그를 변호하여 주셨다. 왜냐하면, 하나님은 우리를 찢으셨으나 도로 낫게 하실 것이요 우리를 치셨으나 싸매어 주실 것이기 때문이다(호 6:1). 보혜사, 즉 우리를 위로하시는 성령은 죄와 관련해서 우리를 책망하시기도 하신다(요 16:8). 우리가 어떤 과정을 거쳐서 하나님의 인정을 받을 수 있는지를 보라. 우리는 먼저 하나님의 책망 아래에서 낮아지지 않으면 안 된다. 하나님은 책망하시는 말씀을 통해서 욥을 근심하게 하신 후에, 풍성하신 긍휼을 따라 돌아오셔서 욥을 불쌍히 여기셨다. 왜냐하면, 하나님은 다투시되 영원히 다투시지 아니하시고, 논쟁하시되 정도껏 하시며, 그가 동풍을 보내시는 날에 그의 거센 바람을 거두시는 분이시기 때문이다. 이제 욥이 스스로 낮아지자, 하나님은 그를 높이셨다. 진심으로 회개하는 자들은 하나님의 은총을 받게 될 것이고, 그들이 잘못 말하고 행한 것들은 더 이상 거론되지 않을 것이다. 우리가 우리 자신을 미워하게 될 때, 하나님은 우리를 기뻐하실 것이다.

(2) 하나님이 욥을 위해 어떻게 나서셨는가. 욥이 저질렀던 모든 죄악들이 용서되었다는 것은 당연한 것으로 전제된다. 왜냐하면, 여기에서 볼 수 있듯이, 하나님이 욥을 높이시고 존귀하게 하셨다면, 욥의 의로움을 인정하신 것은 기정사실이기 때문이다. 욥은 종종 하나님이 결국에는 그의 결백을 드러내실 것이고, 그의 이러한 소망은 그를 부끄럽게하지 않을 것이라는 뉘앙스의 말을 큰 확신을 가지고서 말해 왔었다.

[1] 하나님이 욥을 거듭거듭 "내 종 욥"이라 부르심. 이러한 호칭은 7절과 8절에서만 네 번 나온다. 하나님은 욥이 환난을 당하기 전에도 그러하셨듯이(1:8) 욥을 그렇게 부르시는 것을 기뻐하시는 것으로 보인다. "네가 내 종 욥을 주의하여 보았느냐. 그는 지금 가난하고 멸시를 받고 있지만, 그럼에도 불구하고 그가 형통하던 때와 마찬가지로 내게 소중한 내 종이다. 욥은 다른 사람들처럼 잘못들을 했고 혈기를 부렸으며, 나와 다투어서 나의 판단을 무효화시키고자 하기도 했고, 무지한 말로 나의 모략을 가리기도 하였지만, 결국에는 자

신의 잘못을 깨닫고 그 잘못을 거두어들였다. 그러므로 그는 여전히 내 종 욥이다." 우리가 비록 잠시 하나님의 종으로서의 신용과 위로를 박탈당할지라도, 욥처럼 그래도 계속해서 종으로서의 온전한 의식(意識)과 충성심을 굳게 붙잡고 있기만 한다면, 우리는 욥처럼 결국에는 하나님의 종의 신분을 다시 회복하게 될 것이다. 마귀는 욥이 위선자라는 것을 증명해 보이고자 애를 써왔고, 그의 세 친구들은 그를 악인으로 단죄하였었다. 그러나 하나님은 그가 받으시는 자들을 인정해 주시고, 그들이 음부나 세상의 악의에 의해서 짓밟히도록 내버려 두지 않으신다. 하나님이 잘 하였도다 착하고 충성된 종아(마 25:21)라고 말씀하신다면, 사람들이 무엇이라고 말하는가는 별로 중요하지 않다.

[2] 하나님은 욥이 그의 대적자들에 비하여 하나님에 대하여 옳은 것을 말하였다는 것을 인정하심. 욥은 그의 친구들보다 하나님의 섭리에 대하여 훨씬 더 낫고 참된 설명을 하였다. 그들은 형통함을 참된 교회의 표지(標識)로 삼고 환난을 하나님의 진노의 확실한 지표로 삼음으로써 하나님에 대하여 잘못 말하였으나, 욥은 어떤 사람이 하나님의 사랑을 받고 있는지 미움을 받고 있는지는 그 사람의 외적인 형편이 아니라 그 사람의 내면을 보고 판단해야 한다고 주장함으로써 하나님에 대하여 올바르게 말하였다(전 9:1).

첫째, 현세가 아니라 내세에서의 상벌을 바라보며, 거기에서의 상벌에 비추어서 현세에서 일어나는 여러 가지 난제들을 푸는 자들은 하나님과 그의 섭리에 대하여 올바르게 생각하고 있는 자들이다. 욥은 그의 친구들이 했던 것보다 더 많이 장래의 심판이나 장래의 형편과 관련된 것들을 언급했기 때문에, 그의 친구들보다 하나님에 대하여 옳은 것을 말한 것이었다.

둘째, 욥은 몇 가지의 것들에 대하여 잘못 말하였고, 심지어 하나님에 대하여도 너무 지나친 말을 하였지만, 그가 옳은 것을 말한 것에 대해서는 칭찬을 받는다. 우리는 어떤 사람에게 있어서 참되고 선한 것이 인간적인 연약함 속에 섞여 있는 경우에 그 참되고 선한 것을 배척하지 말아야 할 뿐만 아니라, 도리어 적절한 칭찬을 해주어야 한다.

셋째, 욥은 옳았고 그의 친구들은 잘못하였지만, 그는 고통 중에 있었고 그들은 편안하게 있었다. 이것은 우리가 사람들을 그들의 얼굴이나 지갑을 보고 판단해서는 안 된다는 것을 보여주는 분명한 증거이다. 사람들의 중심을 보는 자만이 사람들을 틀리지 않게 판단할 수 있다.

[3] 하나님은 욥에 대한 친구들의 온갖 혹평과 비난에도 불구하고, 욥이 선한 자이고 겸손하고 자애로우며 용서하는 마음을 지닌 자이기 때문에, 그가 그들을 위하여 기꺼이 기도해 줄 준비가 되어 있고, 하늘에서의 그의 영향력을 그들을 위하여 사용할 용의를 갖고 있다는 것을 분명하게 알리심. "내 종 욥이 너희를 위하여 기도할 것이다. 나는 그가 그렇게 하고자 할 것임을 안다. 내가 그를 용서하였고, 그가 나의 용서로 인한 위로를 얻었기 때문에, 그는 너희를 용서할 것이다."

[4] 하나님은 욥을 이 회중의 제사장으로 임명하시고, 욥을 받으실 뿐만 아니라 친구들을 위한 욥의 중보 기도도 받으실 것이라고 약속하심. "내가 그를 기쁘게 받으리니, 너희는 너희의 희생제물들을 내 종 욥에게 가져가라." 하나님으로부터 죄 씻음을 받은 자들을 하나님은 왕과 제사장으로 삼으신다. 진심으로 회개하는 자들은 그들 자신을 위해 간구하는 자로서 하나님의 은총을 받게 될 뿐만 아니라, 다른 사람들을 위한 중보자로서도 하나님께 받아들여지게 될 것이다. 욥이 이전에 그의 자녀들을 위하여 제사를 드리곤 했었는데(1:5), 지금 하나님이 욥을 그의 친구들을 위하여 제사를 드려 주는 자로 정하신 것은 욥에게 큰 존귀함을 더하신 것이었다. 욥이 이렇게 이전의 제사장직을 회복하게 된 것은 그가 다시 형통하게 될 것임을 보여주는 복된 전조(前兆)였고, 그것을 향하여 성큼 다가서는 계기가 되었다. 이 점에서 욥은 그리스도의 모형이 되었다. 우리와 우리의 신령한 제사는 오직 그리스도를 통해서만 하나님께 열납될 수 있다(벧전 2:5). "내 종 욥, 곧 내 종 예수에게 가서(하나님은 이들로부터 한동안 그의 얼굴을 숨기셨다), 너희의 제물들을 그의 손에 맡기고, 그를 너희의 대언자와 변호하는 자로 삼으라. 왜냐하면, 내가 그를 기쁘게 받을 것이고, 그가 없다면, 너희는 너희의 어리석음을 따라 대우를 받게 될 것을 각오하여야 할 것이기 때문이다." 욥이 그의 심령을 몹시 근심하게 하고 상처를 주었던 자들을 위하여 기도하고 제사를 드려 주었듯이, 그리스도께서도 자기를 박해하는 자들을 위하여 기도하시고 죽으셨으며, 지금도 살아 계셔서 범죄자들을 위하여 늘 기도하신다(사 53:12).

2. 욥의 친구들은 크게 굴욕을 당하고 창피를 당함. 그들은 선한 자들이었고 하나님께 속한 자들이었기 때문에, 욥의 경우와 마찬가지로 그들이 자신의 잘못 가운데에 그대로 있게 놓아 두지 않으시고, 회오리바람 가운데서 하신 말

씀을 통해서 욥을 낮추신 후에, 이번에는 그들을 낮추시는 일을 하신다. 하나님은 그가 가장 아끼시는 자였던 욥을 가장 먼저 야단을 치시고, 그 후에 나머지 사람들을 책망하셨다. 그들은 욥이 하나님께 야단을 맞는 것을 들으면서, 아마도 그들이 옳고 욥이 완전히 잘못했다고 착각하고서 우쭐하고 의기양양했을 것이지만, 하나님은 곧 그들에 대한 판결을 내리심으로써 그들로 하여금 진실은 그들의 생각과는 정반대라는 것을 알게 하셨다. 대부분의 논쟁이나 다툼에서는 주장 자체와 그것을 다루는 방식에 있어서 양측 모두에 잘못이 있는 법이다. 따라서, 양측 모두가 자신의 잘못에 대하여 듣고 깨닫는 것이 합당하다. 하나님은 엘리바스에게 그들이 한 잘못이 무엇인지를 말씀해 주신다. 엘리바스는 연장자였을 뿐만 아니라, 선봉에 서서 욥을 공격한 인물이었기 때문이다.

(1) 하나님은 그들이 그를 가리켜 말한 것이 욥의 말 같이 옳지 못하였다는 것을 그들에게 분명하게 말씀하심. 즉, 그들은 잘못된 가설 위에서 욥을 비난하고 단죄하였고, 하나님은 단지 친구인 욥을 시험하고 있었을 뿐인데도 마치 하나님이 욥을 원수로 여겨서 싸우고 계신 것으로 말하였는데, 이것은 옳지 않은 것이었다. 하나님이 아버지로서 자기 자녀들을 징계하시는 것을 사법적인 형벌을 내리시는 것으로 얘기하고, 그 형벌을 통해서 그들을 그의 은총에서 끊어 내 버리고자 하시는 것으로 말하는 자들은 하나님에 대하여 옳게 말하는 것이 아니다. 다른 사람들의 영적이고 영원한 신분이나 상태에 대하여 무자비하게 판단하는 것은 위험한 일임을 명심하라. 왜냐하면, 우리는 그렇게 함으로써 하나님이 받으신 자들을 정죄할 수도 있는데, 그것은 하나님을 크게 진노하시게 만드시는 일이기 때문이다. 그것은 하나님의 어린 소자들을 걸려 넘어지게 하는 것이고, 하나님은 자신의 어린 소자들이 당한 온갖 학대와 해악을 자신이 당한 것으로 여기신다.

(2) 하나님은 그들에게 그가 그들에 대하여 화가 나셨다는 것을 확실하게 말씀하심. 내가 너와 네 두 친구에게 노하였다(7절). 하나님은 형제들이 환난을 당한다거나 연약한 것들이 있다고 해서 그들을 멸시하고 비난하며, 그들에 대하여 의기양양해하고, 그들에 대하여 가혹한 판단을 하는 자들에 대하여 크게 노하신다. 비록 그들은 지혜롭고 선한 자들이었지만, 그들이 잘못 말을 하였을 때, 하나님은 그들에 대하여 노하셨고, 그들로 하여금 그가 노하신 것을 알게 하셨다.

(3) 하나님은 그들에게 그들이 잘못 말한 것을 속죄하기 위하여 희생제사를 드릴 것을 요구하심. 그들은 각자 수소 일곱과 숫양 일곱을 가져다가 하나님께 번제로 드려야 하였다. 모세의 율법 이전에는 모든 제물, 심지어 속죄 제물조차도 온전히 불살라졌으므로, 제사들은 모두 번제로 불려졌던 것으로 보인다. 그들은 그들이 기가 막히게 잘 말을 했고, 하나님이 하실 말씀을 그들이 대신해서 아주 잘 대변해 주었기 때문에, 하나님이 그들에게 신세를 진 셈이 되어서 그들에게 좋은 상을 내려 주실 것이라고 생각하였다. 그러나 그들은 그들의 생각과는 정반대로 하나님이 그들에 대하여 노하셨고, 그들에게 희생제사를 요구하시며, 만약 그들이 제사를 드리지 않으면, 그가 그들을 그들의 우매함을 따라 다루시겠다는 말씀을 듣는다. 하나님은 흔히 우리 자신이 자랑하고 자부심을 느끼는 일에 대하여 노하시고, 우리가 스스로 잘했다고 생각하는 일 속에서 많은 잘못을 보신다.

(4) 하나님은 그들에게 욥에게 가서 그들을 위하여 제사를 드리며 기도해 달라고 청하라고 지시하시면서, 만약 그들이 그렇게 하지 않는다면 하나님의 열납하심을 받지 못하게 될 것이라고 말씀하심. 하나님이 그들에게 이런 일을 명하신 것은 다음과 같은 의도에서였다.

[1] 그들을 낮추시고 그들의 콧대를 꺾어놓으시기 위한 것. 그들은 오직 그들만이 하늘의 은총을 받는 자들이고, 욥은 하늘에서 아무런 영향력도 없다고 생각하였다. 그러나 하나님은 그들에게 욥이 하늘에서 그들보다 더 큰 영향력을 지니고 있고, 하나님께 열납될 가능성이 그들보다 더 크다는 것을 깨우치고자 하셨다. 하나님의 백성을 멸시하고 비난했던 자들이 하나님이 그들을 사랑하는 줄을 알게 되어서, 그들에게 봐달라고 사정할 날이 올 것이다(계 3:9). 그 날에 미련한 처녀들은 슬기로운 처녀들에게 기름을 나누어 달라고 간청하게 될 것이다.

[2] 그들로 하여금 하나님과 화해하는 조건으로 욥과 화해하지 않을 수 없게 하시기 위한 것. 네 형제에게 원망들을 만한 일이 있는 것이 생각나거든(그들은 욥의 원망을 들을 일이 많았다) 먼저 가서 형제와 화목하고 그 후에 와서 예물을 드리라(마 5:23-24). 하나님으로부터 죄사함을 받고자 한다면, 우리는 먼저 우리가 잘못한 일의 성격에 따라서 그 잘못에 대하여 속죄 또는 배상을 하지 않으면 안 된다. 하나님이 자기 종 욥의 억울함을 얼마나 철저하게 편들어 주시고 풀

어 주시는지를 보라. 하나님은 욥에게 잘못한 자들이 먼저 그의 용서를 구하고 욥이 그들과 화해할 때까지는 그들과 화해하지 않으신다. 욥과 그의 친구들은 많은 것들에 대해서 서로 의견이 달랐고, 서로에 대한 평가에 있어서 지나치게 가혹했었지만, 이제 그들은 서로 화해하고 친구가 되지 않으면 안 되었다. 그렇게 하기 위해서, 그들은 그들 사이에서 논쟁이 된 문제를 다시 꺼내서 어떻게든 끝을 보려고 하는 것이 아니라(이러면 논쟁은 끝이 나지 않는다), 서로 마음을 합하여 하나님께 제사를 드리고 기도를 하여야 하고, 그렇게 하면 그들은 틀림없이 화해하게 될 것이다. 그들은 여러 가지 문제들에 있어서 의견이 서로 다르더라도 하나님을 사랑하고 헌신하는 일에 있어서는 서로 하나가 되어야 한다. 사소한 일들에 대한 판단에 있어서 서로 의견이 다른 자들일지라도 우리 모두를 위하여 희생제물이 되신 그리스도 안에서 하나이기 때문에, 동일한 은혜의 보좌 앞에서 만나야 하고, 서로 사랑하고 서로를 용납하고 받아야 마땅하다. 한 가지 더 우리가 주목할 것은 하나님이 욥의 친구들에게 노하셨을 때에 그는 직접 나서셔서 그들로 하여금 욥과 화해하도록 그 길을 마련해 주셨다는 것이다. 우리가 하나님과 싸울 때는 언제나 우리 쪽에서 시작하지만, 화해는 하나님 쪽에서 시작된다.

Ⅱ. 욥의 친구들이 하나님의 이러한 판결을 묵묵히 받아들임(9절).   그들은 선한 자들이었기 때문에, 비록 그들이 정죄한 자를 찾아가서 이런 식으로 사정을 하고 아쉬운 소리를 하는 것이 그들의 성미에 맞지 않고 못마땅한 일이었지만, 하나님의 마음이 어떤 것인지를 깨닫자마자 하나님이 그들에게 명하신 대로 행하되, 그 어떤 이의도 제기함이 없이 신속하게 행하였다. 하나님과 화해하고자 하는 자들은 하나님이 정해 주신 화해의 수단들과 방법들을 세심하게 활용하여야 한다는 것을 명심하라. 우리는 하나님과 화해하고자 할 때에는 오로지 하나님이 정하신 방법과 조건을 따라서 해야 하는데, 그러한 것들은 하나님과 화해하는 것이 우리에게 주어진 얼마나 큰 특권이며 소중한 것인지를 아는 자들에게는 결코 어려운 것으로 보이지 않기 때문에, 그들은 그 조건이 그들에게 아무리 큰 낮아짐과 굴욕을 요구한다고 할지라도 그 조건을 따라 하나님과 화해하는 것을 기뻐한다. 욥의 친구들은 전에는 모두 한목소리로 욥을 정죄하고 고소하였는데, 이제는 모두 하나가 되어서 욥에게 용서를 빌러 간다. 함께 범죄한 자들은 함께 회개하여야 한다. 욥과 그의 친구들이 앞에서 종종

그랬듯이, 하나님께 호소하는 자들은 그들의 마음에 들든 들지 않든 하나님이 내려 주시는 판결에 승복하겠다고 단단히 결심하여야 한다. 하나님의 명령을 꼼꼼하게 지키는 자들은 하나님이 그들에게 은총을 베풀어 주시리라는 것을 의심할 필요가 없다. 여호와께서 욥을 기쁘게 받으셨고, 욥의 기도에 대한 응답으로 그의 친구들을 기쁘게 받으셨다. 본문에서는 하나님이 그들을 기쁘게 받으셨다고 말하지 않고(물론, 이런 의미가 함축되어 있기는 하지만), 하나님이 그들을 위하여 욥을 기쁘게 받으셨다고 말한다. 마찬가지로, 하나님은 우리를 그의 사랑하시는 자 안에서 기쁘게 받으셨다(엡 1:6; 마 3:17). 욥은 하나님이 그에 대하여 해주신 증언과 그들이 그에게 굴복할 수밖에 없는 처지가 된 것을 기회로 삼아서 그의 친구들을 모욕한 것이 아니라, 하나님이 그에게 다시 은혜를 주시자, 그는 그들과 쉽게 화해하였고, 그러자 하나님이 그를 기쁘게 받으셨다. 하나님께 열납되는 것이야말로 우리가 우리의 모든 기도와 섬김 속에서 목적으로 삼아야 하는 것이고, 사람들로부터 칭찬을 받는 것이 아니라 하나님을 기쁘시게 해드리는 것이 우리의 최고의 야망이 되어야 한다.

[10]욥이 그의 친구들을 위하여 기도할 때 여호와께서 욥의 곤경을 돌이키시고 여호와께서 욥에게 이전 모든 소유보다 갑절이나 주신지라 [11]이에 그의 모든 형제와 자매와 이전에 알던 이들이 다 와서 그의 집에서 그와 함께 음식을 먹고 여호와께서 그에게 내리신 모든 재앙에 관하여 그를 위하여 슬퍼하며 위로하고 각각 케쉬타 하나씩과 금 고리 하나씩을 주었더라 [12]여호와께서 욥의 말년에 욥에게 처음보다 더 복을 주시니 그가 양 만 사천과 낙타 육천과 소 천 겨리와 암나귀 천을 두었고 [13] 또 아들 일곱과 딸 셋을 두었으며 [14]그가 첫째 딸은 여미마라 이름하였고 둘째 딸은 굿시아라 이름하였고 셋째 딸은 게렌합북이라 이름하였으니 [15]모든 땅에서 욥의 딸들처럼 아리따운 여자가 없었더라 그들의 아버지가 그들에게 그들의 오라비들처럼 기업을 주었더라 [16]그 후에 욥이 백사십 년을 살며 아들과 손자 사 대를 보았고 [17]욥이 늙어 나이가 차서 죽었더라

사도 야고보는 너희가 욥의 인내를 들었고 주께서 주신 결말, 즉 주께서 그의 환난이 결국 어떤 식으로 끝나게 하셨는지를 보았다(약 5:11)고 말한다. 우리는 욥기의 처음 부분에서 환난 가운데에서의 욥의 인내를 보았는데, 욥의

인내는 우리가 본받아야 할 모범이다. 그리고 여기 욥기의 끝 부분에서 우리는 욥의 환난의 복된 결말, 즉 욥이 환난을 겪은 후에 다시 형통함을 누리게 된 것을 보게 되는데, 이러한 복된 결말은 참고 견디는 자가 복되다는 것을 확증해 주는 것으로서, 우리에게 욥의 모범을 본받으라고 격려하는 것이다. 또한, 욥이 환난 후에 얻게 된 특별한 형통함은 아마도 우리 그리스도인들이 현세의 환난을 겪고 나서 마침내 얻게 될 천국의 영광과 행복을 보여주는 모형이자 상징으로 의도된 것 같다. 욥은 환난을 겪기 이전에도 동방의 모든 사람들 가운데서 가장 큰 자였지만, 환난 후에는 이전보다 갑절로 형통하였던 것과 마찬가지로, 우리가 천국에서 누리게 될 기쁨과 만족은 현세에서 누리는 모든 기쁨과 만족보다 갑절 이상이 될 것이다. 욥이 시험과 시련을 견뎌냈을 때에 다음과 같이 온갖 부와 존귀와 위로를 다 받았듯이, 시험을 받을 때에 시련을 잘 견딘 자는 생명의 면류관을 얻게 될 것이다(약 1:12).

I. 하나님이 다시 돌아오셔서 욥에게 긍휼을 베푸심. 욥을 향한 하나님의 생각은 평안이요, 재앙이 아니고 기대했던(아니, 예기치 않았던) 결말을 주는 것이었다(렘 29:11). 욥의 환난은 하나님이 억제하고 계셨던 사탄의 악의에서 시작되었고, 욥의 회복은 사탄이 반대할 수 없었던 하나님의 긍휼하심에서 시작되었다. 욥의 가장 큰 불평, 즉 그가 불평을 하면서 가장 역설하고 슬퍼하였던 것은 하나님이 그를 대적하신다는 것이었다. 그러나 이제 하나님은 분명하게 그를 위하여 나타나셨고, 앞에서 (적어도 욥의 인식 속에서는) 깨어서 그를 뿌리 뽑으며 무너뜨리고자 했던 것과 같이 이제는 깨어서 그를 세우며 심기 위하여 나타나셨다(렘 31:28). 이것은 욥의 처지를 일거에 다른 모습으로 바꾸어 놓았다. 욥의 처지는 조금 전까지만 해도 암울하고 무섭게 보였었는데, 이제는 모든 것이 유쾌하고 전망이 밝게 보였다.

1. 하나님이 욥의 곤경을 돌이키셨다는 것. 즉, 하나님은 욥이 근심하고 걱정하던 모든 것들을 바로잡으셨고, 그의 불평의 원인이 되었던 모든 것들을 다 제거하셨다. 하나님은 욥을 한동안 묶고 있던 사탄의 밧줄을 풀어 주셨고, 하나님 자신으로부터 욥을 넘겨 받았던 저 잔혹한 자 사탄의 수중에서 그를 건져 내셨다. 욥의 모든 육체적인 고통과 병은 이제 순식간에 씻은 듯이 치유되어서, 그 치유는 거의 기적이나 다름없었을 것이다. 그의 살이 청년보다 부드러워졌고, 그는 젊음을 회복하였다(33:25). 그러나 그런 것보다 더 중요한 것은 그의

마음이 완전히 바뀐 것을 그가 느꼈다는 것이다. 그의 마음은 고요하고 평안하였으며, 소란은 모두 지나갔고, 그의 속에서 요동하던 생각들은 모두 사라졌으며, 두려움도 잠잠해졌다. 이전에는 하나님의 두려운 것들이 그의 영혼에 무거운 짐이었던 것처럼, 이제는 하나님의 위로가 그의 영혼에 기쁨이 되었다. 욥이 그의 친구들을 위하여 기도할 때, 즉 그가 친구들을 위하여 제물을 드리면서 기도하였을 때, 조류의 방향이 완전히 바뀌어서, 욥에게 임하였던 환난은 밀물처럼 밀고 들어왔던 때처럼 아주 신속하게 썰물처럼 빠져 나가기 시작하였다. 비록 욥의 주장이 옳았지만, 그가 그의 친구들과 논쟁을 벌이고 있었을 때에는 하나님의 긍휼이 그에게 돌아오지 않았지만, 그가 그들을 위하여 기도하자, 비로소 그 긍휼이 그에게 돌아왔다. 왜냐하면, 우리가 열을 내며 논쟁할 때보다는 열렬히 기도할 때, 우리는 하나님을 더 잘 섬기고 더 기쁘시게 해드리기 때문이다. 욥이 친구들의 죄를 용서하여 준 이 예를 통해서 자신의 회개를 완성하였을 때, 하나님은 욥의 포로됨을 돌이키심으로써 그의 죄사함을 완성하셨다. 우리가 우리의 친구들을 위하여 올바르게 기도하고 있다면, 우리는 진정으로 우리가 해야 할 일을 하고 있는 것임을 명심하라. 왜냐하면, 그러한 기도 속에는 믿음만이 아니라 사랑도 들어 있기 때문이다. 그리스도께서는 우리에게 기도할 때에 우리 아버지라고 말하라고 가르치심으로써 다른 사람들과 함께, 그리고 다른 사람들을 위하여 기도해야 한다는 것을 우리에게 가르치셨다. 우리는 다른 사람들에게 긍휼을 베풀어 주시라고 하나님께 기도함으로써 우리 자신이 하나님의 긍휼을 얻을 수 있다. 우리 주 예수께서는 높아지셔서 하늘에서 다스리시면서, 거기에서 항상 살아 계셔서 우리를 위하여 간구하고 계신다(히 7:25). 어떤 이들은 하나님이 욥의 포로됨을 돌이키셨다는 구절을 하나님이 스바 사람들과 갈대아 사람들의 마음을 움직이셔서 그들로 하여금 욥에게서 강탈해 갔던 가축들을 돌려 주게 하셨다는 뜻으로 이해하기도 한다. 그들은 욥이 그렇게 돌려받은 가축들로 다시 일어설 발판을 마련하였을 것이라고 말한다. 그런 일이 일어났을 가능성은 크다. 약탈자들은 재물을 삼켰을지라도, 그것을 다시 토해낼 수밖에 없었을 것이다(20:15). 그러나 나는 이 구절이 욥의 처지가 이제 완전히 바뀌게 된 것을 일반적으로 가리키는 것이라고 본다.

2. 하나님이 욥의 소유를 이전의 갑절로 만들어 주심. 여호와께서 욥에게 이전 모든 소유보다 갑절이나 주신지라(10절). 하나님은 욥에게 소망을 불어넣어

주고 그로 하여금 열심히 일하도록 힘을 북돋워 주기 위하여, 처음부터 이런저런 방식으로 욥에게 그가 점점 부유해져서 때가 되면 이전보다 갑절로 형통하게 될 것이고, 그러한 놀라운 형통이 그에게 하나님의 은총이 함께 한다는 것을 보여주는 특별한 징조가 되리라는 것을 암시해 주셨을 가능성이 높다. 욥의 갑절의 형통은 다음과 같은 것으로 의도된 것인 듯하다.

(1) 욥의 손실을 보상해 주시기 위한 것. 그는 하나님의 영광을 위하여 고난을 겪었다. 그러므로 하나님은 어떤 식으로든 보상을 해주고 싶으셔서, 이자에 이자를 붙여서 그를 갑절로 형통하게 해주셨다. 하나님은 그 누구도 하나님으로 인해서 손해를 보도록 내버려 두지 않으신다.

(2) 욥이 하나님을 신뢰하고 인내한 것에 대한 상을 주시기 위한 것. 그는 부패한 본성이 그의 속에서 활동하였음에도 불구하고, 결코 하나님에 대한 신뢰를 내팽개치지 않았고 계속해서 굳게 붙잡고 있었는데, 이것이 큰 상을 얻게 한다(히 10:35). 욥의 친구들은 종종 "네가 청결하고 정직하면 하나님이 반드시 너를 돌보실 것"(8:6)이라는 근거를 들이대며, 욥의 현재의 처지에 의거해서 그를 심하게 비난하였었다: 즉, 하나님이 깨어 계셔서 욥을 돌보시지 않기 때문에, 욥은 정직한 자가 아니라는 것이다. 하나님은 이렇게 말씀하신다: "그래. 너희의 논증은 결정적으로 옳은 것은 아니지만, 나는 너희가 제시한 논증에 의거해서도 내 종 욥의 신앙이 온전하다는 것을 증명해 보이고자 한다. 욥의 결국은 크게 창대할 것이고, 너희가 말한 대로, 그것을 통해서도 그가 그의 모든 소유를 잃어버린 것이 그가 저지른 어떤 불의 때문이 아니라는 것이 분명하게 드러나게 될 것이다." 이제 욥이 처음에 그의 소유를 다 가져가 버리신 하나님을 송축한 것이 일리가 있었다는 것이 증명되었다(1:21). 왜냐하면, 욥의 소유를 다 가져가 버리신 하나님이 욥에게 갑절로 다시 돌려 주셨기 때문이다.

Ⅱ. 욥의 오랜 지인들과 이웃들과 혈육들이 그를 다시 따뜻하게 대해 주게 되었다는 것(11절). 그들은 그가 환난을 당하자 그를 멀리하고 떠나갔었는데, 그것은 환난으로 고통받고 있던 욥에게 적지 않게 괴로운 일이었다. 그는 그들의 무정함에 대하여 몹시 서운해하며 불평하였었다(19:13-22). 그러나 이제 그들이 그를 다시 찾아와서 그에게 극진한 사랑과 존경을 표시하였다.

1. 그들은 욥에게 존귀함을 더해 주었다는 것. 그들은 이전처럼 그에게로 와서 그와 더불어 음식을 먹었지만, 각자가 그 비용을 손에 들고 왔기 때문에,

그는 전혀 비용을 들이지 않고도 사람들에게 연회를 베풀어 대접하였다는 명성을 얻게 되었다.

2. 그들은 욥을 동정하였다는 것. 그들은 그에게 형제들로서 합당한 따뜻한 관심을 보여주었다. 그들은 그가 겪은 환난과 온갖 재난들에 대하여 얘기를 나누면서 그를 위하여 슬퍼하였고, 하나님이 그에게 은혜를 다시 베푸신 것을 보고서 그를 위로하였다. 그들은 그의 슬픈 일을 위해 함께 울었고, 그의 기쁜 일을 보고는 함께 기뻐함으로써, 처음에 그를 위로하기 위해서 먼 길을 달려 왔지만 그에게 별 위로가 되지 못하였던 세 친구들과는 달리 그렇게 형편없는 위로자들이 아니라는 것을 증명하였다. 그들은 세 친구들과는 달리 그렇게 큰 자들도 아니었고 박식하거나 말을 잘하는 자들도 아니었지만, 욥을 위로하는 일에 있어서는 훨씬 더 능숙하고 정이 깊다는 것을 증명하였다. 하나님은 사람들의 죄를 깨우칠 때와 마찬가지로 사람들을 위로할 때에도 종종 세상의 어리석고 약한 것들을 택하셔서 사용하신다.

3. 그들은 욥의 손실을 회복하여 그를 다시 일으켜 세우기 위해서 모금을 하였다는 것. 그들은 "덥게 하라 배부르게 하라"고 말하는 것으로 충분하다고 생각하지 않고, 그에게 소용이 되는 것들을 그에게 주었다(약 2:16). 그들은 각각 금일봉(각자의 형편에 따라 많게 또는 적게)과 금 귀고리(동방 사람들이 많이 사용하던 장신구로서 돈이나 다름없는 것이었다) 한 개씩을 주었다. 그들이 욥에게 준 것은 그들이 꼭 쓰지 않아도 되는 여유분이었다. 따라서, 우리가 여기에서 볼 수 있는 원칙은 우리의 풍족한 것으로 우리 형제들에게 꼭 필요한 것을 보충해 주어야 한다는 것이다. 그러나 욥의 혈육들은 왜 이제 와서 이런 호의를 그에게 베풀게 된 것인가?

(1) 하나님은 그들 속에 그렇게 하고자 하는 마음을 집어넣으셨다. 모든 피조물은 하나님이 시키시는 대로 우리를 대한다. 욥은 그들이 그를 떠나갔을 때에 그것이 하나님이 하시는 일임을 인정하였었다. 그래서 하나님은 지금 욥의 그러한 믿음에 대한 상으로 그들로 하여금 다시 그에게 돌아오게 하신 것이다.

(2) 그들 중의 일부는 욥을 위선자라고 생각했기 때문에 그에게서 떠나갔었지만, 이제 그의 결백이 분명하게 밝혀지자, 다시 그에게로 돌아와서 그와 교제하게 되었을 것이다. 하나님이 욥에게 호의를 보이자, 그들도 모두 기꺼이 그에게 호의를 보이게 되었다(시 119:74, 79). 그들 중의 일부는 욥이 병들고

가난해졌으며 애처로운 처지가 되었기 때문에 그에게서 떠나갔었지만, 그가 다시 이전의 형통을 회복하기 시작하자, 기꺼이 그와의 친분을 다시 회복하고자 했을 것이다. 겨울이 되면 떠나가는 제비 같은 친구들은 봄이 되면 다시 돌아오는 법이지만, 그런 우정은 별 가치가 없다.

(3) 하나님이 엘리바스와 그의 두 친구가 욥을 무정하게 대한 것에 대하여 책망하시자, 욥의 나머지 친구들이 정신이 번쩍 들어서 다시 친구로서의 본분을 다하게 되었을 것이다. 우리는 이렇게 다른 사람들이 책망 듣는 것을 볼 때에 그것을 우리에 대한 교훈이자 권면으로 받아들여야 한다.

4. 욥이 그의 친구들을 위하여 기도하자, 그들이 그의 인자함에 감동하여 그에게로 모여들었고, 모든 사람이 그의 기도의 덕을 보기를 원하였을 것이다. 우리가 우리의 친구들과 혈육들을 위하여 더 많이 기도할수록, 우리는 그들 속에서 더 많은 위로를 기대할 수 있다.

III. 친구들이 욥에게 준 적은 재물에 하나님이 복을 주시자, 욥의 재산은 기이할 정도로 늘어났다는 것. 그는 그들이 준 것들을 감사함으로 받았고, 그들의 기부금에 의해서 그의 재산이 회복되는 것을 자신의 체면이 깎이는 일이라고 생각하지 않았다. 욥은 한편으로 그의 친구들에게 그를 위해 돈을 모금해 달라고 강권하지 않았다. 그는 "내가 언제 너희에게 무엇을 달라고 말했더냐 나를 위하여 너희 재물을 선물로 달라고 하더냐"(6:22)라고 말함으로써, 자기가 그런 적이 없다는 것을 분명하게 밝힌다. 그렇지만, 그는 그들이 자발적으로 가져온 것들에 대해서는 감사함으로 받았고, 그들이 이전에 그를 무정하게 대한 것에 대하여 그들을 힐책하지 않았으며, 그들이 왜 진작 그렇게 하지 않았냐고 힐난하지도 않았다. 그는 그들의 기부를 요구할 정도로 탐욕스럽거나 집요하지 않았고, 그들이 그에게 기부할 때에 그것을 거부할 정도로 교만하거나 성질이 못되지도 않았다. 욥이 이렇게 선한 성품으로 행하였기 때문에, 하나님은 그에게 그들의 돈이나 귀고리보다 훨씬 더 좋은 것을 주었는데, 그것은 바로 그의 복이었다(12절). 하나님은 이제 자기가 욥을 괴롭게 한 날수대로 그를 위로하셨고, 욥의 말년에 욥에게 처음보다 더 복을 주셨다.

1. 여호와께서 주시는 복은 사람을 부하게 한다(잠 10:22)는 것. 우리에게 재물을 얻을 권세를 주시고, 정직한 일들에서 성공을 거두게 하시는 것은 하나님이시다. 그러므로 번성하고자 하는 자들은 하나님의 복을 바라보아야 하고, 그것

을 벗어나서 뜨거운 태양을 바라보아서는 안 된다. 이미 번성한 자들은 자신의 힘으로 부를 일구었다고 생각해서는 안 되고, 하나님이 주신 복으로 자기가 번성하였다는 것을 인정하여야 한다.

2. 하나님이 주시는 복은 사람들을 아주 부유하게 만들 수 있고, 때로는 선한 자들도 그렇게 아주 부유하게 만든다는 것. 돈을 벌어서 부자가 된 자들은 그들이 저축함으로써 쉽게 더 큰 부자가 될 수 있다고 생각한다. 그러나 적게 가진 자들이 그 적은 것을 불리기 위해서는 하나님을 의지해야 하는 것과 마찬가지로, 많이 가진 자들은 그 많은 것을 더욱더 불려서 갑절이 되게 하기 위해서는 하나님을 의지하지 않으면 안 된다. 그렇게 하지 않는다면, 너희가 많이 뿌릴지라도 수확이 적을 것이다(학 1:6).

3. 선한 자는 말년에 최고의 날들을 보내고, 그가 마지막으로 하는 일들이 최고의 일들이 되며, 그가 마지막으로 받는 위로들이 최고의 위로가 되는 경우가 흔하다는 것. 왜냐하면, 그가 가는 길은 아침 빛이 가는 길처럼 점점 더 빛을 발하여 대낮 같이 환하게 되기 때문이다. 성경에서는 악인에 대해서는 그 사람의 나중 형편이 전보다 더 심하게 된다(눅 11:26)고 말하고, 정직한 자에 대해서는 그의 결국은 평안이로다(시 37:37)고 말한다. 끝이 가까울수록, 그것은 더욱 선명하게 드러나는 경우가 많다. 외적인 형통과 관련해서, 하나님은 선한 자의 삶의 말년을 초년보다 더 위로가 넘치는 삶으로 만드시고, 자기가 살아서 좋은 날을 보는 일은 다시는 없을 것이라고 생각하는 환난당하는 그의 백성의 예상과는 달리 그들을 환난당하기 이전보다 더 형통하게 하시는 일이 흔하기 때문에, 우리는 그 어떤 극심한 곤경과 역경 속에서도 절망해서는 안 된다. 우리는 우리의 말년에 어떤 좋은 시간들이 우리를 위해 예비되어 있는지를 모르기 때문이다. 선한 자의 형편이 지금은 어찌 되었든, 그는 결국 잘 되게 되어 있다. 욥은 환난 가운데서 그가 지난 세월처럼 다시 부요하게 되기를 원하였지만(29:2), 그것에 대하여 절망하였었다. 그러나 하나님은 흔히 우리가 걱정하는 것보다 우리에게 더 잘 해주시고, 아니 우리가 원했던 것보다 우리에게 더 잘 해주신다. 왜냐하면, 하나님은 욥의 소유를 환난 이전보다 갑절이나 많게 해주셨기 때문이다. 그의 가축, 즉 그의 양과 낙타, 소와 암나귀의 수는 정확히 환난 이전에 그가 소유하고 있던 수(1:3)의 갑절이었다. 이것은 하나님의 섭리가 사람이 소유한 가축의 수까지 정확히 관리할 정도로 아주 세심하고, 사건들을 서로 맞춰

보면 아귀가 서로 잘 들어맞을 정도로 아주 조화롭다는 것을 보여주는 주목할 만한 예이다. 왜냐하면, 하나님은 자기가 하는 모든 일들의 시종(始終)을 다 아시기 때문이다. 욥의 다른 소유들도 그의 가축과 땅과 돈과 종들에 비례해서 늘어났을 것은 뻔한 일이다. 그렇다면, 그가 이전의 소유로도 동방 사람들 가운데서 가장 큰 자였다면, 지금의 그는 도대체 어떻게 되는 것인가?

Ⅳ. 욥의 가문이 다시 재건되었고, 그는 자녀들로 인하여 큰 위로를 얻었다는 것(13-15절). 욥기에 기록된 욥의 환난들 중에서 가장 마지막에 찾아온 것이면서 가장 극심했던 것은 그의 모든 자녀들이 한꺼번에 죽은 것이었다(1:13-19). 그의 친구들은 그 일로 그를 신랄하게 힐책하였지만(8:4), 세월이 흐르자, 하나님은 이전의 아내 또는 그녀가 죽고 나서 얻은 다른 아내를 통해서 그 틈새조차도 메워 주셨다.

1. 욥이 새로 얻은 자녀들의 수는 이전과 동일하게 아들 일곱과 딸 셋이었다는 것. 어떤 이들은 그의 자녀수가 그의 가축의 수만큼 갑절이 되지 않은 이유를 그의 죽은 자녀들은 영원히 멸망을 받은 것이 아니라 더 좋은 세상으로 먼저 간 것이기 때문이라고 설명한다. 그러므로 욥이 동일한 수의 자녀를 새로 얻었다고 할지라도, 그것은 그의 자녀가 갑절이 된 것으로 보아야 한다. 왜냐하면, 그는 두 무리(마하나임)의 자녀들, 하늘에 있는 한 무리의 자녀들과 땅에 있는 또 다른 무리의 자녀들을 소유한 셈이기 때문이다.

2. 욥이 새로 얻은 딸의 이름들이 여기에 기록되어 있는데(14절), 그것은 그 딸들의 이름이 욥의 형편을 놀랍도록 변화시켜 주신 하나님의 선하심을 영원히 기념하기 위해서 붙여진 것이었기 때문인 것 같다. 욥은 하나님이 어두운 환난의 밤에서 그를 건져 내셔서 대낮 같이 형통하게 하셨다는 뜻에서 첫째 딸을 여미마(낮, 아마도 여신 아데미라는 이름도 여기에서 나온 것 같다)라고 이름 지었고, 하나님이 역겨운 냄새가 진동하였던 그의 종기와 부스럼을 치유해 주셨다는 의미에서 둘째 딸을 매우 향기로운 냄새를 풍기는 향신료인 굿시아라고 이름 지었으며(패트릭 주교의 설명), 하나님이 그의 얼굴에 얼룩이 지게 하였던 눈물을 닦아 주셨다는 뜻에서(16:16) 셋째 딸을 게렌합북(회복된 풍성함 또는 얼굴에 바르는 분통[粉桶])이라고 이름 지었다. 우리는 여기에서 이 딸들에 대하여 다음과 같은 말들을 듣는다.

(1) 하나님이 이 딸들을 대단한 아름다움으로 단장시켜 주셨다는 것. 모든

땅에서 욥의 딸들처럼 아리따운 여자가 없었더라(15절). 우리는 구약에서는 사라, 리브가 등과 같이 아름다움으로 칭송을 받았던 많은 여자들을 흔히 만나게 되지만, 신약에서는 여자들, 심지어 동정녀 마리아에 대해서조차도 아름다움에 관한 말은 일체 언급되지 않는다. 왜냐하면, 신약에서는 거룩함의 아름다움이 복음에 의해서 구약에서보다 훨씬 더 분명하게 조명되고 드러났기 때문이다.

(2) 아버지인 욥이 이 딸들에게 큰 재산을 나누어 주었다는 것(하나님이 욥으로 하여금 그렇게 할 수 있게 해주셨기 때문에). 그들의 아버지가 그들에게 그들의 오라비들처럼 기업을 주셨다. 욥은 대부분의 아버지와는 달리 딸들에게 약간의 재물을 주어서 시집보내 버리지 않았다. 이 딸들은 아주 훌륭한 인품을 지니고 있었고, 욥은 그것을 보고서 딸들에게 이례적인 은총을 베풀었을 가능성이 크다. 아마도 이 딸들은 지혜와 경건에 있어서 오라비들을 능가했을 것이다. 그러므로 욥은 딸들이 그의 가문을 이어가서 그의 가문에 의지(依支)가 되고 복이 되게 하기 위하여 오라비들과 함께 공동 상속자들이 되게 하였다.

V. 욥이 장수하였다는 것. 환난이 임하였을 때에 욥의 나이가 몇 살이었는지는 성경의 그 어디에도 나오지 않지만, 여기에서는 그가 140년을 살았다고 말한다. 어떤 이들은 이것을 근거로 해서, 욥이 70세에 환난을 겪기 시작하였고, 140세에 죽었기 때문에, 그의 연수(年數)도 그의 소유와 마찬가지로 갑절이 되었다고 말한다.

1. 욥은 현세의 많은 위로를 누리며 장수하였다는 것. 왜냐하면, 그는 살아서 그의 후손을 사 대까지 보았기 때문이다(16절). 욥에게 그의 자녀들의 수가 갑절이 되지는 않았지만, 그의 손자들(손자들은 노인들의 면류관이다)은 갑절 이상이 되었다. 하나님께서는 아담에게 그의 죽임을 당한 아들 대신에 또 다른 아들을 주신 것처럼(창 4:25), 욥에게도 그렇게 해주셨고, 아니 그 이상으로 해주셨다. 하나님은 욥처럼 자신의 모든 자녀들을 땅에 묻고서 자식이 없게 된 자들의 슬픔을 상쇄시켜 주시고 그 손실을 회복시켜 주실 수 있는 여러 가지 방법들을 가지고 계신다.

2. 욥은 천수를 다 누리면서 이 세상에서 누릴 것을 다 누리고서야 죽었다는 것. 왜냐하면, 그는 이 세상에서 누릴 것을 다 누리면서 이 세상에 질려서 떠나고자 하는 마음이 들 때에 날들이 차서 죽었기 때문이다. 욥은 이전에 환난의 날들에는 화가 나서 빨리 죽게 해 달라고 떼를 썼었지만, 지금은 세상을 하

직하고 하나님께로 가기를 원하는 경건한 마음을 지닌 채로, 엘리바스가 그에게 소망을 가지라며 격려하며 해준 말처럼, 장수하다가 마치 곡식단을 제 때에 들어올림 같이 무덤에 이르렀다(5:26).

● **독자 여러분들께 알립니다!**

'**CH북스**'는 기존 '**크리스천다이제스트**'의 영문명 앞 2글자와
도서를 의미하는 '**북스**'를 결합한 출판사의 새로운 이름입니다.

매튜헨리주석전집 08

매튜헨리주석 욥기

1판 1쇄 발행 2009년 8월 25일
1판 중쇄 발행 2021년 3월 2일

발행인 박명곤
사업총괄 박지성
편집 채대광, 김준원, 박일귀, 이은빈, 김수연
디자인 구경표, 한승주
마케팅 박연주, 유진선, 이호, 김수연
재무 김영은
펴낸곳 CH북스
출판등록 제406-1999-000038호
대표전화 070-4917-2074 **팩스** 031-944-9820
주소 경기도 파주시 회동길 37-20
홈페이지 www.hdjisung.com **이메일** main@hdjisung.com
제작처 영신사 월드페이퍼